PORSCHE

Geschichte und Technik
der
Renn- und Sportwagen

KARL LUDVIGSEN

PORSCHE

GESCHICHTE UND TECHNIK DER RENN- UND SPORTWAGEN

Zweite Auflage

BLV Verlagsgesellschaft
München Wien Zürich

Illustrationen: Jesse Alexander, Automobil-Revue Bern, Auto-Visie, Dean Batchelor, Otto Bauer, August Bilstein GmbH, Bond Publishing, Bernard Cahier, Jim Cutler, Edmond Fenech, Olav v. Fersen, Foto-Stallwang, Foto-Wyss, Pietro Frua, Peter Gregg, Geoffrey Goddard, Yoshihiro Inomoto, John Lamm, Karl Ludvigsen, Rodolfo Mailander, Kurt Miska, J. J. Mollitt, Günter Molter, Motor Racing Graphics, Bill Orsler, Penske Communications, Ralph Poole, Stanley Rosenthall, Sports Car Graphic/Sports Car Illustrated, Bill Stahl, Erich Strenger, Technical Art Studios, Barry Tenin, Bönzli Thun, Hans Truöl, US Information Service, Julius Weitmann, Wide World Photo, Stephen Wilder, Studio Wörner, Mike Yeager. Ein großer Teil der Bilder stammt aus dem Archiv des Autors sowie von der Presseabteilung des Hauses Porsche. Die farbigen Automobil-Darstellungen zeichnete Ken Rush.

CIP-Kurztitelaufnahme der Deutschen Bibliothek

Ludvigsen, Karl:
Porsche: Geschichte u. Technik d. Renn- u. Sportwagen / Karl Ludvigsen. [Übers. u. Bearb.: Clemens Deisenhammer]. – 2. Aufl. – München; Wien; Zürich: BLV Verlagsgesellschaft, 1984.
 Einheitssacht.: Porsche – excellence was expected ⟨dt.⟩
 ISBN 3-405-13026-3

NE: Deisenhammer, Clemens [Bearb.]

Alle Rechte der Vervielfältigung und Verbreitung einschließlich Film, Funk und Fernsehen sowie der Fotokopie und des auszugsweisen Nachdrucks vorbehalten

© 1980 BLV Verlagsgesellschaft mbH, München 1984

Titel der Originalausgabe:
Porsche – Excellence Was Expected
Copyright © 1977 Princeton Publishing Inc.
Princeton, New Jersey/USA

Übersetzung und Bearbeitung:
Clemens Deisenhammer
Redaktion: Halwart Schrader
Automobilhistorische Beratung:
Hans Klauser, Stefan Knittel,
Axel-Dirk Sperling
Gestaltung: Sidonie Naprawnik

Gesamtherstellung:
Druckerei Ludwig Auer, Donauwörth
Printed in Germany · ISBN 3-405-13026-3

Inhalt

Vorwort	Seite 7
In Gmünd entsteht eine Automobilmarke	Seite 9
Porsche 356: Ein erster Meilenstein	Seite 20
Porsche kehrt nach Zuffenhausen zurück	Seite 38
Der Anderthalbliter setzt Maßstäbe	Seite 52
Ein Automobilname erlangt Weltgeltung	Seite 62
Vom Glöckler-Spezial zum Porsche 550	Seite 70
Die große Zeit der schnellen Spyder	Seite 84
Mit dem Porsche 356 A auf Erfolgskurs	Seite 96
Der Carrera startet zu seinem Siegeslauf	Seite 108
Porsche Typennummern	Seite 120
Porsche – auf allen Rennstrecken zu Hause	Seite 122
Die großen Klassiker 356 B und 356 C	Seite 148
Bonnier, Gurney, Herrmann, Moss & Co.	Seite 166
Porsche betritt die Grand-Prix-Arena	Seite 184
Die Entwicklung der Porsche-Automobilfamilie	Seite 193
In Farbe: Porsche-Automobile 1948–1980	Seite 194
Der Porsche RS geht an den Start	Seite 210
Reinrassig in bester Tradition: Porsche 904	Seite 228
Neue Konturen zeichnen sich ab: Porsche 911/912	Seite 242
Der Carrera 6 schlägt die Welt-Elite	Seite 260
Die Neunhunderter bestimmen den Trend	Seite 274
Die siegreichen Drei: 907, 909, 910	Seite 288
In Farbe: Porsche-Wettbewerbswagen 1953–1980	Seite 296
Mit dem Dreiliter-Porsche am Start	Seite 314
Ein ungewöhnlicher Porsche erscheint: Modell 914	Seite 332
Start frei für die siebziger Jahre	Seite 344
Der Porsche 911 wird immer schneller	Seite 356
Höhepunkt einer Entwicklung: Porsche 917	Seite 370
Die schnellen Sprinter mit dem langen Heck	Seite 388
Drei Jahrzehnte Porsche: Faszination in Farbe	Seite 393
Can-Am – die amerikanische Herausforderung	Seite 418
Der Porsche Carrera ist wieder da	Seite 436
Nach wie vor aktuell: Porsche 911	Seite 446
Turbo-Power – made in Weissach	Seite 456
Neue Sporterfolge auf allen Rennstrecken	Seite 470
924: Abkehr von einer Tradition	Seite 482
Ein Achtzylinder ohne Kompromisse	Seite 492
Mit neuen Konzeptionen in die achtziger Jahre	Seite 502
Sporterfolge 1948–1980	Seite 509
Entwicklungszentrum Porsche	Seite 512
Technische Hauptdaten aller Porsche-Automobile	Seite 513
Stichwortverzeichnis	Seite 516
Bibliografie	Seite 520

Vorwort

Die Bemerkung eines Kollegen, der dankenswerteweise Teile dieses Buches auf Fehler durchsah, brachte mich in Verlegenheit. »Ich hatte keine Ahnung, daß Sie so gut über Porsche Bescheid wissen«, sagte er. Sicherlich ein schmeichelhaftes und auch – so hatte ich den Eindruck – ehrlich gemeintes Kompliment. Einen mit so viel Detailinformation angereicherten Text hatte er nicht erwartet. Daher auch sein Rückschluß, daß ich ein »Porsche-Besessener« sein müsse. Die Wahrheit liegt – wie stets – irgendwo dazwischen. Mein Interesse gilt ganz allgemein dem Automobil, nicht nur dem Porsche. Ich kann den Porsche da nicht als alleinig meine Domäne bezeichnen. Aber ich räume ein, daß ich interessante Automobile bevorzuge und in dieser Kategorie kein faszinierenderes als den Porsche kenne. Niemand kann, verfolgt er die Entwicklung des Automobils, den entsprechenden Beitrag der Autos aus Zuffenhausen übersehen. Letztlich war an meiner Leidenschaft aber noch ein weiterer Umstand entscheidend: ich wuchs mit Porsche-Automobilen auf. Sie, wie die Firma, wurden zu einem nicht mehr wegzudenkenden Teil meines Lebens.

Das Fenster in die Welt der Automobile tat sich für mich knapp nach dem Zweiten Weltkrieg auf und zwar durch Zeitschriften wie *True* und *Mechanix Illustrated* und durch das nostalgische Sammelalbum von Floyd Clymer. Glückselig schwelgte ich in *Clymerania*. Bei Clymer abonnierte ich 1948 – meine Gymnasialzeit begann gerade – die in London erscheinende Zeitschrift *The Motor*. Und es war dieses Magazin, auf dessen Seiten ich den Glanz der Welt des Automobiles entdeckte. Über meinem Schreibtisch habe ich noch heute eine Seite aus einer der ersten Nummern von *The Motor,* genau vom 21. Juli 1948, befestigt. Sie zeigt zwei Aufnahmen eines eher gedrungen wirkenden Roadsters mit der Überschrift »Der neue Porsche-Sportwagen«. Es war ein Bericht des ehemaligen Porsche-Ingenieurs Max Troesch über den in Gmünd gebauten Roadster, dem Original-Porsche, und seine in der Schweiz gesammelten Erfahrungen.

Meinen ersten Porsche bekam ich im September 1951 in Watkins Glen zu Gesicht, jenem kleinen New Yorker Ausflugsort, der damals stärkster Magnet im Land der Liebhaber von Sportwagen war. Der Porsche, den ich hier erspähte, war ein mausgraues Coupé mit einem Nummernschild aus West Virginia, und wenn es sich auch geradezu bescheiden gegen all die arroganten Allard und Jaguar ausnahm, so war es doch unverkennbar ein herrliches Vollblut. Den ersten Fahrtest unternahm ich mit einem 1952er Coupé in Boston für ein Ingenieurstudenten-Magazin dank dem Entgegenkommen eines dortigen Händlers. Ein persönliches Porsche-Erlebnis begann 1955, als mein Freund Don Typond und ich nach Hartford fuhren, um meinen Triumph TR2 bei dem Händler Russ Sceli gegen ein 1300er-Porsche-Coupé Baujahr 1951 einzutauschen. Es war ein unheimlich aussehendes Gefährt, tiefschwarz und niedrig – so niedrig, daß seine vordere Stoßstange im New Yorker Winter den Schnee aufpflügte und über Haube und Dach nach hinten beförderte. Was mir an ihm gefiel, waren sein Limousinen-Komfort und seine Finessen: die geteilte Windschutzscheibe, die Verkleidung der Türen oder die kurze Kordel, die man herausziehen mußte, um die Uhr aufzuziehen. Nicht ganz so glücklich war ich über die Bremsen, die aus jeder Voll- bzw. Notbremsung ein Glücksspiel machten. Mein Stolz war es, sein unsynchronisiertes 1300er-Getriebe hochjubeln zu lassen. Aber dieses Getriebe gab während einer grimmigkalten Winterfahrt nach Princeton mit schauerlichem Stöhnen und einem Sprung im Gehäuse seinen Geist auf. In Trenton ließ ich es (uff!) durch ein synchronisiertes Volkswagen-Getriebe ersetzen. Später bestellte ich mir etwas übereilt einen Alfa Romeo Giulietta und verkaufte den Porsche einem Herren, der genauso originell war wie das Auto, nämlich dem Schriftsteller und Rundfunkessayisten Jean Shepherd. Selbstverständlich hatte ich auch von den 550er Spyders schon gelesen, persönlich aber erlebte ich sie erst im Sommer 1956 bei einem Rennen in Harewood, Ontario, und am Elkhart Lake, Wisconsin. 1957 sah ich in Sebring zum ersten Mal einen 550A mit Gitterrohrrahmen. Unterdessen hatte mich der Rennbetrieb auch mit Huschke von Hanstein zusammengeführt, der sich den Unerfahrenen unter den Journalisten ebenso widmete wie jungen Fahrertalenten. Und 1958 traf ich in New York Ferry Porsche, der nach Amerika gekommen war, um hier stellvertretend für seinen verstorbenen Vater an der Verleihung des Elmer-A.-Sperry-Preises teilzunehmen, der für bedeutende Entwicklungen auf dem Gebiet des Transportwesens verliehen wurde. Der Preis ging damals – zu Recht – an die Konstrukteure von Volkswagen. Es zeigte sich, daß Ferry Porsche ein bescheidener und geeigneter Erbe der Traditionen eines großen Hauses war.

Meinen ersten Besuch bei Porsche in Stuttgart ermöglichte mir 1958 die U. S. Army. Ich war in derselben Kaserne untergebracht, in der schon die sagenumwobene 200-Tonnen-»Maus« demonstriert hatte, daß sie mindestens ebenso manövrierbar war wie der kleinste Panzer aus dem Arsenal der Wehrmacht. In den Porsche-Werken übernahm meine Einführung Leopold Schmid, einer der leitenden Konstrukteure. Er hatte in Michigan an der Adaption des von ihm entwickelten Porsche-Getriebes für den Lastkraftwageneinsatz gearbeitet. Die Bekanntschaft eröffnete mir die Möglichkeit, mit Schmid über seine Arbeit in Gmünd und Zuffenhausen zu sprechen und auch die Fertigungshalle, in der die Porsche-Wagen zusammengebaut wurden, zu besichtigen. Neben den Verpflichtungen gegenüber der Armee spulte ich in Deutschland zusammen mit Jesse Alexander, der wie Denis Jenkinson und Peter Coltrin auf die Marke versessen war, viele Porsche-Kilometer herunter. Für *Sports Cars Illustrated* führten wir auch einige Tests durch. Ich kehrte nach Hause zurück, änderte dann die Zeitschrift in *Car and Driver* und testete weitere Porsche, wie etwa die neuen 356er des Jahres 1960.

Als ich 1961 wieder in Europa war, bekam ich neben einigem Vergnügen auch Ärger. Freude bereiteten die Testfahrten mit Jesse im Zwei Liter Carrera Prototyp auf den pappelgesäumten Straßen Frankreichs. Ärger bekam ich nach einem Besuch in Zuffenhausen, wo mir Huschke einige Bestandteile des Achtzylinder-Grand-Prix-Motors zeigte, dessen Daten streng geheim waren. Ich beschrieb in einem Artikel anschließend ziemlich genau, welcher Teil sich wie und warum bewegte. Dieser »Geheimnisverrat« brachte von Hanstein in Teufels Küche, und auf galante Art veranlaßte er mich, einen Brief zu schreiben, durch welchen er einer direkten Verantwortung für diese Indiskretion enthoben wurde. Ein etwas erfreulicherer Besuch in Zuffenhausen folgte dann wieder Ende 1967, als ich mit Helmuth Bott Gespräche über den neuen 907 führte. Ich traf Bott erneut im darauffolgenden Februar, als seine weißen Coupés ihre ersten drei Siegerplätze in Daytona inszenierten. Helmuth Botts Chef, Ferdinand Piëch, lernte ich auf dem Frankfurter Automobil-Salon 1969 kennen, als ich beide anläßlich der Präsentation des Porsche 914 interviewte. Und mit Rennwagenkonstrukteur Hans Mezger kreuzten sich erstmals die Wege 1970, als wir beide im selben Ausschuß der »Society of Automotive Engineers« saßen, der in New York über Sportwagen-Rennen beriet. Ein weiteres Mitglied des Ausschusses war Mark Donohue; es war dies ein erstes Zusammentreffen mit jenem Mann, der bei der Entwicklung des Turbo-Rennwagens eine entscheidende Rolle spielte und den Donohue dann zur CanAm-Meisterschaft 1973 pilotierte. Hans Mezger traf ich zu einem weiteren Gespräch im Herbst 1973, als ich auf meiner ersten Reise, die ich speziell für dieses Buch antrat, Weissach besuchte. Dort gab es auf dem Can-Am-Testgelände ein unerwartetes Wiedersehen mit Emerson Fittipaldi, einem Freund aus Brasilien. Er war gerade bei privaten Testfahrten mit einem 917/10 Turbo und einem Carrera-Prototyp, welche in jenem Herbst für das ›International Race of Champions‹ vorgesehen waren. Emerson genoß sichtlich die Runden in dem mächtigen Turbo-Porsche. Mag Fittipaldi auch den Eindruck gehabt haben, Weissach finde für ihn persönlich statt und nicht für Porsche, so gestand mir Ernst Fuhrmann im Verlauf eines späteren Gespräches, daß es Emerson war, den Porsche prüfte. »Wir haben mit vielen erstklassigen Fahrern gearbeitet«, sagte Fuhrmann, »und wir fanden bei ihnen große Unterschiede. Sie reagieren auf die verschiedenen Autos sehr differenziert, ähnlich wie Reiter auf Pferde. Zum Beispiel war Fittipaldi im Carrera eher Mittelklasse, im

Turbo dagegen hervorragend.« Als ich Fuhrmann im Februar 1977 wiedertraf, konnte ich das neueste Produkt seiner präzisen Vorstellungen und des Geschicks der Porsche-Ingenieure auch testen: den 928. Anläßlich dieser historischen Präsentation in Nizza gesellten sich weitere Porsche-Leute zu uns: Heinz Branitzki, Helmut Flegl, Tony Lapine und Manfred Jantke, um nur einige zu nennen. Sie repräsentierten die neue Generation. Wie ich waren auch sie mit Porsche aufgewachsen. Nun waren sie soweit, ihre eigenen Beiträge für den Fortschritt zu leisten. Am 928 ließ sich erkennen, wie vortrefflich diese Beiträge ausfielen.

Als ich 1973 den ersten Rahmen für dieses Buch absteckte, erstellte ich auch eine kurze Liste jener Personen, die ich zu interviewen beabsichtigte. Joe Buzzettas Name stand darauf. Nicht nur, daß Joe ein Freund war, als ehemaliger Porsche-Händler hatte er selbst jedes Zuffenhausener Produkt im Rennen gefahren – vom 356er bis zum 908er. Ich suchte sein Insider-Wissen über die Leute und Autos von Porsche. Ich rief ihn in seiner Firma in Long Island an, um ein Treffen zu vereinbaren. »Woran schreibst Du gerade?«, fragte er mich. »Ich arbeite an einem Buch über die Autos von Porsche«, antwortete ich. »Oh«, kam es offensichtlich enttäuscht zurück. »Wurde denn nicht schon alles über Porsche geschrieben?« Ich wandte ein, daß, wenn dem so wäre, ich es ja bleiben lassen könne. Als einer, der seit dem Auftauchen der Marke Porsche die Entstehungsgeschichte mitverfolgt hatte, wußte ich, daß es keine zusammenhängende Darstellung über die Entwicklung der Porsche-Autos gab. Zwar hat Richard von Frankenberg in seiner Biographie über Prof. Ferdinand Porsche die ersten Anfänge geschildert und Julius Weitmann hatte einen lebendigen Bild-Rückblick zusammengetragen, auch Paul Frère hat ausführlich über einige der neuesten Rennwagen geschrieben. Aber die ganze Spannweite dieser erstaunlichen Geschichte des Hauses Porsche hatte bis dato noch niemand beleuchtet. Genau dies war die Aufgabe, die mich reizte.

Selbstverständlich war der erste Name auf meiner Interview-Liste Ferry Porsche. Nur er konnte mir erzählen, was ich am dringlichsten wissen wollte: Wie war es dazu gekommen, daß sich Porsche entschloß, Autos zu bauen? In seiner Büroetage in der Robert-Bosch-Straße widmete er mir unbezahlbare Stunden, die mich Einblick nehmen ließen in einen Prozeß, der 1937 begann und zehn Jahre später das Modell 356 entstehen ließ. Auch Ferrys Cousin, Ghislaine Kaes, war mir bei der Dokumentation dieser Anfangsjahre mit Material aus den Porsche-Archiven behilflich, sein Assistent Erich Hirsch unterstützte mich ebenfalls nach Kräften. Kaes machte mich mit den persönlichen Daten jener Männer vertraut, die den ersten Porsche gebaut haben. Um unser Gespräch noch verlängern zu können, fuhr mich Kaes in seinem gelben 911er sogar von Stuttgart zum Flughafen Frankfurt.

Ausführlich unterhielt ich mich bei Porsche auch noch mit anderen Männern über Ereignisse, die sich in den Jahren ereignet hatten. Ernst Fuhrmann, Helmuth Bott, Paul Hensler, Peter Falk und Ed Peter fanden sich für lange Interviews bereit. Großzügige Unterstützung gewährten dabei auch Albert Prinzing, Hans Klauser, Anatole Lapine, Leopold F. Schmid, Erich Filius, Harald Wagner und Lars Schmidt. Hans Mezger schulde ich besonderen Dank. Als leitender Ingenieur bei einigen der interessantesten Projekte war er eine wichtige Quelle für detaillierte Informationen und beantwortete meine Fragen mit Sorgfalt und Begeisterung. Die Gespräche und Kontakte arrangierte und ermöglichte Porsches Abteilung für Öffentlichkeitsarbeit. Ihr Leiter, Manfred Jantke, tat hier sein Bestes. Klaus Reichert lieferte die Fotos, Jürgen Barth half aus den Archiven der Sportabteilung und Ursula Steinl mit alten Ausgaben der Zeitschrift *Christophorus*.

Huschke von Hanstein ließ mich an einigen seiner Erinnerungen aus früheren Tagen bei Porsche teilhaben und auch Karl Günther Horing war hilfreich.

Während der vierzig Monate, die bis zur Fertigstellung dieses Projektes verstrichen, wurde meine Stimmung durch die unermüdliche Unterstützung von Tom McDonald, dem Manager der Porsche + Audi Public Relation Abteilung für Volkswagen in Amerika, hochgehalten. Tom ermöglichte mir pünktliche Interviews und hielt mich auf dem laufenden über die neuesten Porschemodelle. Ein Dankeschön auch Karl Hinz von Porsche + Audi und Rudi Spielberger für Informationen, die sie mir beschafften, und ebenso Dr. Vincente Alvarez für sein großzügiges Geschenk: Kopien der Jahrgänge 1951 bis 1958 von *auto, motor und sport*.

Fünf Porsche-Experten nahmen sich die Zeit, mein Manuskript zu lesen und leisteten mit wertvollen Korrekturen und Kommentaren ihren Beitrag. Diese Männer waren wie ich vom Wunsch erfüllt, daß die Geschichte des Hauses Porsche lückenlos und genau dargestellt werde. Überall dort, wo dies nicht ganz gelungen ist, liegt die Schuld allein bei mir. Ein Kollege stellte zum Beispiel fest, daß die von mir aus den verschiedensten Automobilzeitschriften zusammengetragenen Beschleunigungswerte nicht immer wiedergaben, was die Autos tatsächlich leisteten. In einigen Fällen waren diese Zeiten zu hoch, in anderen wieder zu niedrig. Trotzdem ließ ich die Werte unverändert stehen, weil sie, wie die Angaben über Straßentestergebnisse auch, verdeutlichen, wie die Porsche von der Fachpresse beurteilt wurden. Als Ganzes und nicht in Einzelwerten betrachtet, ergeben die Zahlen ein mehr als exaktes Bild vom Niveau der Porsche-Automobile.

Wenn diese Geschichte des Hauses Porsche ihre Meriten hat, so ist dies nicht zuletzt der ständigen Unterstützung und Aufmunterung durch meinen Verleger L. Scott Bailey zuzuschreiben. Wann immer eine Entscheidung zu fällen war, steuerte Scott den Gang der Dinge so, daß dies zum bestmöglichen Porsche-Buch führen mußte. Letztlich war seine Verantwortung riesengroß und durch Umfang und Ausstattung des Werkes wohl auch einmalig auf dem Gebiet der Automobilbücher. Jeder Autor, der für Publikationen aus dem Hause *Automobile Quarterly* schreibt, schätzt sich glücklich, von einem Team unterstützt zu werden, das so wie er selbst um außerordentlich gründliche Arbeit bemüht ist. In diesem Sinne wurde ich von Beverly Rae Kimes, Tom Froncek und Ted Hall unterstützt. Ich bin ihnen für ihr hervorragendes Bemühen und ihre vielen Arbeitsstunden zu Dank verpflichtet.

Zur gleichen Zeit, als ich dieses Buch schrieb, war ich auch Mitherausgeber des *Motor Trend Magazine*. Den anderen drei Herausgebern, Eric Dahlquist, Mike Knepper und Robert E. Brown, danke ich zutiefst für ihr Entgegenkommen mir gegenüber, als ich in die Welt der Porsches entschwunden war. Aus demselben Grund möchte ich meiner Familie dafür danken, daß sie diese entbehrungsreiche Zeit mit mir durchstand, obwohl es manchmal schien, als wolle sie nicht enden.

Viele haben mir in großem wie in kleinem Umfang geholfen, indem sie mir Informationen, Details und Bilder verschafften. Im folgenden zähle ich einige wenige auf und entschuldige mich gleichzeitig bei all jenen, die ich unbeabsichtigt unerwähnt ließ: Zora Arkus-Duntow, John Barnes, Frank Barrett, Dean Batchelor, August Bilstein & Co., Tom Binford, Tracy Bird, Marshall Bishop, Elaine Bond, John R. Bond, John R. Bond, Jr., John Burchfield, John Chuhran, I. Grady Davis, Robert Davis, Stephen Dean, Warren Fitzgerald, Richie Ginther, H. M. Goodman, Walter Gotschke, Peter Gregg, Howard Hanna, G. L. Hartner, Max Hoffman, Al Holbert, Bob Holbert and Steve Hulbert. Mein Dank geht auch an Evans Hunt, Jacky Ickx, Bruce Jennings, Charles M. Kuell, Leo Levine, Dan Luginbuhl, Kurt Miska, Günther Molter, William A. Moore, John von Neumann, Robert Rademacher, Gerhard von Raffay, Rick Routledge, Oscar Rubio, Joe Rusz, J. Richard Ryan, Philip B. Sadtler, Judy Stropus, Betty Jo Turner, Dic Van der Feen, Frederic C. Vetter, Henry Wessells III, Rob Wiedenhoff, John »Woody« Woodard und Wallace Wyss. Halwart Schrader setzte sich dafür ein, daß dieses Buch in deutscher Sprache erscheinen konnte, koordinierte die damit zusammenhängenden Fragen und bearbeitete gemeinsam mit Hans-Jürgen Schneider das Updating. Clemens Deisenhammer besorgte die Übersetzung ins Deutsche.

Dank ihnen allen, die sie die lebendige Geschichte der Porsche-Automobile mitgestalteten. Dank auch den Porsche-Besitzern in aller Welt. Die Idee des Porsche-Automobiles wurde, da sie sich von Anfang an mit Begeisterung für dieses außergewöhnliche Sportauto entschieden, ein Erfolg.

Karl Ludvigsen

Kapitel 1
In Gmünd entsteht eine Automobilmarke

Das verträumte Städtchen Gmünd im Alpenvorland Kärntens, dem südlichsten österreichischen Bundesland, war nicht ein Ort, an welchem die Alliierten auf irgendeine Überraschung gefaßt waren. Man schrieb das Jahr 1945, es war Mai, und Deutschland hatte gerade kapituliert. Kaum ein Monat war vergangen, seit alliierte Abteilungen über die Bayerischen Alpen westlich von Salzburg ausgeschwärmt waren. Hier rechneten sie mit dem Widerstand des Oberkommandos der Deutschen Wehrmacht, das sich angeblich in Felsbunker zurückgezogen hatte, um die letzte siegreiche Schlacht zu planen und zu leiten. Ein »Endsieg« war indessen nicht mehr Wirklichkeit geworden. Und statt ein Felsmassiv voller Schießscharten fanden die anrückenden Soldaten nur weidende Kühe und friedliche Siedlungen vor, deren unmilitärische Einwohner glücklich waren, in Ruhe gelassen zu werden. Daher bestand für die britischen Militärs, die nun die engen Straßen und ruhigen Dörfer Kärntens abfuhren, keine Veranlassung, irgend etwas Außergewöhnliches in solch einem entlegenen Städtchen wie Gmünd zu suchen.

Dieses Gmünd war gerade ein bißchen größer als all die anderen Dörfer entlang der gewundenen Durchzugsstraße 331 von Kärntens Hauptstadt Klagenfurt nach Salzburg. Gmünd liegt keine fünfzig Kilometer von der italienischen Grenze entfernt, am tief eingegrabenen Zusammenfluß von Malta und Lieser, und bis Salzburg sind es etwas über hundert Kilometer. Mit seinen steildächrigen Häusern und den gespitzten Holzzäunen davor unterschied sich Gmünd kaum von anderen ländlichen Kärtner Gemeinden. Doch einige Einwohner machten die britischen Offiziere auf das Sägewerk am Ortsende in Richtung Maltatal aufmerksam. Hier fanden sie, dichtgedrängt um die einstöckige Säge und seine Zubauten herum, ein Sortiment von Fahrzeugen – diverse Ausführungen des Volkswagens. Die Kollektion umfaßte ein seltenes Modell mit Klappverdeck, Militärausführungen und ein angsterregendes, stromlinienförmiges Coupé. Und im Inneren der Gebäude erwartete die Briten die größte Überraschung: der Chefkonstrukteur, die Elite der Entwicklungsingenieure und große Mengen an Aufzeichnungen und Geräten einer der angesehensten Entwicklungsfirmen Deutschlands, der Porsche KG. Ihre Angestellten hatten den bekannten VW-Kübelwagen ebenso entwickelt wie schwerste gepanzerte Fahrzeuge, panzerbrechende Waffen oder stromerzeugende Windräder.

Niemand hatte die Porsche-Mannschaft hier vermutet, weder der britische M15 noch der amerikanische OSS oder die sowjetische GRU. Seit Herbst 1944 konnten diese Männer – ziemlich genau die Hälfte des 588 Mann starken Porsche-Teams – in diesem friedlichen Winkel von Gmünd ungestört ihrer Arbeit nachgehen. Ihre Übersiedlung aus dem bombenerschütterten Stuttgart nach Kärnten ermöglichte es ihnen, hier an der Entwicklung neuer Panzer, Motoren, Mannschaftstransporter und Traktoren für den Frieden, der nun plötzlich da war, weiterzuarbeiten. Und ihr Umzug nach Österreich war unentdeckt geblieben – bis jetzt.

Diese eine Hälfte der Firma Porsche verbrachte beinahe sechs Jahre hier in Gmünd – keine lange Zeit für einen Betrieb, der 1930 gegründet worden war. Andererseits genügen sechs Jahre für ein Kind, ins schulfähige Alter zu kommen, und in diesem Sinne war es lang genug, um einen neuen Autotyp aus der Taufe zu heben und zum

Laufen zu bringen. Gmünd war der Geburtsort jenes Automobils, das wir heute als Porsche kennen.
Der Name Porsche findet sich schon seit 1900 in den Annalen der Automobilgeschichte. In diesem Jahr entstand nach Plänen des brillanten, kaum fünfundzwanzigjährigen Ferdinand Porsche der Lohner-Porsche. Anschließend verdiente sich der Begründer der Porsche-Dynastie seinen Unterhalt, indem er für andere Auftraggeber konstruierte und entwarf. Nach Lohner kam er zu Austro-Daimler, dann zu Daimler nach Deutschland, und er arbeitete für Steyr, Auto Union und Volkswagen, um nur die bekanntesten Firmen zu nennen, die ihn unter Vertrag nahmen.
Bis 1929 war Ferdinand Porsche bei den Firmen stets fest angestellt. Aber mit dieser Art der Verpflichtung war er nicht immer zufrieden gewesen. Ferry Porsche, sein Sohn und Nachfolger, erzählt dazu: »Mein Vater mußte feststellen, daß eine Firma, der er sich verpflichtet hatte, diese weiteren zehn Jahre von seinen Entwicklungen leben konnte. Er aber nicht!« Daher entschloß sich Porsche, sein eigenes Konstruktionsbüro zu eröffnen. Und zu seinem Sohn sagte er: »Für mich besteht da kein Unterschied, wenn ich die jeweilige Firma wechsle.« Mit der Unterstützung einiger investitionsfreudiger Bekannter gründete Porsche 1930 sein eigenes Unternehmen. Es gab ein paar Aufträge im August desselben Jahres noch in Österreich; ein paar Monate später aber, am 1. Dezember 1930, wurde das Hauptbüro in Stuttgart eröffnet.
Am 6. März 1931 wurde die Porsche-Gesellschaft offiziell ins Handelsregister eingetragen. Ihr erster Auftrag, die Konstruktion eines Kraftwagens für die Firma Wanderer, bekam die Typennummer 7 – um zu verschleiern, daß man bei Null anfing. Ganze neunzehn Angestellte hatte die Firma Ende 1931. Bis 1938 stieg diese Zahl auf 176, davon waren 72 Ingenieure und Angestellte der Verwaltung. Zu diesem Zeitpunkt gingen die Geschäfte bereits so gut, daß Porsche beginnen konnte, eigene Büros einzurichten. Diese neue Zentrale in Zuffenhausen, einem Vorort nordwestlich von Stuttgart, umfaßte die gesamte Planung, Entwicklung, Fertigung und Prüfung von Motorfahrzeugen. Im Juni 1938 übersiedelten die Porsche-Leute über Nacht in ihr neues Domizil, ohne auch nur einen Arbeitstag dadurch zu verlieren. Hier wurde dann noch im selben Jahr die Entwicklung eines Autos abgeschlossen, das als der Volkswagen bekannt wurde: mit diesem Automobil sollte der Name Porsche weltberühmt werden.
Der geschäftliche Erfolg ermöglichte nun auch eine Umwandlung der Firma in eine Personengesellschaft mit wenigen Teilhabern, Kommanditgesellschaft oder kurz KG genannt. Diese Umwandlung, die 1938 erfolgte, markierte den Wechsel der Eigentumsanteile in die Hände der Familie Porsche, in welcher bereits die neue Generation begann, an den Geschäftsaktivitäten mitzuwirken. In dieser neuen Führungsmannschaft befanden sich die Kinder aus Porsches Ehe mit Aloisia Kaes, Sohn Ferry und Tochter Louise, diese gemeinsam mit ihrem Ehemann Dr. Anton Piëch. Louise, die Erstgeborene (1904), gilt als eine außergewöhnlich resolute Dame, in der viele Freunde des Hauses eine Ver-

*Ferdinand Porsche und
Franz Xaver Reimspiess
in ihrem Stuttgarter Konstruktionsbüro.*

körperung des väterlichen Geistes sehen. Dr. Piëch, den sie 1927 heiratete, entstammt einer Wiener Familie mit französischen Vorfahren. Als angehender Rechtsanwalt folgte der energische Piëch den Fußstapfen seines Vaters und war nicht nur Begründer des Porsche-Design-Büros, sondern handelte auch die meisten der Firmenverträge selber aus. Während des zweiten Weltkrieges nahm er stellvertretend Ferdinand Porsches Position im Volkswagenwerk ein.

Porsches Sohn, mit vollständigem Namen Ferdinand Anton Ernst Porsche, wurde 1909 geboren. Seit frühester Kindheit interessiert sich Ferry, so sein Spitzname, für alles, was mit dem Automobil zusammenhängt. Einmal bemerkte er dazu: »Ich kam, wenn man so will, schon mit dem Auto auf die Welt.« Bereits mit zehn konnte er Auto fahren und mit sechzehn steuerte er einen Testwagen von Mercedes. Ferry machte jede wichtige Station der Industrie durch und wurde 1931 Angestellter des Stuttgarter Büros. Hier entstanden seine ersten Entwürfe – eine Pleuelstange für den Wanderer. Das war 1931. Und mit einem Wanderer beteiligte sich Ferry am 2000-Kilometer-Rennen auf öffentlichen Straßen in Deutschland. 1939 übernahm er das Management im Zuffenhauser Büro, nachdem sein Vater zum Leiter des neuen Volkswagenwerkes in Fallersleben, einem Ort östlich von Hannover, berufen worden war.

Adolf Hitler hatte am 26. Mai 1938 den Grundstein für das neue Volkswagenwerk gelegt. Enttäuscht durch die Absagen deutscher Autofirmen, nach Porsches Entwürfen das »Auto fürs Volk« zu bauen, entschied Hitler, daß es die Nation selbst bauen werde. Das Geld dafür sollte durch die Deutsche Arbeitsfront, eine Art Gewerkschaftsorganisation mit Dr. Robert Ley an der Spitze, herbeigeschafft werden. Die als »Kraft durch Freude« (»KdF«) bekannt gewordene Unterorganisation war damit beauftragt, den Verkauf des Volkswagens zu organisieren, was dem Wagen die Bezeichnung KdF-Wagen einbrachte. Eine andere Gruppe, im Mai 1937 ins Leben gerufen, nannte sich die »Gesellschaft zur Förderung des Deutschen Volkswagen« und war hauptsächlich dafür verantwortlich, daß das neue Auto auch baldigst auf die Straße kam. Die führenden Persönlichkeiten in dieser Organisation waren Dr. Bodo Lafferentz, ein Vertrauensmann von Ley, Ferdinand Porsche und Jakob Werlin, ein Mann aus dem Hause Daimler-Benz, der Hitler in Autofragen beriet. Wenn die Gesellschaft auch offiziell unter einer Berliner Adresse eingetragen war, so befand sie sich ab Mitte 1938 im neuen Porsche-Werk in Zuffenhausen. Das waren nur die einfachsten Teile der unglaublich komplexen Organisation, die im Dritten Reich zum Bau des Volkswagens errichtet wurde. Eine rechtlich kuriose Situation, bedenkt man, daß Ferdinand Porsche sich einerseits im Vorstand der Gesellschaft befand und andererseits Aufträge von dieser Firma erhielt.

Wie es seine Art war, entwarf Porsche wesentlich mehr Varianten des VW als nur die gewünschte Limousine. In ihrer Endversion trug das Grundmodell die Typennummer 60 entsprechend der Reihenfolge von Porsche-Projekten, die bei Nummer Sieben begonnen hatte. Für das Chassis des Typs 60 waren die Aufbauten der Limousine, der Cabriolimousine und des Cabriolets im wesentlichen bereits so ausgelegt, wie sie die Welt seither kennt. Andere VW-Variationen wurden vom außergewöhnlich talentierten Porsche-Team ebenfalls entwickelt. An seiner Spitze stand Chefkonstrukteur Karl Rabe (1895 geboren), der so viele Jahre Porsches Verbindungselement zwischen mancher Idee und ihrer Realisierung war. Dieser bescheidene Rabe war einer der ersten, die Porsche aus Österreich nachkommen ließ, als er sein eigenes Büro eröffnet hatte. Trotz seiner bescheiden wirkenden Art scheute Rabe keine Verantwortung und gab sein Bestes auch in der schlimmsten Zeit.

Franz Xaver Reimspiess (Jahrgang 1901) und Ferdinand Porsche kannten sich ebenfalls schon aus der Zeit bei Austro-Daimler vor dem Ersten

Oben: zwei berühmte Kompressor-Wagen, die Ferdinand Porsche konstruierte: der Mercedes S-Typ und (darunter) der Mercedes-Rennwagen von 1924. Mit diesem dohc-Renner begann Porsches Karriere bei Daimler in Stuttgart.

Der junge Ferry Porsche am Steuer eines Wanderer 1932, ein Wagen, dessen Konstruktion wesentlich von ihm beeinflußt wurde.

Weltkrieg. Sein Beitrag am VW und indirekt auch beim Porsche war die Grundkonzeption eines luftgekühlten Vierzylinder-Boxermotors, wie er im Typ 60 verwendet wurde. Aus seiner Steyr-Zeit kannte Porsche zwei weitere enge Mitarbeiter. Karl Fröhlich (Jahrgang 1898) war Getriebespezialist, der andere hieß Josef Kales (Jahrgang 1901) und war Techniker. Kales kam, um sich hauptsächlich der Probleme des Volkswagens anzunehmen und blieb auch nach dem Kriege bei der Firma. Joseph Zahradnick (Jahrgang 1900) war ebenfalls ein Mann der ersten Stunde in Stuttgart. Sein Hauptgebiet umfaßte die Lenkung und Konstruktion der Vorderradaufhängung.

In jener computerlosen Zeit war die gesamte Entwicklungsabteilung auf das Können eines Mannes angewiesen, auf Dipl.-Ing. Josef Mickl. Der 1885 geborene Mickl war abgesehen von Ferdinand Porsche das älteste Mitglied des gesamten Teams. Er hatte erstmals 1917 mit Porsche zusammengearbeitet und war sofort nach Eröffnung des Büros im Dezember 1930 wieder dabei. Immer wenn es Vibrationsfrequenzen, Leistungskurven oder Ermüdungserscheinungen zu berechnen galt, tat es Mickl. Durch seine Erfahrungen als Flugzeugkonstrukteur zeigte er auch besonderes Interesse an aerodynamischen Problemen des Automobilbaus. Dipl.-Ing Mickl war die Schlüsselfigur, als es darum ging, den Geschwindigkeitsrekord für Landfahrzeuge zu erringen, wobei Porsche 1937 den Renner entwarf und Daimler-Benz ihn baute. Er trug die Bezeichnung T 80, kam indessen nie zum Einsatz. Ebenfalls befaßt mit Karosserieproblemen, wenn auch auf ganz andere Art, war Erwin Franz Komenda. Er kam im November 1931 von Daimler-Benz, wo er stellvertretender Direktor der Entwicklungsabteilung für die Karosseriefertigung im Sindelfinger Werk gewesen war. Der 1904 geborene Komenda hatte sein Handwerk in Steyr und später in Wien bei einer Firma für Lastwagen erlernt. Mit seiner Liebe zum Detail war er für die aufstrebende Automobilindustrie geradezu prädestiniert. Sehr kritisch, aber positiv in allen seinen Ansichten bis hin zur Verweigerung von Chefanweisungen (etwas, wovon einige bei Porsche nur zu träumen wagten), war Komenda im Herzen ein liebenswürdiger und dabei tiefernster Mensch. Er, Mickl, Reimspiess und Rabe blieben unentwegt bis in die sechziger Jahre der Porsche-Organisation treu.

Eng verknüpft durch gegenseitigen Respekt, gemeinsame Nationalität und die Verehrung für Porsche waren es diese Männer, die in den späten dreißiger Jahren darauf versessen waren, die Motorwelt mit ihren auf der Basis des Volkswagens aufgebauten Varianten zu bereichern. Die dann bei Fallersleben entstehende Fabrik war für eine Jahresproduktion von vorerst 150 000 Autos angelegt; der weitere Ausbau bis zum zehnfachen Volumen war geplant. Selbstverständlich würden, so durfte man annehmen, mehr Modelle als nur die Limousine produziert werden, um ein derartiges Produktionsvolumen voll auszulasten. Die Porsche-Männer hatten weitere Versionen schnell parat. Der Typ 66 war rechtsgesteuert, Typ 67 hatte einen Ambulanz-Aufbau und Typ 68 war ein kleiner Kastenwagen. Typ 62 war ein Geländewagen ohne Türen mit großer Bodenfreiheit. Er war immerhin das Vorläufermodell des Kübelwagens von Typ 82, der durch den Zweiten Weltkrieg geradezu weltbekannt wurde. Wie in Kriegszeiten üblich, wurde an allen Konstruktionen fieberhaft weitergearbeitet, und so folgte der Allrad-Typ 86 und 87 und der berühmte und vielseitige Schwimmwagen, der Amphibien-Typ 128.

Aber die Vorstellung eines wehrmachtsgrünen Kübelwagens, der Richtung Front rollt, war 1937 noch nicht real, als die Porsche-Entwickler die Konturen eines anderen Mitgliedes der VW-Familie, den Typ 64, skizzierten. Er sollte ein Sportauto werden, wie Ferdinand Porsche überhaupt bei jeder seiner neuen Konstruktionen das Sportliche im Sinne hatte. Dies geschah einerseits zur Befriedigung der eigenen Vorliebe für schnelle Autos, andererseits als eine Methode, um noch mehr aus einem neuen Konzept herauszuholen. So sah man zum Beispiel für den Typ 64 auf dem Papier anstatt der herkömmlichen Einliter-Maschine einen 1,5-Liter-Motor vor. Weitere Konstrukteursideen ließen den Typ 64 zu einem ganz anderen VW werden mit einer Aluminiumkarosserie und einer Spitzengeschwindigkeit von 140 bis 150 Stundenkilometern.

»Wie stehen unsere Aussichten, dieses Auto zu bauen? Werden wir ein Budget für mehrere Prototypen haben?« Solche Fragen stellten die Vertreter von Porsche an Ley und Lafferentz bei allen Treffen Ende 1937 und Anfang 1938. Die Antworten waren nicht ermutigend. Gerade zu diesem Zeitpunkt schien der Aufbau und Verkauf einer Sportwagen-Produktion nicht in die Pläne der Deutschen Arbeitsfront zu passen, der daran gelegen war, seriös zu erscheinen. Schließlich hatten die Deutschen im Jahr 1938 gerade damit begonnen, ihr hartgespartes Geld nach einem gigantischen Sparvertrag-Plan einzuzahlen, um sich simple KdF-Limousinen kaufen zu können. Mit der Realisierung eines Sport-VW fürchtete man um die Einbuße des wichtigen Goodwills.

Trotz der Ablehnung und im festen Glauben an den Erfolg eines Autos vom Typ 64 unternahmen die Porsche-Leute einen erneuten Versuch, seine Produktion durchzusetzen. Sie beschlossen die Möglichkeiten einer Eigenproduktion zu untersuchen. Dies würde für die Porsche-Familie eine Kehrtwendung mit all ihren Folgen bedeu-

Rechts: Auto Union Rennwagen beim Coppa Acerbo 1935. Der Sechzehnzylinder war eine der berühmtesten Kreationen Porsches, mit der er und die Auto Union seinerzeit viel Aufsehen erregten.

ten, nämlich die Umstellung vom Zulieferer für andere Automobilfirmen zum selbständigen Autoproduzenten. Abgesehen von den Entwicklungsarbeiten, die Porsche für VW zu tun hatte und die anscheinend den größten Auftrag darstellten, den man je erhalten zu können glaubte, schien die Idee des sofortigen Baubeginns eines eigenen Autos finanzielle Sicherheit für die Zukunft zu bieten. Porsche konnte ja in seinem neuen Werk in Zuffenhausen ganz klein beginnen und nur bei entsprechendem Bedarf expandieren. Die Idee schien faszinierend.

Spätestens seit dem Jahre 1922 war es der Wunsch Ferdinand Porsches gewesen, sich im Automobilbau selbständig zu machen. In einem Interview mit *Panorama* erzählte Ferry Porsche: »Das war eine alte Idee meines Vaters. Schon als er von Austro-Daimler zu Mercedes wechselte, dachte er daran, etwas Ähnliches aufzubauen, wie es seinerzeit Bugatti getan hatte. Für ihn gab es nur zwei Möglichkeiten; entweder er hatte genug Geld für den Fabrikstart oder er ging als technischer Leiter zu Daimler. Da zu dieser Zeit die Geldvariante nicht realisierbar war, ging er nach Untertürkheim.« Jetzt, als Professor Porsche das Geld hatte, lebten seine alten Pläne wieder auf.

Dem Typ 64 lagen relativ viele Teile des Typs 60 zugrunde und so begann man mit den zuständigen Herren der Arbeitsfront Verhandlungen über den Ankauf dieser Bestandteile für den Sportwagenbau zu führen. Doch Porsches Wunsch wurde nicht entsprochen. Beide Seiten fanden nämlich heraus, daß die bestehenden Gesetze den Handel der staatseigenen VW-Werke mit einer Privatfirma, wie es Porsche war, nicht gestatteten. Dieser Sachverhalt beendete vorerst alle weiteren Überlegungen, einen Porsche-Sportwagen mit VW-Teilen zu bauen. Nun hatten aber Vater Porsche und sein Sohn bereits so viel Zeit und Ideen in das Projekt investiert, daß sie es nicht mehr so einfach aufgeben wollten. Ende 1938 beschlossen sie, weiter daran zu arbeiten, intensiv sogar, trotz aller Hindernisse, die zu überwinden waren. Da ihnen der Bezug von VW-Teilen verwehrt war, ging eine kleine Gruppe von Entwicklungsingenieuren daran, einen kompletten Spezialsportwagen, den sie F-Wagen – F wie Ferry und Ferdinand – nannten, zu entwerfen, der dann die Typennummer 114 erhielt. Hauptverantwortlicher Ingenieur für dieses Projekt war Karl Fröhlich. Er trieb die Arbeiten mit Vehemenz voran, wobei es als unbezahltes Eigenprojekt den bezahlten Kundenprojekten oft genug an den Zeichentischen Platz machen mußte.

Der Typ 114 wurde nie gebaut; und auch die für den Bau erforderlichen Konstruktionszeichnungen wurden nicht fertiggestellt. Was dagegen am 3. Januar 1939, als Karl Fröhlich die Gesamtansicht signierte, bis ins letzte wichtige Teil durchkonstruiert war, war ein prächtiger Sportwagen, fix und fertig, um der Porsche-Familie den Einstieg ins Automobilgeschäft zu ermöglichen.

Der F-Wagen war in seiner Konzeption ungewöhnlich. In den folgenden fünfundzwanzig Jahren sollte bei Porsche kein vergleichbar komplexes Auto entstehen. In seinen groben Umrissen ähnelte der F-Wagen jenem berühmten Auto Union Grand-Prix-Wagen mit seinem zwischen Fahrer und Hinterachse befindlichen Motor und dem hinter der Achse angeflanschten Getriebe. Allein diese Konstruktionsdetails ließen den Typ 114 als Sportwagen in seiner Zeit utopisch erscheinen. Sein sicherlich überraschendster Beitrag war jedoch der Zehnzylinder-V-Motor mit 1,5 Liter Hubraum (1493 ccm, 58 × 56,5 mm). Die Anordnung von zehn Zylindern war gar nicht so ungewöhnlich, wie dies auf den ersten Blick scheinen mag. Ende der dreißiger Jahre wurden Fünf- bzw. Zehnzylinder-Motoren sowohl in Technikerkreisen ventiliert als auch u. a. bei Ford experimentell erprobt. Bei Lancia ging zu jener Zeit ein Fünfzylinder sogar in Produktion. Die Konstrukteure sahen im V-10 einen brauchbaren und vernünftigen Kompromiß, denn er war kürzer als ein V-12 und gab mehr Leistung bei höheren Drehzahlen ab als ein V-8 mit gleichem Hubraum. Das Porsche-Team hatte den V-10 für den Antrieb zweier Prototypen vorgesehen, an denen 1938 gearbeitet wurde: für den Panzer Typ 100 im Auftrag der Deutschen Wehrmacht, der zwei luftgekühlte 1,5-Liter-V-10-Motoren bekommen sollte und für den Sportwagen Typ 114.

Mit seinen im Winkel von 72 Grad zueinander stehenden Zylinderreihen war der für den Typ 114 vorgesehene 1,5-Liter-Motor die anspruchsvollste Maschine ihrer Zeit; in ihrer sublimen Komplexität mit einer Schweizer Uhr vergleichbar. Er sollte Aluminiumköpfe bekommen; die in einem Aluminiumblock eingelassenen nassen Zylinderlaufbüchsen sollten bis genau hinter die Mittellinie der Kurbelwelle zu einer schmalen Rille verlängert werden, die zwischen Block und Ölsumpf schräg nach hinten verlief. Die Konstruktion sah vor, daß die Kurbelwellenlager leichtlaufende Rollenlager waren und die sechs Hauptlager auswechselbare Schalen mit geteiltem Außenring. Die Pleuelzapfen sollten derart zusammengebaut werden, daß die Pleuelstange starke, aus einem Stück gegossene Kopfenden haben konnte – eine Technik, die von der Stuttgarter Firma Hirth stammte. Die gewölbten Kolben drückten gegen hemisphärische Verbrennungskammern, in die je zwei um 88 Grad versetzte Ventile symmetrisch eingelassen waren.

Der Ventiltrieb umfaßte zweifache Schraubenfedern und sich drehende Finger, während die zweifache, obenliegende Nockenwelle auf jeder Zylinderreihe über Königswellen vom Ende des Motors angetrieben wurde: die Einlaßnockenwelle direkt von der Kurbelwelle, eine kurze Verbindung vom Einlaßkegelrad trieb die Auslaßnockenwelle.

Jede Zylinderreihe sollte am Ende ihrer Einlaßnockenwelle einen Magnetzünder antreiben. Drei Einfach-Fallstromvergaser hatte man zwischen den Zylinderreihen vorgesehen; an einen Kompressor hatte man im Planungsstadium noch nicht gedacht. Über eine Einscheibenkupplung war der Zehnzylinder-Motor mit einem Fünfgang-Getriebe verbunden. Seine oberen vier Gänge befanden sich über Klauenkupplungen im Dauereingriff, und über einen Keilriemen wurde vom anderen Ende der Antriebswelle die hinten montierte Lichtmaschine bewegt.

Die Radaufhängung, wie sie für den F-Wagen geplant war, entsprach dem klassischen Porschemodell jener Zeit und hatte viel Ähnlichkeit mit der des Volkswagen. Das bedeutete an Einzelschwingarmen aufgehängte Hinterräder, mittels Torsionsstab abgefedert. Die Vorderräder sollten über Parallellenker geführt und ebenfalls mit Torsionsstäben gefedert werden. Der verbindende Mittelteil war ein leiterähnlicher Ovalrohrrahmen, 12,5 cm hoch und am Ende über die Schwingachsen hochgezogen. Die Konstruktion sah weiter verrippte, innenliegende Trommelbremsen mit 300 mm Durchmesser vor, 17-Zoll-Räder mit Zentralverschluß, Reifen der Dimension 5,50 × 17 und ein Reserverad unter der Fronthaube.

Das von Erwin Komenda entworfene zweisitzige Mittelmotorcoupé vom Typ 114 sah wie ein gestreckter Volkswagen aus. Das für Windkanalversuche gebaute Modell ließ ein spitzzulaufendes Hinterteil erkennen, mit einer flachen, tiefen Frontpartie und in gleicher Ebene abschließen-

den Kotflügeln, pontonförmig die Hinterräder abdeckend. Anders als beim VW gab es einen Wasserkühler, der in der Anfangsplanung noch vor dem 56-Liter-Kraftstofftank vorgesehen war. Diese Version wurde im Januar 1939 dahingehend abgeändert, daß der Kühler nach hinten, direkt vor den Motor, verlegt wurde, wo ein zusätzliches Gebläse montiert werden sollte. Diese Änderung brachte eine Verlängerung des Radstandes von 270 cm auf 275 cm mit sich, während die Spurweite mit 135 cm beibehalten werden konnte.

Dies waren die wesentlichen Merkmale des Typs 114, jenem geistreichen Sportwagen, von dem Porsche hoffte, ihn bald in Eigenregie fertigen zu können, etwa in einem Jahr oder so, wenn sich die Spannungen in Europa wieder gelegt haben würden. Im Augenblick wurde man für einen Teil der aufgewendeten Konstruktionsmühen dahingehend entschädigt, daß sowohl der Motor als auch das Getriebe des Typ 114 für ein vom Volkswagenwerk in Auftrag gegebenes und bezahltes Rennauto (geplanter Typ 116) verwendet werden konnten. Zwar setzte VW einen solchen Wagen in keinem einzigen Rennen ein, aber es kam 1939 mit einem vereinfachten Sportauto,

Bergrennen im Juni und auch die Deutsche Alpenfahrt im Juli. Seit 1934, als erstmals das 2000-Kilometer-Rennen ausgeschrieben war, bei dem Ferry Porsche mit einem Wanderer gemeldet hatte, veranstalteten das NSKK und die ONS kein Rennen auf öffentlichen Straßen, etwa im Stile der Mille Miglia, mehr. Für 1938 jedoch planten die obersten Motorsportbehörden wieder ein spektakuläres Rennen mit entsprechendem Aufwand und Einsatz.

Es ist durchaus denkbar, daß es die Begeisterung Ferdinand Porsches für den Rennsport war, die Korpsführer Hühnlein bestärkte, ein Rennen der

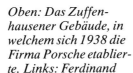

Oben: Das Zuffenhausener Gebäude, in welchem sich 1938 die Firma Porsche etablierte. Links: Ferdinand Porsche führt Hitler den ersten Volkswagen vor. Im Hintergrund ganz links Korpsführer Hühnlein, dem die nationale Koordination aller Rennsportangelegenheiten oblag. Oben der VW-Kübelwagen Typ 82, der sich während des Krieges an allen Fronten bewährte. Er ist ebenfalls eine Porsche-Konstruktion.

das dem Typ 114 sehr ähnlich sah und auch von denselben Zeichentischen in Zuffenhausen kam, fast dazu.

Noch 1939 wurden in Deutschland Pläne für neue Rennen und Sportwagen geschmiedet, da jene Männer noch keine Informationen bekamen oder weitergaben, wonach ihre siegreichen Aktivitäten durch einen gewaltigen Krieg abgelöst werden könnten. Im Dritten Reich spielte sich Motorsport unter der zentralen Kontrolle des Nationalsozialistischen Kraftfahrer-Korps (NSKK) und seines Präsidenten Adolf Hühnlein ab. Lange Zeit hatte der barsche und aufbrausende Hühnlein absolute Befehlsgewalt über alle Einsätze in Deutschland, wenn auch ein Teil dieser Kontrolle durch die Oberste Nationale Sportbehörde, die ONS, als höchste nationale Sportautorität ausgeübt wurde. International war es dieser Organisation zugesprochen, Rennen und Rekordversuche innerhalb Deutschlands zu genehmigen, was sie dann auch mit dem Pomp und Gepräge jener Zeit tat.

Lokale Ereignisse, etwa Rallies oder Zuverlässigkeits-Prüfungen, wurden in den dreißiger Jahren von paramilitärischen Gruppen und Brigaden des NSKK organisiert, während landesweite Angelegenheiten unter ONS-Gewalt fielen, etwa die Winter-Prüfung im Februar, ein Drei-Tage-

Superlative zu planen. Als Veranstaltungsmonat war der September vorgesehen. Startpunkt sollte Berlin sein und von hier wollte man die Rennwagen auf der durchgehend fertigen Autobahn bis München eilen lassen. Weiter sollte es dann durch den schmalen Tiroler Teil in Österreich zum Brenner und weiter nach Italien gehen, wo über jeweils gesperrte Landstraßen das Ziel Rom erreicht werden sollte. Dieses Berlin-Rom-Rennen hätte drei Staaten von Hauptstadt zu Hauptstadt durchquert und annähernd 1300 Kilometer auf der Autobahn umfaßt. Ein epochales Ereignis mit nicht abzusehender Propagandawirkung, nicht zuletzt auch für den Volkswagen. Denn für das Porsche- und KdF-Wagen-Team in Zuffenhausen war dieses Rennen eine gute Gelegenheit, in der Öffentlichkeit bekanntzuwerden. Wenn sich auch die Fertigstellung der Fabrik in Fallersleben verzögerte, so war nach wie vor die Aufnahme der Volkswagenproduktion für September 1939 und die ersten Auslieferungen für Anfang 1940 geplant. Das Berlin-Rom-Rennen schien dazu angetan, der Welt Kraft und Wesen dieses neuen deutschen Automobils zu demonstrieren. Zugegeben, der serienmäßige KdF-Wagen, mit nur 24 PS aus 985 ccm und einer Maximalgeschwindigkeit von 105 km/h würde sich nicht in seinem geplanten Haupteinsatzgebiet

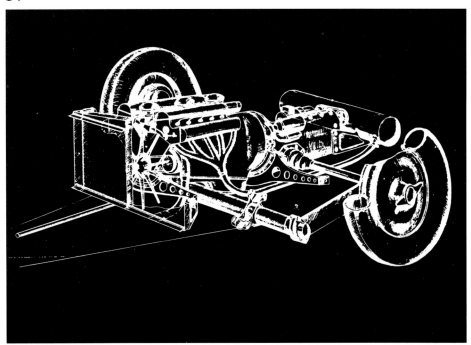
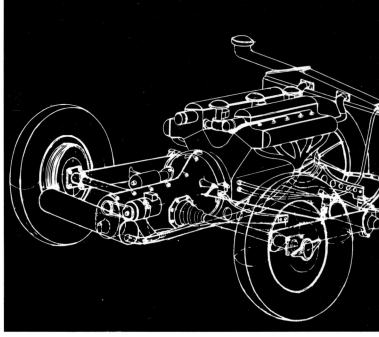

bewegen. Dennoch, so argumentierte Ferdinand Porsche, eigneten sich einige Sonderanfertigungen, auf der Basis des Typs 60 gebaut, für diesen Renneinsatz vorzüglich.
Überzeugt plazierte Hühnlein bei Porsche einen Auftrag über Entwicklung und Bau dreier spezieller Sportcoupés, basierend auf dem Typ 60. Für die finanzielle Sicherung sorgte die Arbeitsfront von Ley und Lafferentz. Obwohl sie gerade Porsches Produktionspläne für den Typ 64 verworfen hatten, erkannten sie dennoch, welche gesteigerte Werbewirkung von der Teilnahme eines KdF-Wagens am Berlin-Rom-Wettbewerb ausgehen könnte.
Im Herbst 1938 begann man mit den Vorarbeiten, im Frühsommer 1939 standen drei Exemplare des Typs 60 K 10 fertig auf den Rädern. Verwendet wurde jeweils ein Chassis des Typs 60 mit einem Spezialaufbau der K-Serie (K = Karosserie), der auch frühe Entwürfe für den Volkswagen enthielt; Die Entwicklung war bis zur Stufe K-12 gediehen.
Der volle Einstieg in die Herstellung des 60 K 10 war nur möglich, weil Porsche praktisch sämtliche Vorarbeiten bereits mit dem Typ 64 geleistet hatte. Sowohl die VW-Bodenplatte als auch seine Radaufhängung konnten beibehalten werden. So blieben Radstand und Spurweite mit 240 cm bzw. 128,5 cm gleich. Größere Ventile, Doppelvergaser und eine höhere Kompression steigerten die Motorleistung auf über 50 PS, das war mehr als das Doppelte der Serien-VW-Leistung. Auf Dauerleistung wurde besonderer Wert gelegt, damit man das Auto auf der Autobahnstrecke zwischen Berlin und München im Rennen voll ausfahren konnte.
Durch eine bei Reutter in Stuttgart gefertigte Stromlinienkarosserie aus Aluminium wollte man auf den schnellen Streckenabschnitten weiteren Gewinn herausholen. Ihr Entwurf stammte

Oben: Porsches Skizzen für den Zehnzylinder vom Typ 114. Dieses Aggregat war in wassergekühlter Ausführung vorgesehen.
Rechts: Modell des 114 V10, angefertigt für Windkanal-Tests. Unverkennbare Porsche-Linien!
Gegenüberliegende Seite: Zwei Konstruktionszeichnungen für den Typ 114. Unten handelt es sich um den schmaleren 114 K2 für Renneinsätze. Beide Wagen wurden nie realisiert.

von Komenda und ähnelte stark dem des Typs 114, der ja zur gleichen Zeit in Planung war; mit seinen geschlossenen Radkästen und einer winzigen Fahrerkabine war er aber noch extremer. Mit dem 114 hatte er die Fensterform und die Lüftungsschlitze im Heck gemein, die Frontpartie glich der des Volkswagens – ein Hauch von stilistischer Anlehnung war notwendig, sollten die drei Renner den Verkauf der normalen KdF-Wagen ankurbeln helfen.
Die Dachbreite war so schmal wie bei einem Monoposto, jedoch hatten beengt zwei Personen Platz, was dadurch erreicht wurde, daß man den Beifahrersitz versetzt montierte. Der große Benzintank war im verbleibenden Vorderraum des Fahrzeuges untergebracht. Die Batterie verstaute man hinter dem Fahrer. Unter der langen Fronthaube blieb gerade Platz für zwei Ersatzräder.

Der 60 K 10 erreichte echte gestoppte 150 Stundenkilometer und war damit geradezu perfekt auf die Bedürfnisse des Berlin-Rom-Rennens hingeschneidert. Indessen wurde – als die Wagen fertig waren – das Rennen abgesagt. Im September 1939 war jedem klar, daß ein großer Krieg begonnen hatte und ein derartiges Rennen auch dann nicht stattfinden konnte, wenn es innerhalb der Grenzen der Achsenmächte ablaufen würde. Die drei Renncoupés avancierten zu aparten Taxis: eines benutzte Dr. Lafferentz so lange, bis er es zu Anfang des Krieges in einen Totalschaden verwandelte, den man vermutlich abschreiben mußte. Die beiden anderen Coupés verblieben in den Händen Porsches. Eines davon wurde gelegentlich von Jakob Werlin gefahren, während das andere Ferdinand Porsche und sein Chauffeur Josef Goldinger benutzten. Bei einem der beiden wurde die Rundumsicht durch schmalere Rah-

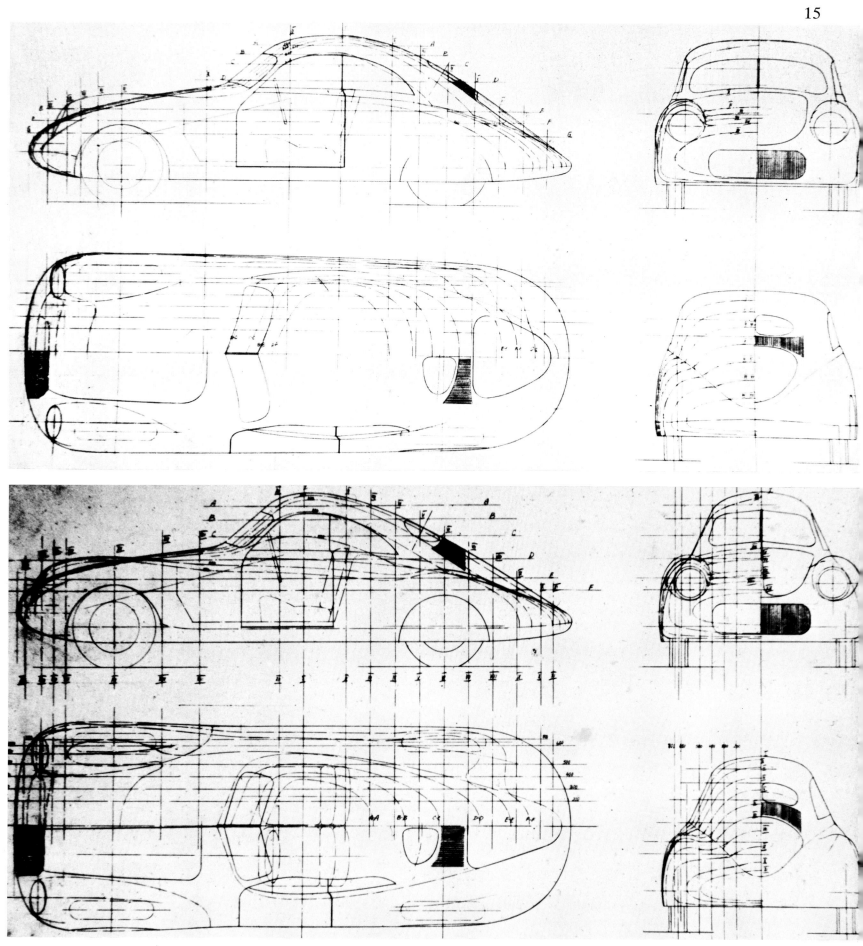

men und größere Glasscheiben verbessert. Gleichzeitig verlegte man die Scheibenwischer vom oberen Scheibenrand nach unten. Diese tiefgeschürzten Coupés hatten ausklappbare Winker in den Seitenblechen eingelassen und waren mit einem unter der Frontpartie eingebauten Bosch-Zweiklanghorn ausgestattet.

Da der 60 K 10 ein schneller Wagen war, benutzte ihn Professor Porsche immer wieder. Mit hoher Geschwindigkeit eilte er dann über die von Stuttgart sternförmig wegführenden Autobahnen, wobei die schmalen – es war Verdunkelungszeit! – Scheinwerferschlitze die nebelige Dunkelheit der Schwäbischen Alb zu durchdringen versuchten. Es herrschte kein allzugroßer Verkehr zu Anfang der vierziger Jahre auf den deutschen Straßen und es ließen sich daher auch gute Reiseschnitte erzielen. Einmal erreichten Porsche und Goldinger das Hotel Bristol im Zentrum Berlins nur eineinhalb Stunden, nachdem sie Fallersleben verlassen hatten. Das bedeutete ein Durchschnittstempo von rund 136 Stundenkilometer über gewöhnliche Landstraßen!

Ferdinand Porsche wurde durch Auszeichnungen und durch Verpflichtungen in Trab gehalten. Er hatte bereits zwei Ehrendoktorate Technischer Hochschulen bekommen, das erste 1917 in Wien und das zweite 1924 in Stuttgart. 1938 wurde er mit dem Deutschen Nationalpreis ausgezeichnet, dann zum Reichs-Auto-Konstrukteur ernannt und 1940 zum Honorarprofessor an die Technische Hochschule in Stuttgart berufen. Von mehr als nur akademischem Interesse war Porsches Berufung zum Vorsitzenden der Panzerkommission im Reichsministerium für Bewaffnung und Munition im Jahr 1940. In den folgenden Jahren verbrachte er seine Zeit mehr im aufgewühlten Gelände der Truppenübungsplätze und inmitten des Getrommels der Niethämmer in den riesigen Fertigungshallen der Panzer als auf den von ihm so geliebten Rennpisten. Porsche stürzte seine Organisation mit dem gleichen Enthusiasmus in die Konstruktion bewaffneter Armeefahrzeuge, mit dem er seine Firma auf anderen Gebieten bereits berühmt gemacht hatte. Es handelte sich schließlich auch um keine völlig neue Disziplin, da er in den dreißiger Jahren bereits bei Daimler-Benz an Militär-/ Projekten gearbeitet hatte, darunter an einem achtachsigen Mannschaftstransportwagen. Diesmal, 1939, entwarf das Porsche Büro den Prototyp 100, einen Panzer, dem 1942 der berühmte Typ 101 »Tiger« folgte. Typ 103 hatte dann statt des elektrischen Antriebes, wie ihn Porsche vorzog, eine Hydraulik. Angetrieben wurden diese Panzer von zwei luftgekühlten V-10-Benzinmotoren.

1942 entstand Porsches berühmte »Maus«, der Panzer vom Typ 205 mit einem Gewicht von 180 Tonnen. Der Keim dieses bewaffneten Giganten sproß aus der fruchtbaren Erde Österreichs, der Porsche schon so manchen kreativen Beitrag verdankte. Der Kreis mit den alten Weggenossen bei Austro-Daimler und Steyr hatte sich auf außergewöhnliche Weise geschlossen. Die Maschinen für die »Maus« wurden in Wien bei der Maschinen- und Fahrzeugfabrik Graz-Simmering-Pauker gefertigt, die Prototypen der Porsche-Panzer im Nibelungenwerk in St. Valentin nördlich von Steyr; hierfür zeichneten die Steyr-Daimler-

Erwin Komendas Schöpfung: die Karosserie des 60K10, der 1939 entstand, um im Rennen Berlin–Rom mitzufahren. Der Wettbewerb fand wegen Ausbruch des Krieges nicht statt. Einer der drei Wagen existiert noch heute.

Puch Werke verantwortlich. Porsches Chefkonstrukteur Franz Xaver Reimspiess war hier eingesetzt.

Häufig wurde Professor Porsches Rat in St. Valentin benötigt. Er war aber auch bei VW in Fallersleben, wo sein Schwiegersohn die Geschäfte führte, und in den Peugeot-Fabriken in Frankreich, die seit der deutschen Okkupation an die KdF-Werke angeschlossen waren, begehrt. Und auch in Berlin war seine Anwesenheit oft erforderlich, so daß ihm höchstens zwei Tage pro Woche für Zuffenhausen, wo das Hauptbüro unter Ferry Porsches Leitung etabliert war, verblieben. Hier lebte die Familie in einer Villa mit steilem Ziegeldach am Feuerbacher Weg 48 – auf einem Hügel, von dem man ganz Stuttgart übersehen konnte. Erholung wurde in jedem freien Augenblick auf dem Famillienbesitz in Zell am See, südlich von Salzburg, getankt.

Porsche war viel unterwegs, entweder in dem schnellen Berlin-Rom-Coupé mit Goldinger oder auf der Eisenbahn. Aber es gab Probleme. Nach scharfen Differenzen mit Albert Speer, dem Reichsminister für Rüstungswesen, hatte Professor Porsche seinen Sitz in der Panzerkommission verloren und war zum Sachverständigen für Rüstungswesen ernannt worden – ein Trostpflaster. Sein ständiger Drang nach exotischen

Antrieben, Maschinen und Aufhängungen für Tanks, zu einer Zeit, da Deutschland Massengüterfertigung und nicht das perfekt ausgereifte Einzelmodell brauchte, brachte ihm in einigen Kreisen die Bezeichnung des »verrückten Wissenschaftlers« ein.

Ideen für fortschrittlichere Waffen kamen weiterhin aus den Entwicklungsbüros in Zuffenhausen und dem St. Valentiner Werk. Die monströse »Maus« zeigte ihr Können an einem vereinfacht fertiggestellten Musterexemplar. Zeichnungen und Modelle für eine relative Verkleinerung, dem 18 Tonnen Mehrzweck Panzer Typ 245, waren fertig. Ein ähnliches Stadium war in der Planung des Typ 250, einem turmlosen Panzer mit einer 105-mm-Kanone, erreicht. Eines der letzten militärischen Projekte war die Konstruktion mit der Nummer 293, im Auftrag der SS im Sommer 1944 niedergelegt. Es handelte sich um einen Mannschaftstransporter, der sowohl auf Rädern wie auf Schienen lief und der aus Teilen konstruiert werden mußte, die in Italien gefertigt wurden, da Stuttgart unter ständigem Bombardement lag.

Sowohl Vielseitigkeit als auch Umfang zeichneten Porsches Kriegsbeitrag aus. Dazu zählten auch die zahlreichen Varianten des Volkswagen-Themas. Ein beinahe ebenso ehrgeiziges Projekt war der vom Reich in Auftrag gegebene »Volkspflug«, mit dessen Hilfe man die deutsche Landwirtschaft motorisieren wollte. Es handelte sich dabei um einen kleinen, vielseitig einsetzbaren Traktor, mit dem sich all das Schleppen und Bebauen, zu dem normalerweise Ochsen und Pferde benötigt wurden, auf kleinen Höfen bewerkstelligen ließ. Als Typ 110 gingen die ersten Volkspflug-Ideen auf 1937 zurück, mit sukzessive fortschreitenden Entwicklungen zum Typ 113 bis ins Jahr 1940 hinein. Nahe Köln, in Waldbröl, sollte ein riesiges Werk für bis zu 300 000 Traktoren jährlich entstehen; ein Traum, der wie viele andere Wunschvorstellungen des Dritten Reiches 1944 ausgeträumt war.

Das war aber noch lange nicht alles, was das Porsche-Team entwickelte. Da war zum Beispiel der Typ 175 »Ostradschlepper«, eine schwere Zugmaschine mit großen eisernen Rädern. Ein Rückgriff Porsches auf Entwicklungen im Ersten Weltkrieg, als er Zugmaschinen baute, die Artillerieteile durch den Tundramorast der russischen Front ziehen sollten; aber die militärische Situation wechselte damals, bevor das bei Skoda gebaute Vehikel zur ersten Probefahrt antrat. Porsche baute auch einen speziellen VW-Motor mit Roots-Kompressor, der für den Antrieb transportabler Seilbahnen in den Alpen dienen sollte. Einer dieser 45-PS-Motoren trieb jenes grüne VW-Cabrio an, mit dem Ferry Porsche während des Krieges stets unterwegs war. Und dann gab es das von Porsche entwickelte »Volkswindkraftwerk«. Inspiriert durch den unbezähmbaren Dr. Lafferentz, war dieser dreiblättrige Stromgenerator als moderne Nachfahre der alten Windmühle entstanden. Die geplanten Typen 135 bis 137 (jede für eine andere Watt-Leistung) sollten, wenn auf einem hohen Mast montiert, die Bauernhäuser in Deutschlands neuem Lebensraum – in der russischen Steppe – mit Strom versorgen . . .

Im Jahr 1943 und in den ersten Monaten des Jahres 1944, als alliierte Bomber immer ungestörter die deutschen Industriezentren überfliegen konnten, blieb die Zentrale des Porsche-Teams in Stuttgart-Zuffenhausen, obwohl bereits viele andere Firmen in dünnbesiedeltere Gebiete ausgewichen waren. Als aber im April 1944 die erste Bombe auf das KdF-Werk bei Fallersleben gefallen war, wurde Professor Porsche höchst aktiv. Die Archive der Firma seien im Dachgeschoß des Hauses gelagert, wo sie durch Luftangriffe am verwundbarsten seien, beklagte er sich bei seinem Sohn. Er ordnete ihre sofortige Verlagerung in den Keller an, wo sie besser geschützt waren. Die Vorsichtsmaßnahme umfaßte auch eine dreifache Kopierung der Originalzeichnungen. Eine der neuen Garnituren wurde daraufhin in der Porsche-Villa und eine weitere in der Stuttgarter Wohnung von Ghislaine Kaes, Porsches Neffe und Privatsekretär, untergebracht. Alles war in verschließbare Behälter aus Stahlblech verpackt worden. So waren diese Reserveunterlagen sehr handlich. Genau acht Tage nachdem man das Archiv in den Zuffenhausener Keller verlegt hatte, ließ eine alliierte Maschine eine einzige Bombe ausgerechnet in einem Winkel fallen, daß sie schnurgerade in den Keller sauste, und ohne irgendeinen anderen Gebäudeteil zu beschädigen, alle Zeichnungen einäscherte. Ein Teil des Porsche-Teams zog aus dem Gebäude. Aber es war nicht mehr allein ihr eigener Entschluß. Albert Speer ließ erkennen, daß die »Porsche-Denkmaschine« in weniger gefährdete Umgebung umzuziehen habe und das schnellstens. Ferry Porsche nahm dies auch sogleich in die Hand. Anläßlich der ersten Aussprache bei den Stuttgarter Behörden wurde ihm ein Ausweichquartier in der Tschechoslowakei angeboten. Da ihm diese Lösung nicht gefiel, beschloß er, die Reichs-Bürokratie zu umgehen und erkundigte sich in Salzburg wegen einer möglichen Unterbringung in Österreich. Und er fand etwas: eine Fliegerschule in Zell am See. Dies schien ihm geradezu ideal, weil sie an den Familienbesitz direkt angrenzte. Aber das Areal war zu klein. So suchte man weiter und fand eine ehemalige Sägemühle in der winzigen Stadt Gmünd, abgelegen, ohne jede Eisenbahnverbindung, aber groß genug, um Porsches Büro und Werkstätten aufzunehmen.

Am Ende benutzte dann Porsche beide Lokalitäten. Die Fliegerschule Zell am See diente hauptsächlich als Lager. Ferry Porsche teilte alle wichtigen Maschinen und Werkzeuge in drei gleich ausgestattete Gruppen, soweit dies eben möglich war. Eine verblieb in Zuffenhausen, die zweite ging nach Gmünd und die dritte lagerte man in Zell am See ein. Reminiszierend meint Ferry: »Ich hatte mir überlegt, daß wir immer wieder neu beginnen konnten, solange uns ein Drittel zur Verfügung stand.« Auch Fahrzeuge wurden nach Zell am See verlagert, einschließlich eines übriggebliebenen Berlin-Rom-Coupés.

Die Übersiedlung nach Gmünd fand im Spätherbst 1944 statt. In dieser Zeit fielen bei Porsche einige Entscheidungen, die eher menschlicher Natur waren und keine politischen oder technische Hintergründe hatten. Verständlicherweise setzte die Gruppe der Österreicher, die im Porsche-Team maßgebliche Positionen bekleideten, der Übersiedlungsidee den geringsten Widerstand entgegen, besonders als die Bedingungen (was sie aber nur sich selbst eingestanden) sich in Deutschland zusehends verschlechterten. Deutsche Mitarbeiter wiederum tendierten zum Verbleib in Stuttgart und viele von ihnen kehrten noch in den letzten Kriegstagen von Gmünd nach Hause zurück, um näher bei ihren Verwandten zu sein. Zusätzlich wurde es für Deutsche in Österreich mit dem Niedergang des Dritten Reichs immer ungemütlicher. In der Zwischenzeit errichtete man, um den Gmünd-Emigranten ein Dach über dem Kopf zu bieten, zehn Zweifamilienhäuser im Flußschottergebiet nahe der Mündung jenes Flusses, der Gmünd seinen Namen gab. Es handelte sich um Standardhäuser, wie man sie auch in Deutschland seinerzeit überall baute.

Ausgestattet mit allen Vollmachten seines Vaters, übernahm der fündunddreißigjährige Ferry Porsche nun das Kommando für die Aktivitäten in Gmünd. Karl Rabe war sein technischer Direktor und Hans Kern leitete die Finanzen. Kern war 1933 zu Porsche gekommen auf Grund einer Empfehlung von Hans Baron Veyder-Malberg, der Verkaufsleiter und Teilhaber wurde; 1942 wurde Kern Hauptbevollmächtigter für das Finanzressort der Porsche KG. In Zuffenhausen hielt Karl Fröhlich die Stellung und war um ständigen Kontakt zum Team in Gmünd bemüht.

Nach wie vor war Professor Porsche in den ersten fünf Monaten des Jahres 1945 unterwegs, unermüdlich wie immer trotz seines Alters von 69 Jahren. So unglaublich es auch klingen mag, aber es wurden Projekte, wie etwa ein zweiter Prototyp der riesigen Maus, weitergebaut – der politischen Situation zum Trotz – bis in die Tage der Kapitulation hinein.

Mit dem Niedergang des Hitler-Reiches unter den alliierten Angriffen versammelten sich die Mitglieder des Porsche-Clans auf dem Gut in Zell am See. Porsche Senior mit Frau, sein Sohn, seine

So bescheiden nahm sich das Gebäude aus, in welchem die Porscheleute gegen Ende des Krieges einquartiert wurden. Man nannte es die »Vereinigten Hüttenwerke«. Die großen Holzbaracken standen in Gmünd/ Kärnten. Genaugenommen stand hier die Wiege des Porsche-Sportwagens. Bei Kriegsende vermuteten die Besatzungstruppen hier gewiß nicht den Sitz eines bedeutungs-

Tochter und deren Familien. Man konnte jetzt nur die Ankunft der Besatzungstruppen abwarten. Im Mai trafen britische Offiziere und Soldaten ein. Der Professor wurde erstmals vor eine Militärkommission in Zell am See zitiert.

Wie für jedermann in Europa, gab es auch für die Porsches Mitte 1945 einen tiefen Einschnitt. »Wir hatten einiges Geld«, erinnert sich Ferry, »aber es war beschlagnahmt, da wir deutsche Staatsbürger waren.« Neue Barrieren wurden durch die Besatzer zwischen Österreichern und Deutschen aufgeworfen. Zell am See lag in der amerikanisch besetzten Zone, abgeriegelt gegen Gmünd, das in der Britischen Zone lag. Karl Rabe war von den Engländern für den Betrieb der Sägemühle verantwortlich gemacht worden. Die Porsche-Büros in Zuffenhausen wurden derweil von Amerikanern besetzt, da Stuttgart in der amerikanisch besetzten Zone Deutschlands lag. Der hier 1909 geborene Karl Kirn wurde als Sachverwalter für den Stuttgarter Porsche-Besitz eingesetzt.

Die Aussichten waren für diese technisch außerordentlich begabten und erfahrenen Männer nicht gut. »Wenn Ihr Vater Schuhmacher wäre«, sagte einer der britischen Verantwortlichen zu Louise Piëch, »könnte er sicher wieder Schuhe machen, aber Autos wird er nie wieder konstru-

vollen Unternehmens! Blick in einen Innenraum der Gmünder Notunterkunft. Ganz unten ein Kartenausschnitt, der die Besatzungszonen Österreichs erkennen läßt. Östlich vom Großglockner ist das Städtchen Gmünd erkennbar. Rechts: Ferry Porsches VW-Cabriolet in der »Werkseinfahrt« des Gmünder Betriebes. Das Holzhaus beherbergte die Büros der Geschäftsleitung.

ieren.« Bis jetzt war man keinen Schritt weitergekommen, um die Abmachungen der Alliiertenkonferenz vom September 1944, das Nachkriegsdeutschland betreffend, zu überarbeiten. Denn der Morgenthau-Plan, nach dem US-Finanzminister, der ihn ausgearbeitet hatte, benannt, sah die totale Vernichtung der deutschen Industrie vor und die Umwandlung Deutschlands in einen reinen Agrarstaat.
Landwirtschaft war schließlich auch das Schlüsselwort in Gmünd, wo man nie aufgehört hatte,

aus der Porsche-Organisation wurden ebenfalls unterschiedlich lange interniert.
Im November 1945 aber kam es zu einer Verkettung von Ereignissen, die sicher dazu beigetragen haben, das Leben Ferdinand Porsches zu verkürzen. Man hatte ihn nach Baden-Baden, das in der französisch besetzten Zone Deutschlands lag, eingeladen, wo er an Beratungen über neue französische Projekte zur Erzeugung eines »französischen Volkswagens« teilnehmen sollte. Noch vor Abschluß von Verträgen kam es indessen zum

über Traktoren nachzudenken. Mit keiner konkreten Aussicht, daß sie auch je gebaut würden, arbeitete das Porsche-Team im Herbst 1945 am Projekt 309 – dies war ein kleiner Zweitakt-Diesel, der sowohl in einen VW gepaßt hätte als auch in einen Traktor sowie an den Traktortypen 312, 313, 323 und 328. Erst ein halbes Jahrzehnt später sollte diesen Ideen erster Erfolg beschieden sein. In der Zwischenzeit wurden die Werkzeugmaschinen in Gmünd dazu benutzt, Zubehörteile für Traktoren, Handkarren, Winden, Hubstapler zu bauen. Dipl.-Ing. Mickl verwendete sein Gelehrtenwissen, um kleine, wirkungsvolle Wasserturbinen zu entwerfen, die man dann als Kraftquellen für entlegene Höfe einsetzen konnte. In der Werkstatt in Zell am See reparierte Herbert Kaes, ein Neffe Porsches und ehemaliger Verbindungsingenieur zwischen Porsche KG und dem Heereswaffenamt, Fahrzeuge, die es gerade noch bis zu seiner Tür geschafft hatten.
In der Zwischenzeit, es war im Juli 1945, war Professor Porsche von den Alliierten in ein Schloß (Codename: Mistkübel) an der Peripherie Frankfurts vorgeladen worden, wo man ihn wie viele andere Prominente eingehend verhörte. Nach drei Monaten entließ man ihn schließlich wieder und er kehrte nach Zell am See zurück. Weitere Familienmitglieder und auch Personen

politischen Umschwung in Frankreich und die neuen Politiker hatten nicht nur etwas gegen solche Projekte, sondern auch gegen deutsche Verhandlungsteilnehmer. Es folgte die Verhaftung nicht nur Ferdinand Porsches, sondern auch des Sohnes und des Schwiegersohnes, die den Senior zu den Unterredungen begleitet hatten. Man warf ihnen vor, Arbeiter im Peugeot-Werk sowie französische Kriegsgefangene schlecht behandelt zu haben. Zuerst brachte man Ferdinand Porsche und Anton Piëch in das Gefängnis von Baden-Baden und dann nach Paris, bzw. nach Dijon, wo die Haftbedingungen katastrophal waren. Die beiden älteren Männer mußten zwanzig Monate im Gefängnis bleiben, Ferry Porsche sechs. Während dieser trüben Zeit des Eingesperrtseins der Porsches und der zermürbenden Untersuchungen wurden die Familieninteressen von einem der stärksten Familienmitglieder hochgehalten – von Ferdinand Porsches Tochter Louise Piëch. Ein Familienmitglied meinte treffend: »Sie war die einzige, die man nicht eingesperrt hatte.« Ihre Beharrlichkeit und Entschlußkraft führten 1946 zu einem neuen Anfang. Gemeinsam mit ihrem Bruder begründete sie in Salzburg die Porsche Konstruktionen GesmbH. Dies war der neue Schirm, unter dem die Familie begann, für die Zukunft zu planen.

Kapitel 2
Porsche 356: Ein erster Meilenstein

Als die Leute bei Porsche mit ihrer Arbeit in Gmünd begannen, war der Ort derart isoliert, daß es nicht einmal einen Bahnanschluß gab. Um die Porsche-Werkstätten zu erreichen, mußten die Besucher, die mit der Eisenbahn kamen, bis Spittal fahren. Die Drau, an dessen Ufer die Bahn entlangfuhr, fließt von hier in Richtung Südost und erreicht nach etwa 480 Kilometern die Donau. Der Gast verließ in Spittal/Drau den Zug und wurde von einem Mitarbeiter des Hauses Porsche erwartet. Und es fiel einem schwer, sich vorzustellen, daß ein Mann von Porsche ein so kurioses Auto fuhr: einen Volkswagen mit großen Behältern und wirren Schläuchen, die von seiner gewölbten Schnauze nach hinten führ-

ten. Nachdem das Gepäck verstaut war, erläuterte der Fahrer, daß dieses Fahrzeug mit einer Holzgasanlage betrieben werde...
Und das Auto lief wirklich und obendrein noch schnell, und ehe sich's der Besucher versah, hatte man das Liesertal mit Lieserhofen und Trebesing hinter sich gelassen und war in dem nur 15 Kilometer von Spittal entfernten Gmünd angekommen. Hier kurvte der Fahrer eine ungeteerte Landstraße hinauf, bis das neue Zuhause der Porsche-Leute, jene ehemalige Sägemühle, erreicht war. Am Fuß der Reißeckgruppe gelegen, bestand der Sägekomplex aus mehreren Hütten, und hier arbeiteten sowohl die leitenden Angestellten als auch die Entwicklungsingenieure. Wenn die Anlage auch offiziell Karnauer Porsche-Werk hieß, so nannte es die Belegschaft – mit typisch österreichischem Humor – die »Vereinigten Hüttenwerke Gmünd« in Anlehnung an die für Stahlwerke übliche Bezeichnung.
Wie der Besucher bald bemerkte, handelte es sich bei der Porsche-Belegschaft in Gmünd um eine perfekte Mannschaft. Im Dezember 1946 beschäftigte das Werk 222 Leute, vierundachtzig mehr als ein Jahr davor. Davon waren 53 Personen für Verwaltung und Entwicklung zuständig, die anderen arbeiteten als Mechaniker in der großen, giebelbedachten Sägemühle, wo im Winter ganze Batterien von Holzöfen sie vor der Kälte schützten.
In diesen schwierigen Zeiten war jedermann auf der Suche nach Arbeit, und Ferry Porsche, Louise Piëch und Karl Rabe – so abgeschieden sie auch waren – konnten sie in überraschender Fülle bieten. 1946 erreichte ihr gesamter Umsatz 1 319 000 Reichsmark, ein Wert, der nur siebzehn Prozent unter dem des Jahres 1938 lag. Und ins Jahr 1947 ging man mit einem neuen, wichtigen Kunden, einem Italiener, der eine führende Position in der Welt des Automobils anpeilte. Eine stattliche Anzahl gemeinsamer Ambitionen hatte das Band zwischen Ferry Porsche und dem Industriellen Piero Dusio aus Turin geknüpft. Angefangen hatte es damit, daß ein junger gebürtiger Wiener namens Carlo (Karl) Abarth, der jetzt in Meran lebte und engagierter Motorradfahrer war, an Louise Piëch einen Brief schrieb. Da er die Piëch-Familie gut kannte (seine Frau war seinerzeit in Wien Anton Piëchs Sekretärin gewesen), war es nichts Besonderes für Abarth, ihr ein paar Zeilen zu schreiben. Nachdem der Kontakt wiederhergestellt war, entwickelte sich ein ständiger Briefwechsel zwischen ihm und Ferry Porsche, der im Juli 1946 aus der Haft entlassen worden war. Des weiteren entwickelte sich ein brieflicher Kontakt zu einem weiteren Meraner, Ingenieur Rudolf Hruska. Ein kluger und ambitionierter Mann, den Ferry Porsche ebenfalls gut kannte. Geboren und ausgebildet in Wien, war er 1937 zu einer Traktorenfabrik nach Deutschland gegangen. Hier hatte ihn Karl Rabe für das Porsche-Team angeworben. Von 1939 bis 1941 war Hruska dann Verbindungsmann für das Volkswagenprojekt zwischen der Porsche-Entwicklungsabteilung in Stuttgart und der VW-Fertigung in Fallersleben. Bis 1942 beteiligte er sich auch an dem ehrgeizigen Plan, Porsche-Traktoren in großen Stückzahlen herzustellen.
Anfang 1945 war Hruska nach Brescia gereist, wo eine dort ansässige Firma Teile für Versuchsfahrzeuge fertigen wollte. Als er im April nach Österreich zurückzukehren gedachte, war eine Heimfahrt infolge der Wirren der letzten Kriegsmonate unmöglich geworden. So ging er statt dessen zu Freunden nach Meran, wo er bleiben konnte; hier lernte er dann auch Carlo Abarth kennen. In seinen Briefen machte Ferry Porsche den beiden Wienern den Vorschlag, in Italien für die Ideen und das Können der Porsche-Leute in Gmünd zu werben, bis er und seine Mitarbeiter wieder frei reisen durften.
Auch andere Briefe hatte Carlo Abarth geschrieben. Eine Postkarte, lediglich an »Tazio Nuvolari, Mantova« adressiert, wurde eines Tages mit dem persönlichen Erscheinen des großen Rennfahrers belohnt. Der Mantuaner kannte auch Hruska seit 1938, als Nuvolari für das Auto Union-Team fuhr. Nuvolari war eifrigst auf der Suche nach einer Möglichkeit, einen neuen Grand-Prix-Wagen zu entwerfen und zu bauen, denn die Vorkriegs-Maserati, die ihm zur Verfügung standen, waren in einem traurigen Zustand. Warum sollte man nicht die Porsche-Leute damit betrauen, einen neuen Rennwagen zu konstruieren? Das war zumindest die Grundidee von Abarth und Hruska; auch Nuvolari war davon begeistert. Hruska schrieb nach Gmünd und erhielt im September 1946 die Zusage, daß Porsche mit der Entwicklung eines derartigen Autos sofort beginnen könnte, die Zustimmung der Besatzungsorgane vorausgesetzt. Porsche rechnete mit drei bis vier Monaten, bis die ersten Zeichnungen fertig seien; er kalkulierte die Konstruktionskosten auf 30 000 österreichische Schilling pro Monat und hatte keine Einwände, das Auto in Italien bauen zu lassen, solange die Porsche-Leute ein gewisses Mitspracherecht bei der Herstellung und den Tests hätten.
Das waren gute Nachrichten für Abarth, Hruska und Nuvolari. Porsche war also in der Lage, den

Der Rennfahrer Otto Mathé in seinem Gmünd-Porsche mit Rechtslenkung. Mathé gehört auch der 60K10 auf Seite 16/17.

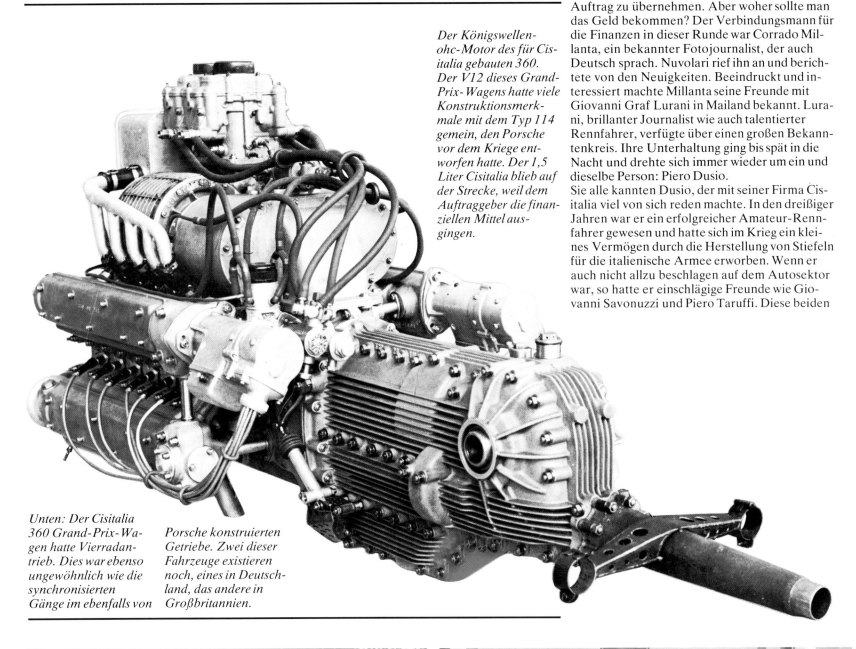

Der Königswellen-ohc-Motor des für Cisitalia gebauten 360. Der V12 dieses Grand-Prix-Wagens hatte viele Konstruktionsmerkmale mit dem Typ 114 gemein, den Porsche vor dem Kriege entworfen hatte. Der 1,5 Liter Cisitalia blieb auf der Strecke, weil dem Auftraggeber die finanziellen Mittel ausgingen.

Unten: Der Cisitalia 360 Grand-Prix-Wagen hatte Vierradantrieb. Dies war ebenso ungewöhnlich wie die synchronisierten Gänge im ebenfalls von Porsche konstruierten Getriebe. Zwei dieser Fahrzeuge existieren noch, eines in Deutschland, das andere in Großbritannien.

Auftrag zu übernehmen. Aber woher sollte man das Geld bekommen? Der Verbindungsmann für die Finanzen in dieser Runde war Corrado Millanta, ein bekannter Fotojournalist, der auch Deutsch sprach. Nuvolari rief ihn an und berichtete von den Neuigkeiten. Beeindruckt und interessiert machte Millanta seine Freunde mit Giovanni Graf Lurani in Mailand bekannt. Lurani, brillanter Journalist wie auch talentierter Rennfahrer, verfügte über einen großen Bekanntenkreis. Ihre Unterhaltung ging bis spät in die Nacht und drehte sich immer wieder um ein und dieselbe Person: Piero Dusio.

Sie alle kannten Dusio, der mit seiner Firma Cisitalia viel von sich reden machte. In den dreißiger Jahren war er ein erfolgreicher Amateur-Rennfahrer gewesen und hatte sich im Krieg ein kleines Vermögen durch die Herstellung von Stiefeln für die italienische Armee erworben. Wenn er auch nicht allzu beschlagen auf dem Autosektor war, so hatte er einschlägige Freunde wie Giovanni Savonuzzi und Piero Taruffi. Diese beiden

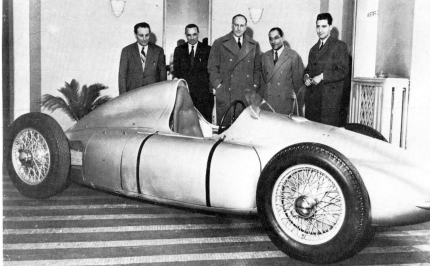

hatten für ihn einen kleinen Einsitzer mit Fiat-Motor und Gitterrohrrahmen entworfen und getestet, den Cisitalia. Nuvolari war damit Rennen gefahren und das Auto wurde 1946 auch in kleiner Stückzahl erzeugt. Im Herbst desselben Jahres arbeitete Dusio an einer Sportversion des Cisitalia und verfolgte außerdem das Ziel, massiv ins Grand-Prix-Geschehen einzusteigen. Dusios Phantasie ging so weit, daß Savonuzzi und Taruffi einmal im Spaß meinten, sein Wunschtraum eines Cisitalia GP ließe sich durchaus realisieren, wenn er nur ein paar jener Ingenieure fände, die an dem sagenhaften deutschen Grand-Prix-Wagen der Vorkriegszeit mitgewirkt hatten. Um so erstaunter waren sie, als diese Verbindung tatsächlich zustande kam. Der Anruf Luranis bei Dusio in Turin, während ihres Beisammenseins, brachte die Sache ins Laufen.

Nach einigen weiteren Schreiben machten sich Abarth und Hruska auf den Weg nach Norden, um in dem österreichischen Alpenskiort Kitzbühel die notwendigen Details des Arrangements zwischen Cisitalia und Porsche auszuarbeiten. Bei diesem Treffen mit Ferry Porsche, Louise Piëch, Karl Rabe und Hans Kern setzten sie einen Vertrag auf, der folgende vier verschiedene Projekte umfaßte: die Entwicklung eines kleinen Traktors (Typ 323), den Grand-Prix-Wagen (Typ 360), einen Sportwagen (Typ 370) und eine Wasserturbine (Typ 285). Am 20. Januar 1947 war Piero Dusio mit Corrado Millanta, seinem Dolmetscher und Berater, zu einer Konferenz nach Österreich gekommen, um verschiedene Vorschläge Porsches zu besprechen. Am 2. Februar wurde der Vertrag unterzeichnet.

Dieser Vertrag war für die Geschwister Ferry und Louise von größter Wichtigkeit. Dusio und seine Bekannten sowie deren relative Freiheit zu reisen und ihre zahllosen Kontakte in Frankreich ließen die Chancen auf eine Freilassung von Professor Porsche und Dr. Piëch aus dem Gefängnis wieder steigen. Mit der Unterstützung alter Freunde aus dem französischen Renngeschehen wie Louis Chiron, Raymond Sommer und Charles Faroux gelang es Dusio, eine Million französische Franc – auch ein Teil des an Porsche zu bezahlenden Vertragshonorars steckte da mit drin – aufzutreiben und den französischen Behörden zu übergeben. Dies war die für die Freilassung geforderte Kaution. Tatsächlich wurden Porsche und Piëch freigelassen, wenn auch erst am 1. August 1947.

Fast zweiundsiebzigjährig, war Ferdinand Porsche nur noch ein Schatten seiner selbst. Während der Haft in einem kalten, kahlen Verlies war seine Gesundheit irreparabel geschädigt worden. Wenn er auch in der Lage war, seinem Sohn und seiner Tochter noch mit Rat zur Seite zu stehen, so war er körperlich einfach nicht mehr in der Verfassung, die Entwicklungsarbeiten zu leiten.

Vorerst war es Professor Porsche verboten, das im französischen Sektor des besetzten Österreich gelegene Kitzbühel zu verlassen. Die französischen Behörden hatten ihn im Hotel Klausner einquartiert. Kitzbühel liegt westlich von Zell am See und war damals durch die amerikanisch-französische Demarkationslinie getrennt. Reisen über diese Grenzen waren für einen staatenlosen, ehemaligen Häftling ein Ding der Unmöglichkeit. Mit Unterstützung seiner Tochter und anderer Familienmitglieder konnte sich Porsche jedoch allmählich immer weiter um Kitzbühel herum bewegen, bis – und das war typisch für die eher freizügig gehandhabte Besetzung Öster-

Heckansicht des Cisitalia 360 GP. In seiner Grundkonzeption – Mittelmotor mit hinten angeordnetem Getriebe und seitlichen Tanks – entsprach der Wagen dem Vorkriegs-Rennwagen der Auto Union, wie er von Ferdinand Porsche entworfen worden war.

reichs – er praktisch seine Freiheiten zurückerhielt. In der Zwischenzeit waren die Arbeiten am Cisitalia-Projekt zügig vorangeschritten. Der Abschluß eines derartigen Auftrages, wie er von Porsche und Dusio unterschrieben worden war, bedeutete in jenen Tagen einen ständigen Kampf mit der Bürokratie: ob es sich dabei um Reisen nach Wien handelte, um Devisen bewilligt zu bekommen, oder ob man in Klagenfurt den britischen Behörden die Konstruktionszeichnungen vorzulegen hatte – jede einzelne Zeichnung mußte genehmigt werden, damit nicht etwa eine geheime neue Waffe auf den Reißbrettern der besiegten Ingenieure entstünde...

Ungeachtet dieser Erschwernisse schritt die Arbeit gut voran. Das unter der Typenbezeichnung 360 für Cisitalia laufende Grand-Prix-Projekt nahm Gestalt an mit dem alleinigen Ziel, eines baldigen Tages mit seinem Zwölfzylinder-Kompressor-Boxermotor und dem vorgesehenen Vierradantrieb loszurasen. Ähnlich aufregend war das Projekt des Sportwagens vom Typ 370. Er sollte einen luftgekühlten Zweiliter V-8-Motor mit 100 PS und Fünfganggetriebe erhalten. Mit seinem gepreßten Stahlblechrahmen hatte man für den 370 ein Gewicht von knapp 600 Kilogramm errechnet und einen Aufbau entworfen, der immerhin fünf Personen Platz bot.

Aber der Typ 370 wurde nie gebaut. Dusio stellte seine Produktion zurück, weil er im Frühjahr 1947 mit dem Einsatz eigener Sportwagen einige Erfolge verzeichnen konnte. Diese waren – ähnlich den früheren Cisitalia-Rennwagen – mit modifizierten 1100er Fiat-Motoren versehen. Solche Fahrzeuge schnitten im Juni bei der Mille Miglia sehr gut ab, und im September wurden bereits atemberaubend schöne, von Pininfarina gestaltete Touring-Coupés präsentiert. Von diesem Fahrzeug wollte Dusio 500 Stück als Coupé und auch als Cabriolet bauen. In Italien sollte das Auto etwa 5000 Dollar und im Export bis zu 7000 Dollar kosten – das zu einer Zeit, als der teuerste Cadillac rund 5000 Dollar teuer war! Dusios Idee, unter Verwendung unkomplizierter, billiger Einzelteile einen zweisitzigen Sportwagen zu bauen und diesen zu einem hohen Preis bei ansehnlichem Gewinn zu verkaufen, beeindruckte Ferry Porsche und Karl Rabe, die im Sommer 1947 nach Turin gekommen waren, um sich bei Cisitalia einmal persönlich umzuschauen. Sie benötigten neun Monate, um die Grenzpapiere und die Reisegenehmigungen zur Besichtigung der Konstruktionsfortschritte des Typ 360 GP Cisitalia zu erhalten. Und als sie sich wieder auf dem Rückweg befanden, war ihr Kopf voll neuer Ideen, die sich nicht allein um den Grand-Prix-Wagen drehten.

Von dem, was sie in Turin gesehen und gehört hatten und durch dortige Aktivitäten inspiriert, begannen Porsche und Rabe ernsthaft darüber nachzudenken, wie man einen eigenen Sportwagen bauen könnte. Nicht, daß es nicht genug für Cisitalia zu tun gegeben hätte, und ebenso setzte man noch immer große Hoffnungen auf eine eventuelle Fertigung des Porsche-Traktors. Karl Rabe stellte dazu einmal fest: »Neben dem Volkswagen ist der Traktor die zweite Lieblingsidee des Professors, und er ist heute wie damals ein spezielles Anliegen auch von mir.« In Italien zeigte Officine Meccaniche (OM) an jenem Traktor Interesse, und man erprobte ihn gründlich auf einer landwirtschaftlichen Genossenschaft nahe Klagenfurt. Trotzdem beherrschte gegen Ende 1947 die Idee eines eigenen Sportwagens immer mehr das Denken bei Porsche: »Wir beschlossen, Autos mit den Leuten zu bauen, die wir hatten: einige sehr gute Ingenieure und Mechaniker.« Aber welch ein Auto sollte es werden? Zwar hatte man noch alle Zeichnungen des Typs 114 von 1939. Sie lagen nach wie vor sicher in ihren Stahlbehältern. Doch wenn auch dieses Auto bis ins kleinste Detail fertig durchkonstruiert war, sah man sich mit den bescheidenen Mitteln nicht in der Lage, es zu realisieren. Daher lehnten sich Porsches Vorstellungen mehr an die Konzeption des Cisitalia-Sportautos an. »Ganz sicher«, bemerkte später einmal Hruska, »war Porsche, als er seine eigene Produktion begann, beeinflußt von dem, wie man bei Cisitalia mit den Fiat-Komponenten verfuhr.«

Wie Dusio auf der Basis des populären Fiat Millecento Autos baute, so erkor Ferry Porsche nun den Volkswagen als Grundlage für die Konstruktion eines nicht allzu kostspieligen Sportfahrzeugs, von dem er überzeugt war, daß es die Firma in Österreich auch herstellen könnte. Aber gerade das war gar nicht so selbstverständlich. Ende 1945, als Porsche mit den Franzosen wegen einer Wiederbelebung des KdF-Projektes unter französischer Patronanz verhandelte, ließen jene durchblicken, daß die Fabrik bei Fallersleben niedergerissen werde, um das Land gemäß Morgenthau-Plan nunmehr landwirtschaftlich zu nutzen. So wie es damals aussah, war dies das Todesurteil für den Volkswagen.

Während jedoch die Porsches noch im Gefängnis saßen, war der Typ 60 allmählich wieder zu

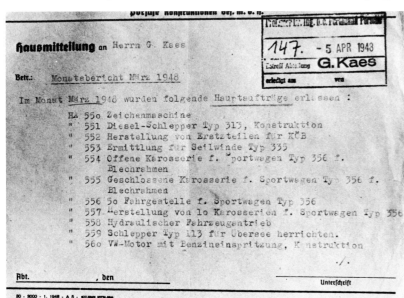

neuem Leben erwacht. Dank dem Enthusiasmus einiger britischer Offiziere, die das, was von dem Werk übriggeblieben war, verwalteten, rollten noch vor Ende 1945 die ersten Volkswagen wieder vom Band. Erstaunlicherweise konnten 1946 bereits 10 020 Käfer erzeugt werden und das unter schwierigsten Bedingungen. Und 1947, als Deutschlands Wirtschaft in tiefster Depression lag, wurden immerhin 8987 Volkswagen gebaut. Die meisten dieser Autos gingen in die Hände britischer Besatzungsbehörden. Niemand dachte damals daran, Volkswagen in größerer Zahl zu verkaufen. Für Porsche aber war vorerst nur entscheidend, daß Volkswagen überhaupt gefertigt wurden. Das Auto war lebende Wirklichkeit und keine historische Kuriosität.

In der Zwischenzeit, es war Mitte 1947, hatten Ferry Porsche und Karl Rabe mit den Planungen für ein zweisitziges Sportauto auf der Basis von

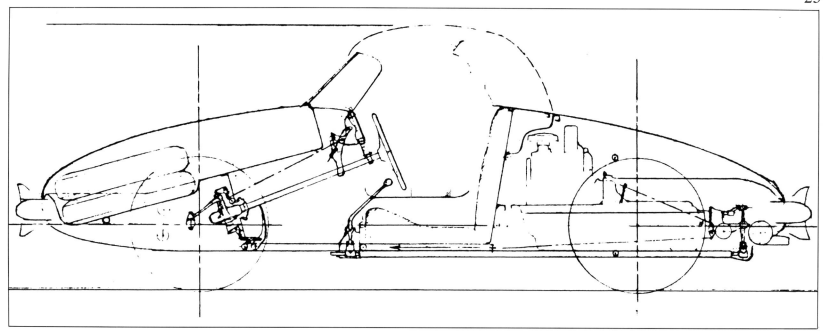

Ganz links: Ein Dokument aus dem Jahre 1948, aus dem hervorgeht, an welchen Projekten man damals in Gmünd arbeitete. Die Zeichnung oben stellt den Prototyp des 356 dar, sie stammt vom 17. Juli 1947. Mittlerweile war in Wolfsburg in Regie britischer Militärs die VW-Produktion angelaufen. Das Foto zeigt den 1000. Volkswagen, der schon im März 1946 dort vom Band rollte.

VW-Teilen begonnen. Offiziell lief das Projekt als Typ 356 am 11. Juni an. Am 17. Juli hatte das Team die Zeichnungen für den Rahmen und für die vorläufige Gestaltung der Karosserie fertig. Für das Cabriolet veranschlagte man ein Leergewicht von 550 Kilogramm bei einem Radstand von 2100 mm. Die endgültigen Maße lagen mit 2150 mm Radstand und 600 Kilogramm nur wenig darüber.

Bei der Konstruktion des Rahmens für dieses Versuchsmodell waren die Techniker in Gmünd durch den Rohrrahmen, wie sie ihn in Turin gesehen hatten, entscheidend beeinflußt worden. Diese Rahmenkonstruktion erforderte mehr handwerkliches Geschick als Werkzeugeinsatz, war leicht und stabil – geradezu ideal für eine kleine Versuchsserie. Im Gegensatz zu Dusio war den Porsche-Konstrukteuren jedoch klar, daß sich diese Rahmenkonstruktion für eine wirtschaftliche Serienfertigung nicht eignete.

Für den 356 wurde der Rohrrahmen wesentlich eleganter strukturiert als beim Cisitalia. So war der Rahmen entlang der beiden Bodenschweller hinter den Türen niedrig gehalten und mit diagonalen Stützverbindungen zwischen den parallelgeführten Tragrohren versehen. In zentralen Punkten waren sie mit darübergesetzten Rohren zur Verstärkung verschweißt. Von diesen Punkten lief der Rahmen sowohl zur Front wie zum Ende des Autos spitz nach innen zusammen. Vor und hinter der Motoraufhängung führten die sich überkreuzenden Rohre nach oben und gaben so der Konstruktion maximale Verwindungsfestigkeit.

Durch den hinter den Fahrersitzen befindlichen Motor ergab sich Hinterradantrieb. Die genaue Plazierung war an die des Auto Union-Rennwagens angelehnt und entsprach nicht dem Typ 60. Das Motor-Getriebe-Aggregat war umgedreht worden, so daß sich der Motor vor den Antriebsachsen und das Transaxle dahinter befand. Dadurch verlagerte sich das Motorgewicht von rund 85 Kilogramm zwischen die beiden Achsen, wo es von der Aufhängung ohne Probleme getragen werden konnte. Genaugenommen hat Porsche

Ganz oben links: Der erste in Gmünd komplett fertiggestellte Porsche, relativ hochbeinig, ohne Windschutzscheibenrahmen. Darunter ein Blick ins Cockpit des Zweisitzers. Die Bilder oben zeigen den gleichen Wagen, rechts mit dem damaligen Produktions-Chef Otto Huslein am Steuer, während links Vater und Sohn Porsche neben dem historischen Fahrzeug posieren. Der Professor war damals gerade aus französischer Haft entlassen worden. Die erlittenen Strapazen sind ihm anzusehen.

stets an dieser Bauart festgehalten, die er später als »Mittelmotor«-Prinzip bezeichnete. Es wurde in allen Porsche-Sport- und Rennwagen, in denen sich der Motor hinter dem Fahrersitz befand, angewendet. Bei den Autos der Typenreihe 60 K 10 hingegen, die für das Rennen Berlin-Rom gedacht waren, befand sich der Motor hinter den Antriebsachsen, weil sich die Konstrukteure an das Standardmodell des Typs 60 Chassis anlehnten.

Das Umdrehen des Motors verursachte Probleme mit der hinteren VW-Aufhängung, die auch für den Porsche 356 adaptiert wurde. Sie bestand im VW aus mitschwingenden Antriebswellen, wobei die Naben an jeder Seite von einem Schwingarm geführt wurden. Die aus dünnem Stahlblech gefertigten Arme waren an den Enden der durchgehenden Torsionsstäbe befestigt, die die Hinterachsen abfederten. Jeder Torsionsstab war von einem rohrförmigen Stahlzylinder umgeben und knapp vor dem Getriebe fixiert. Versetzte man nun den Motor weiter nach vorne und blieben die Halbachsen gleichlang, so fehlte der Platz für besagte Torsionsstabhülsen. Daher drehten die Porsche-Leute nicht nur Motor und Getriebe, sondern gleich die gesamte Hinterachsaufhängung mit. Auf diese Weise kam die Torsionsstabhülse ganz ans Ende des Chassis und verwandelte die seinerseitigen Längslenker in Führungsarme.

Durch diesen Aufhängungsdreh und die ans Chassisende verlagerte Torsionsstabhülse wurden für den Hauptbeanspruchungspunkt zusätzliche Verstärkungen des Rahmens erforderlich.

Die Änderung der Hinterradaufhängung von einer gezogenen Führung zu einer geschobenen brachte es mit sich, daß, wenn die hinteren Räder hochfederten oder der Wagen ins Schlingern kam, die Räder sich nach außen spreizten statt nach innen zu gehen, was ihre Bodenhaftung verringerte und zu Übersteuerungstendenzen führte – also ein plötzliches Ausbrechen des Hecks mit sich brachte. Hier mußte also etwas geschehen. In den ersten 356er Sportauto-Modellen aber war dieser Effekt nicht so stark zu bemerken, weil der tiefliegende Schwerpunkt und die Nutzlastverteilung in der Rahmenmitte das Auto recht stabil werden ließen.

Im Vorderteil des Rahmens waren die beiden Querrohre für die Vorderradaufhängung nach VW-Muster angeschweißt, wobei kurze parallele Führungsarme die Räder stabilisierten. Lenkung und Bremsen wurden ebenfalls vom Volkswagen übernommen. Die Trommelbremsen mit einem Durchmesser von 22,5 cm wurden mechanisch über Seilzüge betätigt. Keinerlei Abänderung erfuhren auch die VW-Kupplung und das Getriebe. Niemand hegte Zweifel an deren Brauchbarkeit. »Wir benützten Teile, die über eine Million Kilometer Erprobung hinter sich hatten«, bemerkte dazu Ferry Porsche. »Wir sagten uns: ›Wenn sie im Kübelwagen standhielten, dann taugen sie allemal für einen Sportwagen!‹«

Für den Antrieb des Porsche jedoch wurde ein bißchen mehr an Leistung benötigt als jene, die der Vorkriegs-VW mit seinen 25 PS bei 3300 U/min hergab. Das Können, mit dem die Porsche-Konstrukteure die Leistung dieses luftgekühlten 1131-ccm-Boxermotors hinaufschraubten, verdient volle Anerkennung. Dieselben Männer hatten bereits eine Kompressor-Version für Ferrys Auto sowie die modifizierte Ausführung für die Berlin-Rom-Coupés gebaut. Während des Krieges hatte man dann den Hubraum des Vierzylinders durch Vergrößerung der Bohrung von 70 auf 75 mm erhöht. Aber es kam den Porsche-Männern zunächst einmal auf Zuverlässigkeit an, daher gaben sie sich zu diesem Zeitpunkt mit bescheidenen Abänderungen des VW-Motors vorerst zufrieden. So wurden die bisherigen Zylinderköpfe mit etwas vergrößerten Ventilöffnungen versehen, weiter wurde die Kompression von 5.8 auf 7.0 : 1 erhöht – ein etwas riskanter Entschluß, wenn man an die damals in Österreich erhältliche Benzinqualität denkt. Der anfangs mit einem Einfach- und später mit einem Doppelvergaser ausgerüstete Motor brachte es auf 35 bis 40 PS.

Wie bei allen neuen Porsche-Konstruktionen üblich, wurde auch der 356 noch ohne Endaufbauten von dem Tag an getestet, da er mit eigenem Antrieb fuhr, und das war im März 1948. Ein geeignetes Testgelände zu finden, stellte kein Problem dar. Nur zwanzig Kilometer weiter, in Richtung Norden, auf der Bundesstraße 331 begann einer der steilsten Pässe Europas: der Katschberg mit Steigungen bis zu 32 Prozent. Die Probefahrt nahm Ferry Porsche persönlich vor. Aber auch Prof. Dr.-Ing. Robert Eberan von Eberhorst, einer der führenden Mitarbeiter beim Auto Union-Rennwagen-Projekt vor dem Kriege, absolvierte etliche Testfahrten.

Der hochgewachsene Professor war im Frühling 1947 mit seiner Frau aus Ostdeutschland herübergekommen. Außer den Kleidern, die sie trugen, hatten sie nicht das geringste mitnehmen können. Eberan wurde später als Berater für das Cisitalia-Projekt engagiert, war jedoch nicht bei den »Vereinigten Hüttenwerken Gmünd« angestellt.

Nachdem die Testfahrten ohne große Schwierigkeiten absolviert waren, erhielt das Fahrgestell des Typ 356 zwischen April und Mai 1948 erstmals einen Aufbau verpaßt. Nach Anweisungen Ferry Porsches schneiderte der Fachmann Erwin Komenda eine Karosserie, die in der Form eines einfachen Roadsters gehalten war. Sie erwies sich als leicht zu fertigen und war obendrein windschlüpfrig. In ihren Konturen glich sie in einigen Punkten den Berlin-Rom-Coupés: etwa in der abfallenden Frontpartie, den VW-Scheinwerfern und den anschließenden Kotflügeln bei relativ weit innen liegenden Vorderrädern, die mit einem Schutzblech noch abgedeckt werden konnten. Italienischer Einfluß wurde in einigen Details sichtbar, wie bei den Türgriffen, dem fast quadratischen hinteren Kennzeichenfeld und der dreiteiligen Heckleuchtenkombination. Bei einigen Cisitalia-Modellen gab es ähnliche Komponenten. Die wichtigen Neuerungen kamen jedoch alle von Komenda. Unter der vorderen, schwach gewölbten Haube verbarg sich nicht nur der Benzintank, sondern es blieb auch noch erstaunlich viel Gepäckraum übrig.

Die aus Aluminium gefertigte Karosserie wies eine rahmenlose Windschutzscheibe auf, entbehrte eines Daches und endete in einer nach hinten schmäler werdenden, abgerundeten Heckpartie. Der lange Motorraumdeckel war am oberen Ende schwenkbar, um besser an den Motor heranzukommen. Hinter dem Motor befand sich über dem Antrieb eine schräge Fläche für das Reserverad, auch die Sechs-Volt-Batterie hatte dort ihren Platz.

In diesem ersten Porsche fanden auf der Sitzbank im Notfall drei Personen Platz. Vor den Sitzen ragte der Schaltknüppel aus dem Boden und das einfache Instrumentenblech trug links, im Blickfeld des Fahrers, einen Geschwindigkeitsmesser sowie ein paar Schalter und hatte auf der rechten Seite spiegelbildlich ein Handschuhfach. Die Tür war innen notdürftig verkleidet, mit einer dehnbaren Kartentasche versehen und einem Zugmechanismus für das Schloß. Die Türen gingen herrlich weit auf und dabei waren sie so geschickt angeschlagen, daß sich die Vorderkante in der Karosserie versenkte – ein Beweis für erstklassiges Design. Tiefe, enganliegende Stoßstangen rundeten das Karosseriebild ab. Und über das vordere Kennzeichenfeld war quer auf der Fronthaube in großen, markanten Buchstaben der Name PORSCHE zu lesen. Diesen Schriftzug hat man, von kleinen Änderungen abgesehen, bis heute beibehalten.

Genau drei Jahre nach Kriegsende, in der letzten Maiwoche 1948, war dieser kleine Sportwagen startbereit. Und bald darauf setzte ihn Ferry Porsche für die erste große Fahrt ein. Mit Ziel Zell am See fuhren Ferry und sein Passagier Rupilius den Möllfluß entlang. Im ersten Hochgefühl waren sie mit dem Wagen sehr zufrieden. Als sie jedoch die steilen Kurven der Großglockner-Hochalpenstraße, einem der schönsten Alpenübergänge Europas, in Angriff nahmen, wurde das Auto durch die vielen Frostaufbrüche gehörig durchgeschüttelt. Und die beiden Ingenieure hatten sehr schnell das Gefühl, daß irgend etwas im hinteren Teil des Fahrgestells nachgab. Als sie nachschauten, entdeckten sie einen Riß in jenem Rahmenrohr am Fahrgestellende, das die Torsionsstabhülse zu tragen hatte. Mit reduziertem Tempo erreichten sie die Straßenmeisterei und suchten in einem Haufen Alteisen nach ein paar passenden Streben. Sie fanden auch zwei U-förmige Eisenteile, die sie so zusammenschraubten, daß das angeknackste Rohr unterstützt wurde. Damit war nicht nur der einzige Schaden während dieser ganzen Reise behoben, sondern es blieb auch der einzige während der gesamten Testzeit des Autos. So wurde das reparierte Chassis im Verlauf der Jungfernfahrt zum integrierten Teil des ersten Porsche-Sportwagens. Kurz nach der Fertigstellung des Prototyps (Seriennummer 356-001) war man bei Porsche bereit, den Wagen der Öffentlichkeit vorzustellen. Auf Bemühungen eines Zürcher Autohändlers hin wurde er Ende Juni in die Schweiz gebracht und konnte hier von Journalisten getestet werden, die für den am 4. Juli in Bern stattfindenden Schweizer Grand Prix anwesend waren. Einer von ihnen war Robert Braunschweig, Herausgeber der in Bern erscheinenden *Automobil Revue*. Er schrieb, daß er auf dem schwierigen GP-Kurs in kurzer Zeit mit dem Auto sehr vertraut war. So stelle er sich modernes Autofahren vor, setzte er fort, bei dem sich die Vorteile neuzeitlicher Federung und der erzielte Fahrkomfort mit der Straßenlage zu einem gleichermaßen modernen, niedrigen und handlichen Sportauto vereinen. Ein anderer Schweizer Reporter machte das Innenleben des neuen Autos zum Gegenstand sei-

Oben: Die ersten Entwürfe zu einer sogenannten VW Sportlimousine, wie der 356 heißen sollte. Die mittlere Reihe gibt die Form des endgültigen 356/2 wieder mit seinen vorderen Ausstellfenstern, während das Cabriolet unten (356/3) in nur zwei Exemplaren in Gmünd hergestellt wurde.

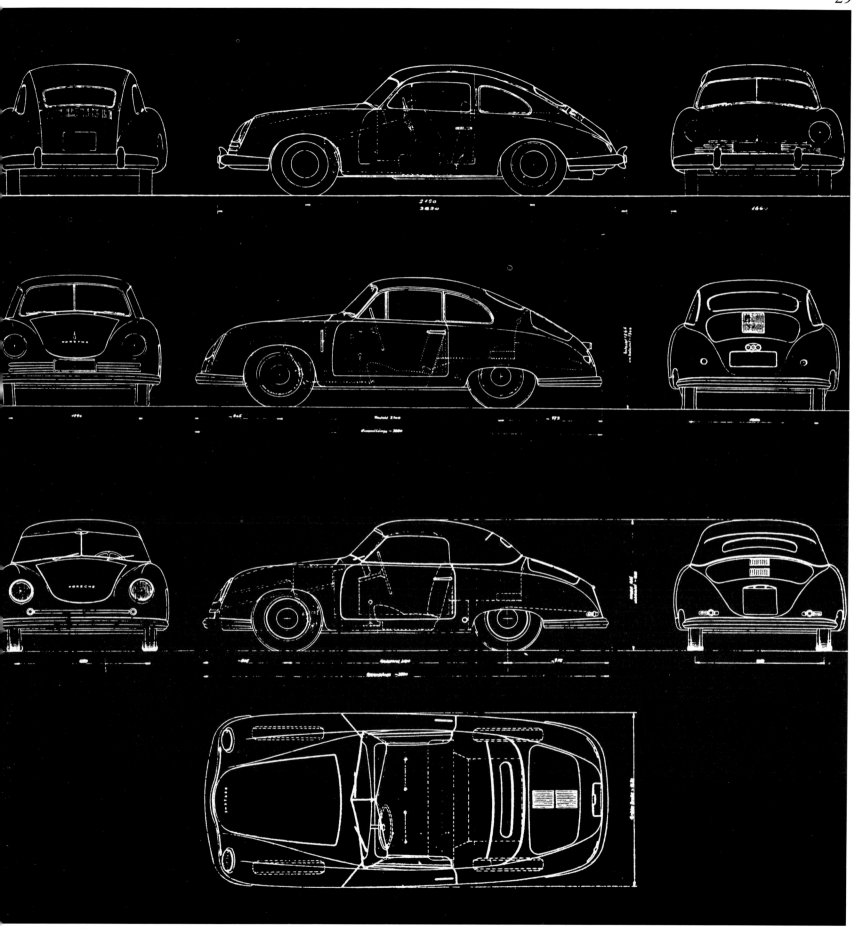

nes Artikels. Es war Max Troesch, ein Ingenieur, der 1929 bei Steyr in der Versuchsabteilung gearbeitet hatte, als Ferdinand Porsche Chef der dortigen Konstruktionsabteilung war. Später war Troesch in die Schweiz gegangen, um sich hier weiterzubilden, und lebte noch immer dort, als der erste 356 ankam. In *The Motor* schrieb er, daß die Federungseigenschaften des Autos »im Zusammenhang mit dem geringen Überhang und der Belastung des Hecks erstaunlich stabile Geradeausfahreigenschaften auch auf schlechten Straßen bringen und daß durch den erhöhten Drehpunkt am Fahrzeugende plus tiefliegendem Schwerpunkt das Auto eine wirklich bemerkenswerte Straßenlage besitzt, kombiniert mit einer wohltuend abgestimmten Federung und einer sehr leichtgängigen direkten Lenkung«. Im Verlauf des Sommers fuhr Troesch dann nach Gmünd, um sich selbst an Ort und Stelle zu überzeugen, wie es seinen früheren Kollegen in ihrem neuen Domizil in den österreichischen Bergen erging.

Am 11. Juli 1948 war der Roadster wieder in Österreich, wo er an einem Stadtkursrennen in Innsbruck teilnahm. Das von Herbert Kaes gesteuerte Auto wurde Klassensieger dieser Veranstaltung. Dieser Sieg war keineswegs weltbewegend, aber es war ein Überraschungssieg, da die Konstrukteure in keiner Weise daran gedacht hatten, das Auto auch für Wettbewerbe einzusetzen. Mit der aufrecht stehenden Windschutzscheibe ließen sich knapp 140 Stundenkilometer erreichen. Doch noch bevor der Roadster 356 zum Laufen kam, hatte Ferry Porsche die Arbeiten an einer verbesserten Version begonnen – ein Modell, das sich weitaus besser verkaufen lassen würde. Dieser Typ 356/2 wurde parallel mit dem Rohrrahmen-Roadster entwickelt und nicht als dessen Nachfolger, wie dies oft angenommen wurde. Sowohl als Coupé wie auch als Cabriolet geplant, unterschied sich der 356/2 wesentlich vom Design des Mittelmotor-Roadsters. Der Wagen hatte eine neue Rahmenkonstruktion, eine andere Karosserie und einen Heck- statt des Mittelmotors. Und obwohl ein Coupé entschieden komplizierter zu bauen war als ein Roadster, gab man dem Bau eines geschlossenen Wagens für Mittel- und Nordeuropa, wo er ja hauptsächlich verkauft werden sollte, den Vorzug. Weiter hatte die Plazierung des Motors im Roadster gezeigt, daß man damit kostbaren Nutzraum innerhalb der Karosserie opfern mußte. Um zusätzlichen Gepäckraum zu gewinnen und dadurch das Auto zu einem vielseitig verwendbaren Tourenwagen zu gestalten, verlegte man den Motor wieder in seine ursprüngliche VW-Position, nämlich hinter die Hinterachse.

Die Verlegung des Motors in seine Urposition veränderte auch den Schwerpunkt ans Fahrzeugende, was nachteilige Fahreigenschaften mit sich brachte. Der Radstand des Coupés war um 300 mm kürzer als der des Volkswagens. Somit bildete das Gewicht des Motors erneut einen Überhang, wie dies schon beim Vorläufer-Porsche der Fall gewesen war, was zur Folge hatte, daß das Gesamtverhalten des Autos nach Gewicht und Schwerpunkt deutliche Übersteuerungstendenzen zeigte. Teilweise konnte man dies durch den Einbau der ursprünglichen Radaufhängung oberhalb des Getriebes wieder ausgleichen, wodurch auch die Bodenhaftung der Hinterräder vergrößert wurde.

Von VW übernahm man die hydraulischen Hebelstoßdämpfer an der Hinterachse und kurze, einfach wirkende Stoßdämpfer für vorne. Zwischen dem jeweiligen vorderen Tragarm war an einem kleinen Ausleger ein Gummipuffer angebracht, der die Federwege begrenzte. Die Lenkung kam ebenfalls von VW. Sie stellte eine patentierte Porsche-Entwicklung dar und bestand aus einer engen Schnecke, die eine kugelförmige Mutter, die mittels Feder an die Schnecke angepreßt wurde, antrieb. Es ergab sich ein variables Lenkverhältnis von 15.7 zu eins in der Geradeaus-Position, ansteigend bis auf 11.7 zu eins bei vollem Einschlag. Das durchschnittliche Lenkverhältnis betrug 14.15 zu eins bei 2.4 Lenkraddrehungen von Anschlag zu Anschlag.

Auch Räder und Bremsen des 356/2 waren Original-VW-Teile, und als Reifen zog man solche der Dimension 5.00–16 auf. Im Endeffekt mußten auch die Seilzugbremsen beibehalten werden. Später gelang es, als die erste Serie bereits angelaufen war, hydraulische Zweibacken-Bremsen von Lockheed zu erhalten, die vorne

Oben: Das noch unkarossierte Fahrgestell des in Gmünd gebauten Porsche 356/2. Die hervorschauenden Rahmenenden sollten die Stoßstangen aufnehmen.

Gegenüberliegende Seite oben: Ferry Porsche und ein Besucher vor dem fahrbereiten Chassis des 356/2. Noch ohne Aufbau versehen, pflegte man die ersten Fahrzeuge in dieser Form auf den Landstraßen um Gmünd probezufahren!

Rechts: Der Plattformrahmen stellte das strukturale Hauptelement des Sportwagens dar. Vor der Windschutzscheibe lag der kantige Kraftstofftank. Der Motor war ein kaum modifiziertes VW-Aggregat.

eingebaut wurden. Mit besonderen Trommeln ausgerüstet, erzielte das kleine Coupé jene erforderlichen Bremseigenschaften, die es brauchte, um die Alpenstraßen ebenso sicher hinauf- wie hinunterbrausen zu können.

All diese Elemente nahm ein neu entwickelter Rahmen auf, der erkennen ließ, über welchen großen Erfahrungsschatz die Porsche-Konstrukteure auf ihrem Gebiet verfügten. Als eine tiefe, geschweißte Stahlplattform konzipiert, waren zur Verstärkung im Bereich des Fahrgastraumes Hohlsegmente eingeschweißt sowie ein Mitteltunnel zur Aufnahme der Bedienungs- und Kontrollelemente. Ein Frontkasten war mit den Seitenschwellen über abgewinkelte Bleche verbunden, die die Spannungen abfingen. Dieser Kasten umschloß sowohl den Fußraum wie die Widerlager für die Aufhängung und erstreckte sich weiter bis zum Bug des Autos. Am Heck führte ein Stahlblech nach oben und zu den Seitenteilen zurück und wölbte sich über Motor und Hinterachse.

Diesem Plattformrahmen, den zwei Mann ohne große Anstrengung heben konnten, kamen verschiedene Aufgaben zu. Seine Seitenteile und hochgezogenen Holme waren zu Heizrohren ausgebildet, durch die warme Luft vom Motor ins Wageninnere gelangen konnte. Im Vorderteil des Rahmens war über dem Fußraum der Tank befestigt und über eine Öffnung in der Nase

konnte man die Batterie erreichen. Die Türen waren seitlich an den hochführenden Holmen angeschlagen. Eine horizontale Fläche bildete hinten (mit einer Wölbung über dem Differential) den Boden des inneren Kofferraumes und war so konstruiert, daß sie die Stahlblechschürze umspannte, die den kühleren Bereich des luftgekühlten VW-Motors vom heißeren trennte.

Das erste Chassis für den 356/2 wurde im April 1948 fertig. Versehen mit einer notdürftigen Motorabdeckung, Sitzen, Instrumenten und einer Hupe sowie einem vorne angebundenen Reservereifen wurde es dem traditionellen Ritual unterworfen und über die staubigen, ausgefahrenen Alpenstraßen gejagt. Nach diesem Schütteltest kam das Chassis wieder in die Werkstatt, wo es eine Coupékarosserie bekam, die bis auf die Stahltüren aus Aluminium getrieben war. Ende Juli 1948 war dieser Porsche-Stammvater fertig. Sein meisterhaftes Können stellte Erwin Komenda in der künstlerischen Ausführung des 356/2-Coupés erneut unter Beweis. Wie bei fast allen großen Autokonstruktionen, hatte aber auch der Porsche 356/2 seine endgültige Form auf Anhieb noch nicht erreicht. Der Wagen wies anfangs kleinere Fenster auf sowie ausgeprägte Regenleisten über den Seitenfenstern und ein limousinenähnliches Heck, dessen Deckel eine Reihe Lüftungsschlitze wie beim VW hatte. Die Unausgewogenheit dieses Entwurfes wurde in der endgültigen Maßstab-Zeichnung vom 3. Juni 1948 indessen beseitigt. Die neue Karosserieform war der des 356-Roadsters ähnlich, mit fließenden Kotflügellinien und teilweise abgedeckten Hinterrädern. Seine klassische »Fastback«-Dachlinie zeigte entfernte Ähnlichkeit mit dem für das Berlin-Rom-Rennen 1949 konstruierten 60 K 10 und dem von Pininfarina geschneiderten Cisitalia.

Bei diesem ersten Coupé entsprachen die Türgriffe, die dreiteilige Schlußlichtkombination und die kleinen vorderen Blinker jenen des Roadsters. Der schmale hintere Deckel hatte in seinem Mittelteil Lüftungsschlitze. Die zweiteilige Windschutzscheibe bestand aus zwei planen Glasflächen. Die geschwungene Form der seitlichen Türausstellfenster brachte Schwung in die Frontpartie des Aufbaus. (Diese Fenster ließen sich übrigens nur im allerersten Coupé aus Gmünd, dem Auto No. 356/2-001 öffnen.) Vorne und hinten befanden sich Hülsen zur Aufnahme der Halterungen für die Stoßstangen. Das einfache Instrumentenbrett war dem des Roadsters ähnlich: eine gewölbte Fläche mit symmetrischen Ausschnitten für die Klappe des Handschuhfaches und die Gruppe der Instrumente, die anfänglich nur aus einem großen Tachometer hinter dem dreispeichigen Lenkrad bestand. Der Sitz war als Bank ausgebildet und mit Mulden im Lehnenteil versehen; man konnte ihn nicht verstellen. Auffallend war der Schaltknüppel mit dem angeflanschten Gestänge zum Getriebe, welches oberhalb des Bodens verlief, sowie das Rohr des hinteren Torsionsstabes, das hinter den Sitzen innerhalb des Wagens verlief.

Die produktionsreife Ausführung der Pläne des Coupés und des Cabriolets sind zwei Aufträgen zu verdanken, die heute historische Bedeutung haben und von der Porsche-Konstruktionen-GmbH im März 1948 kamen. Zwei weitere Arbeitsaufträge setzten die Fertigung von fünfzig Chassis der Type 356/2 (Auftrag No. 556) und der ersten zehn Coupé-Karosserien (Auftrag No. 557) in Gang, erteilt von zwei Automobilenthusiasten in der Schweiz. R. von Senger, Inhaber einer Werbeagentur in Zürich, und sein Teilhaber Bernhard Blank, der an der Dufourstraße ein Verkaufsgeschäft betrieb und sich auch die Repräsentanz für den Tucker gesichert hatte, verfügten über alle Möglichkeiten, frei zu reisen und zu handeln. »Ohne die Schweizer«, sagte einer der Porsche-Herren später, »wäre der Bau und der Verkauf eines Porsche nie möglich gewesen.« Von Senger und Porsche hatten schon vorher miteinander Kontakt gehabt. Gleich im August 1946 hatte der Schweizer Porsche mit einer Entwicklungsstudie für einen Personenwagen verpflichtet, den Typ 352. Zwei Jahre später, am 8. Juni 1948, erwarb er Porsches ersten 356

Roadster für 7000 Schweizer Franken. Der Verkauf wurde erst nach Einlangen der Exportlizenz am 7. September offiziell. Gegen Ende desselben Jahres ließ sich v. Senger auch noch einen speziellen Anhänger bei Porsche konstruieren. Schon im Winter 1947–48, als von den 356/2 Coupés erst die Modelle existierten, waren v. Senger und Blank imstande, unterstützend einzugreifen. Von Senger hatte großes Vertrauen in das Können der Männer in Gmünd und erklärte sich im März 1948 bereit, fünfzig Autos abzunehmen. Auch hatte er sich verpflichtet, die Organisation des Transports der fertigen Fahrzeuge zu übernehmen, und darüber hinaus fehlende Teile und Material, das in Österreich nicht zu bekommen war, zu beschaffen. Damit hatte er eine große Verantwortung übernommen; denn eine große Anzahl von Chassis-Teilen – Aufhängung, Motoren und Antriebselemente – wie auch das gesamte Aluminium, das im Auto Verwendung fand, mußten über die Schweiz bestellt, bearbeitet oder verschickt werden. Kleine, aber wichtige Teile – wie etwa erstklassige deutsche Zündkerzen – schmuggelte man auf einfache Art und Weise nach Österreich: in den Taschen eines Lodenmantels.

Im Spätsommer 1948 erschien der erste Porsche-Katalog als ein vierseitig bedrucktes Faltblatt. Es enthielt Zeichnungen des Coupés und des geplanten Cabriolets mit Beschreibung in Deutsch, Englisch und Französisch und war in Wien gedruckt worden. Aus Gründen der Vereinfachung wurde als Typenbezeichnung nur 356 gewählt; die genaue Typennummer 356/2 blieb Porsche-intern und auch nur solange man in Gmünd fertigte. Noch vor Fertigstellung des Prospektes vervielfältigte Bernhard Blanks Kreuzgarage in Zürich ein Blatt mit den wichtigsten technischen Details. Ebenso setzte Blank den vorläufigen Verkaufspreis fest: 15 000 Schweizer Franken für das Coupé und 17 000 für den offenen Wagen.

Dem ersten in Blanks Räumen gezeigten Coupé-Prototyp folgte bald ein komplettes, fahrbereites Chassis. Auch die nächsten 356/2 gingen ohne Aufbauten als Chassis in die Schweiz. Dies ermöglichte Porsches Produktionschef Otto Huslein, in Ruhe eine endgültige Version des in Gmünd konzipierten Serien-Coupés vorzubereiten.

Mittlerweile überstiegen die höheren Qualitäts-

Über hölzerne 1:1-Modelle wurde in Gmünd jede einzelne Porsche-Karosserie geformt (ganz oben links). Daneben das erste fertiggestellte Coupé. Die Heckansicht des Wagens zeigt die herumgezogene Stoßstange. Gegenüberliegende Seite oben: Ferdinand Piëch, Edwin Kaes und Michael Piëch beim ersten Porsche-Coupé, gesteuert von Ferry Porsche. Daneben Roadster und Coupé im Vergleich. Rechts: Mittels aufgeklebter Wollfäden testete man die Strömungsverhältnisse an der Karosse.

forderungen an die neuen Karosserien die Fertigungsmöglichkeiten des Gmünder Teams bei weitem. So unterschied sich die endgültige Version vom ersten Coupé auch in zahlreichen Details. Statt der vorderen und hinteren Blinker wurden seitlich in die vorderen Kotflügel, gleich hinter der Radöffnung, Winker eingesetzt. Die Scheibenwischerachsen wurden mehr zur Wagenmitte verlegt, um das Wischfeld zu vergrößern. Nur die Windschutzscheibe war aus Sicherheitsglas; die restliche Verglasung war aus transparentem Kunststoff. Für die hintere Haube wurde ein vereinfachter Lufteintritt gewählt; über der vorderen Stoßstange brachte man zwei dekorative waagrechte Aluminiumstreifen an. Diese letzten Retuschen in Verbindung mit VW-Radkappen oder verchromten Felgen, wie sie damals in der Schweiz üblich waren, stellten die Endausführung des in Gmünd gebauten Porsche dar.

Obwohl dieses erste Porsche-Coupé niemals einen Windkanal von innen gesehen hatte, stellte es alles bisherige an Karosserien in punkto Stromlinienform in den Schatten. Es war ein über den Daumen gepeiltes Design, das Komenda, Mickl und Ferry Porsche nach umfassender Auswertung ihrer Erfahrungen im Bau von Rennwagen, Serienautos und Rekordfahrzeugen erarbeitet hatten. Aber die Konstrukteure wollten ihr Können zusätzlich unter Beweis stellen. Sie beklebten die linke Karosserieseite ihres Demonstrationsmodells (Nr. 356/2-010) mit Wollfäden und fuhren dann auf eine lange gerade Landstraße, über die auch eine Brücke führte. »Wir photographierten das fahrende Coupé von der Brücke, von der Straße und von anderen Autos aus«, erinnert sich Ferry Porsche, »um zu prüfen, ob die Wollfäden ruhig an der Oberfläche – ohne zu wirbeln – anlagen. Und sie blieben ruhig!«

Die Motoren dieser ersten Porsche-Wagen waren untereinander nicht völlig identisch. Ihr Zusammenbau richtete sich stets nach gerade vorhandenen Bauteilen und wich das eine oder andere Mal auch von der Konstruktionszeichnung ab. Bis auf wenige Ausnahmen wiesen sie alle VW-Kurbelgehäuse mit geschmiedeten VW-Kurbelwellen und gußeisernen, mit Kühlrippen versehene VW-Zylinder auf. Bei einigen der ersten Autos (etwa vier) und bei allen 1949 in Gmünd gebauten und gelieferten Porsches hatten die Zylinder eine etwas kleinere Bohrung,

nämlich 73.5 statt 75 mm; das dadurch verkleinerte Gesamtvolumen erreichte somit nur 1086 ccm, so daß man mit diesem Motor bei Wettbewerben noch in der 1100-ccm-Hubraumklasse starten konnte.

In den Modellen 356/2 der Baujahre 1949 und 1950 wurden spezielle, von Porsche entwickelte Zylinderköpfe eingebaut. Mit diesen neuen Köpfen gelang es, die Ergebnisse diverser früherer Versuche bezüglich der VW-Motorleistung zu verbessern. Eine der ersten Änderungen hierzu hatte bereits eine VW-interne Studie am Typ 115 im Jahr 1939 erbracht. Diese sah eine Vergrößerung des Hubraumes auf 1,1 Liter und die Verwendung eines Kompressors vor sowie einen hemisphärischen Verbrennungsraum mit schrägliegenden, obengesteuerten Ventilen. Die Betätigung der Ventile übernahmen Ventilhebel, die über eine auf jeder Zylinderreihe verlaufende Nockenwelle, deren Antrieb über Keilriemen von der Kurbelwelle aus erfolgte, bewegt wurden.

Ähnliche Zylinderkopf- und Ventilanordnungen wurden auch in einer anderen, auf der Basis des VW-Motors für die Deutsche Wehrmacht während des Krieges gebauten Maschine angewendet. Diese unter den Typennummern 170, 171 und 174 zusammengefaßte Entwicklung sollte den Antrieb für ein Sturmboot liefern. Hier wurden die obenliegenden Ventile noch über Stößel direkt von der Kurbelwelle aus betätigt; die zwei Ventile in jedem Zylinder waren in einem waagrechten Überbau eingelassen, wobei das Einlaßventil schräg über der Zylindermitte und das Auslaßventil darunter lag. Diese mit geringstem Aufwand hergestellten und auf ausreichende Kühlung bei möglichst hoher Leistung ausgelegten Köpfe erhöhten die Motorleistung auf 40 PS. Porsche hatte noch einige Sätze dieser Zylinderköpfe nach dem Kriege auf Lager. Da keine augenblickliche Verwendung für sie vorlag, verkaufte man sie an Petermax Müller, einen begeisterten Potsdamer Rennfahrer, der seit 1931 Motorradrennen und seit 1937 auf DKW und Wanderer Auto-Rallies fuhr. Nach seiner Flucht in den Westen begann er noch 1945 mit dem Bau eines Rennwagens auf VW-Basis in einer leerstehenden Molkerei nahe Hannover. Müller, der später VW-Händler wurde, begann mit seinen blanken Aluminiumautos 1947 seine Rennkarriere. Die als »Vogelsang-Köpfe« bezeichneten Sturmboot-Zylinderköpfe (sie trugen diesen Namen nach dem VW-Ingenieur, der Müller beim Bau seiner Sportfahrzeuge half) waren mitentscheidend für Müllers Siege in der 1100-ccm-Klasse 1948 und 1949.

Der Sturmboot-Kopf war ein feiner Hochleistungs-Zylinderkopf, für den 356/2 aber lehnte ihn Ferry Porsche ab, weil er zu kostenintensiv in der Fertigung war. Statt dessen konstruierte man einen neuen Zylinderkopf für die normale VW-Maschine, ein Motor, der – wie die Porsche-Leute selbst am besten wußten – aus ökonomischen Gründen in seiner Standardausführung gedrosselt war. Es bestand daher die Absicht, einen neuen Kopf mit besseren Füll- und Verbrennungseigenschaften bei möglichst geringen Mehrkosten zu entwerfen.

Wie beim Sturmboot-Kopf waren auch bei diesem neuen Kopf die Ventile in einem Winkel zueinander versetzt, wenn auch in wesentlich vereinfachter Bauart. Genau wie beim VW lagen die Ventile waagrecht in der Achse der Kurbelwelle. Auf dieser Ebene waren die Auslaßventile am Kopf und am Ende jedes Zylinderkopfes um 32 Grad nach außen geneigt. Diese gegenseitige Anwinkelung gestattete wesentlich größere Ventilteller als beim VW-Motor, wo die Ventile in einer Reihe hintereinander lagen. So erlaubten die neuen Porsche-Köpfe 38 mm statt 28 mm Durchmesser bei den Einlaßventilen und 31 mm bei den Auslaßventilen. Die Auslaßöffnung ging fließend in den Auspuffkrümmer über, der ähnlich dem VW-Krümmer vor und hinter jedem

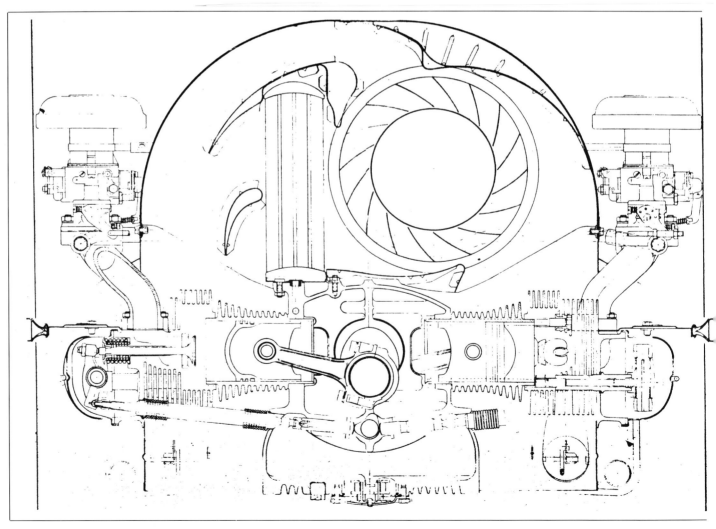

Rechts: Konstruktionszeichnung des mit Doppelvergasern ausgestatteten Motors für den Porsche vom Typ 356/2 mit seinen neuen Zylinderköpfen.

Kopf hervorkam. Diese Anordnung gab zusätzlichen Raum über jedem Zylinder, was eine verbesserte Kühlung mit sich brachte, wie sich herausstellte.

Geöffnet wurden die Ventile in den neuen Porsche-Köpfen über Stößel von der durchgehenden viernockigen Nockenwelle im VW-Kurbelgehäuse. Die Hebelarme der Einlaßventile stammten vom VW, die angewinkelten Auslaßventile waren hingegen eine Neuentwicklung. Man löste das Problem durch klöppelähnliche Hebelarme, die sich um eine vertikale Achse drehten. Ein durch das Pleuel betätigter Hebel bewegte eine senkrecht montierte Welle, an deren oberem Ende ein Finger das Ventil öffnete. Um die Motordrehzahl erhöhen zu können, ersetzte man die einfachen Ventilfedern des herkömmlichen Volkswagens durch doppelte. Abgedeckt wurde dieser neue Motorkopf durch einen wesentlich längeren Ventildeckel als beim VW; er hatte Trapezform und wurde lediglich durch einen Splint gesichert.

Doppelvergaser gab es bei den ersten Porsche-Wagen serienmäßig. Als Fallstromvergaser von Solex (Typ 26VFJ) mit trockenen Luftfiltern saßen sie auf kurzen, zweiarmigen Ansaugkrümmern, die zu den beiden Einlaßventilen jedes Zylinderkopfes führten. Die Kolben des Motors hatten gewölbte Böden, um die Kompression auf den gerade noch vertretbaren Wert für das damals erhältliche Benzin zu bringen. Normalbenzin hatte zu jener Zeit – Mitte der fünfziger Jahre – gemessene 78 Oktan.

Porsche gab für seinen 1131-ccm-Motor bei einem Verdichtungsverhältnis von 7.0 zu eins eine Leistung von 40 PS bei 4000 U/min an. Man darf indessen annehmen, daß die meisten der in Österreich hergestellten Porsche-Wagen Motoren mit geringerer Kompression hatten. Bei einer Verdichtung von 6.5 zu eins betrug die Leistung der 1086-ccm-Maschine ebenfalls 40 PS bei 4200 U/min mit einem Drehmoment von rund 7 mkp bei 3300 U/min. In Anpassung an die höhere Drehzahl des Porsche-Motors verringerte man das Übersetzungsverhältnis der Keilriemenscheiben von 2.0 auf 1.6 zu eins, wodurch die Maximaldrehzahl des Gebläses (und damit auch der mitlaufenden Lichtmaschine) runde 6000 U/min erreichte.

Mit seiner Stromlinienform und einem Gewicht von zirka 610 Kilogramm – unter Beibehaltung des VW-Getriebes und desselben Antriebs-Übersetzungsverhältnisses – erreichten die Coupés mit ihren kleinen Motoren Geschwindigkeiten von über 140 Stundenkilometer. Ähnlich eindrucksvoll verhielt sich der Benzinverbrauch des Por-

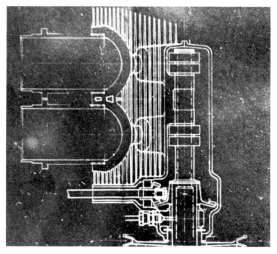

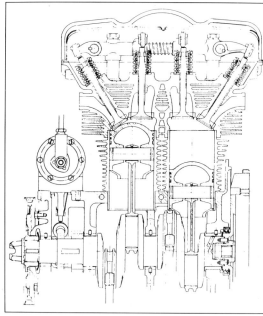

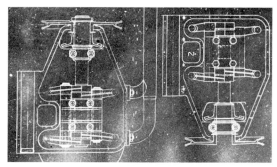

Skizzen zu einer Studie (sie trug die Nummer 115) für einen VW-Motor mit obenliegender Nockenwelle. Rechts daneben eine Querschnittzeichnung des neuen Zylinderkopfs für den 356/2. Die Fallstrom-Vergaser stammten von Solex (Typ 26 VFJ).

sche aus Gmünd. Konstrukteur Karl Rabe sagte 1948 dazu: »Es ist bemerkenswert, daß unser neues Auto bei Geschwindigkeiten von 130 Stundenkilometern durchschnittlich weniger Benzin verbraucht als der Volkswagen, was als Folge seiner aerodynamischen Form und seines niedrigen Gewichtes anzusehen ist.« Der Normverbrauch lag unter 10 Liter auf 100 Kilometer, was einer Tankreichweite (50 Liter) von über 400 Kilometern entsprach.

Wiederum war es der Initiative des Schweizers v. Senger zu verdanken, daß zwei Cabriolet-Karosserien auf den 1948 an ihn gelieferten Chassis entstanden. Sie wurden von den Gebrüdern Beutler in Düren bei Thun, einer kleinen Stadt südöstlich von Bern, angefertigt. Beide Autos – die ersten von insgesamt sechs derartigen Cabrios, die von der Firma Beutler auf Gmünd-Fahrgestelle aufgebaut wurden – hatten eine ausnehmend gelungene hintere Kotflügel-Form, die sich sehr schön ausmachte; da sie nicht in den Original-Konstruktionszeichnungen von Komenda aufscheint, dürfte es sich um einen Eigenentwurf der Schweizer Brüder gehandelt haben. Die nachfolgenden vier Cabrios hatten die üblichen Kotflügel nach Gmünder Design.

Die aus Aluminium gefertigten und 660 Kilogramm schweren Beutler-Autos hatten geradlinige, angewinkelte, zweigeteilte Windschutzscheiben, ein voll versenkbares Klappverdeck und Blinker statt der Winker. Das elegant geformte Armaturenbrett wies zwei große Instrumente auf: den Drehzahlmesser im Blickfeld des Fahrers und einen Tachometer vor dem Beifahrersitz. Das plissierte Muster auf den Türverkleidungen und den Sitzen war nur eines der vielen ansprechenden Details dieser Cabrios, die in Zürich für 14 000 Schweizer Franken verkauft wurden. Allein die Karosserie machte davon 6450 Franken aus.

Das erste Cabriolet wurde rechtzeitig zum Neunzehnten Schweizer Automobilsalon fertig, der am 17. März 1949 in Genf eröffnet wurde. Neben dem in einer Ecke der Halle ausgestellten Cabrio war auf dem kleinen Stand noch ein leuchtend gelbes Porsche-Coupé zu sehen, dessen Fronthaube zwei dekorative Streifen zierten und das mit einem Stoffschiebedach ausgestattet war. Die Präsentation dieser beiden Autos bedeutete das erste öffentliche Auftreten der Marke Porsche auf einer internationalen Automobilausstellung.

Das letzte von Beutler geschneiderte Cabriolet ging Anfang August 1949 an Blank in Zürich. Im selben Jahr fertigte auch Porsche selbst zwei Cabrios (auf den Chassis 025 und 026). Diese hatten Einzelsitze und eine rahmenlose, geteilte Windschutzscheibe, die nur durch die Mittelstrebe gehalten wurde. Am unteren Ende der verchromten Scheibenhalterung befanden sich alle Kontrollinstrumente, mit Ausnahme des großen bis 160 km/h gehenden Tachometers (von Hetterich in Wien), der sich im Blickfeld des Fahrers befand. Jahre später rettete Richard von Frankenberg das erste der beiden Autos (Nr. 025) vor dem Verfall und brachte es im Deutschen Automobil-Museum Langenburg unter.

Das erste Weltecho auf das Auftreten des Porsche 356/2 kann mit »äußerst zurückhaltend« umschrieben werden. Mit Argwohn wurde der Heckmotor bedacht. Weitere Vorurteile gründeten auf den Umstand, daß die Basis für den Porsche der VW war, ein damals noch wenig bekanntes Auto, und man kritisierte den relativ hohen Preis eines Porsche im Vergleich sowohl zum Volkswagen als zu anderen Autos mit vergleichbarer Leistung.

In einem am 2. Oktober 1948 erschienenen Interview für *Die Wochenpost* schnitt Karl Rabe die Frage der Kosten an: »Ein Auto zu einem Preis von 14 000 Franken erscheint uns Österreichern relativ teuer. Bedenkt man jedoch, daß ein englischer Sportwagen in Basel jetzt für 30 000 Franken angeboten wird und italienische Firmen mit bis zu 50 000 Franken rechnen, dann können wir damit spielend konkurrieren.« Negativer Kritik stand aber der Name des Porsche-Konstruktionsbüros und besonders der von Professor Porsche, der grenzenlosen Respekt bei europäischen Motorjournalisten und anderen Experten genoß, gegenüber. Und wenn es die Porsche-Männer damals nicht an die große Glocke gehängt haben, daß der Professor an der Konstruktion des Typ 356 gar nicht aktiv beteiligt gewesen war, dann war dies nur allzu verständlich.

In einer Nachlese zum Genfer Salon nannte D. B. Tubbs in *Motor* vom 30. März 1949 den Porsche »eines der sympathischsten kleinen Autos der Show«. Unter Verweis auf seine Chassiskonstruktion schrieb Tubbs, daß das Auto die niedrigste Bauart und damit die tiefste Sitzposition aufwies, die man je in einem Serienwagen gesehen habe. »Wenn man in einen Porsche einsteigt, hat man das Gefühl, unter die Straßenoberfläche zu verschwinden.« Nachdem ihm Herbert Kaes das Auto demonstriert hatte, fand Tubbs weder den Motor noch die Antriebs-Übersetzung des Coupés als »bescheiden«. Zugegeben, die ersten 1100er Motoren wurden nicht zuletzt auch durch den krächzenden Knurrton ihres Auspuffs berühmt. Tubbs Eindrücke vom Porsche waren, »daß er extrem schnell für seine Leistung ist und das sowohl auf Bergstraßen als auf flachen Landwegen, auf denen die hohe Direktübersetzung des Getriebes Spitzengeschwindigkeiten bis zu 140 Stundenkilometer erreichen lassen. Wir stoppten den Porsche auf einer Hindernisstrecke von einem Kilometer; er legte sie mit einer Geschwindigkeit von 115 km/h zurück, wobei da noch etliche Reserven waren. Die Federung läßt im Gegensatz zu Leistung und äußeren Erscheinung des Wagens noch etwas zu wünschen übrig; sie ist besonders hart bei niedrigen Geschwindigkeiten und führt zu einigem Rütteln auf welligen Straßen, der Wagen schlingert aber nicht in Kurven.« Die Stoßdämpfer dieser frühen Porsche waren offensichtlich nicht als ideal zu bezeichnen. Auch konnte man die Bedeutung des Übersteuerns beim Porsche deutlich kennenlernen. Den Porsche um enge Kurven schmieren zu lassen, machte zwar viel Spaß, doch ein solcher Fahrstil setzte den Reifen arg zu. Die Qualität damaliger Pneus war noch weit vom heutigen Standard entfernt.

Die nach Genf stattfindenden Automobilausstellungen, wie etwa jene in Frankfurt 1949, steigerten das Interesse der Automobilwelt an diesem neuen Sportwagen von Porsche. Die ersten öffentlichen Berichte des Jahres 1948 hatten eine Flut von Anfragen nach Gmünd und Zürich gebracht. Autoimporteure in Schweden und Holland konnten es kaum erwarten, einige Exemplare zu bekommen. Karl Rabe berichtete im Herbst 1948 der *Wochenpost:* »Unser neuer Sportwagen, aus dem Volkswagen entwickelt, hat viele begeisterte Anhänger im Ausland gefunden. Daher werden wir bis Jahreswechsel 150 Einheiten dieses Modells in die Schweiz zu liefern haben, die wir alle hier in Handarbeit fertigen müssen. Solange wir zum Beispiel über keine großen Karosserie-Pressen verfügen, müssen wir alle Teile des Aufbaus über massive Holzmodelle formen.« Rabes Vorstellungen ließen sich nicht realisieren. Vom 356/2 wurden 1948 ganze vier Stück gefertigt. Einer der Gründe des Fertigungs-Engpasses war das bereits geschilderte Problem, in Gmünd Karosserien zu fertigen. Diese Arbeit wurde von denselben Männern geleistet, die seinerzeit die Aufbauten der Prototypen gebaut hatten. Ferry Porsche schildert das so: »Wir hatten damals einen wahren Künstler, Friedrich Weber. Der schaffte jedes Karosserieteil in der halben Zeit, die andere dafür benötigten. Aber am Montag machte er oft blau, weil er übers Wochenende zu viel getrunken hatte. Dennoch überbot er dann im Verlauf der Woche noch seine Kollegen!«

Firmenunterlagen sagen aus, daß die Porsche Konstruktionen GmbH im Jahr 1949 fünfundzwanzig Autos auslieferte, die fast ausschließlich in Österreich und in der Schweiz verkauft wurden, wobei der größte Teil davon in der ersten Jahreshälfte zur Auslieferung kam. Genaugenommen nahm man in den elf Monaten zwischen

Juli 1949 und Mai 1950 lediglich Aufträge herein. Im Juni 1950 begannen die Lieferungen einer neuerlichen mühseligen Serie, die bis Jahresende auf achtzehn Stück anwuchs. Bis auf fünf ging diese Serie an Scania-Vabis, den schwedischen Importeur. Anfang 1951 nahm Scania nochmals zwei der in Österreich gebauten Porsche ab. Ein weiterer wurde an Otto Mathé, einen begeisterten Rennfahrer aus Innsbruck, verkauft, der trotz des Verlustes seines rechten Armes im Motorsport aktiv war. Sein Porsche-Coupé war rechtsgelenkt, wodurch es Mathé möglich war, mit der linken Hand zu schalten und durch Anlehnen an das Lenkrad dieses in seiner Position zu halten. Mathé kaufte Porsche auch das einzige übriggebliebene Berlin-Rom-Coupé ab, den Typ 60 K 10. Auch der Vorführwagen 356/2-010, mit dem Anton Piëch viel gefahren war, war im April 1951 veräußert worden. Von 1948 an bis zum Frühjahr 1951 waren somit insgesamt einundfünfzig Porsche Typ 356/2 aus der österreichischen Produktion verkauft worden, dreiundvierzig Coupés und acht Cabriolets. Es scheinen aber mehr Fahrzeuge gebaut worden zu sein, denn es sind noch zwei Wagen mit höheren Seriennummern bekannt. Nummer 055 steht heute im Porsche-Museum und 057 befindet sich in den Vereinigten Staaten. Und schließlich muß es noch drei weitere Coupés aus Gmünd unter anderen Seriennummern gegeben haben, die später in Zuffenhausen zu Rennzwecken umgebaut wurden (siehe dazu 3. Kapitel).

So waren es schließlich bis Jahresende 1948 nicht 150 Autos, sondern bis Ende 1950 nicht einmal sechzig, die in Österreich entstanden waren. Wie Ferry Porsche bestätigte, war diese Produktion keineswegs gewinnbringend für die Firma. »Wenn wir daran auch nicht zugrunde gingen, so blieb uns ebenso kein Groschen Gewinn. Vereinfacht läßt sich sagen, daß wir nachher soviel wie vorher hatten.« Wenn 1948 nicht andere Ereignisse das Interesse der Porsche-Leute in Anspruch genommen hätte, wäre der Sportwagen-Entwicklung vermutlich größeres Augenmerk geschenkt worden. Denn während die ersten Prototypen von Porsche noch den Katschberg und den Großglockner hinauf und hinunter eilten, begann sich in jenem Sommer die wirtschaftliche Situation in Deutschland zu bessern. Mit der Währungsreform vom 20. Juni 1948 stabilisierte sich die deutsche Währung, und im Verlauf des Sommers begann der Marshall-Plan für den Wiederaufbau Europas auch für Deutschland finanzielle Sanierung zu bringen. Und unter der kräftigen Hand des kaufmännischen Leiters Heinz Nordhoff war das Volkswagen-Unternehmen aus seiner Lethargie erwacht und begann in seine Rolle als führender Automobilproduzent Deutschlands hineinzuwachsen. Noch vor Jahresende hatte VW bereits die Stammorganisation seiner Händler und Vertriebsstellen in ganz Deutschland perfekt aufgebaut.

Es lag auf der Hand, daß die Familien Porsche und Piëch sich um die alten Kontakte zu Volkswagen bemühten, war dies doch vor 1939 die Firma gewesen, von der sie die größten Konstruktionsaufträge erhalten hatte. Am 17. September wurde zwischen Porsche und Volkswagen ein neuer Kontrakt unterzeichnet, mit dem sich Porsche verpflichtete, als Berater für Konstruktionsaufgaben zur Verfügung zu stehen. Dieser Vertrag war für Porsche von großem Anreiz, denn er bot nicht nur die Sicherheit eines Vorschusses in Höhe von 200 000 Mark, sondern auch eine laufende Tantiemenzahlung von einer Deutschen Mark für jeden zukünftig gebauten Volkswagen. Aber auch VW bot der Vertrag Vorteile. Für Heinz Nordhoff war nämlich die Verpflichtung der Firma Porsche von größter Bedeutung, durch die es ihr verboten war, Entwicklungsaufgaben für Konkurrenzunternehmen durchzuführen, eine Abmachung, die fünfundzwanzig Jahre bestehen bleiben sollte.

Anfang 1949 zeigte der Vertrag seine ersten Wirkungen, als zahlreiche Porsche-Ingenieure zu Volkswagen nach Wolfsburg überwechselten. Zur gleichen Zeit verlegte Porsche seine österreichische Zentrale nach Salzburg, wo am 1. Februar 1949 ein Büro eröffnet wurde. Von hier aus, so war geplant, wollte man Import, Verkauf und Service für Volkswagen in Österreich wahrnehmen. Für diese Aktivitäten schloß man am 14. Mai 1949 einen Vertrag ab. Die Gesamtleitung dieser unter *Porsche-Salzburg* bestens bekannten Firma wurde in die bewährten Hände von Frau Louise Piëch und Herbert Kaes gelegt. Auch Dr. Anton Piëch, dessen Verhandlungsgeschick alle Nachkriegsaktionen Porsches mitprägte, sollte in der Salzburger Firma mitarbeiten; er erlag im August 1952 jedoch einem Herzinfarkt.

So bedeutend all diese neuen Projekte auf lange Sicht auch waren – keines war dazu angetan, Porsche aus der momentanen Misere im Automobilbau zu manövrieren. Man stellte sogar Überlegungen an, ob sich Porsche in Zukunft überhaupt noch mit dem Bau von Autos beschäftigen sollte. Wenn das magere Geschäftsergebnis der österreichischen Produktionsaktivitäten als Maßstab diente, dann hätte man Zweifel hegen können, was die Zukunft Porsches im Sportwagengeschäft betraf.

Fotos vom ersten Cabriolet, das die Firma Beutler in Thun/ Schweiz karossierte. Als Basis diente das Chassis vom Typ 356/2. Innen wie außen bestach der Wagen durch eine zurückhaltende Eleganz. Diese Wagen hatten um die Windschutzscheibe einen festen Rahmen.

Kapitel 3
Porsche kehrt nach Zuffenhausen zurück

1949, als es dem Professor auch wieder möglich war, frei nach Deutschland einzureisen, begann sich die Familie Porsche erneut um ihren Besitz in Zuffenhausen zu kümmern. Man war überzeugt, nur hier die angefangene Arbeit mit System weiterführen zu können. Der vor etwa zehn Jahren in der Spitalwaldstraße Nr. 2 errichtete dreistöckige Ziegelbau mit seinen Büros, Werkstätten, Garagen und kopfsteingepflasterten Höfen war durch den »First Motor Pool« der US Armee beschlagnahmt worden. Den amerikanischen Befehlshaber, General Funk, interessierte es weder, wem das Gebäude gehörte, noch scherten ihn die Ingenieure, die es einst bevölkerten. Als Ferdinand Porsche und sein Chauffeur Goldinger im Herbst 1946 auf ihrem Weg nach Österreich hier Zwischenstation machten, wurde ihnen der Zutritt zum Gelände verwehrt.
Nur ein Mann war in der Lage, den Porsches die Tore der Zuffenhausener Werkstätten wieder zu öffnen: Dr. Arnulf Klett. Als Oberbürgermeister von Stuttgart war er seinen Mitbürgern für den Wiederaufbau ihrer Stadt verantwortlich. Auch war Klett politisch nicht belastet und konnte so die Verbindung zwischen der Stuttgarter Geschäftswelt und der obersten amerikanischen Besatzungsbehörde Baden-Württembergs herstellen. Aus diesem Grunde wandte sich Ferry Porsche im Juli 1949 an Klett mit der Bitte um Unterstützung.
Porsche mußte in Erfahrung bringen, ob der Familienbesitz für ihn je wieder zugänglich sein würde. Solange Ferry Porsche durch seine Arbeit in Gmünd unabkömmlich war, nahm dessen alter Freund Albert Prinzing seine Interessen als Bevollmächtigter wahr. Sie kannten sich seit ihren gemeinsamen Schultagen in Bad Cannstatt, einem Stuttgarter Vorort. Der bebrillte, rundgesichtige Prinzing war Professor für Volkswirtschaft geworden, hatte an der Berliner Universität gelesen und war auch im Auswärtigen Amt beschäftigt gewesen. In der Zeit von 1949 bis 1955 spielte Professor Prinzing eine entscheidende Rolle in der Erfolgsgeschichte des Hauses Porsche.
Schon bei seinem ersten Treffen mit Klett im September 1949 begann sich Prinzing engagiert für Porsche einzusetzen. Er wußte unter Berufung auf Colonel Brunton, dem Verbindungsoffizier der Besatzungsmacht, daß die Gebäude bereits am 1. Juli 1950 freigegeben würden. Diese Nachricht veranlaßte Porsche, am Jahresende 1949 ein kleines Team von Ingenieuren von Gmünd nach Stuttgart zu verlagern, das sich in der Porsche-Villa am Feuerbacher Weg einrichtete, wobei sie die Garage und ein Zimmer, das normalerweise der Köchin der Familie gehörte, bezogen. Prinzing erinnerte sich später, daß, wenn sie vom Zimmer der Köchin sprachen, stets von ihrer »18-Quadratmeter-Fabrik« die Rede war. »Wenn wir zu viert waren«, erzählt er, »mußten wir Besprechungen im Hof abhalten.« Albert Prinzing stand Karl Kirn in Stuttgart zur Seite, der seit 1951 den Besitz der Familie Porsche verwaltete, sowie Hans Klauser, der 1936

als junger Ingenieur zu Porsche gekommen war. Wieder dabei, stellte er 1949 den ersten neuen Mechaniker an: Herbert Linge, der von 1942 bis 1944 in Zuffenhausen seine Lehre absolviert hatte. Die kleine Stuttgarter Gruppe schloß das Jahr 1949 mit einer Belegschaft von drei Mechanikern und neun Kaufleuten – in dieser Größe mit jener Porsche-Organisation, wie sie 18 Jahre zuvor in dieser Stadt begonnen hatte, vergleichbar.

Solange die Zuffenhausener Baulichkeiten an Porsche nicht zurückgegeben waren, erhielt die Firma Mietzahlungen von den amerikanischen Besatzern. Außerdem war das Stuttgarter Bankkonto durch die Lizenzzahlungen von Volkswagen gehörig angewachsen. Albert Prinzing zeigte sich darüber jedoch eher besorgt, da sich dieser neue Reichtum unter Umständen ins Negative wandeln konnte. Als Wirtschaftswissenschaftler war ihm bewußt, daß das hohe Einkommen aus Mieten und Tantiemen einem hohen Steuersatz unterlag, wenn dem nicht auch entsprechend absetzbare Ausgaben oder gar Verluste gegenüberstanden. Daher riet Prinzing zur Fabrikation: »Ihr müßt hier so schnell wie möglich irgend

eine Produktion auf die Beine stellen!«
Was sollte Porsche in Deutschland herstellen? Da waren die Wasserturbinen und auch die Dieseltraktoren, an denen besonders Professor Porsche interessiert war. Am ehesten jedoch bot sich die Herstellung des kleinen Sportwagens an, der gerade Anfang 1949 sich einer ernstzunehmenden Nachfrage erfreute. Und genau das war auch die Empfehlung Albert Prinzings. Sein Vorschlag stieß jedoch bei den Familien Porsche und Piëch auf einigen Widerstand, der mit dem Hinweis begründet wurde, daß die Automobilproduktion in Gmünd nicht gerade sehr ertragreich verlaufen sei. Überdies vertrat man die Meinung, daß der konzentrierte Einsatz des Porsche-Ingenieurpotentials bei Entwicklungs- und Konstruktionsaufträgen mehr Gewinn verspräche als jede Fahrzeugfertigung, die besser anderen überlassen werden sollte.

Anfänglich gehörte auch Ferry Porsche eher zu jenen, die ein gesteigertes Engagement im Automobilbau – jetzt, da die Firma eng mit Volkswagen zusammenarbeitete – in Frage stellten. Aber es gelang Prinzing, ihn umzustimmen und Ferry seinerseits unterstützte daraufhin die Befürwor-

Von links nach rechts: Karl Rabe (mit Brille), Erwin Komenda und Ferry Porsche bei einer Besprechung in Zuffenhausen. Die alte Porsche-Villa diente lange Zeit als Hauptquartier der kleinen Firma. Auf dem nebenstehenden Foto zeigt Hans Klauser Professor Ferdinand Porsche und seinem Sohn einen Motorenprüfstand in den von Reutter übernommenen Werksräumen.

ter der Idee außerhalb der Familie, die anderen zu überzeugen. Damit war die Entscheidung, Porsche-Automobile in Deutschland zu bauen, endgültig. Im Herbst des Jahres 1949 waren die technischen Zeichner, die sich in der Garage der Porsche-Villa einquartiert hatten, bereits emsig dabei, den Typ 356/2 zu überarbeiten, während sich Albert Prinzing und Ferry Porsche intensiv bemühten, einen geeigneten Platz für die Fertigung der Autos zu finden.

Die Übersiedlung nach Deutschland ermöglichte es Porsche, die zeitaufwendigste Arbeit der embryonalen Fabrik, nämlich die Karosserieherstellung, in Lohnauftrag zu geben. In Deutschland konnte man zwischen diversen erstklassigen Ka-

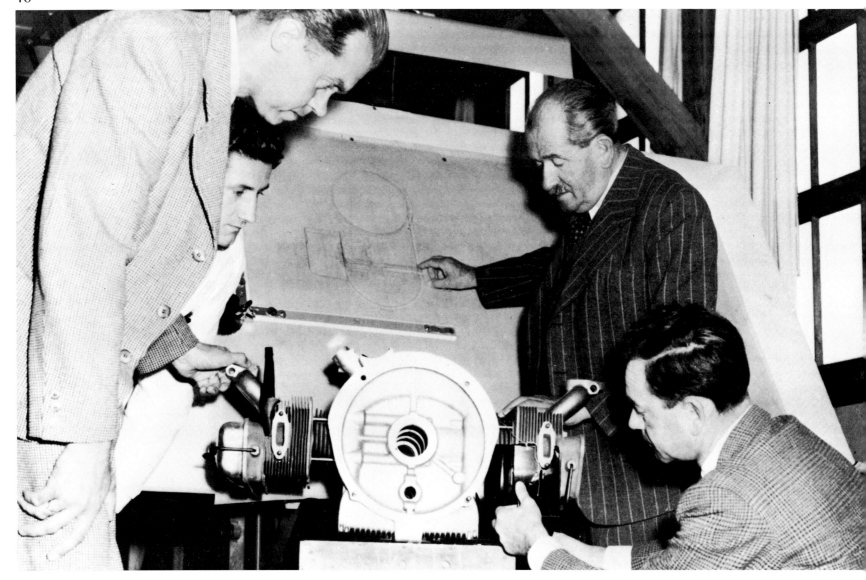

rosserieherstellern wählen. Eine der Firmen, von der Kostenvoranschläge eingeholt wurden, war Reutter in Stuttgart – eine wenig bekannte Firma, aber eine von jenen, die bereits eine wichtige Rolle in der Geschichte des Hauses Porsche gespielt hatten.

Links oben prüfen Vater und Sohn Porsche Details am Versuchsmotor vom Typ 369. Das Foto stammt von 1950. Darunter die Vorführung eines Prototyps von Reutter und die dazugehörige Rohform in Holz. Die Basisdaten für diesen Prototyp gibt die gezeichnete Seitenansicht wieder. Ganz unten rechts die Männer, die den ersten in Deutschland gefertigten Porsche montierten: Schmidt, Heiner, Haag, Waibel, Wölfle, Klauser, Linge, Storz und Braunschweig (von links nach rechts).

Das 1906 gegründete Unternehmen Reutter hatte nicht nur viele Straßenbahnwagen Stuttgarts gefertigt und repariert, sondern auch im Jahre 1932 jene aus Holz gefertigte Karosserie für den Versuchsfahrbau von Zündapp hergestellt, der als der Vorfahre des Volkswagens angesehen werden kann. Bei Reutter waren ebenfalls die Stahlgehäuse für die Serie der über 40 KdF-Prototypen, die noch vor dem Krieg gefertigt wurden, entstanden. 1949 besaß Reutter zwei Betriebe: einen in Stuttgart, in dem Straßenbahnen zusammengebaut wurden, sowie einen in Zuffenhausen, wo man Karosseriearbeiten an Personenwagen ausführte.

Obwohl Reutter Senior nicht mehr lebte (er war im Krieg bei einem Bombenangriff ums Leben gekommen), hatte die Firma nach wie vor erstklassige Handwerker, wie Ferdinand Porsche selbst hervorhob. Dieser Umstand – und nicht ein besonders günstiges Angebot oder die unmittelbare Nachbarschaft – gab allein den Ausschlag, daß sich Porsche für die Firma Reutter entschied. Immerhin bedeutete dies, daß die Kapazität Reutters zu vier Fünftel durch Porsche ausgelastet sein würde und sich die Firma zu umfangreichen Ausbauten entschließen mußte. Porsches Unkosten und Investitionen standen selbstverständlich in direktem Zusammenhang zum geplanten Produktionsumfang. Die gute Auftragslage und das positive Ausstellungs-Echo im Jahre 1949 ließ die Porsche-Leute auf eine errechnete Gesamtstückzahl von etwa 500 Autos des Typ 356 kommen, wobei die jährliche Absatzrate auf 100 Automobile geschätzt wurde. Die monatliche Fertigungsrate war mit acht bis neun Fahrzeugen veranschlagt, so daß Porsche im November 1949 einen Rahmenauftrag über 500 Karosserien an Reutter vergab.

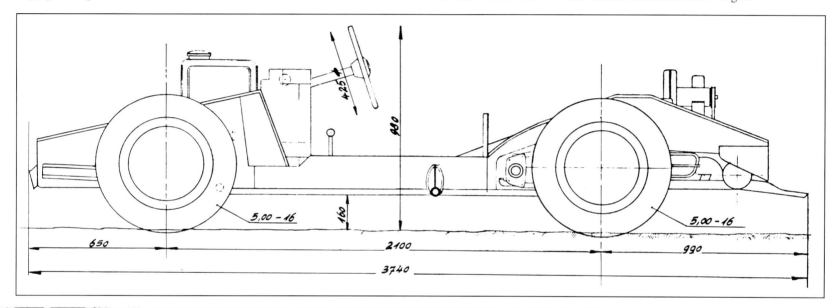

Zur Finanzierung des Produktionsstarts bediente man sich der Volkswagen-Gelder. Aber dieser Fonds war weder ausreichend noch wäre es klug gewesen, ihn auf diese Weise aufzubrauchen. Auf der Suche nach zusätzlichen Kreditquellen fragten Prinzing und Ferry Porsche zuerst einmal bei den Banken an, jedoch ohne Erfolg. So setzte sich Prinzing Anfang 1950 in den treuen Porsche-Vorführwagen 356/2-010 und ging, in Begleitung eines Beutler-Cabrios, auf Rundreise zu den zweiundzwanzig größten Volkswagenhändlern Deutschlands, die seinerzeit zu den führenden Autoverkäufern des Landes zählten. Der Empfang für Prinzing war bei allen äußerst herzlich. Der Ruf Porsches wie auch das Auto dieser jungen Marke überzeugten jeden Händler, so daß sie alle Bestellungen aufgaben, wobei einige gleich zehn, zwanzig oder gar fünfzig Autos orderten. Jeder von ihnen wurde ersucht, eine Anzahlung zu leisten. Bei einem Stückpreis der ersten deutschen Porsche von 9950 Mark machte die Gesamtsumme der von den Händlern an die junge Firma überwiesenen Anzahlungen gut 200 000 Mark aus. Bis Mitte Februar des Jahres 1950 hatte der geniale Prinzing sowohl das Kapital als auch einen Kreditrahmen für eine Fabrik aufgetrieben, die bis dato noch kein einziges Auto gebaut hatte.

Nun benötigte Porsche seine ursprünglichen Zuffenhausener Gebäude immer dringender, um Platz für den Zusammenbau seiner Autos zu haben. Über die Freigabe des Besitzes durch die Amerikaner wurde zwischen General Funk und Stuttgarts Oberbürgermeister Klett am 23. Februar 1950 eine Besprechung geführt, wobei der Oberbürgermeister erfuhr, daß der Motor Pool verlegt werden sollte. Ihm wurde versichert, daß spätestens mit 1. September 1950 das Gelände freigegeben werde. Aber die Firma Porsche konnte nicht so lange warten, um aus den von Reutter gefertigten Karosserien komplette Fahrzeuge zu montieren.

Bei Reutter selbst bot sich eine Lösung. Porsche gelang es, im Zuffenhausener Werk von Reutter ein 2000 Quadratmeter großes Areal als vor-

übergehende Fertigungswerkstätte zu mieten. Einen kleinen Teil dieser Fläche zweigte man für Büros ab, die restliche Fläche wurde für den Zusammenbau von Fahrgestellen und Motoren hergerichtet. Hier sollte auch der Einbau aller Teile in die von Reutter gefertigten und bereits lackierten Karosserien erfolgen. Später kam dann noch ein nahegelegener, ebenerdiger Ziegelschuppen dazu, wo unter anderem Motorenprüfstände aufgestellt wurden.

Dieses Provisorium stellte mehr als zwei Jahre lang die Automobil-Fabrik Porsche dar. Die Absicht der Amerikaner, das alte Porsche-Werk freizugeben, war nach Ausbruch des Koreakrieges im Juni 1950 revidiert worden. In höchste Alarmbereitschaft versetzt, sah sich das amerikanische Militärkommando damals veranlaßt, alle von ihm okkupierten Einrichtungen in Europa aufrechtzuerhalten, auch der Motor Pool in Zuffenhausen gehörte dazu.

Noch dringender als Fabrikationsflächen benötigte Porsche in Stuttgart weiteren Büroraum, da man beabsichtigte, auch die Konstruktionsabteilungen zurück nach Deutschland zu holen. 19 000 Mark zahlte die Firma für eine Art Baracke im Süden des von den Amerikanern besetzten Geländes. Ein Holzhaus dieser Bauart, das etwa 200 Quadratmeter Raum für Büros und Zeichentische umfaßte, war den Männern aus Gmünd bereits derart vertraut, daß die scherzhafte Bezeichnung *Vereinigte Hüttenwerke* auch an die neue Generation in Stuttgart weitergegeben wurde. Weihnachten 1950 übersiedelten alle Firmeningenieure und Verwaltungsleute, auch die aus der Porsche-Villa, in die neuen Quartiere. Auch die Rechtsform der Firma Porsche in Stuttgart mußte geändert werden. Solange man in der Porsche-Villa untergebracht war, hatte die Porsche Konstruktions GmbH die Leitung innegehabt. 1950 aber, als die Familien Porsche und Piëch das »neue« Gebäude in Zuffenhausen bezogen, änderte man auch die Gesellschaftsform. Es entstand die Dr.-Ing. h. c. F. Porsche KG. Diese Kommanditgesellschaft wurde mit einem Stammkapital von DM 30 000 ausgestattet; ihre

Ganz links außen der erste 1,1 Liter, der Ende 1950 bei Reutter entstand, daneben ein Bild vom Porsche-Eck auf dem Pariser Salon 1950. Darunter ein Coupé vom Typ 356 von 1950. Das Foto links zeigt den Professor bei seinem 75. Geburtstag vorm Schloß Solitude, das Bild unten zeigt ihn mit seinem Neffen und Privatsekretär Ghislaine Kaes in den Alpen. Ganz unten das Armaturenbrett des ersten in Deutschland gebauten 356. Die Instrumente umfaßten das Tacho, eine Uhr und ein Ölthermometer.

Geschäftsführung übernahmen Ferry Porsche und Albert Prinzing. Erklärtes Ziel des Unternehmens schloß die Auswertung der von Ferdinand Porsche und seinem Sohn gemachten Erfindungen ebenso ein wie Motor- und Fahrzeugkonstruktionen, Entwicklungsarbeiten und die Fertigung von Automobilen und Zubehörteilen.

Als 1950 langsam der Frühling ins Land zog, war auch die Karosserie des ersten deutschen Porsche-Coupés fertig. In der Stadtwerkstatt von Reutter, in der Augustenstraße 82a, war sie gebaut worden, im Westen Stuttgarts, wo auch die erste Serie der 356er Karosserien entstand. Dieser Ganzstahl-Aufbau – ohne Interieur, ohne Lack, ohne Scheiben – wurde an einem kühlen, bewölkten Tag auf einen freien Platz im Hof geschoben, damit man ihn einmal bei Tageslicht betrachten konnte. Walter Beierbach und Wilhelm Kleinholz von der Firma Reutter warteten darauf, daß ihr Werk der Prüfung durch die Porsche-Delegation, bestehend aus Erwin Komenda, Porsche Senior und Junior, standhalten würde. Ferdinand Porsche ging um die Karosserie herum, blieb dann vor ihr stehen und bat um einen Stuhl. Darauf nahm er Platz und starrte auf das Auto – so lange, daß die anderen flüsternd zu fragen begannen, ob der alte Herr Professor wohl eingeschlafen sei. Plötzlich kam aus ihm heraus: »Die Karosserie muß zurück in die Werkstatt. Sie ist nicht symmetrisch.« Es wurde nachgemessen und bestätigt, was Ferdinand Porsche mit bloßem Auge festgestellt hatte: die Karosserie war auf der einen Seite um zwanzig Millimeter zu breit. Der Wagen wanderte zurück in die Werkstatt. Am Gründonnerstag des Jahres 1950 stand der erste in Deutschland hergestellte Porsche auf seinen Rädern. Man taufte ihn auf den Spitznamen »Windhund«, weil er hellgrau lackiert war. Leider sollte diesem Auto ein unrühmliches Ende beschieden sein. Zuerst fand es als Professor Porsches Privatwagen Verwendung und mußte später als Versuchsfahrzeug für das Werk herhalten. Es war den Fahrern gestattet, zu Testzwecken die Höchstgeschwindigkeit von 80 km/h auf der Autobahn zu überschreiten, was dann auch an einem Sommertag des Jahres 1952 der Fall war. Beim Versuch, ein anderes Auto zu überholen, schleuderte der Wagen über den Mittelstreifen und stürzte eine Böschung hinunter. Der Fahrer wurde herausgeworfen, das Auto ging beim Aufschlag in Flammen auf.
1950 aber, als er noch nagelneu war, stellte der »Windhund« den ganzen Stolz Porsches dar. Die Fertigstellung des ersten Stuttgarter Porsche war aber nur einer von vielen Marksteinen, die das Jahr 1950 zu einem Wendepunkt für Porsche werden ließen. Am 3. September feierte der Professor seinen 75. Geburtstag. Porschewagen-Besitzer aus ganz Deutschland waren zur Feier des Tages zum Schloß Solitude gekommen, um dem Professor zu gratulieren. Sie hatten ihre Autos im Spalier vor dem Schloß aufgestellt und Professor Ferdinand Porsche nahm persönlich ihre Begrüßung vor.

Der Jubilar selbst war mit einem neuen 356er Coupé gekommen.
Einen Monat später fuhr Professor Porsche mit seinem Neffen Ghislaine Kaes im »Windhund« zum Automobilsalon nach Paris, um bei der ersten internationalen Präsentation eines in Deutschland gefertigten Porsche anwesend zu sein. Schließlich war der Pariser Salon damals die wichtigste Ausstellung Europas – wenn nicht gar der Welt. Porsche hatte eine winzige Standfläche an der Außenseite des Grand Palais gemietet, ganz in der Nähe der Stände der Reifen- und Farben-Fabrikanten. Es gab gerade genug Platz, um zwei Autos, zwei Sessel und ein Besprechungsabteil unterzubringen. Ein schlichtes Schild, »1900 PORSCHE 1950«, verwies auf ein historisches Ereignis: Fünfzig Jahre waren seit der Demonstration des ersten Porsche-Fahrzeuges, dem elektrisch angetriebenen Lohner-Porsche auf der Weltausstellung 1900 in Paris, vergangen. Und wieder markierte der Pariser Salon jetzt den Anfang einer neuen erfolgreichen Karriere für das Haus Porsche. Der Name des Professors sollte bald Weltberühmtheit erlangen. Für Ferdinand Porsche waren diese Triumphe jedoch von der Tatsache überschattet, daß er nach wie vor kein freier Mann war und weder die deutsche noch die österreichische Staatsangehörigkeit besaß. Obwohl die französischen Behörden ihn nachträglich von den gegen ihn erhobenen Anklagepunkten, für die sie ihn so grausam eingekerkert hatten, freisprachen, erhielt er dennoch niemals wieder seine vollen Staatsbürgerrechte. Praktisch staatenlos, ohne Chance, einen Paß zu bekommen, mußte er für Auslandsreisen stets um Sondergenehmigungen bitten. Und gegen Jahresende 1950 sanken die Aussichten auf eine österreichische Staatsbürgerschaft, um die er angesucht hatte, auf Null. Ein Schlaganfall im November fesselte ihn für die letzten drei Monate seines Lebens an das Bett. Am 30. Januar 1951 starb er, und die kleine Schüttgut-Kapelle in Zell am See wurde seine letzte Ruhestätte.

Inzwischen war die Produktion des Porsche derart angewachsen, daß die seinerzeitige Produktions-Prognose von zwei Fahrzeugen pro Woche längst überholt war. In den ersten neun Monaten des Jahres 1950 erreichte der Ausstoß die Höhe von insgesamt 298 Wagen; das bedeutete ein Mittel von 33 Stück im Monat. Diese ersten Wagen aus der Zuffenhausener Serie unterschieden sich in ihrem Äußeren beträchtlich von den Autos, die in Gmünd gebaut worden waren. Noch während des Winters 1949–1950 hatte Erwin Komenda die Konturen des Porsche fließender und abgerundeter gestaltet, so daß etwas von jenem eckigen, klobigen Stil des ursprünglichen Coupés verlorenging und jenes gewisse Etwas des Porsche-Designs entstand.
Die Fronthaube hatte man etwas angehoben, der Fahrgastraum war breiter geworden, wodurch auch die Windschutzscheibe eine gestrecktere Form erhielt. An den Ecken hatte sie eine leichte Wölbung erfahren und bog sich leicht zum Cockpit hin, was nicht nur die Fahrersicht verbesserte, sondern auch die vorderen seitlichen Eckscheiben des Gmünder Coupés entbehrlich machte. Die Seitenfenster der Zuffenhausener Coupés waren rundherum kleiner geworden, sowohl in der Länge als auch in der Höhe. Dies resultierte aus einem etwas weiter heruntergezogene Dach und der angehobenen Gürtellinie, auch waren die Flanken stärker ausgewölbt. Bei den ersten sechshundert Coupés konnte man die hinteren Seitenfenster nicht ausstellen; dies war erst bei späteren Modellen möglich. Die vordere und die hintere Stoßstange waren direkt an der Bodenplatte montiert, wie dies schon bei den Modellen in Gmünd der Fall war. Die Radkappen der ersten Autos waren halbrund, sehr ähnlich den VW-Kappen, jedoch ohne VW-Prägung. Der Benzintank saß unter der Fronthaube, gleich hinter dem Instrumentenbrett, und der Reserverreifen lag flach auf dem schrägen vorderen Rahmenblech. Unter dem Reifen befand sich die 6-Volt-Batterie. Es gab keine Benzinanzeige, sondern man verwendete das VW-System mit dem Hahn für Ein/Aus und Reserve. Zusätzlich befand sich ein mit Eichmarken versehener Holzstab unter der Fronthaube. Das Instrumentenbrett enthielt das Tachometer, ein Ölthermometer sowie eine Uhr, die man mittels einer Rückzugschnur aufziehen konnte. Die oberen Abschlußleisten der Türen waren aus Nußbaumholz, Kartentaschen und Einzelsitze gaben dem Interieur des Porsche vom Jahrgang 1950 ein gefälliges Aussehen.
Durch die kleine Motorhaube im Heck erreichte man den Motor des Typs 369 (mit 1086 ccm), der den ersten deutschen Porsche antrieb. Man behielt ihn bis Sommer 1954 bei; er war im Grunde ein VW-Motor mit senkrecht geteiltem Kurbelgehäuse. In diesen beiden Hälften drehte sich die vierfach gelagerte, geschmiedete VW-Kurbelwelle aus Stahl. Zwei der Lager flankierten die Pleuel des Boxermotors; eines befand sich in der Mitte zwischen ihnen, während das andere auf der Seite des Nockenwellen-Antriebs und des Zündverteilers saß. Bei der Nockenwelle und den Stößeln handelte es sich ebenfalls um Original-VW-Teile.
Am Ende der Nockenwelle, wo sie angetrieben wurde, befand sich die Zahnrad-Ölpumpe. Die Pumpe beförderte den Schmierstoff aus der Mitte der verripptem Ölwanne, die integrierter Teil des Kurbelgehäuses war. Das Öl mußte durch ein Grobfilter und an einem Magnetabscheider vorbei. Der Ölkreislauf umfaßte auch einen Ölkühler in Form eines senkrechten Turmes, der sich im Luftstrom des Gebläses befand. Weil die Kühlluft des linken Zylinderpaares zuerst den Ölkühler passieren mußte, während das rechte Zylinderpaar diese direkt erhielt, wurde eine Zylinderseite oftmals heißer als die andere. Das Zentrifugal-Gebläse war am entgegengesetzten Ende der Lichtmaschinenwelle montiert, die sich wiederum auf einem Auflager befand, das mit der rechten Hälfte des Kurbelgehäuses mitgegossen war.

Oben: Ein Aluminium-Coupé mit 1,1-Liter-Motor wurde Klassensieger und kam auf den 20. Platz in der Gesamtwertung beim 24-Stunden-Rennen von Le Mans 1951.
Unten: Am 21. März 1951 konnte man den Stapellauf des 500. Porsche feiern; die gesamte Zuffenhausener Belegschaft ist hier versammelt.

Die aus speziellem Aluminiumguß gefertigten Zylinderköpfe für den 369er Motor bezog Porsche von der Firma Karl Schmidt (KS) in Neckarsulm. Sie waren mit jenen identisch, die bei den in Gmünd gebauten Autos verwendet wurden. Auf kurzen Einlaßkrümmern saßen die Solex-32-PBI-Vergaser mit separaten Luftfiltern. Weil die schwach gewölbten Kolben ein Kompressionsverhältnis von 7:1 gaben, empfahl Porsche ein Benzin-Benzol-Gemisch (Normalbenzin hatte damals um die 70 Oktan), um bessere Klopffestigkeit zu erreichen. Diese mit einem Aufwand von 25 Arbeitsstunden sorgfältig zusammengebauten Motoren (der Mechaniker pflegte seine Initialen in das Kurbelgehäuse zu schlagen) gaben stets um ein bis zwei reine PS mehr ab als die offiziellen 40 DIN PS.

Tief in die Schwungscheibe war die Kupplung eingelassen. Die Druckplatte besaß sechs Schraubenfedern, und ihre Betätigung erfolgte über einen Seilzug, dessen Einstellung sowohl auf der Pedalseite als auch am Ausrückhebel mit einem Gewindebolzen vorzunehmen war. Das Drehmoment wurde von der Kupplung auf ein serienmäßiges VW-Viergang-Getriebe übertragen, das im übrigen ebenfalls eine bemerkenswerte Konstruktion Porsches war. Einen direkt übersetzten Gang gab es nicht, und das Schalten des unsynchronisierten Getriebes erforderte viel Einfühlungsvermögen. Die Schaltung der Gänge erfolgte durch axiale Gleitwellen, auf denen auch die geradverzahnten Räder für den ersten, zweiten und den Retourgang saßen. Diese unsynchronisierten Gänge ließen sich nur durch Zwischengas geräuslos schalten und auch dann war, wie ein Tester bemerkte, noch ein »Höchstmaß an Gefühl« notwendig.

Die hintere Aufhängung des ersten in Deutschland produzierten 356 (die problematische Ausführung des ursprünglichen 356/2 Modells hatte man fallengelassen) ähnelte jener, die man beim Gmünder Porsche angewendet hatte, während andere Teile des Antriebs von den Verbesserungen, die inzwischen am Volkswagen vorgenommen worden waren, profitierten. So wurden auch vorgefertigte Konsolen bei der vorderen Aufhängung zusätzlich montiert, um längere, doppeltwirksame Teleskopstoßdämpfer einbauen zu können. Das VW-Lenkgetriebe wurde beibehalten, jedoch durch einige Tricks exakter und leichtgängiger gemacht.

1950 führte VW ein neues hydraulisches Bremssystem für seine Exportmodelle ein, das auch von Porsche übernommen wurde. An sich hatten die Porsche-Leute beabsichtigt, Duplexbremsen in ihre Fahrzeuge einzubauen, wie man sie in Gmünd verwendet hatte, jedoch war ihr Lieferant Lockheed durch Verträge mit Alfred Teves (Ate), dem Erzeuger der Einzelteile, vom deutschen Markt ausgeschlossen; und Ate war vorerst nicht bereit, diese Bremsen an Porsche zu liefern. Daher waren die ersten Porsche-Wagen mit gewöhnlichen VW-Bremsen ausgerüstet. Um die Wärme besser ableiten zu können, stattete sie Porsche ab 1951 mit gerippten Aluminiummänteln aus, die an die Außenflächen der Bremstrommeln gepreßt wurden; diese Lösung war aber keineswegs optimal. 1951 ließ sich Ate dann doch erweichen und Porsche erhielt die erwünschten Bremsen. Im selben Jahr noch wurden die hinteren Hebelstoßdämpfer durch Teleskopdämpfer ersetzt.

Dr. Prinzing, der die Porsche-Verkaufsabteilung führte, hielt mit einigen dieser Neuerungen zurück. Die neuen Vorderradbremsen, die Teleskopdämpfer, ein verbessertes Heiz- und Kühlungssystem und einen Drehzahlmesser wollte er erst auf dem Frankfurter Automobil-Salon, der vom 19. April bis zum 29. April 1951 stattfand, präsentieren. In Frankfurt jedoch wurden all diese Details von der Ankündigung eines neuen Motors mit 1300 ccm Hubraum in den Schatten gestellt. Der als Typ 506 bezeichnete Motor besaß die gleiche VW-Kurbelwelle sowie denselben Hub von 64 mm, war jedoch auf 80 mm aufgebohrt und kam somit auf 1286 ccm Hubraum. Die Vergrößerung der Bohrung ging mit einer grundlegenden Änderung der Konstruktion Hand in Hand: die gerippten Zylinder wurden nicht mehr aus Stahlguß, sondern aus Aluminium gefertigt. Dieser Fortschritt resultierte aus einem neuen Vorfahren, das Mahle entwickelt hatte. Die Firma Mahle besaß seit Jahren einen ausgezeichneten Namen als Hersteller von Kolben- und Zylinderkonstruktionen. Schon Mitte der Zwanziger Jahre hatte Mahle begonnen, nach Fertigungsmöglichkeiten für Aluminiumzylinder zu suchen – aus der Erkenntnis, daß derartige Zylinder die Motorkühlung bedeutend verbessern und zusätzlich Gewicht sparen. Während des Zweiten Weltkriegs gelang es Mahle, ein Verfahren zu finden, um die Verschleißfestigkeit von Aluminium durch eine zusätzliche Chromschicht zu erhöhen. 1949 und 1950 wurde dieses Material über eine Million Kilometer in etwa dreißig verschiedenen Motortypen erfolgreich getestet. Dies genügte Porsche als Qualitätsbeweis. Die Aluminiumzylinder mit oberflächenverchromter Wandung von Mahle kamen im neuen 1,3-Liter-Motor zum Einsatz und bis 1958 auch in allen anderen Stoßstangenmotoren von Porsche. Die Gewichtseinsparung war beträchtlich. Während die Stahlzylinder über zwei Kilogramm pro Stück wogen, kamen die Mahle-Zylinder nur auf etwa 700 Gramm, wodurch sich das Gesamtgewicht des Motors um rund fünfeinhalb Kilogramm verringerte.

Porsche nützte den Vorteil des vergrößerten Hubraums von 1,3 Liter, um das Kompressionsverhältnis auf 6,5 zu verringern, so daß sich die höhere Leistung (44 PS bei 4200 U/min) auch bei Verwendung von Normalbenzin erreichen ließ – dennoch empfahl Porsche die Beimengung von zwanzig bis vierzig Prozent Benzol. Auch eine neue, ungewöhnliche Kolbenform wurde entwickelt. Sie wies auf der Seite des Einlaßventils eine spitze Erhebung auf und war auf der anderen Seite konkav ausgebildet, wodurch sich die Einlaß- von der Auslaßseite des Verbrennungsraumes exakter trennen ließ.

Porsches neuer Motor von Typ 506 wurde einem bemerkenswerten Test anläßlich der Rallye Baden-Baden im Juni 1951 unterworfen, einem dreißig Stunden dauernden Straßen-Marathon, bei dem es galt, eine möglichst große Distanz zwischen den einzelnen Kontrollpunkten zurückzulegen. Drei 1,3-Liter-Coupés wurden gemeldet, die mit Probefahrkennzeichen ausgestattet waren, um das von der Amerikanischen Militärpolizei verhängte Höchstlimit von 80 Stundenkilometern überschreiten zu können. Die drei Wagen brausten in diesen dreißig Stunden ständig auf der Autobahn zwischen Stuttgart und München hin und her und legten 3628 Kilometer zurück. Dabei erreichten sie ein Stundenmittel von 120 km/h und verbrauchten 9,8 Liter auf 100 Kilometer. Die beste »Runde« Stuttgart–München und retour schaffte einer der Wagen mit einem Schnitt von 137 km/h, dessen von *auto, motor und sport* gestoppte Höchstgeschwindigkeit bei 155 km/h lag. Die Motoren arbeiteten tadellos bei Öltemperaturen zwischen 88 und 105 Grad Celsius.

Ein Porsche war ein Auto, das schnelle Fahrer dazu verleitete, es auch voll auszufahren. Schon bald begann man, beeindruckende Kilometerleistungen festzuhalten. Im Frühling des Jahres 1952 berichteten zwei Besitzer von 1,1-Liter-

Porsche in Le Mans 1952. Unten die Crew: Klauser, Mouche, Ferry Porsche und Veuillet sowie zwei Mechaniker. Rechts außen der 1,1-Liter-Motor, den man für Le Mans mit einem zusätzlichen Ölfilter und einer doppelten Zündanlage versehen hatte. Veuillet und Mouche fuhren mit Wagen Nr. 50 einen Klassensieg heraus.

Wagen, daß sie die 100 000-Kilometer-Grenze ohne Motor- oder Kolbenaustausch überschritten hatten – für die damaligen Zeiten wirklich ungewöhnlich. Ferry Porsche belohnte beide mit einer goldenen Armbanduhr. Eine noch größere Auszeichnung, ein silbernes Porschemodell, wurde dem Besitzer des »Zipp«, einem 1,3-Liter-Coupé Baujahr 1951, verliehen. Obwohl das Auto eine Reihe von gerissenen Gasseilzügen erlitten hatte, legte es über 250 000 Kilometer mit dem ersten Motor zurück. Derartige Leistungen ermöglichten es Porsche, den früher oft geäußerten Tadel zu revidieren, der den schnellen aber anfälligen Fahrzeugen galt, die mehr in der Werkstatt standen als auf der Straße fuhren. Goldene Uhren und Silbermodelle mochten den Eindruck erwecken, als sei die Autoproduktion für Porsche zum ernstzunehmenden Geschäft geworden. Und das war auch der Fall. Mit einer Jahresproduktion von beinahe 300 Wagen im Jahr 1950 hatten sie auch ihre Einrichtungen zur Motorenproduktion erweitert, hatten die Gewinne in die Aufstockung des Ersatzteillagers reinvestiert und waren mit Reutter darangegangen, die Fertigungskapazitäten für Karosserien zu erhöhen. Dennoch konnte man die Nachfrage kaum befriedigen. Anfang 1951 mußte man auf einen neuen Porsche etwa zwei Monate warten (auch bei den meisten anderen Autofirmen Deutschlands gab es damals Wartezeiten bis zu sechs Monate für neue Autos).

Wenn das Coupé auch Porsche bekanntestes Modell war, so hatten die Cabriolets mit ihrem gutsitzenden Stoffdach, in bester deutscher Karosseriebautradition gefertigt, hohen Anteil am Aufstieg der Zuffenhausener Automobile. Und da Reutters Fertigungsmöglichkeiten arg überlastet waren, wurden einige Cabrios Anfang des Jahres 1950 auch bei Gläser gebaut. Gläser hatte sein 1864 in Dresden gegründetes Unternehmen im Alleingang nach dem Krieg in Ullersricht bei Weiden in der Oberpfalz wieder aufgebaut. Auf der Suche nach Aufträgen besuchte Gläser auch Porsche und wurde gefragt, ob er auch wieder Cabrios bauen könne. Gläser fertigte etwa 100 Stück mit den von Reutter gelieferten Stahlblechen, versah die Wagen mit Interieur und Dach in Ullersricht und überstellte dann die Karosserien nach Zuffenhausen, wo sie auf dem kleinen Fertigungsgelände von Porsche auf ihre endgültige Fertigstellung warteten.

Die anfänglichen Vorstellungen Ferry Porsches und Albert Prinzings wurden weit übertroffen: Das kleine Werk produzierte bereits zehnmal so viele Autos wie vor einem Jahr geplant. Ihr Monatsrekord von 88 Fahrzeugen war im März 1951 aufgestellt worden, als auch der 500. deutsche Porsche gefeiert werden konnte. Am 21. März stoppte für eine Stunde der Betrieb; der Bug des 500. Coupés wurde mit einem Blumengebinde und einem Plakat geschmückt, bevor Dr. Prinzing eine kurze Ansprache vor den im Halbkreis versammelten, in Arbeitskleidung erschienenen Mitarbeitern dieser kleinen Firma hielt.

Schon am 28. August 1951 konnten man den tausendsten in Deutschland gebauten Porsche

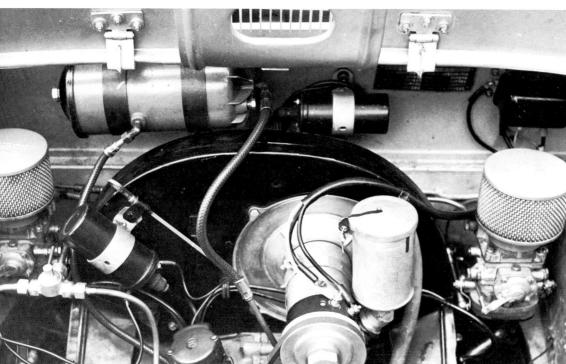

feiern. Dieses Jubiläum folgte einem im Juni 1951 erreichten neuen monatlichen Produktionsrekord von 133 Autos und ging einem Jahresausschuß in Zuffenhausen von 1103 Porsches voraus. Bis Jahresende 1951 war die Zahl der Mitarbeiter auf 214 angestiegen, der Gesamtumsatz war jetzt dreimal so hoch wie 1950.

In jenen frühen Jahren verdiente man bei Porsche recht gut. Die Kosten waren im allgemeinen nicht sehr hoch, die Ausgaben für technische Einrichtungen gering – genaugenommen waren sie gleich Null. »Wir erzielten damals die höchsten Gewinne«, erinnerte sich später Ferry Porsche. »Die anderen Firmen in Deutschland hatten zwar bereits ihre Gebäude, Maschinen und Ausrüstungen, aber sie wußten nicht, wohin mit den Autos, die sie fertigen konnten. Sie hatten höhere Unkosten, aber keinen genügenden Umsatz. Wir machten rasch Umsatz, hatten aber keinen Kostenapparat zu finanzieren.«

Exportaufträge, die Porsche in Österreich anfänglich in die Lage versetzt hatten, mit dem Bau von Autos beginnen zu können, kamen auch weiterhin herein. Sie sicherten somit auch jetzt noch das gewisse Risiko ab. Unter Porsches ersten ausländischen Kunden war Auguste Veuillet, der Anfang 1950 die Auslieferung eines ersten Porsches vorgenommen hatte, eines adriablauen 1,1-Liter-Coupés. Der damals vierzigjährige Veuillet war Sohn eines Lyoner Karosseriebauers, der vor 1939 Motorradrennen gefahren war. Nach dem Krieg errichtete der robuste Franzose die Firma Sonauto in Paris, um Automobile der ausgefallenen Marken wie Delahaye und Delage zu verkaufen. 1949 fuhr er einen Delahaye im ersten Nachkriegsrennen von Le Mans. Veuillet war auf Porsche durch einen anderen französischen Händler aufmerksam geworden, der zwar das Auto für unverkäuflich hielt, dennoch den Vorschlag machte, daß Veuillet es einmal versuchen sollte. Anläßlich eines Treffens mit Porsche-Bevollmächtigten auf dem Pariser Salon im Oktober 1950 – Professor Porsche, der damals nur noch wenige Monate zu leben hatte, war damals ebenfalls anwesend – entschied Veuillet, daß man dem kleinen Auto eine Chance geben solle. Am 9. März 1951 lud er die Presse auf den berühmten 2,5 Kilometer langen Rundkurs von Montlhéry ein, um zwei Coupés, ein neues und sein eigenes, das sich von der Serie durch ein gebogenes Rohr oberhalb der vorderen Stoßstange unterschied, vorzuführen und um seine Bestellung zum Porsche-Importeur bekanntzugeben. Mit gestoppten Runden von 145 Stundenkilometern bewies Veuillet, daß dieses kleine Auto wirklich rasant war. Seine Firma Sonauto schlug sich in diesen Anfangsjahren tapfer auf der Seite Porsches und sollte für Jahrzehnte der französische Alleinimporteur dieser Marke bleiben. Und der Pariser Salon, Symbol für ein halbes Jahrhundert Kreativität eines Professor Porsche, wurde so auch zum Ausgangspunkt der Erneuerung seiner internationalen Kontakte.

Im Januar 1951 war Porsche auf der Ausstellung in Brüssel vertreten, und im Oktober desselben Jahres nahm die junge Firma auch in London an der Automobil-Show in Earl's Court teil, wobei sie sich den Ausstellungsstand mit einem von Saoutchik karosserierten Auto und einem Salmson teilte. Zu jener Zeit waren britische Importlizenzen kaum zu bekommen, jedoch erhielt Connaught Engineering of Ripley für die Show die Einfuhrgenehmigung für drei 1,3-Liter-Porsche, zwei Coupés und ein Cabriolet, die nach der Ausstellung in England auch verkauft werden durften. Charles Meisl, der damalige kaufmännische Direktor bei Connaught, handelte diese ersten Verträge mit Zuffenhausen aus.

In England, im klassischen Land der offenen Sportautos, lief der Verkauf nur langsam an. Die Ansicht des Motorjournalisten John Bolster war typisch: »Der Porsche ist überraschend teuer, wenn man bedenkt, daß er auf dem Volkswagen basiert.« Erst Anfang 1954 bekam Porsche durch A. F. N. Ltd. eine ständige Vertretung in Großbritannien. Die Brüder Aldington, die Firmeninhaber, sahen im Porsche einen Nachfolger des BMW 328, den sie 1936/37 so erfolgreich nach England gebracht hatten und der später als Vorbild für die Konstruktionsideen ihres Frazer Nash diente.

Auch Italien war für die Porsche-Leute anfangs kein sehr ertragreicher Boden, wenngleich italienischer Einfluß mitgeholfen hatte, das Auto 1948 zum Leben zu erwecken. Ein offizielles Debüt gab Porsche in Italien auf dem Turiner Salon im November 1951, gesponsort von Gerhard Gumpert, der in Deutschland geboren war und während des Krieges für das Deutsche Auswärtige Amt in Rom weilte. Auf die Bitte von Heinz Nordhoff versuchte er 1951, für Volkswagen in Italien einen Brückenkopf zu bilden. Zwischen 1951 und 1957 importierte Gumperts »Auto Germa«, nicht mehr als 56 Porsche, deren Verkauf neben dem VW mitlief. 1961 erreichte der Jahresverkauf eine dreistellige Zahl; von da an stieg der Umsatz steil an.

In die Vereinigten Staaten, ein Exportmarkt, der später bis zu 70 Prozent der gesamten Porsche-Produktion aufnehmen sollte, kamen die ersten drei Porsche im Jahre 1950. Solche Autos in den USA verkaufen zu wollen, schien zunächst geradezu absurd. Mit ganzen 44 PS und Platz für nur zwei Personen kostete dieses kleine Fahrzeug so viel wie ein Cadillac-Cabriolet. Welchen Wert würde man seiner Flinkheit und Wirtschaftlichkeit in einem Land der geraden Straßen und des billigen Benzins schon beimessen? Dennoch glaubte Max Hoffman, der bereits so viele ungewöhnliche Autos nach Amerika gebracht hatte, daß der Porsche eine Chance verdient habe.

Die Verbindung zwischen Hoffman und Porsche stellte eine gute Ausgangsposition dar. Hoffman war Österreicher, am 12. November 1904 in der Nähe Wiens geboren. Als junger Motorrad-Rennfahrer und später als Automobil-Importeur war er in Wiener Kreisen recht bekannt. Auch kannte er die Familie Porsche persönlich gut. Oft hatte er seinen Urlaub am Wörthersee verbracht und einige seiner Rechtsgeschäfte über Dr. Anton Piëch abgewickelt. Schließlich war er finanziell gut abgesichert und stets bemüht, neue, interessante Fahrzeuge für seinen Ausstellungsraum, den er 1947 an der New Yorker Park Avenue eröffnet hatte, zu bekommen. Über die ersten österreichischen Porsche war er vom Schweizer Journalisten Max Troesch unterrichtet worden, der ihm Photos und eine Beschreibung der Wagen zugesandt hatte.

Hoffman übernahm die Lieferung der ersten drei Porsche im Frühherbst 1950. Zwei davon erwarb Briggs Cunningham, der eines der Frau des Rennfahrers Sam Collier weitergab. Hoffman selbst brachte ein Auto im September nach Watkins Glen und meldete es für die Teilnahme an einem Sonderwettbewerb vor dem Rennen an, in welchem es den Preis des »interessantesten Autos« gewann.

Hoffman hatte auch dafür gesorgt, daß die Porsche-Delegation zum Pariser Salon im Oktober 1950 komfortable Zimmer im Hotel Georg V erhielt. Besonders Ferry Porsche erwies Hoffman stets großen Respekt. Nur mit Albert Prinzing kam er nicht so gut zurecht und beschwerte sich bei ihm öfters, zum Beispiel über die Vergaser seiner Autos, die offenbar auf das amerikanische Benzin anders reagierten. Und er wünschte sich ein Mehr an Leistung, als sie die kleine 1100er Maschine eigentlich hergeben konnte. Auch vom Styling des Porsche war Hoffman anfangs nicht begeistert: »Ich sagte Ferry Porsche, das Design sei absolut unmöglich. Er werde dieses Auto so, wie es ist, kaum in Amerika verkaufen können.« Auf einer Reise in die Vereinigten Staaten machten er und Porsche Junior einen Besuch beim Grafiker und Autofan Coby Whitmore, der einige Entwürfe von Fahrzeugen mit fließenden Linien skizzierte, so wie man sie damals in Amerika so sehr beim MG und Jaguar liebte. Wenn ein solcher Porsche auch niemals gebaut wurde, so resultierte später aus diesem Gespräch mit Whitmore die kurzlebige Ausführung des America-Roadsters.

Ungeachtet seiner Einwände war Hoffman zuversichtlich, was die Absatz-Möglichkeiten Porsches in den Vereinigten Staaten betraf. Ferry Porsche erzählte, daß er hoffte, Hoffman würde 1950 für fünf Autos Käufer in Amerika finden. »Wenn ich nicht fünf pro Woche absetzen kann«, antwortete Hoffman, »dann bin ich am Geschäft nicht interessiert.« 1951 importierte er 32 Fahrzeuge und bis 1954 verkaufte er von seinem »Deutschen Automobil-Juwel«, wie er den Porsche in den Anzeigen nannte, bereits elf pro Woche. Diese Zahl bedeutete bereits 30 Prozent der gesamten Porsche-Produktion. Businessman Hoffman wertete es als Zeichen von Naivität, daß Porsche ohne zusätzliche Berechnung einige Ersatzteile mitlieferte. Hoffman berechnete für jedes Extra, das werksseitig eingebaut wurde, einen Aufpreis: Dennoch: der österreichische Emigrant legte mit seiner Geschäftspolitik den Grundstein für den fantastischen Erfolg, dessen sich Porsche heute in Amerika erfreuen kann.

Amerikas und Frankreichs Porsche-Importeure legten gleichermaßen großen Wert auf Sporterfolge. Schon im Oktober 1950 hatte Veuillet darauf gedrungen, daß ein Auto zum 1951er Le Mans-Rennen gemeldet werde. »Nachdem er von einigen seiner Le Mans-Erfahrungen erzählt hatte«, berichtete Porsches halbamtlicher Haushistoriker Richard von Frankenberg, »fragte ihn der alte Professor, welche Maximal- und Durchschnittsgeschwindigkeiten man erzielen müsse, um in der 1100-ccm-Klasse das 24-Stunden-Rennen gewinnen zu können. Veuillet nannte ein paar Werte, worauf der Professor sofort seinen Rechenschieber herauszog und eifrig damit zu rechnen begann. Nach einiger Zeit sagte er, ›Ja, das könnte gehen. Es wird zwar schwierig sein, aber möglich.‹«

Als ein weiteres Resultat dieser Pariser Gespräche erhielt Porsche eine Einladung von Charles Faroux, zwei Autos für Le Mans 1951 zu melden. Dies war eine couragierte Geste des großen französischen Journalisten und Rennfunktionärs, denn Porsche wäre der erste deutsche Mitbewerber gewesen, der in einem großen französischen Rennen nach dem Krieg am Start erschien. Man hatte zu befürchten, daß unversöhnte Widerstandskämpfer die Rennfahrer steinigen könnten. Würde es für die kleine Autofabrik in Zuffenhausen überhaupt einen Sinn haben, ihre ersten Gewinne ausgerechnet im Rennsport zu investieren? Ferry Porsche war der Ansicht, daß es lohnte. Das Geschäft war so gut gelaufen, über alle Erwartungen gut, daß sich die Firma die Teilnahme an dem Wettbewerb leisten konnte. »Nebenbei gesagt«, erinnerte sich später Ferry Porsche, »entschieden wir uns für den billigsten Weg.« Die ersten Renn-Porsches waren die übriggebliebenen Aluminium-Coupés aus Gmünd. »Und dann erkannten wir sehr schnell, daß sich durch unseren Renneinsatz Erfahrungen für unsere Serienfahrzeuge gewinnen ließen.«

Die in Österreich gebauten Coupés waren leichter und wiesen mit ihrer schmaleren Dachpartie einen günstigeren Luftwiderstand auf. Selbstverständlich hatte man sie für das Rennen speziell hergerichtet. Geschlitzte Stahlbleche ersetzten die hinteren Fenster. Der Inhalt des Tanks war auf 78 Liter vergrößert worden, indem man ihn weiter nach vorne und noch um den Ersatzreifen legte. Der Einfüllstutzen ragte, um schneller nachtanken zu können, durch die vordere Haube. Alle vier Radöffnungen wurden abgedeckt. Die Felgen hatte man mit Löchern versehen, um bessere Bremskühlung zu erwirken. Leitbleche aus Aluminium unter Bug und Heck begünstigten den Luftdurchfluß an der Fahrzeugunterseite.

Es war für Porsche kein Problem, mit einem solcherart modifizierten Wagen am Start zu erscheinen, da seit 1949 die Le Mans-Regeln die Teilnahme von Prototypen anerkannter Hersteller, zu denen Porsche sich nun zählen konnte, erlaubten. Um den Status dieser Aluminium-Fahrzeuge für spätere Einsätze zu legitimieren, veröffentlichte Zuffenhausen nachträglich einen vierseitigen Faltprospekt und bezeichnete den Typ als 356 SL. Auf seiner Vorderseite sah man das Foto eines der ersten Gmündner Autos und eine Liste all jener oben erwähnten Modifikationen als Extras. Man baute bei Porsche indessen keinen weiteren 356 SL mehr.

Bis Mai 1951 hatten die Motorspezialisten aus Zuffenhausen die Leistung des 1086-ccm-Motors zwar auf 49 PS gebracht, jedoch zweifelte man an der Standfestigkeit der Maschine. So drosselte man die Rennmotoren wieder auf 46 PS. Mit einem höheren Hinterachs-Übersetzungsverhältnis war dies genug Leistung, um die 635 kg leichten Coupés 160 km/h schnell zu machen.

Das 1951er Le Mans-Ergebnis für Porsche war eine Rundenbestzeit von 5:44.7, ein Geschwindigkeitsmittel von 140 km/h und der Klassensieg gegen zwei andere Wettbewerber. Jedoch wurde der 1939 von Simca aufgestellte Streckenrekord in der 1100-ccm-Klasse nicht verbessert.

Das Porsche-Team hatte richtig gehandelt, ausgerechnet 1951 nach Le Mans zu gehen. Im Frühjahr hatte es zunächst einige Probleme gegeben. Bei einem Lokalaugenschein der Rennstrecke durch Paul von Guilleaume, der in Le Mans 1937 und 1938 auf Adler Rennen bestritten hatte und jetzt bei Porsche Team-Manager war, mußte dieser bei über 80 km/h einem Radfahrer ausweichen und fuhr in den Graben; das Aluminiumauto wurde dabei schwer beschädigt.

Obwohl der 356 von Porsche nicht als Wettbewerbsfahrzeug konzipiert war, nahm er an zahlreichen Rennen und Rallies teil. Hier zwei Modelle des Jahrgangs 1951 von der Rennfahrerschule Campione.

Kurz darauf kam es mit einem der Le Mans-Wagen auf der Autobahn zwischen Bruchsal und Karlsruhe zu einem Unfall; glücklicherweise überstand ihn der fahrende Mechaniker unverletzt, das Auto jedoch wurde demoliert. Schleunigst wurde ein Reservewagen für das Rennen hergerichtet. Aus den Einzelteilen der beiden anderen Wagen baute man ein weiteres Coupé, um zwei Fahrzeuge für das geplante Team zu haben. Aber die Unglücksserie hielt an. Der letzte Schlag traf Porsche während des offiziellen Nachttrainings, bei einem Wolkenbruch. Rudolph Sauerwein, ein ehemaliger Adler-Pilot, baute einen schweren Unfall am Maison Blanche – sein Wagen erwies sich als irreparabel, Sauerwein selbst wurde leicht verletzt.

Veuillet, dem Vater der Le Mans-Idee, blieb es mit seinem Freund Edmond Mouche als Copiloten vorbehalten, die Ehre Porsches zu retten. Mit einem Klassensieg gelang es ihnen vortrefflich. Sie kamen auf Platz 20 von 29 Wagen, die das Ziel erreichten. Ferry Porsche hielt sich fast die gesamte Zeit des Rennens in den Boxen auf; damit begann eine Tradition, die über viele Jahre anhielt.

Mitte August meldete man eines der 1,1-Liter-Aluminium-Coupés für die Lüttich-Rom-Lüttich-Rallye. Mit den Fahrern Huschke von Hanstein und Petermax Müller wurde es Zweiter in seiner Klasse. Zu dieser Zeit hatte man den kleinen Motor auf 51 PS Leistung gesteigert. Und für einen Rekordversuch in Montlhéry gegen Ende September 1951 war man sogar bei 54 PS bei 5400 U/min angelangt, bei Alkoholbetrieb holte man 62 PS heraus. Die Zylinderdimensionen betrugen 73,74 × 64 mm, was einen Hubraum von 1093 ccm ergab. In einem Aluminium-Coupé zeigte diese Maschine ihr außergewöhnliches Leistungsvermögen: in der Internationalen Klasse G gab es Bestleistungen mit 161,78 km/h über 500 Meilen, 162,87 km/h für 1000 Kilometer und 162,78 km/h für sechs Stunden. Zu guter Letzt brachte man im Februar 1953 den 1,1-Liter-Motor vom Typ 369 auf eine Spitzenleistung von 67 PS bei einem Alkoholgemisch, wie man es bei deutschen Autorennen Ende der Vierziger und Anfang der Fünfziger Jahre benutzte.

1952 tauchten in Le Mans zwei 1,1-Liter-Aluminium-Porsche in der Startliste auf. Sie waren unter der technischen Leitung von Ing. Wilhelm Hild präpariert worden, einem geborenen Wiesbadener. Viele Jahre sollte dieser schlanke, weißhaarige Hild die Hauptstütze des Porsche-Renngeschehens werden. Er brachte gute Erfahrungen aus dem Rennsport mit DKW-Motorrädern mit.

Gefahren wurden die Elfhunderter im Jahre 1952 vom französischen Klassensiegerteam des Vorjahres und der deutschen Crew Müller und von Hanstein. Wegen Getriebeschäden mußten die Deutschen jedoch aufgeben. So gewann das Team Veuillet/Mouche gegen schwache Konkurrenz erneut die 1100-ccm-Klasse, mit einem verbesserten Schnitt von 123 km/h. In der Gesamtwertung erreichten sie den elften Platz und schlugen dabei – wie schon im Vorjahr – noch den bestplazierten 1,5-Liter-Wagen.

Veuillet und Müller bildeten im folgenden Jahr ein Team, um in Le Mans ein letztesmal das seitengesteuerte 1,1-Liter-Aluminium-Coupé zu fahren. Jedoch blieb ihnen 1953 der Erfolg wegen mechanischer Probleme versagt. Den Sieg in ihrer Klasse errang ein OSCA, ein neues italienisches Sportauto, das den Porsche in diesen Anfangs-Rennjahren noch öfter das Leben schwermachen sollte.

Wenn auch der Serien-Porsche alles andere als ein Rennwagen war, so entdeckten Privatbesitzer in diesen Jahren, daß ihr 356 doch zu manch sportlichem Einsatz taugte. Ein von Reutter karossiertes Coupé gewann die 1100-ccm-Klasse in der schwedischen Mitternachtssonnen-Rallye im Juni 1950, wobei ein in Gmünd gebautes Coupé den Damencup einheimste. Im Juli gewann der nicht zu bändigende, einarmige Otto Mathé die 1100-ccm-Sportwagen-Klasse der Internationalen Alpenfahrt mit seinem in Österreich gefertigten Coupé.

Einer der aktivsten Rallyefahrer auf Porsche war damals Graf Konstantin »Tin« Berckheim. Der große, jugendliche und fesche Aristokrat gewann 1951 die schwedische Mitternachtssonnen-Rallye. 1957 siegte er in einem 1,3-Liter bei der Rallye Travemünde, eigentlich eine Art Straßenrennen, gemeinsam mit seinem Stiefvater, dem früheren Auto Union-Rennfahrer Prinz Hermann zu Leiningen als Copilot. Das französische Team Picard/Farge, Teilnehmer der Tour de France 1951, fuhr einen 1,3-Liter auf den vierten Gesamtrang mit Klassensieg in der 1500-ccm-Klasse. Und die Mille Miglia des darauffolgenden Jahres wurde in der 1100-ccm-Klasse mit dem Privatwagen der Fah-

rer Fürst Metternich und Graf Einsiedel gewonnen.
Als der Rennsport zunehmend für ihn an Bedeutung gewann, merkte Ferry Porsche, daß er für dieses Gebiet einen erfahrenen Experten benötigte. Er fand ihn in seinem Haus in der Person des Fritz Sittig Huschke Baron von Hanstein, der 1951 mit Petermax Müller eines der Coupés auf den zweiten Platz in der Lüttich-Rom-Lüttich-Rallye gefahren hatte. Von Hanstein war im Frühjahr 1952 als Gebietsleiter im Verkauf zu Porsche gekommen.

»Mir wurde niemals richtig mitgeteilt, welche Art von Arbeit ich zu tun hätte«, erinnert er sich. »Zu jener Zeit machte jeder von allem ein bißchen. Daher begann ich, den Verkaufsleuten beizubringen, wie man mit den kleinen 1100-ccm-Porsche bestmöglich umging, die sehr stark zum Übersteuern neigten.« Im Herbst 1952 wurde er sowohl zum Pressechef als auch zum Rennleiter ernannt, eine Doppelfunktion, die er sechzehn Jahre innehaben sollte und die er mit persönlichem Flair und einer Brillanz, wie sie nur ihm eigen sein konnte, ausfüllte.

1911 geboren, wuchs Huschke von Hanstein in Mitteldeutschland auf dem Familienbesitz auf und wurde sowohl in England (Oxford) als auch in Deutschland ausgebildet. Er war ein geschickter Reiter und im Alter von neunzehn Jahren auch eifriger Motorradfahrer. Später entdeckte er seine Liebe zum Autorennen, fuhr 1937 auf Adler in Le Mans und bekannte sich anschließend zum BMW 328 Sportwagen, mit dem er 1939 in seiner Klasse die Deutsche Bergmeisterschaft gewann. Auch war er Copilot des Sieger-BMW der Mille Miglia 1940 gewesen. Frühe Mitgliedschaft in der SS konnte ihn nicht davor bewahren, daß er während des Zweiten Weltkrieges mit der Gestapo ins Gehege kam, was mit seiner Versetzung an die russische Front endete (wo er einer Gefangenschaft knapp entkam, als seine Einheit bei Leningrad überrannt wurde). Sobald es in Deutschland wieder möglich war, Rennen zu fahren, saß er wieder hinter dem Lenkrad eines eigenen Spezial-VW und einem solchen von Petermax Müller. Nachdem er sich in Stuttgart niedergelassen hatte, wurde er Verkaufsleiter für Vespa Motorroller, bevor ihn Porsche anwarb.

»Für Rennen stand damals natürlich kein Budget zur Verfügung«, erzählte von Hanstein später aus seinen ersten Porsche-Jahren. »Ich mußte irgendwo Unterstützung finden, was man heute als Sponsorship bezeichnet. Mit Reifen und etwas Geld von Dunlop, mit Benzin und etwas Geld von BP sowie einiger Unterstützung von Bosch wurschtelten wir uns so durch und schauten, daß das Team funktionierte.«

Ein weiterer Rallyefahrer der ersten Stunde, der etwa auch in dieser Zeit zum Porschestab stieß, war der hagere, bebrillte Richard von Frankenberg, der in der Rallye Baden-Baden im Juni 1951 erstmals für Porsche gefahren war. Der 1922 in Stuttgart geborene von Frankenberg war 1949 und 1950 Motorrad-Rennen gefahren und hatte sich auch als Journalist einen Namen gemacht. Im Herbst 1950 kam er erstmals mit Porsche und der Welt des vierrädrigen Sports in Berührung. Ein Jahr später brachte er die Porsche-Hauszeitschrift heraus, den hervorragend gemachten *Christophorus*, dessen Herausgeber er bis zu seinem tödlichen Autobahnunfall Ende 1973 blieb. Etwa zur gleichen Zeit, als von Frankenberg Porsches Haushistoriker wurde, begann Erich Strenger, ein geradezu konträrer Typ zu von Frankenberg, seine Karriere als Grafiker. Strenger, ebenfalls 1922 geboren, entwarf 1951 den ersten Porsche-Katalog: eine Broschüre mit einem blauen Coupé als Titelbild. Für die erste Seite des 1952er Katalogs – der erste wirklich ausgereifte Versuch der Firma Porsche in dieser Richtung – entwarf er die lebendige Darstellung eines gelben Coupés. Und nachdem er künstlerischer Leiter des *Christophorus* geworden war, gestaltete er fast alle Werbebroschüren der Firma und erarbeitete auch die meisten der oft preisgekrönten Porsche-Poster.

Obwohl das Haus Porsche nach seiner Übersiedlung eine starke Position in Deutschland innehatte, war die Firma 1951–52 nur eine von vielen europäischen Herstellern kleiner Sportwagen. Sie teilte sich den Markt beispielsweise mit MG, Simca, HRG, OSCA, Jowett und Lancia. Porsche jedoch hatte begonnen, seinem Namen Profil zu geben. *Autosport* schrieb im Jahr 1951: »Jedermann war von Geschwindigkeit und Zuverlässigkeit der Porsche in Le Mans überrascht.« Auch versicherte das britische Magazin, daß 1952 die 1,5-Liter-Version im Rennen eingesetzt werden sollte. Dies war eine zutreffende Prophezeihung, da diese Super-Porsche bereits 1951 auf der Piste waren und Rekordzeiten brachten. Mit der vergrößerten 1500-Maschine sollte Porsche tatsächlich »erwachsen« werden . . .

Die Fotos auf der gegenüberliegenden Seite zeigen das 1,3-Liter-Coupé, mit dem die Fahrer Swaters und van de Kaart 1952 an der Rallye Monte-Carlo teilnahmen. Sie hatten an ihrem Wagen die Hauptscheinwerfer in ungewöhnlicher Weise verändert. Auf dem nebenstehenden Bild der 1,1-Liter von Petermax Müller und Veuillet in Le Mans 1953. Klassensieger wurde diesmal indessen jener Osca, der an vierter Position zu sehen ist.

Kapitel 4
Der Anderthalbliter setzt Maßstäbe

Rückschauend könnte man den Eindruck bekommen, daß die Porsche KG sich als einzige Firma in den Nachkriegsjahren mit dem Bau von Sportfahrzeugen auf VW-Basis befaßte. Dem war jedoch nicht so. Als die Vierziger Jahre in die Fünfziger übergingen, gab es auch andere Unternehmen, die sich daranmachten, das vorhandene Potential des robusten und leicht erhältlichen Käfers zu nutzen. In Wien baute der BMW-Importeur Wolfgang Denzel Fahrzeuge unter der Markenbezeichnung WD und Denzel in einer kleinen Werkstatt zusammen. In Deutschland bauten und fuhren Enthusiasten wie Petermax Müller, Kurt Kuhnke, Gottfried Vollmer, Walter Glöckler und Kurt Delfosse erfolgreich mit

Sportwagen, die auf VW basierten. Karosseriebauer verwandelten schmalbrüstige Volkswagen in rassige Roadster und Coupés, zum Beispiel Rometsch in Berlin und Dannenhauer & Stauss in Stuttgart. In jedem dieser Versuche lag der Keim versteckt, zu einem Autohersteller wie Porsche zu avancieren.

Warum glückte es indessen Porsche, anderen nicht? Dafür gab es mehrere Gründe. Erstens war der VW nach Ansicht vieler Autoingenieure noch immer ein primitives Ding, wogegen er für die Porsche-Leute ein völlig logisch konzipiertes Fahrzeug darstellte, eine brauchbare Ausgangsbasis für zukünftige Entwicklungen. Zweitens konnte Porsche an alte Geschäftsbündnisse mit dem Volkswagen-Werk aus der Zeit vor dem Kriege anknüpfen. Ein weiterer Grund – und ein äußerst wesentlicher – war, daß die Porsche-Ingenieure den VW durch und durch kannten. Sie wußten, was das Auto leistete und was nicht; sie wußten, warum jedes Gußteil so und nicht anders geformt war. Reimspiess, Rabe, Mickl, Komenda und natürlich Ferry Porsche selbst hatten die meisten Anfangsprobleme des VW selbst gelöst, während andere Konstrukteure jetzt erst mit dem Käfer konfrontiert wurden. Die Porsche-Organisation hatte hier einen Vorsprung von zwei Jahrzehnten, und man wußte ihn gut zu verwerten, als die Zeit für den Entwurf eines größeren Motors reif war.

Im Sommer 1950 war es so weit. Den Porsche-Männern war klar, daß man mehr Hubraum benötigte, um aus ihrem Auto einen Wagen mit besseren Fahrwerten zu machen. Man dachte an ein 1500-ccm-Aggregat. Schon in den Zwanziger Jahren war dies das klassische Motorvolumen für kleine aber feine Autos. Ein Anderthalbliter war groß genug, um sich vom bisherigen Baumuster deutlich abzusetzen, jedoch nicht zu groß, daß er unzumutbare Mehrbelastungen für das VW-Getriebe und den Rest des Wagens mit sich bringen würde. So begann man am 31. Juli 1950 in Zuffenhausen mit der Entwicklung eines 1,5-Liter-Motors unter der Typenbezeichnung 502. Dieser 1500er sollte für ein Jahrzehnt die Richtung des Porsche-Autobaus bestimmen.

Zwei Zulieferfirmen, mit Porsche seit langem verbunden, spielten entscheidende Rollen bei der Entwicklung des größeren Motors. Eine war die Firma Mahle, deren verchromte Aluminiumzylinder den Bau des 1,3-Litermotors (Typ 506) durch Erweiterung der Bohrung von 73,5 auf 80 mm ermöglicht hatten. Ferry Porsche: »Damit war die Grenze des Grundkonzepts des Volkswagenmotors erreicht.«

Ein weiterer Zulieferer, die Albert Hirth AG, präsentierte eine Lösung, die es zuließ, auch den Hub zu vergrößern. Wie Mahle, war Hirth eine Stuttgarter Firma, zu der Ferdinand Porsche schon in der Zeit seiner Arbeit für die Auto Union enge Verbindungen hatte. In und nach dem Kriege hatte Hirth seine Methode zur Herstellung geteilter Kurbelwellen verbessert. Die einzelnen Elemente wurden in den Gleitlager-

Beim Großen Preis von Deutschland im Jahre 1953 gab es einen Lauf vor dem eigentlichen Rennen, an dem sich ausschließlich Porsche-Fahrzeuge beteiligten. Die 14 Fahrzeuge auf diesem Foto sind mehr oder weniger reine Serienmodelle.

schalen zusammengesetzt und zwar so, daß man die ungeteilten Pleuelaugen mit Rollenlagern bestücken konnte. An den Verbindungsstellen fügten sich Fächerungen ineinander, die man verschraubte. Nuten und Schlitze sorgten für einen Schmiermittel-Durchfluß von den Hauptlagern zu den Bohrungen der fülligen Rollenlager in den Pleuel.

Ferry Porsche und Karl Rabe kannten die Hirth-Konstruktion gut. Beim Motor des Cisitalia hatten sie eine Hirth-Kurbelwelle vorgesehen gehabt, um Pleuel mit ungeteiltem Fuß zu erhalten. Da es hierbei keinerlei Schrauben gab, wie sonst üblich, vermochte man den Kurbelwellenradius um 5 mm zu vergrößern, was einer Hubvergrößerung von 10 mm gleichkam. Die so erzielten Werte von 80 mal 74 mm (mit Mahle-Zylindern) vergrößerten den Hubraum auf 1488 ccm. Allein die Vergrößerung des Hubes war der Hauptgrund, warum Porsche die Rollen-Kurbelwelle in seinem seitengesteuerten Motor verwendete; alle anderen Überlegungen waren zweitrangig. Die Firma Hirth fertigte die Kurbelwellen und baute sie auch komplett mit Lagern und Pleuel zusammen, fertig für den Einbau bei Porsche. Hirth überholte auch die von ihr gefertigten Kurbelwellen. Von außen äußerst einfach aussehend, stellten sie ein kniffeliges Puzzle aus dreizehn Einzelteilen dar, die Rollenlager und Pleuel nicht mitgezählt. Fünf geschmiedete Stahlteile bildeten die Kurbelwangen und die Lagersitze für die drei Hauptlager, die einen Durchmesser von 50 mm hatten. Bei den beiden Außenlagern betrug er 40 mm.

Die Hirth-Kurbelwelle – entworfen, um platzsparend den Hubraum des Motors zu vergrößern – gebührt ein Ehrenplatz in der Porsche-Historie. Sie erwies sich als äußerst stabil und arbeitete klaglos auch bei hohen Drehzahlen. Wenn auch im September 1952 ein 1,5-Liter-Motor mit Gleitlagern vorgestellt wurde, blieb die rollengelagerte Kurbelwelle noch bis September 1957 in

Oben Kurt Kuhnkes Eigenbau, der großenteils auf VW-Teilen basierte, beim Schauinsland-Bergrennen. Rechts daneben die Porsche-Mannschaft, die 1951 Weltrekorde mit einem 1,5-Liter fuhr: Walter Glöckler, Fritz Huschke von Hanstein, Petermax Müller, Hermann Ramelow und Richard von Frankenberg (von links). Rechts: Petermax Müller und sein Heckmotor-Eigenbau, mit dem er in den fünfziger Jahren recht erfolgreich war.

Porsches Motorrepertoire. Ab November 1953 wurde sie im Motor Typ 589 (74,5 × 74 mm = 1290 ccm) der 1300er eingesetzt: ein hochdrehender Motor, zumindest nach Porsche-Maßstäben, der etwa 5500 U/min machte. Mit anderen Worten: da die Porsche-Leute Hirth nun einmal veranlaßt hatten, eine bestimmte Anzahl rollengelagerter Kurbelwellen zu fertigen, so standen sie auch für eine Dauer von fünf Jahren zur Abnahme-Verpflichtung.

Die Hirth-Kurbelwelle war aber auch ein umstrittenes Element im ersten 1500er Porsche. Allgemein verbreitete sich die Ansicht, daß die Hirth-Welle nicht zuverlässig war. Wahr ist, daß

Rechts ein mit reichlich vielen Ketten bestückter Porsche, der 1954 an der Sestrière-Rallye teilnahm. Unten links ein 1952er-Modell mit jetzt höhergesetzter Stoßstange, rechts daneben ein Coupé von 1952, noch mit der alten Stoßstange, hier während einer Zuverlässigkeitsfahrt aufgenommen.

sie nur eine begrenzte Lebensdauer hatte; mehr als 65 000 km schaffte man ohne Überholung kaum. Diese Laufzeit ließ sich erhöhen, wenn man sich gewissenhaft an die Ölwechselintervalle hielt, den Motor vor dem Start aufwärmte und es vermied, in hohen Gängen langsam dahinzuzuckeln. In gut präparierten Wettbewerbsmotoren waren Kurbelwellenschäden allerdings so gut wie unbekannt.

Schon im Frühling des Jahres 1951 war eine Meldung durch die Presse gegangen, wonach ein Porsche 1500 im kommenden Jahr bei Rennen eingesetzt werden sollte, der Wagen jedoch nicht käuflich sei. Die Ereignisse überholten diese Meldungen. Gleichzeitig mit dem 1,1-Liter-Coupé meldete Porsche zur Rallye Lüttich-Rom-Lüttich im August 1951 auch ein 1,3-Liter-Coupé aus Gmünd, das bereits einen 1,5-Liter-Motor besaß. Der von Paul von Guilleaume und Graf von der Mühle gefahrene Wagen wurde Dritter im Gesamtklassement und Sieger der 1,5-Liter-Klasse, ein Erfolg, der trotz einiger Getriebeprobleme erzielt wurde. Im übrigen hatte man mit Schwierigkeiten beim Getriebe, schon wegen der höheren Drehmomentwerte, die es zu verkraften hatte, gerechnet.

In seiner konservativen Art bot Porsche den Typ 502 (im Herbst 1951) vorerst mit Solex-Vergasern vom Typ 32 PBI an, die gleiche Bestückung, wie sie auch bei den kleineren Motoren verwendet wurde. Damit wurde die Motorleistung des 502 auf 55 PS bei 4500 U/min bei einer Verdichtung von 7 zu 1 begrenzt. Die Aufzeichnungen über die Seriennummern besagen jedoch, daß lediglich 66 Motoren vom Typ 502 gefertigt wurden. Im Oktober 1951 begann man die größeren 40 PBIC Solex-Vergaser einzubauen; der Motor erhielt die Bezeichnung 527 und wartete mit einer Leistungssteigerung von 55 auf 60 PS bei 5000 U/min auf. Diese Steigerung war möglich geworden, weil man das Ansaugrohr im Vergaser von 24 auf 26 mm vergrößert hatte. In Wettbewerbswagen erweiterte man diesen Querschnitt sogar auf 29 mm Durchmesser. Der Motortyp 527 war mit 32 PBI Vergasern lieferbar, deren Ansaugrohr 26 mm Durchmesser hatte.

Der aufwendigste aller 1,5-Liter-Porsche Tests fand Ende September 1951 statt: Rekordversuche in Montlhéry bei Paris. Die Idee stammte von Petermax Müller, jenem Fahrer der erfolgreichen, auf VW-Teilen basierenden Porsche mit den Sturmboot-Zylinderköpfen. Müller hatte auch bereits einige Erfahrungen bei Rekordfahrten in Montlhéry gesammelt. Gemeinsam mit Walter Glöckler, einem weiteren VW-Händler, und der Unterstützung durch Huschke von Hanstein und Helmut Polensky hatte er im August und September 1950 neue Rekorde in der Internationalen Klasse G gesetzt. Die dabei erreichten Geschwindigkeiten lagen zwischen 124 und 129 km/h über Distanzen von 4000 bis 10 000 Kilometer. Müller machte nun den Porsche-Leuten Mut, es jetzt einmal mit dem neuen 1,5-Liter-Auto zu versuchen, das zu jenem Zeitpunkt schon mit guten Motorleistungen aufwartete.

Als Anfang 1951 der 1488-ccm-Porsche-Motor zum ersten Mal lief, leistete er maximal 51 PS. Im Juli waren es etwa 53 reine PS, ganz knapp an jenem Limit, das man sich für die erste Produktionsserie des Typ 502 gesetzt hatte. Mit den größeren Vergasern und einer neuen Nockenwelle stieg die Spitzenleistung der Versuchsmotoren im Werk jedoch auf 69 PS im August und schnellte auf 72 PS im September, einem Monat vor dem Rekordtermin. Ausgerüstet mit einem besonders großen Öleinfüllstutzen und einem Fram-Ölfilter, setzte man den frisierten Motor in ein Aluminium-Coupé aus Gmünd. In der Ausstattung glich es dem Le Mans-Wagen. Jedoch waren alle Öffnungen der Karosserie, die normalerweise für die Scheinwerfer und für den Tankverschluß notwendig waren, verschlossen worden, um den Luftwiderstand zu senken. Die Verkleidungen der vorderen Radkästen schlossen mit der Karosserie ab, da auf der Strecke von Montlhéry nur ein begrenzter Lenk-Einschlag erforderlich war.

Während Porsche das Auto präparierte, hatten Petermax Müller und Walter Glöckler die Organisation der Rekordfahrt übernommen, wobei der Service von Mechanikern des Letztgenannten durchgeführt wurde und der Reifenausstatter Metzeler als Sponsor gewonnen werden konnte. Am 30. September begann die Fahrt. (Die 1100-ccm-Rekorde, wie sie in Kapitel Drei beschrieben sind, fielen am Vortag.) Zu den Fahrern gesellten sich auch die Manager, gemeinsam mit von Hanstein, von Frankenberg und Herman Ramelow, dem Renningenieur Glöcklers. Die Firma Porsche wurde durch Wilhelm Hild, Meister Hugo Heiner und zeitweise durch Ferry Porsche selbst vertreten.

Mit hoher Achsübersetzung, die Runden zwischen 165 und 169 km/h bei einer Motordrehzahl von rund 3600 U/min erlaubte, stellte das silberne Coupé spielend neue Rekorde der Internationalen Klasse F von 2000 Meilen und 24 Stunden bis 4000 Meilen und 48 Stunden auf. Man fuhr Geschwindigkeiten zwischen 156 und 159 km/h. Das Ziel der 72-Stunden-Rekorde schien indessen in weite Ferne gerückt, als plötzlich der vierte Gang nicht mehr geschaltet werden konnte und im dritten Gang weitergefahren werden mußte. Die Fahrer wagten nicht, den Motor höher als mit 4500 Touren drehen zu lassen, schafften aber noch immer ein Tempo von über 144 km/h. Und obwohl der Motor viel Öl verlor und die Keilriemen zu zerreißen drohten, erreichten sie (im Anschluß an einen Klasse-F-Rekord) den absoluten Weltrekord über 72 Stunden bei einem Schnitt von 152,34 km/h – eine bemerkenswerte Leistung für ein Auto, das an und für sich ein Serienmodell war mit einem Motorhubraum von ganzen 1488 ccm.

Das Echo auf diesen Erfolg ließ nicht lange auf sich warten. Das Ende der Rekordfahrt fiel mit dem Eröffnungstag des Pariser Automobil-Salons zusammen, auf dem Porsche einen etwas größeren Stand als 1950 hatte: es konnten diesmal zwei Autos diagonal ausgestellt werden. Das Rekordfahrzeug »wurde knapp vor Eröffnung der Ausstellung ins Grand Palais gebracht«, berichtete John Bolster in *Autosport*. »Es war noch über und über mit toten Fliegen und Staub bedeckt und erregte beträchtlichen Wirbel am Porsche-Stand.« Dieser »glänzende Publicity-Gag«, wie es Bolster nannte, half sowohl der jungen Marke Porsche als auch dem neuen 1500-ccm-Motor ein gehöriges Stück voran.

Porsche und Reutter nahmen während des Winters 1951–52 viele kleine und große Änderungen am Typ 356 vor. Einige sollten das Auto verbessern, andere die Stückzahlen erhöhen helfen. So benötigte etwa die einteilige Windschutzscheibe teurere Werkzeuge als die ursprünglich zweiteilige und die höheren Kosten mußten durch größere Stückzahlen wieder hereingebracht werden. Ab Sommer 1952 wurden die Autos mit dieser einteiligen Windschutzscheibe ausgeliefert, wenn sie auch in der allerersten Form noch nicht perfekt waren: das Glas erwies sich als nicht plan.

Auch hatten die neuen Autos Lochfelgen; die Exportmodelle wurden generell mit geschlitzten Aluminium-Zierringen versehen. In diesem Sommer wurden auch Front und Heck der Karosserie grundlegend geändert. Stahlschürzen gingen jetzt bis unten durch, um die Karosserie voll zu schützen. Bisher hatte die Karosserie abrupt über den Stoßstangen aufgehört.

Die nun in der selben Farbe wie die Karosserie gehaltenen Stoßstangen waren breiter gehalten und hatten eine Gummileiste. Die für den Export bestimmten Fahrzeuge bekamen verchromte Stoßstangenhörner. Sowohl der Rahmen (der laufend zur Produktionsvereinfachung abgeändert wurde) als auch die Karosserie wurden modifiziert, damit das Reserverad vorgezogen werden konnte, wodurch unter der vorderen Haube etwas Platz für Gepäck geschaffen wurde. Es kam noch zu weiteren Verbesserungen im Laufe des Jahres 1952. Die Instrumente erhielten ein moderneres Aussehen und wurden während einer ganzen Generation von Porsche-Automobilen beibehalten. Ein bis 6000 U/min anzeigender Drehzahlmesser, der über die Ölpumpe angetrieben wurde, ersetzte für immer die rechts plaziert gewesene Uhr. Über den Hauptinstrumenten wurde kleine Abdeckungen, wie sie ursprünglich in Rallyewagen eingebaut wurden, angebracht, um nachts Spiegelungen in der Windschutzscheibe zu vermeiden. Ein Hebel an der Lenksäule ersetzte den Blinkerschalter am Armaturenbrett. Heinz Ulrich Wieselmann, der als Chefredakteur der Zeitschrift *auto, motor und sport* den Porsche seinen Lesern immer wieder als Musterbeispiel für ein exzellentes Automobil apostrophierte, bedachte die Neuerungen mit wohlwollender Kritik. Nur mit den Bremsen des 1952 von ihm getesteten 1,5-Liter wurde er nicht glücklich. Und auch das nicht synchronisierte Getriebe freute ihn wenig, obwohl er gewußt haben mag, daß Porsche zu dieser Zeit bereits für beide Probleme Lösungen parat hatte. Zur erhöhten Leistung bemerkte er: »Dieser 1,5-Liter ist kein Spielzeug, in dem man sich vielleicht gern sehen läßt und gelegentlich mal ein bißchen flott fährt, sondern ein Vollbut, ein *pur sang de la route,* dessen Leistung in Bereiche führt, die nur einem kleinen Kreis von guten Fahrern vorbehalten sind.«

Erst jetzt entschloß sich Max Hoffman, Porsche-Automobile in größeren Stückzahlen nach Amerika zu importieren. Einer der ersten 1,5-Liter, die im Spätherbst 1951 drüben ankamen, war ein Cabriolet, das Rennfahrer Bill Spear aus Connecticut kaufte und John Bentley für die Zeitschrift *Auto* testete. Bentley nannte den Motor ein Kunstwerk und nahm mit Erstaunen zur Kenntnis, wieviel der kleine Wagen bot, warnte aber auch vor »der deutlichen Tendenz zu übersteuern«. Weiters meinte er, daß das Getriebe »eine ständige Herausforderung« darstelle und wegen mangelnder Synchronisation den Fahrer, wenn er es eilig habe, »ärgert«. Bentley prognostizierte unter Bezugnahme auf die »Handarbeit« der Konstruktion: »Porsche strebt an, 100 Wagen pro Monat herzustellen, aber es ist unwahrscheinlich, daß dieser Wert je erreicht wird, egal wie groß der Auftragsrückstand auch ist.« In diesem Punkt irrte er eindeutig.

Die ersten 1,5-Liter-Serienwagen tauchten bald bei Wettbewerben auf, insbesondere in den Vereinigten Staaten, wo Sportwagen-Rennen sich neuerdings wieder großer Beliebtheit erfreuten. Im Bergrennen von Mt. Equinox, Vermont am 28. Oktober 1951 war Max Hoffman, der seine Klasse mit einem weißen Cabriolet gewann, so schnell, daß er einen zweiten Lauf zu absolvieren hatte, weil Briggs Cunningham bezweifelte, daß der Porsche tatsächlich in so knapper Zeit hinaufgekommen war. Später kaufte sich Cunningham ebenfalls ein weißes Cabriolet und holte sich am 8. Dezember den Klassensieg bei einem Rennen an der Küste von Palm Beach, Florida.

Auch in Europa waren die Aluminium-Coupés, jene lebendigen Monumente Porsches aus dem österreichischen Erbe, mit dem neuen 1500-ccm-Motor überall erfolgreich. In das Coupé von Gilberte Thirion, einer belgischen Rennfahrerin, die so flott fuhr wie sie sich charmant gab, baute man einen derartigen Motor ein. In einem Wettbewerb über einen fliegenden Kilometer in Wolverthem, Belgien, ließ sie Anfang 1952 mit gestoppten 191,2 km/h jeden Jaguar XK 120 hinter sich. Im Verlauf der Saison liehen sich Helmut Polensky und Walter Schlüter ihr Auto und holten sich damit den Sieg in der Rallye Lüttich–Rom–Lüttich, wobei sie die Reife des vor einem Jahr in diesem Bewerb noch heimlich eingesetzten 1500-ccm-Motors unter Beweis stellten. Porsche belegte im Gesamtklassement dieser Rallye die Plätze eins, drei, vier, neun und zehn.

Bei einem großen Straßenrennen war ein Porsche mit 1488-ccm-Motor in seiner 70-PS-Ausführung zum ersten Mal anläßlich der Mille Miglia am 4. Mai dabei. Konstantin Berckheim teilte sich den Platz hinter dem Lenkrad des werksseitig vorbereiteten Aluminium-Coupés mit einem anderen Grafen, Giovanni Lurani. Sie kamen lediglich auf Platz 46, weil sie wegen Ausfall aller Getriebegänge bis auf den dritten das letzte Fünftel der Strecke entsprechend langsamer fahren mußten. Dennoch trugen sie in der 1,5-Liter-Rennsportklasse den Klassensieg davon. Beim Le Mans-Rennen im selben Jahr erreichte ein Werkswagen, ein 1,5-Liter-Gmünd-Coupé mit französischer Crew, das Ziel nicht, weil er wegen eines Boxenstops disqualifiziert wurde.

All diese Rennerfahrungen bestätigten den Porsche-Ingenieuren, daß sie mit der 1488-ccm-Maschine, wie es sie seit August 1951 gab, einen brauchbaren Hochleistungsmotor hatten. Die Maschine wies die großen Solex Vergaser auf und selbstverständlich eine höhere Kompression von 8,2 zu 1; die bedeutendste Neuerung jedoch war die neue Nockenwelle, die vor den Montlhéry-Rekord-Versuchen entwickelt worden war. Erstmals wich hier Porsche von den Ventilzeiten des Volkswagenmotors ab.

Bei einem Spiel von 0,4 mm ergaben sich die Werte von 42,5/77,5/77,5/42,5 Grad im Gegen-

satz zum VW-Timing von 17/52/52/17 Grad. Der Ventilhub wurde auf 9,6 und 9,25 mm für das Einlaß- bzw. Auslaßventil vergrößert, in beiden Fällen etwa 1 mm mehr als bisher.
Der leistungsgesteigerte 1488-ccm-Motor trug die prosaische Bezeichnung 528. Im Verlauf des Frühjahrs und des Sommers 1952 wurden einige dieser Motoren in ein neues Porsche-Modell eingebaut, das ausschließlich für den Export vorgesehen war, den America Roadster. Im Oktober desselben Jahres gab der Motor vom Typ 528 sein offizielles Debüt als Modell 1500 S und diente als Antriebsaggregat des Porsche Super, jenem neuen Wagen, der bald zu einem legendären Straßenfahrzeug avancieren sollte.
Der Motor vom Typ 528 im Porsche Super entwickelte 70 PS bei 5000 U/min. Wie bei Porsche üblich, verstanden sich solche Angaben über die Netto-Leistung nach DIN-Standard. Wie sehr sich die veränderten Ventilzeiten auf die Leistung des Aggregats auswirkten, konnte man an der steiler verlaufenden Drehmomentkurve ablesen.
Die neue Nockenwelle, die zur Identifizierung an ihrem vorderen Ende die Zahl »270« eingeschlagen bekam, baute man auch in den Porsche 1300 S, der die Motorbezeichnung 589 trug und im November 1953 herauskam. Und es gab eine noch heißere Nockenwelle, die ausschließlich erfolgreichen Porsche-Rennfahrern zur Verfügung stand. Sie hieß »Fuhrmann-Nocke« und ließ den Stoßstangenmotor bis zu 7000 Touren drehen. Die Fuhrmann-Nockenwelle trug ihre Bezeichnung nach Ernst Fuhrmann, der sie entworfen und auch die anderen Porsche-Nockenwellen konstruiert hatte. Der Sohn eines Wiener Juristen war nach dem Kriege zu Porsche gekommen. Seinen Doktor der Technik hatte er an der Wiener Technischen Hochschule erlangt und nach seiner Dienstzeit bei der Deutschen Wehrmacht von 1939 bis 1943 arbeitete er im AEG-Entwicklungszentrum in Berlin.
Nach Kriegsende war Fuhrmann zurück nach Österreich gegangen und verdiente sich seinen Lebensunterhalt als Uhrmacher und Schlosser, bis er 1947, 28jährig, den Weg zu den Vereinigten Hüttenwerken in Gmünd fand. Hier schloß seine erste Betätigung die Entwürfe des Grand Prix-Wagen für Cisitalia ein. Auf Grund seiner akademischen Ausbildung wurde Fuhrmann bald die rechte Hand des Cheftheoretikers Josef Mickl. Nach dem Umzug nach Zuffenhausen vertraute man ihm die Motorentwicklung an, wobei er sich insbesondere des Ventiltriebs und der Nockenwelle annahm. Von kleiner Statur und mit scharf ausgeprägten Charakterzügen, legte Dipl.-Ing. Fuhrmann stets wenig Wert auf Förmlichkeiten. Sein persönlicher Einsatz und sein Schwung waren enorm. Die Fuhrmann-Nockenwelle war einer der ersten von zahllosen Beiträgen dieses jungen Ingenieurs zur laufenden Verbesserung der Porsche-Automobile.
Die Maschine des 1500 Super war für Rennen erdacht, um den Wünschen jener Kunden zu entsprechen, die ihren Mut auf der Rennstrecke erproben wollten. Im Oktober 1950 vollendete Porsches Konstruktionsbüro die Zeichnung eines Autos, das zu diesem Motor maßgeschneidert war. Auf der Basis des 356er Fahrgestells handelte es sich um einen offenen Zweisitzer mit niedriger Gürtellinie und offenen Radausschnitten bei allen vier Rädern. Diese Karosserie entsprach dem, was man sich damals unter einem Sportwagen vorstellte.
Das erste derartige Auto wurde nicht von Porsche, sondern in einer kleinen Werkstatt nahe Stuttgart auf Wunsch eines jungen Fans namens Heinrich Sauter gebaut. Um zu einem vielseitig

Oben: Golden Gate Park-Rennen in Kalifornien. Der Gegenspieler Porsches war damals immer wieder Jaguar, ungeachtet der Leistungsverhältnisse. Rechts: Heckansicht des neuen 356 von 1953 mit den runden Rücklichtern, hier bei einem 1500er Cabrio.

einsetzbaren Sportwagen auf Basis des Porsche zu gelangen, hatte er sich eine Stahlkarosserie mit 356-ähnlicher Nase anfertigen lassen, mit sehr flachem und kurzem Heck und hintenangeschlagenen Türen mit vorstehenden Türgriffen. Die Stoßstangen entsprachen der früheren Ausführung und waren mehr unter als vor der Karosserie montiert. Das Antriebsaggregat für Sauters 590 kg leichten Roadster stellte ein außerhalb der Fabrik auf 1,5 Liter aufgebohrter Motor dar. Sauter hatte aber im Jahr 1951 kein rechtes Glück mit seinem weißen Roadster. Sowohl im Frühjahrs-Eifelrennen am Nürburgring (nach Führung in der ersten Runde) als auch bei der Lüttich-Rom-Lüttich-Rallye im August mußte er aufgeben und auch beim Freiburger Schauinsland-Bergrennen beteiligte er sich ohne Erfolg. Die Fabrik zeigte an diesem immerhin bemerkenswerten Porsche Interesse, der schließlich noch unter den Scheinwerfern mit Lufteinlässen zur besseren Kühlung der Vorderbremsen versehen wurde und eine Original 528er Maschine erhielt. Der Wagen wurde dann an den französischen Rennfahrer François Picard verkauft, der ihn in kleineren Rennen fuhr. »Le petit tank«, wie er ihn nannte, fuhr in einem Sportwagen-Rennen im Juni 1952 in Monaco mit, beendete aber nur drei der 65 Runden.

Alsbald wurden von der Porsche KG Nachbildungen des »kleinen Panzers« gebaut und verkauft. Man nannte ihn America Roadster, und es rankte sich bald ein geheimnisvoller Mythos um diesen Wagen, der in keinem Katalog der Firma geführt wurde und in Europa praktisch unbekannt blieb. Als *auto, motor und sport* sich nach einem solchen Wagen, den man im Juli 1952 auf der Autobahn gesehen und photographiert hatte, erkundigte, wurde der Redaktion lediglich mitgeteilt, daß es sich um eine Exportausführung handle – mehr nicht.

Für diesen kleinen Sportwagen lag der Markt hauptsächlich in den Vereinigten Staaten. Für nur 4600 Dollar konnte ihn jedermann kaufen. Die Bodenplatte des Wagens entsprach der des Cabriolets, die man inzwischen so weit verstärkt hatte, daß sie die für ein offenes Auto benötigte Festigkeit besaß. Karosseriert war er aus Aluminium, weil sowohl Porsche als auch Max Hoffman, der die Auslieferung der meisten Exemplare vornahm, den Standpunkt vertraten, daß es sich beim America Roadster um ein Renn- und kein normales Tourenauto handelte. Im Cockpit dieses Autos gab es keine Schnörkel. Im Armaturenbrett befand sich ein offenes Fach, die Türen blieben unverkleidet, und Steckscheiben ersetzten die Kurbelfenster. Ausgerüstet mit dem 70-PS-1500-S-Motor wog der Roadster insgesamt nur 715 kg.

Für Wettbewerbe ließ sich das Auto weiter entblößen. Die geteilte Windschutzscheibe und das leichte Segeltuchverdeck waren so konstruiert, daß sie sich leicht entfernen ließen. Porsche bot schalenförmige Einzelsitze aus Leichtmetall an, die man gegen schwere Coupé-Sitze auswechseln konnte, mit denen das Auto normalerweise geliefert wurde. Außerdem gab es eine schmale Renn-Windschutzscheibe, Lederriemen für die Haube und Steinschlagschutz für die Scheinwerfer. John Bentley attestierte seinem America Roadster eine Beschleunigung von 9,3 Sekunden für die 100-km/h-Marke und legte die Viertel-Meile (ca. 400 Meter) in 17,9 Sekunden und einer Maximalgeschwindigkeit von 177 km/h zurück. Bentleys Wagen war einer der ersten dieser Roadster. Er war im April 1952 gebaut und im Mai von Hoffman Motors in New York ausgeliefert worden, und zwar an Briggs Cunningham, dessen Sohn Briggs Jr. gelegentlich ein paar Rennen damit fuhr, bevor Bentley ihn kaufte. Wieviele America Roadsters gebaut wurden, ist nicht leicht festzustellen. Die Karosserien stammten von Gläser aus Ullersricht. Angeblich gab es nur zwanzig Stück, von denen die letzten im November 1952 an Porsche geliefert worden sein sollten. Demgegenüber berichtet ein früherer Angestellter von Gläser, der heute bei Porsche arbeitet, daß Gläser »fünfzig bis sechzig« Aluminium-Roadster zwischen 1952 und 1953 gebaut habe. Und John von Neumann erinnert sich mit Sicherheit, daß er drei Roadster auslieferte, die bei Drauz gebaut worden waren: zwei davon vollständig ausgerüstet und der dritte für Rennen abgemagert.

Die Recherchen in dieser Richtung werden aufgrund der Tatsache erschwert, daß die Roadster in zwei Serien aufgelegt worden waren. Eine Porsche-Zeichnung vom 9. Juli 1952 zeigt die Ansicht eines Autos aus der zweiten Serie (als Typ 540 bezeichnet) mit größerem Motorraumdeckel und zwei Lufteinlaßöffnungen anstelle des einen beim Original-Modell.

Der zusätzliche Grill hatte sich als erforderlich herausgestellt, da es Überhitzungsprobleme gab, ausgelöst durch die neue aerodynamische Heckform. Der Effekt war durch eigene Motorhitze entstanden, die anstatt abzuströmen aufwirbelte und durch den Lüftungsgrill wieder in den Motorraum gelangte; die zweite Öffnung stellte nun sicher, daß ein entsprechender Anteil frischer Luft zur Motorkühlung hinzukam. Neuere Autos des Jahrgangs 1953 besaßen zudem alle Verbesserungen am Motor, am Getriebe und an den Bremsen.

Ganz gleich, wieviele America Roadster produziert wurden: der Wagen erreichte sein Hauptziel, nämlich den amerikanischen Wunsch nach einem rennfähigen Porsche zu erfüllen. Roadster wurden erfolgreich bei zahlreichen Wettbewerben von Phil Walters, Briggs Cunningham, Bill Lloyd, Karl Brocken, John Bentley, Jack Mcafee, Gordon »Tippy« Lipe, John Crean sowie John und Josie von Neumann gefahren. Als im Herbst 1952 das SCCA Eröffnungsrennen in Thompson, Connecticut für 1500-ccm-Fahrzeuge gestartet wurde, fanden sich nicht weniger als drei America-Roadster ein, sowie eines der seltenen in Gmünd gebauten Aluminium-Coupés.

Auf dem Pariser Salon wurde im Herbst 1953 ein Auto ausgestellt, das ein würdiger Nachfolger für den America-Roadster zu sein schien. Es war ein *Spyder due posti:* ein von der Carrozzeria Ghia in Turin auf dem Chassis des 356 gebauter Roadster, ganz im Sinne Porsches ausgefallen. Seine weichen, fließenden Linien erinnerten ein wenig an den Karmann-Ghia, den die Firma für Volkswagen entworfen hatte, vor allem durch die kühleränhliche Maske an der Vorderseite. Die gefiel nicht jedem, wenngleich der Karmann-Ghia die Zeiten gut überstand. Damals unternahm auch Porsche selbst einige Karosserieversuche. Diese Experimente, die nie produktionsreif wurden, bildeten den Anfang einer längeren Romanze mit der Idee eines viersitzigen Porsche. Zwei derartige Prototypen wurden 1952 gebaut, der eine als Coupé und der andere als Cabriolet. Beide wurden auf einem gestreckten Chassis aufgesetzt, das die Typenbezeichnung 530 erhielt. Der Rahmen war identisch mit dem des Typ 356, nur auf den Radstand des VW von 2400 mm vergrößert. In beide Fahrzeuge wurde der Vierzylindermotor 527, die gedrosselte Original-1,5-Liter-Version, eingebaut.

Beim 1951 geplanten Typ 530 Coupé saßen die Stoßstangen unterhalb der Karosserie, wie sie der erste in Zuffenhausen gebaute Porsche auch hatte. Das Dach ging in eine Stufenheck über, die länglichen hinteren Seitenfenster paßten sich der Dachneigung an und ließen sich nach hinten öffnen. Die zwischen den hinteren Radkästen eingepaßten Sitze boten zwei weiteren Personen ein knappes Maß an Komfort. Der 530 besaß breitere Türen als der 356 und andere Kotflügelformen.

Das Cabriolet vom Typ 530 entstand etwas später. Sein Aufbau wies vorstehende, seitlich herumgezogene Stoßstangen auf, wie sie ab Jahresmitte 1952 bei Porsche serienmäßig ausgeführt wurden. Es war mit einem gefütterten Faltdach und hinteren Kurbelfenstern, ganz im Stile amerikanischer Cabriolets, ausgestattet. Wie im Coupé ließ sich die Rücksitzlehne nach vorne klappen, so daß ein größerer Kofferraum entstand. Beide Autos hatten auch die neuen Bremsen mit 280 mm Trommel-Durchmesser, die ab Herbst 1952 in Serie gingen. Wenn der 55-Liter-Tank gefüllt war, wog der Typ 530 915 Kilogramm. Beide Prototypen wurden gründlich getestet, doch aus »produktionstechnischen und Marketing-Gründen«, so hieß es, ging keines der beiden Modelle in Serie.

Es war die nach wie vor große Nachfrage nach dem Porsche 356, die es nicht zuließ, neue Modelle herauszubringen. Die durch Albert Prinzing mit fester Hand geleitete Firma Porsche mußte aus kommerziellen Erwägungen danach trachten, daß die laufende Produktion jetzt erst einmal reibungslos ablief, als daß man sich durch eine Modell-Diversifizierung verzettelte. Hierfür hätte es vor allem zusätzlicher Produktionsanlagen bedurft. Mit der Ungewißheit, ob die Zuffenhausener Baulichkeiten von den Amerikanern je zurückerstattet würden und angesichts der Notwendigkeit, bessere Fertigungsräumlichkeiten zu schaffen, hatten sich die Porsche-Leute

Links ein Porsche America Roadster, 1952 fotografiert auf dem Parkplatz von Le Mans. Das rechte Foto zeigt jenen von Ghia karossierten 356, der 1953 in Paris ausgestellt wurde. Der Wagen blieb ein Einzelstück.

im Jahr 1951 entschlossen, selbst ein Werk zu bauen und begannen, nach einem geeigneten Bauplatz Ausschau zu halten.
Kaum hatten sich Porsches Absichten herumgesprochen, boten auch schon diverse Stadtverwaltungen in Westdeutschland der Firma Grundstücke zu günstigen Bedingungen an. Verlockende Angebote wurden sorgfältig studiert. In Zuffenhausen selbst gab es landwirtschaftliches Gelände gleich hinter dem Reutter-Werk, aber es war in keiner Weise verkehrstechnisch erschlossen und die Stuttgarter Stadtverwaltung zeigte sich nicht bereit, hier etwas zu unternehmen. Trotzdem siegten die Bindungen an Porsches zweite Heimat Stuttgart, und das Grundstück nahe Reutter wurde als Baugrund erworben. Der einundvierzigjährige Architekt Rolf Gutbrod, Dozent für Entwurf und Planung an der Stuttgarter Technischen Hochschule, wurde engagiert und man kaufte Baumaterial für die zu erstellenden Gebäude ein. Doch bevor noch mit dem Bau begonnen werden konnte, überstiegen die veranschlagten Kosten alle Reserven. Die Banken gaben sich nach wie vor gegenüber dem Autoproduzenten äußerst reserviert und sahen sich nicht in der Lage, die Kredite auszuweiten. So endete das Jahr 1951 mit der Planung des neuen Werkes, auf dem Baugrund hingegen hatte sich nichts getan. Und es sah auch für die absehbare Zukunft in diesem Punkt nicht gut aus.
Eine Wende zeichnete sich 1952 ab, als von unerwarteter Seite finanzielle Hilfe kam. Dank der Initiative und dem Einfallsreichtum von Max Hoffman wurde Porsche nach South Bend, Indiana, eingeladen, um die Möglichkeit einer Zusammenarbeit mit Studebaker zu besprechen.
Um Porsches Leistungen unter Beweis zu stellen, brachten seine amerikanischen Repräsentanten ein Musterstück mit nach South Bend: das 530er Porsche-Coupé. Die Verhandlungen verliefen ohne Schwierigkeiten und am 16. Mai 1952 erhielt Porsche den Zuschlag für einen Konstruktionsvertrag mit Studebaker. Er sollte einen neuen Wagen und einen neuen Motor bauen. Das Projekt, das sich von 1952 bis 1954 hinzog, brachte Porsche eine halbe Million Dollar, also mehr als zwei Millionen Mark, und dies sprengte sehr schnell die Fesseln, die bisher die Fabrikbauer zurückgehalten hatten.
»Auf einmal konnte es nicht schnell genug gehen«, schrieb Architekt Gutbrod später. Und obwohl mit höchstem Einsatz gearbeitet wurde, wuchs das Werk für die Bedürfnisse der Firma zu langsam. Als der eingeschossige Bürotrakt fast fertig war, entschieden die Porsche-Leute, daß ein weiteres Stockwerk erforderlich wäre. Dann kam noch eine dritte Etage darauf. Es war, wie Gutbrod sagte, »das Maximum, das die Fundamente tragen konnten!«
Ende November 1952 war die Haupthalle fertiggestellt und hier wurden nun erstmals Porsche-Automobile zusammengebaut. Die Halle bot Platz genug, um einige fertige Reutter-Karosserien abzustellen und Motoren, Getriebe und Radaufhängungen zu montieren und sie anschließend einzubauen. Auf der Fertigungsstraße war nur für sieben Autos gleichzeitig Platz, die von den Monteuren von einer Station zur nächsten auf flachen Montagewagen geschoben wurden. Auf diese »Dollies« waren Gestelle montiert, um all die kleinen Teile, die im Verlauf der Fertigung benötigt wurden, aufzunehmen. Der vollständige Zusammenbau dieser sieben Autos pro Werktag war die Durchschnittsproduktion, was zu einer monatlichen Gesamtstückzahl von gut 150 oder mehr Fahrzeugen führte; der Schnitt der Jahre 1953 und 1954 lag bei 163 Porsche pro Monat.
Zur Jahreswende 1952–53 übersiedelte Karl Rabes Team der Ingenieure und technischen Zeichner aus den Behelfsbaracken in ihre neuen Quartiere. Kurz danach folgten die Verkaufsleute und die Chefetage. Bei einem Beschäftigtenstand von insgesamt 332 Personen Ende 1952 konnte die Firma Porsche nicht mehr quasi über Nacht ihr Domizil wechseln, wie es 1938 von Stuttgart nach Zuffenhausen der Fall gewesen war . . .
Jetzt erst erlangte die Produktion bei Porsche eine gewisse Ausgewogenheit. Wie kaum ein zweiter Automobilhersteller hatte es Porsche bislang durchaus nötiggehabt, in seinen Katalogen darauf hinzuweisen, daß man sich das Recht vorbehalte, ohne vorherige Bekanntgabe Änderungen vorzunehmen. Und es gab bei Porsche, in den ersten zweieinhalb Zuffenhausener Jahren, mindestens ebenso viele Änderungen wie Automobile.
Symbolisch für die neue Autogeneration war der Ersatz des dreispeichigen Lenkrades durch ein neues Zweispeichenrad. Es war das erste, das speziell für Porsche entworfen wurde und auch erstes Teil am Auto, auf dem das Firmen-Emblem zu sehen war. Das Signet hatte Ferry Porsche während einer Unterhaltung mit Max Hoffman auf jener sprichwörtlichen Serviette entworfen. »Alle anderen Autos von Weltruf haben ein Emblem, ein Firmenzeichen«, hatte Hoffman bemerkt. »Warum nicht auch Porsche?« Ferry langte nach der Serviette, zeichnete ein oder zwei Minuten herum und zeigte dann Hoffman das Ergebnis: »Was halten Sie davon?« Nach kleinen Retuschen wurde es das Emblem aller Porsche-Automobile.
»Wie so viele andere Kinder«, erzählte Ferry später, »zeichnete ich gerne Wappen, als ich elf oder zwölf Jahre alt war, und daher fiel mir der Entwurf nicht schwer.« Als Hintergrund nahm er das Wappen des Landes Baden-Württemberg mit seinen geschwungenen Geweihen und setzte darüber den Namenszug Porsche. In die Mitte plazierte er den Wappenschild der Stadt Stuttgart mit dem sich bäumenden Rappen auf gelbem Grund. Eine historische Verbindung gab es nach der Auslegung Ferry Porsches auch zwischen dem Stuttgarter Pferd und dem Emblem des Piloten Francesco Baraccas, das Enzo Ferrari als Vorbild für sein Wappentier benützte.
Änderungen der Front- und Hecklleuchten waren die äußeren Merkmale der allerersten Porsche, die in der neuen Fabrik gefertigt wurden. Vorne hatte man die Blinkleuchten nach außen versetzt, genau unter die Hauptscheinwerfer. Die Schlußlichter bekamen je eine zweite runde Leuchte dazu, die die frühere Kombination einer rechteckigen über der runden Leuchte ersetzte. Selbstverständlich enthielten die neuen Autos alle Verbesserungen, die im Verlaufe des Jahres 1952 durchgeführt worden waren, wie etwa die einteilige Windschutzscheibe.
Noch immer gab es die 1,1- und 1,3-Liter-Modelle, wenn von ihnen auch von Jahr zu Jahr weniger gefertigt wurden. Wie die 1,5-Liter-Motoren erhielten sie neue Kipphebel, die eine Einstellschraube am stößelseitigen Ende aufwiesen

und nicht mehr auf der Ventilseite. Porsche hatte aus dem Rennsport die Erfahrung gezogen, daß diese Abwendung von der VW-Praxis die Kipphebel sowohl leichter als auch widerstandsfähiger gegen Bruch bei hohen Motordrehzahlen machte.

Das neue Programm wies unterschiedliche 1,5-Liter-Motoren auf. Einer von ihnen war die endgültige Serienausführung des Typ 528, der 1500 S oder 1500 Super. Als Verbesserung gegenüber der Anfangsserie füllte man die hohlen Auslaßventile mit Natrium, wodurch der Hitzefluß vom Ventilkegel in den Schaft und dann zur Führung abgeleitet wurde. Die großen 40 PBIC-Vergaser von Solex des Super-Motors saßen auf langen Ansaugrohren; diese bestanden aus Stahlblech und hatten eine gestreckte Form, um den Ansaugeffekt zu verbessern. Sie waren an erweiterten Einlaßöffnungen, die die Einströmgeschwindigkeit vergrößerten, angeflanscht. Der Doppel-Auspuffkrümmer war so konstruiert, daß möglichst geringer Rückstau entstand. Erstklassig war der Ölfiltereinlaß des hochdrehenden Super: ein zylindrischer Behälter, den man für Rennen entwickelt hatte und der gleichzeitig die Entlüftung des Kurbelgehäuses verbesserte. Mit doppelten Ventilfedern drehte der 1500 Super spielend bis 5500 Touren; ausgestattet mit einer leichteren Ventilsteuerung und frisiert für Wettbewerbe, erreichte er Drehzahlen bis um die 6000.

Das Gegenstück zum 1500 Super hieß schlicht 1500. Sein Motor vom Typ 546 war den früheren Typen 502 und 527 verwandt, besonders dem 502, mit dem er die kleineren Solex 32 PBI-Vergaser gemein hatte, die Ventilzeiten des VW und eine Leistung von 55 PS bei 4400 U/min. Die Vergaser mit ihren Stahlwolle-Luftfiltern saßen auf Einlaßstutzen aus Aluminiumlegierung, die verhältnismäßig kurz im Vergleich zu denen des Super waren. Der zylindrische Auspufftopf war länger und von größerem Durchmesser als beim Super und hatte nur eine Auslaßöffnung, wodurch der Wagen leiser war.

Dieser 546er Motor war der erste 1,5-Liter aus einer Serienfertigung, der anstatt einer Hirth-Rollenlager-Kurbelwelle in Gleitlagern laufende Pleuel besaß. Es war Karl Rabe gewesen, so erinnert sich Ferry Porsche, der mit einer weiteren Lösung des Platzproblems, das anfänglich mit der Hirth-Kurbelwelle gelöst worden war, auftauchte: »Eines Tages kam er zu mir und sagte: Ich habe ein Pleuel mit schräger Trennung am Fuß entworfen. Damit kriegen wir den notwendigen Spielraum zur Nockenwelle.«

Rabes Idee, der schräge Schnitt, wurde dann in der Fertigung durch eine neue Konstruktion des Pleuel ersetzt, bei der die Bolzen ein integrierter Bestandteil der unteren Schalenhälfte wurden. Durch derartige Einsparungen an der Dimension des Pleuel und durch ausgetüftelte Veränderungen in Position und Größe der Nocken konnte der Freiraum für den größeren Hub des 1488-ccm-Motors geschaffen werden. Die aus Stahl geschmiedete Kurbelwelle wurde von den Alfing-Kessler-Werken Wasseralfingen geliefert; bei Porsche nannte man sie der Einfachheit halber »Alfing«-Welle.

Beide Motoren ergänzten einander vorzüglich in der Porsche-Palette. Sie begründeten den guten Ruf des Porsche-Motors, der einen niemals in Stich ließ. In Ermangelung eines anderen Namens wurde der einfache 1500er zum »Normal« in den Werkstätten und zur »Dame« bei den Porsche-Kunden, gewiß seines kultivierten Verhaltens wegen. Keine dieser Bezeichnungen wurde offiziell katalogisiert, beide aber avancierten zur allgemeinen Bezeichnung für den 546er Motor und seine Nachfolger.

Um zu erkennen, daß eine hundertprozentige Leistungserhöhung und ein um 50 Prozent höheres Drehmoment vom herkömmlichen VW-Getriebe nicht mehr zu verkraften waren, bedurfte es keiner besonderen Ingenieurkenntnisse. Beweise hierfür brachten die Ausfälle der Lüttich-Rom-Lüttich-Rallye im August 1951, die Panne bei den Rekordfahrten in Montlhéry zwei Monate danach und jene bei der Mille Miglia im Mai 1952.

Der letztgenannte Schaden sollte in dieser Hinsicht der letzte bleiben, denn die Vorarbeiten für die Fertigung des ersten vollsynchronisierten Spezial-Porsche-Getriebes waren inzwischen fortgeschritten. Es handelte sich hierbei um das Viergang-Getriebe 519, dessen Produktion im Juli 1952 aufgenommen und das im folgenden September auf dem Pariser Salon erstmals präsentiert wurde.

Wie so viele Male in den Anfangsjahren von Porsche, erzwangen die Umstände eine solche Konstruktion. Zugegeben, ein neues Getriebe war längst fällig geworden, um einerseits das erhöhte Drehmoment verkraften zu können und andererseits die Unannehmlichkeiten mit dem unsynchronisierten VW-Getriebe aus der Welt zu schaffen. Die Synchronisation war eine neue, exklusive Porsche-Entwicklung, mit der sich in den darauffolgenden Jahren eine Menge Geld für die Firma machen ließ. Und ihre Erfindung war ein Gebot der Stunde.

Leopold F. Schmid, ein in Österreich geborener Ingenieur, war ihr geistiger Vater. Im Alter von 25 Jahren war Schmid 1936 zu Adler nach Frankfurt gekommen; hier arbeitete er an Kraftübertragungen unter Hans Gustav Röhr, einem hervorragenden Konstrukteur, bevor dieser noch im selben Jahr zu Daimler-Benz ging. 1941 wurde Schmid durch das Porsche-Büro angestellt und in der darauffolgenden Zeit für militärische Entwicklungen eingesetzt. Anfangs in Zuffenhausen und später in Gmünd umfaßten seine Entwürfe Kraftübertragungen für Schwerfahrzeuge und die Konstruktion des Getriebes für den kolossalen Maus-Panzer. Der talentierte Konstrukteur leistete nach dem Krieg seinen Beitrag bei der ungewöhnlichen Lösung des Antriebes beim Cisitalia Grand Prix-Wagen. Sein zwischen Motor und Achsantrieb befindliches Getriebe wies fünf Vorwärtsgänge auf, wobei sowohl die Vorder- als auch die Hinterachse angetrieben waren. Auch dieses Getriebe war bereits synchronisiert. 1948 wurden weitere Studien des »Porsche-Schmid« realisiert; zwei dieser Projek-

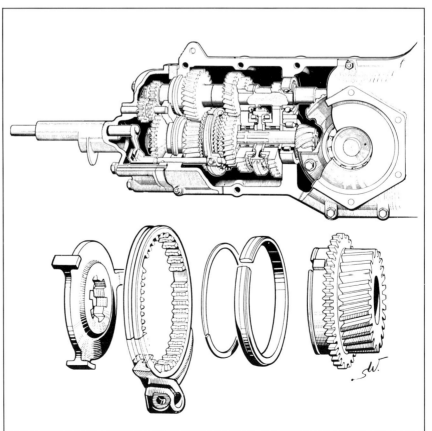

Links: schematische Darstellung des Porsche-Getriebe vom Typ 519. Das Foto rechts zeigt den 1,5-Liter-Motor des 1500 Super von 1953, komplett bis auf die Gebläse-Abdeckung.

te (Typ 383 und 384) sollten im Volkswagen verwendet werden. Man erweckte diese Vorschläge 1950 und 1951 zu neuem Leben, als Porsche neue Modelle für VW entwarf – Autos, bei denen das vorhandene Antriebsaggregat in modernere Karosserien gesteckt werden sollte. Weil die Käfer sich aber so gut verkaufen ließen, wurden weder diese noch viele andere Prototypen, die Porsche für VW in den Fünfziger Jahren entwarf und baute, je realisiert.

Dennoch: eine zwingende Notwendigkeit war die Einführung einer synchronisierten Version des VW-Getriebes, um den Marktwert des Wolfsburger Autos auszuweiten. Aus diesem Grund brachte Schmid den von ihm erfundenen Servoring in eine neue Form, die es erlaubte, vier davon im vorhandenen VW-Getriebegehäuse unterzubringen. Der Rückwärtsgang mußte allerdings außerhalb der Stirnwand ans Gehäuseende versetzt werden, da man sonst in Platznot geriet. Wäre VW mit der Synchronisation nur der oberen drei Gänge zufrieden gewesen, so hätte der Retourgang im Hauptgehäuse bleiben können. Aber weder die eine noch die andere Lösung kam zum Zuge. Nordhoff verwarf den gesamten Entwurf.

Der VW-Chef, dessen Vorkriegs-Automobil-Karriere bei Adam Opel begonnen hatte, mochte seinem neuen Chefkonstrukteur, dessen Erfahrungen ebenfalls durch Opel geprägt waren, nicht widersprechen. Wie Nordhoff, war dieser gegen den kleinen VW anfangs so voreingenommen, daß er vor Eintritt in die Firma niemals einen gefahren hatte. So verwarf der neue Mann die Idee vom synchronisierten Porsche-Getriebe und setzte vielmehr auf eine Borg-Warner-Synchroneinheit, wie sie ähnlich im Opel benützt wurde; sie wurde ab Oktober 1952 bei den obersten drei Gängen des VW-Getriebes eingeführt. So lag die vollständige Konstruktion einer Porsche-Synchroneinheit in einem VW-Gehäuse ungenutzt in der Schublade und wartete nur darauf, daß die Firma, bei der sie entstanden war, sie auch einsetzte.

Hätte sich VW für die Fertigung des von Porsche konstruierten Getriebes entschlossen, so hätte Porsche es gewiß auch aus der Wolfsburger Produktion gekauft. Nun mußten sich die Porsche-Leute nach einer anderen Fertigungsstätte umsehen, und das zu einer Zeit, da Westdeutschlands Zulieferindustrie noch nicht sehr hoch entwickelt war. Porsche fand einen Hersteller ganz in der Nähe – in Ludwigsburg: die Getriebe- und Zahnrad-Fabrik, kurz Getrag. Getrag erhielt aus Zuffenhausen den Auftrag für die Fertigung, den Zusammenbau und die Lieferung kompletter Transaxle-Einheiten.

Die ersten Getriebe, die aus der Getrag-Serie kamen, waren weder feinlaufend noch leise. Als zum Jahreswechsel 1951–52 der Bedarf an neuen Getrieben beängstigend näherrückte, war es klar, daß die Getrag den Auftrag im Alleingang nicht schaffen würde. Um jedes Qualitätsrisiko auszuschließen, entschied man sich bei Porsche fünf Minuten vor Zwölf, die Montage der Getriebe selbst zu übernehmen. Die Einrichtung des ersten Getriebeprüfstandes der Firma wurde die Einstandsaufgabe für Helmuth Bott. Der im März 1952 zu Porsche gestoßene Ingenieur, Jahrgang 1925, war vorher kurz bei Daimler-Benz und ein halbes Jahr bei Bosch gewesen.

Die endgültige Erprobung der neuen Motor-Getriebekombination sollte Straßentests vorbehalten bleiben, die in der Regie des Chefs der Versuchsabteilung, Helmut Rombold, standen. Die Testwagen waren die ersten 356, die in Zuffenhausen gebaut worden waren: der Windhund und ein ähnliches Auto mit Namen »Ferdinand«, jener Wagen, den der Professor zu seinem 75. Geburtstag geschenkt erhalten hatte. Mit beiden Autos spulte eine Mannschaft von Testfahrern – Botsch, Wütherich, Waibel, Neitzel und Räpple – über 80 000 Testkilometer ab, um herauszufinden, ob der 1,5-Liter-Motor und das in einem Magnesiumgehäuse befindliche Getriebe gut zusammenarbeiten.

Die Anwendung der Porsche-Synchroneinheit im Getriebe des Typ 519 verhalf dieser Konstruktion zum Durchbruch. Sie sollte im Laufe der Zeit Lizenzgebühren von etwa zehn Millionen Mark einbringen. Diesen Erfolg schrieb Leopold Schmid Albert Prinzing zu: »Er war ja kein Techniker, aber seine Ansicht war, ›Was wir entwickeln, das können wir auch anderen verkaufen.‹« Bis 1959 waren auf diese Konstruktion und ihre Anwendungen über 70 Patente in zwölf Ländern angemeldet worden. Bis 1968 entstanden jährlich über eine Million Getriebe nach dem System Porsche in der ganzen Welt.

Mit einer eigenen Getriebeeinheit konnte sich Porsche nun endlich von den VW-Getriebeübersetzungen lossagen, an die man in allen Serienfahrzeugen bis Mitte 1952 gebunden gewesen war. Um alle Vorteile des Systems zu nützen, ließ die Firma die Übersetzung des vierten Ganges fast unverändert und verringerte das Übersetzungsverhältnis nur bei den anderen Gängen, was auf der Straße nur Vorteile brachte.

Auch änderte man die Konstruktion der Bremstrommeln. Sie wurden breiter, wodurch sich die Bremsfläche auf 787 cm² vergrößerte. Radnabe und Trommel fertigte man jetzt aus Aluminiumguß an, um Gewicht einzusparen. Effektivere Bremsen hatten sich als recht notwendig erwiesen.

Es wäre übertrieben, wollte man behaupten, daß die Änderungen auf dem Pariser Salon im Oktober 1952 als Sensation gewertet worden wären. Um ehrlich zu sein: sie wurden von der Presse, die viel mehr von einem Pegaso oder einem turbinengetriebenen Gregoire beeindruckt war, kaum beachtet. Dennoch stellte der Salon für Porsche einen Wendepunkt dar. Die Stuttgarter stellten ihre erprobten 1500er Motoren in zwei Versionen aus, dazu präsentierten sie ihre neuen Bremsen und die neue Getriebeeinheit. Durch die klare Trennung von den bisherigen Volkswagen-Bauprinzipien, sowohl im Design als auch in der Fertigung, konnten diese Porsche darüber hinaus in einem blitzsauberen neuen Werk hergestellt werden.

Kapitel 5
Ein Automobilname erlangt Weltgeltung

Mit der Entscheidung im Jahr 1951 und 1952, eine eigene Automobilfabrik zu bauen, verließ die Firma Porsche unwiderruflich den begrenzten Kreis jener, die lediglich Autos entwarfen. Unter den Familienmitgliedern kam es erneut zu heftigen Diskussionen über Sinn und Zweck einer eigenen Autoproduktion, die selbstverständlich Geld brachte, aber auch Geld kostete. Ferry Porsche bestand energisch darauf, daß der einmal beschrittene Weg fortgesetzt werde und schließlich war die Familie einverstanden. »Danach,« sagt Ferry, »gab es keine weiteren Diskussionen mehr.«

Nur einmal noch hatte Porsche als unabhängiger Autoproduzent eine Herausforderung zu beste-

hen. Das war 1954, als Ferry Porsche von Heinz Nordhoff gefragt wurde, ob er bereit sei, die Position eines Technischen Leiters bei Volkswagen zu übernehmen. Es war indessen eine Bedingung daran geknüpft: Porsche hätte sein eigenes Unternehmen auflösen und die Fahrzeugproduktion stillegen müssen. Ferry wußte, daß es Nordhoff darum ging, Porsches Kreativität voll für Wolfsburg nutzbar zu machen und zugleich zu verhindern, daß sie je einem Konkurrenzunternehmen zugute kam. Ferry schlug das Angebot aus. Er zog die Unabhängigkeit vor, wie sie sein Vater vorgezeichnet hatte.

Wenn sich Porsches Selbstvertrauen bestätigen sollte, dann bei der Vorstellung der Modelle für das Jahr 1953. Zwei davon – noch mit der älteren Schlußlichtanordnung – gingen schon im November 1952 nach Mexiko, wo ihre Käufer sie zur dritten Carrera Panamericana meldeten. »Tin« Berckheims Coupé fiel während der dritten Etappe dieses nervenzermürbenden Rennens wegen eines Steines aus, der gegen das Getriebegehäuse geschleudert worden war, doch das Cabriolet von Fürst Metternich lief über mehr als 23 Rennstunden hervorragend, erreichte das Ziel und kam auf den achten Gesamtrang in der Sportwagenklasse mit der bemerkenswerten Durchschnittsgeschwindigkeit von 133,6 km/h. Als Mitte der Fünfziger Jahre Autorennen populärer und auch lohnender wurden, markierten sich Trennungslinien zwischen der Klasse der Seriensportwagen, in die der 356er fiel, und den Prototypen, für die man in Zuffenhausen in Kürze noch besondere Fahrzeuge entwickeln wollte. In der Zwischenzeit setzten die Standardmodelle ihre Erfolgsreihe fort, wie etwa durch den Sieg von Hoesch und Engel in der 1300-ccm-Klasse bei der Mille Miglia 1953. Ermutigt durch ihren Erfolg bei der Lüttich-Rallye 1952, beschlossen Helmut Polensky und Walter Schlüter, es einmal bei der Europäischen Tourenwagen-Meisterschaft zu versuchen, die 1953 von der Fédération Internationale de l'Automobile (F.I.A.) für Rallies ausgeschrieben worden war. Mit einem Fiat erreichte das Team den ersten und zweiten Platz in zwei Bewerben und den ersten und dritten in zwei weiteren Rennen. Dann gewannen sie die allseits gefürchtete Alpenfahrt mit Polenskys eigenem Porsche 1500 S, der von Ing. Ramelow von der Firma Walter Glöckler präpariert worden war.

Ein 1953er Porsche 356, der im Jahre 1955 an der Rallye Monte-Carlo teilnahm.

Den dritten Platz in der zu Saisonende gefahrenen Lissabon-Rallye gewann ein im Werk gebautes Gmünd-Coupé, das mit seiner tiefen Dachkontur und der einteiligen Wundschutzscheibe noch ungewöhnlicher als sonst aussah. Diese Erfolge brachten die beiden Deutschen 1953 den Meisterschaftstitel ein. In der inzwischen abgelaufenen Rallye-Saison gewannen zwei Standard Porsche auch zwei weitere Rennen und erreichten die Plätze Eins, Zwei und Vier in der Alpen-Rallye.

Die Rennkonkurrenz etwa der Marken Lancia, Jaguar, Ferrari und OSCA war stark. Porsche-Besitzer mußten sich oft genug etwas einfallen lassen, um mit ihren Autos konkurrenzfähig zu bleiben. Als Richard von Frankenberg 1954 sein Coupé zur Lyon-Charbonnières-Rallye nach Frankreich fuhr, stellte er fest, daß etliche Porsche-Fahrer ihre Wagen bis zu 100 Kilogramm leichter gemacht hatten, indem sie Aluminiumtüren und -deckel, feste Plexiseitenfenster und einfache Rennsitze eingebaut hatten. Einige hatten vier Vergaser unter der Haube und die Kompression auf 8.1 zu eins erhöht, weil das höheroktanige französische Ternaire-Benzin dies zuließ. Von Frankenberg schätzte ihre Leistung auf 78 bis 80 gegenüber den serienmäßigen 73.5 PS, und er mußte auch feststellen, daß ihre härteren Bremsbeläge länger hielten als die in seinem Wagen. Überall in der Welt des Motorsports erwies sich ein Serienporsche bald als erste wichtige Stufe auf der Leiter zum Rennerfolg. 1952 und 1953 zeigte sich dies beispielsweise in der Karriere von Hans Herrmann. Der 1928 geborene Schwabe war der Sohn eines Suttgarter Café-Besitzers und begann seine sportliche Laufbahn nach dem Krieg mit einem kleinen BMW. Später erwarb er größere und schnellere Vorkriegs-BMW und kaufte sich 1951 schließlich seinen ersten Nachkriegswagen: einen gebrauchten 1,1-Liter-Porsche.

Nach einigen Rallies meldete Herrmann sein mit einem neuen 1,5-Liter-Motor ausgerüstetes Auto 1952 für ein Serienwagen-Rennen auf dem Nürburgring. Gegen ein Heer routinierter Porsche-Stars fuhr er nach sieben Runden einen klaren Sieg nachhause. Ein Jahr später wagte er sich mit einem 1500 Super an die Mille Miglia, erreichte das Ziel als dreißigster in der Gesamtwertung und war Klassensieger bei den 1,5-Liter-Seriensportwagen. Herrmann setzte seinem kometengleichen Aufstieg mit einem Klassensieg im verregneten Eifelrennen im Frühjahr 1953 auf dem Nürburgring die Krone auf. Er war ein geschickter und dabei bescheidener Fahrer, der

noch viele Rennen für Porsche fahren und gewinnen sollte, und zwar auf Werkswagen. 1953 und im ersten Quartal 1954 gab es äußerlich keine Änderungen bei den Porsche-Modellen. Nur im November 1953 war der 1300-Super-Motor hinzugekommen. Wie schon erwähnt, wies dieser Motor die langhubige Hirth-Kurbelwelle wie beim 1500-Super auf und auch den 40 PBIC-Vergaser auf teilweise polierten Einlaßkrümmern mit natriumgekühlten Auslaßventilen, einer Super-Nockenwelle und einer Verdichtung von 8,2 zu eins. Mit jährlich etwa 100 dieser Motoren vom Typ 589 mit 60 PS lieferte Porsche eine starke Waffe in der populären 1300-ccm-Klasse der Serienwagen.

In seinem Bemühen, Porsche-Wagen in den Vereinigten Staaten zu verkaufen, ignorierte Max Hoffman geflissentlich alle Motoren unter 1,5 Liter. Den 1500S bot er als Sonderausführung an, während der »normale« 1500 zum 1500 America avancierte. Um den Preis dieser Version herunterzudrücken, strichen er und Prinzing die verstellbaren Rückenlehnen des Beifahrersitzes, die Sonnenblende für den Beifahrer, die Aluminium-Radzierringe und das Radio. Die Taktik Hoffmans führte immerhin zum Absatz von 588 Porsche im Jahr 1954 in den Vereinigten Staaten; Amerika schien Appetit für dieses ungewöhnliche Auto zu bekommen.

Prominente Fahrer wie der »fliegende Zahnarzt« Dr. Richard Thompson, Art Bunker und John von Neumann sorgten für zunehmende Popularität des Porsche. Letzterer pflegte seinen Fahrzeugen das alte, unsynchronisierte VW-Getriebe einzubauen, weil es leichter war als das Porsche-Transaxle, und auch andere Tuning-Methoden dieser Fahrer konnte man als unorthodox bezeichnen.

Nachdem der America als eine Art halboffizielle Serie in den USA verkauft worden war, folgte ihm der »Continental«. Diese Anfang 1955 in den Vereinigten Staaten eingeführte Bezeichnung galt ebenfalls für Wagen mit dem schwächeren 1500er Motor. Als Schriftzug prangte der Name Continental seitlich auf den vorderen Kotflügeln. Jedoch nahm Ford am Gebrauch dieses Namens durch Porsche Anstoß, weil Ford beabsichtigte, den guten alten Lincoln Continental im Modelljahr 1955/56 wieder aufleben zu lassen. Ford machte Porsche klar, daß man in Detroit ältere Rechte auf den Namen Continental besaß und untermauerte seine Forderung mit einer Klage. In einem in *Road & Track* im Dezember 1955 veröffentlichten Brief teilte der New Yorker Porsche-Repräsentant Wolfgang Raether mit, daß man in Übereinkunft mit Ford die Bezeichnung »Continental« ab 1956 nicht mehr verwenden wollte. Damit war die Sache erledigt. Ein spezielles Cabriolet, ganz aus Aluminium, entstand 1953 für eine hochgestellte Persönlichkeit. Der Aufbau kam von Reutter. Bei diesem Wagen mit der Chassis Nr. 60199 waren nicht nur alle Karosserieteile, sondern auch der Benzintank, die Lenksäule und die Pedale aus Aluminium. Die Bodenplattform und die Aluminiumkarosserie wurden zusammengenietet. Als dieser ungewöhnliche Porsche später in England restauriert wurde, fand sich nicht die geringste Spur elektrolytischer Korrosion.

Der Bau verschiedener Sonderfahrzeuge nahm auf den Produktionsablauf keinen Einfluß. Porsche konnte am 15. März 1954 die Fertigstellung des 5000. Autos feiern – es war ein Coupé, das man mit Girlanden geschmückt hatte. Kurz danach, im April und Mai, gab es eine Reihe markanter Änderungen an den Serienfahrzeugen. Äußerlich zeigte sich dies an den kleinen, waagrecht vergitterten Öffnungen, die vorne mit den Blinkleuchten integriert wurden. Ihnen kamen zwei Funktionen zu: Verbesserte Luftzufuhr zur Kühlung der Bremsen sowie verbesserte Hörbarkeit der neuen, stärkeren Bosch-Mehrklanghörner, die hinter diesen Öffnungen montiert waren (die alten Hupen, die unter der Frontschürze hervorschauten, hatten nie sehr eindringliche Töne erzeugt). Kurzfristig konnte man durch diese Öffnungen eine Porschegeneration von der anderen unterscheiden – bis Besitzer älterer Autos anfingen, die neuen Grillabdeckungen auch in ihre alten Wagen einzubauen.

Ein anderes äußeres Erkennungszeichen der neuen Porsche war die Scheibenwaschanlage. Porsche war eine der ersten Firmen, die Waschanlagen serienmäßig anbot, hauptsächlich weil das niedrig gebaute Auto bei schneller Fahrt alsbald schmutzige Scheiben bekam. Man verstärkte die Wischer und sie liefen auch schneller. Verbesserungen im Cockpit schlossen einen Segment-Hupenring im unteren Teil des Lenkrades, regelbare Instrumentenbeleuchtung, einen Haltegriff für den Beifahrer und Mantelhaken ein. Geräusche und Vibrationen wurden durch eine Getriebeaufhängung aus weicherem Gummi vermindert. Als Standardausrüstung gab es jetzt auch einen auswechselbaren Fram-Ölfilter, wie

Oben: Wilhelm Hild und ein Werks-Coupé aus der Gmünd-Produktion mit tiefergesetztem Aufbau. Dieser Wagen kam 1953 zum Einsatz. Unten ein Blick auf die Motorenprüfstände im Reutter-Bau. Rechts ein 356 von 1953, der von einem Denzel verfolgt wird (Bern 1954). Im Hintergrund ein weiterer 356 und ein Triumph TR 2.

er sich schon bei den Rekordrennen des Jahres 1951 bewährt hatte. Der etwas vergrößerte Schmiermittel-Durchsatz kam der strapazierten Maschine sehr zugute. Dies traf insbesondere für den Super zu, der in seiner Originalform bei hohen Drehzahlen nach reichlich dosierter Schmierung verlangte.

Wer sich ans Lenkrad eines 1500 Super der neuen Generation setzte, war beeindruckt. Die Presse nicht ausgenommen. So meinte John Bolster in *Autosport*, »Es ist schlicht unglaublich, wie schnell man vergißt, daß der Super nur ein 1,5-Liter-Auto ist; vielleicht das netteste Kompliment für diesen Wagen!« Und *Road & Track* schrieb, »Die Gesamtleistung des Porsche (Su-

Oben: Porsche Coupés unter sich: Aufstellung zu einem Porsche-Lauf, der im August 1954 anläßlich des GP von Deutschland auf dem Nürburgring ausgetragen wurde. Es handelte sich nicht um Rennwagen, sondern um Fahrzeuge mit Straßenzulassung! Unten: Hans Herrmann vor dem Start zur Mille Miglia 1953.

per) ist so gut, daß man sich fragen muß, warum andere Sportwagen eine größere Maschine als 1500 ccm benötigen.« Das Blatt bemängelte indessen den unsauberen Leerlauf des Super: »Aber das ist bei der Minimaldrehzahl von 800 U/min auch kein Wunder – immerhin ist der Motor so elastisch, daß er niemals abstirbt . . .« Bolster bescheinigte dem Wagen in einigen Punkten Widersprüchlichkeit. »Beim Erreichen hoher Geschwindigkeiten zeigt das Auto ein völlig anderes Verhalten. Dann bleibt der Lärm hinter einem zurück und die Fahrt wird zum reinen Vergnügen.« Die Leistungssteigerungen des 1500 Super gegenüber dem Normal zeigten sich deutlich bei höheren Geschwindigkeiten:

Modell	1500 Coupé Normal		1500 Coupé Super	
veröffentlicht in:	Auto, Motor u. Sport	The Autocar	Road & Track	Auto-Sport
0–80 km/h Sek.	11,0	10,6	8,7	8,4
0–96 km/h Sek.	15,8	17,0	12,4	12,6
0–112 km/h Sek.	21,1	21,2	16,3	17,0
0–128 km/h Sek.	32,3	31,9	22,5	23,0
¼ Meile stehd. Sek.	–	20,1	18,9	18,5
km/h max.	159,3	140,0	173,1	185,0

Nirgendwo erfuhr der Porsche eine kritischere Betrachtung als in seiner Heimat – in *auto, motor und sport* schrieb der begeisterte Porsche-Besitzer H. U. Wieselmann über seine Beobachtungen: »Als ausgesprochener Übersteurer genügt der leiseste Lenkradeinschlag, um eine schnelle Kurve zu nehmen. Das Auto gehorcht auf Fingerdruck, nicht auf Gewalt, selbst bei hohen Geschwindigkeiten. Trotz seiner sehr direkten Lenkung ist diese sehr leichtgängig; die Lenkgeometrie wurde vor kurzem (Mitte 1954) völlig überarbeitet, man hat das gesamte Lenksystem und auch die Achsschenkel verstärkt.«

Auch von den neuen Reutter-Karosserien war man immer wieder beeindruckt. Der bekannte Bandleader Paul Whiteman borgte Tom McCahill sein 1955er Continental Coupé für einen *Mechanix Illustrated*-Test. Onkel Tom schrieb: »Ausstattung und Polsterung dieses Wagens wirken äußerst harmonisch aufeinander abgestimmt. Und es klappert und quietscht nirgends, man sieht auch im kleinsten Detail, wie sorgfältig ein Porsche zusammengebaut ist. Als ob ein Aufseher mit einer Peitsche hinter den Arbeitern gestanden hätte . . .« Zum Handling meinte McCahill: »Es sind bis zu einem gewissen Punkt fantastisch zu fahrende Autos, und das hat schon manchen verleitet, seine Fahrtalente zu überschätzen.« Die Straßenlage war im Vorjahr entscheidend verbessert worden, als Folge systematischer Untersuchungen über das Fahrverhalten eines Porsche, mit denen man im Jahr 1952 begonnen hatte.

Zu Anfang der fünfziger Jahre wurden zwei Begriffe populär, die jene Technik umschrieben, mit der man einen Porsche schnell durch die Kurve brachte: *Wischen* und *Sägen*. Mit »Wischen« meinte man den Powerslide, der einen Porsche im Extremfall seitwärts driften ließ, beim »Sägen« mußte der Fahrer mit dem Lenkrad ruckartige Hin- und Herbewegungen vollführen, um das Heck halbwegs in Fahrtrichtung zu halten. Mit einer Gewichtsverteilung von 45 zu 55 Prozent zwischen vorne und hinten, den schmalen Reifen und einer Schwingachse hinten war es nicht leicht, schnelle Kurven sauber zu nehmen . . .

Es war Helmuth Bott, der sich für die Fahreigenschaften des Porsche im besonderen zu interessieren begann. Er hatte eine neue vordere Radaufhängung konstruiert, die ursprünglich für einen neuen Volkswagen, Typ 522, entworfen und in einem Porsche-Coupé getestet worden war. Die Konstruktion für diese Vorderradaufhängung war auf dem Reißbrett Wolfgang Eybs entstanden, der als zwanzigjähriger Bursche bei Porsche in der Gmünder Säge begonnen hatte. Eyb sollte einmal Chefkonstrukteur bei Porsche werden.

Bei der von Eyb entworfenen Vorderradaufhängung wurde das Rad durch einen einfachen Längslenker geführt, der mittels eines querliegenden Drehstabes abgefedert wurde. Ein senkrechter Teleskopstoßdämpfer gab zusätzliche Führung. Eigentlich war dies eine Modifikation des McPherson-Federbeines, wie es in den folgenden Jahren sehr populär wurde und das 1964 auch von Porsche selbst (wenn auch in abgewandelter Form) übernommen wurde. Weil das Testauto mit der Eyb-Aufhängung seinen Bug etwas höher trug, erhielt es den Spitznamen *Storch*.

Im Februar 1952 war Eybs Konstruktion fertig, der Storch konnte im Juni auf Testfahrt gehen. Helmuth Bott und Hans Klauser fuhren damit nach Le Mans, auf dieser Fahrt hatten sie Gelegenheit das Auto intensiver zu testen. »Die Vorderradaufhängung entsprach ganz meinen Vorstellungen« berichtete Bott. Der Wagen tendierte bei hohen Geschwindigkeiten allerdings zum Schwimmen. Ein Grund, warum man mit der Konstruktion noch nicht in Serie ging.

Jetzt begann sich Bott um die Entwicklung der Lenkung und die Verbesserung der Fahreigenschaften zu kümmern. Was war zu tun, um das Kurvenhalten des Porsche zu verbessern? War »Sägen« die ideale Fahrtechnik für den Porsche? 1952 und 1953 suchte Bott Antwort auf diese Fragen bei Richard von Frankenberg, der, wie sich Bott erinnert, »zu jener Zeit ein berühmter ›Säge-Spezialist‹ war«. Bott und von Frankenberg gingen auf die Solitude-Rennstrecke und wählten besonders geeignete Kurven für ihre Experimente aus. Bei einer Anzahl Tests machte sich Bott Notizen:

Test Nr. 1
R. v. F.: Nach dem Tachometer durchfuhr ich diese 90-Grad-Kurve mit genau 95 km/h, es scheint aber auch noch schneller zu gehen.
Test Nr. 2
R. v. F.: Das war jetzt bei 98 km/h, wobei ich wirklich ordentlich »sägen« mußte. Ich werde es nochmals versuchen und schauen, wie es mit 100 km/h geht.
Test Nr. 3
(Totalschaden. Fahrer kam zu Fuß zurück, mit ernster Miene.) R. v. F.: Mit 100 km/h ging's nicht mehr.

Auf der Solitude und auf dem Nürburgring demonstrierten Bott und von Frankenberg anhand diverser Testwagen, daß durch die zusätzliche Anbringung eines vorderen Querstabilisators das Auto kontrollierbarer wurde (ein dünner Stab mit quadratischem Querschnitt war schlauerweise schon 1952 von Eyb verwendet worden). Ab November 1954 verließen alle Porsche-Wagen die Fabrik mit vorderen Querstabilisatoren, die unterhalb der unteren Dreieckslenker saßen. Der obere Drehstab erhielt sechs statt der bisherigen fünf Federblätter, während die untere Feder mit fünf Blättern gleich blieb. Das war jedoch nur der Anfang. Ein Jahr später erfolgten weitere Änderungen der Aufhängung, die auf diesem und nachfolgenden Fahrverhaltenstests aufbauten und in der Serie ihren Niederschlag fanden. Zwei weitere historische Änderungen an der Karosserie und am Motor erfolgten gegen Ende 1954. Die Änderung an der Karosserie war die erste Abweichung von der Grundlinie (den kurzlebigen America Roadster ausgenommen), seit Komenda das Coupé und das Cabriolet in Gmünd gezeichnet hatte. Diese Änderung entsprach weniger Porsches Vorstellungen als den Forderungen, die der amerikanische Markt stellte, interpretiert vom New Yorker Importeur Max Hoffman. Hoffmans Initiative führte zu einem Porsche, der voll aus der Emotion entstand – dies war der spartanisch gehaltene Speedster. 1954 war der amerikanische Markt für Porsche bereits recht interessant geworden. 75 Prozent der Produktion, etwa neun Autos pro Tag, gingen in den Export. 40 Prozent dieser Quote wanderten in die Vereinigten Staaten. Die wachsende Begeisterung für dieses höchst individuelle Auto führte 1955 zur Gründung des Porsche Club of America durch William J. Sholar aus Alexandria, Virginia. Jährliche Porsche-Paraden und die Porsche-Treffen in Europa, ursprünglich ebenfalls von Bill Sholar organisiert, verliehen dem Porsche-Image zusätzlichen Glanz und trugen wesentlich zum Ruf der Marke in Amerika bei.

Von unschätzbarem Wert war immer wieder Max Hoffmans Marktkenntnis. »Es wird Zeiten geben, in denen der Verkauf stagniert, dafür müßt ihr vorsorgen.« Was er meinte, war der Bau eines entblätterten, verbilligten Porsche, der mit jenen Autos, die amerikanischen Sportwagenfahrern den Kopf verdrehten, wie Austin-Healey, Triumph TR2 und Chevrolet Corvette, besser konkurrieren konnte. Nach Hoffmans Vorstellungen sollte der Basispreis des billigsten Porsche unter 3500 Dollar liegen, wenn möglich sogar bei 3000 Dollar. Der Porsche Speedster sollte diesen Wünschen entsprechen.

Gemäß Hoffmans Vorstellungen gingen Prinzing und die Zuffenhausener Konstrukteure daran, mit Reutter eine Karosserie mit minimalem Kostenaufwand zu entwerfen. Sie kamen auf eine Mischung zwischen dem Cabriolet und dem America Roadster; sogar die Typenbezeichnung 540, wie sie der America Roadster getragen hatte, wurde für das neue Auto verwendet. Die Grundkarosserie war jene des Cabriolets, versehen mit einer leicht gewölbten Windschutzscheibe, einem Leinwandverdeck und Steckscheiben, die in den flachen Türen eingesetzt werden konnten. Das oft mit einer Badewanne verglichene Produkt war alles andere als ästhetisch zufriedenstellend. Die Rundumsicht bei geschlossenem Verdeck war völlig ungenügend, und die Höhe des Wagens verminderte sich von 130 cm auf 120 cm. Reutter reduzierte das Interieur des Wagens auf ein Minimum. Ein neues flaches Instrumentenbrett wies die zwei Hauptinstrumente und das Thermometer im Sichtfeld des Fahrers auf, vor dem Beifahrersitz gab es einen Haltegriff, und das war auch schon alles. Die Sitze – leichtgewichtige Schalensitze mit geschlitzten Rückenlehnen und hohen Seitenteilen – sahen rennmäßig aus und fühlten sich auch so an. Wenn der Speedster aber auch einfachst ausgeführt war, ließ es Reutter nicht an Sorgfalt bis ins Detail fehlen.

Auch wurde nichts Wichtiges am Chassis weggelassen. Das Standardmodell wurde von einem 1500er Motor angetrieben; für 500 Dollar Aufpreis erhielt man die Maschine des 1500 S. Großen Wert hatte man auf erhöhtes Beschleunigungsvermögen gelegt, um amerikanischen Ansprüchen gerecht zu werden. Dies wurde durch spezielle Getriebeübersetzungen und vermindertes Gewicht erreicht. An die 75 Kilo war der Speedster leichter als der leichteste Serien-Porsche.

Die ersten Exemplare des Speedster wurden im Herbst 1954 gebaut und glichen äußerlich allen anderen Porsche-Wagen. Vor dem offiziellen Debut des Modells im September wurde das Aussehen des Speedsters durch einige kosmetische Hilfsmittel aufgewertet. An den Seiten gab es Gummileisten, blanke Zierstreifen liefen in einer Linie vom vorderen zum hinteren Kotflügel und bei einigen Autos waren die Felgen verchromt – ein besonders attraktives Extra. Dies entsprach ganz und gar dem amerikanischen Geschmack, der alsbald auch auf Europa abfärbte. Die Europäer erfuhren von den Extras des Speedsters, als er im September in Watkins Glen, New York, bei einem Schönheitskorso eine Auszeichnung erhielt. Doch kaufen konnte man den Wagen in Europa noch nicht. Man hatte beträchtliche Bedenken, ob man in der Alten Welt ein Auto mit Steckscheiben anbieten konnte.

Doch im Laufe des Jahres 1955 wurde der Speedster auch für außeramerikanische Märkte

1955 wurde der Porsche Speedster eingeführt – ein Wagen, der sich auf Anhieb zahlreiche Freunde erwarb (linkes Foto). Die beiden Coupés absolvieren eine Übungsfahrt in Campione, dem Sitz der Schweizer Rennfahrerschule. Der Fahrstil mit dem Ellenbogen aus dem Fenster war sicher noch zu optimieren. Unten links ein Foto des Porsche-Standes auf dem Genfer Automobil-Salon 1955. Das Cockpit zeigt jene Veränderungen, die Mitte 1954 vorgenommen wurden. Neu war unter anderem das Hupen-Ringsegment.

freigegeben. In Deutschland betrug sein Preis mit dem normalen 1500-ccm-Motor 12 000 Mark, das war 500 Mark weniger als das entsprechende Coupé. Für Amerikaner, die den Wagen in Europa übernahmen, betrug sein Preis nur 2250 Dollar; sein Grundpreis in New York betrug 2995 Dollar. Max Hoffman hatte seine Vorstellungen durchsetzen können. Nur zwei Dinge mußte man hinzukaufen: den Drehzahlmesser und die Heizung.

Der leichte und niedrigere Speedster war ideal für eine Teilnahme an Serienwagenrennen. John von Neumann meldete erstmals einen Speedster 1500S am Thanksgiving-Rennen 1954 in Kalifornien und fuhr als Copilot von Erich Bückler mit. Im Sechs-Stunden-Rennen von Torrey Pines kamen sie auf Platz Acht. Von Neumann blieb gleich am Ball und gewann am nächsten Tag das Rennen der 1500-ccm-Seriensportwagen. 1955 fuhr und gewann Bengt Soderström mit einem Speedster die SCCA-Serienwagen-Meisterschaft. Wenn je ein Auto seinen Namen zu Recht trug, dann traf dies auf den Porsche Speedster zu. Die im großen und ganzen über Porsche jetzt recht gut informierten amerikanischen Motorjournalisten waren von der Leistung des Wagens in Anbetracht seines günstigen Preises beeindruckt. *Road & Track* fand allerdings, daß das Stoffdach »ab 110 km/h stets bösartig zu flattern beginne«, und Walt Woron meinte in *Motor Trend*, daß es einiger Mühe bedürfte, um bei geschlossenem Verdeck einzusteigen, denn man müsse wie ein Taschenmesser zusammenklappen; das Dach sei extrem niedrig und wenn man über 180 cm groß sei, stieße man mit dem Kopf an. »Das Zuklappen des Verdecks ist unwahrscheinlich einfach«, berichetete Walt weiter, »du greifst hinter dich, packst den Handgriff, ziehst vor bis zur Windschutzscheibe und läßt die beiden Verschlüsse einschnappen.« Hier hatten die Ingenieure von Porsche und Reutter ihren britischen Konkurrenten einmal gezeigt, wie so was funktionieren soll.

1955 testete *Road & Track* zwei Speedster in Super- wie in Continental-Ausführung und auch ein Continental-Coupé. Wie erwartet, glänzte die »Badewanne« mit ihren Beschleunigungswerten bei niedrigem und mittlerem Tempo:

Typ	1500	1500	1500 S
Karosserie	Coupé	Speedster	Speedster
Leergewicht kg	880	793	810
0–80 Sek. km/h	11,6	9,3	7,4
0–96 Sek. km/h	15,0	13,9	10,3
0–112 Sek. km/h	20,2	18,5	14,0
0–128 Sek. km/h	26,4	26,1	19,9
¼ Meile stehd. Sek.	19,8	19,2	17,4
max. km/h	157,7	152,8	162,5

Obwohl Porsche mit seinen gedruckten Leistungsangaben nicht gerade tiefstapelte, so hatten diese 1955er Porsche doch Motoren, die bereits einige Änderungen aufwiesen. Im November 1954 waren sie herausgekommen und trugen zu ihrer Kennzeichnung den Zusatz »/2«. So wurde aus dem 1300er der Typ 506/2, der 1300S wurde zum 589/2, der 1500er zum 546/2 und aus dem 1500S die Type 528/2. Der Anfangstyp 369, der 1100er, dessen Ursprünge bis Gmünd zurückreichen, war zu diesem Zeitpunkt passé.

Zuffenhausen ließ öffentlich nichts über die neuen Motoren verlauten, die mit dem VW-Aggregat immer weniger zu tun hatten. Der Ventiltrieb war überarbeitet worden und das Kurbelgehäuse bestand nun aus drei statt aus zwei Teilen und war aus Aluminium statt aus Magnesium (bis auf eine kurze Zeit nach dem Krieg, in der Aluminium benutzt wurde, war Magnesium stets als Kurbelgehäuse-Material sowohl bei VW- als auch bei Porschemotoren unter Benützung gleicher Gußformen verwendet worden. Als sich die Porsche-Leute entschieden, ihr eigenes Kurbelgehäuse zu fertigen, wählten sie Aluminium, weil es in kleinen Stückzahlen bei nicht allzu hohen Werkzeugkosten einfacher zu gießen war).

Bei der Schaffung eines neuen Kurbelgehäuses eliminierten Ferry Porsche und Karl Rabe einige bisherige Unzulänglichkeiten der VW-Konstruktion. Eine war, daß das Kurbelwellengehäuse geteilt werden mußte, um an die Nockenwelle heranzukommen. Es wurde bei Leistungsversuchen Anfang 1953 am Prüfstand, bei denen man 80 PS mit Benzin und 98 PS mit Alkohol aus 1488 ccm herausholte; klar, daß eine Erhöhung der Ölmenge bei jeder zukünftigen Leistungserhöhung des Serienmotors unumgänglich war.

Mit diesen gedanklichen Hintertürchen planten Karl Rabe und sein Stab die Motoränderungen Ende 1954. Sie beließen den Originalabstand von 102 mm zwischen den parallel-liegenden Zylindern und den von 37 mm in der horizontalen Distanz. Diese Abmessungen entsprachen noch dem VW-Vierzylinder und wurden bei allen Vierzylinder-Porschemotoren beibehalten. Ferry Porsche war stolz darauf, daß »seine« Motorversion bis zu 95 PS zu liefern imstande war.

Die Grundkonstruktion des Zylinderkopfes, wenn auch mit erweitertem Abstand der Stehbolzen, behielt man bei.

Das ursprüngliche Layout des Kurbelgehäuses übernahm man ebenfalls, nur gab es vorne einen Deckel, bei dessen Abnehmen man an das vierte Lager heran konnte. In diesen Deckel wurden die Antriebe für den Verteiler und die mechanische Benzinpumpe ebenso wie der Träger für die Lichtmaschine integriert. Sicherstes und schnellstes Erkennungszeichen für das neukonstruierte Kurbelgehäuse war dieser Lichtmaschinen-Träger und an der Unterseite ein rechteckiger Deckel statt eines runden für das Ölsieb.

Die gesamte Ölmenge (einschließlich Filter) wurde von 3,5 auf 4,5 Liter erhöht, indem man

Porsche 1500 S Speedster von 1955. Das spartanische Interieur dieses Speedsters ähnelt dem des America Roadsters. Der Wagen hat keine Kurbel-, sondern einfache Steckscheiben. Der Motor auf der gegenüberliegenden Seite ist ein 1300er (Typ 502/2), der Ende 1954 eingeführt wurde. Sein Kennzeichen ist ein dreiteiliges Kurbelgehäuse aus Leichtmetall.

die gerippte Ölwanne, die mit dem Kurbelgehäuse in einem Stück gegossen war, ausweitete. Ihre Seiten waren abgeschrägt, damit die warme Luft von den Zylindern daran vorbeistreichen konnte. Stegbleche verbanden die Wanne mit dem Hauptgehäuse vorne und hinten an jeder Seite. Die Bohrungen für die Ventilstößel saßen nun horizontal statt in Linie mit den angewinkelten Stößeln (wie dies im VW-Motor der Fall gewesen war), und die Stößel hatten weite, flache Pilzköpfe bekommen. Sowohl die Stößel als auch die Nockenwelle liefen in diesem Aluminium-Kurbelgehäuse. Zum erstenmal gab es einen eingebauten Temperaturfühler im Kurbelgehäuse anstelle jenes, der zuvor im Loch des Ölmeßstabes gesessen hatte.

Ventile und Einlaßkanäle hatte man kaum geändert, wie auch die Einlaß-Kipphebel. Nur den Kipphebelantrieb hatte man neugestaltet. Entfallen waren die ungewöhnlichen, glockenklöppelförmigen Kipphebel der Auslaßventile, weil man ermittelt hatte, daß sie sich gerne verzogen. Stattdessen kamen recht konventionelle Kipphebel mit angewinkelten Nocken zum Einbau. Sie sahen nicht gerade elegant aus, waren aber verwindungssteifer als ihre Vorläufer.

Porsche war immer mehr zum Motorenhersteller avanciert. Mit seinem neuen Kurbelgehäuse hatte die Firma einen großen Schritt zur Selbstversorgung getan. Zu ihrer Herstellung mußten neue Maschinen aufgestellt werden. Mit dem neuen Speedster im Verkaufsprogramm kam die Porsche KG auf eine Kapazität von elf bis zwölf Fahrzeuge pro Tag. Gegen Ende 1955 waren 2952 Porsche produziert und man sah alle Möglichkeiten, diese Zahl im kommenden Jahr noch zu erhöhen.

Die ungewöhnlich starke Bindung der Porsche-Besitzer zum Werk und zu den Männern, die ihre Autos bauten, spielte in den Anfangsjahren immer wieder eine besondere Rolle. Es war durchaus normal, daß man ein Auto zum Service ins Werk brachte (und als der Journalist Denis Jenkinson zu diesem Zweck sein Coupé abgab, ließ man es über das Montageband laufen und ersetzte dabei einen winzigen Grill, der im Aschenbecher fehlte), testete den Wagen über zwanzig Straßenkilometer und ließ ihn waschen und polieren, als wenn es ein Werkwagen wäre. Jenkinson, einer der prominentesten Mitarbeiter der Zeitschrift *Motor Sport*, bescheinigte seinem 1500er Coupé Baujahr 1955 Spritzigkeit und Zuverlässigkeit. Er war damit viel in Europa unterwegs. Nur mit den hinteren Reifen hatte er Probleme und er schrieb seinen Lesern: »Mein bestes Paar hielt 10 000 Kilometer, mit den schlechtesten kam ich nur 7500 Kilometer weit.« Eine Getriebeaufhängung brach, was aber bei hart gefahrenen Autos dieses Jahrgangs nichts Ungewöhnliches war, und es gab Randprobleme mit dem Antrieb des Drehzahlmessers und den Lagerbuchsen des Querstabilisators. Aber das war auch alles auf den ersten 50 000 Kilometern über einige der schlechtesten Straßen Europas, denen sonst kaum ein Fahrzeug standhielt.

In jener Zeit, schrieb Jenkinson, habe er »jedes bekannte Porsche-Mätzchen erprobt, mit Ausnahme eines Überschlages und ich kenne kaum einen anderen Wagen, der mir annähernd so viel Freude machen könnte.« Der Charme eines Porsche, setzt er fort, »liegt in seiner Art sich zu bewegen. Seine Federung ermöglicht sehr weiches Fahren, die Karosserie erzeugt kaum Windgeräusche, der Wagen ist handlich, das vollsynchronisierte Getriebe gehört zu denen, die in die Geschichte eingehen werden, der Motor brummt bei Höchstgeschwindigkeit mit 4200 Touren wie ein Dynamo und die Sitze sind so bequem, daß jeder, der sich einmal hineinsetzt, von ihnen begeistert ist.«

Kapitel 6
Vom Glöckler-Spezial zum Porsche 550

Im Rennsport war der Name Porsche zu einem festen Begriff geworden. Ferry Porsche war sich dennoch sehr wohl bewußt, daß seine Firma keine Rennautos baute. Im Gegensatz zu vielen Aufsteigern in der deutschen Autoindustrie wußte er, was einen echten Rennwagen wirklich ausmachte. Bereits mit 24 Jahren war Ferry ein erfahrener Test- und Rallyefahrer gewesen, und er zählte auch zu denen, die 1934 mit dem Grand-Prix-Wagen der Auto Union erste Fahrversuche unternommen hatte. Für Ferry und Rabe und weitere Spitzenleute bei Porsche war der 16-Zylinder ein idealer Rennwagen gewesen: ein glatter, einsitziger Kompressorwagen mit hoher Leistung und Geschwindigkeit. Der

Typ 360, den sie für Cisitalia konstruiert hatten – das war ebenfalls ein Rennauto. Demgegenüber sahen sie den Porsche 356 als vergnügliches, wenn auch schnelles Tourenfahrzeug mit sportlichen Eigenschaften an. Es taugte gewiß für Rallyefahrten, aber es war ohne Frage kein echtes Wettbewerbsauto, schon gar nicht von der Motorleistung her.

Sicherlich sah ein Porsche-Käufer dieses Auto nicht unter einem solchen Blickwinkel. In Amerika, wo sowohl Sportautos als auch Straßenrennen sich einer Renaissance erfreuten, hielt man die Porsche für höchst renngeeignet. In Europa jedoch, wo die Kunst, hochentwickelte kleine Sportautos zu bauen, fortgeschrittener war, mußten bald alle Versuche, Serienfahrzeuge im Wettbewerb einzusetzen, dazu führen, daß sie im Staub der Berg- und Kurzstreckenrennen hinterherfahren durften. Bei allen Erfolgen, die man bei Langstrecken-Wettbewerben erzielte, war Porsche bis 1952 am Bau spezieller Rennwagen wenig interessiert.

Ein Porsche-Händler, der den Wunsch und die Möglichkeiten hatte, sich im Rennsport zu profilieren, sprang in die Bresche. Es war Walter Glöckler aus Frankfurt, der sich schon vor dem Kriege für Professor Porsches Volkswagen interessiert hatte. Der 1908 geborene Glöckler war der Sohn eines bekannten Motorrad-Rennfahrers und war auch selbst in diese Sportart eingestiegen. Die Familienfirma hatte unter anderem Hanomag vertreten, und mit solchen Fahrzeugen fuhr Glöckler in den dreißiger Jahren auch Rennen und Rallies, wobei Huschke von Hanstein zeitweilig sein Partner war.

Nach dem Krieg konnte Glöckler schließlich VW-Repräsentant werden. Die Geschäfte liefen im übervölkerten Frankfurt überaus erfolgreich. Dieser Umstand ermöglichte es ihm, seinem alten Wunsch, selbst ein Auto zu bauen und damit Rennen zu fahren, nachzugehen. Der Mann, der für die Konstruktion dieses Wagens in Frage kam, war sein Betriebsleiter Hermann Ramelow. Ramelow, der groß war, eine Brille trug und wie ein Professor aussah, hatte an dem bekannten Adler-Sportwagen der Vorkriegszeit (den auch von Hanstein gefahren hatte) mitgearbeitet und 1948 einen Mittelmotor-Spezialwagen mit Hanomag-Motor für Glöckler konstruiert. Danach waren sich Glöckler und Ramelow einig, daß es Zeit war, für die 1950er Saison sich etwas Neues einfallen zu lassen.

Für dieses Auto verwendeten sie vom VW das Fahrwerk und als Kraftquelle einen der neuen 1,1-Liter-Porsche-Motoren. Den Radstand ihres Wagens verkürzten sie um fünf Zentimeter. Motor, Antrieb und die hintere Radaufhängung wurden umgedreht, um den Motor vor der Hinterachse zu plazieren, genau wie es Ferry Porsche 1948 in seinem ersten Roadster getan hatte. Der Wagen erhielt großdimensionierte Bremsen und Felgen mit Zentralverschluß. Der einfache Rohrrahmen war ein Underslung-Chassis, so daß er unter die hintere Schwingachse paßte. Der Fahrersitz befand sich fast in der Mitte der gedrungenen, aber recht gefälligen Aluminium-Karosserie, die von der Frankfurter Firma C. H. Weidenhausen gebaut worden war. Das fertige Auto erhielt den bescheidenen Namen *VW Eigenbau*. Mit nicht mehr als 48 PS, die Glöckler aus seinem Motor vom Typ 369 herausholte, errang 1950 der 445 Kilogramm leichte Spezialwagen die deutsche Sportwagenmeisterschaft in der 1100-ccm-Klasse und besiegte damit erstmals die ebenfalls auf dem VW basierenden Autos von Petermax Müller. Im Mai 1951 fuhr Konstrukteur Ramelow das dünnhäutige kleine Auto zum Sieg in einem Rennen auf dem Hockenheim-Ring. Auch Hermann Kathrein war mit dem Auto erfolgreich, wobei die Motorleistung auf 62 PS hochgetrimmt worden war und man mit Alkohol fuhr. 1952 erzielte Heinz Brendl, der nächste Pilot auf dem Glöckler-VW, ebenfalls gute Resultate. Im Laufe des Jahres 1950 intensivierte Glöckler seine Beziehungen zu der Firma Porsche, die damals gerade nach Zuffenhausen zurückkehrte und man schloß ein Abkommen über gegenseitige Konsultation in motorsportlichen Fragen. Ab 1951 trugen dann alle von Glöckler gebauten Wagen den Porsche-Schriftzug und verschafften dadurch der noch jungen Marke wertvolle Publizität. Porsche wiederum stellte Glöckler die neuesten Motoren und das Know-how der Firma im Motoren-Tuning zur Verfügung.

Erstes Ergebnis dieser Zusammenarbeit war ein neuer Glöckler-Porsche. Schon bei seinem ersten Auftritt beim Freiburger Schauinsland-Bergrennen am 5. August 1951 errang das Auto in seiner Klasse den Sieg mit neuer Bestzeit. Mit seinen allseits bekannten VW-Scheinwerfern und den abgerundeten Konturen schaute dieser Wagen dem Porsche ähnlicher als der frühere Glöckler. Die ebenfalls von Weidenhausen gebaute Karosserie verdeckte teilweise die Hinterräder und hatte eine verkleidete Kopfstütze hinter dem zentralen Fahrersitz. Die Schnellverschlußräder aus Magnesium stammten von Alex von Falkenhausen in München und besaßen integrierte Bremstrommeln.

Solitude-Rennen 1950.
Der Wagen Nr. 51 ist
ein Glöckler-Spezial –
das erste Exemplar dieser Art.

Wie alle Glöcklers, war dieses Auto bis ins kleinste Detail mit viel Liebe und sehr leichtgewichtig gebaut. Das Lenkrad konnte für bequemes Einsteigen blitzschnell abgenommen werden; das einfache Armaturenbrett war mit Flugzeuginstrumenten ausgestattet und der Schaltknüppel bewegte sich in einer H-förmig ausgefrästen Kulisse rechts vom Fahrer. Nur mit dem Allernotwendigsten ausgerüstet – dies aber in Perfektion – wog der 1,5-Liter-Glöckler-Porsche nur 450 Kilogramm.

Die Leistung lieferte einer der ersten Versuchsmotoren vom Typ 502 mit Aluminium-Zylindern, Leichtmetallkolben und Nadellagern für die Kolbenbolzen und rollengelagerter Kurbelwelle. Der Ölkreislauf war um zwei Liter durch einen gerippten Behälter vergrößert, der gleichzeitig als Kühler diente und sich im Luftstrom des Kühlgebläses unterhalb des Motors befand. Die Luft wurde durch eine Art Lufttrichter zugeführt. Im Herbst 1951 lieferte der Motor 85 PS bei 6200 U/min bei einer Kompression von 10,5 zu eins, ideal für Kurzstrecken-Rennen.

Nach seinem Erfolg in Freiburg erzielte Walter Glöckler einen weiteren Sieg auf dem Grenzlandring in der Nähe der holländischen Grenze. Auf diesem sehr schnellen, neun Kilometer langen Betonkurs war das offene Cockpit mit einer Persenning abgedeckt, wie sie auch das 1,1-Liter Schwesterfahrzeug besaß. Diese Persenning montierte man auch in Montlhéry bei den Rekordfahrten Ende September 1951. Hier zogen es die Fahrer jedoch vor, im offenen Cockpit zu fahren. Außerdem wurden auf dem französischen Kurs Lochfelgen anstelle der Magnesium-Räder aus der Falkenhausen-Produktion verwendet.

Für einen Kurzstrecken-Mann erwies sich Glöckler als überraschend guter Rekordfahrer, als er neue internationale Bestmarken in der 1500er Klasse aufstellte, nämlich 187,73 km/h für 500 Kilometer, 185,63 km/h für 1000 Kilometer und 184,11 km/h für sechs Stunden. Max Hoffman, der in seiner Jugend selbst ein erfolgreicher Auto- und Motorradrennfahrer gewesen war, wurde auf den 1,5-Liter-Glöckler aufmerksam und kaufte ihn kurz nach dieser Rekordserie. Sein erstes Rennen in Nordamerika absolvierte der Wagen in Palm Beach, Florida, am 8. Dezember 1951. »Max Hoffmans Porsche baute eine eigene Atmosphäre um sich herum auf«, berichtete John Fitch, »nämlich eingenebelt in Castrol-Öl. Sein schlankes, stromlinienförmiges Aussehen, die prägnante Auspuffnote und eine sehr beeindruckende Leistung, kombiniert mit dem musterhaften Einsatz seiner deutschen Mechaniker, ließ so etwas ähnliches wie Grand-Prix-Stimmung aufkommen.«

Der Glöckler fiel in diesem Debüt in Florida zwar aus, machte das im März 1952 jedoch wieder wett: er gewann in seiner Klasse und erreichte den zweiten Gesamtrang in einem einstündigen Rennen in Vero Beach, Florida. Hoffman gewann ferner ein Rennen auf dem Thompson-Rennkurs in Connecticut und startete anschließend in Bridgehampton, New York, im Mai. Mit Brisanz hielt er hier die Spitzenposition, bis er bei einer Kurve zu weit abgetragen wurde und mit der Nase in die Strohballen geriet: »Ich war wahrscheinlich zu schnell. Der Wagen fuhr sich aber auch sehr schwierig. In den Kurven brach er mit allen vier Rädern gleichzeitig aus.« Hoffman holte sich noch einen zweiten Platz im Finish des Mecox Trophy Race; danach verkaufte er seinen Glöckler an den Porsche-Händler Ed Trego in Hoopeston, Illinois, der Karl Brocken aus Milwaukee als Fahrer einsetzte. Der neue Besitzer hatte jedoch wenig Glück mit diesem empfindlichen Automobil und fiel beispielsweise öfters mit Kupplungsschaden aus. Zu Klagen gab auch die Konstruktion der Führungsarme der hinteren Radaufhängung Anlaß: Die beim Bremsen entstehenden Reaktionskräfte brachten es mit sich, daß sich das Heck des Wagens hob. Aus diesem Grunde baute man den dritten Glöckler-Porsche, der während des Winters 1951/52 entstand, auf einem normalen Plattformchassis des 356 auf und gab ihm ein rundes Heck mit genug Platz für den 1,5-Liter-Motor, der nach dem Muster des normalen 356er überhing. Neu war das abnehmbare Coupédach mit großen Sichtflächen und aufklappbaren Seitenfenstern, fließend in die Karosseriekonturen übergehend, womit minimaler Luftwiderstand erreicht wurde. Die von Weidenhausen gefertigte Karosserie wies vorne einen zusätzlichen Grill für den Ölkühler auf. Auch dieser Wagen hatte wieder einen um fünf Zentimeter verkürzten Radstand.

Bei seinem ersten Auftritt im Eifelrennen 1952 lief das neue Glöckler-Modell ohne Dach und mit den AFM-Magnesium-Felgen. Es wurde von Helm Glöckler gesteuert, Walters Cousin, der zuvor auf DB und Veritas gefahren war. Der neueste 1,5-Liter-Motor von Porsche lieferte 86 PS bei Verwendung von Alkohol und war mit zweifachem Keilriemenantrieb ausgerüstet, einer Technik, die sich beim Vorgängermodell in Montlhéry bewährt hatte. Ein Riemen trieb den Ventilator mit höher übersetzter Drehzahl an, während der andere Riemen eine neue, höher plazierte Lichtmaschine mit reduzierter Drehzahl bewegte.

Auf seinem Weg zur deutschen Sportwagen-Meisterschaft 1952 gewann Helm Glöckler das erste Rennen im August auf dem Nürburgring mit Leichtigkeit. Das Auto trug ein Dach und Stahlfelgen mit Zentralverschluß. Neuerdings wiesen die Frontpartien der Kotflügel zwei Schlitze auf, um Kühlluft an die vorderen Bremsen zu bringen. Ende August wurde dieser Glöckler-Porsche von Hans Stanek, der mit dem Schweizer Importeur für VW und Porsche, der AMAG in Zürich, zusammenarbeitete, zu Bergrennen eingesetzt und anschließend wieder mit AFM-Magnesium-Felgen ausgerüstet und an Max Hoffman verkauft, der mit dem 513 Kilogramm leichten Auto indessen nicht so zufrieden war wie mit dem früheren Mittelmotor-Modell. John von Neumann pilotierte den Wagen im Mai 1953 in Bridgehampton für Hoffman und belegte in der 1500-ccm-Klasse den dritten Platz. Zwanzig Jahre später wurde dieser einmalige Glöckler von Larry Braun, einem Sammler in Loveland, Colorado, originalgetreu restauriert.

1953 wurden zwei weitere von Glöckler gebaute Autos in Europa eingesetzt: Autos, die inzwischen voll als »Porsche« akzeptiert wurden. Eines davon, ein 1,5-Liter-Roadster, wurde erst recht für einen Werkswagen gehalten, weil er auf dem offiziellen Porsche-Stand des Genfer Salons (sein erstes Auftreten) und später in Frankfurt gezeigt wurde und schon von Fotografen auf dem Porsche-Werksgelände erspäht worden war, bevor man ihn nach Genf überstellte. Aber dieser sympathische zweifarbige Mittelmotor-Roadster war ein echter Glöckler mit einer Weidenhausen-Karosserie, der im Auftrag von Hans Stanek gebaut worden war.

In seiner Chassiskonstruktion und in seiner Karosserieform war das Stanek-Auto ein Nachbau des 1,5-Liter-Glöckler aus dem Jahre 1951, mit einem zusätzlichen kleinen Lufteinlaß vorn für den Ölkühler, einer Windschutzscheibe wie beim 1952er Modell und länglichen Scheinwerfern von einem Ford Taunus. Und er hatte zahlreiche Porsche-Komponenten: Felgen und Bremsen, Instrumente, Lenkrad und einen Motor vom Typ 528 (1500 Super) mit zwei Schalldämpfern unter dem rundlichen Heck. Der nicht so unbarmherzig abgemagerte Wagen wog 550 Kilogramm. Stanek nahm den Wagen in die Fahrerschule nach Campione und fuhr mit ihm eine Anzahl Schweizer Wettbewerbe, einschließlich jener Sportwagen-Rennen, die vor dem Schweizer Grand Prix 1953 und 1954 ausgetragen wurden. Danach gab Stanek den Wagen an Walter Glöckler zurück.

Den zweiten 1953er Glöckler-Porsche fuhr sein Besitzer Richard Trenkel, der dieses Jahr Deutscher Meister in der 1100-ccm-Klasse wurde. Obwohl im großen und ganzen den anderen Glöcklers (mit Ausnahme des Heckmotormodells) ähnlich, war das Auto in seiner Kontur niedriger. Die Ausschnitte für die Zentralverschluß-Scheibenfelgen verliefen schwungvoll nach hinten. Trenkel verwendete einen modifizierten 1,1-Liter-Porsche-Motor, der bei einem Alkoholgemisch 67 PS leistete. Tief hinter der winzigen Windschutzscheibe geduckt, fuhr Trenkel 1953 und teilweise noch 1954 manchen Sieg in seiner Klasse mit einem Auto heraus, das in der Öffentlichkeit als Porsche und nicht als Glöckler bekannt war.

Als diese beiden letzten Schöpfungen von Ramlow und Glöckler auf die Rennstrecken kamen, wurden ähnliche Rennsportwagen von Porsche selbst in Zuffenhausen fertiggestellt. Im Ehrgeiz durch ihre Rennerfolge aufgestachelt, ermutigt durch die von den Glöckler-Autos erzielten Resultate und schließlich imstande, sich (dank des Studebaker-Vertrages) einige Spezialautos selbst leisten zu können, entschied sich Porsche 1952, einige neue Wettbewerbsautos zu konstruieren und zu bauen, um die erfolgreichen, aber doch schon betagten Gmünd-Coupés abzulösen.

Ferry Porsche wußte, daß Rennen sowohl mit Werkswagen als auch von privater Seite den Ruf und den Absatz von Porsche-Wagen fördern. Im Verlaufe des Jahres 1952 bekam der Rennsport einen energischen neuen Fürsprecher innerhalb der Porsche-Organisation: Huschke von Hanstein. Der stets charmante und in seiner Überzeugungskraft beharrliche von Hanstein wurde für Porsche, was Alfred Neubauer für Daimler-Benz war: der personifizierte Inbegriff des Rennsports. Bestens eingeführt in internationalen Kreisen, vermochte er Porsches technischer und politischer Rennpolitik Gestalt zu geben. Bei der Durchsetzung seiner Pläne konnte er zusätzliche Hebel ansetzen, weil er auch die Pressestelle, die offizielle Stimme Porsches, leitete.

Um die Mitte des Jahres 1952 konnten von Hanstein und die anderen bei Porsche das Menetekel, das ihr erblühtes Ansehen in der Rennwelt be-

Links: Antriebsaggregat und Getriebe des Glöckler-Spezial in seiner zweiten Ausführung, wie er in der Saison 1951 aussah.

Von oben nach unten: Der Glöckler-Spezial beim Freiburger Bergrennen 1950, ein Blick in sein Cockpit (bei abgenommenem Lenkrad) und ein zweiter Glöckler – schon mit abgerundeteren Karosserieformen – wie er in Freiburg 1951 an den Start ging. Dieser Wagen ist bereits mit einer Kopfstütze versehen.

drohte, nicht übersehen. In der so beliebten 1100-ccm-Klasse, in der die Porsche so erfolgreich in Le Mans waren, präsentierte der italienische OSCA eine ernstzunehmende Gefahr mit seinem reinrassigen Rennmotor. OSCA schickte sich auch an, in die 1500-ccm-Klasse einzusteigen, die dieses Jahr in Le Mans von einem Jowett Jupiter gewonnen wurde. In Deutschland stellten inzwischen Borgward und der EMW aus Ostdeutschland eine starke Konkurrenz in der 1,5-Liter-Klasse dar. Bei dieser Zunahme des Wettbewerbes konnte Porsche nicht länger auf modifizierte Versionen von Serienwagen bauen. Es war klar, daß die Zuffenhausener sich hier etwas einfallen lassen mußten.

studie betrachtet, mit der die Männer von Porsche ihr Wissen um luftgekühlte Hochleistungsmotoren unter Beweis stellen konnten. Bei dem anderen Projekt, versehen mit der Typenbezeichnung 550, handelte es sich um ein neues Auto, das ausersehen war, vom Werk in Rennen eingesetzt zu werden. Der Entwicklungsaufwand war hier nur gering, weil das Auto mit dem bereits vorhandenen Stoßstangenmotor bestückt und in seinem Aussehen dem erfolgreichen Mittelmotor-Glöckler sehr ähnlich sein sollte. Wilhelm Hild und sein kleiner Stab konstruierten und bauten Anfang 1953 die ersten zwei 550, wobei ihr angepeiltes Ziel eine Beteiligung im 24-Stunden-Rennen von Le Mans war. Die Fer-

tigstellung des neuen Fabriksgebäudes Ende 1952 erlaubte es der Rennmannschaft, aus dem alten Ziegelbau in großräumige, neue Werkstattquartiere umzuziehen, die sie sich mit der Versuchsabteilung teilten. Selbstverständlich wurde ein eigener Sicherheitsring für sie aufgezogen, um die Existenz des neuen Autos vor Schnüfflern zu verbergen.

Man verfügte weder über genügend Zeit noch Geld, als Porsche sich entschloß, die 550er Prototypen zu bauen, daher wurde die Konstruktion äußerst einfach gehalten. Der Rahmen war ähnlich dem des Glöckler: leiterartig zusammengeschweißte Stahlrohre mit sechs Querverstrebungen. Der vorderste Querträger war schmaler als

Links: Glöckler-Porsche, wie er 1952 auf dem Nürburgring an den Start ging. Der Bug ähnelt dem des 356, ist mit diesem aber dennoch nicht identisch.

Nach Le Mans 1952 wurden zwei neue Konstruktionsprojekte unter der Leitung von Karl Rabe gestartet. Das eine Projekt lief unter der Typenbezeichnung 547 und war ein neuer Motor, der bei etwa gleicher Größe und Bauart bedeutend mehr Möglichkeiten der Entwicklung bot als das bisherige Aggregat. Dieser neue Motor wurde von Ferry Porsche als Entwicklungs-

Heckansicht des Glöckler-Porsche, wie er 1953 in Frankfurt/Main gezeigt wurde.

die anderen und im Heck enthielt die letzte Strebe die Torsionsstäbe für die hintere Radaufhängung. Es handelte sich wieder um einen Underslung-Rahmen, bei dem man zur Verstärkung der hinteren Torsionsstäbe kreisförmige Gummischlaufen, an jeder Seite eine, zwischen dem Achsgehäuse und einer Klemme gespannt hatte, die unten am Rahmen angebracht war. Anfangs verstärkten Houdaille-Hebelstoßdämpfer die hinteren Serien-Dämpfer, aber als der 550er in sein erstes Rennen geschickt wurde, stattete man ihn mit großen, doppelt wirkenden Teleskopstoßdämpfern aus. Vorderradaufhängung, Lenkung, Räder und Bremsen entsprachen dem Serien-Porsche.

Statt einer per Seilzug betätigten Kupplung wie beim Glöckler-Porsche gab es beim 550 eine Hydraulik, bei der ein Zylinder an der Außenseite des Kupplungsgehäuses saß. Bei der Kraftübertragung verwendete man das neue Synchrongetriebe, beim Differential handelte es sich um ein selbstsperrendes Differential von ZF, ein Bauteil, das Karl Rabe und seine Mitarbeiter schon sehr gut kannten, denn sie hatten es bereits zum Einbau in Traktoren und andere Landwirtschaftsmaschinen vorgesehen gehabt und erstmals im Auto-Union-Grand-Prix-Wagen von 1935 verwendet. In diesem ZF-Differential baut das durchdrehende Rad einen Reibungswiderstand auf, der bewirkt, daß ein Großteil des Drehmoments auf das andere Rad übertragen wird, das nicht durchdreht.

Der Motor des ersten 550er war der des bekannten 1500 Super, den man auf höhere Leistung getunt hatte. Im September 1952 war er auf eine Leistung von 98 PS gebracht worden, und zwar durch ein Alkoholgemisch, das in der 12,5 zu eins verdichtenden Maschine verbrannte. Der Motor war mit Solex 40 PII Fallstrom-Doppelvergasern ausgerüstet. Jeder Ansaugkanal besaß sein eigenes Ansaugrohr und konnte daher bei jedem Zylinder die jeweils beste Leistungskurve entwickeln. Der Ölkühler befand sich im Bug des neuen 550, die Druckumlaufschmierung hatte man beibehalten.

Auch auf noch einem Gebiet blieb es bei Glöckler-Tradition: Weidenhausen aus Frankfurt wurde verpflichtet, die Aluminiumkarosserien für die beiden 550, die man für die Saison 1953 präparierte, herzustellen. Dennoch war diese neue Karosserie alles andere als attraktiv. Das Heck war seltsam abgerundet und die sehr tiefe Nase von eigenartig geformten Vorderkotflügeln flankiert. Eine tiefgezogene Windschutzscheibe und ein spitz zulaufendes Hardtop im Le-Mans-Look waren vorgesehen. Bei einem Radstand von 210 cm und einer Gesamthöhe von 130 cm betrug das anfängliche Gewicht des 550 nur 545 Kilogramm.

Der erste fertiggestellte Wagen mit der Nummer 550-01 wurde für den Le-Mans-Einsatz beim Eifelrennen auf dem Nürburgring am 31. Mai 1953 getestet. Das Auto trat als offener Roadster an, obwohl es in Strömen regnete – Helm Glöckler dürfte es begrüßt haben, daß ein Hardtop vorgesehen war. Während des Trainings (es regnete gerade nicht) holte Glöckler die gesamte Leistung aus dem mittels Alkoholgemisch betriebenen Stoßstangenmotor heraus und erzielte eine exzellente neue Bestzeit in der 1500-ccm-Sportwagenklasse. Während des Rennens selbst hatte er dann nicht nur gegen den Regen und das neueste Material von Borgward und EMW zu kämpfen, sondern mußte sich auch mit dem Vergaser herumärgern, der den Motor nur mit 5400 U/min statt mit 6000 U/min drehen ließ. Dennoch gewann er das Rennen und machte damit den Porsche Typ 550 zum ersten Mal zum Sieger auf einer Rennstrecke.

Das zweite Auto, der 550-02, war zunächst mit den spitzzulaufenden Taunus-Scheinwerfern, die Weidenhausen bereits in den Glöckler-Wagen von 1953 eingebaut hatte, ausgerüstet worden, vor Le Mans aber ersetzte man sie durch herkömmliche Scheinwerfer. Für das 24-Stunden Rennen erhielten beide 550 zusätzliche Fahrscheinwerfer, die zu beiden Seiten der tiefen Luftschlitze für den Ölkühler angebracht waren. Beide Fahrzeuge hatte man mit sorgfältig eingefahrenen 1500-Super-Motoren (ungefähr 1500 Kilometer bis zum Zeitpunkt des Rennstarts) bestückt. Sie wiesen ein erhöhtes Kompressionsverhältnis von 9 zu eins auf, etwas vergrößerte und polierte Einlaßkanäle sowie Solex-Doppelvergaser. Alle diese Maßnahmen erhöhten die Motorleistung auf 78 PS unter Verwendung von Tankstellenbenzin.

Helm Glöckler teilte sich den 550-01 mit Hans Herrmann, der die Mille Miglia so gut mit einem Standard-Porsche absolviert hatte. Zwei rennfahrende Journalisten beteiligten sich mit dem 550-02: Richard von Frankenberg und der Belgier Paul Frère. Letzterer ersetzte Huschke von Hanstein (Ferry Porsche war der Ansicht, daß bei einem so wichtigen Ereignis von Hanstein nicht im Cockpit, sondern an den Boxen sein sollte, um das Team zu managen).

Die Entscheidung, ob das Rennen mit oder ohne Coupédach gefahren werden solle, trafen von Hanstein und Hild erst nach dem Le-Mans-Training. Die Dächer erhöhten die Spitzengeschwindigkeit – mit 200 km/h bei 5300 U/min auf der Mulsanne-Geraden gestoppt –, stellten aber eine fast unzumutbare Belastung der Fahrer dar: das Brummen und Dröhnen der dünnen Karosserie, die bedrückende Enge und das Fehlen jeglicher Ventilation bis auf die schmalen Schlitze in den Türfenstern setzte ihnen arg zu. So entschloß man sich, ohne Dach zu fahren, wenn es dadurch auch mühsamer wurde, die für Le Mans so wichtige Höchstgeschwindigkeit zu erzielen. Sowohl im Training als auch im Rennen hatten die Motoren Schwierigkeiten mit der Öltemperatur bei Höchstdrehzahlen, die dabei bis etwa 130 Grad Celsius anstieg, ein Temperaturwert, der schon knapp am kritischen Wert (der etwa bei 140 Grad erreicht war) lag. »Der Grund für den Temperaturanstieg«, schrieb Paul Frère später, »war die Position des verwendeten Ölkühlers, der für die Frontmontage in den Autos nicht geeignet war.« Glücklicherweise mußten die Wagen ihr Limit von 5000 U/min im Wettkampf nicht überschreiten, da sie zu ihren Konkurrenten stets den gleichen Abstand halten konnten. Sie überfuhren die Ziellinie in der gleichen Folge wie beim Start; dennoch ergab sich eine Differenz von 160 Meter zu Gunsten der Fahrer von Frankenberg und Frère, womit sie auf ihrem 550-02 Sieger und neue Rekordhalter der 1500er-Klasse in Le Mans wurden.

Bald nach diesen Ereignissen in Frankreich starten die Porsche-Rennwagen als Coupés in Berlin auf der berühmten Avus-Strecke. Der im Prinzip aus zwei Fahrbahnen bestehende Kurs, an einem Ende mit einer flachen Wende und einer stark überhöhten Kurve am anderen Ende versehen, war für hohe Spitzengeschwindigkeiten prädestiniert. Trotzdem wurde es kein Porschetag. Helm Glöckler schleuderte und verbeulte die linke Seite des 550-01 erheblich, während bei Herrmann ein Zylinder ausfiel und er daher im Finish auf den zweiten Platz hinter einen Borgward zurückfiel. Besser liefen die Porsche – wieder offen – am 2. August auf dem Nürburgring, im Vorrennen zum Großen Preis von Deutschland. Der offensichtlich zum Rennfahrerstar aufsteigende junge Hans Herrmann gewann den Wettbewerb über sieben Runden in der 1500er Klasse mit dem 550-02. Helm Glöckler im Schwesterfahrzeug fiel zurück, als bei seinem Auto Ventilprobleme auftraten.

Die Rennkarriere dieser zwei 550 war noch lange nicht beendet. In Freiburg gewann Herrmann am 9. August 1953 in seiner Klasse das jährliche Bergrennen mit dem 550-02, womit er die 1500-ccm-Sportwagen-Meisterschaft in Deutschland für sich und Porsche entschied. Helm Glöckler fuhr den 550-01 auf den vierten Platz in seiner Klasse. Danach wurden beide Autos zurück nach

Links: Die Bodengruppe des Glöckler-Porsche stammte vom 356. Diese dritte Version Glöcklers wies nun keinen Mittelmotor mehr auf, sondern trug das Vierzylinder-Boxeraggregat im Heck. Das Coupédach war abnehmbar.

Zuffenhausen gebracht, wo sie komplett überholt wurden, weil Porsche ihren Verkauf an eine Gruppe begeisterter Rennfahrer in Guatemala, an deren Spitze Jaros Juhan stand, vorgesehen hatte. Der in der Tschechoslowakei geborene Juhan war früher ein erfolgreicher Motorradfahrer gewesen und leitete jetzt in diesem zentralamerikanischen Staat einen Garagenbetrieb.

Porsche präparierte die Autos für ein Hauptanliegen Juhans: die Teilnahme an der vierten Carrera Panamericana, ein mörderisches Fünftage-Rennen, das in Tuxtla Gutierrez im Süden Mexikos begann, 185 Kilometer von der Grenze Guatemalas entfernt. Nach Le Mans-Muster frisierte Motoren wurden eingebaut und mit doppelten Stahlwolle-Luftfiltern auf den Solexvergasern versehen. Ein Reserve-Öltank mit außenliegendem Einfüllstutzen wurde an der linken Motorraumwand angebracht, und beide Seiten der Karosserie erhielten je vier Lüftungsschlitze hinter den Türen. Zwei Reservefelgen mit Reifen nahm man mit, einer vorne und einer im Heck untergebracht.

Noch vor Ende August befanden sich beide Wagen auf dem Atlantik mit Kurs auf Guatemala. Porsche nahm es in Kauf, ohne ausreichend erprobte Rennsportwagen für das 1000-Kilometer-Rennen auf dem Nürburgring am 30. August zu bleiben, weshalb die Firma Richard Trenkel half, einen 1,5-Liter-Motor in seinen 1953er Glöckler einzubauen, womit für Porsche ein vierter Gesamtrang und ein zweiter Platz in der Klasse, hinter einem Borgward, gerettet wurde. Im Angriff auf die Carrera, die am 19. November begann, fuhr Juhan den 550-01 und José Herrarte, auch aus Guatemala, den 550-02.

In diesem ereignisvollen Straßenrennen war Juhans Porsche der schnellste 1500-ccm-Wagen in vier von acht Etappen, aber letztlich schied Juhan aus und mußte Herrarte im anderen Mittelmotor-Coupé den Sieg überlassen (den moralischen Klassensieg errang ein Borgward, der über die Gesamtdistanz schneller war, jedoch um sieben Sekunden die Mindestzeit für die letzte Etappe verfehlte). Zweiter und einziger weiterer Wagen, der in derselben Klasse das Ziel erreichte, war ein serienmäßiger Porsche 356, gefahren von Fernando Segura, den der Argentinier erst zwei Wochen vor dem Rennen gekauft hatte.

In Anschluß an die Carrera entfernten die Enthusiasten aus Guatemala die Dächer ihrer Porsche und meldeten sie für das 1000-Kilometer-Rennen in Buenos Aires, das am 24. Januar 1954 stattfand. Diesmal hielt der 550-01 durch, gewann seine Klasse und wurde neunter im Gesamtklassement, während Herrarte und Asturias Hall, die den 550-02 fuhren, auf dem 13. Gesamtrang landeten. Eines dieser Autos startete danach in Sebring, Florida, im März 1954, gefahren von Fernando Segura, der den Wagen von den Guatemalteken nach dem Buenos-Aires-Rennen erworben hatte und nun mit seinem Partner Bojanich in diesem Zwölfstundenrennen auf den zehnten Platz kam.

Einen erfolgreichen Auftritt eines dieser ersten beiden 550er Porsche gab es in der fünften und letzten Carrera 1954. Der Mexikaner Salvador Lopez Chavez fuhr ein sehr konsequentes Rennen, erreichte den fünften Platz in der 1500-ccm-Klasse und lag mit seiner Zeit eine Stunde unter jener, die Klassensieger Herrarte im Vorjahr erzielt hatte. Danach hörte man nicht mehr viel von diesem historischen Original-550. Der Motor des einen wurde das erste Antriebsaggregat für den Porsche-Gordini-Spezial, der 1955 von Curt Delfosse, einem deutschen Emigranten in Buenos Aires, gebaut worden war und der damit die argentinische 1500-ccm-Sportwagen-Meisterschaft gewann.

Der Weg dieser beiden ersten in Zuffenhausen gebauten Mittelmotor-Porsche ließ sich bis zu ihrem Verschwinden verfolgen, weil sie sich sowohl in ihrem Äußeren als auch in der Chassis-Konstruktion von ihren Nachfolgern unterschieden. Sie stellten eine wichtige Verbindung zwischen den Serienwagen und dem speziellen Rennwagen dar, auch eine Verbindung der privaten Glöckler mit den reinrassigen Porsche-Rennsportwagen, die inzwischen auf den Zeichenbrettern fertig waren, als 550-01 erstmals an den Start ging. Die ersten beiden 550 hatten mit der Serienversion später nicht viel gemein, deren Konstruktion erst Ende 1954 endgültige Formen annahm, also über eineinhalb Jahre nach dem Auftritt der beiden Prototypen.

Sicherlich dachten die Ingenieure bei Porsche im Sommer 1952 noch nicht an eine Serienfertigung, als sie sich mit der Weiterentwicklung des luftgekühlten Motors zu befassen begannen. Es ging ihnen um eine erhöhte Leistungsausbeute gegenüber dem Volkswagen-Motor. Den Konstrukteur, den man auf dieses Projekt (Nr. 547) ansetzte, war der talentierte junge Ernst Fuhrmann, der bereits in Gmünd gezeigt hatte, was in ihm steckte. Fuhrmann hatte seine persönlichen Gründe, warum er den Motor komplett überarbeiten wollte: es würde die Chance für ihn sein, zu zeigen, was er wirklich konnte. Unterstützt durch von Hanstein, der alles begrüßte, was seinen Wettbewerbswagen ein Plus an Leistung brachte, entwarf Fuhrmann einen Motor, der nicht nur als einer der ungewöhnlichsten, sondern auch als einer der erfolgreichsten in die Geschichte des Motorsports eingehen sollte.

Der Fuhrmann-Motor setzte in der Motorentwicklung in Zuffenhausen neue Maßstäbe, wobei er zur Richtschnur für die Entwicklung aller späteren luftgekühlten ohc-Aggregate wurde. Der Hubraum des Motors sollte wieder 1,5 Liter betragen, um in die entsprechende internationale

Renn- und Rekordversuchsklasse zu passen. Das genaue Volumen betrug 1498 ccm, die sich aus einer größeren Bohrung und einem kürzeren Hub als im bisherigen 1,5-Liter-Motor ergaben: 85 zu 66 mm. Das daraus resultierende Verhältnis von 0,78 zu eins galt in der damaligen Zeit als besonders niedrig. Genaugenommen waren nur spezielle Rennmotoren von Ferrari gleich kurzhubig (in den folgenden zwei Dekaden wurden derart niedrige Verhältnisse durchwegs üblich). Um Platz für die größere Bohrung zu schaffen, wurde der Abstand zwischen den Zylinderachsen im Vergleich zu den konventionellen Vierzylindern von 102 auf 122 mm vergrößert und der Versatz der gegenüberliegenden Zylinder von 37 auf 40 mm erweitert.

Der kurze Hub des Motors vom Typ 547 vergrößerte die Überlappung zwischen den Haupt- und den Pleuellagern, wodurch die Kurbelwelle an den kritischen Punkten stärker wurde, die Länge des Motors jedoch innerhalb vernünftiger Maße blieb, was keine einfache Sache war in Anbetracht der Kompliziertheit des Ventilantriebes. Der Konstrukteur wählte klassische, hemisphärisch ausgebildete Verbrennungskammern mit genügend Platz für große Ventile, die wegen der großzügigen Erweiterung der Motorbohrung notwendig geworden waren. Die Ventile saßen in einer vertikalen Ebene in einem Winkel von 39 Grad zur Zylinder-Längsachse. Ihr Tellerdurchmesser betrug 48 mm beim Einlaß- und 41 mm beim Auslaßventil.

Einige Schwierigkeiten bei der Konstruktion des Motors gab es bei der Schaffung einer einfachen und funktionellen Lösung, vier weit auseinander liegende Ventilpaare zu öffnen und zu schließen, Ernst Fuhrmann orientierte sich hier am Zwölfzylinder-Motor des Cisitalia G. P. Wie schon beim letzten Vorkriegs-Auto Union wurden beim Cisitalia Wellen anstelle von Zahnrädern oder Ketten benutzt, um die obenliegenden Nockenwellen anzutreiben. Fuhrmann entschloß sich, dieses System bei seinem 547 ebenfalls anzuwenden. Der Antrieb wurde auf je eine Nockenwelle pro Zylinderreihe übertragen – wie beim Cisitalia-Motor – und kam von einem Zahnrad an der Schwungscheibe, die von vielen Konstrukteuren als der stabilere Abnahmepunkt angesehen wird als etwa die oftmals dazu benützte andere Kurbelwellenseite. Hier trieb ein Paar schrägverzahnter Zahnräder mit halber Kurbelwellendrehzahl eine Welle im Ölbad an, exakt unter der Kurbelwelle. Unter dem zentralen Hauptlager des Motors saß auf der mit halber Drehzahl rotierenden Welle ein Schneckenrad-Getriebe, dieses wiederum bewegte Zahnräder auf hohlen Wellen, die nach links und rechts weiterführten. An den entsprechenden Motorseiten drehte jede Welle ein Zahnrad, das in der Mitte der unteren Auslaß-Nockenwelle saß; von die-

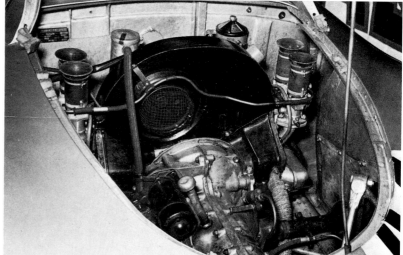

Linke Seite: Porsche 550-02 als Nürburgring-Sieger 1953. Das obere Coupé 550-01 kam in dieser Ausführung nach Le Mans, das untere 550-02 wurde in dieser Form zur Carrera nach Mexiko gebracht.

Oben links: Vor dem Start zur Carrera Panamericana 1953. Darunter Hans Staneks Glöcklers mit 1500-Super-Motor. Oben rechts und darunter: Die Maschine des 1953 in Le Mans eingesetzten 550-01 und die Radaufhängung des Wagens wies gewisse Ähnlichkeiten mit dem Glöckler-Mittelmotor-Wagen auf.

Königswellen-Antrieb der Nockenwellen, Doppelzündung, Rollenlager und ein doppelseitig wirkendes Kühlgebläse waren die Hauptkonstruktionsmerkmale des 547-Motors. Das Foto rechts zeigt eines der ersten Serienexemplare dieses Aggregats, das 1953 erschien.

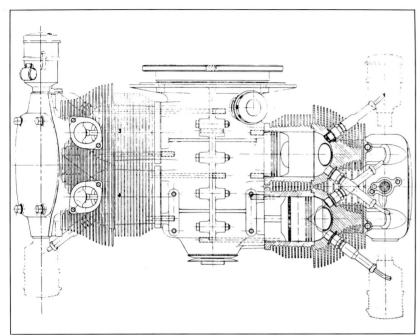

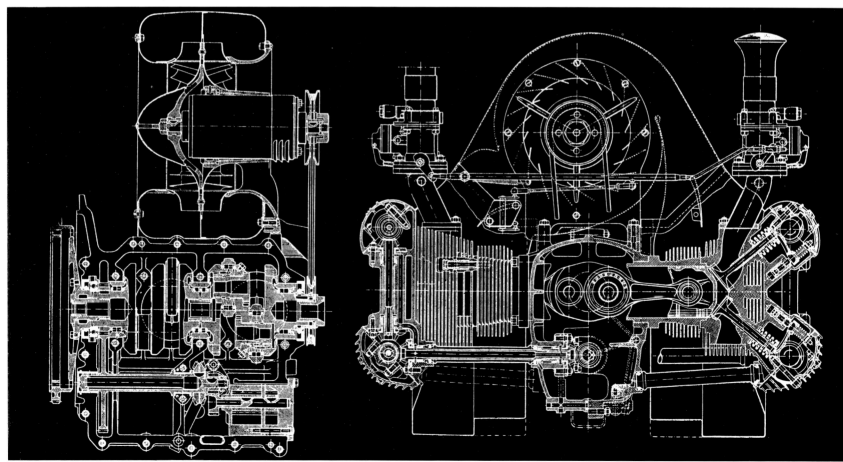

sem Punkt ging eine andere Welle vertikal nach oben, um ein Schraubenrad der Einlaßnockenwelle anzutreiben.

Diverse Gesichtspunkte dieses Nockenwellen-Antriebssystems waren geradezu genial. Die Spiralkegelräder waren so dimensioniert, daß die vier Wellen inner- und außerhalb der Köpfe mit Kurbelwellendrehzahl liefen, wobei die Nockenwellen selbst mit halber Geschwindigkeit drehten. Bei Erhöhung der Motordrehzahl konnten die Wellen die entsprechend höhere Kraft bei halbem Drehmoment übertragen, woraus sich ergab, wie stark die Wellen dimensioniert werden mußten. Die Wellen, hohl und erstaunlich dünn, liefen alle in ölversorgten Schalenlagern anstelle von Kugel- oder Nadellagern, die schwerer und teurer gewesen wären.

Das Öl erreichte jeden Zylinderkopf durch die hohle Antriebswelle, die nach oben führte, dort wurde das Öl über Bohrungen zu den Lagerschalen und auf die Nockenerhebungen sowie die ausgebohrte Nockenwelle transportiert. Die Nocken selbst waren nicht aus einem Stück mit der Nockenwelle, sondern extra gefertigt und auf die Welle, die sie trug, aufgezogen. Diese Methode, die ursprünglich aus dem Motorrad-Bau kam, ermöglichte eine bessere Konturierung der Nocken und erlaubte die Verwendung des besten Materials für ihre Oberfläche.

Um die Nockenbewegung auf die Ventile zu übertragen, bediente sich Ernst Fuhrmann einer weiteren Technik, wie sie im Vorkriegstyp 114 und im 360-GP-Motor angewendet worden war. Es handelte sich dabei um einen Kipphebel zwischen Nocken und Ventilschaftende, der den seitlichen Druck der Nockenerhebung übertrug. Als Aufnahme für die Seite an Seite stehenden Kipphebelpaare konnte keine Welle verwendet werden, weil zwischen den Kipphebeln eine der Nockenantriebswellen hindurch lief. Dafür benützte Fuhrmann einen konischen Zapfen aus Bronze, bei dem das Kipphebelende mittels einer Schraubenfeder gegen den Zapfen gehalten wurde. Die Nockenwelle war nicht direkt über den Ventilstößeln plaziert, sondern um 10 mm in Richtung Kipphebelzapfen versetzt; das Ventilspiel ließ sich somit durch Anheben oder Senken der Zapfenoberfläche einstellen, was wiederum durch Drehung einer Gewindeschraube, die sich auf jedem Zapfen befand, möglich war. Dieser einfache Ventiltrieb, zu jener Zeit eine Novität, ist inzwischen in vielen Serienmotoren mit obenliegender Nockenwelle übernommen worden.

Aussparungen für den Platzbedarf der geöffneten Ventile wurden in die Oberflächen der gewölbten Kolben gefräst, die bei Mahle aus einer 124er Alu-Legierung gegossen wurden. Tief geschürzt hatte der Kolben einen Ölabstreifring unterhalb des Pleuellagers und drei Kompressionsringe darüber – einen mehr als bei den bisherigen Stoßstangenmotoren von Porsche.

Wie die rollengelagerte Kurbelwelle für den Stoßstangenmotor, so wurde die Kurbelwelle für den Vier-Nockenwellen-Motor ebenfalls bei Hirth gebaut. Sie bestand aus zehn Hauptteilen, wovon vier als Lager ausgebildet waren, die durch fünf hohle Gewindebolzen zusammenhielten. Alle Teile zeigten einen derartigen Standard an Präzision, daß sie untereinander austauschbar waren, ohne daß irgendwelche Nacharbeit am fertigen Teil erforderlich wurde. Die gezahnte Hirth-Verbindung wurde auch (wie dies bereits beim Cisitalia GP-Motor geschah) benutzt, um die Schwungscheibe mit der Kurbelwelle zu verbinden. Eine Schulter an der Nabe der Schwungscheibe lagerte an einem kleinen Kugellager, nahm den Kupplungsauslösedruck auf und diente gleichzeitig als ein Auslegerlager zwischen Schwungscheibe und dem schrägverzahnten Ritzel, das die Vorgelegewelle des Nockenantriebes trieb.

Jede Kröpfung der Kurbelwelle hatte schwerstmögliche Gegengewichte, wie sie der begrenzte Platz zwischen den gegenüberliegenden Zylindern zuließ. Da dieser Platz dennoch nicht ganz ausreichte, wurden zylindrische Metallstücke aus Schwermetall in die Seiten der vier Gegengewichte eingelassen. Die Schmierung mit SAE-30-Öl erfolgte für die drei Hauptlager über Messingdüsen. Wenn das Öl austrat, wurde es durch die Zentrifugalkraft weggeschleudert und von Schleuderringen aufgefangen, von denen es durch Schlitze zu den Pleuellagern gelangte. Das Öl wurde zu den verschiedenen Ebenen durch den Druck einer zweiseitigen Ölpumpe geführt, die durch ein Zahnrad an der Spitze der mit halber Geschwindigkeit drehenden Nebenwelle angetrieben wurde. Sie war zusammen mit einer Spülpumpe, die etwa doppelte Kapazität hatte, in einem Gehäuse untergebracht, das in eine angepaßte Ausbuchtung, die von den zwei Hälften des Kurbelgehäuses gebildet wurde, paßte. Dies war wiederum ein Konstruktionsdetail des für Cisitalia gebauten GP-Wagens, das Fuhrmann hier direkt übernahm.

Um den Raumbedarf des Motors geringzuhalten und sicherzustellen, daß genügend Öl und ausreichende Kühlung des Öls gewährleistet war, erhielt die Maschine ein externes Ölreservoir und eine Trockensumpfschmierung. Der schmale, am Boden gerippte Sumpf war als Teil des aus Alu-Legierung bestehenden Kurbelwellengehäuses gegossen, welches aus zwei Einzelteilen, die vertikal in der Mitte geteilt waren, bestand. Vier lange Stehbolzen um jeden der gerippten Zylinder hielten die Zylinderköpfe (einer für jedes Zylinderpaar) auf den gerippten Zylindern, die sowohl in das Kurbelwellengehäuse als auch in die Köpfe tief eingelassen waren. Die einzelnen Zylinder, die aus Aluminium mit verchromten Wandungen bestanden, wurden von Mahle produziert, während die Zylinderköpfe mit ihrer tiefen Rippung von der Firma Karl Schmidt kamen.

Ausreichende Luftkühlung für diese Hochleistungsmotoren stellte ein Hauptproblem dar. Die Luft strich hier nicht mit gleicher Stärke über die Sitze und Führungen der beiden Einlaß- und Auslaßventile nach unten, wie dies bei den anderen Porsche-Motoren geschah. Statt dessen, so errechnete man, würden sie Hitze von der oberen Einlaßseite der Köpfe her aufnehmen, bevor sie weiter abwärts gelangen sollte, um die noch heißere Auslaßventilregion zu kühlen. Dies wurde dennoch von den Porsche-Konstrukteuren akzeptiert, weil die Einlaßseite des Motors kühler gehalten werden mußte. Bei einem Spezialrennmotor indessen konnte man es sich leisten, extrem große Kühlrippen auszuformen, um die Hitze von der Auspuffseite und mit der Kühlluft abzuleiten. Die gesamte Kühlfläche stieg von 403 cm² bei den normalen Porsche-Motoren auf 560 cm² beim Typ 547 an. Der Großteil dieser Flächenvergrößerung betraf die Zylinderköpfe.

Auf der Suche nach einem passenden Kühlgebläse für diesen Motor konnte Fuhrmann auf die Erfahrungen eines Experten für die Konstruktion luftgekühlter Motoren zurückgreifen – das war Franz Xaver Reimspiess. Nach 1945 arbeitete Reimspiess bei Steyr in Österreich, kehrte jedoch 1951 zu Porsche nach Zuffenhausen zurück. Hier entwickelte er eine Art Doppelflügel-Gebläse für den Typ 547, ein Motor, der wirkungsvolle Kühlung bei großem Durchflußvolumen und hoher Kurbelwellendrehzahl benötigte. Das Gebläse bestand aus einer radialen Ausströmkonstruktion mit zurücklaufenden Blättern; das war die wirksamste Gebläseradkonstruktion, hatte jedoch auch den größten Platzbedarf. Das Gebläse legte man doppelseitig aus, um vor und hinter dem Motor Luft ansaugen zu können. Die Welle der Lichtmaschine fungierte auch als Gebläseachse und -träger. Front- und Rückteil des Gebläses gingen in getrennte Kühlschächte, die zum vorderen und hinteren gegenüberliegenden Zylinderpaar führten. Der Luftstrom wurde innen durch eine seitliche Querwand geteilt.

Statt eckiger Kanten, wie sie die Serienfertigung meist hervorbringt, hatten die Aluminiumflügel eine weiche, abgerundete Form, so daß sowohl intern als auch bei den gleichermaßen wichtigen Einlässen des Gebläses die Strömungsgeschwindigkeit noch verstärkt wurde, auch konnte die Wirksamkeit durch Verminderung der Gebläsedrehzahl erhöht werden. Bei den normalen 1500er Motoren trieb der Keilriemen das Gebläse mit 1,8-facher Kurbelwellendrehzahl an, etwa mit 9000 U/min, wenn der Motor mit 5000 U/min lief. Beim Typ 547 war das Verhältnis der Riemenscheiben eins zu eins, wodurch das Gebläse mit nur 7000 U/min drehte, wenn der Motor auf der gleichen Drehzahl war.

Alle diese kleinen Verbesserungen am Gebläse addierten sich zu einem System, das mindestens doppelt so viel Luft beförderte wie beim Porsche 1500, wozu es nur ein Minimum an Mehrleistung benötigte. Bei 7300 U/min beanspruchte das Gebläse des 547 nur 8,8 PS und lieferte dafür 77 Kubikmeter Luft pro Minute. Das konnte sich beim Vergleich der Fördermenge von 37 Kubikmeter pro Minute und einem Leistungsbedarf von 8,6 PS bei der 1500-ccm-Maschine und einer Kurbelwellendrehzahl von 5500 U/min, entsprechend einer Gebläsedrehzahl von 9900 U/min, sehen lassen. Auch bei der geringeren Drehzahl von 6200 U/min förderte das 547er Gebläse immer noch 53 Kubikmeter Luft in der Minute und verbrauchte dafür 6,0 PS. Der bescheidene Leistungsbedarf brachte es mit sich, daß dieses Gebläse mit einem ganz normalen Keilriemen auskam.

Die Verwendung von zwei Zündkerzen pro Zylinder war italienische Schule. Durch den Einsatz von zwei Kerzen an den Seiten der Verbrennungsräume anstelle einer in der Mitte konnten die großen Ventile verwendet und eine intensivere Verbrennung des Gemischs erreicht werden. Doppelzündung verlangte zwei Bosch-Verteiler, wobei der eine das innere Kerzenpaar der jeweiligen Zylinderreihe und der andere das äußere Paar versorgte. Die Verteiler wurden von den Enden der oberen Einlaßnockenwelle angetrieben, die an beiden Enden Übertragungsmöglichkeiten aufwies, so daß die Verteiler sowohl am vorderen als auch am hinteren Ende des Motors angetrieben werden konnten.

Dies waren die wesentlichen Merkmale der neuen Konstruktion, die auf dem Zeichenbrett Fuhrmanns im Sommer 1952 Gestalt annahm. Im Herbst konnte man an den Bau des Viernockenwellen-Motors gehen, was sich Porsche aber nur leisten konnte, nachdem die ersten Zahlungen von Studebaker eingetroffen waren. Obwohl die Arbeiten wegen der Übersiedlung in die neuen Betriebsräume in jenem Winter unterbrochen wurden, entstanden die Teile für mindestens drei Motoren (mit den Nummern 547-01 aufwärts) und die erste Einheit konnte im März 1953 zusammengebaut werden. Am 2. April lief der Motor mit eigener Kraft erstmals auf dem Prüfstand in Zuffenhausen.

Gleichzeitig mit dem neuen Motor wurde von Solex ein neuer Vergaser entwickelt: der 40PII (auch 40 PJJ), der zu jener Zeit erstmals an den modifizierten 1500-Super-Motoren verwendet wurde. Diese Vergaser enthielten in einem in Frankreich gefertigten Fallstrom-Gehäuse zwei Drosselklappen-Bohrungen von 40 mm Durchmesser, die durch ein zentrales Schwimmergehäuse getrennt waren und von einer einzigen Beschleunigerpumpe versorgt wurden. Für den 547er Motor waren die Bohrungen mit Venturirohren von 34 mm Durchmesser versehen.

Als der Viernockenwellen-Motor für den Einbau zuverlässig genug schien, baute Porsche für ihn auch ein neues Auto. Nachdem die ersten beiden 550er in Eile für Le Mans fertiggestellt waren, widmete man sich der Konstruktion eines verbesserten Rennsportwagens mit etwas mehr Muße. Das erste derartige Auto (Serien Nr. 550-03) wurde im Juli fertig und unterschied sich in diversen Details von seinen Vorläufern. Es war in vieler Hinsicht vervollkommnet und in seinem Styling und seiner Mechanik besser durchdacht.

Das neue Fahrgestell war noch immer ein Leiterrohrrahmen, jedoch wesentlich besser gestaltet, mit Front- und Heckhörnern, die in ovale Sektionen überliefen und an beiden Enden in zwei vorstehende Wagenheber-Ansatzpunkte ausliefen. Es gab sechs Querstreben, wovon die vorderste aus zwei Rohren zur Aufnahme der Torsionsstäbe bestand. Der zweite Querträger von hinten war ein nach unten durchgebogenes Rohr, das der Aufnahme und Befestigung der Motor/Getriebeeinheit am Kupplungsgehäuse diente und angeschraubt statt angeschweißt war. Dieser Rahmen war kein Underslung-Rahmen mehr, statt dessen waren die Seitenholme nach oben gekröpft, um über den Hinterachswellen zu verlaufen; mit dem abschraubbaren Querträger war es möglich, den Motor wie beim Typ 356 von unten her auszubauen.

Eine andere wichtige Änderung war die Anbringung der hinteren Torsionsstäbe, inklusive der an den Naben befestigten Längslenker, jetzt vor statt hinter die Hinterachsen plaziert. Diese beweglichen Stahlarme, die sich vom Ende der Drehstäbe zu den Achsen erstreckten, hatten um 40 Prozent verlängert (60 cm statt der bisherigen 43 cm) werden müssen, um dem Motor zwischen dem Torsionsstabrohr und der hinteren Achsmitte mehr Raum zu geben. Die längeren Lenker brachten eine Reduzierung des Federwertes der hinteren Torsionsstäbe, so daß diese in der Folge auch geändert werden mußten.

Strukturell war die Vorverlegung der Torsionsstäbe im 550er Typ ebenso gerechtfertigt wie beim 356/2. Diese Veränderung brachte Stabili-

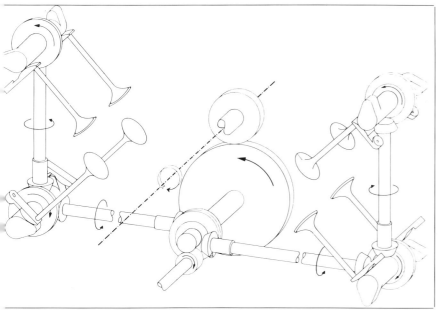

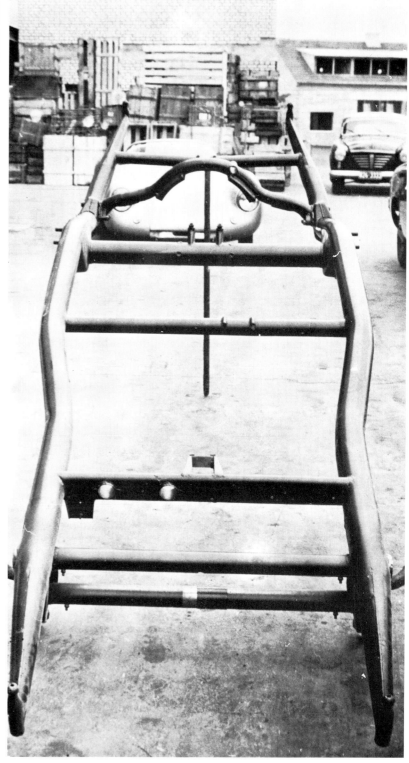

Oben: Blick in das Kurbelgehäuse. Das Schema darunter macht den Antrieb der Ventilsteuerung deutlich. Rechts der – umgedrehte – Rahmen des Porsche 550-03. Die Limousine links ist der von Porsche entworfene Studebaker, der zu dieser Zeit in Zuffenhausen als Prototyp entstand. Das Bild wurde vor dem Solitude-Schloß aufgenommen.

täts- und Fahrvorteile für das neue Auto und ließ den verbesserten Typ 550 den ersten Porsche werden, in dem die Vorteile eines Mittelmotors und einer nachlaufenden Hinterachs-Aufhängegeometrie vereint waren. Diese Vorteile verbanden einen wesentlich günstigeren Spureffekt der Hinterräder mit einem wirkungsvolleren Bremsverhalten, wodurch das Heck besser am Boden blieb. Dieser Effekt fiel im Alltag nicht so sehr ins Gewicht, wohl aber in Le Mans und vor allem bei hartem Einsatz in Kurzstreckenrennen. Eine gut aussehende neue Karosserie, entworfen von Erwin Komenda, kleidete das neue Chassis ein. Es war eine der hübschesten und zweckmäßigsten zugleich, die er je kreiert hatte. Die Konturen der Frontpartie lehnten sich an die des ersten 550 an und wiesen unter der Vorderhaubenkante einen Schlitz für den Ölkühler auf. Die Türen waren breiter und tiefer mit einem schmalen, versenkten Griff nahe der Türkante. Die kühnen flossenähnlichen Erhebungen der hinteren Kotflügel waren aus Stabilitätsgründen und zur Strömungsverbesserung über dem Heck angebracht worden. In diese hintere Fläche war eine schildförmige Luke eingelassen, in deren Mitte eine Erhebung Platz für das Gebläsegehäuse des 547-Motors schaffte. Zu beiden Seiten dieser Erhebung befanden sich zwei rechteckige Luftöffnungen, zwei weitere dreieckige Öffnungen befanden sich weiter hinten, nahe der Kennzeichenleuchte. Auf jeder Seite der hinteren Kotflügel gab es vier Luftschlitze. Die Aluminiumkarosserie dieses Modells stammte von einem neuen Zulieferer aus der Nähe Stuttgarts, dem Karosseriebau Weinsberg.

Mit der Fertigstellung dieses Autos im Juli stand auch fest, daß man den Motor mit Trockensumpfschmierung ausstatten wollte, deren Ölreservoir rechts hinter dem Cockpit unter der Blechabdeckung plaziert war. Das große, nach rechts abgewinkelte einfache Auspuffrohr war für einen Porsche absolut beispiellos. Dieser Auspuff und der Klang, den er hatte, wurde erstmals von den Zaungästen am Nürburgring ausgemacht, als Porsche am 2. August 1953 seinen 550-03 dorthinbrachte, um für das vor dem Grand Prix stattfindende Sportwagenrennen zu trainieren. Mit Ernst Fuhrmann und Ferry Porsche an den Boxen absolvierten Huschke von Hanstein und Hans Herrmann ein paar Runden auf dem Ring, wobei Herrmann jedoch nicht die Zeiten zu fahren vermochte, die er mit dem 550-02 erreicht hatte.

Die Motorhaube blieb während des ersten Auftritts in der Öffentlichkeit geschlossen. Auch eine Woche später, am 9. August, blieb sie zu, als das Auto erstmals an einem Wettbewerb teilnahm. Schauplatz war die Bergstrecke bei Freiburg und als Fahrer hatte man den vielseitigen und genialen Hans Stuck verpflichten können, der vor dem Krieg für seine Erfolge als »Bergkönig« mit dem von Porsche konstruierten Auto Union-Wagen berühmt geworden war. Die sehr spitz verlaufende Leistungskurve des 547 war für dieses Rennen nicht sehr günstig – Stuck mußte froh sein, die drittschnellste Zeit zu schaffen.

In der Zwischenzeit wurde ein Zwilling für den 550-03 gebaut, wahrscheinlich der 550-04. Er unterschied sich zunächst nur in wenigen Details. Seine vorderen Blinkleuchten waren etwas nach innen versetzt und befanden sich nicht wie beim 550-03 genau unter den Hauptscheinwerfern; im hinteren Kotflügel gab es keine Lüftungsschlitze und die Motorhaube hatte keine Erhöhung mehr im Mittelteil, wodurch die beiden Lufteinlaßöffnungen näher aneinandergerückt werden konnten. Mit diesem Auto testete Porsche eine aufgewölbte Heckabdeckung, die auf das vorhandene Heckblech aufgeschraubt worden war. Auch eine über die ganze Breite gehende Windschutzscheibe mit zusätzlichen, nach hinten schmäler werdenden Seitenfenstern kam dazu, wodurch eine windschlüpfige Roadsterkarosserie mit Platz für zwei Leute entstand.

Später, im August und September, wurden beide Autos auf dem Nürburgring zur Erprobung des Viernockenwellen-Motors eingesetzt. Hans Herrmann pilotierte die Wagen zeitweilig. Huschke von Hanstein, der sich keine motorsportliche Herausforderung entgehen ließ, hatte für Porsche inzwischen die Chancen erkundet, mit einem oder mehreren Autos bei der Carrera Panamericana 1953 dabeizusein. Er fand in dem Kalifornier Wendell S. Fletcher, zu dessen Fletcher Aviation Corporation man seit Herbst 1952 Kontakt hatte, einen Sponsor. Diese Flugzeugfabrik hatte eine Lizenz zum Einbau von Porsche-Motoren in Luftfahrzeuge erworben. Fletcher war einverstanden, eine Rennexpedition nach Mexiko finanzieren zu helfen unter der Bedingung, daß die Autos sich auch bei einem Sportwagenrennen in Albany, Georgia, am 25. Oktober, drei Wochen vor dem Start zur Carrera, beteiligen müßten.

Nachdem von Hanstein und Hild der Meinung waren, daß der 550-03 und 550-04 ihren Zweck als Versuchswagen voll erfüllt hatten, präparierten sie die Fahrzeuge für die Rennen in Amerika. Es wurden getunte Super-Motoren eingebaut (Serien-Nr. P40160 im 550-03) – wie sie auch schon in den beiden im August nach Guatemala verschifften Wagen eingebaut waren – und der 550-04 erhielt wie sein Schwesterwagen auch die seitlichen Luftschlitze in den hinteren Kotflügeln. Karl Kling, 1952 Gewinner der Carrera, begleitete Hans Herrmann nach Übersee.

Sowohl das Rennen in Georgia als auch die Panamericana brachte nur wenig Erfolg. Im Flugplatz-Rennen von Albany fielen beide Autos aus. Kling verlor Öl und plagte sich mit einer rutschenden Kupplung im 550-03. Von Hanstein, der den 550-04 fuhr, hatte in beiden Rennen Schwierigkeiten mit der Benzinpumpe. Als Kling den 550-04 übernahm, kam er hinter Herrmann am Ende der ersten Etappe auf den zweiten Platz seiner Klasse. Im Verlauf der zweiten Etappe jedoch fiel der Motor bei Kling aus und bei Herrmanns Wagen brach ein Lenkhebel, so daß er von der Straße abkam und mit einer Steinmauer kollidierte.

Ein Jahr später nahmen Herrmann und der 550-04 indessen Revanche. Das Auto, das in der Zwischenzeit wenig benutzt worden war, hatte man mit einem 117-PS-Viernockenwellen-Motor versehen. Fletcher und Telefunken sponserten das Auto erneut im 1954er Carrera-Bewerb, der am 19. November begann. Herrmann, der solo fuhr, plazierte sich vorzüglich – er kam auf den dritten Gesamtrang und hatte einen leichten Sieg in der 1500-ccm-Klasse. Sein Durchschnittstempo betrug 157 km/h. Im Dezember brachte von Hanstein seinen 550er Veteranen zur Speed Week nach Nassau und verkaufte ihn dort für 6000 Dollar an Robert H. Davis, Bloomington, Illinois. Der Wagen wurde von den Werkmechanikern Linge und Mimler für Davis in Florida überholt, der ihn gemeinsam mit Candy Poole im März 1955 auf den zehnten Gesamtrang in Sebring steuerte.

Bob Davis fuhr das Auto 1955 in diversen Rennen in den Vereinigten Staaten und auf Nassau und fand, daß sein Motor am besten zwischen 6000 und 7000 U/min lief. Die aus Flugzeugaluminium gefertigte Karosserie erwies sich als hart und steif und dabei sehr leicht. Nachdem er einen schwächeren Austauschmotor eingebaut hatte, verkaufte er den Wagen an Fred C. Vetter aus Elm Grove, Wisconsin, der ihn im Midwest-Rennen des Jahres 1956 fuhr. Vetter gab ihn dann an Carl Haas in Chicago weiter, der ihn erneut nach Nassau brachte. 1958 befand sich das Auto in den Händen von George Vandesande aus Chicago, dem letzten bekannten Besitzer.

Die Geschichte des 550-03 nach der Carrera war noch abenteuerlicher. Von Porsche 1953 nach dem Rennen in Mexiko verkauft, ging er zuerst nach Kalifornien, wo John von Neumann im Frühling 1954 damit den dritten Platz im Pebble Beach Cup errang. Da er Fadingprobleme mit den Bremsen hatte, erhielt das Auto große Öffnungen unterhalb der Hauptscheinwerfer; die mit Gitterdraht verschlossenen Öffnungen sollten zusätzliche Kühlluft an die vorderen Trommeln bringen. Das Auto ging dann an Thompson in Connecticut, wo es Sherwood Johnston im Herbst auf den zweiten Platz hinter einem OSCA fuhr.

In nicht gerade perfektem Zustand und mit einem gestößelten Trockensumpf-Porsche-Motor ausgerüstet, erhielt Evans Hunt aus Narberth, Pennsylvania, in einem Tauschgeschäft den 550-03 für sein 356er Coupé. Er bekam ihn rechtzeitig, um am 13. März in Sebring teilzunehmen. Durch Probleme mit dem Schaltgestänge aufgehalten, wurde er mit seinem Mitfahrer Howard Hanna Drittletzter und erreichte den 42. Rang. Hunt fuhr den Wagen bei Rennen im Osten, wie auch Thompson Westover und Brynfan Tyddn, verkaufte ihn dann im Frühling 1956 an Fred Pfisterer aus Mt. Vernon, New York, der damit vier Jahre lang professionell Sportwagenrennen fuhr. Nachdem das Auto schließlich durch die Hände zweier weiterer Besitzer gegangen war, erreichte der 550-03 Dr. John C. Burchfield aus Worthington, Ohio, der die Renovierung dieses historischen Autos in Angriff nahm. Immerhin war dies der erste Porsche, der je von einem Viernocken-Motor angetrieben wurde!

Ein weiterer Porsche vom Typ 550 mit einem getunten 1500er Super-Motor wurde vom Werk ins Rennen geschickt. Es handelte sich dabei ebenfalls um einen von Weinsberg karossierten Prototyp, dessen Konstruktion allerdings durch neuere Ideen überholt war, als im Winter 1953 Hans Stuck sich an Ferry Porsche wandte und ihm von einer interessanten Einladung zu einer Serie von Rennen erzählte, die in Brasilien im Januar 1954 stattfinden sollte. Stuck wollte gern hinüberfahren, vorausgesetzt, daß er ein Auto habe. Ferry überließ ihm daraufhin diesen 550er Prototyp unter der Bedingung, daß Stuck den Wagen anschließend in Brasilien an einen Rennfahrer für etwa 15 000 Mark verkaufe.

Bei seinem ersten Einstieg, einem 500-Kilometer-Rennen in Rio de Janeiro, fiel Stuck mit festgefressenem Ölpumpenantrieb aus. Das reparierte Auto wurde dann von Rio nach São Paulo überstellt, wo es auf dem Interlagos im Februar ein Rennen fuhr. Diesmal hatte Stuck mehr Glück, erzielte den fünften Gesamtrang und den ersten Platz in der 1500-ccm-Klasse. Er verkaufte den Porsche an den Sohn eines reichen Lotterie-Einnehmers, der es schaffte, das Auto in einem Autobahnunfall zu demolieren, noch bevor er es bezahlt hatte. Sein nächster Besitzer war ein erfahrener Rennfahrer namens Christian »Bino« Heins, der später für das Auto einen Viernocken-Motor erwarb, womit er die brasilianische Meisterschaft in der Zwei-Liter-Klasse errang. Brasilien, die Vereinigten Staaten, die Bahamas, Guatemala, Mexiko, Argentinien und selbstverständlich Deutschland – die Reifenspuren der Porsche 550 ließen sich bis in die entferntesten Winkel der Erde verfolgen, Spuren, die hervorragende Leistungen kennzeichneten, wovon ein Großteil auf das Konto einer kleinen Firma in Stuttgart ging, welche die Autos gebaut hatte. Und all dies bei wirklich kleinem Entwicklungsbudget und minimalen Werbeanstrengungen. Was hatte man zu erwarten, wenn Porsche eines Tages mit Volldampf ins Geschäft des großen Motorsports einsteigen würde? Das Jahr 1955 sollte eine überraschende Antwort auf diese Frage bringen.

Ernst Fuhrmann und Huschke v. Hanstein mit dem Vier-Nockenwellen-550-03 am Nürburgring. Daneben der Porsche 550-04 mit einem versuchsweise aufgewölbten Heck. Ganz unten der 550, mit dem Hans Herrmann 1954 Carrera-Sieger seiner Klasse wurde; er kam auf Platz 19 im Gesamtklassement.

Kapitel 7
Die große Zeit der schnellen Spyder

Obwohl die Autos vom Typ 550 eine bedeutende Ausweitung der Rennaktivitäten der Firma darstellten, investierte Porsche weiterhin nur geringe Beträge in Wettbewerbe. Bis zu diesem Zeitpunkt war man alles in allem noch recht günstig weggekommen. Jedes Auto der Serie 550, das gebaut wurde, war auch verkauft worden, meist sogar mit Gewinn. Bei jedem handelte es sich für die Konstrukteure mehr oder weniger um einen Prototyp und als solcher hatte er viele wertvolle Erkenntnisse gebracht, die von Porsche-Ingenieuren später beim Bau von Serienwagen angewandt wurden. Die höchsten Aufwendungen hatten Entwicklung und Konstruktion des 547er Motors verursacht. Aber auch in diesem Fall

konnte Porsche wesentlich mehr herausholen als man investiert hatte, denn der Motor konnte in begrenzter Stückzahl mit Gewinn in ein hervorragendes Automobil eingebaut werden: in den 550-1500 RS, bei Fans als Spyder bekannt.

Den Prototyp des 550-1500 RS zeigte man Anfang Oktober 1953 erstmals auf dem Pariser Salon. Was die Besucher des Grand Palais auf dem Porsche-Stand sahen, war ein berückender zweisitziger Sportwagen, den man auf eine schräge Plattform gesetzt hatte. Dies sei die endgültige Form des 550, wurde den Besuchern erklärt. Der Wagen werde aber nur auf Kundenwunsch gebaut. In gewissem Sinne war diese Ankündigung etwas verfrüht. Denn erst ein volles Jahr später hatte Porsche tatsächlich die Endkonstruktion für den Typ 550-1500 RS fertig und begann, eine begrenzte Stückzahl aufzulegen. Im dazwischen liegenden Jahr baute Porsche dennoch einige wenige 550er sowohl für eigene Versuche als auch für die Teilnahme bei Rennen. Bezeichnenderweise wurden auch viele dieser Wagen verkauft. Der in Paris gezeigte 550er unterschied sich in mancher Hinsicht von jenen Wagen, die gerade zu den Rennen in den Vereinigten Staaten und Mexiko unterwegs waren. Sein Rahmen (Serien-Nr. 550-05) und die Radaufhängung waren gleich, die von Weinsberg gebaute Karosserie jedoch verbessert worden. Auffälligste äußere Änderung war die neugestaltete Frontpartie, bei der die beiden Erhebungen der Kotflügel fließend in die vordere Haubenpartie übergingen. An Stelle der als Ganzes hochklappbaren Fronthaube wurde ein vorderer Deckel eingepaßt, der an seinen Ecken abgerundet war. Der bei Rennwagen übliche Schnellverschluß für den Tank ersetzte den Schraubverschluß früherer Modelle.

Die Heckgestaltung war noch ausgefeilter und mit speziellen vertikalen Schlußleuchten ausgestattet. An Stelle der teilweise abgedeckten Radöffnungen traten kreisrunde Ausschnitte. Eine kleine Erhebung auf der hinteren Fläche schaffte Platz für die Gebläseverkleidung und gleich dahinter war eine einzige zentrale Lufteintrittsöffnung mit Grill. Unter dem Heck befand sich der zylindrische, querstehende Auspufftopf mit dem zweifachen, ovalen Auspuffrohr; ähnliche Auspuffanlagen waren bereits an den Modellen 550-03 und 550-04 montiert worden, bevor man sie nach Amerika verschiffte.

Das Cockpit im 550-05 war für Straßenverkehr ausgerüstet, hatte ein abschließbares Handschuhfach, eine Windschutzscheibe mit Alurahmen und Scheibenwischern sowie ein Faltverdeck, das hinter den Schalensitzen Platz fand. Zu den drei Instrumenten mit eingebauter indirekter Beleuchtung zählten ein zentraler Drehzahlmesser, der bis 8000 U/min ging, ein links davon montierter bis 250 km/h anzeigender Tachometer und eine kombinierte Öltemperatur- und Kraftstoffanzeige zur rechten Seite. Die Räder hatten belüftete Felgen mit Zentralverschlüssen, wie man sie von BMW, Veritas und Glöcklers Sport- und Rennwagen her kannte. Auf dem Pariser Salon war der 547-Motor erst-

In Zuffenhausen wurden die Werkswagen vom Typ 550 für Le Mans 1954 besonders sorgfältig präpariert. Rechts hinter dem zweiten Wagen Huschke v. Hanstein.

mals in 550-05 zu sehen. Das Gebläsegehäuse präsentierte sich (bis auf den geschwungenen Einlaß) in glänzendem Schwarz. Es war dies einer der ersten drei Motoren mit flachen Ventildeckeln und Solex-Vergasern, die mit durch Drahtgeflecht abgedeckten Ansaugstutzen ausgerüstet waren. Porsche gab die Leistung des Motors mit 110 PS bei 7000 U/min bei Verwendung von Super-Benzin an, wobei das Kompressionsverhältnis zwischen 8.5 bis 9.0 zu eins betrug. Im hinteren Viertel der Karosserie war auf der linken Seite eine 6-Volt-Batterie untergebracht; ein Ölbehälter für das Trockensumpf-System war rechts montiert und der dazugehörige Einfüllstutzen befand sich im Eck unter der hinteren, aufklappbaren Heckverkleidung.

Der in Paris gezeigte Typ 550 ließ keine Zweifel aufkommen, daß hier der perfekte Vielzweck-Rennwagen aus Zuffenhausen zu sehen war. Hinter den Kulissen jedoch war man sich bei weitem noch nicht im Klaren, welche endgültige Form ein derartiges Auto erhalten solle. Da seine Karosserieform vollständig neu war und die Konstrukteure bei Porsche wieder »zu Hause« in Stuttgart waren, wo sie den alten und bewährten Windkanal der Technischen Hochschule benutzen konnten, führten sie noch eine Vielzahl von Tunneltests durch, um festzustellen, wie hoch der Luftwiderstand aller möglichen Karosserieformen für den Typ 550 sei. Hier verwendete man Holzmodelle im Maßstab 1:5 und probierte alle durch, vom geschlossenen Coupé bis zum niedrigsten Roadster mit abgedecktem Cockpit. Die Ergebnisse dieser Testserie zeigt die folgende Tabelle:

die großflächige Frontpartie mit dem niedrigsten Luftwiderstandsfaktor vereinte. Die Porsche-Leute hatten indes nicht die Absicht, einen 550 als relativ schweres, nur begrenzt einsetzbares Coupé herzustellen. Porsche-Kunden, besonders in den Vereinigten Staaten, hatten deutlich gemacht, daß sie sich einen offenen Roadster wünschten.

Als reines Rennmodell war Ausführung »D« die eindeutig beste Lösung für ein offenes Auto, aber als offener Zweisitzer bot der Wagen »B« die interessantesten Möglichkeiten. Er war als Karosseriekonstruktion mit seinem Fastback-Aussehen einigermaßen neu und brachte 16 Pro-

Der »Buckelwagen« 550 wurde erstmals im Januar 1954 gezeigt. Darunter der 547-Motor in seiner zweiten Version. Ganz rechts außen die dritte Version, mit Weber-Vergasern bestückt. Der kritische Blick Ferry Porsches gilt dem Le-Mans-Wagen von 1954.

ten Porsche 550 Spezial nach diesem Muster zu bauen. Das Auto wurde im Januar 1954 erstmals in Belgien, auf dem Brüsseler Salon, und zwei Monate später auf dem Stand der AMAG in Genf gezeigt.

Der im Werk als »Buckelwagen« bezeichnete neue Prototyp trug wahrscheinlich die Seriennummer 550-07 (denn das Auto von Hans Stuck, das er nach Brasilien mitnahm und welches dem Pariser Ausstellungsstück sehr ähnlich sah, trug die Seriennummer 550-06). Es war mit dem dritten Motor aus der ersten Viernockenwellen-Serie (547-03) ausgerüstet, bei dem die Ventildeckel den Namenszug »Porsche« trugen.

	Karosserietyp	relative Frontfläche in Prozent	Luftwiderstands-Beiwert	Produkt beider Werte
A	Fastback-Coupé (ähnlich Le-Mans-Wagen 1953)	100	0,232	23,2
B	Offener Wagen mit Windschutz- u. Seitenscheiben, Heckteil auf Kopfhöhe	95	0,310	29,5
C	Offener Wagen mit Windschutz- u. Seitenscheiben u. normalem Heckteil	95	0,370	35,2
D	Offener Wagen mit einer Rennscheibe und Cockpit-Abdeckung	85	0,290	24,7
E	Flachere Karosserieform mit Cockpitabdeckung, ohne Scheibe	80	0,241	13,3

Die unter »E« gelistete Karosserieform hatte man nur mit aufgenommen, um einen Bezugswert für die Tests zu erhalten, wenn diese Form selbst auch unbenutzbar war. Wegen ihrer niedrigen Frontpartie und dem geringen Luftwiderstand brachte sie den besten Wert. Ihr am nächsten kam das Coupé, Wagen »A«, bei dem sich

zent weniger Luftwiderstand als das gleiche Auto mit konventionellem, niedrigem Heck (Auto »C«). Tests mit einem 1:1-Modell des 550-04, auch mit Windschutzscheibe und erhöhtem Heckteil, wurden während des Jahres 1953 fortgesetzt. Die hervorragenden Ergebnisse veranlaßten Porsche, Ende des Jahres einen komplet-

Der Buckelwagen wies aber auch einige zusätzliche Änderungen am Chassis auf. Die nachlaufende Radaufhängung entsprach der des 550-03, der hintere Rahmenunterbau jedoch war genau umgekehrt wie bei jenen des Mittelmotor-Glöckler und den ersten beiden 550er Modellen. Es war der erste Mittelmotor-Porsche mit nachlaufenden Schwingachs-Radaufhängungen und Unterslung-Rahmen. Dies ergab die endgültige Konstruktion des Typs 550.

Mit dem Übergang zum Underslung-Rahmen führte Porsche auch das aus einem Stück bestehende Heckteil ein. Es war am äußersten Ende schwenkbar und konnte daher als Ganzes nach oben geklappt werden, wodurch die gesamte Mechanik gut zugänglich wurde. Erwin Komendas Design-Team hatte sich diese Konstruktion ausgedacht, damit man an Motor und Getriebe besser von oben herankam. Es blieb der Buckel hinter dem Cockpit, versehen mit einer gepolsterten Kopfstütze. Das spartanisch gehaltene Innere entsprach dem des 550-05, jedoch ohne Handschuhfach und mit einer etwas anders aussehenden Einfassung der Instrumente.

Die Vorderpartie des Buckelwagens glich dem 550-05, wies indessen eine Gummileiste quer über den Bug auf. Am Heck gab es doppelte Lufteinlaßgitter, während der Porsche-Namenszug und das Wappen sich oben links am Heck befanden. Die Zentralverschluß-Lochfelgen auf Rudge-Naben hatte man modifiziert; die Ränder der zehn ovalen Löcher standen nach außen. Bei seinem ersten öffentlichen Auftreten bei einer Schweizer Rennfahrerschule in Campione am 8. April 1954 hatte der Buckelwagen allerdings normale Felgen. Hans Herrmann und Richard von Frankenberg ließen ihre Fahrschüler auf dem kurzen, kurvigen Straßenkurs von Campione ihre Runden drehen. Im April tauchte dann ein solcher Wagen auf dem Hockenheimring auf. Man wollte den Motor vom Typ 547 im Chassis des 550 ein wenig im Renntempo testen und geeignete Fahrer für das Le Mans-Team ermitteln. Hans Herrmann erwies sich als der schnellste Pilot, gefolgt von Richard von Frankenberg und Helmut Polensky. Herrmanns Bestzeit: 173 km/h. Überzeugt von diesen Resultaten, beschlossen Huschke von Hanstein und Ferry Porsche, ein Auto mit Herrmann als Fahrer zur Mille

Miglia zu schicken. Es sei eine »private« Nennung, hieß es: die Firma sei ausschließlich mit den Vorbereitungen für Le Mans beschäftigt. Dennoch konnte man von einer offiziellen Teilnahme Porsches sprechen.

Ein weiteres Einzelstück, ein 550er Prototyp, wurde für die Mille Miglia fertiggestellt. Es handelte sich um ein von Weinsberg karossiertes Auto. Es war der fünfte und offensichtlich letzte 550 mit hochgekröpftem Rahmenheck, er trug die Serien-Nr. 550-08. Den früheren Rahmen verrieten die vorstehenden Wagenheber-Aufnahmen unterhalb der Frontpartie. Der mit Handschuhfach und Montagepunkten für Scheibenwischer versehene Wagen war vermutlich einer von jenen, die im April für Testfahrten auf dem Hockenheimring im Einsatz standen.

Der Motor des Werkwagens war ein 547 aus der zweiten Serie, der hier etliche Änderungen aufwies, besonders in seiner Zylinderkopfkonstruktion. Die Ventildeckel auf der Einlaßseite waren gerippt, um das durchlaufende Öl zu kühlen, während der Deckel auf der Auslaßseite den auseinandergezogenen Porsche-Schriftzug trug. Anstelle der Solex-Vergaser wies der Mille Miglia-Porsche in Italien gefertigte Weber-Vergaser vom Typ 40 DCM auf. Sie saßen auf separaten Ansaugstutzen mit einer feinmaschigen Gitterabdeckung. Die Porsche-Leute hatten allerdings herausgefunden, daß zwischen Solex- und Weber-Vergasern kaum Unterschiede bei der Leistungsabgabe zu verzeichnen waren. Im mittleren Beschleunigungsbereich erwiesen sich die teureren Weber-Vergaser allerdings feiner dosierbar.

Um 3 Uhr 15 morgens wurden Herrmann und Linge in Brescia ins Rennen geschickt. Kurz vor Chieti – die Sonne ging gerade auf – stieg Herrmann voll aufs Gas, um aus einer mit 145 km/h zu fahrenden Rechtskurve beschleunigt herauszukommen, als vor ihren Augen ein Bahnübergang auftauchte, dessen Schranken sich zu senken begannen. Aus den Augenwinkeln heraus konnte Herrmann rechts die heranbrausende Lokomotive sehen. Er schlug Linge als Signal auf den

Sturzhelm, beide tauchten ins Cockpit unter, Herrmann schoß blindlings unterhalb der fast geschlossenen Schranke durch, um Haaresbreite vor dem vorbeidonnernden Zug. Es war ihnen gar keine andere Wahl geblieben, und dem Schrankenwärter war es zu danken, daß er geistesgegenwärtig nicht weitergekurbelt hatte. Gegen 10 Uhr morgens passierte der Silberporsche mit den roten Streifen am Heck die Kontrollstelle in Rom. Auf dieser Etappe konnte Herbert Linge zeigen, warum er ein so begehrter Beifahrer war: er schaffte es, den durch einen Regenguß zum Stillstand gebrachten Fuhrmann-Motor in knapp fünfzehn Minuten wieder zum Laufen zu bringen . . .

Nach 12 Stunden, 35 Minuten und 44 Sekunden und 1593 Kilometern durchfuhren Herrmann und Linge das Ziel in Brescia. Sie waren auf den sechsten Platz im Gesamtklassement gekommen und hatten die 1500-ccm-Klasse gewonnen. Erzrivale OSCA konnte als beste Plazierung nur den zehnten Gesamtrang erreichen.

Seinen nächsten Auftritt absolvierte der 550-08 beim Eifelrennen auf dem Nürnburgring, das am 23. Mai stattfand. Hier fuhr von Hanstein eine Trainingsrunde in 10:53, doch Ferry Porsche untersagte ihm die Teilnahme am Rennen. Aber weder Polensky noch Grand-Prix-Veteran Hermann Lang gelang es, mit dem 550 unter die Elf-Minuten-Grenze zu kommen. Da tauchte Hans Herrmann auf, geradewegs aus dem Krankenhaus, wo man sein Bein repariert hatte. Es war bei einem Unfall während einer Testfahrt mit einem Mercedes böse zugerichtet worden. Trotz seiner Verletzung war Herrmann schnell genug und führte auch vom Start weg. Motorprobleme und ein Schaden an der Lenkung jedoch zwangen ihn zur Aufgabe in der ersten von sieben Runden.

Als Reservewagen für das Werksteam schickte man den 550-08 im Juni nach Le Mans. Später erhielt er in Zuffenhausen einen frisierten 1500-Super-Motor für die rauhen 6437 Kilometer der Tour de France. Das Team Claude Storez/Herbert Linge verwies einen OSCA auf den zweiten Gesamtrang und gewann die Kategorie der Gruppe C (Sportwagen). Nach dem Rennen kaufte Storez dieses Porsche-Einzelstück, das inzwischen 18 630 Kilometer zurückgelegt hatte.

Die vier neuen Porsche, die zum 24-Stundenrennen am 12. und 13. Juni 1954 nach Le Mans kamen, sahen dem 550 und besonders dem 550-08 ähnlich. Ihre Rahmen waren einfachste Leiterrahmen aus Stahlrohr in Underslung-Bauweise. An Einzelheiten des Rahmens konnte man erkennen, daß Hild und von Hanstein sich viel zusätzliche Mühe bei den Vorbereitungen für

Porsche in Le Mans 1954. Nr. 47 ist der 1100er, Nr. 39 der 1500er. Porsche hatte in diesem Rennen mit allerlei Problemen zu kämpfen.

Le Mans gemacht hatten. Die Rippen der Bremstrommeln hatte man durchbohrt, überschüssiges Material war von den Alu-Trommeloberflächen abgefräst worden; Bohrungen verminderten das Gewicht der hinteren Schwingarme und federleichte Beifahrersitze aus Korbgeflecht entsprachen nur dem Buchstaben nach den F.I.A.-Vorschriften. Im Rennen wiesen die Wagen Cockpit-Abdeckungen aus Aluminium und schmale Rennscheiben auf. In dieser Ausführung ergab sich für die Autos ein Luftwiderstands-Beiwert – im Windkanal der Technischen Hochschule Stuttgart gemessen – von 0,435.

Die Motoren der Le Mans-Wagen kamen aus der dritten Serie und unterschieden sich sowohl innerlich wie äußerlich von den Anfang 1954 eingesetzten Motoren der zweiten Serie. Sie besaßen beispielsweise längere Rippen an den unteren Ventildeckeln. Auf den oberen Deckeln fehlten die Einrahmungen des Porsche-Namenszuges. Die Konstruktion der Kurbelgehäuse-Entlüftung – womit es bei früheren Motoren zuweilen Ärger gegeben hatte – war verbessert worden. Ein großkalibriges Aluminiumrohr führte jetzt vom Kurbelgehäuse nach rechts oben, wobei es unter der Öffnung des Kühlgebläses vorbeilief. Im Inneren des Rohres waren Bleche angeschweißt, an denen der Öldampf kondensierte und als Öl zurücktropfte, während das Gas über einen Schlauch zum Ölreservoir gelangte. Drei der 547er Motoren waren die bekannten 1498-ccm-Vierzylinder, die ihre 114 PS bei 6800 U/min abgaben. Erst ab 4000 Touren konnte man etwas mit ihnen anfangen, von da ab ließen sie sich ohne Gefahr bis 7500 U/min drehen. In das vierte Auto hatte man einen neuen Motor gesetzt, der bisher nur auf dem Prüfstand gelaufen war. Er hatte geringere Zylinderabmessungen mit 72,5 mm Bohrung, wodurch sich ein Hubraum von 1089 ccm ergab. Vor Le Mans zeigten die Prüfblätter dieses Motors eine Leistungsspitze von 72 PS bei 7000 U/min; im Verlauf des Jahres 1954 kam er dann auf gut 78 PS. Für diesen 1,1-Liter-Porsche interessierte sich in erster Linie August Veuillet, der 1953 in der 1100-ccm-Klasse den Sieg einem OSCA überlassen mußte. Der 1100 wurde von seinem Freund Gustav Olivier gesteuert, der sich mit Zora Arkus-Duntov abwechselte. Dieser in Belgien geborene Renn-Ingenieur hatte seine ersten Le Mans-Erfahrungen 1952 als Teilnehmer im britischen Allard-Team sammeln können. Ihr Auto war an den gelben Streifen auf den hinteren Kotflügeln zu erkennen, während die anderen drei blaue, grüne bzw. rote Streifen aufwiesen. Herrmann und Polensky fuhren den Wagen mit den roten Streifen. Ihre Aufgabe sollte sein, von Anfang an die beiden OSCA zu hetzen.

Es gab da aber ein Problem. Am Trainingstag war bei einem Wagen ein Kolben durchgebrannt, man benötigte einen neuen Motor. Als 21 Minuten nach dem Start der von Helm Glöckler und von Frankenberg gefahrene 1,5-Liter-Wagen ebenfalls mit durchgebranntem Kolben an die Boxen kam und damit aus dem Rennen war,

wußte man im Team, daß dies kein Einzelfall mehr war. Um 5:02 Uhr am Morgen, nach 129 Runden, fielen Herrmann/Polensky durch denselben Defekt aus. Nur fünf Stunden vor Schluß des Rennens brannte auch bei dem von Paul Stasse und Jonny Claes gefahrenen Wagen ein Kolben durch. Um das Auto und damit die letzten Hoffnungen auf einen Klassensieg durchzubringen, legte die Porsche-Crew den beschädigten Zylinder still, so daß der Wagen weiterhin gefahren werden konnte. Die Operation hatte zweimal einen Aufenthalt von je einer Stunde gekostet.

In der Zwischenzeit traten beim 1,1-Liter-Wagen Probleme mit dem Schaltgestänge und plötzliche Zündaussetzer auf, dennoch reichte es für einen 14. Gesamtplatz. Er war als einziges Auto in seiner Klasse übriggeblieben. In der 1,5-Liter-Klasse mußten die beiden OSCA, denen die Führung leicht gemacht worden war, den Sieg dann im allerletzten Moment dieser 24 Stunden an die angeschlagenen Claes und Stasse abgeben, wodurch Porsche auch in dieser Klasse der einzige Überlebende war und mit diesem Auto gleichzeitig den 12. Gesamtrang herausfuhr. Auf dem Papier las sich der 1954er Le Mans-Angriff als ein voller Erfolg, jedoch wußten die Männer aus Zuffenhausen recht gut, daß sie in Frankreich ähnlich glimpflich davongekommen waren wie Herrmann am Bahnübergang bei Chieti.

Unmittelbar nach Le Mans begann man die Unglücksmotoren zu untersuchen. Die durchgebrannten Kolben ließen eindeutig den Schluß zu, daß man die punktuellen Druck- und Temperaturverhältnisse stark unterschätzt hatte. Die Autopsie erbrachte, daß die Kühlung des hintersten Zylinders unzulänglich war. Vorsichtshalber traf man auch Vorkehrungen, unerwünschte Frühzündung zu verhindern, die ebenfalls als mögliche Ursache der Le Mans-Ausfälle angesehen wurde. Besitzer späterer 550 wurden diesbezüglich gewarnt: »Die maximale Vorzündung beträgt 25 Grad vor dem oberen Totpunkt, andernfalls besteht Gefahr, daß die Kolben Schaden nehmen«.

Für das Zwölf-Stunden-Rennen in Reims am 4. Juli, also drei Wochen nach Le Mans, waren bei den beiden 550 nur die Motoren verbessert worden. Die Autos beendeten das schnelle, harte Rennen auf Platz Eins und Zwei unter sechs Fahrzeugen ihrer Klasse. Der Siegerwagen, durch von Frankenberg und Polensky gefahren, belegte gleichzeitig den achten Gesamtrang. Olivier, dessen Porsche zwei Wochen zuvor im Picardy GP von Amiens in der 1500-ccm-Klasse den Sieg errungen hatte, fuhr gemeinsam mit Veuillet den zweiten 550. Am 17. Juli traten zwei andere Werkswagen vom Typ 550 in England an und mußten hier durch zwei Lotus die einzige Niederlage dieses Jahres in der 1500-ccm-Klasse einstecken.

Für die entscheidende Begegnung des Jahres hatte Porsche vier 550 gemeldet. Es war dies das Sportwagenrennen der 1500-ccm-Klasse auf dem Nürburgring, das am 1. August, am Vormittag vor dem Großen Preis stattfand. Harte Konkurrenz war von OSCA, vom ostdeutschen EMW-Team und von Borgward zu erwarten. Für diese Kraftprobe hatte man bei Porsche Änderungen an der Radaufhängung vorgenommen und einen zusätzlichen vorderen Stabilisator montiert.

Die Porsche-Wagen erwiesen sich als die schnellsten vier Autos im Training, kamen dadurch in die erste Starterreihe und fuhren auch als erste vier über die Ziellinie, gesteuert von Herrmann, von Frankenberg, Polensky und von Hanstein. Und als Krönung gewannen an diesem Tag Porsche-Wagen auch noch die beiden anderen Rennen für Sport- und GT-Wagen auf dem Ring. Für das am 19. September auf der Berliner Avus stattfindende Rennen richtete man einen 550 speziell für Herrmann her, von Frankenberg steuerte einen herkömmlichen 550. Trotz ihrer unterschiedlichen Form zogen die beiden Porsche mit knapp 200 km/h geradezu virtuos gleichmäßig ihre Runden. Die Steilkurve nahmen sie mit 185 km/h im dritten Gang und beschleunigten auf den Geraden auf über 230 km/h. Durch sehr spätes Anbremsen in der letzten Kurve konnte von Frankenberg Herrmann schließlich austricksen und vor ihm den Sieg erringen.

Viele 550 gingen nach dieser Saison in die Hände privater Fahrer über. Einen erwarb Heini Walter aus der Schweiz (550-010), einen anderen Wolfgang Seidel aus Düsseldorf, dessen 550-015 eine Straßenversion der Frontpartie erhielt, indem die Kotflügel Normalformen erhielten und die Scheinwerfer darin schräg eingepaßt wurden.

Seidel meldete mit Helm Glöckler als Beifahrer für die Mille Miglia 1955 und gewann mit einem Schnitt von 131 km/h die 1500-ccm-Sportwagen-Klasse, was gleichzeitig den achten Gesamtrang bedeutete.

Ende 1954 verwirklichte Porsche endlich auch den langgehegten Plan, eine begrenzte Anzahl des Typs 550 als Rennsportwagen zu bauen; die ersten beiden wurden noch vor Jahresende ausgeliefert. Sie sahen den für Le Mans gebauten Autos sehr ähnlich, Fotos zeigen sie mit der zweifarbigen Rennlackierung, durch die sich der Porsche Typ 550/1500 RS identifizieren ließ, der auch erstmals unter dem Namen Spyder auftauchte.

Nach Richard von Frankenberg ging der Wunsch nach einem Namen wie »Spyder« auf eine Initiative Max Hoffmans zurück. Hoffman vertrat die Ansicht, daß ein solcher Name wesentlich einprägsamer sei als eine nüchterne Nummer wie »550/1500 RS«. Die Bezeichnung »Spyder« war in Italien für leichte, offene Sportwagen schon lange gebräuchlich.

Auf der Londoner Motor Show 1954 trug ein Porsche 550 auf den vorderen Kotflügeln zum erstenmal den Namenszug Spyder. Vom Aussehen her handelte es sich um einen Buckelwagen mit einem normal flachen Heck, einer Beifahrersitz-Abdeckung und Rennscheibe. Der Wagen wies Zentralverschlußräder auf, war blau lackiert mit roten Felgen und hatte rote Heckstreifen. Die Karosserie stammte von Wendler in Reutlingen.

Der Aufbau des Spyder war aus Aluminium, wog 90 Kilogramm und saß auf einem Rahmen nach Art der Le Mans-Konstruktion. Zwischen den Hauptrohren und den vom hinteren Torsionsstab-Gehäuse zurückführenden Streben waren Gurtbänder aus Stahlblech angebracht und an der rechten Seite des Gehäuses befand sich eine Plattform für den Ölbehälter der Trockensumpfschmierung. Die hinteren Stoßdämpferlager hatten größere und verbesserte dreieckige Rohrstreben erhalten.

Wendlers kleines Firmenschild kam hinter das Vorderrad dieser neuen Spyder, die sich äußerlich in vielen Punkten von den Le Mans-Autos unterschieden. Die vorderen Kotflügel verliefen nun so nach hinten, daß herkömmliche Porsche-Scheinwerfer mit wesentlich größeren Zusatzscheinwerfern verwendet werden konnten. Die hinteren Kotflügel waren flach gewölbt, hatten aber noch immer die flossenähnliche Form, wie sie mit dem 550-03 eingeführt worden war. Das hochklappbare Heck wies zwei Lufteintritte auf, die nicht wie beim 356 gewölbt, sondern flach waren und es gab auch keine seitlichen Luftschlitze.

Viele Teile des Spyder kamen geradewegs vom 356. So zum Beispiel die Bremsen, deren Wirksamkeit am Spyder voll zur Geltung kam. Die Felgen des Spyder waren indessen aus Aluminium. Und zum ersten Mal präsentierte Porsche einen Wagen, der hinten größere Reifen als vorne hatte (5.25 statt 5.00-16). Lenkrad und Lenkgetriebe waren Serienteile, auch die Lenkübersetzung entsprach der beim 356.

Vor allem aber stammte das Getriebe, die synchronisierte 519er Einheit, vom 356. Selbstver-

ständlich konnte man es mit anderen Untersetzungen haben, mit drei Varianten für jeden Gang (außer dem ersten) und drei unterschiedlichen Endübersetzungen. Fichtel & Sachs produzierte für den 547er Motor die Kupplung und die Teleskop-Stoßdämpfer. Die Betätigung der Kupplung erfolgte weiterhin hydraulisch. Das Herz dieses Vielzweckwagens bildete der außergewöhnliche Motor, der nun in einer neuen Version zur Verfügung stand. Im Verlaufe der ersten drei Serien hatte man an ihm all jene Verbesserungen vorgenommen, die in einer hervorragenden Leistung und Dauerhaftigkeit gipfelten.

Zur besseren Wärmeableitung hatten die Sitze der Einlaß- wie Auslaßventile ursprünglich Einsätze aus Bronze. Diese bewährten sich recht gut in Verbindung mit den kleineren, natriumgekühlten Auslaßventilen, die schwereren Einlaßventile jedoch klopften die weichen Sitze bei hohen Drehzahlen zusammen, wodurch häufiges Einschleifen und Justieren notwendig war. Die Motoren der vierten Serie erhielten Ventilsitze aus Edelstahl. Die Nockenwelle hatte die mit der ersten Serie eingeführten Steuerzeiten von 38/78 Grad für die Einlaßseite und 70/38 Grad für die Auslaßseite bei 0,2 mm Spiel. Die Nockenhöhe betrug 7,5 mm bei einem Basisdurchmesser der Welle von 34 mm, so daß mit der hinzukommenden Kipphebellänge eine maximale Ventilöffnung von 10 mm gegeben war. Die Solex-Vergaser gehörten zur Standardausrüstung des 550/1500RS und ebenso die von Knecht speziell gefertigten, mit Gittergeflecht versehenen Luftfilter. Bei einem Kompressionsverhältnis von 9.5 zu eins entwickelte der Motor ein Nettodrehmoment (DIN) von maximal 12 mkp bei 5000 U/min und ein Spitzen-Bruttodrehmoment von 13,2 mkp bei 5500 U/min. Die Nettoleistung war mit 110 PS (gewöhnlich noch ein wenig darüber) bei 6200 U/min und einer Bruttoleistung von 125 PS zwischen 6500 und 7000 U/min angegeben. Porsche empfahl ein Drehzahllimit von 6500 Touren bei Dauerlast im höchsten Gang und 7500 U/min bei kurzzeitigem Hochdrehen. Durch Distanzscheiben unter den Ventilfedern wurden diese Grenzwerte bei einigen Renneinsätzen mitunter um 1000 bis 1500 Touren überschritten, ohne daß dies böse Folgen hatte.

Das Trockengewicht des kompletten 550/1500RS bewegte sich zwischen 597 und 612

Links: Herrmann und Linge im 550-08, mit dem sie bei der Mille Miglia 1954 Klassensieger wurden. Das Bild darunter zeigt Jaroslav Juhan, der mit seinem 550 beim 1000-km-Rennen von Buenos Aires vierter Gesamtsieger wurde. Ganz links Richard v. Frankenberg 1955 auf der Avus, gejagt von Edgar Barth auf einem EMW, der aus Ostdeutschland kam.

Kilogramm und hing letztlich von der Art der Ausrüstung ab. Mit gefülltem 90-Liter-Tank verteilte sich das Gewicht des Wagens zu 48 Prozent auf die Vorder- und zu 52 Prozent auf die Hinterachse. Die Gewichtsverteilung war etwa die gleiche wie bei den 1954er Le Mans-Autos, nur hatte sich das Gewicht um zehn bis zwölf Prozent erhöht. Mit einem Preis von 24 000 Mark kostete der Spyder etwa doppelt soviel wie der Standard-Porsche.

Gewöhnliche Sterbliche, die je die Chance hatten, einen 1955er Spyder zu fahren, konnten von seinen Qualitäten nur entzückt sein. »Der wilde, stürmische Charakter dieses Autos bei voll durchgetretenem Gaspedal ist unvergeßlich«, schrieb Griffith Borgeson in einem Testbericht. »Bis etwa 5000 Touren verhält sich der Motor recht träg, dann aber beginnt die Nockenwelle ihren Takt zu schlagen und der Motor zeigt, was er zu leisten im Stande ist. Jedem anderen 1500-ccm-Motor ist er überlegen.« Ähnlich begeistert äußerte sich die gesamte Fachpresse. Aber nicht nur die erstaunliche Motorleistung wurde bewundert. »Die Bremsen sind absolut sensationell: damit läßt sich jeder Mitfahrer in Schrecken versetzen, der mit diesem Auto nicht vertraut ist und mit dem man in eine Kurve mit Vollgas hineinfährt, um im allerletzten Moment, wo schon alles zu spät scheint, voll bremst. Da bleibt das Lenkrad ruhig in der Hand, das Auto verzögert brav ohne auszubrechen, nur dem Beifahrer könnte es mulmig werden.« So berichtete Hansjörg Bendel nach einer Probefahrt in Zuffenhausen.

Der amerikanische Tester Ken Miles war kritischer. Er schrieb: »Hauptsächlich wegen der äußerst geringen Verwindungsfestigkeit des Chassis – wenn eines der Räder aufgehoben war, dann klemmten bereits die Türen – und der weichen Aufhängungen, dem hohen Anteil ungefederter

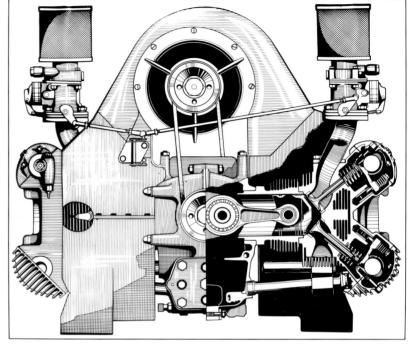

Rechts: Frontansicht des 1500 RS-Motors in seiner endgültigen Ausführung, wie er im Serien-Spyder zu finden war.

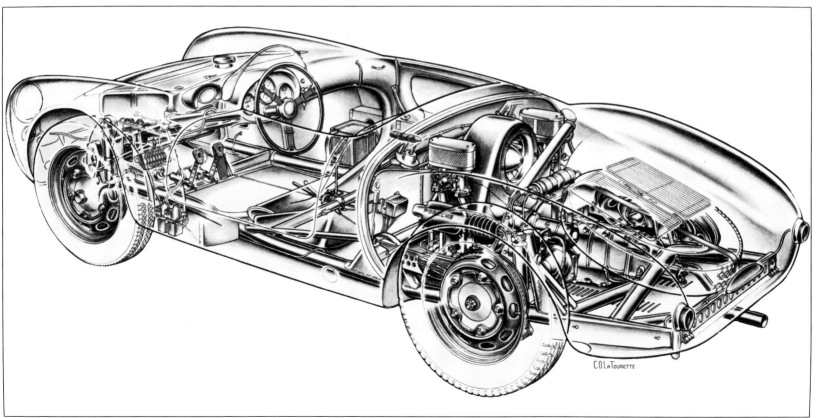

Der Porsche 1500 RS – Basis 550 – wurde auch Privatfahrern angeboten und war damit keineswegs nur ein Werksfahrzeug. Gegenüberliegende Seite: Oben ein von Wendler in Reutlingen karossierter 550 Spyder, darunter ein Bild von der Le-Mans-Szene 1955, wo Porsche jene Wagen einsetzte. Nr. 49 wurde unter Veuillet/Duntov Sieger in der 1100-ccm-Klasse in jenem Rennen, das einen tragischen Verlauf nehmen sollte.

Massen, hatte ich wenig Vertrauen zur Straßenlage des Autos. Das Lenkgetriebe war nach einer Chassisseite hin versetzt, so daß eine Spurstange wesentlich kürzer als die andere war. Dies führte auf holpriger Straße zu zunehmender Lenkunruhe und Flattern der Vorderräder.« Die »normale« Schwingachs-Aufhängung brachte ein derart ausgeprägtes Mitlenken der Hinterräder, daß bei jeder Kurve großes Feingefühl notwendig war, um unter ständiger Betätigung von Gas und Lenkung zu verhindern, daß das Heck drehte. »Nach meinen Erfahrungen konnte man dieses Auto niemals präzise fahren, da man nie wissen konnte, wie es aus der nächsten Kurve herauskam«, schrieb Miles. Und Richie Ginther

meinte: »Wenn einmal der Spyder hinten ausbricht, dann muß man nicht viel dagegen tun. Wenn aber Vorderräder und Hinterräder gleichermaßen wegzurutschen beginnen, dann ist dies etwas anderes. Dann muß der Fahrer blitzschnell abschätzen, wieviel Platz ihm zur Verfügung steht und wieviel er davon benötigt, um nicht in den Graben zu fahren. Den Rest muß er mit Gas und Lenkung in den Griff bekommen.« Erster privater Käufer eines 550/1500RS war Josef Jeser, ein Porsche-Fahrer, der mit dem 356 schon etliche Rennen absolviert hatte. Mit sei-

Es wurde bald zur Tradition, daß Porsche nach Le Mans ging, so auch 1955. Die im Werk für das Rennen präparierten Spyder hatten in einigen Punkten geänderte Wendler-Karosserien. So befand sich der Öleinfüllstutzen nun hinten rechts außen und nicht mehr unter der Haube, und die vorderen Gummi-Schutzstreifen hatten zwei schmalen, ovalen Einlaßöffnungen Platz gemacht, um Luft zur Kühlung der vorderen Bremsen hereinzulassen.
Die Porsches brauchten nicht viel schneller als 1954 zu sein und sie waren es auch nicht. Ihre

In den USA bestückten etliche Privatfahrer ihre Cooper-Rennwagen mit Porsche-Motoren. Unten Pete Lovelys Wagen, rechts Gordon Lipe und sein »Pooper«. Das Bild ganz unten zeigt Richard v. Frankenberg mit seinem Spyder 550 in Le Mans 1955, wo er mit Helmut Polensky Klassensieger und Sieger im Leistungsindex wurde. Auf der Geraden erzielten sie Geschwindigkeiten von über 225 km/h.

nem weißen Spyder (Nr. 550-016) fuhr Jeser noch in der selben Saison einen zweiten Platz im 24-Stunden-Rennen von Montlhéry heraus und (wahrscheinlich mit demselben Auto) mit Olivier den zweiten Platz in der 1100-ccm-Klasse von Le Mans, wobei einer von den bereits erwähnten speziellen kleineren Motoren zum Einsatz kam.
Es gab im Frühjahr 1955 einige weitere Spyder-Erfolge. Zwar besiegte ein OSCA den Serienwagen Huschke von Hansteins und Herbert Linges in Sebring, aber mit ihrem achten Gesamtrang kamen die Deutschen auch auf den ersten Platz in der 1600-ccm-Serienwagen-Klasse. Am 15. März übernahm der Schweizer Rennfahrer Walter Ringgenberg einen Spyder (Nr. 550-031, mit Motor Nr. 90018), und drei Tage später begab er sich mit ihm nach Montlhéry, um gemeinsam mit Richard von Frankenberg einige Klassenrekorde in Angriff zu nehmen. Sie setzten neue internationale Marken in der 1500-ccm-Klasse über 200 Meilen, drei Stunden, 500 Kilometer, 500 Meilen, 1000 Kilometer und sechs Stunden, wobei sie Spitzengeschwindigkeiten zwischen 206,75 und 212,28 km/h erreichten; anschließend montierten sie das erforderliche Zubehör für Fahrten auf öffentlichen Straßen und machten sich auf in Richtung Süden, um an der Soleil-Cannes-Rallye teilzunehmen! Hier endete ihr Einsatz jedoch mit einem Unfall.

Bestzeit auf der Geraden stieg von 221,28 lediglich auf 225,14 km/h und ihre schnellste Rundenzeit verbesserte sich von 4:52.5 auf 4:46.0. Einziger Unterschied war, daß die Wagen 1955 ihr Tempo halten konnten und dadurch die ersten drei Plätze in ihrer Klasse sowie den vierten Gesamtrang gewannen und zusätzlich einen Sieg im Leistungsindex erzielten. Der 1,1-Liter-Werks-Spyder, von Duntov und Veuillet gefahren, drehte seine beste Runde in 5:20.9. Mit 190,06 km/h wurde er auf der Mulsanne-Geraden gestoppt und brachte für Porsche somit einen weiteren Klassensieg. In seinem fünften Le Mans-Jahr (das Rennen galt schon immer als das wichtigste der Welt!) war Porsche nicht nur in zwei Klassen überlegen in Führung gegangen, sondern hatte auch alle Chancen, den Gesamtsieg zu erringen. In jenem Jahr waren alle Triumphe jedoch vom tragischen Unfall des Mercedes-Fahrers Pierre Levegh überschattet, bei dem nicht nur er selbst, sondern auch acht Zuschauer ihr Leben verloren.

1955 erhielten die Spyder breitere Vorderradbremsen und einige Werkswagen eine verstärkte Rahmenkonstruktion. Der später auch an Kunden ausgelieferte Rahmen entsprach in seiner Grundkonstruktion dem bisherigen Leiterrahmen, erhielt jedoch über beide Seitenholme eine

zusätzliche Verstärkung durch dünnrohrige Verstrebungen. Der höchste Punkt befand sich an der Spritzwand hinter den Sitzen; von hier verlief er schräg nach unten zu den Aufnahmen für die hinteren Stoßdämpfer und zur vorderen Radaufhängung. Im Gegensatz zu einem richtigen Gitterrohrrahmen hatte er geringere Quersteifigkeit und war auch weniger verwindungsfest. Inzwischen verbesserten Hild und von Hanstein 1955 die Rennorganisation. Um einen Spyder auf dem Anhänger bequem mit 110 km/h über die Autobahnen ziehen zu können, bauten sie einen Servicewagen für die Rennabteilung, einen VW-Kombi, der von einem 1500-Super-Motor angetrieben wurde und härtere Stoßdämpfer und Dunlop-Rennreifen erhielt. Auf der Rennpiste sahen sie sich mit dem neuen Wagen des ostdeutschen EMW-Teams und einem Newcomer in der 1500-ccm-Klasse konfrontiert: Maserati stellte seinen neuen 150S vor. Sowohl die EMW als auch die Maserati kamen im 500-Kilometer-Rennen auf dem Nürnburgring am 28. August an die Leistungen der besten Porsche heran. Nur durch den Ausfall eines EMW konnte von Fran-
baut, der für den am 25. September in Berlin stattfindenden Grand Prix für 1.5-Liter-Sportwagen präpariert worden war. Auf der Avus erwartete man starke Konkurrenz von seiten des EMW-Teams, das mit vier schnellen Autos antreten wollte. Wilhelm Hild gab sein Bestes, um die Herausforderung zu bestehen. Mit erhöhter Kompression trimmte er den Motor auf 122 PS und brachte nach hinten schauende Lüftungsöffnungen über den Weber-Vergasern an, um bessere Luftzuführung zu bekommen. Auch verkleidete Hild die hinteren Räder, deckte das Cockpit

kenbergs Porsche mit einem ehrenvollen zweiten Platz, hinter Jean Behras Maserati, das Rennen halbwegs erfolgreich beenden.

Porsche war mit einer Verbesserung zum Ring gekommen: einem Fünfganggetriebe. An und für sich war es das normale 519er Getriebe, bei dem sich nun der unsynchronisierte erste Gang mit dem Retourgang am Ende des Gehäuses den Platz teilte. Dieser neue erste Gang war nur für stehende Starts vorgesehen, wodurch es möglich wurde, die vier synchronisierten Gänge im Hauptgehäuse höher und enger zu übersetzen als dies zuvor möglich gewesen war, als der erste der vier Gänge auch fürs Anfahren diente.

Das neue Getriebe kam auf dem Ring jedoch nicht zum Einsatz, weil das Auto, in dem es eingebaut war, während des Trainings ausfiel. Als es am 22. September in der Tourist Trophy in einem durch von Frankenberg und Linge gesteuerten Wagen erneut getestet werden sollte, zeigte es seine Kinderkrankheiten durch ein Festfressen des zweiten Ganges, wodurch das Team nur den dritten Klassenplatz zu »erschleichen« vermochte. Sieger in der 1500-ccm-Klasse wurden die Amerikaner Caroll Shelby und Masten Gregory mit ihrem Ende 1955 gebauten 550/1500RS, der für sie vom Werk gemeldet worden war.
Inzwischen hatte man ein weiteres Fünfganggetriebe in einen besonderen Werks-Spyder einge-

mit einer Spezialverkleidung ab und brachte eine niedrige Windschutzscheibe an.

Zwei Mechaniker begleiteten Hild nach Berlin. Als Fahrer des Spyder hatte man Richard von Frankenberg verpflichtet, der ihn auch vor den drei EMW, die 250 Kilometer an seinen Fersen klebten, als Sieger ins Ziel brachte. Anschließend ging der Wagen nach Belgien, wo er einige Rekordfahrten absolvieren sollte. Auf dem Jabbeke-Rennkurs stellte de Gorhez mit dem Spyder einen neuen belgischen 1500-ccm-Klassenrekord von 242,25 km/h für den fliegenden Kilometer auf und erreichte 243,28 km/h über eine Meile. Der alte Rekord war 1952 von Gilberte Thirion mit einem in Gmünd gebauten Coupé aufgestellt worden.

1956 ging Porsche in Europa mit einem bedeutend verbesserten Spyder, dem 550A, ins Rennen. Dieses Auto wurde jedoch vorerst nicht an Privatfahrer abgegeben. Zur gleichen Zeit sorgten einige Amerikaner für Aufsehen, die Porsche-Motoren in ihre Cooper-Rennwagen einbauten (»Pooper« genannt).

Die Motoren vom Typ 547 wurden auch in andere Wagen eingebaut, nicht nur in Cooper, und zwar in einen neuen, sensationellen Porsche, der den Namen jenes Rennens tragen sollte, in welchem der 550er einige seiner größte Triumphe eingeheimst hatte: dies war der Carrera.

Kapitel 8
Mit dem Porsche 356 A auf Erfolgskurs

»Am 25. Jahrestag der Gründung der Firma Porsche«, sagte Ferry Porsche, »genau an diesem Tag wurde unser altes Gebäude wieder an uns zurückgegeben. Wenn wir das vorher gewußt hätten, wäre Werk II nicht gebaut worden!« Bewußt oder unbewußt hatten die Behörden tatsächlich den 1. Dezember 1955 als Rückgabetag für die Gebäude in Zuffenhausen, in denen Porsche von 1938 bis zu Beginn des Jahres 1945 untergebracht war, ausersehen. Die nach wie vor junge Firma befand sich plötzlich in der Situation, mehr Platz zu haben, als sie benötigte. Diese günstige Lage sollte sich schnell ändern.
Der alte Ziegelbau wurde erneut das Zuhause der Porsche-Konstrukteure und des kaufmänni-

schen Stabes. In die Werkstätten am Hof zog die Reparaturabteilung für Firmenwagen und Kundenautos ein, und in einem etwas weiter abgelegenen Teil an der Rückseite der Gebäude wurde die Versuchs- und Entwicklungsabteilung für Rennwagen untergebracht. Produktion, Verkauf und Ersatzteilversorgung blieben in den modernen Unterkünften des Werk II.
In diesen beiden Werken waren Ende 1955 zusammen 616 Männer und Frauen beschäftigt, die größte Mannschaft seit Bestehen der Firma Porsche. Die Serienerzeugung nahm zunehmend Platz in Anspruch, erhielt natürlich entsprechende Impulse aus der Entwicklungsabteilung und aus dem Versuch, wo man in der Zwischenzeit größere Aktivitäten auch für Projekte von außerhalb entfaltet hatte, auf jenem Gebiet also, das in den ersten 25 Jahren des Bestehens der Firma Porsche die Basis des Unternehmens dargestellt hatte.

Vogelsperspektive des Porsche Speedster – der wohl attraktivste Wagen aus der 356 A-Serie des Jahres 1956.

Nicht nur Coupés, Speedster und Spyder rollten in diesem Winter in die neuen/alten Versuchswerkstätten hinüber. Porsche war zum Beispiel nach wie vor an der Traktorentwicklung interessiert. Allgaier hatte es übernommen, den frühen Vorkriegsentwurf in seinem Werk in Uhingen herzustellen, doch – zumindest in Porsches Augen – war dies eine zu kleine Firma, um die Traktorproduktion auf rentable Stückzahlen bringen zu können.
In der Nähe von Friedrichshafen am Bodensee gründete man die Porsche-Diesel-Motorenbau GmbH, um hier sowohl Dieseltraktoren als auch kleine Dieselmotoren für den industriellen Bereich herzustellen. Am 1. Januar 1956 nahm die Firma offiziell ihre Geschäfte auf und schon 1957 kamen die ersten luftgekühlten Traktoren auf den Markt. Sie warfen gutes Geld für die Konstruktionsfirma in Zuffenhausen ab. Diese rasche Ankurbelung des Betriebes aus dem Stand heraus war mit ein Verdienst von Prof. Albert Prinzing, dessen Fähigkeiten in Marketing, Planung und Finanzwirtschaft so viel zum Aufstieg der Dr.-Ing. h. c. F. Porsche KG als Entwicklungsfirma und Autoproduzent beigetragen hatten.
Um das Werk I zuckelten zu Anfang 1955 auch einige olivgrüne Vehikel, die gleichzeitig fremd und doch bekannt schienen. Sie ähnelten entfernt dem Kübelwagen Typ 82. Porsche hatte wieder Militäraufträge erhalten. Wie Goliath und die Auto Union, wollte Porsche einen Geländewagen bauen.
Mit der Entwicklung des Geländewagens vom Typ 597 hatte man Franz Xaver Reimspiess beauftragt. Er galt als ein altgedienter Unterhändler zwischen Porsche und deutschen Militär-Behörden; war er doch während des Zweiten Weltkrieges Chefingenieur im Panzerwerk Niebelungen gewesen. Reimspiess, zusätzlich ein begabter Künstler und Amateurfotograf, begann am 19. Dezember 1953 mit seiner Arbeit. Das als »Jagdwagen« bezeichnete Modell wurde erstmals im März 1955 auf dem Genfer Salon auf dem AMAG-Stand der Öffentlichkeit vorgestellt. Der Jagdwagen behielt die bekannte VW/Por-

sche-Aufhängung bei und wies die Reduktions-Naben des VW-Kombi auf, wodurch Bodenfreiheit gewonnen wurde. Der erste Gang des Getriebes war besonders niedrig untersetzt. Eine Welle führte zum ausrückbaren Vorderachsantrieb, den der Original-Kübelwagen nicht besessen hatte. Angetrieben wurde der Wagen von einem gedrosselten Einfachvergaser-Porsche-Motor von vorerst 1488 ccm und später, ab Herbst 1955, 1582 ccm Hubraum.

Einen Militärauftrag zu erhalten, der nicht nur die Konstruktion, sondern auch den Bau des Fahrzeuges mit einschloß, das war neu für Porsche. 1955 offerierte man den Jagdwagen in einem Prospekt auch als »leichten Geländewagen« für Privatkunden, wobei man hervorhob, daß er vier Personen über Berg und Tal befördern könne und besonders zur Jagd oder zum Fischen geeignet sei. Man bescheinigte ihm auch eine gewisse Wat-Tiefe, wenngleich der 597 auch kein Schwimmwagen war. Doch die Bundeswehr entschied sich für den von der Auto Union gebauten DKW, der später als »Munga« bekannt wurde, der leichter und auch billiger war. Vor allem konnte die Auto Union innerhalb kürzerer Zeit mit der Serienfertigung beginnen, bei Porsche fehlten hierzu die Möglichkeiten. Vom Porsche 597 entstanden genau 71 Exemplare.

Ab April 1956 fielen Projekte wie der Jagdwagen in den Bereich eines neuen Mannes in Zuffenhausen: Klaus von Rücker. Wenn auch nicht als Nachfolger des ausgeschiedenen Prinzing vorgesehen, brachte von Rücker als Technischer Leiter und Chef des Entwicklungsbüros neue Erfahrungen mit. Seine Aktivitäten gingen mit jenen Karl Rabes parallel. Der große und kräftige Bayer, der ein perfektes Englisch sprach, war bei Studebaker »entdeckt« worden, wo er zu jener Zeit, als man den von Porsche gebauten Prototyp auswertete, als stellvertretender Leiter der Test- und Entwicklungsabteilung tätig war. Vor dem Krieg hatte von Rücker bei der BMW-Motorsport-Abteilung gearbeitet und war nach dem Zweiten Weltkrieg über Kanada in die Vereinigten Staaten gelangt. Am 1. November 1955 fing er als Technischer Assistent von Ferry Porsche an; im darauffolgenden Frühjahr übertrug man ihm bereits die Technische Leitung des Unternehmens.

Nach wie vor war Hans Kern für Porsches Finanzen verantwortlich und Karl Kirn für den Einkauf zuständig. Walter Schmidt hatte mit Hans Klauser den Verkauf unter sich. Unter der Leitung Rabes im Konstruktionsbüro arbeitete Erwin Komenda im Karosseriedesign, und Leopold Schmid, der Konstrukteur des Porsche-Synchrongetriebes, betreute die Gebiete Motor, Getriebe und Chassis-Konstruktion. An der Spitze der Firma stand Ferry Porsche. Jetzt, zu Beginn des Jahres 1956, als seine Firma in das zweite Vierteljahrhundert ihres Bestehens eintrat, war er mehr als je zuvor die unangetastete Autorität des Firmengeschehens. Mit 46 Jahren befand er sich am höchsten Punkt seiner kreativen Schaffenskraft.

Diese Männer waren seit 1954 darum bemüht, die Porsche-Produktion ständig voranzutreiben. Die Ergebnisse ihrer Arbeit konnte man auf dem Frankfurter Salon im September 1955 sehen, als Porsche ein vollkommen neues Fahrzeug präsentierte: den Typ 356A. Lediglich der Grundriß der Karosserie war gleich geblieben. Mit der ihnen eigenen Logik und dem Sinn für Wirtschaftlichkeit hatten es die Porsche-Leute fertiggebracht, einige der Neuerungen für den 356A sogar dem von der Regierung geförderten Jagdwagen-Projekt zu entlehnen.

Auf der Basis des dreiteiligen Kurbelgehäuses, das vor einem Jahr eingeführt worden war, hatte Porsche eine Vergrößerung des 1,5-Liter-Motors vorgenommen. Er wies genau 1582 ccm durch Erweiterung der Bohrung von 80 auf 82,5 mm auf. Diese Vergrößerung hatte man bereits mit der Konstruktion eines neuen Kurbelgehäuses eingeplant gehabt, so daß lediglich die aufgebohrten Zylinder einzusetzen waren. Diese neuen 1600er und 1600er Super-Motoren (Typ 616/1 und 616/2) brachten sowohl mehr Leistung als auch ein verbessertes Drehmoment. Als am 15. Oktober 1955 die Produktion des neuen Modells anlief, waren noch viele andere Verbesserungen durchgeführt worden. Es gab eine bessere Abdichtung zwischen dem Ölkühler und dem Kurbelgehäuse und ein Benzinfilter war nun Fixbestandteil der Solex-Kraftstoffpumpe. Die Motoren des 1300S und 1600 erhielten gegossene Einlaßkrümmer sowie Solex-32-PBIC-Vergaser mit verbesserten Leerlauf-Eigenschaften (bei einigen 1300S Motoren kam noch der 40 PICB von Solex zum Einsatz). Auch bekamen die 1300er und 1600er-Motoren ab 1. Dezember verstärkte, geschmiedete Kurbelwellen von Alfing. Der Öltemperaturfühler wurde von der Stirn der Ölwanne näher an den Nockenwellenantrieb verlegt.

Etliche Neuerungen stellten ohne Zweifel Zugeständnisse an eine anspruchsvoller gewordene Käuferschaft dar. So erhöhte man zum Beispiel nach dem 1. Januar 1956 das Gewicht der Schwungscheibe am 1300er und 1600er. Alle 356A-Motoren waren mit einem thermostatisch geregelten Warmluftzusatz ausgestattet, durch den erwärmte Luft über zwei durch das Spritzblech geführte Schläuche in die Vergaseransaugöffnungen geführt wurde.

Mehr Laufruhe und längere Lebensdauer der Maschine erreichte man beim 356A durch eine neue Aufhängung des vorderen Getriebeteils. Anstelle einer einfachen Gummieinlage (die bei Fahrten auf schlechten Straßen allzu leicht brach) wurden nun zwei zylindrische Gummistücke am vorderen Getriebeende über kurze Arme, die angegossen waren, montiert. Die neue Befestigungsart hielt nicht nur länger, sondern gab Motor und Getriebe auch einen wesentlich besseren, dennoch geschmeidigen Halt. Gleichzeitig verstärkte man auch das Ausrücklager und

Die Montagehalle wurde 1956 umgebaut, um einen größeren Durchsatz von Fahrzeugen zu ermöglichen. Es sind Wagen vom Typ 356 A.

die Aufhängung des Kupplungsmechanismus. Mit diesem neuen 1600er ließ sich ein weicherer Fahrstil praktizieren, weil die Porsche-Ingenieure Karosserie, Chassis und Fahrwerk am 356A – wie übrigens auch beim neuen Carrera – verbessert hatten. Der Carrera, der sich mit den anderen Modellen im Herbst 1955 in Frankfurt die Show teilte, stellte eine weitere Neuschöpfung aus dem Hause Porsche dar (er wird im nächsten Kapitel detailliert behandelt). Die Chassismodifikationen entsprachen jenen am Typ 550 nach den 1954er Rennen von Le Mans, um die Handhabung des Fahrzeuges zu verbessern. Helmuth Bott erinnert sich: »Zu dieser Zeit bestand die Versuchsabteilung aus Helmut Rombolt und vier oder fünf Mechanikern, die in ihrer Werkstatt gerade für ein paar Werkbänke und zwei Autos Platz hatten. Ein Vorhang sollte die Blicke Neu-

Neben der Auto Union und den Borgward-Werken interessierte sich auch Porsche für den Entwicklungsauftrag der Bundeswehr, einen neuen Geländewagen zu erstellen. Oben das 1955er-Modell, unten ein Foto von der 1958er-Version. In Serie ging der Wagen nicht – bei Porsche fehlten die Voraussetzungen für eine Fließbandfertigung.

gieriger abhalten.« Und Ferdinand, das schwarze Coupé, das nach dem Tode Professor Porsches an die Versuchsabteilung zurückgegeben worden war, stellte ihr Hauptbetätigungsgebiet dar. Helmuth Bott, dessen ständige Versuche am Ferdinand im Jahr 1954 zu einem vielseitig einstellbaren Aufhängungssystem führten, machte sowohl Vorder- als auch die Hinterachsfederung am 356A weicher; vorn erreichte er dies durch Teilung des obersten und untersten Federblattes der beiden querliegenden Torsionsstäbe, die nun aus je acht Federn bestanden – vier breiten und vier schmalen. Hinten erzielte man die weichere Federung durch Neukonstruktion der Drehstäbe, die man von 55,3 auf 62,7 cm verlängerte bei einer gleichzeitigen Verringerung ihres Durchmessers von 25 auf 24 mm. Die hinteren Stoßdämpfer wurden vergrößert und steiler montiert, wodurch sich ihre Wirksamkeit erhöhte. Durch die Anbringung hohler Gummipuffer anstelle der einfachen Anschläge konnte die vergrößerte Durchfederung abgefangen werden. Die vorderen Dämpfer erhielten größere Kapazität.

Für die damalige Zeit geradezu gewagt war das Verhältnis von Reifendimension zur Felgengröße. Der 356A wartete mit 5.60–15 statt 5.00–16 auf, deren Luftdruck geringer zu halten war; ein neuer Trend in der Reifenentwicklung. In unzähligen Runden auf dem Malmsheim-Prüfkurs erprobte Bott den Ferdinand mit immer breiteren Reifen und stellte dabei fest, daß die Kurvenfestigkeit mit 4,5-Zoll-Felgen am besten war. Die Reifenhersteller argumentierten zwar energisch gegen breitere Felgen und Porsche sah sich gezwungen, schriftlich zu versichern, daß sich die Firma bei Reifenproblemen, die durch die 4,5-Zoll-Felgen entstehen könnten, nicht bei den Reifenherstellern schadlos halten werde. Auch die Lenkung erfuhr eine intensivere Überarbeitung.

Nach der Meinung von Helmuth Bott machte das neue Chassis den Porsche »erstmals zu einem vollends kontrollierbaren Fahrzeug«. Porsche-Besitzer mochten diese Ansicht vorerst nicht ohne weiteres geteilt haben, doch akzeptierten sie all die vielen Änderungen am 356A ohne Vorbehalte. Äußerlich handelte es sich hierbei nur um Kleinigkeiten, so daß für die ersten 356A-Prospekte noch retuschierte Fotos des 356 herhalten konnten. Haupterkennungsmerkmale stellten die voluminöseren Reifen, die Gummileisten unterhalb der Türen bei allen Modellen (nur nicht beim Speedster) sowie eine neue, durchgehend gewölbte Windschutzscheibe dar. Die eigentlichen Vorteile des 356A mußte man von innen her ausfindig machen. So war der Einstieg bequemer, weil die Höhe der Türschwelle um 36 mm gesenkt worden war. Den Handbremsgriff hatte man aus Sicherheitsgründen an die linke Seite des Armaturenbrettes verlegt. Das neu gestaltete Armaturenbrett war nun nicht mehr gewölbt, sondern flach. Direkt vor dem Fahrer waren drei runde Instrumente eingelassen: links der Tachometer, der Drehzahlmesser in der Mitte und ein Kombiinstrument für Benzinstand und Öltemperatur rechts. Ganz rechts befand sich der große Deckel zum Handschuhfach. Die Oberseite des Armaturenbrettes war nicht nur als Abdeckung für die Instrumente ausgelegt, sondern stellte einen der ersten Beiträge zur Verminderung von Verletzungsgefahren im Fahrzeuginneren dar, weil es aus verkleideter Schaummasse bestand.

Der Verkaufspreis des 356A betrug 11 400 Mark beim 44 PS starken 1300er Coupé, der 60 PS starke 1600er Speedster kostete 13 000 Mark. Teuerster 356A mit Stoßstangenmotor war das 1600er Super Cabriolet mit 15 000 Mark. Reutter hatte seine Fertigungsanlagen erweitern müssen, um den Aufträgen von Porsche nachkommen zu können, was nun 14 Wagen pro Tag bedeutete. In den ersten Monaten der 356A-Ära kamen dennoch höchstens halb so viele Autos aus der Fertigung, weil etliche Zulieferer noch nicht in der Lage waren, mit den Bestellungen Schritt zu halten.

Im Verlaufe des Jahres 1956 nutzte Porsche die sich durch die Werke I und II ergebende Raumkapazität voll für die Fertigung, wodurch man durchschnittlich auf 17 Autos pro Tag kam, was zu einer Gesamtstückzahl von 4246 Fahrzeugen im Jahr führte. 1957 stieg die Produktion auf 5158 an. Die Produktivität steigerte sich in dieser Zeit von weniger als fünf Autos pro Mann und Jahr im Jahr 1955 auf über sechs 1957, wobei es zu keinem wie immer gearteten Nachlassen der Qualität an irgend einem Detail der Fertigung kam, worin ja das Gütesiegel von Porsche lag.

Fast alle Personen, die den 356A erprobten, bestätigten die Ansicht des *Autocar*-Testers, der 1956 über ein 1600er Coupé schrieb: »In seiner jetzigen Ausführung ähnelt der Porsche in seinen Fahreigenschaften eher einem orthodoxen hochentwickelten Sportwagen, obwohl eine gewisse Ungebändigtheit seines Hecks, die zum Teil auf die Pendelachsen-Konstruktion zurückzuführen ist, nach wie vor festzustellen ist.« Andere trauerten dem Fahrverhalten des alten 356 nach: »Zu einem Auto, das mit geringstem Kraftaufwand um jede Kurve »gewischt« werden konnte, hatte sich eine derartig persönliche Beziehung entwickelt, daß mancher ein Modell 1955 dem neuen vorzieht.« Allen, die mit Porsche aufgewachsen und begeisterte Anhänger des »Wischens« waren, schien ein nur ihnen bekanntes Geheimnis nun an all die Greenhorns verraten, so daß fortan keine besonderen Fertigkeiten mehr notwendig waren, um einen Porsche sehr schnell fahren zu können. Zuerst das Synchrongetriebe, wehklagten sie, und jetzt auch noch das! Wie Uli Wieselmann treffend über den 356A schrieb: »Jede Oma kann jetzt mit dem Porsche eine Kurve schneller nehmen als mit jedem anderen Auto.«

Im Frühling des Jahres 1957 wurden am 356A weitere Änderungen vorgenommen. Bei den meisten handelte es sich um Verbesserungen aus Gründen der Sicherheit. So wurde der verchromte Kleiderhaken durch einen ungefährlicheren, flexiblen aus Hartgummi ersetzt und die Sonnenblenden erhielten eine zusätzliche Polsterung. Zudem wurde ein verbesserter, stärkerer Scheibenwischermotor eingebaut. Die Türschlösser erhielten verbesserte Zylinder. Auch die Instrumentenanordnung erfolgte neu, wobei der Tachometer nun nach rechts kam, wo er den Beifahrer beeindrucken, aber auch ängstigen konnte (aber auch von einem mitfahrenden Rallye-Navigator besser abzulesen war).

Das Mehrfachinstrument kam auf die linke Seite. Geändert wurden im Frühjahr 1957 auch die Heckleuchten, und zwar ersetzte man die bisherigen beiden Rundleuchten auf jeder Seite durch eine schlanke, ovale Kombileuchte. Die bisher über dem Kennzeichen angebrachte verchromte Leuchte, die auch den Rückscheinwerfer enthielt, kam nun an den unteren Rand.

Eine weitere Neuerung im Jahr 1957 stellte ein neues Getriebegehäuse dar. Damit stattete man die jeweils gerade auf Band befindliche Serie laufend aus, wobei der Speedster den Anfang machte und anschließend auch die anderen Typen damit ausgerüstet wurden. Das mit der Konstruktionsnummer 644 versehene Gehäuse war im Gegensatz zum vorherigen in einem Stück aus Aluminium gegossen. Man nannte es im allgemeinen »Tunnelgehäuse«.

Obwohl die meisten seiner beweglichen Teile die gleichen wie im alten, geteilten Getriebe vom Typ 519 waren, war das Tunnelgehäuse wartungsfreundlicher. Die Lagerschalen zu beiden Seiten des Differentials ließen sich auswechseln und die Getriebewellen und Zahnräder konnten vom offenen Ende ausgebaut werden, wobei die Wellen in der Aluminiumplatte blieben, die sich zwischen Gehäuse und Deckel befand. Die bisher üblichen Übersetzungsverhältnisse hatte man beibehalten. Für die Saison 1958 homologierte Porsche bei der F. I. A. einen zusätzlichen Übersetzungssatz.

Eine weitere Verbesserung, die im Juli 1957 eingeführt wurde, war der Austausch des seit 1953 eingesetzten Fiber-Zahnrades im Nockenwellenantrieb durch eines aus Aluminium. Das bisher übliche Verbundzahnrad aus Fiber lief unter Normalbedingungen zwar stets zur vollsten Zufriedenheit, jedoch fanden die Porsche-Ingenieure, daß seine Festigkeit bei Temperaturanstieg auf 130 bis 140 Grad Celsius, wie sie an heißen Tagen bei schneller Fahrt auftreten konnten, nachließ. Dadurch waren Verwerfungen der Zähne mit eventuellen Folgeschäden nicht auszuschließen. Das beim Super eingeführte Aluminiumzahnrad wurde daher auch zur Standardausrüstung des Normal-Motors.

Diese Änderungen konnten nicht aufgeschoben werden. Wenn es jedoch Konflikte im täglichen Programmablauf gab, dann die ewige Kluft zwischen den Wünschen der Konstrukteure nach dem besten Porsche auf der einen Seite und den Nöten der Männer in der Fertigung, die bestrebt waren, gleichmäßige Arbeitsabläufe einzuhalten. In den Anfangsjahren, als die Produktion noch solche Sprünge machte, daß sämtliche Vorräte ständig ausgingen, ließen sich Änderungen noch jederzeit bewerkstelligen. Heute dagegen, wo Umfang und Zuwachs in geregelten Bahnen verliefen, konnte man sich fortwährende Änderungen kaum mehr leisten. Modelländerungen wurden für wohlüberlegte Zeiträume geplant, wodurch sowohl die Kaufleute wie die Fertigungsingenieure mit den Konstrukteuren, die in der Firma Porsche schon immer viel zu sagen hatten, leichter Schritt halten konnten. Dem geduldigen und erfahrenen Ferry Porsche blieb stets die Schiedsrichterrolle zwischen all diesen Gruppen. Auf der alle zwei Jahre stattfindenden Frankfurter Automobil-Ausstellung präsentierten die meisten deutschen Autoproduzenten seit jeher ihre Neuheiten. Auch bei Porsche war dies auf der Show des Jahres 1957 nicht anders, als man die 1958er Modelle ausstellte. Intern liefen sie unter der Bezeichnung T-2 und enthielten praktisch alle Änderungen der letzten Zeit, die man sich für den 356 A ausgedacht hatte. Alle Motor-, Chassis- und Karosserieänderungen waren so überzeugend, daß die Produktion in den folgenden zwei Jahren weiter gesteigert werden konnte: auf 5974 Einheiten im Jahr 1958 und auf 7100 im Jahr 1959. Im letztgenannten Jahr überschritt der Beschäftigtenstand erstmals die Tausender-Grenze und erreichte insgesamt 1093 Personen.

16. März 1956: In Zuffenhausen feiert man die Fertigstellung des 10 000. Porschewagens. Ganz links im Bild Firmenchef Ferry Porsche. Der Wagen ist ein Porsche 356 A, der als 1300er Coupé seinerzeit mit 11 400 Mark sehr preiswert war. Der 44-PS-Wagen lief 145 km/h.

Für den amerikanischen Markt erhielt der 356 A einen Bügel über der Stoßstange. Änderungen am 1957er Modell gab es auch im Interieur (Foto links oben). Die Schnittzeichnung und der Aufriß geben die 1958er Ausführung des Porsche 356 A wieder. Von diesem Modell wurden vom September 1955 bis August 1959 insgesamt 21 045 Exemplare hergestellt.

Wenn auch der 1600er und der 1600S-Motor nach wie vor die Bezeichnung 616/1 und 616/2 trug, war er dennoch für 1958 entscheidend geändert worden. So gab es jetzt Zylinder für den 1600-Normal-Motor aus Stahlguß. Die Festigkeit des Gusses war längst, trotz vieler Bedenken, im Volkswagen und den frühen 1,1-Liter-Motoren von Porsche erprobt worden. Zu beweisen blieben ausreichende Kühleigenschaften im Vergleich zu den Aluminiumzylindern. Das Gewicht stieg zwar leicht an, der Bauaufwand beim 1600er Motor konnte aber gesenkt werden. Die ebenfalls bessere Schalldämpfung machte ihn außerdem leiser.

Neu war auch der Ölkühler mit vergrößerter Oberfläche, hart statt weich gelötet, um höheren Drücken zu widerstehen. Mit Hilfe dieser Kühler konnte die Öltemperatur gesenkt werden. Die Versetzung des Temperaturfühlers vom Ölsumpf an eine Stelle im Druckkreislauf an der Motoroberseite brachte einen Scheineffekt, nämlich eine um rund 11 Grad niedrigere Temperaturanzeige. Umsteiger auf Porsche, bisher an Motoren mit Wasserkühlung gewöhnt, erschra-

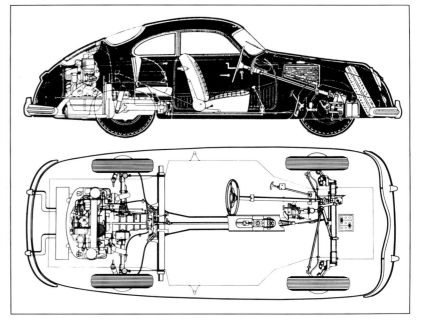

ken anfangs, wenn die Nadel auf 120 Grad oder darüber stand, obwohl die Motoren mit dem Aluminium-Stirnrad auch ohne Gefahr bei 130 Grad laufen konnten (1958 fand man eine elegante Lösung für dieses Problem, indem man auf der Skala einfach die Gradzahlen wegließ!).
Mit dem vergrößerten Ölkühler konnte es passieren, daß der Motor besonders während des Aufwärmvorganges unterkühlt blieb. Ein flottes Warmfahren war natürlich erwünscht, denn dadurch erhöhte sich die Lebensdauer des Motors, die Idealtemperatur (zwischen 80 und 90 Grad) wurde früher erreicht und auch die Heizung des Fahrgastraumes setzte bei einem heißen Motor früher ein. Deshalb versah Porsche 1958 alle Motoren (mit Ausnahme des Speedsters) mit einer neuen Abdeckung der Stirnräder, in welcher eine Ölpumpe eingebaut war und in einer langen, zylindrischen Halterung sich ein thermostatisch gesteuertes Ventil für das Schmiersystem befand. Dieses Ölthermostat funktionierte genauso wie das Thermostat in einem wassergekühlten Motor. War der Motor kalt, verhinderte es, daß das Öl durch den Kühler floß, sondern direkt zu den Lagern. Wurde das Öl wärmer, so öffnete das Thermostatventil und es konnte durch den Kühler fließen. Theoretisch war dies eine sehr gute Idee und auf dem Prüfstand gab es auch kaum Probleme; in der Serie funktionierte das Ding nicht zufriedenstellend. Man strich es bald wieder aus den Konstruktionszeichnungen der Motoren vom Typ 616 und wies die Werkstätten an, es bei bereits ausgelieferten Wagen wieder zu entfernen.
Mit der T-2-Serie kam das Ende der Solex-Ära bei den Porsche mit Stoßstangenmotor. Es begann der Zenith-Abschnitt. Den Zenith-Vergaser 32 NDIX konnte man sowohl beim Normal- als beim Super-Motor verwenden. Der Vergaser für den Normal hatte ein 24-mm-Einlaßrohr und der Super 28 mm, das war die größtmögliche Version bei 32 mm Drosselklappen-Durchmesser in 32 NDIX von Zenith.
Frühere Motoren hatten ein Zug-Druck-Gestänge, das von einer Seite zur anderen lief und die beiden Drosselklappen miteinander verband. Diese Konstruktionslösung war naheliegend gewesen, jedoch sehr anfällig auf Ausdehnung und Verdrehung, wodurch sich unerwünschte Bewegungen auf die Drosselklappen übertrugen. Um die Vergasermechanik synchron zu halten, bekamen die Zenith-Vergaser ein neues Gestänge. An der Vorderseite des Gebläsegehäuses wurde ein Drehkreuz befestigt, von welchem Hebelarme zu einem kurzen Gestänge, das zu den Drosselklappen führte, reichten. Mit dieser Mechanik konnten die Auswirkungen der Temperatureinflüsse reduziert werden und es ergab sich ein direkterer Kontakt zum Gaspedal.
Bei den 1958er Modellen ließen sich die beiden Stoßstangen-Motortypen an der Farbe der Gebläseabdeckung erkennen, das beim Normal schwarz und beim Super silber lackiert war. Äußeres Merkmal der neuen Modelle waren Radkappen mit Porsche-Emblem, mit denen der Super serienmäßig ausgestattet war, und neu angeordnete Auspuffrohre im Unterteil der Stoßstangenhörner. Nicht zuletzt gab das etwas mehr Bodenfreiheit.
Gleichzeitig führte Porsche eine neue Kupplung, gebaut von Haussermann, sowie eine neue Führung des Schaltgestänges ein. Der Schalthebel wurde handgerechter postiert und tauschte seinen Platz mit dem Drehknopf für die Heizung. Auch gab es geänderte Türgriffe, die Seitenfenster ließen sich mit weniger Kurbelumdrehungen öffnen, neue Halter fixierten die geöffneten Türen. Bodenverankerungen für Sicherheitsgurte kamen hinzu, das Coupé erhielt eine über dem Kopf angebrachte Innenbeleuchtung, die umklappbare Rückenlehne der hinteren Notsitze wurde zu einer Gepäckablage mit weniger Rippen umgestaltet und das Armaturenbrett hatte man erneut geändert, um an seiner Unterkante Platz für einen größeren Aschenbecher zu schaffen. Der Zubehör-Katalog umfaßte jetzt eine Benzinzusatzheizung, die im vorderen Kofferraum montiert werden konnte. Und die bisher schon sehr angenehmen Porsche-Sitze wurden noch verbessert; sie erhielten bessere Rückenlehnen mit stärkerer Neigung, wodurch etwas mehr Platz für Mitfahrer oder Gepäck entstand. Alle Modelle der T-2-Serie wurden mit dem Lenkrad von 42,5 cm Durchmesser des Carrera ausgerüstet, um 2,5 cm größer als die bisherigen. Dadurch wurde das Lenken erleichtert, außerdem trug dazu auch ein neues Lenkgetriebe von ZF bei. Die Aufgabe des Schneckenrollengetriebes von VW fiel für die Herren von Porsche nicht leicht, denn auf diese Konstruktion besaßen sie Patente. Dennoch versprach die ZF-Konstruktion mit ihrer rollengelagerten Spindel eine leichtere und verbessert ansprechende Lenkung. Nach ihrem Erfinder wurde diese Konstruktion auch »Ross«-Lenkung genannt.
Um die Belüftung des Innenraumes zu verbessern, gab es beim 356A jetzt Ausstellfenster, die beim Cabriolet zur Standardausrüstung zählten und beim Coupé auf Wunsch zu haben waren. Sowohl das Cabrio als auch der Speedster erhielten größere Rückfenster in den Faltdächern. Be-

Motor des Porsche 1600 Normal von 1956. Er weist nur einen Einfach-Auspuff auf; die Kabel (links) führen zum Handbremshebel.

sonderes Aufsehen erregte 1958 das neu eingeführte Hardtop. Dieses Zusatzdach mit seinen dünnen Streben war für das Cabrio gegen einen Aufpreis von 750 Mark erhältlich.
Der Anblick eines Porsche mit Hardtop war nicht neu. Mancher Porsche-Besitzer hatte es sich selbst angefertigt, es gab aber auch eines von der amerikanischen Firma Glasspar zu kaufen; schon 1955 war es für den Speedster angeboten worden und Anfang 1957 durch die Firma Porsche für den Verkauf über die eigene Händlerorganisation freigegeben worden. Es kostete in den Vereinigten Staaten rund 285 Dollar.
Als man die 356A-Modelle vorstellte, wurde selbstverständlich auch der Speedster auf neuesten Stand gebracht, indem er zum Beispiel eine neue Instrumentenanordnung erhielt. Im übrigen blieb es bei dem 1954 zum Preisschlager entwickelten Konzept. Nach wie vor war er eine Art häßliches Entlein mit seinem Buckelheck und äußerst niedrigem Verdeck, das nur sehr beschränkten Rundblick erlaubte. Die dem Speedster eigene Ehrlichkeit übte aber nach wie vor einen großen Reiz aus. Trotz seiner eigenwilligen Konstruktionsmerkmale – oder vielleicht gerade ihretwegen – gedieh das Auto zu einem der beliebtesten Sportwagen in den fünfziger Jahren. Der bald zu einem wahren Liebhaberwagen avancierte Speedster war sicherlich das mit geringstem Aufwand hergestellte Modell. Ferry Porsche war indessen nie so recht davon überzeugt, daß die Schaffung des Speedster als Preisbrecher gesunde Politik war. Das Abmagern eines Autos, meinte er, »degradiert es nur, ohne daß man dem erwünschten Ziel näher kommt«. Mit einer Preisreduzierung mache man kaum höhere Umsätze. Dennoch entwickelte man 1958 bei Porsche einen verbesserten Speedster, der noch im August desselben Jahres in die Produktion ging.
Dieser neue Wagen besaß eine etwas höhere Windschutzscheibe mit verchromtem Rahmen, die mehr Kopfraum gab. Die versenkbaren Seitenfenster waren ebenfalls neu, auch das geänderte Faltdach, das nun nicht mehr so bucklig aussah wie das des Cabriolets und auch das alte

Speedsterdach im Aussehen übetraf. Das aparte Armaturenbrett behielt man bei, und um das Fehlen eines Handschuhfaches auszugleichen, erhielten die Innenseiten der Türen übergroße Taschen, wovon eine sogar versperrbar war. Anstelle der nicht verstellbaren Schalensitzlehnen des Speedsters erhielt das neue Modell Sitze mit verstellbaren Rückenlehnen, wodurch es wesentlich luxuriöser wirkte.

Porsche vergab den Auftrag zur Herstellung der Karosserie des neuen Modells an die Firma Drauz in Heilbronn. Vor der Vorstellung im August entschied sich Porsche für eine deutlichere Abgrenzung dieses Wagens zum Speedster und taufte das neue Modell den Convertible D, wobei diese bewußt amerikanisierte Typenbezeichnung verrät, wie stark der Markt der Vereinigten Staaten als Absatzgebiet ins Auge gefaßt wurde.

Das Urteil der amerikanischen Fachzeitschriften fiel für den neuen Convertible D recht wohlwollend aus. In einem Test des Jahres 1959 schrieb *Road & Track*, daß schon sein Leergewicht 860 Kilogramm betrage, also erheblich über den 810 Kilogramm des alten Speedster liege und der Wagen damit fast gleich schwer wie das Coupé sei. Zur gediegenen Arbeit der Drauz-Karosserie bemerkte die Redaktion, daß »im Vergleich zu den meisten Autos, die heute auf den Straßen laufen, es sich hier um ein geradezu vorzügliches Automobil« handle.

Da nun Porsche-Automobile immer populärer geworden waren, gab es auch immer mehr Zubehör und neue Variationen der Grundausstattung aus Zuffenhausen. Der höchst aktive Walter Glöckler offerierte in seinen Frankfurter Ausstellungsräumen zum Beispiel einen auf Drahtspeichenräder umgerüsteten Porsche. 1957 rüstete der Grand-Prix-Fahrer Wolfgang Graf Berghe von Trips sein Cabrio auf solche Felgen um. Als Nachtrag zum Zubehörkatalog wurde 1959 ein elektrisch angetriebenes Stahlschiebedach System Golde angeboten.

Eine weitere Variante im Porsche-Programm war die Vorstellung eines vollwertigen Viersitzers in Genf 1957. Der Wagen war von Beutler in der Schweiz gebaut worden, womit die Geschäftsverbindung zwischen Porsche und jener Schweizer Karosseriefirma, die bereits die ersten Cabriolets auf den in Gmünd gebauten Chassis im Jahre 1949 gefertigt hatte, erneuert wurde. Für diese zweitürige Limousine verwendete Beutler eine Bodenplatte von VW anstelle eines Porsche-Rahmens, fügte Antriebsaggregat, Bremsen und Radaufhängungen jedoch aus Zuffenhausen hinzu. Die Frontpartie war ausschließlich von Porsche und ging dann an den Seiten und an der Heckpartie in eine von Beutler konzipierte Form über. 1957 begann die Schweizer Firma solche Viersitzer auf Bestellung zu bauen, wobei etwa zehn Stück pro Jahr entstanden. Einige unter ihnen wiesen auch von Beutler modifizierte Frontpartien auf, der ebenfalls einige viersitzige Cabriolets baute.

Zu Anfang des Jahres 1957 hatte man in Zuffenhausen begonnen, das berühmte Porsche-Synchrongetriebe weiter zu verbessern, so daß es ab Dezember 1958 in die Serienfertigung gehen konnte. Seine Neuentwicklung war durch Beschwerden aus dem Kundenkreis ausgelöst worden, weil es vielen Porsche-Fahrern schwerfiel, den ersten Gang einzulegen, wenn das Fahrzeug stand. Es lag am Einfallsreichtum von Leopold Schmid, dem Konstrukteur des Porsche-Getriebes, herauszufinden, wie man dies ändern könnte. Er änderte die Synchronisierung durch

Blick in den geöffneten Motorraum des Porsche 1600 Super von 1958. Die Maschine dieses 356 A Speedster weist als Besonderheit eine silberfarben lackierte Verkleidung des Kühlgebläses auf. Bei einer Verdichtung von 8,5:1 leistete der Vierzylinder 75 PS bei 5000 Touren.

einen komplizierten Eingriff, und obwohl sie aus mehr Teilen bestand, ließ sie sich kostengünstiger erzeugen als die alte, wodurch sich nicht zuletzt auch der Anreiz für Lizenznehmer erhöhte. Wie stets war die beste Werbung für eine Porsche-Idee ihr erfolgreicher Einsatz im Porsche-Automobil selbst. So auch im letzten Monat des Jahres 1958, als man im Tunnelgehäuse des Transaxle die neue Synchroneinheit vom Typ 716 einbaute. Mit Ausnahme des Convertible D, der für die Vereinigten Staaten bestimmt war, wurden praktisch alle Modelle mit dieser neuen Konstruktion ausgerüstet.

Die Einführung einfacher Ventilfedern war eine weitere Verbesserung, die etwa zur gleichen Zeit wie die Änderung des Getriebes vorgenommen wurde. In allen Stoßstangen-Motoreinheiten ersetzte nun eine Feder, die eine progressive Steigungsrate bei besserer Stahlqualität aufwies, die früher verwendeten Doppelfedern. Sie schonte die Ventilsitze bedeutend besser und zeigte weniger Neigung, bei Leerlaufdrehzahl Eigenschwingungen zu erzeugen.

Solche Änderungen waren nicht zuletzt auch für Besitzer von Porsche-Motoren wichtig, die nicht in Sportwagen, sondern als stationäre Aggregate liefen. Derartige Leistungsaggregate aus Zuffenhausen gab es gegen Ende der fünfziger Jahre in etlichen industriellen und mobilen Bereichen. Dieser Trend hatte 1953 begonnen, als Porsche mit der ersten Industrieversion seines 1,5-l-Motors auf den Markt gekommen war. Die ersten 56 Einheiten wurden 1954 verkauft. Es war kaum zu vermeiden, daß sich einige Gerüchte entwickelten, denen zufolge solche Porsche-Motoren nachträglich in Volkswagen eingebaut werden könnten. 1955 trat Porsche entschieden gegen derartige Spekulationen auf. In einem Schreiben an sämtliche seiner Vertragshändler erklärte Porsche, daß man den Einbau eines Porsche-Mo-

Volant des Porsche 1600 Super Speedster in der Ausführung von 1958. Allerdings entspricht der Hupenknopf nicht der Serienausführung.

tors in irgendein Volkswagen-Modell auf keinen Fall gutheißen könne. Derartige Einbauten widersprächen nicht nur den Interessen des Volkswagenwerkes, sondern auch denen Porsches. In diesem Zusammenhang wies Porsche ausdrücklich darauf hin, daß man es auch nicht erlaube, Porsche-Motoren aus Porsche-Originalersatzteilen außerhalb der Fabrik zusammenzusetzen. Gewiß war diese Verordnung nicht bindend für die vielen privaten Bastler, die einen Porsche-Motor in einen VW-Käfer einbauen wollten und dies auch taten. Der Industriemotor war jedoch für derartige Verpflanzungen nicht gerade geeignet, hatte er doch als Standardausrüstung lediglich einen von Hand zu bedienenden Gasregler, einen Drehzahlbegrenzer, der auf die Zündung wirkte und eine Handkurbel als Starter. Der Typ 616/3 war die Industrieversion des 1,6-Liter-Motors, erreichte als Spitzenleistung 47 PS bei 4000 U/min und war auf maximal 43 PS bei 3600 U/min für Dauerbetrieb eingestellt. Er wog im zusammengebauten Zustand 100 kg.

Diese Motoren wurden praktisch für jeden denkbaren Einsatz verwendet. Man benützte sie als Antrieb von Generatoren, für die Stromerzeugung und beim elektrischen Schweißen, in Kompressoren, für Skilifte und Aufzüge sowohl für Getreide als auch für Personen und Baumaterial. Als mobile Einheiten trieben sie Feldgeneratoren, Pumpen für den Feuerwehreinsatz, Bewässerungsanlagen und Anlagen für die Flugzeugbetankung, Schneepflüge, Seilwinden, Förderbänder, Kabelspanner, Bandsägen, Baumschälmaschinen und Drainagegrabmaschinen. Auch wurden sie für den Antrieb von Snowmobiles, Betonmischern sowie Luftkissenfahrzeugen eingesetzt.

Die Erfahrungen, die Porsche während des Krieges mit stationären und nichtautogebundenen VW-Motoren gesammelt hatte, konnte man hier auswerten. Dies war auch mit dem 1,6-Liter-Vierzylinder-Flugmotor der Fall. Als Typ 678 war er in verschiedenen Versionen erhältlich. Die leistungsärmeren Modelle (678/1 mit 65 PS und 678/3 mit 52 PS) wurden direkt durch den Luftstrom gekühlt, während das Modell mit der höchsten Leistung (678/4 mit 75 PS, der den früheren Typ 678/0 ersetzte) ein eingebautes Gebläse mit Gehäuse erhielt. Das größere Volumen des mit Gebläse ausgerüsteten 75-PS-Motors machte seinen Einbau tief im Rumpf oder in den Flügeln leichterer Flugzeuge notwendig und erforderte schubentwickelnde Propeller. In dieser Gestalt paßte er sehr gut in das fortschrittliche zweisitzige Modell RW 3, das die Rhein-Flugzeugbauwerke 1959 erfolgreich vorführten. Vertikal montierbare Motorversionen wurden auch für Hubschrauber entwickelt und von der New York Gyrodyne of America Corporation eingesetzt, die kleine Beobachtungsmaschinen für die Navy und das US-Marinecorps baute. Bei diesen Erfolgen zu Lande und in der Luft konnte der maritime Einsatz nicht lange auf sich warten lassen. Doch auf dem Wasser erreichte der Porsche-Motor nie die Popularität der anderen Konstruktionen. Zwar gab es einmal ein Motorboot mit Porsche-Antriebsaggregat, das Ferry Porsche selbst gehörte und im Jahre 1955 auf dem Wörthersee in Österreich getestet wurde, doch der Versuch zeigte, daß es nicht einfach war, den großen Bedarf an Kühlluft in der Enge eines Bootsrumpfes sicherzustellen.

Immerhin entwickelte sich der Umsatz mit Industriemotoren erfreulich. 1955 baute Porsche zwar nur 111, 1956 aber schon 269 Einheiten, 1957 605, 1958 826 und 1959 1250. Von diesen 3117 Motoren wurden 62 Prozent exportiert. Bei den Autos lag die Exportrate höher: 1959 wurden 72 Prozent der insgesamt 7100 von Porsche erzeugten Automobile ins Ausland verkauft. In Europa gingen 1640 Autos in Länder außerhalb Westdeutschlands, das entsprach 23 Prozent des Gesamtvolumens; innerhalb dieser Menge kaufte Frankreich die meisten, gefolgt von der Schweiz, Belgien, Schweden, England, Holland und Österreich. Neun Prozent gingen nach Kanada und andere außereuropäische Länder. Der bei weitem größte Anteil, nämlich 40 Prozent oder 2800 Automobile, wurden von den Vereinigten Staaten aufgenommen – »ohne daß der Markt auch nur im geringsten gesättigt worden wäre«, wie die Porsche-Hauszeitschrift *Christophorus* bemerkte.

Gegen Ende des Jahres 1959 übernahm die Firma Porsche den Vertrieb ihrer Autos in den USA in eigener Regie, nachdem Max Hoffman die Werksvertretung abgegeben hatte. Verkauf, Service, Werbung und andere Aktivitäten wurden von nun an durch die neue Porsche of America Corporation wahrgenommen. Diese Firma leitete O. Erich Filius, der seit 1955 in den Vereinigten Staaten bei der Hoffman Motors als Porsches Verbindungsmann gearbeitet hatte. Den Import der Wagen besorgte eine Gruppe von sechs in Privatbesitz befindlichen Firmen. Die Hoffman Motors setzte noch fünf Jahre lang ihre Rolle als Importeur für den Bereich der amerikanischen Ostküste fort. Hoffman bekam auch noch danach einige Jahre lang für jeden in den Vereinigten Staaten verkauften Porsche eine Provision ausbezahlt. Erst 1964 übernahm die Porsche of America den Import und den Vertrieb an der Ostküste selbst, und das Kapitel Max Hoffman in der Geschichte der Porsche Automobile wurde geschlossen.

Rechts: Vor dem Herbst 1958 trug das Modell »Convertible D« die Bezeichnung »Speedster D«. Die mit Rücksicht auf den wachsenden amerikanischen Markt gewählten Namen bezogen sich auf den offenen Zweisitzer. Das »Convertible« war in der Ausstattung luxuriöser als der Speedster, jedoch übernahm man von diesem die Anordnung der Armaturen. Rechts außen ein Porsche-Flugmotor, den Porsche 1957 auf der IAA ausstellte. Die senkrecht gestellte Maschine war für den Einbau in einen Ein-Mann-Hubschrauber vorgesehen, wie ihn das US Marine Corps in Erprobung hatte.

Im September 1959 begann für die Familie Porsche eine aufregende Zeit. Sie war sowohl mit viel Freude als auch Kummer erfüllt. Am 6. jenes Monats starb die Witwe Professor Ferdinand Porsches, die geborene Aloisia Kaes, in Klagenfurt im Alter von 82 Jahren. Am 14. erhielt Ferry Porsche die höchste Auszeichnung der Bundesrepublik Deutschland, das Bundesverdienstkreuz, das ihm der Bundespräsident Theodor Heuss verlieh. Einige Tage später zeichnete der Automobilclub von Deutschland (AvD) Ferry Porsche mit der Goldmedaille für die Rennerfolge seiner Firma aus.

Weitere Glückwünsche durfte Ferry Porsche am 19. September entgegennehmen, als er 50 Jahre alt wurde. Und am 27. September wurde seiner Schwester Louise Piëch jene Aufmerksamkeit zuteil, die ihrer Rolle im Aufstieg des Hauses Porsche zukam. Der österreichische Bundespräsident verlieh ihr den Titel eines Kommerzialrates, um ihrem Wirken für ihr Land gebührend Anerkennung zu verleihen. In der Mitte dieses hektischen Septembers öffneten sich auch die Tore des Automobilsalons in Frankfurt, wo wieder einmal ein neuer Porsche, der 356B, präsentiert wurde. Porsche-Besitzer seufzten und tauschten untereinander resignierte Blicke aus. Hatten denn diese Leute in Zuffenhausen nicht endlich erkannt, daß ihre Automobile kaum noch zu verbessern waren?

Kapitel 9
Der Carrera startet zu seinem Siegeslauf

H. U. Wieselmann, der Chefredakteur von *auto, motor und sport,* lächelte und warf nur einen flüchtigen Blick auf seinen Beifahrer. Dann zog er den Porsche Carrera auf dem Solitudekurs in eine enge Linkskurve und trat das Gaspedal bis zum Anschlag durch. Das rote Coupé schoß nach vorn. Die Drehzahlmessernadel sprang auf sechs-, sieben-, siebeneinhalbtausend Touren, bevor er in den dritten Gang schaltete. Als das Tempo noch immer zunahm, wurde das dumpfe Röhren im Auspuff von einem metallischen Klang untermalt. Die Reifen ächzten unter dieser Kurven-Tortur, und zu Wieselmanns Zufriedenheit schien sein Mitfahrer zunehmend Gefallen an der Fahrt zu finden. Auf diese Art und Weise

pflegte der Chefredakteur neue Mitarbeiter auf die Probe zu stellen.
Was war dieser Carrera für ein Porsche, den Wieselmann 1958 als psychologisches Hilfsmittel für seine Eignungstests benützte? Es war ein schnellerer, lauterer und höherdrehender, dennoch für den normalen Straßenverkehr vorgesehener Porsche. Daß der Carrera überhaupt gebaut und verkauft werden konnte, war eine Art Leistungsbeweis für den unglaublichen wirtschaftlichen Aufstieg, den Westdeutschland in der Dekade zwischen dem Ende des Zweiten Weltkrieges und der Vorstellung dieses Autos in Frankfurt im Herbst 1955 absolviert hatte. Früher oder später hatte der Carrera kommen müssen, jene Mischung aus dem liebenswerten 356A mit der rassigen Maschine vom Typ 547. Als der Viernockenwellen-Motor konzipiert wurde, war seine Verwendung im normalen Porsche nicht unbedingt vorgesehen. Man hatte vielmehr daran gedacht, daß der 547 ausschließlich im Rennsportwagen eingesetzt würde. Ernst Fuhrmann jedoch, sein Konstrukteur, hatte von vornherein mit dem Gedanken gespielt, daß dieser Motor im Typ 356 Eingang finden könnte. Und er unternahm einiges, um dieses Ziel auch zu erreichen. Porsche plante einen ersten Einstieg im Jahre 1954 bei der 5154 km langen Rallye Lüttich-Rom-Lüttich, die Helmut Polensky 1952 für Porsche auf einem Aluminiumcoupé aus Gmünd gewonnen hatte, ein Rennen von praktisch 90 Stunden ununterbrochenem Dauereinsatz. Hild, von Hanstein und Fuhrmann bauten einen Viernockenwellen-Rennmotor vom Typ Le Mans in eines der Gmünd-Coupés ein. Mit einer einteiligen Windschutzscheibe und einer niedrigen Dachpartie ähnelte das Fahrzeug dem Polensky-Wagen, mit dem dieser 1953 Rallye-Meister (und es mag vielleicht sogar dasselbe Auto gewesen sein) geworden war. Mit Weber-Vergasern erreichte dieser Motor eine Leistung von 105 PS, wobei er etwa 10 PS unter jenem Leistungsniveau lag, das man für Le Mans zur Verfügung gehabt hatte. Um sicherzugehen, daß das Auto das Rennen auch durchstand, verpflichtete man den talentierten Herbert Linge als Beifahrer. Dieses Duo arbeitete perfekt. Mit Polensky am Steuer besiegte dieser Porsche den von Olivier Gendebien gesteuerten Lancia und fuhr einen beeindruckenden Gesamtsieg in einer der härtesten Rallies der Saison nachhause.

In Zuffenhausen erweckte sowohl Fuhrmanns Wagen als auch dieses spezielle Rallyeauto starkes Interesse in bezug auf die Mischung aus 356 und 547. In der Zeit, da die Pläne für die Produktion des Typ 550 erstellt wurden, waren auch Entwicklungen im Gange, um eine Serienversion des Fuhrmann-Coupés zu bauen. Die Firma plante, 100 derartige Automobile pro Jahr zu fertigen: diese Anzahl war notwendig, um den GT-Homologierungsbestimmungen zu entsprechen. Im Jahre 1954 wurde Ferdinand, das altgediente Testauto der Versuchsabteilung, mit einem Viernockenwellen-Motor ausgerüstet. Zweck dieses Unternehmens war, den Motor selbst zu erproben und die Relation von Motor und Radaufhängung zueinander in der Serie des 356A auswerten zu können. Schon in den ersten Märztagen des Jahres 1954 lief ein Viernockenwellen-Motor im Ferdinand. Und im Sommer 1954 kam es zum Einbau eines weiteren 547-Motors in das graue Cabriolet, das Ferry Porsche persönlich benützte. In der Zwischenzeit hatte man alle technischen Werte der Viernockenwellen-Serie ermittelt, so daß sie auf der IAA im September zusammen mit dem 356A bekanntgegeben werden konnten. Man gab der neuen Porsche-Serie den Namen »Carrera« unter Bezug auf das Rennen in Mexiko, in welchem die Porsche-Automobile so gut abgeschnitten hatten.
Der extern als 1500 GS bezeichnete Motor trug die Werksnummer 547/1 und war in praktisch allen wichtigen Merkmalen identisch mit dem des Spyder 1500 RS. Die Doppelvergaser vom Typ 40PII stammten von Solex, hatten Knechtfilter und einen Druckregulator sowie zwei elektrische Kraftstoffpumpen.
Anfangs wurde durch die Verwendung von flachen Kolben die Kompression von 9,5 auf 8,7 zu eins verringert; 1957 hatte man sie dann wieder auf 9,0 erhöht. Die Verteiler des Carrera wurden vom entgegengesetzten Ende der Einlaßnockenwelle angetrieben, wodurch sie von der Rücksei-

Ein berühmter Wagen, der noch heute existiert: der Porsche Carrera, mit dem das Team Strähle/Denk 1957 auf dem Nürburgring im 1000-Kilometer-Rennen seine Klasse gewann. Paul Ernst Strähle nimmt mit seinem »V2« noch heute an zahlreichen Veteranenrennen teil – so schnell wie eh und je.

te des Autos wesentlich besser zugänglich waren, außerdem erhielt das Fahrzeug einen wirkungsvolleren Schalldämpfer. Es ergab sich hierdurch eine auf 100 Netto-PS reduzierte Leistung bei 6200 U/min. Die Leistungskurve fiel auch bei 6500 U/min und sogar bei 7000 U/min noch nicht ab, denn der Maximalpunkt der Drehmomentkurve wurde nicht vor 5200 bis 5500 U/min erreicht. Das maximale Netto-Drehmoment betrug rund 12 kpm.

Um im 356A den Motor Typ 547/1 einbauen zu können, fügten die Porsche-Ingenieur einen Öltank für das Trockensumpf-Schmiersystem hinzu. Sie brachten ihn an der Innenseite des linken hinteren Kotflügels unter. Die Einfüllöffnung befand sich im Motorraum. Größer dimensionierte Reifen (5.90 statt der 5.60) wurden auf breitere Felgen aufgebracht und die Lenkung konnte durch ein größeres Lenkrad ebenfalls er-

Rechts: Ferry Porsche und Karl Rabe 1956. Unten: der Firmenchef mit Bruno Trostmann beim Testlauf eines 1500-GS-Motors. Ganz unten Front- und Rückansicht des 547/1-Motors. Die Zündverteiler hatte man in Gummibälge untergebracht.

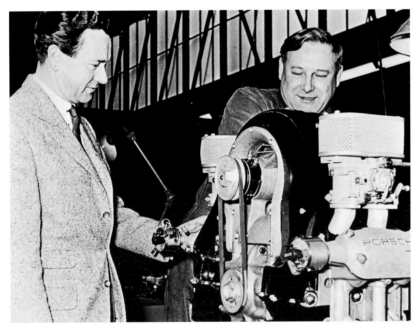

Links: Cockpit des Porsche Carrera, dessen Drehzahlmesser eine Skala aufwies, die bis 8000 U/min reichte. Der 1956er Carrera des Amerikaners John v. Neumann (unten) war silber lackiert und wies einen roten Streifen auf dem Bug auf.

leichtert werden. Am Armaturenbrett gab es jetzt Instrumente mit größerem Bereich, wobei der Drehzahlmesser bis 8000 Touren und der Tachometer bis 250 km/h ging. Zwei zusätzliche Zugknöpfe gab es ebenfalls, wobei jeder den Stromfluß in einer der Zündspulen unterbrechen konnte. Sie dienten normalerweise zur Kontrolle der beiden Zündstromkreise und können auch helfen, eventuell aussetzende Zündkerzen zu lokalisieren.

Der Motor, die Reifen, der Öltank und sein Inhalt führten zu einer Erhöhung des Leergewichtes des Carrera um 47,5 kg im Vergleich zu jenem des 356A. Der Großteil dieses Gewichts blieb hinter der Hinterachse; dies führte verständlicherweise zu einer Veränderung des Front-Heck-Gewichtsverhältnisses, das sich nun von 43,5 zu 56,5 beim 356A/1600 auf 41 zu 59 Prozent beim Carrera verschob. Der Hebeleffekt durch das Gewicht im Heck wirkte sich so aus, daß der Achsdruck auf die Vorderräder um zweieinviertel Kilogramm abnahm. Der zusätzliche Druck auf die Hinterräder entsprach genau dem erwünschten Betrag, durch den sie eine höhere Haftung erhielten, um mit den zusätzlichen PS nicht so leicht durchzudrehen. Die Verbesserungen der Radaufhängung, mit Beginn der 356A-Serie eingeführt, wurden beim Carrera übernommen.

Somit war ein mit verchromten Felgen ausgestattetes Carrera-Coupé der Star der neuen Modell-Linie in Frankfurt und der Viernockenwellen-Motor war auch im Cabriolet und im Speedster erhältlich. Die Carrera-Version konnte man an dem Doppelauspuff erkennen sowie durch den aus dem linken hinteren Radkasten herausragenden Öltank und durch den Schriftzug am Heck und am vorderen Kotflügel. In Deutschland kostete das Carrera-Coupé 17 700 Mark, ein angemessener Preis für einen Wagen dieser Qualität.

Autotester versuchten, für Porsches Behauptung den Beweis anzutreten, der Carrera sei das erste 1,5-Liter-Serienautomobil, mit dem man 200 km/h erreichen könne. Dies wurde jedoch nicht immer bestätigt. Die Zeitschrift *auto motor und sport* testete ein Coupé mit einer Hinterachs-Übersetzung von 4,428 und der Standard-Getriebeübersetzung und erreichte als besten Wert 198,3 km/h. Amerikaner kamen auf eine Spitzengeschwindigkeit von 193,1 km/h.

Das Carrera-Coupé war zwar in der Beschleunigung bis 96,5 km/h in 11 bis 11.5 Sekunden etwas schneller als das Super-Coupé, wurde jedoch in den Beschleunigungswerten jenseits 125 km/h vom Super-Speedster übertroffen, der etwa 113 Kilogramm leichter war. Ab 145 km/h konnte außer dem Spyder kein anderer Porsche den Carrera mehr schlagen.

Der rollengelagerte Motor drehte in der Serienausführung problemlos bis 7500 Touren. Porsche warnte dennoch davor, die 6500er Marke bei normaler Fahrt zu überschreiten, weil dann der Benzinverbrauch stark ansteige und die Lebensdauer des Motors sich reduziere. Anfangs gab es dagegen keine Warnung für Unterdrehzahlen. Dies war eine der Überraschungen des Carrera, daß er durchaus recht niedertourig gefahren werden konnte, hinunter bis etwa 1000 Umdrehungen und dann ab 1500 U/min das Gas ohne Stottern voll annahm. Leider ließen sich viele Carrera-Besitzer zu dieser untertourigen Fahrweise öfters verleiten und quälten ihren Carrera zu sehr, so daß die Zündkerzen verölten und Kurbelwelle und Nockenwellen Schaden litten. Um dies zu verhindern, wies Porsche seine Carrera-Besitzer später an, ihre Motoren möglichst nicht unter 2500 U/min zu fahren.

Die mit ihren Spydern im Motorsport genügend beschäftigte Firma Porsche engagierte sich 1955 nicht mit dem Renneinsatz des Carrera. Ein solcher Wagen tauchte erstmals zu Anfang des Jahres 1956 in Palm Springs auf, wo zwei Exemplare allerdings von Skip Hudson auf einem Super-Speedster geschlagen wurden.

Im März 1957, kurz bevor eine Gran-Turismo-Version des Carrera-Coupés und -Speedsters angekündigt wurde, konnte die Temporeserve des um 45 kg im Gewicht verminderten GT-Speedsters bei einem Rekordversuch auf dem Monza-Kurs demonstriert werden. Es handelte sich bei dem Auto um einen Speedster, der Rolf Goetze von der gleichnamigen Kolbenring-Fabrik gehörte. Für den Rekordversuch erhielt das Automobil eine komplette Fahrgastraumabdeckung und eine niedrige Windschutzscheibe sowie eine Kopfstütze. Um das Leergewicht auf knappe 763 kg herunterzudrücken, verwendete man – ausschließlich für Boxenhalte – VW-Bremsen. Der Paul Strähle gehörende Carrera-Motor wurde modifiziert und mit einer etwas größeren Zylinderbohrung versehen, wodurch der Hubraum auf 1529 ccm anstieg. Der Wagen konnte somit in der 1,5- bis 2,0-Liter-Klasse gefahren werden. Das von Goetze, Strähle und Richard von Frankenberg gelenkte Fahrzeug brach die Rekorde von Hotchkiss und Adler über 1000 Meilen, 2000 Kilometer und 12 Stunden mit

Links: Auf der Tour de France 1957 gewann Storez auf seinem Carrera (hier in Rouen) den Leistungsindex. Darunter der Spezial-Carrera, mit welchem v. Frankenberg, Strähle und Goetze im März 1957 in Monza einen neuen 2-Liter-Klassenrekord über 12 Stunden aufstellten.

Rechts: GT-Carrera 1958 von Reutter mit besonderen Luftfilter-Trichtern.

Durchschnittsgeschwindigkeiten von über 186 km/h. Dann beendete eine gebrochene Ölleitung den weiteren Verlauf der Fahrt. Kurz zuvor hatte Rolf Goetze auch den Rundenrekord auf 205,5 km/h geschraubt.

1957 nahm die GT-Kategorie stetig an Popularität zu und der Carrera wurde in seiner Gran Tourismo-Version ein Favorit in der 1600-ccm-Klasse. Und wenn »verbesserte« GT-Automobile ebenfalls zugelassen waren, brachten von Hanstein und Hild Super-Carreras an den Start wie etwa beim 12-Stunden-Rennen in Reims, zu welchem zwei Carrera GT gemeldet worden waren, deren Motoren jenen im Spyder verwendeten entsprachen. Die Wagen beendeten als Klassensieger ex aequo sowie auf dem 6. bzw. 7. Gesamtrang das Rennen. Claude Storez setzte auch einen Carrera Speedster in der Rallye Lüttich-Rom-Lüttich 1957 ein und gewann sie auf Anhieb, dann fuhr er den Wagen mit einem

Neu am 1958er GT Carrera waren auch die Schalensitze aus Aluminium anstelle von Stahl, Aluminium-Radkappen (die jedoch selten verwendet wurden), leichte Felgen aus einer Aluminiumlegierung mit einer Stahlschüssel, Spurverbreiterungen an den Heckrädern, schmale Aluminiumzierstreifen auf den Stoßfängern und Stoßdämpfer von Koni, die damals ihren Siegeszug in der Welt des Rennsports begannen. Das von der Rennabteilung in Zuffenhausen 1958 für den Eigengebrauch gebaute Carrera GT-Coupé besaß Weber-Vergaser und einen externen Ölkühler.

Mit diesem silbernen Coupé kehrte Huschke von Hanstein zum aktiven Rennsport zurück. Er fuhr, begleitet von Herbert Linge, in der 1600-ccm-GT-Klasse in Sebring im März 1958 dieses Coupé zum Sieg, anschließend präparierte man es für die Targa Florio. Auf dem Hinweg

durch, wobei größeres Augenmerk auf die Qualitäten im Alltagseinsatz als auf den Renneinsatz gelegt wurde, wobei dennoch, wie dies bei Porsche üblich war, die Rennerfahrung einen wichtigen Entwicklungsanteil einnahm.

Der neue Carrera war mehr oder weniger eine Schöpfung von Klaus von Rücker, dem zu jener Zeit in Zuffenhausen verantwortlichen Technischen Direktor. Er war es, der entscheidend für diverse Änderungen am Motor verantwortlich zeichnete. Dieser erhielt die neue Konstruktionsnummer 692, und seine wichtigste Neuerung war der Zündverteilerantrieb. Das dem in den Werks-Spydern seit 1956 angewendete, für die Serienproduktion jedoch modifizierte System sah den Antrieb beider Verteiler vom vorderen Ende der Kurbelwelle vor, und zwar über eine kleine Königswelle und einen Satz mit halber Drehzahl arbeitender Schneckenräder. Ihr Gehäuse wurde von einem halbrunden Gußteil ge-

Bruce Jennings und sein Carrera Speedster in Bridgehampton, USA.

Spyder-Motor in der Tour de France zu einem Klassensieg im Leistungsindex und auf den 5. Gesamtrang.

Mit der Einführung der neuen T-2-Karosserieserie im Herbst 1957 übernahm der Carrera viele Detailänderungen (wenn auch nicht die durch die hinteren Stoßstangenhörner gehenden Auspuffrohre); in der De-Luxe-Ausführung war jetzt auch ein Hardtop-Coupé erhältlich. Für die Porsche-Fans jedoch war viel wichtiger, daß im 1958er Modelljahr ein noch leistungsfähigerer Carrera Gran Turismo zur Verfügung stand, den man als Coupé oder als Speedster erhalten konnte. Bei diesen Wagen waren sowohl die Türen als auch die Front- und Heckhauben aus Aluminium. Die Motorhaube hatte an den Seiten Lüftungsschlitze, um über Zwischenrohre frische Luft direkt zu den Vergaseröffnungen zu leiten. Die vordere Haube war wie bisher vom Tankeinfüllstutzen durchbrochen.

machte Hild einen Abstecher nach Athen, wo er sich mit dem Coupé an einem Bergrennen beteiligte. Anschließend fuhr Hild nach Sizilien, wo er den Wagen drei Tage lang über Europas schlechteste Straßen jagte und es anschließend von Hanstein und Baron Pucci übergab, die das Auto über den unbeschreiblich harten Targa-Kurs quälten. Sie gewannen ihre Klasse und übertrumpften einige der besten Rennautomobile der Welt durch ihren 6. Platz im Gesamtklassement. Nach Beendigung des Rennens fuhr der nimmermüde Hild dieses ausdauernde Fahrzeug auf eigener Achse nach Hause.

Alle Rennerfolge, die der Carrera erzielte, hätten eigentlich den Verkauf der De-Luxe-Version, die für den Alltagseinsatz vorgesehen war, fördern müssen. Dies war indessen nicht der Fall. Die Verkäufe gingen schleppend, besonders in den Vereinigten Staaten, wo man sich in bezug auf den Absatz große Hoffnungen gemacht hatte; nicht umsonst hatte man dem Modell jenen für amerikanische Ohren so klangvollen Namen gegeben. So führte man 1958 eine Überarbeitung des Carrera vom Scheitel bis zur Sohle

tragen und ließ genügend Platz, um den Antrieb auskoppeln zu können, wenn der Gebläse-Keilriemen gewechselt werden mußte.

Für den Typ 692 war auch eine größere Bohrung von 87,5 mm vorgesehen, die mit einem Hub von 66 mm 1587 ccm ergab. Mit neuen Kolben konnte somit die Kompression auf ein Verhältnis von 9,5 zu eins beim Carrera De Luxe und 9,8 zu eins für die GT-Version erhöht werden.

Der als schalengelagerter 1,6-Liter-Motor bekannte Typ 692 debütierte zu Anfang des Jahres 1958 als rollengelagerter 1,5-Liter und trug die Bezeichnung 692/0. Mit diesem in einem Carrera-Coupé eingebauten Motor fuhr von Hanstein Rennen. Porsche-Unterlagen weisen 1958 die Produktion von 20 solcher Motoren aus; sie hatten durchwegs 110 PS bei 6400 U/min, wobei ihre Leistungsspitze bei erhöhter Drehzahl entsprechend darüber lag. Porsche baute auch einige Exemplare eines ähnlichen Motors, des Typ 692/1, der denselben Hubraum und die gleichen Leistungsdaten wie der 692/0 hatte, jedoch mit der neuen schalengelagerten Kurbelwelle ausgestattet war. Im Herbst 1958 wurden 14 dieser

Motoren gefertigt. Zusammen mit den neuen, vorne montierten Ölkühlern baute man sie ebenfalls in Grand-Tourismo-Modelle des Carrera ein.

Im Frühsommer des Jahres 1958 beteiligte man sich mit dem 1,6-Liter-Carrera erfolgreich im 1000-km-Rennen auf dem Nürburgring. Ende Juni begann die Produktion des 692/2 mit einer Zahl von drei Stück pro Woche. Vollständige Fahrzeuge entstanden dann im August, nachdem alle dafür erforderlichen Einzelteile zur Verfügung standen. Der Motor vom Typ 692-2 war mit Solexvergasern 40 PII-4 ausgerüstet und entwickelte 105 PS bei 6500 U/min sowie ein Drehmoment von 123 mkp bei 5000 U/min. Nach rund 5000 Einfahrkilometern durfte der Motor bis 7200 Touren hochgedreht werden und erlaubte Spitzendrehzahlen von 7500 U/min, vermerkte das Handbuch; unter 2500 U/min sollte nicht gefahren werden, »mit Ausnahme sehr kurzer Strecken«! Zum ersten Mal wies ein Carrera für Straßeneinsatz eine Tellerfederkupplung auf. Weiters wurde in den Wagen ein Getriebe vom Typ 716 mit der bewährten Synchronisierung eingebaut; auf Wunsch konnte man ein ZF-limited-slip-Differential erhalten. Die Carreras der De-Luxe-Ausführung besaßen ein Übersetzungsverhältnis von 4.428 zu eins.

Mit seiner verbesserten Geräuschdämpfung war dieses 1959er Carrera-Modell der bisher luxuriöseste Porsche, der je gebaut worden war. »In seiner Leistung und seinen Fahreigenschaften gleicht dieser Wagen nicht mehr dem vorangegangenen De Luxe«, schrieb Wolfgang Raether an Erich Filius im Juni 1958; »jedoch entspricht er in seiner gegenwärtigen technischen Ausführung den höchsten Anforderungen.« Mit dem Hinweis, daß »er zwar recht ruppig bei niedrigen Drehzahlen« sei, sagte Raether, daß »jeder gute Porsche-Händler aber den Mut haben solle, dieses Automobil zu bestellen, damit ein weiterer Teil unserer Verkaufsorganisation die Chance

erhält, sich von den speziellen Eigenschaften dieses Modells überzeugen zu können.« Er schrieb, daß er nicht die Absicht habe, Druck auszuüben, sondern vielmehr helfen wolle, daß »ein wirklich ausgereiftes Fahrzeug seinen Weg zum Käufer finde – bei bestmöglicher Verkaufshilfe durch uns.«

Diese Hoffnungen erfüllten sich nicht. Mit einem Leergewicht von 950 kg war der 356A/1600 GS in seiner De-Luxe-Ausführung nicht nur der luxuriöseste sondern auch der schwerste Porsche, den es je gab. Das zusätzliche Gewicht wurde durch die Hubraumvergrößerung zwar wettgemacht, aber in Straßentests erwies sich, daß die Forderung nach besserer Beschleunigung aus den unteren Drehzahlbereichen praktisch unerfüllt blieb.

Das 1959er Coupé mit dem 1600GS-Motor erzielte praktisch gleiche Beschleunigungswerte wie der leichtere 1957er GT Speedster. Das geringere Speedster-Gewicht zeigte sich auch in seiner wesentlich besseren Zeit, die er über die stehende Viertelmeile absolvierte.

Da die Nachfrage gering blieb, wurden nicht mehr als 94 Motoren vom Typ 692/2 gebaut: 45 im Jahr 1958, 47 noch 1959 und schließlich zwei im Jahr 1960. Mit diesen wenigen Motoren blieb der Carrera De Luxe im Programm, bis der neue Super 90 mit dem Stoßstangen-Motor im März 1960 in Produktion ging. Bis Januar hatte die Gesamtproduktion aller Arten von Carreras seit 1955 einen Stand von 700 Stück erreicht.

1960 und 1961 baute und verkaufte Porsche den Carrera lediglich mit der leichteren GT-Karosserie und dem leistungsstärkeren Motor vom Typ 692/3 und 692/3A. Der Motortyp 692/3 kam erst im Februar 1959 auf den Markt. Er unterschied sich in einigen Punkten vom Motor des

Leistungsvergleich Porsche Carrera			
Modell	1956 356 A/1500 GS Coupé	1957 356 A/1500 GS Speedster GT	1959 356 A/1600 GS de Luxe Coupé
veröffentlicht in	Road & Track	Sports Cars Illustrated	Sports Cars Illustrated
Leergewicht	922 kg	839 kg	951 kg
0–80 Sekunden km/h	9,0	8,5	8,2
0–96 Sekunden km/h	11,5	11,1	10,8
0–112 Sekunden km/h	14,9	14,0	14,4
0–128 Sekunden km/h	19,0	18,0	17,7
0–145 Sekunden km/h	25,4	22,5	22,8
0–160 Sekunden km/h	33,5	28,2	28,4
1/4 Meile stehd. Sek.	17,7	16,5	18,4
max. km/h	193,1	201,9	189,9

Unten: Ein von Zagato karossierter Porsche Carrera GTL. Der Rennsportwagen ist ein ganz frühes Exemplar dieser Reihe, der Aufbau ist aus Aluminium. Gegenüberliegende Seite: Blick von unten in den Motorraum des 356 B von 1960.

De-Luxe-Modells: er hatte ein höheres Kompressionsverhältnis von 9.8 zu eins, und zur Standardausrüstung gehörten Weber-Vergaser vom Typ 40 DCM2. Es war mit einem Auspuffsystem ohne innere Bleche versehen und besaß eine 12-Volt-Ausrüstung – dies war der erste Carrera, der vom 6-Volt-System abwich. Der bei diesen Motoren äußerst kritische Zündzeitpunkt wurde von 24 Grad auf 26 Grad vor OTP verändert. Die Leistung des 692/3 lag bei netto 115 PS bei 6500 Touren. Bei 7500 U/min, dem empfohlenen Schaltpunkt, betrug die Nettoleistung noch über 100 PS. Bei 5200 U/min lag die Spitze einer sehr ausgeglichenen Drehmomentkurve bei maximalen 13,8 kpm. Die Tellerfederkupplung von Haussermann und die Getriebekonstruktion vom Typ 716 trugen wesentlich dazu bei, daß dieser in die leichten GT-Karosserien von Reutter eingebaute Motor den Wagen noch näher an seine Idealform heranbrachte.

Es war natürlich von großer Bedeutung, daß der neue 1.6-Liter-Renn-Carrera von der F. I. A. für die GT-Kategorie zugelassen wurde. Um die Homologierungsbestimmungen zu erfüllen, wurden 100 Motoren vom Typ 692/3 gebaut, wovon 65 während des Jahres 1959 und der Rest 1960 entstanden. Zum Verdruß Porsches liefen die Vorbereitungen für die Abnahme des neuen Typs durch den Sports Cars Club of America für die Serienwagenkategorie wesentlich langsamer. Mitte 1959, als der 692/3-Motor gerade fertig war, drehten sich die Gedanken bei Porsche um einen Carrera, der leichter und kompakter werden, aber dennoch den Bestimmungen entsprechen sollte, die ihn als GT-Automobil bei der F. I. A. zuließen. Eine abgeänderte Karosserie durfte nur nicht geringer im Gewicht ausfallen (dies betrug bei den jetzigen Wagen 775 kg). Im Sommer 1959 erkundigte sich Porsche bei zwei Herstellern nach Möglichkeiten für die Fertigung 20 besonders leichtgewichtiger Karosserien auf dem Chassis des 356B: Wendler in Reutlingen und Zagato in Turin, wo schon so viele Coupés für Lancia, Abarth und Alfa entstanden waren. Zagatos Angebot war für Porsche am attraktivsten. Dennoch gab es da einige Hindernisse, die einem Geschäft zwischen Porsche und Zagato im Wege standen. Die Italiener bauten auch Karosserien für Firmen, deren Automobile mit Porsche konkurrierten. Dies mag der Grund gewesen sein, warum Carlo Abarth als Zwischenhändler für dieses Projekt gewonnen wurde – wie er sich schon einmal bei Porsche und Cisitalia im Jahre 1946 engagiert hatte. Er vermochte in seinem Betrieb in Turin sowohl den Einbau der Motoren als auch die Endabnahme der fertiggestellten Automobile vorzunehmen, nur konnte Abarth die Karosserien nicht selbst bauen, da er hierfür keinerlei technische Einrichtungen besaß. Die neue Karosserieform stammte aus der Feder von Franco Scaglione, einem bekannten Stilisten von Sportwagenkarosserien mit großer Erfahrung auf dem Gebiet der Aerodynamik. Die von ihm entworfene Karosserie stellte eine Kombination von Zagato-Design und Porsche-Elementen dar. Unter der scharf zulaufenden Frontpartie befanden sich Öffnungen für den zentralen Ölkühler und für die Vorderbremsen, während der Heckdeckel an seiner oberen Kante eine einfache

Paul Strähles Carrera GTL bei der Mille Miglia 1962, wo das Fahrzeug einen mittleren Blechschaden davontrug und zum Leidwesen des schnellen Piloten abgewinkt wurde.

Hutze aufwies sowie fünf Öffnungen an jeder der unteren Ecken. Herausdrückbare Türgriffe erinnerten an die seinerzeitigen in Gmünd gebauten Porsche.

Scaglione und Zagato hatten es zuwege gebracht, die frontale Querschnittsfläche des Carrera zu reduzieren. Sie verringerten die Höhe um 132 mm und kamen so auf insgesamt 1200 mm; durch Verringerung der Breite um 120 mm reduzierte sich diese auf 1550 mm. Der Luftwiderstand konnte dadurch um etwa 15 Prozent gesenkt werden, wodurch sich selbstverständlich die Spitzengeschwindigkeit erhöhte. Durch den Wegfall der Stoßstangen gelang es, die Gesamtlänge des Porsche auf 3880 mm zu verkürzen. Durch die Verwendung von Leichtmetall bei der Karosserie ließ sich auch das Wagengewicht spürbar herabsetzen. Es betrug bei dem Mitte 1960 fertiggestellten Wagen nur etwa 800 kg. Dadurch war er etwa 45 kg leichter als der Reutter GT und doch noch 23 kg schwerer als das vorgeschriebene Homologierungsminimum in dieser Klasse. Er erhielt tiefe Schalensitze und ein gewölbtes Paneel für die Instrumente im Blickfeld des Fahrers; es gab wenig Firlefanz. Die Sitze gehörten indessen zu jenen Dingen, deren Austausch im ersten Carrera GTL – wie dieses Modell hieß – sich als notwendig erwies, als dieses mit den ersten Sonnenstrahlen des Frühlings 1960 in Zuffenhausen eintraf. Da blieb als allererstes viel zu wenig Kopfraum auch für die kleinstgewachsenen Herren bei Porsche. Auch fanden sie, daß die vorderen Radausschnitte zu knapp bemessen waren. Bei dem zweiten in Turin gefertigten Exemplar waren diese Fehler behoben, und dieses Fahrzeug wurde vom Carrera-As Paul Strähle gekauft und sowohl von ihm als auch dem allgegenwärtigen Herbert Linge in der Targa Florio Anfang Mai gefahren. Sie erzielten den 6. Gesamtrang, gewannen ihre Klasse und ihre Kategorie – ein hervorragendes Debüt.

Das Heck des ersten sowie des Strähle-Wagens war vor dem Targa-Start geändert worden. Der Motorraumdeckel hatte eine Vielzahl von Luftschlitzen erhalten. Der Mehrbedarf an Kühlluft zeigte sich beim GTL mit seinem sehr kurzen Heck ebenso deutlich wie beim America Roadster acht Jahre zuvor: weil nämlich ein übergroßer Anteil bereits erwärmter Luft von der Unterseite des Wagens nach oben und dort erneut in das Kühlsystem strömte.

Eine weitere Änderung am ersten GTL oder »Abarth« (wie man ihn bei Porsche nannte) war die Beseitigung der Fensterkurbeln, die durch fixierbare Bänder, wie sie im Reutter GT Verwendung fanden, ersetzt wurden. Die bei den ersten beiden Wagen an der Karosserie herausschauenden Wagenheber-Ansatzpunkte wurden ebenfalls entfernt. Danach fuhren Linge und Greger den GTL, nachdem dieser versuchsweise mit Scheibenbremsen ausgerüstet worden war, im 1000-km-Rennen auf dem Nürburgring. Sie erreichten den 7. Platz im Gesamtklassement und wurden gleichzeitig Zweite in der 1600-ccm-Sportwagenklasse (in die man sie wegen der Scheibenbremsen eingestuft hatte). Ernst Strähle und Gerhard Koch, Besitzer des dritten GTL (Fahrgestell-Nr. 1003) fuhren ihre Wagen ebenfalls auf dem Ring und belegten Platz Eins und Drei in ihrer GT-Klasse.

Der erste GTL (Nr. 1001), in dessen Front zwei zusätzliche Scheinwerfer eingelassen waren, erhielt wieder seine ursprünglichen Bremsen, so daß er im Juni als Werksnennung in Le Mans in der GT-Kategorie mitfahren konnte. Hier mußten Linge und Walter feststellen, daß die undichte Karosserie eine Menge Regenwasser eindringen ließ, das durch die geschlossene Bodenplatte nicht abfließen konnte. Sie waren gezwungen, stundenlang mit überschwemmtem Boden weiterzufahren. Dennoch gewannen sie die Klasse und kamen auch als erster Porsche ins Ziel, wobei se den 11. Gesamtrang belegten.

In Le Mans bestätigte dieser GTL, was man bei Porsche schon ermittelt hatte: daß die Abarth-Version wirklich schneller als der Reutter-Carrera war. Mit über 220 km/h hatte man ihn auf der Mulsanne-Geraden gestoppt, an einem Punkt, wo der Wagen kurz vor seiner Höchstgeschwindigkeit lag, wie Linge erklärte. Nach Le Mans hatten verschiedene Journalisten die Möglichkeit, diesen ersten Abarth Carrera zu fahren. »Die hervorragende Fahrposition ist eine der wesentlichsten Beiträge dieses Automobils,« berichtete Jesse Alexander in *Sports Car Illustrated*. »Der Einstieg hinter das Lenkrad ist aber eine andere Geschichte, denn der Fahrer muß seinen Kopf hineintauchen und dann langsam nachrutschen, weil das Dach so niedrig ist. Der Abstand zwischen Dach und dem Kopf des Fahrers ist gerade ausreichend; Personen, die über 1,80 m groß sind, werden sicher Probleme haben.«

Der Motor »entwickelt einen solchen Höllenlärm, daß man glaubt, in einem Rennwagen zu sitzen«, meinte Uli Wieselmann, und bei 5500 U/min, wenn man im zweiten oder dritten Gang das Gaspedal durchtrat, hatte er das Gefühl, einen Schlag zu bekommen, der ihm die Luft wegblieb. Er hatte den Eindruck, daß dieses Automobil eine bessere Straßenlage als der normale Carrera besaß, vielleicht durch den tieferen Schwerpunkt. *Auto, motor und sport* testete das Automobil mit einem 692/3A-Motor und erreichte damit 100 km/h in knapp neun Sekunden aus dem Stand heraus sowie 160 km/h in knapp 21 Sekunden – das waren die besten Leistungen, mit denen ein Carrera bislang aufwarten konnte. Der GTL war nicht der einzige leichte Carrera, den Porsche 1960 auf dem 356B-Chassis anbot. Zur Jahresmitte 1959 stand fest, daß man bei Reutter einige Gran-Tourismo-Karosserien für 1960 bestellen wollte, jedoch wußte man noch nicht genau, ob sie für den T-2 oder für den neuen T-5 gedacht waren, jene Konstruktion, wie sie mit dem 356B eingeführt wurde. Die Entscheidung hierüber ließ man bis zur Verabschiedung des Reglements seitens der F. I. A. wie der SCCA offen. Reutter wurde ersucht, Angebote für eine Serie von 50 Karosserien sowohl nach Muster des T-2 wie des T-5 zu erstellen. Sehr zur Freude der Porsche-Leute entschied man sich dann für die neuere Karosserie. Man setzte die Stückzahl auf 40 fest und baute sie während der Jahre 1960 und 1961 ausschließlich als Coupés.

Auf den ersten Blick konnte man die GT-Version des 356B-Coupés leicht für das Serienmodell halten. Bei näherer Betrachtung aber entdeckte man die Unterschiede: der Wagen hatte schwächere Stoßstangen (ohne Hörner), einfache Aluminiumradkappen, glatt ausgekleidete Türen und Schalensitze. Man konnte den GT auch rechtsgelenkt erhalten, ein solches Exemplar fuhr der Brite Dick Stoop 1960. Sein Wagen wurde vier Jahre später von *Autocar* getestet: »Es war bei kaltem Motor ein seltsames Gurgeln zu hören, wohl hydraulische Resonanzen, die im Rohrsystem entstanden, wenn das Öl vom Reservoir zum Motor floß.« Jedoch stellten die Tester des Magazins »keinerlei Knarren, Klappern oder sonstige Anzeichen fest, die auf Veränderungen in der Karosseriestruktur schließen lassen könnten« und dies nach 60 000 harten Kilometern. Der für Autobahnfahrten hoch übersetzte Stoop-Carrera erreichte 70 km/h im ersten, 115 im zweiten, 160 im dritten und 190 im vierten Gang bei knapp 6000 U/min. »Trotz des relativ hoch übersetzten Ganges, der es schwierig macht, sanft von der Startlinie wegzukommen, ohne die Kupplung zu sehr zu strapazieren, ist die gestoppte Zeit von 16,2 Sekunden für die Viertelmeile mit stehendem Start schon sehr beeindruckend,« schrieb *Autocar* weiter. Das Magazin ermittelte eine Beschleunigungszeit von 4,4 Sekunden für 65 km/h, 9 Sekunden bis 100 km/h, 16,2 Sekunden bis 130 km/h und 26,6 Sekunden bis 160 km/h. *Autocar:* »Der Wagen macht viel Freude, nur ist er außerordentlich laut. Er hat eine harte Federung sowie formgerechte, aber wenig komfortable Sitze.«

Laut oder nicht, diese Karosserie hatte einen Fertigungsstand aufzuweisen, der sich auffallend von jenem der ersten Zagato-karosserierten Carreras unterschied. Porsche und Abarth verbesserten die Konstruktion in etlichen Details an den 1961er Exemplaren und man änderte auch einiges am Design des Wagens. Spätere Fahrzeuge erhielten eine abnehmbare Haube am Heck oberhalb der Auspuffrohre, wodurch die Wartungsarbeiten erleichtert wurden. Die Schlußleuchten versenkte man in die Karosserie – sie waren nicht mehr nur angeschraubt; die Kennzeichenleuchten saßen jetzt ebenfalls in der Karosserie und nicht mehr am Haubendeckel.

Die Form des Heckfensters wurde ebenfalls geändert, es erhielt eine mehr abgerundete Form. Bei einigen GTL wurde der Öltankverschluß auf der rechten Karosserieseite hinter dem Heckfenster angebracht, um die Boxenarbeiten zu erleichtern, wenn die Rennen im Uhrzeigersinn gefahren wurden.

Die sicher wichtigste Änderung bei allen Carreras des Jahres 1961 befand sich unter der hinteren Heckklappe: ein verbesserter Motor vom Typ 692/3A. Diese Maschine hatte man für höhere Drehzahlen ausgelegt, und um zwischen 5000 und 7800 U/min mehr Leistung und Drehmoment zu erhalten, hatte man die Einlaß-Nocken geändert. Die Nockenerhebung betrug jetzt 9,65 mm statt der bisherigen 7,5 mm, wodurch sich ein Ventilhub von 12,8 mm (gegenüber 10 mm) ergab. Die bisherige Nocke, wie man sie für die Auspuffventile beibehielt, hatte auffallend asymmetrische Form, so daß die Öffnungskurve des Ventils durch den versetzten Kipphebel wieder symmetrisch wurde.

Lediglich 34 dieser Motoren wurden nach Aufzeichnungen von Ing. Bruno Trostmann in der Versuchsabteilung insgesamt gebaut, alle im Jahr 1961. Die Leistung des 692/3A war exzellent. In Verbindung mit dem Sportauspuff erbrachte er 128 Netto-PS bei 6700 U/min und ein Drehmoment von 14 mkp bei 6000 U/min. Mit Sebring-Auspuff – und entsprechender Vergasereinstellung – kam man auf eine Nettoleistung von 135 PS bei 7400 Umdrehungen und ein Drehmoment von über 14 mkp bei 5800 U/min. Höchstrespektable Werte für einen 1589 ccm-Motor.

Während der Saison 1961 und 1962 konzentrierte sich Porsche auf den Grand Prix-Rennsport und ging damit ein historisches Wagnis ein, doch war man während dieser Zeit bemüht, das Sportwagenprogramm nicht zu vernachlässigen. Zwei Werkswagen befanden sich sozusagen im Dauereinsatz. Einer mit der Fahrgestellnummer 1013 wurde 1961 in der Targa Florio eingesetzt und belegte den 7. Platz, gelenkt von Linge und von Hanstein. Strähle wurde mit seinem privaten GTL Klassensieger. Dann setzte man den Wagen in Le Mans ein und erzielte dort den 10. Rang, im Pariser 1000-km-Rennen beendete der Wagen das Rennen auf Platz 15. Die 1962er Saison begann der Wagen in Sebring, wo er von den amerikanischen Stars Dan Gurney und Bob Holbert gelenkt wurde, seine Klasse gewann und das Rennen auf dem 7. Gesamtrang beendete.

In der Targa Florio des Jahres 1962 gesellte sich Nummer 1018 zur Nummer 1013 und sie kamen auf den 6. bzw. den 10. Platz. Der jüngere Wagen gewann seine Klasse im 1000-km-Rennen auf dem Nürburgring. Beide traten erneut in Le Mans an, wo der jüngere GTL erstmals den älteren besiegte. Er wurde von Edgar Barth und Hans Herrmann auf den 7. Gesamtrang und zum Klassensieg pilotiert, während die Nummer 1013 Zwölfter wurde, wobei zu vermerken ist, daß die Bremsen dieses Wagens zum Schluß ausgefallen waren. Im Februar 1963 beteiligten sich diese Veteranen im Daytona Continental Rennen, wo Wagen Nr. 1018 den 5. und 1013 den 7. Platz belegte. Beide fuhren auch in Sebring erfolgreich. Es war dies ihr letztes Hauptrennen im Werkseinsatz; schließlich kam der Wagen mit der Nummer 1018 in die Sammlung historischer Automobile im Porsche-Museum.

Die vier 692/3A-Motoren, wie sie Porsche in diesen Automobilen während der Saison 1962 einsetzte, entwickelten Leistungen zwischen 137 und 140 PS. Die Zunahme verdankte man einer leicht geänderten Kolbenform und jenem geänderten Nockenprofil, das längere Einlaßzeiten erlaubte. Einige Privatfahrer hatten diese höherhubigen Nocken auch für die Auslaßventile benutzt, und als Porsche im Oktober 1962 ebenfalls einen derartig ausgerüsteten Motor testete, ermittelte man eine Leistung von 146,5 PS bei 7350 U/min. Als Herbert Linge jedoch einen derartigen GTL auf dem Nürburgring erprobte, berichtete er, daß es unmöglich war, unter 6000 U/min zu drehen und daß die Motorleistung bis 7800 U/min nicht besser als beim 692/3A war. Doch inspirierte dieser Versuch – trotz seines Mißerfolges – die Porsche-Ingenieure, nach weiteren Möglichkeiten der Leistungssteigerung zu forschen.

Im Verlauf der sechziger Jahre wurde der Name Carrera mit dem GTS und dem Carrera 6 für immer exotischere Porsche-Wagen verwendet. Aber erst in den siebziger Jahren wurde diese Bezeichnung wieder einem normalen Serien-Porsche zuteil. Und jeder Carrera – früher wie heute – gilt als ein ganz besonderes Liebhaberfahrzeug von hohem technischen Niveau.

Drei schnelle Abarth-Carrera-Porsche beim Daytona Continental-Rennen 1964. Die Unterschiede in den einzelnen Ausführungen sind gut erkennbar. Einer der Abarth-Carrera-Wagen steht heute im Porsche-Werksmuseum.

Porsche Typennummern

Zusammenstellung aller Typennummern, die in diesem Buch Erwähnung finden. Die Jahreszahlen beziehen sich auf die Fertigstellung der Konstruktion.

Typ	Jahr	Beschreibung
7	1930/31	Konstruktion für Wanderer W15 und W17, Zweiliter-Sechszylinder (erster Auftrag für das Porsche-Büro, Stuttgart)
8	1930/31	Coupé-Prototyp für Wanderer, 3,25 l-Reihenachtzylinder
9	1930/31	Projekt einer Kompressor-Version des Wanderer-Achtzylinder
12	1932	Volkswagen-Prototyp (Zündapp)
22	1932/37	Auto Union Grand-Prix-Wagen
32	1934	Volkswagen-Prototyp für NSU
52	1934	Entwurf eines Auto Union-Sportwagens (Basis.Typ 22)
60	1934/41	Volkswagen (KdF-Wagen)
60K10	1939	Sportcoupé für Berlin-Rom-Fahrt (KdF)
62	1936	KdF-Geländeversion, offen
64	1937/38	1,5-l-Sportwagen, KdF-Chassis
66	1938	Rechtslenker-Version des KdF-Wagens
67	1939	Ambulanzwagen (KdF)
68	1939	Lieferwagen (KdF)
80	1938/39	Daimler-Benz Weltrekordwagen
82	1939/40	VW-Kübelwagen
86	1941	Kübelwagen mit 4-Rad-Antrieb
87	1942	KdF-Wagen mit 4-Rad-Antrieb »Kommandeurswagen«
92	1943	KdF-Geländeversion (Chassis Typ 82)
100	1939/40	Zugmaschine (KdF mit verk. Chassis)
101	1942	Selbstfahrlafette für Flak
102	1942	wie Typ 101, jedoch mit hydr. Getriebe
108	1938	Zweistufen-Kompressor für Daimler-Benz
110	1938/39	Kleintraktor »Volkspflug«
111	1939/40	Volkspflug 2. Version
112	1940/41	Kleintraktor mit stärkerem Motor
113	1941	Volkspflug 3. Version
114	1938/39	F-Wagen, 1,5 l-Sportwagen
115	1939	KdF-Motor mit Kompressor und obenliegenden Nockenwellen
116	1938/39	KdF-1,5 l-Rennwagen (Basis Typ 114)
120	1940	Motor für Notstromaggregat
128	1940/41	Schwimmwagen (1. Version)
135	1940/41	»Volkswindkraftwerk« 130 Watt
136	1940/41	»Volkswindkraftwerk« 736 Watt
137	1940/41	»Volkswindkraftwerk« Generator 4500 Watt
138	1940/41	Schwimmwagen (2. Version)
155	1941	Typ 82 als Halbketten-Fahrzeug
156	1941	Typ 166 mit Laufwerk f. Schiene
157	1941	Typ 82 mit Laufwerk f. Schiene
160	1941	Untersuchung über selbsttrag. Aufbau
162	1941	Geländewagen mit selbsttrag. Aufbau
164	1941	Lastwagen mit 6 Rädern
166	1941	Schwimmwagen
170	1942	Sturmbootmotor, 1. Version
171	1942	Sturmbootmotor, 2. Version
174	1942	KdF-Motor für Sturmboot
175	1942	Militärzugmaschine mit Stahlrädern, »Radschlepper Ost«
177	1942	Entwurf für 5-Ganggetriebe
178	1942	Entwurf für 5-Gang-Getriebe
180	1942	Panzer-Konstruktion mit dieselelektrischem Antrieb
181	1942	Panzer-Konstruktion mit hydraulischem Getriebe
182	1942	VW-Einheitsaufbau
198	1942	Anwerfgetriebe für Kfz-Motor
205	1942	200-t-Panzer »Maus«
212	1942	16-Zylinder-Dieselmotor
230	1942	KdF-Wagen mit Holzgas-Gen.
235	1942	KdF-Wagen mit Elektroantrieb
239	1942	Typ 82 m. Holzgas-Generator
245	1942	18-t-Mehrzweck-Panzer
250	1942/43	Turmloser Panzer mit 10,8-cm-Geschütz
276	1942	Typ 82 mit Protzhaken
285	1945	Wasserturbine mit 3,5 PS
293	1944	Truppentransporter auf Rädern oder Schienen
309	1945	Zweitakt-Dieselmotor
312	1945	Traktor mit Benzinmotor
313	1945	Traktor mit Dieselmotor
323	1946	11 PS Diesel-Traktor
328	1946	28 PS Traktor
356	1947	Zweisitziger Sportwagen auf VW-Basis
356/2	1947/48	Porsche Sportwagen, Gmünd
356A	1955/56	verbessertes Serienmodell
356B	1959/60	verbessertes Serienmodell, Karosserie-Änderungen (T5)
356C	1963/64	verbessertes Serienmodell
356SL	1951	Rennversion des 356/2-Coupés
360	1947/48	Cisitalia Grand-Prix-Wagen
361	1947	Einzylinder-Testmotor f. 360
362	1948	2-l-Saugmotor-Version f. 360
369	1949/50	1,1-l-Motor für 356/2 und 356
370	1947	Cisitalia 1,5-Liter-Sportwagen
425	1948	20 PS Diesel-Traktor
502	1950/51	1,5-l-Sportmotor für 356
506	1950/51	1,3-l-Motor für 356
506/2	1954/55	Typ 506 mit dreiteiligem Kurbelgehäuse
514	1951	Le Mans-Werkswagen (356SL)
519	1951	Synchr. Getriebe f. 356
522	1952	Konstruktionsvorschlag mit Federbein-Vorderachse f. VW
527	1951/52	1,5-l-Serienmotor für 356, 60 PS
528	1952/53	1,5-l-Sportmotor für 356/1500 S
528/2	1954/55	Typ 528 mit dreiteiligem Kurbelgehäuse
530	1951/52	Porsche 4-Sitzer
540	1952	Karosserieausführung America Roadster
542	1953	Limousine für Studebaker
546	1952/53	Gleitlager-Version Typ 527 (1500 Normal)
546/2	1954/55	Typ 546 mit dreitlg. Kurbelgeh.
547	1952/53	1,5-l-Rennmotor
547/1	1955	547-Serienversion
547/3	1958	verbesserter 1,5 l-Rennmotor für 718 und 718/2
547/4	1957	1,6-l-Rennmotor für 718
547/5	1957	1,7-l-Rennmotor für 718
550	1953	2-sitziger Rennsportwagen
550A	1956	550 mit Gitterrohr-Rahmen
587	1961	2,0-l-Rennmotor für 718
587/1	1961/62	Tourenversion des 587
587/2	1963	Rennversion des 587
587/3	1963/64	2,0 l-Rennmotor für 904
589	1953/54	1,3-l-Sportmotor für 356 (Mod. 1300S)
589/2	1954/55	Typ 589 mit dreitlg. Kurbelgeh.
597	1954/55	Jagdwagen mit Allradantrieb
616/1	1955/56	1,6-l-Motor für 356A
616/2	1955/56	1,6-l-Sportmotor für 356A (Mod. 1600S)
616/3	1956	1,6-l-Industriemotor
616/7	1960	90-PS-Motor für 356B
616/12	1961/62	Motor 616/2 mit Grauguß-Zylindern für 356B
616/15	1963/64	1,6-l-Motor für 356C (1600 C)
616/16	1963/64	1,6-l-Sportmotor für 356C (1600SC)
616/36	1965	1,6-l-Motor für Porsche 912
616/39	1967/68	Motor mit US-Abgasentgiftungs-Anlage für Porsche 912
633	1954	Limousine für Studebaker
644	1957	4-Ganggetriebe (356B)
645	1956	Versuchs-Rennwagen »Mickymaus«
678	1959	1,6-l-Flugmotoren-Reihe
678/1	1959	65-PS-Flugmotor m. Untersetzer-Getriebe
678/3	1959	53-PS-Flugmotor m. Direktantrieb
678/4	1959	75-PS-Flugmotor m. Untersetzer-Getriebe
690	1958	5-Ganggetriebe mit Tunnelgehäuse für Typ 718
692	1958	überarbeiteter Viernockenwellen-Motor für Carrera
692/0	1958	1,5-l-Typ 692, Rollenlager-Kurbelwelle
692/1	1958	1,5-l-Typ 692, Gleitlager-Kurbelwelle

Typ	Jahr	Beschreibung
692/2	1958/59	1,6-l-Version des 692/1 für Carrera-Straßenmodell
692/3	1959	Sportversion des 692/2-Agg.
692/3A	1961	überarbeiteter 692/3 mit Nockenwellen-Ausgleichsgewichten (»Schleifsteine«)
695	1959	Vorentwicklung für neue Porsche-Modelle mit Scheibenbr.
710	1959	Viergang-Getriebe für Typ 356 mit verbesserter Synchr.
718	1957	Rennsportwagen/Mittelmotor
718/2	1959	1,5-l-Rennwagen, Formel II
729	1958	Bootsmotor
741	1959/60	4-Ganggetriebe für Typ 356B
741/A	1961/62	4-Ganggetriebe für Typ 356 B/C
745	1962	Sechszylinder-Versuchsmotor
753	1961/62	1,5-l-Achtzylinder für den 804
771	1962	2,0- und 2,2-l-Versuche (753)
787	1961	Grand Prix-Wagen Chassis
804	1962	Grand Prix-Wagen Chassis
821	1963	Motor für den 901
901	1963	Sechszylinder-Sportwagen
901/0	1964/65	5-Ganggetriebe für Modell 911
901/01	1964/65	130-PS-Motor für 911
901/02	1966/67	160-PS-Motor für 911S
901/03	1967/68	110-PS-Motor für 911T
901/05	1966	Typ 901/01 mit Weber-Verg.
901/06	1966/67	Typ 901/05 mit verbessertem Ventil-Einstellmechanismus
901/07	1967/68	Typ 901/06 m. Anschlüssen f. Sportomatic
901/08	1967/68	Typ 901/02 m. Anschlüssen f. Sportomatic
901/09	1968/69	Einspritzmotor für 911E
901/10	1968/69	Einspritzmotor für 911S
901/13	1967/68	Typ 901/03 m. Anschlüssen f. Sportomatic
901/14	1967/68	Typ 901/06 (130 PS) für USA
901/17	1967/68	Typ 901/14 m. Anschlüssen f. Sportomatic
901/20	1966	210-PS-Motor für Modell 906
901/21	1966/67	Einspritzer-Version vom 901/20 für 906E und 910/6
901/22	1967	210-PS-Motor für 911R
901/30	1968	150-PS-Rallyeausf. für 911L
902/0	1965/66	4-Ganggetriebe für 912 und 911
902/01	1967/68	4-Ganggetriebe für 912
902/02	1967/68	5-Ganggetriebe für 912
902/1	1965/66	5-Ganggetriebe für 912 und 911
904	1963/64	GT-Mittelmotorcoupé
904/6	1964	(inoffiziell) Typ 904 mit 6 Zyl.
904/8	1964	(inoffiziell) Typ 904 mit 8 Zyl.
905/00	1967/68	4-Gang-Sportomatic-Getriebe
905/01	1967/68	4-Gang-Sportomatic (neu)
905/13	1968/69	4-Gang-Sportomatic
905/20	1969/70	4-Gang-Sportomatic
905/21	1970/71	4-Gang-Sportomatic
906	1966	Wettbewerbs-Coupé
906/8	1966	(inoffiziell) 906 mit 8 Zyl.
906E	1966/67	Typ 906 mit Einspritzmotor
907	1968	Renn-Coupé mit Rechtslenkung
907L	1967/68	Typ 907 mit langem Heck
908	1968	3,0-l-Achtzylinder Rennmot.
908/01	1969	Typ 908 Langheck-Coupé
908/02	1969	Typ 908 offener Spyder
908/03	1970	3,0-l-Spyder
908K	1968	Typ 908 Kurzheck-Coupé
908L	1968	Typ 908 Langheck-Coupé
909	1968	2,0 l-Spyder für Bergrennen
910	1966/67	Rennsport(Halb-)Coupé
910/6	1967	Typ 910 m. 2-l-Mot. (901/21)
910/8	1967	Typ 910 mit 2,2-l-Achtzyl.-Mot.
910/8B	1967/68	Leichtbau-Version vom 910/8
911	1964/65	Sechszylinder-Serien-Sportwg.
911/00	1969/70	4-Ganggetriebe für 911T
911/01	1969/70	2,2-l-Motor für 911E
911/02	1969/70	2,2-l-180-PS-Motor für 911S
911/03	1969/70	2,2-l-Motor für 911T
911/04	1969/70	911/01-Motor m. Anschlüssen f. Sportomatic
911/06	1969/70	911/03-Motor m. Anschlüssen f. Sportomatic
911/07	1969/70	2,2-l-Motor für 911T (USA)
911/08	1969/70	911/07 mit Anschlüssen für Sportomatic
911/20	1970	2247-ccm-Rennmotor für 911S
911/21	1971	2381-ccm-Rennmotor für 911S
911/22	1970	Typ 911/20 Vergaser-Ausf.
911/41	1974/75	2,7-l-Motor für 911
911/42	1974/75	2,7-l-Motor für 911S
911/43	1974/75	2,7-l-Motor für 911 US-Modell
911/44	1974/75	2,7-l-Motor für 911 (California)
911/46	1974/75	Typ 911/41 m. Anschlüssen f. Sportomatic
911/47	1974/75	Typ 911/42 m. Anschlüssen f. Sportomatic
911/48	1974/75	Typ 911/43 m. Anschlüssen f. Sportomatic
911/49	1974/75	Typ 911/44 m. Anschlüssen f. Sportomatic
911/51	1971/72	2,4-l-Motor für 911 (USA)
911/52	1971/72	2,4-l-Motor für 911E
911/53	1971/72	2,4-l-Motor für 911S
911/57	1971/72	2,4-l-Motor für 911T (Europa)
911/61	1971/72	Typ 911/51 m. Anschlüssen f. Sportomatic
911/62	1971/72	Typ 911/52 m. Anschlüssen f. Sportomatic
911/63	1971/72	Typ 911/53 m. Anschlüssen f. Sportomatic
911/67	1971/72	Typ 911/57 m. Anschlüssen f. Sportomatic
911/70	1971	2494-ccm-Rennmotor für 911S
911/72	1972/73	2,8-l-Rennmotor für 911S u. Carrera RSR
911/73	1972	2466-ccm-Rennmotor für 911S
911/74	1973	3,0-l-Rennmotor f. Carrera RSR
911/75	1973	Typ 911/74 mit geänd. Verg.
911/76	1974	2,1-l-Turbomotor für Carrera RSR Turbo 2,1
911/77	1973/74	3,0-l-Motor für Carrera RS
911/81	1975/76	2,7-l-Motor für 911
911/82	1975/76	2,7-l-Motor für 911S US-Modell
911/83	1975/76	2,7-l-Motor für Carrera RS
911/84	1975/76	2,7-l-Motor für 911S California-Ausführung
911/86	1975/76	Typ 911/81 m. Anschlüssen f. Sportomatic
911/89	1975/76	2,7-l-Motor der US-Version, Sportomatic
911/91	1973	2,4-l-Motor mit K-Jetronic (911T US)
911/92	1973/74	2,7-l-Motor für 911, K-Jetronic
911/93	1973/74	2,7-l-Motor für 911S
911/96	1973	Typ 911/91, Sportomatic
911/97	1973/74	Typ 911/92, Sportomatic
911/98	1973/74	Typ 911/93, Sportomatic
911E	1968/69	Einspritzmodell zw. 911T/S
911L	1967/68	Luxusausführung für USA
911R	1967	Leichtbau-Wettbewerbsausf.
911S	1966/67	Hochleistungsversion des 911
911T	1967/68	Straßen-Ausführung des 911
912	1965	Vierzylinder-Version des 911 (Motor Typ 616)
912	1969	4,5-l-Zwölfzylinder für 917
912E	1975/76	Einspritz-Version des 912 (US)
914	1969/70	Mittelmotor-Sportwagen
914/6	1969/70	Sechszylinderversion des 914
914/8	1969	Typ 914/6 mit 908 3,0-l-Motor
914/11	1969/70	5-Ganggetriebe für 914, 914/6
914/12	1972/73	5-Ganggetriebe für 914
915	1971/72	verstärktes 4- oder 5-Ganggetriebe für 911
915/06	1973/74	5-Ganggetriebe für 911, 911S und Carrera
916	1967	Rennversion des Typs 901 (2 ohc)
916	1968	5-Ganggetriebe für 908/01 und 908/02
916	1971	Vorges. 2,4-l-Version des 914/6
917	1969	4,5-l-Renn-Coupé
917/10	1971/72	Spyder-Version des 917
917/20	1971	917K mit SERA-Karosserie
917/30	1973	weiterentwickelter 917/10
917K	1969/70	Kurzheck-Ausführung des 917
917L	1970	Langheck-Ausführung des 917
917PA	1969	Spyder-Karosserie auf dem 917 (Can-Am)
923	1975/76	2,0-l-Motor für den 912E
924	1976/77	Vierzylinder-Serienwagen
925/00	1971/72	4-Gang-Sportomatic f. 911T/E
925/09	1975/76	3-Gang-Sportomatic für 911
928	1977/78	Serienwagen mit V-8-Frontmotor
928S	1979/80	Superversion des 928
930	1974/75	Turbo und Turbo Carrera
931	1978/79	Typ 924 Turbo aus Motor 047
932	1978/79	Typ 924 Turbo Rechtslenker
934	1976	Rennversion Gruppe 4 des 930
935	1976	Rennversion Gruppe 5 des 930
936	1976	2,1-l-Spyder mit Turbomotor
937	1979/80	924 Carrera GT Linkslenker
937/50	1980	Getriebe für 939
938	1979/80	924 Carrera GT Rechtslenker
939	1979/80	924 Carrera GT Le Mans
995	1979	Zukunftsauto (Studie für die 90er Jahre
1966	1970/71	geplanter Mittelmotor-VW
2539	1979	SAVE Rettungswagen-System
2567	1979	Orbit Feuerwehrsystem

Kapitel 10
Porsche – auf allen Rennstrecken zu Hause

Porsches Einstieg in das Rennsportgeschehen – Mitte der 50er Jahre – war von entwaffnender Improvisation geprägt; wie sich die Firma jedoch auf die Targa Florio des Jahres 1956 vorbereitete, das grenzte bereits ans Lächerliche. So empfand es zumindest Huschke von Hanstein, der wie sein Fahrer Umberto Maglioli selbst zu Pinsel und Farbtopf griff, um ihrem Spyder einen Anstrich von deutschem Rennweiß zu verpassen. Mit Bezug auf Magliolis italienische Nationalität verzierten sie den Bug mit dem Bild der italienischen Flagge. Untergebracht waren sie bei Freunden in Palermo; ihre beiden Mechaniker, Willi und Werner Enz, nächtigten in der winzigen Werkstatt in Termini. Magliolis Frau Gerti – eine gebürtige Wienerin – war nicht nur die Dolmetscherin der Gruppe, sondern auch deren Mädchen für alles.

Am 10. Juni begann jenes harte Verfolgungsrennen: es galt auf dem 71,5 km langen Targarundkurs die unglaublich schmalen Straßen und die durchschnittlich zwölf unübersichtlichen, heimtückischen Kurven pro Kilometer im Rekordtempo zu bewältigen. Das Rennen stellte eine Erprobung der Robustheit eines neuentwickelten Porsche-Rennwagens dar – dies war der 550A Spyder. Aber hier wurden auch die Fähigkeiten des Fahrers getestet – schon der geringste Fehler konnte einen mit Brückenpfeilern, Bäumen und Randsteinen in Kollision bringen, wobei die persönliche Gefahr für Leib und Leben sich meist in Grenzen hielt, weil man auf der kurvenreichen Strecke nicht allzuviel Tempo vorlegen konnte.

Für Porsche war das Targa-Abenteuer im Hause Huschke von Hansteins am 28. Mai, knapp zwei Wochen vor Rennbeginn, geplant worden. Am Vortag hatten die neuen 550A den vierten und den sechsten Platz im 1000-km-Rennen auf dem Nürburgring erzielt. Unter von Hansteins Gästen befanden sich Maglioli, der Beifahrer des viertplazierten Automobils, die Journalisten Uli Wieselmann und Bernard Cahier sowie Artur Keser, Pressechef von Daimler-Benz, dessen Automobile die Targa Florio im Vorjahr gewonnen hatten. Sie vertraten die Ansicht, daß die Targa durchaus die nächste Herausforderung für den neuen 550A sein könnte.

Graf Trips beim Ventoux-Bergrennen 1958. Er wurde Zweitere nach Behra, gefolgt von Barth. Trips gewann noch etliche andere Bergrennen, meist mit einem Porsche RSK 1500.

Cahier, ein erklärter Targa-Enthusiast, war der Meinung, daß Porsche in Sizilien durchaus die Chance für den Gesamtsieg habe, vor allem, wenn Maglioli als Fahrer verpflichtet werden könnte. Schließlich hatte der Italiener 1953 auf einem Lancia die Targa gewonnen und war mit seinen 28 Jahren einer der besten Langstreckenpiloten der Renngeschichte. Am Tag, an dem die Targa angesetzt war, wollte von Hanstein an sich in Paris sein, um sich um Porsches einzige Nennung im Rennen von Montlhéry – ein für Veuillets Sonauto sehr wichtiger Lauf – persönlich zu kümmern. Doch seine Besucher drängten, statt dessen nach Sizilien zu gehen, auch wenn die Targa 1956 – die vierzigste seit ihrem Bestehen – nicht zur Sportwagen-Europameisterschaft zählte.

Von Hanstein bat sich Bedenkzeit aus, diskutierte das Problem mit Ferry Porsche – und entschied sich, die Chance zu nutzen. Dann stellte er sein kleines Team zusammen. Und jetzt schickte Vincenzo Florio höchstpersönlich den weißen Porsche mit der Nummer 84 auf die Strecke. In alter Tradition wurden die Automobile in Einminutenintervallen gestartet. Es waren so renomierte Konkurrenten wie Castellotti auf einem 3,5 Liter Monza Ferrari und frühere Targa-Gewinner wie Taruffi auf einem Maserati 300S mit von der Partie.

Wie immer legte Castellotti ein unglaubliches Tempo vor und führte schon nach der ersten Runde, von Maglioli an dritter Stelle gefolgt. In der nächsten Runde fiel jedoch das Getriebe des Ferrari aus und Maglioli überholte Cabianca auf OSCA, so daß er nach der zweiten Runde bereits in Führung lag. Taruffi versuchte mitzuhalten, wurde aber wegen Reparaturen an seinem Maserati aufgehalten. Obwohl von Hanstein bereit war, Maglioli abzulösen, blieb dieser im Cockpit und behielt seine Führung, als er in der sechsten von insgesamt zehn Runden seinen ersten und einzigen Boxenstop einlegte. Vier Runden später fiel für den sonnenverbrannten Umberto die Zielflagge, er brachte den Wagen zum Halten und kletterte steif heraus. Nach acht Stunden praktisch ununterbrochener Fahrt, bei höherem Tempo und einer größeren Distanz als 1954, hatte Maglioli diese Targa gewonnen. Mit Recht wurde dieser Sieg als »Porsches größter Erfolg« gefeiert. Und als Krönung des Tages fuhr ein privates Porsche-Team im Rennen von Montlhéry einen Klassensieg heraus!

Für diese neue Spyder-Generation waren bereits 1955 die Weichen gestellt worden, als Maserati, AWE und Borgward in der 1500-ccm-Klasse den Ton angaben. Einen Eindruck von der Stärke der Konkurrenz konnte Porsche durch einen Besuch Richard von Frankenbergs in Modena gewinnen, wo er im Winter 1955 mit einem Maserati 150S, der vom amerikanischen Parravano-Stall angekauft werden sollte, Testfahrten unternahm. Sicherlich umfaßte der nach seiner Rückkehr in Zuffenhausen abgegebene Bericht mehr als nur Details über das gute Essen im Albergo Reale.

Das Hauptproblem war nicht die Motorleistung. Der 1500RS-Motor befand sich noch im Frühstadium seiner Konstruktion; man wußte noch nicht genau, in welcher Richtung die Entwicklung forciert werden sollte. Klaus von Rücker war zu jener Zeit noch nicht voll in Zuffenhausen etabliert, und der Konstrukteur des Motors – der mit diesen Problemen an und für sich nur am Rande zu tun hatte – war dabei, die Firma zu verlassen. Rolf Goetze hatte Dr. Ernst Fuhrmann die technische Leitung seines Unternehmens angeboten, und so verließ er 1956 das Haus Porsche – wenn auch nicht für alle Zeiten.

In der Bemühung, weitere Leistungsreserven für das gegen Jahresende 1955 stattfindende Avusrennen zu mobilisieren, erhöhte man die Kompression auf ein Verhältnis von 9,8 zu eins und stattete die Motoren mit Weber-Vergasern aus. Die wichtigste Änderung galt den Zündverteilern, die jetzt nicht mehr von der Einlaßnockenwelle, sondern an der Stirnseite der Kurbelwelle angetrieben wurden. »Erst nach dieser Umstellung«, läßt sich in einem Porsche Bericht über den 547-Motor nachlesen, »ließ sich eine optimale Leistung erzielen.« Die einseitige, zusätzliche Belastung hatte sich auf Verteiler und Zündung stets ungünstig ausgewirkt.

Die in einem engen V nahezu vertikal an der Stirnseite des Motors angebrachten Verteiler wurden über ein Schneckenrad von einer Verlängerung der Kurbelwelle angetrieben. Die Verteiler wurden von einem Aluminiumgußstück getragen, das mit den Sechskantschrauben der Ölpumpen gehalten wurde.

Auch die Doppelzündspulen wurden versetzt, und zwar an die Oberseite des querliegenden Torsionsstabgehäuses. Durch die Stabilisierung der Zündung konnte tatsächlich mehr Leistung erzielt werden. Typische Leistungsdaten der

Werksmotoren lagen 1956 zwischen 125 und 130 PS. Gegen Ende der 1956er Entwicklung wurden Spitzen von 135 PS bei 7200 U/min. erreicht und bei 8000 Touren blieb die Leistung auch noch über 125 PS. Das maximale Drehmoment dieser Motoren verbesserte sich auf 14,8 kpm bei 5900 U/min.
Die hydraulisch betätigte Schraubenfederkupplung behielt man bei – sie fand in allen Spydern Verwendung, ebenso das Fünfganggetriebe. Das Schaltgestänge wurde überarbeitet, und weitere Verbesserungen stellten 1956 die Änderung des elektrischen Systems von sechs auf zwölf Volt dar sowie der Einbau eines seitlich montierten Benzintanks für Werkswagen, wie ihn sich Privatkunden ebenfalls einbauen lassen konnten. Dadurch erhöhte sich der Fassungsraum auf 130 Liter, wie er für Langstreckenrennen zum Beispiel in Le Mans 1956 das legale Maximum war. Wichtiger aber war die Überarbeitung des 550-Chassis. Mit Ausnahme der umgekehrten Anordnung der hinteren Drehstäbe und der zusätzlichen Versteifungsrohre an den 550er Rahmen des Vorjahres, hatte sich am Chassiskonzept seit dem ersten Glöckler-Spezial des Jahres 1950 nichts Wesentliches geändert. So entstand im Winter 1955/56 unter der Leitung Leopold Schmids eine neue Rahmenkonstruktion.

Erst jetzt erinnerte man sich wieder an die Rahmenentwicklung, wie sie 1947/48 für den ersten Porsche-Roadster entstanden war. Der aus Stahlrohren geringen Durchmessers in Fachwerkbauweise konstruierte Rahmen war so ausgelegt, daß die Rahmenrohre auf maximalen Zug und Druck belastet werden konnten. Auf diese Weise kam es zu einem Idealverhältnis von größter Festigkeit bei geringstem Gewicht. Hier stellt sich die Frage, warum das Chassis des 550 im Jahre 1953 in der relativ ineffizienten, leiterähnlichen Flachrahmenkonstruktion ausgeführt wurde. Erst 1955 entschied sich das Porsche-Konstruktionsbüro für ein Fahrgestell wie beim Typ 550.
Nach dem damaligen Stand der Technik war der neue 550A-Gitterrohrrahmen gut durchdacht. So waren der vordere und hintere von Rohren gebildete Raum durch eine x-förmig verstrebte Zentraleinheit verbunden, in deren Mittelbereich die Rahmenhöhe für die Türöffnungen gesenkt wurde. Die unteren Rohre waren stärker als die oberen, wobei eine massive rechteckige Rohrkonstruktion die vordere Cockpiteinfassung bildete und das Heck eine pyramidenförmige Ausbuchtung besaß, die zur Aufnahme der hinteren Getriebeaufhängung diente. Nur in wenigen Knotenverbindungen erreichte die Wandstärke der Rohre Werte von 1,5 bis 2 mm; die restlichen waren um 1 mm stark.
Durch die höhere Steifigkeit des Rahmens wurden im 550A sowohl die Radaufhängungen als auch die Stoßdämpfer härter beansprucht. Auch ein neues Lenkgetriebe wurde installiert, das bei ZF nach dem Ross-System gebaut wurde und im Herbst 1957 auch beim Serien-Porsche vom Typ 356A eingeführt wurde. Das geringere Gesamtgewicht reduzierte auch die Beanspruchung der Bremsen. Die 1955 eingeführten breiten vorderen Bremstrommeln wurden beibehalten, wobei die Werkswagen Tandemhauptbremszylinder zur Versorgung der getrennten vorderen und hinteren Bremskreise erhielten.
Eine weitere wichtige Änderung des 550A betraf die hintere Radaufhängung. Die von Daimler-Benz bevorzugte Pendelachse mit ihrem tiefen Drehpunkt, wie sie seit Anfang 1954 sowohl in den Rennwagen als auch in Mercedes 220 verwendet wurde, mochte hier Pate gestanden haben. Sowohl bei den früheren Pendelachsen bei Porsche-Automobilen als auch bei allen hinteren Radaufhängungen des 356 war die Position des Achsdrehpunktes von den inneren Kreuzgelenken der Halbachsen bestimmt worden und nicht durch Gegebenheiten in der Radaufhängung. Die Mercedes-Achse und jene von Ing. Hild für

Von links: Edgar Barth, der erfolgreiche Porsche-Werksfahrer; der erste Porsche 550 A Spyder, der – hier mit unlackierter Karosserie – in Brescia beim Start zur Mille Miglia 1956 sein Debüt gab sowie ein Blick in das enggehaltene Cockpit dieses Wagens mit dem großen Drehzahlmesser in der Mitte. Hans Herrmann hatte Pech mit diesem Auto: es hielt nur bis Rom und wurde dann wegen etlicher technischer Defekte aus dem Rennen genommen.

den 550A konstruiert hatten das Prinzip der Pendelachse zwar beibehalten, wobei der Achsdrehpunkt nicht nur tiefer, sondern auch weiter zur Wagenmitte hin verlegt worden war. Es gab einiges, das für dieses System sprach. Zum einen ließ sich dadurch das hintere Rollzentrum absenken, womit man dem Wagen viel von der Übersteuerungstendenz nahm, weil ein Großteil der Abrollkräfte zu den Vorderrädern verlagert wurde und der Negativsturz der Hinterräder, der im Normalfall 1,5 Grad betrug, stabiler blieb.

Ferner reduzierte sich durch den tieferen Schwerpunkt der für Schwingachsen typische Hochbockeffekt, der durch die höhere Beanspruchung des kurvenäußeren Rades auf der Straße oft dazu führte, daß das Wagenheck in die Höhe ging. Gleichzeitig reduzierte sich das Ausmaß der Sturzänderung durch die wesentlich längeren Schwingarme der hinteren Radaufhängung.

Hinsichtlich der Höhe des Achsdrehpunktes bestand zwischen dem Getriebegehäuse und der nötigen Bodenfreiheit nicht viel Raum. Die Einstellwerte wurden mit ausgezeichneten Ergebnissen durch Versuche mit dem ersten 550A auf der Versuchsstrecke des Flugplatzes Malmsheim ermittelt. Die Geschwindigkeit, bei der auf der Bahn mit dem größten Radius der Versuchsstrecke die Hinterräder ausbrachen, konnte von 75 km/h auf 90 km/h gesteigert werden, was eine beinahe 20prozentige Verbesserung bedeutete. Der Ausbrechpunkt lag nicht nur höher, sondern der Fahrer konnte sich diesem mit der neuen

Oben: Detailfoto von der Forderradaufhängung des 550 Werks-Spyder von 1956.

Rechts: Blick an das offene Getriebsgehäuse der Fünfgang-Einheit, die im Le-Mans-Spyder 1957 zur Verwendung kam. Die Wagen vom Typ RSK 718 wurden von Maglioli und Barth gesteuert.

Hinterradaufhängung und dem steiferen Fahrgestell auch insgesamt besser nähern. Wie Porsche-Ingenieur Egon Forstner feststellte, erfolgte das Ausbrechen nur noch in einer viel sanfteren Form und konnte deshalb schneller erahnt und durch Gegensteuern unter Kontrolle gebracht werden. Dies war eine Erleichterung für den Fahrer, der dadurch seine Aufmerksamkeit auf andere Dinge konzentrieren konnte.
Der Porsche 550A/1500RS war wesentlich leichter als sein Vorgänger und wog mit Reserverad, bei leerem Tank, nur 530 Kilo. Obwohl seine offizielle Bezeichnung immer 550A lautete, wurde dieser erste Gitterrohrrahmen-Spyder besser unter dem Namen »RS« bekannt. »Das Endresultat der verschiedenen Modifikationen«, schrieb Ken Miles in *Sportscar Graphic*, »war eine beinahe unglaubliche Verbesserung des Handlings. Vergessen ist das übermäßige Übersteuern; der RS ist nun ein so gutmütiger Wagen, wie man sich ihn nur wünschen kann.«

Nach Porsches eigenen Angaben erreichte der RS 100 km/h in 7,2 s, 130 km/h in 10,5 s, 160 km/h in 14,4 s und 190 km/h in 22,6 s. Das waren vielversprechende Werte. Bei der Mille Miglia im April war der Wagen noch nicht in Hochform. Hans Herrmann lag in Rom drei Stunden hinter seiner Sollzeit und fiel aus. Einen Monat später, am 27. Mai, gab dieser neue leichte Spyder im 1000-km-Rennen auf dem Nürburgring sein deutsches Debüt. Er wurde von Wolfgang Graf Berghe von Trips und Maglioli gefahren und von einem Schwesterfahrzeug begleitet, das sich in etlichen Details von Trips/Maglioli-Wagen unterschied. Das zweite Fahrzeug besaß keine nach hinten weisenden Luftschlitze über den Vergasern, wie sie der erste 550A besaß, und die mit Luftschlitzen versehenen Klappen an den hinteren Kotflügeln waren weiter nach unten gezogen worden, um bessere Arbeitsmöglichkeiten für die Mechaniker zu schaffen. Hans Herrmann und Richard von Frankenberg erhielten dieses neuere Modell; beide Automobile waren übrigens nicht lackiert worden.
Dieser deutschen Premiere des neuesten Sportrenners von Porsche wäre fast von einem anderen Porsche Spyder, einem normalen Serien-550 – und einem ziemlich klapprigen obendrein – die Schau gestohlen worden, den Michael und Pierre May, zwei Cousins aus Zürich, steuerten. Michael May, der Ingenieurwissenschaft studierte, hatte am Rennsport Gefallen gefunden, der ihm die Möglichkeit der Umsetzung theoretischen Wissens in die Praxis zu geben schien. Er und Pierre hatten sich einen bereits in vielen Rennen bewährten 550 zugelegt, mit dem sie große Pläne hegten. Nach Michael Mays Überlegungen mußte bei seinem 550 durch den Anbau eines invertierten Flügels zusätzliche Bodenhaftung

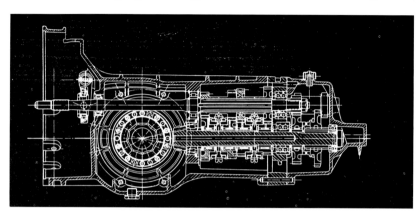

Schnittzeichnung des Tunnel-Getriebes vom Typ 690, wie es in den Spydern 1958 verwendet wurde.

erzielt werden, ohne daß dadurch das Gesamtgewicht des Autos sich wesentlich erhöhte. May wollte dadurch höhere Kurvengeschwindigkeiten erreichen. Hinter diesen Überlegungen lag exakt dieselbe Logik, die dazu führte, daß in den siebziger Jahren Rennwagen-Konstrukteure nach der Anwendung ähnlicher aerodynamischer Hilfsmittel griffen.
Die Breite seines Flügels glich May seinem Automobil an, wobei er ihn so dimensionierte, daß der Anpreßdruck bei 150 km/h etwa dem Gewicht des Wagens entsprach. Er montierte den Flügel über der vorderen Kante des Cockpits, wodurch die Resultierende von Anpreßdruck und Luftwiderstand genau durch das vorgesehene Schwerpunktzentrum gehen würde, so daß der Flügel die Fahreigenschaften des Porsche so gering wie möglich beeinflussen würde. An seinen beiden Streben war der Flügel sehr nahe am Druckpunkt angelenkt, so wurde eine recht geringe Kraft zur Flügelverstellung erforderlich.
Das Gerät war von May sehr sorgfältig geplant und konstruiert worden, hatte kräftige Stützen und an seinen Flügelenden Leitbleche. Der Flügel bewährte sich vorzüglich. »Wir testeten ihn auf der Straße«, sagte Michael May. »Kurven, die ich normalerweise mit 112 km/h nehmen konnte, ließen sich nun mit dem Flügel bei über 160 km/h durchfahren.«
Die technische Abnahme ließ den beflügelten Porsche zum Rennen zu. Am Freitag vor dem Wettbewerb – es goß in Strömen – erschien Michael May hinter Fangios Ferrari und Behras Maserati am Start, mit der Absicht, ihnen nachzufahren, um die Strecke kennenzulernen, denn dies war sein erster Auftritt am Nürburgring. Zu seinem Erstaunen hatte er keine Schwierigkeiten, diese Asse in den Kurven spielend zu überholen! May erinnerte sich, daß er an jenem Tag die viertschnellste Trainingszeit fuhr.
Die Neuerung von May fand große Beachtung. Jean Behra zum Beispiel war interessiert, wenn er auch den liebenswürdigen Erklärungen über die Funktion des Flügels, wie sie May ihm gab, nicht allzu viel Glauben schenkte. Die Cousins erhielten auch einen Besuch vom Sportpräsidenten des ADAC, Paul von Guilleaume, begleitet von Huschke von Hanstein. Diese äußerten Bedenken, daß der Flügel die Sicht anderer Fahrer behindern könnte und sagten, sie hätten es lieber, wenn das Automobil ohne dieses Zubehörteil fahren würde. Da May ein noch recht unbekannter Rennfahrer war, der sich in solcher Situation noch nicht auf Grund seiner Position oder seines Prestiges zu wehren wußte, beugte er sich diesen Wünschen.
Porsches Interessen, die hinter der Ablehnung des May-Flügels standen, waren verständlich. Paul von Guilleaume war 1951 Porsche-Teammanager in Le Mans gewesen und hatte im selben Jahr einen 1,5-Liter-Werkswagen in der Lüttich-Rom-Lüttich-Rallye gefahren. Es war somit nicht überraschend, daß er sich mit von Hanstein einig war, einen Wagen vom Start auszuschließen, der für Porsche hätte unangenehm werden können. Ihre Entscheidung stand zudem im Einklang mit emotionalen Strömungen der Zeit. Denn es war noch kein Jahr vergangen, daß über 80 Menschen in Le Mans beim Unfall eines Mercedes-Benz 300 SLR, der mit einer Luftbremse ausgestattet war, ums Leben kamen. Die Cousins entfernten also ihre Konstruktion, starteten ohne Flügel und erreichten im Rennen als 18. das Ziel. Ganze neun Jahre pausierte die Flügelidee für Rennwagen in irgendwelchen Schubladen, auch bei Porsche, obwohl doch ihr Wert nach der Premiere so klar zu Tage getreten war. Aber für eine derartig bizarre Konzeption war die Zeit damals noch nicht reif.
Beim 56er Nürburgrennen kamen die neuen 550A als Erste und Zweite in ihrer Klasse und als vierte und sechste in der Gesamtwertung durchs Ziel. Nach dem Rennen trat der Erstplazierte 550A, durch seine Luftschlitze über den Vergasern leicht zu identifizieren, seine berühmt gewordene Reise nach Sizilien an und gewann dort – wie eingangs geschildert – die Targa Florio. In der Zwischenzeit baute man bei Porsche zwei neue Wagen für Le Mans 1956 (das Rennen war in diesem Jahr auf das Wochenende vom 28. auf den 29. Juli verschoben worden). Die neuen 550A waren mit Fastback-Coupé-Dächern ausgestattet, die sich als besonders nützlich erwiesen, weil die Reglements des Jahres 1956 für das Rennen Windschutzscheiben über die gesamte Wagenbreite forderten.
Die hinten spitz zulaufenden Dächer wurden an den Heckblechen angenietet, so daß der gesamte Aufbau als Einheit abnehmbar war und die gewölbte Windschutzscheibe zurückblieb. Die Seitenfenster waren aus Plexiglas und hatten Lüftungsöffnungen. Hinter den Sitzen war eine geräuschdämpfende Trennwand mit eigenem Fen-

ster angebracht, und im Außenblech befand sich ein weiteres Fenster. Die Fahrertür an der linken Fahrzeugseite reichte in das Dach hinein. Die Türen ließen sich von außen durch Ziehen einer Drahtschleife öffnen.

Mochten die Le-Mans-Wagen auch einen hastig zusammengebauten Eindruck machen – sie waren immerhin lackiert und wiesen verchromte Felgen auf. Verständlicherweise war ihr Gewicht auf 593 kg angestiegen, während der Kompressionsdruck der Motoren mit 9,5 zu eins geblieben war, wobei diese 127 PS bei 7500 U/min entwickelten. Mit dem windschlüpfigen neuen Dach waren die auf der Mulsanne-Geraden gestoppten Geschwindigkeiten äußerst zufriedenstellend: 221 und 222 km/h – das war mehr als im Jahre 1955. Eines der Automobile fiel nach zwei Drittel des Rennens durch Ventilschaden aus, während das Coupé der Fahrer von Frankenberg und von Trips die schnellen Lotus, Gordini und Maserati überholte, seine Klasse gewann und den fünften Gesamtplatz erzielte. Nach Le Mans wurden die Coupédächer entfernt und fanden danach keine Verwendung mehr. Die Automobile selbst – es gab nun vom 550A vier Stück – wurden noch in vielen weiteren Rennen eingesetzt.

Im Herbst 1956 entschloß man sich bei Porsche, eine kleine Serie von 550A-Spydern für private Kunden zu bauen. In einigen Details wurden diese Fahrzeuge verändert, so hinten am Rahmen, wo man die Getriebeaufhängung an die Unterseite und nicht mehr an der Oberseite eines Querträgers anbrachte.

Die Karosserien des Spyder kamen wieder von Wendler. Die Wagen hatten eine Kopfstütze hinter dem Fahrer, wesentlich kleinere Scheinwerfer als jene des 550 und an der Vorderseite kleine Öffnungen zur Bremsenkühlung sowie einen einfachen Luftschlitz unter der Nase für den Ölkühler, der im Unterschied zum 550 mit einem Thermostat ausgestattet war.

Der 1500 RS-Motor wurde mit Weber 40DCM-1-Vergasern ausgerüstet. Mit seiner im Blech etwas stärker dimensionierten Karosserie und dem durch die Reglements des Jahres 1957 vorgeschriebenen Klappverdeck kam das Auto auf etwa 560 kg, das waren knapp 50 kg weniger als das Gewicht des 550.

14 dieser neuen Wagen wurden bis Ende 1956 im Werk I gebaut, 1957 folgten weitere 23. Ihre Fahrgestellnummern trugen als Kennziffer die Bezeichnung 550A und begannen (soweit bekannt) mit 0101; die höchste bekannte Fahrgestellnummer ist die 0139. Bestellungen amerikanischer Kunden hatten absoluten Vorrang und wurden rechtzeitig vor dem Sebring-Rennen im März 1957 ausgeführt. Ein begeisterter Porsche-Anhänger in Mexiko, Fürst Alfons zu Hohenlohe, erwarb ebenfalls einen neuen 550A, im Mai 1957, wurde jedoch schon bald vom Vater zweier junger und talentierter mexikanischer Fahrer, nämlich Pedro und Ricardo Rodriguez, zum Weiterverkauf überredet. Und der erst 15 Jahre alte Ricardo benützte dieses Auto, um damit seine spektakuläre Karriere im Motorsport zu beginnen. Umberto Maglioli erzielte mit einem Serien-550A in der Mille Miglia des Jahres 1957, der letzten dieser großartigen Rennveranstaltungen, für Porsche den besten aller bisher je erreichten Plätze. Mit einem Schnitt von 142 km/h wurde er fünfter Gesamtsieger und Gewinner seiner Klasse.

Auch bei Rekordfahrten war der Porsche 550A wieder dabei; Bob Hirsch stellte 1957 in Bonneville, Utah, einen neuen Klassenrekord in beiden Richtungen auf dem hochgelegenen Salzsee mit 218,5 km/h auf. In Monza eröffnete Paul Ernst Strähle die Rekordsaison des Jahres 1959 mit einem 550A, der einen auf 1586 ccm aufgebohrten Motor aufwies. In der Zweiliterklasse erreichten Strähle, von Frankenberg und Linge Geschwindigkeiten bis zu 250 km/h und fixierten sechs Klasse-E-Rekorde, beginnend bei einer Stunde (225,5 km/h) bis zu 1000 km (212,25 km/h).

Durch ein kompliziertes Manöver wechselte einer der Erzrivalen der Stuttgarter 1957 ins Porsche-Lager über. Die ostdeutschen AWE-Fahrzeuge bereiteten Porsche nämlich nur dann Schwierigkeiten, wenn sie von jenem schlanken

Basismotor Typ 547, ohne Vergaser, Gebläse und anderes Zubehör. Der 1500 RS-Motor leistete in seiner optimalen Form 135 PS bei 7200 Touren; der 356 A hatte mit einer gedrosselten Version (100 bis 110 PS) auszukommen.

Fahrer mit dem Namen Edgar Barth gelenkt wurden.

Der vierzigjährige, in Ostdeutschland ansässige Barth erhielt durch Huschke von Hanstein die Einladung, einen 550A im 1000-Kilometer-Rennen des Jahres 1957 zu fahren. Mit einem Interzonenpaß der ostdeutschen Behörden kam Barth herüber und absolvierte exzellente Trainingszeiten. Gemeinsam mit Maglioli gewann er seine Klasse und den vierten Platz in der Gesamtwertung. Er hatte das Rennen allerdings ohne Erlaubnis der ostdeutschen Behörden gefahren, die ihm auch postwendend die Fahrerlizenz auf Lebenszeit entzogen. Barth und seine Frau entschlossen sich daraufhin in den Westen zu gehen. Vorerst konnte Barth Testfahrer bei Porsche werden und im Jahre 1960 zur rechten Hand Huschke von Hansteins in der Sportabteilung aufsteigen.

Der Höhenflug dieses erfolgreichen Duos vom Nürburgring wurde im August 1957 auf dem Gaisberg während des Trainings für einen der Wettbewerbe in der neu geschaffenen europäischen Bergmeisterschaft allerdings abrupt gestoppt. Auf ihrem Rückweg vom Gipfel wurden Barth und Maglioli in ihrem Porsche-Coupé von einem DKW, der ihnen auf der falschen Straßenseite entgegenkam, gerammt. Maglioli, der zu diesem Zeitpunkt den Wagen lenkte, mußte für ein halbes Jahr ins Spital, Barth hingegen saß bereits vor Ende der Saison wieder im Cockpit und nahm ausgiebig an weiteren Bergrennen teil.

Die neu hinzugekommenen Bergwettbewerbe gaben Porsche die Möglichkeit, die Kurzstreckentauglichkeit größerer Motoren zu testen. Die erste Prüfung eines 1587-ccm-Motors hatte beim unheilvoll verlaufenen Training zum Gaisbergrennen stattfinden sollen. Dies war der 1,6-Liter-Motor mit der Bohrung von 87,5 mm, der offizi-

ell Typ 547/4 hieß. Ein noch größerer Motor mit 1679 ccm Hubraum wurde im Auto von Trips eingebaut, das er im Bergrennen in Lenzerheide am 25. August einsetzte. Dieser 1,7-Liter-Motor vom Typ 547/4 hatte eine Bohrung von 90 mm. Mit einer wesentlich verstärkten Kurbelwelle ausgerüstet, demonstrierte der 1,7-Liter 547/4 im folgenden Winter in zwei 1000-Kilometer-Rennen, daß er sein Drehmoment wesentlich verbessert hatte. Barth und von Hanstein pilotierten einen 550A am 3. November in Venezuela auf den fünften Platz, und einen spektakulären dritten Gesamtplatz erzielten am 26. Januar 1958 in Buenos Aires zwei der besten Fahrer, nämlich Stirling Moss und Jean Behra. Es handelte sich hier um das letzte Rennen von internationaler Bedeutung, in welchem Porsche zur Verteidigung seiner Reputation allein den 550A an den Start geschickt hatte.

Eine bemerkenswerte Karriere war jenem Wagen beschieden, der die Bezeichnung 645 trug, bekannt geworden auch als »Mickymaus«. Dieses einzigartige Fahrzeug trat in der deutschen Öffentlichkeit im Herbst 1956 keine zwei Monate lang auf. Der bereits ein Jahr zuvor entwickelte 645 sollte der Nachfolger des 550 werden. Er wies ein leichteres Chassis auf, war aerodynamisch noch besser gestaltet und hatte eine ausgezeichnete Straßenlage. Damit der Typ 645 noch windschlüpfiger wurde, reduzierte man seine Frontfläche, indem man seine Spur auf 115 cm verringerte und die Karosserie noch knapper um die Räder herumzog. In der Draufsicht sah die Frontpartie kühn geschwungen aus. Die üblichen Luftöffnungen für den Ölkühler waren weggefallen, man hatte die Haube selbst als Oberflächenkühler umkonstruiert. Das Heckteil wies eine zentrale Erhöhung für das Gebläsegehäuse auf, auch gab es zwei nach hinten schauende Luftöffnungen für die Vergaser und einen Einlaßschlitz für die Kühlluft.

Im Heck befand sich der Motor vom Typ 547, und zwar in der älteren Ausführung mit dem Verteilerantrieb am hinteren Ende der Einlaßnockenwelle.

Die Hinterradaufhängung des 645 war für ihre Zeit ausgesprochen fortschrittlich, sie glich in etwa jener des Typ 804 (Grand Prix) des Jahres 1962. Allerdings gab es Probleme hinsichtlich der Abstimmung mit dem übrigen Fahrgestell dieses einmaligen Sportwagens. Als der 645 im Jahre 1956 für die ersten Testfahrten bereit stand, zeigte sich, daß er die erwarteten Höchstgeschwindigkeiten tatsächlich erreichen konnte. Bei entsprechender Übersetzung lief der Wagen über 260 km/h gegenüber 254 beim 550A in seiner besten Werksausführung. Dennoch waren die Fahreigenschaften der Mickymaus heimtückisch. Von Frankenberg, dem es zufiel, dieses Automobil bei allen öffentlichen Gelegenheiten zu zeigen und zu fahren, gab ihm den Namen Mickymaus, weil der Wagen recht trickreiche Handhabung erforderte. Im Unterschied zum 550A, der konstant und in kontrollierbaren Grenzen übersteuerte, war der 645 anfänglich ein extremer Untersteurer. Seine hinteren Räder hatten wesentlich bessere Bodenhaftung als die vorderen; dem folgte ein plötzlicher und schwer abzufangender Übergang zum Übersteuern, wenn man Gas gab. Jede Reaktion des Wagens kam einfach zu schnell, zum Teil vermutlich wegen seines geringen Trägheitsmoments um die Hochachse.

Die beiden für das 24-Stunden-Rennen von Le Mans 1956 gebauten Porsche 550 A wiesen auf der Fahrerseite Türen auf, die weit ins Dach hineinreichten. Die andere Tür – siehe Foto unten – war flacher gehalten. Das Heck mit den hinteren Kotflügeln bestand aus einem Stück und konnte hochgeklappt werden, damit man freien Zugang zum Motor hatte.

Das erste Rennen mit der Mickymaus fand am 22. Juli 1956 auf der Solitude statt. Der Wagen litt an Schaltproblemen, noch bevor das 160-km-Rennen überhaupt begonnen hatte. In der ersten Runde gab es Schwierigkeiten mit den Bremsen, eine auch später öfters aufgetretene Eigenart beim 645, mit dem die Kurven angefahren wurden, als gäbe es sie gar nicht. Dann fiel die Leistung ab, die Öltemperatur stieg, doch von Frankenberg hielt durch und beendete noch als Vierzehnter das Rennen hinter dem AWE mit Barth am Steuer. Im August beteiligte sich die Mickymaus am Training für das Sportwagenrennen auf dem Nürburgring, trat jedoch nicht zum eigentlichen Bewerb an. Sein nächster und letzter Auftritt fand auf der Avus anläßlich des Großen Preises von Berlin am 16. September statt.

Weil auf der Avus mit ihren langen Geraden und den überhöhten Kurven Höchstgeschwindigkeit Trumpf war, entschied sich von Frankenberg zur Teilnahme mit dem 645, obwohl er wußte, wie instabil der Wagen war. Er schien die richtige Wahl getroffen zu haben, denn kurz nach dem Start nahm er Roy Salvadoris Cooper-Climax die Führung ab und brauste vor dem Feld dahin, knapp gefolgt vom 550A des von Trips.
Die beiden Silberpfeile dröhnten die Gegengerade hinunter und fegten in die ziegelgepflasterte steile Nordkurve. Zehntausende von Berlinern konnten beobachten, wie der Wagen des führenden von Frankenberg sich plötzlich nach rechts drehte und im rechten Winkel über den obersten Punkt der Böschung hinausschoß. Mit den Rädern nach oben sprang er über die Umrandung und stürzte senkrecht zu Boden, wo er sich am äußersten Erdwall nochmals kurz aufbäumte und über einen Drahtzaun hinweg als ein einziger Feuerball im Fahrerlager landete. Es dauerte fünf lange Minuten, bis einer der Porsche-Techniker, Ingenieur Lörcher, den bewußtlosen von Frankenberg in den Büschen des Erdwalles liegen sah. Es hatte ihn aus der Mickymaus herauskatapultiert, als der Wagen durch das Geäst eines Akazienbaumes flog, und er war glücklicherweise unverletzt geblieben. Richard von Frankenberg wurde nicht Zeuge, wie die Mickymaus ein Opfer der weißglühenden Magnesiumflammen wurde...
Von Frankenberg war später nie in der Lage, sich zu erinnern, was während dieses »Wunders der Avus« geschehen war. Der AvD als organisie-

Oben: Mit diesem Spyder fuhr Michael May hervorragende Zeiten auf dem Nürburgring. Im 1000-Kilometer-Rennen 1956 ließ man ihn jedoch nur ohne die von ihm erdachten aerodynamischen Hilfsmittel starten. Links die Kurbelwelle des Porsche 547 Vierzylindermotors.

render Club ließ verlauten, daß Hermann Ramelow, ein Experte und Ingenieur aus den Renntagen Glöcklers, das Wrack untersucht und keinen Hinweis auf einen Ausfall oder eine Fehlfunktion der Lenkung oder der vorderen Radaufhängung entdeckt habe. Wie dem auch gewesen sein mag – der Typ 645 hatte sich seine Weiterentwicklung in Zuffenhausen verscherzt. »Die Mickymaus«, schrieb von Frankenberg äußerst trocken, »wurde später nicht wieder zum Leben erweckt.« Dieser Wagen war nicht ohne Lehren für die Porsche-Rennfahrer »gestorben«. Der Typ 645 hatte gezeigt, daß der frontale Luftwiderstand reduziert werden konnte und daß dadurch ein beachtlicher Gewinn an Tempo zu erzielen war. Auch schienen weitere Verbesserungen der vorderen Aufhängung möglich. Die Entwicklung des Spyder konnte nicht stehenbleiben, zumal die leichten britischen Wagen mit ihren Coventry-Climax-Motoren immer bessere Leistungen erbrachten; die neue internationale Formel Zwei, die 1957 ins Leben gerufen worden war, trug sicher ebenfalls dazu bei, eine neue Generation verbesserter 1500-ccm-Rennwagen zu initiieren, besonders von Seiten Ferraris. Um dieser Herausforderung und der Konkurrenz durch AWE und Borgward begegnen zu können, baute man bei Porsche während des Winters 1956/57 einen neuen Prototyp.

Als Basis für diesen neuen Rennsportwagen diente Wilhelm Hild der Gitterrohrrahmen eines seriengefertigten 550A. Die hintere Radaufhängung und im Grunde auch das gesamte Chassis vom Cockpit heckwärts übernahm er im Wesentlichen vom 550A. Die Neuheiten befanden sich vielmehr unter der Frontpartie des Wagens. Erstmals besaß ein Porsche eine völlig neue vordere Radaufhängung, bei der nichts mehr an jene des Volkswagen erinnerte. Die von Porsche entwickelte Konstruktion der querliegenden Torsionsstäbe und der Längsarme wurde zwar beibehalten, jedoch neu angeordnet.

Die unteren Stäbe und Arme blieben an ihren alten Positionen. Die Aufhängepunkte der oberen Arme wurden weiter nach oben verlegt, wodurch sich der vertikale Abstand der Arme praktisch verdoppelte. Die Torsionsstäbe – je einer pro Rad – neigten sich nun im Gegensatz zu früher in Form eines auf dem Rücken liegenden K gegen die Horizontale und waren mit ihren Umhüllungsrohren in der Mittelachse befestigt. Diese Neigung stand im Einklang mit den Achsen der oberen Längslenker, wodurch sich der Sturz der Vorderräder entsprechend ihrer Auf- und Abbewegung änderte. Beim Einfedern, wenn sich also das Rad nach oben bewegte, ging der Sturz bis auf 1,5 Grad ins Negative; beim Zurückfedern kam er wieder in den positiven Bereich.

Um diesen Bewegungsvorgang noch zu verstärken, wurden die langen vorderen Radträger oben und unten mit Kugelgelenken versehen, so daß sowohl die Lenkung als auch die Radfederwege insgesamt verbessert wurden. In der Folge mußte auch das Lenkgetriebe gegen die Mitte des Chassis verlegt werden, wobei der Lenkstock über zwei Kreuzgelenke lief und die Spurstangen gleichlang waren. Zusätzlich gab es einen hydraulischen Lenkungsdämpfer. Der Blick auf den vorderen Rahmenteil ließ bei einiger Phantasie ein liegendes »K« erkennen, wodurch dieser modifizierte RS den Spitznamen »RSK« erhielt. Die Frontbremsen erhielten massivere, quergerippte Trommeln.

Durch die modifizierte Frontpartie ließ sich das Profil des Automobils an seiner höchsten Stelle um zwölf Zentimeter absenken. Die große rechteckige Haupttrennwand verlegte man etwas weiter nach vorne. Jene Rohre, die die oberen Ecken der Trennwand mit den oberen Aufhängungspunkten der vorderen Radaufhängungen verbanden, verliefen jetzt horizontal. Der Rahmen wurde in seiner Festigkeit dadurch erhöht, daß man die unabgedeckte Länge des Cockpits verkürzte und die Strebenstruktur an den Seiten der Rahmenfrontpartien verbesserte.

Von vorn ähnelte der RSK ein wenig der Mickymaus. Die Scheinwerfer lagen tief in den Kotflügeln; die Fronthaube war in ihrer Draufsicht abgerundet und ihre Oberfläche diente im Ganzen als Ölkühler. Sie war aus dünnem Stahlblech angefertigt, ihre Unterseite stellte ein Labyrinth kleinster aufgelöteter Kühlschlangen dar. Die gesamte Verkleidung war kadmiert, wodurch sie rostfrei blieb. Ein Farbanstrich hätte eine verminderte Wärmeableitung bedeutet. Im übrigen glich der RSK in vielen Einzelheiten noch dem 550A.

Als der RSK während des Trainings zum 1000-Kilometer-Rennen auf dem Nürburgring am 26. Mai 1957 erstmals in der Öffentlichkeit gezeigt wurde, war das Antriebsaggregat noch die gleiche 1,5-Liter-Einheit, mit der die Werks-550A-Wagen in dieser Saison angetrieben wurden. Das tiefere Geheimnis des RSK war auf den ersten Blick nicht zu erkennen. Da war zum einen die neue Benzineinspritzung von Bosch, bei der der Kraftstoff direkt in die Zylinder eingespritzt wurde; ein System, das beim Mercedes-Benz 300 SL und 300 SLR bereits erfolgreich angewendet worden war. Die zweite Neuigkeit betraf die »Düsenkühlung«.

Die Düsenkühlung hatte Ferry Porsche kennengelernt, als er die Fletcher Aviation Corporation besuchte, jene amerikanische Firma, mit der ihn seit 1952 ein Lizenzabkommen verband. Durch dieses Agreement war es Porsche gestattet, das von Fletcher entwickelte »Jet Cooling System« anzuwenden, das bei Porsche »Auspuffdüsen-

Gegenüberliegende Seite: Milivoc Bozic am Steuer seines 550 A am Gaisberg 1958. Unten: Graf Trips beim Training zum Großen Preis auf dem Nürburgring 1956. Der Wagen ist ein werkspräparierter Typ 550 A.

pumpe« genannt wurde. Hierbei wurden die Auspuffgase des Motors in eine Düse geführt, wo sie einen Unterdruck erzeugten, mit dem Kühlluft durch die Rippen der einzelnen Zylinder gesaugt wurde. Durch Einsatz des Jet Cooling Systems ließ sich das mechanisch angetriebene Gebläse mit seinem Leistungsverlust von bis zu 12 PS vollständig entbehren.

Durch Versuche wurde bewiesen, daß das Jet Cooling, wie es Fletcher an einem Porsche-Motor in einem seiner Militärfahrzeuge angewandt hatte, besonders gut bei Einzylindermotoren funktionierte. Das Auspuffgas konnte bis zum Fünfzehnfachen seines Eigenvolumens Kühlluft ansaugen, wie Dipl. Ing. Egon Forstner von Porsche berichtete. Er fügte hinzu, daß die Regulierung der Kühlluftmenge selbsttätig und automatisch erfolgte – unabhängig von Belastung oder Temperatur des Motors. Dadurch ließen sich die Zylinder- und Kopftemperaturen wesentlich besser ausgleichen als dies mit einem mechanischen Gebläsesystem bisher möglich war. Porsche arbeitete auch an einem geeigneten Auspuff für einen jetgekühlten Motor, aber für den Umfang des Gasvolumens, das zu verarbeiten gewesen wäre, hätte er zu große Dimensionen erreicht.

Der erste Porsche, bei dem Jet Cooling angewandt wurde, war ein serienmäßiger 356, den Fletcher 1952 umgebaut und nach Stuttgart verfrachtet hatte, wo er getestet werden sollte. Seine Präsentation für den Renneinsatz führte zu weiteren Entwicklungen, die sich bis 1958 fortsetzten. Es ließen sich mit diesem System bis zu 15 PS bei einem Spyder Motor von 145 PS gewinnen, berichtete Denis Jenkinson; der Lärm jedoch sei ohrenbetäubend gewesen: »Beim Erreichen der Höchstdrehzahl klang das Kreischen des auspuffangetriebenen Extraktors, als wenn ein Düsenjäger abhebt.« Hauptsächlich aus diesem Grund kam Jet Cooling in einem Porsche-Rennwagen nicht zum Einsatz. 15 Jahre später begann Porsche jedoch auf wesentlich wirkungsvollere Art und Weise die Auspuffenergie zu nützen, nämlich durch den Turbolader, der sogar unglaublich leise lief.

Wie es schon zur Zuffenhausener Tradition geworden war, nahm der neue RSK bei seinem ersten Auftreten im Mai 1957 zwar am Training, nicht jedoch am Rennen auf dem Nürburgring teil. Die Trainingsrunden absolvierten Herbert Linge und der neu ins Porsche-Team aufgenommene Edgar Barth. Man konnte die Läufe ohne Ausfälle abschließen, nur gab es einmal einen Schaltfehler, wobei am Motor trotz Drehzahlen bis auf 10 000 kein Schaden entstand. Am Ring nannte man das Automobil kurz RS-2; da sich der Wagen aber bedeutend vom 550A unterschied, erhielt er eine neue Typennummer: 718. Diese Bezeichnung sollte für alle Rennsportwagen des Hauses Porsche bis zum Auftauchen des 904 und des 906 Mitte der 60er Jahre die Typenbezeichnung des Fahrgestells bleiben.

Im Juni fand der nächste Auftritt der 718 in Le Mans statt, diesmal nicht nur im Training, sondern auch im Rennen, das Barth und Maglioli fuhren. Die Windschutzscheibe des Wagens war neu gestaltet worden, ebenso seine auffallenden Heckflossen, die man montiert hatte, um eine gewisse, durch die neue Karosserieform und die geänderte Vorderradaufhängung (durch welche die Vorderräder eine bessere Seitenführung erhielten) bedingte Unstabilität des RSK sowohl auf den Geraden als auch in den Kurven auszugleichen.

Harry Mundy von der Zeitschrift *The Autocar* beobachtete Barth und den Einsatz des RSK nahe der rechtwinkeligen Einmündung in die Mulsanne-Gerade und wurde Zeuge des »wahrscheinlich spektakulärsten Drehers, den ich je gesehen habe. Er erstreckte sich über volle 350 Meter, fing mit einem unkontrollierten Ausbruch an, gefolgt von vier langsamen Drehern, die in vier weitere sehr schnelle übergingen. Dadurch wurde demonstriert, daß die Heckflossen keinen Pfifferling wert waren.« Ferry Porsche und sein Sohn, Ferdinand Porsche III, begaben sich daher am nächsten Tag zur Mulsanne-Geraden, um das Verhalten des 718 zu beobachten und mit der Filmkamera festzuhalten.

Obwohl der 718 in Le Mans nur etwa 570 kg wog, also rund 11 kg weniger als die 550A, war er mit gestoppten 229 km/h auf der Geraden nicht schneller als diese. Nach zehn Rennstunden fiel er nach einer Kollision mit einem Aston Martin aus, wobei die linke Seite des Porsche schwer beschädigt wurde, der Fahrer Maglioli jedoch glücklicherweise unverletzt blieb. Im Jahr 1957 trat der RSK bei keinem weiteren wichtigen Wettbewerb an. Ein Einzelfahrzeug beteiligte sich lediglich bei den drei letzten Bergrennen, gelenkt von Richard von Frankenberg.

Trotz einiger Kinderkrankheiten war der Typ 718 eindeutig Zuffenhausens bestes Pferd für die 1958er Saison, und während des Winters wurde intensiv an seiner Verbesserung gearbeitet. Die K-förmig angeordneten vorderen Drehstäbe brachten mehr Nach- als Vorteile, weil das Fahrzeug durch sie ins Schwingen geriet. Aus diesem Grunde gab man das K-Arrangement auf, und damit verschwanden auch die Kugelgelenke, die wieder durch die alte Anordnung ersetzt wurden. Den großen Abstand in der Senkrechten bei den Torsionsstäben und den Gelenkarmen behielt man jedoch bei. Erstmals gab man die bisher als unantastbar geltende Kombination von hinterer Pendelachse und Drehstabfederung auf. Um alle unerwünschten Lenkeffekte zu eliminieren, übernahmen die Ingenieure das Prinzip der tief liegenden Hinterradaufhängung, wie sie der Mercedes-Benz-Rennwagen des Jahres 1955 aufwies. Dies war die sogenannte Watt-Aufhängung, bei welcher der Durchschwingvorgang parallel verlief. Hierbei gab es zwei angelenkte Rohrhalbachsen für jede Nabe. Eine dieser Halbachsen verlief von der Nabe zum unteren Rahmenwiderlager. Die andere verlief nach hinten, und zwar von der Oberseite des Nabenträgers zu einer Aufnahme, die an einem vorstehenden Rahmenteil befestigt war.

Die Watt-Aufhängung verringerte über den gesamten Bereich des Radweges den Wippeffekt, wie man ihn bei der früheren Längslenkerführung in Kauf zu nehmen hatte. Die wie verlängerte Stimmgabeln aussehenden Schwingachsen traten aus ihren Lagerpunkten unterhalb des Getriebes aus, umfaßten die Antriebswellen und endeten an den runden Nabenträgern. Lange Schraubenfedern umschlossen hydraulische Stoßdämpfer und waren oben am Rahmen und unten an den Montagepunkten der Radträger fixiert.

Anfang 1958 stattete man die in den RSK für Langstreckenrennen eingesetzten Motoren erstmals mit großen Weber-Vergasern vom Typ 46 IDM–1 aus. So entstand der Typ 547/3, die

neueste Version des 1,5-Liter-Motors, die bei 7500 Touren 142 PS leistete. Das höchste Drehmoment betrug 14,9 mkp bei einer Drehzahl von 6300 U/min. Die größeren Vergaser paßten auch gut zu den 1,6- und 1,7-Liter-Motoren.

Mit der Zunahme der Leistung des 1,5-Liter-Motors genügte die Kühlkapazität der vorderen Ölkühler nicht mehr. Daher wurde eine zusätzliche Kühlfläche in Serie geschaltet, die man unter der linksseitigen Tür unterbrachte. Die Luft erreichte das Kühlsystem durch eine niedrig plazierte Öffnung, strömte weiter über einen Rohrkanal und kam durch die charakteristischen ovalen Öffnungen an den Karosserieseiten wieder heraus. Jene RSK, die Porsche für Einsatz seines Werkteams gebaut hatte, ließen sich stets an dieser Ölkühleranordnung identifizieren.

Mindestens einer dieser neuesten RSK (vielleicht waren es auch zwei) wurde auf der Basis eines 1957er Modells aufgebaut. Dieses Modell konnte man an seinen vier Luftschlitzen im hinteren Kotflügel erkennen (in den 1958er Modellen waren es fünf Schlitze) sowie an der Instrumentierung und an den abnehmbaren Kappen unten an der Karosseriekante die, nachdem die Torsionsstäbe entfernt waren, gar nicht mehr benötigt wurden. Ein weiteres Unterscheidungsmerkmal war die Form der hinteren Lüftungsöffnungen, die sich nach oben hin erweiterten.

Ein RSK dieser Bauart, mit einem 1587-ccm-Motor, war es, der im März 1958 das Publikum von Sebring in Aufregung versetzte. Es fuhren Behra und Barth. Zur Mitte des Rennens, als sie sich auf dem fünften Platz befanden, erzwang allerdings ein Getriebeschaden ihren Ausfall. Bei der Targa Florio im Mai war Jean Behra mit einem ähnlichen RSK Baujahr 1957 der Star, als er mit einem 1488-ccm-Aggregat auf den zweiten Gesamtrang kam.

Behra und Barth hatten sich auch beim 1000-km-Rennen auf dem Nürburgring am 1. Juni bis auf den dritten Gesamtplatz vorgearbeitet, als sie eine Motorpanne aus dem Rennen warf. Bei ihrem Wagen handelte es sich ebenfalls um ein modifiziertes 1957er Modell, welches noch immer die quadratischen Heckflossen aufwies. Zwei brandneue RSK begleiteten das ältere Automobil zum Nürburgring (wo übrigens ein Werks-550A die beste Plazierung erzielte). Sie waren in vieler Hinsicht verbessert, beginnend mit einem veränderten Rahmen, der für die

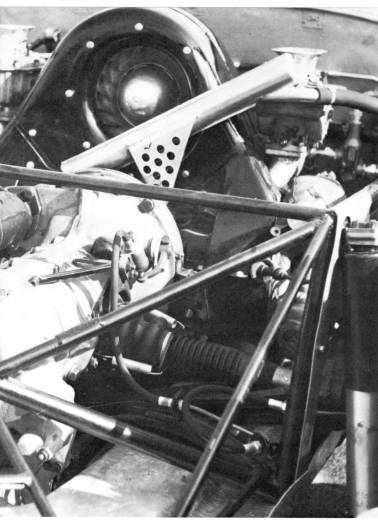

Ansichten vom Gitterrohr-Fachwerkrahmen des Porsche 550 A Serienwagens. Beim oberen Foto ist das Heck rechts, beim nebenstehenden Bild unten. Das Bild in der Mitte zeigt den in das Chassis eingesetzten Vierzylindermotor mit dem Transaxle.

Watt-Hinterradaufhängung modifiziert worden war. Ferner gab es jetzt ein flaches Armaturenbrett im Cockpit, auf dem sich die Instrumente und Schalter befanden. Das Heck war nicht mehr so spitz, sondern etwas rundlicher. Die Heckflossen hatte man indessen bei einem der neuen Wagen beibehalten. Mit diesem Fahrzeug baute Giorgio Scarlatti während des Trainings auf dem Ring einen Unfall. Das mit dem abgerundeten Heck versehene Schwesterfahrzeug wurde von Paul Frère und Harry Schell pilotiert, die sich beklagten, wie unangenehm labil das Heck sei, besonders auf der langen Geraden. Für das Rennen entfernte man daraufhin die Flossen vom Wrack des Scarlatti-Wagens und befestigte sie an dem von Frère und Schell, was die beiden Fahrer als eine wesentliche Verbesserung ansahen.

In Le Mans, drei Wochen nach dem Rennen auf dem Ring, schlug das Pendel wieder gegen die Heckflossen aus, die lediglich von dem einzigen 1957er RSK benützt wurden. Barth und Frère fuhren den Wagen auf Platz Vier im Gesamtklassement und wurden Sieger in der 1500-ccm-Klasse. Zwei weitere neue Wagen wa-

ren zum Einsatz gekommen; beide ohne Heckflossen und mit 1587-ccm-Motoren bestückt. Behra und Herrmann brachten einen auf den dritten Gesamtplatz, obwohl die linke Vorderbremse ausgefallen war. Beim anderen hatte es Getriebeschaden gegeben. Trotz Regen, der half, die Motoren kühl zu halten, fand die außergewöhnliche Leistung der Porsche-Wagen die Beachtung der Rennwelt, und Experten bestätigten, daß diese kleinen zähen Automobile wohl für Siege auch in den großen klassischen Rennen gut seien ...

Nach Le Mans wurden an keinem der RSK-Sportwagen, die Porsche ins Rennen schickte, mehr Heckflossen benützt (man konnte sie lediglich an Sportwagen sehen, die man auf Mittellen-

Eine ganze Armada von Porsche-Spydern auf der Solitude. Das 1956 aufgenommene Foto zeigt vorn rechts – Wagen Nummer 11 – erstmals eine »Mickymaus«, gesteuert von Richard von Frankenberg. Der Wagen erhielt diesen Namen wegen seines trickreichen Fahrverhaltens.

kung für Einsätze in der Formel II umgebaut hatte, wie im Kapitel 12 beschrieben). Eines der Automobile Baujahr 1957 beteiligte sich in der 1500-ccm-Klasse bei der Bergmeisterschaft des Jahres 1958, die Wolfgang Graf Berghe von Trips gewann. Behra meinte dazu, daß Trips ein zwar älteres, aber schnelleres Auto gehabt haben müsse als das 58er Modell, das er selbst fuhr. Bei einem Rennen in Zeltweg in Österreich, zwei Tage nach dem letzten Lauf am Gaisberg, tauschten sie ihre Automobile aus, bauten identische 1587-ccm-Motoren ein, und nach einem erstklassigen Wettkampf hieß der Sieger erneut von Trips!

Änderungen am Spyder Typ 1500 RSK, wie der Wagen jetzt benannt wurde, nahm man vor, um Erfordernissen bei der Fabrikation und Bedürfnissen privater Besitzer zu entsprechen. Ein großer, normaler Ölkühler wurde tief am Bug des Wagens angebracht und ersetzte sowohl den Oberflächenkühler als auch die seitliche Kühleranordnung. Zu diesem Zweck mußte man den Reservereifen etwas zurücksetzen. Die quergerippten Bremstrommeln gab es an allen vier Rä-

dern, ebenso Koni-Stoßdämpfer. Eine Neuerung besonderer Art für den amerikanischen Markt (wohin 17 der ersten 22 Fahrzeuge gingen) war ein Überrollbügel, der in die Kopfstütze des angehobenen hinteren Abdeckteiles eingebaut war. Das Drehzahllimit des Serienmotors vom Typ 547/3 hatte man auf 7600, maximal 8000 angehoben, wobei Leistungen von mindestens 148 PS, oft gut 150 PS entwickelt wurden. Das von einem Werks-1,5-Liter-Motor aus jener Zeit beste Resultat lag bei 162 PS; manche private Besitzer hatten Motoren in ihren Fahrzeugen, deren Werte davon nicht weit entfernt waren. In Europa zählten zu den Käufern dieser Wagen Jean Behra, de Beaufort, Walter, Goethals und Wolfgang Seidel, der eine jener Ausführungen hatte, bei der eine doppelte Anordnung der Pedale und der Lenkradaufnahme vorhanden war, so daß man den Fahrersitz für Formel-II-Rennen in die Mitte versetzen konnte. Die Karosserien kamen von Wendler und waren aus Aluminium. Das Gewicht eines Serien-RSK lag im allgemeinen bei 575 kg.

In guter Spyder-Tradition waren die RSK außerordentlich erfolgreich in Händen privater Fahrer. Heini Walter errang mit seinem eigenen RSK die deutsche Sportwagenmeisterschaft in der 1500-ccm-Klasse des Jahres 1959 und fuhr den Wagen in etlichen Rennen zu seiner europäischen Bergmeisterschaft im Jahre 1960. RSK gewannen auch die amerikanische SCCA-Rennsportmeisterschaft der Klasse F viermal hintereinander: Don Sesslar 1959, gefolgt von Roger Penske, Bob Bucher und Joe Buzzetta.

Anfang 1959 durchlitten die Spyder-Käufer das übliche Trauma: sie erhielten ihre Wagen erst ausgeliefert, als die Werksfahrer mit merklich besserem Material ausgerüstet waren. Zwar ließ sich das von außen nicht so ohne weiteres erkennen, unter der Oberfläche aber waren die beiden Werkswagen in Sebring im März 1959 bei weitem nicht wie die anderen. Die von Barth und John Fitch gefahrene Nummer 32 war ein normaler RSK, während die Nummer 31, die von Trips und der aufgehende schwedische Star Jo Bonnier fuhren, eine neue Hinterradaufhängung besaß – die dritte, die man in einem RSK ausprobierte.

Bei dieser neuesten Konstruktion war nichts mehr von der bisherigen Achse zu erkennen. Stattdessen gab es obere und untere Querlenker, die jenen, wie sie in Grand-Prix-Wagen benützt wurden, nicht unähnlich sahen, besonders beim Lotus. Doch sie wiesen ein paar porscheeigene Besonderheiten auf.

Diese Querlenker lagen nicht parallel zueinander, sondern in Ebenen, die sich leicht gegen die Mitte des Wagens neigten, wodurch sie die Funktion sehr langer Schwingachsen erfüllten und somit das Zentrum der Drehbewegung unter Bodenniveau verlegten. Die neue Geometrie erforderte zusätzlich negative Sturzwinkel und gestattete es, daß man diesen Sturzwinkelanteil auch einstellen konnte, was bei der Schwingachse nicht möglich gewesen war. In der Folge kam es zu geringeren Veränderungen in der Spur, was frühere Spyder in ihrem Fahrverhalten immer wieder entsprechend instabil gemacht hatte. Mit der Verbesserung, den Sturzwinkel einstellen zu können, war es auch möglich geworden, weichere Heckfedern einzusetzen, wodurch sich ein größerer Federweg der hinteren Achsen ergab.

Ein weiterer Vorteil der neuen Aufhängung war, daß der Rahmen vereinfacht werden konnte. Jene Rahmenstreben, die Belastungen von der Radaufhängung aufzunehmen hatten, konnten nun entfallen; der Rahmen von dieser Stelle bis zum Heck hatte lediglich die Karosserie und das Ende des Getriebes zu tragen. Man änderte ihn dahingehend ab, daß die Zahnradpaare leichter

Die »Mickymaus« – Porsche Typ 645 – im Fahrerlager der Avus in Berlin, im September 1956. Der Wagen brachte seinen Fahrern kein Glück. Richard von Frankenberg glaubte ihn zu beherrschen, machte dabei aber schlechte Erfahrungen . . .

Richard von Frankenberg gehörte zu den profiliertesten Fahrern auf Porsche. Oft genug überlebte er die gefährlichsten Situationen. Der sympathische Pilot und Journalist fuhr auch den 645 auf der Avus – hier ein Foto, aufgenommen in der Nordkurve – im September 1956, wo er einen spektakulären Unfall hatte.

Kaum zu glauben, daß Richard von Frankenberg diesen Sturz überlebte: Zwischen den Flaggenmasten (ganz links) schießt der Wagen ins Fahrerlager, während der Pilot aus dem Cockpit fällt und in den Büschen landet ...

auswechselbar wurden, ohne daß die gesamte Einheit auszubauen war.

Auf dem harten, flachen Rundkurs des Sebring-Flughafens erschienen die neuen RSK deutlich verändert und auch ihr Fahrverhalten war völlig neu. Ihre weichere Heckfederung erlaubte es, daß die Fahrer in den Kurven wesentlich früher auf das Gas steigen konnten, wodurch sie oft mit dem innenliegenden Vorderrad in der Luft durch die Kurven brausten. Mit dem dritten Platz in der Gesamtwertung führte der RSK als erster von sechs Porsche unter den ersten elf Positionen. Paul Frère nahm einen RSK mit der neuen Querlenkerachse am 3. Mai mit nach Spa, wo er jedoch wegen Motorschadens aufgeben mußte. Dies war kein sehr verheißungsvoller Auftakt für die am 29. Mai stattfindende Targa Florio, in der zwei Wagen mit der neuen Federung antraten, ausgerüstet mit 547/4-Motoren. Bei einem der Fahrzeuge brach in der letzten Runde eine Aufhängung, während es in Führung lag, so daß der Sieg an ein 58er RSK-Modell ging, das Barth und Seidel fuhren. Dies war der erste Sieg eines Porsche in einem Rennen, das zur Markenweltmeisterschaft zählte.

Die 58er Werks-RSK wiesen in der Targa Florio nach wie vor ihr Oberflächen- und Seitenölkühlersystem auf; diese Automobile traten auch in Le Mans an. Anfang 1959 waren einige Werkswagen auch mit neuen Getriebegehäusen aus Magnesium ausgestattet. Deren Grundstruktur blieb dieselbe, doch hatte das neue Gehäuse tiefe Kühlrippen an seiner Unterseite, um die Kühlung des Getriebeöls zu verbessern.

Die Euphorie des Targa Florio Sieges von 1959 schlug in Le Mans in tiefe Depression um. Der einst so sichere Anwärter auf die Meisterschaft hatte sich durch die Entscheidung, für dieses Rennen die »schärfere« Nockenwelle zu verwenden, um die Sieges-Chancen gebracht; es war eine Entscheidung, die Ferry Porsche selbst getroffen hatte. Was dabei herauskam, waren defekte Motoren und Getriebe. Nicht einer der sechs teilnehmenden RSK kam ins Ziel, für Porsche ein erster, echter Le Mans-Mißerfolg. Sicherlich hatte der Leistungsanstieg durch die neuen Nockenwellen die Motorausfälle mit verschuldet. Die eigentliche Pannenursache lag jedoch in der Konstruktion einer neuen Hirth-Kurbelwelle, wie man sie in verschiedenen Werksmotoren seit dem Winter 1957/58 installiert hatte. Die Pleuellagerdurchmesser waren von 52 auf 54 mm angehoben worden, die Kurbelwelle selbst lief in größeren Gleitlagerschalen. Die Ölkanäle in den neuen Wellen jedoch führten zu Verformungen in den Lagerschalen und dies zu Pleuelbrüchen. Hirth änderte daraufhin die Konstruktion. Um die aus Einzelteilen zusammengesetzte Kurbelwelle außerdem noch besser zusammenzuhalten, verwendete Hirth Schraubenbolzen mit unterschiedlichem Gewinde. Diese neue Welle kam während des Jahres 1959 zum Einsatz und bewährte sich im Motor vom Typ 547 ganz ausgezeichnet.

Nach Le Mans wechselte das Werksteam auf Wagen der Karosserieform des Jahres 1959 über, die selbstverständlich die neue Heckaufhängung besaßen. Von Trips gewann am 1. August das 1500-ccm-Sportwagenrennen auf der Avus mit einem solchen Wagen. In jenem Unglücksrennen, bei dem es zu drei Unfällen in der Nordkurve kam, wovon der erste von Frankenbergs Flug in der Mickymaus war, traten private RSK-Besitzer als Herausforderer des Werkteams an. Unter ihnen waren Carel de Beaufort und Jean Behra.

Ein Regenguß hatte die gepflasterte Nordkurve noch vor dem Start spiegelglatt werden lassen, und Hans Herrmann lief zum Wagen Behras, um diesem mitzuteilen, daß man vorsichtig sein müsse. »Mir paßt der Regen«, sagte ihm Behra. »In der Kurve kann ich das aufholen, was ich in der Geraden einbüße. Da sind die Werkwagen nämlich schneller.«

In der dritten Runde ging de Beaufort, der sich hinter dem führenden von Trips befand, offen-

Blick in die offene Heckpartie des RSK-Spyders von 1957 (links), wie er ein Jahr später im Rennen eingesetzt wurde, mit verbesserter Hinterradaufhängung. Daneben das ebenfalls etwas modifizierte Cockpit. Ganz unten jener RSK, den Porsche versuchsweise mit Stabilisatorflächen ausstattete – Edgar Barth und Paul Frère fuhren mit diesem Fahrzeug in Le Mans.

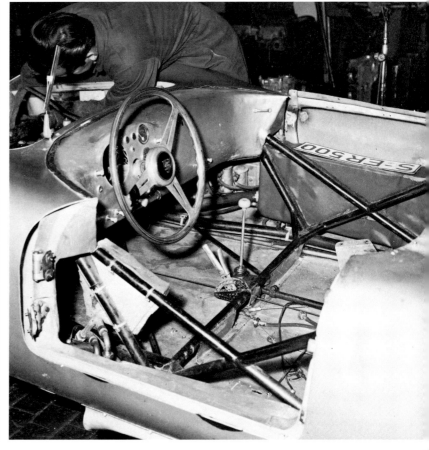

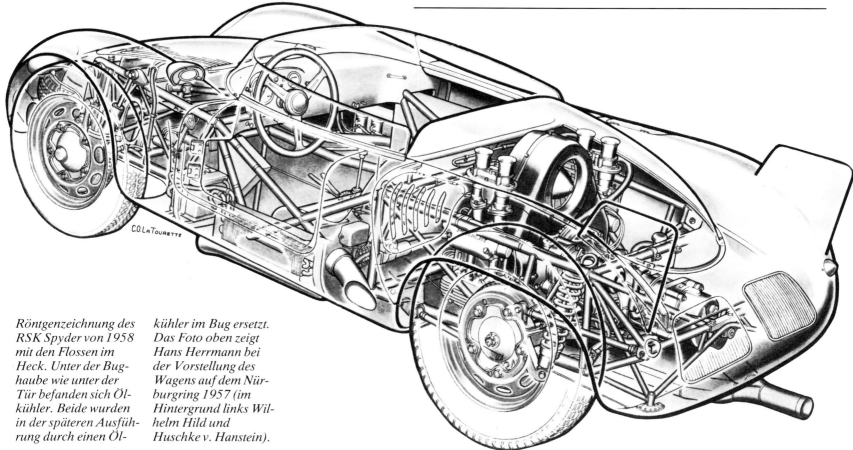

Röntgenzeichnung des RSK Spyder von 1958 mit den Flossen im Heck. Unter der Bughaube wie unter der Tür befanden sich Ölkühler. Beide wurden in der späteren Ausführung durch einen Ölkühler im Bug ersetzt. Das Foto oben zeigt Hans Herrmann bei der Vorstellung des Wagens auf dem Nürburgring 1957 (im Hintergrund links Wilhelm Hild und Huschke v. Hanstein).

Ganz links der RSK Spyder, den von Frankenberg/Storez 1958 in Le Mans fuhren. In der Mitte der leichte Gitterrohrrahmen des Spyder. Wagen Nr. 31 war das von Barth und Frère pilotierte Fahrzeug, die sich den Klassensieg holten und im Gesamtklassement auf Platz Vier kamen. Das untere Foto zeigt Wolfgang Graf Berghe von Trips in einem modifizierten RSK Spyder beim Gaisbergrennen 1958 in Österreich.

sichtlich zu schnell in die Nordkurve – so wie es seine Art war. Beim Versuch zu bremsen, verzögerte er gerade so viel, daß er nach oben und über die Begrenzung hinaus zu rutschen kam. Dort stolperte und holperte er durch die Büsche, die an dieser Stelle dicht wuchsen, hinunter und landete im Fahrerlager. Mit der Kaltschnäuzigkeit eines echten Snobs fuhr er mit seinem malträtierten RSK zurück auf den Rennkurs. Erst nach einigen weiteren Runden wurde er von ungläubig dreinblickenden Funktionären herausgewunken.

Aber auch Behra wäre nicht er selbst gewesen, hätte er nicht sein eigenes Avus-Abenteuer zu absolvieren gehabt. Es sollte ihn indes sein Leben kosten. Beim Kampf um die Führung trug es sein Auto ebenfalls zu weit hinaus in der Nordkurve, es schleuderte über die gelbe Linie, kam außer Kontrolle und flog über die Kante, wobei es sehr stark beschädigt wurde, weil genau an der Aufschlagstelle ein niedriger Betonklotz lag. Behra wurde beim Sturz gegen einen Flaggenmast geschleudert, der unter dem Gewicht des Franzosen umknickte. Dieser vielseitige und liebenswerte Pilot, der Porsche selbst dann noch treu geblieben war, als er schon erster Mann bei Ferrari war, starb im Alter von 38 Jahren.

Mit großen Erwartungen traten die kleinen silbernen Rennwagen von Porsche am 5. September auf Englands Goodwood-Rundkurs an. Sie bewarben sich um die Tourist Trophy bei einem Stand von 15 Punkten in der Markenweltmeisterschaft gegenüber 18 für Ferrari und 16 für Aston Martin. Gegenüber den größeren Automobilen hatten sie zwar einen Boxenstopvorteil in diesem Sechsstunden-Rennen, jedoch leider keine Räder mit Zentralverschluß. Dennoch lag der RSK von Bonnier und von Trips ständig an der Spitze, bis ihn zuguterletzt ein Aston Martin überholte und er gerade noch zwei Sekunden vor dem knapp folgenden Ferrari die Ziellinie überfahren konnte. Porsche blieb in dieser Meisterschaft Dritter mit 21 Punkten gegenüber den 24 des Siegers Aston.

Für viele Jahre war dies die beste Plazierung eines Porsche in der wichtigsten aller Sportwagenmeisterschaften. In den Jahren 1960 bis 1962 nämlich spielte man hohe sportliche Einsätze bei den einsitzigen Fahrzeugen der Formel II und Formel I. Doch bei den Nachfahren des RSK (siehe Kapitel 14), die sowohl Vier- als auch Achtzylindermotoren hatten, gab es dennoch etliche Erfolge zu verzeichnen. Relativ viele Rennkilometer wurden von verhältnismäßig wenigen Automobilen zurückgelegt, deren Qualitäten oft genug unter Beweis gestellt wurden ...

1958er Ausführung der Bergspyder. Graf Trips sitzt hier etwas tiefer als im vorjährigen Wagen. Gegenüberliegende Seite oben: der Porsche Spyder in seiner Serienausführung 1958, unten die 1959er Version (mit Wagenheber auf dem Beifahrersitz). Der Traktor ist ein Porsche-Diesel (Typ A 111, luftgekühlt), wie er 1956 in Friedrichshafen gebaut wurde. Rechts unten der rassige Abarth-Porsche von 1959.

Kapitel 11
Die großen Klassiker 356 B und 356 C

Als Edgar Barth in der ersten Juniwoche des Jahres 1959 einige wenige Runden auf dem Nürburgring in seinem 356A Coupé drehte und die hervorragende Zeit von 11:08 gestoppt wurde, herrschte einige Aufregung und gab es so manches Kopfschütteln. Denn der »Ring« gehörte schließlich dem Carrera. Der Rundenrekord eines Carrera lag bei 10:54, das war eine Differenz von nur 14 Sekunden und es gab kaum ein zweites Viernockenwellen-Automobil, das an diese Zeit herankam. Das Erstaunen nahm noch zu, als das Coupé im 1000-km-Rennen den 13. Gesamtrang erreichte. Seine Durchschnittsgeschwindigkeit von 116,5 km/h lag nur äußerst knapp unter der des schnellsten Carrera (117,3) und jener des schnellsten GT-Wagens, einem Ferrari (118 km/h).

Natürlich konnte es sich bei diesem Wagen nicht um einen normalen 356A handeln. Es war ein Prototyp der wesentlich leistungsstärkeren Version, des neuen 356B, die in knapp vier Monaten der Öffentlichkeit vorgestellt werden sollte. Der Wagen besaß eine leichte GT-Karosserie, neue Bremstrommeln und die hintere Ausgleichsfeder, durch die sich der 356 B auszeichnete, und unter dem Heckdeckel saß der erste Super-90-Motor. Der Nürburgring »war der letzte Test für den Motor«, meinte Journalist Leo Levine, der im Rennen vom 7. Juni Beifahrer von Pedro Rodriguez war. Die Porsche-Leute, so Levin, »waren der Ansicht, wenn er die 1000 Kilometer schaffe, dann könne man ihm alles zutrauen.« Der Schleppzeiger stand bei 7000 U/min nach Rodriguez' Abschlußrunden (obwohl man sich ein Drehzahllimit von 6000 U/min gesetzt hatte). Beim Start des Rennens hatte Klaus von Rücker

die beiden Fahrer ermahnt: »Dieser Wagen muß durchhalten – und schnell sein.« Er hielt durch, die Fahrer ebenfalls, und ein weiterer, neuer Porsche war geboren – der Nürburgring hatte es so gewollt.

Der Name Porsche stand seit dem ersten Rennen im Juni 1927 mit dem »Ring« in Verbindung. In jenem ersten Rennen hatte ein von Ferry Porsches Vater konstruierter Mercedes-Benz, das Modell S, gesiegt. Eine weitere Porsche-Kreation, der Auto Union-Rennwagen, hatte hier 1934 und 1936 den Großen Preis von Deutschland gewonnen. Und nach dem Krieg, als die neuen Porsches auftauchten, gaben sie alle ihre Vorstellung auf dem Nürburgring. Es gab keinen besseren Rundkurs für Automobile in ganz Europa.

Rundenzeiten auf dem »Ring« waren für deutsche Autoenthusiasten stets feste Beweise für die Leistungsfähigkeit eines Automobils und seines Fahrers. Daher hatte Porsche sich auch den Ring ausgesucht, um zu demonstrieren, was es mit dem neuen 356B auf sich hatte.

Auf die Besucher der Frankfurter IAA im September 1959, die das neue Modell erstmals sahen, machte es auf sie größten Eindruck. Seine niedrige, charakteristische »Porschenase« war verschwunden, die ihm das Aussehen eines knapp über dem Boden dahinschnüffelnden Tieres gegeben hatte. Statt dessen präsentierte sich ein auffallend amerikanischer Bug mit kräftigen Stoßstangen, die massive Hörner trugen. Die Hauptscheinwerfer waren um einige Zentimeter angehoben worden und saßen in Kotflügeln, deren Form sehr gestreckt war, wodurch das Porsche-Gesicht einen ganz neuen Ausdruck bekam. Unter den Scheinwerfern befanden sich waagrechte Öffnungen mit dahintergelegenen Signalhörnern und spitz zulaufende Blinkleuchten. Neu waren die breiten Öffnungen unter den Stoßfängern, durch die Kühlluft zu den Vorderradbremsen gelangen konnte; ein Effekt, der oftmals zunichte gemacht wurde, wenn man dort Nebelscheinwerfer montierte.

Für viele Porschefans kam dieses Facelifting an der T-5-Karosserie wie ein Schock. Und es handelte sich im wahrsten Sinne des Wortes um ein »Liften« des Gesichtes, denn die Stoßstangen waren vorne um 9,5 cm und hinten um 10,5 cm gehoben worden, in erster Linie, weil dies die Amerikaner forderten. Die Auspuffendrohre wurden nach wie vor durch die unteren Enden der Heckhörner geführt.

Es gab zahlreiche weitere Detailverbesserungen an der T-5-Karosserie. So wurden die vorderen Ausstellfenster bei allen Modellen serienmäßig, mit Ausnahme des Convertible D, der nach wie vor statt bei Reutter bei Drauz gefertigt wurde. Zukünftig hieß dieser Typ Roadster, weil man hoffte, damit auf dem amerikanischen Markt größeren Anklang zu finden. Die Coupés erhielten zusätzliche Heckscheibenheizung durch Warmluftöffnungen an der Unterseite des Fensters. Um über fünf Zentimeter zusätzliche Kopffreiheit im Heck zu erhalten, setzten Erwin Komenda und seine Karosserieingenieure die Hecksitze in Nischen zu beiden Seiten des Getriebegehäuses. Die umklappbare Gepäckplattform wurde geteilt, so daß eine dritte Person und sogar noch etwas Gepäck Platz im Wagen fand – eine Lösung, die durchaus brauchbar war.

Der Innenausstattung des 356B wurde in punkto Sicherheit ebenfalls bedeutend mehr Aufmerksamkeit gewidmet. Hier gab es eine Neuerung, die aber nicht offen sichtbar war. Es handelte sich um eine hydraulisch abgefederte Lenksäule, die von den Zuffenhausener Ingenieuren im Zusammenhang mit den Bemühungen der Automobilindustrie entwickelt worden war, das Fahrzeug-Interieur sicherer zu gestalten.

Die neue Lenksäule war in ihrem Prinzip bewundernswert einfach. Die Spindel im Lenkgetriebe wurde als eine Art hydraulischer Dämpfer ausgelegt. Das Ende der Lenksäule, die als Kolben in diesem Dämpfer arbeitete, erhielt eine Keilverbindung mit der Spindel, durch die die Lenkkraft übertragen werden konnte, die jedoch nach wie vor gegen den Druck eines normalen Schmiermittels nachgab, das sich im Dämpferraum, also im Inneren der Lenkspindel befand. In der Lenksäule gab es einen Führungsring, durch den das Lenkrad fixiert wurde. Bei Stößen plötzlicher Art ab 100 kg Druck konnte dieser Ring frei werden, wodurch Lenkrad und Säule bis zu zehn Zentimeter nachgaben und der Aufschlag gemildert wurde.

Anfang 1958 führte Porsche diese Sicherheitslenkung auch anderen Autofabrikanten vor. Doch obwohl sie in Ländern wie Deutschland, Frankreich, England, Italien und den Vereinigten Staaten patentiert wurde, war ihr kein allzu großer Erfolg beschieden. Das gedämpfte Lenkrad erwies sich nicht als sehr anpassungsfähig bei kundenseitigen Änderungswünschen am Automobil; es wurde wieder aus der Produktion genommen, als die Zahnstangenlenkung aufkam und vielleicht war die Zeit für solche Dinge einfach noch nicht reif. Damals, als die ersten Sicherheitsgurte aufkamen, konnte man in Deutschland schließlich auch Stimmen hören, die von einem »Feigheitsgürtel« sprachen. Und selbst bei Porsche, wo man Tausende von Automobilen baute, wurden nicht mehr als rund 500 dieser Sicherheits-Lenkungen installiert. Dennoch verzichtete man nicht auf Sicherheits-

Porsche stellte 1965 ein neues Modell vor – den 356 C, letzte Ausführung einer traditionellen Baureihe, die sich in aller Welt eine treue Anhängerschaft erobert hatte.

vorkehrungen und gab dem 356B ein neues, kräftiges Dreispeichenlenkrad mit vertiefter Nabe, das einen besseren Schutz des Brustkorbes gewährleistete. Der Hupenring war kein Standardteil mehr und konnte nur noch als Extra bestellt werden. Das Lenkrad saß auf einem neuen, größeren Kopfteil, in dem sich links ein Mehrzweckschalter befand. Man konnte mit diesem Hebel die Scheinwerfer abblenden und mit der

glichen jenen Rippen, wie sie bereits am 550A und am RSK erprobt waren; sie förderten den Fluß der Kühlluft und trugen nicht zuletzt zur Senkung der Produktionskosten bei. Die Trommeln saßen auf verstärkten Naben, trugen nach wie vor die Felgen und liefen nun auf Kegelrollenlagern statt auf Kugellagern, beginnend mit der Einführung des Modelljahres 1959.
Abgesehen von einigen Detailverbesserungen im Verlaufe des Jahres 1960, wurden die Motoren der Modelle 1600 und 1600S (616/1 und 616/2) unverändert in die 356B-Serie übernommen. Den Carrera gab es nach wie vor, jedoch hauptsächlich als Wettbewerbsmodell in der von Reutter gebauten GT-Version oder mit der GTL-Karosserie von Abarth. Der Carrera hatte sich jedoch nicht zu dem starken Porsche gemausert, auf den man in Amerika wartete. Nach wie vor

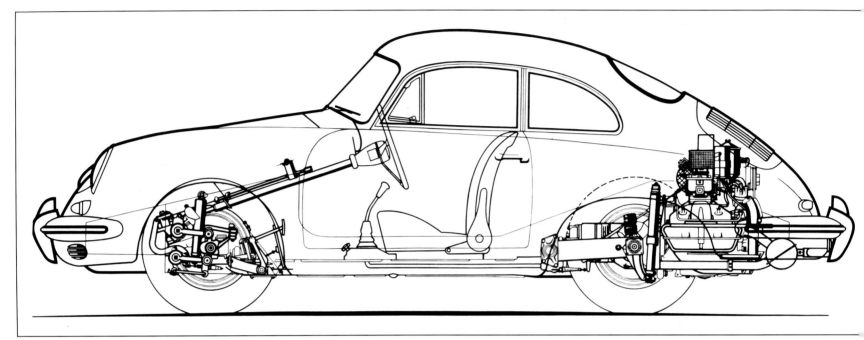

Lichthupe blinken sowie die Blinker betätigen. Der Lenkradring und die Nabe wie auch die Kontrollknöpfe und der Schalthebelknopf waren aus schwarzem Plastik, wodurch die Innenausstattung seriöser wirkte im Gegensatz zum früher verwendeten weißen Material.

Viele Porschefahrer lernten im 356B erstmals das verbesserte Synchrongetriebe kennen. Das Getriebe mit der Bezeichnung 741 war mit einer neuen, einfacheren Vorderaufhängung versehen, ähnlich wie beim Synchrongetriebe des ersten 356. Mit seinem tiefergelegten Schaltgestänge hatte man die Polster der hinteren Sitze etwas tiefer halten können. Eine zusätzliche Verstrebung begrenzte die Bewegung der Motor/Getriebe-Einheit unter Drehmomentbelastung, doch diese Einrichtung bewährte sich nicht allzu lange. Nach etwa 3000 gebauten Einheiten ging man zurück auf die frühere zweiarmige Ausführung, der Konstruktion Nr. 644, wie sie mit Einführung des 356A entstanden war und wie sie sich auch beim wesentlich stärkeren Super-90-Motor bewährt hatte.

Durch die Schlitze in den Felgen konnte man eine weitere Novität am Typ 356B erkennen: die neue Bremstrommelkonstruktion. Den Bremsmechanismus hatte man beibehalten, nur die Trommeln selbst wurden wesentlich verstärkt. Die Kühlrippen, früher um den ganzen Trommelumfang angeordnet, wurden durch zweiundsiebzig Querrippen auf jeder Trommel ersetzt. Diese

Schnittzeichnung des Porsche 356 B, der 1959 auf den Markt kam. Eine Besonderheit dieses Modells war das verbesserte Synchrongetriebe. Der Motor entsprach kaum verändert dem des 1600/1600 S.

bestand hier der Wunsch nach einem Porsche mit mehr Leistung; und dieser Wunsch ging erst in Erfüllung, als der Super 90 oder 1600S-90 auftauchte. Auf der IAA im September wurde er mit dem weiteren Porsche-Programm angekündigt, doch seine Auslieferung verzögerte sich bis Mitte März 1960.

Man hatte die Zylinderköpfe dieses Motors (Typ 616/7) auf der Einlaßseite verändert, um größere Einlaßventile unterbringen zu können. Sie wiesen jetzt 40 mm Durchmesser auf. Die Ventilhübe vergrößerte man beim Einlaßventil von 9,6 auf 10,8 mm durch vergrößerte Kipphebelwege. Der Vergaser des Super 90 war jener Solex 40 PII-4, auf dem das gleiche Luftfilter wie im Carrera De Luxe saß. Auch der aus Aluminiumguß gefertigte Einlaßkrümmer war neu, während das Vergasergestänge ebenfalls dem des Carrera entsprach. Ferner wies die Maschine härtere Ventilfedern auf sowie höhere Kolben, wodurch sich das Kompressionsverhältnis auf 9 zu eins erhöhte.

Wie die Kolben des 1600, hatten jene des Super 90 ebenfalls drei Kolbenringe statt zwei (wie im 1600S). Die Zylinder hatten keine Chrombeschichtung, sondern eine solche aus Ferral, einer Molybdänstahllegierung. Diese Ferralbeschichtung, die in Zusammenarbeit mit Mahle entstanden war, wurde in geschmolzener Form heiß aufgedampft. Auch wurden die Pleuel verstärkt und erhielten Schrauben, die so konstruiert waren, daß sie sich bei Verdrehung entweder zusätzlich anzogen oder sich im Gegenmoment wieder lokkerten; sie ersetzten die früher verwendeten Zahnscheiben. Vom 29. Februar 1960 an kamen diese Pleuel in allen 616er Motoren zum Einbau. Die Pleuellager blieben mit 53 mm Durchmesser die gleichen und ebenso blieb man bei den 40 mm des Hauptlagers am Kurbelwellenende, nur die drei mittleren Lager vergrößerte man von 50 auf 55 mm. Dadurch vergrößerte sich auch der Überlappungsbereich der Kurbelwangen. Diese größeren Hauptlager besaßen auf ihren Innenflächen eine Bleibronze-Auflage und waren somit wesentlich strapazierfähiger geworden. Das Schwungrad des Super 90 wog 6,5 kg, also 2,1 kg weniger als das des 1600S.

Eine nachträgliche Änderung am Motor des Super 90 war die Montage einer größer dimensionierten Ölpumpe. Kurz nach der Einführung des neuen Porsche hatte es nämlich eine Reihe von Kurbelwellenschäden gegeben. Zwar behielten die Zahnräder den gleichen Durchmesser, jedoch wurden sie breiter gemacht, wodurch eine Änderung des Gehäuses notwendig wurde. Der Drehzahlmesserantrieb erfolgte nach wie vor an der Ölpumpe, jedoch über eine zwischengeschaltete Untersetzung und nicht mehr direkt vom Antriebszahnrad. Diese vergrößerte Pumpe wurde vom September 1960 an in allen Motoren vom Typ 616 eingebaut.

Beim Porsche Super ergab sich die Notwendigkeit bei der Lösung von Kühlproblemen. Man kam auf die Idee, sowohl den Gebläse-Einlaß als auch den Auslaß der Kühlluft zu vergrößern. Der Gitterschutz am Einlaß des Gebläses wurde ent-

An der Stoßstange, den Kühlluftschlitzen und den Felgen ist der Porsche 356 B von seinem Vorgänger zu unterscheiden. Der 1,6-Liter-Motor des Wagens leistete 115 PS bei 6500 Touren.

fernt und die kreisrunde Öffnung mit einem aufgewölbten Blechkranz abgeschlossen, wodurch der Luftstrom stärker auf das Zentrum der Gebläseachse gelenkt wurde. Der Austritt der warmen Luft wurde durch neue Zylinderverrippung beschleunigt, die dafür sorgten, daß die Luft direkt nach unten und nicht nach hinten, wie dies bisher der Fall war, entströmte. Hierdurch ergab sich ein um 10 Prozent vergrößerter Luftdurchsatz.

So wie der erste Super 90 neun Monate vor seiner offiziellen Vorstellung auf dem Nürburgring seine schnellen Runden drehte, hatte er eine Leistung von sicheren 90 PS und mehr. Als man dem Wagen für den Straßeneinsatz einen Schalldämpfer verpaßte, mußte der Motor etwas von seinen Pferdestärken abgeben. Alle neuen 356B-Motoren hatten neue Auspufftöpfe mit abgerundeten Enden und zwei eng beieinander liegenden Auspuffrohren erhalten. Man hielt an der Bezeichnung Super 90 fest, wenn die Leistungsabgabe der 616/7-Motoren auch näher an 86 als an den angekündigten 90 PS bei 5500 U/min lag. Mit 12,2 mkp bei 4300 U/min lag das Drehmoment so gut wie nie zuvor. Porsche markierte seinen Drehzahlmesser bei 5500 U/min und fixierte eine sichere Höchstdrehzahl für den Super 90 bei 6000 U/min. Dauerbelastung bei 5800 war zulässig; dies hatte das Werk in einem Dauertest von 200 Stunden selbst ermittelt.

Unter Beibehaltung des hervorragenden Gleichklangs von Leistung, Bremsvermögen und Fahrverhalten, seit 1952 Kennzeichen eines jeden Porsche, hatten die Zuffenhausener Ingenieure für den Super 90 einige wesentliche Verbesserungen bei der Aufhängung erdacht. Die guten Erfahrungen, die man mit den Koni-Stoßdämpfern im Spyder gemacht hatte, führten auch zum Einbau jener holländischen Dämpfer im 1600S sowie im Super 90. Und an der hinteren Aufhängung des S 90 gab es etwas völlig Neues, eine sogenannte Ausgleichsfeder. Dieses oft in seiner Wirkung unterschätzte Teil verbesserte die Kurvenstabilität des Wagens entscheidend.

Neu beim Porsche 90 waren Gürtelreifen als Standardausrüstung. Sie durften als Resultat einer mehr als fünfjährigen Erprobung und Entwicklungsarbeit in den Versuchsabteilungen von Porsche und prominenter Reifenhersteller in Frankreich und in Deutschland gelten. Vor allem die Michelin X Reifen mit ihrer exzellenten Haltbarkeit und dem griffigen Profil waren schon früh von den Porsche-Ingenieuren als für ihre Sportwagen bestens geeignet erkannt worden, sie bevorzugten sie an ihren eigenen Automobilen und ließen sie auch bei jenen Testwagen der Firma montieren, die man Journalisten auslieh. Anfangs nahmen die Männer bei Porsche jedoch nicht an, daß Michelin-X-Reifen für Serienfahrzeuge geeignet seien. Vor allem empfand man sie als zu laut, besonders auf Kopfsteinpflaster, und der zusätzliche Kraftaufwand beim Lenken störte sie ebenfalls. Hinzu kam die Tendenz, urplötzlich auszubrechen, wenn die Bodenhaftung abnahm, besonders bei einem Fahrzeug wie dem

Porsche, mit dem man stets versucht war, Kurven unter Extrembedingungen zu fahren. Porsche testete alle Variationen von Stahlgürtelreifen, verglich sie mit den in Deutschland hergestellten Sportreifen und gab die Ergebnisse dieser Versuche und Vergleiche an die Reifenhersteller weiter. Als bester Hochleistungsreifen galt damals der Continental Supersport, doch hatte dieser gewisse Nachteile auf regennasser Fahrbahn und seine Lebensdauer galt als nicht sehr hoch.

Der stets auf Unabhängigkeit bedachte französische Reifenproduzent Michelin war nicht sehr an einer Zusammenarbeit mit Porsche interessiert, da es bei diesen deutschen Sportwagen um keine großen Stückzahlen gehen konnte. »Man sagte uns: ›Hier handelt es sich um einen Reifen aus unserer Produktion; nehmen Sie ihn wie er ist‹«, erinnert sich Helmuth Bott. In Deutschland nahm daraufhin Dunlop die Herausforderung an. Schon 1955 hatte diese Firma versuchsweise einige Stahlgürtelreifen dem Porscheteam mit nach Sebring gegeben. Bob Davis hatte sie auf seinen privaten Spyder 550-04 montiert. Davis berichtete: »Wir fuhren damit volle zwölf Stunden und hatten danach noch immer über 4 mm Lauffflächenprofil.«

Im Bemühen um die Entwicklung eines Idealreifens ging Dunlop von der Stahlkarkasse wieder ab und konzentrierte sich auf den Textilfaserreifen. Im Juni 1956 hatten Porsche und Dunlop intensive Untersuchungen aufgenommen. Nach etwa einem Jahr verschleißreicher Reifenerprobungen hatte Dunlop den richtigen Pneu parat. »Wir kauften einen Peugeot und einen Citroën«, erinnert sich Bott, »um Michelin zu zeigen, daß die von uns erarbeiteten Verbesserungen sich auch an französischen Automobilen günstig auswirkten – und nicht nur am Porsche!«

Der von Dunlop als CB59 bezeichnete neue Reifen für den Super 90 und den Carrera hatte die Dimension 165 × 15. Die dafür vorgeschriebenen Reifendrücke waren überraschenderweise die höchsten, die man je bei Porsche vorschrieb: 1,6 at vorn, 1,8 at hinten, bei normaler Fahrt.

H. U. Wieselmann kritisierte in einem Test des Super 90 die harten Pneus als einzigen Nachteil dieses Wagens. Andere Tester bestätigten dem CB59 eine etwa gleiche Griffigkeit wie beim Michelin X, empfanden ihn jedoch nicht so laut auf Kopfsteinpflaster und richtungsstabiler bei Geradeausfahrt. Auch sein Verhalten im Grenzbereich wurde als ausgezeichnet beurteilt. »Er ist noch schneller in den Kurven«, sagte Edgar Barth, »und man hat das Gefühl, aufs Ganze gehen zu können bei hundertprozentiger Sicherheit.«

Testfahrer lobten die Elastizität des Super 90. »Die in den niedrigen Drehzahlbereichen noch vorhandene Leistung ist erstaunlich«, schrieb Hansjörg Bendel in *Road & Track*. »In Haarnadelkurven, in denen wir normalerweise in den ersten Gang zurückschalten mußten, war es uns oft möglich, im zweiten Gang zu bleiben und durch einen ordentlichen Tritt auf das Gaspedal einfach das Heck herumzuwerfen. Unter 3000 U/min bei voll durchgetretenem Gaspedal pflegte sich im allgemeinen nicht sehr viel zu rühren; beim Super 90 jedoch setzt der Motor hier wieder voll ein und dann tut sich einiges.« Nur den Roadster kritisierte Bendel in einigen Punkten. Die Sitze boten ihm zu geringen Seitenhalt, er entdeckte undichte Stellen am Dach, bemängelte die schlechten Scheibenwischer und das Fehlen einer Innenbeleuchtung.

Und der Roadster sollte auch nicht allzulange im Programm bleiben. Er wurde nur bis Ende 1961 gebaut, wobei die letzten 200 Wagen sich bereits an das stark geänderte 1962er Modell anlehnten. Sein Auslaufen symbolisierte das Ende einer zweijährigen Periode, jener ersten zwei Jahre des 356B (1960 und 1961), in denen man einen Porsche in so vielen Karosserievariationen erhalten konnte wie nie zuvor. Von Reutter kam das klassische Coupé sowohl in der Standard- als auch in der leichten GT-Ausführung, und das Cabriolet, das man mit Hardtop oder mit dem Stoffverdeck erhielt. In Turin fertigte Zagato das leichte Carrera GTL Coupé und aus der Schweiz konnte man das viersitzige 356B-Coupé von Beutler bekommen, wenn es auch kein offizielles Porschemodell war. Ferner gab es den Roadster, den Drauz fertigte und Anfang 1961 versuchte sich auf diesem Gebiet auch die Firma D'Ieteren Frères in Brüssel. Als Familienbetrieb, dessen Ursprünge Mitte des 19. Jahrhunderts im Kutschenbau lagen, hatte sich D'Ieteren später auf den Automobilmarkt umgestellt und im Jahre 1935 mit der Montage von Automobilen, wie etwa Studebaker, begonnen. Seit 1950 importierten die Belgier Porschewagen und etablierten sich allmählich in diesem Geschäft, wobei der Entschluß des jungen Königs Baudouin, sich ein 356er Cabriolet zu kaufen, durchaus verkaufsfördernd wirkte. In seiner kurzen Karriere als Produzent von Porsche-Cabriolets wurden die Rohkarosserien bei D'Ieteren komplettiert und lackiert und man führte dort auch den Endzusammenbau bis zum kompletten Roadster durch.

In jener Zeit trat ein weiterer Karosseriehersteller auf den Plan, die Wilhelm Karmann GmbH in Osnabrück. Auch dieses Unternehmen hatte eine lange Tradition im Kutschenbau vorzuweisen und war zu einem bedeutenden europäischen Hersteller von Werkzeugen, Karosserieteilen und kompletten Aufbauten avanciert, vor allem im Auftrage des Volkswagenwerks. Karmanns Arbeiten für Porsche begannen mit einem neuen Hardtop-Coupé, einem geschlossenen Fahrzeugtyp, dessen Silhouette dem bisherigen Hardtopmodell nachempfunden war. Die Produktionsrate Karmanns stieg bald auf 15 Karosserien pro Tag (die dann nach Zuffenhausen zur Komplettierung verschickt wurden), doch 1962 wurde der Bau des Hardtop-Coupés aufgegeben, um dem normalen Coupé Platz zu machen.

Dieses breite Angebot verschiedener Modelle sollte Porsches Umsatzzahlen steigern helfen. In Zuffenhausen wurde dieses Bemühen durch die Fertigstellung von Werk III im September 1959 untermauert. Man hatte es auf einem schmalen, noch verbliebenen Streifen freien Landes gebaut, es nahm die neuen Verkaufsbüros, das Ersatzteillager und die Auslieferung auf; der dadurch freigewordene Raum im Werk II wurde für eine Produktionserweiterung genutzt. Reutter setzte mit 25 Karosserien pro Tag seine Lieferungen fort, und mit Hilfe der anderen Fabrikanten kam Porsche im Verlauf des Jahres 1961 auf einen Tagesschnitt von 30 Wagen, was im Jahre 1960 eine Gesamtproduktion von 7598 Automobilen und von 7664 im Jahre 1961 erbrachte.

1961 hielt Ferry Porsche in seinen Aufzeichnungen fest, daß er es für wünschenswert hielt, eine Produktionsrate von 50 Wagen pro Tag nicht zu überschreiten, wollte man den exklusiven und einmaligen Charakter seiner Automobile beibehalten. Das ergäbe 12 500 Automobile pro Jahr. Seit jener Zielsetzung aber waren die Arbeiten bei Porsche sukzessive auf größere Volumen gesteigert worden, wobei sowohl Reutter als auch Karmann unterstützend mitwirkten. Erstmals wurde diese Zahl 1966 überschritten. Der Anstieg verteilte sich graduell auf die letzten zwei Jahre der 356B-Produktion, die Produktionsziffern zeigen 8205 für das Jahr 1962 und 9672 für 1963, wobei die letztgenannte Zahl auch eine große Anzahl 356C-Modelle einschließt, die ab Juli in Serie gingen. Der Produktionsanstieg wirkt auf den ersten Blick gering – bis man einen Vergleich zu früheren Fertigungswerten zieht: die Produktion des Jahres 1963 hatte sich im Vergleich zu 1956 mehr als verdoppelt!

Mit zunehmender Expansion des Unternehmens mußte Porsche darangehen, nach geeignetem Land zu suchen, das nahe bei Zuffenhausen lag und als Testgelände sowie für eventuelle Ausweitungen der Werksanlagen geeignet war. Zwei Herren leiteten diese Suchaktion: Ferry Porsches Cousin Ghislaine Kaes und Hans Kern, stellvertretendes Vorstandsmitglied und verantwortlich für alle Finanzangelegenheiten. Kern war 1900 in Wien geboren und hatte, seit er 1933 als 13. Angestellter in die Firma eingetreten war, den finanziellen Schutzschild über Porsche ausgebreitet; 1950 war er in die oberste Firmenleitung aufgestiegen.

Kern und Kaes begannen im Januar 1960 nach Bauland Ausschau zu halten. Sie dachten an eine sechs Hektar große Parzelle, weil Ferry Porsche sie eindringlich darauf hingewiesen hatte, daß für größere Grundstücke kein Geld vorhanden sei. Nach monatelangem Suchen mußten sie feststellen, daß die Forderung Dr. Porsches nach einer Parzelle in dieser Größe ohne komplizierte Teilungen kaum realisierbar war. Gegen Jahresende 1960 hatte Kaes Grundstücke in der Größe von 10, 22 und 38 Hektar ausfindig gemacht, die Porsches Vorstellungen in etwa entsprachen. Um eine Entscheidung zu treffen, vereinbarte Ghislaine Kaes mit Hans Kern am 2. Dezember 1960 ein Treffen, und zwar auf dem größten Grundstück, um es gemeinsam in Augenschein zu nehmen.

Der Tag, an dem sich die beiden Herren trafen, war sonnig und beinahe wolkenlos, kühl, jedoch

Detailansichten vom Porsche 356 B. Neu war das Dreispeichen-Lenkrad mit der tiefen Nabe, auch der Schalthebel war geändert worden. Durch die höhergelegte Stoßstange waren auch die Scheinwerfer nach oben gewandert.

lag noch kein Schnee. Das Grundstück lag dicht an einer Autobahnausfahrt, etwa zwischen Stuttgart und Pforzheim, auf einem locker mit Bäumen bewachsenen Plateau: Es war von Verbindungsstraßen eingerahmt, die Weissach, Flacht und Mönsheim miteinander verbanden. Kaes und Kern verbrachten über zwei Stunden dort, schritten das Gelände ab und diskutierten die Alternativen. Bevor sie es verließen, beschloß Hans Kern, das Gelände, auf dem sie standen, zu kaufen.

Eine derart große Fläche paßte ganz und gar nicht in die Vorstellungen Ferry Porsches, und entsprechend energisch und eindeutig fielen seine Worte gegenüber Kern und Kaes auch aus. Das letztendlich gekaufte Grundstück umfaßte genau 37,92 Hektar, also mehr als sechsmal so viel wie Ferry zu kaufen geplant hatte. Jahre später jedoch, als Bauland überall knapp und knapper und kaum mehr bezahlbar wurde, stellte sich die Entscheidung Hans Kerns als lebenswichtiger Beitrag für die Zukunft Porsches heraus. Später mußte sogar noch Land bei Weissach hinzugekauft werden, womit sich das Porsche gehörende Areal auf 45 Hektar vergrößerte.

Am 16. Oktober begann man mit den ersten Arbeiten in Weissach. Und noch vor Jahresende 1962 war die neue Versuchsstrecke fertiggestellt und konnte ihrer Bestimmung übergeben werden. Sie besaß einen breiten Außenring, auf dem Automobile in einem Kreis von 190 m Durchmesser ihre Runden drehen konnten sowie einen inneren Ring von 40 bzw. 60 m Durchmesser. Damit war die erste Baustufe des neuen Geländes fertiggestellt; erst 1967 kam es zu weiteren Ausbauten in Weissach.

Bevor die Karosserielinie des 356 aufgegeben wurde, erhielt sie im Herbst 1961 noch eine entscheidende Anzahl von Änderungen verpaßt, deren Resultat als neue T-6-Form mit größeren Coupéfenstern und einem gänzlich neu konstruierten vorderen Gepäckraum sichtbar wurden. Die Höhe der Windschutzscheibe wurde leicht angehoben und die Fläche des Heckfensters merklich vergrößert, besonders durch die Absenkung der hinteren Eckholme. Hierfür hatte man die Coupéheckklappe neu formen müssen. Beim Cabriolet wurde das Heck nicht geändert, jedoch erhielt das Heckfenster einen Reißverschluß, wodurch es im Stile amerikanischer Cabrios versenkt werden konnte – eine Geste in die Richtung der Roadster-Fans.

Mit der Einführung der T-6-Karosserie, die ab September 1961 gefertigt wurde, erhielten alle 356B geteilte Lufteintrittsöffnungen auf dem Motorraumdeckel, wie beim America Roadster der 2. Serie im Jahr 1952. Von vorne war die T-6-Karosserie durch ihre veränderte Form der Fronthaube zu erkennen. Statt der bisher abgerundeten Form war ihre Unterkante nun gerade und in der Mitte flacher. Sowohl der vordere Rahmenteil als auch der anschließende Hauptteil waren komplett neu konstruiert worden, wobei sich vor allem auch mehr Gepäckraum ergab.

Unter der geöffneten Frontklappe dominierte jetzt nicht mehr der große Tank, den jeder Porsche seit dem ersten 356/2-Coupé hier aufgewiesen hatte. Zwar befand sich noch immer ganz vorne ein Reserverreifen, der leicht geneigt eingelegt war, darunter saß die von der Mitte nun nach rechts verschobene Batterie, wodurch neuer Raum geschaffen war, der auf Wunsch mit einer Standheizung bestückt werden konnte. Den 50 Liter fassenden Benzintank aber hatte man derart geschickt über den Boden des Kofferraums gelegt, daß sein einzig sichtbares Anzeichen eine quadratische Erhöhung war, die von einer schwarzen Plastikkappe abgedeckt wurde. Auch der Einfüllstutzen verblieb nicht mehr im Kofferraum, sondern lag nun hinter einem Klappdeckel an der rechten Kotflügelseite und konnte über einen Seilzug von innen geöffnet werden. Keine dieser Veränderungen am Tanksystem gab es übrigens bei rechtsgelenkten Ausführungen des 356B, wie sie ab Modelljahr 1962 für den Export gefertigt wurden; die Ausführung des neuen Tanks gab es lediglich für linsgesteuerte Modelle. Der Geber für den Benzinstandanzeiger wurde an der Unterseite des Tanks montiert. Seine neue Position führte indessen öfters zu Undichtheiten. Lecks waren dann wesentlich schwieriger zu reparieren, so daß man vom Modell 1963 an den Geber wieder an der Tankoberseite einbaute. Weitere Neuheiten konnte man unter der hinteren Kante des vorderen Kofferraums finden. Hierher hatte man nun auch den Sicherungskasten verlegt. Rechts gab es ein Plastikgefäß für das Wasser der Scheibenwaschanlage. Und in der Mitte befand sich eine langersehnte Neuerung: eine Verteilbox für Frischluft des Innenraums, die durch einen Grill an der Unterkante der Windschutzscheibe einströmen konnte. Über Bedienungselemente ließ sich frische Luft zur Scheibe, zum Fußraum oder an beide Positionen führen, wie man es wünschte.

Im Cockpit des T-6-Porsche gab es Verbesserungen, die seitens zahlreicher Kunden seit Jahren gefordert wurden. Eine davon war eine Zeituhr, die nun mit Ausnahme vom Roadster in alle Modelle eingebaut wurde. Zuvor hatte es eine Uhr auf Wunsch im Handschuhkastendeckel gegeben. Eine andere Verbesserung betraf den Innenspiegel, den alle Automobile mit festem Dach aufwiesen, und die in der Geschwindigkeit regulierbaren Scheibenwischer. Sowohl die Schienen der Sitze als auch deren Bedienung wurden verbessert, auch erhielten die Liegesitzlehnen eine Verriegelung, so daß bei starken Bremsen verhindert wurde, daß sie nach vorne umkippten – Porsche nahm hier Sicherheitsdetails vorweg, die Jahre später zur Auflage wurden.

Die Motoren des 356B wurden für das Modelljahr 1962 nur in Feinheiten verändert – es gab kaum Auswirkungen auf ihre Leistungsdaten. Lediglich die neueste Einheit, der Typ 616/7 Super 90, erhielt eine größere Kupplung, die A-12 anstelle der bisher verwendeten A-10 Häussermann Federtellerkupplung, und dementsprechend mußte auch die Schwungscheibe verändert werden. Die beiden anderen Motorvarianten er-

Parade nagelneuer Porsche 356 B vor dem Schloß Solitude bei Stuttgart. Die Besitzer sind Amerikaner, die den Kauf ihres Wagens mit einem Europa-Trip verbunden haben; amerikanische Porsche-Clubs pflegen die Tradition solcher »Einkaufsreisen« in die Alte Welt seit vielen Jahren.

hielten ein neues Gebläsegehäuse, wie es der Super 90 besaß. Ein verbessertes Gasgestänge gab einen veränderten Öffnungseffekt, so daß die Öffnung der Drosselklappe im Anfangsbereich nicht so abrupt erfolgte.
Der 1600-Super-Motor wurde immerhin soweit geändert, daß er 1962 auch eine neue Bezeichnung bekam: 616/12 statt 616/2. Seine Zylinder waren wie beim 1600 aus Gußeisen anstelle von Aluminium, in denen sich neue Kolben mit drei Kolbenringen bewegten. Ebenfalls neu am Motor des Typ 616/2 war ein verbesserter Ölkühler und Vorrichtungen, die dafür sorgten, daß die ausströmende Motorkühlluft nach unten und nicht mehr nach hinten strömte.
Sportfahrer zogen nach wie vor den Aufbau des leichtgewichtigen GT der neuen T-6-Hülle vor, die immerhin um 31 kg mehr wog. Dennoch gab es nicht allzu große Unterschiede bei den Beschleunigungswerten, wie zahlreiche Tester bestätigten. Im Gegenteil: der T-6-Porsche wurde als ein Auto bezeichnet, das an Temperament und auch Individualität mit einem Bugatti verglichen werden konnte, wie William Boddy beispielsweise meinte.
Bei diesen mit der T-6-Karosserie versehenen Porsche 356 handelte es sich um ein edles Fahr-

zeug mit ebensolchen Motoren, vom 1600 bis zum Super 90. Und dennoch gab es noch heißere Ausführungen des 356B. Mit den Modellen des Jahres 1962 brachte man den bereits im September 1961 angekündigten neuen und kräftigen Viernockenwellen-Carrera heraus, der in den USA als der »Roadster« aus der Zuffenhausener Produktion bezeichnet wurde. Unter Bezugnahme auf seinen Zweiliter-Motor trug er die Bezeichnung Carrera 2. Um als GT-Wagen homologiert zu werden, mußte man 100 Exemplare bauen. Dieses Soll hatte Porsche am 27. Juli erfüllt. Die Produktion lief weiter, denn bald hatte sich erwiesen, daß es sich bei diesem Wagen um den bisher populärsten Carrera handelte. Huschke von Hanstein meinte dazu, der große Erfolg dieses Modells zeige sich durch die Tatsache, daß man viermal mehr Fahrzeuge bauen mußte als ursprünglich geplant. Die gesamte Anzahl der gebauten Carrera 2 belief sich auf 436 Automobile, 310 davon als 356B, die restlichen 126 auf der Basis des 356C.

Herz und Seele des Carrera 2 war sein äußerst verbesserter 1966-ccm-Motor: ein knapper Zweiliter. Die Idee, den Basismotor des Typs 547 auf dieses Volumen zu bringen, war nicht neu, denn aus der Bezeichnung Typ 587 ist erkennbar, daß seine Grundkonzeption in das Jahr 1953 zurückreicht. Der vergrößerte Hubraum wurde durch eine Änderung des Kolbenhubes von 66 auf 74 mm erzielt und einer geringfügigen Erweiterung der Bohrung um 2 mm über jene 82,5 mm Durchmesser, wie sie erstmals der 1679-ccm-Motor vom Typ 547/5, 1957 bei Bergrennen eingesetzt, aufgewiesen hatte. Die ferrobeschichteten Aluminiumzylinder mußten für diese Modifikation verlängert werden, ebenso die Zylinderstehbolzen und die Wellen und Verbindungsleitungen, die vom Kurbelgehäuse zu den Zylinderköpfen führten. Der gesamte Motor wurde breiter. In den Grundabmessungen blieb das Kurbelgehäuse mit seinen 60-mm-Hauptlagern gleich, wie sie mit dem Motortyp 692/3A im Jahr 1960 eingeführt worden waren. Die Stahlkurbelwelle war aus einem Stück geschmiedet. Anstelle der 55 mm starken Pleuellagerzapfen, wie sie in den Carrera-Motoren der Typenserie 692 zur Anwendung gekommen waren, wurden diese Zapfen auf 52 mm verkleinert, so wie man sie in den Motoren mit Hirth-Kurbelwelle gehabt hatte. Nur durch diesen verringerten Durchmesser konnten sich die Pleuel gerade noch innerhalb des Kurbelgehäuses frei bewegen.

Man gab dem Motor größere Ölpumpen, die wie bisher als zylindrisch geformte Körper innerhalb des Kurbelgehäuses montiert waren. Vom 692er übernahm man den V-förmigen Antrieb des Verteilers am vorderen Ende der Kurbelwelle. Auch eine vergrößerte und leistungsstärkere Bosch-Lichtmaschine wurde montiert, die in der Nabe des Gebläses gerade noch Platz fand. Die Abmessungen des Gebläses und des zugehörigen Gehäuses blieben unverändert.

Um den Produktionsablauf der Zylinderköpfe für den Carrera 2 verbessern zu können, änderte man die Gußformen. Die Ventildeckel wurden in ihrer Form rechteckiger und wesentlich größer, so daß die kleinen Schwungscheiben, mit denen der Nockenantrieb stabilisiert wurde, mit man sie für den Motor 692/3 A entwickelt hatte – nun zur Gänze sowohl bei der Einlaß- als bei der Auslaßnockenwelle abgedeckt werden konnten. Die neuen Ventildeckel erleichterten den Zugang zur Ventilmechanik und man konnte jetzt das Ventilspiel leichter einstellen.

Während des Winters 1960/61 brachte man diesen Motor Typ 587 bei Porsche zur Reife. Er

gedieh zu einem Aggregat, mit dem ein für allemal das Problem des ungenügenden Drehmomentes bei niederen Drehzahlen im Straßen-Carrera aus der Welt geschaffen wurde. Sein erster Einsatz erfolgte jedoch in einem Rennen: im April 1961 brachte man zwei Wagen zur Targa Florio nach Sizilien, wo eines der Autos beinahe siegte und das andere auf den zweiten Platz kam (siehe Kapitel 14). Auf einem Kurs, auf dem Drehmoment mehr zählte als hohe Drehzahlen, schien sich der neue Motor zu Hause zu fühlen. In der Zwischenzeit hatte man in zwei weitere Carrera-Coupés Motoren vom Typ 587 eingesetzt, um feststellen zu können, wie sie sich im normalen Alltagseinsatz verhielten. In dem heißen Sommer des Jahres 1961 fuhren die Mitglieder des Porscheteams diese Wagen von Rennen zu Rennen, um Erfahrungen zu sammeln. An diesen roten Coupés ließen sich auch einige der kommenden Änderungen an der T-6-Karosserie erkennen; so besaßen sie die Ausbuchtung für den Frischlufteinlaß, einen von außen zugänglichen Tankverschluß und einen doppelten Grill im Heck.

Aus den Testresultaten mit diesen Automobilen erstellte man die Spezifikationen für den Carrera 2, wie er im Herbst vorgestellt werden sollte. Offiziell hieß der Wagen 356B/2000GS und war für den Straßeneinsatz mit dem Motor Typ 587/1 ausgestattet, der seine Ansaugluft durch sehr große Stahlwollefilter und den bekannten doppelten Solex 40 PII-4 Vergaser mit 36 mm Saugrohrdurchmesser erhielt. Um den unvorstellbar lauten Auspufflärm der Prototypen zu mildern, führte man die Abgase des Carrera 2 nach vorne durch zwei kleine zusätzliche Auspufftöpfe und dann erst zurück in den herkömmlichen zylindrischen Porschetopf.

Bei einem Kompressionsverhältnis von 9,5 zu eins, leistete der Basismotor 587/1 netto 130 PS bei 6200 U/min und konnte ohne Schwierigkeiten bis auf 6800 U/min gedreht werden. Sein Spitzendrehmoment erreichte er mit 8,6 mkp bei 4600 U/min. Mit der De-Luxe-Karosserie von Reutter, sowohl als Coupé als auch als Cabriolet erhältlich, mit Öltank und zweifachem Frontkühler wog der Wagen rund 997 kg. Zu seiner Standardausrüstung zählte auch eine Eberspächer-Benzinheizung mit verfeinerten Temperaturregelmöglichkeiten. Beim Fahrgestell hatte man die hinteren Ausgleichsfedern beibehalten, die eine exzellente Straßenhaftung bei Kurvenfahrten gewährleisteten, aber auf der Geraden Eigenschaften zeigten, die Wieselmann als »keinesfalls optimal« bezeichnete. Jesse Alexander schrieb in *Car and Driver*, daß besonders auf schlechten Straßen »der Wagen eine beunruhigende Tendenz zum Pendeln habe und beim Überholen äußerste Vorsicht geboten sei.« Alexander fuhr fort: »Auf schnurgeraden Autobahnen, auf denen mit gleichbleibend hoher Geschwindigkeit gefahren werden kann, ist das Auto jedoch in seinem Element. Der weite Bereich des Drehmomentes des 2-Liter-Motors ist sein größtes Plus, und nur wenn man das letzte aus dem Wagen herausholen will, ist ein Herunterschalten notwendig.« Wieselmann berichtete, daß er in der ersten Viertelstunde Autobahnfahrt, nachdem er aus langsamer Geschwindigkeit bis auf etwa 150 km/h beschleunigt hatte, in den vierten Gang gehen wollte – und zu seiner Überraschung feststellte, daß er bereits die ganze Zeit im vierten Gang gefahren war. Elastizität und Beschleunigungsvermögen waren bei diesem Wagen beeindruckend.

Längst wußte man, daß es an der Zeit war, dem Porsche Scheibenbremsen zu verpassen. Wieselmann hatte wiederholt darauf hingewiesen. Als er im Januar 1962 eine entsprechende Bemerkung in Richtung Zuffenhausen plazierte, wußte er allzu genau, daß er eine wunde Stelle treffen würde. Seit es die Scheibenbremse im Sport- und Rennautomobilbau gab, also seit dem Ende der 50er Jahre, war dieses Thema bei Porsche immer wieder Gegenstand kontroverser Diskussionen. Der Grund, warum die Firma nicht von Anfang an dabei war, lag im relativ geringen Gewicht ihres Autos und in dem Umstand, daß es mit den großen, leichten und sehr wirkungsvollen Trommelbremsen kaum Probleme gab, auch nicht im Renneinsatz. 1958 jedoch begann Porsche mit zwei verschiedenen Scheibenbremssystemen zu experimentieren. Im Rahmen des Entwicklungsprogrammes für den geplanten Typ 695 verfolgte man eine eigene Konstruktion; zusätzlich nahm man die Zusammenarbeit mit einem Scheibenbremsenhersteller auf. Dies war die Firma Dunlop. Die Engländer offerierten Porsche eine komplette Einheit, die aus Rädern, Reifen und Bremsen bestand. Klaus von Rücker berichtete, daß die Dunlop-Bremsen durchaus brauchbar gewesen seien, doch man wollte ihre wahren Qualitäten erst im Rennen testen. Daher ersetzte man die eigenen Scheibenbremsen, die bereits im praktischen Einsatz erprobt worden waren, an den Vorderrädern eines Carrera-Coupés durch Dunlopscheiben und meldete dieses Fahrzeug für das 1000-Kilometer-Rennen im Juni 1959 als Werkswagen, den Herbert Linge und Baron Pucci steuern sollten. Dieser Wagen fuhr wie der Super 90, der im selben Rennen seine Feuertaufe erhielt, in der 2-Liter-Sportwagenklasse. »Unglücklicherweise fielen die Ergebnisse sehr schlecht aus«, schilderte von Rücker den Ausgang des Rennens. »Nach 27 Runden (etwa zwei Drittel der Gesamtdistanz) mußte der Wagen an die Boxen, um mit neuen Bremsbelägen verse-

*Ganz links: Porsche-Stand auf der Internationalen Automobil-Ausstellung Frankfurt 1961. Neben den 356 B-Coupés wurde ein 718-Coupé (Vordergrund) gezeigt.
Links: Zusammenbau eines Motors vom Typ 587, wie er in der Straßenversion des neuen Carrera 2 eingesetzt wurde.*

hen zu werden. Die Originalbeläge waren bis auf die Träger verschlissen. Wir waren der Ansicht, daß die in England entwickelten Scheibenbremsen noch nicht den Standard unserer eigenen Trommelbremsen erreichten und sie daher – zumindest zum gegenwärtigen Zeitpunkt – nicht in unseren Serienwagen Verwendung finden durften.« Die von Porsche entwickelten Scheibenbremsen brachten bessere Resultate. Dennoch: einige Beobachter waren skeptisch, was Porsches Bemühungen um die Konstruktion einer eigenen Scheibenbremse anging, und ihrer Ansicht nach war es eher Stolz, wenn nicht gar Arroganz, daß Porsche diesen Schritt ging. Wer aber so urteilte, ging an der Tatsache vorbei, daß man bei Porsche stets in der Lage gewesen war, alle Teile eines Automobils im eigenen Haus zu konstruieren, wobei auch Bremsen keine Ausnahme bildeten. Es war daher durchaus realistisch, Ähnliches bei der Entwicklung einer Scheibenbremse abzuwarten, wobei lediglich konfektionierte Fertigteile für den Bereich der Hydraulik von fremden Zulieferern kamen.

Die Scheibenbremse mit der Codebezeichnung 695 war auf die Besonderheiten der charakteristischen Porsche-Radkonstruktion zugeschnitten, die seinerzeit (verständlicherweise) vom Volkswagen übernommen worden war. Das britische Scheibenkonzept war auf der herkömmlichen Radkonstruktion mit schwereren Naben aufgebaut im Gegensatz zum leichten Porscherad. Die Porsche-Konstrukteure blieben bei ihrer eigenen Bremskonstruktion beim Radträger aus Aluminium, der wie ein fünfzackiger Stern aussah, dessen Enden umgebogen waren, wodurch die Scheibe an ihrem Rand geführt wurde, wie dies bei den meisten Scheibenbremsen von Flugzeugfahrwerken der Fall ist. So war man auch im Stande, der Scheibe einen größtmögli-

chen Durchmesser (30 cm) zu geben; diese Zunahme sowohl der wirksamen Hebelkräfte als auch der Bremsfläche der Scheibe war möglich, ohne daß diese entscheidend schwerer wurde, da sie ausschließlich aus einem Eisenring bestand. Der Bremssattel war aus Leichtmetall und enthielt auf jeder Seite der Scheibe, je einen Kolben. Ausgesprochenes Novum bei der Bremse vom Typ 695 war die Ausführung der Feststellbremse: ein einfaches Paar Bremsschuhe auf jeder Nabe der Hinterräder, die auseinandergeschoben werden konnten und auf die Innenkante jeder der beiden hinteren Scheiben wirkten.

In ihrem Bemühen um effektiven Leichtbau waren die Porsche-Konstrukteure äußerst erfolgreich. Ihre Scheibenbremse wog lediglich 300 g mehr als die Porsche-Trommelbremse, während die britischen Bremsen zwischen 4 kg und 6,8 kg wogen. Und ein geringes Gewicht war sehr wichtig, weil dadurch die ungefederten Massen gering gehalten werden konnten. Ihr Leichtgewicht war einer der triftigsten Gründe, warum die Bremse vom Typ 695 bei allen Porsche-Rennwagen ab 1962 bis 1964 zu finden war. Und deshalb baute man sie auch in den Carrera 2 ein.

Porsche testete die neuen Scheibenbremsen in zahlreichen Trainingsläufen Anfang 1961, im Verlaufe der Targa Florio und während des Testwochenendes in Le Mans. Erneut wurde der Nürburgring zum Schiedsrichter eines Qualitätsproduktes; man hatte ein 356-B-Coupé mit den neuen Bremsen für das im Mai stattfindende 1000-Kilometer-Rennen ausgerüstet, das es dann auch ohne irgendwelche Brems- oder Belagsprobleme beendete. Auch eines der roten Coupés wurde mit den nach wie vor im Experimentierstadium befindlichen Porsche-Scheibenbremsen ausgerüstet, mit denen man in jenem Sommer Straßentestfahrten mit dem neuen 2-Liter-Motor durchführte.

»Je länger ich dieses Auto fuhr, um so mehr Vertrauen faßte ich zu seinen Bremsen« sagte Bernard Cahier und fügte hinzu: »Da sie ohne Bremsverstärker arbeiten, ist ein gehöriger Pedaldruck notwendig. Vor allem, so lange diese Bremsen noch kalt sind, erfordern sie wesentlich stärkere Pedalkraft und sie bremsen auch nicht so gut wie sie es sollten, wogegen sie nach einigen aufeinanderfolgenden Testbremsungen immer besser wurden und auch der erforderliche Pedaldruck abnahm.« Obwohl man diese Eigenheit mit der Charakteristik der »Rennbeläge« zu erklären versuchte, trat dieses Phänomen bei allen 695er Scheibenbremsen auf. Die Bedienung dieser neuen Bremsen wurde auch im Handbuch für den Carrera-2-Besitzer im Juni 1962 gezielt angesprochen, und man warnte, daß die Scheibenbremsen auf den Pedaldruck etwas geringer im Stadtverkehr reagieren als man dies von Trommelbremsen gewöhnt sei. Am besten arbeiteten sie, wenn sie sich etwas erwärmt hätten.

So kam es, daß diese neuen Scheibenbremsen in letzter Minute zur Standardausstattung des Carrera 2 wurden. Der Preis des Wagens lag etwas höher als bei den früheren Carreras: er belief sich für das Coupé auf 21 500 Mark. Im wahrsten Sinn des Wortes war dieses Auto ein Gran Turismo Automobil. »Nach 250 schnell gefahrenen Kilometern«, schrieb Charles Bulmer in *The Motor* über den von ihm getesteten Carrera 2, »schlenderte er die Great West Road in Richtung Isleworth hinauf und ließ eine Reihe verärgerter Besitzer schneller Autos hinter sich, die bisher geglaubt hatten, daß sie an den Ampeln stets um eine Nuance schneller wegkamen als ein völlig normal ausschender Porsche; und dann schlich der Wagen zur Zeit des Mittagsverkehrsstaues ohne Schwierigkeiten durch die Stadt.« An verölte Kerzen brauchte man nicht zu denken.

Als Porsche den neuen 356B/2000 GS bei der F.I.A. homologierte, war man darauf bedacht, sowohl die Abarth-Carrera-Karosserie als auch die Normalkarosserie zu zeigen, so daß die Carrera GTL, mit denen man bereits erfolgreich Rennen bestritten hatte, ebenfalls mit dem neuen Motor und den Scheibenbremsen ausgerüstet werden konnten, um damit ihre Chance im Wettbewerb zu verbessern.

Ebenfalls homologiert wurden die Details einer leistungsfähigeren Version des 2-Liter-Motors, der die Typenbezeichnung 587/2 trug und den man ausschließlich für Renneinsätze konzipiert hatte. Der 587/2 war von der 165-PS-Version des 2-Liter-Motors abgeleitet, der Anfang 1961 bei der Targa Florio Vorzügliches geleistet hatte. In seiner Rennversion näherte sich der Typ 587/2 dem Aussehen des Spyder-Motors. Er hatte größere Weber-Vergaser vom Typ 46 IDM-2 auf besonders geformten Ansaugkrümmern erhalten. Die Ventilgrößen blieben gleich, wobei sowohl die Einlaß- als auch die Auslaßventile Natriumfüllungen aufwiesen. Um die Zylinderfüllung zu verbessern, verwendete man die gleichen spitzen Einlaßnocken, wie sie für den 692/3A-Carrera-Motor entwickelt worden waren. Das Kompressionsverhältnis hatte man auf 9,8 zu eins erhöht und mit seinen zweifachen Ventilfedern ließ sich der Motor ohne Probleme bis auf 7000 U/min drehen.

Mit dem Standardauspuffsystem des Carrera 2 – das man jedoch äußerst selten bei diesem Motor fand – betrug die Nettoleistung 140 PS bei 6200 U/min. Bedeutend besser war dieser Maschine der Sportauspuff angepaßt, mit dem die Nettomotorleistung auf 155 PS bei 6600 U/min anstieg; brutto waren dies bei gleicher Drehzahl 170 PS. Das Nettodrehmoment stieg zu einer steilen Spitze bei 5000 U/min auf den beeindruckenden Wert von 22 mkp. Dieser Motor wurde für die Rennsaison 1963 fertiggestellt, jenem ersten Jahr, in welchem der Carrera 2 in der GT-Klasse eingesetzt wurde. 1962 wurden lediglich zwei Motoren des Typ 587/2 gebaut; 33 weitere Einheiten produzierte man 1963, womit die Gesamtproduktionszahl dieses Aggregats erschöpft war.

Mit zwei seiner von Abarth karosserierten Carreras, die mit 587/2-Motoren und den 695er Scheibenbremsen ausgerüstet waren, startete Huschke von Hanstein 1963 seine GT-Kampagne. Man schickte sie nach Amerika, wo sie sich in den Langstreckenrennen von Daytona und Sebring erfolgreich schlugen. Während dessen fertigten die Mechaniker zu Hause in Zuffenhausen eine neue Leichtbau-Karosserie für den Carrera 2, dessen Form sich von der bereits 15 Jahre alten Form des Typ 356 erheblich unterschied, womit Porsche erstmals von der klassischen Kontur abwich. Es war das erstemal, daß man eine derartige Karosserie in der Öffentlichkeit zeigte.

Die neue Carrera-Karosserie entsprach der 1962 eingeführten Form, und es gab sie als Coupé 01 wie als Roadster auf einem modifizierten RS 61-Chassis (siehe Kapitel 14). Sie hatte die gleiche niedrige, keilförmige Nase und den gleichen abrupten Abbruch der Dachlinie wie das Renncoupé des vergangenen Jahres. Oft wurde dieses Auto mit dem Mittelmotorcoupé verwechselt. Jedoch wies das Carrera-2-Coupé des Jahres 1963 seitliche Luftschlitze auf am äußersten Ende der Karosserie auf und nicht unmittelbar hinter den Türen; der Wagen war normal verglast und das Auto war ein echter 2 + 2. Das neue, aggressive Aussehen verdankte dieses Coupé Ferry Porsches ältestem Sohn Ferdinand III, der zunehmendes Interesse an der Formgestaltung der Firmenerzeugnisse zeigte. Seit Anfang der 60er Jahre arbeitete Butzi (wie man ihn im Familienkreise nannte) im Styling des Porsche-Karosseriebaus. Er war es, der dem neuen Carrera die schräg abfallenden Frontkonturen gegeben hatte und jene kreisrunden Vorsprünge in der Frontpartie, in denen entweder die Signalhörner oder die Standlichter untergebracht werden konnten. Diese neue Karosserie erhielt zwar keine eigene Bezeichnung; dennoch war es wichtig, daß man das neue Fahrzeug in die GT-Kategorie einführte. Wie bei vielen anderen Porschewagen auch, gaben die Männer, die an ihm arbeiteten, diesem Fahrzeug einen Spitznamen: Sie bezeichneten das untersetzte Coupé als »Dreikantschaber«.

Der erste DKS (dies waren die Abkürzungsbuchstaben seines Spitznamens) tauchte bei der Targa Florio im Mai 1963 auf. Man konnte sehen, daß der Ölbehälter sich an der Stelle des Rücksitzes befand und eine durchsichtige Abdeckung hatte, durch die man den Inhalt kontrollieren konnte. Barth und Linge erreichten mit dem Wagen in Sizilien einen hervorragenden 3. Gesamtrang und wurden Klassensieger. Noch im selben Mo-

Porsche Carrera GS-GT mit Coupé-Karosserie, wie er im 1000-Kilometer-Rennen auf dem Nürburgring 1963 zum Einsatz kam. Die Mannschaft Barth/Linge erzielte einen Klassensieg und den vierten Platz im Gesamtklassement.

nat übernehmen sie ein identisches Auto von Heini Walter und Ben Pon während des 1000-Kilometer-Rennens auf dem Nürburgring und erzielten damit den 4. Gesamtplatz sowie einen weiteren Klassensieg.

Ein zweiter DKS Carrera 2, den man an seinen längeren hinteren Seitenfenstern erkennen konnte, war rechtzeitig für Le Mans im Juni 1963 fertig. Bei der Abnahme ermittelte man als offizielle Gewichte 818 und 822,6 kg, etwa 13,5 kg mehr als der Abarth-Carrera mit dem leichteren Motortyp 692 wog. Sie waren ziemlich schnell, erreichten Geschwindigkeiten von 230 und 240 km/h auf der Mulsanne-Geraden, erwiesen sich jedoch als nicht standfest genug: beide schieden mit Motorschaden aus.

In seinem erfolgreichen Kampf um die GT-Bergmeisterschaft 1963 fuhr der Schweizer Fahrer Herbert Müller eines der Werks-DKS-Coupés. Sein Sieg kam zu dem GT-Championat jenes Jahres, das er mit dem 2-Liter-Carrera erzielte. Hier fuhr er Wagen sowohl mit Karosserien von Zagato als aus Zuffenhausen.

Echte Viersitzer gab es bei Porsche nur in Ausnahmefällen. Dieser Wagen ist eine Sonderanfertigung von Beutler in Thun und basiert auf einem verlängerten Porsche 356 B. Das Fahrzeug wurde 1962 gebaut.

Als Werkswagen für Rundstreckenrennen war den DKS-Carreras nur ein Jahr Lebenszeit beschieden. Nach der Targa Florio des Jahres 1964, als erstmals die Carrera GTS (Typ 904) als homologierte GT-Wagen teilnahmen, spielten sie keine Rolle mehr. Zu Anfang 1964 beteiligten sich die beiden DKS noch erfolgreich in Daytona und Sebring, wobei in Sebring der Holländer Ben Pon und der Amerikaner Joe Buzzetta Klassensieger und 11. im Gesamtrang wurden. Buzzetta, der mit jedem Porsche vom 356A Carrera bis zum 908er Rennen gefahren wär, hatte eine besondere Vorliebe für dieses Automobil: »Hätte ich die Wahl, mir aus all den Porsches, mit denen ich Rennen gefahren bin, einen für die Straße auszusuchen, ich würde diesen nehmen.« Anläßlich der Targa Florio 1964 testete von Hanstein zwei neue Fahrer in einem DKS-Carrera: Günther Klass und Jochen Neerpasch. Beide hatten in mehreren Rallies, die mit den harten Bedingungen des sizilianischen Rennens vergleichbar waren, bereits großes Können gezeigt. Und beide kamen sowohl mit dem DKS als auch mit dem anspruchsvollen Targakurs bestens zurecht, so daß sie sich über weite Strecken des Rennens in zweiter Position halten konnten – bis eine Bremsleitung brach, wodurch sie im Zieleinlauf auf den 7. Gesamtrang zurückfielen. Bei der

Erste Versuchsausführung des 356 B in der von Beutler angefertigten Viersitzer-Version. Die vorderen Radausschnitte, die hintere Dachkante und die spitzen Heckflossen wurden, wie die oberen Fotos zeigen, noch verändert. Den Beutler-Porsche gab es nur auf Bestellung.

klassischen Alpenfahrt Ende Juni wurde der Wagen dann von Hans Walter gesteuert, der allerdings von der Straße abkam und ausschied. Eben dieser Wagen, der kleinfenstrige Dreikantschaber mit der Chassis-Nummer 122 991, wurde später in das Porsche-Museum aufgenommen – und trägt noch heute die Halterung für die Rallyescheinwerfer am Bug.

1963 war das letzte Jahr, in dem alle Serienwagen aus Zuffenhausen mehr oder weniger auf dem Basismodell des Typ 356 aufgebaut waren. Die neuen Konstruktionen des 911 und dann des 912 hatten einen zunehmenden Anteil am Gesamtumfang der Produktion, die 1964 auf 10 808 und 1965 auf 11 243 Automobile anstieg. Ende 1965 lief das klassische Modell 356 in der Porsche-Produktion aus. Dieser Wagen stellte in seiner letzten Version das noch einmal verbesserte Modell 356C dar.

Der 356C wartete zwar mit Änderungen an den Bremsen und am Motor auf, die Karosserie vom Typ T-6 war indessen mit nur geringfügigen Abänderungen übernommen worden. Am 1. Juli 1963 kamen die ersten 356C-Karosserien von Reutter zu Porsche – Reutter war in diesem Jahr übrigens von Porsche übernommen worden. Die Vorstellung des 356C fand im August vor der Presse und im September auf dem Frankfurter Salon vor der Öffentlichkeit statt.

Nachdem ein Korrespondent von *Motor Sport* auf der Ausstellung einen 356C gesehen hatte, schrieb er: »Es ist offenkundig, daß Porsche-Ingenieure Testberichte in der Fachpresse lesen, denn der Heizknopf wurde durch einen Hebel ersetzt und der äußerst unglücklich plazierte Lichtschalter, den man nur erreichen konnte, wenn man durch das Lenkrad griff, ist ebenfalls versetzt worden.« Andere Neuheiten umfaßten tiefere Sitze, was etwas mehr Kopfraum gab, Armstützen, in denen die Türöffner eingelassen waren sowie den Fortfall des früher rechts über dem Handschuhfach befindlichen Beifahrerhaltegriffes.

Auch die Radaufhängung hatte Veränderungen erfahren, wodurch sich nicht nur die Fahreigenschaften etwas verbesserten, sondern auch die Übersteuerungstendenz abnahm. Um das zu erreichen, hatte man den Durchmesser des vorderen Querstabilisators vergrößert, den Durchmesser der Torsionsstäbe für die hinteren Räder jedoch von 23 auf 22 mm verringert (der Carrera 2 behielt die 23-mm-Stäbe). Die querliegende Ausgleichsfeder im Heck wiesen nur die Modelle mit den stärkeren Motoren auf, der 1600SC und der Carrera 2.

Einziges Unterscheidungsmerkmal des 356C – abgesehen vom Schriftzug an der Motorhaube – waren die neuen Räder und Radzierkappen, deren Änderung eine direkte Folge der Übernahme von Scheibenbremsen auf allen vier Rädern war. Dieser Änderung war historischer Wert beizumessen: hatte man doch bisher die Kombination von Rad und Bremse als eine typische Porsche-Konstruktion angesehen. Jetzt war die Wahl nicht auf Porsches eigene Konstruktion vom Typ 695 gefallen. Sie hatte ihre Qualitäten bewiesen, war aber in größeren Serien nicht rentabel herzustellen. Porsches Eigenbedarf wiederum war zu gering, um den Rest der Automobilindustrie auf dieses Produkt einschwenken zu lassen; hinzu kam, daß einer der größten Befürworter für die Porsche-Bremse, Klaus von Rücker, sich nicht mehr länger für sie einsetzte – er hatte Porsche inzwischen verlassen. Als sich nach etwas mehr als einem Jahr Porsche aus dem Abenteuer des Grand-Prix-Rennsports zurückzog, trat man die Scheibenbremspatente an die Firma Alfred Teves ab, die dann auch Zulieferer der Bremsen für den 356C wurde.

Auf diese Weise konnte Teves (ATE) schließlich den Wettbewerb um Porsche-Aufträge für sich entscheiden, der 1958 begonnen hatte, als man die Dunlop-Scheibenbremse anbot und in Frankfurt unter Lizenz herstellte. Im Prinzip wiesen die Scheibenbremsen des 356C alle Merkmale auf, die Porsche seinerzeit entwickelt hatte. Mit den neuen Bremsen wurden auch neue Räder geliefert: es waren normale Stahlscheibenräder, mit fünf Bolzen angeschraubt und von einer kleineren, flacheren Radkappe als der bisherigen abgedeckt. Die mit ovalen Lüftungslöchern versehene Felge hatte nach wie vor 4,5 Zoll Felgenbettbreite. Als Sonderzubehör lieferte Porsche auch Leichtmetallfelgen mit den Weiten 5,0, 5,5 und 6,0 Zoll, wie sie am Typ 904 gefahren wurden.

Mit der Einführung des 356C verringerte man das Angebot an Motoren wie zu Zeiten der 50er Jahre: es gab nur zwei Auswahlmöglichkeiten (abgesehen vom Carrera 2). Man hatte auf den 60 PS »Normal« verzichtet und den zwei verbliebenen Motoren wesentliche Verfeinerungen zukommen lassen. Der 1600S oder Super 75 wurde zum 1600C (Typ 616/15), während der Super 90 zum 1600SC (Typ 616/16) wurde.

Die Entwicklung der neuen Motoren-Reihe stand unter der Leitung von Dipl.-Ing. Hans Mezger, der die meiste Zeit des Jahres 1962 sowohl an der Konstruktion als an der Erprobung des Porsche-Grand-Prix-Wagens gearbeitet hatte. Eines seiner Ziele war, die Motorkonstruktion für seine Serienfertigung rationeller zu machen, andererseits war er bemüht, 90 und mehr PS aus der Maschine des früheren Super 90 herauszuholen, die diese nie ganz erreicht hatte. »Wann immer man eine Leistungssteigerung wünschte«, berichtete Mezger, »vergrößerte man zwar stets die Einlaß-, aber nicht auch die Auslaßventile. Die Folge war, daß sie von einem bestimmten Zeitpunkt an viel zu klein waren.« Als Radikallösung reduzierte er die Einlaßventil-Durchmesser von 40 auf 38 mm, so daß die Auslaßventile vergrößert werden konnten, und zwar von 31 auf 34 mm. Gleichzeitig gab Mezger den Einlaß- und Auslaßkanälen eine neue Form, wodurch sich die Strömungs- und Wirbeleigenschaften verbesserten.

Beide Motoren hatten die gleiche Ventilgröße und Grundkonstruktion des Zylinderkopfes und erhielten eine mattschwarze Außenlackierung. Der Gasdurchsatz des 1600SC blieb groß, da man weiterhin die Super-90-Nockenwelle verwendete; für den 1600C hatte man indessen eine neue Nockenwelle entwickelt, deren Öffnungs- und Schließzeiten ähnlich jenen des alten 1600er waren, nur bei vergrößertem Hub, speziell beim Einlaßventil (von 8,5 auf 10 mm). Beim 1600SC kamen natriumgekühlte Auslaßventile zum Einsatz. Die geänderte Kolbenform ergab in Verbindung mit der neuen Form des Verbrennungsraumes ein Kompressionsverhältnis von 8,5 bzw. 9,5 zu eins.

Ansaugrohre und Vergaser waren ebenfalls unterschiedlich: Zenith 32 NDIX beim 1600C und Solex 40 PII-4 für den 1600SC. Beide Motoren entsprachen den neuen amerikanischen Vorschriften nach besserer Kurbelgehäuse-Entlüftung, um den Abgaswert des Motors niedrig zu halten. Der Öleinfüllstutzen hatte eine wesentlich vergrößerte Belüftung und über Schläuche konnte unverbrannter Kohlenwasserstoff aus dem Kurbelgehäuse zum Vergaser-Einlaß gelangen. Die Kurbelwellen beider Motoren wurden aneinander angeglichen, indem man die für den Super 90 auf 55 mm vergrößerten Hauptlager als Mittellager verwendete und für das dem Schwungrad nahegelegene Lager die Originalgröße von 50 mm übernahm.

In die Konstruktion der Kurbelwelle für den 1600SC war einiges aus der Rennerfahrung Hans Mezgers eingeflossen: sie wurde – im Gegensatz zu jener ihrer schwächeren Schwester – mit vier

Rechts: Blick in das Cockpit des Porsche 356 C Cabriolets von 1963. Noch sitzt der Lichtschalter so, daß man ihn nur mit einem Griff durchs Lenkrad erreichen kann; erst 1964 verlegte man ihn auf die Seite. Gleichzeitig verschwand der Haltegriff für den Beifahrer.

Der Porsche 356 C – hier in seiner Cabriolet-Ausführung – fiel vor allem durch das neue Design seiner Räder und Radzierblenden auf. Dahinter verbargen sich an allen vier Rädern Scheibenbremsen.

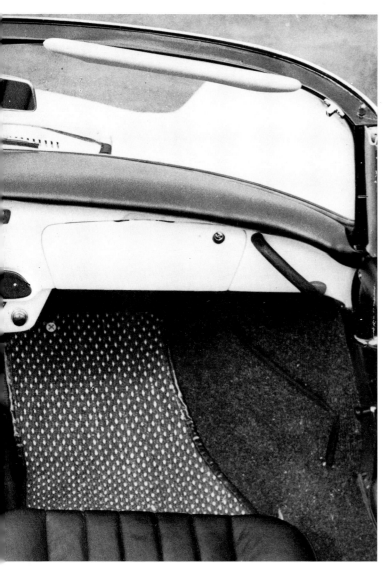

Lange zögerte Porsche, seinen Fahrzeugen Scheibenbremsen zu geben, so lange diese nicht einen so hohen Entwicklungsstandard erreicht hatten wie man es in Zuffenhausen anstrebte. Der 356 C war der erste Vollscheibenbremsen-Wagen. Rechts neben dem Scheibenarrangement die Hinterrad-(Trommel-)Bremse als Handbremse. Unten: der Porsche 356 C als Hardtop-Coupé.

integrierten Gegengewichten ausgestattet, um bei hohen Drehzahlen den Motorlauf »rund« zu halten. Dadurch konnte man die Drehzahlen für das Leistungs-Maximum auf 5800 U/min anheben, einen bis dahin bei einem Serien-Stoßstangen-Motor von Porsche noch nie erreichten Wert. Er stellte gleichzeitig die am Drehzahlmesser markierte höchstzulässige Drehzahl dar, obwohl der Motor gefahrlos bis 6000 U/min gedreht werden konnte. Seine Leistung betrug beruhigende 95 Netto-PS. Der 1600C erreichte seine Maximalleistung von 75 Netto-PS bei 5200 U/min, wobei seine Leistungskurve im Bereich von 1500 bis 4000 U/min praktisch identisch mit der des 1600SC war, und erst ab dann sich die Unterschiede von Nockenwelle und Vergasereinheit bemerkbar machten.

Im zahmeren 1600C-Motor verwendete man Zylinder aus Grauguß, wogegen der SC bei seinem Debut mit Ferral-beschichteten Aluminiumzylindern (die vom Super 90 übernommen worden waren) ausgerüstet war. Im Verlauf des Jahres 1964 folgte eine neue Zylinderkonstruktion, die sich Porsche unter der Markenbezeichnung »Biral« schützen ließ. Sie bestand aus einem Innenteil aus Grauguß, auf das ein geripptes Aluminium-Außenteil aufgezogen wurde, so daß sich ein festverbundenes Teil ergab. Dadurch konnte die Verbrennungswärme gut über das Eisen an das Aluminium und weiter an die Luft abgegeben werden.

Im Jahr 1964 borgte sich Henry Manney, Europa-Korrespondent der Zeitschrift *Road & Track,* das Hardtop Huschke von Hansteins, um einen Eindruck vom 1600SC zu bekommen. Er brachte folgendes Portrait zu Papier:

»Dieser Porsche untersteuert überraschenderweise, wenn man es auch in Haarnadelkurven noch schafft, das Heck in bekannter Manier herumwischen zu lassen. Aber der Wagen ist solide, es gab wenig auszusetzen. Komfortable Sitze, alles funktionierte, sogar die Gangschaltung. Ob-

wohl das Fahrzeug für große Touren proklamiert, erwies es sich überraschend handlich im dichten Stadtverkehr und schlängelte sich auch durch engste Lücken.
Auf der Heimfahrt nach Stuttgart mußten wir über weite Strecken durch Eis und Schneematsch fahren, wobei so mancher andere Wagen rechts und links der Straße im Graben landete, und ohne daß wir ständig aufpassen mußten, um nicht ins Schleudern zu kommen, brachten wir die beträchtliche Distanz Paris-Stuttgart ohne brenzlige Momente hinter uns. Ich kann jetzt verstehen, warum sich die Porsche so gut verkaufen.«
In den Vereinigten Staaten gab es den 1600SC noch bis Ende 1965, obwohl auf dem Europäischen Markt der 356C schon im April 1965 durch den 912 ersetzt worden war. Dieser Letzte der 356er war derart ausgefeilt, daß in seiner letzten Verkaufsperiode an durchschnittlichen Garantie-Reparaturkosten nicht mehr als 40 Mark pro Wagen anfielen – der geringste in der Porsche-Geschichte und ein unfaßbar niedriger Betrag überhaupt für ein Automobil.
Offiziell endete die 356C-Produktion Mitte September 1965, als das letzte Exemplar dieser Serie, ein weißes Cabrio, von Station zu Station der Fertigungsstraße rollte. Mit ihm waren insgesamt 16 668 356C gebaut worden, und vom Modelltypus des 356 generell 76 303 Porsche-Automobile. (Noch ein paar Zahlen: Typ 356, 7627 Autos; Typ 356A, 21 045 Autos und Typ 356B, 30 963 Autos.)
Aber damit war das Epos eines großen Autos noch nicht ausgeklungen. 1966 verließen noch einmal zehn 356C Zuffenhausen, »auf besonderen Kundenwunsch gefertigt«, wie es hieß. Einige Freunde des Hauses wollten einfach keinen anderen Wagen als diesen Klassiker, jenen kleinen Sportwagen, der allen Kritikern widerstanden hatte. Und es kann mit Sicherheit behauptet werden, daß alle noch heute existierenden Porsche 356 von Liebhabern bestens gepflegt werden.

Links ein Porsche 356 C mit 1600 SC-Motor mit 95 PS bei 5800 U/min. Zum Vergleich unten der 356 A als 1500 GS Carrera von 1957.

Beschleunigungs-Vergleich Porsche 356 C Coupé

Typ veröffentlicht in	1600 C Porsche Engineering	1600 C Road & Track	1600 SC Porsche Engineering	1600 SC Motor
0–80 km/h	8,3 s	9,9 s	7,6 s	9,2 s
0–96 km/h	12,2 s	13,5 s	10,8 s	13,2 s
0–112 km/h	16,5 s	18,0 s	14,5 s	16,7 s
0–128 km/h	22,4 s	23,1 s	18,8 s	21,2 s
0–145 km/h	33,6 s	32,8 s	24,7 s	31,4 s
0–160 km/h	61,5 s	53,0 s	34,8 s	43,4 s
Höchstgeschw.	175 km/h	161 km/h	185 km/h	181 km/h

Kapitel 12
Bonnier, Gurney, Herrmann, Moss & Co.

Bestand eine Verbindung zwischen jenem kleinen schuhförmigen Rennwagen, der über die zugefrorenen Seen Österreichs schlitterte, und dem deutschen Team, das im Jahre 1961 erstmals wieder seit 1955 sein Debut im internationalen Grand-Prix-Rennsport gab? Sowohl geistig wie technisch bestand da sehr wohl eine Verbindung, und zwar eine jener einmaligen persönlichen Verknüpfungen, wie sie das Leben und die Arbeit Porsches für die Geschichte schrieb. Und nur unter diesem Blickwinkel konnte man das Abenteuer betrachten, das Porsche mit den Monoposto-Rennwagen in den Jahren 1959 bis 1962 als logische, integrale Phase in der Entwicklung des Porsche-Automobils einging.

Jener kleine Eisrenner war nicht bei Porsche gebaut worden, doch seine technischen Merkmale berechtigten ihn, als zur Familie gehörig einbezogen zu werden. Das Auto war rein österreichischen Ursprungs, wurde von einem Porschemotor angetrieben, und war von einem alten Freund der Familie Porsche, dem einarmigen Fahrer aus Innsbruck, Otto Mathé, aus Volkswagenteilen zusammengebaut worden. Mathé wird als der Besitzer und Fahrer des Typ 60 K10, des Berlin-Rom-VW-Coupés, in Erinnerung bleiben wie auch als Pilot eines rechtsgelenkten Gmünd-Coupés in verschiedenen Rennen in Österreich und in Deutschland.

Mathé hatte ein privates Ersatzteillager aus früheren VW- und Porscheteilen zusammengetragen und hiervon einen bemerkenswerten Einsitzer gebaut, der im Jahre 1953 erstmals in einem Rennen in Österreich auf sich aufmerksam machte. Der Wagen bestand aus einem einfachen Leiterrahmen, der mit den üblichen vorderen VW-Tragrohren versehen war. Mathé saß ganz vorne, dicht hinter dem großen Lenkrad und dem davor gelegenen Benzintank. Dahinter, ganz knapp vor den Heckrädern, war der 1,5-Liter-Porschemotor untergebracht.

Obwohl Mathé den Motorantriebsblock in seinem Rennwagen gedreht hatte, beließ er die gesamte hintere Radaufhängung so, wie sie war – im Unterschied zu Glöckler, der sie in seinen Automobilen (wie auch die Porscheleute in ihren ersten 550ern Anfang 1953) gedreht hatte. Stattdessen beließ Mathé das hintere Torsionsstabge-

Joakim Bonnier im Formel-2-Porsche beim Großen Preis von Belgien 1961, den er gewann. Unmittelbar hinter ihm – das Teleobjektiv der Kamera läßt die beiden Wagen wie einen einzigen erscheinen – folgt Dan Gurney.

häuse vor dem Motor und verlängerte lediglich die Schwingarme an den Seiten, so daß eine ähnliche Lösung entstand, wie sie der Porsche-Roadster vom Typ 550 Ende 1953 aufwies. Es ist durchaus möglich, daß Mathé für seine Spezialkonstruktion Teile des Gmünd-Coupés verwendete; beide Automobile hatten ungewöhnliche Vollscheibenfelgen, die mit vier Schrauben befestigt wurden – wie dies beim VW keinesfalls üblich war.

Mathé führte seine Kreation erstmals auf dem Sandbahnkurs der Krieau, in der Nähe von Wien, am 18. Oktober 1953 vor, er wurde Sieger in der Rennwagenklasse. Der mit Spikereifen bestückte Mathé-Spezial avancierte zum Schrecken seiner Gegner auf den zugefrorenen österreichischen Seen. Um noch konkurrenzfähiger zu sein, tauschte Mathé den Super-Motor später gegen einen Carrera 4, den er unter einem noch geheimnisvoller aussehenden Heckdeckel installierte.

Eines der berühmtesten Winterrennen fand auf dem Zellersee, in der Nähe des Porsche-Familiensitzes in Zell am See statt. Jene Rennen wurden unter dem Namen »Prof.-Porsche-Gedächtnisrennen« bekannt. Mathé und sein kleiner Porsche-Mischling waren die Krönung jenes dieser Ende 1955 gegen härteste Konkurrenz stattfindenden Wettbewerbs. Anfang 1959 zum Beispiel mußte er gegen Spyder antreten, die von Richard von Frankenberg und Huschke von Hanstein gelenkt wurden, um seinen inoffiziellen Eiskönig-Titel zu verteidigen. Zu dieser Zeit wußten beide Porschefahrer bereits genau, daß in Zuffenhausen ebenfalls ein Rennwagen mit freistehenden Rädern im Bau war. Im großen und ganzen sah er dem Mathé-Eigenbau nicht unähnlich, war aber keinesfalls für Eisrennen konstruiert. Es handelte sich um Porsches erstes Automobil, das ausschließlich für die internationale Formel 2 entstand, ein Schritt, der in der Folge klar zur Formel 1 führte.

Nach dreijähriger Unterbrechung hatte man 1957 die Formel 2 als »Formel-Junior« wieder zum Leben erweckt. Die Formel 2 schrieb die Verwendung von Saugmotoren mit höchstens 1500 ccm Hubraum vor, die mit hochoktanigem Tankstellenbenzin zu betreiben waren – also genau jene Art von Motoren, wie sie Porsche seit 1952 für Renneinsätze entwickelte. Und da die Bestimmungen für die Formel 2 keine Vorschriften über die Umschließung von Rädern enthielt, waren auch Spyder zu den Wettkämpfen zugelassen und sie beteiligten sich hier äußerst rege. Im Juli 1957 hatte man bei Porsche vor, den ersten RSK, der in Le Mans sein Debut gegeben hatte, zum drei Wochen später in Reims stattfindenden ersten großen Formel-2-Rennen der europäischen Saison mitzunehmen. Diese Pläne wurden durch einen Unfall im 24-Stunden-Rennen zunichte gemacht. Der einzige Porsche in dem 300 Kilometer langen Reims-Rennen war der private 550A von Goetals, der als Achtschnellster von 21 Startern auf den fünften Platz kam.

Porsches erster offizieller Formel-2-Auftritt blieb zwei 550A-Spydern vorbehalten, die Barth und Maglioli in einem Rennen steuerten, das mit dem deutschen Grand Prix am 4. August auf dem Nürburgring stattfand. Es handelte sich dabei um normale Werks-550A, bei denen lediglich die Reservereifen und der Beifahrersitz entfernt wurden und auf die man eine schmalere Windschutzscheibe montiert hatte. Edgar Barth, der im Porscheteam damals ein Neuling war, erzielte die schnellste Trainingsrunde und gewann das Rennen im Rennen, nachdem Salvadoris Cooper ausgefallen war. Magliolis Wagen fiel indessen ebenfalls aus und den dritten Platz erzielte der Holländer Carel de Beaufort auf seinem privaten Porsche. Dieser schlanke blonde Fahrer aus Maarsbergen, ein Liebhaber großer amerikanischer Automobile, der das Leben eines sorgenfreien Junggesellen führte, sollte zum Star der Porsche-Formel-Rennzeit werden – und ein tragisches Ende finden.

Porsche wählte 1958 erneut den Kurs von Reims, um einen modifizierten Sportwagen in der Formel 2 vorzustellen, dessen windschlüpfige Form ihm auf den langen schnellen Geraden Vorteile bringen sollte.

In Anbetracht des international steigenden Interesses an der Formel 2 bewilligte Ferry Porsche Hild und von Hanstein ein größeres Budget für die Präparierung eines entsprechenden Fahrzeuges. Typisch war, daß man sich hierfür des ältesten noch aktiven Porsches bediente: man nahm einen RSK aus dem Jahre 1957, der mit einer neuen Hinterachsaufhängung aus dem Jahre 1958 ausgerüstet wurde. Es handelte sich dabei um den gleichen Heckflossen-Veteran, den Barth und Frère im Rennen von Le Mans zum Klassensieg gefahren hatten.

Man hatte genügend Zeit, um den RSK zu einem schnittigen Mittelsitzer-Rennwagen umzubauen. Die in Le Mans mit Scheinwerfern ausgestattete vordere Abdeckung wurde gegen eine glatte ausgewechselt. Pedale, Lenkrad, Instrumente und Fahrersitz wurden in die Mitte versetzt und das Cockpit von einem Spezialverdeck eingefaßt; vorne gab es eine halbrunde Windschutzscheibe. Eine neue Heckabdeckung wurde kunstvoll mit tropfenförmigen Erhöhungen für die Vergaser versehen und die ganze Einheit diente nicht nur als Kopfstütze für den Fahrer, sondern umhüllte auch das Motorgebläse. Um die Karosserie noch windschlüpfiger zu gestalten, erhielt der Tankeinfüllstutzen eine Abdeckung und die hinteren Radöffnungen wurden geschlossen.

Mit einem sicheren Gespür für die richtige Publicity meldete von Hanstein den Franzosen Jean Behra für dieses in Frankreichs Champagnerdistrikt stattfindende Rennen. »Jeannot« siegte dann auch prompt gegen schärfste Konkurrenz von Ferrari, Lotus und Cooper. Im August hatte der RSK seinen zweiten Formel-2-Auftritt auf dem Nürburgring, wo ein weiteres Rennen anläßlich des Großen Preises von Deutschland stattfand. Mit Ausnahme der Abdeckungen für die hinteren Räder und den Heckflossen, die man ebenfalls entfernt hatte, glich der Wagen jenem von Reims. Mit Barth am Lenkrad erreichte er unter den Grand-Prix-Automobilen einen hervorragenden sechsten Platz und wurde Zweiter in der Formel 2 hinter dem Newcomer Bruce McLaren auf Cooper Climax. Für das 1958 stattfindende Abschlußrennen auf dem Avuskurs in Berlin stattete man den RSK wieder mit den Radabdeckungen aus, der Amerikaner Masten Gregory steuerte ihn. Er wurde nicht nur Sieger in der Formel 2, sondern gewann auch seine Klasse im Schlußrennen.

Rechts: der von Porsche als Mittellenker konzipierte RSK-Spyder. Das Cockpit war so eng wie möglich gehalten. In Reims erzielte Jean Behra mit diesem Wagen auf Anhieb einen großartigen Erfolg gegen eine starke Konkurrenz von seiten Ferrari, Lotus und Cooper.

1959 rüstete die Porsche-Rennabteilung erneut einen einsitzigen Spyder für das Formel-2-Rennen in Reims aus. Als Chassis verwendete man diesmal einen der 1958er Werks-RSK (mit der Fahrgestell-Nr. 718–007). Er sah dem Wagen von 1958 sehr ähnlich, hatte jedoch eine höhere Windschutzscheibe, keine Heckflossen und keine Radabdeckungen sowie kleine Lufteinlaßschlitze an der Vorderseite der Heckauswölbungen für die Vergaser. Wolfgang Graf Berghe von Trips wurde mit diesem Wagen Fünfter.

In diesem Rennen mischte noch ein zweiter RSK mit. Dieser privat genannte Wagen wurde von Collin Davis gesteuert; es handelte sich dabei um einen modifizierten Porsche-Serienwagen aus dem Jahr 1959. Auf besonderen Kundenwunsch waren diese Wagen so gebaut, daß sie sowohl linkssitzig als auch in Mittelsitzposition gefahren werden konnten. Sie besaßen doppelte Schienen für den Sitz, doppelte Aufnahmen für Pedale und für das Lenkrad; die Lenksäule hatte zwei Kreuzgelenke, um den Positionswechsel mitmachen zu

Blick auf den RSK-Spyder, wie Behra in 1958 in Reims fuhr. In dem nachfolgenden Rennen auf dem Nürburgring setzte man den Wagen indessen ohne Flossen ein. Unten Otto Mathé auf seinem Porsche-Eigenbau – dieser Monoposto wies einen 1,5-Liter-Motor auf und darf als Vorgänger der Porsche-Formel-Wagen angesehen werden.

können. Solche Autos wurden von Wolfgang Seidel, de Beaufort und Goethals gekauft, die alle große Porsche-Anhänger waren. Als Seidel und Christian ›Bino‹ Heins ihre RSK im April beim Formel-2-Rennen in Syrakus in Sizilien einsetzten, kam Heins auf den sechsten Platz.

Die Entwicklung der Formel 2 hatte 1959 einen stürmischen Verlauf genommen, da seit Ende 1958 bekannt war, daß ab 1961 die Grand-Prix-Formel auf 1500-ccm-Saugmotoren beschränkt würde. Nach dem neuen Reglement sollten völlig geschlossene Karosserien nicht zugelassen sein, neue Sicherheitseinrichtungen obligatorisch werden und die Fahrzeuge ein Minimalgewicht von 550 kg aufweisen müssen. Diese Bedingungen wurden in einigen Ländern, besonders in England, rundweg abgelehnt, in Deutschland hingegen begrüßte man sie sehr.

Porsches ebenfalls zustimmende Haltung zu dieser neuen Formel 1 basierte, wie ein Sprecher des Werkes mitteilte, auf zwei Überlegungen: erstens schien der Sicherheitsfaktor in einer 1,5-Liter-Formel größer – sogar englische Spitzenfahrer hatten klar zum Ausdruck gebracht, daß sie kleinere und leichtere Fahrzeuge als wesentlich angenehmer fänden, weil sie leichter zu kontrollieren seien; zweitens gab es auf dem Gebiet der 1,5-Liter-Klasse eine Reihe ausgereifter Motorenkonstruktionen, mehr als bei der 2,5-Liter-Formel. Und je breiter das Feld der Teilnehmer wurde, desto mehr Firmen würden daran Anteil haben und um so geringer würde sich das finanzielle Risiko für den einzelnen gestalten. Bei Porsche sah man in der Förderung des Motorsports auf breiter Ebene nicht allein eine werbeträchtige Publicity, sondern ein praktisches Erprobungsfeld für die Entwicklung schneller Serienfahrzeuge.

Dennoch wies das Werk alle Gerüchte von sich, die von einer Beteiligung am Grand-Prix-Sport wissen wollten und betonte, daß man sich nach wie vor allein dem Sportwagensektor widmen wolle.

Etwa zur gleichen Zeit dieses Statements begann Porsche mit der Konstruktion und dem Bau eines Wagens, der den neuen Grand-Prix-Regeln entsprechen sollte. Das Projekt genoß im Hause freilich keinen hohen Stellenwert, und man arbeitete in der Entwicklungsabteilung im Winter 1958/59 gleichzeitig daran wie auch an den Vorbereitungen zum Produktionsanlauf des RSK. Und obwohl Hild und seine Mechaniker die Unterstützung der Ingenieure wie Helmuth Bott und Hans Mezger in Anspruch nehmen konnten, erhielt dieses neue Fahrzeug zu keinem Zeitpunkt eine eigene Projektnummer; statt dessen nannte man es 718/2, wodurch seine Verwandtschaft zum Typ 718 bzw. RSK-Sportwagen deutlich wurde. Tatsächlich war der Wagen im Grunde nichts anderes als eine Testvariante des RSK, mit der Porsche demonstrieren wollte, wie sich das Vierzylinder-Kraftpaket mit unverkleideten Rädern bewähren würde.

Doch lediglich die Bremsen und der Motor blieben mehr oder weniger unverändert im 718/2.

Die Konstruktion sah sowohl Batterie- als auch Magnetzündung für den Motor vom Typ 547/3 vor, der zu dieser Zeit zwischen 150 und 155 PS entwickelte. Die Kupplung wurde wie im Spyder hydraulisch betätigt, das Getriebegehäuse war größer gehalten, um zwei zusätzliche synchronisierte Vorwärtsgänge aufnehmen zu können. Dem lag die Idee zu Grunde, daß durch die hinzugefügten Gänge sich die Abstufungen verringern ließen, wodurch man den Motor für eine höhere Spitzenleistung auslegen konnte: er sollte seine Kraft über einen kleineren Drehzahlbereich abgeben. Berechnungen hatten ergeben, daß dadurch sowohl Beschleunigung als Maximalgeschwindigkeit zunehmen würden – sofern der Fahrer mit der größeren Anzahl von Gängen zurecht kam.

Spurweite und Radstand (2100 mm) blieben vom RSK her unverändert. Um die Frontpartie des Autos schlanker halten zu können, verkürzte man die Rohre, in denen die querliegenden Torsionsstäbe verliefen und gab ihnen Schwingarme, die nach außen gebogen waren, daß man wieder auf die bisherige Spurbreite der Vorderräder von 1300 mm kam. Im Heck installierte man die neue Querlenkeraufhängung, die zu diesem Zeitpunkt noch in der Entwicklung steckte und zum ersten Mal in einem RSK in Sebring eingesetzt wurde. Sie paßte vorzüglich zu den Erfordernissen eines Formelwagens.

Direkt vom Typ 718 war der Rohrrahmen abgeleitet. Er wies eine einfache Kastenform mit Diagonalstreben auf sowie rechteckigen Ausnehmungen für den Motor und den Körper bzw. die Beine des Fahrers (hier hatte man die Ecken wesentlich verstärkt). Mit ihrer rundlichen Form erinnerte die Aluminiumkarosserie stark an einen Porsche-Seriensportwagen. Die Nase besaß eine Öffnung für die Ölkühlerluft. Verkleidungen der

oberen Stoßdämpferköpfe umhüllten auch die Rückspiegel. Das Heck besaß keinerlei Öffnungen, die Motorluft strömte durch seitlich am Cockpit angebrachte Luftschlitze. Die Seitenbleche mit den Lufteintrittsöffnungen konnten einzeln abgenommen werden, um an die Zündkerzen und Vergaser zu gelangen; die vorschauende Kopfstütze konnte nur mit der gesamten Karosserie entfernt werden.

Im Blickfeld des Fahrers dieses Porsche gab es drei Instrumente. Die Handbremse befand sich zwischen den Beinen des Fahrers am Boden, und rechts von ihm befand sich ein langer Schalthebel ohne Kulisse. Die Benzintanks flankierten ihn zu beiden Seiten, wobei der rechte kürzer als der linke war, wodurch Platz für das Schaltgestänge und die doppelten Bendix-Benzinpumpen blieb. Unter dem vorderen Deckel befand sich sowohl der Einfüllstutzen für den Zentraltank und noch weiter vorn der für den Öltank. Der Wagen besaß keinen eigenen Anlasser und wurde normalerweise durch Anschieben im zweiten Gang gestartet.

Ende April stand der 718/2 für erste Tests bereit. Die Mechaniker Linge und Mimler sowie Edgar Barth erprobten ihn an einem kühlen Tag auf dem Malmsheimer Flugplatz und zwar sowohl auf der Startbahn als auf dem Schleuderkurs. Zur Zufriedenheit von Ferry Porsche und Klaus von Rücker, die unter den Zuschauern weilten, erreichte das kleine silberne Automobil exzellente Geschwindigkeiten.

Verständlich, daß von Hanstein nach einer Möglichkeit suchte, diesen Wagen baldmöglichst in einem Rennen einzusetzen. Die erste sich hierzu bietende Chance ergab sich schon 14 Tage später: der Grand Prix von Monaco am 10. Mai. Ferry Porsche jedoch schickte das Team erst einmal auf den Nürburgring, mit der Bemerkung: »Wenn ihr ihn in 9:30 schafft, dann können wir über Monaco reden.« Kein 1500-ccm-Wagen hatte bis dato diese Zeit auf dem Ring erreicht. Die beste je gefahrene Runde hatte Phil Hill 1958 auf einem Ferrari mit 9:48,9 erreicht, ein Wert, den Barth später inoffiziell mit einem Mittelsitz-RSK mit 9:42 unterboten hatte. So gesehen, war Ferry Porsches Forderung nicht leicht zu erfüllen.

Am 4. Mai traf das Porsche-Team bei nassem Wetter auf dem Nürburgring ein. Durch den Regen blieb genügend Zeit, um Federung und Stoßdämpfer noch feiner abzustimmen, was unter Mithilfe der Fahrer Barth, Linge und von Trips geschah, die von Hanstein für diese Rennversuche ausgewählt hatte. Der junge, von vielen noch für »unreif« gehaltene Graf hatte allen Erwartungen zum Trotz bewiesen, daß er sehr schnell sein konnte; er war ein Naturtalent, wie er es ja schon im Jahr zuvor durch seinen Sieg in der Bergmeisterschaft für Porsche dokumentiert hatte.

Am Morgen des 5. Mai, dem Dienstag vor dem Monte-Carlo-Wochenende, erhielt von Trips mit dem Porsche auf einem fast trockenen Rennkurs Starterlaubnis. Die erste voll gefahrene Runde wurde bereits mit 9:47 gestoppt, die zweite mit 9:39 und die dritte mit 9:29,8, Zeiten also, die Ferrys Wünschen entsprachen und von Trips in die zweite Startreihe des vorjährigen deutschen Grand Prix gebracht hätten. »Auch 9:25 erreiche ich noch mit diesem Wagen« sagte von Trips später »und Moss würde weitere 10 Sekunden herausholen.«

»In den nächsten zwei Nächten gab es wenig Schlaf für die Porsche-Rennmannschaft« schrieb von Hanstein und jedermann packte voll an, um den jüngsten Sprößling der Porsche-Entwicklung nach Monte-Carlo zu bringen. Der Lastwagen, auf dem sich der noch unlackierte Rennwagen befand, legte die 965 km lange Strecke über die Alpen nach Monaco am Donnerstag zurück – es war der erste Tag der Ausscheidungsrennen für die 28 Automobile, die für die 16 Startplätze des Grand Prix genannt hatten. Nicht vor Freitag kamen von Trips und der Porsche auf den Straßenrundkurs, beeindruckten dann aber die Zaungäste sehr schnell mit dem rasanten Beschleunigungsvermögen und den schnellen Schaltvorgängen, die ähnlich wie bei den hochdrehenden Gilera- oder MV-Rennmotorrädern klangen. Aber nicht alle Gänge ließen sich sauber schalten. Von Trips hatte Probleme, den dritten und den fünften Gang auseinanderzuhalten, da es keinerlei Schaltkulisse gab – dieses Problem bestand auch noch in weiteren Rennen. Dennoch qualifizierte sich von Trips mit dem Porsche auf dem zwölften Platz, noch vor diversen GP-Wagen und anderen Formel-2-Bewerbern, unter ihnen Ferrari und Lotus. Leider war dieser Erfolg nur von kurzer Dauer, denn zu Beginn der zweiten Runde des eigentlichen Rennens kam der Porsche ins Schleudern, streifte mit seiner linken vorderen Kante eine Mauer und warf zwei weitere Wagen des Feldes aus dem Rennen. Zwar bewarb sich von Trips zu diesem Zeitpunkt noch nicht um die Weltmeisterschaft, wie er dies zwei Jahre später tat, dennoch mußten sich die Porsche-Leute anschließend so manche Kritik für die Wahl ihres Fahrers in Deutschland anhören.

Aber dies war halt Pech gewesen, wie es die Geschichtsbücher der Rennen so oft verzeichnen. Erst Ende Juni, als die Rennsaison bereits zur Hälfte vorüber war, konnte der Formel-2-Porsche wieder eingesetzt werden.

Zum Freitagstraining traf ein weiterer brandneuer, unlackierter Porsche in Monte-Carlo ein. Es handelte sich um den Porsche-Behra, der für Jean Behra in Modena gebaut worden war. Er sah nicht nur hübscher aus, sondern war auch erfolgreicher als der erste Werkswagen dieser Bauart. An jenem Tag in Monte-Carlo aber gelang es weder dem vorgesehenen Fahrer Maria Teresa de Fillipis noch Edgar Barth, die Strecke frei genug zu bekommen, um eine genügend schnelle Zeit für die Qualifikation zu schaffen. »Ich liebe Porsches über alles, vor allem weil ich letztes Jahr mit diesen Wagen so große Erfolge hatte«, sagte Behra bei der Beantwortung der Frage, warum er als Nummer Eins im Ferrari-Team sich die Mühe mache, ein eigenes Auto zu bauen. »Ich würde gerne einige Dinge erproben, um die ich mir auf Grund meiner Rennerfahrungen in den letzten Jahren Gedanken gemacht habe. Diese Formel 2 macht mir unglaublich viel Spaß!« Die Basis für sein Automobil war ein vollständiger RSK, den er zu sehr günstigen Konditionen von Ferry Porsche erworben hatte. Dieser Wagen wurde von Valerio Colotti, einem jungen Ingenieur, der von Maserati kam, nach Vorstellungen Behras modifiziert und mit einer neuen Karosserie versehen. Den Radstand von 2100 mm hatte man beibehalten, jedoch die vorderen Drehstäbe und Tragrohre um rund 12,5 cm verkürzt, wodurch sich die vordere Spur auf 1190 mm verringerte. Die Spurweite der Hinterräder reduzierte sich um 5 cm auf 1210 mm. Die hintere Radaufhängung war im wesentlichen die Original-RSK-Konstruktion mit Schwingachsen geblieben, deren Watt-Gelenke viel schwerer und komplizierter in einem Fahrzeug mit freistehenden Rädern zu fixieren waren als die Querlenker im Heck des Porsche-Werksspyder.

Colotti und Behra gaben dieser Improvisation mit einem Lufteinlaß an der spitz zulaufenden Nase, einem scharfen Knick vor der Windschutzscheibe, gut geformten Ausbuchtungen über dem Motor und einem vergitterten Einlaß im Heck einen Hauch von Professionellem. Die Karosserie war von einem der in Modena ansässigen Künstler aus Aluminium gehämmert worden und ein ehemaliger Maserati-Mechaniker hatte das Chassis zusammengebaut. In der Werkstätte eines weiteren früheren Maserati-Mannes, Giorgio Neri, wurde die Endmontage durchgeführt.

Behra hatte den Wagen erst einmal im Formel-2-Rennen am 16. Mai in Pau einsetzen wollen. Hier fand eines jener zwei Rennen statt, in denen dieser hervorragende französische Fahrer selbst den Porsche-Behra lenkte – dem er auch seinen Namen gegeben hatte. Er arbeitete sich bis auf den zweiten Platz vor, touchierte jedoch mit einem der den Kurs säumenden Randsteine und ruinierte dabei einen Reifen. Drei Runden später war er an den Boxen und verbrachte verzweifelte fünf Minuten damit, einen passenden Ersatzpneu zu finden, hetzte dann weiter – forderte aber von seinem Wagen zu viel. Er kam ins Schleudern, verbog zwei Felgen, blieb jedoch im Rennen und erreichte trotz seiner Aufenthalte noch den fünften Platz. Gegen Ende des Sommers setzte Behra erneut seinen blauen Porsche-Behra ein und zwar im Auvergne-GP auf dem Clermont-Ferrand-Rundkurs. Aber auch diesmal war ihm das Glück nicht hold. Nach einem schlechten Start holte er das letzte aus dem Wagen heraus und arbeitete sich bis zum zweiten Platz vor, mußte jedoch nach 15 Runden an die Boxen und gab auf.

Jean Behra in seinem Mittelsitz-Porsche RSK 1958 beim Formel-2-Rennen in Reims. Er setzte sich sofort an die Spitze und gab sie bis zum Schluß nicht mehr ab.

Dieses schnittige Fahrzeug erzielte sein bestes Ergebnis im größten Formel-2-Rennen des Jahres; dem Wettbewerb in Reims am 15. Juli 1959. 23 Fahrzeuge starteten in dem Rennen, das als ein Vorspiel zum kommenden Grand-Prix-Wettbewerb in der Formel 1 ab 1961 angesehen werden konnte. Hans Herrmann lenkte den Porsche-Behra, wobei Behra gesagt hatte: »Du fährst ihn, Hans. Du wirst mehr aus ihm herausholen.« Dieser Ausspruch zeugte von Behras Selbstlosigkeit ebenso wie von seiner Urteilskraft, denn Herrmann fuhr den Wagen, als ob der Teufel hinter ihm wäre. Seine Trainingszeiten waren besser als die der Werks-Porsche und in glühender Hitze kämpfte er mit Stirling Moss, der einen Cooper Borgward fuhr, hart um die Spitze. Herrmann erzielte schließlich einen beachtlichen zweiten Platz. In Rouen ging Herrmann erneut an den Start, aber ein Getriebeschaden zwang ihn zur Aufgabe, nachdem er die schnellste Trainingszeit gefahren hatte.

Das ohnehin gespannte Verhältnis Behras mit Ferrari besserte sich kaum dadurch, daß der Porsche-Behra in Reims auch das neueste Formel-2-Automobil von Maranello besiegte. Ferrari und Behra trennten sich nach diesem Rennen relativ freundschaftlich und »Jeannot« bereitete sorgfältig wie immer sowohl seinen RSK als auch seinen Einsitzer für den Großen Preis von Deutschland auf der Avus am 2. August vor. Als er dort mit seinem Sportwagen tödlich verunglückte, zog man seinen Formel 2, mit dem er trainiert hatte, zurück. Der Wagen wurde später vom amerikanischen Camoradi-Team, das Lloyd »Lucky« Casner gebildet hatte, übernommen und für den Großen Preis von Argentinien am 7. Februar 1960 gemeldet. Masten Gregory erzielte damit den 12. Platz unter 14 Wagen, die das Ziel erreichten. Der Wagen fuhr auch beim Training für den Großen Preis von Deutschland im Juli mit, nahm jedoch nicht am Rennen teil und beendete die Saison schließlich beim Großen Preis von Italien mit einem 10. Platz und Fred Gamble am Steuer.

Wenig beachtet stand dieses einzigartige Fahrzeug in der Reparaturabteilung im Werk I in Zuffenhausen, bis es 1961 nach Amerika kam und hier von Vic Meinhardt aus Merrik, Long Island, übernommen wurde. Meinhardt fuhr mit dem Porsche-Behra erfolgreich etliche Rennen und gewann 1963 die formelfreie Meisterschaft des SCCA. Dann verkaufte er den Wagen an Dick Souan, der ihn 1969 an Philip D. Sattler in Filanova, Pensylvania, weitergab. Zum Zeitpunkt, als dieses Buch geschrieben wurde, restaurierte ihn Murray Smith in New York.

Daß der Porsche-Behra 1960 und 1961 nicht weiter in Formel-2- und Formel-1-Wettbewerben eingesetzt worden war, hatte seinen Grund im zunehmenden Interesse der Firma Porsche an ihrem eigenen 1,5-Liter-Rennwagen. Nach Le Mans – jenem Rennen, das im Frühling stets die volle Aufmerksamkeit der Zuffenhausener Rennabteilung in Anspruch zu nehmen pflegte – überholte man schnellstens den ersten »Freirad-Porsche«, damit er im Juli 1959 in Reims mitfahren konnte. Am 29. Juni brachte man ihn zur Waage (es wird stets leer gewogen) und konstatierte ein Gewicht von 461 kg, von dem 58 Prozent auf den Hinterrädern lagen. Im beladenen Zustand, also mit Fahrer und 60 Litern Benzin, veränderte sich das Front/Heckgewichtsverhältnis auf 46,2 zu 53,8, das Gesamtgewicht erreichte 602 kg. Zum Großen Preis von Monaco präsentierte sich das Auto kaum verändert. Nur die Windschutzscheibe saß etwas tiefer, war rundumgezogen und ging in die Verkleidung über, die nun glatt nach hinten führte. Den Drehzahlmesser hatte man in ein eigenes Gehäuse gesetzt, so daß er jetzt an der Oberkante des Armaturenbrettes saß.

Vergaserprobleme verhinderten, daß Joakim Bonnier den 718/2 in Reims von seiner besten Seite zeigen konnte. Es langte hinter dem Porsche-Behra aber noch zu einem dritten Platz. Bei den hohen Geschwindigkeiten, wie sie in Reims erzielt wurden, kam es dazu, daß der Luftstau, der durch die Kanzel entstand, das Gemisch zu fett werden ließ. Vor dem Avus-Rennen in Berlin veränderte man deshalb die beiden Lufteinlässe. In den verbleibenden Freizeitminuten verlegten die Porscheleute dann noch die Rückspiegel an die Seite der Windschutzscheibe. Auch wurde der Wagen lackiert und man versah ihn erstmals mit Porsche-Schriftzügen. Mit diesem Formel-2-Wagen fuhr von Trips einige Trainingsrunden auf der Avus, doch kam er nicht im Rennen zum Einsatz, weil seine Nennung wegen des tragischen Todes von Jean Behra zurückgezogen worden war. Somit fehlten Hild und von Hanstein jegliche Vergleichsmöglichkeit mit den neuesten Modellen der Konkurrenz.

Bonnier fuhr den Wagen anschließend in einem 2 × 50-Meilen-Rennen in Brands Hatch, kam auf den vierten bzw. dritten Platz in diesen beiden Rennen und errang den vierten Gesamtplatz hinter Cooper, Climax, Lotus Climax und Cooper Borgward. Sein Erfolg machte besonderen Eindruck auf den Fahrer des Cooper-Borgward – Stirling Moss, der im zweiten Rennen erstmals von einem Porsche geschlagen worden war. Eine Woche später, als in Godwood die Tourist Trophy stattfand, arrangierte man eine geheime Testfahrt für Moss auf dem Formel-2-Porsche. Die beste Rundenzeit absolvierte er mit 1:29,6, vier Zehntel schneller als seine beste Rundenzeit zuvor. Moss war von dem Wagen begeistert, besonders die Bremsen hatten es ihm angetan. Darüber konnten die Porsche-Männer nur schmunzeln, denn nach wie vor verteidigten sie ihre Trommelbremsen gegen die Scheibenbremseninvasion aus England ...

Wenn sie an die neue Grand-Prix-Formel des Jahres 1961 dachten, so mußten Ferry Porsche und von Hanstein erkennen, daß sie mit Moss eine vorzügliche Trumpfkarte in ihrem Team haben würden. Stirling Moss fuhr seinerzeit für das Privatteam von Rob Walker. Seit 1958 hatte er ausschließlich britische Fabrikate gesteuert, wenn es um Bewerbe zur Weltmeisterschaft ging, und diesen Grundsatz wollte er auch nicht ändern. Porsche ließ anfragen, ob er zu einer Ausnahme bereit wäre, hatte er doch 1955 für Mercedes deren Silberpfeile gefahren. Die Männer aus Zuffenhausen hofften, daß eine Verbindung in der Formel 2 dann auch zu einem Engagement in der Formel 1 im Jahre 1961 führen könnte. Ohne Verzögerungen begann man daher mit Moss und Walker zu verhandeln. Später beschrieb Moss die Vorgänge folgendermaßen: »Von Hanstein hatte den Porsche Rob und dem Pippbrook-Rennstall leihweise für ein Jahr angeboten; aus der Überlegung heraus, daß dieses Automobil mit Sicherheit den Grundstein für den Formel-1-Wagen darstellen könnte. Zumin-

dest schien hier ein Ansatz zu einem höchst interessanten Experiment. Einiges Gewicht gab unseren Überlegungen die Tatsache, daß es sich hierbei um einen »Werkswagen« handelte, was bedeutete, daß der gesamte Apparat einer Werksrennabteilung hinter uns stünde, was wiederum einen unschätzbaren Vorteil für einen privaten Rennstall darstellte; wir hätten dadurch den Vorsprung der Werkswagen von Cooper und Lotus ausgleichen können.« Und so schlossen sie den Vertrag, der der Überlassung eines Autos und auch der dazugehörigen Ersatzteile für die Saison 1960 beinhaltete.

Auf Grund dieser neuen Situation und in Verbindung mit eigenen Ambitionen gab Porsches Rennabteilung während des Winters 1959/60 der Formel-2-Entwicklung einen höheren Stellenwert. Frühzeitig begann man mit Testarbeiten, wobei man das 1959er Auto – das im Wesentlichen noch immer einen Prototyp darstellte – als Versuchskaninchen einsetzte. Im Oktober absolvierte der Wagen auf dem Hockenheimring einige Reifentests, und hier hatte auch H. U. Wieselmann die Chance, ihn zu erproben.
Der schmale Sitz sei für sein Hinterteil eine Zumutung gewesen, berichtete er. Die Sitzposition und die Anordnung der Pedale schienen ihm ideal, nur wußte er nicht genau, wohin er seinen linken Fuß tun sollte. »Dies war jedoch kein allzugroßes Problem, wie sich herausstellen sollte,

Wolfgang Seidel, Huschke von Hanstein und Hubert Mimler gefahren, die sich bei den Tank- und Reifenwechselstops jeweils am Steuer abwechselten. Mit Rundengeschwindigkeiten von über 200 km/h konnten sie über den Zeitraum der ersten sechs Stunden einen Schnitt von 194 km/h erzielen – dies waren lediglich 24 km/h weniger als der internationale Geschwindigkeitsrekord in der 1500-ccm-Klasse. Schlechtes Wetter zwang dann zu gemäßigterem Tempo, wodurch sie auf 189 km/h für 1000 km kamen. Die Fahrt nahm ein vorzeitiges Ende, als eine der Antriebsachsen festfraß – ausgerechnet auf einer der schnellen Hockenheimgeraden, wo Mimler in einen Drahtzaun flog, dessen Elastizität ihn

Oben links der neue Porsche Formel 2, wie er am Nürburgring für das Rennen in Monte-Carlo 1959 getestet wurde. Rechts daneben das Transaxle mit sechs Gängen. Unten die ersten Versuchsfahrten auf dem Flugplatz von Malmsheim im April 1959. Von links nach rechts: Hild, Barth, Porsche, v. Rücker und Mimler. Am Lenkrad des 718/2 sitzt Linge.

denn bei einem 6-Gang-Getriebe, das ständig rauf- und runtergeschaltet werden mußte, war der Kupplungsfuß recht gut beschäftigt.« Der kleine Motor gab bei Drehzahlen unter 5000 U/min höchstens ein Stottern, aber keine Leistung von sich«, erzählte Wieselmann weiter.
Wie ein Spielzeug ließe sich der Wagen handhaben und er beeindruckte Wieselmann sowohl durch seine ungewöhnliche Stabilität in den Kurven als auch durch sein Verhalten auf ruppigen Straßen mit seiner äußerst präzisen und leichtgängigen Lenkung.
Auch Zora Arkus Duntov, der berühmte Chevrolet-Ingenieur mit dem speziellen Faible für Porsche, absolvierte eine Testrunde. »Er ist ein lustiger, kleiner Sessel auf Rädern« bemerkte er, »jedoch sind sechs Gänge einfach unmenschlich.« Auch fand er, daß man hinter dem amerikanischen Fortschritt nachhinke, weil das Fahrzeug noch keinen Überrollbügel besaß.
Mit britischen Dunlop-Reifen ausgestattet, unterzog man im November den Formel-2-Prototyp einer harten Erprobung in Hockenheim. Zehn geschlagene Stunden wurde er von Edgar Barth,

vor ernsthaften Verletzungen bewahrte.
Die Porsche-Rennabteilung, die aus Wilhelm Hild und zwanzig erfahrenen Werksmechanikern bestand, wandte sich an die Konstruktionsabteilung, als es darum ging, den 718/2 so weit zu verbessern, um neben den RS60-Spydern, die die Fortsetzung der Sportwagenlinie des Typ 718 darstellten, eine kleine Serie von Formel-2-Wagen für die Saison 1960 auf die Räder stellen zu können.
Die markanteste Änderung stellte die Verlängerung des Radstandes um 10 cm auf 2200 mm dar. Man nahm diese Modifikation im Hinblick auf die zukünftigen Grand-Prix-Bestimmungen vor, die ohnehin eine Erhöhung des Wagengewichtes um 30 bis 35 kg erforderlich machen würden; der längere Radstand ergab daher nützlichen Raum sowohl für den Fahrer als auch für zusätzliche Benzintanks.
Neben einigen Detailänderungen an den Aufhängungen gab es auch Modifikationen am Aufbau. Man reduzierte die Eintrittsöffnung für den vorderen Ölkühler, die in der Frontpartie so tief wie möglich angebracht wurde. Das komplette

Heckteil mit seinen vier Luftöffnungen konnte abgenommen werden wie auch die hinter dem Cockpit befindliche Motorabdeckung, die jetzt eine weniger massive Kopfstütze aufwies. Sie reichte nicht mehr bis zu den Radaufhängungen hinunter, die nun hinter eigenen Abdeckblechen saßen. Trotz dieser Änderungen wog der verlängerte 718/2 nur wenig mehr als der erste Prototyp: er hatte 467 Kilogramm Trockengewicht. Das erste komplett fertiggestellte, wenn auch noch unlackierte Fahrzeug wurde im Februar 1960 bei regnerischem Wetter zur Erprobung auf den Hockenheimring geschickt. Das mit Wollfäden am Heck versehene Fahrzeug war außerdem mit Druckmanometern ausgerüstet worden, mit denen man den Luftdruck, wie er in die Heckluftöffnungen eindrang, messen konnte. Der Wagen wurde von Mimler gefahren, den Tests wohnte Rob Walkers Chefmechaniker, der talentierte Alf Francis bei. Für das Testfahrzeug, das die gleiche Chassis-Nummer (718/2-01) wie das Fahrzeug von 1959 trug, war als Fahrer Moss vorgesehen. In Zuffenhausen wurde es in den Farben Rob Walkers lackiert: dunkelblau mit einem weißen Streifen um den Bug. In Begleitung von zwei Mechanikern wurde der Wagen nach Syrakus in Sizilien überstellt, um dort am 19. März 1960 sein erstes Zusammentreffen mit der internationalen Formel-2-Konkurrenz zu erleben.

Mit 5,50-Zoll-Hinterreifen anstelle der ursprünglichen 6,00-Pneus absolvierte Moss die schnellste Trainingsrunde trotz harter Konkurrenz der neuen Ferrari und des ersten heckmotorgetriebenen Lotus Climax. Wegen der ausgetauschten Reifen benötigte Moss noch einige weitere Übungsrunden, um das Reifenprofil einzufahren: die neuen Pneus besaßen nicht die erforderliche Maximalgriffigkeit. Aus diesem Grunde montierten die Porschemechaniker einen Reifensatz auf den privaten Porsche von Olivier Gendebien, der sie über Nacht auf einer Spritztour einfuhr – ohne daß er sich dessen bewußt war!

Im Rennen setzte sich Moss sofort an die Spitze und brachte es auf einen 10-Sekunden-Vorsprung, erzielte auch die schnellste Rundenzeit, wenn er auch das Gefühl hatte, »äußerst hart dafür arbeiten zu müssen«. Er sagte später, daß »das Ende jener schnellen Fahrt gekommen war, als es zu regnen begann und ich feststellte, daß der Porsche mir einige Probleme auf der nassen Strecke bereitete; der Ferrari begann mich einzuholen. Wie dies weitergegangen wäre, läßt sich nur erraten, denn als ich meine 26. Runde vollendete, stieß der Porsche eine blaue Rauchwolke aus – ein Ventil war gebrochen.« Dieser Schaden ging nicht auf das Konto von Moss, der sich stets an das Drehzahllimit von 8300 U/min gehalten hatte. Wie sich später herausstellte, hatte Teves irrtümlich Rennventile geliefert, die man keiner Festigkeitsprüfung unterzogen hatte, wie dies bei Rennmaterial normalerweise üblich war. So endete ein äußerst vielversprechendes Debut mit einem Mißerfolg.

Der Wagen ging von Syrakus zurück nach Stuttgart, wo der Motor repariert wurde und dann weiter zu Rob Walker nach Dorking, Surrey. Hier rüstete ihn Alf Francis mit einer Schaltkulisse aus, die von einem Maserati 250F stammte. Sie besaß eine einfache Blockierung, wie man sie beim Mercedes-Benz 1955 gesehen hatte und die es ermöglichte, den Schalthebel besser in der richtigen Schaltebene zu bewegen.

Für die Männer von Porsche war dieser Leihvertrag eines Automobils an einen Rennstall wie den von Walker eine zwiespältige Angelegenheit. Weder gefiel ihnen die dunkelblaue Lackierung noch die neue Schaltkulisse, die sie das erstemal sahen, als der Wagen für das nächste Rennen am 10. April in Brüssel eintraf. Das Porsche-Team hatte das zweite neue 1960er Auto (Chassis Nr. 718/2-02) für Jo Bonnier mitgebracht, beide Wagen qualifizierten sich als schnellste für die beiden Läufe. Moss gewann den einen, Bonnier jedoch fiel wegen Kupplungsschaden aus. Zu Beginn des zweiten Laufs sprang Moss ein Gang heraus, zwei Runden vor Schluß passierte dies ein weiteresmal, so daß er in diesem Rennen nur Dritter wurde, im Gesamtklassement jedoch noch den zweiten Platz belegte.

»Pech für mich war«, erzählte Moss später, »daß es regnete und der Porsche wie in Syrakus auf nasser Bahn schlecht zu handhaben war.« Die gleichen Klagen äußerte Olivier Gendebien eine Woche später, der, ähnlich wie Moss, berühmt war für sein Können auf regennassen Rundkursen. Am 18. April fuhr er den Bonnier-Wagen aus Brüssel in Pau und wurde während des Trainings ebenfalls vom Regen überrascht. Der von Veuillets Sonauto gemeldete Gendebien erzielte in diesem Formel-2-Wettbewerb auf den kurvenreichen Straßen von Pau den dritten Platz. Der befähigte belgische Fahrer Gendebien wurde nach dem Rennen in Pau von den Por-

Vorderradbremse des Porsche-Behra von 1959. Rechts daneben der Motor des Wagens, wie er 1959 in Reims von Hans Herrmann gefahren wurde.

sche-Leuten ausführlich nach seinem Urteil befragt. Er gab zu, daß er mit dem Wagen durchaus zurechtkäme, nur meinte er, das Getriebe habe zu viele Gänge und man sollte den Schalthebel weiter vorne plazieren. Olivier war den Umgang mit Renngetrieben gewohnt, die keinerlei Synchronisation aufwiesen und daher extrem leicht zu schalten waren – das Porsche-Getriebe erschien ihm zu schwergängig. Der Benzinverbrauch in Pau hatte etwa 33 Liter auf 100 Kilometer bei Verwendung eines Gemisches betragen, das BP speziell für Porsche mixte: ein 50:50 Verhältnis von 85oktanigem Super und 125oktanigem Flugbenzin. Am selben Tag, an dem das Pau-Rennen stattfand – es war Ostermontag – mußte Moss sich mit einem zweiten Platz hinter Innes Irelands neuem Lotus in einem Formel-2-Rennen von knapp 60 km in Goodwood zufriedengeben. Der Reporter des *The Autocar* berichtete darüber: »Es besteht ein deutlicher Unterschied im Fahrverhalten zwischen dem Lotus mit seiner komfortablen Straßenlage und dem Porsche, der nach wie vor eine sehr steife Dämpfung besitzt.« Moss bemerkte: »Der Porsche lief ausgezeichnet und meine Bremsen waren besser als die Irelands, aber sein Wagen war eindeutig schneller.« Doch Moss erhielt seine Revanche und fuhr den Porsche 718/2 am 30. April in Aintree zu seinem ersten Rennsieg. Hier hatte sich ein dritter Wagen aus Zuffenhausen zur Mannschaft gesellt, den Graham Hill steuerte; nachdem zwei Cooper ausgefallen waren, belegten sie in dem 241-km-Rennen in der Folge ihrer Chassisnummern die ersten drei Plätze: Moss als Erster, Bonnier als Zweiter und Hill als Dritter.

Leider fiel Moss für mehrere Monate aus, als er mit seinem Lotus in Spa verunglückte und dabei schwer verletzt wurde. Inzwischen wurden in der Rennabteilung im Juli die letzten beiden 718/2-Wagen (Chassis-Nr. 04 und 05) fertiggestellt. Nummer vier konnte als Schwesterfahrzeug der ersten drei angesehen werden, Nummer fünf jedoch wies eine geänderte Karosserieform auf, die auf Entwürfe von Butzi Porsche zurückging. Er hatte ihm eine prägnantere, niedrigere Nase, flache Karosserieseiten und einen kantigen Aufbau über dem Motor verpaßt, der in die Windschutzscheibe überging und nach hinten offen war. Obwohl dieses Fahrzeug eine wesentlich ansprechendere Gestalt als die anderen, etwas kartoffelähnlichen Formelwagen hatte, kommentierte die Fachpresse diese Stylingversuche nicht gerade enthusiastisch. Man gestand jedoch ein, daß sich dadurch der Luftwiderstand des Aufbaus reduziert habe. Was die Journalisten nicht wußten, war die Tatsache, daß dieser Wagen über 11 kg mehr als die anderen wog: 478 Kilogramm. Diese Entwicklung lag genau diametral zu den neuen Spezifikationen, die im Mai von der F.I.A. beschlossen worden waren. Sie sahen eine Reduktion des Minimalgewichtes für die ab 1961 gültige Formel 1 auf 450 kg vor, um britischen Fahrzeugherstellern mehr Anreiz zu bieten, die anfangs noch gegen eine solche Formel gewesen waren.

Zum Großen Preis auf der Solitude traten am 24. Juli alle fünf Formel-2-Porsche an. Das Rennen bot einen Vorgeschmack auf den deutschen Grand Prix für Formel 2 in diesem Jahr, der eine Woche später auf der kürzeren Südschleife des Nürburgrings abgehalten wurde. Ferrari sprengte diese Porsche-Party mit ihrem Heimvorteil durch die Entsendung seines ersten Heckmotor-Formelwagens, den Graf Wolfgang Berghe von Trips zum Sieg fuhr. Lediglich Hans Herrmann, der einen Formel-2-Porsche zum ersten Mal fuhr (Chassis-Nr. 02), konnte von Trips über lange Strecken Paroli bieten und wurde Zweiter. Die Endfolge hinter ihm bildeten Bonnier im Wagen 04, Graham Hill im 03 und Dan Gurney, ein weiterer Neuling auf dem 718/2, in dem neuen 05. Lediglich die Nummer 01 kam nicht ins Ziel. Man hatte sich den Wagen von Rob Walker ausgeborgt, die Schaltkulisse entfernt und den Motorrad-Champion John Surtees ans Lenkrad gesetzt, der jedoch mit den Gängen durcheinander kam und aus der Wertung genommen wurde.

Um allen Aufwand für den Großen Preis von Deutschland am 31. Juli 1960 zu konzentrieren, hatte Porsche vor, lediglich drei Automobile zu nennen. Barth sollte Nummer 02 fahren, Graham Hill 03 und Bonnier 04. Nachdem aber Ferrari nicht gemeldet hatte und der freigewordene von Trips am Ring auftauchte, gab man ihm den kantigen 05. Dies wiederum brachte die zahlreichen Anhänger von Hans Herrmann auf die Barrikaden, denn dieser hatte sein Können vor wenigen Tagen doch so brillant auf der Solitude bewiesen. Um die Gemüter zu beruhigen, präparierte man in aller Eile für Herrmann das Walker-Auto, der mit diesem Wagen anstatt mit dem ursprünglich für ihn vorgesehenen Porsche-Behra unter Camoradis Flagge startete.

Dieser Massenangriff machte sich bezahlt. Alle fünf Wagen waren mit Dunlop SP Reifen ausgerüstet, um gegen das Wetter gewappnet zu sein, das die Rennstrecke mit einer seifigen Brühe aus Eifelregen, Dunst und Nebel überzogen hatte. Im Training war Jo Bonnier der schnellste und führte auch das Rennen vom Start bis zum Ziel. Er drehte aber auch seinen Motor höher als die anderen: 8700 U/min – höher als die 8400, mit denen von Trips und Barth fuhren. Von Trips wurde Zweiter, Hill Vierter, Herrmann Fünfter und Barth Sechster. Der zweite Platz war wichtig, weil dies der letzte Wettbewerb in der Konstrukteurmeisterschaft der Formel 2 des Jahres 1960 war. Bis zu diesem Zeitpunkt hatten Cooper und Porsche auf je 25 Punkte gleichgezogen, Porsches zusätzlicher zweiter Platz in der Eifel brach jedoch die Barriere und die Auszeichnung ging nach Zuffenhausen.

Am 26. August wurde Bonnier in Brands Hatch Dritter mit dem Wagen 04, womit er sich um einen Platz im Vergleich zum Vorjahresrennen verbesserte. Graham Hill wurde im 03 Vierter und Moss erzielte in einem Comeback trotz Vergaserschwierigkeiten mit der Nummer 01 den elften Platz. In der Zwischenzeit präparierte man

Nummer 02 für Herrmann, der auserwählt war, im Formel-2-Lauf beim italienischen GP am 4. September in Monza zu fahren. Da das Rennen über eine Distanz von 482 Kilometer führte, war klar, daß bei einer Tankkapazität von 110 Litern ein Tankstopp erforderlich sein würde. Deshalb fuhren Herrmann im 02 und Barth im 03 in Monza erstmals mit nach außen geführtem Tankverschluß. Nur von einem Ferrari geschlagen, beendeten sie in ihrer Chassis-Nummernfolge das Monzarennen.

Am darauffolgenden Wochenende ging Moss mit dem 01 nach Dänemark zum dortigen Roskildering, wo er, von Schaltproblemen geplagt, in den drei Läufen zum Kopenhagener GP für Formel-2-Wagen den vierten Platz belegte. In der darauffolgenden Woche aber hatte Moss mehr Glück. In Zeltweg, Österreich, gewann er gegen zwei weitere Porsche-Werkswagen, die Herrmann (02) und Barth (05) fuhren.

Am 2. Oktober fand auf dem kleinen 2,36 km langen Flughafenrundkurs von Modena das letzte wichtige Rennen dieses Jahres in Europa statt. Hier konnte Jo Bonnier in 100 Runden in einem klassischen Rad-an-Rad-Rennen den Ferrari-Sieg auf der Solitude wieder ausgleichen. Er erzielte seinen Sieg im 718/2-04, jenem Wagen, der den deutschen GP gewonnen hatte und mit dem ausschließlich er im Jahre 1961 fahren sollte. Sein einzig ernsthafter Gegner war von Trips auf dem Heckmotor-Ferrari, doch als die Bremsen des Porsche zunehmend Fading zeigten, kam er auf den dritten Platz hinter Richie Ginthers Frontmotor-Ferrari. Herrmann wurde im 718/2-02 Vierter und Barth mit dem 03 Fünfter. In der darauffolgenden Woche fuhr Herrmann mit einem der Wagen in Innsbruck und gewann dort einen kleineren Formel-2-Wettbewerb.

Ferry Porsche wertete die Ergebnisse des Modena-Rennens in seiner ihm eigenen pragmatischen Art.

»In Modena«, sagte er zu Günther Molter, »zeigte sich, daß in den Schnittgeschwindigkeiten praktisch keine Unterschiede zwischen frontgetriebenen und Heckmotorwagen bestehen. Aber man darf annehmen, daß sich der Heckmotorwagen im Grand Prix allmählich durchsetzen wird, weil er doch so manche Vorteile bietet. Zur Frage steht lediglich, welche Konzeption die wirtschaftlichere ist, um das gleiche Resultat zu erzielen.« Dies sagte jemand, der als Hauptverfechter heckmotorisierter Automobile galt. Auf seine verschmitzte Art meinte Porsche außerdem, daß in Modena »die Trommelbremsen des Porsche immerhin noch besser waren als die Scheibenbremsen der Ferrari.«

Im Verlauf des Jahres 1960, noch bevor sich die Firma Porsche offiziell für eine Grand-Prix-Teilnahme in der kommenden Saison entschieden hatte, konstruierte man in Zuffenhausen einen neuen 1,5-Liter-Achtzylinder-Rennmotor (siehe Kapitel 13). Wann und wo würde er zum Einsatz kommen? Ferry Porsche gab hierauf schon beim Modena-Rennen eine Antwort und

meinte: »Im nächsten Jahr wird Porsche sicher in den Grand-Prix-Sport einsteigen. Ob wir dabei die bisherigen Fahrzeuge einsetzen werden, wird davon abhängen, was unsere Konkurrenz unternimmt. Sollten Cooper, Lotus und die anderen sich für eine Verwendung ihrer Formel-2-Wagen aus dem Jahre 1960 entschließen, wenn auch in verbesserter Ausführung, dann werden wir ähnlich handeln. Sollten sie jedoch völlig neue und leistungsfähigere Motoren mitbringen, so haben wir auch hier etwas in petto. Für diesen Fall würden wir in der ersten Saisonhälfte noch nicht mitziehen können, danach könnten sich die Dinge jedoch ändern.« Damit bestätigte Dr. Porsche

Linke Seite: Röntgenzeichnung des Formel-2-Porsche von 1960. Darunter Joakim Bonnier in seinem Formel 2 beim Großen Preis von Belgien, den er mit dem 718/2-04 gewann. Rechts oben Dan Gurney auf der Solitude im 718/2-05, darunter Bonnier, gefolgt von Wolfgang Graf Berghe v. Trips, auf dem Nürburgring, wo er 1960 den Großen Preis gewann, und Huschke v. Hanstein im Gespräch mit Stirling Moss nach dessen Aufnahme in der Porsche-Mannschaft.

seine Absicht, mit dem 718/2 zunächst weiterzumachen, zumindest zu Beginn des Jahres 1961. Die Frage nach den Fahrern war ebenso wichtig wie die nach den Autos. Bis 1958, als Behra und Moss begannen, Rennen auf Porsche zu bestreiten, hatten sich die Verhandlungen zwischen Firma und Fahrern stets einfach und unkompliziert gestaltet. Man ersetzte ihnen die Fahrspesen und beließ ihnen die Preisgelder, egal wie hoch sie waren. Das war alles. Von Rennen zu Rennen wurden jeweils neue Abmachungen geschlossen, es gab keine Verträge für eine ganze Saison. Mit der Verpflichtung der Fahrer Bonnier, Hill und Gurney änderte sich dies. Der nach wie vor in

Deutschland sehr populäre Hans Herrmann, dem Huschke von Hanstein allerdings Weltmeisterschaftsreife absprach, erhielt von Ferry Porsche ebenfalls die Zusage, in Grand-Prix-Rennen starten zu dürfen.

Moss blieb bei seinem Entschluß, nur englische Marken zu fahren und konnte sich 1961 aus dem Porsche-Netz befreien. Er feierte einen triumphalen Abschied von Porsche und der Saison mit zwei Rennsiegen im Dezember (im Wagen Nr. 03) in Südafrika, wo ihm beide Male Bonnier (im Nr. 04) auf den Fersen blieb. Bonniers Auto war in diesem Rennen mit demselben Motor (P90157) ausgerüstet, mit dem er zvuor auf dem Nürburgring und in Modena gewonnen hatte. Diese beiden Wagen nahmen auch an den zwei ersten, nicht zur Meisterschaft zählenden Rennen der Saison 1961, die im April in Brüssel und Syrakus stattfanden, teil. Die kaum veränderten Fahrzeuge hatten nun einen eigenen Anlasser sowie Überrollbügel, wie dies die neue GP-Formel verlangte. Das ewige Ärgernis mit der Gangschaltung versuchte man mit einem neuen Gestänge aus der Welt zu schaffen; der Schalthebel war nun über eine genau hinter dem Sitz befindliche Zwischenmechanik mit dem Getriebe verbunden. Äußerlich unterschieden sich die Wagen (vom Überrollbügel abgesehen) von der Vorjahresausführung nur noch an den vergitterten Vergasereinlässen, die man an beiden Motorseiten angebracht hatte. Die Ansaugstutzen, die jedem Webervergaser aufgesetzt waren, wiesen an ihrer Oberkante eine Gummimanschette auf, die gegen die Innenseite der Abdeckung abdichtete und dadurch verhinderte, daß Fremdluft aus dem Motorraum angesaugt werden konnte. All diese Änderungen brachten die Wagen auf 478 Kilogramm, fast 30 kg über das Formellimit.

Trainingsschnellster in Brüssel war Bonnier auf »seinem« 04, und er gewann auch das erste von drei 100-km-Rennen. Dan Gurney, dessen 03 noch immer mit dem nach außen geführten Tankstutzen versehen war, fiel wegen Bruch des Schaltgestänges im ersten Rennen aus. Im zweiten Rennen wurde der in Führung liegende Bonnier angefahren, von der Straße gedrängt und fiel dadurch aus, aber dies passierte erst, nachdem der Porsche gezeigt hatte, was in ihm steckte. Im ersten Zusammentreffen mit dem einzig genannten Ferrari in Syrakus mußten jedoch die Porsche-Fahrer froh sein, daß sie den zweiten (Gurney) bzw. dritten (Bonnier) Platz halten konnten; beide Fahrer hatten wieder einmal ihre liebe Not mit dem Schaltgestänge. Zusätzlich ließ sich, gegen Ende des Rennens, Bonniers Motor nur noch bis 7800 U/min hochdrehen.

Porsche setzte nur eines dieser beiden Automobile im ersten GP-Rennen des Jahres 1961 ein, dem zur Weltmeisterschaft zählenden Lauf in Monaco am 14. Mai. Es war Nummer 04, die Dan Gurney lenkte (obwohl die blaue, mit gelben Streifen versehene Nase des Wagens noch die Landesfarben des Schweden Bonnier trug). Die von Bonnier und Hans Herrmann nach Monaco mitgebrachten Vierzylinder-Wagen schauten deutlich anders aus. Beide besaßen neue Karosserien und einer hatte auch ein neues Fahrgestell. Beide profitierten von den am 718/2-05 vorgenommenen Änderungen, jenem Wagen, der erstmals mit dem von Butzi Porsche entworfenen Aufbau versehen worden war. Die Form- und Chassis-Änderungen waren großteils empirischer Natur, aus Erfahrungen der Rennabteilung abgeleitet und praktisch ohne Mithilfe des Konstruktionsbüros entstanden, wo man sich (abgesehen von all den vielen anderen Verpflichtungen) auf den neuen Grand-Prix-Motor konzentrierte. Man ging von der Überlegung aus, die bewährte Grundkonzeption der 718/2-05 Konstruktion beizubehalten und Verbesserungen nur an den Schwachstellen vorzunehmen. Durch diese Änderungen hoffte man, dem Wagen auch ohne einen neuen Motor genügend Erfolgsaussichten zu verschaffen.

Eine grundsätzliche Änderung erfuhr indessen die vordere Radaufhängung. Die hohlen Längslenker, für die beim 718/2 nach wie vor geschmiedete Volkswagen-Elemente (!) verwendet wurden, ersetzte man durch ungleich lange Querlenker. Dadurch erhöhte sich der vordere Roll-Mittelpunkt; theoretisch verbesserte sich damit die Bodenhaftung des äußeren Rades in den Kurven, weil es sich bei der dabei auftretenden Wagenneigung nicht gleichstark mitneigte. Man montierte kombinierte Schraubenfeder-Stoßdämpfer-Einheiten, und der gebogene obere Querlenker darüber verriet die Improvisationen der Konstrukteure, die die Frontpartie noch vor Fertigstellung der Zeichnungen aufgebaut hatten.

Unter Zuhilfenahme zweier aufgebohrter vierkantiger Stäbe an jeder Seite und einem Rohr, das sich darüber wölbte, wurde dieses neue Vorderteil in den bestehenden Rahmen des 718/2-05 integriert. Dadurch wurde auch eine neue Lenkung notwendig; man wählte eine dreiteilige Spurstange, wobei nun das ZF-Ross-Lenkgetriebe an der rechten Rahmenvorderseite an der scharf abgewinkelten Lenksäule saß und über zwei Kreuzgelenke mit dem Lenkrad in Verbindung stand. Weder bei den Bremsen noch beim restlichen Rahmen oder der hinteren Radaufhängung gab es wesentliche Änderungen.

Im neu aufgebauten Wagen befand sich der Haupttank hinter und neben dem Fahrer und damit näher am Schwerpunkt des Fahrzeugs. Den Einfüllstutzen und einen Zusatztank brachte man im Vorderteil, vor dem Öltank und über dem Ölkühler und dessen zugehörigem Warmluft-Ableitgehäuse unter. Beide Einfüllstutzen ragten durch die schlanker gewordene, aus einem Aluminium-Stück bestehende Fronthaube, die, wollte man sie entfernen, nach vorne wegzuziehen war. Die Frontpartie sah bedeutend hübscher aus als das Heck der neuen Karosserie. Nachdem das modifizierte 05-Chassis getestet worden war, baute man zwei weitere Wagen dieser Art, im wesentlichen nach derselben Konstruktion, mit jedoch um 30 mm auf insgesamt 2230 mm verlängertem Radstand. Vordere bzw. hintere Spurmaße betrugen 1270 bzw. 1300 mm. Die Verlängerung wurde im Hinblick auf den kommenden Achtzylinder-Motor geschaffen und betraf daher allein die Heckpartie. Die Summe der Änderungen rechtfertigte die Zuteilung einer neuen Typennummer für den Wagen mit dem vergrößerten Radstand: Typ 787.

Das erste der neuen Fahrgestelle mit der Nr. 787-01 stellte man Anfang April 1961 der Öffentlichkeit vor. Damit gab es endlich einen handfesten Beweis, daß es Porsche ernst war, in die Formel 1 einzusteigen. Anschließend karosserierte man das Chassis und paßte den Aufbau Jo Bonnier an, damit dieser damit in Monte-Carlo an den Start gehen konnte. Der 718/2-05 Prototyp, der zugleich kürzer, aber sonst dem 787-01 ähnlich war, wurde für Hans Herrmann fertiggestellt. Dieser und Dan Gurneys »Stamm«-Auto wurden je mit einem Fünfgang-Getriebe ausgerüstet, während Bonniers Wagen ein Viergang-Getriebe erhielt – was für den nicht sehr schnellen Rundkurs genügte. Alle drei hatten Motoren mit Benzin-Einspritzung.

Statt an die nahegelegene Firma Robert Bosch wandte Porsche sich diesmal an die Firma Kugelfischer Georg Schäfer & Co. in Schweinfurt, um ein Einspritzsystem für den bewährten Motor vom Typ 547/3 zu erhalten. Denn die damals im Kommen begriffene Kugelfischer-Einspritzung hatte zwar wie Bosch ebenfalls für jeden Zylinder eine eigens gesteuerte Einspritzung, der Aufbau und die Regelungstechnik jedoch waren deutlich unterschiedlich. Seit Anfang des Jahres 1957 hatte Porsche mit dem Kugelfischer-System experimentiert. Die Pumpe, wie sie auch Peugeot gegen Jahresende in seinem 404 vorstellte, wurde am Motor vorne links montiert und über einen Zahnriemen von der Einlaß-Nockenwelle angetrieben. Dadurch wurde das Benzin unter Hochdruck zu den in jedem Ansaugkanal befindlichen Einspritzdüsen gepreßt.

Diese indirekte Einspritzung brachte zwar keinen wesentlichen Leistungsgewinn, doch wurden die Drehmoment-Spitzen abgebaut und es bestand bei niedrigeren Drehzahlen nicht mehr die Gefahr, daß die Kerzen frühzeitig verrußten. Die Mechaniker, die die Autos in Monte-Carlo betreuten, brachten die Leerlaufdrehzahlen sogar auf 600 U/min herunter. Die Mechaniker hatten hier auch sonst sowohl mit der Einspritzung im Besonderen als auch ganz allgemein mit den nicht allzu sorgfältig zusammengebauten Fahrzeugen, was gar nicht mit der sonst so vorzüglichen Qualitätsarbeit aus Stuttgart in Einklang zu bringen war, mehr als genug zu tun. Bonniers Wagen zum Beispiel war nur einmal um die Halle vom Werk 1 gefahren, dann verpackt und nach Monaco geschickt worden.

Nachdem Louis Chiron die Startflagge gesenkt hatte, brausten Bonnier und Gurney, die sich beide für die vierte Startreihe qualifiziert hatten, los und lagen in der fünften Runde bereits an dritter und vierter Stelle des Feldes. Gurney erreichte als Fünfter das Ziel und brachte erste Weltmeisterschaftspunkte für Porsche, Hans Herrmann kam auf den neunten Platz. Pech hatte Bonnier gehabt: In der vierzehnten Runde hatte er sich hinter dem späteren Sieger Moss auf Lotus auf den zweiten Platz vorgearbeitet. Als ihn in der 59. Runde zwei Ferrari überholten, war er Vierter, doch sein Motor setzte plötzlich aus und er mußte seinen Wagen am Straßenrand abstellen.

Als die Mechaniker nach dem Rennen das Auto abschleppen wollten, ließ es sich tadellos starten und ohne weiteres wegfahren. Der Motor war, nach Vermutungen der Ingenieure, wegen ins Kraftstoffsystem gelangter Luft abgestorben, ein Fehler, zu dem viele Einspritzsysteme neigten. Die Luft war gegen Ende des Rennens bei sinkendem Tankspiegel mit angesaugt worden, als die Öffnungen der Saugleitungen durch ein Bremsmanöver für einen Augenblick frei lagen. Dies war möglich, weil man die neuen Benzintanks, die stellenweise recht schmal waren, nicht mit den üblicherweise eingeschweißten Schwallblechen ausgestattet hatte, die ein übermäßiges Hin- und Herschwappen des Kraftstoffes verhinderten.

Um für den nur acht Tage nach Monaco stattfindenden Großen Preis von Holland in Zandvoort bestmöglich präparierte Wagen zur Verfügung zu haben, mußte in der Rennabteilung Tag und Nacht gearbeitet werden. Man komplettierte einen weiteren verlängerten Wagen (Nr. 787-02) und sah diesen für Bonnier vor, während Gurney die Nr. 787-01 übernehmen sollte. Herrmann blieb beim neugestalteten 718/2-05 und Carel de Beaufort borgte man einen normalen 718/2, wobei die beiden letztgenannten Wagen von Beauforts Rennstall Ecurie Maarsbergen genannt wurden.

Große Aufmerksamkeit widmete man dem Benzin-Versorgungsproblem. Die Tanks bekamen Schwallbleche und das Treibstoffsystem erhielt zusätzlich ein L-förmig ausgebildetes Bodenteil, dessen unterer Schenkel senkrecht stand. Elektrische Bendix-Pumpen hielten diesen Zusatzbehälter ständig gefüllt. Vom tiefsten Punkt des L's wurde die Einspritzpumpe versorgt.

Die Zandvoort-Strecke stellte für die neuen Wagen die erste Bewährungsprobe auf einem Kurs mit schnellen Kurven dar. Sowohl Gurney als auch Bonnier fanden, daß der 787 im Grenzbereich hier sehr schwer unter Kontrolle zu halten war. Bei Vergleichen mit neuesten britischen Wagen stellten sie fest, daß der Drehmomentverlauf des Porsche-Motors dem des Coventry Climax Mark II Vierzylinder unterlegen war. Die Wagen qualifizierten sich dann auch ziemlich weit hinten, nämlich mit Gurney in der dritten und den anderen in der vierten und fünften Startreihe. Günther Molter berichtete aus Holland: »Ich kann mir nicht helfen – die neuen Porsche Formel 1 passen nicht in diese Gesellschaft!« Sie kamen ihm wie breitschultrige Mittelgewichtler in einem Rudel dürrer Federgewichtler vor.

Im Rennen, an dem bemerkenswerterweise keines der fünfzehn Fahrzeuge während der gesamten 315 Kilometer an die Boxen mußte noch

Ganz oben der Grand-Prix-Motor, der im Jahre 1961 mit Kugelfischer-Kraftstoffeinspritzung zum Einsatz kam. Darunter zwei Grand-Prix-Wagen vom Typ 787 und ein modifizierter 718/2 an den Boxen von Zandvoort. Rechts oben ein Foto vom Gitterrohrrahmen des 787, der in der Saison 1961 benutzt wurde. Rechts unten das Chassis des 787 mit der neuen Vorderradaufhängung, die sich allerdings als nicht sehr erfolgreich erweisen sollte.

ausschied, zeigten sich die Porsche noch müder als im Training. Die Männer aus Zuffenhausen begründeten ihr schwaches Abschneiden mit zu geringer Erfahrung mit der Kugelfischer-Einspritzung; so vermochten sie beispielsweise nicht schnell genug auf Wetterumschwünge zu reagieren – beim Training war es kalt gewesen, und am Renntag warm. Gurney und Bonnier wurden Zehnter und Elfter und de Beaufort schlug Herrmann, der das Schlußlicht bildete. Es war ein deprimierender 22. Mai für Porsche.

Nachdem ihr Großeinsatz derart schlechte Ergebnisse gebracht hatte, waren die Porsche-Leute so niedergeschlagen, daß sie kaum Mut zu Vorbereitungen für das nächste Rennen in Spa aufbrachten. Über allem stand die grundsätzliche Frage, ob sie im Grand-Prix-Rennsport überhaupt weitermachen sollten. Vielleicht war das einfach nicht das richtige für Porsche. Die Firma war fast automatisch in dieses Abenteuer hineingeraten, wie Ferry Porsche dies umschrieb: »Anfänglich bestritten wir die Formel-2-Rennen mit modifizierten Sportwagen und gewannen einige Male. Und da uns das nicht viel Mühe machte, dachten wir, warum versuchen wir es nicht auch in der Formel 1?« Nun, nach Zandvoort, war es Ferry Porsche, der sich fürs Weitermachen aussprach, nicht zuletzt wegen der von Porsche verpflichteten Fahrer. Die neuerlichen Versuche sollten jedoch nicht mehr mit dem glücklosen Typ 787, sondern auf der Basis der 1960er Wagen vonstatten gehen. Erst nach endgültiger Überarbeitung des Achtzylinder-Motors, entschied Ferry, werde Porsche wieder ein neues Fahrzeug an den Start bringen.

Die durch diese Entscheidung sichtlich erleichterten von Hanstein und Hild holten die früheren Formel-2-Rennwagen wieder hervor, rüsteten sie mit normalen Vergasermotoren aus und begannen mit der Programm-Planung für den Rest der Saison 1961. Sie beteiligten sich in den restlichen sechs zur Weltmeisterschaft zählenden GP-Rennen und in acht weiteren Bewerben einschließlich einem am Neujahrstag 1962. Man setzte fast ausschließlich den 718/2-03 und den -04 ein, die von Gurney und Bonnier gefahren wurden (Im französischen GP im Juli und im britischen GP tauschten sie die Wagen). Wagen 01 war an Carel de Beaufort verkauft worden, dessen beste Plazierung 1961 damit ein siebenter Platz im Großen Preis von Italien in Monza war – ein Rang, an dem es gerade keine Meisterschaftspunkte mehr gab. Nummer 02 diente als Trainingsfahrzeug und wurde außerdem von Herrmann auf der Solitude und auf dem Nürburgring gefahren.

Der ungewöhnlich kämpferische Dan Gurney schnitt mit drei zweiten Plätzen bei den Rennen in Reims, Monza und Watkins Glen am besten ab, wodurch er am Saisonende punktegleich mit Stirling Moss auf dem dritten Platz der Weltmeisterschaft landete. Bonniers beste Plazierung war ein fünfter Rang beim GP von England auf dem regennassen Aintree-Circuit. In diesem Rennen war Gurney wegen eines nicht über 7900 U/min drehenden Motors, bei dem ein Einlaßventil klemmte, gehandikapt. In Reims lieferte er ein atemberaubendes Duell mit Baghetti auf Ferrari, das letztgenannter erst beim Einlauf in die Zielgerade für sich entscheiden konnte. Im Ziel betrug die Öltemperatur von Gurneys Motor statt der normalen 85 immerhin 130 Grad, weil eine Reihe von Ölkühlerlamellen durch Steinschlag zerstört worden waren. Bonnier schied eine Runde vor Schluß aus dem gleichen Grund aus, nachdem bis zu diesem Zeitpunkt auch er mit vollem Einsatz um die Spitze gekämpft hatte.

Bei den nicht zur Weltmeisterschaft zählenden Rennen, wie in Karlskoga, Modena und Zeltweg, mußten sich die Formel-1-Porsche ebenfalls mit zweiten und dritten Plätzen zufrieden geben. Ein Sieg blieb ihnen die ganze Saison hindurch versagt. Im Dezember verschiffte man die beiden Fahrzeuge zu vier Rennen nach Südafrika. Bonnier, der seinen angestammten Wagen fuhr, wurde in allen Rennen jeweils Dritter, Barth fuhr mit dem Gurney-Auto zwei vierte, einen fünften und einen sechsten Platz heraus. Beide Autos hatten wegen des warmen Klimas Probleme mit der Motortemperatur und – wieder einmal – mit dem widerspenstigen Schaltgestänge.

Als 1962 schließlich die Achtzylinder fertig waren, beschloß Porsche, sich von einigen 718/2

zum Stückpreis von etwa 50 000 Mark zu trennen. Nummer 02 kaufte Heinz Schiller aus Genf für seine Ecurie Nationale Suisse, und 03 erwarb Graf Giovanni Volpi für seine Scuderia SSS Republica di Venezia. Veteran 01 wechselte in dieser Saison ebenfalls den Besitzer, als ihn Wolfgang Seidel von Beaufort übernahm. Im April 1962 trafen alle drei in Brüssel zusammen, wo Bonnier im rotlackierten Venezianer Zweiter, Schiller Achter und Seidel Neunter wurde.

Im April brachte Porsche dann seinen eigenen 718/2-04 nach Pau, wo ihn Ludwig Heimrath fuhr, ein ehemaliger Werksmechaniker, der sich in Kanada als Rennfahrer einen Namen gemacht hatte. Heimrath hatte 1960 angefangen, wurde später Porsche-Händler und war mit einem RSK in Kanada nicht zu schlagen gewesen. In Pau hielt er sich als Neuling auf Wagen und Strecke recht gut, und bis er auf einem von Sand verdeckten Ölfleck von der Bahn rutschte, hatte er an sechster Stelle im Rennen gelegen. Bonnier führte in diesem Rennen mit dem Venezianer, fiel jedoch in der Folge aus, und Schiller kam auf den neunten Platz. Der Venezianer 03 trat 1962 bei zwei

Ganz links: Bonnier und Gurney hinter einem Lotus auf der Solitude 1961, ein Foto von Julius J. Weitmann (hier im Gespräch mit Huschke v. Hanstein). Unten: Bonnier im 718/2-04, mit dem er beim Großen Preis der USA 1961 in Watkins Glen Sechster wurde.

Grand-Prix-Weltmeisterschaftsläufen an. Das Werk borgte ihn sich von Volpi und gab ihn Bonnier, der damit einen respektablen fünften Rang in Monaco erzielte. Auf dem Nürburgring fuhr ihn Nino Vaccarella auf den fünfzehnten Platz, einen Rang hinter dem Wagen Nummer 02 von Schiller, der abwechselnd von Heini Walter und Schiller selbst gesteuert wurde.

Als die Rennsaison 1962 schon voll im Gange war, gesellte sich Carel de Beaufort zu den Privatfahrern. Ihnen kam eine kleine, aber durchaus nützliche Leistungssteigerung zu Hilfe, die sich als Nebenprodukt der Entwicklungsarbeiten am Achtzylinder-GP-Wagen ergab. Hierzu zählten neue Kolben, deren Oberseite eine sanftere Wölbung aufwies und die in ihrem Aussehen an Orangenspalten erinnerten.

Der Umbausatz des 547/3-Motors sah auch neue Einlaß- und Auslaßventile vor, die statt der bisherigen konkaven nun flache Teller aufwiesen und um je 1 mm im Durchmesser reduziert worden waren, so daß sie jetzt 47 bzw. 40 mm maßen. Die Ventile saßen im Zylinderkopf jetzt tiefer, weshalb ihr Schaft und die Ventilführung gekürzt wurden. Gewonnen wurde netto ein Kompressionsanstieg von 9,8 auf etwa 10,25 zu eins und man hatte eine verbesserte Brennkammerform entwickelt. Dadurch stieg die Leistung von 160 auf 165 PS, was in den Kurzstreckenbewerben des Formel-Rennsports doch einige Vorteile brachte. In einem Ausnahmefall kam einer dieser umgerüsteten Motoren sogar auf 174 PS.

De Beauforts Rückkehr zu den GP-Wettbewerben mit dem 718/2-01, den er von Wolfgang Seidel zurückgekauft hatte, erfolgte rechtzeitig zum Großen Preis seines Heimatlandes. Die zusätzliche Leistung des Motors ließ ihn in Zandvoort auf den sechsten Rang kommen, ebenso in Rouen, wo er seine ersten Weltmeisterschaftspunkte für 1962 erzielte. In Spa wurde er Siebenter, und in vier weiteren GPs desselben Jahres plazierte er sich unter den ersten Zehn. »1963«, erzählte er, »kaufte ich einen anderen Formel-1-Porsche, den ich zum Ausschlachten hernahm, denn es war bedeutend billiger, ein ganzes Auto zu kaufen, als die entsprechenden Einzelteile.« Dieser Wagen war Schillers 718/2-02. De Beaufort nominierte ihn zweimal für GP-Neuling Gerhard Mitter, der de Beauforts Vertrauen mit einem sensationellen vierten Platz im Großen Preis von Deutschland 1963 belohnte.

Durch Mitters Erfolg ermutigt, verpaßte de Beaufort seinem Wagen 1963 eine Abmagerungskur, um sein Leistungsgewicht zu verbessern und errang erneut Meisterschaftspunkte durch zwei sechste Plätze: in Spa in Belgien und in Watkins Glen in New York. Einmal erzielte er einen neunten, dreimal zehnte Plätze, wobei er seine Fahrerqualitäten ständig verbesserte.

1964 startete de Beaufort im Großen Preis von Holland, jedoch ließ ihn sein Motor im Stich. Im August desselben Jahres versuchte er sich auf

dem ihm so vertrauten Nürburgring für den Großen Preis von Deutschland zu qualifizieren, als sein orangefarbener Porsche nahe der Adenau-Brücke von der Straße abkam und eine Bruchlandung machte. In einer Koblenzer Klinik erlag de Beaufort am 3. August, einen Tag nach dem Rennen, seinen tödlichen Verletzungen. Er war der letzte direkte Nachfahre seines Adelsgeschlechtes gewesen. Das durch Carel de Beaufort bedeutend verlängerte aktive Rennleben des Porsche Typ 718/2 fand mit ihm ein Ende. Sein Reservewagen, die Nummer 02, befindet sich heute in Tom Wheatcrofts Donington-Sammlung; die beiden letzten Wagen der 718/2-Serie, 04 und 05, befinden sich im Besitz des Hauses Porsche.

Im Jahr 1961 wurde ein neuer 547/3-Motor gebaut. An den Enden seiner Nockenwellen befanden sich jene kleinen Schwungräder, wie man sie im selben Jahr beim Carrera-Motor vom Typ 692/3A eingeführt hatte. Das große vertikale Gebläse war durch ein neuartiges Kühlaggregat ersetzt worden: ein kleines, horizontal angeordnetes Axialgebläse, das wie ein Turbinenrad aussah. Als Nebenprodukt aus der Achtzylinder-Entwicklung hatte es siebzehn Schaufelblätter und wurde von der Kurbelwelle über Riemenscheiben angetrieben. Über einen eigenen Keilriemen trieb man die Lichtmaschine an, die zwischen Gebläsegehäuse und dem linken Weber-Vergaser ihren Platz hatte.

Dieser Motor, dessen Hauptvorteil in seiner niedrigen Bauart zu sehen war, wurde im Chassis Nr. 787-01 installiert. Die Karosserieform ließ man bis auf die flachere Motorabdeckung unverändert, die eine abgerundetere Version als jene beim 718/2 darstellte. Der Überrollbügel stand nun frei im Raum. Neu waren auch die Porsche-eigenen Versuchs-Scheibenbremsen. Diese jetzt zum erstenmal im Carrera erprobten neuen Bremsen kamen hier erstmals in einem Monoposto-Porsche zum Einsatz.

Edgar Barth fuhr diesen Versuchswagen am 23. Juli 1961 auf der Solitude ohne großen Erfolg. Obwohl mit dem gleichen Getriebe ausgestattet wie die anderen Porsche, ließ er sich nicht höher als mit maximal 7700 U/min drehen, nur im Windschatten anderer Wagen erreichte man 8000 U/min; für den normalen 718/2 lagen die Normdrehzahlen jedoch bei 8000 bzw. 8300 U/min. Dieses vorne mit Querlenkern ausgerüstete Fahrzeug ließ Barth außerdem über eine schwergängige Lenkung klagen. Daher zog man Wagen- und Fahrernennung zum Großen Preis von Deutschland zurück, während man Dan Gurneys Wagen noch extra mit den Porsche-Scheibenbremsen ausgerüstet hatte. Der Typ 787 kam im September auch beim Training für den GP von Italien zum Einsatz, bei dem Barth als Reservefahrer vorgesehen war; der Wagen erschien dann jedoch nicht am Start. Chassis 787-01 diente als rollendes Versuchslabor und kam noch einmal zum Renneinsatz, als Porsche den Stand der Entwicklung des 547/3-Motors testen wollte. In Anbetracht der großen Verdienste, die dieser Motor in den Formel-1- und 2-Rennen der Jahre 1959 bis 1961 erwerben konnte, hatte man in all diesen Jahren bemerkenswert wenig Anstrengungen unternommen, seine Leistung zu erhöhen. Dafür gab es mehrere Gründe. Zum einen befand sich sein Konstrukteur und Befürworter, Dr. Fuhrmann, nicht mehr bei Porsche. Zum zweiten konzentrierten sich Ende 1960 alle Anstrengungen der Firma Porsche auf den neuen Achtzylinder. Ein weiterer Grund lag in der Annahme, daß ein Vierzylinder mit 160 PS seinen vertretbaren Grenzwert erreicht hatte. Viele Porsche-Leute sahen sein Kühlsystem voll ausgeschöpft und vermuteten, daß bei Höchstlast die Kurbelwelle nach einer Stunde in die Brüche gehen würde. Die übliche Lebensdauer der Kurbelwelle lag bei ganzen fünf Stunden und die Stehbolzen hielten höchstens eine Stunde länger – das schienen keine verlockenden Umstände, die Leistung dieses Motors zu erhöhen.

Dies bedeutete jedoch nicht, daß man neue Technologien, die für den Vier-Nockenwellen-Vierzylinder von Vorteil gewesen wären, nicht auch getestet hätte. So kam es zu einem Daten- und Erfahrungsaustausch mit der Firma Daimler-Benz, die 1954 für ihre neuen Grand-Prix-Wagen Porsches Synchrongetriebe übernehmen wollte, während Porsche an der Direkteinspritzung und an den desmodromischen Ventilen von Daimler-Benz interessiert war. Beides erprobte man 1957 und 1958 im 547-Vierzylinder. Mitte 1961, als feststand, daß noch kein fixer Termin für die Fertigstellung des Achtzylinders gegeben werden konnte, entschied Ferry Porsche, daß man dem Vierzylinder einigen Aufwand angedeihen lassen sollte, um seine Leistung zu steigern. Auf Empfehlung des Journalisten Günther Molter engagierte er einen neuen Mann von Daimler-Benz, der mit Einverständnis dieser Firma nach Zuffenhausen ging: Michael May. Der in der Schweiz geborene junge Ingenieur war jener, dessen Flügel-Spyder 1956 auf dem Nürburgring für einiges Aufsehen gesorgt hatte. May

hatte sich in der Zwischenzeit bei Daimler-Benz mit direkter Benzineinspritzung beschäftigt, seine Rennfahrer-Karriere indessen nicht vernachlässigt – im Jahre 1961 hatte er es in Wolfgang Seidels Lotus Climax sogar zu Formel-1-Erfolgen gebracht. Mitte Mai hatte er dessen Ersatz-Porsche auch im Training in Monte Carlo erprobt.

Nach seinem Wechsel im Juli 1961 begann May sich mit dem 547/3-Motor Schraube für Schraube auseinanderzusetzen. Oben beließ er das neue flache Gebläse, das im selben Monat erstmals auf der Solitude eingesetzt worden war. An der linken Vorderfront montierte er eine Vierkolben-Bosch-Einspritzpumpe, wie sie Borgward so erfolgreich eingesetzt hatte. Sie wurde über einen Zahnriemen von der Kurbelwelle angetrieben. An jeder Einlaßöffnung befand sich ein eigener Gasschieber sowie ein langes, spitz zusammenlaufendes und verstärktes Staurohr aus Plastik. Die Benzinversorgung der Bosch-Pumpe erfolgte über ein wesentlich komplizierteres System als bei der Kugelfischer-Pumpe Anfang des Jahres.

Mit den neuen Gußformen für die Köpfe gestaltete May auch die Einlaßkanäle neu, und zwar als Venturirohre, wodurch der Luftdurchlaß verbessert wurde. Die Düsen setzt er in die Wände der Aluminiumzylinder exakt unter die Einlaßöffnungen, und zwar so, daß sie das Benzin quer zur Öffnung und in Richtung Auspuffventil sprühten. Die Einspritzung erfolgte zum Zeitpunkt des Kompressions-Taktes, wobei die Düse durch den ebenfalls neugeformten Kolben geschützt war, wenn es zum Zündvorgang kam.

Anfang 1962 hatte man den Motor auf 185 PS gebracht, eine deutliche Steigerung um zwanzig Pferdestärken. Dabei war dies eine echte Dauerleistung, wenn auch nur über einen engen Drehzahlbereich. Es wurde eine ganze Reihe dieser Motoren gebaut, einen davon installierte man in ein 787-01-Chassis, wobei seine Abdeckung mit zwei gewaltigen Ausbuchtungen über den verlängerten Ansaugrohren versehen war. Zusammen mit dem Grand-Prix-Achtzylinder testete man ihn in den kühlen Märztagen des Jahres 1962 auf dem Hockenheimring.

Eine erste Bewährungsprobe des neuen Motors unter Rennbedingungen gab es beim Großen Preis von Pau, am 23. April, mit Michael May als gemeldeten Fahrer. Dies sollte ein unauffälliges Debut in einem nicht zur Weltmeisterschaft zählenden Rennen werden, in dem Jo Bonnier, der mit dem Venezianer-Porsche genannt hatte, den Wagen im Training erproben und May gegebenenfalls ersetzen konnte. Hans Tomala, Porsches neuer Technischer Direktor, verhinderte jedoch die Überstellung des Wagens nach Pau im letzten Moment. Sein Veto stand in direktem Zusammenhang mit Mays kommentarloser Kündigung bei Porsche wenige Tage zuvor, auch wenn es offiziell dazu geheißen hatte, daß diese Trennung »auf Mays Wunsch in gegenseitigem Einverständnis« erfolgt sei. Es war dies eine Zeit interner Unruhe in Zuffenhausen (siehe Kapitel Dreizehn) und sowohl May als auch sein Motor gehörten zu den »Opfern« jener Umstände.

Kurz darauf kam es doch zum Renneinsatz dieses Wagens. Er wurde für den Großen Preis von Holland nach Zandvoort gebracht, wo ihn der vierundzwanzigjährige Ben Pon, dessen Familie den holländischen Generalimport für Volkswagen und Porsche besorgte, fahren sollte. Der Motor war lediglich mit einem simplen Aluminiumblech abgedeckt, durch welches die vier Ansaugstutzen lugten, und dessen Gebläse-Einlaßöffnung durch ein Gitter vor Fremdkörpern geschützt war. Statt der Porsche-Scheibenbremsen, die man für die in diesem Rennen erstmals vorgestellten Achtzylinder benötigte, hatte man die alten Trommelbremsen montiert. Der in Monoposto noch unerfahrene Pon konnte sich lediglich ganz hinten qualifizieren und schaffte nur drei Runden des Rennens, als er wegen auf die Strecke gewehten Dünensandes einen Dreher machte, von der Bahn schlitterte und dabei das Heck des Wagens beschädigte.

Und dies war der letzte Akt im kurzen, aber dramatischen Zwischenspiel des Typ 787 als Grand-Prix-Automobil. Die Fahrzeuge verschrottete man, nicht aber die Motoren, die in der Folge der Entwicklung des Achtzylinder-Grand-Prix-Porsche noch eine gewisse Rolle spielen sollten. 1964 sollte sich das Aggregat mit dem flachen Gebläse noch sehr gut in einem anderen, äußerst erfolgreichen Rennsportwagen bewähren, der als Elva-Porsche bekannt wurde. Die meisten der von den Porsche-Männern erdachten Konstruktionen pflegten sich früher oder später stets als sinnvoll und nützlich herauszustellen. So sollte es – wenn auch erst nach einem wenig überzeugenden ersten Akt – mit dem exotischen Porsche Achtzylinder-Grand-Prix-Wagen ebenfalls sein.

Testfahrt in Hockenheim. Dieser Grand-Prix-Wagen ist der Porsche 787-01 mit dem von Michael May getunten Motor.

Kapitel 13
Porsche betritt die Grand-Prix-Arena

Viele Rennsportfreunde sahen in Porsche einen Grand-Prix-Nachfolger für Daimler-Benz. Doch 1962 blieb die einzige Saison, in der Porsche sich mit einem speziell für die Grand-Prix-Formel gebauten Wagen an Rennen, und zwar in sieben von neun zur Weltmeisterschaft zählenden Läufen, beteiligte. Davon gewann Porsche ein Rennen und erzielte in fünf weiteren die Plätze drei, fünf, sechs, sieben und neun. In zwei nicht zur Weltmeisterschaft zählenden Rennen, an denen Porsche ebenfalls teilnahm, gab es einen ersten bzw. dritten Platz. Porsches Fahrer rangierten auf der Weltmeisterschafts-Liste an fünfter (Gurney) und fünfzehnter (Bonnier) Stelle, und der Wagen teilte sich mit Ferrari unter den insgesamt sieben Marken, die in der Meisterschaft der Formel 1 des Jahres 1962 zu Punkten gekommen waren, den fünften Rang.

Nur einmal, als ein einzelner Wagen durch einen anderen in der ersten Runde von der Rennstrecke gedrängt wurde, erreichte ein Porsche nicht das Ziel. Es handelte sich dabei um einen von vier Ausfällen in insgesamt dreizehn Weltmeisterschafts-Einsätzen der Achtzylinder. Zweimal gab es Pannen beim Kegel- und Tellerrad und einmal war es das Schaltgestänge. Nicht immer liefen die Wagen über die gesamte Distanz fehlerfrei, aber kein einziges Mal im Verlauf der 62er Saison waren es Probleme mit dem Motor, die zur Aufgabe in einem GP-Rennen gezwungen hätten. Für einen Neuling im Grand-Prix-Renngeschehen – und unter der Berücksichtigung, daß in der Saison 1961 zum Großteil mit älteren Automobilen gefahren worden war – hätte sich jede andere Firma mit solchen Resultaten glücklich geschätzt, nur Porsche gab sich damit nicht zufrieden.

Man hätte der Firma Porsche aber Unrecht getan, sie im Grand-Prix-Sport als einen Anfänger zu bezeichnen. Ferdinand Porsche hatte schließlich schon 1924 einen Mercedes-GP-Wagen für Daimler entworfen, und als er die Firma später verließ, hatte er einen Teil der Grundlagen für den Grand-Prix-Mercedes-Benz des Jahres 1934 gelegt. Unter den ersten Projekten, die in seinem eigenen Konstruktionsbüro entstanden, war der Typ 22, jener Sechzehnzylinder, der von Auto Union gebaut und in den Jahren 1934 bis 1937 erfolgreich eingesetzt wurde. Von 1937 bis 1939

Oben: Motor und Getriebe im Grand-Prix-Porsche 804. Rechts: Joakim Bonnier bei einer Sitzprobe im Chassis des 804. Der Schwede gehörte zum kleinen Team der Formel-1-Werksfahrer des Hauses Porsche.

war das Büro Porsche Berater für das Haus Daimler-Benz und entwickelte unter anderem einen Zwei-Stufen-Kompressor, wie er im Mercedes-Benz-Rennwagen 1939 zum Einsatz kam. Porsches Typ 115 war ein 1,5-Liter-Rennwagen, der zu Studienzwecken im Auftrag des Volkswagenwerkes entworfen wurde und auf dem Typ-114-F-Sportwagen basierte. Und schließlich war auch die Cisitalia-Konstruktion ein fortschrittlicher Grand-Prix-Rennwagen der damaligen Zeit gewesen!

Dies alles waren Rennwagen-Konstruktionen, bei denen die Firma maßgeblichen Anteil an der Entwicklung hatte, aber in keinem dieser Fälle hatte sie die Fahrzeuge letztlich gebaut oder im Rennen selbst eingesetzt. Und während Porsche mit dem Grand-Prix-Rennsport früher viel Geld in die Kasse bekam, begann jetzt die Zeit großer Ausgaben. Diese Situation brachte ein völlig neues, emotionsgeladenes Element in die Firma, dem die Porsche-Führung nicht immer gewachsen war. Die Grand-Prix-Jahre waren aufreibend und hatten dramatische Folgen.

Mit gleicher Sorgfalt, mit der sie für andere Firmen gearbeitet hätte, wenn ein Auftrag zur Konstruktion eines derartigen Wagens gekommen wäre, schneiderte Porsche den eigenen Grand-

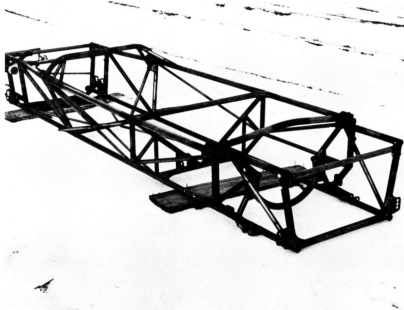

Oben: der fertiggestellte Rohrrahmen des 804. Links daneben die linke Vorderradaufhängung mit Bremse. Ganz links die Holzform für die Anfertigung des Aufbaus (Weihnachten 1961). Von diesem Zeitpunkt an leitete Hans Tomala die Arbeiten an jenem Wagen, nachdem Klaus v. Rücker das Haus Porsche verlassen hatte.

Prix-Wagen entsprechend eigener Vorstellungen. Besonders der Motor stellte als herausragendes Element eine Herausforderung in der neuen 1,5-Liter-Klasse für Porsche dar; in den Augen der Zuffenhausener war allein die Motorleistung entscheidend. Und als feststand, daß Ferrari 1961 sich in der Formel 1 tatsächlich mit einem völlig neu entwickelten Rennmotor beteiligen würde, wurde den Männern bei Porsche bewußt, daß ihr Motor Typ 547 den Anforderungen der neuen Formel kaum standhalten konnte. Deshalb begann man schon Ende 1959 mit der Konstruktion eines Motors mit bedeutend höherer Leistungsabgabe. Nur zweitrangig war damals die Frage nach dem Fahrgestell, in das dieser Motor eingebaut werden sollte.

Es widersprach der Mentalität des Hauses Porsche, die Entwicklung eines Motors auf die leichte Schulter zu nehmen. Und er konnte nicht in Handarbeit einiger weniger begabter Mechaniker, wie dies bei Ferrari oder Maserati geschah, entstehen. Hier handelte es sich um ein Industrieprodukt, an dessen Konzeption man mit den gleichen Maßstäben heranging, als wenn es sich um ein Großserienprojekt handelte. Kurbelwellen wurden geschmiedet und nicht aus dem Vollen gedreht; man verwendete Spritzguß anstelle von Guß von einzelnen in Sandformen sowie symmetrische Zylinder- und Kopf-Gußteile, um Werkzeugkosten zu sparen.

Für die Firma Porsche und insbesondere für Ferry Porsche selbst war es indiskutabel, derartige Investitionen an Zeit und Geld vorzunehmen, nur um einen Motor zu entwickeln, der einmal einzig und allein einen Rennwagen antreiben sollte. Man zog in Betracht, das Aggregat später eventuell auch in Sport- und GT-Wagen zu verwenden.

Wie stets bisher zeichnete Ferry Porsche an erster Stelle für dieses neue Projekt verantwortlich. In den darunter liegenden Ebenen der Zuffenhausener Administration jedoch gab es in zunehmendem Maße Unruhe. Sie fand ein erstes Ventil, als Karl Rabe, dessen Einfluß und Ausstrahlung im Hause Porsche weit über seine eigentliche Rolle als Chefingenieur hinausging, am 29. Oktober 1960 seinen 65. Geburtstag feierte. Mit seiner bevorstehenden Pensionierung konnte der tüchtige und ehrgeizige Leopold Schmid, zu diesem Zeitpunkt hauptverantwortlich für die Fahrgestell-Konstruktion, mit Recht auf Beförderung hoffen, wobei sogar die Übernahme der technischen Gesamtverantwortung im Bereich des Möglichen lag. Diese Position hielt jedoch nach wie vor Klaus von Rücker, der wiederum seine eigenen Pläne zur Gestaltung des zukünftigen Porsche-Managements hatte. Hinter den Kulissen agierte geschickt Huschke von Hanstein, dem stets ein Ohr und die Rückendeckung Ferry Porsches sicher war.

Auf Grund dieser Konstellation trafen Porsche, von Rücker und Schmid, beeinflußt von den Wünschen und Ratschlägen der Herren Rabe und von Hanstein, ihre Grundsatzentscheidungen, nach denen die Basisdaten des neuen Motors festgelegt wurden. Die Ausführung dieser Entscheidungen oblag Dipl.-Ing. Hans Hönick, der mit dem ausgeschiedenen Dipl.-Ing. Ernst Fuhrmann in der Motorkonstruktion zusammengearbeitet hatte, und dem dreißigjährigen Absolventen der Technischen Hochschule Stuttgart, Dipl.-Ing. Hans Mezger. Mezger, der für den neuen Motor im Detail verantwortlich zeichnete, hatte 1956 in der Berechnungsabteilung des Konstruktionsbüros bei Porsche begonnen, wo er an der Erstellung des ersten firmeneigenen Computerprogramms zur Nockenwellen-Konstruktion maßgeblichen Anteil hatte. Nachdem Mezger die Konstruktion des Ventiltriebes für den Achtzylinder-GP-Wagen fertiggestellt hatte, ließ ihn das Schicksal, mit all den Hochs und Tiefs, nicht mehr von diesem Motor los.

Der Wunsch nach möglichst weitreichender Kompatibilität mit der bestehenden Porsche-Motorenfamilie legte der neuen Konstruktion in einigen Punkten gewisse Beschränkungen auf. Da bisher kein Porsche-Motor mit Wasserkühlung existierte, blieb man konsequenterweise bei der Luftkühlung und es hatte sich, wie Mezger später sagte, »die Gebläsekühlung in den Porschemotoren schließlich so gut bewährt, auch im Renneinsatz, daß es keinen triftigen Grund gab, von dieser Kühlart abzugehen.« Auch mußte der Motor möglichst kompakt werden, um in die Motorräume der von Porsche üblicherweise gebauten Wagen zu passen.

Auf der anderen Seite aber stand die Forderung nach höherer Leistung bei diesem neuen Motor. »Man rechnete mit einem Leistungsanstieg der Motoren in der neuen 1,5-Liter-Formel auf nach und nach 210 bis 220 PS«, berichtete Hans Mezger, und er fügte hinzu, daß derart hochgezüchtete Leistungen »nur mit Drehzahlen von über 10 000 U/min zu erzielen sind.« Unter Berücksichtigung der großen Fliehkräfte, die bei so hohen Drehzahlen in den hin- und herbewegten Teilen entstehen, entschied man sich beim Typ 753 (wie das neue Projekt ab Anfang 1960 bezeichnet wurde) für acht Zylinder. Noch mehr Zylinder hätten zusätzliche Nachteile, wie größeres Gewicht, konstruktive Komplikationen und verringerte Verwindungsfestigkeit der Kurbelwelle bedeutet.

Danach stellte sich die Frage, wie man diese acht Zylinder zueinander anordnen sollte. Ein Neunzig-Grad-V-Motor schien praktisch nicht durchführbar, weil es zu schwierig schien, genügend Platz sowohl für den Durchfluß der Kühlluft als für die Hochleistungsvergaser im V-Zentrum zu finden. Der flachliegende Porsche-Motor, der »Boxer«, bot einen idealen tiefen Fahrzeug-Schwerpunkt und ließ sich in seinen Rotationsmassen, insbesondere bei der von Porsche verwendeten Kurbelwelle, vorzüglich beherrschen. Würde jedoch eine V-Anordnung von 120 Grad nicht weiteren Platz einsparen? Erst als dies durch theoretische Vorstudien nicht bewiesen wurde, entschied man sich beim Typ 753 endgültig für die flache Boxer-Konstruktion.

Und nun ging es um die Festlegung der Hauptgrößen. Der Hub war dabei von entscheidender Bedeutung, weil man schnell herausfand, daß unter Beibehaltung des bisherigen Verhältnisses von Pleuellänge zu Hub bei einer Zunahme des Hubes um 10 mm der Motor schon um 60 mm

Unten: eine der ersten Zeichnungen des Grand-Prix-Motors aus dem Jahre 1960. Die Fotos auf der gegenüberliegenden Seite zeigen die 753-Maschine einbaufertig und mit abgenommenen Zylinderköpfen.

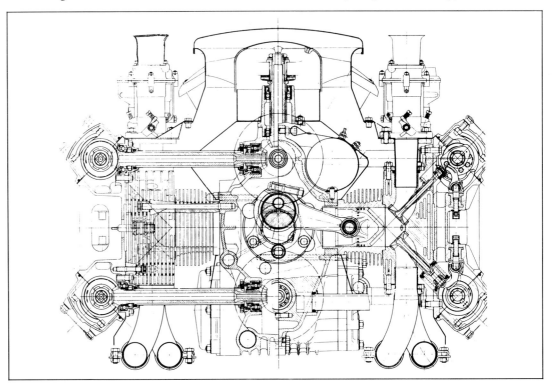

breiter geworden wäre. Deshalb – und auch um die mittlere Kolbengeschwindigkeit auf einem vernünftigen Wert zu halten – wählte man den sehr kurzen Hub von nur 54,6 mm. Bei einer Bohrung von 66 mm ergab dies einen Hubraum von 1494 ccm, und durch die größere Bohrung von 76 mm kam man bei der Zwei-Liter-Rennversion des Motors (Typenbezeichnung 771) auf einen Hubraum von 1982 ccm. Diese beiden Zylindermaße ergaben ein Hub/Bohrungsverhältnis von 0,83 bzw. 0,72, womit es mit jenem von 0,78 der so erfolgreichen 547er Konstruktion beinahe übereinstimmte.

Ebenfalls von Bedeutung waren die Zylinderabstände an den beiden Motorseiten. Sie betrugen 108 mm, wobei die rechte Motorseite gegenüber der linken um die Hälfte dieses Wertes versetzt war. Für luftgekühlte Motoren beträgt dieser Abstand normalerweise eineinhalb Bohrungsdurchmesser, um genügend Platz für Kühlrippen und Luftdurchflußmenge zu lassen; mit den jeweiligen Bohrungen lag der Achtzylinder einmal über, einmal unter diesem Normwert.

Nachdem diese Basiswerte fixiert waren, konnte das Porsche-Team daran gehen, Größe und Anordnung der Ventile, jener so einfach scheinenden Teile, von denen jedoch die Leistung eines Motors entscheidend abhängt, festzulegen. In einer seiner weniger glücklichen Entscheidungen setzte Ing. Hönick die Ventile in einem Winkel von 90 Grad zueinander. Dadurch konnten zwar relativ große Ventile (Einlaß 37 mm und Auslaß 34 mm) verwendet werden, gleichzeitig aber führte dies zu einem sehr hohen Verbrennungsraum. Man mußte daher Kolben mit stark gewölbtem Boden und tiefen Einschnitten anfertigen, um Platz für die geöffneten Ventile zu schaffen, um trotzdem das bei einem Rennmotor erforderliche Kompressionsverhältnis von 10 zu eins oder darüber zu erzielen. Derart weit auseinanderliegende Ventilanordnungen waren zwar Anfang der 50er Jahre im Rennmotorenbau üblich, gegen Ende der Dekade aber setzten sich wesentlich knappere Winkel durch, wodurch sich kompaktere Verbrennungskammern ergaben.

Wie bei jedem obengesteuerten Motor war auf irgend eine Art und Weise für den Antrieb der Nockenwellen zu sorgen. Nachdem sich das beim Typ 547 angewandte System der Wellen und Kegelräder als leicht und verläßlich erwiesen hatte, wurde es mit einigen Abänderungen auch für den 753 übernommen. Gerade zu jener Zeit hatte man zwar die Konstruktion der langen Wellen im 547 im Verdacht, schuld zu sein, daß der Motor fallweise nicht hoch genug drehen wollte. Berechnungen zeigten aber, daß man sich beim Typ 753 diesbezüglich keine Sorgen zu machen brauchte, wenn die Länge der Wellen reduziert würde. Dadurch konnte man die Eigenfrequenz des Systems so weit erhöhen, daß bei höherer Drehzahl keine kritischen Schwingungen zu erwarten waren, die Probleme mit dem Gleichlauf der Ventilsteuerungen aufgeworfen hätten.

Wies der Vierzylinder vom Typ 547 eine einfache, mit halber Drehzahl laufende Welle auf, die über Zahnräder angetrieben wurde und unterhalb der Kurbelwelle saß, so hatte der 753 deren zwei, wovon eine über, die andere unter der Kurbelwelle lief. Durch die obere wurde die Einlaß-, von der unteren die Auslaßnockenwellen angetrieben. Mit jedem dieser Wellenpaare waren über spiralverzahnte Antriebe (die etwas unter der Motordrehzahl liefen) links und rechts, über und unter dem mittleren Zylinderpaar hohle Wellen verbunden, die je einen Satz Kegelräder in der Mitte jeder Nockenwelle antrieben. Sie waren kugelgelagert und sowohl das obere wie das untere Wellensystem hatte sein eigenes Aufgabengebiet.

Über das Kegelradgetriebe der oberen Welle, die die rechtsseitige Nockenwelle trieb, bestand eine Verbindung zu einem weiteren Zahntrieb, von dem über eine kurze vertikale Welle das Axial-Kühlgebläse mit der 0,92fachen Kurbelwellendrehzahl betrieben wurde. Dadurch konnte der Keilriemen, der normalerweise das Gebläse antrieb, entfallen, womit Porsche bei seinen Rennmotoren ein Konzept einführte, das bei den Typen 771 und 917 weitergeführt wurde. Am Montageflansch des Gebläserades sah man eine Rutschkupplung vor, so daß das Gebläse, aus welchem Grund auch immer, blockierte. Der übliche Leistungsbedarf betrug nur neun Pferdestärken, wobei 83 Kubikmeter Luft in der Minute – bei verbessertem Wirkungsgrad gegenüber dem Gebläse des 547 (das bereits mit sehr gutem Wirkungsgrad arbeitete, jedoch wesentlich voluminöser war) – über die Zylinder befördert wurden. Das Gebläserad war aus Kunststoff gefertigt und auf eine maximale Tourenzahl von 12 000 ausgelegt.

Auf jedem Zylinder saß ein eigener gerippter symmetrischer Aluminiumguß-Zylinderkopf, gehalten von vier Stehbolzen. Einer der Hauptgründe, warum der 753 zwei Zündkerzen pro Zylinder bekam – keine zwingende Notwendigkeit in einer derart kleinen Verbrennungskammer – lag an dieser symmetrischen Konzeption. Und Hans Mezger schrieb über den 753: »Auch die Anordnung der Kühlrippen war von großer Bedeutung, um zu verhindern, daß es zu Hitzestaus kam, wodurch es zu Verformungen des Zylinderkopfes und in der Folge zu einer Undichtheit an der Zylinderkopfdichtung bzw. an den Ventilsit-

zen hätte kommen können.« Ein durchgehendes Aluminiumstück bildete mit den beiden Zylinderkopfreihen eine Einheit und enthielt Nockenwellen und Ventiltrieb. Die jeweiligen Nockenwellen-Deckel waren aus Magnesium.

Auch für viele andere wichtige Gußteile des Achtzylinders verwendete man das gegenüber Aluminium leichtere Magnesium. Die bemerkenswert kompakt ausgeführten Kurbelgehäuse-Hälften waren genau in der Mitte vertikal geteilt. An der Oberseite trugen sie die zwei Bosch-Zündverteiler, die von der oberen, mit halber Drehzahl laufenden Welle angetrieben wurden und nach beiden Seiten in einem Winkel von 31 Grad auseinanderstanden. An der Unterseite waren wie beim 547er Motor die Ölpumpen in zylindrischen Gehäusen direkt unterhalb und an je einer Seite der mit halber Geschwindigkeit drehenden Welle querliegend installiert. Über ein in einem eigenen Gehäuse, das an der linken Außenseite des Kurbelgehäuses fixiert war, untergebrachtes Zahnradpaar wurden sie von der linksseitigen Auslaß-Nockenwelle angetrieben; diese Übersetzung war notwendig, damit die Ölpumpen mit lediglich 0,358facher Kurbelwellendrehzahl liefen.

Für welche Art von Hauptlagern hätte man sich entscheiden sollen? Sollten es wieder die in einer von Hirth zusammengesetzten Kurbelwelle benutzten Rollenlager sein, die sich im 547er Motor und in den Mercedes-Benz-Aggregaten der Jahre 1954–1955 so gut bewährt hatten? Oder waren verbesserte Gleitlager, wie sie derzeit die meisten Rennmotoren-Konstrukteure bevorzugten, geeigneter? Die Porsche-Ingenieure waren der Ansicht, daß sie diese Frage auf dem Papier nicht lösen konnten und sahen beim Typ 753 beide Lagertypen vor: sie bauten auch beide Varianten. Diese kuppelte man an einen Elektro-Dynamometer und trieb sie extern mit einem Motor an, um ihren Reibungskoeffizienten zu messen. Bei diesem Test schnitt die Rollenlager-Welle mit zehn Prozent geringerer Reibung klar besser ab, wodurch die Entscheidung eindeutig zu ihren Gunsten fiel, denn dies bedeutete im späteren Einsatz auch weniger Reibungshitze.

Als die Kurbelwellen ihre ersten Testläufe im Versuchsfahrzeug absolvierten, zeigten sich indessen nicht die geringsten Leistungsunterschiede. Da die Gleitlager-Kurbelwelle einfacher und billiger herzustellen war, entschieden sich die Konstrukteure dann doch für diese Bauart.

Die komplizierte Stahlkurbelwelle erhielt in jeder ihrer sechzehn Wangen Ausgleichsgewichte eingesetzt. Sie sah wie zwei aneinandergelegte Vierzylinder-Kurbelwellen aus, von denen eine um 90 Grad gegenüber der anderen versetzt war. Die Lagerdurchmesser sowohl der Haupt- als auch der Pleuellager wurden auf 57 mm festgelegt. Dieses großzügige Maß verlieh der Welle ausreichende Festigkeit, so daß man auf den ursprünglich vorgesehenen Vibrationsdämpfer verzichten konnte.

Das Schmiersystem war für beide Lagertypen ausgelegt worden. Die Hauptlager wurden über einen relativ weiten Ölkanal versorgt, der sich an der rechten Seite des Kurbelgehäuses befand. Das übliche Ölversorgungssystem der Pleuellager – über Ölkanäle in den Hauptlagern – wurde nicht angewendet. Statt dessen wurde das für die Pleuellager benötigte Öl durch eine rückschlaggesicherte Öffnung in der Nase der Kurbelwelle geleitet, und von dort weiter durch Bohrungen, die sich durch die gesamte Länge der Kurbelwelle zogen. Über externe, flexible Ölleitungen erfolgte die Versorgung zu den zentralen Hohlräumen der Nockenwellen. Von hier erreichte das Öl über Radialbohrungen die Nockenoberfläche und schließlich den Ventiltrieb.

Eine weitere Grundsatzentscheidung, die nicht allein durch Berechnungen getroffen werden konnte, betraf die Konstruktion des Ventiltriebes. In einem Motor, der mit 10 000 und mehr Touren laufen sollte, kam der Zuverlässigkeit dieses Bauteils erhebliche Bedeutung zu. Würde sich dieses Problem noch mit herkömmlichen Ventilfedern lösen lassen, oder sollte man auf desmodromischen Ventiltrieb ausweichen, bei dem die Ventile zwangsweise geschlossen werden? Einzige Möglichkeit, dies zu klären, war, beide Systeme aufzubauen und zu testen. Dafür genügte aber ein Versuchsaufbau; einen kompletten Motor erachtete man als nicht erforderlich.

Aufbauend auf Erfahrungen, die man mit einem desmodromischen Ventiltrieb schon beim 547er Motor gesammelt hatte, konstruierte und baute man ein für den 753 passendes System. Mit ihm waren etwas höhere Ventilzeiten und -hübe auf der Einlaßseite (11,0 statt 10,55 mm) als beim herkömmlichen Trieb möglich. In den Versuchsaufbauten drehte das desmodromische System bis auf einen einer Motordrehzahl von 11 000 U/min entsprechenden Wert, was ein sehr zufriedenstellendes Ergebnis darstellte. Die Herstellung und der Zusammenbau des Antriebes jedoch und die exakte Einstellung des Ventilspiels erwies sich als ein äußerst komplizierter Prozeß. Verbessertes Ventilfedermaterial, wie es Porsche inzwischen in den Vereinigten Staaten kaufte, Federstahl von hervorragender Qualität und mit besonders vergüteter Oberfläche, ermöglichte schließlich die Rückkehr zum wesentlich billigeren, normalen Ventiltrieb für den GP-Achtzylinder.

Vom 547 wurde die Technik der Nockenwellenherstellung übernommen, bei der die einzelnen Nocken auf die Welle aufgepreßt wurden. Das Ventilspiel betrug bei kaltem Motor 0,1 mm, wobei die endgültigen Steuerzeiten des 753 wie folgt lagen: 81/71 Grad auf der Einlaßseite bei 10,55 mm Ventilhub; 81/51 Grad für die Auslaßventile bei 9,3 mm Hub. Beide Ventile hatten hohle Schäfte, um Natrium einfüllen zu können. Doppelte Ventilfedern vervollständigten schließlich ein System, das auch noch bei Motordrehzahlen von über 10 000 U/min. mit Sicherheit verläßlich arbeitete.

Mit zwei 38-mm-Weber-Doppelvergasern auf jeder Seite bildete dieser Motor eine bemerkenswert kompakte Einheit. Obwohl mit doppelter Zylinderzahl, lagen alle seine Abmessungen mit Ausnahme einer um 115 mm erweiterten Länge noch unter jenen des Typs 547 und sogar unter jenen des Serienmotors 616. Der Achtzylinder war 60 cm lang, 70 cm breit und 52 cm hoch und wog einschließlich Auspuff und Tellerfeder-Kupplung knapp 155 Kilogramm. Ob dies viel oder wenig war, hing allein von seiner Leistung ab. Die erhofften Anfangswerte sollten bei 180 PS liegen.

Den Motor zu konstruieren war die eine Seite; ihn zu bauen eine andere. Denn sehr viel hing von den Zulieferanten der Guß- und Schmiedeteile ab, und jene belieferten schließlich auch andere deutsche Besteller, so daß Porsche mit seinen Aufträgen für den 753 sich in Wartestellung begeben mußte. Am aufreibendsten war es, auf die Kurbelwellen zu warten, denn für diese mußten besondere Gesenkschmiedeteile gefertigt werden, was schließlich zu einer Lieferfrist von neun Monaten führte. Ähnliche Verzögerungen gab es auch an anderer Stelle der Motoren-Entwicklung, denn die deutsche Zulieferer-Industrie war (im Gegensatz zur Branche in England und Italien) auf Probleme, wie sie speziell bei der Rennmotor-Fertigung auftraten, nicht vorbereitet.

Mitte Mai 1961 wurde der 1,5-Liter-Achtzylinder einer ersten ausgedehnten Erprobung unterworfen. Er lief zwölf Stunden, bis er wegen eines festgegangenen Pleuellagers stehenblieb. Trotzdem war man mit den Ergebnissen zufrieden; die grundsätzliche Verläßlichkeit des Motors würde wohl zu allen Zeiten seines Bestehens voll gegeben sein. Nur bei der Leistung haperte es noch. Es wurde für Leistungsversuche eine Anordnung mit nur zwei gegenüberliegenden Zylindern an einer vollständigen Kurbelwelle aufgebaut, weil diese Einzelzylinder leichter abgeändert werden konnten, um so die bestmögliche Einstellung zu finden – jene Einstellung, bei der der Motor die höchste Leistung erbringen würde.

Nachdem die Versuche mit der Zwei-Zylinder-Testanordnung die erforderlichen Daten erbracht hatten, wurde ein kompletter Motor aufgebaut und dieser in der ersten Juniwoche einem Leistungstest unterzogen. Aber er zeigte dennoch nicht die erwartete Leistungssteigerung. Eineinhalb Jahre angestrengter Motorentwicklung hatten zwar einen neuen Motor gebracht, der aber bis jetzt nicht mehr Leistung lieferte als der alte! Mitte 1961 lag der 753 noch zwanzig PS unter den gesetzten Erwartungen und fünfzehn PS unter der Leistung der neuen britischen V-8-Rivalen. Wenn kein Wunder geschah, folgerte daraus Ferry Porsche, werde der Achtzylinder im diesjährigen Grand-Prix-Geschehen kaum eingreifen können.

Verständlicherweise war man bei Porsche entmutigt. Zu diesem Zeitpunkt stimmte Porsche der Wiederaufnahme von Arbeiten am Vierzylinder 547/3 zu, jenem von Fuhrmann entwickelten Motor, dessen Existenz man inzwischen fast vergessen hatte. Genau genommen gab es genügend Leute bei Porsche, die für die Einstellung des 753er Projektes waren und für einen völlig neuen Start plädierten. Ein derartiger Entschluß wäre einem schmerzlichen Prestigeverlust gleichgekommen. Am 4. April 1961 waren erstmals Fotos und technische Details bekanntgegeben worden, und im Deutschen Fernsehen war der Achtzylinder-Porsche bereits als einzige Hoffnung auf einen deutschen Grand-Prix-Erfolg gepriesen worden.

Ferry Porsche ordnete eine gründliche Überprüfung des Motors und seiner Probleme an. Es gab eigentlich auch keinen klar ersichtlichen Grund, warum der Motor nicht doch noch auf die erwünschte Leistung kommen sollte. In privaten Gesprächen bestätigte Porsche jedoch, daß es 1961 mit diesem Motor keine Rennbeteiligung geben werde. Die Arbeiten daran würden sich vielmehr auf ein sorgfältig vorbereitetes Programm konzentrieren mit dem Ziel, den Motor für die Rennsaison 1962 fertigzustellen. Gleichzeitig begannen die Arbeiten an einem völlig neuen Fahrgestell mit der Typenbezeichnung 804, das man für den Achtzylinder baute. In ihm sollten einige der neuesten Erkenntnisse im Fahrzeugbau ihren Niederschlag finden – wie etwa extrem niedriger Schwerpunkt und Federn, die sich innerhalb der Karosserie befanden –, womit die britischen Wagen so großen Erfolg im Grand Prix hatten.

Den Rennsportfans, die nicht zur Firma Porsche gehörten, schien es, als konzentriere man sich in Zuffenhausen allein auf den neuen Grand-Prix-Motor. Im Winter 1960/61 gab es jedoch noch andere wichtige Dinge bei Porsche. Für Volkswagen ging der neue VW 1500 seiner Vollendung entgegen, das erste neue Modell seit der VW-Gründung. Porsche, von Rücker, Schmid und andere Herren hatten den Konstruktionsaufträgen dieses ältesten und größten Auftraggebers höchste Priorität eingeräumt. Viele Details am 1500 (Typ 3) stammten aus dem Hause Porsche, und man hatte auch dann noch die Verpflichtung, die Arbeiten fortzuführen, nachdem der Wagen im Herbst 1961 in Frankfurt vorgestellt worden war. Außerdem arbeitete man in diesem Jahr mit großem Einsatz am Nachfolgetyp des 356 (siehe Kapitel 16).

Nicht gerade förderlich für das Grand-Prix-Engagement war zudem das Ende 1961 einsetzende Revirement einiger Herren im Topmanagement der Firma Porsche. Im Dezember verlautete, daß der damals dreiundfünfzigjährige Klaus von Rücker Porsche verlassen und mit dem 1. April 1962 zu BMW nach München gehen werde. Für seinen Austritt war ein Etappenplan ausgearbeitet worden, der vorsah, daß von Rücker seine Position im Werk mit dem 1. Dezember und die Leitung der Entwicklungsabteilung mit 1. Januar niederlegen sollte, wodurch es ihm möglich gewesen wäre, bis zu seinem Ausscheiden seine ganze Aufmerksamkeit der Rennabteilung und dem Grand-Prix-Wagen zu widmen.

Das hätte reibungslos ablaufen können, wäre da nicht die ablehnende Haltung von Heinz Nordhoff, Chef des Volkswagenwerkes, gewesen. »Es geht mich nichts an, wenn sie ihn am Rennwagen weiterarbeiten lassen«, lautete sein Kommentar. »Sofern ich aber etwas zu sagen habe, bin ich entschieden dagegen, daß jemand, der zu BMW geht, seine Nase noch weiterhin in meine VW-Entwicklungen steckt.« Und Nordhoff hatte offensichtlich etwas zu sagen: am 1. Januar wurden alle Verbindungen mit von Rücker fristlos aufgekündigt. Noch im Dezember, bevor er Zuffenhausen verließ, bekam von Rücker eine kleine Genugtuung, als er Zeuge der ersten Testfahrten eines Achtzylindermotors in einem der 1961er Grand-Prix-Chassis wurde mit Jo Bonnier am Volant. Es handelte sich dabei um Probefahrten mit einem 185 PS starken Zweiliter-Motor – jene Leistung, die man noch immer aus dem rund einen halben Liter kleineren Motor herauszuholen hoffte.

Der Nachfolger von Rückers kam nicht aus der Porsche-Organisation. Hans Tomala, ein damals relativ unbekannter Ingenieur, kam aus dem Bereich der Traktorenkonstruktion. Anfang 1962 hatte er alle Bereiche, die von Rücker unterstanden hatten, übernommen: die Werksleitung, die Versuchsabteilung und das Konstruktionsbüro. Zu jener Zeit ging Karl Rabe in Pension, blieb jedoch mit der Firma als Ferrys Berater in Verbindung. Für Leopold Schmid, der mit der Bestellung Tomalas seine Chancen auf einen weiteren Aufstieg schwinden sah, war diese Entwicklung nicht sehr erfreulich. Schmid kündigte als Chefkonstrukteur und verließ am 31. Mai 1962 die Firma Porsche, um sich in Stuttgart als unabhängiger Zivilingenieur niederzulassen.

Das unter von Rücker begonnene und unter Tomala fertiggestellte 804-Grand-Prix-Chassis wurde so das Kind zweier Väter. Gegen Jahresende 1961 war die Konstruktion des ersten derartigen Exemplares bereits ziemlich weit fortgeschritten, und mit Ende Februar 1962 hatte es sich in einen fahrbereiten Rennwagen verwandelt. Das Automobil war deutlich niedriger, schlanker und schnittiger als sein plumper Vorläufer vom Typ 718/2, doch fehlte ihm sichtlich der typische Porsche-Charakter. Der 804 besaß vorne und hinten nichtssagende Öffnungen und

Links: der Porsche 804 von 1962 im Vergleich zum vorangegangenen Formel-2-Wagen. Unten Heck- und Frontansicht des neuen Grand-Prix-Wagens.

eine erhöhte Motorabdeckung mit zwei Ausbuchtungen für die Luft-Einlässe. Nur die Spyder-Räder mit ihren Aluminiumfelgen ließen diesen Grand-Prix-Wagen als Porsche erkennbar werden.

An der Innenseite der Räder befanden sich Porsche-Scheibenbremsen, die von Anfang an ein integrales Teil des 804 waren. Die Aluminium-Bremssättel, von denen jeder vier Kolben enthielt, saßen hinter den Vorderrad- und vor den Hinterradnaben. Ein einziges Gußstück verband die beiden Hauptzylinder, dem neuen Grand-Prix-Reglement entsprechend, das getrennte Bremskreise für Vorder- bzw. Hinterräder forderte. In den ersten Versuchsaufbauten hatte der 804 auch eine hydraulisch betätigte Kupplung. Daran schloß sich das 1961 für den 787 entwickelte Getriebe an, das sechs Vorwärts- und einen Rückwärtsgang besaß, weil irgend ein Spaßvogel darauf bestanden hatte, daß der Grand-Prix-Porsche letzteren unbedingt haben mußte, obwohl er keineswegs erforderlich gewesen wäre. Im Rennen fuhr der 804 dann auch ohne Rückwärtsgang sowie mit einer mechanisch betätigten Kupplung. In seinem Fahrwerk unterschied sich der 804 erheblich von allen bisherigen Porsche-Automobilen. In der Mitte, vor den Vorderrädern, befand sich ein von ZF speziell für Porsche gefertigtes Zahnstangen-Lenkgetriebe. Die nach vorne schauenden Spurstangen waren nicht starr, sondern so konstruiert, daß sie bei großen Lenkkräften nachgaben. »Diese Elastizität der Spurstangen ist erwünscht«, sagte Hans Mezger, »denn dadurch – wie in Straßentests immer wieder bestätigt – wird ein Springen und Ausbrechen der Vorderräder in einer Kurve vermindert und der Lenkkomfort verbessert.«

Neu waren auch die Doppel-Querlenker, vorne wie hinten in Verbindung mit längsgerichteten Drehstabfedern, die eine Rückkehr zu einer Federungsart anzeigten, die sich noch am ehesten mit Porsche identifizieren ließ. Die Querlenker aller vier Räder bestanden aus zusammengeschweißten Stahlrohren, von denen die oberen sämtliche Federungskräfte an das Chassis übertrugen. Von jedem führte jenseits über den Drehpunkt hinaus ein Arm nach innen, dessen Ende jeweils einen Teleskopdämpfer in etwa senkrechter Position betätigte – und zwar innerhalb des Fahrzeugkörpers, wodurch sie außen keine zusätzlichen Luftwiderstand erzeugende Einheit darstellten.

Jeder der oberen Anlenkpunkte der Querlenker war mit jenem Torsionsstab verschraubt, dem die Federung des betreffenden Rades oblag. Diese Federstäbe verliefen geradewegs von den vorderen Querlenkern nach hinten zu ihren Aufnahmen, die sich in der verstrebten Struktur der Fronthaube befanden. Die Stäbe für die Hinterräder befanden sich innerhalb der hohlen Querlenker-Achsen, die von ihrem hintersten Punkt in einem Bogen durch ihre Drehpunkte nach vorne verliefen, wo sie in einem abnehmbaren oberen Rahmenverbinder zusammenkamen.

Diese Anordnung war erforderlich, damit sie dem Motor nicht im Wege waren. Die kurzen Hebelenden der Torsionsstäbe am Rahmenende wurden durch auf Zug belastete, längenverstellbare Streben betätigt.

Mit einer Eigenfrequenz von rund 75 Schwingungen pro Minute konnte die Federung des 804 als relativ weich bezeichnet werden. Vorne war noch ein Querstabilisator vorgesehen, der im Oberteil des Rahmens untergebracht war und die innenliegenden Querlenkerarme miteinander verband. Bei einer Bodenfreiheit von rund 10 Zentimetern waren der Einfederweg auf 6,6 cm und der Ausfederweg auf 5,6 cm begrenzt.

Die Verbindung der Drehstabaufnahmen mit den oberen Anlenkungspunkten war zwar strukturell notwendig. Dies bedeutete, daß die Anlenkungspunkte nur unter beträchtlichem Aufwand an Rahmen und Aufhängung hätten versetzt werden können. Bei den unteren Querlenkern war dies nicht der Fall, wobei für jeden drei einstellbare Höhen für den Drehpunkt am Rahmen vorgesehen waren und man Spielraum hatte, den Wagen unterschiedlichen Rennkursen und Bedingungen anzupassen. In der Normalstellung befand sich der statische Schwerpunkt vorne 5,6 cm unterhalb der Bodenfläche und hinten 11,2 cm darüber. Auf diese Weise konnten die guten Seitenführungskräfte der Dunlop-D9-Rennreifen, die man 1962 fast ausschließlich verwendete, voll genutzt werden.

Traditionell wurde der Rahmen des 804, wie bei allen Renn-Porsche seit dem 550A, als Gitterrohrrahmen aus nahtlos gezogenen Stahlrohren geschweißt. Sämtliche Rohre hatten 1 mm Wandstärke und die gängigen Rohrdurchmesser betrugen 12, 15, 20, 25 und 30 mm. Für die Rahmen-Unterseite wurden die beiden längsten Rohre verwendet, die von vorne bis ganz hinten durchliefen und daher bestens geeignet waren, als Ölleitungen zum und vom vorne montierten Ölkühler zu dienen.

Radstand und vordere Spur waren beim Typ 804 gegenüber dem 787 des Jahres 1961 unverändert geblieben (2300 bzw. 1300 mm), die hintere Spur war jedoch um gute 30 mm breiter (1330 mm). Im Prinzip war auch die Position des Benzintanks gleich der im 787, doch hatte man diesmal von vornherein Schwallbleche eingesetzt. Der 75 Liter fassende Haupttank füllte den Raum hinter und seitlich des Fahrersitzes beinahe vollständig aus und befand sich fast genau im Schwerpunkt des Fahrzeuges. Noch vor der Vorderachse saß ein weiterer Tank, der an der linken Seite des Ölbehälters untergebracht war und weitere 40 Liter faßte.

Um dem Wagen bestmögliche Fahreigenschaften zu verleihen, bemühte man sich, solange wie möglich die Gewichtsverteilung des vollgetankten Wagens zu erhalten, die mit Fahrer vorne 46 Prozent und hinten 54 Prozent des Gesamtgewichtes ausmachte. Das Treibstoffsystem des 806 war genau dafür ausgelegt. Eine elektrische Benzinpumpe hatte Kraftstoff aus dem Haupttank – dessen Leerwerden den geringsten Einfluß auf die Gewichtsverteilung hatte – in den vorderen Zusatztank zu befördern. Von dort wurde über andere Pumpen der Motor versorgt. Bei geleertem Tank lag die Gewichtsverteilung zwischen vorne und hinten bei 42 zu 58 Prozent.

Der mit einer 0,76 mm dünnen, 25 Kilogramm leichten Karosseriehülle versehene Rennwagen, wog – in seiner 1962er Ausführung – insgesamt 460 Kilogramm. Damit lag man ausreichend nahe am geforderten Formel-1-Minimum von 450 Kilogramm.

Mit einer Gesamthöhe von knapp 80 Zentimetern hatte der 804 eine Frontalfläche von 0,72 Quadratmetern, wobei Räder und Reifen allein 43 Prozent dieser Fläche ausmachten. Das erste Chassis (Nr. 801-01) wurde, wie beschrieben, mit dem Achtzylinder aufgebaut. Am 14. März 1962, einem Mittwoch, war der Wagen soweit fertiggestellt, das man damit zum Flugplatz Malmsheim zu einem ersten »Rütteltest« fahren konnte. Hans Mezger machte sich Notizen, während Helmuth Bott, Herbert Linge und Hubert Mimler auf dem Sechzig-Meter-Kreis ihre Versuchsrunden zogen. »Alle Fahrer schafften auf Anhieb drei Runden in 33 Sekunden«, notierte sich Mezger. »Das waren die besten hier je erreichten Rundenzeiten, und das, obwohl die Fahrbahnoberfläche nicht besonders gut war – verölt und etwas feucht.«

Beim Testwagen betrug der vordere negative Radsturz ein Grad und hinten zwei. Der Nachlauf der Vorderräder war auf zehn Grad eingestellt, die Fahrer schlugen aber vor, ihn wegen des doch sehr hohen Kraftaufwands für die Lenkung auf sieben Grad zu reduzieren. Auch empfanden sie die hintere Federung als zu weich. Spätere Entwicklungen führten dann zum Einbau weicherer Vorderfedern.

Damit Porsche im Grand-Prix-Geschehen – für den Fall, daß der neue Achtzylinder ausfallen sollte – noch eine Reserve hatte, baute man in das nächste neue Chassis (Nr. 804-02) den Vierzylindermotor vom Typ 547/3 in seiner modifizierten Form ein. Die hierfür notwendigen Rahmenänderungen betrafen vor allem die Seiten des Motorraumes, wo zwei Längsrohre ganz knapp zusammengelegt werden mußten (es blieb ein Abstand von knapp 8 cm), so daß über und unter ihnen gerade noch Platz für die Nockenwellendeckel des breiteren Vierzylinders blieb. Da der Vierzylinder kürzer war, konnte der verbliebene Freiraum für Versteifungen der vertikalen Rahmenteile genutzt werden.

Der genau unter die Aluminiumhülle im Heck des 804-02 passende Vierzylindermotor war mit der von Michael May favorisierten Bosch-Direkt-Benzineinspritzung ausgerüstet. Sie benötigte die volle Länge des für den Achtzylindermotor konzipierten Motorraumes, weil die Einspritzpumpe an der linken Seite ziemlich weit vorschaute. Der Motor war mit dem Axial-Gebläse des Achtzylinders ausgestattet, und seine rechteckigen Nockenwellendeckel umhüllten auch die Schwungräder des Nockenwellen-Antriebes (jenes inzwischen für den Carrera-Motor entwickelte System). Lange, trompetenförmige

Ferdinand Piëch entwarf 1961 Motoren mit »monosphärischen« Verbrennungsräumen (oben), bei denen die Ventile in einem Winkel von 84 Grad zueinander saßen, sowie mit »trisphärischen« Verbrennungsräumen, bei denen die Ventile einen Winkel von 107 Grad bildeten.

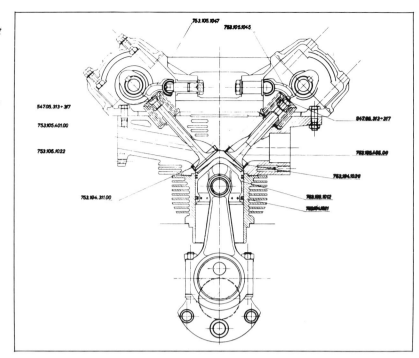

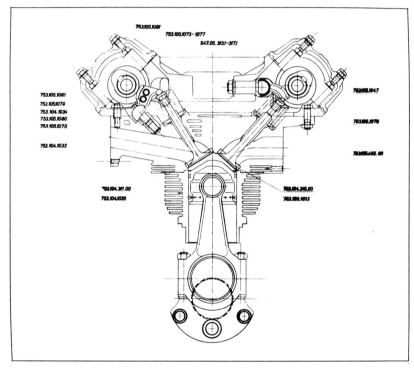

Ansaugrohre aus GFK führten von den Gasschiebern durch die Aluminiumverkleidung des Motors direkt nach außen.

Anfang 1962 schien es, als würde dieser blitzsauber aussehende Vierzylinder 804 Porsches große Grand-Prix-Herausforderung darstellen. In der Zwischenzeit hatte man aber mit dem Achtzylinder doch einigen Fortschritt erzielt, so daß Ferry Porsche ohne Gefahr für den guten Ruf des Hauses an dessen Renneinsatz denken konnte. Solange es hier keine Rückschläge gab und es schien, daß der Achtzylinder die besseren Zukunftschancen bot, war dies der Motor, an dem er die Fortsetzung der Versuche wünschte. Daher fuhr der 804 mit dem 547/3-Motor kein einziges Rennen; die Maschine wurde wieder ausgebaut und gegen einen Achtzylinder ausgetauscht, damit man für das Debut des Achtzylinders im Mai in Zandvoort einen Reservewagen hatte (Wegen eines Bremsversagers mit Unfallfolge während einer Probefahrt fiel einer der beiden Wagen dann allerdings aus).

Die während der Wintermonate erzielten Leistungssteigerungen beim 753 reichten gerade aus, um mit gutem Gewissen in die Saison zu gehen. Ein wertvolles Jahr hatte es Porsche gekostet, daß der Motor die 1961 in ihn gesetzten Erwartungen nicht erfüllt hatte. War die 61er Saison noch hauptsächlich von Vier- und Sechszylinder-Wagen bestritten worden, traten 1962 die britischen Achtzylinder stärker hervor. Cooper, Lotus, Lola und Brabham verwendeten den Coventry Climax V8; BRM hatte seinen eigenen V8-Motor, der auch in einem Lotus-Fahrgestell montiert wurde. Tempo und Zuverlässigkeit sicherten Graham Hill auf BRM die Weltmeisterschaft dieser Saison.

Als Vergasermotoren erzeugten diese britischen Achtzylinder etwa 180 PS. Mit der indirekten Benzineinspritzung von Lucas kamen sie fast an 190 PS heran, obwohl der BRM keine überwältigende Drehmomentkurve aufwies. Porsche brachte es mit seinen Achtzylindern zu Beginn der Saison bei einer Drehzahl von 9200 U/min auf 178 PS und vermochte diesen Wert bis zum Jahresende auf 185 PS zu steigern. Damit konnte man sich zwar in den Rennen behaupten, aber es reichte nicht für einen Sieg – auch nicht mit einem Fahrtalent wie Dan Gurney, der den britischen Werkswagen in jedem Rennen einen erbitterten Rad-an-Rad-Kampf lieferte. Dennoch befand sich Porsche mit dem 753 in einer angenehmeren Lage als beispielsweise Ferrari. Die Italiener hatten 1962 auf ihren Sechszylinder gesetzt, dabei jedoch ihren »Einsatz« verspielt. Auch wenn einhundertachtundsiebzig PS im Kampf mit den britischen Grand-Prix-Wagen noch zu wenig waren, so waren es dennoch achtzehn wertvolle PS mehr, als der Motor im Sommer 1961 abgegeben hatte. Die Steigerung ging auf viele subtile Verbesserungen zurück, von denen die entscheidendste die Änderung des Ventilwinkels und eine Neugestaltung der Verbrennungsräume war. Der Winkel, den die Ventile bildeten, wurde verkleinert, wodurch die Verbrennungskammer sich kompakter gestalten ließ; die Zündkerzen waren nun nicht mehr parallel, sondern leicht gespreizt zur Zylinderachse eingesetzt und paßten jetzt besser in die sphärisch geformte Kammer.

Genaugenommen waren im September 1961 für den Typ 753 zwei neue Zylinderköpfe und nicht nur einer präpariert worden. Für jede der Nockenwellen war ein eigener Antrieb vorgesehen, was, solange das Nockenwellengehäuse nicht abgeändert war, bedeutete, daß die Nockenwellen in den vertikalen Ausnehmungen – jenem Zwischenraum also, den die Einlaß- bzw. Auslaßnocken der jeweiligen Zylinderreihe bildeten – montiert werden mußten.

Überraschenderweise verwendete man im 753 zwei verschiedene Lagerschalen-Fabrikate. Für die Hauptlager kamen Glyco-Lager zum Einsatz und für das Pleuellager waren die härteren Vandervell-Lager vorgesehen. Derart bestückt, waren die besten Leistungsergebnisse des Achtzylinders in der Rennsaison 1962 185 PS bei 9300 U/min bei einer Kompression von 10 zu eins. Das dabei erzielte maximale Drehmoment betrug 15,6 kpm bei 7450 U/min.

Derartige Leistungen waren indessen noch nicht erreicht, als Ferry Porsche entschied, daß man den Achtzylinder im Grand Prix einsetzte.

Außerhalb Zuffenhausens war weder von dieser Entscheidung noch von anderen, das Grand-Prix-Programm betreffend, viel bekanntgeworden; seit der Premiere des Achtzylinders vor einem Jahr war es um den silbernen Monoposto recht still geworden. Tatsächlich hätte es kaum Konkretes über den Fortgang der Arbeiten am Achtzylinder zu berichten gegeben. Es gab lediglich ein Gerücht, nach welchem Porsche zwar zum Rennen nach Zandvoort mit einem neuen Wagen kommen werde, aber mit seinem alten Vierzylindermotor. Das Auftauchen zweier neuer Achtzylinder in dem holländischen Badeort war daher eine echte Sensation.

Ferry Porsche hatte den Einsatz der Wagen strikt von einer Bedingung abhängig gemacht: würden sie im ersten Training am Freitag nicht zufriedenstellend laufen, so sollten sie unverzüglich wieder eingepackt und zurück nach Stuttgart verfrachtet werden. Dieses Auftreten sollte als Test dienen, wobei es Porsche in erster Linie um Geschwindigkeit, weniger ums Durchhalten ging, denn die gesamten Arbeiten am 804 hatten unter einem Präjudiz gestanden: den Wagen schneller zu machen. Gelegenheit hierzu bot das erste GP-Rennen der Saison 1962 am 20. Mai beim Großen Preis von Holland, der in diesem Jahr die zusätzliche Auszeichnung genoß, als Großer Preis von Europa zu gelten.

Beide Porsche-Fahrzeuge stellten in mancher Hinsicht Provisorien dar. Bonnier war für den ersten Prototyp, den 804-01, vorgesehen, dessen Armaturenbrett an seiner Oberkante einige Schalter sowie eingelassene Instrumente (ein Tacho sowie Öldruck- und Temperaturanzeige) aufwies. Gurney fuhr den 804-02, dessen Fahrgestell ursprünglich mit dem Vierzylinder ausgerüstet gewesen war, und in welches man später den Achtzylinder mit den 48-Grad-Köpfen eingebaut hatte. Viele der Zaungäste in Zandvoort, die einen Blick in die Porsche-Boxen warfen, glaubten, daß diese Wagen zu schwer seien, was jedoch nicht stimmte. Mit knapp fünfzig Kilogramm Treibstoff beladen, wogen diese Automobile nicht ganz 500 kg, womit sie keine 50 kg über dem erlaubten Trockengewicht lagen. Hans Herrmann fehlte übrigens im Porsche-Team. Von Hanstein hatte ihn zurückgezogen, weil er zu langsam war, und daher hatte er sich dem Team eines alten Freundes in Italien angeschlossen, der nun als Konkurrent im Rennen auftauchte: Carlo Abarth.

Die schnellste Trainingszeit in Zandvoort 1961 war 1:35,7 gewesen, die schnellste Zeit eines Porsche war Gurney mit 1:36,4 gefahren. Anfangs konnten Gurney und Bonnier an keine dieser Zeiten herankommen. Auf dieser kurvenreichen Rennstrecke, die ein besonders präzises Lenkverhalten erforderte, erwies sich die Lenkung des Porsche als unstabil und ungenau. Erst im Verlaufe des Nachmittags des ersten Trainingstages steigerte Gurney sich und sein Auto auf Höchstleistung und erzielte die Rundenzeit 1:34,7. Gemessen am Standard des Jahres 1961 war diese Zeit ein sehr guter Wert. 1962 jedoch reichten solche Zeiten bei Gurney nur für die dritte Startreihe. Der Wettbewerb war viel schneller geworden, die schnellste Trainingsrunde war auf 1:32,5 gesunken. Der neue Lotus 25, jener Wagen, mit dem die erfolgreiche Monocoque-Rahmenkonstruktion im Rennsport Einzug hielt, wurde mit 1:33,2 gestoppt. Jo Bonnier konnte mit 1:37,0 lediglich auf ein Zehntel an seine Zeit von 1961 herankommen.

Der 804/01 Bonniers war sowohl im zweiten als im obersten Gang im Vergleich zu Gurneys Wagen anders übersetzt. Bonnier überdrehte ihn auf 9600 U/min im sechsten Gang, so daß der Wagen keine Chance hatte, in die oberen Ränge aufzusteigen. Er wurde nach einem Boxenhalt Siebenter mit fünf Runden Rückstand und lag sogar eine Runde hinter dem 718/2 des unbezähmbaren de Beaufort. Durch einen dritten Platz von Dan Gurney in den ersten zehn der achtzig Runden wurden die Zuffenhausener Farben etwas hochgehalten. Gurneys 804/02 war so übersetzt, daß er im obersten Gang 9200 U/min drehen konnte; der Wagen machte einen guten Eindruck, bis unter den großen Händen Dans der Schalthebel aus seiner Halterung sprang. Nachdem man diesen Defekt an den Boxen repariert hatte, setzte Gurney das Rennen fort, konnte jedoch an Boden nichts gutmachen und als schließlich eine Halterung des Schaltgestänges brach, erzwang dies in der 48. Runde seine Aufgabe.

Auf dem Weg zum Grand-Prix-Gipfel 1962 war dies Dan Gurneys erster Großauftritt. Kurz vor dem Rennen hatte er sein Debut in Indianapolis gegeben, wobei er zunächst einen Turbinenwagen fuhr, sich dann mit Mickey Thompsons Buick Special qualifizierte. Gleich nach Zandvoort war er zurück nach Indiana geflogen, um die 500 Meilen zu fahren. Anschließend kehrte er nach Stuttgart zurück, wo er Tag und Nacht arbeitete, um einen einzigen Achtzylinder für den Grand Prix von Monaco am 3. Juni fertigstellen zu helfen. Hätten Gurney und von Hanstein nicht so vehement die Arbeiten vorangetrieben, wäre Porsches Teilnahme in Monte-Carlo wahrscheinlich flachgefallen. Ferry Porsche war schließlich mit dem Zandvoort-Auftritt nicht sehr zufrieden gewesen und stand einer Monaco-Teilnahme ablehnend gegenüber, bis er sich durch Gurneys Begeisterung anstecken ließ.

Lediglich einen einzigen Achtzylinder, den 804/02, konnte man rechtzeitig für Monaco fertigstellen. Die Männer bei Porsche arbeiteten in zermürbender Hetze, genau wie 1959 und 1961. Gurney belohnte ihren Einsatz mit seiner Qualifikation unter den drei Trainingsschnellsten, wodurch er erneut bewies, daß der Achtzylinder durchaus zum Erfolg gefahren werden konnte. Auf dem kurvigen Stadtkurs benutzte er nur fünf Getriebegänge, wobei er den Motor, ohne ihn zu quälen, bis auf 9800 U/min hochdrehte. Seine Startposition erwies sich als äußerst kritisch, da es vor der ersten Kurve zu einem dichten Gedränge im Pulk kam. Hinter Gurney drehte der BRM seines kalifornischen Freundes Richie Ginther mit seiner steckengebliebenen Drosselklappe durch, rammte den hinter dem Porsche fahrenden Lotus, wonach dieser dem Porsche seinen Motor über 10 cm tief in den Rahmen schob und dieser dabei zu Bruch ging. Damit war an diesem Tag das Ende für den 804-02 gekommen.

In Zuffenhausen beschloß man, sich des 804 doch ernsthafter anzunehmen. In der Zwischenzeit hatte sich bereits Helmuth Bott auf die Verbesserungen des Chassis konzentriert. Sein Hauptaugenmerk bei den Wagen der neuen Saison in Zandvoort hatte besonders dem Lotus 25 gegolten, in dem Jimmy Clark wie auf einem Sofa zurückgelehnt saß, und Bott sah sich in seiner Ansicht bestärkt, daß eine Lösung gefunden werden mußte, sowohl Gurney als auch Bonnier tiefer in die Fahrzeuge zu setzen. Diese großgewachsenen Fahrer schauten einfach zu weit aus den niedrigen Porsches heraus. In der Anordnung der Pedale ließ sich nicht allzuviel ändern, weil ihre Position durch die angeschlossenen Baugruppen bestimmt war. Daher änderte man die Form des oberen Teiles des Haupttanks und konnte so die Sitzposition des Fahrers schräger halten. Der Überrollbügel wurde ebenfalls tiefergesetzt und weiter nach hinten geneigt. Die Knie des Fahrers näherten sich leicht dem Armaturenbrett, und das Lenkrad konnte jetzt abgenommen werden, um den Ein- und Ausstieg zu erleichtern. Um das durch diese Änderungen verlorengegangene Volumen der Kraftstofftanks auszugleichen, legte man einen kleinen Zusatztank quer unter die vordere Haube. Darüber schuf man weiteren Freiraum, indem die Karosserien sowohl des 804/01 als auch des 804/02 mit einem Aluminiumbogen an der Unterkante der Windschutzscheibe versehen wurden, der wesentlich fließender nach vorne abfiel. Schmale Schlitze in dieser neuen Abdeckung führten dem Fahrer Frischluft zu.

All diese Änderungen konnten auf Grund der in Zandvoort gemachten Erfahrungen durchgeführt werden. Die oberen Frontquerlenker wurden verstärkt, der Rahmen selbst war durch zusätzliche Rohre an der Oberseite und weitere Diagonalstreben quer zu den Seitenausbuchtungen verstärkt worden. Im Heck hatte man einen Stabilisator eingebaut, der vom Innenfortsatz der Querlenker zu den Stoßdämpfern führte, ähnlich wie dies beim vorderen Stabilisator der Fall war. Die Koni-Stoßdämpfer ersetzte man durch in Deutschland erzeugte Bilstein-Dämpfer, die zu diesem Zeitpunkt im Renneinsatz noch neu waren. Die Heckspur wurde um 12 mm je Seite (auf 1350 mm) durch Aluminiumdistanzscheiben auf den Naben verbreitert. Und der Schalthebel erhielt eine Kulisse, bei der der Hebel in der Ebene für den dritten und vierten Gang durch eine Feder gehalten wurde und dadurch genaueres Schalten ermöglichte.

Diese und weitere Verbesserungen wurden zu Beginn der Woche um den 18. Juni am Nürburgring getestet, gleich nach Spa und noch vor dem Training in Le Mans. Darüber schrieb Gurney: »Für uns alle im Porsche-Team war dies höchst wichtig, denn Herr Porsche hatte entschieden,

Die Entwicklung der Porsche Automobil-Familie

Nur ganz allmählich vollzog sich eine Mutation im Design der Porsche-Karosserie. Die Familienähnlichkeit der einzelnen Modelle von 1948 bis heute ist unverkennbar, wenngleich sich auch 1977 in der technischen Konzeption des Porsche radikale Änderungen abzeichneten. Die weniger wissenschaftlich als intuitiv geformte Karosserie des ersten Porsche-Sportwagens sollte sich noch lange Zeit – wenn auch geringfügig modifiziert – als aerodynamisch einwandfrei erweisen; erst nach und nach und im Hinblick auf besondere Einsätze, zum Beispiel im Sport, erfuhren die Aufbauten ihre Wandlung.

1948

Typ 356
Roadster
4 Zylinder
1131 ccm
40 PS
135 km/h

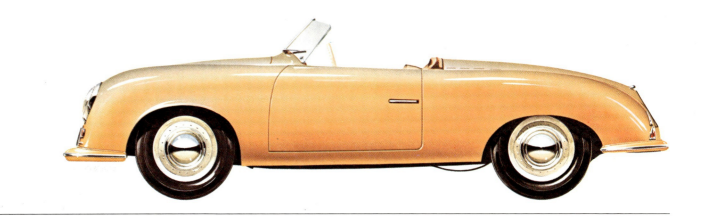

1949

Typ 356/2
Coupé
4 Zylinder
1131 ccm
40 PS
160 km/h

1949

Typ 356/2
Cabriolet
4 Zylinder
1131 ccm
40 PS
136 km/h

1951

Typ 356/1300

Coupé

4 Zylinder

1286 ccm

44 PS

155 km/h

1952

Typ 356/1500 S

America Roadster

4 Zylinder

1488 ccm

70 PS

176 km/h

1953

Typ 356/1500

Cabriolet

4 Zylinder

1488 ccm

55 PS

152 km/h

1955

Typ 356/1500 S

Speedster

4 Zylinder

1488 ccm

70 PS

162 km/h

1954

Typ 356/1500 S

Coupé

4 Zylinder

1488 ccm

70 PS

176 km/h

1956

Typ 356 A/1600 S

Coupé

4 Zylinder

1582 ccm

75 PS

180 km/h

1957

Typ 356 A/1500 GS
Carrera
de luxe Coupé
4 Zylinder
1498 ccm
100 PS
192 km/h

1958

Typ 356 A/1600 S
Hardtop-Cabriolet
4 Zylinder
1582 ccm
75 PS
168 km/h

1959

Typ 356 A/1600
Convertible D
4 Zylinder
1582 ccm
60 PS
150 km/h

1960
Typ 356 B/1600
Super 90
Roadster
4 Zylinder
1582 ccm
90 PS
176 km/h

1961
Typ 356 B/1600 S
Hardtop-Coupé
4 Zylinder
1582 ccm
75 PS
172 km/h

1962
Typ 356 B/2000 GS
Carrera 2
de luxe Coupé
4 Zylinder
1966 ccm
130 PS
200 km/h

1964

Typ 356 C/1600 SC

Cabriolet

4 Zylinder

1582 ccm

95 PS

185 km/h

1965

Typ 911

Coupé

6 Zylinder

1991 ccm

130 PS

208 km/h

1967

Typ 911

Targa

6 Zylinder

1991 ccm

130 PS

208 km/h

1968
Typ 912
Coupé
4 Zylinder
1582 ccm
90 PS
185 km/h

1969
Typ 911 S Targa
6 Zylinder
1991 ccm
170 PS
224 km/h

1970
Typ 914
4 Zylinder
1679 ccm
80 PS
176 km/h

1972

Typ 911 E
Targa
6 Zylinder
2341 ccm
165 PS
220 km/h

1972

Typ 916
6 Zylinder
2341 ccm
190 PS
235 km/h

1973

Typ 911 SC
Carrera RS
6 Zylinder
2687 ccm
210 PS
240 km/h

1974

Typ 911 Coupé

6 Zylinder

2687 ccm

175 PS

225 km/h

1976

Typ 930

Turbo-Carrera

6 Zylinder

2994 ccm

234 PS

240 km/h

1977

Typ 924

4 Zylinder

1984 ccm

95 PS

189 km/h

1978

Typ 928

8 Zylinder

4474 ccm

240 PS

230 km/h

1979

Typ 928 S

8 Zylinder

4664 ccm

300 PS

250 km/h

1979

Typ 924 Turbo

4 Zylinder

1984 ccm

170 PS

225 km/h

daß wir fehlerlos über eine ganze Grand-Prix-Distanz (auf dem Ring bedeutet dies 15 Runden) zu fahren hätten, bevor man uns erlaubte, am nächsten Grand Prix teilzunehmen. Er traf diese Entscheidung, weil wir bis zu diesem Zeitpunkt immer wieder Probleme gehabt hatten, die uns daran hinderten ein Rennen zu beenden.

Zwei Automobile und über ein halbes Dutzend Leute brachten sie aus dem Werk mit. Der offizielle Werkstestfahrer Herbert Linge und ich fuhren. Wir verbrachten mehrere Tage auf der Südschleife, wobei wir verschiedene Stoßdämpfer, Federungsabstimmungen und so weiter erprobten. Als wir sicher waren, die beste Kombination aller dieser Versuche gefunden zu haben, unternahmen wir den Test über die Grand-Prix-Distanz auf der Nordschleife. Ich fuhr die vollen 15 Runden ohne Stop und in der letzten Runde erzielte ich die schnellste je auf dem Ring gefahrene Zeit von 8:44,4. Mein Rundenschnitt – es gab auch einige relativ langsame Runden wegen des nassen Kurses – betrug 8:57, was unter dem alten Rekord lag.«

1961 hatte die schnellste Trainingsrunde 8:55,2 betragen, die einzige unter neun Minuten, die schnellste im Rennen gefahrene Runde des Siegers betrug 9:12,8 unter teilweise äußerst schlechten Wetterkonditionen.

Dieses höchst erfolgreiche Testprogramm brachte eine Atempause für das Team, welches seine zwei Fahrzeuge zum Rouen-Les-Essarts-Rundkurs für den französischen Grand Prix am 8. Juli transportierte. »Mit unseren Nürburgring-Tests hatten wir das Gefühl, jetzt wirklich konkurrenzfähig zu sein. Es war zum ersten Mal, daß ich hier fuhr«, erinnerte sich Gurney. »Es war sehr rauhes Wetter in Rouen, so daß es einem den Teufel aus dem Auto, aus der Lenkung, aus dem Antrieb, aus jeder Ecke schüttelte.« Das Team jedoch war zufrieden, auf diesem 6,3 km langen Rundkurs fahren zu können anstatt auf dem traditionellen französischen GP-Kurs von Reims, der wesentlich schneller war und eine größere Motorleistung erfordert hätte. Denn wie Gurney sagte: »Der Porsche ist noch immer ein bißchen untermotorisiert.«

Nach Versuchen im Training wurden beide Wagen mit gleichen Getriebeübersetzungen ausgerüstet, mit einem 7/33-Achsübersetzungsverhältnis und folgender Getriebeabstufung von unten nach oben: 11/34, 15/32, 18/29, 21/27, 24/26 und 25/24. Beide erhielten Reifen der Dimension 5,00 × 15 auf 5-Zoll-Felgen vorne und 6-Zoll-Felgen hinten. Am Start befand sich Gurney in der dritten Reihe mit nur 1,7 sec hinter der schnellsten Zeit; Bonnier, in der nächsten Reihe, war nur 1,4 sec langsamer gewesen.

Dan hatte nie über 9400 U/min gedreht und nun schoß er los, um seinen Porsche erstmals in einem Weltmeisterschaftsrennen voll einzusetzen: »Es war kein schrecklich aufregendes Rennen aus meiner Warte, weil ich gegen keine ernsthafte Konkurrenz zu kämpfen hatte, nachdem Brabham ausgefallen war. Trotzdem war ich wirklich glücklich, obwohl ich an diesem Tag einen ernsten Grippeanfall hatte, und die Porsche-Leute waren ebenfalls nicht unzufrieden.« Genaugenommen gab es auf der gesamten Rennstrecke wahrscheinlich niemand, der Porsche diesen ersten Sieg in einem Grand Prix, der zur Weltmeisterschaft zählte, nicht gegönnt hätte.

Mit Gurney kam der mitfahrende Jo Bonnier von der Ehrenrunde zurück zu den Boxen. Er war im Rennen gleich hinter Gurney an vierter Stelle gelegen, als nach einem Drittel der Distanz sein Motor Aussetzer bekam. Zwei Boxenhalte, wobei einmal nachgetankt werden mußte, ließen keine großen Chancen übrig. Und obwohl sein Wagen die Zielflagge nicht erreichte, wurde Bonnier als Zehnter in letzter Position gewertet. Sein Mißgeschick war in der Hauptsache durch eine fehlerhafte Benzinpumpe und durch die Beschädigung des Schaltgestänges verursacht, das der Schwede sich verbogen hatte, als er von der Straße abgekommen war.

Gurneys Sieg in Rouen war dennoch kein großer Triumph in den Annalen des Motorsports. Diverse schnellere Wagen hatten ihn ermöglicht, weil sie ausgefallen waren und Ferrari, der in der Saison 1962 keine großen Aktivitäten zeigte, überhaupt nicht nach Rouen gekommen war. Das Rennen galt aber als eine klassische Veranstaltung und war der 48. Grand Prix des Automobile Club de France, in welchem Porsche so glücklich siegte, und es war ein Hochgefühl, mit dem man die vielen Enttäuschungen der letzten Jahre ausglich. Und es gab der Firma Porsche im allgemeinen und besonders Ferry Porsche jenes Selbstvertrauen wieder, das man so dringend benötigte: die Gewißheit, daß die Firma schließlich doch in der Lage war, in dieser harten Welt des Grand Prix eine wichtige Rolle zu spielen. Für den Rest der GP-Saison 1962 gab man die üblichen Nennungen ab und erfüllte sie ohne bitteren Beigeschmack oder gar Resignation.

Vor 300 000 enthusiastischen Porsche-Fans wurde eine Woche später der Rouen-Sieg auf der Solitude in der Nähe von Stuttgart gefeiert. Hier lief ein Rennen, zu welchem Porsche zwei Achtzylinder gemeldet hatte, wobei Bonnier seinen 804-02 aus Rouen behielt und Gurney einen neuen Wagen, den 80-403, fuhr. Dieses Fahrzeug besaß vorne einen Zusatztank, hatte aber jene niedrige Windschutzscheibe, mit der die anderen Wagen die Saison begonnen hatten. Beiden Wagen verpaßte man größere 7-Zoll-Heckreifen, deren Luftdruck vorne und hinten 2,4/2,6 at betrug.

Obwohl das 285 km lange Solitude-Rennen nicht zur Weltmeisterschaft zählte, konnte sich die Konkurrenz mit dem schnellen Lotus V8 von Jim Clark sehen lassen. Jedoch konnte Gurney seinen Konkurrenten Clark schon in der ersten Runde überholen und führte bis ins Ziel, wobei er in der neunten Runde den Rundenrekord auf 170,4 km/h hinaufschraubte. Bonnier wurde Zweiter in jenem Rennen, bei welchem es gegen Ende zu regnen begann. Er hatte in seinem Porsche in der Spitze auf 300 U/min verzichten müssen, weil sich eines seiner vier Auspuffrohre selbständig gemacht hatte.

Auf britischem Boden war den 804 kein Glück beschieden. Bonnier kam beim Großen Preis von England nicht über die siebente Position hinaus, woran Schaltprobleme und dann einen Schaden am Differential die Schuld hatten. Gurney lag wie stets hart im Angriff und konnte in den ersten Runden die dritte Position halten, wechselte sogar auf die zweite vor, doch dann begann seine Kupplung zu rutschen, wodurch sein Motor auf 9700 U/min überdrehte, besonders in den niedrigen Gängen. Er mußte Platz machen und fiel zurück auf den neunten Gesamtrang mit zwei Runden Rückstand.

Nachdem Porsche auf dem Nürburgring zu Anfang des Jahres so ausgiebige Tests durchgeführt hatte, gab es jeden Grund zu hoffen, im Großen Preis von Deutschland am 5. August einen weiteren Sieg zu landen. Alle drei 804 waren sorgfältig für die beiden Fahrer präpariert. Am ersten Trainingstag erwies sich Gurney bei weitem als der schnellste mit einer gestoppten Zeit von 8:47,2, mit dieser Leistung blieb er in der Spitzenposition, weil das Training des nächsten Tages verregnet war. Mit 9:04,0 war Bonnier Sechstschnellster, eine gute Zeit, jedoch nicht gut genug um Gurney zu stützen, der nun die gesamte Last der Erwartungen Porsches im Grand-Prix-Sport trug.

Auch am Tag des Rennens regnete es sehr stark. In der Aufwärmrunde vor dem Rennen schickte man Jo Bonnier mit dem 804/02, der mit Dunlop SP Reifen ausgerüstet war, auf die Strecke. Bonnier war von ihren Qualitäten auf nasser Rennstrecke so überzeugt, daß man sie ihm auch für das Rennen beließ, was sich als ein Fehler herausstellen sollte. Als die Oberfläche der Strecke auftrocknete, verloren die Reifen ihren Griff und Bonnier konnte erst an siebenter Position das Rennen beenden, mit einer halben Runde Rückstand. Alle anderen benützten die neuen Allwetter-Dunlop D 12 Reifen, mit denen Gurney in Rouen gewonnen hatte …

Gurney der den 804/03 fuhr, verpaßte um 4,4 sec. den Sieg für Porsche auf dem Ring. Er wurde Dritter. Beim Start, der durch Regen, Nebel und Unklarheiten auf der Strecke verspätet erfolgte, nützte er den Vorteil seiner Startposition und schoß vor die Spitze des Feldes. Zwei der 15 Runden konnte er sie halten, gejagt von Graham Hill auf BRM, der sich zu Beginn der dritten Runde den Weg an ihm vorbei erzwang. Ein sich lockerndes Batteriekabel führte dazu, daß Gurney um einen weiteren Platz hinter John Surtees auf Lola zurückfiel. Diese drei großen Rennfahrer fuhren die verbleibenden zehn Runden virtuos hintereinander; und weil keiner von ihnen einen Fehler beging, war dies auch die Reihenfolge ihres Zieleinlaufes.

Details an Bonniers GP-Wagen vom Typ 804-01 1962. Oben die Hinterradaufhängung, unten der Achtzylindermotor mit dem neuen Kopf, in welchem die Ventile den 107-Grad-Winkel bildeten.

Am darauffolgenden Wochenende wurde der 804/01 – der Wagen, der am Ring nicht zum Einsatz gekommen war – von Jo Bonnier nach Schweden mitgenommen, um in Karlskoga im Cannon Grand Prix mitzufahren. Nach einem Duell mit Roy Salvadoris Lola wurde Bonnier Dritter mit zwei Zehntelsekunden Rückstand auf Salvadori. Im August nahm Bonnier dann seinen Wagen nach Ollon-Villars, wo er mit einem Durchschnitt von 107,5 km/h einen neuen Bergrekord aufstellte. Außer diesen beiden Nennungen konzentrierte sich Porsche mit vollem Einsatz auf den italienischen Grand Prix, der nach einer ungewöhnlich langen Pause von sechs Wochen zwischen den Weltmeisterschaftsläufen folgte. Die Techniker hatten dadurch die Möglichkeit, an dem Wagen für das 500-Kilometer-Rennen in Monza noch einige Detailänderungen vorzunehmen, die besonders einer Gewichtsverminderung zugute kamen – ein Problem, dem man größte Bedeutung beimaß.

Für das Non-Stop-Rennen in Monza war es erforderlich, daß man über eine größere Tankkapazität verfügte. So erhielt der vordere Tank eine

Erweiterung, eine Art Zunge, die sich über den zum Ölkühler führenden Luftkanal erstreckte; der dritte Tank vor dem Armaturenbrett wurde ebenfalls vergrößert, er kam auf 30 Liter. Aus diesem Grund erhielt der Wagen neue Frontteile aus glasfaserverstärktem Kunststoff – das erstemal bei einem Porsche.

Die Zuffenhausener setzten ihr ganzes aerodynamisches Können ein, um die Karosserie bis ins letzte auszufeilen, weil dies für den Monzakurs, auf dem man immerhin 195 km/h-Runden drehen konnte, von großer Bedeutung war. Die neue Motorhaube aus Fiberglas verlief wesentlich schlanker und abgerundeter an ihren Kanten. Auch die Räder hatte man geändert und den Felgen außen flache Scheiben aufgesetzt. Diese hatten verschiedene Farben, um die Wagen von den Boxen aus besser unterscheiden zu können. Die Porsche-Ingenieure verwirklichten am Motor dieses Wagens einige ihrer Lieblingsideen. So bauten sie in die Achse des Kühlgebläses eine elektromagnetische Kupplung ein, durch welche das Gebläserad über einen Schalter zu- und abgeschaltet werden konnte. Sie fanden heraus, daß man die Kühlung ohne Gefahr für den Motor für acht bis zehn Sekunden abschalten konnte. Aber Hans Mezger gab zu, daß die rund acht PS, die dabei frei wurden, kaum zu spüren waren. Auf dem Bremsprüfstand hatte Mezger eine modifizierte Version getestet, bei der für die Zu- und Abschaltung des Gebläses ein Thermostat verwendet wurde. Aber all dies erwies sich als unnötig, weil die meßbaren Vorteile dieser Gebläseschaltung, wie sie in Monza und in Watkins Glen erprobt wurde, kaum ins Gewicht fielen.

All' diese Bemühungen genügten nicht, um die dominierenden BRM in Monza aus ihrer Führungsrolle drängen zu können. Gurney (im 804/03) und Bonnier (im 804/02) waren ständig im Blickpunkt, da sie einander immer wieder überholten, als sie nach zwei Drittel der Distanz um den dritten Platz kämpften, wobei sie im Windschatten ihre Motoren bis auf 9700 U/min hochdrehten. Die Technik jedoch ließ sie erneut im Stich. Eine rutschende Kupplung zwang Bonnier langsamer zu werden, so daß er nur auf dem sechsten Zielplatz landete. Am Getriebe des Gurney-Wagen wurde eine Manschette undicht und es verlor dadurch Öl. Die Folge war, daß die Achsübersetzung 20 Runden vor Schluß unter lautem Kreischen ihren Geist aufgab.

Am 7. Oktober wurden die selben beiden Wagen zum Grand Prix in Watkins Glen nach Amerika verschifft. Bonnier, der sich über einen schmerzenden Rücken beklagte, wurde im 804/02 zeitweilig durch Phil Hill ersetzt, doch hielt der Schwede schließlich durch. Beide Wagen waren in der Monzaausführung gehalten, allerdings ohne aerodynamische Zubauten. Gurney konnte seine gute Startposition durch einen hervorragenden dritten Platz im Rennverlauf bestätigen, bis sein Motor Drehzahl verlor und er als Fünfter das Rennen beendete. Zwei Ventilfedern waren gebrochen und hatten diesen Rückfall bewirkt. Bonnier hatte sich nach zehn von hundert Runden an achter Stelle befunden, als er auf einem Ölfleck ins Schleudern geriet und einige Auspuffrohre verbog, was ihn zu einem Reparaturstop an die Boxen zwang. Er eilte dem Feld bis ins Ziel nach und wurde 13. und Letzter.

Obwohl es das Werk niemals bekanntgegeben hatte, war dies der letzte Grand Prix, an dem Porsche teilnahm. Diesbezügliche Gerüchte zirkulierten Ende Oktober, und im folgenden Monat zog Porsche dann auch tatsächlich seine Nennung für den Großen Preis von Südafrika zurück. Als von Hanstein seine beiden Starfahrer im Dezember entließ, mußte die Rennwelt erkennen, daß es im Jahre 1963 von deutscher Seite keine GP-Beteiligung geben würde. Dies bestätigte indessen keine offizielle Mitteilung, denn bei Por-

Dan Gurney, mit seinem Porsche 804-03 siegreich auf der Solitude. Unten ein Blick in das Cockpit des 804, der in der Saison 1963 ein kleineres Lenkrad erhielt. Gegenüberliegende Seite: der 804 mit abgenommenem Karosserie-Oberteil. Das Bild entstand vor dem Großen Preis von England im Jahre 1962.

sche glaubte man nach wie vor, daß es eine Chance gäbe, zu einem späteren Zeitpunkt erneut zu den Grand-Prix-Strecken zurückkehren zu können.

Noch immer wurden nämlich Verbesserungen am Motor 753 parallel mit solchen am 2-Liter-Typ 771 vorgenommen, der nach 1962 weiter im Renngeschehen eingesetzt wurde und der in seiner 2,2-Liter-Ausführung noch 1968 bedeutende Erfolge im 907 herausfahren sollte. So wurde der in seiner Basis von Hans Hönick konstruierte und von Hans Mezger weiterentwickelte Grand-Prix-Motor eine entscheidende Waffe im Porsche-Arsenal. Aber es war schwierig, an diesem Motor zu arbeiten. Allein das Einstellen der Ventile war ebenso kompliziert wie beim Zwölfzylinder 917. Der Zusammenbau des 753 erforderte 220 Arbeitsstunden, das machte siebenundzwanzig und einen halben Acht-Stunden-Tag aus – eine Zeit, die man in der Welt des Rennsports selbstverständlich niemals kennt. Für den Zusammenbau eines Sechszylinder-Carrera-Motors benötigte man vergleichsweise nicht mehr als zwei Achtstunden-Tage.

Dieser unglaubliche Arbeitsaufwand war der Preis für die außergewöhnliche Kompaktheit und Robustheit des Basismotors vom Typ 753. Dies erklärt auch, warum dieser Motor niemals für eine Serienproduktion vorgesehen sein konnte. Im Verlauf der Bearbeitung dieses Aggregats wurde 1963 noch mehr Leistung aus ihm herausgeholt, nachdem man die Zylinderköpfe und die Pleuellager abgeändert hatte.

Im letzten Konstruktionsstadium der Köpfe hatte man den Winkel der Ventilschäfte zueinander auf 72 Grad verkleinert, der sich in einen Winkel von 33 Grad auf der Einlaßseite und 39 Grad auf der Auslaßseite aufteilte. Hierin ähnelte der Kopf der 1962 verwendeten 73-Grad-Ausführung, die trisphärisch geformten Verbrennungsräume waren jetzt aber durch hemisphärisch geformte ersetzt worden. Gleichzeitig hatte man die Spitzen der beiden Zündkerzen tiefer in die Verbrennungsräume gesetzt. Eine Erhöhung der Kompression auf 10,5 zu eins wurde durch die weicher abgerundete Form der Kolbenoberfläche ermöglicht. Änderungen ergaben sich auch am Ventiltrieb, man konstruierte neue Ventildeckel und gab dem Motor jetzt Pleuel aus Titan.

Seit Ende 1961 hatte man sich bei Porsche mit Versuchen befaßt, Teile aus Titan zu verwenden, jenem teuren Metall, das die hohe Festigkeit des Stahls mit nur 56 Prozent seines Gewichtes verbindet. Jenes Pleuel des 753, das aus einer geschmiedeten Titanlegierung bestand, wies in seinen ersten Ausführungen immer wieder Tränen und Faltungen auf, so daß der Ausschuß astronomische Höhen erreichte: von jeweils 24 Schmiedeteilen, die bearbeitet werden sollten, waren 23 nicht zu verwenden. Letztlich waren die Ergebnisse jedoch beeindruckend. Jedes Pleuel wog samt Stahlbolzen lediglich 460 Gramm in der Ti-

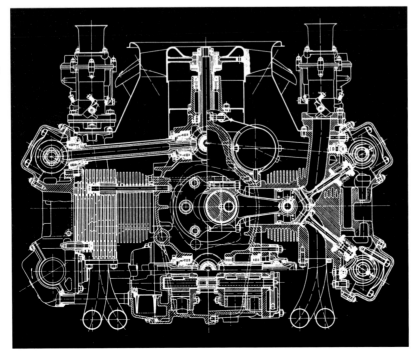

Der Achtzylindermotor vom Typ 753. Gegenüberliegende Seite oben: Seitenansicht des 804, wie Bonnier ihn in Monza fuhr. Deutlich sichtbar sind die Chassis-Verstrebungen zwischen den Zylinderköpfen. Darunter ein Zylinderkopf von innen und außen.

tanausführung gegenüber 580 Gramm in Stahl. Auch die Kurbelwelle, so zeigte sich, konnte man im Gewicht reduzieren. Sowohl die Pleuel als auch die Hauptlagerdurchmesser wurden von 57 auf 50 mm reduziert. Dadurch konnte man auch eine Ölpumpe mit geringerer Förderleistung wählen. Die leichteren Pleuel, die schmaleren Lager, die leichtere Kurbelwelle und das reduzierte Ölvolumen erbrachten eine Zunahme der Motorleistung um 12 Pferdestärken.

Da Ferry Porsche indessen nicht einsah, warum sein Unternehmen verhältnismäßig hohe Summen in die Entwicklung eines Motors stecken sollte, aus dem sich kein Serienaggregat ableiten ließ, hielt er nichts von einer Rückkehr zum Grand Prix-Sport. Huschke von Hanstein erinnerte sich daran nicht ohne Mißmut: »Wir investierten damals eineinhalb Millionen Mark im Grand-Prix-Sport und fanden das schockierend. Fünf Jahre später aber gaben wir vier oder fünf Millionen aus für Prototypen, und niemand schien daran Anstoß zu nehmen.«

Einer der 1962er Wagen (804/02) wurde später an Bernard Wheatcroft verkauft und kann in seinem Museum in Donington besichtigt werden, wo auch einer der beiden Cisitalia 360 GP steht. Die anderen sind nach wie vor im Besitz Porsches, auch der vierte Wagen (804/04), der Anfang 1962 mitgebaut wurde, jedoch nie zum Renneinsatz kam. Es steht als Leihgabe im Deutschen Automuseum Schloß Langenburg.

Eine Zeitspanne von zwei Jahren war zu kurz, um herauszufinden, ob Porsche im Grand Prix-Sport auf Dauer eine Chance haben könnte oder nicht. Sicherlich bedurfte es keiner Entschuldigung für die Pannen, die es in jenem einzigen Jahr, in dem der Wagen zum Einsatz gekommen war, gegeben hatte. Damals glaubte man bei Porsche, daß allein Leistung in der Formel 1 alles entscheiden würde und man konzentrierte sich in Zuffenhausen auf den neuen Motor. Die britische Konkurrenz wie BRM, Cooper, Lola und besonders Lotus gaben sich derweil mit ihren alten Vierzylinder-Climax-Motoren zufrieden, bis ihre Achtzylinder fertig waren. Dies zwang sie, sich mit Akribie der Durcharbeitung von Radaufhängungen, Chassis-Strukturen und aerodynamisch günstigen Karosserien zu beschäftigen, wo sie auch große Fortschritte erzielten. Als sie dann 1962 ihre ausgereiften Fahrwerke mit neuen und außerordentlich leistungsfähigen Motoren bestückten, stellten sie eine ernstzunehmende Konkurrenz dar, wie dies sowohl Ferrari als auch Porsche feststellen mußten.

Auch die interne Firmenstruktur war einem mit aller Konsequenz durchgeführten Grand-Prix-Einsatz nicht förderlich. Ferry Porsche tendierte vielmehr dazu, ein Problem oder eine Situation von allen Seiten zu betrachten und ein Projekt nicht – wie sein Vater – auf Gedeih oder Verderb durchzusetzen – und Entscheidungen eher zu revidieren, falls dies notwendig war. Die Zurückhaltung im Hinblick auf die Frage nach der Rentabilität einer Unternehmung, die manche führenden Kräfte in der Firma oft verunsicherte, stand gerade in dieser Zeit der Versuche dem Fortschritt oft im Wege.

Ein tragischer Umstand gab den endgültig negativen Ausschlag, den Grand-Prix-Sport betreffend. Graf Carel de Beaufort hatte Porsche bestürmt, ihm einen 804 zu verkaufen. Er war vermögend genug, daß er ihn sich leisten und unterhalten konnte, doch gab ihm Porsche keine Chance. Und als 1966 eine neue Grand-Prix-Formel mit doppelt so großen Motoren Gültigkeit erlangte, war Porsches Eifer verflogen. Man war fest entschlossen, zum Sportwagen-Wettbewerb zurückzukehren, der schließlich eine traditionelle Angelegenheit des Hauses Porsche darstellte. Dies war, wie sich letztlich zeigen sollte, eine durchaus richtige Entscheidung.

Kapitel 14
Der Porsche RS geht an den Start

Porsche WRS Spyder in Le Mans 1961. In diesem Wagen bestritten Masten Gregory und Bob Holbert das 24-Stunden-Rennen, in welchem sie Fünfte wurden.

Nur wenige Experten, die in irgendeiner Weise mit dem Rennsport zu tun hatten, waren auf dem Gebiet des Reglements und mit den dafür zuständigen Instanzen so vertraut wie Huschke von Hanstein. Er kannte mit der durch lange gemeinsame Arbeit entstandenen Vertrautheit alle Herren aus den europäischen Ländern und aus Amerika, deren Meinung in den eleganten hohen Tagungsräumen der Federation Internationale de l'Automobile an der Place de la Concorde in Paris Gewicht hatte. An vielen Entscheidungen der F.I.A. war von Hanstein beteiligt, besonders wenn es darum ging, Formeln und Reglements mit den Interessen Porsches in Einklang zu bringen. Und waren neue Reglements einmal für Porsche von Nachteil, so war von Hanstein normalerweise einer der ersten, die das herausfanden.

So gab der Baron dem in Zuffenhausen zu Besuch weilenden Journalisten Jesse Alexander zu verstehen, daß die neu gefaßten Sportwagen-Bestimmungen des Jahres 1960, wie sie die F.I.A. Ende 1959 festgelegt hatte, seinen Vorstellungen in keiner Weise entsprachen. »Unsere Kunden investieren 30 000 Mark für einen RSK«, sagte er zu Alexander, »und nach sechs Monaten entsprechen diese Automobile nicht mehr dem Reglement. Die F.I.A. muß uns mehr Spielraum lassen – und uns zeitgerecht von ihren Absichten informieren, so daß wir dies rechtzeitig und sorgfältig berücksichtigen können und nicht unter äußerstem Zeitdruck zu handeln gezwungen sind, wie dies heutzutage meist der Fall ist. Es macht zwar wenig Umstände, Karosserieteile zu modifizieren und etwa eine Windschutzscheibe hinzuzufügen oder ein Dach in bestimmter Größe aufzubauen – aufwendig wird es aber, ein Fahrgestell breiter zu machen!«

Wie es seinem Wesen entsprach, schrieb von Hanstein einen scharfen Brief an die F.I.A.-Sportkommission, die C.S.I., in welchem er sein Mißfallen über die späte Bekanntgabe von Änderungen mitteilte. Gleichzeitig ging er daran, die Modifikationen, die erforderlich waren, damit der RSK den neuen Regeln entsprach, in Angriff zu nehmen.

Für die Saison 1960 hatte die F.I.A. den ersten ihrer diversen Schritte realisiert, nach denen die Rennsportwagen etwas mehr den Serienfahrzeugen angeglichen werden sollten. Dies geschah durch Änderungen der im Anhang C festgehaltenen Regeln, die den Sportwagen gelten, indem man sie denen des Anhang J annäherte, in dem die GT-Automobile behandelt werden. Cockpit und Windschutzscheibe mußten breiter werden, letztere mindestens 25 cm hoch sein. Die Türen mußten größer werden (50 cm breit und 30 cm hoch), und es mußte für einen sogenannten »F.I.A. Koffer«, der 65 × 40 × 20 cm maß, Platz vorhanden sein. Außerdem wurden neue Regeln für die Sitzhöhe, für den Kopfraum und die Größe des Heckfensters festgelegt.

Am härtesten traf Porsche die Vorschrift der höheren Windschutzscheibe. Mit ihren kleinen Motoren konnten die Porsche nur unter vergrößertem Leistungsaufwand den erhöhten Luftwiderstand einer größeren Windschutzscheibe eliminieren. Deshalb freute sich von Hanstein besonders, als die Organisatoren des ersten Rennens des Jahres, der 1000 Kilometer von Buenos Aires am 31. Januar, ihm mitteilten, daß die vorhandenen RSK ohne Änderung daran teilnehmen könnten. Als er jedoch in Argentinien eintraf, mußte er feststellen, daß in Wahrheit die Situation etwas anders aussah.

Sowohl Ferrari als auch Maserati brachten Automobile an den Start, die in den meisten Punkten mit den neuen Regeln übereinstimmten. Die Vertreter Ferraris argumentierten verständlicherweise energisch dafür, daß es keinerlei Ausnahme für Porsche geben dürfe, sei dies nun versprochen oder nicht, denn Porsche habe mindestens ebensoviel Zeit gehabt wie sie, um sich auf den neuen Anhang C einzustellen. Von Hanstein drang jedoch energisch auf die Einhaltung des vor dem Rennen getroffenen Ausnahmebescheides. Nach einer hitzigen Dikussion wurde entschieden, daß die drei Werks-RSK starten dürften, wenn sie mit höheren Windschutzscheiben ausgestattet wären, während man von der Einhaltung weiterer neuer Regelbestimmungen absah. Die Porschemechaniker eilten in ihr Ersatzteillager und holten die geforderten neuen Windschutzscheiben hervor, die man sicherheitshalber, für alle Fälle, mitgebracht hatte...

Um das Feld aufzufüllen, wurde einigen privaten RSK die Teilnahme am Wettbewerb in Buenos Aires gestattet, obwohl auch sie den Regeln nicht entsprachen. Einer dieser Wagen gehörte Harry Blanchard aus Connecticut, der sich tragischerweise in der ersten Runde überschlug und tödliche Verletzungen davontrug. Die privaten RSK erreichten die Plätze Fünf und Sechs noch vor dem 1,5-Liter-Werkswagen von Trintignant und Herrmann. Ein 1,6-Liter-Wagen, jener von Barth und Gendebien, fiel bei etwa halber Distanz wegen einer gebrochenen Ölleitung aus. Von Hanstein konnte mit dem dritten Platz in der Gesamtwertung zufrieden sein, den ein übriggebliebener Wagen, ein 1,6-Liter-RSK, von Jo Bonnier und dem Neuling des Teams, Graham Hill aus England gelenkt, erzielt hatte. »Ich empfand es regelrecht als Genuß, einen Porsche zu fahren«, schrieb Hill später. »Er unterschied sich wesentlich von normalen britischen Automobilien – wie etwa Lotus oder BRM. Der Motor lief vorzüglich, sehr rund und verläßlich, er schnurrte nur so dahin. Ich bin nicht sicher, ob seine Straßenlage genau so gut wie die der englischen Wagen war, jedoch hatte man stets ein beruhigendes Gefühl und war zu keinem Zeitpunkt im Zweifel, es hier mit einem Wagen »aus einem Stück« zu tun zu haben. Ich fuhr den Porsche gerne, obwohl ich dafür nicht besonders gut bezahlt wurde.«

Hills nächster Porsche-Einsatz fand in Sebring in Florida statt, wo er einen neuen Wagen bekam, der sowohl im Geist wie den Buchstaben nach dem 1960er Reglement entsprach. Es war dies ein Porsche Spyder RS 60, der eigentlich eine modifizierte Version der 1959er Werks-RSK war. Porsche schlug hier einen neuen, unorthodoxen Weg ein und offerierte das Fahrzeug einer auserwählten Gruppe privater Interessenten, wobei diese Exemplare mit jenen, die vom Werksteam benützt wurden, identisch waren. Damit traf auch der erwünschte Effekt ein, daß die Zahl der Porschewagen auf allen Rennstrecken der Welt in beachtlicher Größenordnung zunahm.

Der nach wie vor als Typ 718 bezeichnete RS 60

In Sebring tauchte der Porsche RS 60 1960 das erstemal auf. Olivier Gendebien auf Wagen Nr. 42 wurde Gesamtsieger, Bob Holbert auf Nr. 44 folgte auf dem zweiten Platz.

hatte einen Stahlrohrrahmen wie jener 1959er Werks-RSK, war jedoch im Cockpit breiter, womit er voll dem F.I.A.-Reglement, das eine Innenbreite von 110 cm vorschrieb, entsprach. Die vorderen Aufhängungen hatte man zur Gänze übernommen, nur war ein hydraulischer Lenkungsdämpfer hinzugekommen. Im Heck baute man die ungleich langen Querlenker ein, wie sie erstmals in den Werkswagen Anfang 1959 installiert worden waren, unter Hinzufügung konzentrischer Koni-Stoßdämpfer mit Schraubenfedern. Die manchmal als zu »komplex« kritisierte Radaufhängung erwies sich als höchst ausgereift und bewährte sich über fünf Jahre lang im Rennsport.

Bei Wendler in Reutlingen zerlegte man die Holzform der Karosserie und gestaltete sie neu, um den Aufbau des Typ 718 dem neuen F.I.A.-Reglement anzupassen. Für den F.I.A.-Koffer schaffte man Platz unter der Heckabdeckung, knapp hinter dem Motor. Glücklicherweise mußte dieser Koffer im Rennen nicht mitgenommen werden, weil er sonst den Luftweg, durch welchen die Frischluft vom Heckgrill zum Motorgebläse und zu den Vergasern gelangte, blockiert hätte. Unter der Fronthaube befand sich zwischen zwei Benzintanks mit einer Gesamtkapazität von 80 Litern, die nach dem neuen Reglement von einem 1600-ccm-Wagen maximal mitgeführt werden durften, noch Platz für einen Reservereifen.

Beide Türen verliefen oben völlig gerade und waren breiter und tiefer als die des RSK. Eine durchgehend gewölbte, aus Sicherheitsglas gefertigte Windschutzscheibe wurde von einem Aluminiumrahmen eingefaßt. Im traditionellen Porschestil hatte diese Scheibe einen zentralen Verbindungsstab, an welchem der Rückspiegel saß. Der Schalensitz des Fahrers konnte in verschiedenen Längspositionen fixiert werden; die Pedale lagen relativ weit auseinander, und neben dem Kupplungspedal befand sich eine Fußstütze. Links vom Fahrer war im Cockpit die Batterie untergebracht. Das in einigen Fahrzeugen schwarz mattierte Armaturenbrett trug alle Kontroll- und Warnlampen, wie sie für den regulären Straßenverkehr erforderlich waren, einschließlich Blinker- und anderer Schalter. Die Sicherungen befanden sich an der rechten Seite des Armaturenbrettes und waren zum schnellen Tausch leicht zugänglich.

Links: Porsche RS 60. In seiner Zivilausführung leistete der 1,5-Liter-Motor 150 PS bei 7800 Touren. Das komplette Auto wog nur 550 Kilogramm.

Mit der Einführung des RS 60 erfuhren weder der Motor noch das Getriebe bedeutende Veränderungen. Neu war, daß der Kunde die Wahl zwischen dem 547/4 Motor mit 1587 ccm und dem 547/3 mit 1498 ccm hatte. Beide Motoren wiesen ein Verdichtungsverhältnis von 9,8 zu eins auf sowie 461DM1-Vergaser von Weber. Die Leistung betrug 166 und 178 PS für den kleineren bzw. größeren Motor, was etwa 150 bzw. 160 Netto-DIN-PS bei 7800 U/min. entsprach. In den niedrigeren Gängen empfahl das Werk ein Drehzahllimit von 7600 U/min im Dauerbetrieb und 8000 U/min für kurzzeitigen Einsatz.

Wegen seiner kleineren Felgen und Reifen wog der längere RS 60 nur wenig mehr als der Serien-RSK: 548 kg leer und 580 kg betriebsbereit und vollgetankt. Die ersten vier gefertigten Wagen blieben für den Einsatz des Werkteams reserviert, sie unterschieden sich nur wenig von den späteren RS 60, indem sie getrennte linke und rechte Drehstäbe für die vordere Radaufhängung besaßen, wodurch es möglich wurde, die Aufnahmerohre für diese Stäbe und damit auch die Drehpunkte der vorderen Längslenker in zwei Ebenen feiner abzuwinkeln (wie dies im neuen 718/2 Formel-2-Wagen der Fall war, der parallel für die 1960er Saison gebaut wurde). Diese Autos erkennt man an den einstellbaren Drehstabverankerungen, die sich anstelle der üblichen, einfachen Einstellanordnung in der Mitte jedes dieser querliegenden Torsionsstabgehäuse befinden.

Nachdem Porsche in Sebring durch einen ersten Sieg, herausgefahren durch Gendebien und

Herrmann, Blut geleckt hatte, ging es mit vollem Einsatz zur Targa Florio. In diesem Rennen, von dem man wußte, daß man es gewinnen konnte, schickte Porsche einen RS 60 mit dem 1,6-Liter-Motor sowie zwei weitere Wagen mit dem 547/5-Motor mit 1679 ccm (90 mm Bohrung), wie er erstmals 1957 im Bergrennen eingesetzt worden war und der nun seine Bewährungsprobe in einem Langstrecken-Straßenrennen bestehen mußte. Sein Drehmoment über einem breiten Bereich ließ Vorteile auf dem 70 km langen Rundkurs, der einer Rennstrecke glich, auf der Dutzende der steilsten europäischen Bergstrecken hintereinander aufgereiht waren, erwarten.

»Keine der Rennstrecken wie ich sie kenne, ähnelt diesem Rundkurs«, schrieb Graham Hill«, nachdem er erstmals mit den sizilianischen Straßen bekannt geworden war. »Man nahm mich in einem Porsche mit und zeigte mir die Strecke – ich dachte zunächst, die machten Spaß. Ich konnte es einfach nicht glauben. Es war eine kurvenreiche Bergstrecke mit plötzlichen abschüssigen Streckenteilen und zerklüfteten Rändern, mit herumliegenden Felsbrocken, Pfade, die äußerst schmal und rutschig waren. Die Straßenoberfläche wechselte andauernd – es handelt sich meist um eine Art Teerbelag, der bei Nässe glatt wie Eis wurde und auch bei Trockenheit schrecklich rutschig war. Und dann begegneten einem noch weitere Überraschungen, wie Esel, Pferde, Menschen und sogar Automobile.«

Graham meisterte den Kurs immerhin so gut, daß er Fünfter wurde. Gemeinsam mit Barth absolvierte er im 1,6-Liter sogar eine Zusatzrunde, weil die Rennleitung vergaß, ihm die Flagge zu zeigen, nachdem man über den hervorragenden Sieg, den ein anderer Porsche errang, völlig konfus war. Diesen Gesamtsieg holte sich Bonnier; sein Teamkollege Herrmann wurde in Gendebiens Wagen Dritter, der ihm seinen RS 60 zur Hälfte des Rennens überlassen hatte. Und auch Hermann vergaß man abzuwinken, so daß er eine zusätzliche 70-km-Runde auf dem Targa-Kurs fahren mußte.

Nach diesem außergewöhnlichen Erfolg nominierte man die selben drei Wagen für das 1000-Kilometer-Rennen, das drei Wochen später, am 22. Mai, auf dem Nürburgring stattfand. Gemäß F.I.A.-Regeln hatte man bei den beiden Wagen mit der 1679 ccm-Maschine die Tanks auf 100 Liter vergrößert. Jo Bonnier war mit einem dieser drei Wagen ebenso schnell wie die 3-Liter-Ferrari und Maserati – es sei denn, diese wurden von Moss oder Gurney gefahren. Nach einem langsamen Le-Mans-Start führte der von Bonnier-Gendebien pilotierte RS 60 zeitweilig und erreichte das Ziel auf Platz zwei. Der andere »große« R 60 wurde Vierter.

Porsche kam im Juni 1960 mit einem beruhigenden Vorsprung gegenüber Ferrari nach Le Mans, mit 26 Punkten gegenüber 22. Um diese Position zu verteidigen, mußten die Wagen aus Zuffenhausen mindestens einen zweiten Platz in diesen 24 Stunden erreichen und man unternahm alles, um dies sicherzustellen. Auf dem schnellen französischen Rundkurs erwiesen sich die höheren Windschutzscheiben als großes Hemmnis für die untermotorisierten Porsche, weshalb man ihnen eine hohe, spitz zulaufende Heckverkleidung gab und die Windschutzscheibe mit gewölbten Seitenteilen aus Plexiglas verlängerte, wodurch ein niedriges Coupé ohne Dach entstand.

In Le Mans litt der RS 60 indessen an Getriebeproblemen und konnte nur den elften Platz erzielen. Die vier anderen Porsche, zwei Werks- und zwei private Wagen, waren ausgefallen. Die beiden Werkswagen hatten ein ungewöhnliches Hub/Bohrung-Verhältnis von 88 mm zu 66 mm bei 1606 ccm, wodurch ihre Motoren groß genug waren, um in der Zwei-Liter-Klasse zu konkurrieren und einen größeren Benzintank mitführen zu dürfen. Die Wagen erreichten Geschwindigkeiten von 230 und 234 km/h; der beste Standard RS 60 (von Beaufort) erzielte 222 km/h.

Motorschäden stoppten den von Trintignant/Herrmann gefahrenen 718/043, den 718/044 von Hill/Bonnier wie auch den Serien-RS-60. Porsche hatte wieder einmal Pech gehabt.
Als die F.I.A. die Saisonergebnisse zusammenfaßte, in denen lediglich die besten drei Ergebnisse jeder Marke aufschienen, teilten sich Ferrari und Porsche mit je 22 Meisterschaftspunkten die Plätze. Ferrari wurde aber, weil seine Wagen dreimal Zweiter wurden und Porsche lediglich einmal, zum Champion erklärt. Cyril Posthumus schrieb: »Es gab viele, die aus sportlicher Sicht mit Porsche wegen der knappen Unterlegenheit Mitleid hatten; die Erfolge der deutschen Wagen unter 2 Liter Hubraum im Vergleich zu ihren Konkurrenten mit 3 Liter waren auch wirklich bemerkenswert, daher wäre ein Sieg des David aus Stuttgart in einem Wettbewerb, der insgesamt fünfmal von dem Goliath aus Maranello gewonnen wurde, auf das wärmste willkommen gewesen.« Aber erst 1969, als Porsche zum Goliath geworden war, konnte schließlich die Weltmeisterschaft der Konstrukteure von den Zuffenhausenern gewonnen werden.

Nach Le Mans, wo das Auto mit einem 1,5-Liter-Motor (Nr. 718-042) angetreten war, entfernte man die erhöhte Heckabdeckung, baute einen 1,7-Liter-Motor ein und lieh den Wagen dem Schweizer Fahrer Heini Walter, der die Interessen Porsches in der europäischen Bergmeisterschaft vertrat, hier aber gegen die Konkurrenz der 2-Liter-Maserati kämpfen mußte.
Dennoch konnte Walter spielend die Meisterschaft gewinnen. Sein Wagen wurde für das letzte ausstehende Rennen auf dem Gaisberg an Sepp Greger verliehen, der es gewann und somit Porsche die ersten beiden Plätze in der Bergmeisterschaft sicherte. In der Siegerliste nahm Tommy Spychiger mit seinem 718/056 den siebenten Platz ein, einem RS 60, den er von Ian Fraser-Jones aus Südafrika gekauft hatte. Walter fuhr mit diesem Wagen diverse Bergrennen im Jahre 1961 und zwar mit so viel Erfolg, daß er die Meisterschaft, bestehend aus acht Bewerben, erneut gewann und Sepp Greger mit dem zweiten Platz hinter ihm das Ergebnis von 1960 wiederholte. Spychiger kam in der Siegerliste 1961 auf den vierten Platz unter jenen sechs Porsche, sie sich unter den ersten zehn Bestplazierten befanden.
Der Typ 718 in seiner RS-60-Form war so gut ausgereift, daß er ein hervorragendes Wettbewerbsinstrument für den Privatkäufer, der an jeder Art von Rennen interessiert war, darstellte und der wesentlich einfacher zu fahren und zu unterhalten war als ein RSK. Es war nach wie vor der Wagen, der in der 1,6-Liter-Sportwagenklasse schwer zu schlagen war, die für Privatfahrer ein attraktives Betätigungsfeld darstellte. Porsche setzte daher die Produktion und den Verkauf des RS 60 auch 1961 fort, wobei lediglich der Name – nicht aber das Auto – in RS 61 geändert wurde. Diese neue Bezeichnung erhielten auch diverse andere Porschetypen während der Saison 1961, aber offiziell wurde damit nur die letzte Ausführung des Typs 718 bezeichnet, die bis hinauf zur Nr. 718/090 bekannt ist und die hier ausschließlich in Verbindung mit diesem Fahrzeug benützt wird.
Im Verlaufe des Jahres 1962 entwickelte Zuffenhausen einen Verbesserungssatz für den 547-Motor. Die erfolgreiche Verwendung diverser modifizierter Motoren im Porsche 718/2 in der Formel 1 während der Saison 1961 (siehe Kapitel 12) hatte die Rennabteilung zu weiteren Experimenten ermutigt. »Mit einem auf 1,6 Liter aufgebohrten Motor vom Typ 547/6 erzielten wir 185 PS bei 7800 U/min« berichtete Ing. Trostmann dem Chef der Versuchsabteilung, Helmut Rom-

Der RS 60 im Bau: das Cockpit, der Zusammenbau des Rohrrahmens und das Heck des Fahrzeuges mit eingebautem Motor und Getriebe.

bold.« In seiner Originalausführung kam der 547/5-Motor mit 1,68 Liter auf etwa 170 bis 173 PS. Es ist nicht anzunehmen, daß die zusätzlichen 80 ccm Hubraum beim 547/6 seine Leistung um 12 bis 15 PS erhöht hatten.« Vielmehr schätzte Trostmann, daß die flacheren Kolben und stärkeren Ventilfedern, mit denen man experimentierte, beim 1,6-Liter 547/4 runde 170 statt der 160 Pferdestärken und dem 547/5 rund 180 PS geben würden.

In seinem Bericht vom 8. Oktober 1962 berichtete Trostmann weiter, daß einige Herren der Porsche of America, die ihn und Wilhelm Hild vor kurzem besucht hatten, großes Interesse bekundet hätten, was Leistungsverbesserungen der Spyder-Motoren betraf. Amerikanische Kunden hatten in letzter Zeit Probleme, sich gegen die leichteren britischen Automobile wie Lotus und Elva durchzusetzen. Am 16. Januar 1963 gab das Büro Trostmann mit Genehmigung des Technischen Direktors Tomala detaillierte Anweisungen, wodurch der 547/4 und 547/5 auf höhere Leistung zu bringen sei.

Neue, flachere Kolben sowie kürzere Zylinder bildeten einen Teil dieses Umbaupaketes, hinzu kamen Ventile mit kürzerem Schaft und verringertem Tellerdurchmesser (47 und 40 mm). Einlaß- und Auslaßventilsitze wurden um 2 bzw. 1,5 mm tiefer in die Köpfe versenkt, und der Ventilhub wurde auf mindestens 12,25 mm festgelegt. Auch sah man eine neue Düsenbestückung für die Vergaser (Weber 46IDM1) vor (Trostmann schlug auch die Verwendung von Titan-Stehbolzen als Teil dieses Umbaupaketes vor, doch wurde diesem Wunsch nicht entsprochen).

Diese und andere von den Wagenbesitzern selbst vorgenommenen Verbesserungen verhalfen den Spydern zu neuem Schwung auf amerikanischen Rennpisten. Auch einige der neuen und vergrößerten Vierzylinder wurden mit größeren Weber-Vergasern ausgestattet. Bis auf eine einzige Ausnahme stellten diese Kraftpakete die letzte Entwicklungsstufe des rollengelagerten Originalmotors vom Typ 547 dar. Bis Ende 1962 war eine Gesamtstückzahl von 717 Exemplaren gebaut worden, eine bemerkenswerte Laufzeit für ein Antriebsaggregat, dessen Leben 1953 als »Versuchsobjekt« begonnen hatte.

1961 erprobte das Werksteam diverse neue Ausführungen des berühmten Fahrgestells vom Typ 718, um bestmögliche Ergebnisse beim Einsatz des vorhandenen Vierzylinders zu erzielen und eine Basis für die 2-Liter-Version des flachen Achtzylinders zu haben, die Porsche noch in diesem Jahr einsetzen wollte.

Der neue Zweisitzer des Jahres 1961 unterschied sich wesentlich von den rundlichen Linien des Spyder, wie sie 1957 mit dem ersten RSK aufgekommen waren. Alle drei neuen Modelle besaßen Aluminiumkarosserien auf modifizierten 718-Chassis, die an jene des RS 61 erinnerten. Das einzige offene Auto war um rund 10 cm länger im Heck, wodurch sich sein Radstand auf 2300 mm vergrößerte.

Dieses Chassis (Nr. 718/047) war jenes, das von Anbeginn für den 2-Liter-Achtzylinder vorgesehen war. Die anderen beiden Wagen (718/045 und 046) waren geschlossene Coupés mit dem Standardradstand des RS 61. Sie waren die ersten, die nach dem neuen Design entstehen sollten. Das 718-Coupé stellte die Vorstufe einer Idee dar, die in ihrer Endform als Typ 904 erscheinen sollte, eine attraktive Mischung aus Spyder und Abarth Carrera, wie sie von Butzi Porsche kunstvoll zusammengebaut worden war. Um bei der F.I.A. eine Homologation als G.T. erreichen zu können, hätte man 100 Wagen innerhalb von 12 Monaten bauen müssen. Damit wäre das Auto ein Nachfolger des 356B Carrera geworden, der in der von Abarth karosserierten Form Porsches heißestes GT-Eisen war. Dieser Carrera erwies sich noch immer als heiß genug, um von 1961 bis 1963 die 2-Liter-GT-Meisterschaft zu gewinnen, so daß Porsche zunächst keine Veranlassung hatte, ein neues Coupé in Serie gehen zu lassen.

Im Winter 1960/61 entstand dann der erste neue 718-Prototyp. Er hatte mit seiner stark geneigten Windschutzscheibe über der vertieft angelegten Instrumentengruppe große Ähnlichkeit mit dem Abarth Carrera. Die breiten, tiefen Türen gingen

Die Werkswagen wurden mit voller Beleuchtungseinrichtung gefahren. Rechts ein 718-Coupé von 1961, das anfänglich Diagonalstreben im Türeinstieg aufwies.

in das Dach über, um mehr Raum für den Einstieg zu schaffen; sie besaßen Ausstellfenster und aus Plexiglas gefertigte Seitenscheiben, die über einen Lederriemen fixiert werden konnten. An den Türen gab es serienmäßige Knopfdruck-Porschegriffe.

In seiner ursprünglichen Form verlief das Heck des Coupés zu einer schmalen Kante, in welcher Platz für das hintere Kennzeichen vorgesehen war. Das gesamte Heckteil konnte für Arbeiten am Motor entfernt werden, einschließlich des „Tunnels", der durch die Verlängerung der Cockpitverkleidung über die gleich hinter den Sitzen senkrecht stehende Heckscheibe hinaus nach hinten entstand. Durch diesen bekam der Motor, der übrigens zusammen mit dem Gepäckabteil noch über eine Klappe zugänglich war, Ansaug- und Kühlluft. So entstand ein schnittig aussehendes kleines Coupé, dessen Formen an jene Spezialkarosserie erinnerten, die Butzi Porsche 1960 für einen der Formel-2-Wagen (718/2-05) entworfen hatte.

Anfang 1961 wurde dieses Coupé in etlichen Punkten überarbeitet. Sein Rahmen wurde neu gestaltet, um die schrägen Rohre, die an beiden Seiten den Einstieg behinderten, entbehrlich zu machen. Die Rohrstruktur jeder Tür wurde tiefer verlegt und verstärkt. Nach Druckmessungen in der Luftzuführung verbesserte man auch die Belüftungsanordnung im Heck. Zusätzliche Lüftungsschlitze wurden in die hinteren Kotflügel geschnitten, gleich hinter den Türen. Die Kennzeichenfläche am Heck mußte zwei großen Grillöffnungen Platz machen, um mehr Kühlluft für den Motor hereinzulassen. Und um mehr Luft an die Vergaser zu führen, wurden die blinden Seitenflächen in der Dachpartie mit Umlenkschlitzen versehen.

Huschke von Hanstein hielt diese neuen Coupés vorerst in Reserve, als er im März 1961 nach Sebring ging. Hier setzte er die beiden verbliebenen Werks-RS-60 (die nun RS 61 hießen) ein, denen man Scheinwerfer eingebaut und 1679-ccm-Motoren installiert hatte. Beide Wagen fielen jedoch aus, wobei bei dem einen gleich vom Start weg die Kupplung rutschte und der andere mit einer gebrochenen Nockenwelle liegenblieb. Der einzige 1,5-Liter-Spyder des Feldes, ein von Brumos gemeldeter RS 61 mit Bob Holbert und Roger Penske abwechselnd am Steuer, erzielte die beste Porsche-Plazierung und kam auf den sechsten Gesamtrang, er gewann somit den Indexwettbewerb. Damit wurde in Sebring der Porscheerfolg des Jahres 1956 exakt wiederholt. Der erste öffentliche Auftritt des 718 Coupés fand bei den Trainingsläufen für die 24 Stunden von Le Mans am Wochenende des 8. und 9. April statt. Dies bedeutete gleichzeitig die erste Werksteilnahme an einem solchen Training. Edgar Barth und Herbert Linge fuhren das Automobil, an welchem man am ersten Tag sowohl Trommel- als auch Porsches Scheibenbremsen erprobte. Barth bevorzugte die Scheiben, jedoch unterlagen die Beläge einem so hohen Verschleiß, daß man ihren Einsatz in Le Mans nicht riskieren wollte. Barth und Linge lobten beim geschlossenen 718 besonders die Tatsache, daß es nirgends hereinzog. Der Wagen war vergleichsweise besser isoliert als die lauten und zugigen Le-Mans-Coupés der Jahre 1953 und 1956.

In offener Ausführung erschien der neue 718 erstmals am 30. April auf der Targa Florio. Er hatte den gleichen Bug, die gleichen Türen und das gleiche Heck wie das 718 Coupé und auch die gleiche niedrige Rohrrahmenstruktur unter den Türschwellen. Sein vergrößerter Radstand ergab sich durch den verbreiterten Raum zwischen Tür und Heckpartie, wo man die Karosserie mit weiteren Luftschlitzen versehen hatte. Quer über die Heckoberfläche hatte man eine breite Lufthutze angebracht, niedriger als die Wölbung im Heck des Coupédaches. Diese nach hinten offene Verkleidung war der Lufteinlaß für die beiden ovalen Vergaseröffnungen.

Der von Porsche als W-RS bezeichnete Wagen stellte die einzige offene Werkversion dieses 1961er Fahrzeuges dar. Diese Karosserie und das zugehörige Fahrgestell (Nr. 718/047) dienten als eine Art Musterstück für zahlreiche Einsätze während vier aktiver Jahre, wobei der Wagen bis nach Kalifornien, auf die Bahamas und nach Puerto Rico reiste. In der Targa Florio 1961 wurde er von Porsches Starfahrern Gurney und Bonnier pilotiert.

Mit von der Partie in Sizilien waren zwei Werks-

wagen von 1960. Einer davon, formal vom amerikanischen Camoradi-Team gemeldet, jedoch durch Werksmechaniker gewartet, wurde von Stirling Moss und Graham Hill gelenkt. Beide Autos waren mit 1966-ccm-Vierzylindermotoren bestückt, das war die 165-PS-Rennversion des 587-Motors, wie er für den Carrera 2 entwickelt worden war. Wie schon 1960, wurden für die Targa die größeren Motoren verwendet, um den Vorteil des um 37 Prozent höheren Drehmoments nützen zu können – das reduzierte die nervenaufreibenden Anforderungen an die Fahrer ein wenig und half die Zahl der Schaltvorgänge vermindern.

Moss und Hill beherrschten ihren Porsche so gut, daß sie zum moralischen Sieger der Targa 1961 erklärt wurden. Moss führte bis zur letzten Runde, als sein Getriebegehäuse undicht wurde und Öl verlor. So blieb sein Wagen ganze sechseinhalb Kilometer vor der Ziellinie stehen. Sieger wurde ein Ferrari (der erste Heckmotor-Sportwagen von Maranello). Der W-RS wurde Zweiter. Als dritter plazierte sich ein weiterer RS 60 aus dem Jahre 1960 mit 1679-ccm-Motor, der von Herrmann und Barth gefahren wurde.

Für das 1000-Kilometer-Rennen vier Wochen später auf dem Nürburgring bereitete sich Porsche mit großer Sorgfalt vor. Auf dem Solitudekurs wurden Testfahrten mit dem W-RS und den beiden neuen RS 61 durchgeführt, die für die Werksnennungen und jene von Camoradi vorgesehen waren. Sie hatten die gleichen Fahrerbesetzungen wie in der Targa. Wieder einmal gelang es Porsche dennoch nicht, in diesem wichtigsten deutschen Sportwagenrennen einen klaren Sieg zu erringen. Alle Wagen wiesen 1679-ccm-Motoren auf, auch der Camoradi-Wagen (nachdem sein Original-1966-ccm-Motor sich für den Einsatz auf dem Ring nicht als ideal herausgestellt hatte). Der Camoradi-Wagen fiel wegen einer durchgebrannten Kopfdichtung, in zweiter Position liegend, aus. Ebenfalls wegen Motorschadens mußte der andere RS 61 aufgeben und der Gurney-Bonnier-W-RS für drei Runden an die Boxen, wodurch er nur auf Platz Zehn kam. Die Resultate vom Nürburgring gaben keinen Anlaß, für Le Mans allzu optimistisch zu sein. Nach Frankreich schickte man den W-RS Roadster, der mit gewölbten Plexiglasfenstern an den Türen, wie sie 1960 das Original-718-Coupé besaß, ausgerüstet war sowie ein zweites identisches Coupé. Es handelte sich hier um den ersten Rennauftritt, von Trainingsläufen abgesehen, für jedes dieser Coupés. Betrachtete man die Ringergebnisse sowie jene der letzten Jahre in Le Mans, so mußte man angesichts der Vierzylindermotoren skeptisch sein. Mitte 1961 hatte man den Achtzylinder 718 zwar endlich soweit, daß er genügend Leistung abgab, aber er war noch nicht ausdauernd genug, um ein 24-Stunden-Rennen durchzuhalten. Was blieb also Porsche übrig, als mit dem Vierzylinder anzutreten?

Wie üblich, blieb Ferry Porsche die letzte Verantwortung vorbehalten. Auf dem Ring hatte er tapfer erklärt, daß die Firma trotz der erlittenen Niederlage weiter an Rennen teilnehmen werde. Seine Strategie entsprach dem Grundsatz, daß »man um zu gewinnen, vor allem erst einmal das Rennen in Wertung beenden« müsse. Alle drei Le Mans Wagen sollten deshalb mit dem bewährten Vierzylinder eingesetzt werden, den man auf dem Prüfstand noch einmal einem Hochleistungstest unterzogen hatte. In der Leistung wurden die Maschinen etwas gedrosselt, und jede wies ein anderes Bohrung/Hub-Verhältnis auf, nach der Theorie, daß eine Auslegung sicher richtig sein müsse. Das war eine Strategie, die auf Erfolg hoffen ließ.

Die Vorläufe im Training verliefen ohne Probleme, wobei ein einziges Hemmnis die Meßblöcke der Funktionäre bildeten, mit denen die Bodenfreiheit der Wagen überprüft wurde. Die vorderen Drehstäbe mußten daher auf eine etwas höhere Position gebracht werden, damit die Wagen frei über diesen Meßblock rollten. Bei der Waage brachte es der W-RS auf 620 Kilogramm, einschließlich der Zusatz-Wischer für die Innenseite der Windschutzscheibe, wie sie erstmals auf dem Ring zum Einsatz gekommen waren. Die Gewichte der 718 Coupés betrugen 656 Kilogramm für die Nummer 718/045 und 646 kg für den 046. Der W-RS, der vom langhubigen 1966-ccm-Motor angetrieben wurde, erwies sich als Star der Zuffenhausener Meldungen. Seine amerikanische Crew mit Masten Gregory und Bob Holbert ließ den Motor nicht über 6200 U/min drehen. Sie schoben sich Runde für Runde konsequent nach vorne, bis sie als Fünftplazierte durchs Ziel fuhren. Im älteren Coupé, dem 045 mit dem kleineren Motor von 1606 ccm, hielten Barth und Herrmann sich ans Drehzahllimit vom 7400 U/min und kamen als Siebente ins Ziel. Bonnier und Gurney hatten im neuen 718 in der 19. Stunde sich auf die fünfte Position vorgearbeitet und ihrem 1679-ccm-Motor nie mehr als 7600 U/min abverlangt, als die Kupplung ihren Geist aufzugeben begann. In der 23. Stunde mußten sie wegen eines Defektes an der Schwungscheibe ihre Fahrt abbrechen.

1961 ging nicht als ein Le-Mans-Jahr in die Legende der deutschen Gründlichkeit in puncto Rennmanagment ein. Zum Zeitpunkt des ersten geplanten Boxenstops kamen alle vier Werksporsche (einschließlich eines Carrera GTL) gleichzeitig an die Box gerollt, wodurch sich die Boxen-Mannschaft nicht aufmerksam genug um jeden einzelnen kümmern konnte. Mit der zubemessenen Kraftstoffmenge kam man aus, wobei der Verbrauch zwischen 21,4 und 23,5 Litern auf 100 Kilometer lag. Aber die Trommelbremsen, die man wegen ihrer erprobten Zuverlässigkeit beibehalten hatte, fingen an zu rebellieren, erforderten Nachstellungen und sogar Belagerneuerungen an allen Wagen, und speziell an dem Gurney/Bonnier-Coupé.

Es war dies das einzige Rennen, in welchem die 718 Coupés mit Vierzylindermotoren gefahren wurden und auch das letzte, in dem der W-RS einen Vierzylinder aufwies. Diese Wagen wurden bis zur Targa Florio im Mai 1962 in keinem Rennen mehr eingesetzt, ein Zeitraum von mehr als zehn Monaten, in welchem zwei von ihnen, der W-RS und das neuere Coupé, modifiziert wurden, um mit dem Achtzylinder bestückt zu werden. Sie konnten 1962 als G.T.-Prototypen gefahren werden, in jenem Jahr, als die F.I.A. die erste Weltmeisterschaft für serienmäßige G.T.-Fahrzeuge ausschrieb. Um die Fahrer von Prototypen bei der Stange zu halten, einigten sich die Veranstalter von Sebring, der Targa, der 1000 Kilometer auf dem Nürburgring und der 24 Stunden von Le Mans auf eine weitere Meisterschaft: die World Endurance Trophy. Für diesen Leistungswettbewerb waren die Porsche Achtzylinder startberechtigt.

Seit Ende des Sommers 1961 war es eine Quelle ständiger Frustration für die Porsche-Ingenieure gewesen, daß der 2-Liter-Achtzylinder 771 bessere Fortschritte machte als der Grand-Prix-Motor (siehe Kapitel 13). Gegen Ende 1961 brachten zwei auf dem Prüfstand im Werk I laufende

In diesem 718-Coupé gingen Joakim Bonnier und Dan Gurney 1961 an den Start von Le Mans, mußten das Rennen indes abbrechen.

771 Leistungen von etwa 200 PS; als sie erstmals 1962 in der Targa Florio im Renneinsatz waren, wurden sie mit 210 PS bei 8200 U/min gemessen und drehten bis auf maximal 8400 U/min.
Der Hautunterschied zum Achtzylinder-Grand-Prix-Motor bestand vor allem in der größeren Bohrung (76 statt 66 mm). Der 1982-ccm-Typ 771 hatte auch 1962 die 57 mm messenden Haupt- und Pleuellager und wies auch jene Zylinderköpfe auf, bei denen die Ventile einen Winkel von 84 Grad bildeten. Die Ventile selbst waren größer, um zum höheren Hubraum zu passen: 42 mm Einlaßdurchmesser und 36 mm bei den Auslaßventilen. Der maximale Ventilhub war mit 11,4 mm eine Spur größer. Mit der größeren Bohrung waren selbstverständlicherweise auch die Kolben massiver, sie wogen 282 Gramm im Gegensatz zu 220 Gramm beim Typ 753. Auch die Kolbenbolzen waren schwerer: 72 Gramm im Gegensatz zu 50 Gramm.
Vier 42-mm-Weber-Doppel-Vergaser brachten das Kraftstoff-Luft-Gemisch zu den Verbrennungsräumen. Statt dicht auf den Köpfen angeschraubt, saßen sie beim Typ 753 auf Adapterrohren, die einige Zentimeter hoch waren, wodurch der Einlaßbereich verlängert wurde und

man so den niedrigeren Drehzahlbereich dieses größeren Motors Rechnung trug. Diese Unterschiede stellten die äußerlichen Erkennungsmerkmale zwischen den beiden Grundversionen der Achtzylinder mit flachem Gebläse dar. Die neuere 2-Liter-Version des GP-Motors besaß bereits für die Gebläseumhüllung Kunststoffteile. Dadurch konnte das Gewicht nur knapp über dem des 1,5-Liter gehalten werden.
Mit dem 771-Motor erhielt der Sportwagen das Getriebe vom Typ 787, das parallel für die Sport- wie auch für die Grand-Prix-Achtzylinder 1961 entwickelt worden war. Es enthielt sechs synchronisierte Vorwärtsgänge. Den Rückwärtsgang schaltete man über einen separaten Hebel an der linken Seite des Gehäuses. An der Austrittstelle der Halbachsen aus dem Getriebegehäuse war an jeder Seite ein Getriebesatz hinzugefügt, um den Abtrieb einige Zentimeter nach hinten zu verlegen, so daß er in die Chassisausnehmungen paßte. Die axiale Beweglichkeit der Halbachsen war durch Schiebekeile, die sich innerhalb dieser Übersetzungsgetriebe befanden, gewährleistet.
Verständlicherweise waren keine zusätzlichen Änderungen notwendig, um den Achtzylinder im

W-RS unterzubringen. Im Rennen wurde der Wagen völlig offen eingesetzt, mit einer niedrigeren, rahmenlosen Plexiglas-Windschutzscheibe, ohne Seitenscheiben und mit einer flachen Heckabdeckung, in deren Mitte sich eine mit Schlitzen und Gittern versehene Erhebung befand, durch welche die Luft zu den Vergasern und zum Gebläse gelangen konnte. Die beiden runden Öffnungen in der Frontpartie hatte man ein wenig vergrößert und mit Abschirmungen versehen – anstelle der Scheinwerfer enthielten sie große Bosch-Hörner, um sich im Targa-Verkehr freien Weg bahnen zu können. Die beiden am W-RS montierten Rückspiegel entstammten dem Ersatzteillager der Serienproduktion.
Das agressive Aussehen dieses Achtzylinders wurde durch sein neues Luftansaugsystem verstärkt. Am Ende der jäh abfallenden Dachlinie hatte man eine breite Glasscheibe eingesetzt, zusätzlich zum gleich hinter den Sitzen befindlichen Fenster, so daß sich die gesamte hintere Dachhälfte in einen großen Luftbehälter über den Vergasern und dem Kühlgebläse verwandelt hatte. Dort, wo vorher an den Seiten des Daches die kleinen gegenläufigen Lüftungsschlitze saßen, öffneten sich nun große, nach vorne gerich-

tete Hutzen, durch die ebenfalls Luft zum 2-Liter-Motor geführt wurde.
Vorne blieb die Reifengröße mit 5.50 × 15 gleich, hinten vergrößerte man die Reifenbreite auf 6.50 × 15, um die zusätzliche Kraft des Achtzylinders auf den Boden zu bringen. Eine gravierende Änderung an beiden Automobilen war der Einbau von Porsche-Scheibenbremsen an allen vier Rädern. Der schwere Motor, das Getriebe und die Nebenaggregate erhöhten das Trockengewicht (ohne Benzin) des W-RS auf 684 Kilogramm. Das Coupé wog etwa 715 kg (Porsche-Aufzeichnungen lassen erkennen, daß das Original-718-Coupé, der 718/045, ebenfalls dahingehend geändert worden war, daß ein Achtzylinder eingepaßt werden konnte, das Auto wurde jedoch nie in einem Rennen eingesetzt).

Porsches erste Achtzylinder wurden nicht vom Werk genannt – obwohl sich Porsche Leute um die Betreuung kümmerten – sondern von Graf Vollpis Scuderia SSS Republica de Venezia. Das auffallende Emblem dieser Scuderia befand sich auf dem Bug und an den Flanken des silbernen W-RS und auf dem Coupé, das in mattem Rot lackiert war, einer Farbe, die mehr nach einer Grundierung aussah. Das Auftauchen eines rot lackierten deutschen Automobils in Sizilien rief Erinnerungen an die Teilnahme des Mercedes in der Targa von 1924 wach. Dem damaligen Werkswagen hatte man einen roten Anstrich gegeben, um mögliche Überfälle sizilianischer Bergräuber auf die »ausländischen« deutschen Maschinen zu verhindern, und zwar sowohl im Rennen als auch auf der Hin- und Rückfahrt (Ferdinand Porsche senior war damals der Kon-

strukteur dieser siegreichen Mercedes-Wagen gewesen).
Beide Automobile erreichten respektable Zeiten im Training wie im Rennen. Wie üblich, ließ man die Wagen im 30-Sekunden-Abstand starten. Nach der ersten Runde konnte sich Gurney im offenen W-RS auf den zweiten Platz vorarbeiten, Nino Vaccarella hielt im roten Coupé die vierte Position.
In der zweiten Runde kam Gurney jedoch mit einer niedrigen Steinmauer in Berührung. Er beschädigte ein Hinterrad, das von einem der Porsche-Servicedepots ausgetauscht werden mußte,

Der Motor des W-RS-Spyder von 1962 war ein Zweiliter-Achtzylinder-Boxer Typ 771. Rechts einer der Le-Mans-Wagen von 1961; es ist das Gregory-Holbert-Auto.

doch war die Aufhängung derart verbogen, daß Gurney den Wagen nicht weiterfahren konnte. Nach fünf Runden, der Hälfte des Rennens, übernahm Bonnier das Coupé von Vaccarella und erkämpfte seinerseits die zweite Position, doch wurde er langsamer, weil die Bremsen des Wagens schwächer wurden. In den letzten der sechs Runden waren die Scheibenbremsen völlig ohne Wirkung, um den Wagen abbremsen zu können. Die Rundenzeiten nahmen von 41 Minuten auf über 44 Minuten zu, als Bonnier mit Kupplung und Schalthebel jonglieren mußte, um das bremsenlose Coupé im Powerslide durchzubringen. Auf der einzigen langen Geraden entlang der Küste drehte er auf 8100 U/min im sechsten Gang, was bei der niedrigen Getriebeübersetzung, wie sie für die Targa zum Einsatz kam, 260 km/h bedeutete. Es war mehr als beeindruckend, wie sich der neue Achtzylinder beim Herunterschalten als Bremse verwenden ließ, und es reichte immerhin noch für einen dritten Platz in der Gesamtwertung sowie für einen zweiten in der 2-Liter-Klasse hinter einem schnellen neuen Heckmotor-Ferrari.

Ein gleiches Ergebnis, ein Porsche-Achtzylinder auf den Fersen zweier Ferrari, gab es beim nächsten Auftritt der Zuffenhausener im 1000-Kilometer-Rennen auf dem Nürburgring. Der drittplazierte Wagen war der von Graham Hill und Hans Herrmann gefahrene W-RS, der eine neue Motorhaube bekommen hatte. Sie wies jetzt tropfenähnlich geformte Ausnehmungen über jeder der beiden Vergaserreihen auf, die rechts und links einer zentralen vergitterten Öffnung, die sich über dem Kühlgebläse befand, ähnlich wie beim Grand-Prix-Wagen. Zwischen den vorderen Enden der Verkleidung hatte man einen niedrigen Plexiglasschirm gesetzt; Tests hatten nämlich gezeigt, daß dies erforderlich war, um die Luft besser an das Motorgebläse heranzuführen.

Bonnier und Gurney waren gemeinsam für das Achtzylinder-Coupé (das nun silber lackiert war) für das Rennen am 27. Mai eingeteilt. Mit Drehzahlen, die an 8400 U/min heranreichten, hielten sie das Coupé gut im Rennen, wobei nun auch die Bremsen hielten, wie man es von ihnen erwartete. Eineinhalb Runden vor dem Ziel versuchte Bonnier vom dritten auf den zweiten Platz vorzustoßen, als er mit Achsschaden ausscheiden mußte. Porsche ging mit seinen Achtzylindern nicht nach Le Mans, und daher waren die 1000 Kilometer auf dem Ring das letzte Auftreten der Coupés im Jahre 1962.

Eine Woche vor Le Mans gab man den W-RS frei für ein neues Einsatzgebiet: Bergrennen. Bei Porsche drang man energisch darauf, ihn hier einzusetzen, weil die europäische Bergmeisterschaft nicht länger eine Domäne der Amateure mit ihren Vierzylinder-Spydern sein sollte. Die Saison mit ihren sieben Bewerben hatte mit einem Sieg von Heini Walter im ersten Bergrennen gut begonnen, jedoch im zweiten Lauf, der in Italien stattfand, trat ein neuer Mitstreiter auf: Ludovico Scarfiotti mit einem 2-Liter Ferrari, der das 8-Minuten-Rennen mit einer Viertelminute Vorsprung gewann. Kein normaler Porsche schien diesen Vorsprung mehr aufholen zu können.

Für das nächste Bergrennen auf dem Mont Ventoux in Frankreich am 17. Juni gab Porsche den W-RS an Walter, den einzigen Fahrer mit genügend Punkten, der dadurch eine Chance hatte, Scarfiotti noch abzufangen. Er vermochte aber nur zweiter zu werden, und das wiederholte sich am Monte Bondone am 8. Juli und am Schauinsland, dem einzigen Bewerb in Deutschland, am 22. Juli. Nach wie vor führte Scarfiotti in der Siegerliste mit 36 Punkten vor 33, die Walter hatte. Dieser war fest entschlossen, im nächsten Bergrennen am 25. August den Abstand zu verringern. Von Hanstein jedoch hatte andere Pläne für den Wagen und nahm ihn noch vorher zurück. Walter und Greger mußten sich mit dem zweiten und dritten Platz in der Bergmeisterschaft 1962 zufrieden gegen. Der W-RS wurde nach USA verfrachtet, um dort eine Reihe von Straßenrennen zu absolvieren, meist mit den Fahrern Gurney und Bonnier am Steuer.

Bei der Vorbereitung für die Saison 1963 wurde der W-RS einer Schönheitsoperation unterzogen. Er erhielt neue aus Aluminium gefertigte Frontteile, die jenen ähnlich sahen, die das 718 Coupé ein Jahr zuvor bekommen hatte, wobei die vorderen Kotflügel am äußersten Ende vorn miteinander verbunden wurden. Im Gegensatz zum Coupé gab es aber keine eingebauten Vertiefungen für Hupe oder Zusatzscheinwerfer. In Anlehnung an die Erfahrungen mit Kunststoffteilen am Grand-Prix-Porsche des Jahres 1962 erhielt der W-RS Tür- und andere Teile aus diesem Material gefertigt. Die äußeren Türgriffe wurden entfernt, um etwas Gewicht zu sparen. Ein Überrollbügel, der die gesamte Breite des Cockpits einnahm, wurde in Zuffenhausen anstelle der California-Konstruktion eingebaut. Der 771-Motor profitierte von der Entwicklungsarbeit, die im Winter 1962/63 an der Grand-Prix-Ausführung des Achtzylinders durchgeführt worden war. Er hatte die 84-Grad-Zylinderköpfe in seinem ersten Einsatz der neuen Saison, der Targa Florio, erhielt dann jedoch weitere Verbesserungen, um seine Leistung auf 225 PS hochzuschrauben. Als er im Juni für Le Mans zusammengebaut wurde, wies er neue Zylinderköpfe mit einem Ventilwinkel von 72 Grad auf.

Das Drama der letzten Runde, das Porsche auf der Targa Florio im Jahre 1961 den Sieg gekostet hatte, traf jetzt die Italiener im Jahre 1963, als der Achtzylinder 718 dieses bedeutende Rennen gewann. Beide Achtzylinder waren gemeldet worden und beide beendeten auch das Rennen, wenn auch mit zusammen nur vier Gängen aus dem Dutzend, mit dem sie an den Start gegangen waren. Dies wurde vor allem den Italienern Maglioli und Baghetti in ihrem W-RS gefährlich, weil ihnen für die letzten eineinhalb Runden lediglich ein einziger niedriger Gang zur Verfügung stand und sie mit heulendem Motor dem Ziel zustrebten, wo sie als Siebente eintrafen. Das 718 Coupé war erneut das erfolgreichere der beiden Automobile in der Targa, was zu einem Großteil Jo Bonniers Geschicklichkeit zu verdanken war, der nur in drei von zehn langen Runden von Carlo Abate abgelöst wurde. Beide Fahrer hielten sich gut im Kampf mit den noch übriggebliebenen Ferrari, mußten allerdings einmal ein Porschedepot ansteuern, um die Gangschaltung überprüfen zu lassen. In der verregneten letzten Runde hatte Bonnier lediglich den dritten, vierten und fünften Gang zur Verfügung, um den Vorsprung des führenden Ferrari nicht größer werden zu lassen, der unter dem Druck des Verfolgers ein sizilianisches Stück Böschung mitnahm und dadurch soviel Zeit verlor, daß Bonniers Porsche den ersten Platz erreichen konnte. Er gewann mit dem Rekorddurchschnitt von 104 Stundenkilometern. Huschke von Hanstein war leider nicht anwesend, um diesen Gesamtsieg in der Targa Florio mitfeiern zu können, denn er befand sich an diesem Tag genau auf der gegenüberliegenden Seite des Globus, wo er die 2-Liter-GT-Klasse im japanischen Grand Prix mit einem Carrera 2 gewann. In Sizilien war Nello Ugolini als sein Vertreter zur Stelle.

Oben: Dan Gurney im W-RS bei der Targa Florio 1962. Rechts Huschke v. Hanstein bei einer Pressevorführung des Wagens, wie er im 1000-Kilometer-Rennen 1962 gefahren wurde. Daneben das Cockpit eines W-RS, der von Edgar Barth pilotiert wurde.

Zwei Wochen später wandte sich jedoch die Glücksgöttin gegen die Achtzylinder, nämlich im 1000-Kilometer-Rennen auf dem Nürburgring. Es war dies das Sportwagenrennen, in welchem Porsche ein Sieg am meisten am Herzen lag. Porsches Chancen sahen auch besser als je zuvor aus, vor allem, da Ferrari Probleme hatte. Das silberne Coupé, zuerst von Bonnier und dann von Phil Hill gefahren, übernahm sofort die Spitze. Der kämpferische Kalifornier lag fünf Runden lang in Führung, kam jedoch in einer schlüpfrigen Rechtskurve von der Fahrbahn ab, wobei sein Heck derart stark aufschlug, daß Hill die Fahrt nicht fortsetzen konnte. Ursache für den wilden Dreher war das Getriebe, das, als er vom fünften in den vierten Gang schalten wollte, in den zweiten Gang sprang. Als Hill wieder die Kupplung kommen ließ, drehten die Räder durch – der Wagen brach mit dem Heck aus, so daß trotz Gegensteuern der Wagen nicht mehr abzufangen war. Auch der W-RS hatte auf dem Ring kein Glück. Edgar Barth steuerte ihn, als in der dritten Runde ihn eine heißgelaufene, gebrochene Halbachse zur Aufgabe zwang. Diese Wiederholung eines Gebrechens von Laguna Seca im Vorjahr war ein Beweis dafür, daß diese Konstruktion eine Änderung benötigte. So hatte man die Halbachsen bereits mit Temperaturfühlern ausgestattet, um rechtzeitig über Probleme, wie sie in der Targa Florio aufgetreten waren, gewarnt zu werden.

Aber die Probleme hatte man noch nicht vollends im Griff.
Das erste Auftreten des 771 Achtzylinders in Le Mans (die Fahrgestelle, in denen die Motoren liefen, waren bereits 1961 hier gewesen) verlief ebenfalls enttäuschend. Im Training experimentierte Porsche an beiden Automobilen mit Heck-Spoilern, einem aerodynamischen Zusatz, den Ferrari 1961 in Le Mans eingeführt hatte. Man ließ ihn auf dem W-RS, nahm ihn vom Coupé jedoch wieder weg. Das für Bonnier und den Neuseeländer Tony Maggs gemeldete 718 Coupé hatte nach wie vor die Chassis-Nr. 718/046 und wurde von Motor Nr. 771-03 angetrieben. Wie stets teilten sich Barth und Linge den W-RS 718-047 mit dem Motor 771-04; es handelte sich dabei um dasselbe Aggregat, das ein Jahr zuvor in vielen nordamerikanischen Rennen eingesetzt worden war.
Obwohl sie in Le Mans während des Rennens vom 15. auf den 16. Juni ihre Runden mit der ungefähr gleichen Durchschnittsgeschwindigkeit drehten, lagen die Achtzylinder überraschenderweise in der Spitzengeschwindigkeit zu niedrig. Mit Höchstdrehzahl von 7900 bzw. 7600 U/min wurden das Coupe und der W-RS mit Geschwindigkeiten von 250 und 238 km/h auf der Mulsanne-Geraden gestoppt, das nur wenig schneller als der spezialkarosserierte Carrera 2, den das Team ebenfalls gemeldet hatte. Diese Jahr waren die Firmenmeldungen über die Porsche System Engineering erfolgt, eine Schweizer Firma, die man 1962 als Aushängeschild für Porsche-Nennungen eigens gegründet hatte.
Ein Rauchschleier verursachte den Ausfall des Coupés. Ein anderes Auto stieß nämlich eine derart dichte Qualmwolke aus, daß Jo Bonnier nichts mehr sah, von der Straße abkam und das Dach seines Wagens so stark beschädigte, daß er das Rennen nicht fortsetzen konnte. Am Sonntagmorgen brauste Barth im einzig übriggebliebenen Werkswagen mit Gedröhn durch die Maison-Blanche-Kurve mit über 160 km/h, als sich der W-RS mit einem plötzlichen Schlag zu drehen begann. Barth vermochte den Wagen abzufangen und steuerte die Boxen an, als das rechte Heckrad sich löste und frei davonrollte. Er kletterte heraus und schob den Roadster mit aller Kraft über die letzten 200 Meter an die Porschebox. Die rechte Steckachse, die abgeschert war, wurde mit einem Zeitaufwand von über einer Stunde ausgetauscht, so daß der W-RS das Rennen nur als Achter beenden konnte. Der Durchschnittsverbrauch des Wagens lag bei etwas über 20 Liter auf 100 Kilometer.
Irgendwie paßte es zu Edgar Barth, daß er diese kritischen Momente mit den W-RS heil durchstand – er und dieses Auto sollten in der Saison 1963/64 noch berühmt werden. In der Hoffnung, einer weiteren Ferrari-Herausforderung in der

Bergmeisterschaft erfolgreich begegnen zu können, setzte Porsche den W-RS mit Barth ein, dem Meister des Jahres 1959, der seit Januar 1960 zur Sportsektion von Hansteins Public-Relation-Abteilung gehörte. Noch immer beherrschte der 46 Jahre alte, große, schlanke Barth vorzüglich die Hohe Schule des Bergrennens.

Für diese Kurzstreckenbewerbe (der Mont Ventoux war mit seinen 21,5 Kilometern die längste Strecke) erhöhte Porsche die Leistung des 771-Motors. Pleuel aus Titan wurden eingebaut, und wie im 1,5-Liter Achtzylinder erlaubten sie die Reduktion des Pleuellagerdurchmessers auf 50 mm. Unter Berücksichtigung des höheren Drehmoments des 2-Liter-Motors und der größeren Schwungmassen beließ man die Hauptlagerdurchmesser bei 57 mm. Mit den neuen, Mitte 1963 eingeführten, Zylinderköpfen betrug das Kompressionsverhältnis 10,3 zu eins, die Leistungsspitze erreichte 240 PS bei 8700 U/min. Das maximale Drehmoment betrug 20,85 kpm bei 6700 Touren. Das waren die besten Werte, die mit diesem Motor in Vergaserausführung je erzielt worden waren.

Um zu beweisen, daß der leistungsstarke Achtzylinder nicht der einzige Trumpf war, den er für seine Wettbewerbe besaß, bestritt Barth das erste Bergrennen des Jahres 1963 mit einem Abarth Carrera und gewann. Im zweiten Bewerb – dem ersten nach Le Mans – fuhr er den W-RS. Er schien in den Siegerlisten jedoch nicht auf, denn ein spitzer Felsbrocken, der auf der Mont-Ventoux-Straße lag, verursachte eine Reifenpanne und hielt ihn davon ab, ins Ziel zu gelangen. Er gewann jedoch überlegen alle fünf weiteren Rennen. Sein Hauptmitstreiter war sein alter Freund Hans Herrmann, der einen Abarth fuhr, viermal hinter ihm Zweiter wurde und in der Europäischen Bergmeisterschaft den dritten Platz belegte. Der zähe Heini Walter sammelte genügend Punkte mit seinem eigenen Spyder, um hinter dem Favoriten Barth Vize-Bergmeister zu werden.

Der vielbenützte W-RS war inzwischen ein vertrauter Freund für alle Mechaniker der Rennabteilung, die ihn liebevoll als »Großmutter« bezeichneten. 1964 verlängerte er seine bereits legendäre Lebenszeit, indem er zum ersten und letzten Besuch in Sebring antrat, wo Barth und Linge ihn zur Hälfte des 12-Stunden-Rennens in neunter Position brummen ließen. Jedoch kamen sie in Schwierigkeiten, so daß sie im Ziel auf den zwanzigsten Platz zurückgeworfen wurden.

Als der Wagen, der die besten Chancen hatte, Gesamtsieger zu werden, für die Targa Florio am 26. April 1964 gemeldet wurde, wurde dieser W-RS von Porsches Spitzenteam, Jo Bonnier und Graham Hill, gesteuert. Sie wurde der W-RS für die Targa Florio am 26. April 1964 mit Porsches Spitzenteam, Jo Bonnier und Graham Hill, gemeldet. Diese dokumentierten damit ein hohes Maß an Vertrauen in das Chassis, mit welchem Porsche bereits drei Mal durch die zerstörerische Tortur dieses sizilianischen Rennens gegangen war. In Bonniers Händen zeigte die »Großmutter«, daß sie nach wie vor genügend Tempo brachte – sie setzte schon in der ersten Runde einen genügend großen Abstand zur Spitze des Feldes (in dem allerdings die Werks-Ferrari fehlten). Trotzdem wurde sie durch eine »Verbesserung« im Stich gelassen. Neue Halbachsen, ähnlich jenen im 904, waren eingebaut worden und eine dieser Wellen scherte während der zweiten Runde ab. Zum Glück konnte ein anderer Porsche den Sieg in jenem Jahr für Zuffenhausen sichern.

Erneut bot 1964 Abarth einige Konkurrenz in der Bergmeisterschaft, hinzu kamen private Lo-

tus mit BMW- und Ferrari-Motoren. Die Mechaniker Porsches, die heiße Auseinandersetzungen kommen sahen, installierten einen 771-Motor in ein wesentlich leichteres Chassis, eines vom Elva Mark VII, wie sie mit dem Porsche-Vierzylinder versehen und verkauft wurden. Im Eröffnungsrennen der Saison am Roßfeld fuhr Edgar Barth den Achtzylinder-Elva zum Sieg vor der »Großmutter«, die der aufsteigende Rennfahrer Herbert Müller für das Werk steuerte. Es sah so aus, als hätte der anglodeutsche Neuling den W-RS ins Abseits gedrängt. Barth dachte hierüber anders. Er war von der unpräzisen Lenkung und den schlechten Bremsen des Elva entsetzt und sah ihn als »Todesfalle« an. In seiner Aufregung sagte Barth: »Wenn dies das Gerät ist, mit dem ich Bergrennen fahren soll, dann zum Teufel damit! Ich werde zu meinem netten, fetten W-RS zurückkehren«. Und das tat er auch.

Linke Seite: ein Elva-Porsche in Watkins Glen, 1964. Unten: Europa-Bergmeister 1963 Edgar Barth am Steuer der »Großmutter« nach seinem Schauinsland-Sieg 1963. Mit dem W-RS-Spyder war Barth außerordentlich erfolgreich.

Barth wandte sich wieder dem W-RS zu, reihte in den kommenden fünf Bergrennen einen Sieg an den anderen und sicherte sich dadurch zum dritten Mal die Europäische Bergmeisterschaft. Herbert Müller steuerte den Elva 8 im zweiten, dritten und vierten Bewerb, wobei er in einem das Ziel wegen einer gebrochenen Radaufhängung nicht erreichte. In den letzten beiden Rennen fuhr er in einem 904 mit 771-Motor. Ungehindert von Barth gewann Müller das letzte Rennen in Sierra Montana Crans in der Schweiz mit dem Achtzylinder 904, wodurch er in der Punktliste an die zweite Position kam. Heini Walter wurde mit einem normalen Porsche 904 Sechster und Sepp Greger erzielte den siebenten Rang mit einem Vierzylinder-Elva-Porsche. Im Oktober 1964 mußte Barth sich einer Magenoperation unterziehen, der eine zweite im Januar 1965 folgte. Doch im Mai verstarb dieser talentierte und erfolgreiche Fahrer an einem Krebsleiden. Und sein W-RS wurde nie wieder eingesetzt. Das lange Leben des 718 war von Vorteil für das Werk, jedoch eine Quelle ständiger Frustration für jene Fahrer auf den diversen Kontinenten, die aus Loyalität zu Porsche bei diesem Auto blieben, eigentlich aber irgend etwas Besseres benötigten, um die neuesten leichtgewichtigen Briten schlagen zu können. Wie stets wandten sie sich auch diesmal zuerst an ihre Freunde im Werk, an von Hanstein und Linge, um herauszufinden, ob im geheimen Kämmerchen vielleicht ein verbesserter Spyder in Arbeit war. Als man ihnen mitteilte, daß dies nicht der Fall sei, daß auch der Achtzylinder nicht in großen Stückzahlen gebaut werden würde und daß man in der Entwicklungsabteilung zur Zeit auch keine diesbezüglichen Pläne habe, fingen etliche Porsche-Freunde an, ihre eigenen Renner zu entwickeln. Für Ken Miles, seinen Starfahrer, hatte der VW- und Porschehändler Otto Zipper in Beverly Hills, Kalifornien, jedes neue RS-Modell frisch aus Zuffenhausen gekauft. Als Zipper und Miles 1962 feststellen mußten, daß es keinen weiterentwickelten RS geben würde, erhielten sie die Erlaubnis vom Werk, ein Spyder-Antriebsaggregat in ein in Kalifornien gebautes Chassis zu montieren. Den Bau dieses Rahmens übernahm Bud Hulls Dolphin Engineering, eine kleine Firma in El Cajon, die schon jenen Formel Junior gebaut hatte, mit dem Miles so viele erfolgreiche Rennen gefahren hatte. Das Fahrzeug, das Hull für Zipper fertigte, wies einen Radstand auf, der

mit 2260 mm etwas länger war als beim RS 61, eine Spurweite, die etwa gleich war und eine Form, die niedriger und sehr windschlüpfrig wirkte. Mit einem ungewöhnlich steifen Rahmen, der 414 kpm pro Grad Verdrehung erforderte, war der Dolphin-Porsche um 72,5 kg leichter als der RS 61. Pilotiert wurde der Wagen stellvertretend für Miles, der zu diesem Zeitpunkt stark mit Carroll Shelbys Cobras engagiert war, von Lew Spencer. Der mit einem 547/5-Motor bestückte Dolphin-Porsche erfüllte allerdings nicht die in ihn gesetzten Erwartungen.
Ein ähnliches Projekt, jedoch eines, das größeren Erfolg versprach, hatte seine Ursprünge in Chicago: das war der Elva-Porsche. Hier arbeitete Oliver Schmidt als Porsche-Importeur und entfaltete eine beachtliche Aktivität im Rennsport. Im November 1962 hatten Schmidt und einige seiner Freunde anläßlich eines Rennens in Puerto Rico (wo Gurney einen W-RS fuhr) über die Möglichkeiten philosophiert, die ein Porsche-Motor in einem sehr leichten Chassis bieten könnte. Ihre Gedankenspielereien erhielten Substanz, als die SCCA 1963 die Straßenrennmeisterschaft der Vereinigten Staaten ins Leben rief, in der 2-Liter-Wagen für Punkte und Geld auf der gleichen Basis der großen Rennsportwagen mitstreiten durften.

Ihre Gedanken gingen in die Richtung eines extrem niedrigen Mark VII Elva, einer Rohrrahmenkonstruktion, wie sie Frank Nichols in Rye/Sussex baute. Den Import des Elva besorgte Carl Haas in Chicago, der ebenfalls ein enthusiastischer Porsche-Rennfahrer war. Durch Haas, der an der Firma Elva beteiligt war, nahm man Verbindung mit Nichols wegen des Baus eines von einem Porsche-Motor angetriebenen Automobils auf; Schmidt seinerseits fragte Porsche, ob ein passendes Antriebsaggregat zu erhalten wäre. Zustimmende Antworten aus beiden Lagern führten zur Entstehung des Elva-Porsche. Das Chassis des neuen Wagens basierte auf dem Mark VII, den Nichols im Januar 1963 vorstellte. Dieses Fahrzeug wies 13-Zoll-Felgen bei einem Radstand von 2300 mm auf und hatte eine Spurweite von 1270 mm, Schraubenfeder- und Querlenker-Radaufhängungen, Bezin- und Öltanks zu beiden Seiten des Cockpits sowie einen Stahlrohrrahmen, der mit 78 kpm allerdings nicht sehr verwindungssteif war. Der Rahmen mußte im Heck ausgeweitet werden, damit der breite, flache Vierzylinder hineinpaßte, und die hinteren unteren Trapezlenker wurden höher angebracht, um genügend Raum für die Auspuffrohre zu schaffen. Doppelte Ölkühler im Bug gingen nahtlos in die Karrosseriekonstruktion über und

erinnerten an die Doppelkühler, wie sie im 356 Carrera eingebaut waren.
Die Porsche-Ingenieure zeigten, wie ernst sie diese Ehe mit Elva nahmen, als sie einen Spezialmotor, den sie extra für dieses Automobil angefertigt hatten, präsentierten. Die Konstruktion basierte auf dem bewährten 547/5 mit der rollengelagerten Kurbelwelle und einem Hub/Bohrung-Verhältnis von 90 zu 66 mm (1679 ccm). Selbstverständlich enthielten die Zylinderköpfe alle Modifikationen, wie man sie 1962 und Anfang 1963 für die Besitzer bereits existierender Spyder nachträglich ausgearbeitet hatte. Die Ventildeckel, die rechteckige Form hatten, umschlossen auch die Schwungscheiben, die die Nockenwellenantriebe stabilisierten (diese gab es zu jenem Zeitpunkt serienmäßig beim Carrera 2 und seinem Nachfolger 904).
Die auffallendste Änderung an diesen Spezial-Elva-Motoren war ihr Kühlgebläse. Es handelte sich um das seinerzeit für den Porsche-Achtzylinder kreierte flache Axialgebläse, das dann erstmals 1961 in einem Vierzylinder erprobt worden war. Dieses gleiche Gebläse, das über einen Keilriemen, eine horizontale Welle und Kegelräder angetrieben wurde, war in dem Vierzylinder, den Michael May gebaut hatte, verwendet worden. Es existierten noch genügend Teile, um eine An-

Einer der prominentesten Porsche-Kenner und -Fahrer Amerikas, Joe Buzzetta, am Lenkrad seines Elva-Porsche 1964. Gegenüberliegende Seite: Blick unter die Heckabdeckung eines Elva-Porsche von 1964, wie er in Watkins Glen (USRRC-Rennen) gefahren wurde. Der Motor vom Typ 547/3 hat noch das liegende Gebläse. Am Fahrgestell wurden später diverse Änderungen vorgenommen.

zahl Elva-Porsche-Motoren damit bestücken zu können. Der Einsatz dieses Gebläses erbrachte zusätzlich zu den Verbesserungen, wie etwa der Änderung der Zylinderköpfe, einen kleinen Leistungsgewinn, so daß der Motor auf eine Nettoleistung von 183 PS kam. Ein normales Spyder-Fünfganggetriebe mit hydraulisch betätigter Kupplung komplettierte dieses Kraftpaket, wie man es in den Elva Mark VII einbaute. Es dauerte allerdings seine Zeit, bis die ersten Wagen fertig wurden. Die Kunden mußten bis Ende 1963 auf ihren Wagen warten. Sie kosteten pro Stück 11000 Dollar. Die Auslieferung der ersten 15 Wagen begann im Februar 1964.

Schon beim zweiten USRRC-Rennen der Saison 1964, das im April in Pensacola in Florida stattfand, waren gleich sieben von ihnen am Start und in Händen von einigen der besten amerikanischen Fahrer: Bill Wuesthoff, George Wintersteen, Chuck Dietrich, Skip Scott, Bob Markley, Charlie Hayes und Joe Buzzetta. Aber nur zwei kamen ins Ziel. Buzzetta hatte seinen RS 60 für einen Elva-Porsche in Zahlung gegeben: »Als wir das neue Auto in Empfang nahmen, war das erste, was wir erhielten, eine Liste von Anweisungen, was wir alles ändern sollten, ehe wir losfuhren. Erst dann begaben wir uns hinunter nach Pensacola. Als ich das Auto zum ersten Mal in die Hand bekam, war es so miserabel, daß ich kaum damit fahren konnte. Wenn man aufs Gas stieg, drehte der Wagen nach rechts. Wenn man das Gas wegnahm, tendierte er stark zum Schlingern. Man konnte weder hart bremsen noch zurückschalten; man mußte ihn wirklich wie eine Diva behandeln. Man konnte richtig sehen, wie sich jedes Rad in eine andere Richtung bewegte. Ich kam nach zwei Runden kreidebleich an die Boxen zurück!«

Buzzetta und andere Elva-Besitzer schafften es dennoch, das Fahrzeug von seinen bösen Eigenarten zu befreien. Die für das Schmidt-Team fahrenden Wuesthoff und Hayes erzielten 1964 immerhin den zweiten und dritten Platz der USRRC-Punkteliste hinter Jim Hall auf Chaparral. E. Lee Hall (kein Verwandter von Jim) fuhr einen Elva-Porsche auf den ersten Platz in der SCCA-Rennsportmeisterschaft dieser Saison. Mit dem luftgekühlten Motor hatte es allerdings nie Probleme gegeben. »Es ist eine herrliche Maschine«, sagte Buzetta, »der beste Porschemotor, den wir gehabt haben. Er lief und lief und lief. Seine Leistung war unglaublich – auch die Drehzahlen, die wir herausholten.« Was den meisten Kummer machte, waren die Bremsen.

Die Elva-Porsche waren nicht die einzigen Rennsportwagen, die in Nordamerika mit dem 547/5-Motor liefen. Der kanadische Fahrer und Konstrukteur Wayne Kelly brachte im Sommer 1963 einen Eigenbau auf den Rennkurs, noch bevor der erste Elva-Porsche über den Teich kam. Der von der Royal Canadian Airforce nach Deutschland geschickte Kelly hatte bei Porsche einige Mitarbeiter kennengelernt und fuhr sowohl in Europa als in Kanada mit großem Erfolg einen Porsche Carrera. Dadurch war auch er in der Lage, einen Motor mit dem flachen Gebläse sowie ein zugehöriges Getriebe zu erhalten, um welches er sich in Ottawa ein Automobil baute, das entfernt einem Lotus 23 glich. Dieser Kelly-Porsche errang in etlichen Rennen in Kanada und in den Vereinigten Staaten mit Grant Clark und Ray Parson im Verlauf des Jahres 1964 eine Reihe von Klassensiegen.

Die Erfolge dieser Automobile spornten mehr an, als daß sie das Interesse an Eigenbauten mit Porsche-Motoren hätte bremsen können. Durch die Einführung des 904 Anfang 1964 wurden mehrere der schalengelagerten Motoren zugänglich, von denen viele in fremde Fahrgestelle eingebaut wurden (siehe Kapitel 15). Die Porsche-Leute selbst zeigten an solchen Spezialkonstruktionen Interesse, als sie 1965 eine Reihe von Einzelmodellen fertigten, wodurch die Firma in ganze neue Konstruktionsbereiche gelangte.

Der Erfolg des geschlossenen Porsche 904, jene Art von Auto, die das Zeitalter der G.T.-Wettbewerbe hervorbrachte, markiert den Beginn einer neuen Epoche von Renncoupés aus Zuffenhausen. Aber es sollte auch offene Rennwagen in den kommenden Jahren geben, wobei einige von ihnen sehr berühmt wurden. Manche wurden Spyder genannt, ein Name der zwar technisch korrekt, aber emotional nicht richtig war. Für die Porscheliebhaber wird der Name Spyder immer und ewig für den Silberroadster stehen mit seiner Aluminiumkarroserie um den Stahlrohrrahmen und dem Vierzylindermotor. Die letzten Vertreter dieser Spezies waren der RS 61 und der unvergessene W-RS gewesen . . .

Kapitel 15
Reinrassig in bester Tradition: Porsche 904

Peter Gregg am Lenkrad eines Carrera GTS. Er wurde Klassendritter beim Daytona-Rennen 1966.

Der Carrera GTS, besser bekannt als 904, war das Lieblingsmodell seines Stilisten Ferdinand Porsche III. »Aus einem einfachen Grund: Weil ich ihn alleine entworfen hatte«, sagte er. »Bei ihm gab es nicht den üblichen Kampf um nachträgliche Änderungen. Ich hatte nur wenig Zeit zur Verfügung – der Wagen mußte nach den ersten Gipsmodellen so schnell fertiggestellt werden, daß keine Zeit mehr für Modifikationen blieb.«

Hatte Ferry Porsche die Last eines Erbes zu tragen, so war die Bürde, die auf seinem ältesten Sohn lastete, vermutlich noch schwerer. Auch er trug den Namen seines weltberühmten Großvaters und sah sich in der Rolle der führenden Persönlichkeit einer neuen Generation im Familienclan der Porsches versetzt, die sich nach wie vor in einer harten Auseinandersetzung um die Konzernleitung mit der Piëch-Familie befand. Eine Position im Zuffenhausener Werk kam einer Vorrangstellung gleich und obwohl sein Cousin Ferdinand Piëch hier ebenfalls arbeitete, bekleidete Butzi Porsche den bei weitem wichtigeren Posten als Styling-Chef. Er nannte das einmal in seiner typisch selbstkritischen Art etwa so: »Stiling ist das jüngste Kind in unserer Firma, und so kommt es, daß man im Moment etwas mehr darüber hört. Die technische Seite ist nach wie vor jedermann bestens vertraut.« 1963, im Alter von nur 28 Jahren, war Butzi Porsche zum Chef einer Abteilung ernannt worden, die es nicht gegeben hätte, wenn er nicht Industriedesign als seinen Beruf erkoren hätte. Seine Ausbildung hatte er an der Hochschule für Gestaltung in Ulm absolviert.

Obwohl Butzi Porsche selbst keine Rennen fuhr – »warum soll ich Rennen fahren oder Renn- und Testfahrten unternehmen? Ich bewerte ein Automobil nach Raum und Komfort, nicht nach Geschwindigkeit« – war er an der Teilnahme Porsches an Wettbewerben stark interessiert und sah darin Möglichkeiten, mit neuen Karosserieformen zu experimentieren. Seit 1961 hatte Porsche diese Teilnahme auf zwei unterschiedliche Ziele gerichtet: auf Grand-Prix-Rennen und Wettbewerbe in der Zwei-Liter-Klasse der neuen GT-Kategorie. Hier gewann Porsche 1961 mit Hilfe des von Abarth gebauten Carrera GTL das Championat, obwohl die Zuffenhausener mit einem 1,6-Liter-Motor angetreten waren. Diese Benachteiligung wurde mit der Einführung des 1966-ccm Carrera 2 im Herbst 1961 ausgeglichen und seine Homologation als GT-Automobil (wobei mehr als 100 Stück innerhalb von zwölf Monaten zu produzieren waren) erfolgte später in der Saison 1962. Auch in diesem Jahr kam es zu einer weiteren GT-Meisterschaft für Porsche. Allerdings gab es für Porsche keine allzu große Konkurrenz in der GT-Klasse. 1963 dagegen schaute es so aus, als würde sich dies ändern. Carlo Abarth, dessen Fiat-Abarths im Jahre 1962 die GT-Meisterschaft in der Ein-Liter-Klasse gewonnen hatten, strebte danach, in die nächste Klasse, in der Porsche 1963 antrat, überzuwechseln. Abarth bedeutete eine Konkurrenz für Porsche, das wußte man ganz genau. Und es blieb nicht unbeachtet, daß Hans Hermann als Werksfahrer und Tester am Jahresende 1962 von Abarth engagiert wurde.

Für die Saison 1963 war der Abarth-Simca 2000 geplant, ein starkes kleines Coupé mit Zweiliter-Vierzylindermotor. Die Abarth-Leute hatten die Absicht, eine Anzahl dieser Coupés zu fertigen, um die Homologierung als Serien-GT durch die F.I.A. zu erlangen. Abarth traf Vorbereitungen, um den ersten Abarth-Simca 2000 auf dem Genfer Salon im März 1963 vorzuführen. Und auch eine andere italienische Firma hoffte darauf, im Jahr 1963 Porsche zurückzudrängen: Alfa Romeo. Ihr neues, leichtes Giulia TZ-Modell war für diese Saison homologiert. Diese Tatbestände gaben Huschke von Hanstein genau jene Argumente, die er benötigte, um die Entwicklung eines neuen, schnelleren Wettbewerbs-GT durchzusetzen.

Intern standen die Aussichten günstig. Denn obwohl der Grand-Prix-Achtzylinder-Porsche in seiner ersten und einzigen Saison einen Sieg erringen konnte, hatte der Bau und Renneinsatz des Wagens dem Familiennamen im Vergleich zu seinen doch erheblichen Kosten nur wenig Ruhm gebracht. Daher stieß die Idee einer begrenzten Serienproduktion von Spezialwagen, deren Entwicklungskosten durch ihren Verkauf an Privatkunden zurückzugewinnen waren, durchaus auf Zustimmung, denn diese überzeugten Enthusiasten hatten bisher stets den Grundstock dargestellt, auf dem der Erfolg der Porsche-Renneinsätze basierte. Ferry Porsche und sein technischer Direktor Hans Tomala hatten sich entschlossen, zu diesem Terrain zurückzukehren. Es war dies nicht die erste Idee eines Porsche Spezial-GT. Die beiden hübschen Coupés, die man 1961 auf das Chassis des Typ 718 während der Rücker-Ära gebaut hatte, waren bereits ein Versuch in diese Richtung gewesen. Aber sie waren ihrer Zeit etwas voraus, weil sich bis damals noch keine ernstzunehmende Opposition für die GT-Klasse des Porsche zeigte. Diese beiden Automobile waren in der Art aller Spyder gebaut: mit handgeformten Aluminiumkarosserien auf handgeschweißten Stahlrohrrahmen. Aber wenn diese Methode für den Bau offener Roadster in begrenzter Stückzahl über einen größeren Zeitraum angemessen war, erwies sie sich als zu teuer und zu langsam für eine Serie von 100 geschlossenen Coupés in vier Monaten, was eine Produktionsrate von etwa einem Auto pro Tag bedeutete. Man mußte andere Möglichkeiten finden, um die neuen Wagen herzustellen.

Dies war nur eine der Entscheidungen, die im Winter 1962/63 getroffen wurden, als sich Porsche entschloß, einen neuen GT-Wagen zu entwickeln. Eine weitere Entscheidung galt dem Einsatz des gleichen Sechszylindermotors und des gleichen Fünfgang-Getriebes, wie es in einem neuen Serienwagen verwendet werden sollte: im Typ 901. Und das hieß: den Motor vor der Hinterachse zu plazieren. Porsche hatte dieses Bauprinzip stets in seinen Rennwagen eingehalten, wenn auch einige solcher Wagen für den Straßeneinsatz verkauft wurden. Der 904 sollte mit seinem Mittelmotor-Konzept für großes Aufsehen sorgen.

Rechts: einer der ersten drei Prototypen, die vom 904 im Jahre 1963 angefertigt wurden. Bei diesem Porsche wurde erstmals Kunststoff in größerem Ausmaße für die Karosserie verwendet.

Die Kontur des 904 wurde so niedrig wie möglich gehalten, wie Innenraum und Reifengröße es zuließen. Die Gesamthöhe betrug ganze 1064 mm, wodurch sich die gesamte Vorderfläche des Wagens auf lediglich 1,3 Quadratmeter reduzierte – weniger als die mit 1,4 Quadratmeter bereits recht knapp bemessene Fläche des Abarth-Carrera. Nachdem Cockpit und die Größe des Motorraums bestimmt waren, setzte man den Radstand mit 2300 mm, die vordere Spurweite mit 1315 mm und die hintere mit 1318 mm fest. Mit diesen Parametern hatte Butzi Porsche eine Form zu finden, die funktional wie attraktiv war – denn Porsche mußte von diesen neuen Autos

schließlich 100 Stück verkaufen. Bis zu diesem Zeitpunkt hatte Butzi bereits eine erfolgreiche Praxiszeit hinter sich. Seine Arbeit an den Coupés auf dem Chassis des 718, die er 1961 begonnen hatte, stellte einen ersten Schritt zur Kontur des 904 dar. Diese Erfahrung war von besonderer Bedeutung, weil man jetzt innerhalb kürzester Zeit eine Karosserie brauchte, bei deren Realisierung man keine Zeit hatte, um mit ihr in den Windkanal zu gehen.

Zahlreiche Details übertrug Butzi Porsche vom 718 auf den 904, so zum Beispiel die stark gewölbte Windschutzscheibe, die praktisch mit jener im 718 identisch war und nur einen in der Mitte fixierten Scheibenwischer hatte. Ein weiteres Detail war der obere Ausschnitt der Türlinie, die in das Dach reichte, um mehr Einstiegraum zu gewinnen. Auch der keilförmige Bug mit seinen schrägen Scheinwerfern und dem Luftschlitz an seiner Frontkante entsprach dem 718.

Im Februar 1963 stellten Butzi Porsche und seine kleine Mannschaft ein Kunststoff-Modell der Karosserie für den 904 im Maßstab 1:1 fertig. Von ihm nahm man eine Negativform, die man zur Herstellung der endgültigen Karosserie benötigte, die aus glasfaserverstärktem Plastik (Fiberglas) angefertigt wurde – das erstemal in der Geschichte der Porsche-Sportwagen. Das GFK-

Die vier Söhne Ferry Porsches, aufgenommen im Sommer 1964: Wolfgang, Peter, Gerd und Ferdinand, genannt Butzi.

Material hatte sich bereits bei den Karosseriepaneelen für den Grand-Prix-Wagen bewährt und kam auch in den Türen und Deckteilen im W-RS Roadster zu Beginn des Jahres 1963 zum Einsatz. Beim 904 jedoch sollte Hans Tomala wesentlich mehr als nur oberflächlichen Gebrauch von Kunststoffteilen machen. Er setzte sie so ein, daß sie zur Gesamtfestigkeit des Wagens entscheidend beitrugen.

Tomala konzipierte den 904 als ein Fahrzeug in gemischter Bauweise mit Leiterrahmen und GFK-Karosserie, die auf diesem Rahmen angeschraubt war und so die erforderliche Stabilität bekam. Um die Fertigung rationell zu gestalten, hielt man die Werkzeugkosten niedrig; die Karosseriewerkzeuge, die Negativformen aus Holz und GFK kosteten keine 100 000 Mark. Porsche und Tomala hatten zudem einen Lieferanten gefunden, der die gessamte Chassis- und Karosserie-Konstruktion herzustellen in der Lage war, fix und fertig für die Endmontage. Es war dies die Heinkel Flugzeugbau GmbH in Speyer. Die Firma verfügte über Platz und Personal, denn sie hatte gerade einen großen Auftrag abgewickelt: die Fertigung von Einzelteilen für eine Serie von Lookheed-Starfightern. Unter der Leitung von Tomala wurde die Konstruktion des 904-Chassis durch eine von Ing. Schröder geleitete Planungsgruppe zu Papier gebracht. Die Grundkonstruktion der Radaufhängung und Bremsanordnung übernahmen sie vom serienmäßigen 356C. Die Scheibenbremsen hatten die gleiche Größe wie die des 356 C (27,5 cm Durchmesser vorn, 28,5 cm hinten), auch benützte man die gleichen kleinen Trommelbremsen für die auf die Hinterräder wirkende Handbremse. Der Hauptbremszylinder und die Größe der Kolben in den gußeisernen Bremsträgern entsprachen ebenfalls jenen des 356C.

Sowohl vorn als auch hinten wurden beim 904 Querstabilisatoren eingebaut und konzentrische Schraubenfedern mit innenliegenden Stoßdämpfern. Die Hinterradaufhängung des 904 war eine Weiterentwicklung der erfolgreichen Doppelquerlenker-Konstruktion, wie sie im 718 und 718/2 zum Einsatz gekommen war. Sie verwendeten einen neuen aus Leichtmetall gefertigten Radträger, der unten von zwei Querlenkern geführt wurde und oben von einem umgekehrten Dreieckslenker. Alles in allem sah diese Radaufhängung für den neuesten deutschen Rennwagen schon unglaublich britisch aus.

In vieler Hinsicht war die Rahmenkonstruktion recht ungewöhnlich. Im Prinzip stellte das punktgeschweißte Chassis einen Kastenrahmen dar, dessen Querschnitt an verschiedenen Stellen variierte. Die Seitenholme waren miteinander durch zwei flache Querträger im Cockpitbereich verbunden sowie durch Verbindungsstücke in der Front- und Heckpartie. Das Gewicht des kompletten 904-Rahmens betrug 54 Kilogramm.

Trotz seines filigranen Aussehens war der Rahmen verwindungsfester als der des 356C und wesentlich steifer als die Rohrrahmenkonstruktionen der Typen 804 und 718. Die Verwindungsfestigkeit des gesamten Wagenkörpers des 356 wurde mit dem Aufschrauben der Karosserie verdoppelt, und man erwartete ähnliche Resultate, wenn die GFK-Karosserie des 904 aufs Chassis kam. Die Karosserie allein war nicht sehr steif, da sie aus etwa 50 einzelnen GFK-Teilen zusammengefügt wurde, von denen das größte Einzelteil den Rücken und Fußboden des Cockpits bildete mit tiefen Ausbuchtungen für die Sitze.

Bei Heinkel wurde die Karosserie für den 904 bis zu einer Stärke von 2 mm in Handarbeit angefertigt. Man baute sie in drei Lagen aus Glasfaser auf, wobei eine Schicht Gewebe darstellte und zwei Glasmatten waren, die durch ein von BASF gefertigtes Polyester (Palatal) miteinander verbunden wurden. Die Hauptteile der Karosserie, der Unterboden, die Cockpiteinrichtung und das Dach waren sowohl miteinander als auch mit dem Rahmen verbunden und mit einer Schicht schlagzähen Kunststoffs überzogen, um die Oberflächen-Festigkeit zu erhöhen. Das gesamte Heck der Karosserie konnte mittels Scharnier aufgeklappt werden, damit man an den Motorraum gelangen konnte.

Die Karosserie, die 81,5 kg wog, verstärkte die gesamte Konstruktion des 904 noch mehr in ihrer Verwindungsfestigkeit, als dies beim Abarth Carrera der Fall war. In dieser Hinsicht bewährte sich die gemischte Bauweise ganz außerordentlich. Die Festigkeit nahm mit dem Alter der Karosserie sogar noch zu. Nachteile brachte die Vermischung metallischer und organischer Strukturelemente, indem Montageteile entstanden, die in Gewicht und Festigkeit unvorhersehbar variierten. Und die Karosseriekonstruktion des 904 erschwerte die Entdeckung und Behebung von Korrosionsschäden an den versteckten Rahmenteilen jener Wagen, die unter schlechten Wetterbedingungen hohe Kilometerleistungen absolvierten.

Während Anfang 1963 in Speyer die Formen für den Aufbau des 904 vorbereitet wurden, schritt die Entwicklung, wenn auch nicht kontinuierlich, an dem neuen Sechszylinder, der für den Wagen vorgesehen war, voran.

Doch noch vor der Fertigstellung des 904-Prototyps war abzusehen, daß der modifizierte Sechszylinder nicht rechtzeitig für den Einsatz im neuen GT-Wagen fertig sein würde. Tatsächlich sollte die Serienfertigung des Motors nicht einmal bis zum Herbst des Jahres 1964 in Schwung gekommen sein, als der 901 – der jetzt 911 hieß – vorgestellt wurde. Daher entschied sich Tomala für eine verbesserte Ausführung des Zwei-Liter-Vierzylinders vom Typ 587, der sich im Carrera 2 vorzüglich bewährt hatte.

Die in den Wettbewerben der Saison 1963 im Carrera 2 und Abarth Carrera eingesetzten Vierzylinder trugen die Typenbezeichnung 587/2 und entwickelten 155 Netto-PS bei 6600 U/min. Verstärkte Konkurrenz kam von den Alfa Romeo und Abarth-Simca, wodurch klar wurde, daß man für das Jahr 1964 mehr Leistung brauchte und man eine höhere Lebensdauer des Motors garantieren mußte, wollte man ihn in größerer Zahl verkaufen. Mit dieser Aufgabenstellung konfrontierte man Hans Mezger, der Anfang 1963 mit seinen Arbeiten am Grand-Prix-Achtzylinder fertig geworden war. Nach dessen Schätzungen verbrachte er damals 30 Prozent seiner Arbeitszeit im Konstruktionsbüro und 70 Prozent in der Versuchsabteilung, wo man ihm den Spitznamen »Rennmezger« gab – wegen seiner Fähigkeit, Motorleistungen relativ schnell in die Höhe zu bringen.

Um mehr Leistung aus den Vierzylindern zu holen, war es notwendig, daß Mezger ihn drehzahlfester machte. Zu diesem Zweck vergrößerte er beide Ventile, das Einlaßventil um 1 mm auf 49 mm und das Auslaßventil um 2 mm auf 43 mm und er änderte auch die Nockenform, so daß die Öffnungszeiten der Ventile verlängert wurden. Als Einlaßnocken verwendete er jene des 547-Motors, die Auslaßnocken waren hingegen neu und wiesen ein Timing von 79/93/88/60 Grad auf. Mezger änderte auch die Verbrennungskammerform und die Oberseite der Kolben. Auch wurden die Pleuel am Fuß verstärkt. Ursprünglich waren Doppelvergasereinheiten vom Typ Weber 46IDM2 vorgesehen, doch nachdem die ersten 25 Motoren gebaut waren, kam häufiger der Solex 44PII4 zum Einsatz.

Dieser letzte der großen Viernockenwellen-Vierzylinder-Porsche-Motoren trug die Bezeich-

Erste Röntgenzeichnung vom 904 von 1963. Man erkennt die zweifach »geknickte« Lenksäule und den Ölkühler vor dem Reserverad im Bug. Rechts die Vorder- und die Hinterradaufhängung des Porsche 904. Der Wagen wies ringsum Scheibenbremsen auf.

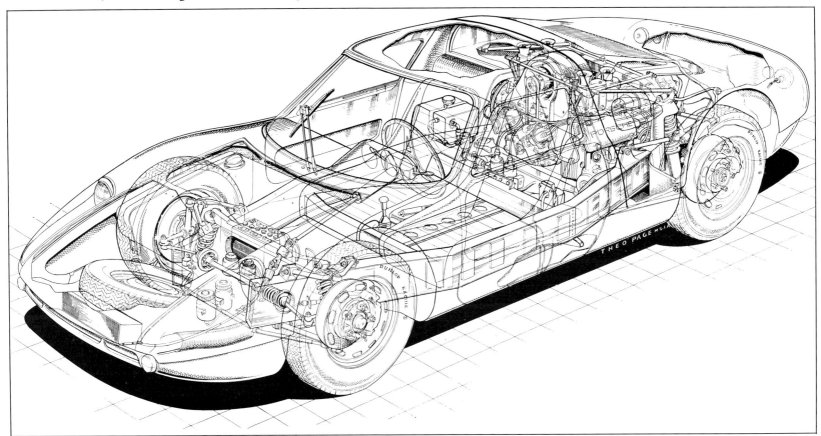

nung 587/3 und wurde in einer Stückzahl von 100 Einheiten für den 904 produziert. Nach Werksangaben hatte er 180 Netto-PS bei 7200 U/min mit einem ungedämpften Rennauspuff, mit dem er es auf 20 kpm Drehmoment bei 5000 U/min brachte. Die entsprechenden Leistungs- bzw. Drehmomentangaben waren 155 und 17, wenn man ihn mit einem verkehrsgerechten Auspuff ausstattete (die ausgelieferten 904 hatten etwa zur Hälfte das eine bzw. das andere Auspuffsystem). Die weitaus weniger gleichmäßig verlaufenden Werkskurven, die sich nicht so geglättet gaben wir jene für die Veröffentlichungen, zeigten Maximalwerte von 164,7 PS bei 7250 U/min und 18,2 kpm bei 4800 U/min. Diese Werte sind nicht definitiv für einen Typ gekennzeichnet, und ist es durchaus möglich, daß sie für einen 587/3 Motor mit verkehrsgerechtem Auspuff, aber ohne Luftfilter galten.

Über eine einfache Scheibenkupplung mit 200 mm Durchmesser erfolgte die Kraftübertragung von dem 138,6 kg schweren Motor zum Transaxle des 904. In allen wesentlichen Einzelheiten handelte es sich dabei um die gleiche Einheit, wie sie im Porsche 901 Verwendung fand, doch hatte man ihr eine eigene Teilenummer gegeben. Da es sich um eine Fünfgang-Einheit mit tunnelförmigen Leichtmetall-Gehäuse handelte, bei der sich der erste und der Rückwärtsgang außerhalb des Hauptgehäuses befanden, erinnerte sie an frühere Porsche-Renngetriebe.

Im November 1963 lieferte Heinkel die erste Chassis-Karosserie-Einheit an Porsche als Beweis, daß mit der Serienherstellung begonnen werden konnte. Bei Porsche befand man, daß es an der Zeit war, den Wagen der Öffentlichkeit zu zeigen und setzte für den 26. November auf dem Solitudekurs einen Termin an. Am Tag davor hielt Wolfgang Raether mit seiner Verkaufsmannschaft eine Besprechung ab, um sich auf die zu erwartenden Fragen entsprechend vorzubereiten. Der Preis wurde mit 29700 Mark ab Werk festgesetzt, der Käufer mußte bei Vertragsabschluß ein Drittel dieses Betrages anzahlen. Die Innenausstattung wurde in dunklem Blau, ähnlich wie bei den Prototypen, gehalten. Grundsätzlich gab es bei den ersten 100 Exemplaren keinen Sechszylindermotor. Intern wurde das Automobil als 904 bezeichnet, in der Öffentlichkeit sollte es Carrera GTS heißen. Trotz dieser Festlegungen wurden diese niedrigen Coupés in aller Welt nur unter ihrer Typennummer bekannt.

Die hohen Bäume, die den Solitude-Kurs säumten, triefen vor Nässe, als am 26. November Edgar Barth und Herbert Linge eingeladene Journalisten mit hoher Geschwindigkeit in den 904 Prototypen herumchauffierten. Potentielle Kunden erprobten die Wagen ebenfalls, und innerhalb von zwei Wochen hatten 60 jener 90 Automobile, die verkauft werden sollten (die ersten zehn Exemplare verblieben im Werk) feste Abnehmer gefunden. Das war ein beruhigender Start für einen radikal neuen Porsche.

Weitere Einzelheiten wurden in einem Verkaufsmeeting am 9. Dezember beschlossen. Als Standard-Lackierung kam Silbermetallic in Frage oder die nationalen Rennfarben des Käufers, sofern er dies wünschte. Dem Kunden bot man vier verschiedene Getriebe-Übersetzungen an. In der Normalausführung hatte das Getriebe die sogenannte »Nürburgring-Übersetzung«, die etwa zwischen Flugplatz- und Le Mans-Ausführung lag. Eine extrem hohe Übersetzung für Bergrennen war die vierte Alternative.

Details enthielt die im Dezember fertiggestellte Betriebsanleitung für den 904 sowie der Carrera-GTS-Verkaufskatalog, der im März 1964 herauskam.

Nach dem Jahreswechsel lief in Speyer die Produktion der 904-Karosserieschalen im vollen Umfang an. Im Heinkel-Werk wurden die Karosserien einschließlich Verglasung, der elektrischen Verkabelung, der Instrumente, sowie Benzin- und Öltank ausgerüstet. Auch wurden sie an Ort und Stelle mit Zelluloselack lackiert, der nicht nur gut aussah, sondern auch einfach auszubessern war. Mit einer Mannschaft von 80 Arbeitern war Heinkel in der Lage, zwei Schalen pro Tag zu fertigen, so daß sich ein gutes Polster für die Zuffenhausener Produktion ergab, weil man dort kaum mehr als ein Automobil pro Tag fertigstellen konnte.

Bei Porsche wurden diese Rumpfteile auf dreirädrigen Dollis zur Endfertigung in eine brandneue Fertigungshalle, die an sich für den kommenden Typ 901 vorgesehen war, fertig montiert. Der Typ 901 mußte warten, bis der letzte 904 im April 1964 gebaut war. Die für eine Homologierung verlangte Stückzahl von 100 Automobilen wurde offiziell am 31. März 1964 erreicht, doch konnte man diese Meldung bereits abgeben,

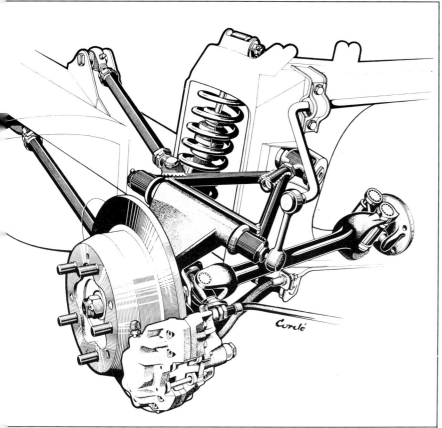
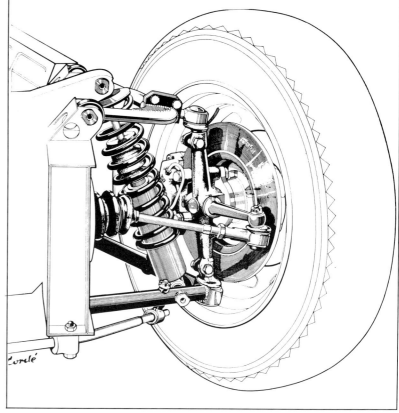

noch bevor alle Einzelteile auch wirklich zu betriebsfertigen Wagen zusammengebaut waren. Und einige letzte 904 wurden möglicherweise erst später montiert – aus Einzelteilen, die man ursprünglich als Ersatzteile vorgesehen hatte. Wie viele 904 wurden letztlich gefertigt? Ein Dokument der Firma Porsche mit Datum vom 16. April 1964 zeigt eine für den Verkauf freigegebene Zahl von Seriennummern (ausgenommen die ersten Prototypen) bis hinauf zu 106. Die letzten vier mit dem Vermerk geführt, daß sie als Ersatzteil-Reserve vorgesehen waren. Aus der Liste geht außerdem hervor, daß 58 Wagen bis Mitte April bereits ausgeliefert waren. Und es müssen sogar noch weitere 904 produziert worden sein, da die höchste bekannte Seriennummer 904111 ist. Es kann als sicher angenommen werden, daß es 110 reine 904 wurden und vielleicht noch ein paar mehr.

Als erstes Lieferdatum ist der 17. Januar 1965 vermerkt: zwei silber lackierte Wagen für Otto Zipper in Los Angeles (011 und 012). Ein weiteres für die Vereinigten Staaten bestimmtes Auto dieser Serie war zugleich der erste 904, der zum Renneinsatz kam. Er wurde am 16. Februar zum Daytona Continental gemeldet, einem 2000-km-Rennen, das damals noch nicht zu den internationalen Veranstaltungen zählte. Es wurde abwechselnd von Chuck Cassel und Augie Pabst gelenkt, fiel jedoch aus.

Es folgten im Februar fünf weitere 904-Lieferungen, so daß am 21. März für den Mans-Start in Sebring genügend Wagen dieses Typs mit von der Partie waren. Bei diesem Rennen handelte es sich um ein sehr wichtiges Ereignis, bei dem die in Privatbesitz befindlichen Rennwagen praktisch unter Werksaufsicht standen; sie beteiligten sich als Prototypen, da sie noch nicht für die GT-Klasse homologiert waren und man gab ihnen keine Chance, irgendetwas zu gewinnen. Die brandneuen Porsche hatten hier Gelegenheit, genügend Testkilometer in den Schatten der Ferrari und AC-Cobras abzuspulen. Mit von der Partie waren auch zwei Werkswagen mit »Dreikantschaber«-Karosserie vom Typ Carrera 2, wie in Kapitel 11 beschrieben.

Einige der 904 erlitten Beschädigungen ihrer GFK-Vorderteile als Folge leichter Touchierungen. Drei der fünf kamen ins Ziel. Bestplaziert war der von Lake Underwood und Briggs Cunnigham gelenkte 904, der als Neunter das Rennen beendete und die Prototypenklasse der 3-Liter-Wagen gewann. Dieses Automobil mit der Nr. 904018 wurde später von Cunnigham erworben, der es seiner großen Kollektion hinzufügte. Für ein derart frischgebackenes Automobil war dies ein durchaus annehmbares Debut.

In einem detaillierten Bericht vermerkte das Porsche-Expeditionskorps am 26. März alle technischen Probleme, die bei diesen Fahrzeugen in Sebring aufgetreten waren. Man wollte zum einen etwaige Kinderkrankheiten herausfinden und sie von vornherein an jenen Wagen vermeiden, die noch nicht ausgeliefert waren, zum anderen ging es um mögliche Verbesserungen für eine zweite Serie von 100 Wagen. Die Nachfrage nach dem Carrera GTS war so groß, daß die Vorbereitungen für den Bau weiterer 100 bereits im Frühling 1964 begannen, einschließlich der Vergabe von Aufträgen für die Zulieferteile, wie etwa die Vorder- und Hinterradaufhängungen. Dennoch wurden diese Pläne im Sommer gestrichen. Am 27. Juni erging ein Brief der Porsche Verkaufsabteilung an alle Händler, daß 100 Stück vom 904 gebaut worden seien und keine weiteren angefertigt würden. Erst Ende 1965 wurde der Organisation mitgeteilt, daß es wieder einen neuen Rennporsche geben werde.

Die in Sebring gewonnenen Erkenntnisse führten zu etlichen Detailänderungen an den letzten 904-Wagen. So wurden Gaszüge mit neuen Be-

festigungen installiert. Benzintanks, die dazu neigten, an den Kanten Risse zu bekommen, wurden mit Verstärkungen versehen. Der vordere Motorträger wurde geteilt, wodurch sich der Gebläsekeilriemen leichter wechseln ließ. Man entfernte die Pedalanschläge und verbesserte die Kurbelgehäuseentlüftung.

Diese und weitere Verbesserungen spielten eine Rolle in einem der unerwartetsten aller Porschesiege. In seiner Presseaussendung vom 25. November 1963 hatte Huschke von Hanstein das neue Modell mit den Worten vorgestellt: »Porsche hat nicht die Absicht, ›Flugplatzrenner‹ zu bauen, sondern Automobile, die erfolgreich in allen Rennarten eingesetzt werden können, einschließlich einer Targa Florio.« Genau fünf Monate später, am 26. April 1964, errang Porsche seinen fünften Sieg in diesem klassischen Rennen und zwar mit einem Serien-904, dem auf dem zweiten Platz ein Automobil des gleichen Typs folgte. Beide hatten die Ferrari, Abarth-Simca und einen weiteren 904 – der sogar einmal geführt hatte – hinter sich gelassen. Die Sieger waren Colin Davis und Antonio Pucci, gefolgt von Linge/Balzarini. Dieser hervorragende Erfolg unter den harten Targa-Bedingungen bewies, daß die Porsche-Ingenieure ihre gesetzten Ziele bei der Konstruktion und Erprobung des 904 erreicht hatten – und einiges mehr.

Als einer der zahlreichen Motorjournalisten testete auch Paul Frère den 904, dessen erzielte Beschleunigungszeiten in *auto motor & sport* am 22. Februar 1964 veröffentlicht wurden. Bei Porsche verwendete man alle erzielten Testwerte für ein Computerprogramm, mit dem sich die Leistungsfähigkeit eines Automobils im Vorhinein errechnen ließ, und man prüfte wiederholt, wie nahe die Realität diesen Berechnungen kam. Ingenieur Schmidt tippte die Motorleistungskurve und weitere Daten in den IBM 1620 Computer und wartete die 30 bis 40 Minuten, bis dieser die Errechnung der Beschleunigungsstrecken einschließlich der dafür benötigten Zeit auswarf. Die Ergebnisse lagen sehr nahe den gestoppten Daten von Frère. Sie enthüllten auch, daß Frère (oder Linge, der ebenfalls an diesen Tests beteiligt war) den Motor in den niedrigeren Gängen bis auf 8500 U/min gedreht haben mußten, wobei sie zu etwas besseren Ergebnissen gekommen waren, als sie der Computer errechnet hatte.
Die Wettbewerbsleistungen des 904 erwiesen sich im Sommer des Jahres 1964 als so gut, wie Porsche dies nur erhofft haben konnte. Der Holländer Ben Pon war mit seinem Wagen (904055) auf den dritten Gesamtrang im 1000-km-Rennen auf dem Nürburgring gekommen und alle fünf 904, die im 24-Stunden-Rennen von Le Mans gestartet waren, beendeten es auch, und zwar an siebenter, achter, zehnter, elfter und zwölfter Stelle.
Im darauffolgenden 12-Stunden-Rennen von Reims kam der bestplazierte 904 auf den fünften Gesamtrang, alle acht gestarteten Wagen kamen ins Ziel. Der 904 hatte seine erste Aufgabe erfüllt: ein weiteres Championat in der 2-Liter GT-Klasse.
Für den 904 zeigte sich auf den Rennstrecken des Jahres 1965 keine weitere ernstzunehde Konkurrenz, jedoch tauchte am Horizont eine Gefahr auf in Form des neuen 166 T Dino-Renncoupés von Ferrari, das im Dezember 1964 in Maranello vorgestellt worden war. Obwohl dieses Automobil nicht als GT figurierte, stellte es eine Herausforderung für Porsche dar. Man reagierte mit einer Leistungsanhebung beim Motor. Entsprechende Hinweise wurden vom Werk auch an Privatfahrer weitergegeben. Für das 587/3-Aggregat empfahl Porsche den Einbau neuer 50-mm-Einlaßventile und gab Anweisungen, wie die Ventilsitze einzuschleifen waren. Neue Einlaßnocken wurden geliefert, wobei die alten Einlaßnocken auf die Auslaßwelle kamen und sich hierdurch ein neues Timing von 90/94/100/72 Grad ergab. Dies führte zu einer Gesamtüberlappung zwischen Auslaß- und Einlaßarbeitstakt von insgesamt 162 Grad gegenüber den bisherigen 139 Grad. Auch wurde ein komplett neues Rennauspuffsystem angeboten, mit geteilten Krümmern, einem für jede Zylinderreihe. Von der Rohrverzweigung wurden die Auspuffgase durch je ein langes, sich zu Megaphondurchmesser erweiterndes Rohr geführt, welches an seiner Öffnung einen schmalen Stahlblechring mit radialen Verstrebungen besaß.
Die Motoren des Jahres 1965 Typ 587/3 erzeugten bei 185 PS bei 7200 U/min und 21 kpm Drehmoment bei 5000 U/min. Noch mehr Leistung, und zwar bis 190 PS, wurden aus den Motoren der Saison 1966 geholt, als man das Kompressionsverhältnis auf 10,3 zu eins und die Auspuffventile auf 44 mm Durchmesser vergrößerte (In dieser Ausführung wurde der 904 in der neuen Sportwagenkategorie des Jahres 1966 homologiert, als er auch einen aerodynamischen Spoiler am Heck trug). Für 165 empfahl Porsche den Einbau eines zweiten Gasseilzuges parallel zum ersten, so daß es im Falle eines Seilbruchs zu keinem Ausfall kam.
Auch am Getriebe wurden einige Änderungen vorgenommen. Eine größere Schubaufnahmescheibe wurde zwischen dem zweiten Gang und dem großen Kugellager an der Rückseite der Planetenradwelle eingesetzt. Verstärkende Streben wurden an die Haupteinheit der Montagelappen geschweißt. Und für den Renneinsatz auf kurvenreichen Strecken erhielt die Hinterachse ein Sperrdifferential.
Die Lenkung wurde ebenfalls verbessert. Es gab eine neue Zahnstangenlenkung, die noch präziser arbeitete. Für Langstreckenwettbewerbe gab es einen kompletten Satz sogenannter »Le Mans-Bremsen« mit verschiedenen Scheibenbremsträgern und Belägen. Diese Bremsen wiesen zwar keine besseren Verzögerungswerte auf, waren jedoch strapazierfähiger und langlebiger.
Dank dieser und noch einiger anderer Verbesserungen, die auch auf breiter Basis von Privatfahrern ausgeführt wurden, waren die Ergebnislisten des Jahres 1965 erneut vollgepflastert mit Erfolgen für den 904. Ein Werkswagen (904091), der von Koch/Fischhaber gefahren wurde, erzielte den fünften Gesamtrang in Le Mans und gewann seine Klasse – damit stellte er einen vielbeachteten Leistungsbeweis auf. Herbert Müller und Michael Weber, die ebenfalls beide 904 fuhren, kamen auf den ersten und zweiten Rang in der GT-Klasse der Europäischen Bergmeisterschaft sowie auf den vierten bzw. fünften Gesamtrang; Weber erzielte unter anderem einen beachtlichen Sieg beim Gaisbergrennen, das bei wolkenbruchartigem Regen stattfand.
Der Porsche 904 stellte 1965 das Sprungbrett für neue aufstrebende deutsche Fahrer dar, die noch eine wichtige Rolle im zukünftigen Rennprogramm der Firma Porsche spielen sollten. Unter ihnen befanden sich Udo Schütz, Gerhard Mitter, Günther Klass und auch Rolf Stommelen, ein junger Kölner, dessen Vater die letzten Barmittel zusammgebracht hatte, um seinem erst 19 jährigen Sohn einen 904 zu kaufen. Stommelens konstante Leistungen im eigenen 904 führten dazu, daß er 1966 als Werksfahrer eingestellt wurde. Beobachter, die vergessen hatten, daß der 904 sowohl als Straßenautomobil als auch als Rennwagen konzipiert war, waren höchst skeptisch, als die Firma für Eugen Böhringer und Rolf Wütherich einen solchen Wagen bei der Rallye Monte-Carlo des Jahres 1965 meldete. Sie hielten sich tapfer und erzielten den zweiten Gesamtrang. Vieles hattes es zu bestehen gegeben, wobei das unangenehmste Abenteuer wohl die Tankfüllung darstellte, die sie von einer französischen Servicestation erhielten. Der Tankwart öffnete die rechts vorne befindliche Klappe und bevor die Piloten ihn stoppen konnte, hatte er ihren Öltank mit Benzin gefüllt! Böhringer und Wütherich schoben ihren 904 durch die vor ihnen befindliche Kontrolle, dann entleerten und füllten sie erneut das Trockensumpf-Ölreservoir, bevor sie weiterschossen.
Die Rallye-Jagd durch die schneebedeckten französischen Alpen war sicher eine der extremen Einsatzmöglichkeiten für den 904. Eine andere war völlig gegensätzlicher Art: die Teilnahme des 904 am Wettbewerb der Prototypen-Kategorie als Nachfolger des legendären Typ 718. Während sie in den ersten Monaten des Jahres 1964 noch fleißig 904 für ihre Kunden zusammenbauten, zweigten die Porsche-Männer auch einige Karosserieschalen und Einzelteile für die Versuchsabteilung ab, wo diese für einen Sondereinsatz präpariert wurden. Ferry Porsche, Hans Tomala und Huschke von Hanstein begrüßten es, daß der 904 einen so tiefen Motorraum hatte – und daß der Achtzylinder-Motor vom Typ 771 derart kompakt ausgeführt war. In dieser Kombination entstand ein neues Automobil, das in der

Im Februar 1964 nahm erstmals ein 904 an einem Wettbewerb teil. Es war das 2000-Kilometer-Rennen von Daytona.

Lage war, jedem anderen GT-Prototyp mit weniger als zwei Liter Hubraum paroli zu bieten. Aus dieser Sicht wurde der neue Wagen ein Nachfolger des Achtzylinder-718-Coupés.
Das erste öffentliche Auftreten des 904/8 fand Mitte April 1964 während der Testwochenenden, wie sie von den Le Mans-Veranstaltern durchgeführt wurden, statt. Der Wagen sah wie jeder andere 904 aus, bis auf seine breiteren vorderern Öffnungen für die Bremsenkühlung und den kreisrunden Einlaß auf der Heckabdeckung, durch den die Luft für das flache Kühlgebläse des 771-Motors angesaugt wurde. Nach einem regnerischen Le Mans-Wochenende fand der erste Renneinsatz des 904/8 am 26. April bei der Targa Florio statt. Hier mußte er sich die Strecke mit einem W-RS Roadster (auch »Großmutter« genannte), der aus einer früheren Generation überlebte und mit dem gleichen Motor ausgerüstet war, teilen. Umberto Maglioli, der diesen Wagen steuerte, bestimmte von Anfang an das Tempo, als er in einer der ersten Runden in Führung ging, die er jedoch etwa zur Hälfte des Rennens aufgeben mußte, als eines der Trageelemente der hinteren Radaufhängung zu stark auf den sizilianischen Straßen aufschlug.
Zwei der neuen Wagen wurden für das 1000-km-Rennen auf dem Nürburgring am 31. Mai fertiggestellt, das jedoch ebenfalls keinen sehr glücklichen Verlauf nahm. In einem gewissen Sinn war es für Edgar Barth dennoch ein lehrreiches Unterfangen. Er benützte neue Bremsbeläge im Training, als sein 904/8 plötzlich nicht mehr zu stoppen war und nach einem Überschlag auf dem Dach liegen blieb. Der Wagen wurde völlig demoliert, Barth entstieg jedoch unverletzt. Der Schwesterwagen, mit dem Bonnier und Ginther unterwegs waren, hatte Probleme mit dem Gasseilzug, wodurch sie nur Fünfte wurden.
Rasche Reparatur des demolierten Wagens ermöglichte es Porsche, am 20. Juni zwei 904/8 Coupés an den Start des 24-Stunden-Rennens zu bringen. Eines davon (Chassis-Nr. 904008) wog 707 kg mit leerem Benzintank, etwas mehr als der Standard 904. Er wurde von Davis und Ginther gefahren. Der zweite Wagen (Nr. 904009) war mit seinen 675 kg merklich leichter und wurde von Barth und Linge gesteuert. Während des Rennens wurde er auf der Mulsanne-Geraden mit 282 km/h gestoppt, während der Schwesterwagen 280 km/h erzielte. Diese Werte bewiesen, daß aus den Achtzylinder-Motoren für Langstreckeneinsatz ein brauchbares Niveau von 225 PS anstelle der 240 PS beim 771-Bergwagen herauszuholen waren. In Le Mans reichte die Leistungsauslegung dennoch nicht, auch gab es Probleme mit der Schwungscheibenverbindung zur Kurbelwelle und mit der Kupplung, die beide Automobile zur Aufgabe zwangen. Der leichtere 904/8 hatte an fünfter Position gelegen, als er acht Stunden unterwegs war – dann fiel er aus.
Ein einzelnes 904/8 Coupé absolvierte im Jahre 1964 zwei weitere wichtige Auftritte. Der erste fand im 12-Stunden-Rennen von Reims am 4. Juli statt. Hier kamen Colin Davis und Edgar Barth auf den siebenten Platz, bevor sie durch einen Getriebe-Defekt Öl verloren.
Der zweite Auftritt erfolgte im 1000-km-Rennen von Paris in Montlhéry am 11. Oktober. Das Fahrerpaar war das selbe und das Ergebnis war das bisher beste für den neuen Wagen: dritter Gesamtrang und zweiter Platz unter den Prototypen, die das Ziel erreichten.
Noch ein anderes auf dem 904 basierendes Coupé von vielleicht noch größerer Bedeutung war von der Porsche-Werksmannschaft nach Montlhéry gebracht worden. Es handelte sich dabei um die erste Ausführung einer Rennversion des Typ 901 mit Sechszylindermotor, jene Maschine, die Tomala ursprünglich für den Einsatz im 904 vorgesehen hatte. Dieser im folgenden Kapitel im Detail beschriebene Motor war ein ebenfalls luftgekühltes Boxeraggregat mit den Bohrungs/Hub-Maßen 80 zu 66 (1991 ccm Hubraum). Es hatte über jeder Zylinderreihe eine kettengetriebene Einzelnockenwelle, welche die in V-Formation angeordneten Ventile über Kipphebel betätigte. Porsche gab jenen 904, die diesen Motor hatten, Seriennummern, die mit 906 begannen, um aber Verwechslungen mit dem späteren Modell gleicher Bezeichnung zu vermeiden, änderte man sie auf 904/6.
Der 901-Motor wurde im ursprünglichen 904/6 mit Solex-Fallstromvergasern ohne Schwimmer installiert, wobei für jeden Zylinder ein eigenes

Ansaugrohr mit 44 mm Durchmesser vorgesehen war, ebenso gab es für jeden Zylinder einen eigenen Megaphonauspuff ähnlich jenem, der 1965 für den 904 angeboten wurde. Dieser Motor unterschied sich vom üblichen 901-Sechszylinder dadurch, daß er anstelle einer zwei Zündkerzen pro Zylinder hatte. Diese wurden von zwei Sechszylinder-Verteilern mit Strom versorgt, die in einem 90-Grad-V-Winkel zueinander saßen. Sie schauten über die Riemenscheibe des Gebläseantriebs hinaus und wurden ähnlich wie beim Typ 587 von der Vorderseite der Kurbelwelle her angetrieben. Der Verteilerträger bildete mit der einzigen zentralen vorderen Aufhängung für die Vorderseite des Motors eine Einheit: der Motor entwickelte in dieser Anfangsausführung etwa 190 PS.

Es gab kaum Änderungen an der Karosserie des 904/6. Die Heckabdeckung wies wesentlich größere Luftschlitze auf und wurde an den Seiten durch Gummischnapper anstelle von Metallaschen niedergehalten. Die Seitenfenster ließen sich nun in den Türen versenken, bis auf die kleinen Dreiecksfenster, die nicht ausstellbar waren. Und der Tankeinfüllstutzen befand sich jetzt in der Mitte der vorderen Abdeckung.

Ein bekannt schwacher Punkt des 904 verursachte den Ausfall des 904/6 im Rennen in Paris: Bruch der Getriebe-Aufhängung. Um diese und weitere ernste Schwachstellen endgültig zu ermitteln, sandte das Werk zwei 904/6 im Dezember 1964 nach Monza. Die Expedition leitete Ferdinand Piëch, der eine zunehmend aktive Rolle in den konstruktiven Angelegenheiten des Hauses Porsche spielte, besonders wenn sie den Rennsport betrafen.

Man war nach Italien gegangen, um dem unfreundlichen Wetter in Stuttgart auszuweichen, doch empfing die Männer von Porsche auch hier Frost, am letzten dieser fünf Tage schwerer Regen. Trotzdem führte man die Tests durch. Herbert Linge, der einen mit Solex-Vergasern ausgestatteten 904/6 steuerte, drehte immer wieder seine Runden, um die besten Kühlwerte für den Heckmotor zu ermitteln. So erprobten die Ingenieure auch spezielle Ansaugtrichter, um die Luft direkt an die Vergaser zu leiten. Doch damit wurde weder eine höhere Spitzengeschwindigkeit noch eine niedrigere Getriebe-Öltemperatur erreicht und so entschieden sie sich, den Zustrom der Frischluft möglichst ohne Umwege in den Motorraum gelangen zu lassen. Der andere 904/6 war versuchsweise mit 46 mm-Weber-Vergasern ausgerüstet, die Ing. Galetti von der Firma Weber während der Testfahrten auf dem Monza-Straßenkurs einjustierte.

Am 14. Dezember startete man mit dem mit Solex-Vergasern ausgerüsteten Wagen (Chassis Nr. 906002) einen Dauertest. Er erstreckte sich jeweils während der Tageslichtstunden über drei Tage, mit Herbert Linge, Colin Davis und dem Entwicklungsingenieur Peter Falk abwechselnd am Volant. Insgesamt legten diese drei Fahrer 2645 km zurück und verbrauchten dafür 734 Liter Benzin (entsprechend 27,8 Liter pro 100 km) und 15 Liter Öl. Die Fahrt hatte man nur unterbrochen, um die Vergaserluftzufuhr von außen in den Motorraum hinein zu verlegen, wodurch eine Vereisung, die die Fahrt behindert hatte, vermieden werden konnte. Viermal waren sie an die Boxen gekommen, weil mit den Scheibenwischern Probleme bestanden und einmal wegen Schwierigkeiten mit der Motorraumverriegelung. Jeden Tag wurde ein neuer Satz Bremsbeläge benötigt. Endgültig stoppen mußte man, als der fünfte Gang seinen Geist aufgab und dadurch die Schaltung blockiert wurde.

Nach Zuffenhausen zurückgekehrt, zeigten Prüfstandmessungen, daß der Motor während dieser Dauertests etwa 10 PS abgebaut hatte.

Auf Grund der Monza-Erfahrung erstellte Piëch eine lange Liste wünschenswerter Verbesserungen für den »1965 GTS 6«. Darin eingeschlossen war eine verbesserte Motor- und Getriebekühlung, weniger Kupplungsprobleme, verstärkte Befestigung der Motorabdeckung, bessere Scheibenwischerblätter und Innenspiegel sowie der Einsatz eines einfacheren Porsche-Synchrongetriebes.

Eine dieser Änderungen wurden am 906004 ausgeführt, jenem 904/6, den man als Muster für die Serienproduktion des GTS 6 aufgebaut hatte. Das Glasfiber-Heck wurde in Handarbeit gefertigt, wodurch sein Gewicht von den 40 kg des Standard 904 auf 25 kg gesenkt werden konnte.

Großer Bahnhof für das Porsche-Team: die Tour de France 1964 wurde ein voller Erfolg. Buchet, Linge, Wütherich, Barth und Klass feiern den Sieg.

Eine sorgfältige Überprüfung des fertiggestellten Wagens zeigte, daß er 670 kg auf die Waage brachte ohne gefüllten Tank, jedoch mit Öl, Werkzeugen und Wagenheber. Mit 110 Liter Benzin wog das Automobil 756 kg.
Anstelle einer großen Serie, wie man sie für diesen Sechszylinder 904 geplant hatte, baute Porsche für die Saison 1965 lediglich zehn dieser Wagen. Der ursprüngliche Plan war überholt, als die F.I.A. die neue Sportwagenkategorie für die Saison 1966 bekanntgab, für die lediglich 50 Wagen innerhalb von 12 Monaten produziert werden mußten. Um den Anforderungen dieser neuen Kategorie zu entsprechen, gedachte Porsche nun ein gänzlich neues Automobil zu bauen. Die 904 Sechszylinder kamen zum Werksaufgebot für die Wettbewerbe des Jahres 1965 in der Prototypen-Kategorie, in der sie sich recht gut schlugen. Einer davon wurde für die ersten Rennen der Saison mit nach Amerika genommen, wo ein 904/8 von Linge und Mitter in Sebring in einem 12-Stunden-Regenrennen auf den neunten Platz gefahren wurde. Dann nahm man einen 904/6 mit dreifachem Weber-Vergaser zum Vortraining nach Le Mans, in welchem der unermüdliche Linge der erste Fahrer war. Dann, am 9. Mai fuhren Linge und Maglioli einen 904/6 in der Targa Florio, wo sie einen wohlverdienten dritten Platz erreichten; ein 904/8 mit Bonnier/Graham Hill kam auf den vierten Platz (Ein völlig unterschiedlicher 904/8, der Zweiter wurde, wird später beschrieben).
Zum 1000-km-Rennen auf dem Nürburgring am 23. Mai 1965 nannte Porsche vier Prototypen-Coupés, die auf dem 904 basierten: einen Achtzylinder und drei Sechszylinder, die sämtlich ins Ziel kamen. Der 904/8 wurde Dritter, die anderen erzielten den fünften, sechsten und neunten Platz. Das Schlußlicht bildete ein 904/6, der bereits ein hartes Leben als Trainingswagen für die Targa Florio hinter sich hatte. Auf dem Papier konnte man mit dem Ergebnis recht zufrieden sein, die phantastische Leistung des neuen V-6 Ferrari Dino Coupés mit nur 1,6 Liter kam dadurch nur wenig zur Geltung. Ein Abfall seiner Motordrehzal ließ den roten Wagen vom dritten Platz, wo er vor allen Porsches gelegen hatte, auf den vierten Platz zurückfallen. Bisher hatte kein anderer kleinhubiger Ferrari in derartigem Maß Porsche den Kampf angesagt – und das auf einer Rennstrecke, auf der Porsche den Heimvorteil besaß!
Zu Porsches Glück vermochte der einzige in Le Mans genannte Dino die 24 Stunden nicht zu überstehen. Porsche hatte einen 904/8 gemeldet, und zwar den sorgfältig erprobten 904008, der mit 675 kg gegenüber dem Vorjahr leichter geworden war. Aber auch er fiel wegen seines angeborenen Kupplungsfehlers aus. Von den beiden in Le Mans mitfahrenden 904/6 mußte einer wegen einer gebrochenen Nockenwelle aufgeben, es handelte sich dabei um den mit 661 kg leichteren Wagen der beiden mit der Chassis Nr. 906012. Das andere Sechszylinder-Coupé, der ältere 693 kg schwere 906001, bei dem es sich um den Monza-Testwagen mit Weber-Vergasern handelte, erzielte mit Linge und Peter Nöcker am Volant den vierten Gesamtplatz. Außerdem gewann er das Le Mans-Handicap, den Leistungsindex und hielt unter den Zweiliter-Prototypen die Spitze.
Damit sollte es sich um die letzte offizielle Porsche-Nennung der 904/6 und 904/8 Coupés für ein Langstreckenrennen handeln. Sie hatten in einer Zeit, als die berühmte Auseinandersetzung Ford-Ferrari zu höchsten Wettkampfaktivitäten anstieg, die eigene Marke stärker als zuvor verteidigt. Damit gaben sie den Weg für eine äußerst bizarre, neue Version des 904-Konzeptes in der Saison 1965 frei, für ein Fahrzeug, das von Ferdinand Piëch entworfen war, der 1965 die Leitung der Versuchsabteilung von Helmut Rombold übernahm. Im Verlauf dieses Jahres schied übrigens auch Hans Tomala aus dem Hause Porsche aus. Mit dem befähigten und erfahrenen Helmuth Bott zur Seite, machte sich Piëch an etliche Änderungen der Porsche-Rennfahrzeuge.
1964 waren die Männer von Porsche endlich in der Lage, den Erfordernissen, die an einen Bewerber in der Prototypen-Kategorie gestellt waren, dahingehend nachzukommen, daß man zuerst den Achtzylinder und später auch den frisierten Sechszylinder in das 904-Coupé einbauen konnte. Es war notwendig geworden, daß man 1965 einen Schritt vorwärts kam. Dies gelang durch den Bau einer leichten und stark verkürzten Glasfiber-Roadster-Karosserie von eigentümlicher Charakteristik, die auf das Chassis des 904 paßte. Unvorstellbar wenig Material reichte

Links: Bill Wuesthoff und Joe Buzzetta fuhren im Double 500 in Bridgehampton 1964 auf Sieg. Rechts: Buzzetta und Mitter (im Kranz) nach ihrem Daytona-Sieg 1966.

aus, um die Räder und den Rahmen des Wagens mit dem flachen Rumpf und seiner abgebrochenen Stupsnase zu bedecken.

An der Vorderkante der Karosserie saß der Ölkühler. In die schräge Frontoberfläche waren kleine Scheinwerfer eingelassen, die in Gelenken hingen, so daß sie ausgeklappt werden konnten (um den F.I.A.-Bestimmungen zu entsprechen), indem man an einem kleinen Vorsprung an ihrer Oberkante zog. Durch die der Mittelabdeckung angepaßte Spezialform des Benzintanks war es gelungen unter der flach abfallenden Frontpartie Platz für den Reservereifen zu schaffen. Entsprechend den Vorschriften der F.I.A. wies der Wagen eine Windschutzscheibe in der geforderten Höhe mit einem Scheibenwischer auf.

In der Wagenmitte war eine aus Spezial-Kunststoff gefertigte Bodenwanne angebracht, an der die Türen angeschlagen waren, die an jeder Seite nach unten öffneten. Knapp hinter den Türen befanden sich die Eintrittsöffnungen für die Luft, wie man sie vom Elva übernommen hatte, der nach wie vor zum Porschestall zählte. Die vergitterten Ausbuchtungen, die sehr ähnlich jenen der W-RS und der Grand-Prix-Porsche waren, überdeckten die beiden Vergaserreihen im Heck.

Die Heckabdeckung selbst ließ sich hochklappen, damit man am Motor arbeiten konnte. Gegen Ende des Winters 1964/65 wurden zwei dieser Wagen gebaut. Einer von ihnen hatte einen 771-Achtzylindermotor, den man durch die kreisrunde Öffnung für den Kühllufteinlaß zwischen den Vergaserreihen sowie am Auspuffkrümmer erkennen konnte, der in einem Rohr mündete. Im zweiten Wagen war ein modifizierter 901-Sechszylinder eingebaut, der einen doppelten »Megaphon«-Auspuff besaß, wie er 1965 am 904 benützt worden war.

Porsche baute für die Saison 1965 mindestens fünf Wagen dieses Grundtyps, die sämtlich Bodengruppen des 904 hatten, deren Seriennummer mit 906 (906003, 4, 7, 8 und 9) – diese Fahrgestelle wurden verfügbar, als Porsche die Idee einer Baureihe des Typs 906, die auf dem 904 basierte, aufgegeben hatte. Wie bei Porsche üblich, erhielten einige dieser Wagen Spitznamen wie zum Beispiel »Känguruh« oder »Contergan-Baby«. Offiziell hießen sie Spyder und als solche werden sie hier auch bezeichnet, mit der Kennziffer 904/6 oder 904/8, ihrem Motortyp entsprechend.

Mit Beginn des Frühlings 1965 gingen die Hokkenheim-GmbH daran, ihren berühmten Rennkurs umzubauen, indem sie einige kurvenreiche »Schikanen« hinzufügten. Hier unterzog man auch Ende März 1965 erstmals zwei Spyder intensiven Erprobungen. Einer davon war ein Sechszylinder, der andere ein Achtzylinder, von denen jeder nur 561 kg wog, 113 kg weniger als das leichteste 904/8 Coupé. Das Fahrwerk dieser Wagen ähnelte dem des 904 mit Ausnahme der verbesserten, nadelgelagerten Aufnahmen für die vorderen Querlenker, außerdem hatte der Wagen breitere Felgen (6 Zoll vorne und 7 Zoll hinten), wie man sie für die neuesten Rennreifen von Dunlop benötigte. Testfahrten mit dem 904/8 Spyder auf dem Schleuderkurs in Weissach zeigten, daß dies die beste Kombination darstellte, mit der in Kurven eine Querbeschleunigung von 1,063 g zu erreichen war.

Einer der von Porsche für die Targa Florio im Mai 1965 genannten Wagen war ein Achtzylinder Spyder, ein Rennen, bei dem man sich Vorteile wegen des leichten Gewichts erhoffte, das den etwas ungünstigeren Luftwiderstandswert wettmachen sollte. Aus diesem Grund wurden die Top-Fahrer Jo Bonnier und Graham Hill für diesen Wagen vorgesehen. Nach einigen Trainingsrunden meinte Bonnier jedoch, daß ihm das Fahrverhalten des Spyders nicht lag und er lieber auf das 904/8 Coupé umsteigen wollte. Daraufhin teilte von Hanstein die Fahrer Davis und Mitter für den 904/8 ein und konnte zu seiner Freude erleben, wie sie mit dem Wagen den zweiten Gesamtrang erzielten. Nach dem siebenstündigen Rennen kamen sie mit knappen vier Minuten Rückstand hinter einem 3,3-Liter-Ferrari Prototyp durchs Ziel.

Zwei Wochen später wurde ein anderer 904/8 (vermutlich Nr. 906008) von Porsche für das 1000-km-Rennen gemeldet. Er unterschied sich vom Targa-Wagen in vielen wichtigen Punkten.

So waren die Heckkotflügel noch knapper um die Reifen geformt, auch die Frontpartie war gänzlich abgeändert, und zwar wesentlich runder und tiefer nach unten gezogen, um den Ölkühler zu umschließen, dem die notwendige Kühlluft durch einen Einlaßschlitz zugeführt wurde. Die Windschutzscheibe war nicht mehr über dem Instrumentenbrett angebracht, sondern in die vordere Frontabdeckung integriert. Der neue 904/8 Spyder ließ sich vom früheren Wagen auch dadurch unterscheiden, daß ihm die kleine Verkleidung über der Achse des Scheibenwischers fehlte.

Gerüchte vor dem Rennen sprachen auch vom Einsatz eines 904/6 Spyder, doch wurde ein solcher Wagen nicht gemeldet. Und mit dem neuen 904/8 Spyder kam man auch nicht weit. Mitter fuhr ihn im Training, als er zwischen einem vor ihm fahrenden Ferrari und einem hinter ihm schleudernden Alfa in die Zange genommen wurde und in die Büsche mußte. Mitter geschah selbst nichts, doch der Spyder war für das Rennen nicht mehr einzusetzen.

So vollzog sich der letzte Auftritt eines Wagens dieses Typs mit der hohen Windschutzscheibe. Alle späteren Spyder wiesen wesentlich niedrigere, abgerundete Windschutzscheiben aus Plexiglas auf.

Nach dem mißlungenen Nürburgring-Ertrée konzentrierte man sich auf die Beteiligung mit dem 904-Spyder an Bergrennen. Edgar Barth lebte nicht mehr, sein Achtzylinder war nicht mehr im Einsatz. Nun lag es an Gerhard Mitter und der neuen Generation der Spyder, Porsches bisherige Siegerliste Europäischer Bermeisterschaften gegen den Abarth-Spyder von Hans Herrmann sowie den später auftauchenden Herausforderer zu verteidigen: Ludovico Scarfiotti in einer Zweiliter-Version des V-6 Dino von Ferrari. Dieser Aufgabe waren die Porsche indessen zunächst noch nicht ganz gewachsen.

Als Hauptwaffe setzte von Hanstein einen Sechszylinder Spyder (wahrscheinlich Chassis-Nr. 906004) ein, für den er Mitter als Fahrer nominierte, jenen kleingewachsenen Mann mit dem dunklen Haar und dem breiten Lächeln. Im ersten Bergrennen der Saison am 6. Juni auf dem Mont Ventoux in Frankreich wurde Mitter Zweiter, wobei Herrmann mit ganzen drei Zehntelsekunden vor ihm lag. Auf dem Roßfeld gewann eine Woche später Mitter das Edgar-Barth-Gedächtnisrennen, wobei er ein ganzes Rudel von Porschewagen unter den ersten drei Bestplazierten anführte. In diesem Rennen fuhr er einen 904/6 Spyder mit abgerundetem Bug, ähnlich wie beim Nürburgring-Roadster. »Toni« Fischhaber wurde Fünfter und jeweils Dritter in zwei weiteren Rennen, in denen er einen Elva-Porsche Achtzylinder steuerte.

Nach Le Mans fand das Porsche-Team Zeit, sich auf die Entwicklung und Verbesserung der Bergwagen zu konzentrieren. Von Piéch und seiner Mannschaft waren bereits zusätzliche Verstärkungen der Bodengruppe am 904/6-Spyder-Chassis erprobt worden. Eingeschweißte Stahlrohre erhöhten die Festigkeit, die durch den Fortfall der Kunststoff-Coupé-Karosserie beeinträchtigt worden war. Diese Verstrebungen ähnelten den Verstärkungen, wie man sie dem letzten Modell des 550 Spyder hinzugefügt hatte. Aber auch ohne derartige Hilfsstreben war der 904-Rahmen sehr stabil und brachte es auf die doppelte Verwindungsfestigkeit im Vergleich zu den Rahmen des 718 oder 550.

Diese zusätzlichen Versteifungen hatte man auch dem Rahmen des 904/8 Spyder angedeihen lassen, der in der Targa Florio fuhr, jenem Automobil mit der Chassis-Nr. 906007, das unter dem Spitznamen »Känguruh« bekannt war. Die Piéch-Mannschaft ging mit diesem Wagen sowie mit dem Achtzylinder Elva-Porsche und einem 904/8 Coupé auf die Südschleife des Nürburgrings, um hier Vergleichstests durchzuführen, die auf einem ansteigenden Stück zwischen Müllenbach und der LKW-Ausfahrt stattfanden, wo in etwa Bergrennbedingungen zu finden waren. Überraschenderweise brachten alle drei Wagen annähernd gleiche Zeiten, als Gerhard Mitter sie fuhr. In bezug auf den neuen Spyder hatte man bessere Werte erwartet.

Was konnte man tung, um zu besseren Resultaten zu kommen? Einen Versuch unternahm man mit dem »Känguruh«, dem man breitere Heckreifen verpaßte, die 9 Zoll statt 7 Zoll maßen. Diese extrem breiten Pneus bedingten deutlich sichtbare Kotflügelverbreiterungen. Mitter pilotierte diesen 904/8 Spyder im Norisring-Rennen am 4. Juli und wurde dort Sieger. Auf dem Schleuderkurs in Weissach ermittelte man bei den breiteren Heckreifen lediglich eine leichte Erhöhung der Querbeschleunigungskräfte auf 1,083 g; ihr Einsatz an den Bergrennwagen erfolgte deshalb vorläufig nicht.

Im Eiltempo wurden zwei neue auf dem 904 basierende Spyder für den dritten Bermeisterschaftslauf der Saison präpariert, der am 11. Juli in Trento-Bondone stattfinden sollte. Die Bodengruppen dieser Wagen hatten noch kräftigere Rohrverstärkungen erhalten (obwohl sich letztendlich zeigte, daß die Rahmenflexibilität nicht der Schwachpunkt im Spyder-Konzept war; die hohen ungefederten Massen der Räder und ihre Aufhängungen waren viel entscheidender. Mit ihren Achtzylinder-Motoren wogen die Wagen jeweils 589 kg. Beide wiesen stärker abgerundete, neue Frontkonstruktionen auf, mit Einlaßöffnungen für die Bremsenkühlung zu beiden Seiten

des Ölkühlerschlitzes, beide hatten neue Heckteile, die wesentlich weicher in die Türausschnitte übergingen. Die Lufteinlaßschlitze waren weiter nach hinten verlegt worden.

Auffällig war die Farbgebung dieser neuen Fahrzeuge: Ferdinand Piëch hatte sie weiß anstatt silber lackieren lassen. Seitdem von Hanstein und Maglioli ihrem 550A Spyder 1956 in Sizilien einen weißen Anstrich gegeben hatten, trug jetzt ein Werkporsche erstmals wieder diese klassische Farbe deutscher Rennwagen.

Dennoch gewann in Trento-Bondone ein roter Wagen das Bergrennen. Scarfiotti wurde auf Ferrari Sieger, Herrmann auf Abarth Zweiter. An den Fehlzündungen auf einem Zylinder im letzten Abschnitt dieses 17-Kilometer-Bergrennens konnte es nicht allein gelegen haben, daß Mitter mit seinem neuen 904/8 Spyder (Chassis-Nr. 906009) nur Dritter geworden war.

Fischhaber lief im Schwesterwagen (Nr. 906008) als Vierter ins Ziel ein. Balsam auf die Wunden dieser Niederlage bedeutete Mitters Sieg in einem Rennen – wenn auch gegen schwache Konkurrenz – mit einem der neuen Wagen auf der Solitude am 18. Juli.

Etwas besser fiel das Ergebnis beim nächsten Bergrennen in Italien am 25. Juli aus. Auf der Cesana-Sestriere-Strecke wurde Mitter hinter einem Ferrari Zweiter; leider fiel Fischhaber aus, nachdem er von der Straße abgekommen war und den Nr. 906008 außer Gefecht gesetzt hatte. Der nächste Bewerb sollte zwei Wochen später auf der Freiburger Schauinsland-Strecke im Schwarzwald stattfinden. Bei den Vorbereitungen für dieses und zukünftige Rennen unternahmen Piëch und sein Team zwei richtige Schritte. Sie begannen mit den Arbeiten an einem völlig neuen Wagen (wie er im Kapitel 17 beschrieben wird) und modifizierten gleichzeitig die vorhandenen 904/8 Spyder. Die Änderungen schlossen den Einsatz breiterer Heckreifen auf 9-Zoll-Felgen ein sowie eines schmalen Spoilers unter der Ölkühleröffnung. Auch wählte man für die Lagerbuchsen der Stoßdämpfer und Querlenkeraufnahmen nun Metall und nicht mehr Gummi. Diese Änderung erwies sich als außerordentlich wichtig: ein derart umgebauter Wagen brachte es auf 1,22 g im Schleuderkurstest in Weissach, was eine große Verbesserung bedeutete.

Die Ergebnisse im Wettbewerb von Freiburg fielen äußerst knapp aus. Erneut besiegte ein Ferrari Mitter in seinem 904/8 Spyder. Beim anderen weißen Wagen, den Herbert Müller fuhr, blockierten im zweiten Lauf die Bremsen und er schlitterte von der Fahrbahn. Im nächsten Rennen in Ollon-Villars in der Schweiz am 29. August setzte Mitter im Training den 904/8 ein, während er im Rennen den neuen Wagen nahm; doch Scarfiotti wurde erneut Sieger. Dann rüstete man einen auf dem 904 basierenden Spyder mit einem frisierten 901-Sechszylinder-Motor aus. Porsche schickte den Wagen im September zu Vergleichstests auf den Nürburgring und nannte ihn dann unter Herbert Müller für den Endlauf der Bergmeisterschaft auf dem Gaisberg am 19. September. In diesem stark verregneten Rennen erzielte Müller den sechsten Platz.

Am Gaisberg traten die 904 Spyder zum letzten Mal bei einem Bergrennen als Werkswagen auf, nachdem Porsche redlich, wenn auch ohne Erfolg versucht hatte, die Bergmeisterschaft zu halten. Scarfiotti gewann sie mit 38 Punkten gegenüber 33, die Mitter erreichte. Damit war die Bühne frei für ein hartes Porsche-Ferrari-Duell um den Titel im Jahre 1966. In ihrer 904/6-Version (das Werk war nach wie vor nicht bereit, seine Achtzylindermotoren für den Verkauf freizugeben) wurden die Spyder schließlich an Privatinteressenten verkauft, von denen viele Amerikaner waren. In den USA gab es noch genügend Rennen für leichtgewichtige Roadster. Porsche selbst behielt keines dieser beeindruckenden, doch relativ erfolglosen Exemplare.

Die Experimente mit dem Bergrennwagen des Jahres 1965 führten zur Entstehung eines neuen Porsche-Coupés, dem Carrera 6, der 1966 präsentiert wurde. Sicherlich gab es so manchen in Zuffenhausen, der nicht gerne mitansah, wie der schöne und gut durchdachte 904 auf das Abstellgleis geschoben wurde. Zu ihnen zählte auch Butzi Porsche, der 1966 sagte: »Ich glaube noch immer, daß man den 904 hätte weiterentwickeln können!« Einer, der mit ihm einer Meinung war, war sein jüngerer Bruder Peter, der einen der Original-904-Prototypen zum privaten Gebrauch erwarb. 1970 konnte der Autor diesen 904 in Zuffenhausen sehen, als ihn Peter Porsche, der zu jener Zeit als Produktions-Chef tätig war, fuhr. Der Wagen war orange lackiert, innen sehr geschmackvoll ausgestattet und rollte auf Alufelgen des 911S. Im Heck befanden sich ein 911-S-Motor. Ein Porsche-Mitarbeiter sagte, als sie in der Garage dieses interessante Automobil bewunderten: »Wir hatten für den alten 904 als Wagen für den Straßeneinsatz damals so viele Anfragen erhalten, daß wir zeitweilig daran dachten, eine kleine Serie von 50 Stück mit dem 911-S-Motor zu bauen! Schließlich haben wir noch immer alle notwendigen Werkzeuge für die Karosserie- und Chassisherstellung!«

Natürlich wurde diese neue Serie niemals aufgelegt. Statt dessen wurden die wenigen Original-904, die gebaut worden waren, gefragte Liebhaberstücke als Rennwagen, die sich auch vorzüglich für den Straßeneinsatz eigneten. Im gesamten Geschichtsverlauf der Firma sollte es nur einen solchen Porsche geben, und diese Rolle blieb dem unsterblichen 904 vorbehalten.

Rechts ein 904 Spyder, den Gerhard Mitter 1965 am Mont Ventoux fuhr. Er wurde Zweiter. Linke Seite: Mitter im 904/8 in Freiburg (August 1965, Wagen Nr. 60), Follmer/Gregg im 904 Coupé (Wagen Nr. 51) in Sebring 1966 und ein stark modifiziertes 904-Coupé, das im September 1971 an der Tour de France teilnahm.

Kapitel 16
Neue Konturen zeichnen sich ab: Porsche 911/912

Für die westdeutsche Automobilindustrie war die 41. Internationale Automobilausstellung im September 1963 in Frankfurt eine Demonstration ihres Leistungsvermögens. Als am Jahresende die Auftragsbücher geschlossen wurden, konnte man eine Anzahl neuer Umsatzrekorde verzeichnen. Nach den Vereinigten Staaten war die Bundesrepublik zum Marktführer dieses Wirtschaftszweiges aufgestiegen.

1963 wurden in Westdeutschland insgesamt 2 667 896 Fahrzeuge produziert, mehr als doppelt so viele wie 1957. Symbolisch für die Vitalität dieser Industrie war die Tatsache, daß über die Hälfte dieser Fahrzeuge exportiert wurde. Aus dem Verkauf der Fahrzeuge und dem Ab-

satz des von ihnen verbrauchten Treibstoffs nahmen Bund und Länder die Rekordsumme von 4,3 Milliarden Mark an Steuern ein.
Diese Hochkonjunktur wurde von 800 000 Besuchern der Frankfurter Ausstellung auf einem riesigen Gelände im Westteil der City mehr als deutlich vor Augen geführt. In 26 Gebäuden gab es viel zu sehen, so beispielsweise das neue Alfa Romeo Giulia Sprint GT-Coupé und den NSU Spyder, der erste Serienwagen der Geschichte mit einem Wankel-Rotationskolbenmotor. Mercedes-Benz enthüllte seinen neuesten Prestigewagen, den legendären 600, die kleine bayrische Firma Glas stellte ihren Vierzylinder-GT vor, bei welchem erstmals die obenliegende Nockenwelle durch einen Zahnriemen angetrieben wurde, und beim Porsche-Stand scharten sich Trauben neugieriger Besucher um ein schnittiges hellrotes Coupé, dessen Sitze mit Pepitastoff bezogen waren. Dies war das erste Exemplar einer neuen Typenreihe, die man unter der Bezeichnung 901 vorstellte. Es sollte sich erweisen, daß unter all den hier in Frankfurt gezeigten neuen Automobilen dieser Porsche die größte Bedeutung erringen sollte.

Ein würdiger Nachfolger des Porsche 356 C: das Coupé 911, wie es ab September 1964 auf den Markt kam. Der Prototyp dieses Wagens war 1963 auf der IAA noch als Typ 901 vorgestellt worden.

Als der 901 vorgestellt wurde, glaubte das Publikum, daß man nur den Motor in Gang zu setzen brauchte, um mit dem Wagen auf- und davonzufahren. In Wirklichkeit war der Entwicklungsprozeß dieses Modells jedoch noch lange nicht beendet. Weder der Motor noch das Chassis oder die Karosserie gingen so in die Serienproduktion, wie der Prototyp auf der IAA gezeigt wurde. Viele Details wurden noch geändert, ehe es den jeweiligen Vorstellungen der zuständigen Ingenieure entsprach.
Im Sommer 1963 war ein beinahe fertiger Prototyp des 901 für den schon ritualisierten Vorserientest auf dem Nürburgring freigegeben worden. Seine Form und Struktur waren das Ergebnis achtjähriger Arbeit mit verschiedensten Konzepten, wie der Nachfolger des Typ 356 zu bauen sei und wie er auszusehen habe. Zu Beginn dieser langen Versuchszeit hatte man sich für das nun dastehende Endprodukt noch auf keine endgültige Lösung festgelegt.
Die frühesten Fahrgestellerprobungen, die schließlich zum 901 führten, fanden unter Hinblick auf Verbesserungen des 356 statt. Eines der radikalsten Experimente führte man am Unfalltorso eines 356 Coupés durch. Es wurde mit völlig neuen vorderen Radaufhängungen wieder aufgebaut: sie stammten von einem Mercedes-Benz, einschließlich Hilfsrahmen und der selbstrückstellenden Kugelumlauflenkung. Nachdem die Hinterradaufhängungen ebenfalls modifiziert worden waren, sahen sich Rombold und Bott in der Lage, wertvolle Erkenntnisse über das Verhalten der Vorderradaufhängung mit parallel geführten Querlenkern zu sammeln. Dieser Versuchswagen, der offiziell Experimentierfahrzeug Nr. 35 hieß, erhielt den Spitznamen »Gottlieb« nach Gottlieb Daimler, zu Ehren seiner Daimler-Benz-Frontkonstruktion. »Gottlieb«, sagte Helmuth Bott, »hatte einen großen Vorteil:

er stand für Testversuche aller Art stets zur Verfügung.« Für wichtige Geschäftsreisen liehen sich höhergestellte Porsche-Mitarbeiter immer wieder Versuchswagen aus – aber Gottlieb wollte meist niemand haben, denn der zusammengeflickte Wagen sah schrecklich aus. Die Versuchsabteilung hatte sich nicht einmal die Mühe gemacht, ihn zu lackieren. Dadurch konnte sie halbwegs sicher sein, daß ihre Testarbeiten mit Gottlieb keinerlei Unterbrechungen erfuhren. Noch ein anderes Testauto aus dem kleinen Zuffenhausener Stall verwendete in der Vorderradaufhängung Kugelgelenke, wodurch ein relativ großer Radeinschlag möglich wurde. So konnte der Sturz von 2 Grad negativ bis 4 Grad positiv geändert werden, und der Nachlauf des Rades ließ sich von plus 2 Grad bis minus 20 Grad verstellen. Die Arbeiten mit diesem Wagen, in Verbindung mit weiteren Experimenten, ließen die Ingenieure jenes Aufhängungsprinzip, das bereits 1952 von Wolfgang Eyb ausgeknobelt worden war und das man damals im »Storch« getestet hatte (siehe Kapitel 5), von neuem entdecken. Eyb hatte die Stoßdämpfer als obere Führung für die Radbewegung sowie als Drehachse zur Steuerung der Vorderräder verwendet. Aufbauend auf ihren Arbeiten mit dieser Konstruktion, fanden die Porsche-Ingenieure eine neue Konstruktion, die ein Kugelgelenk und einen Querlenker dazu benützte, dem unteren Ende der Stoßdämpfer eine Führung zu geben.
Die Geometrie des neuen Systems hatte ihr statisches Rollzentrum acht Zentimeter über der Bodenfläche. In den Drehgelenken der Querlenker plazierte man längs angeordnete Drehstabfedern dergestalt, daß sie den Anordnungen der Torsionsstäbe an der Hinterradaufhängung im Typ 804 entsprachen.
Diese neue Konstruktion der Aufhängung hatte 1959 noch nicht ihre endgültige Ausführung erreicht, als Ferry Porsche ein offizielles Programm zur Konstruktion und Entwicklung eines neuen Porsche-Modells genehmigte. Die Arbeiten dafür liefen unter dem Typencode 695, der bereits früher in Verbindung mit den Scheibenbremsen, die das Werk als Teil der neuen Wagenkonstruktion entwickelte, verwendet wurde.
Kernpunkt des Projektes 695, das noch unter der technischen Aufsicht Klaus von Rückers begonnen hatte, war eine neue Karosserie, die aus dem Porsche einen echten, wenn auch engen Viersitzer machen sollte. Die überarbeitete 356-Karosserie, die Ende 1959 eingeführt worden war, trug die Bezeichnung T-5; ihr Nachfolger, im Herbst 1961 vorgestellt, hieß T-6. Die völlig neu geformte viersitzige Karosserie, wie sie als Teil des 695-Typenprogramms entwickelt wurde, stellte einen wichtigen Markstein in der Evolution der Konturen des Porsche 901 dar.
Die Frage nach der Form, die dem neuen Porsche gegeben werden sollte, führte zu größeren Debatten innerhalb der kleinen Zuffenhausener Firma. Dies war in dem Umstand begründet, daß Stil und Erscheinungsbild sich nicht wie die Werte einer technischen Analyse klar beweisen ließen, sondern in den Bereich der Philosophie und Ästhetik fielen. In diesem Kampf hatte Butzi Porsche als Chef der Styling-Abteilung eine Schlüsselposition.
»Es war genügend Zeit vorhanden«, erinnerte sich Butzi später, »diese Aufgabe zu lösen und die vielen Meinungen der Leute, die außerhalb des Studios damit beschäftigt waren, anzuhören.« Setzte Ferry Porsche seine Autorität ein, dem Projekt seine persönlichen Vorstellungen aufzuzwingen? »Vater hatte da viel mitzusprechen. Doch er ließ uns im großen und ganzen selbständig arbeiten«, erzählte Butzi dem Journalisten Jerry Sloniger. »Er hat Geschmack, ist aber kein Designer.«
Butzi Porsche antwortete auf eine der schwierigsten Fragen, die man ihm in bezug auf den T-7 als auch den 901 betreffend stellte: »Muß ein neuer Porsche exakt wie die alten gebaut werden?« Porsche: »Selbstverständlich soll es ein neuer Porsche werden, der ebenso gut oder besser ist als der alte, im gleichen Stil, aber nicht unbedingt in der gleichen Form.« Leicht gesagt, doch schwer getan, besonders wenn man den Versuch unternimmt, das Nachfolgemodell eines Automobils zu kreieren, das bereits als klassisch gilt. Mit seiner kleinen Gruppe von Designern begann Butzi Porsche gegen Ende 1959 einige in Frage kommende Umrisse für den T-7 zu entwerfen, zuerst in Skizzen, dann an Hand kleiner maßstäblicher Modelle. Er ging vom gleichen Radstand aus, wie man ihn 1952 bei den beiden viersitzigen Versuchswagen vom Typ 530 (Kapitel 4) verwendet hatte: 2400 mm, wodurch sich der kleinste Platzbedarf ergab, den ein Viersitzer benötigte. Der größere Radstand stellte eine bedeutende Veränderung bisheriger Konstruktionsprinzipien dar, da der Typ 356 seit jeher einen um 300 mm kürzeren Radstand besaß. Die Absicht, dem Automobil mehr Innenraum zu ge-

ben, wodurch man sich einen zusätzlichen Kaufanreiz erhoffte, gab für diesen Schritt den Ausschlag. Viele Leute bei Porsche, besonders in der Verkaufsabteilung, wurden nie ganz die Sorge los, daß der Markt für kleine und kostspielige Zweisitzer alsbald gesättigt sein könnte.
Butzi Porsches Entwürfe, die er 1960 auf der Suche nach der geeigneten Form für ein derartiges Automobil schuf, führten ihn weg von der Fastback-Linie, die für Porsche bisher so charakteristisch gewesen war. Die niedrigere Karosserie besaß weiterhin die einfachen, fließenden Kotflügelkonturen, wie sie der 356 etabliert hatte und die von den typischen, geneigten Hauptscheinwerfern in schwachem Bogen nach hinten führten. »Bei uns spielen die Scheinwerfer eine große Rolle in der Frontgestaltung« sagte er. »Man könnte unter Umständen die vordere Haubenform ändern, die Scheinwerfer jedoch müssen an Porsche erinnern.« Er integrierte die Rundum-Stoßstangen in die Karosserieform, ganz im Stil, wie dies bereits beim ersten 356 der Fall gewesen war. Auch gab er dem Wagenbug eine breite, flache Form, die sich tief zwischen die Kotflügel senkte, etwa wie bei den ersten 550 und dem 904.
Auf diese niedrige Karosserie setzte Butzi eine Glaskanzel, die den T-7 ganz anders aussehen ließ als frühere Porsche-Wagen. Sie hatte eine breite, stark geneigte Windschutzscheibe und großflächige Seitenfenster. Die B-Säule (an der hinteren Türkante) neigte sich etwas nach vorn, die dünne C-Säule wies eine sogar noch stärkere Neigung auf. Dahinter befand sich eine riesige Heckscheibe, die genauso groß wie die Windschutzscheibe war und sich an die hintere Dachkante anschmiegte, sie bildete somit fast die gesamte Heckfläche des Fahrzeuges.
In dieser Gestalt leistete Butzi Porsche seinen Beitrag für einen neuen Porsche-Look, der sowohl zur viersitzigen T-7-Version paßte als auch zum traditionellen 356.
Mit leichten Varianten seiner linken und rechten Seitenteile, um unterschiedliche Details vergleichen zu können, entstand im Porsche-Designstudio die T-7-Form als Gipsmodell im Maßstab 1:1. Parallel dazu arbeiteten die Designer mit unterschiedlichen Inneneinrichtungen. Als das Startzeichen für den Bau eines fahrfähigen Prototyps vom Modell 695 mit der T-7-Karosserie gegeben wurde, hatten die Konstrukteure bereits das neue Armaturenbrett fertig. Es bestand aus zwei großen runden Wülsten, die sich vor dem Lenkrad befanden; tief darin eingesetzt waren alle erforderlichen Anzeigeinstrumente. Den Rest des Armaturenbrettes stellte eine einfache, gewölbte Fläche dar, die in ihrer Mitte eine Reihe von Drucktasten aufwies.
Im Fond des T-7 waren die Plätze ähnlich angeordnet wie beim bisherigen Serienwagen. Sie stellten zwei nebeneinander gesetzte Halbschalensitze dar, deren Rückenlehnen nach vorne geklappt werden konnten, wodurch sich ein größerer Gepäckraum ergab. Der Unterschied zum 356 bestand darin, daß auf den hinteren Sitzen

Prototyp 695. Der Wagen (siehe auch gegenüberliegende Seite) sollte vier Personen Platz bieten. Seitlich am Heck gab es Schlitze für den Lufteinlaß. Die Bugpartie dieses Wagens wurde beim 901 später übernommen.

jetzt genügend Platz für zwei Erwachsene war, wenn sie nicht allzu groß geraten waren. Das Rahmenheck, auf dem die T-7-Karosserie aufgebaut war, glich im Wesentlichen dem des Typ 356 mit der bekannten Hinterradaufhängung auf Pendelachsenbasis; vorne allerdings kam es zu gravierenden Änderungen, damit die neue McPherson-Vorderradaufhängung verwendet werden konnte, an der man bei Porsche arbeitete.
Der 695 war um die Weihnachtszeit 1961 soweit komplettiert, daß er für Testfahrten eingesetzt werden konnte. Er übertraf noch die Mindestanforderungen, die Ferry Porsche für diesen neuen Wagen festgelegt hatte: »Der Innenraum soll größer werden«, hatte er gesagt, »und ebenso der Kofferraum.« Was aber sollte sich unter der Heckabdeckung tun? Welches Antriebsaggregat würde zu diesem neuen Porsche passen? Auch zu diesem Punkt hatte Dr. Porsche seine Ansichten klargelegt. »Bisher hatten wir den Carrera«, sagte er später, »und dessen Motor war eigentlich eine Rennmaschine, eine teure obendrein mit ihren vier Nockenwellen. Ich wies meine Leute auf die exzellenten Beschleunigungswerte des Carrera hin und sagte ihnen: So soll der neue Wagen abgehen! Nur leise mußte er sein, er durfte nicht den Lärm eines Rennwagens machen!«
Hin und wieder wurde im 695 ein Carrera-2-Motor eingesetzt, eine Einheit vom Typ 587/1 in Tourenausführung. Dieser komplexe Motor wurde jedoch nur zu Tests benützt, um die Leistungen (man hoffte auf 130 PS) des zukünftigen Motors zu simulieren. Und was war mit dem unverwüstlichen Vierzylinder-Stoßstangenmotor vom Typ 616? Dieses Aggregat war Gegenstand etlicher Versuche im Jahr 1961 mit der Kugelfischer-Benzineinspritzung – Experimente, die parallel zu den erfolglosen Versuchen mit einer Einspritzung für den Vierzylinder-Grand-Prix-Motor verliefen. Ein solches 356 B-Coupé mit 1600-ccm-Motor und Kraftstoffeinspritzung war 1961 vom Werk für das 1000-Kilometer-Rennen auf dem Nürburgring genannt worden. Aber als der Motor vom Typ 616 später wieder auftauchte, war er nicht leistungsstark genug, um die von Ferry Porsche erhobenen Forderungen zu erfüllen.
Um das gewünschte Resultat von Leistung und Verfeinerung zu erlangen, begann die Porsche-Mannschaft unter der technischen Leitung von Klaus von Rücker 1961 einen neuen Sechszylinder zu konstruieren. Warum man sich für sechs Zylinder entschied, war leicht verständlich. Acht Zylinder waren genau das richtige für den Renneinsatz, und daher wurde 1961 auch parallel an den Achtzylinder-Typen 753 und 771 gearbeitet. Ein Achtzylindermotor war indessen zu komplex, um unter wirtschaftlichen Aspekten serienmäßig hergestellt werden zu können. Der Aufstieg von vier auf sechs Zylindern war andererseits nicht so groß, als daß die Kosten nicht zu vertreten gewesen wären. Vielmehr war dadurch sichergestellt, daß die Zylindergröße für einen 2-Liter-Motor – auf diesen Hubraum legte man sich wegen der gewünschten Leistungsausbeute fest – die richtige Dimension haben würde, um weich genug zu laufen und mit Sicherheit eine weitere Entwicklung zu erlauben.
Der neue Sechszylindermotor für den 695 erhielt die Typenbezeichnung 745 – ein Hinweis darauf,

wie nahe er in seinem ersten Entwufstadium an den Achtzylinder-Rennmotor herankam. Seine bemerkenswert überquadratische Ausführung von 80 zu 66 mm (1991 ccm), bei der ein kurzer Hub genügend Raum für große Ventile bot, würde hohe Kolbengeschwindigkeiten vermeiden und eine vertretbare Gesamtbreite des Boxermotors garantieren. Trotzdem geriet der 745 zu einem bulligen Aggregat, und mit seinen über Stoßstangen angetriebenen Ventilen war er auf seine Art nicht weniger kompliziert als der 753 Achtzylinder. Im Endeffekt wurde er dennoch nicht für die endgültige Version des 901 ausgewählt. Aber er bildete ein Bindeglied zwischen Porsches früheren Stoßstangenmotoren und dem späteren ohc-Motor des 901.

Um sicherzustellen, daß der 745 eine große Leistungsreserve bekam, versahen ihn die Porsche-Ingenieure mit V-förmig angebrachten Ventilen, die in der vertikalen Ebene jedes Zylinders eingelassen waren, ähnlich wie beim Vierzylinder-Carrera. Jedes Ventil wurde über einen Kipphebel geöffnet; und wie bei einem luftgekühlten Flugzeugmotor lief jeder Kipphebel innerhalb einer eigenen Kammer mit einer eigenen Abdekkung, die mit zwei Schrauben fixiert war. Die Abdeckungen für die tieferliegenden Auspuffkipphebel waren zusätzlich mit Kühlrippen versehen.

Wie beim 753-Grand-Prix-Achtzylinder gab es beim 745 obere und untere Nockenwellen, eine oberhalb und eine unterhalb der Kurbelwelle, von wo aus die Stoßstangen bewegt wurden. Jcdc Nockenwelle lief in vier Lagern und hatte sechs Nocken; die obere Nockenwelle bediente die Einlaßventile und die untere die Auslaßventile. Beide Nockenwellen wurden von Zahnrädern über die Kurbelwelle mit halber Drehzahl angetrieben, ähnlich wie beim Primärantrieb des Achtzylinder-GP-Motors. Dennoch bestand hier ein wichtiger Unterschied: die Zahnräder befanden sich am vorderen Ende der Kurbelwelle, wie dies beim 616 Vierzylinder der Fall war, statt an

Sechszylindermotor 745. Dieses Aggregat sollte im Porsche 695 eingebaut werden.

Rechts: Rückwärtige Ansicht des Sechszylinder 745 mit seinem doppelten Kühlgebläse.

Gegenüberliegende Seite oben: Längsschnitt-Zeichnung des 745-Motors mit seinen beiden Nockenwellen. Darunter der 821-Motor mit nur einer Nockenwelle. In seinem letzten Stadium für den Porsche 901 erhielt der Motor Trockensumpfschmierung.

Links: Motor Typ 821, konstruiert 1963. Dieser Sechszylinder war für den 901 bestimmt.

der Schwungscheibe, wie beim Grand.Prix-Motor.

In seiner Kurbelwellenkonsttruktion erinnerte der neue Sechszylinder an einen Porsche-Vierzylinder, dem zwei weitere Zylinder hinzugefügt worden waren. Er wies vier Hauptlager mit zwei Kröpfungen zwischen jedem Lagerpaar auf. Ein kleines, fünftes Lager diente als außenliegende Unterstützung für die Kurbelwellennase. Gleich daneben befand sich der Antrieb für den Zündverteiler, der schräg bei der hinteren Motorlagerung herausschaute. Der Zündverteiler erhielt seinen Strom von zwei Zündspulen, die an der Oberseite der Gebläseabdeckung montiert waren.

Diesen ersten Porsche-Sechszylindermotor konnte man sofort an seinem ungewöhnlichen Kühlgebläse erkennen. Anstelle eines einzelnen Lüfters besaß er zwei kleine Axialgebläse, die an der Rückseite des Motors angebracht waren und die – jedes für sich – über je einen Keilriemen vom Kurbelwellenende angetrieben wurden. Diese Lösung hatte man gewählt, um die Motorhöhe reduzieren zu können, und sie hatte den zusätzlichen Effekt, daß jede Zylinderreihe von einem eigenen Gebläse bedient wurde.

An der linken und rechten Flanke des flachen Sechszylinders waren die Vergaser aufgereiht, von wo aus sie zu den seitlichen Einlaßöffnungen führten. Nach Porsche-Aufzeichnungen hatte man die Motoren anfänglich versuchsweise mit schwimmerlosen Flachstrom-Vergasern von Solex versehen. Am Typ 745, wie er im Porsche-Museum zu besichtigen ist, sind aber einzelne Fallstrom-Solex-Vergaser zu sehen, wie sie dann auch serienmäßig benützt wurden (und die an gekrümmten Einlaßrohren befestigt waren). Dieser neue Sechszylinder wurde auf dem Prüfstand und 1962 auch im Porsche 695 getestet. Mit einem Kompressionsverhältnis von 9,5 zu eins erzielte er 120 PS bei 6500 U/min in seiner Original-2-Liter-Version sowie ein Drehmoment von 17 kpm. Weil dies aber noch nicht der Leistungspegel war, den man von diesem Motor erwartete, erprobte man auch eine auf 2195 ccm vergrößerte Version, die man durch eine Erweiterung der Bohrung auf 84 mm erzielte. Der größere Hubraum brachte die erwünschten 130 PS

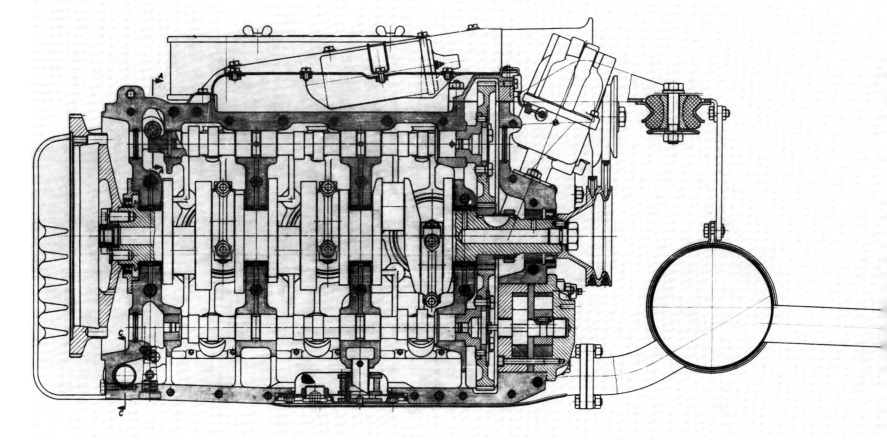

bei 6500 U/min und ein Drehmoment von 18 kpm – schöne runde Werte für einen Motor, der wegen seiner langen Stoßstangen nicht mit nennenswert höherer Kurbelwellendrehzahl laufen konnte. Daher ließ sich der flache Sechszylinder, so meinte man zunächst, wohl nicht zu Rennzwecken verwenden. Wollte man ihn schnellermachen, so würde man wohl seinen Hubraum abermals vergrößern müssen.

Im viersitzigen Typ 695 hatte dieser Motor einen zylindrischen Porsche-Auspuff, bei dem von jedem Zylinderende ein Rohr nach hinten führte. In dieser Form war der Sechszylinder im Frühling 1962 als kompletter Prototyp startbereit. Doch zu jenem Zeitpunkt hatte einer seiner Hauptinitiatoren das Haus Porsche verlassen. Klaus von Rücker wurde durch seinen Nachfolger Hans Tomala ersetzt.

Der Wechsel an der technischen Spitze bewirkte auch ein generelles Überdenken sämtlicher Konstruktionsprojekte bei Porsche, einschließlich der Pläne für den Bau eines neuen Serienwagens.

Das Jahr 1962 erlebte einige Revisionen in der Konstruktion als auch in der Charakteristik dieses zukünftigen Porsche. Keine dieser Änderungen traf dabei mehr Herz und Seele des Wagens als die Entscheidung, die Idee eines echten Viersitzers aufzugeben. Hier konnte lediglich ein Mann das letzte Wort sagen: Ferry Porsche. Die Konzeption, aus dem Porsche 901 einen Viersitzer zu machen, wurde tatsächlich fallengelassen – der Wagen geriet zum traditionellen 2 + 2. Ferry Porsche wurde später oft gefragt, warum er sich nicht für einen echten Viersitzer entschieden habe, und er pflegte mit einem Sprichwort zu antworten: »Schuster – bleib bei deinen Leisten!« Die Firmenpolitik habe sich auf dem von ihr eingeschlagenen Weg vorzüglich bewährt, sagte er. Die Männer bei Porsche seien davon überzeugt, daß es das beste wäre, diese Richtung beizubehalten. »Warum sollen wir einen Viersitzer produzieren, wenn all die anderen das viel besser können als wir?« Mit »all die anderen« meinte er die gesamte Schar der Automobilhersteller Europas und besonders in Deutschland, für die der Bau viersitziger Fahrzeuge die selbstverständlichste Sache der Welt war. Mit diesem Entschluß bestätigte Ferry Porsche die Tatsache, daß fast jeder Hersteller in der deutschen Automobilindustrie seinen angestammten Platz hatte. Die Aufteilung war klar: Volkswagen baute preiswerte Allerwelts-Automobile, Mercedes-Benz versorgte die anspruchsvolle Klientel, Ford und Opel produzierten Mittelklassewagen; Borgward versuchte – wie später BMW –, in der oberen Mittelklasse Alternativen zu bieten. Und Porsche baute Sportwagen.

Aus Ferry Porsches Rückzug aus dem Viersitzer-Projekt wurde seine Absicht ersichtlich, dieses Gleichgewicht der Kräfte nicht zu stören. Aber die Entscheidung, daß der 901 mehr oder weniger als Zweisitzer gebaut werden sollte, warf die Frage nach dem Radstand neu auf. Porsche war sich mit seinen Ingenieuren einig, daß er etwas größer als beim 356 werden sollte, weil dies für Fahreigenschaften und Komfort des neuen Wa-

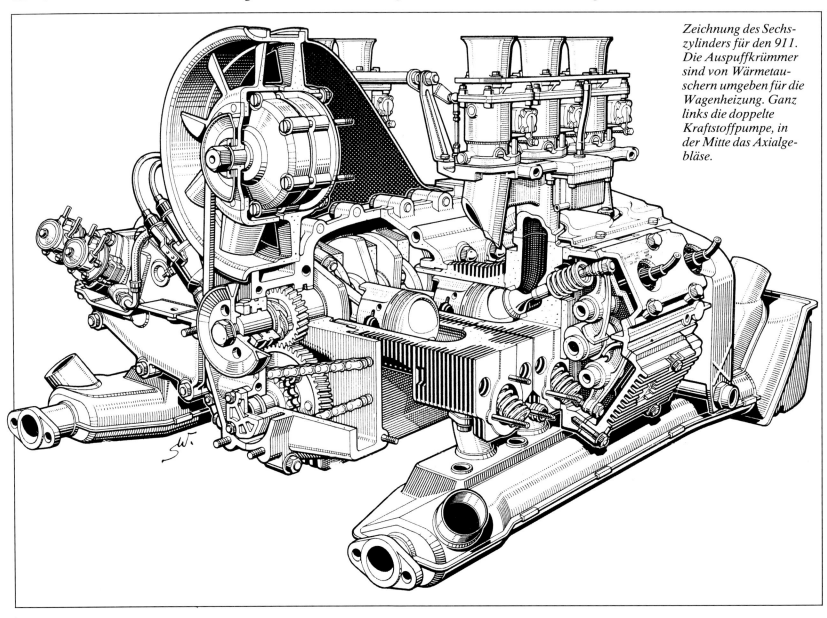

Zeichnung des Sechszylinders für den 911. Die Auspuffkrümmer sind von Wärmetauschern umgeben für die Wagenheizung. Ganz links die doppelte Kraftstoffpumpe, in der Mitte das Axialgebläse.

gens nur von Vorteil sein konnte, doch wehrte er sich vehement, als diese Streckversuche zu groß wurden. Immer, wenn ein neues Automobil entworfen wird, versuchen die Techniker, all jene Dinge mit hineinzubauen, die beim letzten Modell unberücksichtigt geblieben waren, und hier bildete der 901 keine Ausnahme. Ferry Porsche kämpfte energisch gegen so manche unnütze Ausweitung. Die endgültige Wahl fiel auf einen Radstand von 2211 mm, das waren 111 mm mehr als beim 356.

Gegen die klaren Linien, die Butzi Porsche für die Frontpartie und die Kotflügel der T-7-Karosserie entwickelt hatte, gab es keine Einwände. So blieb es bei diesen Konturen, als er sich daran machte, 1962 das Modell auf den kürzeren Radstand zu bringen. Das neue Dach und die Seitenfenster wurden niedriger, was eine zeitgemäßere Linienführung ergab, als sie Erwin Komenda seinerzeit für das von Cisitalia inspirierte Porsche-Coupé konzipiert hatte. Die Windschutzscheibe blieb in ihrer Form in etwa gleich, verlief jedoch

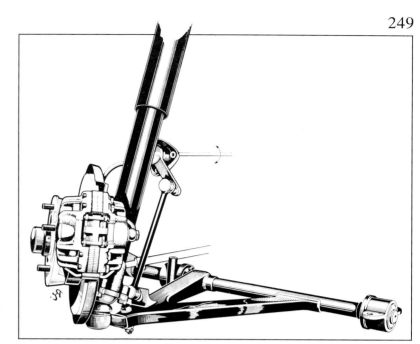

Vorderradaufhängung beim Porsche 911 – eine völlige Neukonstruktion.

Unten: Karosseriekörper des Porsche 911 in selbsttragender Bauweise, in der Basiskonstruktion dem 356 entsprechend.

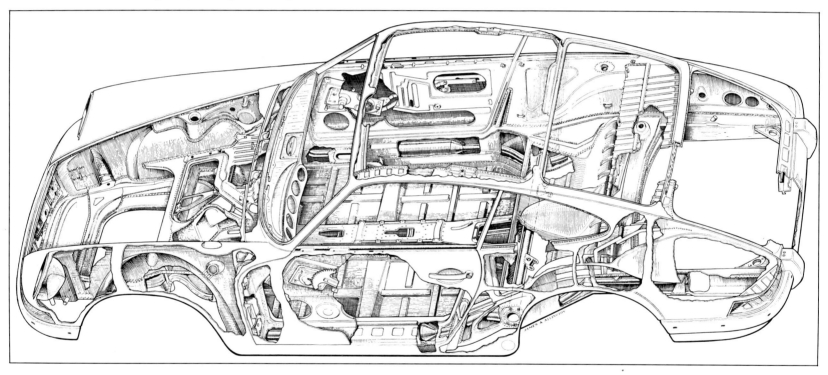

steiler, und damit zusätzlicher Einstiegraum geschaffen wurde, neigte man die B-Säule nach hinten statt nach vorne. Die Dachkante verlief stilistisch meisterhaft von der Windschutzscheibe zu den Leitkanten des Hecks, wo der aufgesetzte Einlaßgrill für die Kühlluft der hinteren Wagenpartie einen interessanten Akzent verlieh. So entstand die Endform jenes Automobils, das den 356 endgültig ablösen sollte. Um den sportlichen Charakter des Wagens zu unterstreichen, erhielt er ein völlig neu gestaltetes Instrumentarium, bei dem fünf Skalen nebeneinander in einem ovalen Feld mit abgepolsterten Kanten untergebracht waren. In der Mitte saß der Drehzahlmesser.

Bis 1963 lief dieses neue Modellprojekt offiziell unter der Bezeichnung 901. Aus Gründen, die später dargelegt werden, änderte man diese Bezeichnung in 911, noch bevor der neue Wagen auf den Markt kam. Porsche-Enthusiasten hatten stets angenommen, daß die Typennummer 901 zur Anwendung kam, weil die Konstruktion dieses Autos das Projekt Nr. 901 in der Folge aller Entwicklungen war, die das Porsche-Konstruktionsbüro seit seiner Gründung im Jahre 1930 erarbeitet hatte. Dies war jedoch nicht der Fall. Im Verlauf der Jahre hatte Porsche nämlich viele Nummern in der Reihe ausgelassen, was meist rein zufällig geschah, weil Karl Rabe, der die Nummern verwaltete, bei ihrer Vergabe alles andere als methodisch vorging. Manchmal geschah eine Auslassung auch absichtlich, wie zum Beispiel, als man bei Porsche beschloß, mit der Nummer 7 zu beginnen, damit der erste Kunde, die Wanderer-Werke, nicht glauben sollte, er habe es mit Anfängern zu tun. Während der hektischen Kriegsjahre fielen viele Nummern in der Serie 200 aus. In der Serie 400 kamen lediglich sechs zur Anwendung, wobei die letzte 425 darstellte; man begann dann neu mit der Zahl 500, als das Konstruktionsbüro zurück nach Stuttgart übersiedelte.

Von 500 an blieb die Typennummernliste relativ geschlossen bis in die 700 und noch weiter bis zu den ersten 800er Zahlen, wofür der Grand-Prix-Wagen vom Typ 804 ein Beispiel ist. Bei dieser Zahl war man angelangt, als man am Nachfolger des 356 arbeitete. Dabei übersprang man die meisten 800er Seriennummern und entschied sich für 901. Vielleicht, um zu symbolisieren, daß hier ein neuer Anfang gemacht wurde. Oder um eine attraktive Typenbezeichnung zu bekommen? Die Wahrheit ist indessen wesentlich prosaischer.

Zu Beginn der sechziger Jahre war Porsche im Verkauf, im Ersatzteilwesen und im Service enger mit der Volkswagen-Organisation verbunden als zuvor. Genaugenommen schien eine Zusammenlegung beider Organisationen in naher Sicht zu sein. Daher ging man daran, das System der Ersatzteilnummern bei Porsche so zu gestalten, daß mit dem bei VW in Einklang gebracht werden konnte, und als man die noch freien Nummern im Computer der Wolfsburger Ersatzteilzentrale überprüfte, zeigte sich, daß die einzig noch freie Serie mit 900 begann.

Daher bekam der neue Porsche anfangs die Bezeichnung 901, und darum tragen auch alle nachfolgenden Porsche die »9« am Anfang ihrer Modellbezeichnung. Seit jener Zeit folgte man nicht mehr der bisherigen Praxis, jedem Projekt eine eigene globale Typennummer zu geben. Statt dessen erhielten sämtliche Komponenten für ein in der Entwicklung befindliches Automobil die gleiche Erstziffer, unabhängig vom Zeitpunkt, zu dem sie entwickelt wurden. Jetzt sollte beispielsweise ein Automobil vom Typ 356 C nicht mehr mit einem 616/16-Motor und einem 741A-Getriebe ausgestattet sein. Das neue System war sicher einfacher. Von ebenso weitreichender Bedeutung war die 1962 realisierte Konstruktion eines neuen Sechszylinder-Boxermotors für den in der Entwicklung befindlichen Sportwagen. Nur in seinem generellen Layout und im Hub/Bohrungs-Verhältnis war die Maschine für den 901 (1991 ccm) ein Nachfahre des Typ 745. Es war ein in vieler Hinsicht besserer Motor, eine vorzügliche Grundlage für zukünftige Entwicklungen, wie sich später noch zeigen sollte. Aber es wäre kaum möglich gewesen, ihn in etwas mehr als zwei Jahren entstehen und ausreifen zu lassen, wäre da nicht der 745 gewesen.

Ein anderer Motor, der Typ 821, diente als Bindeglied zwischen dem 745 und der endgültigen Konstruktion des 901. Der Anfang 1963 fertiggestellte Motor enthielt praktisch alle Besonderheiten des späteren 901 mit einer Ausnahme: anstelle der Trockensumpfschmierung besaß er eine normale Druckumlaufschmierung. Auch im Luftfilter unterschied sich der 821 vom 901. Ansonsten war der Typ 821 mit den frühen 901-

Versuchmotoren absolut identisch.

Warum ging man von der Stoßstangen-Konstruktion des 745 zu den obenliegenden Nockenwellen des 821/901 über? Hans Mezger brachte es auf eine einfache Formel: »Wir meinten, wenn wir uns schon Probleme mit zwei Nockenwellen aufhalsten, so sollten wir sie gleich nach oben verlegen.« Mezger hatte großen Anteil an der Entstehung des 901, hauptverantwortlich aber zeichnete Ferdinand Piëch; es war sein erstes Werk in dieser Größenordnung, bei welchem er einen echten Beweis seiner Fähigkeiten lieferte. Die Überarbeitung des Sechszylinder-Motorkonzeptes begann an der Basis. Anstelle der vier Hauptlager, wie sie im 754 zu finden waren, stattete man den 901 mit sieben Hauptlagern aus, so daß jede Kurbelwellenkröpfung beidseitig gestützt wurde. Bei der Durchführung dieser Änderungen konnten die Konstrukteure auf ihre Erfahrungen mit dem Achtzylinder 753 zurückgreifen, der ebenfalls je ein Hauptlager zwischen den Pleueln aufwies. »Eine solche Lageranordnung ist bei der Kurbelwelle von Boxermotoren recht ungewöhnlich« sagte Porsche-Ingenieur Egon Forstner. »Aber sie bietet erhöhte Sicherheit gegenüber Deformierungen bei hohen Drehzahlen!« Diese Beanspruchungen verstärkten sich bei erhöhtem Kompressionsverhältnis genauso wie bei Motoren mit großer Bohrung, bei denen die Lagerabstände zwangsweise weiter sind. Die geschmiedete Stahlkurbelwelle war mit Lagerstellen nur so gespickt, wobei die Kurbelwangen wie im 753-Achtzylinder ungewöhnlich dünn waren.

Die Kurbelwelle lief in einem vertikal geteilten Aluminium-Kurbelgehäuse und wurde von zwei langen Bolzen, die oberhalb und unterhalb der Hauptlager verliefen, zusammengehalten. Im Mitteltrakt war eine mit halber Drehzahl laufende Welle direkt unterhalb der Kurbelwelle untergebracht, die über Kegelräder vom hinteren Motorende angetrieben wurde (wie im 901). Diese Welle trieb zwei Zahnradpumpen, eine Druck- und eine Saugpumpe, die zwischen Ölwanne und Schwungscheibe saßen und das Kernstück des Schmiersystems bildeten.

Die höheren Kosten einer Trockensumpfschmierung wurden für den 901 genehmigt, weil sie gewährleistete, daß die Druckpumpe stets genügend sauberes, kühles, schaumfreies Öl lieferte, außerdem ermöglichte sie eine flache Motorbauart. Von der Druckpumpe floß das Öl durch einen Aluminiumkühler an der rechten Vorderseite des Motors, wo ein Gebläse für die Kühlluft sorgte. Ein thermostatisches Ventil regelte den Ölfluß und gewährleistete eine direkte Versorgung beim Start, bevor das Öl eine Betriebstemperatur von 80 Grad Celsius erreichte. Bohrungen auf der rechten Seite des Kurbelgehäuses brachten das Öl zu den Hauptlagern, jenem an der Schwungscheibe und dem achten Auslegelager am Heck des Motors. Dieses hatte keine großen Kräfte aufzunehmen und war recht klein in seinem Durchmesser, auch hatte sich bei Laborversuchen gezeigt, daß ein geringerer Durchmesser die Zentrifugalkräfte des durchfließenden Öls reduziert, die dem Druck des einströmenden Öls entgegenstehen. Die an jedem Lager und Nocken befindlichen Ölauslässe versorgten die Nockenwelle mit Schmierung über Anschlüsse an ihrem hinteren Ende. Vom Ventiltrieb führten zwei große Röhren das überschüssige Öl in den Sumpf zurück.

An der Rückseite des 901-Motors wurde ein Bosch-Zündverteiler direkt von der Kurbelwelle über ein schrägverzahntes Ritzel angetrieben. Mittels Doppelrollenketten wurden die Nockenwellen bewegt. Bei den ersten Testmotoren hatten diese relativ langen Ketten durch Federstahlblätter unter Spannung gehalten, wie dies bei britischen Motoren oft praktiziert wurde, doch bei Porsche war man damit nicht zufrieden. Man ersetzte sie durch kleine Führungszahnräder, die man mittels Schraubenfedern gegen die Ketten drückte.

Wie beim Grand Prix Achtzylinder, erhielt auch der 901 Motor einzelne Zylinder und einzelne Zylinderköpfe, die mit einem einfachen Gußteil an der Außenseite jeder Zylinderreihe zusammengehalten wurden. Die unterschiedlichsten Arten gerippter Zylinderköpfe wurden für den 901 getestet, ehe man sich für die »Biral«-Konstruktion entschloß; ein Eisengußzylinder mit einem Aluminiumüberzug, der die Kühlrippen trug. Diese Bauart hatte man in der Serienproduktion erstmals beim 1600-SC-Motor im Jahre 1964 angewendet, kurz bevor man mit der Fertigung des 901 begann. In den Zylindern des 901 liefen leicht gewölbte, voll geschürzte Aluminiumkolben, die zwei Kompressionsringe und einen Ölabstreifring aufwiesen. Bei einigen Motoren der ersten Serie befand sich der Ölabstreifring über dem schwimmend eingesetzten Kolbenbolzen, später saß er darunter.

Im 901 ersetzte man den komplizierten Ventiltrieb des 745 durch einen Kipphebel pro Ventil, der von der zentral über jeder Zylinderreihe verlaufenden Nockenwelle betätigt wurde. Das Ventilspiel ließ sich über eine Regulierschraube am Ventilschaft einstellen. Doppelte Schraubenfedern, gegenläufig eingesetzt, bewirkten das Schließen des Ventils.

In der Endausführung der 901-Kopfkonstruktion saßen die Ventile in einem Winkel von 59 Grad zueinander. Die Einlaßventile waren 27 Grad und die Auslaßventile 32 Grad von der Vertikalen versetzt. Die Ventiltellerdurchmesser betrugen 39 und 35 mm für das Einlaß- bzw. Auslaßventil. Die Ventilschäfte des Auslaßventils waren hohl und wurden durch darin befindliches Natrium gekühlt. Bei Anlauf der Serie des 901 war der Ventilhub mit 11,6 mm für die Einlaß- und 10,6 mm für die Auslaßseite festgelegt. Das Timing der Nockenwelle hatte die Werte 52/65/64/44 Grad.

In der Form ihrer Kühlrippen erinnerten die Zylinderköpfe des 901 stark an jene des 753 Achtzylinder. Eine weitere Ähnlichkeit bestand beim Axialgebläse. Die ersten Versuchsmotoren aus dem Jahr 1963 hatten 17 Lüfterflügel; für die Serie reduzierte man ihre Zahl auf elf Blätter, die über einen Keilriemen mit 1,4facher Kurbelwellengeschwindigkeit getrieben wurden. Man hatte diese Gebläsekonstruktion nicht zuletzt ihrer Laufruhe und ihres Wirkungsgrades wegen ausgewählt, der über 70 Prozent betrug und maximal 4,7 Prozent der Motorleistung in Anspruch nahm. Vom Gebläse führten Luftschächte zum Wärmetauscher an den Auspuffrohren, für das Heizsystem des Wagens. Bis zu zehn Prozent des gesamten Kühlvolumens konnten hierfür abgezweigt werden. Auch wenn die Heizung nicht eingeschaltet war, floß Luft über die eng umhüllten Auspuffrohre, um sie kühl zu halten.

Gründliche Gedanken machte man sich um die Vergaserbestückung. Als der 901 in Frankfurt vorgestellt wurde, wies er Dreifach-Fallstromvergaser von Solex auf – aber in der Serie behielt

Der erste 901-Versuchswagen (gegenüberliegende Seite) in getarnter Ausführung. Links und unten: Aufnahmen des Serienwagens, wie er als 911 im September 1964 ausgeliefert wurde. Nur die Ausstellungswagen entbehrten noch der seitlichen Gummileiste.

man sie nicht bei. Man ging zum Überlauf-Vergaser über und entwickelte bei Porsche eine Einheit, die mit den Ansaugkrümmern integriert war. Mitgegossen waren auch die Rückführleitungen zu den Schwimmerkammern. Derart integrierte Gußanordnungen sparten nicht nur Geld, sondern trugen dazu bei, den Kraftstoff durch Verdunstungskälte zu kühlen. Auf jeder der Ansaugkrümmereinheiten steckten drei Solex 40PI-Drosselklappengehäuse, deren Saugrohrdurchmesser 30 mm betrug. Das Benzin wurde durch zwei mechanische Benzinpumpen zu den Vergasern gebracht. Sie wurden vom hinteren Ende der linksseitigen Nockenwelle angetrieben. Abgesehen von in letzter Minute erfolgten Änderungen bei den Luftfiltern und im Auspuffsystem, war dies die Endform des Sechszylindermotors für den 901, wie ihn Ferdinand Piëch 1963/64 bis zur Serienreife entwickelt hatte. Mit Kupplung und allen Aggregaten wog der Motor 184 kg – er war der schwerste Motor, der je für einen Porsche gebaut wurde. Mit einer Verdichtung von 9,0 zu eins betrug die Maximalleistung, die bei 6100 U/min erreicht wurde, 130 Netto-DIN-PS, die Drehmomentspitze von 17,8 kpm wurde bei 4200 U/min erreicht. Der Sechszylinder verkraftete ungewöhnlich hohe Drehzahlen, er verdankte dies der Leichtigkeit und Festigkeit seines Nockenwellenantriebes. Die maximal empfohlene Drehzahl betrug 6800 U/min; der Drehzahlbegrenzer setzte bei 7100 U/min ein. Die Kraftübertragung erfolgte über eine 215 mm große Fichtel & Sachs-Kupplung, eine Tellerfeder-Konstruktion, die teilweise in der sechs Kilogramm schweren Schwungscheibe saß. Sechs Hutmuttern hielten die Schwungscheibe auf der Kurbelwelle statt der bisherigen Befestigungsart mit nur einer Mutter, wie sie für alle früheren Porsche-Motoren typisch war. Das Fünfganggetriebe entsprach jenem, das man sowohl für den 904 als auch für den 901 entwickelt hatte. Die Übersetzungsverhältnisse betrugen: 2,833, 1,778, 1,217, 0,962 und 0,821 zu eins bei einer Endübersetzung von 4,428 zu eins. Durch Änderungen an der vorderen Radaufhängung konnte die Tachowelle nicht mehr vom Vorderrad angetrieben werden, so daß man sie jetzt an den Ausgang des Getriebes anschloß. Auf Wunsch gab es ein neues ZF-Sperrdifferential.

Während der Motor des 901 perfektioniert wurde, beendete das Konstruktionsbüro in Zuffenhausen unter Erwin Komendas Leitung die Arbeiten an den Details des Rahmens und der Karosserie. Der Struktur nach durfte man das Auto als einen direkten Nachfahren des 356 ansehen, wenn es auch grundsätzliche Änderungen an der Frontpartie des Wagens gab, was durch die neuen Radaufhängungen erforderlich war. Das Kofferraumvolumen hatte gegenüber dem des 356 um 186 Prozent zugenommen. In Abkehr von der früher geübten Praxis wurden die vorderen Kotflügel nicht mehr angeschweißt, sondern geschraubt, wodurch ihr Austausch einfacher wurde.

Um die Innenbelüftung des 901 zu verbessern, bediente man sich neuer aerodynamischer Erkenntnisse. Ein Grill an der Unterkante der Windschutzscheibe brachte Frischluft nach innen; die Luft konnte durch eine Reihe kaum sichtbarer Schlitze an der oberen Kante der Heckscheibe austreten. Wie bisher war das vom Motor versorgte Heizsystem in die Seitenholme der Karosserie verlegt. In diesen Hauptrohren sowie in den schmaleren, die für die Entfrostung der Heckscheibe vorgesehen waren, befand sich

Größere Popularität als dem teuren 911 wurde dem Porsche 912 zuteil, der in Karosserie und Fahrwerk dem 911 entsprach, als Antriebsaggregat aber den Vierzylindermotor des 356 C im Heck hatte. Der 912 kostete etwa 5000 Mark weniger als der 911.

schallschluckendes Material, um die Gebläse- und Motorgeräusche zu vermindern. Zur Standardausrüstung des 901 gehörte eine Standheizung, die sich automatisch einschaltete, wenn die Innentemperatur unter einen bestimmten Wert fiel. Dieses unter dem Bodenblech montierte Aggregat saugte Kaltluft aus dem Heckraum an und schickte sie erwärmt in die Defrosterrohre. Ebenfalls unter dem Bodenblech, gleich hinter dem tief eingesetzten 62-Liter-Tank, befand sich

die neue Zahnstangenlenkung. Als man dieses Lenksystem für den 901 auswählte, stellte es in Zuffenhausen etwas relativ Neues dar. Nur beim 804 Grand-Prix-Wagen Anfang 1962 hatte es diese Lenkung schon einmal gegeben. Das Lenkgetriebe des 901, ähnlich dem des 804, kam von ZF.

Die Lenkung saß acht Zentimeter hinter der Drehachse der Vorderräder, exakt in der Mitte des Wagens. Die Verbindung zum Lenkrad erfolgte über eine scharf nach links abgesetzte Lenksäule, die zwei Kreuzgelenke aufwies, wodurch die Säule im Falle eines Frontalzusammenstoßes keine direkte Gefahr mehr darstellen konnte. Sie bedeutete einen wichtigen Beitrag zur inneren Sicherheit des Wagens, wenn auch dies nicht der Hauptgrund war, der zu dieser Konstruktion geführt hatte.

Großen Anteil an der Entstehung des 901 hatte Ingenieur Peter Falk. Wie vor ihm Helmuth Bott, arbeitete er anfangs unter der Leitung von Helmut Rombold in der Versuchsabteilung, als er im September 1959 – im Alter von 26 Jahren – zu Porsche kam. Peter Falk war direkt vom Studium nach Weißach gekommen, wo er seine Fähigkeiten nicht zuletzt auch als Testfahrer unter Beweis stellte. »Schon immer hatten wir überlegt, das Lenkgetriebe in die Wagenmitte zu setzen, weil dadurch sowohl linksgesteuerte als auch rechtsgesteuerte Ausführungen leichter zu bauen wa-

ren«, sagte Falk. Und dies war auch der Hauptgrund dieser ›abgeknickten‹ Lenksäule des 901; der Sicherheitsfaktor war ein zusätzlicher Effekt. Es gab auch Dinge am 901, die man grundsätzlich unverändert vom 356 übernahm, zum Beispiel die Bremsen. Die von ATE gelieferten Scheibenbremsen an allen vier Rädern wiesen hinten Scheibendurchmesser von 285 und vorne von 280 mm auf; letztere waren um 5 mm vergrößert worden. Ebenfalls übernommen wurde die Handbremse. Der 901 besaß auch die gleichen Stahlfelgen wie der 356 der Dimension 4½J × 15 und Radialreifen der Größe 165 HR × 15.

In der Zeit, als man den 901 konzipierte, war man in der gesamten Automobilindustrie bestrebt, die Serviceaufwendungen zu reduzieren. Auch das Ingenieurteam von Porsche brachte als eine ihrer herausragenden Entwicklungen ein

Haube mit einem breiten roten Streifen versehen hatte, wurde zum Nürburgring gebracht und unter der Leitung von Helmuth Bott und Peter Falk hier ausgedehnten Erprobungen unterzogen.

Die ersten Prototypen des 901 konnten ihre Herkunft vom 356 zwar nicht leugnen, wenn sie auch ein wichtiges Konstruktionselement ihres Vorgängers nicht übernahmen: die hintere Radaufhängung. Diese bestand aus der traditionellen Porsche-Pendelachse mit querliegenden Torsionsstäben sowie einer Ausgleichsfeder, jenem ursprünglichen VW-Konzept, das die Porsche-Ingenieure im Laufe der Zeit ständig verbessert hatten. Man versuchte zunächst, Aufhängungen wie beim 718 von 1958 zu verwenden, doch erwiesen sie sich zu aufwendig und nahmen vor allem auch viel Platz in Anspruch. So kam es bei diesen Bauteilen bis zur Serienproduktion noch

jedoch ihre Ansichten. Obwohl die Entwicklung des Wagens bereits sehr viel Geld gekostet hatte, entschieden sie sich, den 901 doch mit einer anderen Hinterradaufhängung auszustatten, die man bereits getestet hatte. Die neue Aufhängung besaß ebenfalls querliegende Torsionsstäbe und flache Führungsarme aus Stahl, ging jedoch von der Konzeption ab, das Achsrohr als Hauptelement der Radführung zu verwenden. Wie schon früher erwähnt, übernahmen jetzt offene Halbwellen, mit jeweils zwei Kreuzgelenken, den Radantrieb.

Die Schwingarme des Torsionsstabes verwandelte man in einen Dreieckslenkerschenkel auf jeder Seite des Wagens. Der andere Schenkel war ein hohler, konisch geformter Stahlarm, an dessen dickerem Ende die Nabe saß; das dünnere Ende befand sich in einem Aufnahmelager, das

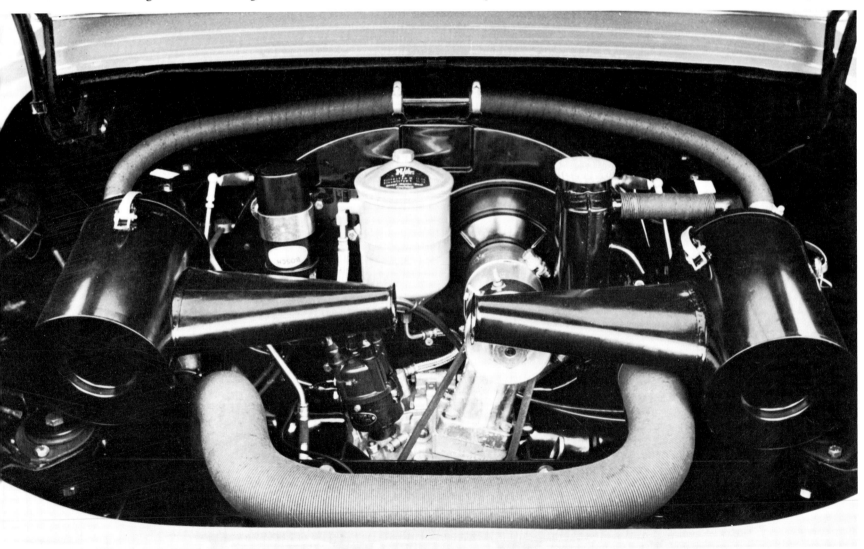

wartungsfreies Fahrwerk auf den Markt.
Viele Komponenten und Zubehörteile hierfür hatte man in einzelnen Versuchsmodellen des Porsche 356 erprobt. Im Sommer 1963 testete man sie erstmals gemeinsam in handgefertigten Prototypen des 901. Einer dieser Wagen, den man mattgrün lackiert und auf der vorderen

zu etlichen Änderungen, bis man letztlich doch wieder zur bewährten Hinterachse des 356 zurückfand. Sie schien für den 901 das Vernünftigste zu sein.

Fünf Minuten vor zwölf, kurz bevor der Wagen in die Serienproduktion gehen sollte, änderten Ferry Porsche und seine Männer in diesem Punkt

vorn am Drehstabgehäuse angeschweißt war. Von oben gesehen bildete die Drehachse dieses Armes einen Winkel von nicht mehr als 15 Grad zum Torsionsstab, und von der Seite wurde deutlich, daß er steil abwärts führte und viel weiter unterhalb der Nabe endete, als dies bei den Führungsarmen des 356 der Fall war. Diese Geome-

trie ergab ein statisches Rollzentrum, das sich 12 cm über dem Boden befand.
Die hinteren Drehstäbe hatten mit 23 mm den gleichen Durchmesser wie in den letzten Carreras; ein negativer Sturz von etwas mehr als einem Grad konnte mit der Gewißheit eingestellt werden, daß er sich auch über den gesamten Bereich des Federweges nicht wesentlich verändern würde. Ein weiterer Vorteil der neuen Aufhängung war, daß die Teleskopstoßdämpfer hinter dem Rad montiert werden konnten, wo sie einem größeren Federweg ausgesetzt und somit wirkungsvoller waren als vor dem Rad. Vorne betrug der Drehstabdurchmesser 19 mm.
Wie bei Porsche üblich, vergab man zahlreiche Aufträge an Zulieferer für Einzelteile, wie man sie für den Bau des 901 benötigte. Porsches Eigenleistung lag nach wie vor in der Hauptsache beim Zusammenbau der Motoren und der kompletten Fahrzeuge sowie bei der Fertigung wichtiger Teile, wie Zylinderköpfe oder Kurbelgehäuse. Eine Rolle von besonderer Bedeutung spielte die Firma Reutter, bei welcher immerhin die komplette Karosserie entstand, die in ihrer Erstellung – samt Interieur – einen sehr großen Anteil an den Grundkosten ausmachte. Für Reutter wie für Porsche bedeutete die Vorbereitung eines neuen Modells sehr hohe Investitionen an neuen Werkzeugen und Einrichtungen – und hier bot Reutter einigen Widerstand. Das hätte es bei Reutter Senior nicht gegeben, wäre er noch am Leben gewesen. Aber auch sein Sohn war im Krieg gefallen, und die acht Erben der Reutter-Anteile wiesen weder das notwendige Fachwissen auf, noch hatten sie die unternehmerischen Ambitionen, ein derartiges Werk zu führen. Über viele Jahre gab es mit den kaufmännischen Direktoren bei Reutter zwar keine Probleme – beide Firmen arbeiteten gut zusammen. Als sich jedoch die Notwendigkeit ergab, bedeutende Investitionen vorzunehmen, lehnten die Reutter-Erben ab. Aus der Sorge, es könnten ihnen noch weitere Probleme erwachsen, entschieden sie sich auf Empfehlung der Geschäftsleitung, das Karosseriewerk zu verkaufen. Sie wollten nur das Stammhaus an der Augustenstraße in Stuttgart behalten, wo die Recaro GmbH die Herstellung von Sitzen und Sitzgestellen betrieb.
Als Käufer des Zuffenhausener Reutter-Werkes war Porsche natürlich ein prädestinierter Kandidat. Die Kaufentscheidung war dennoch ungeheuer schwierig für Ferry Porsche, und er schob sie lange Zeit vor sich her: »Wir sollten Millionen auf den Tisch legen für etwas, was unsere Lage nicht im geringsten veränderte. Wir hatten Investitionen zu tätigen, die uns nichts Neues brachten«, sagte er, wobei er darauf hinwies, daß die Firma bis zu diesem Zeitpunkt stets die notwendigen Karosseriestückzahlen von Reutter in bester Qualität geliefert bekommen hatte. Und es fiel Porsche schwer, einen so hohen Betrag zusammenzubekommen, wie er für den Erwerb der Firma Reutter erforderlich war.
Im Juli 1963 ging der Besitzwechsel dennoch über die Bühne. Äußerlich änderte sich dadurch wenig in Zuffenhausen. Die Reutter-Werke blieben weiterhin eine eigenständige Einheit, von Personen geleitet, die sich mehr als Reutter- denn als Porsche-Männer sahen. Dennoch hatte Porsche einen gewissen Vorteil durch die Übernahme errungen: Vor dem Kauf war jede von Reutter an Porsche gelieferte Karosserie mit vier Prozent Umsatzsteuer belastet gewesen; als diese beiden Firmen vereinigt waren, kam diese Steuer nicht länger zum Ansatz. Dies war ein kleines Trostpflaster für die hohen Unterhaltskosten des Karosseriewerks mit seinen 1000 Mitarbeitern, wohingegen die Firma Porsche Ende des Jahres 1963 1372 Arbeiter und Angestellte zählte. Insgesamt stellte der Reutter-Kauf eine Transaktion von sechs Millionen Mark dar, mehr als das Doppelte jener Summe, die Porsche ein Jahr zuvor investiert hatte. Für den 901 war eine Gesamtinvestition von etwa 15 Millionen Mark erforderlich, bis er serienreif war. Angesichts solcher Kosten wird ersichtlich, warum Porsche im Jahre 1963 auf eine Fortsetzung des Grand-Prix-Rennprogramms verzichtete.

Ursprünglich war der Produktionsbeginn des 901 für Januar 1964 vorgesehen gewesen. Doch es wurde Herbst. Erst als sich am 12. September 1963 die Tore der IAA in Frankfurt öffneten, war der neue Porsche 901 zu sehen. Erst ein Jahr später war es möglich, ihn zu kaufen. Eine der Ursachen für diese Verzögerung lag in der Notwendigkeit, bis Anfang 1964 die Serie des Porsche 904 fertigzustellen. Ein weiterer Grund war die verständliche Absicht der Porsche-Ingenieure, dem Wagen am Motor, an der

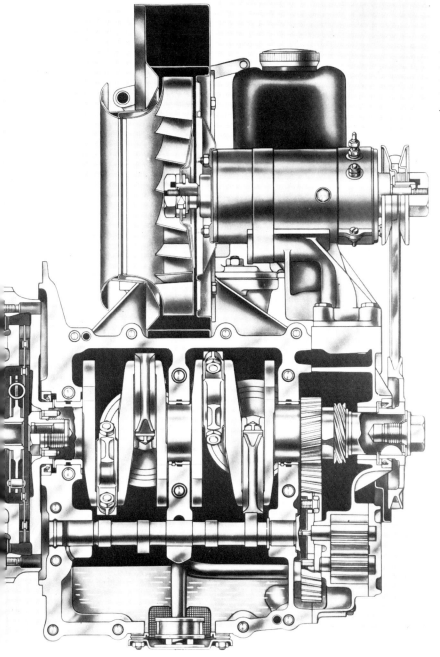

Vierzylindermotor Typ 616/36, wie er im Porsche 912 zu finden war. Auf der gegenüberliegenden Seite erkennt man die beiden großen zylindrischen Luftfilter.

Karosserie und am Fahrwerk noch zahlreiche Verbesserungen zukommen zu lassen. Im Mai 1964, kurz nachdem Porsche die 904-Serie abgeschlossen hatte, lief in Zuffenhausen die Nullserie des 901 an. Offizieller Serienbeginn war im September 1964, und die Lieferungen an ungeduldige Kunden setzte nach und nach im Verlauf des letzten Jahresviertels ein. Bis dahin war es am 901 noch zu weiteren nennenswerten Änderungen gekommen.

Die Prototypen, die man in der Jahresmitte 1964 getestet hatte, unterschieden sich von den späteren Serienmodellen in vielen Details. Ihnen fehlte der Haltegriff, der sich von der Armstütze an der Tür des Beifahrers nach oben schwang. Sie besaßen keine gummiüberzogenen Schutzstreifen unterhalb der Türen. Auch hatten sie Doppelrohre, die aus dem zylindrischen Auspuff führten. Doch vor Produktionsbeginn konstruierte man noch einen neuen Auspuff, der einen Einzelrohrauslaß besaß und der unterhalb der linken Stoßfängerseite herausschaute.

Im Sommer 1964 testete Bernard Cahier einen dieser Prototypen. »Damals beeindruckte mich der Wagen durch seine Fahreigenschaften und seine Ausstattung«, schrieb er. »Nur die Vergasereinstellung war noch nicht in Ordnung und die Inneneinrichtung war etwa die gleiche, wie man sie von Frankfurt (wo man sie eher als traurig und typisch deutsch bezeichnet hatte) her kannte, und die Lenkung war eigentümlicherweise zu direkt ... so direkt, daß sie äußerste Konzentration erforderte.« Dieser Klage, wie sie ähnlich von den Testfahrern des 904 zu hören war, ging man noch vor Serienbeginn nach und behob ihre Ursachen.

Eine weitere Änderung, wie sie im Oktober 1964 durchgeführt wurde, war von nicht geringerer Wichtigkeit: die Änderung der Typenbezeichnung von 901 auf 911. Einen Monat zuvor, als man den 901 in Paris zeigte und die Mitteilung hinausging, daß mit dem Produktionsbeginn nun zu rechnen sei, war man plötzlich bei Peugeot auf dieses Fahrzeug aufmerksam geworden. Und Peugeot hatte seit 1929 allen seinen Personenwagen eine Bezeichnung gegeben, bei der es eine Null zwischen zwei Ziffern gab, etwa 301, 401, 601, 402, 302, 202, 203, und zur Zeit, als der 901 vorgestellt wurde, baute Peugeot gerade den 404. Nach französischem Urheberrecht und Warenzeichenschutz stand Peugeot das alleinige Recht zu, diese Ziffernkombination als Modelltypenbezeichnung in Frankreich zu benützen. Vertreter von Peugeot machten nach dem Salon die Firma Porsche darauf aufmerksam, daß die Franzosen beabsichtigten, die Bezeichnung 901 gelegentlich für eines ihrer eigenen Autos einzusetzen.

Peugeots Einwände konnten nicht auf die leichte Schulter genommen werden. Frankreich zählte zu Porsches wichtigen Exportmärkten und bei Peugeot handelte es sich schließlich nicht um irgend einen kleinen Automobilhersteller. Man mußte eine Lösung finden, und zwar äußerst schnell. Als Ergebnis kam man auf die Bezeichnung 911, die man fortan für den 901 benutzte. Die Bezeichnung 901 wurde indessen für den neuen Motortyp des Wagens und auch für Ersatzteilnummern beibehalten. Was sollte aber mit dem Porsche 904 geschehen? Was dieses Automobil betraf, argumentierte von Hanstein überzeugend, so benützte Porsche diese Bezeichnung schon über ein Jahr, ohne von Peugeot Einwände gehört zu haben. Die Franzosen mußten Porsche das Recht an der Modellbezeichnung 904 weiterhin konzedieren. Nachdem von Hanstein diese Runde gewonnen hatte, beeilte er sich, weitere Typenbezeichnungen mit einer Null in der Mitte für einige andere Porsche-Wettbewerbsmodelle zu benutzen.

Da der 911 mehr oder weniger alle traditionellen Tugenden eines Porsche besaß, wurde er vom Markt schnell akzeptiert. Der Verkauf lief nach einem ermutigend schnellen Start sehr gut an. Doch gleichzeitig wurde ein latentes Problem akut. Huschke von Hanstein beschrieb es Anfang 1963: »Wir haben oft versucht, Wege zu finden, mehr Karosserien zu bekommen – hier lag unser einziger Engpaß!« Gegen Jahresende war zwar die Reutter-Übernahme perfekt, dennoch war zunächst keine Lösung dieses Problems in Sicht. Nach der Vorstellung des 911 hatte man dann jedoch einen neuen Karosserielieferanten gefunden; die Firma Karmann, die schon zuvor Karosserien für Porsche gebaut hatte, erklärte sich bereit, komplette Coupé-Karosserien für den 911 zu bauen. Karmanns Preise zählten zwar nicht zu den niedrigsten in Europa, jedoch war das Osnabrücker Unternehmen die einzige Firma, die Porsches Qualitätsanforderungen entsprach. Und mit Hilfe der Firma Karmann bewältigte

Peter Porsche und sein Vater Ferry Porsche im Gespräch mit Fritz Huschke v. Hanstein. Gegenüberliegende Seite oben ein Targa im Windkanal der Technischen Hochschule Stuttgart, wo man aerodynamische Untersuchungen durchführte.

Porsche den Übergang vom Typ 356 zu einer Vierzylinder-Version des 911, dies wurde der Porsche 912.

Wie dem 911, hatte man ursprünglich auch dem 912 eine Typenbezeichnung mit einer Null in der Mitte gegeben. Aber die Bezeichnung 902 wurde öffentlich nie benützt. Man behielt sie als Grundtypenbezeichnung für das Getriebe, das anfänglich für den 912 geplant war und das 1965 auch im 911 zu finden war. Vom Porsche 912 wurde erstmals im April 1965 etwas bekannt, als die Serienherstellung des neuen Modells begann. Von der Zeitschrift *Car and Driver* wurde der 912 als ein »911, den sich jeder leisten kann« bezeichnet und *auto, motor und sport* nannte ihn den Alltags-Porsche. In der Viergang-Ausführung kostete er in Deutschland 16 250 Mark, bedeutend weniger als der billigste 911 mit 21 900 Mark. Der 912 wurde schnell ein Bestseller, hatte er doch den Appeal und das Aussehen der neugestalteten Karosserie, die Porsches gehobener Preisklasse entsprach. Bis Ende 1965 hatte man 6401 dieser Fahrzeuge verkauft, im Vergleich zu einer Gesamtstückzahl von 3390 des Typ 911.

Im ersten Stadium der 901-Entwicklung hatte man noch keine Absicht gehabt, eine Vierzylinder-Version dieses Modells zu bauen. Lediglich nachdem die Konstruktion des 901 schon weit vorangeschritten war, entschlossen sich die Porsche-Ingenieure, die starke Maschine des 1600SC in diesem neuen Auto zu erproben. Man hatte bald herausgefunden, daß diese Kombination einen durchaus akzeptablen Porsche ergab, und man machte sich daran, die endgültige Spezifikation für seine Herstellung auszuarbeiten.

Der Motor war der Vierzylinder vom Typ 616 in der nun neuen Version des 616/36. Er hatte nach wie vor 1582 ccm Hubraum (74 × 82,5 mm) und eine Kompression von 9,3 zu eins – höher als beim 911, aber nicht ganz so hoch wie beim 1600SC. Nockenwelle, Ventiltrieb und Ventile waren nur geringfügig anders als beim SC-Motor, aber so, daß der Motor mit seinem geringeren Kompressionsverhältnis ohne weiteres konstant mit 6000 U/min drehen konnte, was mit den früheren Stoßstangenmotoren unmöglich gewesen war.

Mit dem Einbau des 616/36-Motors trachtete man bei Porsche danach, die Leistung des 1600SC beizubehalten und gleichzeitig Verbesserungen zu bieten, die dem neuen Fahrzeug angemessen waren. Auf die Solex-Vergaser setzte man wesentlich größere zylindrische Luftfilter, die das Ansauggeräusch spürbar minderten. Wie beim 911 gab es ein einziges Auspuffrohr an der linken Seite des Schalldämpfers. Mit diesen Abänderungen fehlten dem 616/36-Motor in seiner Spitze etwa fünf PS, so daß er nur 90 Netto-PS bei 5800 U/min produzierte. Das maximale Drehmoment betrug 12,4 kpm bei 3500 Touren. Im 912 beschleunigte dieser bemerkenswerte Motor bereits bei 1500 U/min, benötigte jedoch eine Mindestdrehzahl von 3500 U/min, um sich von seiner besten Seite zeigen zu können.

Porsche bot sowohl Vier- als auch Fünfganggetriebe für den 912 an, die beide der neuen Konstruktion entsprachen, wie sie für den 904 und 911 eingeführt worden war. Auch hatten beide die gleiche Endübersetzung, wie sie im Getriebe des 911 benützt wurde, in den einzelnen Gangstufen aber war der 912 kürzer übersetzt. Insgesamt betrug das Übersetzungsverhältnis im höchsten Gang 0,857 zu eins und im niedrigsten 3,091 zu eins.

Verständlicherweise war der Vierzylindermotor mit seinen 130 kg leichter als der Sechszylinder. Die tatsächliche Gewichtseinsparung war sogar größer, weil die Maschine keinen separaten Öltank für die Trockensumpfschmierung aufwies. Der 912 wurde normalerweise auch ohne die Standheizung des 911 geliefert. Das geringere Motorgewicht machte sich an der Hinterachse bemerkbar, daher änderte sich das Verhältnis zwischen Vorder- und Hinterachsbelastung bzw. der Gewichtsverteilung von 41/59 Prozent, wie es der 911 besaß, auf 44/56 Prozent beim Vierzylinder. Der 912 wog insgesamt 100 kg weniger als der 911 und hatte somit ein Leergewicht von 922 Kilogramm. Aber das waren dennoch immerhin 60 kg mehr als beim 356 C-Coupé. Das Weglassen jeder Art von Ballast allein tat es nicht – immerhin wartete der 912 im Vergleich zum 356 mit einem bedeutend vergrößerten Raumangebot auf.

Porsche bemühte sich, den Preis des 912 so weit wie möglich dem des 356 C-Coupés anzugleichen. Einsparungen waren daher unumgänglich. Der Teakholzstreifen am Armaturenbrett war weggefallen und es gab auch keine Öldruckanzeige mehr. Ein bißchen sparsamer war man auch bei den Materialien der Ausstattung geworden. Ein einfacher Hupenknopf ersetzte den aufwendigen Ring, wie er im 911 zu sehen war und der Lenkkranz selbst bestand aus Kunststoff statt aus Holz. Die lackierten Radfelgen ersetzten die verchromten, wie sie beim 911 zur Serienausstattung gehörten; in allen übrigen Einzelheiten jedoch glichen sich die beiden Versionen der neuen Porsche-Generation äußerlich beinahe ohne Unterschied.

Auto, motor und sport gab dem Plastik-Lenkrad gegenüber dem Holzrad den Vorzug aus einem interessanten Grund. Es lag ruhiger und fester in der Hand. Das höhere Trägheitsmoment des Kunststoffrades und die geringere Hecklastigkeit des 912 wurden von *auto, motor und sport* als jene Gründe zitiert, warum dieses Automobil auf holprigen Straßen größere Fahrstabilität zeigte. Auch lobte man die geringeren Windgeräusche und war überrascht festzustellen, daß im Unterschied zu den Prototypen es jetzt einen Schlüssel gab, der sowohl für die Türen als auch für die Zündung paßte. Die Tester vermißten das Holz am Instrumentenbrett keineswegs.

Der 912 wies zwar 30 Prozent weniger Leistung auf als der 911, doch gab er sich in der Handhabung kinderleicht, wie dies *Car and Driver* bestätigte: »Man fühlt sich in ihm äußerst sicher und der 912 wird jedermann überraschen, der Frontmotorwagen zu fahren gewohnt ist. Der 912 zeigt sogar Untersteuerungstendenzen, als wenn der Motor vorne wäre. In einer mit 80 Stundenkilometer zu fahrenden Kurve kann man das Lenkrad bis zum Anschlag einschlagen, ohne daß man ins Schleudern kommt. Die einzige Möglichkeit, das Heck zum Ausbrechen zu bringen, hat man durch plötzliches Bremsen in der Kurvenmitte.«

Porsche hatte schon lange zuvor bewiesen, daß die Kurvenprobleme mit überhängendem Heckmotor gemeistert waren, doch die professionellen Testfahrer waren natürlich darauf aus, irgendeinen Fehler in dieser neuen Konstruktion zu finden.

Seit dem allerersten in Gmünd gebauten Serien-Porsche gehörten offene Wagen zum Programm, diese hatten sich stets großer Beliebtheit erfreut. Im letzten vollen Verkaufsjahr des 356 C machten offene Modelle 16,5 Prozent des gesamten Umsatzvolumens aus. Es lag daher nahe, daß eine offene Version des 911 zu entwickeln war. Fraglich blieb, welche Form dieses offene Automobil bekommen sollte. Hätte man eine Coupéform-Variante wählen sollen oder ein reines Cabriolet? Chefdesigner Ferdinand Porsche III favorisierte die letztgenannte Form.

»Für mich sollte es neben dem Coupé ein reines Cabrio geben«, sagte er später einmal. »Ich finde, daß jedes Cabriolet mit einem Stufenheck besser aussieht; ein Fastback-Cabrio beeinträchtigt irgendwie das visuelle Gleichgewicht. Es gab bisher noch kein erfolgreiches Heckmotor-Cabriolet als echtes Fastback.« Doch wurde Butzi Porsche überstimmt. Man bedeutete ihm, daß ein offenes Modell einen nur kleinen Anteil an der Produktion haben würde und deshalb die Struktur und die Heckform des Coupés besitzen müsse. Innerhalb dieser Leitlinien entstand der Targa.

Die für die damalige Zeit äußerst ungewöhnliche Ausführung des Targa wies als Hauptmerkmal einen breiten Überrollbügel auf, der einmal aus der Notwendigkeit entstand, der Karosserie seitliche Festigkeit in den ›Schultern‹ knapp hinter den Türen zu geben, wie sie normalerweise die Dachstruktur lieferte. Zum anderen »gab es zwei weitere gute Gründe für diesen Überrollbügel«, erklärte Butzi Porsche. »Erstens erfüllten wir dadurch die U.S.-Wettbewerbsbestimmungen und zweitens ließ sich diese Art von Cabriolet in geschlossener Form schneller fahren, während sich normale Cabrios bei schneller Fahrt wie Luftballons aufzublähen pflegten.«

Da in Wettbewerben meist die normale Coupé-Version des 911 eingesetzt wurde, gab es für die amerikanischen Rennbehörden kaum Veranlassung, die Stahlbügelkonstruktion und ihre Eignung ernsthaft in einem Test zu erproben. Das Vorhandensein des Überrollbügels erlaubte es Porsche jedoch, den Targa »der Welt erstes Sicherheitscabriolet« zu nennen. Das bei seinem erstmaligen Erscheinen eher bizarre Aussehen des Targa wurde den Freunden dieses Automobils immer vertrauter und regte schließlich auch andere Sportwagen-Hersteller in Italien und in Amerika an, diesem Beispiel zu folgen.

Was das ballonähnliche Aufschwellen des Daches anbelangte, so waren die ersten Versuchswagen der Targa-Ausführung gegenüber diesem Problem auch noch nicht immun. Die ersten Entwürfe sahen ein starkes, transparentes Plastik-

Die erste Serie des 911 Targa wies noch keine feste Heckscheibe auf, sondern ein herausnehmbares Verdeckteil.

heckfenster vor, welches den Raum zwischen Überrollbügel und Heck ausfüllen sollte, und das mittels Reißverschlüssen geschlossen oder geöffnet werden konnte. Dies funktionierte ganz gut und der Targa wurde mit solch einem Fenster auch vorgestellt – doch man warnte die Besitzer, das Fenster nicht unter 15 Grad Celsius Außentemperatur zu entfernen, da das Plastik sich in der Kälte zusammenzieht und es später unmöglich sein würde, das Fenster wieder einzusetzen. Und das Materialstück, das Porsche zwischen Windschutzscheibe und Überrollbügel einzusetzen beabsichtigte, blähte sich bei schneller Fahrt auf. Erst hatte man 1965 in Frankfurt verkündet, es werde zwei verschiedene Einsätze für das Dach geben. Eines würde ein steifes Kunststoffteil sein, welches das Vorderteil des Cockpits in eine Art Hardtop verwandeln würde. Das andere sollte ein sehr leichtgewichtiges Tuchmaterial sein, das man im aufgerollten Zustand mitführte und nur bei plötzlichen Regenschauern verwendete. Ein Kompromiß aus diesen beiden unterschiedlichen Dacheinsätzen wurde notwendig, weil es Porsche nicht gelang, mit einem einfachen, flexiblen Stoffeinsatz auf den Markt zu kommen, der sich im Fahrtwind nicht über dem Fahrerkopf aufgebläht hätte. Anstelle von zwei Dacheinsätzen gab es jetzt lediglich einen, eine zusammenklappbare, gummiüberzogene Stoffkonstruktion. Sie besaß stabile Seitenrahmen über den Fenstern sowie vorne und hinten Querstreben, die scherenförmig zusammengeklappt werden konnten und die Stoffbahn ordentlich spannten, wenn sie verriegelt wurden. Die gesamte Konstruktion paßte in zwei Fußpunkte im Überrollbügel und ließ sich an zwei weiteren Punkten an der Windschutzscheibe festklammern.

Der Überrollbügel des Targa wurde nicht lakkiert, sondern erhielt eine polierte Oberfläche, die zur übrigen Karosserie im Kontrast stand. »Dies war meine Idee«, sagte Butzi Porsche. »Der Überrollbügel hat schließlich eine Funktion und bringt zusätzliche Verstärkung – was auch der Grund ist, warum er sich in der Farbgebung abheben sollte.«

Butzi Porsches Argumente waren mehr als gerechtfertigt, obwohl sie von der Verkaufsabteilung anfangs nicht geteilt wurden. Damals leitete Harald Wagner den Verkauf in Deutschland, und er gestand daß ihn der Anblick des Targa »nicht gerade vom Stuhl gerissen habe.« Er sagte, er würde den gleichen Anteil Targas übernehmen, wie der Cabrio-Anteil an der Gesamtproduktion für Deutschland immer ausgemacht hatte: rund 30 Prozent. Aus dieser Prognose wie aus weiteren Bestellungen leitete das Werk die Produktionsstückzahl von nur sieben Targa pro Tag ab, bei einer Gesamtproduktion von rund 55 Autos, als man im Dezember 1966 begann, das neue Modell schließlich in Serie gehen zu lassen. Einer der ersten Targa machte in zweifacher Hinsicht Geschichte. Der am 21. Dezember 1966 produzierte Wagen war zum einen das 100 000. Porsche-Automobil und zum anderen einem ganz besonderen Zweck zugedacht: er war für die Autobahnpolizei im Bundesland Baden-Württemberg bestimmt und besaß einen Lautsprecher, blaue Drehleuchten und die Aufschrift ›Polizei‹. Der Einsatz des Targa-Modells als Polizeiwagen war von Porsche aktiv betrieben worden – eine Anregung, die einigen Erfolg hatte. Anfang 1967, noch bevor die Exportmärkte sich auf den Targa eingestellt hatten, wurde klar, daß die Nachfrage die Liefermöglichkeiten bei weitem überstieg. Obwohl man die Produktion auf zehn Autos pro Tag angehoben hatte, konnte das Werk gerade mit den deutschen Käuferwünschen Schritt halten, die den Anteil des Targa am Gesamtvolumen auf 40 Prozent anhoben. Plötzlich wurde den Verantwortlichen bei Porsche klar, daß ihr neues Modell ein grundsolider Hit war.

Im ersten Kalenderjahr, in dem ausschließlich Modelle der Typenreihe 900 produziert wurden, baute Porsche 12 820 Automobile, wobei die Renn- und Versuchsmodelle nicht mitgezählt sind. Dies war ein neuer Rekord und stellte eine Steigerung von rund 14 Prozent im Vergleich zu 1965 dar. Den größten Anteil hatte der 912 mit 9090 Einheiten. Etwa die Hälfte davon wanderte nach Amerika, ein Viertel verkaufte Porsche in der Bundesrepublik und der Rest ging in weitere glückliche Länder, die von 66 Importeuren und 845 Händlern betreut wurden. Sie gaben die Bestätigung daß Porsche sich mit den Konstruktionen des 911 und 912 richtig entschieden hatte. Eine Bestätigung anderer Art erfuhren die Zuffenhausener während des Pariser Salons im Oktober 1968. Dort ehrte eine majestätische Gruppe, das »Comitée Internationale de Promotion et de Prestige« Butzi Porsche für »die überragend ästhetische Konzeption beim Entwurf der Porsche-Karosserie.« Diese erstmals an einen Vertreter der Automobilindustrie verliehene Auszeichnung, deren Wortlaut auf einer Trophäe stand, wurde Butzi Porsche unter großem Zeremoniell verliehen, und zwar durch den Präsidenten des Komitees, Admiral Jean Emery. Durch die Auszeichnung Butzi Porsches und seiner Kreation gab das Komitee seiner Begeisterung über Funktion und Ästhetik des Porsche-Design Ausdruck. Aber hatten die Herren auch eine Vorstellung welche Schwierigkeiten es bedeutet hatte diesen neuen Wagen zu schaffen? Konnten sie sich ein Bild machen von den Auseinandersetzungen die stattgefunden hatten, um die Form, die Größe, die Struktur, die Aufhängung und den Motor des Wagens zu entwickeln? Was würden sie sich gedacht haben, hätten sie gewußt, daß diese Auszeichnung eigentlich einem Wagen galt, der vor rund zehn Jahren entstanden war – jenem Auto des Urtyps 695, der eines Tages zum 901 und später zum 911 wurde? Sie hätten dabei entdecken müssen, daß es einer sehr langen Zeitspanne bedarf, ein neues Automobil auf den Markt zu bringen. Und es dauert noch ein wenig länger, soll dies noch ein extrem gutes Automobil werden . . .

Kapitel 17
Der Carrera 6 schlägt die Welt-Elite

Der Carrera 6 erschien zuerst im Fahrerlager von Daytona. Im Gegensatz zu den meisten Werks-Rennwagen war dieser Porsche weder silber noch weiß lackiert, sondern blau. Es war ein tiefes und leuchtendes Blau, das hier unter der Sonne Floridas schimmerte. In sein abgerundetes Heck hatte man ein durchsichtiges Schutzdach aus gelbem Plastik eingesetzt mit einer Reihe kiemenähnlicher Luftlöcher an der Seite. Hier stand ein neuer Rennwagen, der so viel Brisanz versprach, daß jeder andere der 59 in Daytona anwesenden Wagen altmodisch aussah.

Die massiven Ford Mark II GT waren ohne Zweifel die Stars dieses 24-Stunden-Rennens von 1966, wobei sie den ersten, zweiten, dritten

und fünften Platz erzielten und ihre Reihe lediglich von einem einsamen Ferrari unterbrochen wurde. Sechster im Ziel wurde dieser frechblaue Porsche, der nicht nur der erste Carrera 6 war, der in einem Rennen auftauchte, sondern auch überhaupt das erste Exemplar dieses Typs war. Das Auto war gerade etwas über einen Monat alt, als es am 6. Februar 1966 als Klassensieger von Daytona nach Hause kam. Der 24-Stunden-Test hatte bewiesen, daß der Carrera 6 jeder Herausforderung, die die neue Saison bringen konnte, gewachsen sein würde.

Der Carrera 6 zeigte auf der Rennstrecke, was er bereits an den Boxen vermuten ließ: er war ein erster Vertreter einer neuen Rennsport-Generation – wenn nicht sogar der Herold einer neuen Porsche-Ära.

Ein Porsche Carrera 6, aufgenommen beim Bridgehampton-USRRC-Rennen 1966. In diesem Wettbewerb trug der Wagen keine Heckverkleidung des Cockpits.

Der Eindruck, den der Carrera 6 bei seinem ersten Auftreten hinterlassen hatte, war so tief, daß die Erwähnung der Männer, die ihn gelenkt hatten, im Hintergrund stand. Einer davon war der treue Herbert Linge; der Name des anderen war seit Jahren nicht mehr im Zusammenhang mit Zuffenhausener Automobilen genannt worden: Hans Herrmann. Während seiner Werksfahrerzeit für Abarth in Turin hatte Herrmann seine Stuttgarter Heimat indessen niemals verleugnet, und er wurde als heimkehrender Sohn herzlichst willkommen geheißen, als er 1966 zu Porsche zurückkehrte.

Herrmann hatte es wegen des Aufstiegs einer anderen starken Persönlichkeit bei Porsche nach Stuttgart zurückgezogen. »Ein neuer Wind wehte durch die Werkshallen in Zuffenhausen«, schrieb Herrmann später. »Der Name des neuen Mannes lautete Ferdinand Piëch. Er übernahm nicht nur für die Konstruktion, sondern auch für den Rennbetrieb die Verantwortung, beaufsichtigte die Vorbereitungen und bestimmte die Nennungen der Fahrer und den Einsatz der Fahrzeuge.« Huschke von Hanstein blieb zwar weiterhin Chef der Porsche-Rennabteilung wie auch der Public-Relations-Abteilung, doch hinter den Kulissen drängte eine neue Generation nach vorne, angeführt von Ferdinand Piëch, bereit, eines Tages die Führung zu übernehmen.

Ferdinand Piëch war erst 28 Jahre alt, als er 1965 sowohl die Versuchs- als auch die Entwicklungsabteilungen bei Porsche übernahm. Für eine derartige Verantwortung war er sehr jung, besonders im Vergleich zu Branchenkollegen in der deutschen Industrie, jedoch wurde ihm Unterstützung eines äußerst fähigen Mitarbeiters zuteil, des erfahrenen Helmuth Bott. Der Einstieg Piëchs machte den neuerlichen Einfluß deutlich, den der Piëch-Zweig in der Familie, angeführt von Ferry Porsches Schwester Louise Piëch, auf die Geschicke der Firma nahm. In Salzburg zu Hause, hatten die Piëchs große Leistungen beim Aufbau des Vertriebsapparates von Volkswagen- und Porsche-Automobilen in Österreich vollbracht.

Der 1937 in Wien geborene Ferdinand war eines der vier Kinder von Anton und Louise Piëch. Als Knabe hatte man ihn während des Krieges oft in

den Konstruktionsbüros in Österreich gesehen, »still im Hintergrund zuhörchend«, wie er selbst berichtet. Hier saß er und zeichnete Raketen auf einem Zeichenbrett, das Karl Rabe für ihn gefunden hatte. Nach Abschluß seiner Schulausbildung verbrachte Ferdinand neun Monate bei VW in Salzburg als Lehrling im Maschinen- und Motorenbau. Danach machte er 1962 ein Ingenieur-Diplom an der Technischen Hochschule in Zürich. Im April ging Piëch zu Porsche nach Zuffenhausen. Ähnlich wie sein Onkel Ferry und sein Großvater Ferdinand Porsche behielt Ferdinand Piëch seine österreichische Staatsbürgerschaft, obwohl er in Deutschland arbeitete.
Wie bereits erwähnt, hatte Ferdinand Piëch bereits in vielen Porsche-Abteilungen gearbeitet und war auch an der Entwicklung des 911-Motors und der Vorbereitung der Sechszylinder-Version des 904 beteiligt. Er verwertete diese und viele andere Erfahrungen in seinem ersten großen Auftrag, den er nach Übernahme der Versuchs- und Entwicklungsaktivitäten in Angriff nahm: die Planung und den Bau des Carrera 6, der intern 906 hieß. Dies war der GT-Wagen, dessen Produktion bei Porsche für die Saison 1966 vorgesehen war, ein Mittelmotor-Coupé, das einen modifizierten 911-Motor aufwies. Doch statt ein überarbeiteter 904 zu werden (siehe Kapitel 15), geriet der 906 zu einer ganz anderen Art von Rennsportwagen. Und das, weil Piëch und sein Team im August ein besonderes Experiment starteten, einen Versuch, dessen Ergebnisse sehr positiv ausfielen.
Die Bergrennwettbewerbe gaben den Porsche-Konstrukteuren die neue Richtung an. Wie detailliert in Kapitel 15 ausgeführt, erlebte man im Sommer 1965, wie Scarfiottis Ferrari Dino in die Phalanx der bis dahin in der europäischen Bergmeisterschaft dominierenden Werkswagen von Porsche einbrach.
Obwohl verbessert, schien der 904/8 Spyder nicht mehr geeignet zu sein, den leichten Ferrari zu besiegen. Nur Gerhard Mitter hatte noch eine Chance, das Championat für Porsche zu gewinnen, da er die Saison mit zwei klaren Siegen begonnen hatte, bevor Ferrari auftauchte. Hierfür würde er jedoch ein völlig neues Automobil benötigen.
Nach dem Cesana-Sestrière-Bergrennen am 25. Juli entschieden Ferdinand Piëch und sein Team, einen neuen Start zu wagen. »Anfang August«, sagte Hans Mezger, »brachten wir sehr schnell einen neuen Wagen heraus.« Hierfür waren unter Umgehung normaler ›Dienstwege‹ einige direkte Aktionen erforderlich. Eine davon war, daß Konstrukteure und Mechaniker auf die traditionellen Werksferien im August verzichten mußten. Weil in dieser Zeit die meisten Leute nicht im Werk waren, konnte man die Arbeiten an dem neuen Auto völlig geheim halten. Und zwar so perfekt, daß einige der führenden Herren bei Porsche tatsächlich erst von diesem Wagen erfuhren, als er für Testfahrten bereitstand.
Um den neuen Wagen leichter und niedriger werden zu lassen, hatte Piëch vor, dem Wagen Räder mit einem Durchmesser von 13 Zoll zu geben, wie sie der Ferrari Dino und viele Fahrzeuge der Formel 1 aufwiesen. Bei Verwendung der gleichen Reifengröße wie bei Grand-Prix-Wagen hätte man die Vorteile bewährter Reifenprofile und Gummimischungen nutzen können. Indessen gab es bei Porsche keine derartigen 13-Zoll-Felgen, und es bestand auch keine Möglichkeit, sie so schnell während der Ferienperiode im August anfertigen zu lassen. So entschloß man sich bei Porsche, anläßlich des Großen Preises von Deutschland, der am 31. Juli auf dem Nürburgring stattfand, Reifen und Felgen dieser Größe komplett mit Bremsen und Aufhängungen vom britischen Lotus-Team zu kaufen, welches sie als Reserveteile nach Deutschland gebracht hatte. Aus Gewichtsgründen gab man dem Wagen einen Rahmen in Gitterrohrbauweise ähnlich wie beim Typ 718, jedoch mit verbesserter Ausführung aller Verbindungen. Dennoch erwies sich dieser Rahmen als wesentlich stabiler als der des 904/8. Seine Verwindungsfestigkeit erreichte lediglich 94 kpm pro Grad Verdrehung, etwa ein Drittel jener 309 kpm pro Grad, wie sie der 904-Rahmen mit seinen zusätzlichen Verstärkungen für Bergeinsätze aufwies. Mit den kleineren Felgen und Reifen reduzierte sich das Gesamtgewicht des neuen Rahmens um rund 60 kg, was 530 Kilogramm ergab.
Wie beim 904/8, wurde der neue Spyder vom Achtzylinder-Boxermotor des Typs 771 mit seinen 240 PS angetrieben. Er saß in einer weißen Kunststoffkarosserie, die jener des Spyder 904/8 ähnelte, die man in Trento/Bondone am 11. Juni benutzt hatte. Nach nur drei Wochen intensivster Konstruktionsarbeit stand der neue Gitterrohrrahmen am 25. August für Testfahrten bereit. Mit nur geringen Veränderungen unterzog man ihn in Weissach auf dem Schleuderkurs eingehenden Tests und ermittelte dabei Querbeschleunigungswerte von 1,22 g, wie sie der 904/8 Spyder nur in seiner höchstentwickelten Form geliefert hatte.
Anschließend brachte man den neuen Spyder nach Ollon-Villars, wo er am 29. August am Bergrennen teilnehmen sollte. Da sich die Porsche-Mannschaft den Zeitpunkt dieses Rennens als Fertigstellungsdatum ihres neuen Wagens vorgenommen hatte, wurde der Wagen in Zuffenhausen stets nur als Ollon-Villars-Spyder (Seriennummer 906010) bezeichnet.
Die Geschichte dieses neuen Spyder nahm leider kein Bilderbuchende. Mitter gelang es nicht, Scarfiotti zu schlagen – im Gegenteil. Wegen der Wahl ungeeigneter Reifen hatte Porsche das Nachsehen und Scarfiotti erwies sich mit seinem Ferrari als klarer Sieger. Beim letzten Bergrennen der Saison 1965, auf dem Gaisberg, herrschte nebeliges und feuchtes Wetter, und obwohl Mitter Vierter vor dem fünftplazierten

Der Stahlrohrrahmen des Carrera 6, von vorne gesehen. Gegenüberliegende Seite: Ferdinand Piëch (mit weißer Mütze), der geistige Vater des 906/Carrera 6.

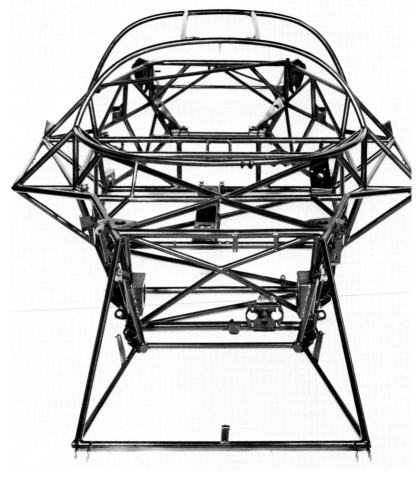

Scarfotti wurde, war dieses Ergebnis ohne Einfluß auf die Meisterschaftswertung.

Und hier kommen wir wieder auf den Carrera 6 zurück. Der Ollon-Villars-Spyder wurde in den Hintergrund gedrängt, auf ihn wird im Kapitel 19 als erfolgreicher Bergrenner und als Wegbereiter einer neuen Fahrzeug-Generation noch einmal eingegangen. Seine Bedeutung in diesen hektischen Augusttagen des Jahres 1965 lag in seinem Einfluß, den er auf die Konstruktion des Carrera 6 ausübte. Sein Rohrrahmen stand Pate für jenen, wie er im 906 benutzt wurde.

Die Wiedergeburt des Rohrrahmens bei Porsche war damals von einer gewissen Signifikanz. Stahlrohr-Fachwerkrahmen waren mit Erfolg seit ihrer Einführung im Typ 550A 1956 in vielen Porsche-Rennwagen verwendet worden. Lediglich der 904 hatte einen anderen Rahmentyp erhalten, hauptsächlich aus Gründen der Serienfertigung. Daß dieser für einen Roadster weniger Eignung hatte, war nicht als grundsätzliche Schwäche anzusehen – schließlich war er für ein Coupé konzipiert worden. Genau betrachtet, lagen die Schwierigkeiten, die es mit den Fahreigenschaften des auf dem 904 basierenden Spyder gab, mehr bei den gummigelagerten Aufhängungen als bei Schwachstellen am Rahmen selbst. Warum aber kehrte man beim 906 überhaupt zum Gitterrohrrahmen zurück? Dafür gab es zwei Hauptgründe. Einer davon war, daß eine neue Generation von Konstrukteuren und Technikern, unter der Führung von Ferdinand Piëch, dieses Prinzip neu entdeckte. Die jungen Löwen mußten Vertrauen zu ihren Schöpfungen bekommen, ohne Rücksicht auf das, was vor ihrer Zeit geleistet worden war.

Zum zweiten sollte das neue Projekt in sehr kurzer Zeit bewältigt werden, so daß man neue Männer hinzuziehen mußte, die bislang kaum eine Beziehung zu derartigen Dingen hatten und oft nicht wußten, wie man sie etwa in der Vergangenheit bereits gelöst hatte. »Jedermann begann stets von Neuem«, sagte Hans Mezger. »Der Bursche, der an dem letzten Projekt zwei Jahre lang gearbeitet hatte, war vielleicht gegangen oder für eine andere Aufgabe eingesetzt worden.« Dieses war besonders während der turbulenten Zeit zu Anfang der sechziger Jahre der Fall gewesen. »Bald aber stellten wir fest, daß es für Rennprojekte besser war, die gesamte Zeit über die selben Leute daran arbeiten zu lassen«, sagte Mezger, als er die Situation beschrieb, die dazu führte, daß man 1965 eine eigenständige Abteilung »Konstruktion Rennfahrzeuge« schuf. Hans Mezger wurde ihr Leiter.

Es war diese Abteilung, die den Ollon-Villars-Spyder konstruiert und die mit der Planung des Typ 906 begonnen hatte, noch bevor der Spyder in der Schweiz seinen Namen erhielt. Für die Teilnahme an Wettbewerben nach der neuen F.I.A.-Sportwagen-Kategorie 1966 entschieden sich die Männer von Porsche für eine Aufgabe der Idee eines Sechszylinder 904 – jener Wagen, für den man ursprünglich die Bezeichnung 906 vorgesehen hatte. Statt dessen bauten sie den Sechszylinder in einen neuen Wagen ein, einem Sportwagen, der den Bestimmungen der F.I.A. entsprechend in einer Serie von 50 Stück anzufertigen war.

Die Motor/Antriebseinheit war nicht das einzige Hauptelement, das man von den 904/6-Coupés, mit denen Porsche während des Jahres 1965 im Rennsport aufgetreten war, für den 906 übernahm. Das neue Auto erhielt auch die Radaufhängungen und die Bremskomponenten des 904. Anstelle der in Gummi gelagerten Gelenke erhielten die Querlenker die mit Schraubenfedern versehenen Teleskopstoßdämpfer und die Stabilisatoren Stahlbuchsen. Zu dieser Änderung sah man sich veranlaßt, nachdem das Fahrverhalten des 904/8 Spyder erheblich besser wurde, als er ähnliche Modifikationen in der Aufhängung erhalten hatte.

Die Anordnung der Radaufhängung erlaubte es, daß man den Radstand des 906 von dem des 904 übernehmen konnte: 2300 mm. Jedoch vergrößerte man die Spurweite vorn um etwa 25 mm auf 1338 mm und hinten um 85 mm auf 1402 mm, wobei diese sich der Spur im Ollon-Villars-Spyder näherte. Die breitere Spur, in Verbindung

mit den breiteren Felgen und Reifen, brachte den 906 auf eine Breite von insgesamt 1680 mm, womit er um 140 mm breiter als der 904 war.

Das Fahrwerk und der Rohrrahmen erinnerten im großen und ganzen an jene des Ollon-Villars-Spyder. Die Rohre des Motorraums erreichten etwa die Höhe der Fensterunterkanten und waren rund zweimal so hoch wie die Rohrverbindungen der Türeinstiege. Die Struktur entlang dieser Einstiege hatte man so ausgeführt, um Platz für die Kunststofftanks zu lassen, die an beiden Rahmenseiten eingehängt wurden. Die beiden Tanks hatten einen Viertelkreis-Querschnitt und faßten insgesamt 100 Liter. Von den Schwellern gabelten sich die Rohre in den vorderen Wagenbereich innerhalb des Fußraumes, dessen Frontseite der Montagepunkt für die Vorderradaufhängung darstellte, die an beiden Seiten diagonal verankert war.

Von der Frontpartie des Rahmens verliefen dünnere Rohre nach vorne und nach unten, um den Aufbau zu tragen, gleichzeitig bilden sie die Wagenheberaufnahmen. Ähnliche Rohre verliefen nach unten und zum Heck, wobei sich der Rahmen verjüngte. Torsionstests des Rahmens zeigten, daß seine Flexibilität im hinteren Bereich zu groß war, so daß hier noch einige Rohre später hinzugefügt wurden. Eines davon konnte man herausnehmen, es verlief diagonal oberhalb des Motorraumes. Eine ausladende Trapez-Rohrkonstruktion unterstützte das äußerste Rahmenheck. In dieser Ausführung wurde die Verdrehfestigkeit des 906-Rahmens etwa verdoppelt, man kam auf 193 kpm pro Grad. Dieser Wert entsprach etwa dem des 904/6-Coupés, wurde indessen mit wesentlich geringerem Gewicht erreicht.

Als man sich für den Gitterrohrrahmen entschied, mußte man sich darüber im Klaren sein, daß man fünfzig Stück zu bauen hatte, um für das neue Fahrzeug 1966 die Homologierung zu erhalten. Porsche fand eine Lösung: man übertrug die Rahmenfertigung der Karosseriefirma Weinsberg. Unter den Männern in Zuffenhausen, die die Arbeiten bei Weinsberg beaufsichtigten, war Ing. Wilhelm Hild. Nach wie vor stellte er seinen großen Erfahrungsschatz in den Dienst des Porsche-Rennsports, und er war auch mit zahlreichen anderen Aufgaben bei der Entstehung des Carrera 6 betraut.

Weinsberg hatte Probleme mit dem Rahmen für den 906. Die auf Gewichtsersparnis bedachten Konstrukteure hatten zwei der Rahmenrohre für die Verbindung von Ölkühler und Reservoir zum Motor vorgesehen. Ein Rohr, das entlang der Oberkante des rechten Türeinstieges verlief, leitete das Öl von der Ölpumpe zu einem Thermostaten, welcher es entweder zum Ölreservoir oder zum Ölkühler leitete und erst dann zum Reservoir, je nach Öltemperatur. Jenes Rohr, das diagonal unter dem Fußboden verlief und zwar von der rechten Vorderseite zur linken Heckkante, brachte das Öl vom Reservoir zurück zur Druckpumpe des Motors.

Um die Dichtheit dieses Rohrsystems und der zugehörigen Schweißstellen zu ermitteln, versah Weinsberg das obere Rohr mit Anschlüssen, um es unter einen Prüfdruck von 15 atü setzen zu können, wie auch das Ölzuführungsrohr unter dem Boden, das mit 5 atü Druck getestet werden sollte. Am 12. Januar 1966 unterzog man die ersten zwölf fertiggestellten Rahmen einem solchen Test. Dabei stellte man fest, daß die Ansaugrohre zwar dicht waren, die Druckrohre sich hingegen bei vier Rahmen als undicht erwiesen. »Das Öl trat nicht nur an den Schweißstellen aus«, hieß es im Inspektionsbericht, »sondern es floß stellenweise auch in die angrenzenden Rohre: der Rahmen kann sich so mit Öl füllen,

Modell des Porsche Carrera 6 im Maßstab 1:5, wie man es für aerodynamische Studien vor dem Bau des eigentlichen Wagens benutzte. Man maß einen Luftwiderstandsbeiwert von 0,35 c_w.

ohne daß dies von außen erkennbar ist.« Einer der Rahmen wurde an Weinsberg mit der Anweisung zurückgegeben, die Schweißstellen einer exakten Qualitätsprüfung zu unterziehen, die anderen wurden von Porsche selbst repariert. »Auf Grund dieser Testergebnisse«, berichteten die Inspektoren, »fühlen wir uns verpflichtet daraufhinzuweisen, daß wir lediglich für die Dichtheit der Rohre in den gerade fertiggestellten Rahmen garantieren können. Für Undichtheiten, die eventuell durch Verwindungen im Rennen auftreten, können wir uns nicht verbürgen.«

Ein weiterer Zulieferant, ein Spezialbetrieb für Kunststoffteile, fertigte die Karosserieverklei-

dungen für den 906 an. Im Gegensatz zum 904 hatte die Karosseriehaut keine mittragende Funktion, so daß die Teile des Aufbaus dünner und leichter gehalten werden konnten. Sie wurden in Handarbeit mit Glasseidematten und Polyesterharz angefertigt. Hatte man beim 904 für die Karosserie noch rund 50 Einzelteile benötigt, so kam man beim GFK-Aufbau des 906 mit etwa der Hälfte aus. Unter diesen Einzelteilen waren die wichtigsten acht: das Heck, die linke und die rechte Seite, der Boden, die beiden Türen, die Fronthaube und die kombinierte Mittel- und Dachpartie. Die gewölbte Windschutzscheibe wurde mit einem Spezialkleber eingeklebt.

Das auffällig niedrige Profil des Carrera 6 war völlig neu für einen Porsche. Seine Kotflügel und die Lufteintrittsöffnungen zeigten den Einfluß des 904/8 ›Känguruh‹-Spyder. Das flache Design der Frontpartie wurde durch Verlegung des Ölkühlers an die Hinterseite der Lufteintrittsöffnung in der Fronthaube, hinter dem Reserverad, ermöglicht. Die Luft konnte über einen in diese Frontabdeckung eingebauten Schacht zum Kühler gelangen. In die Kotflügel waren tiefe Plastikabdeckungen für die Hauptscheinwerfer eingelassen, die sowohl Nebelscheinwerfer als auch Begrenzungslichter unterhalb der Hauptscheinwerfer beinhalteten. Für Langstreckenrennen konnte man die Begrenzungslichter durch zusätzliche Weitstrahler ersetzen. Die gewölbten Scheinwerferabdeckungen, die sich nach unten und um die Fahrzeugnase wölbten, trugen wesentlich zum unverwechselbaren ›Gesicht‹ des Porsche Carrera 6 bei.

In der Frontkante der abgerundeten Bughaube gab es zwei Lufteinlässe, über welche die Bremsen und auch der Fahrer Frischluft erhielten. Auch die Vorderseiten jedes Heckkotflügels waren zu großen Lufteinlässen ausgebildet. Die hier eingefangene Luft wurde über zwei flexible Schächte zu den Hinterradbremsen und zum Getriebe geleitet. Abgesehen von diesen Einlässen war der Motorraum praktisch völlig abgeschlossen. Eine Reihe von Schlitzen entlang beider Ränder der Heckscheibe führten den Vergasereinlässen Luft zu, außerdem gab es einen breiten Luftschlitz, der knapp hinter dem Fenster im Heck des Cockpits angebracht war; über diesen Luftschlitz erhielt das Motorgebläse Frischluft. Diese Luftkanäle beim 906 hatte man in jenem Modell, das man in einem Maßstab von 1:5 im Windkanal der Stuttgarter Technischen Hochschule für die Entwicklung der Karosserieform verwendet hatte, nicht vorgesehen. Der Ausführung der Karosserieform maß man große Bedeutung bei, denn sein Vorläufer, der 904, hatte mit seinem geringen Luftwiderstandskoeffizienten von 0,33 neue Maßstäbe gesetzt. Durch Abrundung der Dachpartie und Reduzierung der Cockpitbreite auf das vorgeschriebene Minimalmaß erreichte man eine Frontalfläche von 1,32 Quadratmetern, die damit fast der des 904 entsprach. Als jedoch das Originalmodell im großen Stuttgarter Windkanal getestet wurde, verursachten seine breiteren Reifen und die größeren Hecköffnungen ein Ansteigen des Luftwiderstandskoeffizienten auf 0,35. Als Nettoergebnisse dieser kleinen Unterschiede wies der 906 einen um 6,4 Prozent höheren Luftwiderstand als der 904 auf – und jener Wagen war von Butzi Porsche mehr gefühlsmäßig als nach wissenschaftlichen Grundsätzen entwickelt worden (Butzi war von seinem Cousin Ferdinand Piëch nicht um Mitarbeit bei der Formgebung des 906 gebeten worden). Einigen Anteil am theoretischen Luftwiderstand des 906 hatte der tief heruntergezogene Bug, dem man diese Form gegeben hatte, um zu verhindern, daß die Frontpartie zum Abheben neigte, wie man dies beim 904 öfter erlebt hatte. Eine aufgesetzte Abreißkante, die bei den ersten Tests des 906 noch weggelassen worden war, verbesserte das Fahrverhalten des Wagens. Kleine seitliche Flügel fügte man an den Nasen jener 906 hinzu, mit denen das Werk Rennen bestritt, nachdem Windkanaltests gezeigt hatten, daß sie den Bug besser am Boden hielten. Die meisten Werkswagen hatten Heckspoiler, die man in der Höhe verstellen und mit Fixierschrauben in variabler Position festhalten konnte.

In manchen Pressekreisen erhielt der 906 den Spitznamen ›Batmobil‹ wegen seiner Flügeltüren, von denen Huschke von Hanstein wußte, daß sie seit den Zeiten des 300 SL eine besondere

Heckansicht des Carrera-6-Modells. In der späteren Realisierung wurde das Fahrzeug wegen größer dimensionierter Reifen hinten breiter.

Attraktion für die Fotografen waren. Flügeltüren hatten sich wegen der Dachkonstruktion als notwendig erwiesen. Jede Tür war in zwei filigranen Scharnieren fixiert und konnte über eine Stütze an ihrer vorderen Kante offengehalten werden. Lediglich eine aufklappbare Scheibe an der Vorderseite jedes Seitenfensters gab der warmen Cockpitluft den Weg ins Freie.

Das Interieur des Carrera 6 war noch spartanischer als im 904 gehalten. Im hintersten Eck des Hecks befand sich eine auf Rahmenrohre gestützte Fläche, auf welcher der von der F.I.A. im Anhang J des Reglements geforderte Koffer Platz fand. Unter der Abdeckung lag auch ein Schnellwagenheber, der von Gummibändern gehalten wurde. Einfache Kunststoffplatten bildeten den Boden des Cockpits. Vorn im Fußboden gab es Durchbrüche für die Kupplungs- und Gasseilzüge. Die Pedale befanden sich in Fixpositionen (im Gegensatz zur 904-Ausführung) und der schräg nach hinten geneigte Fahrersitz war in der Horizontalen verstellbar. Das Armaturenbrett, das die Schalter und Kontrollinstrumente trug, war nur noch eine Leiste, die sich zwischen dem Rahmengestänge und der Windschutzscheibe befand. Tiefe, hufeisenförmige Umhüllungen umschlossen die beiden Instrumente: einen Drehzahlmesser und eine kleinere Kombination von Öltemperatur- und Öldruckanzeige.

Der Motor, dessen Betriebszustände über diese Instrumente angezeigt wurden, war ein modifizierter 911-Sechszylinder, der nun endlich sein ›Serien‹-Debut in einem Mittelmotor-Porsche erlebte. Ursprünglich war dieser Motor für den 904 gedacht gewesen, da er aber nicht rechtzeitig fertig wurde, setzte man im 904 an seine Stelle einen Vierzylinder ein, der mit der Typennummer seine Identität verriet. Für den neuen Sechszylinder ergab sich somit folgerichtig die Typennummer 906. Nachdem der Gebrauch einer Null in der Mitte der ›904‹-Bezeichnung bereits von Peugeot akzeptiert worden war, hatte man bei Porsche keine Hemmungen eine weitere Typenbezeichnung dieser Art zu verwenden. Offiziell hieß der 906 jedoch nach wie vor Carrera 6.

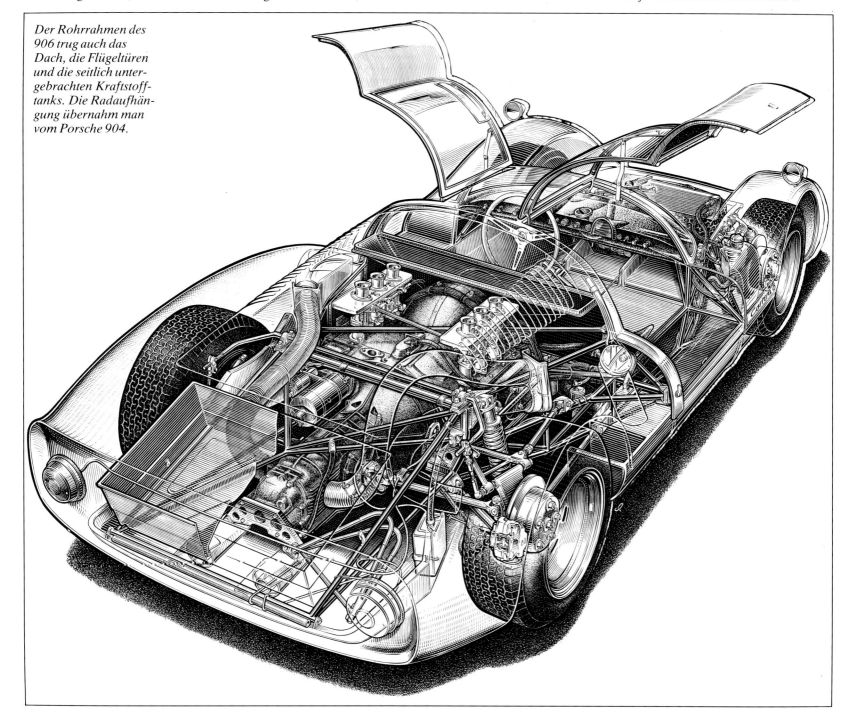

Der Rohrrahmen des 906 trug auch das Dach, die Flügeltüren und die seitlich untergebrachten Kraftstofftanks. Die Radaufhängung übernahm man vom Porsche 904.

Der Carrera 6 stellte die ideale Verbindung eines erprobten, wenn auch kurzfristig entwickelten Motors mit einem Wagen dar, dessen Form und Struktur als äußerst fortschrittlich zu bezeichnen waren. Die Qualität dieses Antriebsaggregats war um so höher zu bewerten, da es ursprünglich keineswegs als Rennmotor geplant worden war. »Wir gingen bei der Entwicklung dieses Motors den umgekehrten Weg«, sagte Hans Mezger. »Zuerst wurde ein neuer Motor für einen Serienwagen entwickelt – in unserem Fall für den Porsche 911, der 1964 auf den Markt kam – und dann stellte man den Ingenieuren die Aufgabe, aus dieser Maschine einen konkurrenzfähigen Motor zu machen.«

Im Endstadium verliefen die Entwicklungen dieser beiden Motorversionen natürlich parallel. Schon 1964 arbeitete man an der Rennversion. Dadurch ergab sich auch, daß der Serienmotor des 911 in mancher Hinsicht vom Wettbewerbsmodell profitierte, wie bei den Zylinderköpfen, die in beiden Motortypen gleicher Bauart waren. »Die Forderung lautete«, setzte Hans Mezger fort, »die Leistung von den 130 PS der Serienversion auf 210 bis 220 PS zu bringen und gleichzeitig das Motorgewicht wesentlich zu verringern, ohne das Stehvermögen dieses Antriebsaggregats zu schmälern.« Das war keine leichte Aufgabe. Als besonders schwierig erwies sich die Notwendigkeit einer Gewichtsverminderung, zumal der 183 Kilogramm schwere Sechszylinder 910/01 bereits zahlreiche Aluminiumteile aufwies. Wie konnte man einen derartigen Motor noch leichter machen? Die Antwort war überraschend einfach: man tausche die Aluminiumteile gegen solche aus Magnesium aus und die Stahlteile ersetze man gegen solche aus Titan. Das Resultat war ein betriebssicherer Rennmotor, der nur 130 Kilogramm wog und damit viel leichter war als der Vierzylinder, der den 904 antrieb.

Sicher war das in der Praxis nicht ganz so einfach. Die Männer bei Porsche waren immerhin mit den Einsatzmöglichkeiten von Magnesium, in Deutschland besser unter seinem Vorkriegs-Markennamen Elektron bekannt, vertraut. Es handelt sich hierbei um eines der am leichtesten strukturierten Metalle, das nur ein Viertel des spezifischen Gewichts von Eisen oder Kupfer hat und zwei Drittel soviel wiegt wie Aluminium. Motor- und Getriebegehäuse des Nachkriegs-Volkswagens waren auf Magnesiumbasis aufgebaut, die Firma Porsche jedoch hatte für ihre Fahrzeuge die stabilere Aluminiumlegierung vorgezogen. Jetzt erlaubte die wesentlich stabilere Grundkonstruktion des 901 ein Umsteigen auf eine Magnesiumlegierung, ohne daß die Stabilität der Hauptgehäuse des Motors beeinträchtigt wurde.

Schon 1962, im Achtzylinder-Grand-Prix-Wagen vom Typ 753, hatte man Magnesium für die Kurbelgehäusehälften und für die Nockenwellendeckel verwendet. Im 901/20-Motor wurden die gleichen Teile sowie einige kleinere Gußstücke in Sandformen aus Magnesiumlegierung gegossen. »Wegen der guten Gießeigenschaften, seinem günstigen Ausdehnungs-Koeffizienten und der hohen Temperaturbeständigkeit«, sagte Hans Mezger, »entschieden wir uns für die Legierung RZ5. Ihre amerikanische Bezeichnung war ZE41A.« Die Hauptbestandteile bilden Zink und Zirkonium, mit einem geringen Zusatz seltener Erden, die hinzugefügt werden, um das Material bei hohen Temperaturen widerstandsfähiger werden zu lassen. Die Kurbelgehäuseschalen des 901/20 hatten die gleiche Innenform wie beim 901/01, jedoch änderte man die äußeren Flächen, um mehr und enger aneinanderstehende Kühlrippen am Boden unterbringen zu können.

Der Achtzylinder-Grand-Prix-Porsche hatte auch den Weg für den breiteren Einsatz von Titan im Carrera 6 Motor aufgezeigt. Genau genommen könnte man den Carrera 6 den ersten Serienwagen nennen, der mit einer nennenswerten Anzahl von Teilen aus diesem Material des Weltraumzeitalters gefertigt war. Wie beim Grand-Prix-Motor, wies auch der 901/20 Sechszylinder Pleuel aus Titan auf. Sie waren den Stahlpleueln des 901/01 ähnlich, unterschieden sich jedoch durch eine zusätzliche Verstärkungsrippe am oberen Auge. Ohne Bolzen wog jedes Titanpleuel 400 Gramm und war damit um 150 Gramm leichter als in Stahl. Die Kolbenbolzen waren ebenfalls aus Titan.

Die aus Stahl geschmiedete Kurbelwelle entsprach genau jener im Serien-911. Auch die acht Hauptlager, in denen sie lief, waren die gleichen, während die Pleuellager für den 906 Sonderausführungen darstellten. Auch die Ölpumpen des 911 entsprachen denen im Renn-906. Das Öl floß durch zwei Filter; einer befand sich am Einlaß zur Öldruckpumpe, wodurch das Öl, das in den Motor kam, gereinigt wurde. Der andere, der sich hinter dem Auslaß der Saugpumpe befand, verhinderte, daß Rückstände in den Ölkühler bzw. in den 14-Liter-Behälter gelangten. Für diesen Höchstleistungsmotor empfahl Porsche ausschließlich BP Rizinusöl R40DA. Die beiden letzten Buchstaben wiesen aus, daß dieser Schmierstoff einen Zusatz enthielt, der den Motor reinigte sowie Komponenten, die ein Schäumen, das durch den Reinigungszusatz verursacht wurde, unterdrückten.

Im Motor-Typ 901/20 wurde Titan auch für die Stehbolzen verwendet. Probleme gab es lediglich bei den unterschiedlichen Ausdehnungskoeffizienten zwischen Aluminium und Titan, wenn sich die Metalle erwärmten. Letztgenanntes dehnt sich um ein Drittel weniger als Aluminium aus, und im Motor ergaben sich noch größere Unterschiede, weil die Stehbolzen der Kühlluft stärker ausgesetzt waren als die Zylinder. Dies bedeutete, daß bei hohen Temperaturen die Gefahr eines Bolzenbruches bestand oder daß die Zylinder und die Köpfe Schäden erlitten. Um dieses Risiko zu vermindern, ummantelte man die exponierten Schaftstellen der Stehbolzen mit glasverstärktem Kunststoff, der als Isolator wirkte, wodurch die Titanbolzen sich stärker erwärmten als dies ohne Schutz der Fall gewesen wäre.

Die neue Kolbenform in diesem Sechszylinder-Boxermotor, mit tiefen Ausnehmungen für die Ventile, brachte das Kompressionsverhältnis auf 10,3 zu eins. Um eine vollständige Verbrennung des Gemischs in dieser weitläufigen Verbrennungskammer zu erzielen, erhielt jeder Zylinder eine zweite Zündkerze. Die Doppelzündung wurde durch einen italienischen Marelli-Zündverteiler vom Typ S 121 A versorgt, der vier Unterbrecherkontakte beinhaltete. Porsche hatte einen Verteiler mit zwei Unterbrechern erprobt und dabei herausgefunden, daß die Schlußzeiten zu kurz und die Nockenfrequenzen zu hoch waren, als daß der bisherige Unterbrecher noch exakt arbeiten konnte. Das Marelli-System funktionierte einwandfrei, erforderte jedoch eine äußerst präzise Einstellung.

Steilere Nocken und angehobene Motordrehzahlen stellten auch höhere Anforderungen an die Kipphebel. Man hatte ihr Gewicht durch Entfernen der Einstellschrauben am ventilseitigen Ende verringert, das Stahlteil des Kipphebels war an seinen Reibungsflächen hartverchromt. Das Ventilspiel wurde durch Einfügen von Kappen unterschiedlicher Stärke zwischen Ventilschaft und dem Kipphebel eingestellt. Jedes Ventil wurde durch zwei Federn geschlossen, wobei die äußere eine progressive Federcharakteristik hatte.

Jede Zylinderreihe war mit dreifachen Weber-Vergasern der Type 46IDA3C versehen. Sie besaßen 46 mm-Ansaugrohre und waren an den Drosselklappen 42 mm weit.

Jede Gruppe von drei Zylindern hatte ihre eigene Auspuffanlage mit Endrohr, das zu einem leicht ausgestellten Megaphontrichter nach hinten führte. Ein Magnesiumträger hielt die Lichtmaschine und das Gebläserad, die beide wie beim 911 mit 1,3facher Drehzahl liefen. Das Gebläsegehäuse bestand aus dünnwandigem Kunststoff, wie man dies erstmals beim Achtzylinder-Rennwagen gesehen hatte.

Der für diesen neuen Motor getriebene Aufwand war groß, aber die Resultate zeigten, daß er es wert war. Der 901/20-Motor lieferte auf Anhieb die beachtliche Leistung von 210 Netto-PS bei 8000 U/min. und Porsche garantierte, daß jeder 906-Wagen, der das Werk verließ, eine tatsächliche Leistung zwischen 220 und 225 PS habe. Die zulässige Höchstdrehzahl des Sechszylinders wurde mit 8200 Touren angegeben (Sechszylinder, wie sie in Bergrennen des Jahres 1965 eingesetzt wurden, konnten gefahrlos sogar bis 8300 U/min und kurzzeitig bis 8500 gedreht werden). Brauchbare Leistung setzte bei 3500 U/min ein; das Drehmoment von 20 kpm wurde bei 6000 U/min erreicht.

Auch die Kupplung und das Getriebe stammten in der Basis vom 911. Für das Getriebegehäuse wählte man anstelle von Aluminium die RZ5-Magnesiumlegierung. Neue Gußformen mit verstärkter Rippenanordnung an jeder Seite, um die Kühlkapazität zu erhöhen, wurden erstellt. Die

Notwendigkeit verbesserter Kühlung war Grund, warum der Rand der Schwungscheibe Bohrungen wie ein Emmentaler Käse erhielt, außerdem halfen sie, Gewicht zu sparen. Das Gewicht der Schwungscheibe wurde so von 6 auf 3,5 kg reduziert.

Wie üblich, bot Porsche den Besitzern eines Carrera 6 eine große Auswahl von Getriebeübersetzungen für die fünf Vorwärtsgänge an. Katalogisiert waren drei unterschiedliche Endübersetzungen. Das Standardverhältnis betrug 4,428 zu eins (7:31), auf Wunsch gab es die Übersetzung 5,333 (6:32) zu eins. Für die Gangübersetzungen standen insgesamt 33 Sätze zur Auswahl, deren Abstufung von 11:34 bis 31:21 reichte. Um die Auswahl zu vereinfachen, gruppierte sie Porsche in fünf unterschiedlichen Sets: Standard, Bergrennen, Flugplatz, High Speed und Nürburgring, wovon jeder Satz bei Kauf eines neuen Carrera 6 gewählt werden konnte.

Im Spätherbst 1965 streckte die Verkaufsabteilung ihre Fühler nach möglichen Kunden aus. Exportmanager Erich Hirsch berichtete, daß die Amerikaner an mindestens 15 der 50 Wagen interessiert seien. Wolfgang Eyb vom Konstruktionsbüro versicherte den Verkaufsleuten, daß die Produktion im Januar anlaufen werde, so daß an potentielle Käufer ein ausführlicher Brief mit einem zugesagten Lieferdatum März oder April 1966 geschickt wurde.

Der Preis wurde mit rund 45 000 Mark angegeben. Um ihre Kaufabsicht zu bestätigen, mußten die Kunden eine Anzahlung von 10 000 Mark leisten und die gewünschte Getriebeübersetzung bekanntgeben. Neu war, daß man Porsche-Kunden erstmals bat, für ihren Wagen bei der Abholung einen Anhänger mitzubringen. Porsche hatte zwar versucht, für das Auto bei den Zulassungsbehörden eine Allgemeine Betriebserlaubnis (ABE) zu erlangen, war hierbei jedoch an etlichen Punkten gescheitert. Der Carrera 6 wurde somit der erste Porsche, der nicht für den öffentlichen Straßenverkehr zugelassen werden konnte. Hiermit wurde deutlich, wie sich die Philosophie des Hauses Porsche gewandelt hatte. Der 904 war noch als Straßen- und als Rallyewagen einzusetzen, während es sich beim 906 um einen reinrassigen Rennwagen handelte. Und es wäre nicht einmal vorteilhaft gewesen, wenn der 906 für den Straßenverkehr zugelassen worden wäre: Viele Rennfahrer hätten dem Wagen seine Wettbewerbsqualitäten aberkannt und ihn als ›normalen‹ Straßenporsche betrachtet . . .

Im Dezember 1965 stand der erste unlackierte 906 zur Probefahrt bereit. »Es war bei Porsche seit Anfang 1965 zur Regel geworden«, schrieb Paul Frère, »Rennwagen im Entwicklungsstadium Rütteltests auf dem Prüfgelände auszusetzen, ähnlich wie dies auch mit den normalen Serienmodellen geschah. Als der erste Carrera 6 zum VW-Testgelände in Wolfsburg gebracht wurde, waren die Wetterbedingungen derart schlecht, daß man dem Wagen Winterreifen mit Spikes aufziehen mußte.«

An zwei eisigen und schneereichen Tagen wurde der erste 906 mehr als 1000 Kilometer über das Versuchsgelände des Volkswagen-Werkes von einer Mannschaft gefahren, an deren Spitze Helmuth Bott und Peter Falk standen. Die Versuche zeigten geringfügige Karosseriemängel, es gab jedoch keine Schwierigkeiten mit dem Rahmen und dem Fahrwerk. Alsdann begab man sich auf den Schleuderkurs nach Weissach. Man ermittelte dort eine Querbeschleunigung von 1,125 g, ein Wert, dem noch am nähesten das 904 Coupé mit 1,100 g kam. Man konnte sicher sein, daß sich die Straßenlage beim 906 sogar noch verbessern ließe.

Von Anfang an wies der 906 ein extrem sicheres Kurvenverhalten auf, weil seine Aufhängungen mit dem 904, dem 904/6 und dem 904/8 erprobt worden waren. Seine Schraubenfedern waren an einem Ende enger gewunden, um progressiven Federeffekt zu erzielen; das enger gewickelte Ende schaute nach oben. Innerhalb der Federn saßen relativ neue, in Deutschland hergestellte Bilstein-Stoßdämpfer. Ein Nachteil der Bilstein im Vergleich zu den holländischen Koni-Stoßdämpfern war, daß man sie nicht so schnell am Wagen einstellen konnte.

Ferdinand Piëch und seine Ingenieure hatten es zuwege gebracht, Verfeinerungen am Fahrwerk durchzuführen, ohne dabei Gefahr zu laufen, daß der 906 schwerer als sein Vorläufer wurde. Voll ausgerüstet für Langstreckenrennen wog der Carrera 6 ohne Treibstoff nur 618 kg. Dies waren 79 kg weniger als beim 904 und 54 kg weniger als beim Coupé 904/6, das mit einigen leichteren Karosserieteilen ausgestattet war. Die F.I.A. homologierte den Carrera 6 mit einem Gewicht von 578 Kilogramm und man konnte ihn beim Kurzstreckeneinsatz äußerst nahe an diesen Wert heranbringen.

Nach den Schleuderkurstests im Januar erhielt der erste Carrera 6 seine königsblaue Lackierung und rollte aus dem Werksgelände in Zuffenhausen zu seinem offiziellen Pressedebut. Bei eisigkaltem Wetter präsentierte Huschke von Hanstein auch sein starkes neues Werksfahrer-Team, Hans Herrmann und Gerhard Mitter. Kurz darauf befand sich der blaue 906 auf dem Weg zu seiner Jungfernfahrt in Daytona in Florida, wo er überzeugend abschnitt.

Das erste Duell des Carrera 6 mit einem Ferrari Dino, den zu schlagen er gebaut worden war, ergab sich sieben Wochen nach Daytona, bei den 12 Stunden von Sebring. Die Serienfertigung des 906 war so gut angelaufen, daß fünf dieser Modelle in Sebring am Start waren, zwei davon als Werkswagen und drei in den Händen privater Besitzer. In der fünften Stunde wurden dennoch alle fünf von einem einsamen Dino, den Lorenzo Bandini und ›Lulu‹ Scarfiotti fuhren, abgehängt. Die Italiener machten Porsche das Leben schwer, wie ein Jahr zuvor bei den europäischen Bergrennen.

Der Dino hatte indessen Probleme mit der Gangschaltung bekommen und beendete das Rennen als Fünfter, drei Runden hinter einem Werks-Carrera 6, den Herrmann, Mitter und Joe Buzzetta fuhren. Zwei privat genannte 906 wurden Sechster und Achter, zwei der neuen Automobile beendeten das Rennen allerdings nicht.

Der viertplazierte Werks-Carrera blieb in den Vereinigten Staaten als Leihgabe für Joe Buzzetta. »Man stellte mir den Wagen für ein Jahr zur Verfügung«, sagte Joe, »für die US-Straßenmeisterschaft. Wir übernahmen den Service, erhielten aber alle Ersatzteile und Motoren aus Deutschland. Zu jener Zeit hatte ich sehr gute Sponsoren: Bosch unterstützte uns finanziell und Goodyear gab uns darüber hinaus auch technische Hilfe. Damit kamen wir sehr gut durch.«

Vordere Bremse des Carrera 6 mit Querstabilisator und Stoßdämpfer/Schraubenfeder dahinter. Das Foto rechts zeigt den ersten Wagen dieses Typs, wie er im Januar 1966 in Zuffenhausen gezeigt wurde.

Buzzettas ›Leihgabe‹ war einer der 906, die 1966 in der 2-Liter-Klasse in den USRRC-Serienrennen dominierten. Ken Miles, Don Webster und Scooter Patrick waren ebenso aktiv; letzterer, der ein von Otto Zippers Russkit unterstütztes Auto fuhr, errang die meisten USRRC-Punkte innerhalb der 2-Liter-Klasse. Nächstplazierter war Buzzetta dank eines fünften Platzes (mit Günther Klass als Copilot) im Road America 500-Meilen-Rennen.

Der Carrera 6 bewährte sich gut bei diesen rauhen amerikanischen Sportwagenrennen, obwohl der Wagen eigentlich für internationale Langstrecken-Wettbewerbe gedacht war. Nach amerikanischem Verständnis, sagte Joe Buzzetta, »war der 906 eigentlich kein ausgesprochener Rennwagen, dafür war er viel zu schwer. Schließlich hatte dieses Fahrzeug eine große Windschutzscheibe aus Glas, die allein einige Dutzend Kilogramm wog! Wir hatten alle möglichen Ideen, den Wagen leichter zu machen, aber da dieses Auto schließlich nicht uns gehörte, konnten wir damit nicht machen, was wir wollten.« (1967 verwandelte ein anderer Amerikaner, Herb Wetanson, einen Carrera 6 in einen offenen Roadster mit einer niedrigen Plastik-Windschutzscheibe). Am Ende der USRRC-Saison verkaufte Buzzetta den Carrera 6 im Werksauftrag. »Wir lieferten das Geld an das Werk ab. Wir hatten schließlich den Wagen nur zur Benützung für ein Jahr bekommen. Glücklicherweise hatten wir ihn nicht beschädigt!«

Mitte April 1966 wurde das letzte Exemplar der fünfzig Carrera 6 ausgeliefert. Das Modell konnte am 1. Mai als Sportwagen in der Gruppe 4 homologiert werden. Um dieses Ereignis zu feiern, lud von Hanstein einige Journalisten auf den inzwischen teilweise umgebauten Hockenheimring ein, wo zwei der Coupés für Fahrversuche zur Verfügung standen. Herrmann und Mitter spielten die Chauffeure, wobei Mitter ein ›offenes‹ Modell fuhr – einen 906, der keine Türen aufwies, nachdem eine davongeflogen war. Man hatte sie nicht einwandfrei befestigt gehabt.

In der Porsche-Rennabteilung unterzog man den Carrera 6 noch einige Änderungen, bevor man den Wagen am 25. April zu seinem ersten Rennen in Europa nach Monza schickte. Die Verbesserungen erfolgten sowohl an Automobilen, die vom Werk genannt wurden als auch an jenen, die man in Zuffenhausen für Privatfahrer präparierte. Sie umfaßten eine Verstärkung des Rahmens im Heck durch weitere Verbindungen sowie die Montage neuer Hauptquerrohre mit 30 mm Durchmesser und von 2 mm anstatt 1,5 mm Wandstärke.

Besondere Aufmerksamkeit wurde den Bremsen zuteil. Die Scheiben wurden leichter gemacht und mit geschlitzten Abdeckungen versehen, um Kühlluft von flexiblen Schächten direkt an ihre Außenkanten zu führen. Die Halterungen der Bremsklötze wurden abgeändert, damit man die Beläge schneller wechseln konnte; die Bremsschläuche erhielten Umhüllungen und die in Punktschweißung ausgeführte Befestigung der Hauptbremszylinderplatte wurde zusätzlich durch eine durchgehende Schweißnaht verstärkt. Unter den Scheinwerfern montierte man dreieckige Spoiler. An beiden Seiten der Heckabdeckung wurden zusätzliche Gummiverschlüsse angebracht, um sie sicher festzuhalten. Die Tankentlüftungsrohre erhielten Vergaserdüsen der Größe 200. Zusätzliche Luftschächte erhielt auch das Cockpit. Unter dem Fahrersitz wurde der Boden ausgewölbt, um den F.I.A.-Vorschriften, den Kopffreiraum betreffend, zu entsprechen, und der Beifahrersitz wurde an seiner Vorderseite etwas schmaler gehalten, daß der Schalthebel mehr Freiraum bekam. Die Instrumentenabdeckungen bekamen innen einen weißen Anstrich, damit man Drehzahlmesser und Kombi-Instrument bei Tageslicht besser ablesen konnte. Die Notwendigkeit einiger dieser Änderungen, einschließlich des stärkeren Heckrahmenrohres, hatte man während einer Probefahrt auf den Straßen der Targa-Florio-Strecke im April ermittelt. Fünf Carrera 6 aus der Produktionsserie wurden für das 1000-Kilometer-Rennen in Monza am 25. April 1966 genannt, dem dritten Lauf zur Markenweltmeisterschaft. Zwei Carrera 6 waren vom Werk genannt, drei von privater Seite gemeldet worden. Ihnen gegenüber standen die drei Dino Ferrari auf Enzos Heimatterritorium. Das Endergebnis war ein Triumph für Porsche, die den zweiten, dritten, vierten und sechsten Platz bei der Prototypenwertung nach einem Rennen auf dem großen Monza-Kurs einschließlich der holprigen Steilkurven und zweier Schikanen belegten. Die Dino kamen unter den gemeldeten Prototypen auf den fünften und siebenten Rang. Herrmann und Mitter fuhren den bestplazierten Porsche, der den vierten Platz in der Gesamtwertung (Sportwagen und Prototypen) erzielte.

Ferraris Automobile – nach wie vor als Gruppe-6-Prototypen laufend – wurden erneut in einem Rennen, das beiden Kategorien das Letzte abverlangte, besiegt: in der Targa Florio, die 1966 zum 50. Mal ausgetragen wurde. Der Carrera 6 brachte Porsche einen sechsten Siziliensieg. Es war das erste große Rennen, das der Carrera 6 als Sportwagen nach seiner Homologierung fuhr, und Porsche konnte dies durch einen Sieg gebührend feiern.

Da der Carrera 6 jetzt offiziell als Sportwagen eingestuft war und damit die Rolle des 904 übernahm, begannen die Porsche-Ingenieure, neue

Prototypen-Variationen des 906-Themas (Automobile, die später im Detail erläutert werden sollen) auszuarbeiten. Die Targa war indessen von einem Standard-906 und nicht von einem Prototypen gewonnen worden. Der Siegerwagen, der vom Werk präpariert worden war, lief unter der Flagge der Schweizer Scuderia Filipinetti, so daß er von zwei Piloten gefahren werden konnte, die mit der Scuderia einen Vertrag hatten: Willy Mairesse und Herbert Müller. Durch ihr Talent, mit welchem sie in Monza einen Ford GT 40 gesteuert hatten, war von Hanstein auf diese beiden aufmerksam geworden. Insgesamt waren 1966 acht Standard-Carrera 6 am Start der Targa, und vier davon beendeten sie auch – ein gutes Ergebnis für dieses brutale Rennen über den Piccolo Circuito Madonie.

Der Anteil durchgekommener Wagen war am 5. Juni im 1000-Kilometer-Rennen auf dem Nürburgring noch besser. Sechs Gruppe-4-Carrera 6 waren am Start und vier kamen ins Ziel. Bestplazierter war der orangefarbene Wagen von Ben Pons Racing-Team Holland, den van Lennep auf den siebenten Gesamtplatz und auf den ersten unter den 2-Liter Sportwagen fuhr. Gijs van Lennep bestätigte, was er schon früher in Pons 904 gezeigt hatte. In den kommenden Jahren sollte er einer der wichtigsten Männer in der Porsche-Renn-Mannschaft werden.

Ein von Günther Klass und Rolf Stommelen gelenkter Carrera 6 in Serienausführung wurde bestplazierter Sportwagen, trotz seines kleinen Motors, in dem wohl wichtigsten Rennen des Jahres, den 24 Stunden von Le Mans, die am 18. und 19. Juni ausgetragen wurden. Ihr Wagen war der einzig Verbliebene von drei Fahrzeugen dieser Kategorie, die gestartet waren; sie erzielten außerdem den siebenten Gesamtrang gleich hinter drei Porsche-Prototypen. Sooft ein Carrera 6 die karierte Flagge in irgend einem wichtigen Rennen des Jahres 1966 sah, hatte er den Klassensieg in der Tasche, denn er war ohne Konkurrenz unter den 2-Liter-Sportwagen. Oft genug gelang es ihm auch, größere Sportwagen wie den Ford GT 40 oder den Ferrari 275 LM abzuhängen.

Sepp Greger fuhr in der europäischen Bergmeisterschaft des Jahres 1966 ebenfalls einen Carrera 6 und kam auf den vierten Platz hinter drei 2-Liter-Prototypen. 1967 gab es eine eigene Sportwagenkategorie innerhalb der acht Bewerbe der Bergmeisterschaftsserie, damit wurde diese Kategorie eine exklusive Angelegenheit für den Carrera 6. Rudi Lins nahm die Ehre für sich in Anspruch, in der Gruppe 4 in fünf von acht Bergrennen den bestplazierten Sportwagen zu fahren. Auch die nächsten fünf Plätze in dieser Kategorie wurden von Carrera-6-Fahrern eingenommen.

1967, in seiner zweiten Saison, war der 906 weniger in den großen Langstrecken-Wettbewerben aktiv als in zahlreichen Clubrennen rund um die Welt. Zu ihnen zählte beispielsweise der japanische Grand Prix, der im Mai 1967 über 60 Runden auf dem Fuji International Speedway ausgetragen wurde. Tetsu Ikuzawa war Schnellster im Training und gewann das Rennen mit einem jener drei Carrera 6, die in diesem Rennen fuhren, an dem insgesamt neun Fahrzeuge teilnahmen. In Le Mans im Juni erzielte der bestplazierte 906 erneut den siebenten Platz, von Ben Pon und Vic Elford gefahren. Ein gleicher Wagen, pilotiert von Poirot/Koch, war auf der Mulsanne-Geraden 269 km/h schnell und landete an achter Stelle. Der Pon/Elford-Porsche hatte eine etwas geringere Maximalgeschwindigkeit erzielt: 255 km/h.

Die eigentliche Serienproduktion des 906 mit Vergasermotor hatte insgesamt 52 Wagen umfaßt. Zu dieser Zahl kamen 13 weitere Chassis hinzu, die von nicht homologierten Motoren angetrieben wurden, so daß diese Automobile 1966/67 in der Prototypen-Kategorie rangierten. In neun Fahrgestellen befanden sich Sechszylindermotoren mit Benzineinspritzung (die anderen vier Wagen hatten Achtzylindermotoren erhalten, über die später berichtet wird). Der Einspritzer-906, das Ergebnis eines Versuchsprogramms von Porsche und Bosch, setzte Maßstäbe für eine neue Konzeption zukünftiger Renn- und auch Serienfahrzeuge.

Porsche hatte mit Bosch bereits 1951 an einer Einspritzanlage für normale Personenwagen gearbeitet. Dieses System ging nicht in Serie, weil es verhältnismäßig teuer war. Während der Jahre, die Klaus von Rücker in Zuffenhausen arbeitete, fanden dann weitere Versuche mit einem Kugelfischer-Einspritzsystem in die Ansaugkanäle statt. Später widmete sich Michael May der Bosch-Direkteinspritzung am Rennmotor 547/3. Auch beim Carrera 6 wurde das Bosch-System der direkten Kraftstoffeinspritzung erprobt. Daß man damit nicht viel Erfolg hatte, führte Hans Mezger unter anderem auf die relativ kleine Zylindergröße des 2-Liter-Sechszylinders zurück.

Das schließlich im Carrera 6 angewendete Einspritzsystem hatte mit keinem der erwähnten etwas zu tun. Hier beförderte eine Bosch-Pumpe den Kraftstoff zu den Einlaßkanälen des Motors. In der Pumpe waren hintereinander sechs vertikale Kolben eingesetzt, für jeden Zylinder eine. Die Pumpe selbst war über der rechten Heckseite des Kurbelgehäuses montiert und wurde über einen langen Zahnriemen von einer Riemenscheibe am Ende der rechtsseitigen Nockenwelle angetrieben. Die Scheibengrößen waren gleich, so

Links: Hans Herrmann in Daytona 1966, wo er seine Klasse gewann. Rechts oben Hugus/Underwood in Sebring und Otto Zippers Porsche 906 (Wagen Nr. 33), wie er in der 1966er SCCA-Rennserie von Scooter Patrick gefahren wurde. Darunter Herb Wetson am Lenkrad eines 906 Spyder, wie man ihn in der 1966er Can-Am einsetzte. Der Spyder war aber nicht schneller als das Coupé.

daß die Pumpe mit halber Kurbelwellendrehzahl lief. Der Kraftstoff wurde über ein leistungsfähiges Elektropumpensystem gefördert, das überschüssige Benzin floß zurück in den Tank.
Über jeder Zylinderbank des Einspritzmotors befanden sich drei Einlaßansaugrohre, an deren Spitze sich je ein guillotineartiges Schieberventil befand. Dieses Drosselsystem, das den Vorteil besaß, daß es bei voller Öffnung keinerlei Strömungswiderstand bot, ähnelte jenem im Vierzylinder-Einspritzmotor, der im Jahre 1961/62 zum Einsatz gekommen war. Oberhalb des Aluminium-Ventilgehäuses befanden sich einzelne Kunststoff-Ansaugrohre für jeden Zylinder.
Und unterhalb der Drosselklappen, genau dort, wo der Einlaß in das Gebläsegehäuse überging, saßen die Einspritzdüsen in ihren Gehäusen, wo sie den Kraftstoff in Strömrichtung einsprühen konnten.

Zu den Einspritzdüsen gelangte der Treibstoff über Plastikrohre von der Pumpe, die das Benzin mit einem Druck von bis zu 18 atü durchpreßte. Quer an der Rückseite des Motors befand sich das Gestänge der Drosselklappen, das auch mit der Boschpumpe verbunden war, wodurch die Kraftstofffördermenge abhängig von der Drosselklappenposition variiert wurde. Dies war eine einfache, vielleicht sogar primitive Technik der Gemischkontrolle, aber sie bewährte sich im Rennbetrieb ausgezeichnet.

Einen ersten privaten Renneinsatz absolvierte der Einspritzer im März 1966. Der Sechszylinder mit Kraftstoffeinspritzung erhielt die Typenbezeichnung 901/21. Er schien zuverlässig genug, daß man ihn in einem modifizierten Carrera 6 zum Le Mans-Testwochenende am 2. und 3. April mitnehmen konnte; hier wurde er von Herbert Linge gefahren, der ein spezielles Verbrauchs-Meßgerät, das auf der Beifahrerseite des Cockpits installiert war, mitführte. Die mit der Einspritzung gemachten Erfahrungen ermutigten das Werk, zwei weitere solcher 906 für die Targa Florio zu melden (wodurch sie als Prototypen anstatt als Sportwagen starteten). Im Verlaufe dieses harten Rennens bauten beide Wagen Unfälle und fielen aus, wobei jedoch schon vorher zu erkennen war, daß die Einspritzung einen um zehn Prozent höheren Treibstoffverbrauch

zur Folge hatte, und nicht sechs Prozent niedriger lag, wie dies private Tests, die von den Ingenieuren in Zuffenhausen durchgeführt worden waren, zuvor ergeben hatten.

Nach der Targa fuhr ein einziger mit Kraftstoffeinspritzung versehener Carrera 6 im 1000-km-Rennen von Spa, wo ein verlorenes Rad dem Wagen indessen den Sieg kostete. Drei solcher Wagen bildeten dann einen Teil der Werksnennung im 1000-Kilometer-Rennen auf dem Nürburgring Anfang Juni 1966. Einer der Wagen hatte einen Unfall, bei einem weiteren brach eine Antriebswelle und der dritte qualifizierte sich immerhin für den vierten Gesamtplatz. Er wurde von Bob Bondurant und Paul Hawkins gelenkt. Drei mit Einspritzung versehene Carrera bildeten auch das Rückgrat der Werksbeteiligung Porsches in Le Mans zwei Wochen später. Hier bestritten sie auch zum ersten Mal ein Rennen mit modifizierter Karosserie.

Mit einer Porsche-Tradition brach auch das neue technische Regime unter Ferdinand Piëch nicht, und das war der Bau spezieller Automobile für das jährliche Le Mans-Rennen auf dem Sarthe-Rundkurs. Die Ingenieure gingen in den großen Windkanal der TH Stuttgart, um herauszufinden, wie man beim Carrera 6 den Luftwiderstand weiter reduzieren konnte. Man versah einen Originalwagen mit aufgesteckten Unterblechen, einer spitzeren Nase sowie einem verlängerten Heckteil und konnte erfreut feststellen, daß dadurch der Luftwiderstandsbeiwert von 0,35 auf weniger als 0,31 gesenkt werden konnte.

Den neuen Bug montierte man erstmals bei jenem Carrera mit Einspritzmotor, den man Anfang April in Le Mans testete. Die Nase war im Profil spitzer, länger und wies in der Mitte eine einzige Lufteinlaßöffnung auf, wodurch der Eindruck eines ›Schmollmundes‹ entstand. Vorne trug der Wagen auch die neuen ›Schnurrbart‹-Spoiler und im Heck hatte dieser 906 ein aufgeschobenes Schwanzteil bekommen, wodurch der Wagen um 40 cm länger wurde. Linge testete diesen Wagen am zweiten Tag mit der aufgebauten Verlängerung und mit flachen Abdeckungen an den Rädern, aber, so schrieb Paul Frère, das Auto war zu nachlässig präpariert worden und »die Machenschaft auf dem Heck fiel herunter, noch bevor man irgendwelche Meßwerte festhalten konnte.«

Trotz des Fehlschlages dieses Experiments trugen alle drei Einspritz-906, die man für Le Mans präpariert hatte, sowohl die neue Bugpartie als auch die verlängerten Heckaufbauten, die diesmal länger als die im April getesteten waren. Da die Fahrzeuge weder Radabdeckungen noch Bodenschürzen trugen, ergab sich ein Luftwiderstandsbeiwert von 0,326, was noch immer besser als beim gewöhnlichen Carrera 6 war. Diese verlängerten Porsche wogen im rennfertigen Zustand ohne Kraftstoff, aber mit einer Reservebatterie und einer Drehstrom-Lichtmaschine 633 Kilogramm.

Während des Trainings ergab sich, daß der verlängerte Heckanbau zuviel Auftrieb und gleichzeitige Instabilität auf der langen Mulsanne-Geraden mit sich brachte. Der Auftrieb war so groß, sagte Herbert Linge, daß er hören konnte, wie die Heckräder durchdrehten! Verschiedenste Spoiler-Arten wurden versucht und die Endwahl fiel schließlich auf zwei kleine Zusatzspoiler, die am äußersten Heckende angebracht wurden. Sie wiesen insgesamt eine Fläche von nicht mehr als 464 Quadratzentimetern auf und stabilisierten

Wagen Nr. 37 ist der Carrera 6 von Vic Elford und Ben Pon, die 1967 in Le Mans den siebenten Gesamtrang herausfuhren. Gegenüberliegende Seite: 906 E mit längerer Bugpartie und Einspritzmotor, gefahren von Joe Buzzetta 1967, daneben Detailansicht des 906-E-Motors.

das Fahrverhalten der weißen Autos, ohne allzu sehr zu bremsen.

Ein Neuling im Porsche-Team in Le Mans 1966 war Jo Siffert, ein Schweizer Fahrer. Ganze drei Wochen vor seinem 30. Geburtstag, als das 24-Stunden-Rennen stattfand, war der Grand-Prix-Fahrer Siffert mit Porsche in Verbindung getreten. Im ersten Rennen für das Team aus Zuffenhausen fuhr Siffert gemeinsam mit Colin Davis

und erzielte mit ihm einen vierten Gesamtplatz hinter einem siegenden Ford-Trio und gewann auch den Leistungsindex. Auf den sechsten Platz kamen die zwei Langheck-Einspritzer-Carrera 6, die von Herrmann/Linge bzw. Peter de Klerk/ Udo Schütz gefahren wurden. Dies war eine vorzügliche Demonstration der fein abgestimmten Carrera 6, die beste Leistung Porsches in Le Mans, seit man 1958 den dritten, vierten und

Der leistungsstärkste Carrera 6 war ein Wagen, den man eigentlich Carrera 8 nennen müßte, weil er mit einem Achtzylinder-Rennmotor vom Typ 771 ausgerüstet war. Vier dieser Wagen wurden vom Werk mit dieser Krafteinheit bestückt, um Porsche die Möglichkeit sicherer Sieges-Chancen auf kurvenreichen Strecken zu geben, wie sie die Targa Florio oder der Nürburgring darstellten.

Klass fuhr schnellste Trainingszeit, obwohl dies bei einer Streckenlänge von 72,4 km nicht unbedingt durch die höhere Leistung erklärt werden mußte. Im Rennen führte der 906/8 in sieben von zehn Runden, aber in der darauffolgenden Runde ging ein Querlenker der hinteren Radaufhängung zu Bruch und der Wagen war aus dem Rennen. Beim 1000-Kilometer-Rennen auf dem Nürburgring (Rindt/Vaccarella) gab es ebenfalls

fünften Platz belegt hatte. Die Fahrzeuge mit ihren Gitterrohrrahmen, der Benzineinspritzung und windkanalerprobten Karosserien bildeten den Grundstein für viele weitere Porsche-Erfolge in der Zukunft.

Nach der Saison 1966 bot Porsche die Einspritzmotoren des Typs 901/21 privaten Käufern an. Solche Wagen trugen die Bezeichnung 906 E (für Einspritzung). Der 901/21-Motor war werkseitig auf 220 PS bei 8100 U/min eingestellt, was gleichzeitig als Dauerleistung angegeben war. Die obere Drehzahlgrenze lag bei 8300 U/min. Das Spitzendrehmoment war auf 21 kpm bei 6400 U/min leicht erhöht worden. Wie schon früher dargelegt, fielen diese Werte durchaus in die von den Vergaser-Versionen erreichten Werte, die Einspritzung brachte nur sehr geringfügige Leistungsverbesserungen.

Für die Saison 1967 präsentierte Porsche zwei neue Prototypen, den 910 und den 907. Anfang des Jahres traute man dem unfertigen 910 noch nicht allzu viel zu, man brachte daher zwei 906 E zu jedem der amerikanischen Langstreckenrennen in Daytona und Sebring. Einige der Langheckwagen aus dem Jahr 1966, jetzt in Privatbesitz, waren ebenfalls am Start. Aber keiner lief in Florida zufriedenstellend. Wie 1966 erhielt Joe Buzzetta einen Werkswagen geliehen, ein 906 E, den er im Verlauf der Saison 1967 einsetzen durfte. Nach einigen spektakulären Auseinandersetzungen mit Scooter Patrick in einem ähnlichen Porsche gewann Jo die 2-Liter-Klasse im USRRC und erhielt die Doug Revson Trophy zuerkannt.

Doch obwohl er dort keinen Sieg errang, verunsicherte der Achtzylinder 906 die Konkurrenz und trug indirekt dazu bei, den Weg für den Porsche-Sieg in der Targa 1966 freizumachen.

Der Motor vom Typ 771, wie er im 906/8 installiert wurde, glich dem im 904/8-Coupé des Jahres 1964 mit einer wichtigen Ausnahme: seine Bohrung war von 76 auf 80 mm vergrößert worden, wodurch sich sein Hubraum von 1982 auf 2195 ccm vergrößerte. Das Gemisch wurde von Weber-Fallstrom-Vergasern mit 42 mm Bohrung geliefert. Um sicherzustellen, daß der größere Verbrennungsraum ausreichend gefüllt wurde, hatte man auch die Zylinderköpfe modifiziert. Die Ventilwinkel wurden je um einen halben Grad einander angenähert (32,5 Grad für die Einlaß- und 38,5 Grad für die Auslaßseite), wodurch mehr Platz für die im Durchmesser um 2 mm vergrößerten Ventile geschaffen wurde: 44 mm beim Einlaß- und 38 mm beim Auslaßventil.

Diese Änderungen brachten dem 771 eine Leistungserhöhung von 225 auf 250 PS in der Langstrecken-Rennversion. Im 906-Chassis wurde der Achtzylinder jedoch nicht für Sportwagenrennen über 1000 km Distanz eingesetzt, weil sich das Schwungrad 1964 und 1965 in Le Mans abgedreht hatte. Mit angehobener Leistung in der 2,2-Liter-Ausführung hätte man kaum annehmen dürfen, daß der Motor weniger störanfällig sein würde.

Der erste Auftritt eines einzelnen 906/8 fand in der Targa Florio statt, wo dieser Wagen von Colin Davis und Günther Klass gesteuert wurde.

Bruch. Als Ursache ermittelte man Materialermüdungen. Dies hatte seine Konsequenzen: Man wollte zukünftig nur noch mit brandneuen Autos an den Start gehen. Das hatte es in der Welt des Motorsports noch nie gegeben. Diese neue Firmenpolitik sollte jedoch nicht zur Schaffung eines ›Wegwerfporsche‹ führen. Es bedeutete lediglich, daß sofort nach einem Rennen wie der Targa Florio oder Le Mans, ein Werks-Porsche für den Verkauf an ein privates Team zur Verfügung stehen sollte. Man würde den einmal eingesetzten Wagen höchstens noch als Testfahrzeug behalten. Privatkäufer, die im Jahr 1966 906er mit verlängertem Heck erwarben, entdeckten bald die Nachteile an ihren Wagen: die Zündkerzen konnten bei diesem 906 nicht ausgewechselt werden, ohne daß der Motor ausgebaut wurde . . .

Die Entscheidung, nur neue Wagen einzusetzen, blieb nicht endgültig. Sie galt nur so lange, als sie dem durchaus ernstzunehmenden Wunsch der neuen Generation von Porsche-Ingenieuren diente, auf Nummer Sicher zu gehen. Bald aber gewannen sie ein hohes Maß an Sicherheit in ihren Konstruktionen. Und nachdem sie ihre Erfahrungen und ihr Können gefestigt hatten, sollten großartige Erfolge wie von selbst kommen. Die Basis dieser Erfolge stellte der 906 dar, jenes bizzarre Automobil, das gleichermaßen häßlich wie schön war: ein Rennwagen, der Porsche den Weg in die Zukunft wies.

Kapitel 18
Die Neunhunderter bestimmen den Trend

»Elford trank gerade den letzten Schluck Tee, als David Stone zu ihm sagte: ›Noch 20 Sekunden.‹ Er nickte, schob die Tasse beiseite, setzte lässig seinen Helm auf, nahm im Auto Platz und startete den Motor, als wollte er gerade aus einer Garage fahren. ›Noch vier Sekunden‹, sagte der Starter, ›drei, zwei, eins‹ – und der schnellste Mann der Strecke schoß davon. Und wie!«
So beschrieb der Fotograf Julius Weitmann die gelassene Art Vic Elfords, als dieser zu einer der letzten Etappen der Rallye Monte-Carlo 1968 startete. Dennoch war Elford nicht entspannt, denn er lag in Führung. Genaugenommen lag er 14 Sekunden über seiner Zeit. »Wir haben noch nicht richtig losgelegt«, sagte er zu Weitmann.

»Bis jetzt trachteten wir nur durchzukommen. Die Rallye wird ausschließlich auf der letzten Etappe entschieden.« Im Endspurt waren Elford und sein oranger 911 T hervorragend, der Engländer kurvte über die gewundenen Alpenpässe mit so viel Elan, daß er Porsche den ersten Sieg in der Rallye Monte-Carlo sicherte. Die war der Beweis, daß der Porsche 911 sich gemausert hatte.

Schon vor dem Monte-Sieg hatten etliche Porsche 911 motorsportliche Wettbewerbe gewonnen. Aber ein Sieg in der »Monte« war die größte, die härteste Prüfung. Mit all den Fernseh- und Zeitungsberichten, die der Rallye gewidmet wurden, bedeutete dies auch einen kommerziellen Erfolg. 1967 wäre Porsche ebenfalls fast ein Sieg gelungen. Elford und Stone lagen in Führung, doch ein Wetterumsturz und eine falsche Entscheidung hinsichtlich der Reifen ließen sie im Ziel auf den dritten Platz zurückfallen. Nun im Jahr 1968, war Elford an der Reihe, die Siegestrophäe in einem prächtigen Zeremoniell aus den Händen des Fürstenpaares von Monaco entgegenzunehmen. Doch die Siegesfeier hatte noch nicht begonnen, da saß Elford bereits in einem Flugzeug auf dem Weg zum nächsten Wettbewerb.

Mit ihm reiste Huschke von Hanstein, der General dieser erfolgreichen Kampagne. Von Hanstein war für die Verpflichtung der Fahrer und die Organisation der Serviceeinrichtungen verantwortlich, die es ermöglichten, daß nicht nur Elford gewann, sondern Pauli Toivonen auch den zweiten Platz mit einem weiteren 911 T erzielte. »Mit dem Monte-Carlo-Doppelsieg«, schrieb Georg Bohlender in *auto, motor und sport*, »scheint sich für Porsche im Rallyesport eine ähnliche Erfolgserie wie bei den Rennen anzubahnen. Der Service entspricht dem der Konkurrenz, man hat gute Fahrer, auch in privaten Wagen, und die 911 übertreffen im Stehvermögen ihre Gegner bei weitem!« Obwohl die Saison 1968 nicht so verlief, wie es Bohlender prophezeit hatte, war Toivonen auf Porsche auf dem besten Weg, die Europäische Rallyemeisterschaft zu gewinnen.

Erstmals war der 911 in dieser Rallye im Jahr 1965 eingesetzt worden. Herbert Linge und Peter Falk erzielten damals den fünften Platz im Gesamtklassement – eine sehr gute Leistung für ein Monte-Debut. Im selben Jahr konnten sich Eugen Böhringer und Rolf Wütherich den zweiten Platz mit einem 904 sichern. Anfang Juli 1965 begab sich diese 904-Mannschaft erneut in die französischen Alpen, um für die Alpen-Rallye zu trainieren, in der sie mit einem 904/6 antreten wollten. Ihr Trainingsfahrzeug war jedoch ein 911, der erste aus der Serie (Chassis-Nr. 300 001, Motor-Nr. P 900 031). Er war vorne (15 mm) und hinten (16 mm) mit Querstabilisatoren ausgerüstet und mit Dunlop-CB-57-Reifen bestückt.

Eine der Aufgaben dieses 4731 Kilometer langen Tests war es, den Verschleiß der Bremsbeläge für den 911 zu ermitteln. Von den drei Sorten, die sie erprobten, erwies sich der Ferodo Typ PH als bester, an zweiter Stelle kam der Textar TP 17/7 und als drittbester Belag erwies sich der Ferodo DS 11. Wütherich berichtete von ›Löchern‹ in der Leistungskurve bei 4800 und 5800 U/min trotz reichlicher Vergasereinstellung, die das Auspuffrohr völlig verrußen ließ. Mit der falschen Einstellung des Gemisches mochte auch der relativ hohe Kraftstoff-Verbrauch von 20,2 Liter pro 100 Kilometer zusammenhängen. Wenig begeistert war er auch über die Kunstledersitze, in denen man besonders bei warmem Wetter schnell durchgeschwitzt war, und dem serienmäßigem Radschlüssel bescheinigte er so schlechte Qualität, daß er schon nach kurzer Zeit unbrauchbar wurde.

Böhringer, ein alter Rallye-Hase, gab ein positives Urteil über Schaltung und Bremsen ab, fand die Straßenhaftung akzeptabel und lobte die Querstabilisatoren.

Über weitere Ausführungen Böhringers dürfte Porsche weniger erfreut gewesen sein, denn er bemängelte den extrem hohen Lenkkraftaufwand, der sich mit zunehmendem Einschlag erhöhte, sowie den Mangel an Eigenrückstellkräften. »Hier müßte eine Lenkhilfe großen Gewinn bringen, besonders für Frauen am Steuer!« Zusammenfassend vertrat er die Ansicht, daß der sportliche Fahrer, dem es um Leistung ging, sich für den 911 entscheiden würde; wer jedoch Komfort und Annehmlichkeiten vorzog, war mit einem Mercedes 230 SL besser bedient.

War man bei Porsche gekränkt, daß Böhringer ihrem Zweisitzer weniger Komfort als einem Mercedes zusprach? Ganz sicher nicht: genaugenommen wäre es der Firma weniger angenehm gewesen, hätte er beide Automobile als gleichwertig beurteilt. Porsche hatte durchaus nicht vor, mit Daimler-Benz in einen direkten Konkurrenzkampf zu treten. Die Nachbarn in Untertürkheim waren stets wichtige Kunden für Porsches ›know-how‹. Aus ihrer Sicht hätte ein Konkurrieren mit Daimler-Benz, durch den Bau vergleichbarer Fahrzeuge, nicht den Verlust wettgemacht, der durch seinen Ausfall dieser freundschaftlichen Geschäftsbeziehung entstanden

Porsche 911 S, Modell 1967, auf Testfahrt im Gebirge. In seiner ersten Version hatte der Wagen einen 160-PS-Motor.

wäre. Die Porsche-Leute fühlten sich ganz wohl in ihrer Rolle, Automobile zu bauen, wie sie kaum jemand anders auf den Markt brachte. Aber es gab immer wieder Kunden, die einen anderen Porsche haben wollten als jenen, wie es ihn serienmäßig gab. So ließ sich beispielsweise William J. Dick, Jr., Teilhaber eines Porsche-Betriebes in San Antonio in Texas, von Chuck Pelly einen viertürigen Porsche 911 entwerfen. Bei der Firma Troutman-Barnes in Los Angeles ließ er ihn bauen. In einem neuen 911S (über den noch später in diesem Kapitel berichtet wird) verlängerten die Kalifornier die Bodenplatte und den Radstand um einen guten halben Meter. Der daraus entstandene viertüre 911 entsprach seinen Linien noch immer der von Butzi Porsche vorgegebenen Idealform. Der Wagen hatte Schalensitze für die Fond-Passagiere, dahinter befand sich ein mit Holzfurnier ausgekleidetes Gepäckfach. Beide Türen öffneten sich zum Mittelpfosten hin. Dieser einmalige Viertürer wurde rechtzeitig fertig, um zu Weihnachten 1967 William Dicks Ehefrau präsentiert zu werden.

Mr. Dick war nicht der einzige Porsche-Fan in Amerika, der sich einen speziellen 911 bauen ließ. John von Neumann entschloß sich 1965, bei Bertone in Turin einen Roadster auf dem Chassis des 911 anfertigen zu lassen, der den Zulassungsbestimmungen seines Landes entsprach. Das Ergebnis, das auf dem Genfer Salon im März 1963 zu sehen war, stellte eine meisterhafte Mischung italienischen Flairs mit deutscher Qualitätsarbeit dar. Der Bertone 911 war ein echtes Cabriolet mit versenkbarem Verdeck und elektrischen Fensterhebern.

Leider blieb dieser exquisite Bertone-Porsche der einzige seiner Gattung. Die Kleinserie, wie sie von Neumann plante, kam nie zustande. Im Herbst des Jahres 1965 hatte Porsche dafür ein eigenes Cabriolet angekündigt, den Targa, der Ende 1966 schließlich in Produktion ging. Nach dem Wechsel vom 356 zum 911 und 912 wurde der Porsche-Modellkatalog wieder einmal erweitert. Es sollte zwar keinen Roadster und auch keine viertürige Limousine geben, 1966 aber tauchte ein anderes Modell auf, das von Porsche-Enthusiasten übereinstimmend willkommen geheißen wurde: der 911S.

Die Einführung des 911S stellte nach Ansicht der Verkaufsabteilung eine Rückkehr zur bewährten Dreigleisigkeit dar, die für Porsche viele Jahre typisch gewesen war. Da gab es einmal den 912, das moderne Pendant zum ›Normal‹ oder ›Dame‹. Dann hatte man den 911, der dem ehemaligen ›Super‹ entsprach. Und schließlich rangierte dort, wo es bisher den Carrera gegeben hatte, der neue 911S. Im Herbst 1966 wurde er als Teil der Modellpalette für 1967 angekündigt. Der 911S stellte die Steigerung des Leistungspotentials aus dem Sechszylinder dar. Seine wichtigsten Änderungen waren im Motorraum zu suchen, wo der Sechszylinder durch Erhöhung der Drehzahl und Verbesserungen seines Gemischdurchsatzes an Leistung zugenommen hatte. Das Kompressionsverhältnis hatte man von 9,0 auf 9,8 zu eins erhöht. Die Ventildurchmesser wurden um 3 mm vergrößert; die neuen Abmessungen betrugen 42 mm für die Einlaß- und 38 mm für die Auslaßseite. Entsprechend wurden beim 911 S-Motor (offizielle Typenbezeichnung: 901/02) die Einlaßkanäle vergrößert.

Der im normalen 911 benützte Weber-Vergaser war der 40IDA3C in der Dreifach-Ausführung, ausgestattet mit Mischrohren von 30 mm Durchmesser. Der 911 S hatte eine ähnliche, jedoch etwas modifizierte Anlage vom Typ 40IDS3C mit größeren 32-mm-Venturis. Die Einfachzündung behielt man bei (nicht jedoch im stärkeren Carrera-6-Motor) und der Drehzahlbegrenzer im Verteiler wurde auf 7300 U/min eingestellt. Bei 6600 U/min erreichte die Maschine ihre Spitzenleistung: 160 PS nach dem DIN-Standard und 180 nach dem SAE-Standard. Das Nettodrehmoment betrug 18,2 kpm bei 5200 U/min – das waren ganze 1000 U/min mehr als beim normalen 911-Motor. Hier handelte es sich nicht um einen Motor für den schaltfaulen Fahrer. Die Gebläseabdeckung aus Kunststoff war nun rot statt schwarz als äußeres Unterscheidungsmerkmal des ›S‹ vom normalen 911. In den kommenden Jahren sollte diese rote Umhüllung stets ein Erkennungszeichen für den leistungsfähigsten Motor in der 911-Linie sein. In seiner ersten Saison wurde der 911S ausschließlich mit einem Fünfganggetriebe angeboten. Für den Straßeneinsatz waren dessen Übersetzungsverhältnisse gegenüber denen des 911 abgeändert, womit man einen niedrigeren ersten und einen höheren fünften Gang sowie unterschiedliche Abstufungen dazwischen erhielt. Käufer mit Rennambitionen konnten vier spezielle Übersetzungssätze mit den Bezeichnungen Flugplatz, Bergrennen, Nürburgring und Rundstrecke bestellen. Auf Sonderwunsch konnte auch ein Sperrdifferential geliefert werden. Geschmiedete Leichtmetallfelgen gehörten zur Serienausstattung des 911S. Sie kamen von der Firma Fuchs, einem Spezialisten in der Aluminiumbearbeitung, den Porsche in das Felgengeschäft eingeführt hatte. Durch fünf Ausnehmungen kam mehr Kühlluft an die Bremsen, außerdem sparten sie zweieinviertel Kilogramm ungefederter Massen an jeder Wagenecke ein – die Felgen waren jedoch mehr als fünfmal so teuer wie gewöhnliche Stahlräder. Überraschenderweise bot man die Fuchs-Felgen nur in der schmalen 4,5-Zoll-Dimension der Standardfelgen an. Für Straßenfahrzeuge, die sowohl auf nassen und verschneiten Strecken als auch auf trockenen Straßen zurechtkommen mußten, blieb Porsche in punkto Felgen und Reifendimension-Auswahl noch für viele Jahre recht konservativ.

Hinter diesen Felgen saßen verbesserte Bremsen mit größeren Bremssätteln und Belägen. Die Scheiben hatten eingegossene radiale Kühlpassagen – und das war das erstemal, daß in Europa ein derartiges Kühlsystem an allen vier Rädern angewendet wurde (Der Chevrolet Corvette war der erste Wagen der Welt gewesen, der so etwas aufwies, zwei Modelljahre zuvor). Die Luft wurde nun durch diese Einrichtung der Scheiben nach außen geleitet, wodurch diese kühler gehalten werden konnten, und dies wiederum verminderte die Gefahr des Fading. Wenn Porsche auch relativ spät auf Scheibenbremsen umgestiegen war, so hatte die Firma auf diesem Sektor jetzt eine vollkommen neue Technologie zu bieten und war dabei – wie es für Porsche typisch war –, eine führende Rolle bei der Weiterentwicklung zu spielen.

Diesen viersitzigen und viertürigen Porsche 911 S ließ sich ein Amerikaner für seine Frau als Weihnachtsgeschenk bauen. Das Fahrzeug blieb ein Einzelstück.

Der 911S war sowohl vorne als auch hinten mit Querstabilisatoren ausgerüstet. Es war das erstemal, daß ein Serien-Porsche für die Straße einen hinteren Stabilisator werksseitig eingebaut erhielt (Die letzten 356 hatten zwar Ausgleichsfedern im Heck gehabt, diese waren jedoch eingesetzt, um die Rollträgigkeit zu verringern, nicht um sie zu vergrößern). Der Stabdurchmesser betrug 15 mm vorne und 16 mm im Heck wie im 911, den Böhringer 1965 durch die Alpen gehetzt hatte. Die Drehstäbe der Radaufhängung blieben unverändert, lediglich neue, einstellbare Koni-Stoßdämpfer wurden eingebaut.

Eine Reihe weiterer Verbesserungen zeichneten den 911S aus. Er hatte einen lederüberzogenen Lenkradkranz, vom Armaturenbrett war das Holz verbannt und durch einen Kunstlederstreifen, der waffelartig abgesteppt war, ersetzt worden. Der Ausstattungsstandard war hoch, wobei Lederpolsterung zur Auswahl stand bzw. Kunstleder mit Cordsamt- oder Pepita-Stoffeinsätzen. Die vorn und hinten weit herumgeführten Stoßstangen wiesen eine schützende Gummiumrandung auf, die dicker und breiter als bei den anderen Modellen war. Dies waren subtile Details, sie machten dem Käufer eines 911S jedoch deutlich, daß er das beste erhielt, was Porsche zu bieten hatte.

Obwohl das offizielle Vorstelldatum des neuen Modells auf den 1. Oktober 1966 festgesetzt war, hatte Huschke von Hanstein ein erstes Exemplar mit zum Nürburgring gebracht, als er am 7. August zum Großen Preis von Deutschland fuhr. Hier erhielten einige Journalisten die Chance, den Wagen zu erproben. Etwa zur gleichen Zeit hielt Porsche in Hockenheim eine Pressekonferenz ab. »Trotz der Aufmerksamkeit, die man der Abstimmung der Radaufhängung gewidmet hat, ist die latente Hecklastigkeit nicht wegzubringen«, urteilten einige Testfahrer über den 911S. »Auf trockenen Straßen können enge Kurven im dritten oder vierten Gang mit Vollgas genommen werden, wobei das Heck wie im Rennbetrieb ausschwingt. Aber der Wagen ist eher ein Untersteuerer, wenn auch ein gut ausbalancierter.«

Die Redakteure von *auto, motor und sport* vermerkten, daß, wenn der 911S in einer Kurve in den Grenzbereich gebracht wird, er vom Untersteuern ins Übersteuern wechselt, was rechtzeitiges Gegensteuern erfordere. Sie fügten hinzu, daß der 911S durch den hinteren Querstabilisator besser kontrollierbar geworden sei, und es sei für das Gegensteuern weniger Lenkaufwand notwendig, als beim normalen 911. Aber man vermerkte auch, wie sehr sich Fahrbahnstöße aufs Lenkrad übertragen.

1967 gab es Änderungen sowohl technischer wie auch preisorientierter Natur beim 911 und beim 912. Sämtliche Modelle erhielten beispielsweise verbesserte Türschlösser. Im Verlauf des Modelljahres (von der Motor-Nr. 911001 an) wurde der 911 mit einer ›zahmeren‹ Nockenwelle ausgerüstet. Er wurde damit zum Typ 901/06 mit Ventilzeiten von 43/57/65/31 Grad, eine Einteilung, die hauptsächlich wegen ihrer reduzierten Überschneidung bemerkenswert war. Zur gleichen Zeit wurden verbesserte Wärmeaustauscher eingeführt. Eine große Verbesserung im 912 stellte auch der Einbau einer neuen Motoraufhängung dar, wodurch die Geräusch- und Vibrationsübertragung auf die Karosserie reduziert werden konnte.

Auch der 912 trug ganz wesentlich zum guten Bilanzergebnis der Porsche KG im Jahre 1967 bei. Fast 10 Millionen Mark stellte man für Investitionen von Maschinen und Werkzeugen bereit. Die gesamte Mitarbeiterzahl bei Porsche erreichte Ende 1967 2826 Personen, die Erzeugnisse des Hauses wurden über eine Organisation von 930 Händlern in der ganzen Welt vertrieben. 73 Prozent der 1967 verkauften Automobile gingen in den Export, und wie üblich waren die Vereinigten Staaten der größte Abnehmer mit insgesamt 5400 Wagen. 1967 war ein Jahr, in welchem der Verkauf im ersten Halbjahr zunächst schleppend verlief, wobei in den letzten Monaten das Tempo zunahm – mit Sicherheit dank der neuen Modelle, die nach den Werksferien im August auf den Markt kamen. Zu den neuen Autos gehörte auch der 911T, der erste 911, der in Deutschland weniger als 20 000 Mark kostete. Außerdem bot Porsche erstmals eine Halbautomatik an, die sogenannte Sportomatic.

Wie schon so oft, erstreckten sich viele der Detailverbesserungen für das neue Modelljahr über den gesamten Typenbereich. Alle Porsche des Jahres 1968 besaßen neu geformte Außentürgriffe, bei denen der Druckknopf in einer Vertiefung saß, um zu verhindern, daß sich bei einem Unfall die Tür von allein öffnete. Dies entsprach den neuen amerikanischen Sicherheitsbestimmungen, wie auch der große Außenspiegel und die neuen Scheibenwischer, die in mattem Schwarz gehalten waren. Im Armaturenbrett waren die Instrumente ebenfalls mit mattschwarzen Umrandungen anstelle der verchromten ausgestattet. Dies entsprach genau Butzi Porsches ursprünglichem Design, nur war er damals von der Verkaufsabteilung überstimmt worden, weil man Chrom für verkaufsfördernder gehalten hatte. Die Scheibenwischer hatten ihre Ruhestellung nun vor dem Fahrer, links bei linksgesteuerten und rechts bei rechtsgesteuerten Modellen, wie sie von Porsche bereits serienmäßig für einige Exportmärkte fertigte. Dies brachte zwei Vorteile: wenn die Scheibenwischer eingeschaltet wurden, reinigten sie sofort die Fläche vor dem Fahrer und wenn sie wieder ausgeschaltet wurden, bildeten sie eine Barriere für die kleinen Rinnsale des Wassers, die ansonsten durch den Fahrwind im Luftstrom nach oben zu fließen pflegten. Andere Sicherheitsverbesserungen – stärker dimensionierte Windschutzscheiben und Sicherheitsgurtaufnahmen für die Notsitze im Heck – fanden ebenfalls Eingang in die 1968er Serie. Und erstmals gab es eine scharfe Trennung zwischen dem Porsche-Programm für die Vereinigten Staaten und jenem für Deutschland und den Rest der Welt. Der leistungsstarke 911S, in Europa nach wie vor hervorragend verkäuflich, wurde in Amerika allerdings nicht angeboten. Der frühere 911 wurde (mit Ausnahme der Vereinigten Staaten) in leicht abgewandelter Form zum 911L für Luxus. Er rangierte auf der nächsten Preisstufe unterhalb des 911S. Zwischen dem 911L und dem 912 gab es die neue Version eines Porsche-Sechszylinders, nämlich den 911T. Werksfahrer Vic Elford erklärte die Gründe, die hinter der Einführung des T-Modells bei Porsche standen: der 911 kostete in Deutschland norma-

lerweise 22 000 Mark und das Werk wollte ein 911-Modell anbieten können, dessen Preis unter 20 000 Mark lag. So kam es zum 911T, der im Interieur in vieler Hinsicht sparsamer ausgestattet war. Dies bedeutete nicht allein, daß man hier etwas finanziellen Aufwand einsparte – der Wagen wurde zudem etwas leichter! Mit 35 kg weniger war er für Wettbewerbe letztlich besser geeignet als der 911. Elford benutzte einen 911T (mit einem getunten 911S-Motor), um damit seinen Sieg in der Rallye Monte-Carlo zu erzielen. Bei einem Preis von 19 305 Mark wies der 911T ein Vierganggetriebe auf, entbehrte der Querstabilisatoren, hatte aber ringsum Scheibenbremsen.

Der große Unterschied beim 911T betraf den Motor. Erstmals bot Porsche eine stark gedrosselte Version seines Sechszylinders mit der Bezeichnung 901/03 an. Neugeformte Kolben reduzierten das Kompressionsverhältnis auf 8,6 zu eins, wodurch der Wagen mit Normalkraftstoff zu fahren war. Die gerippten Zylinder bestanden aus Stahlguß anstelle einer Kombination von Stahl und Aluminium (Biral), wie sie die anderen Straßen-Sechszylinder aufwiesen. Die Nockenwellen waren etwas flacher gehalten und die Ventilzeiten betrugen 40/56/66/22 Grad. Für den verringerten Luftdurchsatz kam der Vergaser des 911T mit kleineren Ansaugrohren (27 mm) aus. Die Weber-Vergaser waren vom Typ 40IDT3C. Bei den Auspuffkrümmern wurden die Durchmesser ebenfalls reduziert. In Anbetracht dieser Änderungen brachte es der Motortyp 901/03 noch auf beachtliche 110 DIN PS bei 5800 U/min und auf ein Drehmoment von 16 kpm bei 4200 U/min.

Wie beurteilte die Presse den 911T? Die Redakteure von *auto, motor und sport* konnten keinen wesentlichen Unterschied in der Leistung zum normalen 911 feststellen. Ihr Testwagen war mit einem Fünfganggetriebe ausgerüstet und beschleunigte auf 80 km/h in 5,5 sec., auf 100 km/h in 8,1 sec. und auf 160 in 23,8 sec. Die Spitzengeschwindigkeit des Test-911T war beeindruckend: sie betrug 208 km/h. Eigentlich waren dies Werte, die man von einem Porsche seit Jahren gewohnt war – seit dem 550 Spyder. Und dennoch stellten sie einen erstaunlichen Fortschritt dar. Helmuth Bott schrieb: »Der neue Porsche 911T ist der einzige Serienwagen der Welt, der eine Spitzengeschwindigkeit von über 200 km/h mit einem Motor erreicht, dessen Leistung weniger als 120 PS beträgt. Und für jene, denen es auf Höchstgeschwindigkeiten nicht ankommt, ergeben sich durch aerodynamische Vorteile immerhin sehr günstige Verbrauchswerte.« Bei mittelschnellen Fahrten kamen die meisten Testfahrer auf Verbrauchswerte unter 15 Liter auf 100 Kilometer.

Im Verlaufe des Jahres 1967, dem ersten Kalenderjahr dieses Modells auf dem Markt, spielte der Targa im Export noch keine bedeutende Rolle, weil man mit diesem Modell vorerst einmal den deutschen Markt bedienen wollte. Hier schlug der Targa sehr gut ein. Aber von den er-

Dick Troutman und Emil Diedt beim Umbau des 911 S zum Viertürer. Man erkennt das eingesetzte Bodenstück im Bereich des hinteren Einstiegs. Den Plan für diesen Wagen zeichnete der amerikanische Designer Chuck Pelly.

911 S Roadster mit gefälligen Linien – eine Kreation des italienischen Karosserieschneiders Nuccio Bertone.

Heck des von Bertone gebauten 911 S Roadsters, der in Genf 1966 zu sehen war. Das Auto war von John v. Neumann in Auftrag gegeben worden.

sten Targa-Kunden kamen alsbald Anregungen für Verbesserungen. Das mit einem Reißverschluß versehene Plastikheckfenster war nicht ohne gewisse Tücken. Der durchsichtige Kunststoff wies Schwankungen in seiner Qualität hinsichtlich der Durchlässigkeit auf und man beklagte sich darüber, daß man den Reißverschluß des Heckfensters nicht bei kaltem Wetter öffnen sollte. Die lautesten Beschwerden kamen aus Amerika. Daraufhin wurde im Januar 1968 eine neue Targa-Version auf den Markt gebracht. Das ursprüngliche Targa-Dach wurde jetzt als Version I bezeichnet, man bot diese künftig mit einem Gepäckfach in Form zweier kleiner versperrbarer Abteile hinter den Vordersitzen an. Version II, die sowohl mit diesem Fach als auch mit den Hecksitzen geliefert werden konnte, besaß ein fest eingesetztes Heckfenster aus Glas. Es verwandelte den Targa in ein sogenanntes ›Pop-Top-Coupé‹. Diese Version II des Targa wurde auf den Auslandsmärkten besser aufgenommen. Die Porsche-Exportabteilung veranlaßte dies zu größeren Aktivitäten – und mit zunehmendem Absatz stieg die weitere Nachfrage! Anfang 1970 brachte es der Targa auf über 40 Prozent am gesamten Porsche-Produktionsvolumen. Das Auto schien völlig neuen Käuferschichten zu gefallen.

Es gab eine weitere Neuigkeit im Jahre 1968. Es war dies die Sportomatic, ein automatisches Getriebe, so individuell und kontrovers, wie der Porsche selbst war. Daß Porsche eine Getriebeautomatik einführte, war eigentlich nichts Besonderes. Schließlich verkaufte man einen sehr großen Anteil der Fahrzeugproduktion nach USA, wo automatische Getriebe seit langem eine Selbstverständlichkeit waren. Es galt längst nicht mehr als ungewöhnlich, auch einen Sportwagen mit Automatik zu fahren. Jedoch erforderte der hochdrehende Motor auf diesem Gebiet eine Speziallösung. Und das hat seine Geschichte. Mitte 1960, als sich die Sportomatic noch im Planungsstadium befand, waren vollautomatische Getriebe noch recht selten anzutreffen. Die Hersteller solcher Einheiten sahen sich außerstande, solche für den hochdrehenden Sechszylindermotor von Porsche zu liefern. Erst gut zehn Jahre später, als sich zunehmend frontangetriebene Familienwagen auf dem Markt etabliert hatten, gab es etwas Derartiges im Angebot. Diese Einheiten wiesen indessen meist ungünstige Übersetzungsverhältnisse auf mit geringer Variationsmöglichkeit, und wegen ihrer Planeten-Bauart besaßen sie oft unglückliche Abmessungen.

Dieser und ein weiterer Punkt trug zu Porsches Entscheidung bei, es mit einer Halbautomatik zu versuchen. Ferry Porsche sagte damals: »Wenn man einen Sportwagen mit einem automatischen Getriebe ausstattet, gibt es eine ganze Reihe von Kunden, die sagen, das sei ja kein Sportwagen mehr.« Würde ein vollautomatischer Porsche das bisherige Image des Wagens nicht verwässern? An das Vorbild der amerikanischen Corvette kann man sich kaum halten – die Wagen war von Anfang an ausschließlich mit einer Getriebeautomatik angeboten worden und hatten hart darum kämpfen müssen, als Sportwagen überhaupt Anerkennung zu finden.

Versuche mit diversen Getriebeautomaten hatte es schon zu Zeiten des 356 gegeben. Selbstverständlich war Porsche auch über entsprechende Versuche auf diesem Gebiet, wie sie von und für Volkswagen durchgeführt wurden, orientiert, wobei einige Ausführungen vielleicht sogar für den Vierzylinder-Porsche gepaßt hätten. Eine dieser Getriebeeinheiten war von Voith in Heidenheim entwickelt worden, eine Firma, die vor allem durch ihre Getriebe für schwere Lastkraftwagen und Omnibusse bekannt war. Das mit VM 1 bezeichnete Getriebe besaß ein manuell schaltbares Zweigang-Vorgelege, das über eine Mehrscheibenkupplung an einen Drehmomentwandler angeschlossen war. So konnte per Hand geschaltet werden. Ein Test mit dem Voith VM1 in einem 356 stellte die Ingenieure bei Porsche zwar nicht zufrieden, doch später übernahmen die Zuffenhausener Ingenieure das System im Prinzip, und etliche Details der Sportomatic erinnerten an diese Konstruktion.

Die Porsche Sportomatic, wie sie vom Juli 1967 an gefertigt wurde, stellte eine geniale Kombination alter und neuer Konstruktionsmerkmale dar. Es handelte sich dabei um die Verbindung eines hydraulischen Drehmomentwandlers mit dem Viergang-Porsche-Getriebe und einer Kupplung, die automatisch ausrückte, sobald man den Schalthebel bewegte. Dieses mit der Porsche-Typennummer 905 bezeichnete Getriebe wurde ausschließlich in der 911-Serie angeboten.

Anstelle der Schwungscheibe befand sich in der Sportomatic-Konstruktion ein dreiteiliger Drehmomentenwandler von Fichtel & Sachs. Diese Hydraulik ermöglichte es, den Motor trotz eingelegtem Gang im Leerlauf drehen zu lassen. Beim Beschleunigen wurde die kinetische Energie des Öls dazu genützt, eine Drehmoment-Erhöhung auf den 2,15fachen Wert zu erzielen (einer Konstantdrehzahl von 2600 U/min entsprechend). Auch dämpfte das Öl Schläge von der Straße, die sich über das Fahrwerk übertrugen. Bei hohen Motordrehzahlen, wenn die Sportomatic eher die Funktion einer Kupplung als die eines Drehmomentwandlers hatte, entstand ein Schlupf von etwa 3,5 Prozent zwischen Ein- und Austrittswelle.

Zwischen Drehmomentenwandler und Getriebe befand sich bei der Sportomatic eine Einscheiben-Trockenkupplung. Sie maß 180 mm im Durchmesser und war somit kleiner als die herkömmliche Kupplung, weil sie lediglich den Antrieb zu unterbrechen und zu verbinden hatte; es war nicht ihre Aufgabe, die Belastung beim Anfahren des Wagens aufnehmen zu müssen. Bedient wurde diese Kupplung über einen Vakuum-Servomotor mittels eines mechanischen Gestänges. Vakuum und Kupplung wurden über ein elektrisch betriebenes Ventil betätigt, das von einem Mikroschalter am unteren Ende des Schalthebels gesteuert wurde. Schon ein leichter Druck auf den Schalthebel bewirkte sofort das Öffnen der Kupplung.

Vor der Kupplung befand sich ein ähnliches Getriebe, wie es im handgeschalteten Porsche verwendet wurde. Seine Endübersetzung mit 7:27 war jedoch länger, wodurch ein Gesamtübersetzungsverhältnis von 3,86 zu eins entstand. Hierdurch kompensierte man den Schlupf im Wandler. Im Hauptgehäuse waren vier synchronisierte Vorwärtsgänge untergebracht, die relativ enge Abstufungen aufwiesen: Einen kurz übersetzten ersten Gang mit 2,4, den zweiten und dritten mit 1,68 bzw. 1,12. Der vierte Gang hatte für den amerikanischen Markt eine Übersetzung von 0,962 (auch die 911 L-Modelle besaßen diese Übersetzung), wogegen die 911S und 911T 1968 mit 0,926 übersetzt wurden.

Im hinteren Teil des Getriebes hatte man Platz für den Rückwärtsgang gelassen und dort saß auch eine Sperrklinke, mit die die Vorgelegewelle blockiert wurde, womit man das Getriebe in Parkstellung – wie beim Vollautomatikgetriebe – schalten konnte. Das Getriebe besaß seine eigene Ölversorgung. Der Drehmomentwandler lief mit Motoröl, das von einem Trockensumpfreservoir über eine Spezialpumpe, vom Ende der linksseitigen Nockenwelle angetrieben, dorthin geleitet wurde. Das gesamte zirkulierende Ölvolumen des Wagens hatte dadurch um über 2,4 Liter auf 11,5 Liter zugenommen.

Wegen des fehlenden Kupplungspedals in den Sportomatic-Modellen wurde das Fußpedal der Bremse breiter gehalten. Am Schalthebel zeigten die Buchstaben P und R die Parkposition und die Lage des Rückwärtsganges an. Der erste bis zum vierten Gang erhielt die Bezeichnung L, D, D3 und D4. Porsche erklärte diese Schriftzeichen damit, daß L oder der erste Gang grundsätzlich nur für Einsatz unter Lastbedingungen bei extrem langsamer Fahrt vorgesehen war; D stellte die normale Start- und Fahrposition hauptsächlich im Stadtverkehr dar (D = drive); damit konnte der 911L bis auf 120 km/h beschleunigt werden. Und D3 und D4 waren für die Autobahn, wobei die Wahl von der Art der Strecke und des Verkehrs abhing. Dies bedeutete, daß man zwei obere Gänge hatte, deren Maximalgeschwindigkeiten zwischen etwa 165 und 190 km/h lagen.

Der Sportomatic-Porsche stellte ein völlig anderes Automobil dar, als es bisher je aus Zuffenhausen gekommen war. Manager vom Verkauf waren sich bewußt, daß die Aufnahme dieses Modells sich nicht ganz einfach gestalten würde. In Europa ließen sich alle Arten von Automatikgetrieben ohnehin schwer verkaufen, und ähnliche Halbautomatik-Systeme wie das von Porsche (Renault Ferlec, Fiat Idromatic) hatten bislang wenig Anklang gefunden. Sehr zu Porsches Vorteil wirkte sich der Erfolg des Chaparral aus, der als Rennwagen mit seiner Halbautomatic-Übersetzung großen Beifall fand. Sein Getriebe war eine kupplungslose Version des Sportomatic-Prinzips. Dieser Erfolg war durch den Sieg des texanischen Chaparral-Teams im 1000-Kilometer-Rennen des Jahres 1966 der deutschen Öffentlichkeit deutlich gemacht worden. Überraschenderweise wurde die Sportomatic in Europa freudiger begrüßt als in Amerika. *auto, motor und sport*, für ehrliche Kritik bekannt, fand mehr Plus- als Minuspunkte an dieser Konstruktion. Die Tester bezeichneten die Sportomatic als äußerst bequem im Verkehr und bescheinigten dem Getriebe eine gewisse Schaltfreundlichkeit. Mit der gleichen Leichtigkeit und Schnelligkeit wie immer, so fanden sie, ließ sich dieses Getriebe schalten. »Man muß nur darauf achten, daß man den Ganghebel erst berührt, wenn man vom Gas herunter ist, ebenso muß man die Hand nach dem Gangwechsel sofort wieder wegnehmen, weil sonst die elektrisch ausgelöste Kupplung den Motor überdrehen lassen

Eröffnung der Frankfurter Automobil-Ausstellung und wurde von Porsche mit drei Werkswagen beschickt, von denen zwei mit Sportomatic ausgestattet waren.
Helmuth Bott war ein erklärter Fan des Marathon. »Für Zuschauer und Fahrer mag es ein recht langweiliges Rennen gewesen sein«, sagte er, »aber die Ergebnisse, die wir dabei gewannen, hätten wir nicht im Laborversuch ermitteln können, auch nicht auf unserer Versuchsstrecke in Weissach. Dort pflegen wir nicht ständig im Grenzbereich zu fahren – das bringen wir einfach nicht fertig.« Bott war zuversichtlich, was die Bewährung der Sportomatic im Marathon betraf; sollte es dennoch zu Pannen kommen, aus welchen Gründen auch immer, so wollte er genau wissen, woran dies lag.

schnittsgeschwindigkeit von 117,7 km/h an erster Stelle. Dieser triumphale Stapellauf der Sportomatic machte deutlich, wie zuverlässig und belastbar sie offensichtlich war.
Der Marathon-Gewinner war auch in einer anderen Hinsicht ein ungewöhnlicher 911: er war extrem leicht. Der Wagen stellte nämlich eine neue Variante dieser Reihe dar, genannt 911R. Äußerlich sah der Wagen wie ein gewöhnlicher 911 aus, jedoch hatte man ihn extrem abgemagert, um ihm in motorsportlichen Wettbewerben, für die er hauptsächlich gedacht war, bessere Chancen zu geben. Denn obwohl die Fahrzeuge der 900er Serie als Reise- und Tourenwagen konzipiert waren, erwiesen sie sich – wie zuvor der 356 – als vorzügliche Kampfinstrumente bei Rallies und Rennen.

könnte.« Unzufrieden war man über die Tendenz des Test-911L, daß er »allzu oft abstarb.« Den Motor mit Sportomatic konnte man ausschließlich in der Ganghebelposition P, also in der neutralen Parkposition, erneut anlassen. Der Kraftstoffverbrauch mit Sportomatic lag laut *auto, motor und sport* etwa zehn Prozent höher. Dennoch war man voll des Lobes und begrüßte die Einrichtung der Schaltautomatik beim Porsche sehr, zumal ihr Preis mit 990 DM nicht hoch war.
Nicht alle Motorjournalisten schienen mit der Sportomatic zurechtzukommen. Vielen behagte es nicht, daß man bei voller Fahrt den Schalthebel nicht berühren durfte. *Sports Car Graphic* meinte: »Die Sportomatic wurde nicht für den Gebrauch auf der Rennstrecke konstruiert.« Das stimmte durchaus. Dennoch fand ihr Debut auf einer schnellen Strecke statt, und zwar in 350 Runden beim Marathon de la Route. Der vom belgischen Automobil-Club veranstaltete Marathon startete und endete in Lüttich, bestand aber fast ausschließlich aus einer vierundachtzigstündigen permanenten Umrundung der Nord- und Südschleife des Nürburgrings – jeweils 28,64 Kilometer. Dieser Marathon endete 1967 kurz vor

Sportomatic-Getriebe. 1 – Drehmomentwandler, 2 – Kupplung, 3 – Differential, 4 – Ausrückhebel, 5 – Getriebe, 6 – Parksperre.

Die Werks-911 hatten Rallye-Motoren von 175 PS Leistung, die natürlich eine zusätzliche Belastung für das neue Getriebe darstellten. Ein Auto erlitt im Marathon einen Unfall, ein weiteres Fahrzeug hatte Probleme mit dem Motor. Der dritte Wagen, ein orangefarbener 911 mit Sportomatic, gefahren von Vic Elford, Hans Herrmann und Jochen Neerpasch, gewann den Marathon. Er stand ganz oben in der Handicap-Liste und rangierte nach 9894 harten Kilometern auf dem unerbittlichen Ring mit einer Durch-

1966 gewann der 911 zahlreiche Meisterschaften in der Bundesrepublik, in Österreich, Spanien und Amerika. Unter diesen Siegen war auch die SCCA-Trophäe für Serienwagen der Klasse D, die Jerry Titus mit einem Wagen gewann, der geradewegs aus dem Schaufenster kam. In Europa gewann Eberhard Mahle auf einem Porsche 911 die Bergmeisterschaft in der GT-Kategorie, Günther Klass errang das europäische GT-Rallye-Championat. Und ein einsamer 911 war in Le Mans erschienen und startete als einziges GT-

Automobil. Der von Kerguen und Dewez gefahrene Wagen wurde 14. im Gesamtklassement. Hin- und Rückfahrt absolvierten die Fahrer auf öffentlichen Straßen.

Mit dem Erscheinen des 911S im Herbst 1966 offerierte Porsche ›Tuning-Kits‹, mit denen dieses an sich schon sehr leistungsfähige Automobil noch schneller gemacht werden konnte. Die Umbaupakete enthielten Teile, die man entweder im Werk oder ›draußen‹ einbauen lassen konnte. Bestellte man das Tuning-Kit gleich mit dem neuen Wagen, kam man natürlich billiger weg. In einem Sonderkatalog (Nr. W171) wurden diese Umbausätze detailliert beschrieben.

Zu diesen Kits gehörten auch Blaupausen der Köpfe und Auspuffkrümmer. Für die Motoren wurden übrigens zwei Umbausätze angeboten. einen heißen Wettbewerbswagen in die Garage zu stellen. So überraschte es nicht, als in der Saison 1967 die Erfolge für die 911 und 912 beträchtlich zunahmen. Die in den Meisterschaftslisten aufscheinenden Wagen von Fahrern aus Österreich, Frankreich, England, Spanien, Belgien, Schweden, Portugal, Holland, Polen und den Vereinigten Staaten gewannen eine Reihe wichtiger Meisterschaften. Und obwohl der SCCA den 911S in die härtere Serienklasse C eingereiht hatte, siegte Alan Johnson mit seinem roten Coupé in der nationalen Meisterschaft beim Schlußrennen in Daytona. Es handelte sich dabei noch immer um das selbe Auto, mit dem er in der GT-Kategorie in Sebring Anfang 1967 Erster geworden war.

In Europa war der 911S überall erfolgreich. In Porsche – und trug den Gesamtsieg davon.

Die neue Palette der Porsche-Modelle im Jahre 1968 komplizierte das Leben der Zuffenhausener, deren Aufgabe es war, dafür zu sorgen, daß die Autos von den Sportbehörden homologiert wurden. »Wegen veränderter Richtlinien der F.I.A.«, führte Lars Schmidt von der Verkaufsabteilung am 17. Januar 1968 in einem Rundschreiben aus, »war es uns leider nicht möglich, den 911T wie vorgesehen als Tourenwagen der Gruppe II zu homologieren. Wie bisher ist der 911L der einzige Porsche-Serienwagen, der in der Gruppe II homologiert ist.«

Schmidt beschrieb die Rallyeausrüstung, wie sie für den 911L für zusätzliche 2100 Mark beim Einbau ab Werk offeriert wurde. Sie enthielt Recaro-Sitze, Gummifußmatten, 15 mm starke

911 S 1967 mit Fuchs-Rädern. Auch als Wettbewerbswagen wurde der 911 S (linke Seite) schnell weltweit populär.

Sportkit I enthielt neue Ansaugrohre und Vergaserdüsen, vereinfachte Aufsatzrohre als Ersatz für die Luftfilter sowie einen Auffangtank für aus dem Kurbelgehäuse abgesaugtes Öl. All diese Bauteile gewährleisteten eine Leistungssteigerung von 8 PS. Das spezielle Rennauspuffsystem im Sportkit II brachte die Gesamtleistung auf zusätzliche 15 PS, so daß der Spitzenwert 175 PS erreichte – wie in den Marathon-Porsche.

Mit diesen Kits ermöglichte es Porsche einem geschickten Amateur, sich ohne großen Aufwand der GT-Kategorie wurde Toni Fischhaber Europa-Bergmeister, Vic Elford und David Stone wurden Europa-Rallyemeister. Die europäische Rallye-Meisterschaft für Serientourenwagen wurde von dem polnischen Rallyefahrer Sobieslav Zasada in einem Porsche 912 gewonnen. Hätte es 1967 eine Auszeichnung für Einzelleistungen auf Porsche gegeben, so hätte sie der mutige Zasada verdient gehabt, der seinen Wagen im Oktober sogar nach Argentinien mitnahm, um dort im Grand Prix mitzufahren. Dieses Rennen ähnelte der früheren Carrera Panamericana und verlief in fünf Etappen über insgesamt 3300 Kilometer schlimmster Landstraßen. Von den 376 Startern fuhr Zasada als einziger einen Querstabilisatoren vorne und hinten, Koni-Stoßdämpfer, Dunlop-SP-Reifen, leichtere vordere Stoßstangen, Ölanzeigeinstrumente vom 911S, eine Rennkupplung sowie verstärkte Motoraufhängungen. Der Motor bekam eine neue Konfiguration mit der Bezeichnung 901/30. Mit einigen Verfeinerungen an den Zylinderköpfen und den Nockenwellen kamen die solcherart behandelten Maschinen auf eine Leistung von 150 PS. »Da der 911T – wie der 911S – in der Gruppe 3 als GT eingestuft ist«, setzte Schmidt fort, »haben wir uns entschieden, den bisherigen Rallye-Kit für den 911S durch einen neuen Umbausatz zu ersetzen.« Dieser basierte auf dem 911T, wie er für GT-Einsätze an den Start geschickt wurde.

Der mit diesem neuen Umrüstsatz bestückte 911T genoß den Vorteil, mit einem Gewicht homologiert zu sein, das 51 Kilogramm unter dem des 911S lag. Das 911T Rallye-Kit enthielt den 160-PS-Motor des 911S und alle weiteren im 911 S angebotenen Extras sowie eine spartanischere Innenausstattung, dazu belüftete Bremsscheiben und tiefergesetzte Radaufhängungen. Dafür entfielen Unterboden- und Lärmdämmschutz, wodurch 25 kg gespart werden konnten. Dieser Umbausatz kostete ab Werk einen Aufpreis von 5150 Mark. Lars Schmidt schloß sein Rundschreiben mit dem Hinweis, daß jene Autos mit der Rallyeausrüstung lediglich für den Wettbewerbseinsatz bestimmt seien.

Ein 180-PS-911T mit dieser Rallye-Ausrüstung war es, mit dem Vic Elford in Monte-Carlo siegte. Selbstverständlich wies der Wagen eine niedrigere Enduntersetzung auf, wie dies für Monte-Fahrzeuge stets üblich war. Bei 167 km/h im fünften Gang erreichte der Motor bereits sein Drehzahllimit von 7200 U/min. Der Wagen schoß beim leisesten Druck auf das Gaspedal wie eine Gewehrkugel davon; sogar im fünften Gang war noch immer eine gewaltige Reserve vorhanden.

Mit einem Gewicht von 1066 kg (inklusive 60 Liter Benzin im 100-Liter-Tank), so meinte *auto, motor und sport*, handelte es sich beim Elford-Porsche nicht gerade um ein Leichtgewicht. Dieser Wagen war mit einem Heckscheibenwischer ausgerüstet, besaß ein Sperrdifferential mit einer 75prozentigen Sperrwirkung, Dunlop-R7-Rennreifen, steinharte Stoßdämpfer und einen Hupenknopf am Fußboden, mit welchem der Beifahrer das laute Boschhorn ertönen lassen konnte.

Der Porsche 911T war gewiß ein leistungsstarker Wagen, nahm sich aber noch wie ein sanftes Kätzchen aus verglichen mit einer anderen Version des 911, die 1967 aus der Versuchsabteilung von Ferdinand Piëch kam. Dies war der 911R. Mit einer besonders leichten Karosserie und dem Motor eines Rennwagens stellte dieser Wagen im Vergleich zu den Serienfahrzeugen des Jahrgangs 1967 das dar, was der von Reutter karossierte Carrera GT 1958 gewesen war: in der Basis ein Serienauto, das man auf schiere Leistung hochgetrimmt hatte.

Die ersten Exemplare des 911R – Aufzeichnungen lassen erkennen, daß es drei Prototypen gab – entstanden im Frühjahr 1967. Sie dienten als Versuchsfahrzeuge, die man dort im Wettbewerb einsetzte, wo sie akzeptiert wurden, während man auf die Homologation wartete.

Der Rahmen und die tragenden Bleche der ersten 911R entsprachen der Standardausführung, nur waren Stahlwandungen dort dünner, wo es zu verantworten war. Die vorderen Kotflügel wie auch die Türen, Front- und Heckabdeckungen sowie die Stoßfänger waren aus glasfaserverstärktem Kunststoff. Die Türen, Bug- und Motorhaube besaßen Aluminiumscharniere; Seitenscheiben und das Heckfenster waren aus Plexiglas. Die vorderen Dreiecksfenster waren fixiert und mit kreisrunden Lüftungsöffnungen versehen, wie man sie vom Flugzeugbau her kennt. Lüftungsschlitze in den hinteren Seitenscheiben sorgten für frische Luft im Cockpit.

Die hinteren Kotflügel besaßen Ausbuchtungen, damit die breiteren Rennreifen darunter Platz hatten. Die Räder entsprachen denen des 911S, waren jedoch breiter: 7 Zoll hinten, 6 Zoll vorne. Dadurch vergrößerte sich die Spurbreite auf 1367 mm vorne und 1339 mm hinten. Die breiten Reifen waren von Vorteil auf der Straße, um die Kraft des 911-R-Motors auf den Boden zu bringen. Mit der Typenbezeichnung 901/22 besaß er die gleiche Doppelzündung, die gleichen Ventilzeiten und die vergrößerten Ventile, auch die 46-mm-Weber-Vergaser und die verchromten Aluminiumzylinder wie der Motor vom Typ 901/20 im Carrera 6.

Links: Gerhard Mitter (mit Sonnenbrille) und Eberhard Mahle, die 1966 mit einem 911 die GT-Bergmeisterschaft errangen.

Die 911R-Maschine wies aber nicht wie der 906 ein Kurbelgehäuse aus Magnesium auf, sondern hatte eines aus Aluminium (wie die Serien-911 im Modelljahr 1967). Bei einer Verdichtung von 10,3 zu eins leistete er 210 DIN PS bei 8000 U/min und erreichte ein Spitzendrehmoment von 21 kpm bei 6000 U/min. Wie bei den früheren Carrera-Motoren wurde das Öl durch zwei Radiatoren in der Frontpartie gekühlt, die Frischluft über Öffnungen unter den Hauptscheinwerfern zugeführt bekamen (wo an sich die Hupen hingehörten). Die Rohrverbindungen von und zu diesen Ölkühlern verliefen in den Türschwellern. Um zusätzliches Drehmoment aufnehmen zu können, wurde die Antriebswelle des Fünfganggetriebes in der gleichen verstärkten Version wie im Carrera 6 verwendet.

Einer dieser äußerlich wie ein Serienwagen aussehenden 911R begleitete die wesentlich auffälligeren Porsche-Prototypen zum 530-Kilometer-Rennen am 23. Juli 1967 nach Mugello in Italien.

In diesem Rennen, das für den 911R praktisch die Jungfernfahrt darstellte, bewährte sich der Wagen äußerst zufriedenstellend. Er kam auf den dritten Platz hinter zwei Porsche 910, noch vor einem Ford GT Mark IV. Vic Elford und Gijs van Lennep saßen am Volant. Die nächste Runde des 911R endete mit einem Gesamtsieg: beim bereits beschriebenen Marathon de la Route im August auf dem Nürburgring, wo die Sportomatic einen so nachhaltigen Eindruck hinterließ.

Ende Oktober sollte der 911R von Mugello eine völlig andere Rolle spielen. In Monza hatte ein Fahrerteam aus der Schweiz beim Versuch, Welt- und 2-Liter-Klassenrekorde aufzustellen, nach einem Dutzend Stunden ihren arg malträtierten Carrera 6 abstellen müssen.

Die Stoßdämpfer waren vollkommen durchgeschlagen. An ein Auswechseln war nicht zu denken. Aber Porsche hatte die Strecke nun einmal gemietet, ein gutes Fahrerteam an der Hand, Sponsoren im Rücken: Sollte man die Rekord-

Oben links: Eines der Porsche-Coupés, die 1968 am London-Sydney-Marathon teilnahmen, beim Servicestop in Teheran. Daneben ein Sonauto-Wagen bei der Tour de France des Jahres 1969. Larrousse und Gélin wurden Gesamtsieger. Rechts Jerry Titus am Steuer seines 911 im 1966er Riverside-Rennen, das er als Sieger der Serienwagenklasse beendete.

versuche abbrechen? Ein Ferngespräch nach Stuttgart brachte die Lösung der Frage. Porsche war bereit, sofort einen 911R hinunterzuschicken – »auf dem Straßenweg, damit's schneller geht.«

Sobald der Wagen eingetroffen war, setzte man die Rekordfahrt fort. Es regnete in Strömen. Es gab Vergaser-Vereisungen, verölte Kerzen und wieder Stoßdämpferschäden. Aber Steinemann, Siffert, Spoerry und Vögele hielten eisern durch. Sechs volle Tage umrundeten sie den buckligen Monza-Kurs und konnten zum Schluß elf Zeit- und Streckenrekorde verbuchen sowie fünf effektive Weltrekorde über 15 000 und 20 000 Kilometer, 10 000 Meilen, 72 Stunden und 90 Stunden. Bei 20 000 Kilometern Gesamtdistanz war die Mannschaft auf einen Schnitt von 209,20 km/h gekommen.

Zu gleicher Zeit beschloß man in Zuffenhausen, vom 911R eine Anzahl Exemplare in Serie zu bauen. Die Karosserien für diese Fahrzeuge vergab man wieder in Fremdauftrag; diesmal war die Stuttgarter Firma Karl Baur an der Reihe. Die Aufbauten fertigte man aus normalem Karosserieblech, die Windschutzscheiben waren aus 4 mm starkem Sicherheitsglas. Nur die übrigen Scheiben waren aus 2 mm starkem Plexiglas. Im Unterschied zu den Prototypen versah man diese Serien-911R mit Tankeinfüllstutzen, die aus der vorderen Haube herausragten, der Stutzen für den Öltank saß im rechten hinteren Kotflügel. Stoßdämpfer und Querstabilisatoren stammten vom 911S, die Torsionsstäbe entsprachen denen der Porsche-Coupés des 1968er Modelljahrs. Die Motoren vom Typ 901/22 versah man mit Dreifach-Weber-Vergasern vom Typ 46IDA3C1. Für das Getriebe wählte man die »Nürburgring«-Übersetzungsreihe, die Endübersetzung betrug entweder 4,43 oder 5,33 zu eins. Das Trockengewicht der normalerweise weiß lackierten 911R betrug 820 kg; in vollem Rallyetrimm kamen etwa 50 kg hinzu.

Man legte sich zunächst auf eine Serie von zwanzig Wagen fest, die man Werksfahrern und einigen auserwählten Privatfahrern anvertrauen wollte. Huschke von Hanstein aber schlug vor, daß man sich dafür entscheiden möge, eine größere Serie aufzulegen – nämlich 500 Wagen, um den 911R als Tourenwagen (GT) homologieren lassen zu können. Doch die Verkaufsabteilung war skeptisch. Keine vierzig Wagen, so meinten die zuständigen Herren, würde man innerhalb einer Frist von zwölf Monaten absetzen können. 1967 war kein Jahr, um besonders optimistisch zu sein. Und so blieb der 911R ein Außenseiter ...

Dennoch verschwand der Renn-911 keineswegs von der Szene. Elford und Stone pilotierten einen 911 R Anfang November in der Tour de Corse, ein harter Wettbewerb, der dem schnellen Porsche so recht behagte und wo er mit einem dritten Platz abschnitt. Und bei der traditionellen Porsche-Presseveranstaltung im Dezember auf dem Hockenheimring war ein 911R ebenfalls dabei; Vic Elford nahm einige Pressevertreter mit auf die Strecke und zeigte ihnen, wie man ein solches Auto fahren konnte. »Ganz erstaunlich« fand Manfred Jantke, damals Redakteur bei *auto, motor und sport*, die Fahreigenschaften des 911R. Als »komfortabel und eigentlich gar nicht schnell« bezeichnete der Vertreter der Automobil-Revue das Auto – immerhin war man aber beeindruckt von den 150 km/h, mit denen man auch enge Kurven absolut sicher zu nehmen imstande war.

Im Jahre 1969 gab es wieder eine Tour de France, diesmal auch für eine Klasse der Prototypen ausgeschrieben. Die Veranstaltung umfaßte zwanzig Rundstrecken- und Bergrennen mit rallyeähnlichen Etappen dazwischen, bei denen man innerhalb von sechs Tagen ganz Frankreich zu durchqueren hatte. Dies schien für den 911R genau der richtige Wettbewerb zu sein, und so präparierte Porsche einen Wagen für Gérard Larrousse und Maurice Gelin. Mit ihrem weißen Coupé beendeten sie die Tour de France als Gesamtsieger; weitere Porsche kamen auf die Plätze

Cockpit eines 911 S, präpariert für Rallyeeinsatz. Die Ausstattung wurde werksseitig vorgenommen.

Porsche 911 S, von Zuffenhausen für die Teilnahme an der Internationalen RAC-Rallye 1971 in Großbritannien präpariert. Der Polizei-Porsche in Targa-Version war der 100 000. Porsche, der das Werk verließ: am 21. Dezember 1966.

Drei, Vier und Fünf. Der Siegerwagen wurde etwas später in der Korsika-Rallye eingesetzt und fuhr dort ebenfalls einen Sieg heraus – gegen starke Konkurrenz der Werkswagen von Ford, Lancia und Alpine-Renault.

Im Sommer 1970 traten Larrousse/Gelin erneut zur Tour de France an. Der Wettbewerb versprach besonders aufregend zu werden, denn jetzt war Matra mit einem Zwölfzylinder mit von der Partie. Larrousse sah seine Chance allein in einem Wagen mit extrem niedrigem Gewicht. »Wenn ihr das Auto auf 800 kg herunterbekommt, spendiere ich eine Kiste Champagner«, sagte er zu den Mechanikern im Werk – und er hatte Gelegenheit, sein Wort zu halten. Dennoch vermochte sich Larrousse nicht als Erster zu plazieren; nach zwei Matra kam er auf den dritten Rang.

Schon am Klang erkannte man von weitem, wenn sich der 911R den französischen Dörfern näherte. »Der Ton ist einmalig«, meinte der französische Journalist Pierre Dieudonne, »ein dunkles, metallisches Klirren, zugleich etwas heiser – als wenn ein gefangenes wildes Tier brüllt!«

Weniger exotische 911 waren auf anderen europäischen Rennstrecken erfolgreich. Die Internationale GT-Trophäe 1968 ging an Porsche, schon wegen der Siege in der Targa Florio und bei den 24 Stunden von Le Mans. In der Europa-Bergmeisterschaft wurde Holger Zarges mit einem 911T GT-Meister. Und in der populären Trans-American-Meisterschaft der USA wurde Porsche Sieger in der Zwei-Liter-Klasse – zum zweitenmal. Gegen Jahresende begab sich der nicht zu bremsende Pole Zasada auf die 16 000-Kilometer-Reise von London nach Sydney. Zasadas und einige weitere Wagen waren in der Zuffenhausener Kundendienst-Werkstatt für die Teilnahme an jenem Marathon aufs beste vorbereitet worden; unter anderem hatte man den Wagen stabile Stahlrohrkäfige verpaßt, die zugleich Überrollbügel, Gepäckträger und Rammschutz darstellten. Zasada wurde mit seinem Partner Wachowski Vierter; Herrmann/Schuller kamen als Vierzehnte in Sydney an. Ihr tapferer Wagen hatte zuvor schon an den 24 Stunden von Spa, am Marathon de la Route und an der East African Safari teilgenommen!

Daß der 911 wie auch der 912 ein zähes Auto war, bestätigte eine Umfrage, die *Road & Track* bei 158 Besitzern solcher Fahrzeuge veranstaltete. Die Handlichkeit, das Leistungsvermögen und die Wirtschaftlichkeit standen in der Bewertung der Porsche-Eigenschaften dabei an erster Stelle. Sehr hoch bewertete man auch das Styling, die Verarbeitung und natürlich das Flair der Marke schlechthin. 95 Prozent der befragten Porsche-Besitzer sagten, sie würden sicher wieder einen Porsche kaufen – ein hohes Maß an Vertrauen in ein Autofabrikat. Aber es gab auch Punkte der Kritik. So waren viele der Befragten unzufrieden mit dem Heizungs- und Belüftungssystem; vier von zehn Fahrzeugbesitzern berichteten von Kerzenproblemen (Lebensdauer im Schnitt: weniger als 5000 Kilometer). In zweiundzwanzig Prozent der Wagen hatte es wiederholt Ausfall der Instrumente gegeben. Immerhin: neun Prozent der Befragten hatten keinerlei Mängel anzugeben.

Mit Einführung etlicher Verbesserungen am 911 und der Sportomatic war der Sechszylinder um einiges attraktiver geworden. 1968 machte der Umsatz mit dem 911 die Hälfte des gesamten Geschäftsvolumens aus, ein Wert, den ein Jahr zuvor der Vierzylinder-912 erreicht hatte. Auch die Gesamtzahl der hergestellten Fahrzeuge war wieder angestiegen. Sie betrug 1968 14 300 Wagen. Gegen Jahresende war man in Zuffenhausen auf einen Tagesausstoß von 71 Autos gekommen, zahlreiche der 2211 Mitarbeiter in Zuffenhausen mußten hierfür Überstunden machen. Insgesamt beschäftigte Porsche zu jener Zeit 3174 Personen.

Damals entstand in der Schwieberdinger Straße ein neues Werksgebäude. Man brauchte Platz, um die Produktion ausweiten zu können. Die A-Karosserie des 911 verwandelte sich für das Mo-

delljahr 1969 in den Typ B, einige Porsche-Modelle plante man mit Einspritzmotor. Und für Kunden, die sich einen Porsche der Superlative wünschten, plante man den Bau des 916.
Der 916 sollte die Hochleistungsversion jenes Motors erhalten, der als Sechszylinder vom Typ 901 seine Zuverlässigkeit genügend unter Beweis gestellt hatte. Kurbelgehäuse und Kurbelwelle übernahm man vom 901, nur geringfügig nahm man hier Änderungen vor. Doch die Zylinderwände erhielten eine stärkere Verrippung, die Ventilwinkel wurden etwas vergrößert und der 916 mit seinen beiden obenliegenden Nockenwellen sollte der erste Porsche-Motor sein, der Tassenstößel erhielt. Das war an sich nichts Neues, denn schon Ballot, Jaguar, Alfa-Romeo und Coventry-Climax hatten damit operiert. Wie ein kleiner, türkischer Fez stülpte sich die »Tasse« über die doppelten Ventilfedern. Die Ventilzeiten entsprachen denen des Carrera 6. Mit einer Verdichtung von 10,3 zu eins und Marelli-Doppelzündung kam die Maschine auf 230 PS bei 9000 Touren – das waren 1000 mehr als beim Carrera 6.

Anfänglich war vorgesehen, den Motor mit Kraftstoffeinspritzung in den Einlaßkanälen der Zylinder auszustatten. Die Pumpe sollte eine Reiheneinheit von Bosch sein. Dann aber entschied man sich für eine Pumpe, bei welcher die Zylinder in einem engen V zueinander saßen – sie war leichter und kompakter, gleichzeitig versetzte man die Einspritzdüsen weiter nach oben in die Ansaugtrichter über die Drosselklappen. Den leistungsstarken Sechszylindermotor testete man erstmals in einem Porsche 910 in Mugello. Das war im Juli 1967 – aber die Fahrer wurden mit dem Auto nicht recht glücklich. Sie bescheinigten der Maschine Unkontrollierbarkeit: »Die Leistung setzt in zu hohen Drehzahlbereichen ein und dann mit zu viel Wucht – dafür ist der Wagen zu leicht!« Der 916 wurde im Training, nicht aber im Rennen selbst gefahren.
Man machte dann den Versuch, den 916-Motor in einen 911R einzusetzen. Diese Verbindung, so meinte man bei Porsche, müßte ein unschlagbares Renn- und Rallye-Instrument ergeben. Zum Beispiel für die Korsika-Rallye 1968 – eine Veranstaltung, in der Vic Elford so gern einen Sieg herausgefahren hätte. Sechs Motoren und drei Wagen präparierte das Werk für Korsika, somit glaubte man gut genug gerüstet zu sein. Doch das Schicksal wollte es anders. Eines der Fahrzeuge wurde durch einen Unfall außer Gefecht gesetzt, ein anderes, gefahren von Toivonen, blieb mit gebrochenem Differential auf der Strecke. Vic Elford schließlich hatte Schwierigkeiten mit dem Ölfilter. Im Targa-Florio-Rennen 1969 wurde abermals ein 911R mit 916-Motor eingesetzt, besetzt mit der Mannschaft Toivonen/Spoerry. Durch einen Defekt in der Elektrik, der ihren Wagen in Flammen aufgehen ließ, konnten die beiden nicht zeigen, zu welchen Leistungen ihr Auto fähig gewesen wäre ...
In einigen weniger bedeutenden Veranstaltungen steuerte Gérard Larrousse einen 911R/916 – der Franzose vermochte immerhin einige Erfolge

Porsche 912 Coupé 1968; die modifizierten Scheinwerfer deuten auf eine Exportausführung hin. Im Hintergrund ein 911 mit Fuchs-Rädern.

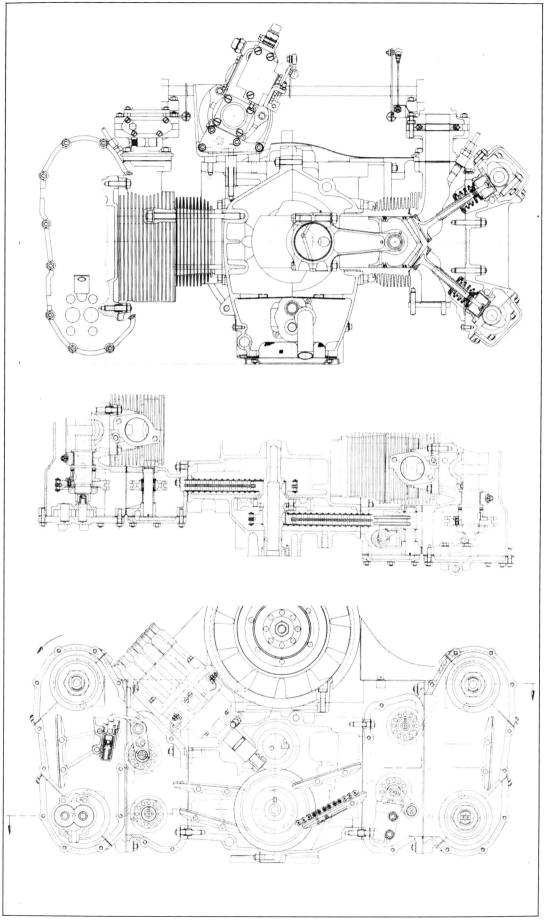

zu verbuchen, wenn er auch in der Rallye Lyon-Charbonnières disqualifiziert wurde. Schuld daran trugen Porsche-Mechaniker, die es mit Larrousse nur gutgemeint hatten und seinem Wagen einen Austauschmotor verpaßten, als er nach einer Runde auf der Solitude Aussetzer registriert hatte. Sechs Mann hatten die Maschine in nur 29 Minuten gewechselt. Sie ahnten nicht, daß dies gegen das Rallye-Reglement verstieß und Larrousse somit aus der Wertung genommen wurde.

In der Rallye Nège et Glace wurde Larrousse auf seinem 911 R Gesamtsieger. »Das war harte Arbeit«, berichtete der Franzose später, »denn eigentlich war mein Fahrzeug kein geeigneter Rallyewagen. Dafür hatte der Motor im unteren Drehzahlbereich zu wenig Kraft.« Diese Ansicht vertrat auch der bekannte Fahrer Jean-Pierre Beltoise, der in Hockenheim die Gelegenheit hatte, einen 911R mit 916-Motor zu testen. »Der Wagen geht ab wie eine Bombe, aber es ermangelt dem Motor an Elastizität. Erst oberhalb 5000 U/min bringt er die erforderliche Leistung. Dafür verfügt das Auto über ein hervorragend entwickeltes Chassis, man merkt ihm die Erfahrung an, die Porsche im Rallyeeinsatz gesammelt hat. Und trotz der hochdrehenden Maschine kann man das Fahrzeug als nicht besonders laut bezeichnen.«

Beltoise meinte, der Motor sei gewiß auch gut in einem Tourenwagen zu benutzen – in der Tat würde ein 911 mit heißer Doppel-ohc-Rennmaschine nicht ohne Reiz gewesen sein. Aber einen solchen Wagen sollte es dennoch nicht geben. Sowohl die neuen Emissionsgesetze als die Komfortansprüche der Porsche-Kunden in den USA ließen den Bau eines solchen Wagens nicht zu. Auch in Europa konnte ein ausgesprochener Renn-Porsche keine realen Chancen auf der Straße haben. Hohe Drehzahlen waren nicht zukunftsträchtig. 1972 veräußerte Porsche eine letzte Serie von 916-Motoren an das Müller-Perschl-Team (KMW-Wagen).

Hatte sich der 916 auch als Sackgasse für die Verwendung im Serienwagen erwiesen, eröffnete er doch neue Aspekte im Rennwagenbau. Mit zwei hinzugefügten Zylindern wurde aus dem Sechszylinder der 908-Achtzylinder. Doch vor dem 908 rangierten noch die Wagen 910 und 907, brillante Fahrzeuge, die Porsches Reputation auf den großen Rennstrecken ein weiteres Mal bestätigen sollten.

Ganz oben Schnittzeichnung des Motors vom Typ 916, bei der die Möglichkeit zur Kraftstoffeinspritzung über dem Einlaßventil deutlich wird. Darunter der Ventiltrieb des Motors und das Layout der Nockenwellen mit ihrem Kettenantrieb, den man später auch im Zwölfzylinder-Rennwagen vom Typ 917 (Motor-Code 912) übernahm.

Kapitel 19
Die siegreichen Drei: 907, 909, 910

Am 30. September 1965 stellte Huschke von Hanstein erneut seinen Spürsinn, der seine gesamte Karriere mitbestimmt hatte, unter Beweis. Dies war auf dem südlichen Teil des Hockenheimrings, auf jener Geraden, die den schnellen Ostbogen mit dem kurvenreichen Teil bei den Tribünen verbindet. In seiner Gesellschaft befanden sich Mechaniker, Journalisten, Streckenposten und Zeitnehmer sowie ein weißer Porsche: der Ollon-Villars-Spyder. Es hatte an diesem Morgen geregnet und der schwarze Asphalt schimmerte blank. Der nasse Kurs konnte von Hanstein und den Spyder nicht davon abhalten, an diesem kühlen und bedeckten Tag neue Weltrekorde aufzustellen.

Gewiß, der Ollon-Villars-Spyder war schnell. Er hatte den 240-PS-Achtzylindermotor und wog lediglich 530 kg. Und er war ein neuer Wagen. Erst einmal war er eingesetzt worden, in jenem Schweizer Bergrennen, in welchem er seinen Namen erhalten hatte. War er aber schnell genug, um einen Weltrekord zu brechen? Wohl kaum. Um Porsche jedoch erneut in den Weltrekordannalen aufscheinen zu lassen, setzte von Hanstein mit dem Spyder Geschwindigkeitsrekorde über Distanzen, für die es noch gar keine Rekordaufzeichnungen gab, denn jene waren brandneu – die F.I.A. hatte sie erst wenige Wochen zuvor zugelassen.

Immer wieder waren es besonders Amerikaner gewesen, die bei der F.I.A. dafür plädiert hatten, daß die Viertelmeile mit stehendem Start als offizielle Distanz für Rekordversuche Anerkennung fand. Über diese Distanz trug man in vielen Ländern Drag-Racing-Wettbewerbe aus. Die F.I.A. entsprach schließlich diesem Wunsch und nahm im Herbst 1965 die Rekorddistanz über eine Viertelmeile mit stehendem Start in ihre Listen auf, zusammen mit der etwas längeren 500-Meter-Distanz. Und die ersten offiziellen Rekorde über diese Entfernung wurden weder von Garlits noch von Mickey Thompson aufgestellt, sondern von Huschke von Hanstein mit seinem Ollon-Villars-Spyder.

Obwohl er etwa eine halbe Sekunde wegen der nassen Fahrbahn einbüßte, legte von Hanstein die stehende Viertelmeile in 11,892 Sekunden mit einem Schnitt von 121,98 km/h zurück. Während er sämtliche fünf Gänge mit seinem steifen rechten Arm durchschaltete, konnte er über 500 Meter bei stehendem Start eine durchschnittliche Geschwindigkeit von 132,73 km/h erzielen und kam auf 206 km/h am Endpunkt der gesamten Distanz. Und auf dieser südlichen Geraden blieb gerade noch genügend Bremsstrecke, um auch gleich die Rekorde für den stehenden Kilometer in der internationalen Klasse für 2-Liter-Wagen mitzunehmen. Über diese Entfernung kam der Porsche auf 162,07 km/h Schnitt und hatte eine Spitzengeschwindigkeit von 241,4 km/h erreicht, als von Hanstein auf die Bremse trat. Mit diesem Klassenrekord fügte er den Namen Porsche jener Liste zu, auf der bereits Delage, Bugatti, E.R.A. und Cooper standen.

Die Aktivitäten Huschke von Hansteins weckten das Interesse weiterer Enthusiasten, die in ihren Fünfzigern waren, und es ihm gleichtun wollten. Nur drei Wochen später kletterte Carlo Abarth in einen seiner Abarth-Monoposti und brach in Monza die Porsche-Rekorde über eine Viertelmeile und über 500 Meter. Von Hanstein schickte seinem alten Freund und Rivalen ein Glückwunschtelegramm. Ein Jahr später übertraf ein weiterer Fünfziger, Alex von Falkenhausen, die Abarth-Werte mit einem 2-Liter-Motor in einem Formel-2-BMW. Einen Monat später erkämpfte Abarth diese Distanzen mit neuen Rekorden zurück. Johannes Ortner fuhr hierbei einen extra für diesen Zweck gebauten Wagen. Und BMW schlug im Dezember 1966 in Monza erneut zurück: Hubert Hahne gewann sowohl über kurze Distanzen als auch über den stehenden Kilometer. Die Männer von Porsche hätten sich mit ihren späteren Bergrennwagen revanchieren können, unternahmen aber keine Versuche in dieser Richtung.

Der Ollon-Villars-Spyder taugte zu mehr als nur zu einigen Rekordversuchen. Er stellte das Basismodell dar für eine Reihe neuer Rennwagen. Einer war der Porsche 906, dessen Gitterrohrrahmen auf den des Spyder zurückzuführen war. Nach dem Spyder kamen noch weitere, bessere Bergwagen, sie wurden in den Jahren 1966, 1967 und 1968 als 910 bekannt. Obwohl sich nicht genau nachweisen läßt, warum für diesen Wagen die Bezeichnung »910« gewählt wurde, nimmt man an, daß es sich hierbei um die Kurzform der Seriennummer des Ollon-Villars-Wagens handelte, die 906010 lautete. 1968, als Porsche letztmalig ein Fabrikteam für Bergrennen aufstellte, brachte das Werk seine letzte Waffe für diese Wettbewerbsklasse an den Start, den ultraleichten 909.

Inzwischen hatte bei Porsche die Entwicklung des Langstrecken-Rennwagens große Fortschritte gemacht. Dem 910 und 907 folgte der 3-Liter 908. Als Werkswagen war dem 910 nur ein kurzes Leben vergönnt, er wurde fast ausschließlich in der Saison 1967 eingesetzt. Sein Nachfolger war der 907, der 1967 und 1968 mit einigen schönen Erfolgen aufwarten konnte. Der 907 wiederum bildete das Fundament für den ersten 908.

In jenen Jahren erfolgte die Entwicklung von Wettbewerbsfahrzeugen bei Porsche in schneller Folge. Für jeden neuen Wagen, den man in ein Rennen schickte, baute oder testete man bereits ein Nachfolgemodell. Indem er auf den Erfahrungen der Versuchsabteilung, der er vorstand, aufbaute, setzte Ferdinand Piëch den Rennsport auch als Mittel zur Konsolidierung seiner Position in der Porsche-Hierarchie ein. Der Rennsport durfte sich bei Porsche stets größter Beliebtheit erfreuen, und die Öffentlichkeit wie die Presse assoziierte die Rennerfolge der weißen

Der 910 auf dem Nürburgring 1967 bei einem Luftsprung im Brünnchen – fotografiert aus der Froschperspektive.

Wagen zunehmend mit Ferdinand Piëch und seinen Mitarbeitern. Das Ringen um Führungspositionen im Hause Porsche setzte sich in den beiden Zweigen der Familie fort, eine gewisse Rivalität war mit dem Tode Anton Piëchs im Jahr 1952 keineswegs beendet.

In seinen ersten Jahren bei Porsche war Ferdinand Piëch stark auf die Führung durch Helmuth Bott angewiesen. Dieser Mann war seit den ersten Tagen der Nachkriegszeit in Zuffenhausen und wußte, wie die Dinge bei Porsche liefen. Er verstand es, mit seinen Erfahrungen und dem Willen, neue Lösungen zu finden, stets einen Mittelweg zu gehen. Bott trat für eine Philosophie ein, die Hans Mezger treffend beschrieb: »Wir wissen, was wir von früheren Konstruktionen übernehmen können, und wir wissen auch, was wir nicht übernehmen wollen. Eines ist uns dabei klar: je mehr Erfahrung man hat, um so kleiner sind die Risiken einer neuen Entwicklung, um so schneller und überdies auch billiger kommt man in der Entwicklung voran. Bei Porsche legt man großen Wert auf Entwicklungsarbeit, und die Teilnahme am Rennsport ist einer der zahlreichen Gründe dafür.«

In jenen Jahren aktiven Rennsport-Engagements machte Porsche von seinem großen Erfahrungsschatz regen Gebrauch. Der 904 behielt den erprobten Motor des Carrera. Im 906 übernahm man die Radaufhängung und die Bremsen des 904. Der 910 wies den Rahmen und die äußere Form ähnlich wie beim 906 auf. Der 907 war ein neu karossierter und im Detail verbesserter 910, anfänglich mit Rechtslenkung. Der 908 war ein 907 mit neuem Motor und neuem Getriebe und auch der 917 basierte indirekt auf dem 908. Wie sah man bei Porsche damals die Aufgabe, einen neuen Rennwagen zu entwickeln? Helmuth Bott gab hierauf im *Christophorus* die Antwort: »Für den Bau eines Rennsportwagens stellt sich die Aufgabe wie folgt: Ohne Rücksicht auf Kosten, Komfort oder Geräuschentwicklung soll in kürzester Zeit ein Fahrzeug entstehen, das dem Reglement entspricht sowie seine optimale Leistung und Straßenlage bei geringem Gewicht und Volumen erreicht.« Diese Aufgabenstellung ließ sich kaum treffender umschreiben.

Das Kriterium in »kürzester Zeit« wird oft unterbewertet. Es ist sicher am besten, ein neues Rennauto unverzüglich in den Kampf zu schicken, während die in ihm verkörperten Ideen noch brandneu sind. Bei Porsche vermochte man dies in den späten sechziger Jahren so einzurichten, weil man dort die Entwicklung derart rasant vorantrieb, daß ein neues Modell auf den Rennstrecken eintraf, während sein Vorgänger noch immer auf dem Gipfel seiner Leistungsfähigkeit war. Und wenn der neue Wagen seine Hochform noch nicht erreicht hatte – und die Aufzeichnungen zeigten, daß dies oft der Fall war – gab es ja noch die älteren Modelle, um die Lücke zu füllen. Diese Taktik bewährte sich auch am Berg. 1966 meldete Porsche Gerhard Mitter im Ollon-Villars-Wagen als Nummer Eins der Firma im Kampf um die ersten Plätze. Hans Herrmann sollte ihm Rückendeckung geben. In den ersten beiden Wettbewerben fuhr Herrmann einen 906/8 mit 2-Liter-Motor, um in der Prototypen-Klasse an den Start gehen zu können. Es war vernünftig, einen Standardwagen wie den Carrera 6 für Herrmann zu nominieren, weil die Europäische Bergmeisterschaft 1966 nur für Wagen offen war, die dem Anhang J der F.I.A.-Bestimmungen entsprachen, in denen Beleuchtung, Sitzabmessungen, Windschutzscheibenhöhe und ein Minimalgewicht von 575 Kilogramm festgelegt waren. Der Carrera 6 entsprach diesen Anforderungen, nicht aber der Ollon-Villars-Wagen.

Um diesen Rohrrahmen-Roadster aus dem Jahr

Gerhard Mitter (links) und Ludovico Scarfiotti, sein Rivale. Mitter fuhr den unten abgebildeten Wagen 1966 in zahlreichen Bergrennen; obwohl er infolge seiner Verletzung in Spa einen Gipsverband um den linken Fuß tragen mußte, waren seine Fahrleistungen exzellent. Rechts: Dipl.-Ing. Helmuth Bott.

1965 in Einklang mit den Regeln zu bringen, wandelte man ihn in ein Coupé um. Man setzte in den Wagen viele Komponenten des Carrera 6 ein, einschließlich Windschutzscheibe, Seitenfenster und Heckabdeckung. Nur die Flügeltüren des Carrera verwendete man nicht, sondern solche, die vorn statt an der Dachkante angeschlagen waren, eine Konstruktion, bei der weniger die Gefahr bestand, daß die Türen vom Fahrtwind auf- und weggerissen wurden, falls sie nicht exakt verriegelt waren. So konnte man auch das Dachmittelteil über dem Cockpit entfernen, sofern der Wagen »offen« gefahren werden sollte. Die Umwandlung vervollständigte eine neue Heckhaube mit größeren Lufteinlässen

ähnlich wie beim 906. Niedrige »Schnurrbart«-Spoiler wurden an den vorderen Karosserie-Ecken hinzugefügt.

Im ersten Bergrennen der Saison am 10. Juni 1966 auf dem Roßfeld hatte es Gerhard Mitter nicht leicht. Um den Heilprozeß seiner Verletzung, die er sich in Spa zugezogen hatte, nicht zu gefährden, waren sein linker Fuß, der Knöchel und das Schienbein durch einen Gipsverband, der mit einer Glasfasereinlage verstärkt war, geschützt. Trotzdem besiegte er Scarfiotti, den Meister des Jahres 1965, auf einem Werks-Ferrari-Dino. Mitter gewann auch die nächsten beiden Runden am Mont Ventoux und Trento-Bondone, als Streiks im Ferrari-Werk Scarfiotti am Start hinderten. Dadurch konnte sich Mitter einen großen Vorsprung in der Meisterschaft sichern.

Für das vierte Bergrennen in Cesana-Sestriere wurde in Mitters Wagen erstmals ein 2-Liter-Motor vom Achtzylinder-Typ 771 mit Bosch-Einspritzung eingebaut. Anfang 1966 waren die Werks-906 mit Kraftstoffeinspritzung aufgetaucht, jetzt war der Achtzylinder an der Reihe. Experimente mit Einspritzung an diesem Motor hatten in der Versuchsabteilung schon länger stattgefunden. Ein Einspritzmotor vom Typ 771 lief auf dem Prüfstand schon 1963.

In seiner 1966er Version lief das Aggregat noch nicht ganz störungsfrei. Besonders auf einem relativ hochgelegenen Kurs wie dem von Sestriere konnte sich Mitter der starken Konkurrenz Scarfiottis, dessen Ferrari diese Runde gewann, nicht erwehren. Im nächsten Bergrennen auf heimatlichem Territorium am 31. Juli in Freiburg schlug Porsche dann energisch zurück. Gerhard Mitter gewann diesen Wettbewerb, womit er die Europäische Bergmeisterschaft sicher in der Tasche hatte. Er fuhr diesen Sieg mit einem neuen Wagen heraus, der sowohl dem Carrera 6 als auch etwas dem Ollon-Villars-Wagen ähnelte. Es handelte sich um einen 910, der seinen ersten Auftritt zwei Bergrennen zuvor in Trento-Bondone mit Herrmann am Steuer absolviert hatte und dort den zweiten Platz belegen konnte.

In Freiburg lief dieser weiße 910 mit Vergasern, weil das Einspritzsystem noch nicht präzise genug arbeitete. Im nächsten Rennen, das vier Wochen später in Sierre-Montana in der Schweiz stattfand, schlug Scarfiotti indessen Mitter und den neuen 910. Ihm wurde die unvorhergesehene Hilfe eines Porsche-Mechanikers zuteil. Gerade als Mitters Wagen an den Start für den ersten Lauf kam, war in der Eile, mit der in letzter Minute ein klemmender Gaszug repariert wurde, ein Zündkabel abgezogen worden. Erst als er sich auf der Strecke befand, bemerkte Mitter, daß ihm 350 Touren in der Spitze fehlten weil – wie sich später schnell herausstellte – eine Zylinderreihe nur mit einfacher anstelle Doppelzündung versorgt wurde.

Im letzten Lauf zur Bergmeisterschaft 1966 auf dem Gaisberg in Österreich erlebte der Ollon-Villars-Wagen seinen letzten Renneinsatz. Man hatte den schon eingemotteten Wagen am Freitag aus der Remise geholt, weil Mitter seinen 910 im Training bei einem Unfall beschädigt hatte. Obwohl der nun schon ein Jahr alte Wagen mit einiger Konkurrenz konfrontiert wurde und nicht allzu sorgfältig präpariert worden war, vermochte Mitter diese für ihn so erfolgreiche Saison am 4. September auf dem Gaisberg mit einem Sieg abzuschließen. Dieses einmalige Auto wies nach wie vor seine Lotus-Felgen mit Zentralverschluß auf. Jetzt konnte es mit Ehren vom Rennsport Abschied nehmen, nachdem es eine neue Generation von Wettbewerbsfahrzeugen inspiriert hatte.

Sowohl der Ollon-Villars-Wagen als auch der Carrera 6 gaben den Konstrukteuren des 910 wertvolle Impulse, als sie diesen Wagen 1966 fertigstellten. Was hofften sie mit dem 910 erreichen zu können? In welcher Hinsicht würde er besser als der 906 sein? Es gab einige Bereiche, in denen sich durchaus einiges verbessern ließ, zum Beispiel beim Gewicht, das man auf das F.I.A.-Limit herunterbrachte: 575 Kilogramm für den 2-Liter-Sechszylinder und 600 kg für den 2,2-Liter großen Achtzylinder. Schwachstellen in der Karosseriekonstruktion des 906 konnten ausgemerzt werden. Die Radaufhängungsgeometrie konnte verbessert und die ungefederten Massen reduziert werden.

Das Prinzip der Rahmenkonstruktion des 906 wurde für den 910 übernommen: eine Struktur

Der Ollon-Villars-Spyder, der für die Bergsaison 1966 in ein Coupé verwandelt worden war. Windschutzscheibe, Seitenfenster und Heckabdeckung stammten vom Carrera 6.

aus geschweißten Stahlrohren, wobei einige als Leitungen für den Öltransport zu und von dem frontmontierten Kühler dienten. Im Heck, quer über dem Motorraum, befand sich ein entfernbares Diagonalrohr, das bedeutend zur Rahmenfestigkeit beitrug und im Acht- wie im Sechszylinder zu verwenden war. Vor dem Cockpit hatte man den Rahmen ebenfalls modifiziert, es gab eine verbesserte Vorderradaufhängung.

In seiner Auslegung wies das Chassis des 910 eine Torsionsfestigkeit von 241,6 kpm pro Grad auf, ein Wert, der fünfundzwanzig Prozent über dem des 906-Rahmens lag. Die Festigkeit erhöhte sich noch, wenn die Karosserie montiert war. Sowohl die Windschutzscheibe als auch der Überrollbügel hinter dem Cockpit wurden am Rahmen befestigt, bildeten jedoch nicht wie beim 906 eine Art Dach.

Das neue Fahrwerk des 910 stellte die wichtigste Verbesserung dar. Es entsprach dem des Ollon-Villars-Bergwagens von 1965. Der Felgendurchmesser war von 15 auf 13 Zoll verringert worden, während die Felgenbreite zugenommen hatte: vorne betrug sie 8 Zoll, hinten 9,5 Zoll. Die Reifendimension lag bei 5,25 M × 13 vorne und 7,0 L × 13 hinten. Die Räder mit ihren fünf Speichen bestanden aus Magnesiumguß – das war neu bei einem Renn-Porsche. Anstelle eines Zentralverschlusses mit Flügelmuttern hatte man einen solchen mit großem Sechskant verwendet. Die Drehkräfte wurden von fünf Bolzen, die in der Nabe eingelassen waren und an der Rückseite des Rades eingriffen, aufgefangen.

Passend zu den kleineren Rädern gab man den Bremsscheiben einen geringeren Durchmesser: 267 mm. Ansonsten entsprachen die Bremsen denen des 906. Die kleine Trommelbremse für die Handbremse innerhalb der Radnabe jeder Hinterrad-Bremsscheibe fehlte beim 910. Stattdessen gab es eine »Handbremse« beim 910, deren Feststellhebel Druck auf einen der Hauptbremszylinder ausübte.

Vom 906 wurden als einziges Element der Radaufhängung die langen Schraubenfedern übernommen, die oben mit flacherer Steigung gewickelt waren, so daß sich eine progressive Federcharakteristik ergab. Sie wanden sich um die Stoßdämpfer, die Gummiwülste aufwiesen, um zusätzliche Dämpferwirkung zu erbringen. Die Anzahl und die Größe dieser Wülste hing vom Einsatzzweck der Fahrzeuge ab.

Nach wie vor saßen die Vorderräder des 910 an hohlgeschmiedeten Dreieckslenkern, aber deren Konstruktion war neu. Die Anlenkpunkte der Dreiecksstreben waren weiter nach rückwärts gewandert, so daß aus der vorderen Strebe fast ein Quer- und aus der hinteren fast ein Längslenker geworden war. Die unteren Dreieckslenker waren in genau umgekehrter Weise angebracht. Sie waren stärker dimensioniert und übertrugen die Radkräfte auf die Schraubenfedern und Stoßdämpfer sowie zu den Querstabilisatoren, die über und hinter den Radaufhängungen saßen und über lange Hebel mit ihnen verbunden waren. Ähnlich wie beim Brabham ließen sich durch diese Anordnung der Dreieckslenker beim Porsche 910 die beim Bremsvorgang auftretenden Kräfte besser auffangen.

Die Hinterräder wurden nach einem System geführt wie es die meisten Grand-Prix-Wagen jener Zeit verwendeten. Zwei Führungsarme gleicher Länge führten jeden Nabenträger und übernahmen die Vortriebskräfte der Antriebsräder. Oben an den Nabenträgern befanden sich je ein einfacher, kurzer Querlenker aus Stahlrohr. Unten übernahm ein umgedrehter Dreieckslenker mit der Basis am Nabenträger die Radführung, die dadurch noch exakter wurde. Über dem Hauptquerrohr des Rahmenoberteils saß ein Querstabilisator, der mit den unteren Dreieckslenkern verbunden war.

Mit seiner neuen Radaufhängungsgeometrie kam die Spurbreite des 910 auf 1380 mm hinten und 1430 mm vorne. Die hintere Spur entsprach fast der des 906, während die vordere Spur um 91 mm breiter geworden war, wodurch sich die Bodenhaftung des Wagens verbesserte. Die Gesamtbreite des 910 erhöhte sich um exakt den gleichen Betrag auf 1770 mm. Vom 904 und vom 906 hatte man den Radstand mit 2300 mm übernommen.

Diese Abmessungen behielt man bei dem ersten Dutzend, das vom Typ 910 gebaut wurde, bei. Von der Fahrgestellnummer 910013 an wurde die Spur hinten auf 1402 mm und vorne auf 1463 mm erweitert, als Folge weiterer Änderungen der Radaufhängungsgeometrie. Tests auf dem Schleuderkurs und auf der Slalomstrecke hatten gezeigt, daß sich der Wagen in Kurven soweit neigte (über 5 Prozent), um den Sturz der Räder in den positiven Winkelbereich zu bringen. Dies war im Heck natürlich unerwünscht, wo ein positiver Sturz ein unkontrollierbares Übersteuern hervorrufen konnte, daher änderte man die Geometrie der Hinterradaufhängung dahingehend, daß mit dem Einfedern des Rades eine Sturzveränderung von 3,5 Grad erfolgte. Im Ruhezustand betrug der negative Sturz vorne 1,5 und hinten 3 Grad.

Die von ZF gefertigte Zahnstangenlenkung wurde auch im neuen Renn-Porsche beibehalten. Zwei ganze Lenkradumdrehungen wurden von Anschlag zu Anschlag gemessen. Der äußere Wendekreisdurchmesser des 910 betrug 13,40 m. Der Wagen wies ein lederüberzogenes Dreispeichen-Lenkrad auf, das Armaturenbrett mit seinen beiden tiefen eingerahmten Ausnehmungen für die Instrumente und den Schaltern und Knöpfen entsprach dem des Carrera 6.

Die kleineren Räder und Reifen trugen viel zur niedrigen Gürtellinie des 910 bei, die viel geradliniger als beim 906 verlief. Bei den Hinterrädern umschlossen die flacheren Kotflügel sogar etwas die obere Reifenflanke. Der Bug mit seinen Einlaßöffnungen für die Kühlluft der Bremsen erinnerte ebenfalls an den des Carrera 6. Auch der Ölkühler befand sich an der gleichen Position: im Oberteil der Fronthaube, wo er durch einen schmalen Schlitz Kühlluft zugeführt erhielt. Unter dieser Fronthaube befanden sich Reserverad und Werkzeuge.

Die Abdeckungen der Scheinwerfer ließen den Unterschied zwischen 910 und 906 leicht erkennbar werden. Sie waren nicht eckig, wie beim früheren Auto, sondern an den Kanten abgerundet. Auch saßen sie tiefer, so daß sie jeweils zwei Scheinwerfer aufnehmen konnten. Die vorderen

Schnurrbart-Spoiler, wie man sie für Bergrennen verwendet hatte, fehlten an den Langstrecken-Versionen des 910, weil sie nach Aussagen der Fahrer den Druck auf die Vorderachse zu sehr verstärkten. Ein kleiner Heckspoiler saß auf der Motorraumabdeckung.

Der Konstruktion der 910-Karosserie waren keine Windkanaltests vorausgegangen. Die Form des Wagens war rein empirisch entstanden und basierte auf Erfahrungen mit dem Carrera 6. Nachdem der erste Wagen fertiggestellt war, ermittelten die Entwicklungsingenieure aus dem Team Ferdinand Piëchs nachträglich die aerodynamischen Qualitäten des 910 sowohl in Hokkenheim als auch im Windkanal der Technischen Hochschule in Stuttgart und kamen zu guten Ergebnissen. Der Luftwiderstands-Beiwert entsprach mit $0,35 c_w$ jenem des 906. Entfernte man das mittlere Dachteil, verschlechterte er sich auf 0,44. Die kleineren Räder des 910 erbrachten den Vorteil einer verringerten Stirnfläche. Dem Gewichtlimit, das man sich für den 910 gesetzt hatte, kam man sehr nahe. Zu Beginn der Saison 1967 wog der Sechszylinder rund 568 kg, weshalb man ihm einige zusätzliche Liter Öl einfüllte, um ihn auf das Klassengewichtsminimum von 575 kg zu bringen. Die Gewichtsverteilung zwischen vorne und hinten betrug 40:60 in leerem Zustand – ohne Kraftstoff – beim 910/6, jenem Modell, das den Einspritzmotor vom Typ 901/21 hatte. Dieses zuverlässige 220-PS-Aggregat war nach wie vor die richtige Maschine für die klassischen Langstreckenrennen, wie sie in Daytona, Sebring und Le Mans stattfanden, weil der Achtzylinder noch immer nicht standfest genug war, um im Dauereinsatz eine volle Distanz durchzuhalten.

Der 910 mit seinem 2-Liter-Achtzylindermotor wurde 1966 für den Bergrenneinsatz auf 575 kg erleichtert; die Verwendung von Titan trug dazu ebenso bei wie andere Tricks. In der Ausführung als Langstreckenfahrzeug lag der 910/8 mit dem 2,2-Liter-Motor nur wenige Kilo über dem Minimum von 600 kg. Im fahrbereiten Zustand verteilten sich die Gewichte des 910/8 im Verhältnis 39 zu 61. Aufgetankt und mit Fahrer veränderte sich dieses Verhältnis mehr nach vorn auf 44 zu 56, wobei sich der Schwerpunkt des 910/8 42 cm über dem Boden befand. Ein Wert, der für einen Sportwagen nicht ungewöhnlich tief war.

Von außen ließen sich der Sechs- und der Achtzylinder am ehesten am Heck unterscheiden, wo die Abdeckung über dem Motor sichtbar wurde. Beide hatten vergitterte, längliche Einlaßöffnungen für die Ansaugluft, wobei jene des Achtzylinders zwei Finger breit hervorschauten. Zwischen den Einlässen für die Vergaserluft befand sich beim Achtzylinder eine kreisrunde Öffnung für das Gebläse. Im Sechszylinder trat die Luft durch die Schlitze im Heck des Wagens hinter dem Heckfenster unter dem überhängenden Dach ein.

Obwohl er leistungsfähig und in seiner Konzeption konsequent war, fehlte dem 910 in gewisser Hinsicht die persönliche Note. Er wirkte unscheinbar und stellte im Grunde eine Mischung zwischen dem relativ zahmen 906 und den potenten Modellen 907 und 908 dar. Der 910 war ein Übergang zu einer wesentlich ambitionierteren Ära bei Porsche.

Die nicht allzu attraktive Form des 910 hinderte

Dieser Porsche wies den bisher niedrigsten Luftwiderstands-Beiwert auf. Es war ein 907 L-Coupé, gebaut im Jahre 1967.

ihn nicht, sich einige schöne Erfolge zu sichern. Der 910 war sogar eines jener Fahrzeuge, an das sich viele Porsche-Fahrer am liebsten erinnern, besonders wegen seines vorzüglichen Fahrverhaltens. »Er unterschied sich sehr von einem Carrera 6«, sagte Joe Buzzetta, »er war erheblich leichter und wesentlich temperamentvoller – in vieler Hinsicht ein besserer Rennsportwagen als der 906.«

Andere, die den 910/6 gefahren hatten, bestätigten diesen Vergleich. »Der 906 besitzt eine enorme Kurvenstabilität«, urteilte Paul Frère, »aber wenn er loslegt, geschieht dies recht abrupt und man kann den Wagen nur schwer kontrollieren. Ich nahm vom 910 an, daß er sich ähnlich verhalten würde. Genau das Gegenteil war der Fall. Der 910 ließ sich sogar äußerst leicht fahren. Der 910 ist ein gut ausbalanciertes und neutral lenkbares Auto, bei dem sich das Heck im Powerslide völlig unter Kontrolle halten läßt.« Wie Frère erprobte auch Innes Ireland den 910 in Hockenheim und fand ihn gut: »In einer Kurve lag etwas Sand im Scheitelpunkt«, schrieb er in *Autocar*, »und als ich mit gehörigem Dampf hindurchfuhr, wollte das Heck ausbrechen. Dies erfolgte aber in einer derart vorhersehbaren Art, daß ich durch etwas Gegenlenken und ein bißchen mehr Gas den Wagen mühelos abfangen konnte. Die Lenkung war exzellent, man konnte den Wagen genau dorthin bringen, wohin man ihn wünschte.« Ireland lobte ebenfalls die Ausgewogenheit des 910, seine Motorleistung und die hervorragenden Bremsen.

»Dieses feine Automobil läßt sich sehr leicht fahren«, sagte Manfred Jantke über den 910/6, »weil er auf das leiseste Kommando reagiert. Die Charakteristik des Fahrverhaltens zeigt eine leichte Untersteuerungstendenz, die nur in engen Kurven spürbar wird, während der Wagen in schnellen Kurven hohe Stabilität aufweist.« Jantke, der seinerzeit noch nicht Pressechef bei Porsche war, bemängelte lediglich den komplizierten Einstieg in den Wagen sowie den infernalischen Lärm des Motors.

Es überraschte niemanden, daß der Wagen auf kurvenreichen Bergstrecken sehr erfolgreich war. In einem dieser Wettbewerbe wurde er, wie berichtet, von einem Zweiliter-Achtzylinder vom Typ 771 angetrieben. Das erste Exemplar dieses Typs wurde am 2. Juli 1966 in Weissach getestet und von Hans Herrmann schon am 5. Juli in Hockenheim und am 10. Juli in Trento-Bondone im Rennen gefahren. Nach Saisonschluß machte man sich daran, den 910/6 für Langstreckenrennen vorzubereiten. Eines dieser Autos wurde zum nun üblichen Test auf die Rüttelstrecken des VW-Testgeländes geschickt. Im Verlaufe der 2665 Kilometer dieser Tortur gingen etliche Chassisteile zu Bruch, die man daraufhin in der Konstruktion änderte.

Der Motor des 910/6 erlitt dagegen keinen Schaden. Der Sechszylinder vom Typ 901/21 stammte von 1966 und wies eine Zweispulen-Transistorzündung sowie eine Bosch-Einspritzung auf, die den Kraftstoff in die Ansaugkanäle

Links: Stommelen am Gaisberg 1967 im Bergspyder 910.

Rechts eine Chassisansicht dieses Modells.

unterhalb der Gasschieber beförderte. Über eine Einscheiben-Trockenkupplung und das übliche Fünfganggetriebe gelangte die Motorkraft auf die 7 zu 31 untersetzte Hinterachse mit Sperrdifferential.

Wenn die Geschichte des Porsche 910 keinen großen Raum in den Annalen des Motorsports einnimmt, so hat dies seinen Grund. In der Saison 1967 trugen Ford und Ferrari in den großen Langstreckenrennen ihre dramatischen Kämpfe aus. Ihre Dominanz auf den Pisten sowie das Auftauchen des neuen, beflügelten Chaparral ließen in der Presse kaum Platz für die Erwähnung anderer Wagen.

Dennoch schlug sich der 910 außerordentlich gut und erfüllte alle in ihn gesetzten Erwartungen. Zwei wichtige Rennen gewann er auf Anhieb, einschließlich jenem, das ganz in Werksnähe stattfand und das Porsche seit 1956 zu gewinnen versucht hatte.

Wie stets, fanden die ersten zwei Rennen des Jahres in Florida statt. Hans Herrmann und der Schweizer Fahrer Jo Siffert vermochten sich im 24-Stunden-Rennen von Daytona mit dem einzigen 910/6 hinter drei Ferrari als Vierte zu plazieren. Zwei 910/6 wurden dann in Sebring gemeldet, wo sie an dritter und vierter Stelle im Kielwasser zweier Ford Prototypen durchs Ziel gingen. Gerhard Mitter und Scooter Patrick plazierten sich hier vor Herrmann und Siffert. Nach seinem Porsche-Einsatz in Le Mans 1966 war Siffert für alle wichtigen Rennen des Jahres 1967 verpflichtet worden – Siffert zu bekommen, war eine Meisterleistung Huschke von Hansteins gewesen.

In den nächsten beiden Wettbewerben, den 1000-km/Rennen in Monza und in Spa, benötigte der 910 zusätzliche Gummipuffer an den Stoßdämpfern, um zu verhindern, daß die Reifen bei hoher Geschwindigkeit innen die Kotflügel touchierten. Die Karosseriedesigner hatten die Radkästen-Freiräume äußerst knapp bemessen; bereits in einigen Bergrennen im Jahr 1966 hatte Mitter hier Schwierigkeiten gehabt, wie auch das Daytona-Team. In jedem Rennen waren zwei 910/6 am Start. In Monza wurden sie Dritter und Fünfter, in Spa Zweiter und Siebenter. Hier wie auch in allen anderen Rennen 1967 gewann Porsche die 2-Liter-Prototypen-Klasse gegen Konkurrenz von Ferrari (V-6-Dino) und Alfa Romeo.

Als nächstes stand die Targa Florio auf dem Kalender. Sie fand am 14. Mai 1967 statt. Wie üblich, beteiligte sich Porsche mit einer starken Mannschaft. Das Werk meldete drei 910/6 und drei 910/8. Das letztgenannte Modell, das erstmals an einem Langstreckenrennen teilnahm, wies den 2,2-Liter-Motor vom Typ 771 mit Benzineinspritzung auf. Der linke Einlaßnockenwellendeckel war für diesen Achtzylinder neu konstruiert worden, um auch als Aufnahme für die schwere Bosch-Pumpe zu dienen. Verstärkte Halbachsen und vergrößerte Lufteinlässe für den Ölkühler trugen der höheren Leistung des Achtzylinders Rechnung, die bei 8600 U/min 270 PS betrug.

Eine Verbesserung, die nur den Achtzylindern, nicht aber den Sechszylindern zugute kam, war die verfeinerte Kraftstoffdosierung der neuen Einspritzpumpe, die bei der Steuerung der Benzinzufuhr bei der geringsten Drehzahlveränderung ansprach.

Eine Vorrichtung sorgte für die Unterbrechung der Kraftstoffzufuhr, wenn bei über 4000 U/min die Drosselklappe geschlossen wurde. Dadurch war es möglich, die Einspritzdüsen oberhalb der Gasschieber zu plazieren, was wiederum, wie man in Versuchen ermittelt hatte, eine bessere Verwirbelung des Kraftstoff-Luft-Gemisches mit sich brachte.

Ein rundes Dutzend Fahrer pilotierte in Sizilien die Porsche-Acht- und Sechszylinder. Nach welchen Gesichtspunkten hatte von Hanstein die Männer ausgewählt und eingeteilt? Hans Herrmann und Gerhard Mitter rangierten an erster Stelle. Meistens hatten Herrmann oder Mitter die Wagen auf dem Porsche-Testgelände probegefahren, bevor sie zu den Rennstrecken gebracht wurden. Dann suchten sich die Spitzenfahrer ihre Copiloten aus. Herrmann entschied sich 1967 für Colin Davis. In dieser Targa gab man zwei Neulingen im Team einen dritten 910/8: dem Australier Paul Hawkins, einem Rennveteran, und Rolf Stommelen, einem aufstrebenden und sehr talentierten jungen deutschen Fahrer.

Lange vor dem Rennen hatte sich das Porsche-Team nach Sizilien begeben, um den Fahrern die Möglichkeit zum Trainieren zu geben. Die Mühen zahlten sich aus: Hawkins und Stommelen fuhren auf ihrem 910/8 überraschend den Sieg heraus, gefolgt von je einem 910/6 auf dem zweiten und dritten Platz. In ihrem Schwung, der Porsche seinen siebenten Targa-Florio-Sieg brachte, erzielten alle drei Wagen Rundenzeiten, die alle Rekorde, die seit 1963 bestanden, verbesserten – Rekordzeiten, die seinerzeit ebenfalls von Porsche aufgestellt worden waren. Sieben Triumphe im weit entfernten Sizilien und noch immer keiner im 1000-km-Rennen auf dem Nürburgring: das war der Stand der Dinge, als sich am 28. Mai in der Eifel die Startflagge senkte. Ford und Ferrari, emsig mit ihren Vorbereitungen für Le Mans beschäftigt, sandten keine scharfen Geschütze zum Ring, und Porsches Chancen, diesmal zu gewinnen, sahen gut aus. Piëch und von Hanstein gedachten diese Chance voll zu nutzen und schickten Hans Herrmann sowie Jochen Neerpasch in einem 910/6 zum Ring, wo sie eine Woche vor dem Rennen die 1000 Kilometer voll durchzufahren hatten. Dieses Programm absolvierten sie in Rekordzeit!

Man baute auf den Erfahrungen der Targa Florio auf, um einige Verbesserungen an den Achtzylindern der 910-Wagen vorzunehmen. Drei der Wagen sollten am Nürburgring-Rennen teilnehmen. Um die »Lebensdauer« der Getriebe zu erhöhen, füllte man sie mit einem neuen Schmiermittel, das dazu beitrug, das um 12 Prozent vermehrte Drehmoment des Achtzylinders gegenüber dem Sechszylinder besser zu verkraften. Und da die Bremsen der schnelleren Achtzylinder in Sizilien Fading gezeigt hatten, baute man an den Vorderrädern eines der 910/8 belüftete Scheibenbremsen ein.

Zusätzlich zu den drei Achtzylindern hatte man für das Nürburgring-Rennen auch drei 910/6 an den Start gebracht. Ihr Einsatz war – wie in Sizilien – von strategischem Wert. Joe Buzzetta, der hier einen der 910/6 fuhr, erinnert sich dazu: »Siffert, Mitter und Stommelen fuhren die 2,2-Liter Achtzylinder, der Rest von uns fuhr 2-Liter 910/6. Jim Hall teilte sich mit Phil Hill einen Chaparral, und Jackie Ickx war mit seinem Ford Mirage angetreten – er fährt stets unglaublich auf dem Nürburgring. So wurden die 2,2-Liter losgeschickt, um die Konkurrenz aufzuscheuchen. Man hatte uns gesagt: ›Wenn Ihr das Rennen beendet und vielleicht auch noch gewinnt, dann ist das fein. Wenn nicht, wollen wir, daß die 910er siegen.‹ Was geschah? Die 2,2-Liter fielen aus und ich gewann das Rennen. Und zwar in der letzten Runde!«

Der aus New York stammende Buzzetta, der als in Deutschland stationierter G.I. seine Zusammenarbeit mit Porsche begonnen hatte, sollte das Rennen ursprünglich gemeinsam mit Paul Hawkins bestreiten. »Wir waren etwa gleichgroß«, sagte Joe später. »Paul war zwar schwerer als ich, aber wir paßten in den gleichen Sitz. Man hatte uns ein nagelneues Auto gegeben, das sich gut fuhr; ich hatte es ausgiebig testen können und mich im Training damit qualifiziert. Am Tag vor dem Rennen sagten sie zu mir, daß sie mich mit Udo Schütz zusammentun wollten.« Es hatte nämlich jemand bemerkt, daß eine Crew Buzzetta/Hawkins »nur« aus Ausländern bestand. Mindestens einer der Fahrer sollte aber Deutscher sein, um sicherzustellen, daß im Falle eines Porsche-Sieges auch ein deutscher Fahrer die Möglichkeit hatte, sich der Lorbeeren zu erfreuen. Aber: »Udo Schütz war rund 1,93 m groß und wog 131 kg! Sein Kopf schaute über den Wagen hinaus! Das Dachteil hatte man entfernen müssen, um ihm Platz zu verschaffen. Es gab keine Möglichkeit, daß man Veränderungen am Wagen für einen Fahrerwechsel vornehmen konnte. Ich fühlte mich während des gesamten Rennens unwohl. Auf diesen Sprungschanzen auf dem Nürburgring hebt sich der Wagen hin und wieder vom Boden und ich hatte das Gefühl, dabei aus dem Wagen zu fliegen – meine Füße verloren den Kontakt mit den Pedalen! Es gab oft genug gefährliche Situationen«, berichtete Buzzetta.

Und doch verschaffte dieses ungleiche Paar Porsche den Sieg in Deutschlands wichtigstem Sportwagenrennen – ein Sieg, der dem Werk zehn Jahre lang versagt geblieben war. Über einen Großteil des Rennens hatten Porsche-Wagen geführt, und gegen Ende des Rennens verzögerten die in Führung liegenden Wagen so weit, daß ihre Rundenzeit um 19 Prozent über jener lag, die im Training gefahren worden war. Dies war die schönste Stunde für die 910/6er, die in Dreierformation durchs Ziel gingen. Bis in die letzte Runde hatte ein 910/8 geführt, doch die Batterie des Wagens machte zum Schluß nicht mehr mit: die Lichtmaschine hatte nicht geladen und der Wagen blieb auf der Strecke stehen. Dennoch hatte er genügend Wegstrecke zurückgelegt, um als vierter Gesamtsieger klassifiziert zu werden. Durfte der 910 auch zukünftig noch einige schöne Siege herausfahren, so war er für den Rest der Saison 1967 zunächst abgemeldet. Zwei 910/6 wurden im Juni nach Le Mans gebracht, um die neuen 907 zu flankieren. Sie wogen, jeder mit 95 Liter Kraftstoff betankt, etwa 657 Kilogramm, woraus man auf ein Trockengewicht von je 582 kg schließen konnte, das war beachtlich knapp am Klassenlimit für einen Wagen, der ausgerüstet war, um ein Rennen über volle vierundzwanzig Stunden zu bestreiten. Im Rennen stoppte man die 907 mit 262 und 270 km/h auf der Geraden, das waren – erwartungsgemäß – ähnliche Geschwindigkeiten, wie sie der 906 absolviert hatte. Ein 910/6 fiel in Le Mans aus und der andere, gefahren von Stommelen und Neerpasch, wurde Sechster im Gesamtklassement. Nach Le Mans standen die Punkte in der Markenweltmeisterschaft, ausgetragen in der Gruppe 6 der Sportprototypen, für Porsche und Ferrari gleich. Das entscheidende Rennen war das am 30. Juli ausgetragene Sechsstunden-BOAC-Rennen über 500 Meilen in Brands Hatch. Für diesen Wettbewerb entschied sich Porsche, einen 907 und vier 910 zu melden. Bei den Letztgenannten hatten zwei einen Sechszylinder- und zwei einen Achtzylindermotor. Bei den 910/8 hatte man einen noch größeren Ölkühler installiert. Einige der 910 hatten Rückspiegel an der oberen Windschutzscheibenkante montiert, wo sie durch das offene Dach eingesehen werden konnten.

Der oben offene 910/8, von Jo Siffert und Bruce McLaren gefahren, lief so gut, wie man es erwartet hatte. Die Crew erzielte den dritten Gesamtrang in einem sehr harten Rennen nach dem siegreichen Chaparral und einem der drei Werks-Ferrari P 4. Der einsame Ferrari brachte die Markenweltmeisterschaft nach Maranello zurück – mit einem Vorsprung von nur einem einzigen Punkt gegenüber Porsche. Vieles erinnerte an die Rennsaison 1960, als Porsche hinter Ferrari Zweiter in der Sportwagenmeisterschaft geworden war. Zwar hatte Porsche mit dem 910/6 die Markenweltmeisterschaft in der Kategorie bis 2 Liter gewonnen, doch war dies nur eine Wiederholung des Vorjahres-Ergebnisses.

Im Juli hatte das Porsche-Team in Italien ein nicht zur Meisterschaft zählendes Rennen absolviert, den 530-Kilometer-Lauf über die hügelige Strecke von Mugello. Hier konnte man die vergrößerten Ölkühler und die oberflächengekühlten Ölreservoire testen, wie sie im Achtzylinder von Brands Hatch benützt wurden. Zwei derart ausgerüstete 910/8er beendeten das Rennen in Mugello auf Platz Eins und Zwei. Als dritter Wagen war ein 910/6 mitgefahren, der einen Vier-Nockenwellen-Motor vom Typ 916 aufwies. Allerdings wurde dieses Auto von seinen Fahrern vorzeitig abgestellt, weil es ihnen »zu lahm« war (siehe Kapitel 18). Mitte Oktober brachten Hans Herrmann und Udo Schütz einen Werks-910/6 zum 1000-km-Rennen in Montlhéry. Sie kamen dort auf den dritten Gesamtrang und schoben sich so zwischen die Ferrari und Ford. Ein weiterer 910/6 wurde Achter, wobei es sich dabei um keinen Werkswagen handelte. Es war ein in Privatbesitz befindlicher Wagen, den die Presse als »Carrera 10« bezeichnete. Zur Saisonmitte, als man bei Porsche erkannt hatte, daß man mit dem 907 ein verbessertes Modell hatte, das für 1968 zur Verfügung stehen würde, begann man den Verkauf der 910er an private Teams und Fahrer in die Wege zu leiten. Dies war nicht schwer, da deren 906er ihre ersten Ermüdungserscheinungen zu zeigen anfingen.

Es gab eine ganze Reihe 910, die für den Verkauf bestimmt waren, denn dies war das erste Modell, mit dem die Männer von Porsche ihre neue Politik realisierten, die sie nach dem 1000-km-Rennen auf dem Nürburgring 1966 bekanntgegeben hatten, da man für wichtige Rennen nämlich nur noch brandneue Wagen einzusetzen gedachte. Und das hatte man 1967 auch getan, wenn man sich bei Porsche dabei auch ein bißchen beschwindelte, denn alle vier dieser 910 von Brands Hatch waren zuvor schon in Rennen gefahren worden. Oder wurde Brands Hatch nicht als wichtiges Rennen eingestuft? Schließlich gab es hier Meisterschaftspunkte zu gewinnen! Mit sechs Meldungen in einigen Rennen addierte sich die Anzahl der 910er schnell, und zur Jahresmitte hatte Porsche 28 Exemplare dieses Wagens vorrätig, die man nach dem 30. Juli nicht länger gebrauchen konnte.

Viele Fahrer von Format erwarben einen 910/6 wie André Wicky, Bill Bradley, Tony Dean, Charley Lucas, Richard Broström, Nick Gold, Rico Steinemann, Rudi Lins, Dieter Spoerry, Helmut Kelleners und Carlo Facetti. Ihre Konkurrenzfähigkeit bewiesen sie im 1000-km-Rennen von Monza 1968, wo die 910/6 den vierten, fünften, sechsten und neunten Platz belegten. Von Aktivitäten in den Staaten gab es derweil wenig zu berichten. Die Amerikaner engagierten sich stärker in den Can-Am- und Trans-Am-Serien und gehörten ausnahmsweise einmal nicht zu den ersten, die den neuen Porsche-Rennwagen kauften.

Ein weiteres Kapitel in der Geschichte des 910/6 begann 1969, als er von der F.I.A. als Sportwagen homologiert wurde. Wie erinnerlich, war diese Kategorie 1966 für Wagen erstellt worden, die in einer Serie von mindestens 50 Exemplaren

Porsche-Rennwagen in Farbe

Nürburgring, Targa Florio, Carrera Panamericana, Sebring, Le Mans, Can-Am – Begriffe in der Welt des Motorsports, die Porsche entscheidend mitgeprägt hat. Die auf den nachfolgenden Seiten gezeigten Rennwagen wurden von Karl Ludvigsen ausgewählt und von dem englischen Illustrator Ken Rush gezeichnet. Nicht bei jedem Fahrzeug handelt es sich hier um einen Siegerwagen, doch als Meilenstein im Motorsport darf man jedes einzelne Automobil dennoch ansehen.

1953
Typ 550
Coupé
4 Zylinder
1488 ccm
78 PS
198 km/h

Klassensieger der 24 Stunden von Le Mans 1953

1954
Typ 550
Spyder
4 Zylinder
1498 ccm
114 PS
233 km/h

Klassensieger der 12 Stunden von Reims 1954

1955
Typ 550/1500 RS
Spyder
4 Zylinder
1498 ccm
110 PS
224 km/h
Serienausführung

1956
Typ 550 A/1500 RS
Coupé
4 Zylinder
1498 ccm
127 PS
220 km/h

Klassensieger der 24 Stunden von Le Mans 1956

1958
Typ 718 RSK
Spyder
4 Zylinder
1587 ccm
150 PS
248 km/h

3. Gesamtsieger der 24 Stunden von Le Mans 1958

1960
Typ 718 RS 60
Spyder
4 Zylinder
1679 ccm
185 PS
240 km/h

Sieger der Targa Florio 1960

1960
Typ 356 B/1600 GS
Carrera GTL
4 Zylinder
1587 ccm
115 PS
225 km/h

Klassensieger der 24 Stunden von Le Mans 1960

1960
Typ 718/2
Formel 2
4 Zylinder
1498 ccm
155 PS
256 km/h

Sieger der 200 Meilen von Aintree 1960

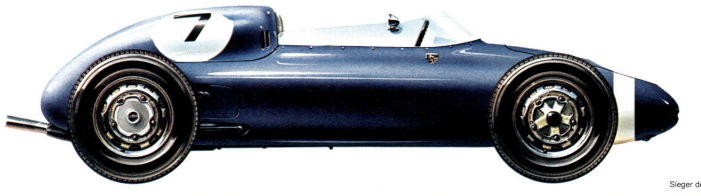

1961
Typ 718 W-RS
Spyder
4 Zylinder
1966 ccm
165 PS
256 km/h

Klassensieger der 24 Stunden von Le Mans 1961

1962
Typ 804
Formel 1
8 Zylinder
1494 ccm
180 PS
272 km/h

Sieger im Großen Preis von Frankreich 1962

1962
Typ 718
Coupé
8 Zylinder
1982 ccm
210 PS
256 km/h

Dritter in der Targa Florio 1962

1964
Typ 904
Carrera GTS
4 Zylinder
1966 ccm
180 PS
256 km/h

Debüt beim Daytona Continental-Rennen 1964

1966

Typ 906

Carrera 6

6 Zylinder

1991 ccm

210 PS

264 km/h

Klassensieger des 24-Stunden-Rennens von Daytona 1966

1967

Typ 910

Coupé

6 Zylinder

1991 ccm

220 PS

265 km/h

Zweiter Gesamtsieger im Großen Preis von Japan 1968

1968

Typ 910

Bergspyder

8 Zylinder

1982 ccm

270 PS

260 km/h

Europa-Bergmeister 1968

1968

Typ 907 LH

Coupé

8 Zylinder

2196 ccm

270 PS

304 km/h

Sieger des 24-Stunden-Rennens von Daytona 1968

1969
Typ 908/02
»Flunder« Spyder
8 Zylinder
2996 ccm
350 PS
288 km/h

Sieger des 6-Stunden-Rennens von Watkins Glen 1969

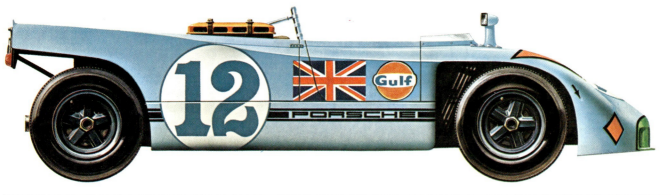

1970
Typ 908/03
Spyder
8 Zylinder
2996 ccm
350 PS
272 km/h

Sieger der Targa Florio 1970

1970
Typ 914/6 GT
Coupé
6 Zylinder
1991 ccm
210 PS
248 km/h

GT-Sieger der 24 Stunden von Le Mans 1970

1970
Typ 719 K
Coupé
12 Zylinder
4494 ccm
580 PS
337 km/h

Sieger der 24 Stunden von Le Mans 1970

1971

Typ 917 LH Coupé

12 Zylinder

4907 ccm

600 PS, 384 km/h

Martini-Teamfahrzeug in Le Mans 1971

1972

Typ 917/10 Spyder

12 Zylinder

4999 ccm

950 PS

322 km/h

Sieger des Edmonton CanAm-Laufes 1972

1973

Typ 911 SC Carrera RS

6 Zylinder

2687 ccm

210 PS

208 km/h

Zweiter Gesamtsieger der East African Safari 1974

1973

Typ 917/30 Spyder

12 Zylinder

5374 ccm

1100 PS

385 km/h

CanAm-Meister 1973

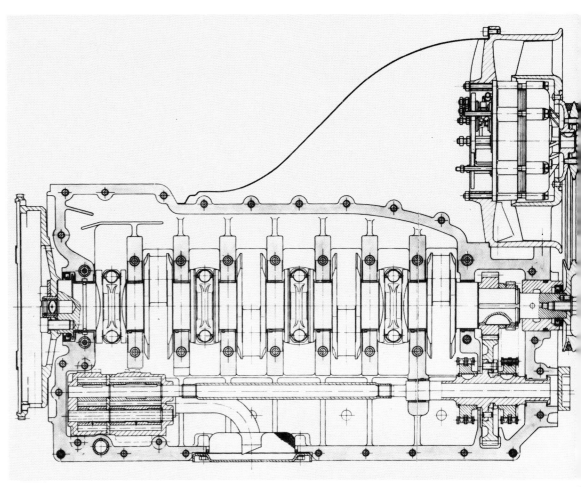

Senkrecht gestellter Achtzylindermotor vom Typ 771, wie er im Porsche 910/8 und 907 verwendet wurde.

Rechts oben das Kurbelgehäuse des 908-Achtzylinders – im Grunde ein 911-Sechszylinder mit zwei hinzugefügten Einheiten. Rechts der komplette 908-Motor, wie er 1969 im Rennen eingesetzt wurde. Dieses Achtzylinderaggregat wies Kraftstoffeinspritzung auf.

Das Foto oben links zeigt den Kurzheck-907 beim Boxenstop in Sebring 1968. Buzzetta/Neerpasch steuerten den Wagen auf den zweiten Platz. Darunter ein Blick ins Cockpit jenes Wagens. Ganz oben rechts Udo Schütz im 910, mit dem er 1967 das 1000-Kilometer-Rennen auf dem Nürburgring gewann, darunter Vic Elford am Steuer des Targa-Florio-910, mit dem er und Jochen Neerpach auf Platz Drei kamen. Ganz links der Porsche 909, der 1968 in zahlreichen Bergrennen eingesetzt wurde. Motor und Fahrersitz hatte man bei diesem Fahrzeug weiter nach vorn versetzt.

innerhalb eines Jahres entstanden. Auf Grund dieser Bestimmungen hatte man den Carrera 6 entwickelt. Anfang 1969 lockerte die F.I.A. die Anforderungen und gab sich mit 25 Wagen zufrieden. Diese Anzahl war vom Porsche 910 schon im August 1967 erreicht worden, und so reichte Porsche noch im Oktober 1968 den Antrag auf Homologierung ein.

Als Sportwagen war der 910/6 in der 2-Liter-Klasse mit dem Alfa 33 und dem Chevron-BMW konfrontiert. Einer seiner besten Erfolge war ein neunter Platz in der Gesamtwertung und der Klassensieg in Le Mans 1969, durch Poirot und Maublanc gefahren. Und beim Großen Preis von Österreich gab es nicht weniger als sieben 910, die das Ziel erreichten. In einem saß der zukünftige Grand-Prix-Champion Niki Lauda.

Dem 910 folgte ein Coupé, das zu den bizarrsten und erstaunlichsten zählte, die Zuffenhausen bislang hervorgebracht hatte. Es trug die Bezeichnung 907 und gab sein Debut auf dem schnellen Kurs von Le Mans, wo es sich auf Anhieb bewährte.

Der 907 entsprach völlig der Tradition jener geschlossenen Porsche, die in der Geschichte dieses Rennens bisher eine so große Rolle gespielt hatten. Genau genommen war er mit seinem tiefgezogenen Bug, der stark gewölbten Windschutzscheibe, den teilweise abgedeckten Hinterrädern und dem langgezogenen Heck ein Nachkomme der 550 Coupés, die 1953 ihre Klasse in Le Mans gewonnen hatten.

Konstruktion und Bau des ersten 907 fand während des Winters 1966/67 statt, noch bevor der Lack des ersten 910 trocken war. Ferdinand Piëch hatte einen außerordentlich hohen Renn-Etat für die Saison 1967 zur Verfügung, und er hatte Grund genug, voll einzusteigen. Die große Bewährungsprobe für den 907 sollte Le Mans sein.

Rahmen und Triebwerk des 907 entsprachen in vieler Hinsicht dem 910. Radstand und Spur waren von der zweiten Serie des 910 übernommen worden, jenen Fahrzeugen mit der verbesserten Radaufhängungsgeometrie. Es gab beim 907 indessen eine neue Anordnung der vorderen Federbeine. Diese konzentrische Einheit war stärker nach innen gewinkelt, so daß eine Vergrößerung der Federwege bei einfederndem Rad gegeben war. Dadurch war es auch möglich geworden, vorn kürzere und leichtere Schraubenfedern anstelle der längeren, mit variierender Steigung versehenen Federn zu benutzen, wie sie hinten vorhanden waren.

Der 907 wies Rechtslenkung auf. Das hatte es auch schon bei einigen Carrera mit GT-Karosserien gegeben und natürlich bei Serienwagen für den Export.

Der 907 jedoch war das erste Rennmodell, bei dem das Lenkrad von vornherein rechts saß, und zwar deshalb, weil die meisten Rennen im Uhrzeigersinn gefahren wurden. Durch die Position auf der rechten Seite hatte der Fahrer in der Mehrzahl der Kurven einen besseren Einblick und sein Gewicht trug dazu bei, in den Kurven die innenseitigen Räder zusätzlich zu belasten. Mit dem Übergang zur Rechtslenkung entsprach Porsche einer Norm, die für Ford, Ferrari und Chaparral schon lange galt. Auch gab es ein neues Armaturenbrett mit einer einzigen Vertiefung vor dem Lenkrad, in der alle Instrumente und Warnleuchten untergebracht waren. Weniger wichtige Schalter waren auf der linken Seite des Armaturenbrettes plaziert, und nahe der linken Türsäule befand sich das Hauptrelais. Um den Gewohnheiten der Fahrer zu entsprechen, installierte Porsche den Schalthebel rechts im Cockpit. Mit dem 907 wurde das von Gianpiero Moretti in Mailand gefertigte Leichtmetall-Lenkrad eingeführt, dessen Kranz mit Leder eingefaßt war.

Besonderes Aufsehen erregte die futuristische Coupé-Karosserie auf dem 907 Langheck. Im Profil sah der 907 fast wie ein Rekordwagen aus. Beim ersten Hinschauen hatte man den Eindruck, daß der Wagen direkt von den Salzseen in Utah kam und sich nach Le Mans verirrt hatte. Doch der Eindruck täuschte: der 907 Langheck war wenig länger als der 910! Seine längere Heckpartie fand ihren Ausgleich durch die abgestupste Nase, wodurch sich eine Gesamtlänge von 4650 Millimeter ergab. Der 910 war um 50 Millimeter kürzer. Doch der 907 wies eine so spitze Frontpartie auf, daß sein Luftwiderstand um 25 Prozent geringer als beim 910 war.

Über drei Wochen ununterbrochene Versuchsarbeit im kleinen Windkanal der Stuttgarter Hochschule führte zur endgültigen Form des 907 L. Dabei wurden Modelle im Maßstab 1:5 eingesetzt. Vier unterschiedliche Grundformen testete man durch, um ihre besten Eigenschaften im Endmodell zu vereinen.

Um dem Anhang des Reglements zu entsprechen, mußte die Oberkante der Windschutzscheibe wie beim 910 97 Zentimeter über dem Boden und damit höher sein, als es für den Fahrer eigentlich notwendig war. Um die Frontfläche der Fahrerkanzel auf ein Minimum zu reduzieren, gestaltete man sie möglichst schmal. Der 907 L maß 1720 in der Breite und war damit um 50 Millimeter schmaler als der 910, wodurch sich eine Reduzierung der Frontfläche auf 1,29 Quadratmeter ergab; das waren 2,3 Prozent weniger als beim 910.

Im März 1967 nahm der erste 907 L als glänzend weißes Automobil Formen an. Wie der Fotograf Julius Weitmann schrieb: »Die Karosserieoberfläche ist so glatt wie ein auf Hochglanz polierter Siegespokal.« Man hatte sich große Mühe gegeben, sämtliche möglichen Turbulenzquellen auf der Wagenoberfläche zu vermeiden. So fehlten auch Einlässe für die Kühlluft der Bremsen, da sich jene durch die Verwendung innenbelüfteter vorderer Bremsscheiben erübrigten und auch ohne zusätzliche Kühlung zufriedenstellend arbeiteten.

Wie im 906 und 910 war beim 907 L der Ölkühler innerhalb der Frontabdeckung zurückversetzt, wobei seine warme Abluft an der Unterkante der Windschutzscheibe austrat. Die einzige Luftzufuhr fürs Cockpit fand durch Klappscheiben in den Türen statt. Vier Querschlitze waren in der Heckabdeckung eingelassen, um Luft für den Motor hereinzulassen, sie gaben auch genügend Sicht nach hinten frei, so daß die Funktionäre der Wagenabnahme von Le Mans – die es in diesen Dingen sehr genau nahmen – den Wagen für das Rennen ohne Außenspiegel zuließen, die zusätzlichen Luftwiderstand bedeutet hätten.

Das Heck des 907 L wies einen schmalen waagrechten Schlitz auf. In den äußersten Ecken saßen die Rücklichter. Der breite Schlitz zwischen ihnen war für den Austritt der Abgase vorgesehen. Die doppelten Auspuffrohre des Sechszylindermotors mündeten zunächst in einen Expansionstopf innerhalb der Karosserie, während die heiße Luft des Kühlsystems nach unten strömte, um die Auspuffgase bei ihrem Austreten mitzureißen; beiden wurden durch einen Frischluftstrom, den eine flache Kante unter dem Wagenheck erzeugte, nach hinten gedrückt. Diese Konstruktion war notwendig, weil die für bestmögliche Motorleistung abgestimmte Länge der Auspuffrohre kürzer war als das Heck des aerodynamisch optimal geformten Wagens.

Die ersten zwei 907 L kamen ausschließlich als Versuchswagen zum Einsatz. In den ersten Apriltagen absolvierten sie einige Testrunden im Motodrom von Hockenheim und wurden dann für das Vortraining nach Le Mans am 8. und 9. April 1967 verfrachtet. Die Überstellung der Rennwagen war für Porsche mit dem Einsatz eines neuen Transporters leichter geworden. Im typischen Porsche-Kastanienbraun mit weißen Streifen versehen, bot das Fahrzeug drei Wagen Platz, wobei diese auf Schienen liefen, so daß alle drei in nur zwölf Minuten an Bord gezogen und dort verankert werden konnten. Als Pendant hierzu wurde ein weiterer Kastenwagen als mobile Reparaturwerkstätte ausgerüstet. Der Langheck 907 war im Le Mans-Vortraining nicht allzu beeindruckend. Auf der Mulsanne-Geraden, einem drei Kilometer langen Straßenstück, für welches der 907 L speziell konstruiert war, zeigte der neue Wagen ein so unruhiges Fahrverhalten, daß die Fahrer, unter ihnen Herbert Linge, es nicht wagten, eine Hand vom Lenkrad zu nehmen, um vom 4. in den 5. Gang zu schalten. Ein Wagen war mit einem sehr flachen Spoiler auf dem Heck versehen, die anderen besaßen zwei einstellbare Trimmbleche an der Rückseite; diese stellte man auf und konnte dann einen über die gesamte Breite gehenden Spoiler an ihnen montieren. Der schnellste 907 lief auf der Geraden 240 km/h, das waren lediglich 16 km/h mehr als ein 911. Aber für den vierten Gang war dies gar nicht einmal so schlecht.

Enttäuschungen gab es auch in anderer Hinsicht. Die Auspuffgase sollten zwar durch den Schlitz im Heck austreten, fanden aber einen Weg in das ohnehin äußerst schlecht belüftete Cockpit. Um das Training fortsetzen zu können, schneiderten die Mechaniker aus Alublech große »Hosenbeine« mit ovalem Querschnitt, um damit die Auspuffgase durch den Schlitz zu leiten. Und als

Daytona 1968. Wagen Nr. 54 trug den Sieg davon, gefahren von Elford/Neerpasch/Siffert/Stommelen/Herrmann. In geschlossener Formation überquerten die drei 907 die Ziellinie.

sich herausstellte, daß die durch undichte Türfugen eintretende Luft die Erstickungsgefahr für die Fahrer nicht minderte, brachte man am Bug ovale Öffnungen rechts und links vom Ölkühler an, durch die Frischluft hereingelangte. Nach Rückkehr der beiden Coupés aus Le Mans wurden sie noch gründlicher in Hockenheim getestet. Hier zeigte sich an extrem hohen Öltemperaturen, daß es dem Hinterachsgetriebe an ausreichender Kühlung mangelte. Aus diesem Grund wurden am Wagenheck zwei nach vorne schauende Schnorchelöffnungen hinzugefügt, wo die Turbulenzen des Luftstroms den geringsten zusätzlichen Luftwiderstand verursachen konnten. Anschließend wurden die beiden Versuchswagen noch 2000 km über das VW-Versuchsgelände gejagt.

Für Le Mans entstanden dann zwei neue 907 L-Coupés. Sie differierten in einigen Details von den Testfahrzeugen.

Die zwei Lufthutzen am Heck waren größer, und man hatte dem Wagen über die gesamte Breite gehende, einstellbare Spoiler gegeben. Die Hecköffnung in der Karosserie war nicht mehr vorhanden, dafür führten die Auspuffrohre in einen Kanal an der ansonsten glatten Bodenplatte des Wagens. Die vier Lüftungsschlitze in der Heckabdeckung wurden breiter und flacher um den Blick nach hinten zu verbessern, und zusätzlich wurden sie im Mittelbereich von Öffnung zu Öffnung verstärkt, um zu verhindern, daß sie durch den Fahrtwind brachen. Lüftungsschlitzreihen kamen – ähnlich wie beim Carrera 6 – an den Seitenteilen der hinteren Abdeckung hinzu, um eine ausreichende Luftversorgung des Motors sicherzustellen.

Beide 907 L für Le Mans wurden durch den Sechszylindermotor angetrieben, der gegenwärtig Porsches einziges Antriebsaggregat darstellte, das geeignet war, ein Rennen von 24 Stunden Dauer durchzuhalten. Ein Standardmotor vom Typ 911/21 befand sich im Wagen, den Gerhard Mitter sich mit Jochen Rindt teilte; während der 907 L des Teams Siffert/Hermann der erste Porsche war, der mit dem neuen Kraftstoffeinspritzsystem arbeitete. Weil dieses neue System mehr Platz als das alte benötigte, hatte man die Bosch-Pumpe am Heck des Motors montiert, sie wurde über eine Welle und Kegelräder per Zahnriemen von der linksseitigen Nockenwelle angetrieben. Nach sechs Stunden und 40 Minuten fiel der Motor des von Mitter und Rindt gefahrenen Wagens wegen Überdrehens aus. Siffert und Herrmann hatten keine Probleme und erreichten den 5. Gesamtrang mit einer Durchschnittsgeschwindigkeit von 201,3 km/h bei einer Gesamtleistung von 4830,6 gefahrenen Kilometern. Dies waren lediglich 12,6 km weniger als die Siegerdistanz des Vorjahres! Mit dem neuen Einspritz-Dosiersystem des Siffert/Herrmann-Wagens wurde ein erstaunlich niedriger Kraftstoffverbrauch von 14,51 Liter auf 100 Kilometer erzielt, das war um 25 Prozent besser als beim Mitter/Rindt-Wagen, bevor dieser ausfiel.

Die Wirtschaftlichkeit des 907 L und seine erstaunliche Geschwindigkeit sicherten dem 2-Liter-Auto den Sieg im Leistungswettbewerb (der ebenso hoch dotiert war wie der Gesamtsieg, den Ford davontrug). Die neue Karosserie hatte ihre Bewährungsprobe bestens bestanden. Mit 295 km/h war der Wagen offiziell auf der Mulsanne/Geraden gestoppt worden, was rund 32 km/h schneller war als die Bestzeit des 910/6 mit entsprechendem Motor. Ein genauer Vergleich der Wagen mit identischem Motor machte deutlich, daß die neue Form ein Plus von 27,35 Kilometer pro Stunde erbrachte. Ihr Luftwiderstands-Beiwert betrug 0,27.

Der 907 trat 1967 lediglich einmal noch in einem Rennen an. Das war in Brands Hatch, wo Ende Juli das entscheidende Rennen um die Meisterschaft stattfand. Den Wagen sollten Hans Herrmann und Jochen Neerpasch als Unterstützung für den 910 fahren, der gegen die Ferrari-Armada antrat. Weil in Brands Hatch keine Gerade wie in Le Mans vorhanden war, bauten Piëch und Bott einen ganz speziellen 907 L. Es handelte sich praktisch um einen gleichen Wagen, wie man ihn in Le Mans eingesetzt hatte, nur war er im Heck rund 30 cm kürzer. Ein einstellbarer Spoiler, der an die gewölbte Karosserieoberfläche angepaßt war, wurde am Heck montiert, und ein großer, zentraler Luftschacht wurde anstelle der zwei kleineren Hutzen zur Kühlung des Getriebes verwendet. Dieser 907 wurde erstmals von einem Achtzylindermotor des Typs 771 angetrieben und erzielte den vierten Gesamtrang in diesem 6-Stunden-Rennen.

Für die Bergrennsaison hatte sich Porsche sehr gut vorbereitet. Eine ganze Woche vor dem ersten Lauf, im spanischen Montseny, hatte das Team seine Werkszelte bereits in San Celoni, am Fuße des Montseny und des 16,25 Kilometer langen Straßenkurses, aufgeschlagen.

Mitter siegte und der neu im Team aufgenommene Rolf Stommelen war ein überraschend starker Zweiter. Auch in den nächsten fünf Wettbewerben war Stommelen erfolgreich: er gewann drei und Mitter zwei, wodurch Porsche die Meisterschaft in der Tasche hatte. Aber es hatte starke Konkurrenz durch Abarth, Alfa Romeo und Ferrari gegeben, so daß in den letzten beiden Bergrennen verbesserte Wagen zum Einsatz gebracht wurden.

Nachdem das überaus wichtige Le Mans-Rennen geschafft war, wurde ernsthaft mit der Arbeit an den Bergrennwagen begonnen. Besonderen Wert legte man dabei auf eine Minderung des Gewichtes, wobei auch Materialien aus der Raumfahrt verwendet wurden. Diese waren derart teuer, daß gewisse Grenzen gesetzt werden mußten: die Reduktion des Gewichts durfte 1000 Mark pro Kilogramm nicht überschreiten. In einem Punkt ließ sich diese Forderung jedoch nicht erfüllen: bei den Scheibenbremsen aus Beryllium, die Hans Mezger in den Vereinigten Staaten kaufte. Sie kosteten 1000 Dollar das Stück.

Im Endeffekt lagen die Kosten der Berylliumscheiben aber nicht wesentlich über dem Limit. Mit vier von ihnen ließen sich 14 kg einsparen, denn jede Scheibe wog nur ein Viertel der stählernen Ausführung, und bei einer Gesamtkostenhöhe von 4000 Dollar kam das eingesparte Kilogramm auf etwa 1250 Mark. Dieses kostbare Metall wurde ausgewählt, weil es Leichtigkeit mit einer hervorragenden Wärmeableitfähigkeit verband. Porsche hatte es im Herbst 1966 erstmals an einem 906 Werkswagen in Hockenheim eingesetzt. Die Berylliumscheiben, wie sie am leichteren der beiden neuen Wagen (Chassis Nr. 910025) eingesetzt wurden, hatten verchromte Oberflächen, um das Entstehen von Berylliumstaub zu verhindern, der gesundheitsschädlich ist.

Die Bergspyder vom Typ 910/8 B wurden erstmals in Ollon-Villars am 27. August 1967 eingesetzt. Mitter fuhr den ultraleichten 910025, Stommelen den geringfügig schwereren 910030. In der Anordnung des Ölkühlers konnte man die beiden Wagen unterscheiden. Bei Mitter saß er rechts, bei Stommelen links. Beide Wagen besaßen derart dünne Karosserien, daß sie durchscheinend waren. An den Seitenteilen endete ihre Unterkante kurz über der Verbindungslinie der Radnaben. Dieses Aussehen verschaffte ihnen den Spitznamen »Minirock-Spyder«. Im Heck war kaum mehr Karosserie vorhanden, als für die Befestigung der Schlußleuchten notwendig war. Die Grundform des Aufbaus entsprach der gleichen wie bisher, bis auf die in der Frontabdeckung fehlenden Luftschlitze für den Ölkühler.

In beiden Minirock-Spyder bestand das Cockpit aus einem Rohrkäfig, der vorn zwei Instrumente aufwies: einen Drehzahlmesser und ein Ölthermometer. Das Auto besaß dünnwandige Magnesiumräder, die man lediglich in Bergrennen einsetzte. Die Spurstangen und eine Reihe von Befestigungsteilen waren aus Titan.

Der Spyder Nr. 910025, mit dem Mitter in Ollon-Villars und Stommelen auf dem Gaisberg Siege herausgefahren hatten, war sogar noch weiter erleichtert worden. Er trug die teueren Beryllium-Scheibenbremsen, die Bremssättel waren aus Titan gefertigt. Der Einsatz von Aluminium wurde auf einige Wellen des Motors, die Zahnstangenlenkung und den überwiegenden Teil des Rahmens beschränkt. Porsche konnte durch die Verwendung von Aluminium das Rahmengewicht von 41,67 kg auf 28,08 kg herunterbringen. Dieser spezielle 910/8 Bergspyder wog fahrbereit nur 455 Kilogramm. Bei einer Leistung von 220 PS überraschte es nicht, daß der Wagen nur so durch die Kurven flog. Vorn waren Schnurrbart-Spoiler angebracht, um das fehlende Gewicht auf den Vorderrädern zu kompensieren, und man kam nicht umhin, dem Fahrzeug 22 kg Bleiballast in den Bug zu geben. Damit erhöhte sich das vordere Trägheitsmoment, so daß der Wagen ruhiger auf den Geraden wurde und sich wesentlich leichter um die Kurven bewegen ließ. Seine absolute Kurvenstabilität war hervorragend. Tests dieses Wagens auf dem Schleuderkurs in Weissach zeigten eine maximale Querbeschleunigung von 1,4 g, der höchste bei einem Porsche bis dahin registrierte Wert.

Mitter und Stommelen beherrschten die neuen Wagen so gut, daß sie in den beiden letzten Rennen jeweils den ersten und zweiten Platz errangen, wobei Dieter Quester auf einem BMW-Lola ihr einziger ernsthafter Konkurrent war. Nachdem sich der Kampf um die Meisterschaft nur noch zwischen ihnen beiden abspielte, erhielt Stommelen für den letzten Lauf ein ultraleichtes Auto, weil keine andere Chance mehr für ihn bestand, Mitter einzuholen. Sein Sieg führte dazu, daß sie in der Endwertung die selbe Punktzahl erreichten, mit jeweils vier Siegen und drei zweiten Plätzen. Da Mitter jedoch auch einen dritten Platz erreicht hatte, ging der Titel des Bergmeisters an den Veteranen.

Auf der Suche nach neuen Wegen, das Wagengewicht für die Bergrenneinsätze weiter zu vermindern, führten die Ingenieure bei Porsche weit angelegte Experimente mit Materialien und Methoden durch, die dem Haus einen großen Vorsprung sicherten. Der Bergspyder Nr. 910025 hatte die Männer bei Porsche überzeugt, daß sie jedes auch noch so tief angesetztes Gewichtsminimum durchaus erreichen konnten, wenn ihnen dafür genügend Geld und Zeit zur Verfügung stand. Ende 1967 veröffentlichte Porsche die Ergebnisse einer Untersuchung, in der gezeigt wurde, wie sich die Gewichtsverhältnisse zwischen dem Minirock-Spyder und einem normalen 910/8 Prototyp-Coupé verhielten:

Prozentualer Materialanteil bei Leergewicht		
Modell	910/8 Bergspyder Nr. 910025	910/8 Prototyp Coupé
Aluminium und Magnesium	35,5%	27,0%
Stahl	32,0%	39,0%
Plastik und Gummi	19,0%	23,8%
Titan	7,1%	4,0%
Elektrische Ausstattung	3,8%	3,9%
Schmieröl	2,6%	2,3%

Rechts das Kurzheck-Coupé vom Typ 907, das man 1968 für Langstreckenrennen einsetzte. Unten die Seitenansicht des Wagens. Die Erfahrungen mit dem 910 schlugen sich in der Form des Aufbaus nieder.

Die guten Bergerfahrungen ermutigten Porsche, einen der neuen 907 mit einem Alu-Rohrrahmen zu versehen. Der Wagen sollte 1968 in Langstrecken-Wettbewerben eingesetzt werden. Die Form dieses Fahrzeugs resultierte aus diversen Faktoren. Man würde sowohl Kurz- als auch Langheck-Karosserien benötigen, da der 907 auf den unterschiedlichsten Rennstrecken zum Einsatz kommen sollte. Das Chassis mußt geeignet sein, einen neuen Motor aufzunehmen, einen Achtzylinder-Boxer von drei Litern Hubraum, der im Winter 1967/68 entstand. Bis zur Fertigstellung dieses Motors sollte der 907 mit dem 2,2-Liter-Achtzylinder 771 versehen werden, der nach sechs Jahren Bewährung für einen 24-Stunden-Wettbewerb als ausgereift betrachtet werden konnte. Man wird an die unglücklichen Erfahrungen der Achtzylinder in Le Mans erinnert, die 1963 mit dem Typ 718 und 1964 und 1965 mit dem Typ 904 gemacht wurden. Damals waren die Wagen wegen eines Konstruktionsfehlers ausgeschieden, der an der Verbindung von der Hirth-Kurbelwelle zum Schwungrad zutage getreten war. In kürzeren Rennen hatte es damit niemals Schwierigkeiten gegeben, bei längeren Wettbewerben jedoch löste sich die Verbindung in ihre Einzelteile auf. Im Unterschied zur Rennversion des Porsche-Sechszylinders hatte der Achtzylinder lange genug als nicht langstreckentauglich gegolten, deshalb unternahm man 1967 in Zuffenhausen Schritte, seine Schwachpunkte endgültig auszumerzen. Man entwarf eine neue Kurbelwelle einschließlich Lagerung und Schwungrad. Man änderte auch den Nockenwellenantrieb und versah die Kurbelwelle am anderen Ende mit einem Schwingungsdämpfer.

Die Anlieferung der vielen neuen Fremdteile durch Zulieferer dauerte länger als erwartet, so daß die verbesserten Achtzylinder für Le Mans 1967 nicht fertig wurden. Erst 1968 war es so weit. Die Leistungskurve des 771-Achtzylinders mit seinen 2196 ccm (80 x 54,6 mm) zeigte einen Spitzenwert von 278 PS in einem Drehzahlbereich von 8700 U/min bis 8900 U/min. Der offizielle Wert wurde mit 270 PS bei 8600 U/min angegeben.

Die Änderungen am 907 betrafen auch den Ölkühler. Man hatte ihn ganz vorn in den Bug des Wagens verlegt. Hier saß er hinter einer vergitterten Einlaßöffnung, während die warme Luft dahinter über eine Vertiefung in der abnehmbaren Fronthaube ausströmte. Platz für die Kühlschlangen schaffte man durch ein faltbares Reserverad mit Goodrich-Reifen, da das Reglement das Mitführen eines Reservepneus verlangte. Ansonsten glich die Bugpartie jener des 1967er Modells – mit einer Ausnahme: das Dach war nach vorne tiefer abgesenkt, so daß die Windschutzscheibe etwas niedriger wurde. Diese »Augenbraue« gab besseren Blendschutz und trug durch die Einsparung von schwerem Glas auch zur Gewichtsverminderung bei.

Für die Saison 1968 gab es den 907 mit unterschiedlichen Heckformen. Die Langheckversion blieb unverändert, so wie man sie im Vorjahr in Le Mans gefahren hatte. Sie wies am Heck jene zwei Hutzen für die Getriebe- und Bremsenkühlung auf und in den meisten Fällen trug der Wagen einen aufgespreizten Heckspoiler. Der Luft-

widerstands-Beiwert dieses Fahrzeugs war höher, mit 0,30 aber durchaus passabel. Die kürzere, normale Karosserie für den 907 war neu gestaltet worden und basierte auf jener Form, die erfolgreich beim 910 erprobt worden war. Ihre Abmessungen hatte man auf den 907 zugeschnitten, nur einen größeren Heckspoiler und rechteckige Luftöffnungen hinzugefügt. Dieser 907 hatte ein untersetztes, stämmiges Aussehen. Mit seinen langen Scheinwerferabdeckungen, seiner flachen Windschutzscheibe und den hohen Seitenfenstern, die ins Dach übergingen, machte dieser Porsche seit dem Achtzylinder 718 von 1962 den aggressivsten Eindruck. Sein Gewicht in fahrfertigem Zustand betrug 598 Kilogramm. Im Dezember 1967 führte Porsche den ersten Kurzheck-907 in Hockenheim der Presse vor. Bei dieser Gelegenheit offenbarte Porsche aber noch nicht verschiedene neue Ideen, die im gleichen Monat in Daytona in Vorbereitung des kommenden 24-Stunden-Rennens erprobt wurden. Ein neuer 907 Langheck, der nach Daytona gebracht worden war, wies nämlich eine der interessantesten Ausrüstungen auf, die Porsche je im Versuch hatte: ein Kühlsystem für den Fahrer. Eine Klimaanlage für den Piloten war an sich nichts Neues. Zu Beginn der sechziger Jahre hatte Paul Goldsmith in einem Stock Car ein System erprobt, bei dem eine Kühlflüssigkeit durch feine Röhrchen in einem Spezialanzug zirkulierte, der unter dem Fahrerdress getragen wurde. Das körperliche Wohlbefinden des Fahrers sollte zu besseren Leistungen führen. Porsche hatte etwas anderes im Sinn: Man trachtete danach, den Luftwiderstand, der durch die Kühlöffnungen für den Fahrerraum entstand, weiter zu senken und aus diesem Grund mußte man sich ein alternatives Kühlsystem für den Piloten einfallen lassen. Bei Porsches System zirkulierte Wasser durch ein mit Eis gefülltes Reservoir. Das Eis befand sich in einem rechteckigen Behälter an der linken Vorderseite, zwischen dem linken Scheinwerferpaar und der Fronthaube. Alle 907, die im Jahr 1968 eingesetzt wurden, versah man mit dieser Einrichtung. Von dem Eisbehälter verliefen die Wasserschläuche über eine elektrisch angetriebene Pumpe durch eine Spezialunterwäsche; ein Reglerventil ermöglichte es dem Fahrer, den Kühleffekt durch Drehen eines Knopfes am Armaturenbrett einzustellen.

»Wir testeten das in Sebring« sagte Joe Buzzetta, »Neerpasch und ich waren damit sehr zufrieden. Die Kühlung war eine gute Idee, weil es in jenem Jahr in den Coupés sehr heiß wurde. Die Unterwäsche war gerippt und darin war dieses Rohrsystem untergebracht. Man stieg in den Wagen, schnallte sich fest und schloß sich am Armaturenbrett an. Das System arbeitete sehr effektiv. Gelegentlich setzte die Pumpe aus, was man nicht gleich bemerkte, und wenn sie dann plötzlich wieder zu arbeiten begann, bekam man einen kalten Schauer, der einem durch und durch lief.« Buzzetta fand die Fahrerkühlung zwar wunderbar, dennoch wurde sie im Rennen nicht verwendet. Man hätte das Eis ständig nachfüllen müssen, da es unter der Sonne Floridas in einer Stunde geschmolzen war. »Man hätte das schon in den Griff bekommen«, sagte Buzzetta, »aber sie nahmen die ganze Anlage wieder aus dem Wagen, um Gewicht zu sparen. Auch die selbsttätige Feuerlöschanlage schmissen sie aus Gründen der Gewichtsersparnis raus. Man mußte da zuschauen und konnte nur den Kopf schütteln.«
Dafür hatte der Wagen aber andere Vorteile, zum Beispiel einen neuen Rohrrahmen ganz aus Leichtmetall. Man nannte dieses Fahrzeug »Muletto« (kleiner Esel) und setzte es nach ausgiebigen Trainingsfahrten mit Joe Buzzetta und Joe Schlesser im 24-Stunden-Rennen von Daytona mit einigem Erfolg ein. Es gab einen dritten Platz in der Gesamtwertung, hinter zwei anderen Porsche-Wagen, so daß Daytona für die Zuffenhausener zu einem schönen Hat-Trick wurde. 1968 befand Porsche sich in einer besseren Situation, um Gesamtsiege herauszufahren, weil das Reglement für die Markenweltmeisterschaft geändert worden waren. Zugelassen waren Sportwagen (von denen 50 oder mehr innerhalb von 12 Monaten produziert sein mußten) bis zu 5 Liter Hubraum und Prototypen bis zu 3 Liter. Die 907 traten in der letztgenannten Gruppe an. Ihr Hauptkonkurrent war John Wyers Gulf-gesponsorter Ford GT 40 in der Sportwagenkategorie. Um sich auf die besonderen Bedingungen von Daytona einzustellen, mußten die vier Werks-907 L mit einer zusätzlichen Kühlung der Vorderbremsen durch Öffnungen in der Wagenfront versehen werden. In der vierten Stunde fiel der führende Porsche aus, nachdem er sich beim

Röntgenzeichnung des Porsche 907. Dieser Wagen erzielte 1968 seine wichtigsten Erfolge beim 12-Stunden-Rennen von Sebring (Siffert/Herrmann) und in der Targa Florio (Elford/Maglioli).

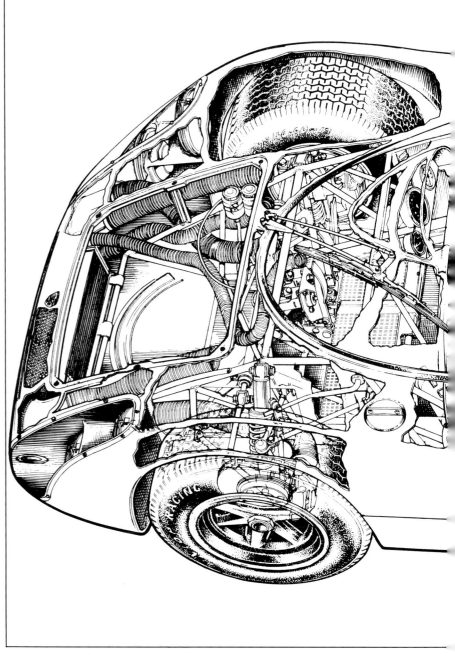

Einbiegen in die Boxengerade überschlagen hatte und auf dem Dach dahingeschlittert war, mit Gerhard Mitter im Cockpit. Dieses war Neerpasch im Training ebenfalls passiert und stellte den Beweis dar, daß der Langheck-907 L zwar sehr schnell war, aber auch an der Grenze der Kontrollierbarkeit angelangt war ...

»Er verhielt sich wie der Elva-Porsche«, erinnerte sich Joe Buzzetta, »nur war der 907 L mit 328 km/h viel schneller. Wenn man von der großen Kurve heraus und zur Haupttribüne herüberkam, hatte er ähnlich reagiert. Ein unglaubliches Schleudern und Herumschießen. Und das bei rund 320 Kilometer pro Stunde! Obwohl man das Lenkrad fest in den Händen hielt, machte der Wagen, was er wollte.«

»Immer wieder wurden wir später von anderen Fahrern gefragt, was mit uns los gewesen sei, daß wir sie beim Überholen gefährdet hätten. ›Sorry‹, sagte ich, ›wir taten unser bestes, aber diese Wagen sind nicht anders zu fahren!‹ Und wenn Piëch meinte, der Langheck sei nun einmal schneller als der Kurzheck, war das auch alles, was wir als Antwort zu hören bekamen. Man überließ es uns, mit den Fahrzeugen vertraut zu werden.«

Beim Kurzheck 907, der erstmals in Sebring am 23. März 1968 eingesetzt wurde, hörte man keine Klagen der Fahrer, das Fahrverhalten betreffend. Von den vier genannten Wagen kamen zwei auf die ersten beiden Plätze, zwei fielen wegen Schäden am Motor aus. Der eine, den Ludovico Scarfiotti lenkte, wurde durch Überdrehen außer Gefecht gesetzt. Dies war vermutlich durch einen Schaltfehler passiert, denn der Achtzylinder war nach wie vor mit einem Drehzahlbegrenzer versehen. Beim nächsten Rennen in Brands Hatch war es das Chassis, das Schwierigkeiten machte und zum Ausfall des führenden Kurzheck 907 führte. Zwei weitere Wagen erzielten den zweiten und dritten Platz hinter einem Wyer-Ford.

Porsche hatte seine Streitmacht am Brands Hatch-Wochenende am 6. und 7. April teilen müssen, weil in Le Mans gleichzeitig das Vortraining stattfand. Auf der Mulsanne-Geraden schlug für die Langheck-Karosserien die Stunde der Wahrheit. Hier bewies Herbert Linge erneut, daß der 907 Langheck (und der 908 L, der hier zum ersten Mal öffentlich auftrat) äußerst schwierig unter Kontrolle zu halten war, wenn

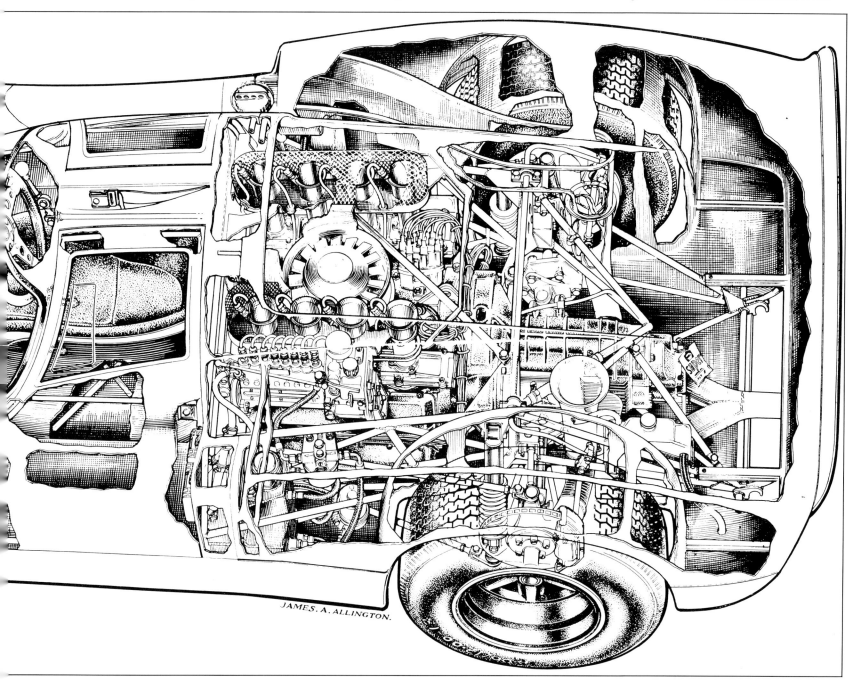

man ihn abbremste und in Kurven einfuhr. Unter dem Einsatz der um 50 PS leistungsgesteigerten Motoren wurden diese Probleme eher noch verstärkt. Porsche suchte und fand eine brauchbare Lösung, die sich 1957/58 schon beim RSK bewährt hatte: die Montage zweier vertikaler Flossen im Heck, die genau oberhalb der Lufteintrittsöffnungen angebracht wurden.

Ein einzelner 907 L fuhr mit diesen »Schwanzfedern« erstmals am 25. April in Monza als Rückenstärkung für zwei 908 L. Er überlebte das Rennen als einziger Porsche und wurde lediglich durch einen Wyer-Ford geschlagen. Für das nächste Rennen, das unten in Sizilien stattfand, setzte Porsche sein ganzes Vertrauen in ein Quartett von Kurzheck-907. Ihre Front- und Seitenflächen waren unterschiedlich lackiert, damit sie besser von einander zu unterscheiden waren.

In dieser Targa Florio des Jahres 1968, die am 5. Mai stattfand, mußte Porsche mit starker Gegnerschaft von seiten des Alfa Romeo 33 rechnen. Vic Elford sicherte sich seinen Sieg lediglich durch einen Rundenrekord, nachdem er 17 Minuten durch das Wechseln eines Reifens verloren hatte. Zwei Wagen fielen wegen defekter Radlager aus und der letzte 907 wurde Vierter. Damit hatte Porsche die Targa dreimal hintereinander gewonnen, und es war der insgesamt achte Sieg in diesem klassischen Wettbewerb.

Die Targa Florio war der letzte Lauf um die Markenmeisterschaft, in welchem Porsche sich ausschließlich auf den 907 verließ. Im nächsten Rennen, dem 1000-Kilometer-Marathon auf dem Nürburgring am 19. Mai, und allen folgenden des Jahres 1968 dienten die 907 zur Unterstützung der 908. Und sie machten ihre Sache gut, wie man es erwarten durfte.

Hinter dem siegreichen 908 wurden auf dem Nürburgring Kurzheck-907 Zweiter (Herrmann/Stommelen) und Vierter (Neerpasch/Buzzetta). Mitter und Schlesser fuhren dann in einem verregneten Rennen in Spa am 26. Mai den einzigen Kurzheck-907 auf den zweiten Platz hinter Ickx/Redman auf Ford.

Das letzte Rennen des Jahres 1968, wo es Meisterschaftspunkte zu gewinnen gab, fand am 28. und 29. September in Le Mans statt. Wegen politischer Unruhen in Frankreich hatte man das sonst im Juni stattfindende Rennen verlegt. Ein Sieg in Watkins Glen hatte Ford bis auf zwei Punkte an den Stand Porsches in der Markenmeisterschaft aufrücken lassen. Die starke Waffe der Zuffenhausener in Le Mans stellten jetzt die 908 L dar. Die Überlebenschancen dieser Wagen in einem 24-Stunden-Rennen waren nicht allzu groß, deshalb bereitete das Werk drei 907 L für private Teams vor. So oder so mußte Porsche in Le Mans siegen, um die Markenweltmeisterschaft gewinnen zu können.

Die Langheck 907 waren für den Le Mans-Kurs speziell vorbereitet worden. Ihre erhöhte Motorleistung (im Vergleich mit dem 907 L des Jahres 1967) machte es notwendig, sie mit Luftschlitzen für die Kühlung der vorderen Bremsen zu versehen, jedoch verzichtete man auf Windhutzen am Heck. Die Wagen erhielten lange Heckflossen, um ihre Stabilität zu erhöhen. Das Trockengewicht war relativ hoch für einen 907: es betrug etwa 648 kg.

Zwei der 907 L fielen aus, ein Wagen wegen Lagerschadens und der andere mit einem defekten Anlasser. Der dritte segelte einsam und allein weiter, gesteuert von Rico Steinemann und Dieter Spoerry. Sie erzielten den zweiten Gesamtrang und kamen als erste unter den Porsche ins Ziel. Für den Gesamtsieg hatte es nicht gereicht – er mußte einem Wyer-Ford überlassen werden. Somit ging die Markenweltmeisterschaft für Porsche 1968 verloren. Jedoch hatten Siege in Sebring, in Sizilien und auf dem Nürburgring für Porsche den Weltcup für Geschwindigkeit und Leistung erbracht, den die Firma auch 1967 gewonnen hatte. Diesen Erfolg hatte Porsche ausschließlich dem 907 zu verdanken.

Am 8. Januar 1969 erhielten einige auserwählte Porsche-Freunde die Gelegenheit, auf dem Hockenheimring einen 907 mit kurzem Heck zu fahren. »Die bedrückende Enge des Cockpits, die schon von außen sichtbar ist«, sagte der Rennfahrer Jean Pierre Beltoise, »bestätigt sich innen. Man hat das Gefühl, im Cockpit eines Überschall-Flugzeuges zu sitzen. Bereits beim Start fühlt man, wie leicht der Wagen ist. An jedem Detail wurde Gewicht eingespart. Die Lenkung geht angenehm und leicht, der Wagen ist in engen Kurven gut zu beherrschen.« Georg Bohlender lobte Kupplung und das leicht schaltbare Getriebe, hatte nur Schwierigkeiten auf dem glatten Asphalt – es herrschten immerhin Minustemperaturen in Hockenheim.

Die anwesenden Journalisten waren sich nicht bewußt, daß dieses Treffen eine Abschiedsparty für den 907 darstellte und auch für den Achtzylinder vom Typ 771, der Porsche sieben Jahre lang treu gedient hatte. Keiner von beiden sollte bei Werksnennungen je wieder eingesetzt werden. Diese winterliche Hockenheimaktion besiegelte auch das Schicksal des Bergwagens vom Typ 909. Auch er wurde zum Museumsstück, da 1968 die letzte Saison gewesen war, in der Zuffenhausen ein Werksteam für die Europa-Bergmeisterschaft aufgestellt hatte.

Die europäische Bergmeisterschaft 1968 hätte kaum überzeugender von Gerhad Mitter und Porsche dominiert werden können. Sieben von insgesamt acht Läufen hatte der Leonberger gewonnen. Seine einzige Niederlage hatte er in Trento-Bondone einstecken müssen, wo alle schnellen Wagen durch Nebel und Regen zu verhaltenem Fahren gezwungen gewesen waren.

Für die Bergsaison des Jahres 1968, die am 2. Juni in Montseny ihren Anfang nahm, wurde der mit einem Aluminiumrahmen versehene Bergspyder des Jahres 1967 überarbeitet, gleichzeitig entstanden zwei weitere Wagen mit Gitterrohrrahmen aus Leichtmetall. Man gab ihnen die Form des 910/8 von 1967, fügte lediglich gewölbte Kunststoff-Seitenteile zwischen den Rädern hinzu. Der »Minirock«-Effekt war dadurch verschwunden. Am Heck der Karosserie befestigte man zwei rechteckige Spoiler. In einer Weise, wie man dies speziell für den 908 entwickelte, bestand eine Verbindung der Spoiler-Anlenkung zur hinteren Radaufhängung, so daß sich der Spoiler in einen steileren Winkel stellen konnte und dadurch effektiver wurde, wenn das Rad nach unten ausfederte (wie dies beim inneren Rad in einer engen Kurve geschah).

Alle drei Autos besaßen Beryllium-Bremsscheiben, von denen jede nur 847 Gramm wog. Die Bremssättel bestanden aus Aluminium oder Magnesium und nicht mehr aus Titan, wie dies im Vorjahr der Fall gewesen war. Versuche mit Spurstangen aus Leichtmetall gab man wieder auf, nachdem solche im Training zum ersten Bergrennen in Montseny gebrochen waren.

Der 910/8 B des Jahres 1967 hatte die Eigenart, in allen Kurven das innere Vorderrad anzuheben, egal, wie man die Federung einstellte. Deshalb entfernte man 1968 die vorderen Schraubenfedern und ersetzte sie durch einen »Z-Stab«, einen Querstabilisator, dessen Arme an der Radaufhängung auf einer Seite vorne und an der anderen hinten befestigt waren. Dadurch wurde der gleiche Effekt erzielt wie bei herkömmlichen Torsionsstäben, die bei den letzten 356-Modellen im Heck eingesetzt worden waren: sie federten ab, boten jedoch keinen Widerstand gegenüber Rolleffekten.

Die Leistung des Achtzylindermotors 771 (76 x 54,6 mm, 1982 ccm) hatte man weiter gesteigert. Bei einer Verdichtung von 10,4 : 1 ergab sich eine Leistung von 275 PS bei 9200 U/min. Die Lichtmaschine wurde aus Platz- und Gewichtsgründen weggelassen, da die mitgeführte kleine Batterie genug Kapazität enthielt, um die Zündung im Verlaufe eines einzigen Bergrennens mit Strom zu versorgen. Derartige Einsparungen brachten das Gewicht des Bergspyder 1968 auf 409 kg herunter.

Drei solcher neuen Wagen wurden gebaut, weil Porsche einen dreifachen Angriff auf die Berge Europas plante. Zum Team des Jahres 1967 mit Mitter und Stommelen war der populäre Fahrer »Lulu« Scarfiotti gekommen, der in der vergangenen Saison Porsches Hauptkonkurrent gewesen war. In der Reihenfolge Mitter, Scarfiotti, Stommelen absolvierten sie mit Erfolg den ersten Lauf in Montseny. Der nächste Wettbewerb fand eine Woche später am 9. Juni auf dem Roßfeld statt. Aber er wurde für Porsche zu einer Katastrophe.

Helmut Schneider schrieb in *Autosport*, was am Roßfeld geschah. »Beim zweiten Trainingslauf kam Stommelen von der Strecke ab und setzte seinen Wagen zwischen die Bäume. Mit einem gebrochenen Arm kam er davon. Wie es heißt, soll er zu einem Streckenposten gesagt haben, daß seine Lenkung gebrochen sei. Einige Augenblicke später, etwas weiter unten, raste Scarfiotti mit blockierenden Bremsen in den Wald. Schwarze Reifenspuren markierten den Weg des Unglückswagens. Scarfiotti war auf der Stelle tot.«
Das Rennen wurde dennoch gefahren. Mitter gewann es.
Porsche ließ den Unfallwagen Scarfiottis genau untersuchen, um zu den Vorwürfen Stellung nehmen zu können, Scarfiottis Unfall sei durch einen Fehler infolge der extremen Leichtbauweise verursacht worden. Es ließ sich kein Hinweis finden, der darauf hingedeutet hätte, daß etwas am Chassis gebrochen war oder daß ein hängengebliebener Gasschieber für den Unfall verantwortlich gewesen wäre. Für diesen Unfall, bei dem Scarfiotti, einer der begabtesten italienischen Fahrer, sein Leben ließ, wurde nie eine eindeutige Ursache gefunden. Mit seinem Tod büßte Porsche seinen ersten Fahrer am Volant eines Werkswagens ein.

Stommelen konnte am nächsten Bergrennen noch nicht wieder teilnehmen, war jedoch beim vierten Lauf in Cesana-Sestriere wieder dabei. Hier wie in Freiburg am folgenden Wochenende mußte er seine zweite Position jeweils an Dieter Quester auf BMW abgeben. Am Gaisberg, dem vorletzten Bergrennen, überraschte Porsche die Konkurrenz durch zwei brandneue Wagen, die nur für Bergrennen gebaut worden waren – es waren dies die neuen Typen 909.

Die 909 nahmen das Konzept einer Rennwagenkonstruktion vorweg wie sie erst in den siebziger Jahren üblich wurde. Der Wagen hatte einen extrem tief liegenden Schwerpunkt, um schnell in den Kurven zu sein, und eine besser ausbalancierte Gewichtsverteilung. Wesentlich mehr Masse wurde durch die Versetzung des Motors mehr zur Fahrzeugmitte hin im Zentrum des Wagens plaziert, wobei man gleichzeitig ein neues Fünfganggetriebe installierte, das zwischen Motor und Achsantrieb lag. Hierin ähnelte der 909 dem Cisitalia Grand-Prix-Wagen, der 1947 in Gmünd entstanden war.
Alle Aggregate des 909 befanden sich innerhalb jener Parameter, die durch seine 13-Zoll-Reifen und den Radstand von 2264 mm gegeben waren. Die Spur hatte man auf 1470 mm vorne und 1463 mm hinten erweitert. Der Fahrer saß so weit vorn im Wagen, daß er praktisch zwischen den Vorderrädern hockte. Er war der vorderen Radaufhängung so nahe, daß der vordere Querstabilisator das Cockpit zwischen Lenkrad und Instrumenten kreuzte. Der 909 wies sowohl vorne als auch hinten Schraubenfedern auf, die aus Titan gefertigt waren. Solche Federn hatte man 1967 erstmals im ultraleichten 910/8 B erprobt.
Titan verwendete man ebenfalls für einen Behälter, der sowohl den Kraftstofftank als auch das Fördersystem enthielt. Innerhalb dieses Behäl-

Porsche 909, ein Bergwagen, bei dem man Motor und Fahrersitz sehr weit nach vorn verlegt hatte. Nur zwei solcher Wagen wurden gebaut und selten eingesetzt. Größere Erfolge waren seinem Nachfolger vergönnt, dem 908/03 Spyder.

ters gab es einen elastischen Kunststoff-Ballon, dessen Fassungsvermögen 15 Liter Benzin betrug. Unter hohem Druck wurde Stickstoffgas in den Freiraum zwischen Gehäuse und Ballon gepreßt, um den Kraftstoff zum Motor zu bringen. Dies war eine moderne Version des Autovac, wie ihn viele Wagen der zwanziger Jahre aufwiesen. Der ganze Wagen mit seinem knapp dimensionierten Cockpit strahlte den Charme eines Badezimmer-Pantoffels aus. Durch zwei kreisrunde Öffnungen neben den Schnurrbart-Spoilern gelangte Kühlluft zu den Vorderradbremsen. Man hatte mit dem Platz derart gegeizt, daß der 909 in der Länge nur 3447 mm maß, 410 mm weniger als der 910 Bergspyder. Sein Trockengewicht betrug nur 428,5 kg. Der erste, der ihn in Hockenheim durchrütteln durfte, war Gerhard Mitter, der den 909 »den besten Wagen, den wir je hatten«, nannte. Am Gaisberg jedoch fühlte er sich in seinem älteren Wagen wohler, mit dem er dort auch siegte.
Stommelen kam mit dem 909 sehr gut zurecht. »Ich glaube nicht, daß ich mit dem alten Wagen schneller gewesen wäre«, sagte er am Gaisberg. »Zu dem neuen Modell habe ich mehr Vertrauen, obwohl es bei hohen Geschwindigkeiten kritischer zu beherrschen ist.«
Kraftstoff-Versorgungsprobleme ließen Stommelen mit dem zweiten 909 nur auf den dritten Platz kommen. Mit einer normalen Kraftstoffpumpe ging Stommelens 909 wesentlich besser und er wurde im letzten Saisonrennen auf dem Mont Ventoux damit Zweiter. Dies sicherte ihm in der Europäischen Bergmeisterschaft den zweiten Rang, um einen Punkt besser als Quester auf BMW.

1968 ging eine große Epoche in der Renngeschichte Porsches zu Ende. Obwohl einige der 907 und 910 an private Teams verkauft worden waren, die sie noch eine zeitlang in Schwung hielten, war 1968 das letzte Jahr, in welchem Porsche den 771 Achtzylinder für den Antrieb seiner Werkswagen verwendete. In diesem Motor waren Konstruktionsdetails enthalten, die eine lange Tradition hatten. Von jetzt an sollten Porsche-Rennmotoren ganz anders aussehen. Obwohl die Europa-Bergmeisterschaft fortgesetzt wurde, endete die Teilnahme Porsches mit der Glorie, der Tragödie und den technischen Großtaten der Saison 1968. Nachdem Gerhard Mitter an die hervorragenden Leistungen eines Edgar Barths durch sein dreimaliges Championat herangekommen war, gedachte er seine Kraft, seine Nerven und sein Glück nicht in weiteren Bergsaisons aufs Spiel zu setzen. Piëch, Bott, Falk und Mezger hatten mit ihren Konstruktionen die Konkurrenz so weit distanziert, daß diese noch einiges aufzuholen hatte. Porsche indessen benötigte jetzt viel Zeit und viel Geld, um sich für die Saison 1969 vorzubereiten, denn die Geburt des Typ 917 stand bevor. Zukünftige Bergmeisterschaften sollten ohne Porsche-Werksbeteiligung stattfinden.

Kapitel 20
Mit dem Dreiliter-Porsche am Start

Der 908 war entstanden, weil die Dampfwalzen-Taktik von seiten Ford dazu geradezu herausforderte. Kaum war die Saison 1967 vorüber kursierten auch schon Gerüchte in der Branche, wonach die F.I.A. das 3-Liter-Limit bei den Prototypen wieder in Kraft setzen wollte, wie es von 1958 bis 1961 gegolten hatte. Die Organisatoren zogen diese 3-Liter-Grenze in Erwägung, weil dies, so meinten sie, die hohen Geschwindigkeiten der schnellsten Wagen reduzieren würde und weil diese Hubraumbegrenzung auch in der Grand Prix-Formel galt. Man gab somit etlichen Motorenherstellern die Chance, die gleichen Konstruktionen in beiden Rennkategorien einsetzen zu können.

Wie üblich, war Huschke von Hanstein über die F.I.A.-Erwägungen bestens informiert und obwohl vor Oktober 1967 noch keinerlei offizielle Mitteilung über die geplante Hubraumbegrenzung herausgekommen war, hatte Porsche mit der Neukonstruktion eines 3-Liter-Motors schon im Juli begonnen. Dies war bemerkenswert, denn erstmals in der Geschichte dieses Hauses machte sich Porsche an den Bau eines Motors, der auf die größte Hubraumklasse der Prototypen zugeschnitten war. Porsche hatte zwar schon früher gegen die größten Prototypen gekämpft, die 2,2-Liter-Motoren waren aber leistungsmäßig den Wagen mit vier und fünf Liter Hubraum stets unterlegen gewesen. Porsche hatte jetzt also nichts zu verlieren – ganz im Gegenteil. Der 908 war der erste Wagen, der Porsche im Kampf gegen die Konkurrenz um den Gesamtsieg von vornherein gleichstellte.

Ferry Porsche stellte einige Anforderungen an den Entwurf dieses neuen Motors. Eine davon war, daß er in der Bauweise recht einfach sein mußte, um in der Grundkonstruktion die Basis eines zukünftigen Serienmotors abgeben zu können. Von diesem Standpunkt aus betrachtet, stellte ein Hubraum von 3 Litern eine gute Ausgangsposition dar. Eine weitere Bedingung war, daß die Entwicklungskosten des Motors und des Wagens sich innerhalb bestimmter Grenzen abspielen mußten. Ungewöhnlich hohe Aufwendungen hatte man bereits für den 907 zu verbuchen, und man konnte es sich nicht leisten, in die Entwicklung des 908 einen Beitrag von vergleichbarer Größe zu stecken. Das Rennbudget betrug damals an die zwanzig Millionen Mark pro Jahr – das waren etwa 6 bis 7 Prozent des Gesamtumsatzes der Porsche KG und mehr als das Doppelte dessen, was ursprünglich für den Rennsport vorgesehen war.

Welcher Bauart sollte der neue Motor sein? Den 771 zu vergrößern, konnte man sich nicht erlauben, denn der Motor vertrug keine Hubraum-Vergrößerung mehr und es wäre auch zu teuer geworden, den 771 umzukonstruieren. Hans Mezger und sein Team wendeten sich vielmehr dem Sechszylinder vom Typ 916 zu, der im Sommer 1967 entstanden war. Dieser Motor, wie im Kapitel 18 beschrieben, war eine mit vier obenliegenden Nockenwellen versehene Rennversion des 901, die in Mugello im Juli 1967 in einem 910 ihr Debut gegeben hatte, zu einem Zeitpunkt, als eben die Arbeiten am 908 begonnen hatten. Der 908-Motor geriet, einfach ausgedrückt, zu einem 916-Sechszylinder mit zwei weiteren Zylindern und erweiterter Bohrung, womit er auf 2996 ccm kam. Nach Gérard Larrousse handelte es sich bei diesem Achtzylinder um »gar keinen echten Rennmotor«.

Das Kurbelgehäuse des 908 Achtzylinder entsprach im Wesentlichen dem des 901 Sechszylinders, nur verlängert, um Raum für zwei weitere Zylinder zu schaffen. Am vorderen Ende der Kurbelwelle saßen die gleichen Aggregate wie beim 916, während die doppelten Ölpumpen mit dem Filter sich hinten befanden. Die grundsätzli-

Sebring-Rennen 1970: Nur knapp verfehlte die »Flunder« von McQueen und Revson hier den Sieg. Der Achtzylinder entsprach der Dreiliter-Formel. 1969 hatte ein solcher Wagen die sechs Stunden von Watkins Glen gewinnen können.

chen Unterschiede bestanden in den hinzugekommenen zwei Hauptlagern, der verlängerten Kurbelwelle und einer verlängerten Welle für die Ölpumpen. Für das zweiteilige Kurbelwellengehäuse wurde eine Magnesiumlegierung verwendet.

Die zwei Ölpumpem hatte man beibehalten, weil der 908 wie der 901 ein Trockensumpf-Schmiersystem besaß. Von der mit halber Geschwindigkeit laufenden Abtriebswelle an der Vorderseite des Motors führte eine doppelte Rollenkette für den Antrieb der beiden Nockenwellen zu jeder Zylinderreihe. In der Verwendung solcher Kettenantriebe im 908 wie in den Motoren 901/20 und 901/21 kam Porsches Bestreben zum Ausdruck, die Konstruktion leicht, einfach und nicht zu teuer werden zu lassen.

Auch im Design der Zylinderköpfe entsprach der 908 dem 916 Sechszylinder. Es gab gleiche Ventilwinkel (33 Grad für die Einlaß- und 38 Grad für die Auslaßseite) und die gleichen Tassenstößel. Jeder Stößel wurde von einer Ölgalerie, die über die gesamte Länge des Zylinderkopfes verlief, mit Schmierstoff versorgt. Die Öffnungen von dieser Galerie zu den Stößeln befanden sich etwas unterhalb der Aufnahmebohrung, so daß Öl lediglich austreten konnte, wenn die Stößel niedergedrückt waren. Hierdurch ließ sich die Ölzufuhr besser dosieren. Außenliegende Rohrleitungen brachten das überschüssige Öl vom Gehäuse der Einlaßnockenwellen hinunter zu denen der Auslaßseite, wo es von Förderpumpen aufgesaugt wurde.

Die im 908 verwendeten Materialien entsprachen denen, die man bei Porsche ausreichend erprobt hatte. Die Zylinderköpfe waren aus Aluminium, die Zylinder ebenfalls, wiesen aber verchromte Wandungen auf, die Pleuel waren aus Titan mit ebensolchen Bolzen und Stahlmuttern und die Ventile selbst waren mit Natrium gefüllt. Alle Abdeckungen und Gehäuse waren aus Magnesium, deren Oberfläche in einem dunklen Oliv gehalten war.

Die geschmiedete Stahlkurbelwelle erhielt Öl für alle Pleuellager durch die beiden äußersten Hauptlager, die den Schmierstoff zu einer über die gesamte Länge der Kurbelwelle verlaufenden Galerie beförderten. Versuche ergaben, daß diese Art der Ölversorgung einen Förderdruck von sieben Atmosphären erforderte, um den Lagern bei 9000 U/min noch genügend Öl zu liefern. Das waren zwei Atmosphären mehr als bei der kürzeren Welle des 901. Die Haupt- und Pleuellager hatten 57 mm Durchmesser, waren 22 mm breit und die Pleuellänge von Mittelpunkt zu Mittelpunkt betrug 130 mm.

In der Auslegung der Kurbelwelle entschied sich das Mezger-Team, nicht dem Beispiel des 771 zu folgen. In jenem Motor entsprachen die Kurbelwellenkröpfungen zwei Vierzylinder-Kurbelwellen, die man aneinander gefügt hatte, mit einer Versetzung von 90 Grad. Beim Motor des 908 entschieden sich die Porsche-Ingenieure für eine Kurbelwellenkonstruktion, bei der jede Wange um 90 Grad zu ihrem Nachbarn versetzt war. Die Zündfolge wurde mit 1-8-2-6-4-5-3-7- festgelegt. Ein großer Bosch-Zündverteiler, der vom vorderen Kurbelwellenende angetrieben wurde, versorgte alle 16 Zündkerzen dieses doppeltgezündeten Achtzylinders. Es handelt sich um einen kontaktlosen Verteiler, der magnetisch ausgelöste Impulse zu zwei Transistor-gesteuerten Einheiten schickte, die den Strom für die beiden Zündspulen abwechselnd an- und abschalteten.

Die Kühlung des 908-Motors erfolgte wie beim 901 und 916. Ein Keilriemen trieb ein vertikal angeordnetes Gebläse an; in der Nabe des Lüfterrades saß die Lichtmaschine. Anfangs hatte man für den Gebläseantrieb einen Zahnriemen verwendet, dieser aber riß während der ersten Testfahrt (in Le Mans-Vortraining 1968) und wurde deshalb durch einen Keilriemen ersetzt. Von 1969 an benützte man doppelte Keilriemen, um damit die Gefahr eines Keilriemenbruchs zu verringern. Das Gebläse beanspruchte rund 12 PS. Ein besserer und sicherer Gebläseantrieb wurde erst 1970 gefunden.

Im Zylinderkopf des neuen 908-Motors hatte man die Ventile im Vergleich zum 916 etwas vergrößert, um dem größeren Hubraum pro Zylinder zu entsprechen. Die Einlaßventile erweiterte man um 1,5 mm auf 47,5 mm, die Auslaßventile wurden um 0,5 mm auf 40,5 mm vergrößert. Die Steuerzeiten blieben wie beim 916: 104/104 Grad für die Einlaß- und 105/75 Grad für die Auslaßseiten mit Spitzenhüben von 12,1 und 10,5 mm für die jeweilige Ventilseite. Die Bosch-Einspritzpumpe wurde über einen Zahnriemen von der Einlaßnockenwelle angetrieben. Die Einspritzdüsen saßen an der Oberseite der aus Kunststoff gefertigten Ansaugrohre dicht an den Gasschiebern.

Die ersten 908-Motoren wiesen eine Bohrung von 84 mm auf, eine Dimension, die jener des zukünftigen Serienmotors vom Typ 901 entsprach. Bei einem Hub von 66 mm gab dies beim 908 einen Gesamthubraum von 2926 ccm. Das Kompressionsverhältnis lag bei 10,3 : 1. Das Gewicht dieses neuen Achtzylinders betrug 180 kg, 32,6 kg mehr als der Achtzylinder vom Typ 771. Aber das Aggregat war nur 66 mm länger und 100 mm breiter, was die bemerkenswerte Kompaktheit dieses Motors darstellt.

Schon im Dezember 1967 war der erste 908-Motor einsatzbereit. »Als er das erste Mal auf den Prüfstand ging«, schrieb Paul Frère in *The Racing Porsches,* »gab er 320 PS ab, die man auf 335 PS bei 8500 U/min gebracht hatte, als der Wagen am 25. April im 1000-km-Rennen von Monza eingesetzt wurde. Zu dieser Zeit gab Porsche offiziell bescheidene 310 PS bei 8000 Touren als Leistung des 908 an.

Mit rund 30 Prozent mehr Drehmoment als bei früheren Motoren mußte man dem 908 eine stabile Kraftübertragung angedeihen lassen. So entstand eine neue Antriebseinheit, wie man sie bislang in keinem anderen Porsche gesehen hatte. Mit sechs Vorwärtsgängen wählte man ein Getriebe, das ursprünglich für den 910 Bergspyder gebaut worden war, aber nicht zum Einsatz kam, weil es 25 kg mehr wog als das bisherige Getriebe. Dem Langstreckenwagen glaubte man das zusätzliche Gewicht eher zumuten zu können. Das Magnesiumgehäuse des Sechsganggetriebes wurde in zwei Teilen gefertigt, durch ein Zwischenstück aus Aluminium von etwa 2,5 cm Stärke getrennt. Vor dieser Trennwand befanden sich die Zahnradpaare des ersten und zweiten Ganges sowie des Rückwärtsganges. Die Trennwand diente auch als Lageraufnahme für die Wellen. Dahinter befanden sich die Zahnradpaare für die oberen vier Vorwärtsgänge. Diese Zahnräder wurden über eine Vorgelegewelle bewegt, während die niedrigeren Gänge auf der Hauptwelle liefen. Alle Vorwärtsgänge hatten Schrägverzahnung, was in einem Renngetriebe ungewöhnlich war, weil es hier auf Geräuschverminderung wenig ankam, und alle Gänge waren nach dem Porsche-System synchronisiert. Das mit Pumpenschmierung versehene Sechsganggetriebe war im März 1968 erstmals in einem 907 getestet worden und trug auch die Typenbezeichnung 907. Bei den ersten Probefahrten stellte sich heraus, daß die Schaltwege sehr eng lagen – für etliche Fahrer zu eng.

Als Porsche mit dem neuen Fahrzeug am Samstag, den 6. April 1968 erstmals in Le Mans auftauchte, fiel es Zuschauern dieses Trainingslaufes schwer, die zwei 908 von dem 907 zu unterscheiden, der sie begleitete. Das war nicht unbeabsichtigt, denn bei Porsche hatte man im Sinn, den 907 nur dort zu ändern, wo dies unumgänglich war, etwa, um den leistungsstärkeren Achtzylinder unterzubringen.

Eine Serie von einem Dutzend Rahmen (Nr. 908-000 bis 908-011) wurde aufgelegt, um den Bau etlicher 908 in Schwung zu bringen. Diese Rahmen baute man aus Stahl, weil die Ergebnisse aus dem Lauf eines mit Alurahmen versehenen 907 in Daytona zu spät kamen, um sicherzugehen, daß Aluminium ohne weiteres auch für das Chassis des ersten 908 verwendet werden konnte. In seiner Konstruktion war der Rohrrahmen des 908 ähnlich dem des 907, abgesehen von jenen Änderungen, die im Heck notwendig waren, um das größere Getriebe unterzubringen.

Auch die Radaufhängungen und die Lenkung entsprachen denen des 907, ebenso die Karosserie, die jener des 907 glich, wie sie in der Saison 1968 präsentiert worden war, mit dem Ölkühler in der Bugspitze und der Alternative eines langen oder kurzen Hecks bei gleicher Grundform des Vorderteils und des Coupédaches. Dennoch gab es einige wichtige Unterschiede zum 907.

Der 908, wie er 1968 gefahren wurde, besaß eine ovale Lufteinlaßöffnung für den Ölkühler, im

Le Mans 1972. Der Porsche ist ein 1958er 908 Langheck, der Dritter im Gesamtklassement wurde. Darunter die Heckansicht des 908/02 Spyder, der im Januar 1969 erstmals in Hockenheim präsentiert wurde.

Unterschied zu jener vergitterten, rechteckigen Einlaßöffnung im 907. Sie erinnerte etwas an die Fronteinlässe beim Ford Mark IV und im Chaparral 2F von 1967. Daneben befanden sich die üblichen Einlässe für Brems- und Cockpitkühlung. Die linke Einlaßöffnung jedoch war anders geformt als bei den 1968er Modellen des 907, sie bildete mehr ein senkrechtes Oval. Diese Änderung hatte man wegen des Eisbehälters vorgenommen, der dahinter untergebracht war, um die Fahrer – wie beschrieben – zu kühlen.

Bei seinem ersten Einsatz in Le Mans und im ersten Rennen in Monza später im April lief der 908 wie der 907 auf 13-Zoll-Rädern. Porsche hatte aber bereits die Absicht, den neuen Wagen mit 15-Zoll-Rädern zu versehen. Die Rückkehr zu dieser größeren Dimension hatte zwei Gründe: sie erlaubte die Verwendung von größeren Scheibenbremsen und ermöglichte zum anderen den Einsatz von Rennreifen neuester Konstruktion. Seit Einführung der 3-Liter-Grand-Prix-Formel 1 im Jahre 1966 waren größere und vor allem wesentlich breitere Reifen wieder in Mode gekommen.

Um den breiteren und höheren Reifen ausreichend Platz zu schaffen, mußte die Karosserie 1 cm breiter als die des 907 werden, was zur Gesamtbreite von 1829 mm führte. Dadurch entstand auch Platz für den größeren Kraftstofftank, der jene 120 Liter faßte, die laut F.I.A.-Regeln einem 3-Liter-Wagen zugestanden wurden. Die Tanks wurden soweit wie möglich vorne plaziert, um das größere Motor- und Getriebegewicht im Heck ausgleichen zu helfen.

Durch die breiteren und höheren Kotflügel vergrößerte sich verständlicherweise auch die Frontfläche des 908. Sie maß 1,374 Quadratmeter beim 1968er Modell, dies waren 6,7 Prozent mehr als beim 907. Auch beeinträchtigten die neugestalteten Kotflügel die hervorragende aerodynamische Form, wie man sie für den 907 L entwickelt hatte. Der Luftwiderstand des 908 Langheck erreichte einen um 28 Prozent höheren Wert als beim 907.

Der für die Rennwagen von Porsche inzwischen klassisch gewordene Radstand von 2300 mm wurde beim 908 beibehalten. Mit den breiteren Rädern vergrößerte sich die Spur vorn und hinten, um 50 mm im Heck auf 1453 mm und vorne um 25 mm auf 1486 mm. Obwohl die F.I.A.-Regeln den 3-Liter-Prototypen ein Mindestgewicht von 650 Kilogramm vorschrieben, kamen die Langheck-Coupés Anfang 1968 auf 668 kg Trockengewicht. Die überschüssigen Pfunde empfanden die gewichtsbewußten Porsche-Ingenieure als schändlich – sie setzten sofort alle Hebel in Bewegung, um das Gewicht auf das erlaubte Limit zu reduzieren.

Für den 908 begann die Saison am 6. April in Le Mans. Hier wurde der Langheck-Wagen erstmals von Rolf Stommelen bis an seine Grenzen ausgefahren. Er fand ihn »fürchterlich unstabil« vor allem in so schnellen Kurven wie am Maison Blanche, kurz bevor die Boxen wieder in Sicht kommen. Zuerst versuchte die Crew Ferdinand Piëchs, die Heckoberfläche durch eine Zusatzstrebe zu verstärken, um zu verhindern, daß sie sich aufwölbte, und fügte einen schmalen Spoiler hinzu. Doch dies half nichts. Der nächste Schritt, wie im vorliegenden Kapitel beschrieben, war die Anbringung langer Flossen auf den hinteren Kotflügeln. Diese stabilisierten den über 300 km/h schnellen Wagen spürbar.

In Le Mans wie in den drauffolgenden Rennen auf dem Nürburgring und in Monza litten die 908 unter Getriebeschwierigkeiten. Auch gab es Schäden an der Kupplung und an den Halbachsen, eine Neukonstruktion, die 1968 sowohl im 907 wie im 908 eingesetzt wurde. Man hatte etliche dieser Kinderkrankheiten alsbald beseitigt, leider nicht rechtzeitig genug für Monza. Immer wieder mußten die beiden Langheck-908 an die Boxen; sie beendeten das Rennen schließlich an elfter und neunzehnter Position.

Das erste Rennen eines 908 mit Kurzheck-Karosserie fand am 19. Mai im 1000-km-Rennen auf dem Nürburgring statt. Mit dem abgeschnittenen Heck, hochgestellten Heckspoilern, offenem Motorraum und den Lufteinlässen beiderseits vom Cockpit ähnelte er sehr der kurzen Ver-

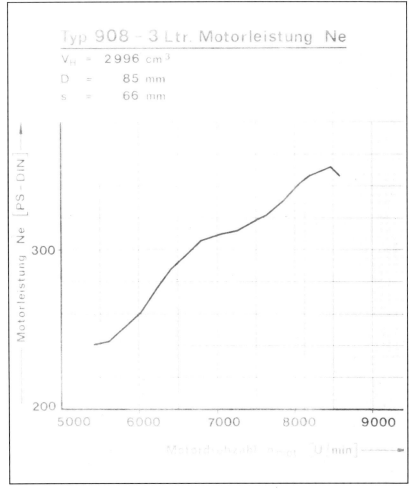

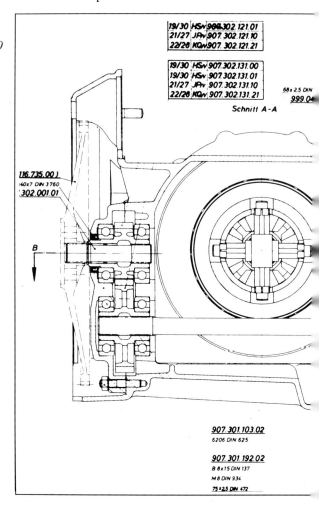

Links die Leistungskurve des 908-Dreilitermotors. Sie zeigt 350 PS bei 8500 Touren. Rechts Schnittzeichnung von Kupplung und Getriebe des Typs 907, eingebaut im Porsche 908 von 1968.

Getriebe vom Typ 916, wie es ab 1969 in den Fahrzeugen 908 und 908/02 zum Einbau kam. Die Einheit hat vier Vorwärtsgänge.

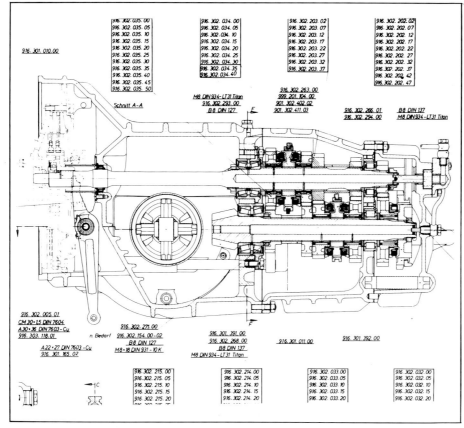

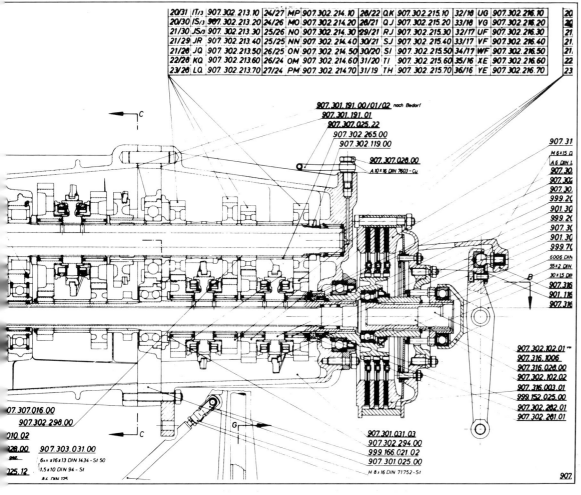

sion des 907, nur, daß er breiter war. Er hatte die gleiche Frontfläche wie der Langheck und damit auch den höheren Luftwiderstands-Beiwert von 0,42, fast der gleiche wie ihn der 550 Spyder oder das 356 Coupé aufwies. Die hintere Heckklappe war oben am Dach angeschlagen und ließ sich zur Gänze emporklappen. Vom 904 bis zum 910 hatte sich diese Heckklappe an einem tiefen Anschlagpunkt am äußersten Wagenende nach hinten klappen lassen.

Zwei 908-K-Coupés wurden für das Nürburgring-Rennen genannt und einer davon, von Siffert und Elford gefahren, absolvierte nicht nur die schnellste Tagesrunde, sondern trug auch den Gesamtsieg davon. Das war insoweit überraschend, als ein 907 im Training schneller gewesen war und weil die 908 nach wie vor von verschiedenen Defekten heimgesucht wurden.

Doch kein 908 verdarb den Porsche-Männern diesen Tag. Es sollte indes der einzige Sieg eines 908 in einem wichtigen, klassischen Rennen im Jahr 1968 bleiben.

Zwei 908 bereitete Porsche für das nächste 1000-km-Rennen vor, das auf dem schnellen Rundkurs von Spa am 26. Mai stattfinden sollte. Warum hatte man aber zwei Wagen mit kurzem Heck nach Belgien geschickt, wo man doch erwarten konnte, daß der Zuffenhausener Computer für den Langheck-908 schnellere Zeiten errechnet hatte? Der Grund hierfür lag wohl in den schlechten Erfahrungen, die man mit dem 908 L auf Strecken mit schnellen Kurven gemacht hatte. Außerdem hatten die Werksfahrer eine Abneigung gegen die Langheck-Wagen. Porsche brachte zwar auch einen 908 L nach Spa, die Fahrer jedoch betonten erneut, daß sie dieses Auto für zu gefährlich hielten und so wurde es im Rennen nicht eingesetzt. Im Training waren die 908 zum erstenmal überzeugend schneller als die 907. Allerdings regnete es während des Rennens; ein Wagen baute einen Unfall und der andere wurde schließlich noch Dritter.

Eigentlich sollte in Le Mans das nächste Rennen stattfinden. Aber es wurde – wie bereits erwähnt – auf Ende September verschoben. Somit avancierte das 6-Stunden-Rennen von Watkins Glen am 14. Juli zum nächstfolgenden Meisterschaftswettbewerb. Aus zwei Gründen kam diesem Rennen eine gewisse Bedeutung in der Geschichte des 908 zu: es war der erste Meisterschaftslauf, in dem Porsche einzig den 908 einsetzte und es war das erste größere Rennen, in dem ein Porsche mit über die Radaufhängung gesteuerten aerodynamischen Hilfsmitteln ausgerüstet war. Der Einsatz automatisch bewegter Heckklappen am 908 K hatte seinen Ursprung in jenen Versuchen, die Ende 1966 an einem Carrera 6 durchgeführt worden waren. Sinn dieser Versuche war, einiges über die Vor- und Nachteile verschiedener Arten von Spoilern und Karosserieformen in Erfahrung zu bringen. Dem 906 wurden vorn die sogenannten Schnurrbart-Spoiler verpaßt, die in ihrer Größe und ihrem Winkel veränderbar waren, und zwei große Heckklappen. Diese Klappen saßen ganz hinten nebeneinander und waren cinzeln oder gemeinsam in Scharnieren beweglich.

Hans Herrmann fuhr eine Reihe von Versuchen in Weissach und in Hockenheim. Man ergänzte die Fahrversuche durch aerodynamische Tests. Untersuchungen lieferten interessante Daten. Auf dem Schleuderkurs in Weissach, den der 906 mit etwa 120 km/h umrundete, erreichten die Kurvenfliehkräfte bei den verschiedenen Spoiler-Einstellungen folgende Werte:

Ohne Klappen oder Spoiler	1,05 g
Hintere Klappen aufgestellt	1,05 g
Vordere Spoiler verbreitert	1,07 g
Volle Front- und Heckspoiler	1,09 g
Klappe und Spoiler an der Kurvenaußenseite	1,11 g
Klappe und Spoiler an der Kurveninnenseite	1,11 g
Aufgestellte Klappen, Spoiler verbreitert	1,11 g

Diese Tests führten schließlich zu dem überraschenden Schluß, daß zumindest beim 906 die Benutzung von innenseitigen Spoilern die gleichen Resultate brachte, als wenn sie an beiden Seiten angebracht waren. Den »Klappenwagen« schickte man dann erneut in den Windkanal, wo sich erwies, daß zumindest der Luftwiderstand dort geringer war, wo man mit nur einer Klappe operierte.

Auch bei Fahrversuchen erwies sich, daß der voll mit Spoilern ausgerüstete Wagen einen zu hohen Luftwiderstand brachte, während der mit einseitig gefahrenem Spoiler getestete 906 schnellere Zeiten absolvierte. »Die Verbesserungen in den Rundenzeiten mit der inneren Klappe« sagte Helmuth Bott in einer Zusammenfassung, »müßte bis zu zehn Sekunden pro Runde auf dem Nürburgring bringen.« Der verbesserte Anpreßdruck durch die Klappen erhöhte zwangsläufig den Rollwiderstand, doch konnte man diesen wiederum durch eine Erhöhung des Reifendrucks ausgleichen.

Testergebnisse mit dem Klappenwagen veranlaßten Bott und die anderen Porsche-Ingenieure, über die Eigenschaften verschiedener Arten von Spoilern nachzudenken, wie man sie den unterschiedlichsten Bedingungen im Rennen anpassen könnte. Sie stellten eine Tabelle verschiedener Spoiler-Konstruktionen auf und kamen dabei zu folgenden Beurteilungen:

1. Hand- oder Fußbedienung (im Chaparral eingesetzt). Nachteile: mögliche Bedienungsfehler, Belastung des Fahrers.
2. Hand- oder Fußkontrolle mit Servo-Unterstützung (von Ferrari benützt). Nachteil: Mögliche Bedienungsfehler sowie zusätzliches Gewicht.
3. Bedienung durch die Lenkung. Nachteile: Erfordernis stärkerer Lenkkräfte, unerwünschte Effekte bei Lenkkorrekturen.
4. Bedienung in Abhängigkeit von der Radaufhängung. Nachteil: vergrößerte Trägheitsbelastung der Radaufhängung auf unebenen Strecken.
5. Bedienung abhängig von Bremsen und Gaspedal. Nachteil: ein Defekt könnte jedes der Pedale blockieren.
6. Bedienung in Abhängigkeit von der Geschwindigkeit (von Lotus eingesetzt). Nachteil: Fehlsteuerung durch Beschleunigungskräfte anstatt Auslösung durch Rollgeschwindigkeit.
7. Bedienung in Abhängigkeit von Beschleunigung, Neigungswinkel oder Drift. Nachteil: die Kräfte sind mechanisch schwierig umzusetzen.

Diese Aufzählung zeigt nicht nur die Auswahl der Möglichkeiten, die man hatte, sondern auch, wie sie von Porsche eingeschätzt wurden.
Im vorliegenden Fall entschied man sich für die vierte Position, bei welcher die Radaufhängung zur Betätigung der Spoiler eingesetzt wurde. Wie angeführt, hatte diese Methode den Nachteil, daß die Klappen und ihre Kontrollmechanismen die Masse der ungefederten Radaufhängungselemente erhöhte. Doch konnten diese Teile leicht genug gehalten werden, um die Gewichtszunahme auf ein Minimum zu halten.
Im Juni 1968 erprobte Porsche durch die Hinterradaufhängung betätigte Heckspoiler an zwei Wagen: einmal an dem überarbeiteten 910 Bergspyder, zweitens an dem Versuchswagen 908 K. Über dünne Stäbe und Kugelgelenke von den hinteren Radträgern gab es eine Verbindung zu den Klappen, die beim 908 K wie beim ersten »Klappenwagen« an der Karosseriehinterkante angebracht waren. Jede Klappe war einzeln mit dem jeweiligen Rad der entsprechenden Seite verbunden, und zwar so, daß die Klappe sich

Der Porsche 908/02 Spyder mit den abgerundeten Karosserielinien; der Wagen wurde 1969 nach Sebring geschickt. Gegenüberliegende Seite: 908 L Coupé mit beweglichem Heckflügel, der sich mit der Einfederung der Hinterräder bewegte. In Le Mans 1968 wurde dieses Fahrzeug erstmals eingesetzt.

nach oben bewegte, wenn das Rad nach unten ausfederte, sich also vom Rahmen entfernte. Dies hatte man aus gutem Grund so eingerichtet. Wenn sich das Fahrzeug in eine Kurve legte, ging die innere Klappe hoch und die äußere nieder. Wenn der Wagen beschleunigte, ging das Heck in die Knie und die Klappen legten sich flach, wodurch sich der Luftwiderstand verminderte. Beim Bremsen stellte sich das Heck in die Höhe und die Klappen stellten sich voll auf, wodurch sich der Luftwiderstand erhöhte und es zu einer zusätzlichen Anpressung des Hecks an den Boden kam. Helmuth Bott fand außerdem heraus, daß dieses System auch einen Anpreßdruck auf das jeweils entlastete Heckrad erzeugte, wenn der Wagen schlingerte, wodurch sich ein zusätzlicher Stabilisierungseffekt einstellte.

Zwei Wochen vor dem Einsatz von vier 908 K in einen solchen aufwies, brachte 658 kg auf die Waage, das waren etwa 20 kg weniger als die anderen 908. Da man mit diesem Rahmen gute Erfahrungen machte, wurden alle nachfolgenden Wagen vom Typ 908 ebenfalls mit Aluminiumgestellen gebaut. Spätere 908 erhielten auch größere und stärkere Vorderradlager, nachdem es in Watkins Glen in dieser Hinsicht zahlreiche Defekte gegeben hatte. Lediglich eines der vier Autos beendete das Rennen und kam auf den sechsten Platz.

Der zweite Sieg eines 908 konnte 1968 am 25. August in Zeltweg verbucht werden. Von den vier 908 K, die in diesem 500-km-Rennen mitfuhren, hatten drei bereits ihre Runden in Watkins Glen gedreht und wiesen die gleiche Ausstattung wie in Amerika auf mit den beweglichen Klappen und der Öltankbelüftung. Es siegte Jo hen Saison. Joe Buzzetta führte das Rennen während der ersten sechs Stunden an. »Aerodynamisch gab es einige Verbesserungen bei den Le Mans-Wagen, das Langheck-Auto war besser geworden«, sagte Joe und fügte hinzu: »Es war brauchbar, würde ich sagen.«

Eine grundsätzliche Verbesserung bestand aus jenen Spoilern, die dem 908 L etwas Weltraum-Look gaben. Das Konzept der automatischen Klappen hatte Ferdinand Piëch noch verbessert. Die Heckflossen waren flacher und kräftiger als die zu Anfang des Jahres eingesetzten und dienten als Aufnahmepunkte für die Enden eines querliegenden Flügels, der ungefähr 15 Zentimeter über der Motorhaube saß. Die äußeren Teile arbeiteten als bewegliche, flügelähnliche Klappen, die von den Anlenkpunkten in einer starren Leitkante nach hinten führten.

Watkins Glen Mitte Juli wurde das Klappensystem von Gerhard Mitter erfolgreich in einem Rennen auf dem Norisring getestet. Die Klappen stellten aber nur eine der sichtbaren Veränderungen an den vier Watkins-Glen-Wagen dar. Eine weitere stellte die in die Innenseite des linken Vorderkotflügels eingelassene Öffnung dar. Diese befand sich über dem Ölreservoir und diente der zusätzlichen Zuführung von Kühlluft. Eines dieser vier Autos enthielt eine Novität, die man von außen nicht sehen konnte: einen aus Aluminium anstelle von Stahl gefertigten Rahmen. Der erste 908 (Chassis-Nr. 908-012), der Siffert, während Hans Herrmann und Kurt Ahrens in einem weiteren 908 K auf Platz Zwei folgten. Dies schien ein guter Auftakt für Le Mans zu sein, doch die drei Stunden von Zeltweg waren mit den 24 Stunden von Le Mans kaum zu vergleichen, wie man bei Porsche nur zu gut wußte. Porsche hatte in Zeltweg einige Vortrainingsrunden mit jenen Wagen gefahren, die den Leichtmetallrahmen aufwiesen. Insgesamt vier derartige Wagen waren für die 24 Stunden von Le Mans am 28. und 29. September vorgesehen, Wagen, die deutliche Verbesserungen aufwiesen gegenüber den unstabilen Langheck-Coupés der frü- Diese Klappen arbeiteten wie das Höhenruder eines Flugzeuges. So ausgestattet, waren die 908 in Le Mans optimal zu fahren.

Porsche brachte für jeden der 908 L zwei komplette Heckabdeckungen mit nach Le Mans, eine mit dem Höhenruder und eine mit den Flossen allein. Obwohl Windkanaltests bewiesen hatten, daß der Luftwiderstand mit den Klappen nicht größer als ohne war, weil sie den Luftstrom über das Heck sauber ableiteten, blieb abzuwarten, wie sich die Leitwerke auf der Rennstrecke bewährten.

Die Spitzengeschwindigkeiten waren dann auch

etwas höher als bei den Probefahrten im April. Man kam auf 322 km/h, wobei die Le Mans-Coupés die ersten waren, die von einem 908-Motor mit der 85-mm-Bohrung (2996 ccm) angetrieben wurden. Das Kompressionsverhältnis betrug 10,5 zu eins und die Maximalleistung gut 350 PS bei 8450 U/min. Das Spitzendrehmoment dieses größeren Motors betrug 32,5 kpm bei 6700 U/min, eine Drehzahl, die schon 300 PS erbrachte. Dieser Leistungspegel sollte für den 908-Motor 1969 und 1970 Standard werden. Einige Aggregate brachten es sogar auf fünf Prozent mehr.

Nachdem es einigemale Ärger in der Elektrik gegeben hatte, lieferte Bosch für die Le Mans-Motoren Drehstromlichtmaschinen von besonders hoher Leistung. Sicherheitshalber baute man in die Wagen sogar eine zweite Lichtmaschine ein, die vom Sechsganggetriebe über einen Riemen angetrieben wurde. Die Zuverlässigkeit des elektrischen Systems war in diesem Jahr von besonderer Bedeutung, da der späte Renntermin ein paar zusätzliche Fahrstunden bei Dunkelheit mit sich brachte. Beide Lichtmaschinen liefen die gesamte Zeit, die Fahrer konnten vom einen zum anderen System umschalten.

Die Höhenruder und ihre Kontrollgestänge erhöhten das Gewicht des 908 L um zusätzliche 10 kg auf nunmehr 702 Kilogramm – 52 kg über dem Minimum für einen 3-Liter-Wagen. Doch qualifizierten sie sich eindeutig als die schnellsten Wagen und in den ersten vier Stunden lagen zwei 908 L in den beiden Spitzenpositionen.

Unten: Heckpartie der Porsche 908/01, die im Februar 1969 in Daytona starteten. Die senkrechten Flächen, an denen die beweglichen Flügel saßen, hatte man zur besseren Unterscheidung der Wagen in jeweils anderen Farben lackiert.

Jo Siffert und Brian Redman gewannen 1969 das 1000-Kilometer-Rennen in Spa. Ihr Fahrzeug war ein 908/01-Coupé mit langem Heck, ebenfalls mit beweglichem Flügel zwischen senkrechten Heckflossen ausgerüstet.

Doch von diesem Punkt an erlitt einer der vier Wagen einen Getriebeschaden und die Hauptlichtmaschine in einem anderen gab ihren Geist auf. Dann gingen die Halterungen der zusätzlichen Lichtmaschine zu Bruch. Nach neun Stunden standen drei der vier 908 L an den Boxen. Trotz Aufenthalte von insgesamt anderthalb Stunden beim überlebenden Wagen von Stommelen und Neerpasch kamen diese immerhin noch auf dem dritten Platz ins Ziel – hinter einem zweitplazierten 907 L. Porsche mußte sich wieder einmal auf die Warteliste begeben, um in Le Mans zu gewinnen.

Die 908-L-Coupés wurden von Porsche nicht wieder im Rennen eingesetzt, aber eines davon zeichnete sich vier Jahre später dennoch in Le Mans aus. Das Fahrzeug war 1969 von Jo Siffert erworben worden, der es seiner umfassenden Kollektion von Rennwagen hinzufügte. 1972 lieh Sifferts Witwe den Wagen dem deutschen Privatfahrer Reinhold Jöst für Le Mans. Die Firma Porsche überholte das Fahrzeug zuvor und brachte vorn noch einen flachen Schürzenspoiler an sowie einen niedrigen Flügel am Heck. Jöst und seine Copiloten Mario Casoni und Michael Weber fuhren den Veteranen auf der Geraden noch immer mit 314 km/h und beendeten das Rennen auf dem dritten Gesamtplatz!

Eine Reihe von Gründen führte zu einer Modifizierung des 908 während des Winters 1968/69. Da gab es noch immer Fehler, die zu eliminieren waren, außerdem hatte Ferrari die Absicht, 1969 in der gleichen Kategorie anzutreten und schließlich erlangten neue Regeln für Prototypen Gültigkeit. An oberster Stelle der Fehlerliste standen die Getriebeschäden. Um diese Fehler auszumerzen, wurde ein gänzlich neues Getriebe konstruiert.

Im Verlauf des Jahres 1969 kam auch eine leichtere und kompaktere Bosch-Einspritzpumpe in den 908-Motoren zum Einsatz. Die neue Pumpe hatte ihre Kolben in einem engen V-Winkel in einem Magnesiumgehäuse angeordnet, so daß zwei Reihen Einspritzleitungen nebeneinander saßen. Je nach der Zündfolge des Motors, die 1969 an einigen Motoren geändert wurde, sprach man entweder vom »Mittelscheitel«-Typ, weil die Rohrleitungen von jeder Reihe der Einspritzkolben direkt zu den Zylindern führten, und zwar schön nebeneinander, links wie rechts. Im Kontrast dazu wurde der Motor mit der geänderten Zündfolge »Strubbelkopf« genannt, weil seine Rohrleitungen kreuz und quer von der Pumpe auseinanderführten.

Bei den Motoren des Modelljahres 1969 wurden neue Aufnahmen für die Lichtmaschine eingeführt. Ursprünglich waren sie für den rauheren Mittelscheitel-Achtzylinder gedacht, wurden dann aber auch am Strubbelkopf-Motor übernommen. Die Lichtmaschine wurde aus der Nabe des Lüfters entfernt und an der linken vorderen Motorseite angebracht. Hier wurde sie auf einer dicken Gummilagerung fixiert und über einen einfachen Keilriemen von der linken Einlaßnockenwelle angetrieben. Doppelkeilriemen trieben nach wie vor das elfblättrige Axialkühlgebläse an, dessen Nabe jetzt strömungsgünstiger geformt werden konnte, um den eintretenden Luftstrom besser zu teilen.

Das neue Getriebe, an dem man arbeitete, entsprach konventionellen Bauformen und sollte nurmehr fünf Vorwärtsgänge beinhalten. Es war so ausgeführt, daß es dem hohen Drehmoment des 908-Motors gewachsen war. Wie der Viernockenwellen-Sechszylindermotor, trug es die Bezeichnung 916.

Das Getriebe vom Typ 916 arbeitete nicht mehr nach dem Trockensumpfsystem. Im hinteren Gehäuseteil wurde eine Ölpumpe von der Getriebehauptwelle angetrieben. Sie beförderte Öl zu den Zahnradpaaren, zum Differential und zur Hauptwelle.

Dieses neue, leichtere Getriebe wurde derart schnell fertiggestellt, daß es bereits am 30. Juni 1968 auf dem Norisring in demselben 908 L Coupé, das erstmals mit dem automatischen Klappensystem eingesetzt worden war, zur Verfügung stand. Im selben Auto wurde das Getriebe dann in einem kleineren Rennen auf dem Hockenheimring erprobt sowie im Vortraining zum Zeltweg-Rennen. Allerdings tauchten bei dieser Gelegenheit Differentialprobleme auf. Noch vor den Trainingsläufen für Monza im Dezember entwickelte man daher eine neue Kegel- und Tellerrad-Verzahnung für den 908. Die neue Getriebe-Differential-Einheit schaffte daraufhin keine Probleme mehr.

Eine neue Karosserie für den 908 wurde über den Winter ebenfalls entwickelt, da Änderungen im Reglement nun einen Roadster oder Spyder interessant werden ließen. Für 1969 hob man für Prototypen mit Motoren bis drei Liter Hubraum das Minimalgewicht auf und verzichtete auf das Mitführen eines Reservereifens. Auch der »Kofferraum« konnte jetzt entfallen und die Windschutzscheibe mußte keine bestimmte Höhe mehr aufweisen. Entsprechend diesen Reglementänderungen fühlten sich Porsche, Ferrari, Matra und andere Hersteller animiert, offene Wagen für die neue Saison zu bauen.

Einige Änderungen an der Karosserie wurden noch durchgeführt, bevor der neue Spyder, der offiziell als Typ 908/02 bekannt wurde, in Sebring 1969 an den Start kam. Der Frontbereich des Wagens wurde davon nicht betroffen, die Stirnfläche blieb gleich, jedoch erhöhte sich der Luftwiderstandsbeiwert auf 0,51. Die wichtigste Änderung stellte das Weglassen der großen Öffnungen in den hinteren Kotflügeln von der Tür aufwärts dar. Statt dessen wurde in diesem Bereich eine kleine Öffnung eingeschnitten, und zwar auf jeder Seite, um dem Getriebe Kühlluft zuzuführen; da das Wagenheck offen war, erübrigten sich zusätzliche Einrichtungen für die Kühlung der Bremsen. Die Seitenteile der Plexiglasscheiben um das Cockpit wurden niedriger gehalten und weiter abgerundet, ein großer rechteckiger Rückspiegel saß auf einem Pylon auf der Scheibe.

Mit seinem Aluminiumrahmen, seinem leichteren Getriebe und der verkürzten Karosserie wog der 908/02 Spyder nur 589 kg, die sich im Verhältnis von 37 zu 63 auf die vorderen bzw. hinteren Räder verteilten. Damit war man zwar noch nicht bei dem Gewicht des Bergspyder angelangt, aber es war leicht genug für einen Langstreckenwagen. Der neue Ferrari 312 P Roadster kam zwar auf eine Leistung von mehr als 400 PS, hatte aber dafür 618 kg zu schleppen und mußte öfters an die Boxen, um nachzutanken. Für schnelle Strecken hatte Porsche das 908 Langheck-Coupé in Reserve, das nun als 908/01 bezeichnet wurde. Von der Form und vom Chassis her war dieses Fahrzeug nach Le Mans 1968 nun als wirklich ausgereift zu betrachten.

Die Karosserien der neuen Coupés, wie sie für 1969 gebaut wurden, wiesen nach wie vor den Eisbehälter für die Kühlung des Fahrers auf. Ende 1968 hatte man dieses System weiter verbessert, indem die Kühlflüssigkeit durch zwei verschiedene Kreisläufe in der Unterwäsche des Piloten zirkulierte, die speziell für Porsche angefertigt worden war. Das Interesse an dieser Einrichtung nahm jedoch schnell ab, als die Entwicklung sich wieder mehr den offenen Wagen zuwendete.

Das Coupé war der erste 908, der 1969 in die Schlacht in Daytona geworfen wurde, somit war er auch der erste Wagen, der einem Langstreckentest unterzogen wurde. Zwei der 1968er Le Mans-908 L wurden mit dem neuen Getriebe (jedoch nicht mit dem Strubbelkopf-Motor) und diversen weiteren Modifikationen ausgestattet und nach Monza geschickt, um hier unter den Fahrern Mitter, Ahrens, Willi Kauhsen und einem wohlhabenden Amateur, dem großgewachsenen Karl von Wendt, 30 Stunden lang unter der Anweisung von Peter Falk getestet zu werden. Die Männer verbrachten vier kalte und trübe Tage mit äußerst dürftigen Testergebnissen, die sich buchstäblich in Rauch auflösten.

Am Mittwoch, den 11. Dezember um 8 Uhr früh nahm das Testprogramm seinen Anfang. Um 14.30 Uhr baute Kauhsen, als er aus der Ascari-Kurve herauskam, einen Unfall, und obwohl Kauhsen unverletzt blieb, ging der Wagen in Flammen auf und brannte vollständig aus. Mit dem verbliebenen Wagen ließ Falk die Tests am Donnerstag fortsetzen, doch Freitagmorgen, nachdem man rund 18 Stunden zurückgelegt hatte, kam auch dieser Wagen mit von Wendt am Volant von der Strecke ab – in der Lesmo-Kurve – und wurde ein Raub der Flammen. Auch diesmal war dem Fahrer nichts passiert, doch alle Hoffnungen, irgendwelche Aufschlüsse über das Chassis zu bekommen, waren vergebens. Lediglich die Motoren und Getriebe wurden geborgen und zerlegt, zeigten aber keine Anzeichen eines Fehlers.

Bis zum Zeitpunkt dieses Zwischenfalls waren die Wagen durchaus zufriedenstellend gelaufen, so daß sich Porsche nicht veranlaßt sah, vor dem offiziellen Training zum 24-Stunden-Rennen, das am 1. und 2. Februar in Daytona stattfinden sollte, weitere Fahrversuche zu unternehmen. Dies sollte Porsche aber teuer zu stehen kommen. Fünf neue mit Heckspoilern versehene Langheck-Coupés 908/01 waren nach Daytona gebracht worden. Sie absolvierten schnelle Rundenzeiten – nur zwei Lola, an deren Durchhalten mancher zweifelte, kamen auf höhere Schnitte. Dennoch war es ein Lola, der siegte. Das gesamte Team der fünf Porsche fiel aus. Seit Le Mans 1959 hatte es so etwas nicht mehr gegeben. Und jeder der fünf Wagen erlitt den gleichen Defekt. Der Motor des 908 wies ein Stirnrad aus Leichtmetall zum Antrieb der Ketten für die Nockenwellen auf – ausgebrochene Zähne verursachten den Ausfall jedes Motors. Der letzte gab nach siebzehn Stunden seinen Geist auf.

Das nächste Rennen zur Markenweltmeisterschaft 1969 fand am 22. März in Sebring statt. Auf diesem holprigen Kurs, wo Beschleunigungs- und Bremsvermögen alles entschieden, gab der 908/02 Spyder sein Debut. Der Wagen war zwar erprobt worden, aber nicht so gründlich, wie man es bei Porsche eigentlich vorgehabt hatte. 1968 war in Weissach eine Straßenteststrecke fertiggestellt worden, parallel zu dieser gab es eine besonders rauhe Partie für Schütteltests an Renn- und Serien-Versuchswagen. Ausflüge nach Wolfsburg waren von jetzt an nicht

mehr notwendig. Doch als man den 908 Spyder nach Weissach brachte, spielte das Wetter nicht mit.
Es schneite ununterbrochen – der Einsatz von Schneepflügen und vielen Tonnen Salz nützte nicht viel. Kurzerhand verfrachtete man zwei Spyder nach Sebring, um einige Probeläufe zu absolvieren. Doch von den 16 Stunden, für die man die Strecke gemietet hatte, waren neun total verregnet. Immerhin erwies sich bei den Sebring-Tests, daß die Spoiler nicht stabil genug befestigt waren, um in einem Rennen standzuhalten; so wurden sie völlig entfernt. Dies war das letzte Mal, daß man von ihnen etwas sah – kein 908 Spyder fuhr je wieder ein Rennen mit diesen von der Radaufhängung gesteuerten Klappen.
Mit fünf an den Start geschickten Spydern wollte Porsche die Niederlage von Daytona wettmachen. Buzzetta und Stommelen kamen in diesem 12-Stunden-Rennen auf den dritten Platz – mehr war nicht drin. Zwei weitere Spyder wurden Vierter und Siebenter. Die beiden restlichen Fahrzeuge waren wegen gebrochener Heckrahmenrohre ausgefallen, ein Defekt, der bereits bei einem Trainingswagen aufgetreten war. In der fünften Stunde des Rennens hatte sich dieser Schaden erstmals bemerkbar gemacht. Bei dem gebrochenen Aluminiumträger handelte es sich um jenen, der das Getriebe und das Kupplungsgehäuse abstützte und der auch die Aufnahme für das innere Ende des unteren Dreieckslenkers darstellte. Die schlechte Streckenbeschaffenheit des Kurses ließ die Fahrer zum Teil nicht einmal die großen Markierungen für die Bremspunkte erkennen, weil die Wagen heftig vibrierten.
Der andere Spyder, der bereits einige Zeit an den Boxen verbracht hatte, ging mit gleichartigen Bruchstellen ins Aus. Als der führende Mitter-Schütz-Wagen in der Dämmerung aus den selben Gründen an die Box humpelte, wurde es offensichtlich, daß hier ein Konstruktionsfehler vorlag. Mechaniker Fritz Springler hatte daraufhin einen Gedankenblitz. Er sägte zwei Bandeisenstreifen zurecht, setzte diese als Schienen für die gebrochenen Chassisteile ein, bohrte vier Löcher hindurch und verschraubte die Einzelteile mit ebenso vielen Schrauben. Der Wagen setzte das Rennen fort.
Bald danach ging Buzzettas Spyder in Führung – und auch bei ihm brach jene Traverse. Dies geschah an der einzigen Stelle der Strecke, wo es für ihn harmlos ausging, nämlich nach der Boxengeraden im Eingang der großen Linkskurve. Buzzetta schaffte es bis an die Boxen, wo Springler und seine Mannschaft schon Übung in der Reparatur des Rahmens hatten. Innerhalb kürzester Zeit konnte Buzzetta wieder ins Rennen geschickt werden und vermochte sich hinter dem siegreichen Ford GT 40 auf den dritten Platz zu retten. Als Ferry Porsche erfuhr, wie seine Boxenmannschaft die Pannen bewältigt hatte, mochte er sich an jene Zeit vor 21 Jahren erinnert haben, als er auf der Fahrt zum Großglockner mit Rupilius eine ähnliche Reparatur am Rahmenrohr des ersten Porschewagens durchgeführt hatte . . .
Nach dem Sebring-Abenteuer befand sich die Stimmung in Zuffenhausen auf dem Nullpunkt. »Unser Punktestand war nach diesen beiden amerikanischen Rennen entmutigend«, sagte Peter Falk später, »zumal wir beide Veranstaltungen im Vorjahr gewonnen hatten. Auch war der neue 3-Liter-Ferrari in Sebring erstmals erschienen. Er war ebenso schnell wie unser Spyder und beendete sein erstes Rennen mit dem zweiten Gesamtrang. Der nächste Lauf fand in Brands Hatch statt, wo wir 1967 die Weltmeisterschaft gegen Ferrari und 1968 gegen den Ford GT 40 verloren hatten. Damals ging gerade erst unser neuer 917 in Serie. Unsere Stimmung war nicht rosig.«

Ein neuer Mann bei Porsche hatte es damals besonders schwer: es war dies Gianrico Steinemann, ein 29jähriger Schweizer, der zuvor Chefredakteur der Zeitschrift *Powerslide* war und nun als Presse- und Rennmanager die Nachfolge Huschke von Hansteins antreten sollte, der als Delegierter zur F.I.A.-Sportkommission ging. Vielleicht wäre es besser gewesen, diesen Posten bei Porsche auf zwei Männer zu verteilen, eine solche Trennung wäre aber nicht im Sinne der politischen Situation, wie sie damals bei Porsche herrschte, gewesen. Rico Steinemann war von Ferdinand Piëch nach Stuttgart geholt worden und es lag dem Porsche-Enkel viel daran, einen Mann seines Vertrauens in zwei Schlüsselpositionen zu wissen.
Der ehrgeizige und tüchtige Schweizer nahm seine Aufgaben mit Nachdruck wahr. Ferdinand Piëch behielt weiterhin die gesamte Verantwortung für die Rennabteilung. In früheren Jahren hatte der mehrsprachige Steinemann bereits Jack Brabham und seiner Grand Prix-Organisation zur Seite gestanden, seine Leistungen für Porsche, gemeinsam mit Dieter Spoerry, wurden bereits erwähnt.
Unter dem neuen Rennmanagement kam es zu einigen Veränderungen. Man konnte sich nicht mehr einfach, wie früher, seinen Teampartner aussuchen. Die Fahrer wurden ihren Wagen zugeteilt und jeder fuhr gegen jeden.
Es gab aber auch andere Gründe, warum sich unter den Fahrern eine gewisse Unlust bemerkbar machte. Der Glaube an die absolute Zuverlässigkeit ihrer Autos war erschüttert. Dies war eine Qualität, die dem 908 noch immer fehlte. Es wurde spürbar, daß sich die Anstrengungen verlagerten – zum Porsche 917, den man seit Juli 1968 vorbereitete. Ferdinand Piëch und Ferry Porsche waren sich dennoch bewußt, daß der 917 nicht vor Ende 1969 einsatzbereit sein würde. Auf irgendeine Art und Weise mußte der 908 stark genug gemacht werden, um die Zeitspanne zu überbrücken.
Bis zum nächsten Rennen, das am 13. April in Brands Hatch, jenem Kurs, der so unangenehme Erinnerungen für Porsche barg, stattfand, blieb keine Zeit mehr für weitere Fahrversuche. Der Rahmen des 908/02 Spyder mußte bis dahin so

Beim Canadian-American Challenge Cup-Rennen in Watkins Glen 1969 wurde Tony Dean Neunter mit seinem Porsche 908/02 Spyder. Dean fuhr mit diesem Fahrzeug später noch weitere Can-Am-Rennen.

weit verstärkt werden, daß man sich auf ihn verlassen konnte. Die Konstrukteure ergänzten die anfällige Aufhängung durch zwei zusätzliche Diagonalstreben. Außerdem gab man dem Wagen zwei schmale Spoiler an der Heckoberkante, die in ihrer Höhe verstellbar waren. Auch die Frontspoiler wurden geändert. Man plazierte sie an der Außenseite der vorderen Kotflügel, ähnlich wie beim Ferrari 312 P in Sebring. Für die Straßenlage des Wagens war dies von großem Vorteil, doch der Luftwiderstands-Beiwert schoß damit arg in die Höhe – er betrug mit den Spoilern 0,70.

In den nächsten beiden Rennen, ausgetragen in Brands Hatch und in der Targa Florio, durfte der 908/02 als ein ausgereifter Rennwagen gelten. Ein neues Kraftstoff-Einfüllsystem und Firestone-Reifen verhalfen Porsche in Brands Hatch zu setzt, zwei davon waren Daytona-Coupés, die anderen beiden wurden auf die gleiche Form umgebaut. Trotz starker Ferrari-Konkurrenz erzielten Siffert und Redman auf ihren Porsche einen ersten und zweiten Platz. In der gleichen Folge gewannen sie am 11. Mai das 1000-km-Rennen in Spa, wobei zwei weitere 908/01 auf den dritten und vierten Platz kamen.

Monza und Spa veranlaßten Porsche, die Karosserieform des 908/02 zu überdenken. »In Spa«, sagte Peter Falk, »müßten nur feststellen, wie schnell die offenen Ferrari-Spyder im Vergleich zu unseren Langheck-Coupés waren. Schon im Vortraining in Le Mans fiel uns das auf, als sowohl die Ferrari als auch die Matra-Spyder äußerst hohe Spitzengeschwindigkeiten an den Tag legten. In Monza kam der Matra-Spyder ebenfalls beinahe an unser Tempo heran. Hier waren abgedeckt. Vor dem Cockpit saß die Andeutung einer Windschutzscheibe, im Heck gab es drei Öffnungen für die beiden Reihen der Kraftstoffeinspritzanlage sowie, quer zur Fahrtrichtung, den Einlaß für die Kühlluft.

Drei dieser »Flundern« präparierte Porsche für das 1000-km-Rennen auf dem Nürburgring am 1. Juni. Sie erwiesen sich auf der Geraden um 16 km/h schneller als die normalen Spyder, waren aber auch leichter in der Frontpartie, was zu Unfällen bei zwei der drei Wagen im Vortraining führte. Den verbliebenen Flunderwagen bekamen Herrmann und Stommelen zugeteilt. Im Rennen wurden sie Zweite nach dem erstplazierten 908/02, den Siffert und Redman fuhren – ihr Wagen war von der Schwesterfirma in Salzburg ausgeliehen. Die dortige Porsche Konstruktionen KG hatte begonnen, im Rennsport als Mit-

den ersten drei Plätzen, wobei das Team Jo Siffert und Brian Redman das Siegerduo darstellten. Dieses gute Ergebnis wurde in Sizilien sogar übertroffen, wo allerdings auch die Konkurrenz schwächer war. Sechs 908/02 waren am Start, vier davon belegten die ersten vier Plätze, außerdem stellte Porsche einen neuen Rundenrekord auf. Das Siegerpodest erklommen Udo Schütz und Gerhard Mitter. Für Mitter, der seine Karriere als Tuner und Fahrer schneller DKW begonnen hatte, war der Targa-Florio-Sieg von ganz besonderer Bedeutung. Zum erstenmal hatte er eines der klassischen Langstreckenrennen gewonnen. Für ihn, der für Porsche schon so lange Versuchsfahrer und Rennpilot gewesen war, wurde ein solcher Triumph längst fällig. Tragischerweise sollte dies gleichzeitig sein letzter derartiger Sieg sein. Im Training zum Großen Preis von Deutschland im August des gleichen Jahres verlor der von ihm gesteuerte BMW Formel 2 ein Rad, und Mitter verunglückte tödlich.

In der Zwischenzeit waren die 908/01 Langheck nicht untätig geblieben. Vier hatte man am 25. April im 1000-km-Rennen von Monza einge- unsere Langheck-Wagen auf der Geraden kaum schneller als die offenen Ferrari und in den schnellen Kurven sogar etwas langsamer. Dies ließ uns über eine neue Karosserieform für unseren 908 Spyder nachdenken.«

Diesen Überlegungen folgten in Zuffenhausen alsbald Taten. Einen normalen 908/02 Spyder stellte man in den großen Windkanal in Stuttgart, und dann ging man nach und nach daran, eine Form zu entwickeln, die einen Luftwiderstands-Koeffizienten von nur 0,49 hatte, ohne Spoiler, also einen etwas günstigeren Wert, als sie die Original-Spyder-Karosserie aufwies, wesentlich besser als bei jenem mit den vielen Spoilern ausgerüsteten Fahrzeug.

Die neue Karosserie, deren flache Form ihr den Spitznamen »Flunder« eintrug, war nicht nur aerodynamisch besser gestaltet – sie sah auch gut aus. Der Bug lief spitzer zu, die Kotflügel wölbten sich in sanftem Schwung über die vorderen Radkästen. Die geraden Flanken gaben dem Fahrzeug das Aussehen eines Rekordwagens. Das Cockpit bestand nur noch aus einer Art Luke für den Fahrer und war ansonsten gänzlich bewerber eine wichtige Rolle zu spielen.

Dieser dritte Sieg auf dem Nürburgring war zugleich der fünfte des 908 im Jahre 1969, obwohl er die Saison so wenig erfolgreich begonnen hatte. Aber man durfte sich auf den Lorbeeren jetzt nicht ausruhen – die 24 Stunden von Le Mans standen bevor.

Eine Teamorder gab es bei Porsche 1969 nicht. Keinem Fahrerteam wurde gegenüber einem anderen ein Vorteil eingeräumt. Wer immer eine Chance auf den Sieg hatte, wurde an den Start gelassen. Unter diesen Umständen überraschte es nicht, daß beinahe jeder der Porsche-Fahrer mit einem einzigen Gedanken an den Start ging: den Gegner, auch aus eigenen Reihen, zu besiegen. Solche Überlegungen führten sicherlich zu einer durchaus kämpferischen Einstellung, waren aber einer gemeinsamen Strategie nicht unbedingt förderlich. Diese interne Rivalität in der großen Fahrergemeinschaft des Jahres 1969 wurde durch die Tatsache verstärkt, daß vier von fünf Porsche-Siegen durch das Team Siffert und Redman, einem Schweizer und einem Neuseeländer, errungen worden waren und nur einer

Nach dem Sebring-Rennen 1969 verstärkte man das hintere Rahmenende des 908/02 durch eine pyramidenförmige Rohrkonstruktion. Gegenüberliegende Seite: Brian Redman im 1000-Kilometer-Rennen auf dem Nürburgring 1969, das er mit Jo Siffert gewann.

Die Porsche-Flunder 908/02, wie sie 1969 anläßlich des 1000-Kilometer-Rennens auf dem Nürburgring das erstemal in Erscheinung trat.

durch ein deutsches Paar. Einige der deutschen Fahrer wollten daher beweisen, daß auch sie in der Lage waren, so gute Leistungen wie diese Ausländer zu erbringen. Ihre nächste Chance war das 24-Stunden-Rennen von Le Mans. Porsches knappe Niederlage gegen Ford wurde zu Beginn dieses Kapitels beschrieben. Sowohl innerhalb als auch außerhalb des Teams war man sich bewußt, daß einige der Ausfälle teilweise oder auch ganz auf das Konto einiger Fahrer gingen, die für ein 24-Stunden-Rennen vielleicht noch nicht die erforderliche Reife mitbrachten. Aufmerksamen Zuschauern war dies nicht entgangen.

Drei 908/01-Coupés liefen in Le Mans. Sie waren über 50 Kilo leichter als 1968 und wogen ohne Kraftstoff 655 kg, rund 113 kg weniger als die 3-Liter-Ferrari. Vollgetankt verteilte sich ihr Gewicht mit 38 Prozent auf die Vorder- und mit 62 Prozent auf die Hinterräder. Alle Wagen kamen in der normalen 1969er Ausführung an den Start, nur waren die Spoiler in ihren Positionen fixiert und das Gestänge entfernt worden. Dies geschah im Hinblick auf das neue Reglement, wonach bewegliche Flügel nicht mehr erlaubt waren, nachdem es ihretwegen im Großen Preis von Spanien zu etlichen Unfällen gekommen war. Den beweglichen Spoilern am Typ 917 war eine etwas längere Lebensdauer beschieden, wie dies noch im Kapitel 24 genauer beschrieben wird.

Auch eine Flunder vom Typ 908/02 wurde nach Le Mans gebracht. Es handelte sich dabei um eine Variante des ursprünglichen Flunderwagens, die man speziell für das 24-Stunden-Rennen entwickelt hatte. Anstelle eines kurzen Hecks mit Spoilern hatte dieser Wagen ein längeres Heckteil, das sich allmählich verjüngte und am Ende senkrecht abgeschnitten war. Versuche im Windkanal hatten gezeigt, daß der Luftwiderstandsbeiwert damit günstiger lag als beim normalen Flunderwagen. Er war auch schneller und kam in der Geraden auf phantastische 318,64 km/h. Kleine Spoiler an den Seiten seiner grünlackierten Nase hielten ihn bei dieser Geschwindigkeit auf dem Boden und zwei rechteckige Flossen – die an die RSK der Jahre 1957/58 erinnerten – stabilisierten ihn in der Geradeausfahrt.

Siffert und Redman zeigten, zu welchem Tempo die Flunder befähigt war, indem sie in den ersten drei, vier Stunden in Le Mans die Spitze hielten. Noch vor Sonnenuntergang aber mußten sie aufgeben. Das Getriebe hatte sich so stark erhitzt, daß die Plastikschläuche, die das Öl von der Druckpumpe zur Hauptwelle und dem Differential beförderten, durchschmolzen, wodurch die Ölversorgung unterbrochen wurde. Wie im normalen 908/02 Spyder wurde das Getriebe der Flunder über Luftschächte von den Kotflügeloberseiten her gekühlt. Diese Einlässe waren aber nicht sehr günstig plaziert, hinzu kam die geänderte Heckpartie, die der Luftstrom zum Getriebe auf ein zartes Lüftchen reduzierte.

Beim Werks-Spyder, der am 12. Juni in Watkins

Glen antrat, hatte man die Getriebekühlung verbessert. Dem früheren Schachtsystem hatte man in der Heckpartie zusätzliche Windhutzen verpaßt, die die Kühlluft direkt zum Getriebegehäuse leiteten. Zusätzlich wurde ein U-förmiges Blech unter dem Gehäuse montiert, durch das der Luftstrom um die gesamte Oberfläche des Getriebes geleitet und dieses von der Hitze der Auspuffrohre abgeschirmt wurde. Die zwei normalen Spyder und die Flunder, die in Watkins Glen gemeldet wurden, hatte man gleichermaßen umgebaut.

In dem 6-Stunden-Rennen auf amerikanischem Boden erzielte die Flunder ihren einzigen Sieg in einem zur Weltmeisterschaft zählenden Langstreckenrennen, erneut unter der Führung von Siffert und Redman. Die 908 belegten die ersten drei Plätze, wobei der erste und der dritte von Porsche Salzburg genannte Wagen waren. Nach dem Rennen ging der zweitplazierte Wagen in den Besitz des Engländers Tony Dean über, der ihn nächstentags im Can-Am-Rennen auf den neunten Platz pilotierte, Siffert wurde in diesem Can-Am-Lauf mit der Flunder Sechster, Redman fiel wegen Motorschadens aus.

Mit der Flunder vermochte Porsche noch eine Anzahl weiterer Erfolge zu verbuchen. Masten Gregory fuhr einen solchen 908/02 in Zeltweg, Leo Kinnunen gewann mit seinem Privatwagen den Nordic Cup in Finnland und Schweden, und 1970 trat die Martini & Rossi-Rennorganisation mit einer Flunder bei der Targa Florio an, gefahren von Gérard Larrousse, der diesen Wagen mit Willy Kauhsen anschließend in Le Mans steuerte. Dort drehte auch eine Flunder mit angebauten Filmkameras ihre Runden – häufig notwendiger Filmwechsel ließ das Team Herbert Linge/Jonathan Williams natürlich arg zurückfallen.

In den Jahren 1970 und 1971 gab es eine Reihe

guter Erfolge mit einer neuen Variante des 908: dem 908/03 Spyder, der drei von vier Rennen, an denen er sich beteiligte, gewann. Für die Targa Florio wie für das 1000-km-Rennen wurde dieses Fahrzeug mit großer Sorgfalt präpariert, denn man war bei Porsche der Ansicht, daß man hier den größeren und schwereren 917 nicht einsetzen konnte. Beim 908/03 war lediglich das Chassis des 908/03 neu, den Motor hatte man kaum geändert. Fast wäre es anders gekommen, denn Hans Mezger und sein Konstrukteurteam hatten die Möglichkeit untersucht, jedem der acht Zylinder vier Ventile zu geben. Die meisten der Konkurrenten wie Ferrari, Alfa Romeo und Matra wiesen solche auf, während Porsche nach wie vor bei zwei Ventilen blieb und darüber hinaus bei einem Kühlsystem, das mit Luft und nicht mit Wasser arbeitete. Mezgers Überlegungen galten sowohl der Ventil- als auch der Kühlungsfrage. Bei den Versuchen bediente man sich eines seriengemäßen 908-Kurbelgehäuses und erprobte damit eine luftgekühlte Kopfkonstruktion mit vier Ventilen pro Zylinder. Danach folgten Tests mit einem wassergekühlten Zylinderblock und -kopf. Mezger kam zu der Folgerung, daß es keine zwingenden Gründe gab, die Luftkühlung aufzugeben und daß auch zwei Ventile pro Zylinder für Drehzahlen bis 9000 U/min ausreichten. Porsche setzte die Arbeiten in diesen Richtungen nicht weiter fort.

Eine wesentliche Änderung am 908-Motor erfolgte im Jahr 1970. Obwohl man die Lichtmaschine aus der Nabe des Kühlgebläses entfernt hatte, kam es bei den doppelten Gebläsekeilriemen immer wieder zu Brüchen. Harte Schaltvorgänge in der Hitze des Gefechtes schienen hierfür die Ursache zu sein, insbesondere, wenn die Wagen von Vic Elford gefahren wurden, und die Brüche waren umso erstaunlicher, weil es diesbezüglich bei den Vier- und Sechszylinder-Rennmotoren unter vergleichbaren Bedingungen niemals Probleme gegeben hatte. Abhilfe schaffte man schließlich in Form einer kleinen hydraulischen Kupplung, die in die Gebläsenabe eingebaut wurde. Sie stellte sicher, daß der Antrieb einen Wirkungsgrad von 98,5 Prozent hatte, der Rest jedoch genügend Schlupf brachte, um während plötzlicher Drehzahländerungen diese Drehmomentspitzen, die die Keilriemen reißen ließen, aufzufangen.

Abgesehen von dieser hydraulischen Kupplung entsprach der 908-Achtzylinder, wie er im 908/03 eingebaut wurde, seinem Vorgänger, wobei kleine Verbesserungen bei einigen Motoren bewirkten, daß diese Leistungen über 370 PS entwickelten. Im 908/03 befand sich der flache Achtzylinder wesentlich weiter vorne wie im Typ 909, der am Ende der Bergrennsaison 1968 zum

1970 bekam die 908/02-Flunder an der unteren Bugkante eine aufgewölbte Kante.

Die Karosserie hatte ihre Form durch Windkanal-Versuche erhalten.

Einsatz gekommen war. Auch mit dem weiter vorn sitzenden Fahrer glich dieser Wagen dem 909, so daß er den Spitznamen »VW-Transporter« bekam. Wie im 909, war der vordere Querstabilisator vor dem Armaturenbrett sichtbar. In diesem verwegenen Roadster, der von den Italienern »Wunderporsche« genannt wurde, hatte man Motor und Fahrer aus den gleichen Gründen wie beim 909 nach vorne verlegt: um bessere Fahreigenschaften durch ein weiter vorn liegendes Massezentrum zu erzielen und um den vier Reifen in den Kurven bessere Bodenhaftung zu verleihen. Diese Bedingungen erfüllte der Spyder zur vollsten Zufriedenheit.

»Er war der erste wirklich gut ausbalancierte Wagen«, meinte Gérard Larrousse, »das erste moderne Auto, bis auf seine fehlende Straßenhaftung.«

Und Paul Frère sagte: »Er ließ sich ausgezeichnet handhaben und mit viel Elan durch die Kurven bringen, besonders durch S-Kurven, wo seine immens schnellen Reaktionen auf Richtungsänderungen wunderbar waren.«

Die Konstrukteure um Hans Mezger gaben sich große Mühe, das Gewicht des 908/03 so gering wie möglich zu halten und sie brachten einen Wagen zustande, der letztlich dem neuesten Stand der Technologie entsprach. Sein aus Leichtmetall gefertigter Rohrrahmen wies sowohl vorn als auch hinten Verstärkungspyramiden auf sowie sehr breite Seitenräume am Cockpit, welche die Kraftstofftanks enthielten. Dieser Rahmen wog nur 35 kg. Von Titan wurde sehr reger Gebrauch gemacht – 21,75 kg wurden von diesem Material verwendet, entsprechend 7 Prozent des Chassisgewichtes (ohne Motor). Die belüfteten Bremsscheiben aus Stahl erhielten feine Querbohrungen, wodurch sie leichter wurden, die Kühlung verbesserten und eine gleichmäßigere Anpassung der Bremsbeläge gewährleisteten.

Sogar die Karosserie des 908/03 wurde im Gewicht noch weiter vermindert. Durch die Anfertigung eines dünnen und federleichten Sandwiches aus Polyurethanschaum mit Epoxi-verstärkten Häuten konnte das Karosseriegewicht auf nur 12 kg gedrückt werden. All diese Werte reduzierten das Trockengewicht des 908/03 auf 543,6 kg, ganze 45,3 kg weniger als der 908/02 wog, der bereits der leichteste Wagen im weiten Umkreis seiner Kategorie war. Die Gewichtsverminderung litt auch nicht durch die vergrößerte Spurweite des Wagens, die vorne 1542 mm und hinten 1506 mm betrug. Der Radstand blieb mit 2300 mm unverändert.

In der ganzen Einfachheit seiner Form erinnerte der 908/03 an den 909, jedoch war das neuere Auto im Detail weiter ausgearbeitet. Wie der 907 L, war auch der 908/03 Gegenstand von Versuchen im kleinen Stuttgarter Windkanal gewesen, bei denen man Tonmodelle im Maßstab 1 : 5 verwendet hatte, die sich an verschiedenen Stellen verändern ließen.

Bis zum Sommer 1969 wurde eine Karosserieform in voller Größe im größeren Tunnel getestet und soweit verfeinert, bis sie den besten Kompromiß zwischen Luftwiderstand und den erforderlichen Anpreßkräften bildete. Ihr abgerundeter Bug ging in eine Schürze über, die an ihrer Unterkante zu einer Lippe aufgebogen war; eine Konstruktion, die sicherstellen sollte, daß sich unterhalb des Wagenkörpers wenig Luftdruck aufbauen konnte.

Weitere Details des »VW-Transporter« stellten Lüftungsschlitze in den vorderen Radkästen dar, es gab vorn im Bug Luftschlitze für den Ölkühler und die Bremsen, und weil der 908/03 nicht für Nachtrennen gedacht war, verzichtete man auf Scheinwerfer. Für die Targa Florio wurde der Raum rechts vom Motor für die Unterbringung eines Reserverades genutzt, das im Falle einer Panne, die eventuell weit von einem Servicedepot eintrat, nützlich sein konnte. Ein Wagenheber wurde quer im äußersten Ende des Rahmens untergebracht (Gérard Larrousse versuchte, mit diesem Wagenheber während der Targa Florio 1971 einen Reifenwechsel durchzuführen, leider hatte er einen falschen Radmutterschlüssel dabei . . .).

So, wie er 1970 im Rennen gefahren wurde, war der 908/03 ein stämmiges, schnelles Auto, ohne Heckflossen und Spoiler. Über seine Oberfläche ragte lediglich ein Rückspiegel. Seine Breite und sein hohes Heckende ließen die Frontfläche des Wagens auf 1,4 Quadratmeter ansteigen, 10 Prozent mehr als beim 908/02 Spyder.

Zwei Prototypen des 908/03 wurden ausschließlich zu Testzwecken gebaut. Einer war Anfang März 1970 fertiggestellt und wurde kurze Zeit später nach Sizilien für Versuchsfahrten auf den Targakurs gebracht. Der andere wurde im April fertig und zu Probefahrten zur Südschleife des Nürburgrings überstellt. Der Tester war Hans Herrmann, sein Einsatz stand unter der Führung von Ing. Manfred Bantle, der mit allen Aufgaben der Weiterentwicklung des 908 beauftragt war. Sieben weitere Exemplare dieses Spyders wurden für die Saison 1970 gebaut. Den ersten von vier Einsätzen stellte die Targa Florio am 3. Mai dar.

1970 überraschte Porsche das Publikum mit seinen auffällig lackierten Rennwagen. Als die vier 908/03 auftauchten, wurden sie zum Anziehungspunkt der Fotografen. Die ungewöhnliche Farbgebung war in der Stylingabteilung des Hauses Porsche entstanden, der Butzi Porsche vorstand und die seit kurzem von Anatole Lapine geleitet wurde, einem Designer, der vorher bei General Motors und Opel gearbeitet hatte. Die beiden Männer gaben ihren jungen Stilisten die Gelegenheit, ihre Kreativität am 908/03 zu zeigen, wobei sie die Grundfarben Blau und Orange ihres Sponsors Gulf benutzten und darauf nach vorne weisende Pfeile malten.

Jeder Wagen sah anders aus. Um die Wagen auf Anhieb im Rennen voneinander unterscheiden zu können, hatte man ihnen vorn an den Flanken unterschiedliche Spielkartensymbole gegeben. Die gleichen Embleme waren auf den von Ferdinand Porsche sen. konstruierten Austro-Daimler Saschas in der Targa Florio des Jahres 1922 zur

Unterscheidung der einzelnen Wagen verwendet worden.

Als die Werksfahrer erstmals mit diesem radikal neuen Porsche konfrontiert wurden, meldeten sie große Bedenken an. »Man war allgemein der Ansicht, daß die Wagen unmöglich zu fahren seien«, sagte Brian Redman später. »Wir meinten, nicht fühlen zu können, wie sich das Heck des Wagens verhielt. Man saß so weit vorne, daß man sogar beim äußersten Zurücklehnen noch immer die hintere Kante des rechten Vorderreifens berühren konnte! Wir hatten Hemmungen, den Wagen zu fahren. Aber schon nach einer halben oder dreiviertel Stunde war jeder überzeugt, daß man es hier mit einem ganz ausgezeichneten Fahrzeug zu tun hatte!« Keiner der Porsche-Fahrer hatte je in einem der Grand-Prix-Wagen der Auto Union gesessen, die in ihrer Bauart als direkte Vorgänger eines solchen Konzeptes gelten durften und von Könnern wie Stuck, Nuvolari oder Rosemeyer perfekt beherrscht wurden...

Im Training erlitt Redman mit seinem 908/03 zwar einen Unfall, konnte im Rennen aber dennoch starten und lieferte, gemeinsam mit Jo Siffert, dem starken Konkurrenten Ferrari ein heißes Duell. Und er vermochte ihn letztlich siegreich abzuschütteln – Porsche war wieder einmal Targa-Sieger geworden! Zweite wurden Pedro Rodriguez und Leo Kinnunen, nachdem der Finne eine erstaunlich schnelle letzte Runde gefahren war, die anderthalb Minuten unter dem 1969er Rundenrekord Vic Elfords in einem 908/02 Spyder lag. Die Kinnunen-Runde brachte eine Durchschnittsgeschwindigkeit von 128,57 km/h. Eines der neuen Autos fiel aus, das vierte kam auf Platz Fünf.

Zwei 908/03 wurden Erste und Zweite in einem anderen wichtigen Rennen, für das sie konstruiert worden waren und in welchem sie anstelle der 13-Zoll-Reifen der Targa 15-Zoll-Reifen trugen: im 1000-km-Rennen auf dem Nürburgring am 31. Mai 1970. Beide Fahrzeuge waren von Porsche Salzburg genannt. Vic Elford und Kurt Ahrens fuhren den Siegerwagen, während

Oben: Ahrens/Elford gewannen das 1000-Kilometer-Rennen auf dem Ring 1970. Rechts daneben die Heckansicht des 908/03 Spyder. Die Auspuffrohre verliefen unterhalb der Antriebswellen. Unten: Getriebebezeichnung Typ 910. Es entsprach dem Typ 909 und war für den 908/03-Spyder von 1970 entwickelt worden.

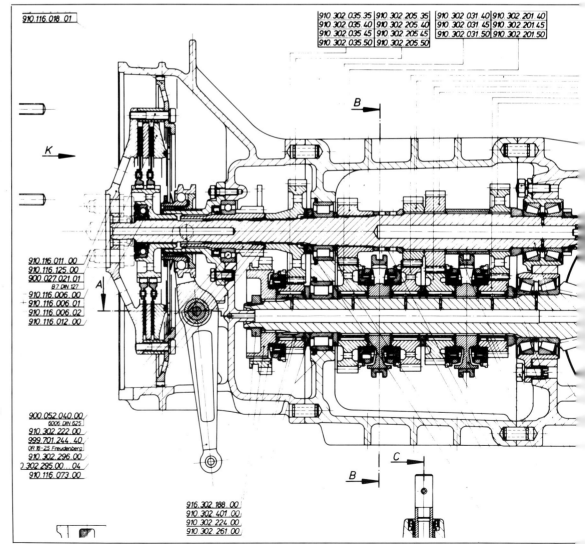

die anderen zwei Autos ausfielen. Wie 1969, brachte der Sieg auf dem Ring Porsche die Markenweltmeisterschaft.

Die 908/03 wurden für die gleichen beiden Rennen auch in der Saison 1971 an den Start gebracht. Eine Änderung, die sofort erkennbar war, stellte der massive Überrollbügel dar, der laut Reglement jetzt erforderlich war. Er erstreckte sich über die gesamte Breite des Cockpits und war nach hinten mit zwei Rohren abgestützt, die entlang des Motorraums schräg nach unten verliefen. Ferner hatte das 1971er Modell zwei Flossen am Heck, die überraschenderweise eine kleine Reduzierung (4,5 Prozent) des Luftwiderstandskoeffizienten mit sich brachten.

In der Zwischenzeit gab es auch bei der Konkurrenz Fortschritte zu vermelden. In Sizilien beim Training zur Targa war der neue 3-Liter-Alfa Romeo 33–3 der schnellste. Porsche brachte drei Wagen an den Start, zwei vom J. W. (Gulf) Automotive Engineering und einen vom Martini-Team. Die Einsatzleitung der Wagen oblag Ferdinand Piëch, der 1971 erstmals das Kommando persönlich übernahm. Dieses Jahr aber sollten die sizilianischen Graffiti recht behalten: »Porsche kaputt« stand in großen Lettern an einer Felswand geschrieben...

Zwei der 908/03 wurden in Unfälle verwickelt und fielen schon in der ersten Runde aus. Das dritte Auto, von Elford und Larrousse gefahren, befand sich in Führung, als das Schicksal in Form einer Reifenpanne zuschlug, die sie eine volle Runde kostete. Nach dem Radwechsel zwang sie ein Bruch in der Vorderradaufhängung, das Rennen aufzugeben.

Larrousse wandte sich an Piëch mit der Frage, ob irgend etwas an der vorderen Radaufhängung verbessert werden könnte, bevor die Autos im nächsten Rennen am Nürburgring am 30. Mai, zwei Wochen später, antraten, und erhielt eine Zusage. Die Dreieckslenker wurden etwas verstärkt, wenn auch nicht mehr als einen Millimeter, aber dies genügte, um diese Teile widerstandsfähiger zu machen. Die Fahrzeuge trugen auch breitere Hinterreifen auf Felgen, die jetzt 17 Zoll statt 15 Zoll maßen. Dies erforderte eine Ausweitung der Karosserieseiten im Heck, die zusammen mit den Flossen und dem Überrollbügel die Frontfläche um 12 Prozent auf 1,67 Quadratmeter ansteigen ließen. Auch waren die Martini-Wagen hatten die schnelleren Alfa und Ferrari geschlagen, indem sie diese auf Distanz hielten und ihnen keine Chance ließen. Zwei brandneue Wagen waren für das Wyer-Team gebaut worden, jedoch wiesen beide den gleichen Fehler auf: ihre Rohrrahmen waren nicht sorgfältig genug geschweißt worden. Eines der Autos fiel aus, als eine Schweißnaht aufging, das andere erlitt zwar den gleichen Defekt, konnte aber weiterfahren und noch den zweiten Platz erzielen.

Dies war ein zufriedenstellendes Ende der Karriere der 908/03. Es war eine kurze Karriere, in der lediglich vier Rennen bestritten wurden, jedoch eine, die durch die beiden gewonnenen Meisterschaften Zuffenhausen einen guten Dienst erwiesen hatten. Diese Autos vermochten indes noch mehr zu leisten. Nach der Saison 1971 wurden viele von ihnen verkauft, und in den Händen von Privatfahrern blieben sie weiterhin aktiv. Wie noch in einem späteren Kapitel zu berichten ist, kamen einige, wie etwa der Wagen von Reinhold Jöst, im Zeitalter der Turbo-Porsche noch zu brillanten Erfolgen.

Nach dem Nürburgring-Rennen 1971 tauchte werksseitig kein 908 mehr im Rennsport auf. Die

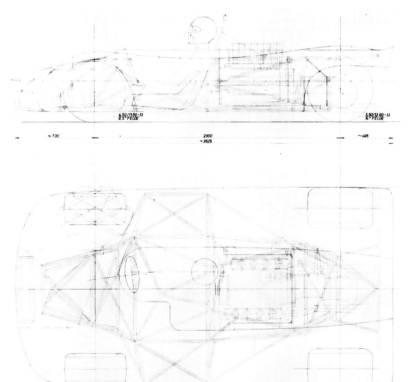

Ein kurzer, kompakter Wagen: der 908/03 Spyder, entworfen 1969. Seine Gesamtlänge betrug nur 3525 mm.

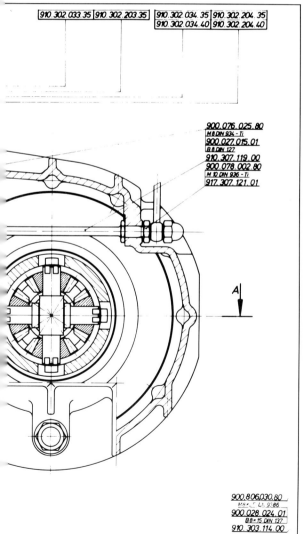

Wagen des Jahres 1971 um rund 18 kg schwerer als im Jahr zuvor.

Porsche hatte alle Chancen, die Markenweltmeisterschaft zum drittenmal mit einem Sieg auf dem Nürburgring zu gewinnen. Und dies gelang den Zuffenhausenern, wenn es auch kein hundertprozentiger Erfolg war. Immerhin beendeten drei der vier 908/03 in den ersten drei Positionen das Rennen. Larrousse und Elford im siegenden

Flunder, die 1971 in Le Mans siegte, war ein von Sonauto gemeldeter Wagen, gefahren von Ballot-Lena und Chasseuil. Nein, nicht von den 24 Stunden ist hier die Rede, sondern von der Trois Heures du Mans – jenem 3-Stunden-Lauf, der dem Vortraining für die 24 Stunden folgte. Immerhin: Ein Sieg, der auch zählte und die Flunder über einen Ferrari obsiegen ließ...

Kapitel 21
Ein ungewöhnlicher Porsche erscheint: Modell 914

Porsche 914 in seiner Ausführung 1972. Das Mittelmotorkonzept hatte sowohl Vor- als auch Nachteile. Das Bild zeigt ein Modell für den US-Markt mit zusätzlichen Blinkleuchten in den vorderen Kotflügelseiten.

Seit geraumer Zeit war zu erkennen, daß sich im Sportwagenbau ein Wandel vollzog. Der Trend ging in Richtung Mittelmotor. Gerade kleinere Automobilhersteller machten hier durch interessante Konstruktionen auf sich aufmerksam und die Fachpresse widmete ihnen viel Platz in ihren Spalten. Auf dem Genfer Salon des Jahres 1967 war es ganz offenbar geworden: Der Mittelmotor-Sportwagen hatte seinen Siegeszug angetreten.

Wo immer man hinblickte – Genf bot zahlreiche Variationen dieses Themas. Bei Ferrari sah man den von Pininfarina entworfenen Dino 206 GT, De Tomaso zeigte den Mangusta, auch der bereits vor Jahresfrist präsentierte Lamborghini Miura war noch immer eine große Attraktion. Bei Lotus gab es den zweisitzigen Europa mit Renault-Motor, die Franzosen hatten den Matra 530 mitgebracht. Nur aus Deutschland war kein Mittelmotor-Sportwagen da.

In den fünfziger Jahren hatte diese Entwicklung ihren Anfang genommen. Damals zog der kleine britische Cooper die Aufmerksamkeit auf sich, als er im Grand Prix erfolgreich gegen stärkste Frontmotor-Konkurrenz antrat. Nicht »Mittelmotor«-Wagen im eigentlichen Sinne, saß bei diesem Cooper das Antriebsaggregat nicht im Zentrum des Fahrzeugs, sondern knapp vor der Hinterachse. In jenen Tagen hieß so etwas schlicht »Heckmotor«. Um aber eine Unterscheidung zu treffen hinsichtlich jener Fahrzeuge, bei denen der Motor noch weiter hinten saß, kam man bald auf den Terminus »Mittelmotor«. Auch die Auto Union Grand-Prix-Wagen der dreißiger Jahre waren Mittelmotorwagen gewesen.

Mittelmotor-Sportwagen mußten nicht automatisch Wettbewerbsfahrzeuge sein. Die Konzeption kam zwar aus dem Rennsport, ließ sich aber auch für Fahrzeuge anwenden, die im normalen Straßenverkehr bewegt wurden. Die Motormagazine der sechziger Jahre zählten gern die Vorteile auf: ideale Gewichtsverteilung auf Vorder- und Hinterachse, bessere Straßenlage, neutraleres Lenkverhalten, niedrigere Fahrgastzelle, tieferer Schwerpunkt. An weiteren Pluspunkten führte man erhöhte Sicherheit ins Feld, denn die Mittelmotorkonstruktion bot mehr Volumen für vordere und hintere Knautschzonen, wodurch die Fahrgastzelle besser zu schützen war. Nutzte man diesen Bereich optimal, konnte man ihn zu Gepäckabteilen ausformen – stets ein schwacher Punkt bei herkömmlichen Sportwagen. Durch Wegfall einer Kardanwelle (bei Frontmotor) ließ sich das Interieur großzügiger gestalten.

Natürlich war man sich auch der Nachteile eines Mittelmotorwagens bewußt. Es war nicht leicht, den Motor in dem Chassis zu integrieren, insbesondere, wenn es sich um ein breitbauendes Aggregat handelte. Der Motor war schwerer zugänglich, seine Hitzeausstrahlung konnte Probleme aufwerfen. Mit Sicherheit war ein Mittelmotorwagen auch stets ein Zweisitzer, wollte man den Wagen nicht extrem breit auslegen.

Die Lösung solcher Aufgaben war für die Männer bei Porsche indessen nur Routinearbeit. Unorthodoxe Lösungen hatten bislang noch jeden Porsche ausgezeichnet. Und als die Stimmen immer lauter wurden, die nach einem Mittelmotor-Porsche riefen, bedurfte es in Zuffenhausen keiner Grundsatzüberlegungen, denn mit dem 904 hatte man schon gezeigt, wie ein solches Konzept aussehen könnte.

Ein Mittelmotor-Straßenfahrzeug mochte, was seinen Absatz betraf, von den Porsche-Erfolgen im Motorsport nur profitieren. Schließlich gab man füt Wettbewerbsaktivitäten sehr viel Geld aus, und warum sollte man verkaufsfördernde Attribute beim Absatz von Serienwagen nicht stärker als bisher nutzen.

Beim Abwägen aller Aspekte kam man bei Porsche zu dem Schluß, daß man die Realisierung eines Mittelmotor-Projekts besser mit einem potentiellen Partner in Angriff nähme. Porsches eigene Fertigungskapazitäten waren voll ausgela-

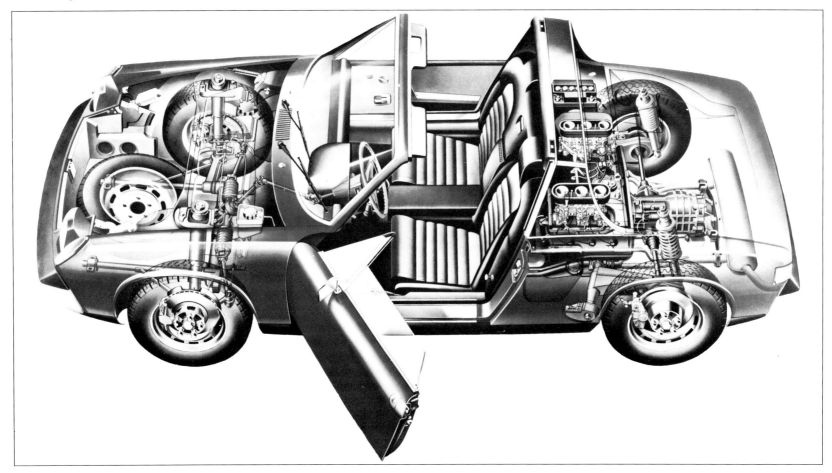

stet, ein neues Modell auf Kiel zu legen, schien in Zuffenhausen kaum möglich. Partnerschaften lagen auch im Trend der Zeit. Den Dino 206 GT baute Ferrari beispielsweise mit Fiat, Matra nutzte die Technologie von Ford, Lotus wiederum hatte einen Vertrag mit Renault. Was lag für Porsche näher, als die Verbindung mit Wolfsburg aufzufrischen?

Die Allianz mit einem Hersteller preiswerter Großserienfahrzeuge konnte Porsche eine Anzahl ökonomischer Vorteile bringen, ganz abgesehen von der Tatsache, daß es historische Bindungen gab – das VW-Werk war einst wichtigster Kunde des Porsche-Konstruktionsbüros gewesen. Mit Einführung des 911 war, sehr zum Leidwesen Ferry Porsches, der Preis eines Wagens seiner Marke stark in die Höhe gegangen. Er war bestrebt, so bald wie möglich wieder ein Auto auf den Markt zu bringen, das im Preis niedriger angesiedelt und damit für viele Sportwagenfreunde erreichbarer war. Einen solchen Porsche zu entwickeln, schien in Zusammenarbeit mit VW realisierbar. Einen preisgünstigen Porsche anbieten zu können, war auch schon lange das Anliegen der Händlerschaft im In- und Ausland.

»Im Alleingang hätten wir es nicht geschafft, einen Wagen auf niedrigerem Kostenniveau herauszubringen«, sagte Ferry Porsche. »Das war der Grund, warum wir uns an das Volkswagenwerk wandten.«

VW-Chef Heinz Nordhoff war an einer Zusammenarbeit mit Porsche stark interessiert. Eine sportliche Version des VW-Käfers hatte er mit dem Karmann-Ghia im Programm, und als Variante des Typs 2 gab es ebenfalls eine bei Karmann gebaute Coupé-Ausgabe. 1966/67 war ein neues VW-Modell in Vorbereitung, der 411, der im Herbst 1968 vorgestellt werden sollte. Ihm sollte der geplante Sportwagen zur Seite gestellt werden.

Die Verhandlungen zwischen Zuffenhausen und

914/6 hieß die Sechszylinder-Version des »Vierzehners«. Unten links der Sechs-, daneben der Vierzylindermotor. Oben der erste Entwurf des Gugelot-Kunststoffautos, das ursprünglich für einen BMW-Motor bestimmt war und als Vorbild für das Design des Porsche 914 diente.

Wolfsburg fanden in einem durchaus geschäftsmäßigen, gleichzeitig aber auch herzlichen Rahmen statt. Beide Unternehmen waren schließlich in vielschichtiger Weise miteinander verbunden. Einmal arbeiteten noch immer etliche Porsche-Männer der ersten Stunde bei VW, auch war Porsche noch immer Berater der Wolfsburger Entwicklungsabteilung. In vielen Ländern wurden Fahrzeuge beider Marken in gemeinsamen Händlerorganisationen verkauft. In gewissem Sinne war man sogar miteinander verschwägert: Heinz Nordhoffs jüngere Tochter Elisabeth war seit 1959 mit Ernst Piëch verheiratet, dem ältesten Sohn Anton und Louise Piëchs.

Ein auch äußerlich sichtbares Zusammengehen mit Porsche konnte das Wolfsburger Image nur heben. 1967 gab es überall einen Knick in der Verkaufsbilanz, und insbesondere VW mußte sich den Vorwurf gefallen lassen, unbeweglich zu sein. Es hieß, man baue nicht nur zu viele Autos, sondern auch die falschen und böte dem Käfer-Käufer keine echten Alternativen.

Ganz klar zeichnete sich auch ein Trend zum sportlichen Wagen ab, selbst beim Familienauto. Fiat, Ford, Opel und BMW schwammen bereits auf dieser Welle; VW hingegen hatte nur die Karmann-Modelle zu offerieren. So kam es in Wolfsburg zu zwei grundsätzlichen Überlegungen, die Porsche gut ins Konzept paßten. Zum einen sollte der geplante Sportwagen den größeren Karmann-Ghia ablösen, der ohnehin schwer verkäuflich war. Zum anderen legte man

Wert darauf, daß das neue Auto aber auch wieder bei Karmann gefertigt würde. Gerade diesem Wunsche entsprach Porsche gern, denn die Frage der Produktionskapazität hätte sich in Zuffenhausen ohnehin nicht lösen lassen. Porsche war bei Karmann, wo man seit 1902 im Karosseriebau tätig war, überdies schon lange Kunde.

Mit einem Handschlag besiegelten Heinz Nordhoff und Ferry Porsche, daß in Zuffenhausen Entwicklung und Konstruktion eines Mittelmotor-Sportwagens entstehen sollte, für den VW als Auftraggeber zeichnete. Auch sollte das Antriebsaggregat des VW 411 Verwendung finden. Formlos wurde auch Übereinkunft erzielt, daß Porsche sich des Karosseriedesigns bedienen dürfe, um eventuell eine Serie dieses Modells mit eigenen Motoren zu versehen.

Verschiedene Kriterien bedurften noch eingehender Überlegungen. Wie hatte ein Auto auszusehen, das einerseits in die VW-Linie passen mußte, andererseits die Handschrift Porsches nicht verleugnen durfte? Aus markt- und markenpolitischen Gründen mußte sich der Wagen äußerlich von Porsche-Fahrzeugen des laufenden Programms deutlich abheben. Man wollte auch keine Kopie eines älteren Modells auf den Markt bringen, etwa in Anlehnung an den 904. Um diese Aufgabe emotionsfrei lösen zu lassen, übertrug man sie einem Außenstehenden – der Firma Gugelot.

In Neu-Ulm, etwa achtzig Kilometer südöstlich Stuttgarts, hatte sich seit den frühen sechziger Jahren die Gugelot Design GmbH zu einer der bekanntesten Firmen auf diesem Gebiet entwickelt. Zu ihren Kunden zählten Braun, Pfaff und Kodak. Und eines Tages hatte man in Neu-Ulm auch Appetit aufs Auto bekommen.

Anfangs ging es den Gugelot-Designern nur um formale Lösungen. Dies führte sie zu Materialfragen, woraus eine Geschäftsverbindung zu Bayer entstand. Bayer und Gugelot entwickelten dann 1964 gemeinsam den Prototyp einer Kunststoffzelle in Sandwich-Bauweise. Es erwies sich indessen, daß ein Fahrzeug mit Sandwich-Aufbau nicht nur recht laut, sondern im Herstellungsprozess viel zu zeitaufwendig war. Als Studie machte der Wagen 1966/67 dennoch die Runde bei allen führenden Automobilherstellern, man zeigte ihn Daimler-Benz, Volkswagen und auch Porsche.

Das Design des Autos bestach durch seine Schlichtheit. Es handelte sich um ein Coupé mit klaren Formen, einer hohen Windschutzscheibe, schräg nach innen gestelltem Heckfenster und in die vorderen Kotflügelkanten eingesetzten Blinkern. Keine überflüssigen Verzierungen, keine Zugeständnisse an modische Trends – ein vollkommen auf Funktionalität abgestelltes Design. Als bei Porsche das Projekt des Mittelmotorwagens Gestalt annahm, aktivierte Butzi Porsche seine schon lange zu Gugelot bestehenden Kontakte. Das Kunststoff-Coupé aus Neu-Ulm avancierte zur Grundlage für die Gestalt des neuen Porsche 914.

Um die Gugelot-Konstruktion dem Mittelmotorkonzept anpassen zu können, mußte man das Design jedoch in vieler Hinsicht modifizieren. Der Aufbau wurde verkürzt, die breiten Ecken, die das Heckfenster flankierten, machte man aus Gründen besserer Rundumsicht schmaler. Um mehr Gepäckraum zu schaffen, gab man dem

Wagenbug etwas mehr Auswölbung. Vorn erhielt der Wagen flache, an der Unterkante schwarz mattierte Stoßstangen, auch das Heck änderte man etwas ab, nahm ihm etwas von seiner Kantigkeit. Die Radausschnitte wurden abgeflacht, schließlich gab man der gesamten Oberkante des Fahrzeuges noch einen zarten Schwung. Die frech aufgesetzten Blinker in den vorderen Kotflügelkanten beließ man unverändert.

Trotz der zahlreichen Detailänderungen hatte das Gugelot-Design von seiner schlichten Funktionalität nichts eingebüßt. Es gab keinerlei Übertreibungen, nichts Spektakuläres. Der 914 gedieh zu einem ehrlichen Sportwagen, ohne »racy« zu sein. Die Presse bescheinigte dem Wagen nicht gerade Schönheit, aber Zweckmäßigkeit und eine durchaus sportliche Erscheinung. Die Flachheit des Wagens wurde durch den schwarzen Unterbau und durch die schwarzen Flächen unter den Stoßstangen noch unterstrichen. Aber der 914 war in der Tat ein niedriges Auto, gut zehn Zentimeter weniger hoch als der 911. Die Gesamthöhe des 914 betrug nur 1219 mm, die Breite 1651 mm, das waren fast vier Zentimeter mehr als beim 911. In den aerodynamischen Werten kamen sich beide Modelle sehr nahe.

Um hinter den beiden Sitzen genügend Raum für den Motor zu erhalten, mußte man den Radstand länger als beim 911 auslegen. Er betrug beim 914 2450 mm. Dadurch ergab sich für die Insassen natürlich sehr viel mehr Raum im Cockpit als beispielsweise beim 904. Dennoch war der 914 um zehn Zentimeter kürzer als der 904. Man hatte den Überhang so knapp wie möglich gehalten.

Die polyurethangeschäumten Stoßstangen stellten integrierte Teile des Aufbaus dar. Vorn wiesen sie vergitterte Öffnungen auf, hinter denen die Signalhörner plaziert waren, in der Europaausführung enthielten die Stoßfänger auch die Standlichter. Beim serienmäßigen 914 waren die Oberkanten der Stoßstangen in der Farbe des Wagens lackiert, nur auf Sonderwunsch wurden sie verchromt geliefert. Beim 914/6 gab es die verchromte Version serienmäßig. Der 914 war auch der erste Porsche mit »Schlafaugen« für die Hauptscheinwerfer. Ihre Betätigung erfolgte über zwei seperate Elektromotoren; es ließen sich die Scheinwerfer aber auch manuell durch einen Knopf im vorderen Kofferraum ausfahren, falls das System einmal ausfiel. Selbst bei schwer vereister Bugpartie, so wurde ermittelt, ließen sich die Scheinwerferklappen mühelos öffnen. Ein schmales, abgefedertes Schutzblech an der Vorderkante der Klappen verhinderte, daß man sich im Falle eines Falles die Finger einklemmte, wenn man an den Scheinwerfern während des elektrisch betätigten Schließvorganges arbeitete.

Die vorderen Dreiecksfenster in den Türen waren nicht ausstellbar, die Kurbelscheiben rahmenlos. Das obere Dachteil ließ sich beim 914 herausnehmen; es bestand aus Kunststoff und war aus Gewichtsgründen – es wog keine sieben Kilogramm – in Sandwichbauweise gefertigt. Nur war es nicht – wie beim Targa – in der Mitte geteilt. Dennoch ließ es sich bequem verstauen, denn es paßte exakt unter den Deckel des hinteren Kofferraums, und dort blieb noch genügend Raum für weitere Dinge. Gemeinsam mit dem vorderen Gepäckabteil wies der Porsche 914 ungewöhnlich viel Stauraum auf, wobei nach alter Tradition Kraftstofftank und Reserverad sich vorn befanden. Zum Tanken mußte man die Fronthaube öffnen; gegen einen Einfüllstutzen mit Deckel an der rechten Außenseite legten die Designer ihr Veto ein . . .

Der Kraftstofftank befand sich zwischen zwei Schotts, von denen es auch im Heck einige gab, um den Rahmenboden zu versteifen. Eines diente als Schutzwand zwischen Motor und Cockpit, ein anderes saß hinter dem Motor als Trennwand zum hinteren Kofferraum. Seine Längsstabilität erhielt der Wagen durch Kastenholme unter den Türen und in der Fahrzeugmitte, in denen elektrische Kabel und die Übertragungsorgane für Bremsen, Gas, Schaltung und Kupplung verliefen. Obwohl der 914 ein abnehmbares Dach aufwies, war der Wagen nicht weniger verwindungssteif als das 911-Coupé. Der Bügel hinter dem Cockpit, der das Rückfenster umrahmte, bildete einen integrierten Bestandteil mit dem ganzen Fahrzeug.

Beim Fahrwerk ließen sich die Porsche-Konstrukteure auf keine Experimente ein. Es entsprach mehr oder weniger dem des 911. Auch die Lenkung war mit der des 911 identisch, sie stammte von ZF und stellte sich selbst nach, war also praktisch spielfrei. Das gab es auch beim 911, nur ein wenig aufwendiger im Aufbau. Von Anschlag zu Anschlag benötigte man gut drei Lenkradumdrehungen. Im Kopf der Lenksäule unterschieden sich der 914 und der 914/6: der Vierzylinder erhielt einen Kopf aus der VW-Fertigung, der Sechszylinder einen von Porsche konstruierten.

Weil dort, wo beim 911 die Traverse mit dem Drehstab verlief, beim 914-Mittelmotorwagen das Antriebsaggregat saß, mußte man für diesen Wagen die hintere Radaufhängung abändern. Beim 550 hatte man dieses Problem einst gelöst, indem man die Schwingarme, an denen die Hinterräder geführt wurden, verlängerte. Die moderne Aufhängungsgeometrie, derer man sich mittlerweile bei Porsche bediente, ließ solcherlei

Links: Prototyp des 914/6. Ursprünglich wies der Wagen ein Porsche-Emblem auf der Fronthaube auf. Unten: die gegossenen Magnesiumräder mit ihren zehn Speichen kamen von Mahle. Für den 914/6 gab es diese Räder als Sonderzubehör.

Vorgchen beim 914 nicht zu. So entstand in Zuffenhausen das erste Auto mit hinteren Schraubenfedern. Sie schlossen Boge-Teleskopstoßdämpfer ein; auf Sonderwunsch lieferte man den Wagen auch mit Bilstein-Gasdruckdämpfern aus.

Die Gewichtsverteilung beim 914 betrug 46 Prozent auf den Vorder- und 54 Prozent auf den Hinterrädern. Der Einfederweg der Räder betrug fast 18 Zentimeter, die Eigenfrequenz der Aufhängung war auf 80 Schwingungen pro Minute ausgelegt. Querstabilisatoren waren in der Serienausführung des 914 nicht vorgesehen. Helmuth Bott, für die Entwicklung dieses Fahrzeuges zuständig, trachtete danach, möglichst ohne Stabilisatoren auszukommen. Mit einem relativ hohen Rollzentrum der Aufhängung, etwa 12 Zentimeter über dem Boden, neigte sich der Wagen bei schneller Kurvenfahrt, gemessen mit 0,6 g, um maximal vier Grad – ein äußerst vertretbarer Wert.

Räder und Bereifung hingen von der Motorisierung des 914 ab. Der serienmäßig angebotene Vierzylinder erhielt die 15-Zoll-Reifen des VW 411 und auch die gleichen Scheibenbremsen jenes Modells. Aber auch an den Hinterrädern installierte man Scheibenbremsen, im Unterschied zum 411. Die belüfteten Scheibenbremsen des 914/6 waren etwas größer dimensioniert. Auch waren die Felgen des Sechszylinders mit fünf statt mit vier (wie sie der Vierzylinder aufwies) Radmuttern befestigt. Die 5,5 Zoll breiten Felgen maßen ebenfalls 15 Zoll im Durchmesser; als Extra bot Porsche Leichtmetallräder aus Magnesiumguß an, von Mahle entwickelt und nur halb so schwer wie die Serienfelgen aus Stahl. Mit ihren zehn Speichen sahen sie sehr gut aus. Etliche 914-Besitzer versahen ihre Fahrzeuge aber auch mit anderen Felgen, etwa mit jenen vom 911 E.

Das Karosseriedesign des Porsche 914 entbehrte nicht der Eleganz. Zu den signifikanten Stilelementen gehörten die hohe, geneigte Windschutzscheibe, das abnehmbare Dach, die sehr breiten Türen und die relativ großen Räder. Allerdings gab es in diesem Zweisitzer keinerlei Raum hinter den Rückenlehnen. Kritiker vermißten beispielsweise eine Möglichkeit, im Wagen Hut und Mantel ablegen zu können. Dafür wies der 914 sowohl im Bug als auch im Heck je einen Kofferraum auf.

Ausgiebige Reifentests galten der Ermittlung bestgeeigneter Pneus für den 914. Viele Tester schworen auf den französischen Michelin XAS.

Wie erwähnt, sollte der 914 in der VW-Version den Vierzylindermotor des großen 411 erhalten, der im August 1968 als Vergaseraggregat und ein Jahr später mit Kraftstoffeinspritzung auf den Markt kam. Der Motor des 411 sah zwar noch immer wie ein typischer VW-Motor aus, unterschied sich von seinen Vorfahren dennoch in vielen Einzelheiten. Das Kurbelgehäuse war anders geformt und auch breiter. Die Stahlzylinder ragten tiefer ins Kurbelgehäuse hinein, die geschmiedete Kurbelwelle lief in drei Lagern von 60 mm Durchmesser, ein weiteres Lager befand sich außerhalb des Blocks vor der Ventilator-Riemenscheibe. Die Pleuellager maßen 55 mm, von Mittelpunkt zu Mittelpunkt waren die Pleuel 127 mm lang.

Der Abstand der Zylinder, über ihre Mittelpunkte gemessen, betrug jeweils 124,5 mm, dadurch gab es genügend Platz für die 90 mm messende Bohrung. Bei einem Hub von 66 mm ergab sich ein Gesamthubraum von 1679 ccm. Das entsprach exakt den gleichen Dimensionen des Vier-Nockenwellen-Rennmotors 547/5 von 1957.

Wie in allen VW-Motoren, saßen die Ventile im 411-Aggregat in einem schrägen Winkel zur Zylinderachse; die Einlaßkanäle hatten einen Durchmesser von 34 mm, die Einlaßventile maßen 39 mm, die Auslaßventile 33 mm. Die Auslaßrohre führten tief in den Zylinderkopf hinein, fast bis zu den Ventilführungen. Mit seinen langen Stoßstangen und dem Kipphebelmechanismus glich der 411-Motor auch in dieser Hinsicht allen anderen VW-Aggregaten. Die stirnradgetriebene Nockenwelle wies Steuerzeiten von 12/42/43/4 Grad auf bei nur 0,1 mm Ventilspiel. Die Verdichtung betrug 8,2 zu eins. Durch ein Kegelrad wurde der Verteiler angetrieben, die Ölpumpe saß auf dem vorderen Ende der Kurbelwelle. Das Zentrifugalgebläse war mit einem Aluminiumlüfter versehen und eigentlich recht klein dimensioniert; über einen Keilriemen wurde die Lichtmaschine angetrieben. An der rechten Zylinderreihe saß der Ölkühler, zu dem ein Teil der Gebläseluft hinführte.

Das elektronisch gesteuerte Kraftstoff-Einspritzsystem des 411E war auch im 914 zu finden. Wolfsburg hatte seine Entwicklung vorangetrieben, weil der US-Markt danach verlangte: die vor allem in Kalifornien wirksam gewordenen Abgasgesetze machten einen Absatz europäischer Fahrzeuge, die den »Exhaust Emisson Requirements« nicht entsprachen, so gut wie unmöglich. Die Einspritzanlage war von Bosch entwickelt worden, basierte indessen auf amerikanischen Bendix-Patenten. Der Computer, der den Kraftstoff in seiner Dosierung exakt bemaß, hatte das Format einer kleinen Zigarrenkiste und erwies sich als ein zuverlässiges und vor allem benzinsparendes Instrument.
Nach DIN-Norm leistete der Vierzylinder 80 PS bei 4900 Touren. Bei 2700 U/min gab die Maschine ein Drehmoment von 13,5 kpm ab. Mit 125,5 kg Trockengewicht wog der Motor gut 20 kg mehr als der letzte von Porsche gebaute Stoßstangenmotor.

Die im 914/6 installierte Sechszylindermaschine wog rund 50 Kilogramm mehr als der Vierzylinder. Es handelte sich um das gleiche Aggregat, wie man es im 911 E anbot. Dieser Motor hatte die Dimension 80 × 66 mm (1991 ccm), war 8,6 zu eins verdichtet, wies Aluminiumköpfe auf und ein Kurbelgehäuse aus Magnesium. Mit den obenliegenden Nockenwellen und den Weber-Dreifach-Vergasern kam der Sechszylinder auf 110 DIN-PS bei 5800 U/min. Sein Drehmoment bei 4200 Touren gab das Werk mit 16 kpm an. Vier- und Sechszylinder hatten das gleiche Getriebe. Es basierte auf dem des 911 und wies fünf Vorwärtsgänge auf. Allerdings saß es im Vergleich zum 911 umgekehrt im Wagen, und ein neu konstruiertes Schaltgestänge ließ die Gänge noch leichter einlegen. Die Hinterachsübersetzung betrug 4,428 zu eins. Geringfügig unterschieden sich die Untersetzungen in den einzelnen Gängen:

	914	914/6
Erster Gang	3,091	3,091
Zweiter Gang	1,889	1,758
Dritter Gang	1,261	1,218
Vierter Gang	0,926	0,926
Fünfter Gang	0,710	0,759

Auf den ersten Blick schien der Mittelmotor des 914 schwer zugänglich. Doch gab es ausreichend Platz für alle Wartungsarbeiten.

Die niedrigere Übersetzung im obersten Gang beim 914/6 hatte man wegen der höheren Motordrehzahlen gewählt. Gegen Aufpreis war ein Sperrdifferential von ZF oder Getrag erhältlich. Auch war vorgesehen, beide Modelle mit der Sportomatic anzubieten.

Mit seinen geringeren Abmessungen ließ sich der Vierzylinder mit mehr Abstand zur Cockpit-Trennwand einbauen als der Sechszylinder, was der Geräusch- und Temperaturisolierung zugute kam. »Wir haben viel Mühe auf die Untersuchungen verwendet, in wie weit sich das Geräuschproblem lösen ließ«, berichtete der mit diesen Aufgaben betraute Ingenieur H. R. Engels. Vor allem trachtete man danach, Schwingungen des Motors vom Chassis fernzuhalten, wozu Porsche in einer langen Versuchsreihe zahlreiche Aufhängungstechniken für Motor und Getriebe durchprobierte. Dennoch war eine Geräuschquelle nahe dem Cockpit nicht zu eliminieren: durch die nahe dem Rückfenster gelegenen Lufteinlässe in der Abdeckklappe des Motorraums. Hätte man den Einlaß weiter nach hinten verlegt, wäre dies auf Kosten des Kofferraums im Heck gegangen. Für die Wärmeableitung wiederum war die Lage der Öffnung nicht gerade ideal, und der höher drehende Sechszylinder wurde im 914 auch um einiges heißer als im 911 T, was ihm aber nicht schadete. Um den 914-Fahrer nicht zu beunruhigen, versetzte man die rote Markierung auf dem Ölthermometer ein wenig weiter nach rechts.

Das Ölreservoir der Trockensumpfschmierung des 914/6 saß links im Motorraum und war durch den Motorraumdeckel zugänglich, der sich über ein Scharnier nach vorn umlegen ließ. Durch einen kleinen Hebel links vom Fahrersitz war sie zu öffnen. Im geöffneten Zustand wurde der Deckel durch Drehstabfedern gehalten. Rechts im Motorraum hatte man die Batterie untergebracht. Gut zugänglich war im Motorraum auch die elektrische Zentrale des 914 – hier saßen alle wichti-

Leistungsvergleich Porsche 914/6, 1970				
Veröffentlicht in		Sports Car Graphic	Road & Track	auto, motor und sport
Leergewicht	kg	976	994	982
0–80 km/h	Sek.	6,3	6,3	6,2
0–96 km/h	Sek.	8,3	8,7	8,0
0–112 km/h	Sek.	10,9	11,4	11,0
0–128 km/h	Sek.	14,2	15,0	13,9
0–144 km/h	Sek.	18,8	19,9	18,0
0–160 km/h	Sek.	24,9	26,4	23,1
¼ Meile stehd.	Sek.	16,2	16,3	–
Höchstgeschwindigkeit	km/h	204,4	197,9	205,9

gen Relais, während der große Sicherungskasten sich links unter dem Armaturenbrett befand. Das Interieur des 914 war schlicht und funktionell gehalten. In der Raumausnutzung waren die Designer bewußt großzügig vorgegangen in Anbetracht der Tatsache, daß der Wagen ein reiner Zweisitzer war und es hinter den Rückenlehnen keinen Platz für eine Ablage gab. Die Armlehne in der Tür des Beifahrers wies einen Haltegriff auf, in der Tür auf der Fahrerseite befand sich eine Tasche für Karten. Die Ablage zwischen den Sitzen ließ sich mit einem gepolsterten Deckel schließen; zur Not konnte hier eine dritte Person untergebracht werden. Der Fahrersitz ließ sich über einen Bereich von 18 Zentimetern in der Tiefe verstellen, Sitz und Lehne konnte man in vier verschiedenen Positionen kippen. Der Beifahrersitz hingegen ließ sich nicht verstellen.

Im unmittelbaren Blickfeld des Fahrers befanden sich die drei Hauptinstrumente, die in Einfassungen aus Gummi saßen. Beim Vierzylinder reichte die Skala des Drehzahlmessers bis 7000, beim Sechszylinder bis 8000 Touren. Rechts von ihm lag das Tachometer (Anzeige bis 250 km/h oder 150 Meilen beim Sechs-, 200 km/h oder 120 Meilen beim Vierzylinder). Das linke Instrument wies beim 914 unten die Kraftstoffanzeige und oben die Warnlichter für Benzinreserve und die Handbremse auf, beim 914/6 saß im oberen Segment das Ölthermometer.

Mit Rücksicht auf die Möglichkeit, einen zusätzlichen Passagier mitzunehmen, hatte man den Handbremshebel beim 914 nicht in die Wagenmitte, sondern links neben dem Fahrersitz installiert, zudem ließ sich, um den Einstieg nicht zu behindern, der Hebel nach hinten umlegen. Wer den 914 nicht als Dreisitzer zu benutzen gedachte, konnte sich eine Mittelkonsole montieren, in der weitere Instrumente eingelassen waren.

Es gab eine Anzahl feiner Unterschiede zwischen dem Vier- und dem Sechszylinder. So hatte der Vierzylinder einen Scheibenwischer mit Zweistufenschalter mit manuell zu betätigender Waschanlage, während der Sechszylinder einen Dreistufenschalter und eine elektrische Waschanlage erhielt. Die Drehstrom-Lichtmaschine des 914 gab 700 Watt ab, die des 914/6 770 Watt. Der Sechszylinder wies einen Handgaszug auf, der Vierzylinder nicht.

Als die Prototypen beider Modelle fertiggestellt waren, ermittelte man beim 914 ein Trockengewicht von 897 und beim 914/6 von 938 Kilogramm. Ihre Straßenerprobung fiel indessen in eine Zeit firmenpolitischer Turbulenzen, ausgelöst durch Veränderungen in der VW-Konzernspitze. Heinz Nordhoff, seit Anfang 1967 nicht bei bester Gesundheit, wollte erst 1970 in den Ruhestand treten, sah sich aber veranlaßt, schon bald einen Nachfolger zu suchen. Seine Wahl fiel auf Kurt Lotz, mit 55 gut dreizehn Jahre jünger als Nordhoff und bis dahin einer der führenden Männer im BBC-Konzern. Es blieb ihm nicht viel Zeit, sich unter Nordhoff, dessen Ärzte ihm strengste Schonung auferlegten, einzuarbeiten. Der Mann, der das Volkswagenwerk mit eiserner Hand zum Erfolg geführt hatte, verstarb am 12. April 1968.

Der ehemalige Luftwaffenoffizier Lotz war kein Mann der Automobilbranche. Und es stellte sich schnell heraus, daß er für das sportliche Konzept des in Vorbereitung befindlichen 914 kein Verständnis besaß. Ihm ging es mehr um »normale« Autos, wenn auch mit ungewöhnlicher Technik – immerhin kam es unter seiner Ägide zum Zusammenschluß mit Audi und NSU. Wohl erkannte er das enorme Potential technischen Know-hows, das man in Zuffenhausen hatte, und er machte sogar den Vorschlag, wonach Porsche die gesamte Konstruktionsleitung des Volkswagenwerks übernehmen sollte. Das war auch mit der Grund, warum in den Jahren 1969/70 fast 100 Millionen Mark in das Porsche-Entwicklungszentrum Weissach investiert wurden. Unter der Leitung Paul Henslers entstanden hier Versuchsanlagen, die in Europa ihresgleichen suchten. Im Sommer 1971 zog fast die gesamte Entwicklungsabteilung Porsches in die neuen Räume.

Porsche und Volkswagen gründeten eine gemeinsame Firma in Ludwigsburg, um den Sportwagen-Vertrieb zu koordinieren. Später übernahm Porsche die Anlagen, in günstiger Autobahnnähe gelgen, in eigener Regie.

Kurt Lotz war es durchaus ernst mit seiner Absicht, Porsche zukünftig mit großen Aufgaben zu betrauen. Schon kurz nach seiner Amtsübernahme in Wolfsburg gab er die Entwicklung eines kleinen Volkswagens in Auftrag, der als Alternative zum Käfer gedacht war und die Codebezeichnung EA 266 bekam. Dieses Auto sollte ein kompakter Zweitürer werden mit einem wassergekühlten Vierzylinder-Reihenmotor, der in liegender Bauweise unter der hinteren Sitzbank installiert sein sollte. Ganz klar ein Mittelmotorwagen. Journalisten, die von diesen Plänen Wind bekommen hatten, brachten den EA 266 sofort mit dem 914 in Verbindung. Das war indessen eine Fehlspekulation.

Als Heinz Nordhoff und Ferry Porsche gemeinsam beschlossen hatten, daß auch Zuffenhausen die Möglichkeit haben sollte, in der äußeren Form des 914 einen Wagen eigener Prägung herauszubringen, parallel zur VW-Version, war dies ein Punkt, der keiner großen Formalitäten bedurft hatte. Lotz sah das anders. Für ihn galten nur die vertraglich fixierten Abmachungen, und die sahen nichts anderes vor als einen VW 914 – ohne Ausnahme. Persönliche Absprachen, die sein Vorgänger Nordhoff getroffen hatte, tangierten ihn nicht. Andererseits wollte Porsche auf den 914/6 unter gar keinen Umständen verzichten. Es mußte eine Lösung gefunden werden, die Wolfsburg und Zuffenhausen gleichermaßen behagte.

Lotz sah sich mit einem weiteren Problem konfrontiert. Er stand vor der Aufgabe, die sinkenden Absatzzahlen in den USA aufzufangen. Der Käfer hatte in den Staaten durch etliche »Subcompacts« Konkurrenz bekommen. Hier sollte der vom VW-Konzern frisch erworbene Audi einspringen, wobei es fraglich war, wie sich ein

Das abnehmbare Dach paßte genau in den hinteren Kofferraum des 914. Darunter blieb noch Platz für Gepäck. Auch vorn gab es reichlich Stauraum. Ganz links das Interieur des 914 mit VW-Lenkrad und die Bugpartie des 914/6 in seiner Serienausführung.

Audi durch die VW-Absatzorganisation verkaufen ließ. Audi- und NSU-Fahrzeuge wurden bislang von einer eigenen Organisation betreut. Nach langwierigen Verhandlungen fand man eine Formel für die anstehenden Vertriebsprobleme sowohl in Deutschland als in den USA. In der Bundesrepublik gründeten Porsche und VW eine gemeinsame Tochtergesellschaft, die den Verkauf sportlicher Automobile – den 914 wie den 914/6 – in die Hand nehmen sollte. In den Vereinigten Staaten trat Porsche seine Vertriebsrechte an das Volkswagenwerk ab, das eine neue Tochtergesellschaft gründete, die Porsche + Audi Division, der es oblag, Porsche- wie Audi-Automobile zu verkaufen.

Wie hoch die Summe war, die VW für die Vertriebsrechte des in Amerika so populären Porsche zahlte, wurde in der Öffentlichkeit nie bekannt. Gering dürfte sie nicht gewesen sein.

Die Etablierung einer neuen Vertriebsorganisation war kein einfaches Unterfangen. In der Bundesrepublik verkaufte Porsche seine Fahrzeuge mit ganz wenigen Ausnahmen durch das VW-Händlernetz, dessen Aufbau auf Albert Prinzings Initiative zurückging. Die im April 1969 in Stuttgart mit einem Betriebskapital von fünf Millionen Mark gegründete »VW-Porsche Vertriebsgesellschaft GmbH« (abgekürzt VG) – beide Parteien waren je zur Hälfte beteiligt – war nun zuständig für den Absatz des 914, des 914/6 und auch des 911. Mit der Einführung des 914 war der 912 aus dem Porsche-Programm herausgenommen worden. Der VG oblag auch der gesamte Ersatzteilvertrieb, Sales Promotion und Werbung.

Aus paritätischen Gründen besetzte man auch alle Schlüsselpositionen in der VG mit Männern aus Wolfsburg wie aus Zuffenhausen. Führender Manager aus dem Hause Porsche wurde Otto-Erich Filius, der lange Jahre den Verkauf in den USA geleitet hatte; aus Wolfsburg stellte man ihm Klaus Schneider zur Seite. Huschke von Hanstein sollte die PR-Abteilung übernehmen. In ihrer ersten Existenzphase wurde die VG im Stuttgarter Stadtzentrum einquartiert. Die Räumlichkeiten in der Heilbronner Straße erwiesen sich aber schon bald als viel zu eng, so daß man an einen Umzug denken mußte. Ein geeignetes Grundstück für den Bau eines ausreichend dimensionierten Vertriebszentrums fand man in Ludwigsburg, nur wenige Kilometer nördlich von Zuffenhausen. Es war die Firma Porsche, die das Grundstück erwarb und auch als Bauherr auftrat, die VG zog als Mieter ein. Um das Projekt in Angriff nehmen zu können, stockte die Gesellschaft ihr Kapital auf 14 Millionen Mark auf. Genau 303 Mitarbeiter zogen 1971 in die neuen Quartiere der VW-Porsche Vertriebsgesellschaft ein. Alles war hier unter einem Dach – nur die Wagenauslieferung wurde direkt von Karmann in Osnabrück beziehungsweise Porsche in Zuffenhausen gehandhabt.

Gerüchte wollten um jene Zeit wissen, daß Porsche von VW übernommen werden sollte. Mit Nachdruck wurden solche Mutmaßungen zurückgewiesen. Unter der Devise »Porsche bleibt Porsche!« legte die Zuffenhausener Geschäftsleitung dar, daß die Familien Porsche und Piëch unter gar keinen Umständen beabsichtigten, Firmenanteile abzugeben. In einem Interview, das Ferry Porsche dem bekannten Journalisten Edouard Seidler Ende 1969 gab, strich der Senior des Hauses Porsche deutlich heraus, warum es zu der Verbindung VW-Porsche in Form der VG gekommen war, ohne daß man Anlaß gehabt hätte, darin den Schritt in Richtung einer Fusion zu sehen. »Mit Ausnahme von Frankreich und Großbritannien werden Porsche-Automobile überall von der VW-Organisation verkauft. Die Gründung einer gemeinsamen Absatzorganisation ist nichts weiter als die Bestätigung einer Tatsache.« Ferry Porsche wies auf die absolute Unabhängigkeit seiner Firma gegenüber VW hin und auf die fünfzigprozentige Beteiligung beider Partner an der Vertriebsgesellschaft: »Dies ist sicher das erstemal in der Automobilgeschichte, daß ein großer internationaler Konzern mit einer relativ kleinen Firma ein gemeinsames Unternehmen gründet und sich mit der Hälfte der Anteile zufriedengibt.« Nach seiner Ansicht hätte Volkswagen von vornherein die Dominanz anstreben können. Daß dem nicht so war, wertete er als gültige Bestätigung der Unabhängigkeit Porsches, ein Status, den in Zuffenhausen niemand aufzugeben bereit war.

Wie geplant, wurde der 914 komplett in Osnabrück bei Karmann gebaut. Für den 914/6 aber fabrizierte man dort nur die Karosserie und

Die Karosserien für den 914 kamen von Karmann, Osnabrück. Rechts der Einbau einer Motor-Getriebe-Einheit (914/6), der in den Zuffenhausener Porsche-Betrieben vorgenommen wurde.

schaffte sie, fertig lackiert, per Lkw nach Zuffenhausen, jeweils in Serien zu neun Stück. Hier entstand durch Hinzufügung von Motor, Fahrwerk, Elektrik, Interieur et cetera das komplette Fahrzeug.
Auch die Karosserien des 911 wurde bei Karmann hergestellt. Da sie in geringeren Stückzahlen als der für VW wie für Porsche hergestellte 914-Aufbau fabriziert wurden, lag ihr Gestehungspreis naturgemäß höher. Dennoch sollte Porsche für die Karosse ihres 914/6 mehr Geld bezahlen – auf Veranlassung des Volkswagenwerks, das sich als Eigentümer der Rechte am 914-Design betrachtete. Und das brachte die Konzeption Porsches ins Wanken, denn der 914/6 hatte ja gerade ein preiswertes Fahrzeug werden sollen, eine Alternative zum 911. In Wolfsburg dachte man weniger an Publicity-Effekte, die der 914/6 auch zum Vorteil des Vierzylinders ausstrahlen würde, sondern trachtete nach einer raschen Amortisation der hohen Werkzeugkosten, vor allem sah man den 914/6 völlig getrennt vom 914 und kam somit natürlich zu einer höheren Kostenrelation pro Stück. Bei Porsche pflegte man anders zu denken und nicht die Kosten einzelner Varianten dem betreffenden Modell aufzubürden – Fahrzeuge mit Rechtslenkung, zum Beispiel – hätten, weil in sehr geringer Zahl gefertigt – demnach wesentlich teurer sein müssen als Linkslenker.
Ursprünglich hatte man die Absicht gehabt, alle 914, ob mit Vier- oder Sechszylindermotor, »VW-Porsche« zu nennen. Beide Namen strahlten gleichermaßen positives Image aus, vor allem versprach sich Volkswagen bei seinem Vierzylinder eine Aufwertung durch das Porsche-Emblem. Das wurde aber nicht konsequent gehandhabt. In den USA beispielsweise liefen beide Modelle unter der Markenbezeichnung Porsche – es wäre unklug gewesen, sie VW-Porsche zu nennen, nachdem gerade die Porsche + Audi Division gegründet worden war.
Auf der IAA im Herbst 1969 sah man auf dem Stand der Vertriebsgesellschaft sowohl das Porsche- als auch das VW-Emblem, als der 914 erstmals öffentlich präsentiert wurde. Auch Karmann stellte einen 914 aus. Die Auslieferung des Vierzylinders setzte noch im gleichen Monat ein; sein Preis wurde auf 11 995 Mark festgesetzt, der des Sechszylinders auf 18 992 Mark – das waren 3000 Mark mehr, als Porsche zunächst kalkuliert hatte.

Karmanns Fertigungskapazität lag bei 30 000 Einheiten pro Jahr. Ein Viertel davon sollte als 914/6 gebaut werden. Zunächst gab es nur den Vierzylinder zu kaufen, erst im folgenden Februar kam der Sechszylinder, der dann im März auch nach USA ging. An der Ostküste kostete er 5999 Dollar, an der Westküste 100 Dollar mehr. Anders als vorgesehen lieferte man den Mittelmotorwagen nicht mit Sportomatic; lediglich einige Versuchsfahrzeuge stattete man mit diesem Getriebe aus. Für den Absatz in den USA war dies nicht allzu günstig. Noch mehr aber vermißten Porsche-Fans das Markenzeichen am Bug des 914! Nur die ersten Prototypen hatte man damit versehen. Viele mag es auch irritiert haben, daß ihr Vierzylinder mit den gleichen Radkappen versehen war, die der VW 411 trug. In Europa wiesen sie das eingeprägte VW-Zeichen auf – dieses fehlte in der US-Version.

Der 914, der zu den interessantesten Neuheiten der Frankfurter Automobilausstellung zählte, wurde während der Salontage von einigen Journalisten in Hockenheim probegefahren. Allerdings ließ man sie nur ans Steuer des Vierzylinders – beim 914/6 durften sie lediglich Beifahrer sein. Etwas verwirrend war der Umstand, daß nicht nur Huschke von Hanstein mit Fahrzeugen vertreten war, sondern Rico Steinemann, Presse-Chef und Rennleiter der Firma Porsche, ebenfalls mit je einem Vier- und einem Sechszylinder gekommen war – und entsprechend unterschiedlich fielen auch die Beurteilungen der Fahrzeuge aus. Erst später wurde ermittelt, warum kritische Motorjournalisten das Fahrverhalten der von Steinemann vorgeführten Wagen bemängelten: Sturz und Spur der Vorderräder waren nicht korrekt eingestellt gewesen und die Reifen hatten unterschiedliche Drücke gehabt. Die Tester hatten die dadurch beeinträchtigten Fahreigenschaften ungewollt der Mittelmotorkonzeption des 914 zugeschrieben.
Eine schlechte Presse konnte der 914 natürlich nicht brauchen. Noch oft kamen Vorurteile gegen den 914 zum Ausdruck. Aber man bescheinigte dem Sportwagen auch beste Fahreigenschaften und vor allem die Fähigkeit zu höheren Kurvengeschwindigkeiten als beim Datsun 240 Z, Jaguar E-Type oder Mercedes-Benz 280 SL. Manchmal widersprachen sich die Aussagen. *Car and Driver* meinte starke Tendenzen zum Untersteuern festgestellt zu haben, *auto, motor und sport* bescheinigte dem Mittelmotor-Sportwagen eher ein gewisses Maß an Neigung zum Übersteuern. Lenkung und Bremsen wurden von allen gleichermaßen gelobt, ebenso die Federung, die man als sportlich, aber nicht zu hart empfand.
Als spartanisch und nüchtern empfanden fast alle Tester das Cockpit des 914. *Car and Driver* bedauerte, daß alle »Knöpfe am Armaturenbrett dem Volkswagen entstammen«, während *auto, motor und sport* sich kritisch dazu äußerte, daß man den Beifahrersitz nicht verstellen konnte: »Eine solche Primitivität kann man in einem 12 000-Mark-Wagen nicht akzeptieren!«. Hinsichtlich der schmalen Klappe, die hinter dem Rückfenster den Motor abdeckte, täuschten sich viele. Keineswegs war sie zu klein, um die normalen Servicearbeiten zu bewerkstelligen. *Sports Car Graphic* meinte sogar, daß »die Klappe groß genug ist, daß ein kleinwüchsiger Mechaniker hineinkriechen und sie hinter sich schließen« könne.
Beschleunigungsvermögen und Höchstgeschwindigkeit empfanden viele Tester für einen »Volkswagen-Porsche« als akzeptabel, für einen »Porsche« als nicht ganz ausreichend. Immerhin, der Vierzylinder marschierte klaglos seine 175 km/h und beschleunigte von Null auf 100 km/h in 11,5 Sekunden.
Einige Testberichte gaben günstigere Werte an (178 km/h, 11,2 Sekunden), andere kamen über 169 km/h nicht hinaus und schafften die 100 km/h-Marke erst nach 13,5 Sekunden. »Der 914 läßt sich eigentlich recht gut fahren«, meinten die Tester von *Road & Track*, »nur bieten andere Zweisitzer dieser Preiskategorie noch bessere Fahrleistungen und Komfort.« Andere amerikanische Blätter waren noch herber in der Formulierung ihrer Kritik. Porsche + Audi tat sich schwer, den 914 in den Staaten an den Mann zu bringen.
Der Sechszylinder erfuhr bessere Beurteilung durch die Presse. Diesen Wagen bezeichnete man nicht als »Volksporsche« (ein Ausdruck, den man bei der VG durchaus nicht gern hörte) und man war sich darüber einig, daß der 914/6 seinen Preis in vieler Hinsicht wert war. Im Schnitt maß man eine Beschleunigung von 8,5 Sekunden von Null auf 100 km/h und 25 Sekunden von Null auf 160. Die Spitze ermittelten Tester zwischen 198 und 205 km/h. Mit Befriedigung stellte *auto, motor und sport* fest, daß der 914/6 bei gleicher Spitzengeschwindigkeit besser beschleunigte als der 911 T mit 2,2 Liter Hubraum und einer Mehrleistung von 15 PS. Seinerzeit kostete der 911 T nur 1000 Mark mehr als der 914/6.
Immer wieder wurden Vergleichstests zwischen dem 914/6 und dem 911 veröffentlicht. Auch der Autor hatte Gelegenheit, beide Modelle unter absolut gleichen Wetter- und Straßenbedingungen zu fahren. Er hatte den Eindruck, »daß der 911 fast wie von selbst sich seinen Weg sucht und es per Gas und Lenkung nur geringer Korrekturen bedarf, um das Fahrzeug zu dirigieren«. Im 914/6 hingegen sei man gezwungen, viel stärker einzugreifen, der Wagen reagiere viel unmittelbarer auf alle Impulse und zeige weniger »Instinkt«. Er sah dies nicht als Nachteil an, sondern als eine Verhaltensweise des Mittelmotorwagens, an die man sich gewöhnen müsse. Immerhin: *Motor Trend* erkannte dem 914/4 das Prädikat als »Wagen des Jahres« unter allen Importen der Saison 1970 zu; der Jury gehörten unter anderem Phil Hill, John Cannon und Cary Loftin (Stuntman des Films »Bullit«) an. Sie trafen ihre Wahl unter insgesamt neun Bewerbern.
Die gemischten Gefühle, die dem 914 und dem 914/6 entgegengebracht wurden, resultierten in Verkaufszahlen, die unter den Erwartungen blieben. 1970 wurden nur 13 312 Exemplare abgesetzt, etwas mehr als die Hälfte des veranschlagten Wertes. Die Einnahmen der VG wurden zusätzlich geschmälert, als Ende Oktober die D-Mark auf- und damit der Dollar abgewertet wurde. In Anbetracht dieser mißlichen Lage plädierte der Aufsichtsrat von VW 1970, sich baldmöglichst wieder von der unrentablen Tochter in Ludwigsburg zu lösen. Es sah nicht gut aus für die Zukunft des 914.

Kapitel 22
Start frei für die siebziger Jahre

Schon bald nach dem Erscheinen des 914 wurden Ferdinand Piëch und Helmuth Bott gefragt, ob sich der Mittelmotorwagen weiterentwickeln ließe. Neugierige Journalisten erhielten zur Antwort, daß das Fahrwerk des Autos mindestens 150 PS vertrage. Was niemand wußte: einen solchen Wagen gab es bereits. Versuchsweise hatte man einen 914 mit dem Achtzylindermotor des 904 versehen. Der Wagen lief gut und gerne 250 km/h. Dabei hatte man an dem Fahrzeug gar nicht einmal viel verändern müssen, um den Motor unterzubringen, auch sein höheres Gewicht hatte dabei keine große Rolle gespielt, denn die Mittelmotor-Konzeption hatte wenig Auswirkungen auf die Gewichtsverteilung zugunsten der Vorder- oder Hinterachse des Wagens. Als Getriebe verwendete man bei jenem Versuchswagen das des 908/02 (Typ 916) mit fünf Gängen. Den Ölkühler plazierte man hinter eine ovale Öffnung im Bug unterhalb der Stoßstange, die zu diesem Zweck an der Unterkante etwas eingeschnitten wurde.

Zwei Exemplare dieser Art wurden gebaut, eines für Ferry Porsche persönlich. Durch weitere Details konnte man sie äußerlich vom normalen 914 unterscheiden, so etwa durch den außenliegenden Tankeinfüllstutzen, der dem Serienwagen versagt geblieben war, und durch die flacheren und breiteren Schlafaugenklappen, hinter denen je zwei kleinere Einheiten saßen. Auch waren die Radausschnitte etwas größer gehalten, um größeren Reifen Platz zu geben. Die vordere Stoßstange hatte weder Zusatzscheinwerfer noch andere Öffnungen. Ansonsten fiel der 914/8 S-II durch keinerlei äußerliche Besonderheiten auf. Der Wagen, den man am 19. September 1969 Ferry Porsche zum 60. Geburtstag übergab, hatte einen 10,2 zu eins verdichteten Motor, der vier Doppelvergaser aufwies und 260 PS bei 7700 U/min leistete. Ferry Porsche legte viele Tausend Kilometer mit diesem Fahrzeug zurück; heute steht der 914/8 im Werksmuseum.

Der zweite Achtzylinder-914 erhielt keine Straßenzulassung und fristete sein Dasein als Versuchsfahrzeug in Weissach. Der Motor stellte das Original-Aggregat in vollem Renntrimm dar – lediglich einen Schalldämpfer hatte man ihm gegeben. Der verminderte die Leistung zwar um 50 PS, aber es verblieben noch immer etwa 200 Pferdestärken. Nur wenige Änderungen hatte man am Fahrwerk dieses Autos vorgenommen: härtere Stoßdämpfer und Schraubenfedern aus Titan waren alles, was diese Konstruktion vom Serien-914 unterschied. Mit seinen Fuchs-Rädern sah dieser 914/8 noch immer wie ein 914/6 aus. Nur wenn man den Motor startete, wurde man schon rein akustisch den Unterschied gewahr. *Auto, motor und sport* absolvierte mit dem Wagen einige Proberunden und notierte Zeiten von 80 km/h im ersten, 130 km/h im zweiten, 170 km/h im dritten und 210 km/h im vierten Gang.

Einen Achtzylinder-914 serienmäßig herzustellen, war nicht geplant. Einmal sprach das Verhältnis mit VW, den 914 betreffend, gegen die Entwicklung einer zusätzlichen Mittelmotor-Variante. Zum anderen wäre ein solcher Wagen auf keine vernünftigen Stückzahlen gekommen, um auch nur entfernt rentabel zu werden. Auf den amerikanischen Markt konnte man schon gar nicht rechnen, weil in USA neue Abgasgesetze Geltung erlangten, denen der Achtzylinder ohne tiefgreifende Änderungen nicht gerecht zu werden vermochte.

Aber die beiden Versuchswagen bewiesen, was das Chassis zu verkraften imstande war. Und es gab in der Folgezeit auch eine Reihe getunter 914/6, denen die Erfahrungswerte der Versuchsfahrzeuge zugute kamen. Bis zu 220 PS Leistung erreichten einige Sechszylindermotoren in Wettbewerbswagen, und es gab Bastler, die das Auto mit der Maschine des Chevrolet V8 oder NSU Ro 80 versahen – ein solches Auto baute beispielsweise Franco Sbarro in Yverdon für einen Züricher Geschäftsfreund. Dr. Alfred Gerber stellte dieses Fahrzeug Testern von *auto, motor und sport* zur Verfügung, die dem Wankel-Porsche knapp 195 km/h Spitze entlockten. Das Fahrzeug wies die gleiche Getriebe-Halbautomatik auf wie der Ro 80, dem der Zweischeiben-Kreiskolbenmotor entstammte. Rod Simpson, der in Los Angeles seinen 914 mit einem heißen Chevy-V8-Motor bestückte, hatte ähnliches auch schon mit einem 912 durchgespielt. Für etwa ein Dutzend Landsleute baute er solche Motoren im 914 ein und verlangte dafür 7600 Dollar pro Wagen. Obwohl gedrosselt, produzierten die heißen Maschinen ein so gewaltiges Drehmoment, daß man in 6,3 Sekunden von Null auf 100 km/h beschleunigen konnte. Mehr wagte

Klare Linien kennzeichneten das Design des 914. Dieses Exemplar ist ein Exportmodell aus dem Jahre 1975.

Simpson nicht zu riskieren, um das Porsche-Getriebe nicht bersten zu lassen . . .

Natürlich stand beim »Vierzehner«, wie der 914 in Zuffenhausen und Ludwigsburg genannt wurde, stets die VW-Version im Mittelpunkt des Interesses. Noch 1969 verließen 1572 Wagen das Karmann-Werk in Osnabrück, im Kalenderjahr 1970 folgten 20 241. 1971 ging der Ausstoß auf 15 993 zurück, was aber immer noch langte, um den Opel GT auszustechen. In den USA war Porsche + Audi stolz auf die Tatsache, 1970 – trotz abfälliger Kritiken in der Fachpresse – bereits dreimal so viele 914 wie 912 verkauft zu haben, dessen Nachfolger er war. In den USA wurden insgesamt 60,9 Prozent aller Mittelmotor-Porsche abgesetzt.

Im Modelljahr 1971 gab es geringfügige Änderungen beim 914. So nutzte man den Luftdruck des Ersatzreifens für die Wasserzufuhr der Scheibenwaschanlage (wie beim VW), wobei ein Ventil dafür sorgte, daß dem Reifen nur so viel Luft entnommen wurde, daß er im Falle einer Panne nicht unbrauchbar wurde. Extras, beim 914/6 serienmäßig, erhielt man jetzt beim 914 gegen Aufpreis wie Veloursteppiche, ein Lenkrad mit Lederkranz, verchromte Stoßstangen oder ein Zweiklanghorn. Im Katalog stand auch die Sportomatic – aber sie war nicht lieferbar.

Zum Bedauern zahlreicher Interessenten in England, Japan oder Australien gab es den 914 nicht mit Rechtslenkung. Lediglich die Firma Crayford in Kent bot sich an, privaten 914-Käufern den Wagen umzurüsten, verlangte dafür aber fast 6 500 Mark. Das machte beim 914 mehr als ein Viertel des Neupreises aus! Der Umbau der Lenkung war nur ein Teil der Arbeit; schwierig war die Versetzung der Pedalerie, der Handbremse und die Anfertigung eines komplett neuen Armaturenbretts. Kurioserweise wies auch der von Crayford umgebaute Wagen einen Beifahrersitz auf, den man nicht verstellen konnte, obwohl dies im Zuge des Umbaus hätte gewiß berücksichtigt werden können. Etwa 35 bis 40 solcher Wagen lieferte Crayford pro Jahr aus. Und die Arbeit der Briten war so vorzüglich, daß selbst pingelige Tester zugeben mußten, daß »Porsche in Deutschland dies nicht besser« gemacht haben würde.

Die britische Presse beurteilte den 914 überhaupt ganz anders als die amerikanische. Vielleicht hatten die Engländer noch die positiven Erfahrungen mit den Mittelmotor-Grand-Prix-Wagen in Erinnerung, die in ihrem Lande entstanden waren und zur Auslösung dieses Trends einen entscheidenden Beitrag leisteten. So konnte man dann auch im *Motor* lesen, daß die Tester im 914 keinen einzigen Augenblick das Gefühl der Unsicherheit gehabt hätten: »Der Wagen ist genau richtig für den, der einen Sportwagen mit den Eigenschaften und der Straßenlage eines Rennwagens sucht und darüber hinaus auf Exklusivität aus ist.« Gewiß fanden sie den Wagen sehr teuer und bemängelten auch seine unpräzise Gangschaltung und warnten vor zu starken Lenkbewegungen: »Man muß sich zur Regel machen, Lenkkorrekturen nur sehr behutsam vorzunehmen – der Wagen reagiert extrem stark und wenn er außer Kontrolle gerät, dreht er sich um seine Mittelachse wie ein Zylinderhut.« »Auf wasserüberspülter oder vereister Fahrbahn konnte man einen abgebremsten 914 tatsächlich »wie einen Zylinderhut« kreiseln lassen, wie Tests bewiesen. Hier blieb ein parallel bewegter Frontantriebswagen wie der Audi 100 unbeeinträchtigt in der Spur, während ein BMW 1802 zwar ins Schleudern geriet, aber abzufangen war. Ein zu Vergleichszwecken ebenfalls hinzugezogener VW 411 E vollzog bei starkem Bremsen auf nasser oder vereister Fahrbahn anderthalb Kreiselbewegungen. Der großangelegte Vergleichstest ließ *auto, motor und sport* zu dem Fazit gelangen, daß »die Mehrzahl aller Autos zukünftig den Motor wohl vorn haben wird« – daran zweifelte man nicht.

Im August 1971 gab die VW-Porsche-Vertriebsgesellschaft bekannt, welche Änderungen der 914 im kommenden Modelljahr erfahren würde.

Oben: Ferry Porsches spezieller 914 mit Achtzylindermotor. Rechts daneben der Serienwagen von 1972 vom Typ 914/6 mit Fuchs-Rädern, während das Fahrzeug darunter Leichtmetallfelgen zeigt, die man gegen Aufpreis erhalten konnte.

Dazu gehörte vor allem der verstellbare Beifahrersitz, der sich jetzt genau so anwinkeln und in der Länge verschieben ließ wie der Fahrersitz. Sehr willkommen hieß man die zusätzlichen, variablen Belüftungsdüsen zu beiden Seiten des Armaturenbretts. Durch sie konnte man kalte oder warme Luft austreten lassen. Klagen hatte es in der Vergangenheit wegen des zu kleinen Knopfes gegeben, mit welchem man den Handschuhkastendeckel öffnete – auch hier sorgte man durch einen größeren Griff für Abhilfe. Wie beim 914/6, versetzte man jetzt auch den Schalter für den Scheibenwischer/Wascher an die Lenksäule, der rechts in Form eines schlanken Hebels seinen Platz hatte. Besonderen Beifall fand die verbesserte Isolierung des rückwärtigen Gepäckraumes, der bei den 1972er Modellen besser gegen die Motorhitze geschützt war. Das herausnehmbare Dach kleidete man mit einer dicken Isolationsschicht aus, man gab dem Wagen andere Bodenteppiche und verbesserte auch die Auskleidung der Kofferräume. Das Angebot der Extras erweiterte man um 5½-Zoll-Felgen aus Stahl oder Leichtmetall. Geringfügige Änderungen gab es auch beim Einspritzsystem des Motors. Der Preis wurde auf 12 700 Mark angehoben.

Eine Reihe von Reklamationen schien für den 914 typisch zu sein, etwa der Ausfall von Instrumenten oder die Ablösungserscheinungen der Kunststoffüberzüge am Armaturenbrett und in den Türen. Öfters gab es auch Mängel an der Einspritzanlage, am Schaltgestänge, an der Getriebesynchronisierung. Wenn man das Nylon-Laufrad, über welches der Kupplungszug lief, nicht regelmäßig reinigte, kam es hier zu Seilbrüchen, und etliche elektrische Kontakte neigten zu vorzeitiger Korrosion.

Einstimmig lobten 914-Eigner den günstigen Kraftstoffverbrauch. Im Normalfalle bewegte er sich nicht über 8 Liter pro 100 Kilometer. In einer US-Umfrage gaben 89 Besitzer eines 914 an, daß sie in jedem Falle wieder einen Porsche kaufen würden . . .

Um die Popularität des Vierzehners anzuheben, gab es eine klassische Methode: den Wagen im Motorsport einzusetzen. Am 1. Mai 1970 wurde der 914/6 von der F.I.A. als Spezialtourenwagen im Sinne der Gruppe 4 homologiert. Hier war eine Ausweitung der Kotflügel um 5 Zentimeter erlaubt, um breitere Reifen fahren zu können; als Mindestproduktionszahl mußte das Werk 500 Wagen nachweisen. Kein Problem für den Sechszylinder.

Eigentlich hatte man den 914/6 schon bei der Rallye Monte-Carlo einsetzen wollen, doch dann entschied man sich für den 911 S. Überhaupt eignete sich der Mittelmotorwagen mehr als Renn- denn als Rallyefahrzeug. Zwei schickte man im März 1970 mit nach Sizilien, um sie am Vortraining zur Targa Florio teilnehmen zu lassen – nicht, um sie neben den 908/03 ins eigentliche Rennen zu schicken; den Testingenieuren ging es vielmehr um eine allgemeine Erprobung der Fahrzeuge unter rauhen Bedingungen.

Was dabei herauskam, war die Schaffung eines stark modifizierten Wagens – dies war der 914/6 GT. Er wies von Haus aus die Kotflügelverbreiterungen von je 5 Zentimeter auf, wurde mit 6- oder 7-Zoll-Rädern bestückt und war an den Aufnahmepunkten der hinteren Radaufhängungen verstärkt worden. Am Bug und unterhalb des Motors waren Schutzschilder montiert. Nach F.I.A.-Vorschrift mußte ein zusätzlicher Überrollbügel angebracht werden, wenn der Dachaufbau, der hinter dem Fahrer bereits eine Art Überrollbügel bildete, auch vollauf dieser Funktion Genüge geleistet hätte. Eine Verbindung von diesem Überrollbügel zum Windschutzscheibenrahmen sorgte für zusätzliche Stabilität. Hinten und vorn erhielt der 914/6 GT die größeren und wirkungsvolleren Bremsen des 911 S, der Handbremshebel wanderte in die Wagenmitte. Tiefe Schalensitze ersetzten die serienmäßigen Fauteuils, Front- und Heckscheibe waren aus Plexiglas, die unteren Karosserieteile sowie Front- und Heckhauben fertigte man beim GT aus Kunststoff. Um hochdrehende Motoren wirkungsvoller kühlen zu können, versah man sie mit einem doppelt so großen, luftdurchlässigen Deckel hinter der Heckscheibe.

Hinterradaufhängung (links) und Vorderradführung beim 914/6 GT, der im Frühjahr 1970 in den Wettbewerb ging. Neu war der vordere Querstabilisator.

Was den Hubraum der Maschine betraf, so blieb man bei den homologierten zwei Litern. Auch verzichtete man auf Kraftstoffeinspritzung und blieb bei den bewährten Weber-Vergasern. Ansonsten wandte man jeden nur erdenklichen Trick an, um die Leistung des Motors zu steigern. Man gab ihm die Zylinderköpfe des 901/20 mit den großen Ventilen und der Doppelzündung, versah die Pleuel mit höheren Kolben und installierte eine Spezial-Kurbelwelle. Die Nockenwellen und die Kipphebel ohne Einstellschrauben entstammten ebenfalls dem 901/20. In diesem Tuning gab der Sechszylindermotor 210 DIN-PS bei 8000 U/min ab, in einigen Fällen sogar zehn PS mehr.

Dem serienmäßigen Ölkühler des 914/6 fügte man einen zweiten im Fahrzeugbug hinzu. Da man auch den Kraftstofftank vergrößert hatte (er faßte im GT 100 Liter), blieb nurmehr Platz für einen Reservereifen unter der Fronthaube. Der Tank war eine Sonderkonstruktion mit einem feuerhemmenden Überzug und einer Schaumauskleidung; nachgefüllt wurde über einen Stutzen in der Fronthaube. Alles in allem wog der 914/6 GT, fertig für Langstreckeneinsatz, 897 kg. Das waren etwa 90 kg weniger als das Gewicht des Serien-Sechszylinders und nur 27 kg mehr als das homologierte Wagengewicht.

Nichts war versäumt worden, um aus dem 914/6 einen richtigen Wettbewerbswagen zu machen. Es blieb nur abzuwarten, wie sich das so gründlich präparierte Fahrzeug auf der Piste bewähren würde. Sein Debut gab der GT am 31. Mai 1970 auf dem Nürburgring. Der Sieg im 1 000-km-Rennen gehörte natürlich den starken 908/03, doch die braven 914/6 GT liefen auf den Plätzen 19, 20, 21 und 23 ins Ziel ein. Das war ein besseres Ergebnis, als es sich zunächst anhört, denn in der Zweiliter-GT-Klasse bedeuteten diese Plazierungen den zweiten, dritten, vierten und fünften Rang. Klassensieger wurde hier ein weiterer Porsche, ein 911 L der Scuderia Lufthansa, gesteuert von Robert Huhn und Günther Schwartz. Dieser Wagen war nur um fünf Sekunden schneller als der nächstfolgende 914/6 GT.

In Le Mans drehte sich verständlicherweise alles um den Porsche 917 – es ging schließlich und endlich um den langersehnten Gesamtsieg. Den-

noch brachte man auch einen 914/6 GT an den Start, gemeldet von Auguste Veuillet/Sonauto. Der Wagen trug die Startnummer 40 und wurde von den Franzosen Guy Chasseuil und Claude Ballot-Lena pilotiert. Das drittemal nahmen sie gemeinsam am 24-Stunden-Rennen teil, jedesmal auf Porsche. Trotz des regnerischen, stürmischen Wetters, welches das Rennen begleitete und viele Ausfälle verursachte, schoben sie sich langsam aber stetig nach vorn, überrundeten sämtliche 911 und kamen letztlich als Sechste ins Ziel – damit waren sie GT-Klassen- und zugleich Kategoriesieger. Mit einem Verbrauch von 17,34 Litern pro 100 km lagen sie in der Verbrauchswertung an zweiter Stelle; ihr Durchschnittstempo hatte während der 24 Stunden 159,75 km/h betragen. Weder Reifen noch Bremsbeläge hatte man wechseln müssen. Überhaupt hatte es keinerlei Pannen irgendwelcher Art gegeben. »Das war wohl die erfreulichste Feuertaufe, die ein Wagen je erlebt hat« meinte der rennerfahrene Auguste Veuillet.

Im gleichen Jahr absolvierte das Fahrerpaar Chasseuil/Ballot-Lena einen weiteren Wettbewerb mit großem Erfolg – den Marathon de la Route. Porsche-Automobile hatten ihn in den Jahren 1967 und 1968 gewinnen können, jedesmal war eine neue Konstruktion erprobt worden. 1967 war der Siegerwagen mit der Sportomatic versehen gewesen, 1968 war es die Kraftstoffeinspritzung gewesen, die hier ihr Debut im Rennsport gab. 1970 sollte das Jahr des Vierzehner werden.

Links oben der von Jacques Cooper entworfene 914/6, der von der französischen Firma Heuliez gebaut wurde; darunter das Coupé von Albrecht Graf Goertz, realisiert von Eurostyle/Turin. Oben der von Verne Ben Heidrich bei Frua 1971 in Auftrag gegebene Hispano-Aleman. Dieses 914/6-Coupé wurde Gegenstand juristischer Auseinandersetzungen und ging deshalb nicht in Serie – Ben Heidrich hatte geplant, diesen Wagen in beschränkter Stückzahl in eigener Regie auf den Markt zu bringen.

Oben: Bob Hindson (Nr. 42) in einem 914/6 beim SCCA-Rennen 1970. Den Umbau solcher Fahrzeuge zu Rennwagen nahm der Tuner Art Bunker vor.

Einer der drei Porsche 914/6, die 1970 am Marathon de la Route auf dem Nürburgring teilnahmen. Mit großem Abstand zur Konkurrenz gewannen die drei Mittelmotorwagen den 86-Stunden-Wettbewerb.

Drei grellorange lackierte 914/6 wurden von Zuffenhausen an den Nürburgring zum Marathon entsandt. Nur ihre Stoßstangen hatte man jeweils halbseitig andersfarbig angemalt, um die Fahrzeuge besser unterscheiden zu können. Eines startete als Spezialtourenwagen in der Gruppe 4, die anderen beiden mußten als Prototypen antreten, da man ihnen hinten 8-Zoll-Felgen verpaßt hatte. Vorn und hinten führte jeder Wagen ein Ersatzrad mit.

Vorn hatte man den Wagen Bremsbeläge vom 908 gegeben, außerdem die Federung und Dämpfung so hart eingestellt, daß ein Übersteuern absolut ausgeschlossen schien. Die Sperrdifferentiale stellte man auf 80 Prozent Blockiereffekt ein. Da es auf hohe Geschwindigkeit beim Marathon nicht ankam, trieb man das Motorentuning nicht zu weit und setzte die Leistung auf 160 PS fest. Das entsprach der des Porsche 911 S. Auch wurden hier durch die Ausschreibung Grenzen gesetzt, die das Auspuffgeräusch beschränkte: Kraftvolle »Brüller« ließ man nicht zu.

Drei Fahrer wurden jedem Wagen zugeteilt. Die Auswahl traf Rico Steinemann. Neben den Franzosen Chasseuil und Ballot-Lena entschied er sich für Größen wie Gérard Larrousse, Björn Waldegaard, Claude Haldi und Dr. Helmut Marko. Mit Sorgfalt arbeitete Steinemann seine Strategie für das 86-Stunden-Rennen aus. Die ersten zwölf Stunden ließ er seine Fahrer verhalten fahren, dann sollten sie aufdrehen. Es kam in diesen dreieinhalb Tagen nur zu einem einzigen Reifenwechsel während des gesamten Rennens – die Bremsen hielten sogar vollends durch. Mit großem Abstand zur Konkurrenz gewannen die Mittelmotor-Coupés den Marathon, die Prototypen auf Platz Eins und Zwei, der Gruppe-4-Wagen auf Platz Drei. Das Siegerteam Haldi-Larrousse-Marko hatte in den 86 Stunden eine Distanz von insgesamt 10 128 Kilometer zurückgelegt. Von den 64 gestarteten Wagen waren 41 ausgefallen. Die Liste der erlittenen Pannen bei der 914/6 war kurz: ein Reifendefekt, zwei durchgebrannte Sicherungen, ein ausgefallenes Rücklicht, zwei gelockerte Fensterkurbeln.

Das letzte Langstreckenrennen der 1970er Saison fand im Oktober auf dem Österreichring statt. Hier teilten sich zwei 914/6 GT den Kategoriesieg und brachten Porsche wichtige Punkte in der Meisterschaft ein. Damit hatte Porsche im internationalen GT-Championat einen Vorsprung gegenüber Chevrolet-Corvette von 21 Punkten.

Die Erfolge des Vierzehners gaben der VG ebenso Auftrieb wie der Porsche + Audi Division in Amerika. Um weitere Beweise für die Leistungsfähigkeit des Mittelmotors zu liefern, dachte man bei Porsche an die Entsendung einer Werksmannschaft nach Monte-Carlo, nachdem der 911 diese Rallye dreimal mit viel Bravour gemeistert hatte. Es war ein Risiko, den erprobten 911 gegen den 914 auszuwechseln, aber man wollte es drauf ankommen lassen.

Weder in Le Mans noch beim Marathon de la Route hatte der Wagen Mängel erkennen lassen. Und wenn die Zukunft wirklich dem Mittelmotorwagen gehörte – mußte man dann nicht annehmen, daß sich der 914 auf dieser harten Rallye ebenso gut machen würde wie im Rennen, vor allem, wenn man ihn den richtigen Männern anvertraute? Und ein Monte-Sieg, so wußte man aus Erfahrung, ließ die Verkaufsziffern ansteigen.

Vieles sprach aber auch gegen den Einsatz des 914/6 GT in einer langen Rallye. Der mit nur zwei Liter Hubraum homologierte Motor war weniger elastisch als der größere des 911 und gab sein bestes Drehmoment nur über einen geringen Drehzahlbereich ab. Auch konnte man in dem Wagen nicht viel Rallyeausrüstung mitführen. Aber in Zuffenhausen vertraute man auf das günstige Wetter, das in den vergangenen fünf Jahren während der Monte-Rallye geherrscht hatte . . .

Dieses Jahr aber fiel so viel Schnee wie nie zuvor. Seit 1958 hatte es ein solches Wetter nicht mehr gegeben, bestätigten Rallye-Veteranen. Das Porsche-Team hatte Warschau als Startort gewählt und die Anreise benutzt, um den Wagen gut einzufahren. Aber schon bald gab es erste Strafpunkte: Waldegaard hatte sich verfranst und bildete das Schlußlicht der Truppe. Ein anderer Wagen litt unter Getriebedefekten, der dritte meldete Kupplungsschaden. Derweil heimsten die alerten Alpine-Renault Bestzeiten ein. »Im 911 hätte ich sie bei jeder Sonderprüfung um zehn Sekunden unterboten« raunzte Waldegaard, der zwar noch immer als Dritter in der Gesamtwertung die Rallye beendete, sich diesen Rang aber mit einem Alpine-Renault teilen mußte; auch Platz Eins und Zwei waren von den blauen Alpine-Coupés belegt worden. Ihre Motoren hatten nicht mehr als 1,6 Liter Hubraum. »Wenn eine Firma Werksmannschaften in die Monte-Rallye schickt, tut sie das in bestimmter Absicht«, war Stuart Turners Kommentar. »Porsche kam mit dem 914/6 an den Start, um von diesem Wagen im Falle eines Sieges mehr verkaufen zu können. Dieses Ziel hätte Porsche mit Sicherheit besser erreicht, wenn man statt der 914/6 wieder die 911 eingesetzt hätte!«

Der 914/6 GT war nun einmal kein Rallye- sondern ein Rennwagen. Einen besonderen Erfolg errang dieses Modell am 31. Januar 1971 – fast gleichzeitig zur Monte-Rallye – in Daytona. Gesponsort von Sunoco-Canada, Georges Nicholas und Bob Bailey, fuhr der Kanadier Jacques Duval seinen privaten GT auf den siebenten Gesamtrang und holte sich gleichzeitig den Klassensieg. Für ein Entree auf amerikanischem Boden war das nicht schlecht. Mit einem gleichen Wagen ging Peter Gregg an den Start des Sebring-Rennens, das sechs Wochen später stattfand. Mit Unterstützung der Porsche + Audi Division und der Kendall-Ölgesellschaft, beteiligten sich Gregg und sein Partner Hurley Haywood an allen sechs Läufen der neugeschaffenen IMSA-Serie (International Motor Sports Association) – und in allen sechs Rennen gewannen sie ihre Klasse! Bei den Rennen in Danville, Bridgehampton und Summit Point heimsten sie sogar jeweils den Gesamtsieg ein.

Alles in allem konnte ein 914/6-Käufer die Gewißheit auf den Weg nehmen, daß er mit seinem Wagen ein gutes und zuverlässiges Automobil besaß. Man mußte ihn lediglich obendrein schön finden, auch wenn er nicht dem traditionellen Porsche-Look entsprach.

Es traten immer wieder Designer auf den Plan, die den Versuch unternahmen, die äußere Gestalt des 914 zu verbessern. Eine erste Alternative präsentierte die französische Firma Heuliez im Oktober 1970. Die an sich auf die Herstellung

Große Gummihörner kennzeichneten den 914 in seiner US-Ausführung 1973. Eine Sonderserie erhielt unterhalb der vorderen Stoßstange eine Spoilerschürze sowie Leichtmetallräder und einige weitere Extras.

von Nutz- und Sonderfahrzeugen spezialisierte Firma unterhielt eine eigene Styling-Abteilung und beauftragte den für sie arbeitenden Designer Jacques Cooper, einen speziellen 914 zu bauen. Cooper benötigte für seine »Murene« knapp elf Wochen und war rechtzeitig für den Pariser Salon fertig. Das zweifarbig lackierte Coupé gab sich typisch französisch. Das Interieur, den Vorder- und den Heckaufbau hatte Cooper beibehalten. Eine Stoßstange hatte das Auto nicht, dafür ließ sich die gesamte rückwärtige Partie in einem Stück aufklappen – einen Deckel für den hinteren Kofferraum gab es zusätzlich in diesem Heckteil.

Zwei weitere spezialkarosserierte 914/6 konnte man auf der Turiner Automobilausstellung des gleichen Jahres bewundern. Beide waren in jener Stadt entstanden, die das Zentrum europäischen Karosseriedesigns darstellt. Ital Design zeigte den von Giorgetto Giugiaro entworfenen »Tapiro«, Eurostyle stellte einen weniger dramatischen 914 vor – seine Form stammte von Albrecht Graf Goertz, der vor Jahren den BMW 507 Roadster entworfen hatte.

Goertz und Porsche kannten einander schon lange. Zwar hatte man dem Deutsch-Amerikaner keinen direkten Auftrag erteilt, eine Alternativ-Karosserie für den 914 zu entwerfen, dennoch versprach sich Graf Goertz einiges von seinem Vorschlag, da er wußte, daß auch Porsche selbst nicht allzu glücklich über die äußere Gestalt des Mittelmotorwagens war.

Der stark abgeflachte Bug erinnerte an den 904, die Seitenflächen des Wagens gaben sich glatt und schlicht. Nur die Radausschnitte hatte Goertz betont rund gehalten, wie sie ursprünglich auch Gugelot geplant hatte. Die Seitenfenster wie die Struktur des Interieus entsprachen beim Goertz-Wagen dem Originalfahrzeug. Der Wagen gefiel den Zuffenhausenern nicht schlecht. Dennoch wurde das bereits eingeführte Design nicht geändert – das Goertz-Coupé verblieb im Besitz des Designers und wanderte später in ein Museum.

Das von Giugiaro entworfene Fahrzeug war mehr oder weniger ein Show-Car und von vornherein nicht darauf ausgelegt, je realisiert zu werden. Die massiven A-Pfosten seines Autos mündeten im Dach an einem Mittelträger, der vorn einen Lufteinlaß aufwies und an den Seiten mit Scharnieren für die beiderseitigen Flügeltüren – à la 300 SL – versehen war. Auch der Motorraum hinter dem Cockpit war über zwei Flügeltüren zugänglich, ähnlich wie beim De Tomaso Mangusta, den Giugiaro für Ghia gezeichnet hatte.

Den Sechszylindermotor hatte Giugiaro vom italienischen Tuner Bonomelli auf 220 PS trimmen lassen, denn sein Coupé sollte auch Leistung demonstrieren können. Das Fahrvergnügen wurde nur durch den Umstand getrübt, daß man keine Fenster öffnen konnte: es gab nur kleine Luken an den hinteren Flügeltürkanten. Dafür ging's im Interieur viel gemütlicher zu als im serienmäßigen Vierzehner. Zwischen den tiefen Ledersitzen verlief eine hohe Konsole mit dem Mittelschalthebel. Schlafaugen hatte dieser Wagen wie auch jener von Graf Goertz und das von Karmann gebaute Original.

Es gab noch einen anderen spezialkarosserierten 914/6 – er wurde von Frua im Auftrag des spanischen Porsche-Importeurs Verne Ben Heidrich angefertigt. Wie John von Neumann zuvor in den USA, plante er den Verkauf einer kleinen Serie von besonderen Fahrzeugen, die für 35 000 Mark pro Stück an den Mann gebracht werden sollten. Als Modellbezeichnung wählte er den Namen Hispano-Aleman.

Der Frua-Porsche, der auf dem Genfer Salon des Jahres 1971 präsentiert wurde, war in seiner ganzen Erscheinungsweise das typische Produkt seines Designers, hatte große Glasflächen und konventionelle Türen. Vor den Hinterrädern wies der Wagen Lufteinlaßschlitze auf.

Als sich herumsprach, was Pietro Frua in Genf auf seinem Stand zu bieten hatte, eilten Porsche-Enthusiasten in großer Zahl herbei, auch vom Werk in Zuffenhausen. Aber es gab unvorher-

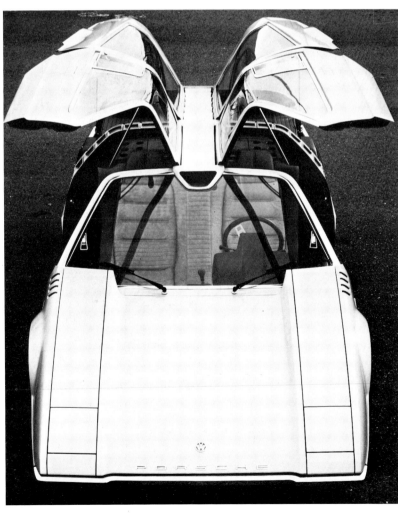

sehbare Auseinandersetzungen zwischen dem Auftraggeber und Frua. Heidrich nahm den Standpunkt ein, er habe mit der Bezahlung der geleisteten Arbeit auch die Rechte am Design des Wagens gekauft – was der Italiener ganz anders sah. Er protestierte gegen Heidrichs Absicht, die Nachbaurechte an die Firma Porsche weiterzugeben. Heidrich ging sogar so weit, das umstrittene Fahrzeug nach der Ausstellung durch Schweizer Rechtsbehörden sichern zu lassen. Eine Serie von juristischen Streitigkeiten begann, die erst im Jahre 1976 ihren Abschluß fanden – zu Gunsten Verne Ben Heidrichs.

Es kam zu keinen Änderungen in der 914-Konzeption. Aber Porsche ging einmal beschrittene Wege mit Konsequenz weiter. Und so reifte in Zuffenhausen der Plan, eine Straßenversion des 914/6 GT entstehen zu lassen. Er sollte für das Modelljahr 1972 entwickelt werden. Im Preis, in der Ausstattung und in der Leistung, so war vorgesehen, wollte man den Wagen als eine Art Gegenstück zum Ferrari Dino verstanden wissen. Um ihn vom 914 deutlich zu distanzieren, gab man ihm die Bezeichnung 916. Dies geschah aber lediglich aus Marketing-Gründen und hatte mit der Fortschreibung der Konstruktionsnummern nichts zu tun – einen Typ 916 gab es da nämlich bereits in Form eines 4-ohc-Sechszylindermotors für den 908/02.

An seinen ausgewölbten Kotflügeln vorn und hinten wie beim 914/6 GT war der 916 rasch zu erkennen. Die fünfspeichigen Fuchs-Räder aus Leichtmetall waren sieben Zoll breit und mit Michelin-XVR-Reifen der Dimension 185/70-15 bestückt. Distanzstücke von 21 mm Stärke vorn und 27 mm hinten erweiterten die Spur auf 1391 bzw. 1445 mm. Die Gesamtbreite des 916 betrug 1740 mm, das waren 90 mm mehr als beim 914/6.

Zur Ausstattung des 916 gehörten Bilstein-Rennstoßdämpfer, innenbelüftete Scheibenbremsen, Querstabilisatoren vorn und hinten. Die 1972er Ausführung des 911 S-Motors mit einem Hubraum von 2341 ccm diente dem Coupé als Antriebsaggregat. Mit seiner Kraftstoffeinspritzung kam der Sechszylinder auf 190 DIN-PS bei 6 500 Touren und hatte ein Drehmoment von 22 kpm bei 5 200 – das war das stärkste Kraftpaket im Porsche-Angebot.

Wie beim 914/6 GT, gab es auch beim 916 eine doppelt so große Motorklappe, deren mit einem Gitter überzogene Oberseite als Lufteinlaß diente. Im Unterschied zu allen Vierzehnern aber wies der 916 ein aufgeschweißtes Stahldach auf, das zur Stabilität der Fahrzeugstruktur beitrug und durch seine dicke Isolierung den Wagen innen leiser machte. Das Interieur war ganz in Leder und Velours gehalten.

Recht unterschiedlich sah der Wagen auch an Bug und Heck aus. Anstelle der Stoßstangen trug er tiefliegende Kunststoffschürzen, in denen vorn Ausschnitte für die Standlichter und eine Öffnung für den Ölkühler eingelassen waren und hinten eine Vertiefung das Nummernschild aufnahm. An der Unterkante der vorderen Schürze wölbten sich schmale Spoiler nach vorn. Der Kraftstofftank war von normaler Größe, während das Reserverad einen Faltreifen trug.

Noch im Herbst 1971 war der 916 auf der Straße. Erste Tests ergaben eine Beschleunigung von Null auf 100 km/h in weniger als elf Sekunden, als Spitzenwert ermittelte man 233 km/h. Hier hatte man ihn, den Renn-Porsche in Straßenausführung.

Nur elf Exemplare legte man vom 916 auf. Sie

Immer wieder gab es spezialkarossierte 914er. Hier einige Fotos des 1970 in Turin vorgestellten Tapiro von Giorgetto Giugiaro (Ital-Design) mit Flügeltüren sowohl für die Fahrgastzelle als auch für den Motorraum. Über die Dachpartie zog sich ein flaches Band mit Lufteinlaß bzw. -auslaß. Auch dieser Wagen blieb ein Einzelexemplar.

sollten als Test- und Austellungswagen dienen und den Händlern in die Schaufenster gestellt werden, um die Resonanz beim Publikum zu ergründen.

Immerhin sollte der 916 um die 45 000 Mark kosten. Auch auf dem Pariser Salon Mitte Oktober gedachte man das elegante Coupé auszustellen. Aber es kam anders.

In letzter Minute entschied man sich bei Porsche, den Schritt in die hohe Preisklasse doch nicht zu tun. Man scheute vor dem Abenteuer, sich in Neuland zu begeben, dessen Ausgang mehr als ungewiß war.

Finanzielle Risiken einzugehen, konnte sich Porsche in keiner Weise erlauben. Alles war für die Vorstellung des 916 parat – aber sie fand nicht statt.

Was wurde aus den elf Wagen, die bereits entstanden waren? Einige verblieben zunächst im Werk, andere gab man an Händler weiter, die

Für 1972 plante Porsche ein besonderes Mittelmotor-Coupé – den 916 mit verbreiterten Kotflügeln wie beim 914/6 GT und einem festen Stahldach. Im Bug des Wagens (unten) war der Ölkühler plaziert. Es wurden vom 916 jedoch nur elf Exemplare gebaut.

daran ihr besonderes Interesse anmeldeten. Für 41 000 Mark ging ein Exemplar in die Hände eines Liebhabers, der es sich silber lackieren ließ mit rot abgesetzten Schürzen – so rot, daß es den Augen wehtat. Wie die wenigen Porsche-Abarth Carrera GTL avancierten auch die 916 zu gesuchten Raritäten.

Der 914/6 verschwand nicht abrupt, sondern verschied eines langsamen Todes. 1972 war er noch in den Preislisten zu finden, aber kaum noch zu haben. Der Abverkauf erfolgte, solange der Vorrat reichte. Porsche + Audi bot den Wagen in Amerika nur noch als »auf Sonderwunsch lieferbar« an. 1973 gab es ihn nicht mehr. Er war in einer Gesamtzahl von 3 360 Exemplaren gebaut worden – und kaum wurde bekannt, daß seine letzte Stunde geschlagen hatte, stiegen die Preise für gebrauchte Exemplare schlagartig an. Ferry Porsche vermochte es kaum zu glauben, daß es Fans gab, die für einen zwei Jahre alten 914/6 den Neupreis zu bezahlen bereit waren.

Dafür marschierte der 914 Vierzylinder recht ordentlich. Die 1973er Version wurde als »besser als je zuvor« bezeichnet – die Presse war sich in der positiven Beurteilung des neuen Jahrgangs durchwegs einig. 27 000 Wagen fanden 1973 ihre Besitzer, das entsprach beinahe dem seinerzeit gesetzten Jahres-Soll von 30 000.

Daß auch VW das Vertrauen in den Vierzehner nicht verloren hatte, bewies der neue Vierzylindermotor, den man dem Wagen spendierte. Er war vom 411-Aggregat abgeleitet, hatte 94 mm Bohrung und 71 mm Hub (1971 ccm Hubraum). Die Zündkerzen saßen tiefer in den Verbrennungsräumen, die Einlaßventile maßen 42 mm, die Auslaßventile 36 mm und waren natriumgekühlt. Das Zünd- und Einspritzsystem hatte man überarbeitet, um den Wagen vor allem auch über die erschwerten Zulassungshürden in den USA zu bringen.

Der neue Vierzylinder (Codebezeichnung: GA-Motor) war 8,0 zu eins verdichtet, wurde nach Amerika aber mit einer verminderten Kompression von 7,6 zu eins geliefert. Dadurch fehlten dem GA fünf PS an jenen 100, die er ansonsten bei 5 000 Touren leistete. Das nahmen die Amerikaner gern in Kauf, denn so wurde das Fahrzeug in allen ihren fünfzig Staaten akzeptiert, was beim 1,7-Liter-Motor des bisherigen 914 nicht der Fall gewesen war.

Den GA-Motor baute man ausschließlich für den Porsche 914 – in keinem anderen Volkswagen kam dieser Vierzylinder je zum Einsatz. Für VW-Verhältnisse war dies zumindest ungewöhnlich. Eine dankbar quittierte Verbesserung erfuhr das Schaltgestänge, mit dem es zuvor viel Ärger gegeben hatte. Aber der 1973er 914 hatte auch ein neues Getriebe erhalten, desgleichen verbesserte Bremsen und einen »richtigen« Handbremshebel: der umlegbare hatte anscheinend zu viele 914-Fahrer immer wieder irritiert. Nach wie vor beließ man ihn aber an der linken Fahrerseite. Eine Änderung erfuhr auch die Radnabe, die jetzt eine zentrale Führung der Felge darstellte (vorher fixierten die vier Radmuttern das Rad ohne Mittelführung) und auch ein besseres Auswuchten der Räder ermöglichte, dazu präsentierte man neue von Fuchs gebaute Felgen, die man aber als Extra kaufen mußte. Sie gehörten zu ei-

Links: zwei von Karmann, Osnabrück, 1973 auf der Pariser Automobilausstellung gezeigte 914er mit spezieller Farbgebung und geschmiedeten Fuchs-Alufelgen.

nem »Sport-Kit«, das mit 990 Mark berechnet wurde und auch Halogen-Weitstrahler sowie zwei Querstabilisatoren umfaßte. In der US-Version des neuen 914 waren die Stabilisatoren serienmäßig enthalten, ebenso eine Ledermanschette am Schalthebel, eine Ablage zwischen den Sitzen, eine kleine Konsole mit Uhr, Ölthermometer und Voltmeter unter dem Armaturenbrett und ein Sportlenkrad. Bei allen Tachos änderte man die Skalen auf maximal 250 km/h bzw. 150 Meilen, wie sie der 914/6 gehabt hatte. Fenster, Fensterheber und ihre Bedienungselemente – jetzt in Schwarz gehalten – wurden ebenfalls neu gestaltet. Für die Füße des Beifahrers gab es jetzt wieder eine (verbesserte) Stütze, im Heck sorgte man für noch effektivere Schallisolierung. Mit 13 760 Mark war das neue Coupé ein preiswertes Fahrzeug – nur die Amerikaner waren anderer Ansicht: der Kursverfall des Dollars ließ den Wagen, auch zum Bedauern des deutschen Herstellers, in den USA vergleichsweise teuer werden.

Mit dem starken Vierzylindermotor ergaben sich gute Fahrleistungen. Die Fachpresse veröffentlichte Tests, wonach der Wagen von Null auf 100 km/h in zehn Sekunden beschleunigte und eine Spitze von 185 bis 190 km/h brachte. »Vor allen Dingen«, so wurde berichtet, »bringt man jetzt den Schalthebel tatsächlich dorthin, wohin man ihn auch haben will. Die Zeiten der unpräzisen Schaltführung sind vorbei.« Nur einen außenliegenden Tankeinfüllstutzen wünschten sich viele Tester und Besitzer des 914 nach wie vor. Den alten Vierzylinder mit 1,7 Liter Hubraum gab es in USA noch immer – er wurde nur nicht in Kalifornien zugelassen. Das änderte sich 1974, als es den Wagen mit einer modifizierten Maschine gab (Code: EC-Motor). Man hatte die Bohrung von 90 auf 93 mm erweitert, was einen Hubraum von 1795 ccm ergab. Auffallend war aber vor allem die neue Bosch-L-Jetronic-Einspritzung, die dem Motor jene Abgaswerte verschaffte, um in Kalifornien endlich akzeptiert zu werden. Bei 4 800 Touren kam dieser 914 auf 76 PS. 1974 gab man allen Versionen des Vierzehners schwarz mattierte Stoßstangen, wobei die US-Ausführung zusätzliche Gummileisten erhielt. Wieder gab es neue Felgen, die Fuchs-Räder gab es nurmehr auf Sonderwunsch. Mit 21 370 verkauften Porsche 914 wurde das Jahr 1974 das zweitbeste, was dieses Modell anbetraf. Dennoch waren die Weichen für die Endstation des Vierzehners bereits gestellt.

Am 1. Oktober des Jahres 1971 hatte Rudolf Leiding in Wolfsburg die Position Kurt Lotz' eingenommen. Lotz hatte das Feld geräumt, als die Volkswagen AG in die roten Zahlen geriet. Leiding war es, der kurz und rigoros entschied, daß die zukünftigen Wolfsburger Automobile wassergekühlte Frontmotoren bekommen sollten. Damit war auch das Konzept des 914 nicht mehr aktuell. Schon 1972 begannen die Entwicklungen eines Wagens, der einst sein Nachfolger werden sollte – das war der 924.

1974 erfüllte sich auch das Anliegen jener Aufsichtsratmitglieder bei VW, die für eine Aufgabe der VW-Porsche-Vertriebsgesellschaft plädiert hatten. Porsche erwarb die Anteile seines Partners. Am 8. Mai 1974 wurde ein diesbezüglicher Vertrag unterzeichnet. Er enthielt die Maßgabe, wonach der 914 in jeglicher Ausführung die Bezeichnung VW-Porsche zu tragen hatte (mit Ausnahme der Vereinigten Staaten), so lange das Modell im Programm verblieb. Fünf Jahre hatte die gemeinsame Firma in Ludwigsburg residiert. In die Räume der VG zog jetzt die Porsche-Vertriebsabteilung ein.

Unter der Leitung der Ingenieure Hetmann und Eyb wurde der 914 für das Modelljahr 1975 weiter modifiziert. Sie gaben dem Wagen massive Gummihörner auf den Stoßstangen, zwischen denen die Kennzeichenschilder gehalten wurden. In der Stoßstange selbst entfielen die Grills, hinter denen die Hörner gesessen hatten; diese fanden nun unter den Frontschürzen Platz. Für den Export nach USA versah man beide Versionen des 914 mit einer neuen Auspuffanlage, wobei es hier wiederum eine allgemeine und eine spezielle Ausführung gab, die nur in Fahrzeuge zum Einbau kam, die nach Kalifornien gingen.

Im Frühjahr 1976 wurde in Osnabrück der letzte Vierzehner ausgeliefert, nachdem insgesamt 118 976 Exemplare gebaut worden waren, einschließlich der Sechszylinder-Versionen. Den 100 000. Wagen hatte man im Mai 1974 feiern können.

Im Grunde waren dies respektable Stückzahlen für einen Sportwagen in einem Zeitraum von sechs Jahren – für den VW-Konzern indes, der es gewohnt war, im Jahresschnitt anderthalb Millionen Wagen auf den Markt zu werfen, handelte es sich hier um kleine Fische. Das erklärt den geringen Stellenwert, den das 914er Projekt für VW stets einnahm. Die Männer bei Porsche hatten in jenen sechs Jahren viel dazugelernt und sich mit einem Partner arrangieren müssen, der in sechs Jahren vier verschiedene Männer an der Spitze sah: Nordhoff, Lotz, Leiding und zum Schluß Schmücker. Daß der 914 sich zu einem ganz hervorragenden Automobil gemausert hatte, war eine andere Geschichte.

Kapitel 23
Der Porsche 911 wird immer schneller

»Wir haben das einzige Auto, mit dem man sich von der East African Safari nach Le Mans begeben kann, dann zum Theater und schließlich in den Cityverkehr von New York.« Mit diesen Worten charakterisierte Ferry Porsche den 911. Der Wagen war ausgereift wie kaum ein anderer Porsche zuvor. Die Erfahrungen einer ganzen Generation von Autobauern hatten in diesem Fahrzeug ihren Niederschlag gefunden.

Im Grunde war der 911 immer ein Tourenwagen, kein Wettbewerbswagen gewesen, so gut er sich auch im Motorsport bewährt hatte. Porsche, Piëch, Eyb, Bott, Falk und die anderen Konstrukteure hatten auch keineswegs im Sinn, jetzt aus dem 911 einen Wettbewerbswagen zu machen – diesen Zweck erfüllten noch immer ganz ausgezeichnet jene 908 und 917, die ihrerseits so manche Weiterentwicklung des 911 befruchteten. Die ersten Einflüsse aus Rennsport-Erfahrungen flossen in den 911 schon 1968 ein. Damals entstand der 911 Typ B, der 1968 zum Verkauf kam. Eine Besonderheit war die Kraftstoffeinspritzung, die lediglich der 911 T (und auch der 912) nicht erhielt. Als 911 E rangierte dieser Wagen zwischen dem preiswerten 911 T und dem sportlichen S-Modell.

Den Einspritzmotor zu entwickeln war die Aufgabe des aus Freiburg stammenden Ingenieurs Paul Hensler. In der Motorenentwicklung nahm er die Position Ferdinand Piëchs ein. Er hatte seine Ausbildung an der Technischen Hochschule zu Karlsruhe absolviert und war 1958 zu Porsche gekommen. In Friedrichshafen hatte er an der Entstehung des Dieselschleppers mitgewirkt und war 1963 nach Zuffenhausen gezogen, um unter Piëchs Leitung die Präsentation des 901 vorbereiten zu helfen. Als er die Aufgabe übertragen bekam, aus dem Sechszylinder einen Einspritzer zu machen, konnte er sich für die althergebrachte, mechanische Bosch-Pumpe entscheiden, wie sie vom Dieselmotor her bekannt war, oder für ein ebenfalls von Bosch angebotenes, elektronisch gesteuertes System, dessen sich bereits VW bediente. Henslers Wahl fiel zu Gunsten der mechanischen Pumpe aus. »Die Elektronik ist im Kommen, gewiß«, räumte er ein, »aber

Gérard Larrousse am Steuer seines Werkswagens, mit dem er 1969 in der Rallye Monte-Carlo auf dem zweiten Platz im Gesamtklassement landete. Auf einem anderen 911 S wurde Björn Waldegaard Sieger.

gepaarte Zylindereinheiten wie beim Vierzylindermotor sind auch leichter zu versorgen als Dreiereinheiten wie bei unserem Sechszylinder-Boxer. Hier etwas neues zu entwickeln, wäre viel zu kostenintensiv in Anbetracht der relativ geringen Stückzahlen bei uns. Außerdem drehen unsere Motoren viel höher als jene von VW, auch das bringt Probleme.«

Daß man sich überhaupt für Kraftstoffeinspritzung entschied, hatte mehrere Gründe. Hensler führte die gleichmäßigere Dosierung an, die präziser einstellbaren Mischungsverhältnisse von Kraftstoff und Luft, die günstigeren Abgaswerte. Da man in den USA jetzt auch den Ausstoß von Kohlenwasserstoff der Motoren und Benzintanks prüfte, sprach auch dies für die Abkehr vom Vergaser, zumindest bei Exportfahrzeugen. Jedem Zylinder gab Hensler seine eigene Schmetterlings-Drosselklappe. Über ein kompliziertes Gestänge mit acht Kugelgelenken mehr als beim Vergaser-911 wurden sie synchron betätigt. Das Gaspedal ließ sich beim Einspritzer entsprechend schwerer betätigen als beim Vergasermodell.

Die Einspritzpumpe entsprach im neuen 911 der des 908. Neu war auch die Kraftstoffförderpumpe. Und mit Einführung der Kraftstoffeinspritzung ließen sich auch die Ventilsteuerzeiten etwas günstiger legen, so daß sie beim neuen Motor, der die Bezeichnung 901/09 hatte, 52/62/64/44 Grad betrugen und eine zusätzliche Leistungsausbeute von zehn PS erlaubten. Die Maschine des 911 E gab bei 6500 Touren jetzt 140 PS ab.

Beim 911 S änderte man die Verdichtung von 9,8 auf 9,9 zu eins und gab den Einlaßkanälen eine etwas modifizierte Ausformung, was ebenfalls ein Leistungsplus von zehn PS ergab. Das Drehmoment erhöhte sich hier geringfügig von 18,3 auf 18,5 kpm bei 5500 Touren. Dieser Maschine (Werkscode: 901/10) gab man einen zusätzlichen Ölkühler, der hinter dem kleinen Grill unter dem rechten Scheinwerfer steckte. Ein Thermostat regulierte den Ölkreislauf.

Im Modelljahr 1969 erhielten sowohl der 911 S als auch der 911 E eine neue Zündanlage. Es handelte sich um die HKZ-Thyristor-Anlage, die von Bosch kam und für höhere Spannungen beim Starten wie bei hohen Drehzahlen sorgte. Ein schnellerer und steilerer Spannungsabriß an den Elektroden stellte sicher, daß bei verschmutzten Kerzen oder Kerzensteckern weniger Energie verlorenging.

Eine wesentliche Änderung an sämtlichen 1969er Modellen stellte der Wechsel von Aluminium zu Magnesium beim Kurbelgehäuse dar. Man wählte dieses Material wegen seiner höheren Widerstandsfähigkeit. Die Bearbeitung der Druckgußteile ließ sich dank präziser Formen auf ein Minimum reduzieren, so daß die Nachbehandlung nur geringen Aufwand erforderte. Das machte die Magnesiumgehäuse auch von der wirtschaftlichen Seite her interessant. Die Herstellung der Formen sowie die Lieferung der fertigen Teile überließ man der Firma Mahle. Mit ihrem Kurbelgehäuse für den Porsche 911 gewann das Unternehmen sogar einen Preis ihrer Fachorganisation, zumal die eine Hälfte des zweiteiligen Gehäuses das bisher größte Gußteil darstellte, das bisher aus Magnesiumguß angefertigt worden war. Beide Gehäusehälften brachten zusammen 15 Kilogramm auf die Waage. Mahle stellte die Porsche-Teile im Fellbacher Werk her und benutzte hierfür eine 1200-Tonnen-Presse. Die Gußformen allein wogen zwölfeinhalb Tonnen. Das flüssige Magnesium wurde in diese Formen unter einem Druck von 490 at eingespritzt. Um die Gehäuse absolut öldicht zu machen, versah man sie mit einem Wasserglas-Überzug, eine Lösung aus Natriumsilikat.

Da der 911 einen verlängerten Radstand von 2268 mm erhielt, hatte man die Gelenkwellen an den hinteren Halbachsen etwas verändern müssen. Die Räder waren zwar nur um 57 mm nach hinten gerückt, dennoch hatte dies auf die Gewichtsverteilung seinen Einfluß. Um die gleiche Distanz wurde natürlich der hintere Radausschnitt versetzt, für den Kenner ein auffälliges Merkmal, um den alten vom neuen 911 zu unterscheiden. Auch waren die Ausschnitte größer geworden, um stärkeren Reifendimensionen Raum zu geben. Für viele Porsche-Besitzer war das Werk in dieser Hinsicht seit langem zu konservativ geblieben; ging doch der Trend eindeutig in Richtung größerer Pneus. Bei Porsche testete man aber Reifen mit einer Gründlichkeit, die manchem Reifenhersteller zur Ehre gelangt hätte, und ehe Weissach mit neuen Empfehlungen herauskam, verschaffte man sich erst hundertprozentige Sicherheit. Und nicht nur auf dem eigenen Testgelände fuhr man Reifenversuche. Auch in den österreichischen Alpen, etwa an der Turracher Höhe, wurden Sommer- wie Winterreifen, Spikereifen und auch Schneeketten getestet. Was Porsche nicht empfahl: schlauchlose Reifen.

Wer mehr auf Komfort Wert legte, erhielt seinen 911 mit Reifen der Dimension 185 HR 14 ausgeliefert, Kunden mit sportlichen Ambitionen empfahl man den 185/70 VR 15, der beim 911 S und 911 E serienmäßig vorgesehen war. Die erstgenannte Größe wurde, wenn nicht anders gewünscht, dem 911 E mit Sportomatic ab Werk aufgezogen; den 911 T stattete man mit Pneus der Größe 165 HR 15 aus.

Der Sechszylindermotor des Porsche 911 S und 911 E wies 1969 Bosch-Kraftstoffeinspritzung auf. Unten das neugestaltete Armaturenbrett des 911 von 1969.

Die verlängerte, sogenannte »B«-Karosserie beim neuen 911 wartete noch mit einer weiteren Novität auf – mit selbstnachstellenden, hydropneumatisch arbeitenden Federbeinen. Sie vereinten in sich die Aufgaben der Stoßdämpfer und Drehfederstäbe und sorgten für eine stets gleichbleibende Wagenhöhe, egal, wieviel Zuladung man der Vorderachse zumutete.

Die Konstruktion war bei Boge entwickelt worden, wo man etwas Ähnliches auch schon für Mercedes baute. Der Hauptmechanismus dieser Niveauregulierung bestand aus einem Kolben, der ähnlich wie beim Teleskopstoßdämpfer in einem Zylinder arbeitete. Diese Einheit befand sich in einem weiteren, in eine obere und eine untere Kammer geteilten Gehäuse. Die obere stellte eine Niederdruckkammer dar, während die untere, die mit Öl und Luft – separiert durch eine zylindrische Membrane – gefüllt war, unter höherem Druck stand.

Wie stark oder gering die Belastung der Vorderachse auch sein mochte – die Niveauregulierung stellte sich stets automatisch auf einen bestimmten Wert ein. Auf glatten Straßen sorgten die Federbewegungen nach etwa 300 bis 1400 Meter Fahrtstrecke für Ausgleich, auf holprigen Straßen ging das – wegen der heftigeren Pumpbewegungen, ausgelöst durch die Vorderräder – entsprechend schneller.

Die Boge-Niveauregulierung wurde beim 911 E 1969 serienmäßig eingebaut, bei anderen Porsche-Modellen konnte man sie gegen Aufpreis ebenfalls erhalten. Auch bei einigen nach USA gelieferten 911 S war sie serienmäßig vorhanden. Die meisten der Verbesserungen an den 1969er Modellen brachten eine Erhöhung des Preises mit sich. Eine Ausnahme mochte die neue Lenkung machen, die man vom 914 übernahm. Es war die Zahnstangen-Konstruktion von ZF, die mit 17,78 zu eins etwas höher übersetzt war (vorher: 16,5 zu eins); gleichzeitig gab man auch dem Lenkrad einen etwas geringeren Durchmesser. Es wies vier Speichen auf, war in der Mitte gut gepolstert und rechts und links mit je einem Kontaktsegment für die Hupe versehen.

Bemerkenswerterweise wechselte man die 12-Volt-Batterie des 911 gegen zwei zu 6 Volt aus. Dies geschah in erster Linie aus Gründen besserer Gewichtsverteilung, denn jetzt konnte man je eine kleinere Einheit rechts und links unterbringen. Die Batterien saßen unterhalb der Scheinwerfer im Bug – eine Plazierung, die identisch war mit jener im guten alten Peugeot 203. 1969 gab man den 911ern auch eine 770-Watt-Drehstrom-Lichtmaschine.

Heizung und Lüftung waren im Porsche schon immer problematisch gewesen. Wesentlich effektiver war jetzt die Heizung, die sich von Hebeln am Armaturenbrett aus regulieren ließ – jene Schieber in den Schwellern, ein Relikt aus alten Zeiten, waren abgeschafft. Die neue Anlage machte vordere Ausstellfenster entbehrlich, die nur beim Targa noch vorhanden waren, denn dieses Modell wies ja keine hinteren Seitenfenster auf, die man beim Coupé nach wie vor ausstellen konnte. Eine elektrisch beheizbare Heckscheibe hatte jetzt jedes Porsche-Modell, elektrische Fensterheber erhielt man gegen Aufpreis. Neu waren das beleuchtete Handschuhfach, die Halogenlichtausführung der Frontscheinwerfer und eine Heckklappe aus Leichtmetall anstelle von Stahlblech.

Traditionsgemäß meldete Porsche sein neuestes Modell für eine Teilnahme am Marathon de la Route, den der Belgische Automobilclub wieder auf dem Nürburgring austrug. Drei Exemplare des 1968er 911 S wurden in die Eifel geschickt. Besonderes Augenmerk widmete man der neuen Einspritzanlage und der Niveauregulierung. Offiziell erschienen die Wagen als 911 E in der Startliste. Die gesamte Vorderpartie der Fahrzeuge bestand aus Leichtmetall, was eine Gewichtseinsparung von 136 kg ausmachte. Jeder der Marathon-Wagen wog nur 850 kg.

Aber diesmal traten Schwierigkeiten auf. Bei einem Wagen dauerte die Reparatur an der Einspritzanlage so lange, daß der Wagen wegen Überschreitung der für Instandsetzungen zubemessenen Zeit aus der Wertung genommen wurde. Auch die beiden anderen Porsche litten unter ähnlichen Defekten, bei ihnen gingen die Reparaturen aber schneller vonstatten. Trotz der Strafpunkte, die sie kassierten, beendeten sie den Marathon auf Platz Eins und Zwei. Das Siegerauto pilotierten abwechselnd Linge, Glemser und Kauhsen, das zweite Schuller, Blank und Steckkönig – bei ihrem Wagen war es allerdings zum Ausfall des linksseitigen Niveauregulierers gekommen. Egal: Porsche hatte gegen harte Konkurrenz von MG, Lancia und Mazda wieder einmal den Marathon gewonnen, und das allein war für die PR-Abteilung wichtig.

Gute Publicity tat auch not, weil der Porsche ein vergleichsweise teures Auto geworden war. Für den 911 T mußte man jetzt 19 969 Mark auf den Tisch legen, der 911 E war bei einem Basispreis von 24 698 Mark angelangt, der S kostete 26 918 Mark. Der Targa lag bei 30 000 Mark. Dafür bekam man auch einen Mercedes 300 SEL und schon lange einen Jaguar.

Der etwas verlängerte Radstand und die Boge-Regulierung wurden von der Fachpresse im allgemeinen gelobt. Der Wagen, so stellte man fest, neigte jedoch etwas mehr zum Untersteuern, was man auch bei Porsche zugab. Mark Donohue äußerte sich in *Car and Driver* begeistert: »Es ist erstaunlich, wie man einen Wagen bauen kann, der sich auf normalen Straßen so komfortabel fahren läßt und auf einem harten Rennkurs die Eigenschaften eines Rennwagens aufweist. Am liebsten möchte ich das Auto zerlegen und dahinterkommen, wie Porsche das geschafft hat!« Die Zeitschrift *auto, motor und sport* war weniger angetan von der Niveauregulierung. Die Tester des führenden deutschen Fachblattes bescheinigten ihr keine Einflüsse auf die Fahreigenschaften des 911. Wer sportliches Fahren bevorzuge, so mein-

Das neue Porsche 911 T Coupé von 1969. In diesem Modelljahr hatte man allen 911ern einen von 2211 auf 2268 mm verlängerten Radstand gegeben.

ten sie, möge lieber beim 911 S mit seinen herkömmlichen Querstabilisatoren bleiben. Wenig angetan waren die Stuttgarter Journalisten auch von der Schwergängigkeit des Gaspedals und der Ermangelung von Servobremsen. Sie sprachen von Schweißausbrüchen, denen sie bei schnellem Fahren ausgesetzt gewesen seien. Auch vom Anzugsvermögen des Wagens hatten sie sich mehr versprochen. Andere Magazine attestierten dem Einspritzer schlechtes Kaltstartverhalten, Fehlzündungen und Nachdieseln. Aber das waren Anfangserscheinungen, die später nicht mehr auftraten. Die Redakteure von *Road & Track*, die zunächst kein gutes Haar an dem neuen Wagen gelassen hatten, überzeugten sich später in einem 1700-Kilometer-Test, daß die von ihnen konstatierten Mängel behoben waren. »Selbst wenn man das Gefühl hat, der Wagen (911 E) ist mit 7240 Dollar außerordentlich teuer, so muß man anerkennen, daß es sich hier um Perfektion schlechthin handelt ... wer die Qualitäten dieses Fahrzeugs nicht erkennt, hat kein Herz für Autos!« In einem Vergleichstest mit dem Stingray, dem Jaguar E-Type und dem 280 SL erkannte man dem Porsche in der Endwertung 25 Punkte zu, dem Mercedes 20, dem Jaguar 9, dem Stingray 7. Man bescheinigte dem 911 E nicht nur technische Ausgereiftheit und Perfektion in seiner Verarbeitung, sondern auch Seriosität in seiner ganzen Erscheinung.

Obwohl Porsche im Motorsport sich voll auf den Einsatz des 908 und des 917 konzentrierte, war in etlichen Wettbewerben auch der 911 erfolgreich. In den großen Langstreckenrennen Europas gab es nicht weniger als fünf GT-Klassensiege, was dem Wagen zum zweitenmal den Internationalen GT-Cup einbrachte. Von neun in Le

Mans angetretenen GT-Fahrzeugen beendeten nur vier das Rennen – ausschließlich Porsche-Wagen. In elf von zwölf Trans-Am-Rennen gewann Porsche die GT-Klasse für Zweiliter-Wagen; sechs dieser Siege fuhr Peter Gregg heraus. Im Rallyesport gewann Björn Waldegaard auf einem 911 S die Rallye Monte-Carlo, auf Platz Zwei qualifizierte sich der – erstmals für Porsche fahrende – Franzose Gérard Larrousse.

Mit dem B-Modell der 911er Linie zog eine für Porsche ungewöhnliche Modellstabilität ein. Es gab kaum äußerlich erkennbare Veränderungen in den nächsten beiden Jahren. Nur den 912 nahm man aus der Palette; er wurde durch den 914 Vierzylinder ersetzt.

Derweil gab es neue Erweiterungsbauten sowohl in Weissach als auch in Zuffenhausen. Auf der anderen Seite der Schwieberdinger Straße, gegenüber dem Stammwerk und im Anschluß an die seinerzeit von Reutter übernommenen Anlagen, hatte man Grund dazukaufen können. Ein von dem Schweizer Architekten Dipl.-Ing. R. Waldmann entworfenes Gebäude mit 4480 Quadratmetern Nutzfläche in vier Stockwerken bot 800 Mitarbeitern Arbeitsplätze; 450 Personen wurden neu eingestellt. Die neue Anlage sollte zahlreiche Abteilungen aufnehmen, die bisher unter Raumnot litten.

Im Mai 1969 war der Bau nach einer Zeit von 18 Monaten bezugsfertig. Im Erdgeschoß brachte man den Wareneingang samt Qualitätskontrolle unter, in den beiden Stockwerken darüber etablierte man Montageplätze. Im dritten Stock wurden die fertig lackierten Karosserien ausgekleidet und für die Endmontage vorbereitet – jeder Wagen wanderte durch das Gebäude in horizontaler wie in vertikaler Richtung.

Das neue Gebäude schuf Platz in anderen Abteilungen. Jetzt konnte man auch einen Großteil der Komponenten des Sechszylindermotors in eigener Regie anfertigen. Auf zwei parallel angelegten Straßen entstanden die Zylinderköpfe. Der Zusammenbau von Kurbelwelle und Pleuel erfolgte auf einem Vormontageband. Die Motorenfertigung befand sich in einer großen, 1952 entstandenen Halle, die damals noch Raum genug geboten hatte, um die gesamte Fahrzeugmontage zu beherbergen! Auf drei Prüfständen konnte man jetzt fertige Motoren einlaufen lassen; man pflegte jede Maschine zunächst mit fremder Kraft drehen zu lassen, dann mit eigener mit niederen Touren, und in einer dritten Phase ließ man sie mit Höchstleistung drehen.

Die Kosten der Erstellung des neuen Werksgebäudes trieben Porsches Investitionsprogramm für das Jahr 1969 auf 52 Millionen Mark, was einer Verdoppelung des Vorjahresbetrages gleichkam. Man war jetzt in der Lage, fünfzig Fahrzeuge pro Arbeitstag in eigenem Hause fertigzustellen; vorher waren es maximal achtundzwanzig gewesen. Die Hälfte der Wagen waren Coupés, die Hälfte Targas. Zwanzig bis fünfundzwanzig Coupé-Karossen kamen täglich außerdem von Karmann, so daß sich damit der höhere Bedarf im Verhältnis zum offenen Typ decken ließ. Mit der Osnabrücker Anlieferung ließen sich jetzt insgesamt 86 Wagen pro Tag bewältigen.

Ein Jahresausstoß von 19 000 Autos war für Ferry Porsche ein befriedigender Wert. »Seit 1950 waren wir mit dem Problem konfrontiert, nicht genügend Fahrzeuge herstellen zu können«, sagte er. »Wir kamen mit der Auslieferung nicht nach. 1968 hätten wir gut 20 Prozent mehr als jene 15 000 Wagen verkaufen können, sofern wir die Möglichkeit gehabt hätten, sie auch zu bauen. Aber die jetzt erreichte Kapazität wollen wir nicht mehr überschreiten.« Ferry Porsche vertrat den Standpunkt, daß seine Autos andernfalls an Exklusivität verlieren würden.

Einen wichtigen Grund für die Kapazitätserweiterung hatte die zu erwartende Nachfrage nach dem 914/6 dargestellt, der vom Herbst 1969 in den neuen Anlagen montiert wurde. Zusätzlichen Platz gewann man durch die Aufgabe des 912, der mit Erscheinen des 914 verschwand. Die vielzitierten Zulassungshürden der USA trugen ebenfalls zum Tod des 912 bei. Den Vierzylinder den strengen Abgasnormen anzupassen, hätte Porsche viel Geld gekostet – diese Aufwendungen ließ man statt dessen lieber dem 914 zukommen. Einmal mußte die Zeit des alten Stoßstangenmotors zu Ende sein, der nicht nur in etlichen Porsche-Automobilen, sondern auch in Booten, Flugzeugen, Luftkissenfahrzeugen, Snowmobilen und stationären Aggregaten treue Dienste geleistet hatte.

In vielen 911ern prangte 1970 ein kleines Klebeschild im Rückfenster: 2,2 stand darauf. Dies deutete auf einen auf 2195 ccm vergrößerten Motor hin. Die Hubraumerweiterung wurde durch eine Bohrung von 84 statt der bisherigen 80 mm erreicht, während man den Hub von 66 mm unverändert ließ. Der äußerlich gleich gebliebene Wagen wurde mit der größeren Maschine als C-Modell bezeichnet, die Motoren erhielten eine Seriennummer, deren erste drei Ziffern nicht mehr 901, sondern 911 lauteten: 911/02 beim 911 S, 911/01 beim 911 E, 911/04 beim 911 E mit Sportomatic. Vom 911 T gab es vier Versionen: die Europaausführung (911/03), die USA-Ausführung (911/07), erstere mit Sportomatic (911/06), letztere mit Sportomatic. Der S-Motor hatte noch immer einen anderen

Die neue Porsche-Generation 1969, B-Ausführung genannt. Rechts der Targa, oben rechts der 911 E.

Zylinderkopf als der E und der T; Paul Hensler und seine Männer machten sich aber daran, für 1972 einen gemeinsamen Kopf für alle drei Modelle des 2,2 Liter zu schaffen. Die Einlaßventile gerieten 1971 um je einen Millimeter größer als beim S; im Einlaß betrug ihr Durchmesser jetzt 46 mm, im Auslaß 40 mm. Die Steuerzeiten blieben beim S und T unverändert, beim E änderte man sie geringfügig auf jene Werte, die beim ersten 911 und 911 L galten: 43/57/65/31 Grad. Die Kerzen saßen bei allen Motoren direkt im Leichtmetallkopf, die früher verwendeten Stahlführungen waren entfallen. Die bereits in den USA eingeführte Thyristor-Zündung fand nun auch Eingang in den für Europa bestimmten 911 S, ebenso ging man von Weber- zu Solex-Vergasern über. Folgende Werte gab das Werk für das 911er-Programm an:

	911 T	911 E	911 S
DIN-PS	125	155	180
U/min	5800	6200	6500
Verdichtung	8,6	9,1	9,8
Drehmoment kpm	17,97	19,49	20,32
bei U/min	4200	4500	5200

(Die Daten wurden nicht in allen Publikationen einheitlich genannt, siehe Tabellen im Anhang.) So lange war es noch gar nicht her, daß der Porsche Carrera mit einer Leistung von 115 PS die Gemüter erregte. Jetzt gab es einen 180-PS-Porsche von der Stange. Um die Kraft sicher auf die Straße zu bringen, vergrößerte man den Durchmesser der Fichtel & Sachs-Kupplung auf 225 mm; auch beim Getriebe gab es Änderungen. Das Gehäuse wurde jetzt ebenfalls im Druckgußverfahren aus Magnesium hergestellt, es wog nur noch 8,56 kg. Wo die Lagerdrücke besonders hoch waren, goß man stählerne Ein-

Oben: Porsche 911 S, Modelljahr 1969. Die Leistung des Sechszylindermotors hatte man auf 170 PS angehoben.

sätze ein. Der 911 T wurde serienmäßig mit vier Vorwärtsgängen ausgeliefert, die anderen Modelle hatten Fünfganggetriebe. Für Wettbewerbszwecke bot Porsche vier zusätzliche Varianten bezüglich der Untersetzungen an.

Zu den Kleinigkeiten, die das 1970er Modell außerdem von seinen Vorgängern unterschied, gehörten neue Außentürgriffe, eine zweistufige Heckscheibenheizung und ein Intervallschalter für den Scheibenwischer. Einen Heckscheibenwischer gab es gegen Aufpreis. Unter dem Instrumentenbrett änderte man die Position der Warmluftaustritte. Wie die anderen Modelle, stattete man auch den 911 T mit belüfteten Scheibenbremsen aus.

Porsche bemühte sich, den 911 S für die Saison 1970 als Tourenwagen der Gruppe 2 homologieren zu lassen. Das T-Modell war in dieser Gruppe schon 1967 und 1968 Hecht im Karpfenteich gewesen. Doch ein erster Anlauf scheiterte. Die F.I.A. bemängelte Kopf- und Beinfreiheit sowie Sitztiefe auf der rückwärtigen Bank. Durch Recaro-Sitze mit schräger geneigter Rückenlehne ließ sich das ändern, außerdem verpaßte man den hinteren Sitzen andere Polster. Erneut führte Porsche den C-Typ vor, doch dann kamen den Zuffenhausenern Zweifel, ob man alle tausend Wagen, die für eine Homologierung in der

Gruppe 2 binnen Jahresfrist hergestellt werden mußten, in der modifizierten Ausführung zu fertigen in der Lage war. Also zog man den Antrag wieder zurück und zum Bedauern Rico Steinemanns gab es 1970 keinen 911 S als homologierten Tourenwagen der Gruppe 2. 1971 unternahm man den Anlauf ein weiteres Mal, doch die F.I.A. war mit dem vorgeführten Wagen noch

Der neue, dreistöckige Montagebetrieb in Stuttgart-Zuffenhausen, Schwieberdinger Straße. Im Mai 1969 wurde der Bau bezogen.

Prototyp eines viersitzigen Porsche 911, der 1969 gebaut wurde, aber nicht für eine Serienherstellung gedacht war.

immer nicht zufrieden. Da Porsche nicht die Absicht hatte, im Interieur weitere Zugeständnisse an das Tourenwagen-Reglement zu machen, verlief die Sache im Sande. Vielleicht war das gut so, denn ein Porsche von der Brisanz eines 911 S als Tourenwagen in der Gruppe 2 hätte möglicherweise große Ressentiments heraufbeschworen. Hingegen wurde der 911 S als Spezial-Tourenwagen im Sinne der Gruppe 4 homologiert. Um den Vorschriften gerechtzuwerden, setzte Steinemann den Bau eines abgemagerten Coupés durch mit Alu-Stoßstangen (ohne Hörner), Alu-Fronthaube, einer Drahtgitter-Abdeckung im Heck (statt Grill) und tiefen Rallye-Sitzen mit Cord-Bezug. Der Handschuhkasten wies keinen Deckel auf, die Türverkleidungen hatte man vereinfacht, vor allem aber faßte der Kraftstofftank 110 Liter, der unter Verzicht eines normalen Re-

servereifens unter die Fronthaube paßte, an dessen Stelle ein Faltrad trat. Eine Ausführung mit Rechtslenkung ließ sich von diesem Fahrzeug nicht bauen. Im Unterschied zu den 926 kg des normalen 911 S brachte der abgemagerte Gruppe-4-Porsche nur 837 kg auf die Waage.

Groß war die Auswahl an Lackierungen im Jahre 1970. Es gab neun Standardfarben, wobei ein tiefes Blau nach Prinz Albert von Belgien als »Albert-Blau« im Katalog stand. Weitere neunzehn Farbtöne waren gegen Aufpreis erhältlich. Einige davon übernahm Porsche aus Amerika, wo sich anspruchsvolle Kunden an der Westküste schon immer individuelle Farbwünsche erfüllen ließen.

In Testberichten wurde bestätigt, daß die im Hubraum vergrößerten Motoren keineswegs auch mehr Kraftstoff schluckten. Anders ausgedrückt: Den 2-Liter-Motoren hatte man einen verhältnismäßig hohen Verbrauch bescheinigt – jetzt standen Spritkonsum und Leistungsausbeute in einem günstigeren Verhältnis. Die von der Motorpresse ermittelten Beschleunigungswerte der 1970er Modelle betrugen beim 911 T 8,7 Sekunden, für den 911 E 7 Sekunden und für den 911 S 7,1 Sekunden von Null auf 100 km/h; die Höchstgeschwindigkeit bewegte sich zwischen 205 km/h beim 911 T und 230 km/h beim 911 S.

Vor allem beschwerte man sich nicht mehr über die Kaltstart-Eigenschaften beim 911. Denis Jenkinson gab in *Motor Sport* minuziöse Anweisungen, wie man einen 911 S anzulassen habe: »Als erstes ziehe man einen kleinen Hebel, der sich zwischen den Sitzen befindet. Auf keinen Fall das Gaspedal berühren! Dann drehe man den Zündschlüssel und lasse den Anlasser kurz laufen, der macht dann: whirr, whirr, whirr. Schlüssel in die Ausgangsposition zurück, erneutes Anlassen – jetzt beginnt der Motor zu arbeiten, wenn auch langsam, mit höchstens 1100 Touren. Von ganz allein kommt er in ein paar Sekunden auf 3500, weil jetzt erst alle elektronischen Einrichtungen und Thermostate des Einspritzsystems richtig zu arbeiten begonnen haben.« Für einen klassischen Vintage-Wagen hätte Jenkinson keine besseren Anweisungen erteilen können . . .

Der als Porsche-Enthusiast und ambitionierter Motorjournalist weltberühmte Denis Jenkinson fuhr jetzt zwar einen 4,2 Liter Jaguar E-Type, gab aber ehrlich zu, daß er den Porsche noch immer für eines der großartigsten Automobile hielt. »Man kann einen Porsche ohne Gefahr so hart fahren, wie der Wagen es hergibt. Keinen Augenblick gibt es irgend ein Gefühl der Unsicherheit, der Instabilität. Das Auto ist bis zum Grenzwert absolut beherrschbar. Würde man den E-Type bis an diese Grenze ausfahren, dürfte die Fahrt mit einem bösen Unfall enden.«

71 Prozent der Gesamtproduktion gingen 1970 in den Export, 40 Prozent allein in die Vereinigten Staaten. Durch die neuen Werksanlagen kam Porsche auf 16 800 Fahrzeuge, von denen 17 Prozent den 914/6 ausmachten. Ein knappes Drittel der 911er kam als Targa auf den Markt. 420 Millionen Mark setzte Porsche im Jahre 1970 um, eine Rekordsumme, die das Doppelte des 1965er Wertes darstellte. Seit 1955 hatte man die Verkaufserlöse von Jahr zu Jahr erhöht.

Den 150 000. Porsche hatte man am 22. September 1970 gebührend feiern können. Der Wagen war ein 911 S – Butzi Porsche übergab den goldenen Zündschlüssel dieses Coupés an den stolzen Besitzer, David L. Nurse aus Seattle, Washington. Es war Nurses achter Porsche; seinen ersten hatte er 1958 erworben und war seither jedesmal zum Werk gekommen, um seinen neuen Wagen persönlich abzuholen. Er gehörte zu den Gründern des aktiven Porsche Club of America.

Das Jahr 1971 ließ sich bescheidener an. Die Produktion mußte gedrosselt werden, weil die Verkäufe zurückgingen, vor allem in den USA. Steigende Rohstoffpreise und Löhne hatten den Porsche zu einem zunehmend teuren Automobil werden lassen, eine Entwicklung, die niemand mehr bedauerte als Porsche selbst. Mit knapp 9000 Dollar für den 911 S rangierte der Zuffenhausener Sechszylinder mit Abstand an der Spitze aller Importwagen vergleichbarer Größenordnung. Porsche schraubte die Tagesfertigung auf maximal 60 Einheiten herunter. Insgesamt fiel die Jahresproduktion auf 11 715. Neben wirtschaftlichen Problemen gab es interne Spannungen, von denen die Außenwelt indessen nicht viel verspürte. Männer einer neuen Generation, die Enkel des Professors, waren herangereift und strebten nach Führungspositionen. Das war ihr Recht, wie es auch das ihrer Eltern gewesen war.

Einer der Söhne Ferry und Dorothea Porsches, Ferdinand III, genannt Butzi, hatte sich als erster im Familienunternehmen etabliert. Ihm folgte Hans-Peter Porsche, der 1963 in die Dienste der Firma trat; Ende 1965 war er zum Produktionsleiter avanciert.

Aus der Ehe der Porsche-Tochter Louise mit Anton Piëch entstammte Ferdinand Piëch, der sich in Zuffenhausen als fähiger Techniker profiliert hatte. Ernst Piëch, einer seiner Brüder, war bei der Porsche Konstruktionen KG in Salzburg tätig, ein anderer Bruder, Michael, wartete als angehender Jurist auf seine Chance.

Selbstverständlich lag beiden Zweigen der Familien an einem gesicherten Fortbestand des Automobilunternehmens. Sie bestätigten dies im Herbst 1970 durch eine gemeinsam vorgenommene Kapitalerhöhung von drei auf zwanzig Mil-

In den neuen Werksräumen gab es wesentlich mehr Platz als zuvor. Die Fotos zeigen die Montage der Vorderachse, des Motors sowie die Tauchbad-Grundierung der Karosserie (oben rechts).

lionen Mark der Porsche KG. Weniger Übereinkunft erzielte man bei der Frage, wie Führungspositionen zukünftig zu besetzen seien.
Die am 1. April 1971 neu konstituierte Geschäftsleitung der Gesellschaft unter dem Vorsitz von Ferry Porsche bestand aus Ferdinand Piëch, Butzi Porsche, Dr. Michael Piëch und einem neutralen Fünften: Heinz Branitzki. Innerpolitisch gesehen, waren die Verhältnisse ausgewogen. Der einundvierzigjährige Branitzki kam aus dem Finanzwesen und hatte vorher bei der Firma Carl Zeiss gearbeitet. Er war dazu auserkoren, die Nachfolge Hans Kerns anzutreten, der seit 1933 der alten Porsche-Garde angehörte und seit 1942 ihre finanziellen Belange wahrgenommen hatte. Kern ging 1970 in den verdienten Ruhestand. Der Rat der Fünf sah sich indessen nicht in der Lage, die Differenzen zu schlichten, die zwischen den Familien Porsche und Piëch herrschten. Der erste, der dies einsah und daraus seine Konsequenzen zog, war Ferry Porsche. Im Juni 1971 berief er einen großen Familienrat ein und trug dem Kreis vor, wie er die Dinge sah. Er machte deutlich, daß es für das Unternehmen eine Gefahr darstellte, wenn man interne Machtkämpfe austrug und gleichzeitig Außenstehenden, die für

men eine neue innere Struktur zu geben.
Natürlich vollzog sich der Wandel nicht abrupt, sondern in mehreren Stufen. Als erstes berief man zum 1. Oktober 1970 den bisherigen Personalchef Karlernst Kalkbrenner zum Geschäftsführer. Als Technischen Direktor holte man von Goetze den altgedienten Ernst Fuhrmann wieder nach Stuttgart. Um ihm Platz zu machen, trat Ferdinand Piëch von seiner Position zurück und übernahm die Verantwortung in jenem Bereich, der Porsche-Aufträge für fremde Auftraggeber ausführte. Zu Fuhrmanns Aufgaben gehörten auch die Leitung von Einkauf und Produktion, Sektoren, die Peter Porsche unter sich gehabt hatte. Unter Fuhrmann arbeitete Helmuth Bott weiter als Entwicklungsleiter und Chef der Patentabteilung.

Im Februar 1972 folgte ein weiterer Schritt in der einmal eingeschlagenen Richtung. Die Familien Porsche und Piëch gaben den Plan bekannt, eine Holdinggesellschaft zu gründen, als Verwaltungsgruppe für alle Zweige des Porsche-Unternehmens. Hierzu gehörten die Dr. Ing. h.c. F. Porsche KG in Stuttgart-Zuffenhausen, die VW-Porsche Vertriebsgesellschaft GmbH in Lud-

einer der führenden Konstrukteure des VW-Tochterunternehmens.
Natürlich stand es auch einem Porsche- oder Piëch-Familienmitglied frei, sich um eine Position in Zuffenhausen zu bewerben, wenn sie neu ausgeschrieben wurde. Voraussetzung aber war, daß alle anderen Familienmitglieder ihre Zustimmung geben mußten.
In der letzten Phase ihrer Umstrukturierung änderte die Firma Porsche ihre Gesellschaftsform. Zum 1. Januar 1973 wurde aus der KG eine Aktiengesellschaft.
Während sich hinter den Kulissen so weitreichende Änderungen vollzogen, blieben die Autos die gleichen. Dies bedeutete aber nicht, daß man nicht an neuen Konzepten arbeitete, neue Ideen verfolgte. Eine davon kam mehr oder weniger regelmäßig auf den Tisch – der Bau eines echten Viersitzers. Seit der Ära des 356 hatte es immer wieder Versuchswagen mit vier Plätzen gegeben, und jetzt war der 911 an der Reihe. 1969/70 entstanden zwei Ausführungen eines solchen Viersitzers. Sie basierten auf dem B-Modell, dem man einen nochmals um etwa 150 mm verlängerten Radstand gegeben hatte. Das eine Auto sah nicht viel anders aus als ein etwas in die

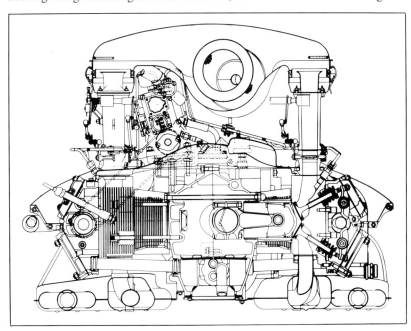 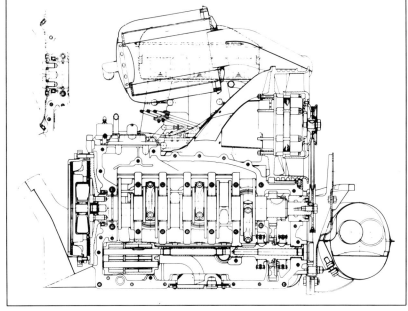

manche Position vielleicht bessere Qualifikationen mitbrachten, Aufstiegs-Chancen verwehrte. Als Fazit seiner Ausführungen machte er den Vorschlag, daß jedes Familienmitglied von seinem Posten zurücktreten solle, so daß niemand der Verlierer sei. Man habe dann freie Bahn für die Nominierung fähiger Männer, die ausschließlich aufgrund ihres Könnens und nicht wegen verwandtschaftlicher Verbindungen ins Haus kämen.
Es war nur ein Vorschlag – nicht mehr. Ferry Porsche bat jeden, in Ruhe darüber nachzudenken.
Der Senior hatte alle, die es anging, zu überzeugen vermocht. Der Weg war frei, dem Unterneh-

wigsburg und die Porsche Konstruktionen KG in Salzburg. Der Umsatz dieser drei Gesellschaften summierte sich 1971 auf 900 Millionen Mark. So entstand die Porsche GmbH mit Sitz in Stuttgart. Ferry Porsche und Louise Piëch wurden zu Geschäftsführern ernannt. Den Kopf der Porsche KG in Zuffenhausen bildeten ab 1. März 1972 allein die Herren Fuhrmann und Branitzki – der Geschäftsleitung gehörte kein Porsche, kein Piëch mehr an.

Zur gleichen Zeit verließ auch Butzi Porsche das Unternehmen und machte sich selbständig. Er gründete ein Design-Studio. Sein Cousin Ferdinand Piëch ging zu Audi NSU und wurde bald

Länge gezogenes Coupé, das andere wies ein stumpfes Heck auf und ähnelte entfernt einem Opel Kadett Coupé.
Ein interessantes Auto auf Basis des Porsche 911 entdeckten Porsche-Fans in San José, Kalifornien. In der Karosseriewerkstatt des Spezialisten Stan Townes entstand in dreijähriger Arbeit aus einem Unfallwagen ein Speedster, der mit seinem buckligen Heck dem alten, offenen 356 nicht unähnlich war. Kein solches Auto, auch nicht als Prototyp, wurde aber je in Zuffenhausen gebaut. »Mit dem Gedanken spielten wir schon oft«, sagte Styling-Chef Anatole Lapine, darauf angesprochen, »meine Leute besitzen auch eine Menge Fotos des Townes-Speedsters.«

Frontspoiler am 1972er Porsche 911 S. Für die anderen Modelle konnte man ihn als Extra erwerben. Die Schnittzeichnungen auf der gegenüberliegenden Seite zeigen den 2,2-Liter-Sechszylindermotor von 1970.

In der Gruppe 2 war Porsche die Homologierung versagt geblieben. Als GT aber brachte der 911 S eine lange Liste motorsportlicher Erfolge zusammen. Und da man mit dem 2,2-Liter-Motor in eine neue Klasse gerutscht war, hatte man die Möglichkeit, die Bohrung – nicht den Hub! – so weit zu vergrößern, bis man an die Grenze der nächsten Klasse stieß, die bei 2,5 Liter begann. Die Aufbohrung konnte nur minimal ausfallen – sie betrug nur einen Millimeter. Mit 85 mm entsprach sie der Bohrung des 908 und des 917 und erweiterte den Gesamthubraum des Sechszylinders auf 2247 ccm. Spezialkolben brachten die Kompression auf ein Verhältnis von 10,3 zu eins. Man versah den Motor (Codebezeichnung: 911/20) mit Doppelzündung, größeren Einlaßventilen (47 statt 46 mm) und Ventilsteuerzeiten wie beim 901/20 Carrera 6. Im Endeffekt gab der Motor 240 PS bei 7800 Touren ab bei einem Drehmoment von 23 kpm, gemessen bei 6300. So entstand der stärkste je gebaute 911-Motor, der sogar den Typ 916 in den Schatten stellte, der im 911 R zu finden war.

Da das homologierte Gewicht des Wagens relativ niedrig lag, magerte man eine Reihe von Fahrzeugen extrem ab. Sie erhielten eine Dachpartie aus dünnem Stahl, auch das Armaturenbrett und Teile des Bodenblechs waren schwächer dimensioniert. Dreißig solcher Fahrzeuge wurden gebaut, die meisten für Werkeinsätze; ganz wenige gab man auch an Privatfahrer ab. Die Werkswagen stattete man zudem mit dünneren Türverkleidungen aus.
Einige der Leichtgewichts-Komponenten konnte man separat erwerben. Etwa hundert solcher Sets stellte man für Porsche-Kunden zur Verfügung. Sie enthielten Plexiglasfenster für die Seiten und das Heck, eine Fronthaube aus Kunststoff, einen Satz ebensolcher Vorderkotflügel und Stoßstangen sowie Türen aus Leichtmetall. Damit kam man schon nahe an das homologierte Gewicht von 837 kg heran.

Im Januar 1970 meldete da Werk drei solchermaßen präparierte 911 S zur Rallye Monte-Carlo. Als Trainingswagen hatte man fünf weitere, identische Exemplare vorbereitet. Nach der schneereichen Rallye im Vorjahr ging's diesmal trocken und unbehindert zu – Björn Waldegaard hatte freie Fahrt und durfte sich als Gesamtsieger feiern lassen. Auch für den zweiten und vierten Platz konnte sich Porsche qualifizieren. In der neununddreißigjährigen Geschichte dieser berühmten Rallye war es das erstemal, daß eine Marke in drei hintereinander folgenden Veranstaltungen den Gesamtsieger stellte. Björn Waldegaard und sein Copilot Lars Helmer gewannen noch weitere Rallies in Schweden und in Österreich, und da Larrousse Sieger in der Britischen RAC-Rallye wurde, fiel Porsche erneut die Internationale Rallyemeisterschaft zu.
Einen Anreiz für Privatfahrer, sich am Motorsport zu beteiligen, stellte der 1970 erstmals ausgeschriebene »Porsche Cup« dar. Er war mit 150 000 Mark dotiert, wobei die Leistungen der erfolgreichsten Porsche-Fahrer nach einem Punktesystem bewertet wurden. 1970 wurde der Pokal Gijs van Lennep zuerkannt, 1971 teilten ihn sich der Kölner Erwin Kremer und Günther Huber, 1972 gewann ihn der Brite John Fitzpatrick.
Eine der ganz großen Unternehmungen, in die sich Porsche 1971 engagierte, war die East African Safari Rallye. In den zwei vorangegangenen Veranstaltungen hatte sich der Privatfahrer Sobieslav Zasada hier wacker geschlagen, was dem Werk nicht verborgen geblieben war. 1971 gab man dem polnischen Fahrtalent die Gelegenheit, als Werksfahrer in Afrika anzutreten. Für die 5000 Kilometer lange Tortur durch Wüste, Steppe, Sumpf und Urwald präparierte Porsche drei 911 S mit 2,2-Liter-Motor, 180 PS stark. Die mit doppelten Kraftstofftanks, verstärkten Drehstabfedern, höherer Bodenfreiheit und einer ausgeklügelten Rallye-Ausstattung versehenen Wagen hatten sich arg zu quälen. Vor allem gab es

Defekte an den Stoßdämpfern. Waldegaard fiel durch einen Unfall aus (was ihm bis dahin selten passiert war), sein Landsmann Andersson kam aus der Wertung, weil er für die Reparatur an einer hinteren Radaufhängung das Zeitmaß überschritt. Nur Zasada kam heil durch – bis 350 km vor dem Ziel, als die Zündung seines Motors aussetzte. Er lag an zweiter Position und hatte sogar eine Chance auf Sieg. Der Pole fand rasch heraus, daß sein Wagen zwei, drei Kilometer weiterlief, wenn er zwischendurch immer wieder einmal die Zündung ausschaltete. Auf diese Weise schleppte er sich bis nach Nairobi und wurde noch Fünfter. Wie so oft, war die Fehlerursache, wie sich später herausstellte, gering: der elektrische Hauptschalter war korrodiert.

Für Rundstreckenrennen gab es 1971 einen besonders präparierten 911 S, dessen Motor eine Zylinderbohrung von 87,5 mm aufwies. Man kam somit auf einen Hubraum von 2381 ccm und eine Leistung von 260 DIN-PS bei 7800 Touren. Ein solches Auto, gesteuert von »Anselm« und Raymond Tourol, kam auf den sechsten Gesamtplatz im 24-Stunden-Rennen von Le Mans und holte sich außerdem den GT-Kategoriesieg. Ein zweiter 911 S wurde Achter, gefahren von Jürgen Barth und René Mazzia. Der Motor ihres Coupés hatte einen um 1 mm verlängerten Hub und 2410 ccm Hubraum. Jürgen Barth arbeitete bei Porsche in der Sportabteilung, wo sein Vater Edgar Barth einst die gleiche Position innegehabt hatte.
Die Änderungen am 911 für das Modelljahr 1972 umfaßten eine Senkung des Verdichtungsverhältnisses, um die Motoren mit Normalbenzin fahren zu können. Beim Porsche 911 T betrug es 7,5, beim E 8,0 und beim S 8,5 zu eins. Um den Leistungsverlust wettzumachen, erhöhte man den Hubraum auf 2341 ccm. Diesmal bekamen die Zylinder keine größere Bohrung, sondern einen verlängerten Hub: 70,4 mm. Die Huberweiterung und die Senkung der Kompression hatten Änderungen am Pleuel, am Kolben und an der Kurbelwelle erforderlich gemacht. Man verwendete Lager kleinerer Durchmesser, die in ihren Abmessungen denen des 917 entsprachen. Die Ventile behielt man bei, die Steuerzeiten wurden leicht geändert. Bis auf ihr Kraftstoffsystem gab es keine Unterschiede in den europäischen und den US-Versionen des 911. Als einziger Wagen der Baureihe wies der 911 T (Motorbezeichnung: 911 TV) einen Solex-Zenith-Vergaser, Typ 40 TIN, diesseits des Atlantiks auf; in der Amerika-Ausführung gab es ihn nur mit Einspritzung (911 TE). Hier ein Leistungsvergleich:

	911 TV	911 TE	911 E	911 S
DIN-PS	130	140	165	190
U/min	5600	6500	6200	6500
Drehmoment				
kpm	20	20	20,3	21,3
bei U/min	4000	4000	4500	5200

Höhere Leistung und ein verbessertes Drehmoment hatten das Manko durch die verminderte Kompression mehr als wettgemacht – bei allen 911ern. Aber es handelte sich auch um die letzte Stufe einer Leistungsanhebung bei diesem Sechszylinder, solange der Motor im Porsche-Programm verbleiben sollte. Verantwortlich für diese Operation zeichnete Ferdinand Piëch.

Den stärkeren Motoren fügte man auch ein neues Getriebe hinzu. Es trug die Baunummer 915 und ging in seiner Konzeption auf den Porsche 908 zurück. Man konnte es als Vier- oder Fünfganggetriebe haben; letzteres gab es aber nur gegen Aufpreis – serienmäßig bot man 1972 im 911 nur vier Gänge an. Die Endübersetzung von 4,43 zu eins übernahm man vom vorangehenden Modell, die einzelnen Gänge waren wie folgt untersetzt:

	Viergang		Fünfgang	
Modelljahr	1971	1972	1971	1972
Baumuster	911/00	915/12	911/01	915/02
1. Gang	3,09	3,18	3,09	3,18
2. Gang	1,63	1,78	1,78	1,83
3. Gang	1,04	1,13	1,22	1,26
4. Gang	0,76	0,82	0,93	0,96
5. Gang	-	-	0,76	0,76

Aus den Werten wird deutlich, daß es Piëch auf Beschleunigung und Elastizität ankam, weniger auf hohe Endgeschwindigkeiten. In diese Konzeption gehörte auch die Entscheidung, den 911 S endlich mit Sportomatic auszustatten. Nicht zu verhehlen war, daß der 911 jetzt auch mehr Kraftstoff schluckte. Aus diesem Grunde konnte der Kunde einen 85-Liter-Tank bekommen anstelle des bisher üblichen 62-Liter-Reservoirs. Er war aus Kunststoff und ließ unter der Fronthaube nurmehr Platz für ein faltbares Ersatzrad.

Und noch eine Änderung gab es beim 911 in seiner letzten Ausführung. Ferdinand Piëch gedachte die hinteren Überhänge leichter zu machen und versetzte das Ölreservoir der Trockensumpfschmierung über dem rechten Radkasten; vorher saß es dahinter. Bei der E-Karosse des Modelljahres 1972 erforderte diese Veränderung einen außenliegenden Einfüllstutzen. Den darüber befindlichen Deckel konnte man über einen Zugknopf an der Beifahrerseite öffnen. Den Spoiler unterhalb der vorderen Stoßstange

Gérard Larrousse und J. C. Parramond, die 1972 mit ihrem 911 in der Rallye Monte-Carlo Zweite im Gesamtklassement wurden.

des 911 S erhielt dieses Modell 1972 serienmäßig, bei den anderen Typen bekam man ihn gegen Aufpreis. Dieses aerodynamische Hilfsmittel war durchaus kein Modegag, sondern das Ergebnis sorgfältiger Studien. Wie Paul Frère ermittelte, verminderten solche Spoiler bei einer Geschwindigkeit von 230 km/h den Auftrieb des Vorderbaus um 44 Prozent, ohne daß dies einen Einfluß auf den Luftwiderstandsbeiwert hatte.

Die Form des Spoilers war aber nicht allein durch Untersuchungen im Windkanal ermittelt worden, sondern orientierte sich an der Praxis – nämlich an der Höhe normaler Bordsteinkanten. Wieder nahm Porsche hier besondere Rücksicht auf amerikanische Verhältnisse und ließ eigens eine Reihe von Bordsteinen aus Amerika einfliegen, um sie mit europäischen zu vergleichen. Man wollte nicht das Risiko eingehen, daß der Spoiler bei simplen Parkmanövern zu Bruch ging. Und als die Form fertiggestellt war und man mit seiner Produktion beginnen wollte, stellte je-

Oben: 911 S, gesteuert von den Franzosen Balas/ Pierre, die in der Tour de France 1971 in der GT-Kategorie mitfuhren. Links: Bonomellis Gruppe-4-Coupé, ein 911 S, der im gleichen Wettbewerb auf den achten Platz im Gesamtklassement kam.

mand fest, daß man vergessen hatte, einen Durchlaß vorzusehen, um ein Abschleppseil zu befestigen – genau hinter dem Spoiler befand sich schließlich die serienmäßig vorhandene Öse hierfür. Also schnitt man kurzerhand ein Loch an die betreffende Stelle.

Mit der Hinzufügung des Spoilers entfielen die Gummihörner auf den Stoßstangen. In größerem Umfang gab es jetzt aber schwarz mattierte Teile am Wagen, innen wie außen. Der Grill auf der Motorraumklappe gab sich schwarz, nur die Ziffern »2,4« darauf glänzten in Chrom; schwarz war auch die Beschriftung PORSCHE und einige Bedienungselemente im Cockpit. Am Armaturenbrett verschwanden die Ziffern »911« ebenso wie der Streifen an der Unterkante (der in den ersten Exemplaren des 911 einmal aus Holzfurnier bestand). Die serienmäßige Ausstattung des 911 E mit der Hydropneumatik gehörte der Vergangenheit an – man bekam sie ab 1972 nur noch gegen Aufpreis. Sie hatte sich nicht allzu gut bewährt, und wenn sie ihren Geist aufgab, war ihr Ersatz ein teures Vergnügen. An ihre Stelle rückten wieder Drehstäbe – wie früher.

Leider gab es Ende Januar 1972 auch wieder Preiserhöhungen. Der 911 T kostete jetzt 23 480 Mark, der 911 E 26 480 Mark, der 911 S 31 180 Mark. Man erhielt jedoch mehr »Porsche« fürs

Geld – denn die Wagen waren auch schwerer geworden. Das neue Getriebe brachte fast zehn Kilo mehr als das alte auf die Waage, an verschiedenen Stellen war der Karosseriekörper verstärkt worden. Schnell waren die 911 noch allemal: *Auto, motor und sport* ermittelte in einem 911-S-Test ein Höchsttempo von 231 km/h, der 911 T kam laut *Motor* auf 205 km/h. Sehr gute Beurteilung erfuhr das Getriebe mit seinen Abstufungen und die präzise Schaltung.

Porsche nahm mit dem 1971er Modell an der Rallye Monte-Carlo teil. Voll das Limit der GT-Klasse bis 2,5 Liter nutzend, hatte man den Motor durch eine Bohrung von 86,7 mm auf 2494 ccm gebracht. Mit Bosch-Einspritzung leistete der Sechszylinder 275 PS bei 7900 Touren, das Drehmoment betrug 27 kpm bei 6200. Aber nur ein solcher Wagen durchstand die Strapazen der 12 000-Kilometer-Rallye. Das Super-Auto konnte auch der Privatfahrer kaufen – es kostete 49 680 Mark ab Werk.

1972, im vorletzten Jahr des 911, ergab sich für den Sechszylinder wieder einmal eine ansehnliche Motorsport-Bilanz. Fünf von neun GT-Meisterschaftsläufen in Europa gewann John Fitzpatrick auf einem Kremer-Porsche und sicherte sich so das Championat. Porsche wurde der F.I.A.-Cup für GT-Automobile zuerkannt. Ganz knapp ging es in den USA zu: mit nur anderthalb Punkten Abstand sicherte sich Hurley Haywood den IMSA-Titel vor Bob Beasley, der ebenfalls einen 911 S 2,5 Liter fuhr. Nationale GT-Meisterschaften wurden auf dem 911 S auch in Portugal, Schweden, Polen und in der Schweiz gewonnen. In der Rallye Monte-Carlo und der Safari-Rallye reichte es indessen nur für Zweitplazierungen, erzielt durch Larrousse und Zasada.

Auf dem Porsche-Stand des Pariser Salons 1972 wurde ein Wagen gezeigt, der motorsportlich ambitionierten Kunden in der nächsten Saison zur Verfügung stehen sollte – der 2,7 Liter Carre-

In etwas abgemagerter Ausführung wurde dieser Porsche 911 S 1970 in der Gruppe 4 als Spezialtourenwagen homologiert.

ra RS. Seine Schöpfung verdankte er Dr. Ernst Fuhrmann, der mit Schrecken die steigenden Kosten im Rallyesport zur Kenntnis nahm, während sie im Rennsport weniger schnell anstiegen. Die Werksmannschaften bei den großen Veranstaltungen wie beispielsweise Monte-Carlo übertrumpften einander im Aufwand. Es gab Teams, die pro Wagen 600 Reifen bereithielten. Porsche wollte sich an der Rallye Monte-Carlo nur noch beteiligen, wenn das Reglement auf realistische Konditionen zurückgeschraubt wurde.

Derweil war ein neuer Mann in die Sport- und Presseabteilung des Hauses Porsche eingezogen: Manfred Jantke. Oft genug hatten seine Worte schon Gewicht gehabt, wenn es um Porsche ging, denn er war zuvor Redakteur bei der Zeitschrift *auto, motor und sport* gewesen und hatte viel mit den Autos aus Zuffenhausen zu tun gehabt. Als Rico Steinemanns Nachfolger verfügte er wie jener sowohl über Rennsport- als auch über journalistische Erfahrungen. Ihm zur Seite standen Klaus Reichert und Jürgen Barth.

Jantke hätte kaum einen besseren Zeitpunkt finden können, seine neue Position anzutreten. Porsche hatte in den USA gerade die Can-Am- und die Interserien-Meisterschaft gewonnen. Die Produktionsmarke war 1972 auf 14 265 gekommen, der Umsatz hatte 400 Millionen Mark betragen. Die internen Spannungen der letzten Jahre waren eliminiert, die Aussichten für das Jahr 1973 standen gut.

1973 war das Jahr des F-Modells. Alle 911er wiesen mattschwarze Teile dort auf, wo es vorher noch Chrom gegeben hatte. Nur ein Jahr lang aber hatte man jenen Ölbehälter über dem rechten Hinterrad beibehalten, den man durch den Einfüllstutzen außen erkennen konnte – die Fahrzeuge des Jahrgangs 1973 hatten ihn wieder an der alten Stelle. Der Grund hierfür: die Sicherheitsvorschriften in USA. Daran orientierten sich auch die neuen Materialien, die im Interieur des 911 verarbeitet wurden. Sie bestanden aus feuerfestem Material. Die Lenkung wurde überarbeitet und wies eine wirkungsvollere Dämpfung auf, der große Kraftstofftank aus Kunststoff wurde beim 911 S und 911 E Standard, und um das Faltrad ordentlich aufpumpen zu können, stattete Porsche diese Wagen mit einem kleinen, ambulanten Kompressor aus, der sich am Zigarrenanzünder anschließen ließ. Zuvor gab es hierfür eine Preßluftflasche, die nach Gebrauch selten gegen eine neue umgetauscht worden war.

Den Spoiler des 911 S gab man 1973 auch dem 911 E. Mit Recht hatten Porsche-Kenner darauf hingewiesen, daß auch für den E gut sein müsse, was beim S erprobt sei – und der E war ja kaum langsamer als der schnelle S. Nach USA exportierte Wagen erhielten sämtlich dicke Gummileisten um die Stoßstangen. Beim E führte man ein neues Aluminiumrad ein, das sehr gut aussah und nur 5700 Gramm wog, seine Felgenbreite maß 6 Zoll.

Noch während des bereits angelaufenen Modelljahres gab es im Programm zwei wichtige Neuerungen. Erstmals konnte man ab Werk einen Targa mit Rechtslenkung bekommen, was besonders die Briten dankbar vermerkten. Dort hatte Porsche den Import inzwischen in eigene Hände genommen durch den Erwerb von 60 Prozent Firmenanteilen der AFN Limited und der Porsche Great Britain Limited, die seit 1954 die Einfuhr besorgt hatten. Die zweite Neuerung betraf eine neue Bosch-Einspritzanlage, die Mitte des Jahres zuerst US-Fahrzeuge erhielten. Dies war die sogenannte K-Jetronic. Das System arbeitete mechanisch, war aber elektronisch gesteuert und garantierte ein noch präziser dosiertes Luft-Kraftstoff-Gemisch. Im Kapitel 28 wird noch genauer darauf eingegangen.

Die neue Einspritzanlage hatte eine Änderung der Steuerzeiten zur Folge, die mit 24/56/54/14 Grad festgelegt wurden. Die Einlaßperiode erstreckte sich jetzt über 260 Grad – das waren 18 Grad weniger als beim 911 T der vorhergehenden Serie. Beim S dagegen betrug der Einlaßbereich 320 Grad. Die neue Auslegung der Nockenwelle ließ zwischen den Ein- und Auslaßphasen nur geringe Überlappungen entstehen. Durch eine minimale Anhebung der Verdichtung ließ sich die Nennleistung so weit erhöhen, daß die »milderen« Steuerzeiten dem Wagen keine Temperamentsverluste einbrachten. Daß die ganze Prozedur auf die Einhaltung amerikanischer Abgasnormen zugeschnitten war, bedarf kaum noch einer Erwähnung.

Mit 14 714 produzierten Automobilen hatte sich Porsche 1973 gegenüber dem Vorjahr um eine Kleinigkeit verbessern können, die Bilanz wies einen Umsatz von 425 Millionen Mark aus. Und mit dem 911 hatte man einen soliden »Dauerbrenner« im Programm, der von seiner Aktualität und Vitalität nichts eingebüßt hatte, obwohl es schon fast zehn Jahre her war, seit er in Frankfurt das erstemal gezeigt worden war.

Die neue Werks-Reparaturabteilung bei Porsche, die 1973 eröffnet wurde.

Links: 911 T mit F-Karosse, Baujahr 1973. Die Stoßstangenhörner aus Gummi lassen den Wagen als US-Modell erkennbar werden. Die Blinkereinfassungen waren jetzt aus schwarzem Kunststoff.

Kapitel 24
Höhepunkt einer Entwicklung: Porsche 917

Dieses sensationelle Bild ging um die Welt. Es zeigt 25 fahrbereite Porsche 917, die man im April 1969 für die Homologation auf dem Werksgelände in Zuffenhausen aufstellte.

Nie zuvor hatte ein Porsche auf einer Automobilausstellung eine solch dominierende Rolle gespielt. Sicher, Meilensteine hatte Porsche wiederholt präsentiert, so 1949 den 356 in Genf, 1953 den 550 in Paris, 1963 den 901 in Frankfurt. Jedesmal aber hatte sich Porsche das Rampenlicht mit anderen teilen müssen, deren Erscheinen von größerer Bedeutung war. Diesmal war das anders – Porsche war unbestritten der Star des Salons.

Dieser Wagen gab sein Debut auf dem Stand des ACS auf der Genfer Ausstellung im Frühjahr 1969. Er ruhte auf einem schrägen Podest und war Mittelpunkt einer kleinen Renn- und Sportwagenschau, die man im Rahmen des Salons arrangiert hatte. An dem weißen Wagen mit seinem grünen Bug prangten Klebeschilder von Dunlop, Cibié und Shell. Die große, in schwarzen Lettern aufgetragene Renn-Nummer war die Typenbezeichnung dieses Porsche: 917.

Niemand hatte vor der Saloneröffnung eine Ahnung gehabt, was Porsche auf dem Stand des Automobilclubs der Schweiz zu zeigen gedachte. Erst am Pressetag, dem 12. März, hob sich der Vorhang. Auf dem dunkelroten Teppich vor dem Wagen drängte sich die Prominenz und nahm den »Neuen« in Augenschein. Weltmeister Jakkie Stewart war da, Gerhard Mitter, Jochen Rindt, Joakim Bonnier, Jo Siffert, Vic Elford, Huschke von Hanstein und auch sein Nachfolger Rico Steinemann.

Die Porsche-Männer waren guter Dinge. Sie gedachten den mächtigen 917 direkt vom Stand weg durch eine Masche im F.I.A.-Gesetz an den Start der großen Rennstrecken zu katapultieren. Charles Bulmer schrieb im *Motor*: »Man vermag sich kaum vorzustellen, daß dieses Fahrzeug in Le Mans oder anderswo echte Konkurrenz haben könnte!« Der Erfolg ließ zwar ein bißchen auf sich warten, kam dann aber mit umso größerem Effekt. Auf die Frage, ob Porsche nun beabsichtige, einen Zwölfzylinder-Sportwagen nach Ferrari- oder Lamborghini-Muster auf den Markt zu bringen, antwortete von Hanstein: »Keineswegs. Einen großen Porsche in Serie zu bauen, liegt nicht in unserer Absicht.« Der Viereinhalbliter vom Typ 917 war ein Koloß im Vergleich zum kleinen Zweiliter-911.

Der 917 sollte vorrangig in Le Mans eingesetzt werden. Aber auch in Monza und in Brands Hatch sollte er am Start sein. Immerhin – das letztgenannte Rennen fand bereits am 13. April statt, also in vier Wochen. »Bis zum 31. März werden wir fünfundzwanzig Wagen fertiggestellt haben, um das Auto als Sportwagen homologieren lassen zu können«, fügte von Hanstein hinzu. Das war F.I.A.-Vorschrift: in zwölf aufeinanderfolgenden Monaten mußte das Werk 25 Stück produziert haben, um in der Sportwagen-Kategorie starten zu können. Bislang gab es hier nur den Ford GT 40 und den großen Lola T 70, beide mit amerikanischem V8-Motor. Am 19. Februar hatte Herbert Staudenmeier von der Porsche-Sportabteilung der F.I.A. den Homologationsantrag nach Paris geschickt. Am 20. März – die Genfer Ausstellung dauerte noch an – erschien in Stuttgart ein Mitglied der F.I.A.-Sportkommission, um sich persönlich davon zu überzeugen, ob Porsche tatsächlich bis zum 31. März 25 Wagen des Typs 917 fertiggestellt haben würde. Der Delegierte wanderte in den Hallen des Werk umher, entdeckte drei komplette Wagen, achtzehn halbmontierte und eine Menge Einzelteile.

Früher hätte man sich damit zufriedengegeben, das als Indiz für das Vorhandensein der erforderlichen Stückzahl zu bewerten. Die Sportbehörden waren in den letzten Jahren aber sehr viel vorsichtiger gegenüber Werksangaben geworden. So mancher Abarth, Lola und auch Ferrari war unter fragwürdigen Umständen homologiert worden, und bei einem so spektakulären Wagen wie dem Porsche mußte man absolut sichergehen, daß dem Sportgesetz – schon der Fairness halber gegenüber allen Mitbewerbern – entsprochen wurde. Der Herr Kommissar befand demnach: Porsche hat noch keine 25 Wagen gebaut, das Auto kann also in der Gruppe 4 nicht homologiert werden.

Porsche reagierte gelassen. Die Firma bat die Sportkommission, am Montag, den 21. April nochmals einen Repräsentanten zu entsenden, um die fertiggestellten 25 Wagen in ihrer Gesamtheit in Augenschein nehmen zu können. Das bedeutete, daß der gesamte Technische Stab bei Porsche sich daranmachen mußte, die Wagen tatsächlich zusammenzubauen, vollständig und einsatzbereit. Jedes Fahrzeug erforderte, so rechnete man aus, 160 Arbeitsstunden. Eine hektische Aktivität begann. Und keine Hand ruhte, ehe nicht die letzte Schraube am letzten Wagen angezogen war. Irgend jemand nahm einen Lorbeerkranz aus vergangenen Renntagen von der Wand, malte dazu auf ein Stück Pappe »25« und legte beides auf den Bug des fünfundzwanzigsten 917. Erst dann packten die Männer ihr Vesperbrot aus und ließen die Korken der Sektflaschen knallen, die ihnen die Geschäftsleitung des Hauses spendiert hatte. Man schrieb Sonnabend, den 19. April.

Zwei Vertreter der Sportkommission erschienen am Montag, Herbert Schmitz als deutscher Delegierter bei der C.S.I. und der Brite Dean Delamont. Von Ferdinand Piëch, Helmuth Bott und Staudenmeier wurden sie Willkommen geheißen. Die in militärischer Ausrichtung entlang dem alten Werksgebäude geparkten 917, genau 25 an der Zahl, machten sie sprachlos. »Welchen möchten Sie fahren? Jedes Exemplar ist startklar!« wurden die Herren gefragt. Sie lehnten dankend ab. Dennoch zog man ein Fahrzeug aus der Reihe heraus, damit man es näher betrachten konnte. Alles schien in Ordnung. Nur ein Auto sahen sie sich noch genauer an – es hatte eine um wenige Zentimeter längere Frontpartie als die anderen und wies einen kleineren Lufteinlaß für den Ölkühler auf.

Aber die Herren Schmitz und Delamont nahmen das nicht in ihre Mängelliste auf. Die F.I.A. gab am 1. Mai 1969 dem Homologierungsantrag statt.

Vom ersten Entwurf bis zu den fertigen 25 Wagen waren kaum mehr als zehn Monate vergangen. Eine solche Leistung hatte zuvor noch kein Automobilhersteller zuwege gebracht. Und der Porsche 917 war nicht irgend ein Rennwagen – er wurde zu einem der erfolgreichsten in der Geschichte des Motorsports.

Im Juni 1968, in der ersten Saison des neuen F.I.A.-Reglements, war bei Porsche der Plan gereift, für 1969 einen Gruppe-4-Wagen entstehen zu lassen. Das war ein reichlich spät gefaßter Entschluß. Bis dahin hatten in der großen Gruppe die Siebenliter-Ford den Ton in Le Mans angegeben; um nun auch anderen Herstellern Chancen einzuräumen, limitierte die F.I.A. die Motoren der Prototypen-Gruppe 6 auf drei Liter Hubraum, die der Sportwagen-Gruppe 4 auf fünf Liter. Man bestand seinerzeit noch auf 50 innerhalb Jahresfrist hergestellten Fahrzeugen in der Gruppe 4.

Porsche hatte sich, was die Prototypen betraf, gut vorbereitet: der 908 war ein Dreiliter-Wagen. Aber in der großen Gruppe waren die Giganten unter sich: Ford mit dem GT 40, den das John-Wyer-Gulf-Team einsetzte, und auch Lola hatte die Homologierung geschafft.

Auch andere Autofirmen wären gern in der Gruppe 4 mit Fahrzeugen vertreten gewesen. Doch fünfzig zu erstellende Exemplare waren eine hohe Hürde, die niemand zu nehmen im Stande war. Man appellierte daraufhin an die F.I.A., die Grenzen niedriger anzusetzen und es bei 25 Fahrzeugen bewenden zu lassen. Da es sich ja um reine Wettbewerbswagen handelte, so wurde argumentiert, seien 50 Fahrzeuge ohnehin zu viel, denn an private Kunden, die damit auf der Landstraße führen, würden solche Autos in keinem Falle veräußert. Also kam es zur Änderung der Produktionsvorschrift – die Sportbehörden akzeptierten die Zahl von 25 Exemplaren bei den Sportwagen und liberalisierten gleichzeitig die Bestimmungen hinsichtlich der Ausstattung für Wagen der Gruppe 6 (Prototypen), die dem Porsche Spyder 908/02 zum Start verhalfen, wie in Kapitel 20 beschrieben.

Fünfundzwanzig Wagen einer auch noch so exotischen Baureihe zu erstellen, war für Porsche nichts Außergewöhnliches. 1967 pflegte das Werk sowieso nur nagelneue Fahrzeuge zu Meisterschaftsläufen zu bringen. Einen Teil der zugegebenermaßen hohen Investitionen bekam man ja wieder herein: durch den Verkauf einiger Exemplare, die gern von Privatfahrern erworben wurden. Damit rechnete man auch beim 917.

Es gab jedoch auch Zweifel, ob es sinnvoll wäre, für Le Mans allein auf die Karte der Höchstge-

Abnahme des 917 am 21. April 1969. Ferdinand Piëch (Mitte) spricht mit den CSI-Kommissaren Dean Delamont (im hellen Mantel) und Herbert Schmitz.

Bis auf eine modifizierte Bugform bei einem Fahrzeug waren alle 25 Wagen vom Typ 917 gleich, als man sie den Vertretern der internationalen Sportbehörde vorführte. Ihre Fertigstellung hatte unzählige Überstunden erfordert ...

schwindigkeit zu setzen. Aber da gab es die Herausforderung seitens Ferrari und auch McLaren. Schon im Mai 1968 hatte man hierüber bei Porsche lange diskutiert. Hätte es im Juni einen Le Mans-Sieg für Porsche gegeben, wäre die Entwicklung eines Sportwagens der großen Kategorie nicht mit so viel Nachdruck vorangetrieben worden. Seinerzeit aber wurden die 24 Stunden auf September verschoben. Bei Porsche wollte man den Ausgang des Rennens nicht erst abwarten, um danach eine Entscheidung zu treffen – die Zeit hätte bis zur nächstjährigen Saison nicht gereicht, etwas Neues auf die Räder zu stellen. Deshalb einigte man sich, sofort zu handeln und für 1969 einen Paukenschlag vorzubereiten.

Die Planung des 917 fiel in den Zuständigkeitsbereich Hans Mezgers. Jedermann war sich darüber im Klaren, daß die Entwicklung und der Bau des 917 viel Geld kosten würden. Porsche hatte achtzugeben, sich nicht zu übernehmen. Es gab genügend Beispiele für Pleiten, die man als Folge zu hohen motorsportlichen Engagements ansehen durfte, etwa bei Cisitalia oder Lancia.

Die Finanzierung des 917 mußte abgesichert sein, damit es Porsche nicht ähnlich erging. Gerüchte wollten wissen, daß VW dazu beigetragen habe, Porsches Rennsport zu finanzieren. Dies wurde von Porsche mit Nachdruck dementiert. »Wir geben nur das Geld aus, welches wir durch unsere eigene Arbeit eingenommen haben, nicht zuletzt durch unsere Beratungsverträge«, hieß es von offizieller Seite. »Niemand schenkt uns etwas – auch nicht VW, wie mancher meint.« Dessen durfte man sicher sein, zumal jetzt Kurt Lotz in Wolfsburg regierte.

Es war ein offenes Geheimnis, daß Porsche – neben dem Automobilbau und einigen Beratungsverträgen über automobiles Know-how – Einnahmequellen ganz anderer Art hatte. In Zuffenhausen und Weissach arbeitete man an Konstruktionen, die vom Bundesverteidigungsministerium in Auftrag gegeben waren. Für schweres Kampfgerät entwickelte man große, luftgekühlte Antriebsaggregate. Im Verlauf solcher Arbeiten entstand auch die Idee zu einem Zwölfzylinder-Boxermotor für den 917.
Nicht, daß der Bund die Entwicklung eines Porsche-Rennmotors finanzierte. Vielmehr kam es zu wechselseitigen Inspirationen. Ein Hochleistungsmotor für militärische Zwecke gab so manchen Aspekt für die Entwicklung eines Hochleistungsmotors für Wettbewerbszwecke – und umgekehrt. Insider schätzten, daß der Etat für den Bau der 25 Porsche 917 um die acht Millionen Mark betragen habe.
Nicht das Design des Wagens verschlang – nach Hans Mezger – so viel Geld. Dafür war die Zeit viel zu kurz, um eine solche Summe auszugeben. In seiner Abteilung arbeiteten nur sechs bis acht

Mann, um die Konfiguration des Fahrzeugs festzulegen. Und man hielt sich an bewährte Konstruktionsgrundlagen, verlor sich nicht in Experimente – man mußte auf Nummer Sicher gehen, wollte man den Wagen homologiert bekommen. Fahrgestell, Aufbau und Aufhängungen basierten beim 917 auf denen des 908, der sie vom 907 übernommen hatte. Allein der Zwölfzylindermotor war in vieler Hinsicht eine Neukonstruktion – hier hatte man zu investieren.

Auf der anderen Seite hatten Piëch und Mezger keine Bedenken, einige Elemente beim Bau des 917 zu verwenden, die noch keine längere Bewährung hinter sich hatten. Hierzu zählten die von den hinteren Radaufhängungen betätigten aerodynamischen Hilfsmittel, wie man sie gerade erst beim 910 Bergwagen erprobt hatte und an einem 907 K-Versuchswagen. Auch war in jenem Sommer erstmals – nach ersten Erprobungen in Daytona – die Entscheidung zugunsten eines Rohrrahmens aus Leichtmetall anstelle Stahl gefallen. Die Klappen und der Alurahmen beim 917 waren also Elemente, die noch nicht zu den altbewährten gerechnet werden konnten.

Die Werksbezeichnung des Zwölfzylindermotors lautete 912. Das Vierzylinder-Coupé dieser Designation hatte damit nichts zu tun – jener Wagen hatte seine Bezeichnung lediglich aus verkaufstechnischen Gründen bekommen.

Entwicklungsarbeiten am Motor hatten beim 917 Vorrang in Anbetracht der Zeit, die man für Konstruktion und Anfertigung der Kurbelwelle und anderer Komponenten einzuplanen hatte. Eine Reihe von Kriterien des neuen Motors standen von vornherein außer Frage. Beispielsweise die Luftkühlung. Hätte man sich für einen wassergekühlten Motor entschieden, hätte man den Zeitplan nicht einhalten können. »Wir bleiben bei der Luftkühlung«, sagte Ferdinand Piëch, »Luft kann man unterwegs nicht verlieren!« Selbst wenn einmal das Gebläse ausfiel, so war bewiesen, liefen die luftgekühlten Porsche-Motoren noch eine Zeitlang weiter, ohne Schaden zu nehmen.

Mit der Festlegung auf Luftkühlung mußte man auch das Layout der liegenden Zylinderreihen übernehmen, bei dem die einzelnen Zylinder optimal im Luftstrom lagen. Ein flachbauender Motor gewährleistete auch einen tiefen Fahrzeugschwerpunkt und paßte in die bewährte Porsche-Automobilarchitektur. Es lag nahe, dem Motor zwölf Zylinder zu geben, denn man konnte somit die Zylindereinheiten des Achtzylinder-Boxermotors vom 908 verwenden. Bei identischen Maßen von 85 mm Bohrung und 66 mm Hub ergab sich somit ein Gesamthubraum von 4494 ccm. Wenn man die Leistung des Achtzylinders von 350 PS hochrechnete, mußte man beim Zwölfzylinder auf mindestens 525 PS kommen – das waren hundert PS mehr als bei den Motoren der Gruppe-4-Konkurrenten. Sollte sich das als nicht ausreichend erweisen, gab es noch Reserven bis zur vollen Ausschöpfung der 5000-ccm-Hubraumgrenze.

Die Konstruktion der Kurbelwelle bereitete weniger Kopfzerbrechen als seinerzeit beim Achtzylinder. Sie war wie für einen Reihen-Sechszylinder ausgelegt mit um jeweils 120 Grad versetzten Kurbelwangen, nur daß es statt sechs Pleuel deren zwölf – je zwei gegenüberliegend – gab. Auf jeder Kröpfung saßen zwei Pleuelfüße nebeneinander.

Zwölfzylinder gab es im Sommer 1968 in nur geringer Zahl. Von einigen Giganten der Vorkriegszeit abgesehen, war der Zwölfzylindermotor auch in früheren Zeiten fast ausschließlich eine Angelegenheit des Motorsports. Wenn es einen Zwölfzylinder-Straßenwagen gab, dann kam er heute aus Italien und rangierte in der obersten Luxuskategorie. Aber es hatte auch bei Porsche schon einmal einen Zwölfer gegeben, vor einundzwanzig Jahren: den Typ 320, der für Cisitalia entstanden war.

In der Grundkonzeption glich jenes Aggregat dem, das für den 917 vorgesehen war. Mit zwei Pleueln, die sich eine Kurbelwellenkröpfung teilten, vermochte man die Versetzung der Zylinderreihen zueinander gering zu halten. Sie betrug nur 24 Millimeter, die Breite eines Pleuellagers, und um diese Differenz war die linke Zylinder-

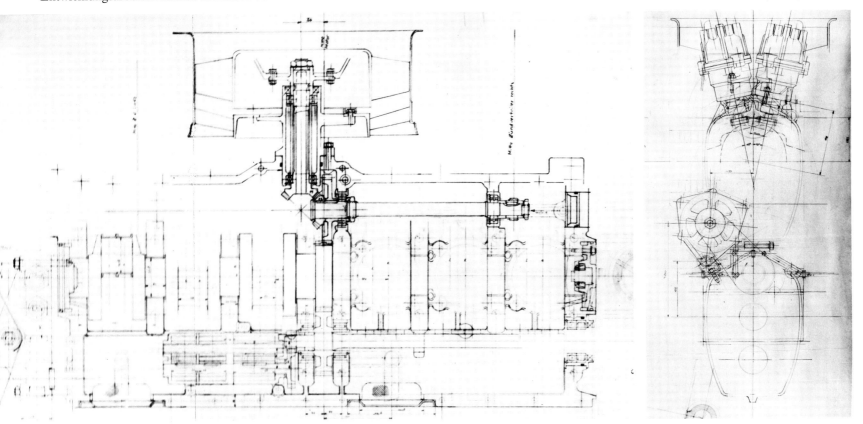

Konstruktionsskizze zum Zwölfzylindermotor des Porsche 917, entstanden 1968. Er trug die Typenbezeichnung 912. Die Maschine war auf 4494 ccm Hubraum ausgelegt und sollte etwa 525 PS bringen. Daß der Motor Luftkühlung bekam, stand für Porsche von vornherein fest. Rechts die endgültige Ausführung des Motors im Querschnitt.

375

Ferdinand Porsche Senior hatte schon 1915 eine schwere Zugmaschine für militärische Auftraggeber konstruiert. In den Laufrädern des Anhängers befanden sich Elektromotoren. Sechs Jahrzehnte später arbeitete man bei Porsche ebenfalls wieder an wehrtechnischen Konstruktionen, wie beispielsweise an der Entwicklung des Leopard, der erfolgreichsten Panzerkonstruktion der Nachkriegszeit.

reihe nach vorn versetzt. Dadurch geriet der Motor relativ kurz und kompakt. Die Distanzen zwischen den Zylindermittelachsen fixierte Mezger mit 118 Millimeter, was genügend Zwischenraum für die Kühlluft gewährleistete. Nur zwischen den beiden mittleren Zylindern war der Abstand größer. Der Abstandsfaktor mit dem 1,39fachen Wert der Zylinderbohrung hatte sich beim Sechszylinder 901 ebenso bewährt wie beim Achtzylinder 908, obwohl er für einen hochdrehenden Rennmotor nicht allzu reichlich bemessen war.

Beim Sechs- wie beim Achtzylinder-Wettbewerbsmotor saß jeweils ein Pleuel zwischen zwei Kurbelwangen. Aus Gewichts- und aus Platzgründen hatte man die Wangen möglichst schmal gemacht. Um der Welle die erforderliche Stabilität zu verleihen, war sie mit ungewöhnlich großen Lagern versehen worden. Das Layout mit jeweils zwei Pleueln zwischen den Wangen beim 912-Motor erlaubte stärkere Wangen und die Verwendung kleinerer Pleuellager, die statt 57 wie beim 901 und 908 nur 52 mm Durchmesser hatten. Das bedeutete geringere Reibungsverluste – bei zwölf Pleuellagern machte das schon allerhand aus. Bei den Hauptlagern blieb man bei 57 mm Durchmesser, den auch jene im Typ 771, 901 und 908 aufwiesen. Breiter als die 24 mm starken Pleuellager legte man die Hauptlager mit 30 mm aus. Die Pleuel wurden aus geschmiede-

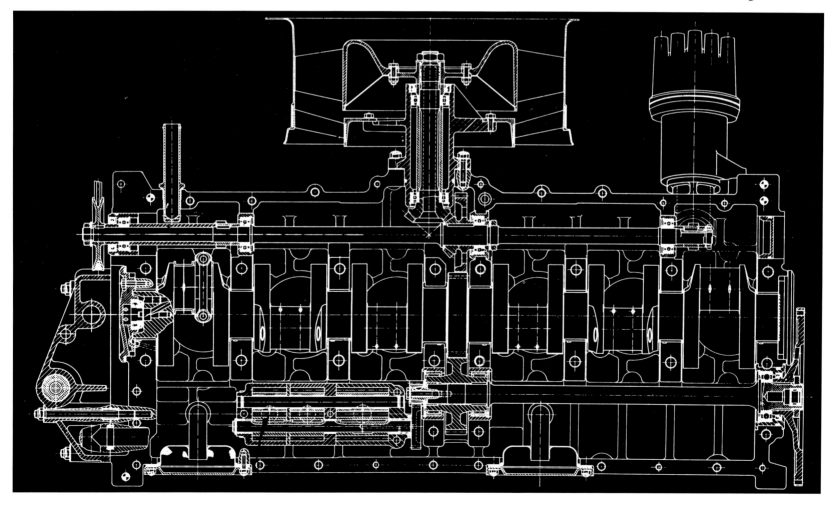

tem Titan gefertigt und waren mit 130 mm ebenso lang wie die im 901 und 908.
Mit einer Gesamtlänge von 795 mm war die Kurbelwelle des Zwölfzylinders eine der längsten, die Porsche je für einen Fahrzeugmotor konstruiert hatte. Um ihre Festigkeit zu ermitteln, unterzog man sie eingehenden Laborversuchen. Man prüfte ihr Eigenschwingverhalten und kam auf 25 000 Schwingungen pro Minute, ein hoher Wert, der ein Verdrehen vollkommen ausschloß. Die größere Schwingungsamplitude aber, so stellten die Techniker fest, lag bei einer Drehzahl von 5600 U/min, in einem Bereich also, der noch zum im Rennbetrieb genutzten Drehzahlbereich gehörte. Die Schwingungen, gemessen an den äußeren Wellenenden, nahmen aber zur Mitte hin ab, praktisch bis zum Nullwert. Hier, so folgerten die Konstrukteure, hatte man den Ventiltrieb abzunehmen, um dessen vibrationsfreies Arbeiten in allen Drehzahlbereichen zu gewährleisten. Und nicht nur den Nockenwellenantrieb, auch alle anderen Übertragungen erfolgten von der Mitte der Kurbelwelle aus.

Das war etwas Neues bei einem Porsche-Motor. Beim Reihenachtzylinder des Mercedes W 196 hatte man es aber ebenso gemacht, auch der 1,5 Liter-V16 von BRM hatte einen Mittelabtrieb aufgewiesen. Bei Mehrzylinder-Rennmotorrädern gab es das ebenfalls, auch beim Honda-Grand-Prix-Wagen. Bei der Porsche-Kurbelwelle saß in der Mitte ein Zahnkranz mit 32 geradgeschnittenen Zähnen, flankiert von je einem besonders starken Lager von 66 mm Durchmesser. Je drei Lager von 57 mm befanden sich vor und hinter dem Abtrieb, so daß es insgesamt acht Hauptlager gab. Die Welle selbst war aus Chrom-Nickel-Molybdän-Stahl, bei einigen Versuchsfahrzeugen hatte man sie aus zwei Hälften zusammengesetzt. Sie saß in einem waagrecht geteilten Kurbelgehäuse aus Magnesium, dessen Hälften mittels Titan- (in manchen Fällen Stahl-) Schrauben zusammengehalten wurden. Deren Beschaffenheit ist bei einem Zwölfzylinder-Boxer von besonderer Bedeutung.

Angetrieben vom Zahnkranz der Kurbelwellenmitte verliefen darüber und darunter Wellen. Die untere hatte die Aufgabe, die Antriebskraft zur Kupplung zu übertragen; ihr Abtriebsrad wies aber nur 31 Zähne auf. Damit war sichergestellt, daß nicht immer die gleichen Zähne zueinander in Eingriff kamen, was ihre Lebensdauer erfahrungsgemäß verlängert. Damit lief diese Welle auch um etwa drei Prozent schneller als die Kurbelwelle. Ihre Stärke betrug 22 mm, und sie bestand aus Stahl. Nur beim Sebring-Rennen 1970 setzte man einmal eine 24 mm starke Titanwelle ein.

Mit etwas über halber Wellendrehzahl wurden die Ölpumpen bewegt. Eine arbeitete als Druck-, zwei als Saugpumpen. Weitere Zahnradpumpen befanden sich am vorderen und hinteren Ende jeder Auslaß-Nockenwelle, sie hatten die Aufgabe, überschüssiges Öl aus den Nockenwellengehäusen zurück ins Hauptreservoir zu befördern. Überstieg das aufgesaugte Öl eine Temperatur von 85 Grad Celsius, marschierte es thermostatgesteuert durch einen Ölkühler – 61 cm breit, 20 cm hoch – im Fahrzeugbug.

Ebenso reichlich wie die Kurbelwelle versorgte man die vier Nockenwellen aus gehärtetem Stahl mit Schmieröl. Der Ventilmechanismus erhielt seine Schmierung wie beim 916 und beim 908, wo eine bestimmte Öldosis in Abhängigkeit der Stößelbewegung zugeführt wurde.

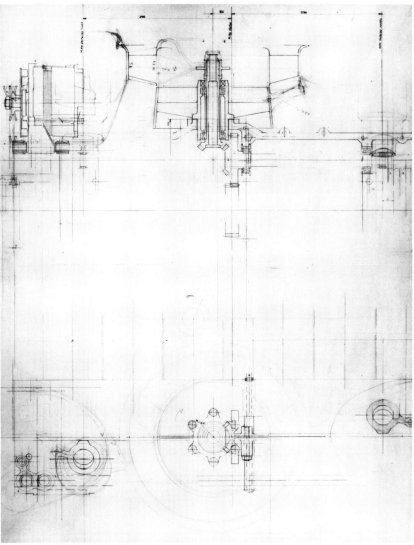

Links: Entwurf für den Antrieb des Kühlgebläses im 912-Motor. Rechts Aufnahmen einiger Motorelemente: Einspritzpumpe, Kurbelwelle, Zylinderkopf und Kolben.

Der 912 war im Unterschied zu allen vorangegangenen ohc-Aggregaten kein Königswellen-Motor. Hier trieb man die Nockenwellen von der Kurbelwellenmitte her über Zahnräder an. Vier Zahnräder übertrugen die Kraft zu den zwei nadelgelagerten Nockenwellenpaaren. Die Übertragungszahnräder waren aus Stahl; Porsche setzte versuchsweise aber auch solche aus Titan ein.

Die Steuerzeiten beim 912 lehnten sich an die des 908-Motors an und betrugen 104/104/105/75 Grad, auch der Ventilhub mit 12,1 mm beim Einlaß- und 10,5 mm beim Auslaßventil entsprach den 908-Werten. Steuerzeiten und Ventilspiel einzustellen war nicht ganz unkompliziert und nahm pro Nockenwelle bis zu vier Stunden in Anspruch! Alle Ventile hatten hohle, mit Natrium gefüllte Schäfte und doppelte Federn. Die Durchmesser der Ventile betrugen 47,5 mm für den Einlaß, 40,5 mm für den Auslaß (ebenfalls ein 908-Maß); die Zylinderköpfe, in denen sie saßen, waren aus Aluminium. Der Ventilwinkel war um drei Grad enger als beim 908-Motor gehalten: 33 Grad beim Einlaß, 35 Grad beim Auslaß. Hans Mezger hatte sich dafür entschieden, um die Verbrennungsräume flacher und kompakter gestalten zu können.

Die Cromal-Zylinder – eine Mahle-Speziallegierung mit der Nummer 124 – wiesen hartverchromte Laufflächen auf. Aus dem gleichen Material bestanden die Kolben mit ihren zwei Kompressionsringen von je 1,2 mm Stärke über dem Ölabstreifring von 4 mm Stärke. Jeder Zylinder war samt Kopf durch vier starke Stehbolzen mit dem Kurbelgehäuse verbunden; sie bestanden aus Dilavar-Stahl.

Das Kühlgebläse wurde nicht von einem Keilriemen angetrieben, sondern über eine Welle, die fast in voller Länge über den Motor reichte und ebenfalls von dem mittleren Zahnkranz bewegt wurde, und zwar mit Kurbelwellen-Drehzahl. Ein weiteres Kegelrad-Wellenpaar führte zu dem Sockel, der das Gebläserad trug. Dieses war aus glasfaserverstärktem Kunststoff und hatte nur sechs Flügel. Die Gebläse-Ummantelung wie auch die Kühlluftschächte um den Motor waren ebenfalls aus Kunststoff. 65 Prozent der Kühlluft, die das Axialgebläse heranschaufelte, standen für Kühlung der Köpfe zur Verfügung, 35 Prozent für die Zylinder.

Bei einer Tourenzahl von 4800 U/min wurden durch das Gebläse 148 Kubikmeter Luft pro Minute befördert. Als Gulf 1970 den Porsche-Zwölfzylindermotor auf den eigenen Prüfstand setzte, mußte man diesen in einer neuen, größeren Halle aufstellen, um ausreichende Luftzufuhr sicherzustellen – so groß war die Gebläseleistung. Dabei wurden hierfür nur ganze 17 PS des Output verbraucht. Eine solch günstige Relation hatte es bei anderen luftgekühlten Porsche-Motoren bisher nicht gegeben. Vom gesamten Kühlbedarf des Motors lieferte die Gebläseluft 80 Prozent, der Ölkühler 20 Prozent.

Die Zündverteiler saßen an den vorderen und hinteren Enden der oberen Hilfswelle. Mit ihren zwölf Zündkabeln versorgten sie je eine Zylinderreihe; es handelte sich um eine Transistorzündung mit vier Spulen. Über einen Keilriemen wurde vorn eine 860-Watt-Drehstromlichtmaschine angetrieben; Vorkehrungen waren getrof-

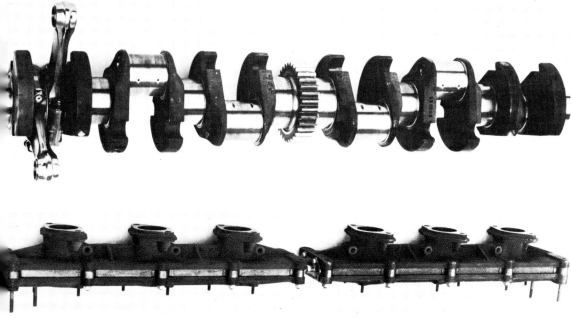

fen, daß am hinteren Ende des Motors eine zweite Lichtmaschine montiert werden konnte. Der Antrieb der Einspritzpumpe erfolgte über einen Zahnriemen von der linken Einlaß-Nockenwelle. Die doppelreihige Pumpe war äußerst kompakt und leichtgewichtig, sie war bei Bosch entwickelt worden und drückte den Kraftstoff mit 17,6 at in die Kunststoff-Ansaugtrichter. Zulieferer wie Bosch und Mahle wurden von Porsche arg unter Termindruck gesetzt. Dabei waren die Zuffenhausener nicht die einzigen, die rasch bedient sein wollten. Die gesamte Kraftfahrzeugbranche befand sich in einer prosperierenden Phase und es gab wichtigere Aufgaben, als die ungewöhnlichen Wünsche eines kleinen Sportwagenherstellers zu erfüllen. In Schwierigkeiten geriet Porsche, als Daimler-Benz 1968 durch Übernahme von 90 Prozent der Anteile die Ernst Heinkel KG in Zuffenhausen als Zulieferer ausschaltete, weil die Mercedes-Leute selber in dringender Kapazitätsverlegenheit waren. Porsche hatte bei der Firma Heinkel zahlreiche Motorenteile herstellen und bearbeiten lassen und sah sich nun veranlaßt, dies jetzt in eigener Regie durchzuführen und inmitten der Arbeiten am 912 eine Reihe zusätzlicher Maschinen hierfür aufzustellen.

Nicht ein einziger Versuchswagen wurde vor der Fertigstellung jener 25 Exemplare des 917 komplettiert. Die Zeit hätte dafür nicht gereicht. Im Vertrauen auf ihre Erfahrung und ihr Können setzten die Porsche-Männer voraus, daß der Wagen ihre Erwartungen voll erfüllen würde. Versuche fuhr man vielmehr im Verlauf des Baus – und das war nach Angaben Hans Mezgers jenes Stadium, in welches man die meisten Mittel investierte. Einzelne Elemente und ganze Baugruppen stellte man parallel zueinander aus verschiedenen Materialien her, etwa aus Magnesium, Stahl, Titan. Dann entschied man sich für die besten Komponenten. Stellten sich bei der Erprobung eines neuen Materials Probleme ein, war man in der Lage, sofort auf Altbewährtes zurückzugreifen.

Anfang März absolvierten die ersten zwölf Motoren ihre Prüfstandläufe. Mit Erleichterung stellten Piëch und Mezger fest, daß der Zwölfzylinder nicht nur ihren Erwartungen entsprach, sondern sie sogar übertraf. Nicht einmal auf Höchstleistung getrimmt, produzierte der 912 seine 542 PS. Bis man ihn an den Start seines ersten Rennens brachte, war man auf 580 PS bei 8400 U/min gekommen; das Drehmoment ermittelte man mit maximal 27,2 kpm bei 6800 Touren. Die Verdichtung betrug 10,5 zu eins. »Der Motor ist unglaublich zuverlässig« lautete Brian Redmans erstes Urteil, »nur: man darf ihn nicht überdrehen. Bis 8700 darf man gehen, aber schon bei 9000 geht der Ventilantrieb zu Bruch. Man muß also aufpassen, daß man sich nicht verschaltet!«

Für seine Leistungsabgabe war der 912 ein Leichtgewicht – der Motor wog nicht mehr als 240 kg. Später setzte er etwas Gewicht an – aber

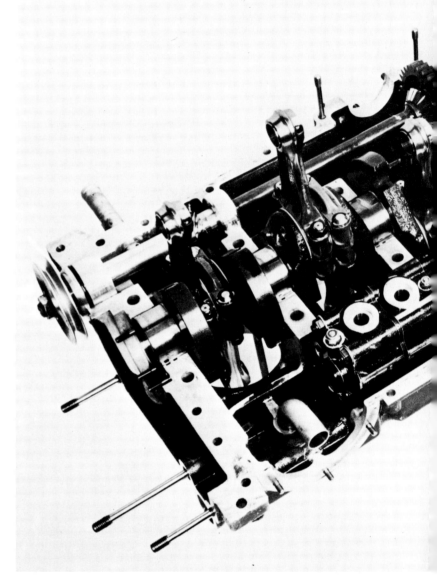

Blick in das Kurbelgehäuse des 912-Motors mit Kurbelwelle, Pleuel (je zwei auf einer Kröpfung), Ölpumpen sowie Abtrieb zur Kupplung (ganz rechts).

nicht viel. Auf ein Kilogramm kamen 2,41 PS; ein Verhältnis, das bisher kein Porsche-Motor aufweisen konnte.

Den Auspuff führte man in Gruppen von je drei Einheiten – also vier insgesamt – zusammen; die drei Rohre führten jeweils in einen megaphonförmigen Trichter. Motor und Getriebe waren an drei Punkten aufgehängt: einmal in der Getriebemitte, die anderen beiden Punkte bildeten Stützen am Kupplungsgehäuse, Sie waren anfänglich aus Stahl, wurden aber später aus Magnesium angefertigt.

Das Getriebe (Werkscode 916) entsprach mehr oder weniger dem des 908; Differential und Achsantrieb saßen in einem eigenen Gehäuse. Alle Gehäuse waren aus Magnesiumguß. Das Schaltschema des 917 entsprach dem des späteren Serien-Porsche von 1972: der H-Kulisse war oben rechts ein weiterer Winkel angefügt worden für den fünften Gang. Selbstverständlich waren alle fünf Gänge synchronisiert. Vier unterschiedliche Untersetzungs-Sätze ließ sich Porsche homologieren, dazu fünf verschiedene Endübersetzungen von 4,428 bis 5,380 zu eins. In den meisten Fällen kam eine Übersetzung von 4,640 zum Einsatz. Das ZF-Sperrdifferential hatte einen Sperrfaktor von 75 Prozent.

Äußerst kräftige Halbachsen verbanden das Differential mit den Hinterrädern. Dazwischen saßen konventionelle Kreuzgelenke, aber nach Porsche-Art ausgeführt: sie waren aus Titan geschmiedet.

In den Grundabmessungen des 917 hatte man sich wieder an den 908 gehalten. So glichen sich die Radstände mit 2300 mm, auch die vordere Spur mit 1480 und die hintere mit 1455 mm.

379

Oben: Kompletter Motor 912. In seiner ersten Ausführung hatte der Zwölfzylinder eine Leistung von 560 PS bei 8300 Touren.

Identisch waren auch die Reifendimensionen: auf den 15-Zoll-Felgen saßen vorn 9- und hinten 12-Zoll-Pneus. Die Räder bestanden aus einer Legierung von 90 Prozent Magnesium, neun Prozent Aluminium und einem Prozent Zink; mit ihren fünf breiten Speichen glichen sie jenen, die man mit dem 910 eingeführt hatte.

In den Aufhängungen schlugen sich alle Erfahrungen nieder, die man bei Porsche seit dem Ollon-Villars-Spyder gesammelt hatte. Die Nabenträger waren aus Magnesiumguß, unten befand sich der klassische umgedrehte Dreieckslenker, oben eine kurze Führungsstrebe. Die hinteren Stoßdämpfer waren unten am Nabenträger angelenkt, oben waren sie über eine Zwischenstrebe mit dem hochplazierten Querstabilisator verbunden. Der Federweg der Hinterräder betrug 170 mm. Vorn zeigte der obere Dreieckslenker mit der Spitze nach hinten, der untere mit der Spitze nach vorn, ein Arrangement, das sich seit dem Porsche 910 bestens bewährt hatte und imstande war, hohe Bremskräfte aufzunehmen. Hinter den Radzentren verlief der Querstabilisator. Die Zahnstangenlenkung war mit 11,4 zu eins direkter übersetzt als beim 908; von Anschlag zu Anschlag genügten eindreiviertel Lenkradumdrehungen.

Die weit nach innen geneigten Frontstoßdämpfer kamen von Bilstein, die Schraubenfedern, die sie umgaben, bestanden aus gezogenem Titandraht. Die hinteren Federbeine standen in einem größeren Winkel zur Waagrechten. Überall in den Aufhängungselementen hatte man viel Titan verwendet, die Kugelgelenke waren in Teflon gelagert. Streben, die auf Druck oder Zug belastet wurden, bestanden aus nahtlos gezogenen Leichtmetallrohren.

Auch die Bremsen des Porsche 917 vereinigten auf sich einige Superlative. Die belüfteten Stahlscheiben maßen 305 mm im Durchmesser und waren 28 mm stark. Gehalten wurden die Schei-

Das Getriebe des 917. Es wies fünf Vorwärtsgänge auf.

ben durch Profilringe aus Leichtmetall. Vier Kolben, je zwei rechts und links, drückten die Bremsklötze an die Scheibe. Die 18 mm starken Gehäuse, in denen sie saßen, waren durch Titanbrücken miteinander verbunden.

Wie bereits erwähnt, setzte man die Gitterrohrrahmen der 25 Porsche 917 aus Aluminiumrohren zusammen. Alle Verbindungsstellen wurden lichtbogengeschweißt, und um eine Qualitätskontrolle der Schweißnähte durchführen zu können, wurden alle tragenden Rohrstücke, die man miteinander verband, vorher durchbohrt. In Cockpitnähe setzte man ein Druckventil an ein Rohr, das man an einen Kompressor anschloß – solange die Luft, die man hineinpumpte, nirgends entwich, war dies ein Zeichen für dichte Nähte. Andernfalls hatte man den Rohrrahmen noch einmal genau auf Schwachstellen zu untersuchen.

Allzu leicht durfte der 917 dennoch nicht ausfallen – für einen 4,5-Liter-Wagen in der Gruppe 4 mußte ein Minimalgewicht von 800 kg eingehalten werden. Das bedeutete, daß man den Rahmen des Wagens nicht allein nach Leichtbaukriterien auslegen mußte, sondern ihm genügend Stabilität geben konnte, etwa durch starke Dimensionierung der Rohrwandungen. Die dünnsten Rohre wiesen eine Materialstärke von 1,6 mm auf, die stärksten eine von 3 mm. Das fertige Fachwerk wog exakt 47 kg.

Wie bei Porsche üblich, fanden die ersten Windkanal-Tests mit Modellen statt, die man im Maßstab 1 : 5 angefertigt hatte. Alle Spoiler- und Flossen-Variationen wurden an den Miniaturen durchprobiert, ehe sich in Anlehnung an vorhandene Baumuster Formen herauskristallisierten, die man in Originalgröße testete. Hierfür stand aber kein fertiger Wagen zur Verfügung, sondern ebenfalls nur ein »Dummy« aus Gips und Plastikmaterial – schließlich brauchte man jedes verfügbare Einzelteil, um die geplanten 25 Wagen vorzubereiten!

Die Windkanalversuche machten deutlich, daß ein langes, sich verjüngendes Heck für Hochgeschwindigkeitsstrecken am besten geeignet war. Die Porsche-Ingenieure wußten vom 908 und 907 aber auch, daß auf etwas langsameren Rundkursen andere Gesetze herrschten, und aus diesem Grund entschieden sie sich für eine kürzere Basisform, auf die man zwei verschiedene Heckstücke mittels vier Bolzen aufsetzen konnte. Die Karosserien in sich unterschiedlich zu dimensionieren, verbot das Reglement – die 25 Fahrzeuge hatten in ihrer Grundform gleich zu sein. Jeder Heckaufsatz hatte seine eigenen aerodynamischen Hilfskörper, die sich verstellen ließen und nach bewährter Art mit der hinteren Radaufhängung zu koppeln waren. Die Kurzheck-Version hatte rechts und links bewegliche Klappen wie beim Bergwagen vom Typ 910, der Langheck-Ausführung gab man jene »Höhenruder«, mit denen der 908 L im September des Jahres 1968 in Le Mans erstmals angetreten war. Dort hatten sie sich bewährt und man hoffte, daß sie ihren Zweck im 917 ebenso gut versehen würden.

Die Frontalfläche des 917 bedeckte genau 1,4 Quadratmeter, nur 1,8 Prozent mehr als beim 908, bei einer Höhe von 920 und einer Breite über alles von 1880 mm. Das Cockpit hatte man so tief setzen können, daß die obligatorische Windschutzscheibenhöhe die obere Kotflügelkante kaum überragte. Den Luftwiderstandsbeiwert konnte man beim langen 917 um acht Prozent gegenüber jenem des 908 verbessern – er kam auf c_w 0,33 sowie auf c_w 0,40 – das war um fünf Prozent besser als beim 908 K – beim Kurzheck-917.

Auch im Vorderbau des Fahrzeugs gab es aerodynamische Zusatzeinrichtungen. Rechts und links innerhalb der Kotflügelaufwölbungen befanden sich kleine Luftklappen, die sich analog zu den Bewegungen der vorderen Radaufhängungen heben oder senken konnten. Hob der Wagen den Bug, gingen die Klappen zu, tauchte er ein, öffneten sie sich. Die Mittelöffnung im Wagenbug diente in erster Linie der Ölkühlung, die Öffnungen rechts und links führten den Bremsen Kühlluft zu. Je eine Öffnung an den hinteren Kotflügeln sorgte für die Getriebekühlung, Warmluftaustritte befanden sich unmittelbar vor der Windschutzscheibe. Die geschlitzte, rückwärtige Scheibe entsprach dem 907/908 L-Vorbild.

Unter dem Wagenboden verliefen die zwei dicken Auspuffrohre vom Motor nach vorn in den

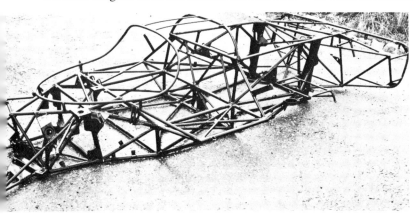

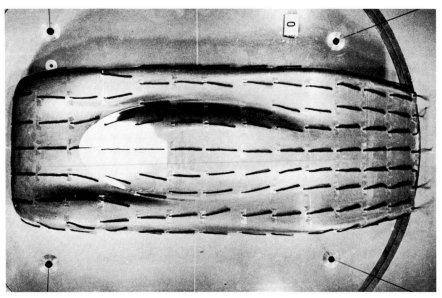

Oben: Das Rohrrahmen-Chassis des Porsche 917 aus Aluminium. Windkanal-Versuche in der Technischen Hochschule Stuttgart (rechts unten an einem Modell im Maßstab 1 : 5) trugen zur Ermittlung der optimalen Karosserieform bei.

Wagenkörper; direkt vor den Hinterrädern traten die Auspuffgase durch zwei riesige Nasenlöcher ins Freie. Den gesamten hinteren Teil des Aufbaus, an der oberen Cockpitkante angelascht, konnte man nach oben klappen, um an Motor und Fahrwerk heranzukommen. Die Windschutzscheibe bestand aus Verbundglas in 4,3 mm Stärke, alle anderen Scheiben, auch die Scheinwerferabdeckungen in den Spitzen der vorderen Kotflügel, waren aus Plexiglas. Die ganze Karosserie bestand aus dünnem Kunststoff-Laminat und wog nicht mehr als 40 kg, ohne Glas, Elektrik, Instrumente, Sitze. Mit diesen Teilen kam die Langheck-Ausführung auf 95 kg. In der vorderen Haube gab es zwei Einfüllstutzen für Kraftstoff; gemäß Reglement durfte der 917 140 Liter an Bord nehmen. Dieses Quantum verteilte sich auf zwei Leichtmetalltanks, die durch ein Querrohr miteinander verbunden waren. Jeder Tank besaß seine eigene Förderpumpe, die das Benzin zu einem Sammelreservoir beförderte, von wo aus eine dritte Pumpe es zur Einspritzpumpe am Motor weiterleitete. Wenn das Sammelreservoir sich nicht mehr nachfüllte, leuchtete eine Warnlampe auf:

sem Fahrzeug einige Rohre des Rahmens als Verbindungen vom Motor zum und vom vorn untergebrachten Ölkühler. Über dem Getriebe hatte man das Falt-Ersatzrad deponiert, rechts und links davon befand sich der von der F.I.A. vorgeschriebene »Kofferraum«.

Wenn man in das Cockpit des 917 schaute, glaubte man auf den ersten Blick nur ein Gewirr von Streben, Kabeln, Hebeln und rohen Plastikteilen zu erkennen. Dem professionellen Rennfahrer aber wurde schnell klar, daß man ihm hier einen ausgezeichneten Arbeitsplatz geschaffen hatte. Das Lenkrad ließ sich in der Höhe wie in der Tiefe verstellen, der Sitz ebenfalls, wobei man jedem Piloten seine Polster nach Maß anfertigte – so, wie es im Rennsport schon lange Brauch war. Die linke Seite des Armaturenbrettes ragte etwas weiter vor und trug kleinere Hebel und Schalter in Reichweite der linken Hand, darunter befanden sich die Sicherungen und Relais der Bordelektrik. In einer Vertiefung, einsehbar durch das Lenkradsegment, lagen vor dem Fahrer die Hauptinstrumente: Drehzahlmesser, Öldruckmesser und -thermometer.

Crew dem 917 angedeihen ließen, kam man dem homologierten Gewicht mit 843 kg sehr nahe (sofern man dem Wagen nicht die lange Heckpartie anschraubte). Vollgetankt ergab sich eine Gewichtsverteilung von 37 Prozent auf der Vorder- und 63 Prozent auf der Hinterachse.
In einer Broschüre, die Porsche in 2000 Exemplaren auflegen ließ, wurde der 917 anläßlich seiner Präsentation in Genf beschrieben. Man bezeichnete ihn als den »schnellsten Porsche, der je gebaut wurde« und als einen »Höhepunkt des Automobiljahrs 1969«. Und es wurde auch ein offizieller Verkaufspreis genannt: 140 000 Mark, einschließlich beider Heckteile. Das war viel Geld, dennoch war das Auto jeden Pfennig dieser Summe wert. Die Redakteure von *auto, motor und sport* waren der Ansicht, daß man mit

Ganz links die Vorderradaufhängung beim Porsche 917, unten die Hinterradaufhängung mit der Antriebswelle.

Die Felgenbreite betrug vorn 9, hinten 12 Zoll bei einem Durchmesser von 15 Zoll.

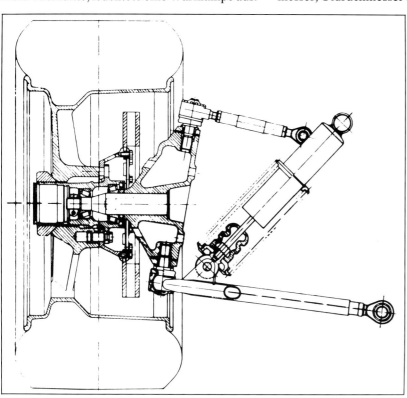
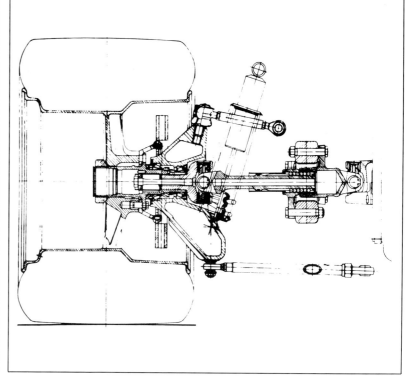

Nachtanken. Der Vorrat an Kraftstoff pflegte dann meist noch für eine volle Runde zu reichen – auf jeder Rennstrecke, die Targa Florio ausgenommen.

Der Sammeltank saß an der rechten Seite des Motorraums, hinter der Tür und oberhalb der Haupttanks. Als Gewichtsausgleich gab es auf der gegenüberliegenden Seite den Öltank mit einer Kapazität von 20 Litern. Wie schon bei früheren Porsche-Rennwagen, dienten auch in die-

Dort befanden sich auch das Tankwarnlicht und die optischen Anzeigen für Bremsenverschleiß, nachlassenden Öldruck, Lichtmaschinenausfall. »Porsche stattete seine Rennwagen schon immer mit mehr Warnleuchten aus als üblich«, meinte Brian Redman, »und das war gar nicht einmal so schlecht. Der Fahrer wußte, daß er beim Aufleuchten einer Leuchte an die Boxen mußte – es gab kein Rätselraten, man wußte gleich, wo etwas faul sein könnte.«
Trotz aller Raffinessen, die Mezger und seine

diesem Betrag kaum die Materialkosten decken könnte. Fünf der Coupés, so hieß es in Genf, wollte das Werk behalten und einsetzen, die anderen zwanzig stünden zum Verkauf.
Der dunkelrote Renntransporter der Porsche-Sportabteilung brachte Ende März zwei 917 zum Vortraining nach Le Mans. Nur ganz kurz hatte man die Fahrzeuge in Weissach probegefahren. Hier wollte man jetzt herausfinden, ob die Coupés das zu halten vermochten, was man sich von ihnen mit Spannung versprochen hatte.

Eines der Fahrzeuge war mit dem langen Heck versehen und wurde Rolf Stommelen anvertraut. »Die Pedale liegen in idealer Position«, lautete sein erster Kommentar. »Die Bremse verlangt allerhand Druck, die Kupplung kommt gut. Und wenn man Gas gibt, geht hinter einem die Hölle los – nur mit Oropax kann man den Motorlärm ertragen.« Auch Philip Turner vom *Motor* meinte, daß es ganz einfach sei, den 917 von »seinem kleineren Bruder«, dem Porsche 908, zu unterscheiden: »Durch den tiefen, donnernden Auspuffton.«

»Nach einer vorsichtigen Runde kam ich zu den Boxen zurück und wies die Mechaniker an, ein paar Justierungen am Chassis vorzunehmen. Dann fuhr ich ein, zwei weitere Runden, kam an die Boxen zurück und wiederholte das Spiel mehrmals, bis alles stimmte. Dann konnte ich dem Pferd die Sporen geben.« Als Stommelen bei Tempo 160 das Gaspedal weiter niederdrückte, hatte er das Gefühl, »von einem Elefanten in den Hintern getreten zu werden«, wie er sich ausdrückte. Edward Eves von *Autocar* schrieb: »Wie die Wagen aus der Schikane herauskamen und an den Boxen mit qualmenden Reifen vorbeizogen, wurde man an den Fahrstil der alten Auto Union-Fahrer erinnert ...«

Rolf Stommelen bezeichnete seine ersten Le-Mans-Runden im 917 als »meine bisher eindrucksvollsten Erlebnisse als Rennfahrer.« Viermal hatte der Kölner die 24 Stunden bestritten, den Kurs kannte er gut. »Aber noch nie hatte ich so konzentriert fahren müssen wie in dieser Bombe. Das schnellste Auto, das ich bisher gefahren hatte, war der Porsche 908, aber der Unterschied in der Leistung zwischen einem 908

Am 11. Mai 1969 fuhr Mitter erstmals einen 917 (Wagen Nr. 30). Doch von den 1000 Kilometern des Rennens absolvierte er nicht mehr als 15.

Unten: Das Porsche-Entwicklungszentrum in Weissach zählt heute zu den modernsten automobiltechnischen Anlagen in der Welt.

und einem 917 ist wesentlich größer als zwischen dem Dreiliter-908 und dem Carrera 6.« Im Verlaufe dieses Vortrainings absolvierte der Kölner die Tagesbestzeit mit einem Schnitt von 230 km/h. Auf der Geraden maß man eine Spitze von 348 km/h. Als am Sonntagabend das Kühlgebläse seinen Geist aufgab, endete Stommelens stürmische Reise.

Der andere 917 wurde von Hans Herrmann pilotiert. Das Coupé des jetzt einundvierzigjährigen Rennwagen-Einfahrspezialisten war just jenes, das drei Wochen später wegen seines etwas längeren Vorderbaus die Aufmerksamkeit der C.S.I.-Delegierten Schmitz und Delamont erregen sollte. In dem spitzeren Bug befanden sich kleinere Öffnungen und es entbehrte auch jener Klappen in der Fronthaube, die sich mit den Bewegungen der Vorderräder öffneten oder schlossen. An der Unterseite der Flanken wies der Wagen leichte Ausbuchtungen auf, die sich vom vorderen zum hinteren Radausschnitt zogen. Herrmann sollte nicht auf Tempo fahren, sondern auf andere Kriterien achten (seine Geschwindigkeit betrug »nur« 202 km/h im Rundenschnitt). So montierte man am Sonntag Schwanzflossen ans Heck, setzte auch flache Spoiler hinter die Heckräder. Ein paar Tropfen Öl, versetzt mit Kohlestaub, wurden auf die Flügel geträufelt, um Strömungsverläufe erkennen zu können. Herrmann drehte auch eine Runde ohne Heckanbau.

Öffentliche Stellungnahmen der Fahrer, die den 917 getestet hatten, wurden nicht verlautbart. Dennoch sickerte durch, daß sie der Ansicht waren, der 917 fahre sich »wie eine Bestie«. Herrmann schrieb später einmal: »Hier hatte man den Beweis, daß ein Wagen auf dem Zeichenbrett wunderbar aussehen kann, in der Praxis sich aber unmöglich verhält. Der Übergang von einem Dreiliter-Flitzer zu einem solchen Monster ist einfach zu gewaltig.« Er hielt das Chassis für zu schwach, die enorme Leistung des Motors zu verkraften, und es gab Situationen, in denen Herrmann einfach nicht mehr den Wagen zu beherrschen vermochte. »Über längere Zeit erwarteten mich beim 917 immer wieder neue Überraschungen. Viele Fahrer meinten, daß aus diesem Fahrzeug niemals ein richtiges Auto würde.«

Gern hätte man bei Porsche in aller Stille den 917 so lange ausreifen lassen, bis all seine Kinderkrankheiten auskuriert waren. Aber die fünfundzwanzig Wagen standen auf dem Hof und mußten so, wie sie waren, eingesetzt werden. Man hatte sich damit abzufinden. Das beste aus ihnen herauszuholen, oblag dem Chef der Testabteilung, Peter Falk, und Helmut Flegl, der das Los gezogen hatte, für den 917 als Entwicklungsingenieur zu arbeiten.

Piëch und Steinemann hatten gehofft, einige 917 rechtzeitig für das Monza-Rennen am 25. April parat zu haben; dort hätte man wertvolle Rückschlüsse für Le Mans gewinnen können. Der Wunsch ließ sich nicht realisieren, weil zu jenem Zeitpunkt der 917 noch nicht homologiert war. So mußte man sich bis zum 1000-Kilometer-Rennen in Spa gedulden, das am 11. Mai stattfand, zehn Tage nach der Homologierung des Wagens als Gruppe-4-Fahrzeug. Zwei Exemplare wurden nach Spa entsandt, eines davon war der Versuchswagen Herrmanns.

Porsche hatte an jenem Wochenende wenig Glück. Wegen anhaltender Regenfälle an den drei Trainingstagen gab es keine Gelegenheit, die Motoren optimal einzustellen, das Fahrwerk der Strecke anzupassen. Falk berichtete, daß sich die 917 wenig stabil verhielten und in den Kurven gefährlich zu fahren waren. Siffert und Redman hatte man als Fahrer verpflichtet – sie waren gar nicht scharf darauf gewesen, den 917 zu fahren.

Redman schilderte später seine ersten Eindrücke: »Der Chefmechaniker blickte zu mir herüber und sagte: Herr Redman, würden Sie jetzt bitte den 917 fahren? Er läuft jetzt gut! Schon beim Einsteigen stieß ich mir den Kopf am Dach und die Knie am Lenkrad. Das fand ich überhaupt nicht gut. Ich ließ den Motor an, schaltete den Scheibenwischer ein. Er bewegte sich einmal nach links, dann nach rechts – und das Blatt flog in hohem Bogen über das Boxendach! Ich schaltete die Maschine aus, schnallte mich los und stieg aus. Was ist denn los? wurde ich gefragt. Und ich antwortete: der Scheibenwischer ist kaputt. Immer schön langsam! meinte da der Chefmechaniker, und meine beiden Runden, die ich dann drehte, waren auch schön langsam . . .«
Er hatte seinen Trotz. Und wurde das Gefühl nicht los, in einem unheimlichen Wagen zu sitzen. Der 917 war ihm fremd, anders als jeder von ihm zuvor gefahrene Porsche-Rennwagen. In diesen beiden Anwärmrunden mußte sich Redman auch erst mit dem Schaltschema vertraut machen. »Der fünfte Gang liegt außerhalb des H-Schemas oben rechts. Es konnte dem Fahrer passieren, daß er in den dritten Gang geriet, wenn er den Schalthebel aus dem vierten zog. Man mußte da höllisch aufpassen. Bei Tempo 220 oder 240 km/h in den dritten statt in den fünften Gang zu schalten, würde mehr Schaden anrichten als daß nur der Motor zu Bruch ging . . .«

Dennoch: einer der 917 absolvierte die schnellste Trainingszeit in Spa. Es war der von Siffert gefahrene Wagen. Der Schweizer fuhr das Auto aber nicht im Rennen. Dafür kam das andere Coupé an den Start, pilotiert von Gerhard Mitter – und ihm passierte genau das, was Redman so irritiert hatte: er kam beim Hochschalten vom vierten nicht in den fünften, sondern in den dritten Gang und überdrehte den Motor. Mit einem gerissenen Ventil rollte der Wagen schon nach der ersten Runde an die Boxen.

Um sich die Markenweltmeisterschaft 1969 zu sichern, wollte Porsche beim 1000-Kilometer-Rennen auf dem Ring mit dem 908/02, der Flunder, antreten und nicht mit dem 917, der für den Nürburgring von vornherein wenig geeignet schien. Das Publikum war indessen neugierig, den sagenhaften 917 wenigstens einmal zu sehen, von dem man schon so viel gehört hatte, und so kam Porsche nicht umhin, wenigstens ein Exemplar am Ring zu zeigen. Peter Falk berichtete, daß man sich unendlich viel Mühe gegeben habe, das Fahrzeug optimal herzurichten, dennoch beklagten sich die Fahrer, der Wagen sei zu weich, zu unstabil, in den Kurven kaum zu beherrschen. Sie meinten, der Rahmen sei weniger steif als der des 908. Das irritierte die Ingenieure, denn sie wußten genau, daß der Rahmen des 917 sehr wohl steifer war als der des Achtzylinders. Peter Falks Kommentar: »Da jeder nur darauf aus war, das Rennen zu gewinnen, gab sich niemand Mühe, den 917 wirklich zu er-fahren!« Keiner traute dem 917. Nicht einer der Porsche-Piloten hatte Lust, in das Kurzheck-Coupé einzusteigen. Das Vortraining hatten mit diesem Fahrzeug zwei BMW-Fahrer absolviert, Hubert Hahne und Dieter Quester, die aber für Porsche im Rennen nicht starten durften, da sie vertragliche Bindungen mit den Münchnern hatten. Telefonisch setzte sich Steinemann darauf mit David Piper und dem Australier Frank Gardner, der zufällig in London weilte, in Verbindung und überredete sie, zum Haupttraining am Samstag in die Eifel zu kommen. Beide willigten ein. Und obwohl auch sie dem Wagen ein tückisches Fahrverhalten nachsagten, erreichten sie den achten Gesamtrang in diesem 1000-Kilometer-Rennen und wurden hinter einem Ford GT 40 Zweitplazierte in der Gruppe 4.
Es war offensichtlich, daß der 917 noch lange nicht ausgereift war. Und bis Le Mans verblieben nur noch zwei Wochen. Was konnte man in dieser Zeit noch unternehmen?

Einige Modifikationen erfuhr die vordere Radaufhängung, man erweiterte die vorderen Öffnungen für die Kühlung der Bremsen und verbesserte die Cockpitbelüftung. Vielleicht hätte man aber noch mehr tun müssen.
Drei Wochen zuvor nämlich hatte die F.I.A. die

Drei Männer, die auf Porsche-Rennwagen eine Anzahl großartiger Erfolge herausfuhren: Willi Kauhsen (oben links), Kurt Ahrens (darunter) und der Amerikaner Buzzetta.

Verwendung von beweglichen Spoilern verboten, nachdem es am 4. Mai beim Großen Preis von Spanien wegen abgebrochener Flügel zu Unfällen gekommen war, wobei die Lotus-Fahrer Graham Hill und Jochen Rindt zu Schaden kamen. Rico Steinemann schickte die 917 dennoch mit allen Klappen und Flügeln nach Le Mans und präsentierte seine vier Fahrzeuge so den Abnahme-Kommissaren. Der Wagen sei schwer genug zu fahren, argumentiert er, und die Klappen seien nun einmal fester Bestandteil des 917, wie auch beim 908. Sollte man ihre Benützung verbieten, würde Porsche sämtliche Nennungen zurückziehen.

Eine heftige Diskussion entstand. Zunächst ließ man die Fahrzeuge am Training so teilnehmen, wie sie waren. Steinemann war bereit, die Klappen am 908 zu fixieren, wie es die neue Regel vorschrieb, wenn man bei den vier 917 eine Ausnahme zuließe. Um zu demonstrieren, wie sich der 917 ohne Klappen fahren ließ, führte Stommelen dies am folgenden Tage einmal vor – es war ganz offensichtlich, daß der Wagen kaum zu beherrschen war. Auf eine Petition, eingebracht von vierzig anwesenden Motorjournalisten, setzte sich die C.S.I.-Kommission noch einmal zusammen und kam zu dem Beschluß, die Zwölfzylinder doch mit den beweglichen Klappen starten zu lassen, mit der Begründung, daß sie in dieser Form auch homologiert worden seien.

Auch mit seinen Schwenkflügeln war der 917 in Le Mans ein schwer zu beherrschendes Auto. Brian Redman fuhr einen Wagen im Training, nicht aber im Rennen. »Auf der Geraden kam ich auf 360 km/h. Aber dafür brauchte ich auch die gesamte Bahnbreite, weil das Fahrzeug von einer Seite auf die andere schlingerte . . .«

Die beiden Werkswagen wurden mit Stommelen/Ahrens und Elford/Attwood besetzt. Elford sagte später: »Ich glaube, nur Stommelen und ich waren scharf darauf, dieses Auto zu fahren. Die

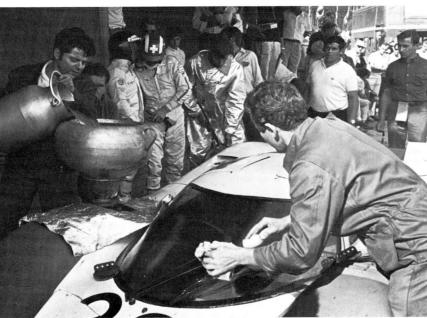

Ganz oben: Boxenstop in Zeltweg 1969. Darunter Ahrens und Siffert (im Helm mit Schweizerkreuz) im gleichen Rennen. Rechts: Porsches Pressechef und Rennleiter Rico Steinemann bei einem Interview in Le Mans 1969.

ersten 917 waren 1969 wirklich heikel!« Porsche hatte gehofft, ein weiterer 917 würde durch ein schwedisches Team an den Start gebracht werden, aber das klappte nicht. Nur der fünfunddreißigjährige Brite John Woolfe brachte noch seinen frisch erworbenen Zwölfzylinder nach Le Mans. Er war hier schon einmal gefahren und wollte seinen 917 »ausprobieren«, obwohl er zugegebenermaßen etwas Angst vor dem Auto hatte. Sein Copilot Digby Martland hatte ihn nach zwei Runden im Stich gelassen – das Touchieren einer Leitplanke hatte ihn nervös gemacht, er mochte nicht mehr. Für ihn sprang Herbert Linge ein.

Mit einem spektakulären Drift zog Stommelen nach dem Le Mans-Start als Erster ab. Noch in der ersten Runde erwischte es John Woolfe: der Brite zerschlug seinen Wagen am Maison Blanche und starb in den Trümmern seines brennenden Wagens. Der 917 war für ihn, so folgerte

Rechts: Der erste Kurzheck-917, der 1969 entstand. Daneben das überarbeitete Getriebe mit tiefer Verrippung des Gehäuses und die durchbohrte Bremsscheibe des 917, die 1970 zum Einsatz kam.

man, zu schnell gewesen. »Es gibt nur zwanzig Fahrer, die den Wagen vielleicht beherrschen können. John gehörte wahrscheinlich nicht zu ihnen. He was trying too hard!« kommentierte der *Motor* die Tragödie.

Stommelen behielt zwei Stunden lang die Führung, fiel wegen einer rutschenden Kupplung dann aber zurück. In der neunten Stunde tauschte man sie gegen eine neue aus. Auch sie hielt nicht. Stommelen/Ahrens mußten in der 14. Stunde aufgeben. Die Führungsposition hatten von der vierten Stunde an Elford/Attwood eingenommen. Sie hatten Chancen, den Gesamtsieg davonzutragen. Dann aber gab es argen Zeitverlust beim Auswechseln von Bremsbelägen – und in der 20. Stunde war auch die Kupplung ihres Wagens am Ende. Hatten sie das Rennen auch nicht in Wertung beenden können, so verbuchten die Zwölfzylinder doch zwei neue Rekorde: die schnellsten aller je gefahrenen Zeiten auf der Mulsanne-Geraden mit 304,96 und 319,29 km/h. Und das war nicht einmal dort, wo

Oben: Vic Elford im Porsche 917, mit dem er 1969 in Le Mans einen neuen Rundenrekord aufstellte. Leider fuhr er das Rennen nicht zuende.

sie ihre Höchstgeschwindigkeit erreicht hatten. Elford hatte auch einen neuen Rekord hingelegt – mit einer 234 km/h-Runde.

In Watkins Glen im Juli war kein 917 zu sehen, denn bei Porsche konzentrierte man sich auf die Vorbereitung der Werkswagen für das 1000-Kilometer-Rennen in Zeltweg am 10. August, das war der letzte Meisterschaftslauf der Saison 1969. In Weissach und auf der Südschleife des Nürburgrings trainierte man mit Vehemenz. Einer der Fahrer war Gerhard Mitter, der anschließend leider seinen tödlichen Unfall erlitt, als er einen BMW Formel 2 pilotierte. Hans Herrmann verlor in ihm einen guten Freund und Kollegen und sah sich mit dem 917 jetzt allein.

Zwei 917 mit kurzem Heck und beweglichen Flügeln, jedoch fixierten Klappen in den vorderen Kotflügeln, kamen an den Österreichring. Die Wagen wurden offiziell von privater Seite genannt, wenn sie auch volle Werksbetreuung genossen. Die Meldungen gaben David Piper und Karl von Wendt ab, als Fahrer fungierten Siffert/Ahrens und Attwood/Redman. »Es gab noch immer Dinge, die wir nicht in den Griff bekommen hatten«, berichtete Peter Falk später, »wir hatten Probleme mit zu weichen Bremsen, schlechter Bodenhaftung, überhitzten Kraftstoffpumpen, die zu Blasenbildung führten. Auch verdrehten sich immer wieder die Frontspoiler, was natürlich seine Auswirkungen auf die Straßenlage hatte.«

Die Dampfblasen im Benzin, die nur bei stehendem Wagen auftraten, verzögerten den Start nach jedem Boxenaufenthalt erheblich. Übrigens waren diese Autos mit dem speziellen Kühlsystem für die Fahrer versehen, wobei eisgekühltes Wasser durch ihre Spezialwäsche pulsierte – es war das erstemal, daß man dies in einem Rennen ausprobierte.

Im August 1969 tauchte der 917 in Zeltweg mit größeren Lufteinlässen für die Vorderradbremsen sowie hinteren Kotflügelverbreiterungen auf. Der Wagen Nr. 30, von Redman/Attwood gefahren, wurde Dritter im Gesamtklassement.

Als nach 170 Runden der Mirage Cosworth, der bis dahin geführt hatte, aufgeben mußte, war die Stunde des 917 gekommen. Siffert/Ahrens sahen ihre Chance. Mit einem Schnitt von 186,32 km/h gewannen sie das Rennen vor einem Lola-Chevrolet – dem aber bereits ein weiterer 917 auf den Fersen war, wenn auch mit einer Runde Rückstand. Damit hatte die Saison doch noch einen guten Abschluß für den 917 gefunden. Aber die Porsche-Männer zogen nach der Siegesfeier keineswegs nach Hause. Sie blieben noch etliche Tage in Zeltweg, um herauszufinden, wo die Schwachstellen des Zwölfzylinders wirklich lagen. Ihre Untersuchungen sollten ihren Niederschlag in der Rennsportsaison des Jahres 1970 finden.

Nach dem Zeltweg-Rennen erwarb David Piper den Siegerwagen und verfrachtete ihn nach Japan, wo er am 10. Oktober am Grand Prix auf dem Fuji Speedway teilnehmen wollte. Als zweiten Mann nahm er Jo Siffert mit, Rico Steinemann fungierte als Mechaniker. Die Japaner umscharten den weißen Wagen aus Deutschland mit unverhohlenem Interesse. Gegen die einheimische Konkurrenz aber war nicht anzukommen: Piper mußte mit einem sechsten Platz vorliebnehmen. Dann reisten Piper und sein 917 nach Kyalami, um am dortigen Neun-Stunden-Rennen teilzunehmen. Auf dem südafrikanischen Kurs wurden Piper und Attwood Gesamtsieger. Und schon ging's weiter nach Buenos Aires, wo der gleiche Wagen für den Start zum 1000-Kilometer-Rennen am 10. Januar gemeldet war. Hier teilte sich Piper das Lenkrad mit Redman. Reifenprobleme und eine Kollision mit einem anderen Wagen warfen den Zwölfzylinder aus dem Rennen. Auf der argentinischen Piste sah er aber ganz anders aus als vor einigen Monaten in Zeltweg; das Heck ragte in steilem Winkel aufwärts, die Auspuffrohre führten nicht mehr seitwärts heraus. Mit diesen Veränderungen deutete sich an, was man in der kommenden Saison aus Zuffenhausen zu erwarten hatte . . .

Kapitel 25
Die schnellen Sprinter mit dem langen Heck

In der Entstehung des Porsche 917 gab es erstaunliche Parallelen zu Ford. Der mächtige GT 40 und der Zwölfzylinder aus Zuffenhausen hatten vieles miteinander gemein. Auch der Amerikaner war – wenn auch fünf Jahre früher, nämlich 1963 im Juni – spontan geplant worden und schon im April des folgenden Jahres auf der New Yorker Motor Show zu sehen gewesen. In weniger als einem Jahr aber hatte Porsche 25 Wagen gebaut, Ford hingegen nur zwei. Und auch den GT 40 schaffte man sofort nach Le Mans, um ihn in der Praxis zu erproben. Es erging ihm nicht viel anders als fünf Jahre später dem Porsche 917: seine aerodynamische Instabilität jagte den Fahrern Angst und Schrecken ein.

Dann brachte man den GT 40 zum Nürburgring, wo er im 1000-Kilometer-Rennen mitfuhr. Bei den darauffolgenden 24 Stunden von Le Mans waren drei GT 40 am Start, fielen im Verlauf des Rennens aber alle aus: einer fing Feuer, die beiden anderen blieben mit Antriebsschäden stehen. Ende 1964 entschied man sich bei Ford, den Rennwagenbau und die Sportbetreuung voneinander zu trennen – genau dasselbe tat man bei Porsche im Herbst 1969 im Falle des 917. Von da an verlor sich die Parallele: Porsche gewann eine Saison später in Le Mans, Ford hatte ein weiteres Jahr warten müssen. Dann aber siegte Ford – wie auch Porsche – zweimal hintereinander.

Porsche holte sich just jenen Mann, der 1964 seinen Job bei Ford verloren hatte: John Wyer. Der ambitionierte Rennfahrer schien seinem ehemaligen Arbeitgeber aber keineswegs zu grollen – nach wie vor trat er mit seinen privaten GT 40 bei wichtigen Rennen an, was die Ford-Sportabteilung indessen mehr irritierte als erfreute. Für den Konzern gewann er 1968 die Markenweltmeisterschaft und mit seinen zwei Le Mans-Siegen, die er mit Hilfe seines Sponsors Gulf herausfuhr, bewies Wyer, daß er mehr Fähigkeiten hatte als Ford wahrhaben wollte. Und gerade seine Überlegenheit gegenüber Porsche in jenen Jahren machte die Zuffenhausener nachdenklich.

Wenn er solche Leistungen mit dem GT 40 zu erbringen im Stande war, so dachte man bei Porsche, wäre er gewiß der richtige Mann, sich des 917 erfolgreich anzunehmen.

Le Mans – für dieses Rennen waren die 917 gedacht. Langheck-Versionen gehen hier (1971) in Führung.

John Wyer gehörte zu den Le Mans-Veteranen und hatte dort bereits 1949 sein erstes Team an den Start gebracht. Damals war der Brite gerade 39 Jahre alt gewesen, war also Ferry Porsches Jahrgang. Nach einer Lehre bei Sunbeam war er zu Solex gegangen, später zu Aston Martin und 1960 zu Ford. Als man die in England beheimatete »Ford Advanced Vehicles«-Abteilung auflöste, machte er sich selbständig.

Die F.A.V., wie man die Ford-Rennabteilung bezeichnete, hatte den GT 40 entwickelt und 1966 als Sportwagen bei der F.I.A. homologieren lassen. Und noch im gleichen Jahr beschloß Ford, diese Abteilung aufzulösen – sie hatte ihren Zweck erfüllt. Gemeinsam mit seinem Finanzier John Willment übernahm John Wyer daraufhin die Gebäude der F.A.V. und auch die Rechte am weiteren Bau einiger GT 40. Man nannte die Firma J. W. Automotive Engineering und suchte sich einen Sponsor für künftige Aktivitäten. So kam man mit der Mineralölfirma Gulf in Verbindung. Einer der Generaldirektoren von Gulf suchte damals einen GT 40 für seinen Privatgebrauch, und Wyer erfüllte ihm diesen Wunsch – eine erste Brücke war damit geschlagen. Wyer brachte damals die Ford-Mirage an den Start, und ihre Gulf-Farben Hellblau und Orange sollten bald die gleichen sein, die man am Porsche 917 sah.

Im Oktober 1968 hatte man in Zuffenhausen ausgiebig über die Rennsportvorhaben der kommenden Saison diskutiert. Mit dem aufwendigen 908 und dem in der Entwicklung befindlichen 917 mußte man sich auf hohe finanzielle Belastungen einstellen. In der Tat sollten die Sportaufwendungen im Jahr 1969 alle bisherigen Budgets übertreffen. Es bestand gar kein Zweifel daran, daß Porsche seine Aktivitäten im Rennsport weiterführen wollte, nur mußte man nach Wegen suchen, die Mittel in den Griff zu bekommen und die Männer in den Schlüsselpositionen des Hauses von der Verpflichtung zu entlasten, die hohen Kosten des Sportengagements wieder hereinzuholen. Man einigte sich auf den Versuch, Wyer das Rennsport-Management anzutragen. Ein erstes Treffen ergab sich im März 1969 in Sebring. Rico Steinemann begab sich in den großen Gulf-Servicewagen und wagte einen Vorstoß, nicht ohne die Qualitäten des neuen 917 gebührend zu erwähnen. Weitere Gespräche in Stuttgart und London folgten. Es kam im August zu einem Kontrakt, der vorsah, daß J. W. in jedem Lauf zur Markenweltmeisterschaft zwei 917 einsetzen sollte und Porsche mindestens zwei solcher Wagen kostenlos zur Verfügung zu stellen hatte, einschließlich Reservemotoren und anderer Ersatzteile, falls benötigt. Ferner sagte Porsche zu, keine eigenen Wagen zu melden, die mit den Gulf-Wyer-Porsche zu konkurrieren vermochten und man verpflichtete sich auch, J. W. als erstem alle Verbesserungen und Weiterentwicklungen am 917 zukommen zu lassen. Das waren beachtliche Zugeständnisse. Nach Rico Steinemann stellte das Wyer-Engagement eine immerhin vierzigprozentige Entlastung der Rennsport-Aufwendungen Porsches dar, während John Wyer errechnete, daß er 75 Prozent seiner Kapazität nun Porsche zugute kommen lassen würde.

Die offizielle Bekanntgabe der Ehe zwischen Porsche in Stuttgart und J. W. in Slough fand am 30. September 1969 anläßlich einer Pressekonferenz in London statt. Vor der Tür parkte ein 917, bereits in den Gulf-Farben Hellblau und Orange lackiert. In einem Interview sagte Ferry Porsche zu Edouard Seidler über die neue Situation: »Wir werden uns um die Wagen unseres Kunden genauso kümmern, als wenn wir mit ihnen selber ins Rennen gingen. Der einzige Unterschied wird darin bestehen, daß wir in gewissen Routinefragen nicht mehr zuständig sind: Abgabe von Nennungen, Transport, Service. Unsere Ingenieure waren ja letztlich nur noch auf Reisen. Von jetzt an werden sie endlich wieder zu ihrer Arbeit kommen. Und wir werden von den Erfahrungen unseres Kunden ebenso viel lernen können, als wenn wir eine eigene Rennorganisation hätten.« Denn noch immer waren die im Rennsport gewonnenen Erfahrungen und Erkenntnisse für Porsche ein wesentliches Element. »Rennen sind notwendig, um Fortschritte in der Technik zu erzielen«, sagte Ferry Porsche. »Die wichtigsten technischen Errungenschaften wurden stets in Situationen hoher Belastung erbracht – zum Beispiel auch im Krieg. Die Phase des ›Kalten Krieges‹ führte beispielsweise zur Landung der Amerikaner auf dem Mond. Im Automobilbereich stellt der sportliche Wettbewerb ebenfalls eine kriegerische Auseinandersetzung dar.« Porsche gab ein Bekenntnis zum Rennsport ab und stellte heraus, daß man nur die Form der Organisation verändert habe.

Zuffenhausen unternahm in der Tat nichts, was John Wyer und seinem Gulf-Team auf den Pisten gestört hätte. Dennoch gab es Konkurrenz – von Seiten Porsche-Salzburg. Das war peinlich, denn damit hatte niemand gerechnet. Die Österreicher traten 1970 ebenfalls mit drei 917 an; Wyer verfügte über sieben. Hans Herrmann fuhr für Salzburg und gab zu, daß die technische Betreuung der Fahrzeuge durch Stuttgart erfolge.

Im Herbst 1969 stand noch nicht definitiv fest, wie der 917 in der kommenden Saison aussehen würde. So, wie das Fahrzeug in Le Mans und auf dem Ring sein Debut gegeben hatte, würde man 1970 sicher nicht an den Start gehen. Man hatte auch damit zu rechnen, daß Enzo Ferrari jetzt den 512 S mit fünf Liter Hubraum ins Gefecht bringen würde. Tatsächlich präsentierte Ferrari 25 dieser Wagen zu Jahresbeginn in seinen Werkshallen, und man durfte darauf gefaßt sein, daß sie eine Antwort auf den Porsche 917 darstellen sollten.

Die dem Rennen auf dem Österreichring folgende Testwoche im August 1969 hatte sowohl Porsche als auch J. W. dazu gedient, mit den dort eingesetzten Wettbewerbswagen eine Reihe von Untersuchungen anzustellen. John Wyer persönlich war anwesend, auch Ferdinand Piëch und ein Stab hochqualifizierter Ingenieure. Den Elford/Attwood-Wagen, der in Le Mans immerhin zwanzig Stunden absolviert hatte, hatte man ebenfalls nach Zeltweg gebracht und auch einen zusätzlichen Wagen mit anderem Aufbau, genannt 917 PA. Im Chassis entsprach er den anderen Zwölfzylindern, nur hatte man ihn in einen Roadster verwandelt – solche Wagen pflegte man bei der Can-Am zu fahren. Er sollte in Zeltweg einige Proberunden drehen, ehe man ihn in die Staaten flog.

Für die Qualifikation in Zeltweg hatten die 917 eine Zeit von 1:48,1 bis 1:49,0 gefahren. Den besseren Wert hatte Jo Siffert erzielt. Doch jetzt war der Roadster an der Reihe. »Ein unglaublicher Unterschied!« berichtete Redman, der den offenen PA auf Anhieb vier Sekunden schneller um den Österreichring pilotierte. »Ich hätte nie gedacht, daß es sich hier um denselben Wagen handeln könnte. Da er den gleichen Rahmen aufwies, wurde mir schlagartig klar, daß beim Coupé

Rechts: John Wyer, der erfolgreiche Rennmanager, der auch Porsche zu zahlreichen Siegen verhalf. Er sorgte für zahlungskräftige Sponsoren und verpflichtete Fahrer der Weltelite.

nicht das Chassis ›weich‹ war, wie wir alle angenommen hatten, sondern die Instabilität des Fahrzeugs allein ihre Ursache im Aufbau hatte.«

Der Can-Am-Roadster hatte nur zu Vergleichszwecken dienen sollen; jetzt schien er die aerodynamischen Fragen des Coupés lösen zu helfen. »Wir machten uns umgehend daran, die Flossen und Klappen an einem Coupé zu entfernen und die Heckpartie zu erhöhen, ähnlich wie beim PA. Es war ein bißchen grausam, wie wir mit Alublech, Klebeband und Blechschrauben umgingen«, erinnerte sich John Wyer, »aber die Ergebnisse waren ausgezeichnet!« Man nahm dennoch auch am Chassis Verbesserungen vor, stellte beispielsweise die vorderen Stoßdämpfer härter ein. Am Ende drehte Kurt Ahrens eine Runde mit 1:43,3, eine Zeit, die man eine Woche zuvor noch für undenkbar gehalten hätte. Die anwesenden Fahrer begannen Vertrauen zum 917 zu bekommen.

In Auswertung der Testergebnisse von Zeltweg machte man sich bei Porsche daran, dem 917 ein neues Heck zu geben. In diesem Prozeß überarbeitete man die gesamte Karosserie – lediglich Windschutzscheibe, Cockpitdach und Türen blieben unverändert. Am Bug verschwanden die kleinen Klappen und die Spoiler, die oft genug abgebrochen waren und sich als wenig nutzvoll erwiesen hatten. Dafür wurde die Unterseite der Scheinwerfer etwas fülliger ausgeformt, und für den Ölkühler schnitt man eine breite Öffnung in

die Fronthaube. Die drei separaten Öffnungen in der Wagenspitze faßte man zusammen, unterteilte sie durch dünnere Stege und schaffte somit eine wirkungsvollere Kühlung der vorderen Bremsen. Bis zum Daytona-Rennen 1970 wies der Wagen vorn zwei Einfüllstutzen für die beiden Kraftstofftanks auf; als die F.I.A. die Tankkapazität aber auf das Volumen von 120 Liter reduzierte, gab man den Fahrzeugen nur noch einen einzigen Tank, den man in der rechten Wagenseite installierte. Den Einfüllstutzen setzte man gleich hinter die Fahrertür.

Im Zuge der Veränderungen gab Porsche dem 917 größere Radausschnitte, um Platz für größer dimensionierte Pneus zu schaffen. Statt der bisherigen 9-Zoll-Reifen fuhr man die Coupés vorn jetzt mit solchen von 10,5 und 12 Zoll Breite; hinten verwendete man 15 oder 17 Zoll breite Reifen. Wie beim 917 PA Roadster, war das Heck des neugestalteten Zwölfzylinders hinten offen. Der hintere Radausschnitt setzte sich oben geradlinig fort und endete an der schmalen Heckkante. Bei diesem 917 K (für Kurzheck) saßen Motorgebläse und Ansaugtrichter nicht mehr unter einer Schutzhaube, sondern ragten ins Freie wie beim früheren Typ 910, 907 K und 908 K. Die äußeren Kanten des Hecks trugen rechts und links einen schmalen Spoiler.

Das höhergezogene Achterteil des Fahrzeugs erhöhte zwangsläufig die Frontalfläche, die jetzt 1,55 qm betrug, ebenso stieg der c_w-Wert auf 0,464. Mit Porsche-Maßstäben gemessen, waren dies außerordentlich hohe Werte.

Dafür hatte man das Gewicht des Zwölfzylinders vermindern können. Die Karosserie des 917 K war um gut 14 kg leichter geworden, desgleichen der Rahmen, nachdem einige Träger weggefallen waren, die zuvor die Heckverkleidung tragen halfen. Dies alles machte so viel aus, daß man in Daytona sogar Ballast an Bord nehmen mußte, um das Mindestgewicht von 800 kg zu erreichen!

Am 14. November 1969 beantragte Porsche die

Piloten, die erfolgreich auf Porsche fuhren (obere Reihe): Brian Redman, Jo Siffert, Pedro Rodriguez, Peter Gregg sowie (untere Reihe) Leo Kinnunen und Björn Waldegaard.

Homologation der Änderungen, die von der F.I.A. akzeptiert werden mußten, damit der Wagen in seiner neuen Form starten durfte. Der 917 war um 140 mm kürzer geworden und um 96,5 mm breiter, was auf die breiteren Reifen zurückzuführen war. Die J. W.-Autos rollten normalerweise auf Firestone-Pneus, Porsche-Salzburg bevorzugte Goodyear.

Ohne Zweifel fuhr sich der neue 917 wesentlich besser als die erste Version. Aber ein anstrengendes Vergnügen war es noch immer. Brian Redman sagte: »Wenn man ihn hart fuhr, ließ er einen schnell ermüden. Aber wir hatten mit dem 917 ja kaum Konkurrenz. Mit dem von Zeit zu Zeit auftauchenden Ferrari 512 konnte man nicht rechnen, und ich glaube, er ließ sich noch viel schwieriger fahren. Alle Ferrari-Piloten beklagten sich bitterlich. Am besten lief der Porsche auf schnellen Strecken wie Monza, Spa oder Daytona – da fühlte sich der 917 so richtig zu Hause.«

Um die Gefahr des Verschaltens zu bannen, hatte man dem Zwölfzylinder in der 1970er Saison ein Vierganggetriebe gegeben. Der erste Gang wurde zudem mit einer Sperre versehen, so daß man vom zweiten nur in den dritten gehen konnte. Die Gefahr, sich zu verschalten, lag großenteils auch an der Tatsache, daß Porsche seine Getriebe mit voller Synchronisierung versah – die meisten anderen Renngetriebe waren unsynchronisiert. Hier konnte es kaum passieren, daß der Fahrer in einen niedrigeren statt höheren Gang ging – in solchen Fällen ließ sich der Gang gar nicht einlegen, ohne daß man einen warnenden Schlag am Schalthebel verspürte. Beim Porsche merkte man erst beim Zurücknehmen des Fußes vom Kupplungspedal, daß man im falschen Gang war – und das war meist zu spät. Mit dem neuen Getriebe erhielt das Fahrzeug auch eine neue Kupplung, denn hier hatte es 1969 ebenfalls Ärger gegeben. Es war wieder eine Drei-Scheiben-Einheit, kam diesmal aber nicht von Fichtel & Sachs, sondern von Borg & Beck. Sie wies gesinterte Metallbeläge von 2,5 mm Stärke auf, war belastungsfähiger und hielt dementsprechend länger.
Verbesserungen hatte man auch am Kurbelgehäuse vorgenommen. David Piper hatte das seines Wagens in Kyalami während des Trainings schweißen müssen. Die Risse hatten ihren Ausgang an zwei runden Öffnungen genommen, durch die man die Ölfilter der Saugpumpen auswechseln konnte. Neu angefertigte Kurbelgehäuse entbehrten dieser Zugänge – die beiden Ölpumpen versetzte man an die Seite weiter oberhalb im Gehäuse. Geändert wurde auch die Führung der Auspuffrohre. Durch Windungen und Schleifen gab man jedem einzelnen Rohr die exakt gleiche Länge. Je sechs Rohre vereinigten sich zu einem Hauptrohr, und diese beiden »Tüten« ragten nun aus dem Heck heraus, nachdem der seitliche Auslaß – wie zuvor – nicht mehr gestattet war.

Während man 1969 die Zwölfzylinder noch mit 4,5 Liter Hubraum ins Rennen schickte, arbeitete man in Zuffenhausen bereits an einer 4,9-Liter-Version. Zu diesem Zweck konstruierte man eine Kurbelwelle, die eine Erweiterung des Hubes von 66 auf 70,4 mm zuließ, wobei die Länge der Pleuel von 130 auf 127,8 mm reduziert wurde. Auch die Bohrung wurde vergrößert, von 85 auf 86 mm, was insgesamt 4907 ccm ergab. Als Resultat erzielte man eine Leistung von 590 PS bei 8400 U/min, die gegen Ende des Jahres 1970 auf 600 angelangt war. Das Spitzendrehmoment des 4,9 Liter ermittelte man mit 29,3 kpm bei 6500 Touren.
Mit seinem modifizierten Auspuffsystem war der neue 917 innen wie außen leiser geworden – der Wagen ließ sich jetzt durchaus ohne Ohrstöpsel chauffieren. Noch im November wurden die ersten Versuchswagen mit den neugestalteten Aufbauten zum Training nach Daytona geflogen. Gulf hatte die Rennstrecke für eine volle Woche für eigene Zwecke gemietet. Kein Fremder durfte bei den Testfahrten anwesend sein, selbst die Mitarbeiter des Daytona Speedway schickte man von den Tribünen und Boxen.
Als John Wyer am zweiten Tag in Daytona eintraf, fand er sein Team in schlechter Stimmung. Pedro Rodriguez war durch heftige Böen, die am ersten Tag herrschten, aus der Bahn und gegen eine Steilwand gedrückt worden, glücklicherweise aber unverletzt geblieben. Er, Jo Siffert, David Hobbs und andere Fahrer absolvierten einen 26-Stunden-Dauertest, um herauszufinden, wie sich die Fahrzeuge unter gleichen Bedingungen im ersten Hauptrennen der Saison 1970 verhalten würden.
Weniger geheimnisvoll ging es im Dezember zu, wo Porsche in Hockenheim den neuen 917 K der Presse vorstellte. Ein weißes Coupé mit dem Schwalbenschwanz-Heck bot etlichen Motorjournalisten die Gelegenheit, als Mitfahrer Eindrücke zu bekommen, wie es im Zwölfzylinder zuging. Die Vorführungen gaben Jo Siffert und Brian Redman, die 1970 und 1971 für John Wyer fahren sollten. Wyer brachte außerdem Pedro Rodriguez mit, den er von Ferrari abgeheuert hatte; später fügte der Brite seinem Team noch den Finnen Leo Kinnunen zu.

Um mit allen Feinheiten des 917 vertraut zu werden, begaben sich acht Wyer-Mechaniker zu einem Intensivkurs nach Zuffenhausen. Die Zeit wurde knapp, um alle Vorbereitungen für Daytona zu treffen – erst drei Wochen vor dem Rennen trafen die beiden vereinbarten 917 bei J. W. in Slough ein. Einen dritten Wagen brachte Wyer auf eigene Kappe nach USA.
Der Wagen 917-014 war für Siffert und Redman vorgesehen, 917-015 für Kinnunen und Rodriguez. Wyers 917-013 diente als Reservefahrzeug. Porsche-Salzburg war mit einem vierten Zwölfzylinder am Start, der Nummer 917-011, den Elford und Ahrens fahren sollten. Alle vier Coupés wiesen oberhalb der Frontscheibe ein zusätzliches, schmales Fenster auf – man hatte ermittelt, daß die flachen Wagen dem Fahrer zu wenig Einblick in die Steilkurven gaben, wo erfahrungsgemäß stets viel Andrang langsamer Fahrzeuge herrschte.
Der weiß-rot lackierte 917 K aus Salzburg erregte viel Aufsehen, doch die Gulf-Porsche stellten seine Leistungen in den Schatten. Sieger des 24-Stunden-Rennens wurde das Team Kinnunen/Rodriguez, Siffert/Redman wurden Zweite. Der Salzburger Wagen blieb mit einem gebrochenen Stoßdämpfer und demoliertem Tank auf der Strecke. Im Gulf Research Center präparierte

(Fortsetzung auf Seite 405)

Oben links: Paul Ernst Strähle im Abarth Carrera GTL, mit dem er 1962 beim Belzano-Mendoza-Bergrennen Zweiter wurde. Daneben ein 550-02, aufgenommen bei der Carrera Panamericana 1953. Der Wagen 108 ist der von Strähle/Linge pilotierte 356 B, mit dem 1960 die Tour de Corse gewonnen wurde.

Carel de Beaufort am Lenkrad eines Porsche Formel 2 (Typ 718/2), mit welchem er 1961 beim Großen Preis von Holland in Zandvoort antrat. Porsche hatte in jenem Rennen gegen schwere Konkurrenz zu kämpfen – die Fahrer Herrmann, Gurney, Bonnier und de Beaufort testeten neue Einspritzanlagen an ihren 1,5-Liter-Motoren und hatten wenig Chancen gegen die Phalanx aus Großbritannien, die seinerzeit in Europa tonangebend war.

Oben: Ein Porsche 904 Carrera GTS auf dem Rundkurs in Reims 1964. Das untere Foto zeigt einen Porsche 910 Sechszylinder auf seiner ersten Siegesfahrt beim 1000-Kilometer-Rennen auf dem Nürburgring im Jahre 1967. Die internationale Mannschaft Udo Schütz/Joe Buzzetta löste sich am Lenkrad ab.

Oben: Einer der fünf vom Werk gemeldeten 908 L, die 1969 in Daytona/USA auftauchten. In ihrer aggressiven Erscheinung sorgten diese Porsche in den Staaten für viel Aufsehen.

Oben: Auch der Porsche 914 nahm am Renngeschehen teil. Hier zwei der von Ralph Meany 1971 gemeldeten 914, die in Daytona Bestzeiten absolvierten. Rechts: ein Gulf-Porsche vom Typ 917 K, 1971 vom Team Siffert/Bell in Le Mans gefahren. Die gesamte Heckpartie des Wagens ließ sich nach oben klappen.

Nach einem Martini-Porsche wurde dieser 917 K (Startnummer 19), gesteuert von Attwood/Müller, beim 24-Stunden-Rennen von Le Mans 1971 Zweiter. Zum erstenmal in der Geschichte dieser Rennstrecke absolvierte ein Wagen einen Schnitt von mehr als 250 km/h – das Aufgebot der attraktiven 917 beunruhigte die Konkurrenz...

Rechts: Porsche RSR im 24-Stunden-Rennen von Le Mans 1973. Es war das 50. Jubiläums-Rennen auf dieser Strecke. Müller und v. Lennep wurden auf Wagen Nr. 46 Vierte im Gesamtklassement.

*Der Wagen oben links ist ein Porsche 908/03 Turbo 1973, aufgenommen in Watkins Glen. Rechts daneben der Sebring-Sieger von 1971, ein 917 vom Martini-Team. Das Fahrzeug wurde abwechselnd von Vic Elford – von Haus aus ein Rallyefahrer – und Gérard Larrousse gefahren.
Das untere Foto zeigt George Follmer im Porsche 917/10 Turbo, mit welchem er 1972 die CanAm-Meisterschaft gewann. In den USA liefen die Nennungen unter dem Importeurs-Patronat Porsche + Audi.*

Dramatik in einem typischen Foto von Julius J. Weitmann: ein Porsche 911 in der 4350 Kilometer langen East African Safari-Rallye. 1972 und 1974 konnten Porsche-Wagen je einen zweiten Platz in der Gesamtwertung erringen. Rechts: J. P. Nicolas am Lenkrad seines Porsche Carrera, mit dem er 1978 die Rallye Monte-Carlo gewann. Sein Beifahrer und Navigator war Vincent Laverne. Sie waren als Privatfahrer gestartet.

Ein Wagen, der neue Maßstäbe setzte: der Porsche 911 Turbo (oben). Rechts die rasante Aufnahme eines Porsche 928 auf dem Hockenheimring.

Mit diesem Porsche 924 Turbo unternahm ein österreichisches Team eine Weltreise. Die Fahrt führte über amerikanische Highways, heiße Saharapisten wie durch arktische Kältezonen in Nordeuropa. Als Durchschnittsverbrauch wurden 11,78 Liter pro 100 km ermittelt – über eine Gesamtdistanz von 37 279 Kilometern, für die das Team Lins/Plattner genau einen Monat Fahrzeit brauchte. Der »Tiroler Adler« bewies absolute Zuverlässigkeit in allen Situationen.

(Fortsetzung von Seite 392) man den Daytona-Siegerwagen gleich fürs nächste Rennen, das sechs Wochen später in Sebring stattfand; Siffert/Redman erhielten ein neues Auto.

Hans Mezger und seine Männer hatten während des Winters neue Vorderradnaben entwickelt, die man sofort an John Wyer weitergab. Sie beinhalteten Modifikationen an der Bremse und waren der Konstruktion der hinteren Naben angeglichen – allerdings hatte man bei Porsche nur wenig Zeit, sie ausgiebig zu testen. John Wyer wurde zwar darauf aufmerksam gemacht, aber seine Techniker vertrauten darauf, daß die Naben schon in Ordnung sein würden. Sie versprachen ein besseres Bremsverhalten und wurden deshalb unverzüglich in den Gulf-Porsche-Wagen eingesetzt. Die beiden österreichischen 917 behielten ihre ursprünglichen Naben.

Die verbesserten Ferrari stellten in Sebring eine große Herausforderung für Porsche dar. Als erste fielen die beiden Salzburger Zwölfzylinder aus, der eine wegen eines Unfalls, der andere wegen eines Schaltfehlers seines Piloten. Dann kam der 917 K von Siffert/Redman an die Boxen gehinkt. Eine der neuen Naben hatte sich gelockert, weil ein Bolzen abgeschert war. Es vergingen 25 Minuten, ehe der Schaden behoben war. Fünfmal in zwölf Stunden mußten die Wyer-Wagen wegen eines solchen Defekts an die Boxen; den letzten erwischte es nur wenige Minuten vor dem Ende des Rennens. Der einzig überlebende Porsche kam auf den vierten Platz, den Sieg trug einer der Ferrari 512 S davon.

Beim nächsten Rennen, das am 12. April in Brands Hatch stattfand, fuhren die Gulf-Porsche wieder mit den Originalnaben. Trotz schlechten Wetters gelang es den Porsche-Fahrern, sich die ersten drei Plätze zu sichern – ein Wyer-Fahrzeug ganz vorn, die anderen beiden waren Salzburger Nennungen. Anschließend wurde die neue Nabe bruchsicher gemacht, sie gab bei weiteren Einsätzen keinen Anlaß mehr zu Ausfällen. In Le Mans hatte Porsche mit starker Konkurrenz zu rechnen – Ferrari hatte den Beweis angetreten, daß man dem 917 nicht kampflos das Feld zu überlassen gedachte. Aus diesem Grunde hatten die Deutschen ihre Wagen noch schneller gemacht. Die Motoren hatten jetzt alle über 600 PS – aber man hatte auch eine neue Karosserievariante erprobt. Dies war eine Langheck-Ausführung, die auf den ersten Blick der des früheren 917 ähnelte, aber doch wesentliche Unterschiede aufwies.

Die Untersuchungen hatten hierfür nicht im Stuttgarter Windkanal stattgefunden, sondern im Eiffel-Institut in Paris. Der bekannte Aerodynamiker L. Romani hatte sich um die Formgebung der Rennwagen gekümmert, gemeinsam mit Charles Deutsch, früher Teilhaber der Sportwagenfirma Deutsch-Bonnet (DB), deren Fahrzeuge von 1962 bis 1967 in Le Mans recht erfolgreich waren. Seine Firma SERA half Porsche bei den Arbeiten, die Langheckform des neuen 917 zu entwickeln.

Türen, Dachpartie und Windschutzscheibe entsprachen dem bisherigen 917-Coupé. Auch die vorderen Kotflügel glichen denen des originalen 917. Die transparenten Abdeckungen der Frontscheinwerfer reichten indessen weiter hinunter, bis ganz vorn in die Bugspitze, die Lufteinlässe wurden schmaler gehalten. Die Trennung der mittleren Öffnung von den beiden an der Seite erhielt wieder einen stärkeren Akzent. Vom Cockpit an nach hinten wurden die Konturen des Aufbaus aber weich und kurvenreich. Er wölbte sich jetzt wieder voll über die Hinterräder bis zu einer ganz leicht aufwärts ragenden Abschlußkante; in einem ganz flachen Winkel verlief die rückwärtige Dachpartie des Cockpits zum Schwanzende des Wagens. Schlitze gab es in der rückwärtigen Abdeckung nicht, statt dessen zwei Öffnungen im Achterdeck, eine quer zur Fahrtrichtung mit aufgewölbten Lippen, durch die Luft für Motor und Gebläse hereinkam, und dahinter eine zweite, kleinere für die Kühlung des Getriebes und der Bremsen.

Am 15. Februar 1970 wurde diese neue Karosserie von der F.I.A. homologiert. Und zwar in zwei Varianten: einmal mit und einmal ohne Stabilisierungsflügel am Heck. Mit einem c_w-Wert von weniger als 0,30 und einer Motorleistung von 620 PS, so ermittelte man im Eiffel-Institut, würde dieses Coupé 400 km/h schnell sein.

Im März wurde von Porsche der erste 917 mit dem neuen Aufbau versehen, vier Wochen später sollte der Wagen nach Le Mans gebracht werden, um am Vortraining teilzunehmen. Vorher sollte Kurt Ahrens dieses Auto auf dem neuen Testgelände der Volkswagenwerke in Ehra-Lessien probefahren. Dabei ereignete sich ein Zwischenfall, der die Le Mans-Pläne vereitelte. Ein plötzlicher Regenguß verwandelte die Hochgeschwindigkeits-Teststrecke in einen Schleuderkurs, und das mit Reifen für trockene Fahrbahn ausgestattete Coupé geriet bei hohem Tempo aus der Bahn – der Wagen zerschellte nach einigen wilden Drehern an einer Leitplanke, wobei Kurt Ahrens glücklicherweise unversehrt blieb.

Es verblieben nur zwei Arbeitstage, bis das Vortraining in Le Mans begann. Die Zuffenhausener hatten keine andere Wahl, als in einer Frist von 36 Stunden einen kompletten neuen Aufbau für das SERA-Auto anzufertigen – und sie schafften es. In letzter Sekunde traf der Transporter in Le Mans ein, und Ferdinand Piëch legte noch letzte Hand an, um persönlich die Startnummer auf das Auto zu malen.

Der neue Langheck-917 war nicht der Star des Tages. Am Steuer saß Herbert Linge, der den Zwölfzylinder recht vorsichtig fuhr; das Wetter war wechselhaft und es regnete zwischendurch immer wieder. Einen zweiten Wagen hatte man mit der Langheck-Karosse früherer Zuschnitts versehen, dem auch die aufhängungsgesteuerten Klappen nicht fehlten. Erst als diese auch am 917 K montiert waren, trat Brian Redman voll aufs Gas und sorgte für eine neue Tagesbestzeit – mit 226,97 km/h. In diesem Trimm wollte John Wyer

Mit einem geänderten Kurbelgehäuse und einem neuen Auspuffsystem leistete der auf 4907 ccm aufgebohrte 912-Motor (86 × 70,4 mm) 600 PS bei 8400 Touren. Der Motor figurierte als 912/10. Die Auspuffrohre waren so geformt, daß sie alle die gleiche Länge aufwiesen. Die Fahrer rühmten dem Motor einen überraschend niedrigen Geräuschpegel nach.

seine Gulf-Porsche im Hauptrennen starten lassen. Auch prüfte er an jenem Wochenende die Talente zweier weiterer Fahrer, David Hobbs und Mike Hailwood; den bekannten Motorrad-Champion gedachte Wyer im Juni einzusetzen. Der 917 K, der in Le Mans so gut abgeschnitten hatte (Wagen Nr. 917-008), wurde kurze Zeit später zum Nürburgring gebracht, wo er auf der Südschleife einige Runden mit dem neuen 4,9-Liter-Motor drehte. Testfahrer Hans Herrmann saß am Steuer, Helmut Flegl leitete den Einsatz. Auf Veranlassung Ferdinand Piëchs setzte sich auch Paul Frère kurzzeitig ans Steuer. »Dieses Auto zu fahren, ist anstrengend«, berichtete er später, »und man muß in außerordentlich guter Kondition sein, wenn man den 917 einige Stunden lang in einem Rennen fährt.« Hierfür führte der Belgier nicht nur die physischen Kräfte an, die zur Beherrschung des Fahrzeugs schlichtweg notwendig waren, sondern auch den permanenten Zwang zu äußerster Konzentration, die ein Rennwagen dieser Motorleistung erforderte. Lenkung und Bremsen verlangten viel Kraft, sagte Frère, wesentlich verbessert aber habe man

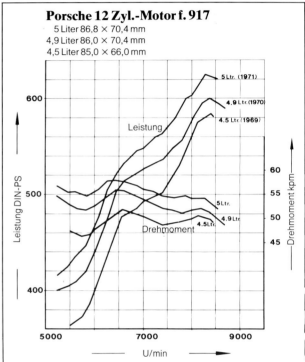

das gesamte Fahrverhalten, der 917 spiele einem keine Streiche mehr wie einst.

Paul Frère versuchte zu beschreiben, wie man sich fühlte, wenn man im zweiten Gang Gas gab: »Das muß man fühlen, um es glauben zu können. Ein normaler Autofahrer kann sich das überhaupt nicht vorstellen. Der Motor macht einfach »whuuuummmmm!« und der Wagen macht einen gewaltigen Satz, nach welchem man sofort in den dritten Gang gehen muß – das vollzieht sich aber in einer so kurzen Zeit, wie man sie benötigt, um die ersten drei Worte dieses Satzes zu lesen. Im dritten Gang das gleiche, aber schon mußte ich auf die Bremse, weil die nächste Kurve sich mit erschreckender Geschwindigkeit näherte...« Frère schätzte, daß der 917 K von Null auf 160 km/h keine 5,3 Sekunden brauchte. Und er wußte, wovon er sprach, denn er war ein erfahrener Rennexperte.

Vor Le Mans gab es noch vier Rennen zu bestreiten. Bei der Targa Florio und im 1000-Kilometer-Rennen kam der nicht mehr taufrische 917-003 anstelle des K-Wagens zum Einsatz, während man in Monza und Spa den 4,9-Liter-Motor erstmals öffentlich präsentierte. Je ein Fahrzeug der beiden Teams sollte die größere Maschine aufweisen, als das 1000-Kilometer-Rennen von Monza gestartet wurde, doch die J.W.-Crew hatte kurz zuvor ihren Motor wieder gegen das 4,5-Liter-Aggregat ausgetauscht, denn der große Motor verlor Öl. Mit ihrem gut eingefahrenen 4,9 Liter waren es daher die von Salzburg gemeldeten Fahrer Elford und Ahrens, die im Rennen den Ton angaben. Mit 244 km/h absolvierten sie eine neue Rekordzeit – dann aber mußten sie mit einem platten Reifen an die Boxen. Das war die Chance des »kleinen« 917 – und der Sieg gehörte dem Wyer-Team.

Beim Training zum Spa-Rennen am 17. Mai durchlebte Brian Redman einige bange Momente. »Bei höchster Geschwindigkeit schälte sich ein Reifen von der Felge. Ich bekam den größten Schreck meines Lebens!« Als sich der hintere Pneu selbständig machte, reagierte Redman instinktiv und verhinderte, daß sein Wagen gegen die stählernen Leitplanken schleuderte. Auch Siffert passierte ähnliches: bei ihm sprangen zweimal Vorderreifen von den vorderen Felgen ab. Wie sich später herausstellte, rutschten die Reifen auf der Felge. Nachdem man diese mit einem Sandstrahlgebläse aufgerauht hatte, trat Ähnliches nicht mehr auf.

Die Gulf-Porsche trugen am Heck zwischen den Heckteilen einen kleinen Zusatzflügel. Wie es hieß, sollte er den Luftwiderstand verringern helfen. In der Tat waren die Zwölfzylinder schneller als erwartet; Siffert/Redman gewannen das Rennen mit einem Schnitt von 240,46 km/h, gefolgt vom zweiten 917, den Rodriguez/Kinnunen pilotierten. Pedro Rodriguez fuhr einen unglaublichen Rundenschnitt von 258,34, das war glatt eine Viertelminute weniger als der schnellste Grand-Prix-Wagen, der hier je angetreten war. Die ersten acht Plätze teilten sich vier Porsche 917 und vier Ferrari 512 S. Die Markenweltmeisterschaft begann spannend zu werden.

Als der Start zum 24-Stunden-Rennen in Le Mans bevorstand, hatte John Wyer drei Gulf-Porsche parat, von denen zwei den 4,9-Liter-Motor aufwiesen. Bei allen Wagen handelte es sich um K-Modelle, aber jeder hatte ein anderes Heckteil. Es waren auch zwei Langheck-917 gekommen. Ihre Motoren – einer mit 4,5, der andere mit 4,9 Liter Hubraum – hatten keine Abdeckung; zwischen den beiden Heckflossen gab es einen in verschiedenen Stellungen arretierbaren Spoiler. Auch hatten diese Wagen breitere Räder. Der Längenunterschied zwischen dem 917 K und dem 917 L betrug etwa 62 cm.

Den 4,5-Liter-Wagen fuhren Larrousse/Kauhsen, den 4,9 Liter Elford/Ahrens. Beide Fahrzeuge waren mit Fünfganggetriebe ausgestattet. Als Idealzeit hatte der Computer dem 4,9 Liter mit L-Karosse 3:19;8 zugemessen, eine Zeit, die Vic Elford im Training nur um fünf Zehntelsekunden überschritt. Das entsprach einem Schnitt von 242,64 km/h. Auf der langen Geraden erwartete man eine Spitze von 385 km/h.

»Bei 320 wird der Wagen unruhig«, meinte Elford zum Fahrverhalten seines 917 L, »zum Glück gibt es in Le Mans nicht viele enge Kurven. Dafür kann man in der Mulsanne-Geraden ordentlich drauftreten, und bei der Bodenwelle am Ende, wo es kurz aufwärts geht, hat man regelrecht das Gefühl, der Wagen hebe ab!« Elford gehörte zum Salzburger Team. Der andere L war vom Martini-Team genannt worden – es war das erstemal, daß Martini vom Porsche 908 auf einen 917 umgestiegen war. Schon immer waren Martini-Autos durch gute Vorbereitung aufgefallen und durch originelles Dekor – hier in Le Mans indessen zeigte ihr Porsche ein so ungewöhnliches Farbdesign, wie man es bislang noch nicht auf einer Rennstrecke gesehen hatte. Auf tiefviolettem Grund rankten sich hellgrüne Ornamente mit weißen Konturen um den Aufbau. Anatole Lapine prägte hierfür den Namen »Hippie-Auto«. Man war in Zuffenhausen geteilter Meinung über solche Art von Kriegsbemalung; die einen waren begeistert, die anderen waren schockiert.

Es gab noch weitere Nennungen für Le Mans, wenn auch nicht alle gemeldeten Wagen am Start erschienen. David Piper sollte mit seinem privaten 917 kommen, teilte sich dann aber mit Gijs van Lennep einen 917 K, der dem AAW-Team gehörte. Steve McQueen wollte mit einem Wyer-Auto teilnehmen, um im Rennen für seinen neuen Film zu fahren, doch aus versicherungstechnischen Gründen mußte er von seinem Vorhaben Abstand nehmen. Rico Steinemann selbst wollte die 24 Stunden mitfahren, gemeinsam mit Dieter Spoerry, was aber auch nicht klappte. Steinemann fuhr nur das Training mit. Schließlich waren es noch sieben 917, die am 13. Juni 1970 in der Startreihe standen. Es gab jetzt nicht mehr den Sprint zu Fuß hinüber zum Wagen, sondern es saßen bereits alle Piloten angeschnallt in ihren Sitzen – sie starteten ihre Motoren, als Ferry Porsche die Startflagge senkte. 51 Wagen gingen auf die lange Reise, 24 davon kamen aus dem Hause Porsche...

Nebel und Regen forderten diesmal auf dem Sarthe-Kurs ihre Opfer. Mike Hailwoods nagelneuer Gulf-Porsche blieb auf der Strecke, Rodriguez fiel mit Gebläseschaden aus, Siffert verschaltete sich. Der Martini-917 litt in der Nässe unter Zündungsschwierigkeiten, der Elford/Ahrens-Wagen konnte die Fahrt in der 14. Stunde wegen einer gebrochenen Ventilfeder nicht fortsetzen. Eine gute Porsche-Plazierung erzielte das »Hippie-Auto«, gesteuert von Larrousse und Kauhsen mit einem zweiten Rang in der Gesamtwertung; der Wagen holte sich auch die Trophäe für den wirtschaftlichsten Kraftstoffverbrauch. Der einzige andere 917, der das Rennen in Wertung beendete, war der K-Wagen aus Salzburg – als Sieger! Hans Herrmann und Dick Attwood waren überglücklich. Von der neunten Position hatten sie sich langsam, aber sicher an die Spitze vorgearbeitet, die sie von der elften Stunde an unangefochten behaupten konnten. Porsche hatte seinen Le Mans-Sieg. Das Festbankett fand bei Kerzenlicht statt – durch Regen und Sturm war in Le Mans die Stromversorgung ausgefallen.

Die beiden siegreichen 917 wurden mit einer Polizeieskorte von Zuffenhausen in die Stuttgarter Innenstadt geleitet, wo man sie vor dem Rathaus parkte. Stürmisch wurden die Fahrer gefeiert, es gab einen Empfang der Stadt und einen »Großen Bahnhof« mit dem Oberbürgermeister Arnulf Klett. Die Stuttgarter hatten ihren Jubeltag. Besonderen Beifalls durfte sich Hans Herrmann als Sohn dieser Stadt erfreuen – der Le Mans-Sieg war eine echte Krönung seiner Karriere.

Noch waren die Rennen in Zeltweg und Watkins Glen nicht gelaufen. Herrmann verspürte keinerlei Neigung, diese Rennen ebenfalls zu bestreiten. Dennis Hulme sprang für ihn ein, der schon einmal einen 917 für die Salzburger pilotiert hatte. Und tatsächlich gewann Porsche die beiden letzten Läufe. Damit war die Marke in neun von zehn Rennen siegreich gewesen. In Watkins Glen sicherten sich Rodriguez/Kinnunen vor ihren Gulf-Kollegen Siffert/Redman den ersten Platz, in Zeltweg konnten sich jene dafür als Sieger feiern lassen. Porsche hatte die Markenweltmeisterschaft 1970 in der Tasche.

In Zeltweg hatte sich gezeigt, womit man in der kommenden Saison zu rechnen haben würde. Ferrari war mit dem stark verbesserten 512 M nach Österreich gekommen, und ein Dreiliter-Alfa vom Typ 33-3 absolvierte ebenfalls beachtliche Rundenzeiten. Zeltweg war auch das letzte Rennen, das Brian Redman zu fahren beabsichtigt hatte (gleichwohl war er einige Zeit später wieder dabei). Ihn ersetzte man durch den Briten Derek Bell. Auch Leo Kinnunen stieg aus; seinen Platz nahm Jackie Oliver ein.

Änderungen gab es auch bei den Salzburgern. Ihre beiden 917 verkaufte die Firma an das Martini-Team, als Dreingabe wechselte Vic Elford in

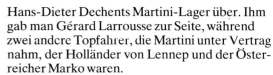

Links: 917 K in Spa (Siffert/Redman), darunter ein gleicher Wagen in Le Mans (Herrmann/Attwood). Unten der Daytona-Wagen mit der zusätzlichen Scheibe im Dach und ein Blick ins Cockpit des 917.

Hans-Dieter Dechents Martini-Lager über. Ihm gab man Gérard Larrousse zur Seite, während zwei andere Topfahrer, die Martini unter Vertrag nahm, der Holländer von Lennep und der Österreicher Marko waren.

Mit seinem 917 K, der dem finnischen AAW-Team gehörte, hatte sich van Lennep 1970 in der Interserie, einem Gegenstück zur amerikanischen Can-Am, einen zweiten Platz erobern können. Hier wurden in sechs verschiedenen Ländern zehn Rennen ausgetragen und zwar mit Rennsportwagen der F.I.A.-Gruppe 7, in der es keine Hubraumbeschränkungen gab (von 1970 an hatte man Sportwagen vom Typ des 917 von der Gruppe 4 zur Gruppe 5 herübergenommen). Sieger in der Interserie war ein anderer 917-Fahrer, Jürgen Neuhaus; sein K-Wagen wurde von der Firma Gesipa gesponsort. Da van Lennep und Neuhaus in der Gruppe 7 konkurrierten, brauchten sie auf die ursprüngliche Homologation nicht zu achten und fuhren mit den früheren

1970 versuchte Ferrari, dem Porsche den Rang abzulaufen – ohne Erfolg. Hier der Gulf-Porsche von Redman/Siffert in Watkins Glen 1970, verfolgt vom Ferrari 512 des Andretti-Giunti-Teams. Der Porsche kam auf Platz Zwei, die Italiener auf Platz Drei. Rodriguez/Kinnunen trugen den Sieg davon.

Dieses 917-Coupé mit langem Heck fuhren Vic Elford und Kurt Ahrens 1970 in Le Mans. Sieger wurden indessen Hans Herrmann und Dick Attwood auf einem Kurzheck-917, gefolgt von Gérard Larrousse und Willi Kauhsen auf einem 917 L. Die Karosserie des Wagens war bei der Firma SERA in Paris entwickelt worden.

zwei Kraftstofftanks, erkenntlich an den beiden Einfüllstutzen in der Fronthaube.

Das 1000-Kilometer-Rennen von Buenos Aires im Januar zählte 1971 mit zur Markenweltmeisterschaft. Hier und in den beiden folgenden Rennen in Florida verließ man sich ganz auf die bewährten Konstruktionen des Vorjahres, obwohl Neues in der Planung war. Man wollte aber kein unnötiges Risiko eingehen und sparte sich Verbesserungen am 917 für spätere Einsätze auf. Alle drei Rennen wurden von K-Modellen gewonnen, die ersten beiden von Gulf-Porsche, das dritte von Martini. In Argentinien hießen die Sieger Siffert/Bell, in Daytona Rodriguez/Oliver, in Sebring Elford/Larrousse. Ihre Wagen wiesen sämtlich den 4,9-Liter-Motor auf sowie Vierganggetriebe mit Ausnahme der Sebring-Wagen, wo man auf einen fünften Gang nicht verzichten wollte, wie später auch in Le Mans. In Daytona und Sebring sahen sich die Porsche-Männer erstmals mit den neuen Ferrari 512 M aus dem Penske-Stall konfrontiert, die sich als sehr schnell erwiesen – durch Unfälle jedoch ausschieden.

Der erste Meisterschaftslauf in Europa fand am 4. April in Brands Hatch statt. Einer der Martini-Wagen, ein von Larrousse und van Lennep gesteuerter 917 K, wies einen neuen Lufteinlaß für den Motor auf, den man im Stuttgarter Windkanal und anschließend auf dem Hockenheimring getestet hatte. Dies waren zwei Staudruckrohre, die je eine Zylinderreihe versorgten und mit ihren rechteckigen Öffnungen einige Zentimeter über die Dachlinie hinausragten. Die Staurohre ersetzten die Abdeckungen über den Einlaßtrichtern; sie bestanden aus Kunststoff und waren durch ein Aluminiumrohr miteinander verbunden.

Der um gut fünf Prozent erhöhte Luftwiderstand, den die Staurohre bildeten, war auf einer relativ langsamen Strecke wie Brands Hatch nicht von Bedeutung. Doch besondere Leistungen vollbrachte hier keiner der 917er. Auf dem schnelleren Monza-Kurs probierte man die »Ram-Charger« ebenfalls aus, benutzte sie im Rennen dann aber doch nicht. Damit waren sie von der Szene verschwunden, für immer.

Nach Daytona gingen die Versuche weiter, für den Kurzheck-917 eine geeignete Form der Heckflossen zu finden; die der Richtungsstabilität des Wagens dienen sollten, ohne den Luftwiderstand allzu sehr zu erhöhen. Man übernahm Flossen und Heckspoiler vom 908, wo sie sich gut bewährt hatten. Erstaunlicherweise ließ sich damit der c_w-Wert um 15 Prozent auf 0,39 senken. Beide Gulf- und auch die beiden Martini-Wagen, die am 1000-Kilometer-Rennen in Monza starten sollten, erhielten diese Modifikationen.

Für Monza, wo jedes PS Nutzen brachte, hatte man auch die 912er Motoren überarbeitet. Hier waren die Zylinderbohrungen um 0,8 mm erweitert worden, was einen Hubraum von genau 4999 ccm ausmachte – die äußerste Grenze des Erlaubten. Der V12-Ferrari-Motor hatte 4994 ccm. Die 92 ccm zusätzlichen Hubraums allein brachten aber noch keine spürbare Leistungssteigerung – sie wurde erst durch eine Beschichtung der Zylinderlaufflächen erzielt, die man bei diesem Motor in Nikasil (eine Nickel-Silizium-Karbid-Legierung) ausführte. Verminderte Reibungswiderstände erlaubten auch geringfügig höhere Drehzahlen, so daß man jetzt bei 8300 Touren auf 630 PS kam. Das Drehmoment wies einen Spitzenwert von 31,4 kpm auf. Wagen dieses Kalibers sicherten sich in Monza die ersten beiden Plätze.

Dann kam Spa an die Reihe. Hier, so meinte John Wyer, sei für ihn das feinste Rennen gelau-

Dramatisches Foto des 917 Langheck, der 1970 in Le Mans als »Hippie-Auto« auftauchte. Das blau-grün bemalte Coupé leitete eine Ära phantasievoll dekorierter Rennwagen ein, die ihre Wirkung nicht verfehlten.

fen, das sein Team je geliefert habe. J.W. setzte die Zwölfzylinder ein, die auch in Buenos Aires und Brands Hatch gefahren worden waren. Den 917-014 pilotierten Siffert/Bell, der 917-015 war für Rodriguez/Oliver vorgesehen, der 917-016 diente als Reservewagen. Und nur die Wyer-Autos wiesen die hochgetrimmte Maschine auf sowie die Monza-Flossen, die aber nur im Training verwendet wurden; man tauschte sie für das Rennen gegen normals K-Hecks aus, während das Martini-Team erstere beibehielt.
Im Training liefen die J.W.-Coupés störungsfrei. Es stand zu befürchten, daß die Pannen dann wohl im Rennen selbst auftreten würden. Nichts dergleichen geschah. Gleich von der ersten Runde an gingen die blau-orangen Gulf-Porsche in Führung und gaben sie während der 71 Runden nicht ein einzigesmal ab. Sie beendeten das Rennen sogar mit vier Runden Vorsprung vor dem nächstfolgenden Konkurrenten. Rodriguez und Oliver siegten mit einem Schnitt von 249 km/h – Spa war damit zum schnellsten Straßenrennen der Welt geworden. Siffert hatte eine Rekordrunde sogar mit 260,9 km/h absolviert. Mit solchem Tempo war vorher noch niemand durch die Ardennen gebraust . . .

Da in den zwei nächsten Großveranstaltungen – Targa Florio und 1000-Kilometer-Rennen auf dem Nürburgring – die Fahne Porsches durch den 908/03 hochgehalten wurde, konnte man die 917 in Ruhe auf die 24 Stunden von Le Mans vorbereiten. Wie üblich, sollte Porsche einige Überraschungen parat haben, und es war genauso Usus, daß man diese beim Vortraining zunächst testete.

Weder die Zuffenhausener noch Charles Deutsch hatten die Idee von einem idealen Langheck-917 zu den Akten gelegt. Ihnen lag daran, den L-Wagen zu einem beherrschbaren, in jeder Situation stabilen Wagen zu machen, der sich ohne Vorbehalte fahren ließ. Man war zu 17-Zoll-Reifen übergegangen anstelle der 15-Zoll-Pneus, die man anfänglich wegen des geringeren Luftwiderstandes verwendet hatte. Eine Verbesserung der Bodenhaftung aber schien wichtiger, besonders in Kurven. Breitere Reifen bedingten wiederum einen breiteren Aufbau, den man dann so ausführte, daß er die Räder hinten umschloß. Da die Le Mans-Strecke recht eben war, glaubte man die Federwege der Räder verringern zu können und somit auch die Höhe der Radkästen, was insgesamt niedrigere Kotflügel ermöglichte. Flache Schwanzflossen waren durch einen verstellbaren Spoiler verbunden, der Motor entbehrte einer Abdeckung. Auch vorn gab es Veränderungen. Die Nase wurde tiefergelegt und flacher gehalten, um so wenig Luft wie möglich unter den Wagenboden geraten zu lassen. Aus diesem

Grunde machte man den Ölkühler im Bug flacher und breiter. Auch die Öffnungen für die Kühlung der Bremsen wurden breiter, wodurch aber kaum mehr Platz für das bisherige Scheinwerfer-Arrangement verblieb – man setzte sie nebeneinander und verbreiterte die Plexiglashauben entsprechend.

Nur ein Wagen dieser Art kam zum Le Mans-Vortraining – um dort Geschichte zu machen. Jackie Oliver setzte sich ans Lenkrad des weißen Coupés, das optimal vorbereitet war und ging auf die Reise. Es herrschte bestes Wetter, Jackie war gut in Form. Erst später wurde ihm mitgeteilt, daß er der erste war, der mit einem Schnitt von mehr als 250 km/h den Sarthe-Kurs umrundet hatte – in einer Zeit von 3:13,6, entsprechend 250,46 km/h. Und der Motor seines 917 war noch der erste 4,9 Liter, nicht der neue.

Ein weiterer Testwagen, den man nach Le Mans gebracht hatte, sah aus wie ein 917 K, den man in einem Zerrspiegel betrachtete. Seine Karosserie war extrem breit, 221 cm an der breitesten Stelle. Bei unveränderter Spur saßen die Räder tief in den Radkästen versteckt. Die Nase des Wagens war ebenso tief und flach wie die des neuen 917 L, nur kürzer. Schnell hatte dieses Auto seinen Spitznamen weg, wie »Dicke Berta« oder »Trüffeljäger«. Seine offizielle Bezeichnung lautete 917/20, und der Aufbau war von der SERA in Paris entworfen worden. Der Wagen blieb ein Einzelstück, fuhr sich nicht besonders gut und blieb bei jenem Drei-Stunden-Rennen, das stets zum Abschluß des Le Mans-Vortrainings veranstaltet wurde, mit Zünddefekten liegen.

Noch ein dritter Flossen-917 K war in Le Mans zu sehen. Äußerlich sah er wie ein Monza-Wagen aus, doch unter seiner weißen Oberfläche verbarg sich ein neuer Rahmen – aus Magnesium anstelle Aluminium. Man testete dieses Fahrzeug im Hinblick auf eventuelle Einsätze in der Can-Am-Serie, bei der es kein Minimalgewicht gab. Es war zu verlockend, einen Wagen mit Magnesium-Rahmen zu bauen, ein Material, das nur zwei Drittel so viel wiegt wie Aluminium. »Frühere Versuche mit einem solchen Rohrrahmen auf dem Testgelände von Weissach verliefen entmutigend«, schrieb Paul Frère. »Der erste solche Rahmen, dessen Rohre die gleichen Durchmesser aufwiesen wie die des Alurahmens, bedurfte noch intensiver Weiterentwicklung und Verstärkung, um der Brüche Herr zu werden.«

Aufbauend auf den Erfahrungen mit jenem Chassis, baute man später ein zweites, das mit allen Verstärkungen nur 39,9 kg auf die Waage brachte. Mit anderen Gewichtseinsparungen an dem in Le Mans getesteten Leichtbau-Coupé kam man auf ein Gesamtgewicht von 764 kg, das waren 36 kg weniger als das vorgeschriebene Minimalgewicht für Gruppe-5-Wagen.

Piëch und seine Männer hatten genügend Vertrauen in ihre Konstruktion, um dem Fahrzeug einen Höchstgeschwindigkeits-Test zuzumuten. Man beschränkte ihn allerdings auf 15 Runden, zu fahren von Jo Siffert und Derek Bell. Um keine Vorurteile aufzubauen, verriet man den Fahrern nicht, daß ihr Testwagen ein leichteres Chassis hatte. Natürlich war jedermann, der nicht eingeweiht war, von den Fahrleistungen des Magnesium-Autos überrascht.

Anschließend verfrachtete man dieses Coupé

Zeltweg 1970. Der in Führung liegende Wagen Nr. 23, gesteuert von Jo Siffert und Brian Redman, wurde Gesamtsieger.

nach Weissach, um es auf der Rüttelstrecke vierzig Tage lang zu quälen, wobei in der Tat viele Teile brachen – aber kein Teil des Rohrrahmens. Das gab Porsche so viel Zuversicht, daß man noch ein weiteres Chassis auf Stapel legte (Nummer 917-053). Mit einer Flossen-Kurzheck-Karosse versehen, sollte es für Martini in Le Mans starten. Voller Erstaunen registrierte man bei der Abnahme vor dem Rennen, daß dieser Wagen

aufs Gramm genau dem Minimalgewicht entsprach und somit um rund 50 kg leichter war als der leichteste 917 K. Um das Gewicht nicht zu unterschreiten, hatte man dem Wagen einen zusätzlichen Öltank gegeben, so daß der Wagen ein Reservoir von insgesamt 55 Litern Schmierstoff an Bord hatte. 64 Prozent des Gewichtes lastete auf den Hinter- und 36 Prozent auf den Vorderrädern, ohne Treibstoff.

Drei weitere kurze 917 nahmen 1971 an den 24 Stunden von Le Mans teil, ein Flossenwagen von J.W. und einer des Zitro Racing Teams von Jaime Ortiz Patino sowie die »Dicke Berta«, ins Feld geschickt von Martini mit den Fahrern Kauhsen und Jöst. An diesem ungewöhnlichen Auto hatten sich wieder einmal die Künstler austoben dürfen – sie machten tatsächlich ein Schwein aus dem Fahrzeug, indem sie ihm einen rosa Anstrich gaben und »eßbare« Partien markierten. Es gab keinen Fotografen in Le Mans, der dieses Coupé nicht auf seinen Film bannte. Mit von der Partie waren auch wieder Langheck-Wagen, zwei unter der Flagge John Wyers, einer unter der Martinis. Sie – wie auch die »Dicke Berta« – wiesen kleine Ölkühler fürs Getriebe auf, während die Wyer-Coupés im Bug unterhalb der Scheinwerfer runde Öffnungen hatten, um zusätzliche Kühlluft hereinzulassen. Alle 917er waren mit den kleineren 4,9-Liter-Motoren bestückt, nicht mit den 5-Liter-Aggregaten.
49 Wagen gingen 1971 an den Start, 33 der Marke Porsche. Neben den 917 waren Exemplare der Modelle 911, 914, 908, 907 und 910 vertreten. In der großen Klasse standen den Porsche-Coupés fünf Ferrari 512 gegenüber, keiner allerdings als Werkswagen. Der schnellste von ihnen war ein Penske-Auto, gesteuert von Donohue und Hobbs. Zum erstenmal in der Geschichte der 24 Stunden gab es einen »rollenden« Start. An der Spitze des Feldes lagen fünf Stunden lang die Langheck-917. Der erste, der ausfiel, war der Martini-Wagen mit Elford am Steuer. Das Gebläserad seines Motors hatte sich gelockert und der Motor war heißgelaufen, ehe der Pilot den Schaden bemerkte. In Führung lag der Wyer-Porsche von Rodriguez/Oliver; sie hielten ihre Position bis in die elfte Stunde, während der von Siffert/Bell gefahrene dritte Langheck-Wagen mit Problemen an der hinteren Radaufhängung zurückfiel, ein Schaden, den die J.W.-Ingenieure indessen beheben konnten. Keiner der beiden Wagen aber überlebte die 18. Stunde des Rennens. Eine Vorsichtsmaßnahme wurde ihnen zum Verhängnis – an diesen Fahrzeugen hatten die Wyer-Leute nämlich zusätzliche Schläuche installiert, die als Zu- und Ableitungen des Öls vom Motor zum Ölkühler dienen sollten, weil man den Rahmenrohren, die hierfür bisher stets vorgesehen waren, nicht mehr recht traute. Nun, die Rahmenrohre hielten, nicht aber die Schlauchverbindungen . . .

In Zeltweg traten diese beiden 917 das letztemal unter der Flagge Porsche-Salzburgs an. Nach dem 1970er Rennen im Oktober wurden die Fahrzeuge an das Martini-Team verkauft.

Das »Schwein« lag an fünfter Stelle, als es in der elften Stunde wegen eines Unfalls ausscheiden mußte. Der Zitro-Wagen gab mit einem Getriebeschaden auf, und ein Getriebe-Problem war es auch, das den letzten Gulf-Porsche, pilotiert von Herbert Müller und Dick Attwood, an den Boxen viel wertvolle Zeit kostete. Von Platz Zwei fielen sie dadurch auf Platz Fünf zurück. In der 15. Stunde hatten sich Müller/Attwood wieder auf den zweiten Platz vorgearbeitet, den sie bis zum Finish nicht mehr abgeben mußten.
Die Pole Position aber hielten der Holländer van Lennep und der Österreicher Dr. Helmut Marko in dem ultraleichten 917-053. Sie hatten die Spitze in der 13. Stunde übernommen und zogen ruhig und gleichmäßig ihre Runden. Bei einem Boxenhalt sah man kurz nach dem Lüfterrad, um sich zu vergewissern, daß sich die Elford-Panne nicht wiederholte, und zweimal gab es einen Lichtmaschinenausfall, der auf gerissene Keilriemen zurückzuführen war.

So gelassen die beiden jungen Männer das Rennen fuhren, so groß war doch der Streß, dem sie unterlagen. »In einem solchen Rennen altert man um mindestens drei Jahre«, sagte Marko später. Als sie am Sonntagnachmittag um 16 Uhr die Ziellinie passierten, hatten sie zwei Runden Distanz zum nächstfolgenden Porsche herausgefahren und 31 Runden zum ersten Ferrari auf Platz Drei. In 24 Stunden hatten sie eine Strecke von insgesamt 5335,16 km zurückgelegt – ein absoluter Streckenrekord für Le Mans. Ihr Schnitt lag bei 222,30 km/h. Damit hatte Porsche 1971 wie 1970 Le Mans und die Markenweltmeisterschaft gewonnen.

Auch Zeltweg war wieder eine Porsche-Domäne. Hier gewannen Rodriguez und Attwood in einem Gulf-Porsche. Doch niemand ahnte, daß dieses Rennen das letzte für den tüchtigen Mexikaner sein würde. Zwei Wochen nach Zeltweg fuhr Pedro, der große, schnelle Wagen liebte, ein kleineres Rennen in einem geborgten Ferrari 512

Rechts: Der Porsche 917 hatte für das 24-Stunden-Rennen von Le Mans eine modifizierte Langheck-Karosserie erhalten. Allerdings konnte keiner der drei 917 L die gesamte Distanz durchhalten.

Unten: Charles Deutsch entwickelte diese 917-Langheck-Karosserie in seiner Pariser Firma SERA.

und verunglückte dabei tödlich. Unglückseligerweise war es Rico Steinemann gewesen, der Pedro diese Gelegenheit verschafft hatte, weil er ihm damit einen Gefallen erweisen wollte ...

In Zeltweg wie auch im nächstfolgenden Rennen in Watkins Glen waren die Wyer-Wagen mit besonders breiten Reifen bestückt. In jenem amerikanischen Rennen, das letzte zur Markenweltmeisterschaft 1971 zählende, hatte J.W. Automotive Engineering zwei Wagen laufen, die auf den hinteren Kotflügeln zusätzliche Lufthutzen aufwiesen. Diese hatte man wegen des Can-Am-Reglements angebracht, welches vorschrieb, daß die Reifen an ihren rückwärtigen Partien von den Kotflügeln verdeckt sein mußten. Da man die 917 auch in Can-Am-Läufen starten lassen wollte, aber eine mangelhafte Kühlung der Reifen befürchtete, half man sich durch jene Luftzuführungen in den verlangten Kotflügeln. Eine zusätzliche Windhutze in der Fronthaube des Wagens versorgte den Fahrer mit Frischluft.

Martini hatte die großen 917 nicht mehr im Einsatz, so sah sich Gulf mit seinen Zwölfzylindern allein in Watkins Glen. Zwar war David Piper ebenfalls mit seinem Wagen erschienen, gab aber schon bald nach dem Start auf. Und die Wyer-Autos erlitten eine unglaubliche Serie von Reifenpannen – fünfmal mußten die Wagen an die Box. So langte es nach einem siegreichen Alfa nur für den zweiten und dritten Platz. Beide Fahrzeuge und ein Reservewagen fuhren nächstentags im Can-Am-Rennen mit, wobei Gijs van Lennep als bester Porsche-Fahrer den neunten Rang erzielen konnte.

Ein einzelner blau-oranger Wyer-Porsche beteiligte sich gegen Saisonende noch an zwei weiteren Langstrecken-Rennen in Europa. Im 1000-Kilometer-Rennen von Barcelona wurden Bell

Unten: Mit den Fahrern Vic Elford und Gérard Larrousse sicherte sich Martini 1971 seinen ersten Saisonsieg im 12-Stunden-Rennen von Sebring. Der Wagen ist eine Kurzheckversion.

Links: Zwei Porsche 917 beim Brands-Hatch-Rennen 1971. Der Wagen links weist erstmals die zwei Lufteinlaßhutzen über dem Coupédach auf. Oben: Der in den Farben Blau und Weiß gehaltene Porsche 917 Kurzheck des Salzburger Teams, aufgenommen in Watkins Glen 1970.

Links: Der »Trüffeljäger« genannte Porsche 917/20 in rosaroter Kriegsbemalung, wie er 1971 in Le Mans erschien. Rechts: Dick Attwood/Herbert Müller in Le Mans 1971, wo sie Zweite hinter Hans Marko/Gijs van Lennep (Nr. 22) wurden.

Links: Im April 1971 erschien Porsche in Monza mit Fahrzeugen, deren Heckpartie flacher gehalten war und seitliche Stabilisierungsflossen aufwies. Rechts: Le Mans-Sieger 1971: Hans Marko/Gijs van Lennep auf Porsche 917 K.

und van Lennep Zweite hinter einem Lola T 212, und bei den 1000 Kilometern von Montlhéry Mitte Oktober trugen sie den Sieg mit einem Schnitt von 160 km/h davon.

Für 1972 war vorgesehen, daß die Markenweltmeisterschaft nur noch von Prototypen bis drei Liter Hubraum ausgetragen werden sollte. Die Zeit der Fünf-Liter-Wagen würde somit vorüber sein. Das hatte die F.I.A. aber schon 1969 angekündigt und Porsche wußte, als seine 917er entstanden, daß ihnen nur eine kurze Lebensdauer beschieden sein würde. Zwar wurde versucht, die Gültigkeit der Formel noch um zwei Jahre zu verlängern, auch im Interesse privater Teams, doch diesbezügliche Anträge lehnte die F.I.A. ab. Somit endete die Zusammenarbeit mit Wyer. Auch Rico Steinemann nahm seinen Abschied bei Porsche, kehrte 1975 indessen zurück – als Chefredakteur der weltbekannten Porsche-Zeitschrift *Christophorus,* die einst Richard von Frankenberg gegründet hatte.

Der Porsche 917 hatte in der Renngeschichte des Hauses eine außerordentliche Rolle gespielt. 37 Exemplare wurden insgesamt gebaut. Aber sie wanderten jetzt durchaus nicht auf den Schrott. Eine ganze Reihe wurde zu offenen Can-Am- oder Interserie-Roadstern umgebaut. Ein Wagen diente als »VIP-Schaukel« in Weissach – diesem Auto hatte man einen zweiten Sitz eingebaut, um Besucher über die Versuchsstrecke fahren zu können. Testfahrer Hubert Mimler pflegte mit diesem Wagen jährlich 3500 Sightseeing-Kilometer zu absolvieren. Etliche Exemplare wurden auch an private Sammler verkauft, so an Graf Gregorio Rossi di Montelera von Martini & Rossi und an Herbert von Karajan. Dieser hatte den Wunsch, daß man ihm einen 917 zum »normalen« Straßengebrauch umrüsten möge, ein Anliegen, das Porsche verständlicherweise nicht erfüllen konnte. Und die letzten 917 behielt Porsche selbst. Sie gehören heute der firmeneigenen Fahrzeugkollektion historischer Sport- und Rennwagen an.

Kapitel 26
Can-Am – die amerikanische Herausforderung

»Jede Kurve auf diesem Kurs haben wir überhöht, bis auf eine«, erzählte Helmuth Bott, »denn dadurch sparten wir 10 000 Mark ein. Jetzt nennt man sie Bott-Schikane, weil sie sich so schwer nehmen läßt.« Bott gab in Weissach den idealen Fremdenführer ab, denn er war es, der die Versuchsstrecke entworfen hatte. Zu diesem Zweck war er nicht rund um die Welt gereist, um an den schwierigsten Rennstrecken maßzunehmen, sondern er hatte sich die topografischen Verhältnisse des von Hans Kern und Ghislaine Kaes ausgewählten Geländes genau angesehen. »Viel Platz haben wir hier nicht«, hatte Bott gesagt, »aber wir werden entlang der Peripherie des Grundstücks eine Strecke bauen.«

Einer der wichtigsten Abschnitte ist die sogenannte Bergstrecke, 2890 m lang, weil sie S-Kurven und enge Kehren wie ein Alpenpaß aufweist. In die Mitte des Areals baute man den runden Schleuderkurs und eine Rüttelstrecke. 1971 nahm man zwei neue Streckenabschnitte in Betrieb, etwa 2520 m lang, aber überdurchschnittlich breit angelegt, die sogenannte Can-Am-Strecke. Eine sanfte S-Kurve und eine weite Schleife kürzten den langsameren Streckenteil ab, womit sich ein Rundkurs ergab, den man mit 185 km/h Schnitt umrunden konnte.

Hier wurden die schnellen Can-Am-Turbo-Porsche entwickelt. Im Herbst 1971 verlegte man die gesamte Rennabteilung nach Weissach, und es erwies sich als äußerst vorteilhaft, daß man die Can-Am-Piste unmittelbar vor der Haustür hatte. In jenen zwölf Monaten, die man für den Bau des aufgeladenen 917 brauchte, war Willi Kauhsen Stammgast in Weissach. Mehr als fünfzigmal kam er angereist, um Probefahrten mit dem Turbowagen zu machen. Die Erfolge in Road Atlanta, Mid-Ohio, Laguna Seca oder Riverside wären nicht denkbar gewesen ohne jene intensiven Versuchsfahrten auf dem Weissach-Kurs. Tausende von Kilometern absolvierten hier Kauhsen und auch Siffert und Donohue. Bevor die aufgeladenen 917er in den Jahren 1972 und 1973 in den Can-Am-Veranstaltungen Schlagzeilen machten, tauchte bereits 1969 ein privater Porsche-Zwölfzylinder am Start dieser Rennserie auf. 1969 stellte das vierte Jahr in der Can-Am-Geschichte dar. Die Rennen führten stets nur über 200 Meilen (322 Kilometer) und waren mit den europäische Langstreckenrennen, für die man den 917 ja konstruiert hatte, nicht zu vergleichen. Die nach Gruppe-7-Spezifikation gebauten Can-Am-Wagen mußten Kotflügel und gewisse Cockpit-Mindestdimensionen aufweisen – alles andere war so ziemlich freigestellt, auch das Motorvolumen. Zehn bis elf Rennen jährlich pflegten in den USA und in Kanada von Juni bis November stattzufinden.

Seit der Saison 1967 dominierten in der Can-Am die bulligen McLaren mit Chevrolet-Motor. Etwas Abwechslung in die Szenerie zu bringen, wäre jedermann recht gewesen. Daß aber ausgerechnet die Porsche + Audi Vertriebsorganisation auf den Plan trat, um die Can-Am neu zu beleben, schien verwegen.

Es war der Wunsch nach mehr »instant identity« für die Marken Porsche und Audi, der hier den Vater des Gedankens spielte. Eine Aufwertung des Marken-Image durch erfolgreiche Beteiligung am Motorsport ist ein Anliegen, so alt wie das Automobil. Durch Einsatz des 917 in der Can-Am gab Porsche + Audi diesem Spiel eine neue Variante.

Porsche und VW of America kamen 1969 überein, hier gemeinsame Anstrengungen zu unternehmen. Porsche sollte die Fahrzeuge stellen, die gesamte technische Unterstützung gewährleisten und für die richtigen Fahrer sorgen. Als bester Mann kam hierfür Jo Siffert in Frage. Das Renn-

Mark Donohue am Steuer eines Porsche 917/30 auf dem Mosport-Rennkurs. Der 5,4-Liter-Motor dieses Spyders entwickelte 1100 Pferdestärken.

Management übertrug man Richie Ginther, der sich zwei Jahre zuvor aus dem aktiven Rennsport zurückgezogen hatte und einen Tuning-Shop in Culver-City, Kalifornien betrieb. Der Porsche-Repräsentant für die amerikanische Westküste, John von Neumann, trat hier als Vermittler auf. Alles hatte man 1969 vorbereitet, um die Can-Am-Serie bestreiten zu können. Nur – das richtige Auto war nicht da. Erst Ende Juni, nach Le Mans, fand man bei Porsche Zeit, sich um den Bau eines speziellen 917 für die Gruppe 7 zu kümmern.

Um ausreichende Motorleistung war man nicht besorgt. Der 917 hatte längst den Beweis angetreten, daß er über genügend Pferdestärken verfügte, um in jedem Rennen beste Chancen zu haben. Nur am Fahrwerk, so schien es, mußte man Änderungen vornehmen, damit es fernab der Heimat nicht zu Ausfällen kommen konnte. Im 917 PA (die beiden Buchstaben galten als Abkürzung für Porsche + Audi) baute man die normale 4,5-Liter-Maschine von 580 PS ein, das Getriebe war das mit den fünf Gängen. Den Rohrrahmen verkürzte man am Heck um jene Streben, die für das anschraubbare Langheck notwendig gewesen waren und ersetzte sie durch eine pyramidenartige Konstruktion, ähnlich der beim 1969er 908/02 Spyder, nur daß beim 917 die oberen Rohre weiter auseinandergewinkelt waren, um die hintere Wagenverkleidung in voller Breite zu unterstützen. Die beiden Kraftstofftanks in den Seiten wurden durch einen dritten ergänzt, der rechts neben dem Motor saß und seinen eigenen Einfüllstutzen hatte. Damit erhöhte sich die Menge des mitzuführenden Benzins auf 190 Liter.

Man stattete den 917 PA mit den breitesten Rädern aus, die das Chassis vertrug – sie waren vorn 10,5 und hinten 17 Zoll breit. Anatole Lapine hatte das Design des PA ausgearbeitet und dazu weniger als drei Wochen gebraucht; dies war eine seiner ersten größeren Arbeiten seit seiner Übernahme der Porsche-Styling-Abteilung. Die Form des Wagens stellte eine Mischung zwischen der Kontur der Flunder (908/02) und dem Spyder mit seinem offenen Heck dar. Auch der 917 PA wies jene Klappen im Heck auf, die in Verbindung mit der Hinterradaufhängung standen. Vorn ähnelte der Can-Am-Wagen jenem 917, der nach Le Mans für Zeltweg gewisse Änderungen erfahren hatte. Es gab die kleinen dreieckigen Öffnungen in der Fronthaube für die Cockpitbelüftung und zwei große Lufteinlässe rechts und links vom Ölkühlerschlitz für die Kühlung der vorderen Bremsen. Da man in der Gruppe 7 keine Scheinwerfer verlangte, ließ man sie auch beim 917 PA weg. Wegen der breiteren Reifen mußte auch die Karosserie breiter werden – sie kam auf 2134 mm, das waren 255 mehr als beim Original-917. Aus Zeitgründen konnte man nicht viel Mühe darauf verwenden, dem Wagen einen ultraleichten Aufbau anzufertigen, so daß er eine »normale« GFK-Karosserie bekam, die das Wagengewicht auf 776 kg brachte. Das waren zwar noch immer 45 kg weniger als das Gewicht des Kurzheck-917, aber 90 kg mehr, als der McLaren auf die Waage brachte und der zudem noch 75 PS mehr Leistung hatte.

Neben dem Can-Am-Auto entstand noch ein zweites, identisches Exemplar, das aber nicht nach USA ging, sondern zu Versuchszwecken in Weissach verblieb. Es trug die Nummer 917-027, während der 917-028 als offizieller Porsche + Audi-Racer figurierte und am 6. August der Öffentlichkeit vorgestellt wurde. Schon zehn Tage später sollte er in Mid-Ohio sein erstes Rennen absolvieren. »Es ist nicht anzunehmen, daß unser Fahrzeug den großen Coup landen wird«, erklärte Rico Steinemann, »mit Sicherheit werden wir aber auch nicht zu den Langsamsten gehören.« Vor seiner Überstellung nach USA unterzog man

Die zwei neuen 917 PA (die Buchstaben stehen für Porsche + Audi) baute man bei Porsche 1969 im Hinblick auf die Can-Am-Serie. Oben der fahrbereite Wagen, unten das gleiche Fahrzeug kurz vor seinem ersten Einsatz in Mid-Ohio. Auf der gegenüberliegenden Seite ein Blick unter die abgenommene Karosserie. 1969 war der 917 PA indessen noch nicht in Hochform.

den Can-Am-Wagen in Weissach eingehender Prüfungen. Auch nahm man ihn nach Zeltweg mit, wie in Kapitel 25 beschrieben, um ihn auf der dortigen Rennstrecke mit dem 917-Coupé vergleichen zu können, wobei er die eklatanten Unterschiede im Fahrverhalten deutlich machte.
Als der Porsche + Audi-Can-Am-Wagen reichlich spät in der Saison zum Einsatz kam, dachte Zeuge wurde, wie Siffert das gleiche Malheur passierte. Der zweite Motor gab seinen Geist, wie ein Augenzeuge sagte, »in höchst eindrucksvoller und kostspieliger Weise« auf.
Man hatte bis zum Bridgehampton-Rennen zwei Wochen Zeit, ein Vierganggetriebe einzubauen und auch die Gangführung zu verbessern. Gleichzeitig schnitt man Kühlschlitze in die vorderen Kotflügel, um den Vorderradbremsen vor den Vorderrädern waren die größten, die man bisher am Porsche gesehen hatte, wahre Elefantenohren. Diese Dinger erwiesen sich als wenig praktisch; Siffert büßte einen ein, nachdem er Dan Gurney schon in der Einführungsrunde zu nahe kam. An den Boxen entfernte man daraufhin auch das zweite »Ohr« und Siffert fuhr seinen – untersteuernden – Wagen immerhin

sich der Sports Car Club of America (SCCA) als Veranstalter der Serie etwas Besonderes aus. Man verlieh dem Wagen die Startnummer 0. Alle anderen Nummern waren nämlich bereits vergeben, und man wollte den Porsche mit seinem prominenten Fahrer nicht als Schlußlicht numerieren. Im Mid-Ohio-Training qualifizierte sich der weiß-blau lackierte Zwölfzylinder auf Platz Sieben, wurde im Rennen indessen Vierter – kein allzu schlechter Anfang.
Weniger glücklich endete das Rennen für den 917 in Elkhart Lake am 31. August. Richie Ginther hatte die Absicht, ein paar Proberunden zu drehen, verschaltete sich prompt und überdrehte die Maschine. Sofort wurde ein Reservemotor installiert. Ginther atmete tief durch, als er mehr Kühlluft zuzuführen. Siffert erzielte in jenem Rennen einen dritten Platz; beim nächstfolgenden Rennen auf dem Michigan International Speedway wurde er Vierter, hätte aber bessere Chancen gehabt, wenn das Gebläse seines Motors nicht einen Schaden an der Antriebswelle erlitten hätte.
Man brachte den 917 PA anschließend nach Kalifornien und modifizierte dort seinen Bug etwas, um die Auftriebskräfte im Frontbereich zu vermindern. Zwei große Klappen in der Fronthaube sollten das Abführen der warmen Luft vom Ölkühler verbessern, die Schlitze in den vorderen Kotflügeln erweiterte man zu breiten Öffnungen, die man mit Drahtgeflecht abdeckte. Die Spoiler noch auf einen fünften Platz. Später verzichtete man auf die zerbrechlichen Spoiler von vornherein und versuchte in Culver City abermals, die Nase des Wagens zu verändern. Diesmal gestaltete man sie platt, nicht spitz, und montierte eine flache Schürze an die untere Kante, verzichtete aber nicht ganz auf zumindest erheblich verkleinerte Leitbleche.

Beim Riverside-Rennen am 26. Oktober konnte Jo Siffert nicht den Beweis erbringen, ob sich die Veränderungen am Wagenbug bewährten. Sein Motor verlor ständig Öl, der Zwölfzylinder wurde aus dem Rennen gewinkt. Blieb nur noch der Lauf in Texas am 9. November; hier wurde Siffert Vierter.

Nach Saisonende schickte man die Motoren und Getriebe nach Zuffenhausen zur Überholung, der Wagen selbst ging in Südkalifornien in den Winterschlaf. Der Porsche + Audi-Händler Vasek Polak nahm sich seiner an und traf Vorkehrungen, aus ihm einen Herausforderer für die kommende Saison zu machen. In Hermosa Beach wurde der Wagen Nr. 917-028 großen Veränderungen unterzogen. Polak verkürzte den Radstand, schnitt noch ein Stück vom Bug ab und stattete das Fahrzeug mit Girling-Bremsen und dem neuesten 4,9-Liter-Motor aus. Die Modifikationen reichten aber nicht aus, um Jo Siffert, den man 1971 mit einem neuen Can-Am-917 an den Start schickte, zu schlagen. Milt Minter, der den veränderten PA-Wagen fuhr, qualifizierte sich immerhin in sieben von zehn Rennen, wurde zweimal Fünfter und sammelte genug Punkte, um in der Can-Am-Wertung letztlich noch den sechsten Rang einzunehmen. Das bedeutete aber nicht das Ende des 917-028. Vasek Polak versah das Auto mit einem Turbo-Motor, bastelte erneut etwas an der Bugpartie herum und schickte den Wagen 1972 noch in die letzten Can-Am-Läufe. Sam Posey kam in Laguna Seca auf den fünften Platz, mußte in Riverside aber mit Getriebeschaden aufgeben.

Noch immer war dies nicht das Ende der 917-Saga. Der PA erhielt von Vasek Polak noch einmal einen neuen Aufbau mit einem Kohlenschaufel-Bug und riesigen Heckverkleidungen. 1973 ließ er den Wagen erneut in Laguna Seca antreten, gefahren von Brian Redman. »Der Wagen hatte einen 5,4-Liter-Turbo-Motor«, berichtete er später, »und mindestens 1100 Pferdestärken. Auf den kurzen Geraden beschleunigte er phantastisch.« Das Auto ließ den Piloten allerdings im Stich. In seiner fünften Saison war der 917 des Rennens offensichtlich müde geworden . . .

Auch der 917-027 wurde fleißig weiter eingesetzt. Ihm hatte man Ende 1969 den überarbeiteten 912-Motor verpaßt, als er im Dezember anläßlich des traditionellen Porsche-Pressetages in Hockenheim vorgeführt wurde. Brian Redman demonstrierte seine Fahrkünste und veranlaßte John Blunsden zu dem Kommentar, daß »es beim Beschleunigen im Kurvenausgang stets dazu kam, daß der Wagen mit dem Schwanz wie ein fröhlicher Terrier wedelte, wenn man nicht etwa einen Driftwinkel von 20 Grad einhielt. Erst hundert Meter danach korrigierte Redman den Kurs. Seine blitzschnellen Reaktionen sind bewundernswert.«

Dann diente Wagen Nr. 917-027 als Versuchsobjekt für einen neuen Motor mit 16 Zylindern. Dieser war eine Idee Ferdinand Piëchs, der für die Can-Am-Serie ein hubraumstärkeres Aggregat schaffen wollte. Auf dem 912 basierend, bot er gute Voraussetzungen hierfür; Hans Mezger nahm sich seiner an und ließ mehrere Varianten bauen. Zylinder, Kolben, Pleuel, Ventile, Lager übernahm man vom Zwölfzylinder, auch das Kurbelgehäuse, um zwei Zylinderbreiten erweitert, glich dem des 912. Die Kurbelwelle lief in zehn Lagern.

Mit einem Unterschied waren auch die Zylinderköpfe identisch: beim Sechzehnzylinder führten die Einlässe und Staudruckrohre nicht vertikal weg, sondern in einem Bogen zur Seite. Man gewann dadurch Platz oberhalb des Kurbelgehäuses für die große Bosch-Einspritzpumpe, die aus zwei Einheiten bestand und dem 908 entlehnt war. Ihr Antrieb erfolgte über einen Zahnriemen von der linken Einlaßnockenwelle. Wie beim 912, gab es zwei Zündverteiler.

1969/70 waren Teile für zehn solcher Motoren angefertigt worden. Mezgers Variationen unterschieden sich in Hub und Bohrung, so daß sich folgende Auslegungen ergaben:

Hubraum-Typ	6,0	6,6	6,7	7,2
Bohrung mm	85	86	86,8	90
Hub mm	66	70,4	70,4	70,4
ccm	5992	6543	6665	7166
DIN-PS	770	800	840	880
U/min	8400	8400	8300	8300

Das Gewicht der Motoren mit je 320 kg und ihr Verdichtungsverhältnis von 10,5 zu eins war bei allen gleich.

Nicht alle Leistungsangaben resultierten hierbei aus Prüfstandversuchen, denn nur zwei oder drei

Basierend auf dem Zwölfzylinder, konstruierte man in Weissach 1969 auch einen Sechzehnzylinder, der allerdings nicht zum Einsatz kam.

Rechts: Interserie-Champion Leo Kinnunen am Lenkrad des werkskarossierten 917 Kurzheck 1970. Auf der gegenüberliegenden Seite steuert Jo Siffert den ersten 1971 speziell für die Can-Am gebauten 917/10 in Elkhart Lake.

der Sechzehnzylinder konstruierte man voll durch und probierte sie auch im 917 PA aus. Die Aggregate erwiesen sich als äußerst zuverlässig. 1970 starteten die ersten Versuchsfahrten. Als Mark Donohue später in ein solches Fahrzeug stieg, war er sichtlich beeindruckt. »Viel hat man mir über den Motor nicht verraten, aber ich war der Ansicht, daß er das Zeug dazu hatte, den aufgeladenen Zwölfzylinder zu ersetzen, und wenn man ihn in Turbolader-Ausführung baute, wäre man sicher auf eine Leistung von 2000 PS gekommen!« Derweil war aber der Zwölfzylinder-Turbomotor schon soweit vorangeschritten, daß er an die Werte des größten Sechzehnzylinders herankam. Und man durfte noch mehr erwarten. Der 917 PA mit seinen sechzehn Zylindern (dem Motor hatte man nicht einmal eine eigene Entwicklungsnummer gegeben) war inaktuell geworden. Er war ein Rennwagen, der nie an den Start gelangte.

Die europäische Interserie war für Porsche nicht uninteressant. 1970 hatte diesen Wettbewerb ein 917 K-Coupé gewonnen, obwohl man nach Can-Am-Muster hier mit offenen Gruppe-7-Wagen antreten durfte. 1971 waren Martini und Gulf nicht mehr am 917 interessiert, so daß diese Fahrzeuge in den Händen ambitionierter Privatfahrer zu Interserie-Autos umfunktioniert wurden, auch Porsche mischte da fleißig mit. Am 2. Mai 1971 präsentierten die Zuffenhausener einige Spyder auf 917-Basis, die man im Auftrage dreier Teams gebaut hatte. In der äußeren Erscheinung glichen sie dem 917 PA von vor zwei Jahren, hatten jedoch eine kürzere Nase mit einer steil abfallenden Fronthaube und ein schräg nach hinten ansteigendes Heckteil.

Einen dieser Spyder fuhr Jürgen Neuhaus für das Heckersbruch-Team. Mit seinem gelb-rot gestreiften Wagen plazierte er sich in drei Läufen jeweils als Vierter. Das Gesipa-Team, dem Neuhaus zuvor angehört hatte, erwarb einen weiteren 917 Spyder, den Michael Weber fuhr; dieses Fahrzeug hatte erst einen 4,5-Liter-Motor, dann den mit 4,9 Liter Hubraum (wie Neuhaus' Wagen) und schließlich 5,0 Liter. Weber wurde in der Interserie am Schluß Dritter, Neuhaus Sechster.

Der dritte 917 wurde in der Interserie 1971 indessen von Leo Kinnunen gefahren; sein blauweißer Wagen gehörte dem finnischen AAW-Team, so benannt nach seinem Boß Antti Arnio Wihuri. Kinnunen begann mit dem 4,9 Liter und war dann einer der ersten, die den 5-Liter-Motor erhielten. Er wurde der Gewinner der Interserie 1971, nachdem er auf seinem heimatlichen Keimola-Kurs im August den einzigen Porsche-Sieg herausgefahren hatte.

Die Interserie stellte für Porsche aber nur eine Art Zwischenspiel dar, denn für wesentlicher erachtete man die Teilnahme an der Can-Am. Ende 1970 hatte man beschlossen, für die amerikanische Rennserie ein spezielles Fahrzeug zu entwickeln auf der Grundlage des bewährten 917. Noch immer stellten die Vereinigten Staaten den wichtigsten Porsche-Markt dar, und es war selbstverständlich, daß man dort zu investieren hatte. 1972, so plante man, würde man voll in der Can-Am dabeisein, aber das Jahr 1971 wollte man nicht ungenutzt verstreichen lassen.

Wenn Porsche es ernst meinte, mußte ein neues Chassis konstruiert werden und dazu eine neue Karosserie. Man sah von Anfang an eine extrem breite Bereifung vor, wie sie Goodyear mit 15,7 x 15 und 9,4 x 15 anbot. Naben und Aufhängungen sollten dem letzten Stand entsprechen, den der 917 aufwies. Mezger entwarf einen Rohrrahmen, der kompakter und niedriger ausfiel als beim ersten Can-Am-Wagen. In seiner Struktur entsprach das Chassis des neuen, 917/10 getauften Autos dem normalen 917-Rahmen, war aber in etlichen Details verstärkt und auch vereinfacht. Die unter den seitlichen Kraftstoffbehältern (hier aus synthetischem Gummi) angebrachten Bodenbleche, seitlich hochgezogen, wurden mit den Rahmenstreben verschweißt, um dem ganzen Gefüge noch mehr Stabilität zu verleihen. Ein breiter Überrollbügel wurde als fester Rahmenbestandteil eingesetzt. Mit einem Radstand von 2300 mm entsprach das Chassis klassischen Porsche-Vorbildern. Die Spur fixierte man vorn auf 1620 mm und 1585 mm hinten. In seiner Gesamtlänge geriet der Wagen 76 mm kürzer als der 917 PA und maß 3833 mm. Damit entstand hier der kürzeste je gebaute Werks-917. Wegen seiner geringen Höhe kam der Wagen auf eine Frontalfläche von nur 1,465 qm und unterbot den PA-Wagen um sieben Prozent.

Mit seinen scharfen Karosseriekanten hatte der Can-Am-Spyder viel Ähnlichkeit mit dem 908/03. Nur sein Bug sah völlig anders aus und glich mehr jenem Auto, wie es letztlich in Kalifornien modifiziert worden war. Die Öffnung für den mittschiffs plazierten Ölkühler ragte als Schacht oben aus der Fronthaube heraus, daneben, etwas zurückgesetzt, befanden sich die kreisrunden Öffnungen für die Kühlluft der Vorderbremsen. Ästhetische Aspekte waren vollends jenen der reinen Funktionalität gewichen. Als Luftwiderstandsbeiwert ermittelte man 0,51 wie beim 908/03.

Im Frühsommer 1971 hatte man zwei solcher Wagen parat, um sie eingehenden Erprobungen zu unterziehen. In dem einen Wagen saß der Fünflitermotor mit 630 PS. Samt Fünfganggetriebe wog dieses Auto 743 kg ohne Kraftstoff. Aber es war noch immer nicht so stark und leicht wie ein McLaren. Deshalb ging man bei Porsche daran, zwei Richtungen zur Leistungssteigerung des 912-Motors zu verfolgen.

Einmal konnte man den Hubraum des vorhandenen Motors erweitern, aber die Konstruktion des Aggregats setzte da Grenzen. Wohl versuchte man es mit einer Aufbohrung auf 90 mm, was mit einem Hub von 70,4 mm 5374 ccm ergab und bei

einer Verdichtung von 10,5 zu eins zu einer Leistung von 660 PS bei 8300 U/min führte. Für die Interserie mochte dies reichen, auch für einige der Can-Am-Konkurrenten – einen McLaren vermochte Porsche damit kaum zu schlagen. Also mußte man die zweite Alternative durchdenken: Auflädung.

Schon Ferdinand Porsche hatte sich mit aufgeladenen Motoren beschäftigt, damals, als er 1923 zur Daimler Motoren-Gesellschaft kam und die Weichen für jene Motoren stellte, die später im S, SS und SSK/SSKL weltberühmt wurden. Porsche war auch verantwortlich für die Konzeption der aufgeladenen Motoren der Auto Union-Grand-Prix-Wagen der dreißiger Jahre, Ferry Porsche hatte während des Zweiten Weltkrieges einen mit Kompressor versehenen VW gefahren.

Konnte man aber den 912 aufladen, ohne daß er hochging wie eine Bombe? Würde der Prozeß in kontrollierbaren Größenordnungen verlaufen? Aufgeladene Motoren waren im Rennsport meist unerlaubt oder mit einem Formel-Handicap belegt worden. Nicht so bei der Can-Am. Hier gab es keinerlei Beschränkungen in dieser Hinsicht. Bis auf Gasturbinen konnte man jede Art von Antriebsaggregat an den Start bringen. So hatten schon 1966 einige der Can-Am-Lola aufgeladene Ford-Motoren; die Kompressoren stammten von Paxtron. Ohne besondere Erfolge fuhr Jackie Stewart damals solche Fahrzeuge in einigen Rennen an der amerikanischen Westküste; die Sache wurde wieder aufgegeben. Erst 1969 kamen Lader wieder ins Gespräch, in Verbindung mit Oldsmobile-Motoren, die der Amerikaner Bob McKee aus Chicago in zwei von ihm gefertigte Fahrgestelle setzte. Es fehlte Bob McKee aber am nötigen Kleingeld, um seine Fahrzeuge je rennbereit zu machen.

In Europa war es Michael May, von dem schon an anderer Stelle dieses Buches die Rede war, der Lader für Serienmotoren baute und anbot. Er nutzte die ausströmenden Auspuffgase, um mit ihnen ein kleines Turbinenrad anzutreiben, das wiederum ein Zentrifugalgebläse bewegte – bis zu 100 000 Umdrehungen pro Minute schnell. Es pumpte Luft zum Motor, die – mit dem richtigen Anteil Brennstoff vermischt – die Leistung beträchtlich zu erhöhen im Stande war. Das Prinzip ist einfach, aber seine Realisierung ist es nicht. Die beiden Turbinenräder zum Beispiel müssen stets im Einklang mit der Gassäule stehen, die sie

Oben links: Aerodynamische Versuche an der neuen Karosserie des 917/10 in Weissach, durchgeführt im Mai 1972. Rechts Mark Donohue, der diesen Wagen probeweise fuhr. Links die Heckansicht des Zwölfzylinders mit Abgas-Turbolader.

antreibt. Was bei langsamen Drehzahlen funktioniert, kann bei hohen Drehzahlen zu Pannen führen. Auch die unterschiedlich hohen Temperaturen müssen in den Griff bekommen werden. Und weil der Turbolader mechanisch nicht direkt mit dem Motor verbunden ist, gibt es Reaktionspausen bei allen Phasen einer Veränderung, also beim Gasgeben oder Gaswegnehmen, wobei diese verschiedenen Einflüssen unterliegen. Eine komplizierte Wissenschaft.

Als Michael May 1968 sein System so weit ausgearbeitet hatte, daß es einwandfrei arbeitete, griff BMW die Sache auf und bestritt mit einem May-getunten 2002 die Europäische Tourenwagen-Meisterschaft des Jahres 1969. Der Vierzylinder vermochte 280 bis 320 PS abzugeben.

Bei Porsche sah man aber nicht tatenlos zu, sondern nahm eigene Projekte in Angriff. Mit einem Zweiliter-901-Motor unternahm man in Zuffenhausen erste Turbolader-Versuche, ging dann aber gleich zum Zwölfzylinder über, weil die Verlockung größer war, in der Can-Am mitzumischen. Man baute einen Motor mit zwei Ladern,

je einen für sechs Zylinder: das Trägheitsmoment zweier kleinerer Gebläse war geringer als das eines einzigen großen, das hieß, daß kleine Einheiten schneller ansprachen, wenn Druck einsetzte.
Porsche bezog seine Lader von Eberspächer. Unter Hans Mezgers Leitung installierte man die Aggregate an einem 912-Motor; die Arbeiten führte Valentin Schäffer durch, ein begabter Ingenieur, dem zukünftig alle Arbeiten am Turbolader obliegen sollten. Sein erstes Experiment vollzog sich in recht simpler Art und Weise. Er leitete die Luft ohne Umwege in die Ansaugkrümmer; Überdruckventile verhinderten, daß der Druck zu groß wurde. Sie saßen an den Auspuffrohren, die von den beiden Zylinderreihen wegführten.
Die ersten Erfahrungen, die man mit einem solchen Motor machte, waren nicht die besten. Man setzte das Aggregat in eins der neuen Fahrgestelle (Nr. 917/10-001) und ließ Willi Kauhsen damit in Weissach ein paar Proberunden drehen. »Als ich Platz genommen hatte und den Motor startete, gingen überall die Fenster auf. Jeder wollte die Ausfahrt des ersten Turbo-Porsche mit ansehen. Aber ich kam höchstens 500 Meter weit.« Valentin Schäffers Arbeit wurde erschwert durch ein Feuer, das an seinem Arbeitsplatz ausbrach und einen Teststand unbrauchbar machte. Das warf ihn um drei Monate zurück. Dennoch schaffte er es, im Sommer einen zuverlässig laufenden Motor parat zu haben, den Jo Siffert in Weissach und in Hockenheim testete. Er fand, daß die Reaktion aufs Gasgeben noch viel zu langsam einsetzte. Kam er aus einer Kurve heraus und trat das Pedal nieder, vergingen einige Sekunden, bis er durch einen kräftigen Stoß

in den Rücken zu spüren bekam, daß der Turbolader wirksam wurde. Umgekehrt blieb die Leistung viel zu lange stehen, wenn Siffert den Fuß vom Gas nahm und mit der erwarteten Verzögerung rechnete. Mehr als einmal landete der weiße Porsche im Out, ohne daß Siffert etwas dagegen tun konnte.

Während man diese Versuche unternahm, war die 1971er Can-Am-Saison in vollem Gange. In den ersten beiden Läufen war weit und breit kein Porsche zu sehen gewesen. Zuffenhausen war sich nicht darüber im Klaren, ob es überhaupt noch Zweck hatte, in diesem Jahr mitzumachen.

Der einbaufertige Zwölfzylindermotor mit Abgas-Turbolader.

Jo Siffert hingegen hatte feste Pläne. Er wandte sich an Steinemann mit der Bitte um Unterstützung. Auf eigene Kosten wollte er einen Fünfliter-Wagen drüben fahren, wenn man ihm ein Fahrzeug zur Verfügung stellte.
So vertraute man dem schnurrbärtigen Schweizer das Auto Nr. 917/10-002 an. Er bezahlte den Transport nach Amerika und trug auch alle anderen Kosten. »Siffert konnte sich aus der Büchse ernähren, wenn er dadurch die Möglichkeit hatte, einen besseren Wagen zu fahren,« sagte Rico Steinemann. »Er gab seine letzten Franken aus, um jenen Wagen in der Can-Am antreten zu lassen.« Zuerst hatte es ausgesehen, als ob Siffert Unterstützung von Gulf bekäme, dann aber blieben die Mineralöl-Leute dabei, McLaren weiter zu unterstützen. Etwas Hilfe erhielt der Schweizer dann von STP und Marlboro, und in der orangen STP-Lackierung erschien sein Zwölfzylinder auch am 25. Juli in Watkins Glen. Sifferts Mechaniker Edi Wyss und Hugo Schibler kümmerten sich in vorbildlicher Weise um das Fahrzeug, mit dem Siffert von Rennen zu Ren-

nen zog. Und der Wagen hielt sich wacker. In Watkins Glen erzielte der Schweizer einen dritten Platz, in Mid-Ohio und Elkhart Lake wurde er sogar Zweiter. Im Donnybrooke-Rennen (Minnesota) kam er nur auf den fünften Platz, weil ihm in der letzten Runde der Sprit ausging. Bei Richie Ginther in Culver City wurde der 917/10 anschließend für das Rennen in Edmonton (Kanada) präpariert. Dort wurde Siffert Vierter, in Laguna Seca anschließend Fünfter. In der Can-Am-Rangliste des Jahres 1971 rangierte er an vierter Stelle, und damit war seine Rechnung aufgegangen: er hatte einen Überschuß von 260 000 Schweizer Franken erwirtschaftet. Viel sollte er davon nicht haben: Bei einem Formel-1-Rennen in Brands Hatch am 24. Oktober des gleichen Jahres erlitt er einen tödlichen Unfall. Seinen Can-Am-Roadster ließ man im letzten Lauf in den USA, der am 31. Oktober in Riverside angesetzt war, nicht antreten.

Der Verlust Sifferts traf Porsche zutiefst. Seit 1966 war der sympathische Schweizer der Firma verbunden gewesen und man hatte eine ausgezeichnete Zusammenarbeit praktiziert. Siffert hätte 1972 auch die neue Can-Am-Serie fahren sollen; jetzt mußte Rico Steinemann sich einen anderen Fahrer hierfür suchen. Auch Piëch hatte viel von Siffert gehalten, da er aber im Herbst 1971 von seinem Posten zurücktrat, lag es in der Verantwortung Dr. Ernst Fuhrmanns, die Can-Am-Aktivitäten für das Jahr 1972 zu bestimmen. Porsche suchte erneut unabhängige Teams, unter deren Flagge ihr 917/10 eingesetzt werden sollte. Einmal kam da John Wyer in Frage, der auch mitgemacht hätte, doch sein Sponsor Gulf war bereits mit McLaren liiert. Dann war da das Roger Penske-Team mit Mark Donohue als Starpilot. Der Amerikaner hatte nicht nur von McLaren, sondern auch von Lola und Chaparral Angebote erhalten, daß man ihm fahrfertige Autos ohne jegliche Kosten an den Start stellen würde – auch Porsche wollte Penske einen Wagen ohne Berechnung überlassen, wenn er dies wünschte. Wie kam es, daß Roger Penske so favorisiert wurde? Das amerikanische Team, in Newtown Square, Pennsylvania, beheimatet, hatte sich an der Can-Am seit 1969 nicht mehr beteiligt und damals auch nur einen einzigen Lauf absolviert. Donohue hatte von 1966 bis 1968 in Penske-präparierten Fahrzeugen alle Rennen bis auf zwei gewonnen; als es dann abwärts ging und man 1969 mit dem einzigen Auftritt Schiffbruch erlitt, wollte man so lange aussetzen, bis man ein Super-Fahrzeug zur Verfügung hätte, um mit Erfolg weitermachen zu können. Inzwischen konzentrierten sich die Penske-Männer auf die Trans-Am-Meisterschaft, die sie 1968 und 1969 auch gewannen.

Porsche war für Penske 1970 eine unbekannte Größe. Chaparral, Lola, McLaren sagten ihm mehr. Mit Ferrari hatte er nicht die besten Erfahrungen gemacht, so daß ihm die Europäer ohnehin suspekt waren. Dennoch, den Amerikaner reizte das Ungewöhnliche an der Ausstrahlung eines Porsche. »That's something special«, meinte der damals vierunddreißigjährige Penske, dessen graue Schläfen ihn älter aussehen ließen als er war. Früher hatte er selbst Rennen gefahren, sogar sehr erfolgreich und auch auf Porsche, bevor er auf Maserati und Chaparral umstieg.

Der Geschäftsmann Penske ging behutsam zu Werke. Er schuf eine solide Basis für eine zukünftige Zusammenarbeit mit der Porsche+Audi-Division, indem er erst einmal eine VW-Vertretung eröffnete. Das erleichterte die Gespräche auf höheren Ebenen. Und es überraschte Penske nicht, daß man ihn anläßlich des Le-Mans-Rennens im Juni 1971 zum Lunch einlud: Ferdinand und Louise Piëch eröffneten dem Amerikaner, daß sie sich freuen würden, wenn er 1972 die Can-Am mit Porsche bestritte.

Roger Penske ließ sich Zeit mit seiner Entscheidung. Er jettete mehrmals zwischen Europa und USA hin und her und führte auch eingehende Verhandlungen mit Porsche+Audi, denn der Name dieser Institution sollte deutlich lesbar auf den Can-Am-Fahrzeugen zu sehen sein. Am 2. August kam dann die offizielle Pressemitteilung heraus, in der es hieß, daß Porsche 1972 in der Markenweltmeisterschaft nicht mehr konkurrieren wolle und sich statt dessen auf die Interserie und die Can-Am zu konzentrieren beabsichtige. Daß Roger Penske der Partner Porsches sein würde, gab man erst am 16. November bekannt. Der Kontrakt wurde für 1972 und 1973 geschlossen. Penske hatte als Sponsor die amerikanische Zigarettenmarke L&M gewinnen können.

Um den Can-Am-Wagen für 1972 fertigzubekommen, war noch viel zu tun. Daß man mit dem Siffert-Auto gegen die leistungsstarken Herausforderer nicht antreten konnte, lag klar auf der Hand. Umso stärker widmete sich Porsche dem Turbolader.

Wieder unterzog man zuerst die Karosserie neuen Modifikationen, die im Windkanal getestet wurden. Entscheidend war nicht eine Reduzierung des c_w-Wertes, um ein außerordentlich schnelles Fahrzeug zu bekommen. Vielmehr ging es um die Vermehrung der Anpreßkräfte im Frontbereich des Wagens, um größtmögliche Kurvengeschwindigkeiten zu gewährleisten. Auch an den Hinterrädern konnte man den Anpreßdruck verbessern. Im Endergebnis bekam der Zwölfzylinder eine kurze Stupsnase und einen zwischen zwei Flossen über die ganze Breite des Wagens gehenden Heckspoiler. Einige solcher Wagen baute man auch für Privatfahrer, die damit in der Interserie antreten wollten; das erste Rennen hierfür sollte bereits am 3. April auf dem Nürburgring stattfinden. Mit dem 5- oder 5,4-Liter-Motor (den nur wcnige Auserwählte erhielten) kam der Wagen auf ein Trockengewicht von 725 kg.

Der 917/10 war kein billiges Auto. Die zahlreichen Neuerungen schlugen im Preis zu Buche. Selbst für den »gebrauchten« Rennwagen Jo Sifferts, den Willi Kauhsen erwarb, mußte dieser 200 000 Mark auf den Tisch legen. Er setzte den Wagen in der Interserie ein, nachdem er die Karosserie gemäß den letzten Weissacher Erkenntnissen geändert hatte. Einen nagelneuen 917/10 mußte man 1972 mit 250 000 Mark bezahlen; solche Fahrzeuge erwarb der Finne Wihuri für Kinnunen, das Boeri-Sport-Team für Ernst Kraus, Vasek Polak für Milt Minter und Peter Gregg für sich selbst.

Den ersten Wagen der neuen Reihe, Nummer 917/10-001, behielt man in Weissach und führte ihn Mark Donohue und Penskes Renn-Ingenieur Don Cox vor, als diese Ende Oktober dem Entwicklungszentrum einen ersten Besuch abstatteten. Donohue erfuhr, daß Kauhsen den Weissacher »Can-Am«-Kurs in 50,5 Sekunden umrundet habe und wollte diese Zeit natürlich unterbieten. »Die Deutschen sind zähe Leute«, schrieb er später über diesen Versuch, »von jedem verlangen sie immer das Äußerste.« Aber er entsprach in dieser Beziehung offenbar den Erwartungen seiner Gastgeber – und absolvierte eine Runde in 49,7 Sekunden.

Drei Tage hatte Donohue in Stuttgart bleiben wollen – er blieb drei Wochen. Er wie auch Penske hatten sich keinerlei Vorstellungen gemacht, wie man hier Automobile konstruierte und baute. Er hatte Gelegenheit, so manches Vorurteil seiner Landsleute zu korrigieren.

Peter Falk (im dunklen Mantel) erklärt Besuchern das fahrfertige Chassis des 1972er Can-Am-Wagens 917/10.

Rechts: Der von der Schweizer Zeitschrift Powerslide zu Porsche übergewechselte Rennleiter Rico Steinemann.

Donohues Gesprächs- und Arbeitspartner wurde in der Hauptsache Helmut Flegl. Sie erprobten gemeinsam alle Chassis-Varianten des 917/10 und erzielten oft genug Übereinstimmungen in ihren Beurteilungen. Dann holte Donohue seinen Leibmechaniker John Woodard herüber. Der fünfundzwanzigjährige Oklahoma-Boy kannte Deutschland aus seiner Army-Zeit her und blieb vier Wochen in Weissach, um mit dem Can-Am-Wagen vertraut gemacht zu werden. Woodard hatte selbst schon Rennen gefahren und als Mechaniker Lola-, McLaren- und Ferrari-Wagen betreut. Der Manager Penskes, Chuck Cantwell, begleitete ihn nach Deutschland.

Die Versuche am Fahrzeug nahmen ihren Fortgang, zunächst mit dem unaufgeladenen Motor, den man parallel dazu entwickelte. Per Luftfracht schickte man in der ersten Dezemberwoche dann einen fertiggestellten Can-Am-Wagen (Nr. 917/10-003) nach USA, wo Mark Donohue die Gelegenheit wahrnehmen sollte, das Auto auf einigen der Can-Am-Strecken probezufahren. Als Antriebsaggregat wies der Spyder einen 5-Liter-Motor ohne Turbolader auf.

In Penskes Werkstatt begutachtete man das Auto, installierte noch ein dickes Verbindungsrohr zwischen den beiden Kraftstoffbehältern und montierte zu Versuchszwecken größere Heckflügel. Mehr gab es nicht zu tun. So nahm Donohue den Zwölfzylinder mit nach Road Atlanta in Georgia, wo er am 3. Dezember einige private Proberunden drehte. Zu seiner Beruhigung erwies sich der .003 als außerordentlich sicher und schnell. Nur mit der Vorderradaufhängung stimmte etwas noch nicht. Die Sturzveränderung beim Einfedern der Räder erwies sich als zu stark. Dies ließ sich ändern, und als Donohue nach Weihnachten erneut Fahrversuche unternahm, absolvierte er den Kurs in einer Zeit, die um eine Sekunde unter der besten bisherigen, von einem Can-Am-Wagen gefahrenen lag. Donohue teilte Flegl mit, was er am Wagen geändert hatte, so daß man in Weissach seine Erfahrungen auch bei den anderen 917/10 verwerten konnte. Weniger beeindruckt von der Road-Atlanta-Rundenzeit war Roger Penske. Er wies seine Mitarbeiter an, den Wagen vergleichsweise in Riverside Fahrversuchen zu unterziehen. Seine Skepsis bestätigte sich: Hier war der 917/10 um ganze fünf Sekunden langsamer. Man testete eine Reihe unterschiedlicher Spoiler und Klappen durch, aber ohne Erfolg. Meinte Donohue: »Grundsätzlich können wir an dem Wagen nichts ändern. Was wir brauchen, ist ein Turbomotor!«

An einem solchen Turbomotor hatten Mezger und Schäffer mittlerweile fleißig gearbeitet. Man hatte ermittelt, daß man an der Kurbelwelle und ihrer Lagerung nichts zu ändern brauchte; die Belastungen dieser Elemente veränderten sich durch die Auflading kaum. Eine Verstärkung erfuhr hingegen die Antriebswelle zur Kupplung, die man von 22 auf 24 mm brachte – dennoch zeigte sie Neigung zum Verdrehen, wenn der Turbolader voll einsetzte. Neue, flache Kolben mit nur ganz schwachen Ventiltaschen für die Ventilteller wurden angefertigt, die das Verdichtungsverhältnis auf 6,5 zu eins verringerten; die Aluminium-Zylinder versah man mit der bewährten Nikasil-Beschichtung.

Erstmals in der Entwicklungsgeschichte des 912 mußte man die Kühlkapazität des Gebläses anheben. Dies geschah durch eine Änderung der Übersetzung, so daß das Schaufelrad jetzt mit 1,12-facher (vorher: 0,9-facher) Geschwindigkeit der Kurbelwelle drehte. Der Luftdurchsatz wurde somit um dreißig Prozent erhöht und erreichte ein Volumen von 187 000 Liter pro Minute. Dafür mußten jetzt auch 31 PS herhalten, um das Gebläse anzutreiben, was aber in Anbetracht der Leistungssteigerung insgesamt von untergeordneter Bedeutung war.

Die Ventilsteuerzeiten entschärfte man durch Verwendung einer Einlaßnockenwelle, die der für den Auslaß entsprach mit dem gleichen Ventilhub von 10,5 mm. Die Steuerzeiten betrugen 80/100/105/75 Grad. Die Größe der Ventile behielt man bei, nur waren sie beim Turbomotor aus Titan, das Stück wog nur 68 Gramm. In den hohlen Schäften befand sich Natrium, außerdem hatte man die Schaftflächen der Auslaßventile verchromt, um die Gefahr des Festgehens zu vermindern.

Von Bosch kamen die beiden Kerzen pro Zylinder sowie die gesamte Zündanlage des Motors und die Kraftstoff-Einspritzanlage. Die Kolbenpumpen hatte man in ihren Durchmessern erweitert, um dem größeren Spritkonsum Rechnung zu tragen, der zu erwarten stand.

Die meiste Sorgfalt verwendete man auf die Konstruktion der Einlaßkrümmer. Die Einspritzdüsen verlegte man so dicht wie möglich an die Verbrennungsräume, wobei man in der Lage und Form der Drosselklappen etliche Varianten durchprobierte. Jeden Einlaßtrakt stattete man letztlich mit einer eigenen Drosselklappe aus, wobei die beiden Hauptkrümmer der Zylinderreihen durch ein Druckausgleichsrohr in Verbindung standen.

Zu beiden Seiten des Getriebes saßen die Turbolader. Sie glichen denen, die Eberspächer für Diesel-Lastwagen baute, nur daß die Wellen kugelgelagert waren. Jeder Lader wies seine eigene Ölversorgung auf. Die Auspuffgase, die sie antrieben, traten mit etwa 1000 Grad Celsius Temperatur ein. Die Luft, die unter Druck in die Verbrennungsräume gelangte, war rund 150 Grad heiß.

Eine variable Größe in jedem aufgeladenen Motor ist der Druck, mit welchem die Luft in die Einlaßkrümmer gepreßt wird. Beim 4,5-Liter-Motor betrug dieser anfänglich 0,9 bis 1,1 at – damit kam man auf mehr als 800 PS. Anfang Dezember 1971 ließ man einen Motor dieser Auslegung acht Stunden lang unter Vollast auf dem Prüfstand laufen – der darunter angeblich mehr litt als die getestete Maschine ...

Man hatte also ein gutes Gewissen, als man im Januar 1972 Penske einen solchen Motor hinüberschickte. Mit dem Turbo-912, so meinte Donohue, mußte man gewiß jene Fahrwerte erreichen, die man beim Riverside-Test so schmerzlich vermißt hatte. Wagen und Maschine waren Ende Februar so weit, einen neuen Probegalopp zu absolvieren. Es war recht kalt, als man

zu diesem Zweck nach Road Atlanta fuhr – so kalt, daß der Motor keinerlei Anstalten machte, anzuspringen. Der Wagen mußte angeschleppt werden. »Dann wollte das verdammte Ding immer wieder absterben«, schrieb Donohue später. »Ich legte ein paar Runden zurück und stellte schließlich fest, daß die Drosselklappen nicht richtig funktionierten. Entweder standen sie sperrangelweit offen oder sie waren zu.« Donohue schaffte es gerade noch, eine Runde mit jener Zeit zu fahren, die er früher mit einem normalen 4,5 Liter geschafft hatte – dann brach eines der Turbinenräder, Teile davon kamen in die Zylinder und aus war's.

Ein zweiter Motor kam per Luftfracht herüber. Flegl und Schäffer waren auch gekommen, denn am 20. März wollte man den rennbereiten Wagen der Presse und den Sponsoren vorstellen. Aber die Männer waren verzweifelt, als der Motor die gleichen Startschwierigkeiten zeigte wie im ersten Test. Am 9. April reiste Donohue erneut nach Weissach. In seiner Gegenwart – zeitweise war auch Penske dabei – wurde der Turbomotor überarbeitet. Man konzentrierte sich auf das Einspritzsystem und ließ sich von Bosch eine bessere Kraftstoffregelung entwickeln. »Endlich wußte ich: Jetzt stimmt's!« berichtete Donohue später, als man den Motor mit der neuen Pumpe im Wagen hatte. »Ich konnte Gas geben und spürte das mächtige Drehmoment, das mir zur Verfügung stand. Die Weissacher Can-Am-Runde absolvierte ich in 48,9 Sekunden. Ich sagte den Jungs: die Pumpe gefällt mir!« Donohue war glücklich, und die »glückliche Pumpe« diente als Baumuster für alle weiteren bei Bosch.

Valentin Schäffer hatte weitere Verbesserungen an seinem Turbomotor vorgenommen, die erst jetzt richtig zur Geltung kamen. Er hatte auf jeder Seite zwischen dem Einlaßkrümmer und dem Zuführungsrohr der komprimierten Luft eine zusätzliche Drosselklappe eingesetzt. Die Klappe

Links: George Follmer steuert den Porsche 917/10 Turbo mit seinem mächtigen Heckflügel. Follmer (rechtes Foto) und Donohue (unten) fuhren für Roger Penske den 917/10 in der 1972er Can-Am-Meisterschaft. Follmer verbuchte fünf Siege, Donohue einen.

arbeitete so, daß sie geöffnet wurde, wenn sich die Hauptdrosseln schlossen. Dadurch konnte der Druck in den Druckrohren entweichen, was den Schaufelrädern im Turbolader den Staudruck nahm, weil sie nicht mehr gegen geschlossene Einlässe arbeiten mußten. Man kam schneller wieder auf Leistung, wenn man beispielsweise nach einer Kurve erneut aufs Gas trat, weil die Laderdrehzahl durch diesen Kunstgriff während der Leerlaufphase weniger stark absank. Kleine Druckventile in den Zuführungsrohren gaben zusätzliche Sicherheit. Später setzte Schäffer auf die Einlaßkrümmer je zwei kleine Saugventile, die in Aktion traten, wenn der Lader auf langsamen Touren lief und somit weniger Luft für die Gemischaufbereitung zur Verfügung stand. Die Zufuhr atmosphärischer Luft wurde abgeschnitten, wenn der Turbodruck anstieg.

Bei den Interserie-Turbowagen kam man auf einen Ladedruck von gut 1,2 bis 1,4 at und eine Motorleistung von 840 bis 850 PS. Und da man keine Nackenschläge einstecken mußte, ging man bei Porsche daran, auch den 5-Liter-Motor mit Turbolader zu versehen. Im Mai hatte man in

neues Vierganggetriebe entstanden, das man in jeder Hinsicht stärker ausgelegt hatte als das des 917. Es wies die traditionelle Porsche-Synchronisation auf, hatte ein Magnesiumgehäuse und

Rechts: Charlie Kemp ging in die Saison 1973 mit einem ehemaligen Penske-Porsche 917/10 und gewann den Mosport-Can-Am-Lauf.

Unten: Leo Kinnunen fuhr für das finnische AAW-Team die 1972er Interserie-Meisterschaft heraus. Rechts Mark Donohue im 917/30 von 1973, in welchem er Porsche die Can-Am-Meisterschaft sicherte.

verlängerte man den Radstand des 917/10 um 16 mm. Vergrößert wurde auch das Aufnahmevermögen der Kraftstofftanks, denn der aufgeladene Motor hatte einen hohen Verbrauch – bei

Weissach Motoren auf dem Prüfstand, die 1000 PS abgaben. Dauerversuche mit diesem Aggregat rechtfertigten das Vertrauen, daß man diesen Motor durchaus in einem Can-Am-Spyder einbauen könnte.

Drei Motoren mit 5 Liter Hubraum erhielt Roger Penske, der sie noch 1972 einsetzte. Ihre Leistungen betrugen zwischen 894 und 918 PS bei 8000 U/min. Ernst Fuhrmann warnte: »Es ist nicht gesagt, daß diese Motoren im eingebauten Zustand die gleiche Leistung bringen wie auf dem Prüfstand. Die Luftverhältnisse sind draußen nicht so ideal wie auf der Bremse. So wird die Leistung wohl weniger als 900 PS betragen.«

Doch die Leistungen auf der Piste waren geradezu sensationell. Zwar gab es noch immer die kleinen Verzögerungen zwischen der Betätigung des Gaspedals und dem vollen Einsetzen der Kraft, aber dieser Wert war jetzt minimal.

Dem enormen Leistungszuwachs hatte man die Kraftübertragung anpassen müssen. So war ein

war mit dem Motor durch eine Dreischeiben-Kupplung von Borg & Beck verbunden. Den Anlasser hatte man von rechts vorn nach links hinten verlegt, neben das Getriebe, weg von den heißen Auspuffrohren. Ein separater Ölkühler regelte die Temperatur der Getriebeschmierung. Donohue bestand darauf, daß sein Wagen kein Differential bekam, sondern einen starren Durchtrieb aus Titan, er gedachte durch diesen direkten Antrieb die ganze Kraft des Motors voll zu nutzen. Und dann schockte er die Porsche-Ingenieure durch den Wunsch, daß man in seinem Getriebe auch noch den Rückwärtsgang entfernen möge. Man fragte ihn, was er zu tun gedenke, wenn er einmal einen Dreher machte und entgegen der Fahrtrichtung zu stehen komme – ob er fürs Wenden nicht einen Rückwärtsgang brauchte? »Ich werde dafür bezahlt, vorwärts zu fahren!« gab Donohue zur Antwort.

Um die verschieden langen Getriebe und die unterschiedlichen Motoren aufnehmen zu können,

einem 200-Meilen-Rennen nach Can-Am-Art lag er bei etwa 75 bis 85 Liter pro 100 Kilometer. In die Reservoirs konnte man insgesamt 330 Liter einfüllen, das langte für einen kompletten Lauf plus Reserve.

Letzten Schliff legte man an die Bremsen, denn sie hatten bei dem starken Wagen schweren Belastungen standzuhalten. Durch den leicht verspäteten Einsatz der Beschleunigung beim Niedertreten des Gaspedals mußte man Bruchteile von Sekunden Bremse und Gas gleichzeitig niedertreten, und solche Überanspruchungen führten schnell zum Sieden der Bremsflüssigkeit. Aus diesem Grunde verrippte man die Bremszylinder und auch die Bremssättel, zunächst an den Vorderrädern, später auch an den hinteren.

Wieder fanden Probeläufe in Weissach statt, gefahren von Kauhsen und Donohue. Man machte sich sogar die Mühe, einen McLaren zu mieten und ihn nach Weissach zu verfrachten, um Vergleichswerte zu ermitteln. Und während dieser letzten Testphase wurden am Porsche noch einmal eine große Zahl von Bauteilen abgeändert. Man vergrößerte die ohnehin reichlich dimensionierte waagrechte Heckfläche und versetzte sie mittels eines Auslegers um 43 cm weiter nach hinten. Zwei regulierbare Streben hielten den Spoiler und eine an dessen Hinterkante angewinkelte Klappe von unten her. Der Heckdeckel des Wagens war geschlossen und hatte nur zwei Auswölbungen für die beiden Einlaßkrümmer; vorn waren die Buckel offen und bildeten eine Einheit mit dem Überrollbügel. Das sah aus wie eine Kopfstütze, stellte aber den Lufteinlaß dar für die Kühlung des Krümmers. Dazwischen befand sich die kreisrunde Öffnung für die Luftzufuhr des Gebläses. Weitere Lufteinlässe versorgten das Getriebe; die Abgaslader holten sich ihre Luft seitwärts her.

Der Turbo-Porsche erhielt auch eine vollkommen neue Frontgestaltung. Mark Donohue nannte die Nase des Wagens »die gemeinste, wildeste und häßlichste Nase der Welt«. Für den Ölkühler hatte man eine rechteckige Aussparung in der Mitte angebracht, rechts und links davon schwangen sich die konkav geformten Kotflügel empor, mit je einer dichten Reihe von Schlitzen versehen. Die untere Kante der Kotflügel verband eine rechtwinklig abgesetzte schmale Leiste. Ferner hatte man vorn vier vertikale Platten angebracht, zwischen zwei von ihnen bewegten sich je zwei waagrechte Klappen. Im Windkanal meinte man, dadurch zusätzlichen Anpreßdruck erzielen zu können, doch in der Praxis erwiesen sie sich als nicht sehr wirkungsvoll. Auch größere Flügel – wie sie 1971 Lola ausprobierte – halfen nicht viel. So baute man sie wieder ab und ließ es bei der Form bewenden, wie sie jetzt festgelegt war.

Obwohl man im Verlaufe des Jahres 1972 auch anderen Besitzern eines 917/10 die neuen Karosserie-Elemente anbot, sah man sie zunächst nur bei einem Penske-Wagen. Und dieser wies eine weitere Besonderheit auf, die Porsche 1971 in Le Mans ausprobiert hatte: einen Rohrrahmen aus Magnesium. Damit glich man die Gewichtszunahme aus, die sich durch die Turbolader und das massivere Getriebe ergeben hatte. Mit Alu-Rahmen brachte der Gruppe-7-Porsche 780 kg auf die Waage, woran der Rohrrahmen einschließlich der Seitenbleche unter den Tanks

Einen »perfekten Rennwagen« nannte Donohue den 917/30. Unten das Cockpit seines Wagens, ein Blick auf das Fahrzeug bei abgenommener Karosserie und der Felgenaufsatz, den man in die Vorderräder gesetzt hatte, um die heiße Luft der Bremsscheiben abzuführen.

60 kg Anteil hatte; bei Verwendung von Magnesium statt Aluminium konnte man dieses Gewicht auf 45 kg drücken. Die Länge des Can-Am-Porsche betrug 4384 mm, die Breite über alles 2100 mm, die höchste Stelle der hinteren Flossen lag 1181 mm über dem Boden.

Nur ein Magnesiumrahmen wurde gebaut. Er gehörte zum Wagen Nr. 917/10-011. In einer privaten Testaktion führte ihn das Penske-Team am 31. Mai 1972 erstmals in Mosport vor. Anwesende Porsche + Audi-Vertreter waren enttäuscht, als sie des Wagens ansichtig wurden – vor allem vermißten sie ein markantes Auspuffgeräusch. Der Wagen war so leise, daß nur die Stopuhren verrieten, wie schnell er war. Mark Donohue hatte den Kurs in 1:13,4 umrundet – das war eine Zeit, die um volle drei Sekunden unter dem besten McLaren-Wert lag. Erst jetzt war sich Penske sicher, daß er ein schnelles Auto hatte. In einer Woche sollte es in seinem ersten Rennen starten.

Hätt es nicht kleinere Defekte gegeben sowie schließlich auch einen tragischen Unfall, dann hätte die 1972er Can-Am-Serie noch einen dramatischen Verlauf genommen. An jenem Rennen, das am 11. Juni in Mosport stattfand, mußten die McLaren-Leute mit Erstaunen feststellen, daß der Porsche Kurvengeschwindigkeiten hinlegte, denen kein McLaren M 20 gewachsen war. Donohue führte das Rennen mit Abstand, bis eines der Überdruckventile in den Einlaßkrümmern festging und damit die gesamte Gaszufuhr blockierte. Donohue mußte an die Boxen und konnte nur noch Zweiter werden.

Bevor das nächste Rennen in Road Atlanta stattfand, war das Penske-Team rechtzeitig dort zu Testfahrten erschienen. Mittlerweile war der Reservewagen mit der Nummer .003 mit einem aufgeladenen Motor und der neuesten Karosserie versehen worden. Mark Donohue hatte allerdings Pech: bei hohem Tempo löste sich der Spoiler, riß ein Stück der hinteren Wagenabdeckung mit sich und der Wagen machte einen Überschlag. Der Fahrer kam mit einer Knieverletzung davon. Das Chassis seines Fahrzeugs ließ sich nicht mehr richten.

Für das Rennen heuerte Penske George Follmer als Ersatzmann für den nicht einsatzfähigen Mark Donohue an, der noch vor seiner Einlieferung ins Hospital seinem Stellvertreter genau erklärte, wie der Porsche zu fahren sei. Mit dem achtunddreißigjährigen Follmer, der 1967 schon einmal in der Can-Am gefahren war, kam zwar ein fähiger Pilot ins Team, der allerdings noch nie in Road Atlanta gewesen war. »Und den 917 kannte ich erst recht nicht«, sagte er später, »das war ein rechtes Biest, mit einem konventionellen Wagen überhaupt nicht vergleichbar. Die physischen Anforderungen waren immens. Eine komplizierte Schaltung, ein widerspenstiges Gaspedal – an dieses Fahrzeug mußte man sich erst gewöhnen!«

Statt Follmer hatte man erst Peterson, Ickx oder Andretti haben wollen. Als Follmer beim Lauf in Watkins Glen nur Fünfter wurde, was die bisher schlechteste Porsche-Plazierung in der Can-Am-Serie darstellte, wurden Stimmen im Porsche-Lager laut, die nach seiner Ablösung riefen. Ferry Porsche, Huschke von Hanstein und eine deutsche Presse-Delegation waren herübergekommen, um einen Follmer siegen zu sehen. Er blieb ihnen den Beweis seines Könnens in den nächsten Läufen nicht mehr schuldig, denn in Road Atlanta, Mid-Ohiho, Elkhart Lake, Laguna Seca und Riverside wurde er jeweils Sieger!

Beim Donnybrooke-Rennen war Donohue wieder dabei. Obwohl es nicht Penskes Team-Politik war, in einem Rennen zwei Wagen mit- und gegeneinander starten zu lassen, willigte er ein, Donohue einen Wagen zu überlassen (Nr. .005), für den er nur das Chassis bezahlen mußte, alle übrigen Komponenten blieben Porsche-Eigentum. Betreut vom ehemaligen Werksmechaniker Karl Kainhofer, wurde Donohue mit diesem Fahrzeug Sieger in Edmonton, seinem zweiten Lauf nach seiner Genesung; in Laguna Seca wurde er Zweiter, in Riverside Dritter. Damit kam er noch auf den vierten Gesamtrang in der Can-Am-Meisterschaftswertung. Den zweiten Rang nahm Milt Minter ein, ebenfalls auf einem 917 (Wagen Nr. .006), der Vasek Polak gehörte und vom Elkhart-Lake-Rennen an einen Fünfliter-Turbomotor aufwies. Peter Gregg auf Wagen Nr. .007 wurde Neunter. Sein Wagen war der 4,5 Liter, ebenfalls mit Abgaslader versehen.

Noch bevor das letzte Can-Am-Rennen vorüber war, hatte man den Verkauf der zwei Penske-Fahrzeuge beschlossen. Sie wurden von Bobby Rinzler erworben, der 1973 beide Wagen mit Unterstützung einer Cola-Firma einsetzte. Für ihn fuhren George Follmer und Charlie Kemp. 135 000 Dollar gab Rinzler für die Autos aus. Für einen Fünfliter-Turbomotor allein hätte er bei Porsche 150 000 Mark zahlen müssen, für einen kompletten Wagen 400 000 Mark.

Das Donohue-Auto wurde Ende 1972 nach Deutschland zurückgebracht, um in Weissach gecheckt zu werden. Den internen Can-Am-Kurs vermochte das Fahrzeug in 48,3 Sekunden zu bewältigen – »es war ein bißchen schneller geworden als damals«, meinte Donohue.

Rinzler und allen anderen 917-Besitzern offerierte Porsche den neuesten Motor, den 5,4 Liter mit Abgasturbolader. Auf dem Prüfstand hatte man eine Spitzenleistung von 1560 PS erzielt, im Fahrzeug drosselte man das Aggregat auf 1100 PS bei 7800 U/min. Bei 6400 Touren ermittelte man ein Drehmoment von 58,6 kpm. Damit hatte Porsche den ersten Rennwagen der Welt auf die Räder gestellt, der mit einer vierstelligen PS-Zahl an den Start ging. Man gewöhnte sich schnell daran.

Die 1973er Can-Am-Saison begann mit einem Sieg Charlie Kemps in Mosport und George Follmers in Road Atlanta. Die beiden Rinzler-Piloten kamen am Schluß der Serie auf den vierten beziehungsweise zweiten Rang. Den dritten konnte Hurley Haywood einnehmen, ebenfalls auf Porsche – sein Wagen war jener, den 1972 Peter Gregg gefahren hatte. Vasek Polak hatte sein Fahrzeug an den Schweizer Hans Wiedmer veräußert, der damit an einigen der ersten Can-Am-Läufe teilnahm, dafür erwarb Polak einen neuen 917/10, den er Jody Scheckter anvertraute. Der Südafrikaner wurde in der Can-Am-Championship Sechster.

Der Polak/Scheckter-Wagen war einer jener drei neuen, die Porsche 1973 guten Kunden in die Hände gab. Ihre Nummern lauteten .017, .018 und .019 (drei Nummern hatte man in der Reihenfolge ausgelassen). Georg Loos erhielt einen dieser Zwölfzylinder, mit dem er in der 1973er Interserie auf den dritten Platz kam, während Leo Kinnunen sich als Erstplazierter feiern lassen durfte. Sein Rivale Willi Kauhsen wurde Zweiter.

1974 wurden in den Can-Am-Läufen neue Vorschriften wirksam, die unter anderem den Treibstoffverbrauch eingrenzten. Damit hatte es für die Turbo-Porsche keinen Zweck mehr, mitzufahren. In der Interserie aber ging es 1974 weiter, wenn auch mit einem auf 4,5 Liter limitierten Hubraum. Kauhsen und Kinnunen blieben hier recht aktiv, mußten die Lorbeeren aber dem Schweizer Herbert Müller überlassen, der mit einem aufgeladenen 917 erschien, der als Prototyp für Penskes 1973er Autos gedient hatte. 1975, dem letzten Jahr, in welchem diesen Fahrzeugen die Teilnahme an der Interserie beschieden war, kam einem kleineren Porsche der Titel zu, wenn der 917/10 auch noch immer am Ball war. Tim Schenken und Ernst Kraus sicherten sich damit den ersten und zweiten Platz bei Saisonschluß in Hockenheim.

Den 917/10 durfte man schlechthin als spektakulär bezeichnen. Es handelte sich um den schnellsten Straßenrennwagen, den die Welt bisher erlebt hatte. Dennoch erschienen 1973 zwei Porsche, die noch schneller waren. Beide wurden von einem Piloten gesteuert, der hierfür wohl auch die besten Voraussetzungen mitbrachte: Mark Donohue. Er fuhr sie in der Can-Am-Serie des Jahres 1973.

In den 917/30 vereinigten sich die Leistungen der fähigsten Männer, die zur Zeit bei Porsche arbeiteten: Ernst Fuhrmann, Helmuth Bott, Peter Falk, Hans Mezger, Helmut Flegl, Valentin Schäffer. Und obwohl das Fahrzeug auf dem 917 basierte, der vor fünf Jahren konzipiert worden war, handelte es sich hier im Grunde um eine Neukonstruktion. Mark Donohue übertrieb zwar ein wenig, als er sagte, »die einzigen Teile, die unverändert blieben, waren die Stoßdämpfer und die Lenksäule.« Denn Motor und Antriebselemente entsprachen schon dem Vorgängermodell, wenngleich man die 5,4-Liter-Version des 912 verwendet und den Lader überarbeitet hatte. Die automatisch arbeitenden Überdruckventile hatte man entfernt, auch jene Ventile, die den Unterdruck im Einlaßkrümmer ausglichen. Sie hatten sich als zu kompliziert in der

Justierung erwiesen und zum Flattern geneigt. Wie den Motor, hatte man seit dem Frühsommer 1972 auch die Karosserie des Zwölfzylinders überarbeitet. Wieder waren es Charles Deutsch und seine SERA-Leute, die an der Formgebung maßgeblich beteiligt wurden. In der Frontpartie gab es beim 917/30 gewisse Ähnlichkeiten mit dem letzten 917/10 mit seiner kastenförmigen Ausbuchtung in der Mitte für den Ölkühler. Die Fronthaube wölbte sich wieder in konkaver Form aufwärts, aber nicht mehr so steil, die Warmluftaustritte saßen höher und weiter hinten. Die vordere Abschlußkante des Wagens war breiter und runder geworden. Auffallend war die großzügige Ausformung der vorderen Kotflügel, die höher und voller wirkten als beim 917/10. Rechts und links vom Ölkühler befanden sich große Einlaßöffnungen, die Kühlluft zu den Rädern führten: sie strömte durch eine Reihe waagrechter Schlitze an der Oberseite der Kotflügel wieder aus.

Das Versuchsfahrzeug, das in Weissach für die Aufnahme der neuen Karosserie entstand, legte man so aus, daß man den Radstand variieren konnte. Hinter dem Cockpit gab es verschiebbare Rohre im Chassis, dort, wo der Rahmen am wenigsten kompliziert war. Im Dezember 1972 schaffte man dieses Auto zum Paul-Ricard-Kurs in Frankreich, um zu ermitteln, ob ein längerer Radstand Vorteile brachte. Mark Donohue sollte das Fahrzeug lenken, Flegl und Woodard begleiteten ihn. Tatsächlich kam man zu dem Schluß, daß ein längerer Radstand Vorteile in der Handhabung des Fahrzeugs erbrachte, so daß man ihn auf 2500 mm festlegte, das waren 183 mm mehr als beim 917/10. Bei diesen Tests erwies sich auch, daß der neue Bug große Vorteile brachte, was die Anpreßkräfte betraf. Nur hätten sich Donohue und Flegl etwas mehr in der Spitzengeschwindigkeit des Fahrzeugs erhofft; mit mehr als 344 km/h ließ sich der Porsche auf der langen Geraden nicht bewegen. Letztlich aber waren höhere Tempi in der Can-Am nicht entscheidend, mit Ausnahme in Riverside vielleicht. Dennoch wollte man nichts unversucht lassen. Man gab dem Fahrzeug ein langes, aus Alublech zurechtgeschnittenes Heck und schickte Donohue damit auf die Reise. »Ein schlimmes Stück Schrott hatte man dem Wagen verpaßt«, schrieb Donohue später, »aber es schien schon die richtige Form zu haben.« Das Tempo erhöhte sich tatsächlich, und nach einigen Modifikationen der Schwanzpartie stoppte man Donohue auf der Geraden mit 394,3 km/h.

Zurück in Weissach, ging man an eine verfeinerte Ausführung der in Frankreich zurechtgebastelten Schwanzform. Damit kam der 917/30 auf eine Gesamtlänge von 4562 mm. Das größere Maß war aber nur auf den verlängerten Radstand zurückzuführen, denn durch das neue Heck, das zuerst zwar verlängert, dann jedoch zurückgetrimmt worden war, ergab sich kein Unterschied in den Dimensionen im Vergleich zum 917/10. Die neue Karosserieform brachte auch eine Senkung des c_w-Wertes, der sich von 0,65 auf 0,60 verminderte.

Familientreffen 1975. Von links nach rechts: Franz Reimspieß (Vater des VW-Motors), Gustav Wölfle vom Kundendienst, Johann Kern, Herbert Linge, Dr. Ferry Porsche und seine Frau Dorothea Porsche, Ferdinand Alexander Porsche und seine Frau Brigitte, Dr. Wolfgang Porsche, Frau Kommerzialrat Louise Piëch, Frau Kunigunde Porsche, Gattin von Peter Porsche, Karin Porsche, Gattin von Dr. Wolfgang Porsche, Peter Porsche.

Durch die Verlängerung des Radstands hatte man auch die Möglichkeit, die Kraftstofftanks zu vergrößern. Ihr Fassungsvermögen erhöhte sich auf 398 Liter. Sie bestanden aus Kautschuk und waren in Behältern untergebracht, deren Wandungen mit dem Fahrgestell eine integrierte Einheit darstellten. Die Tanks waren in vier Einheiten aufgeteilt, von denen nur die vordere auf der linken Seite eine Einbuchtung aufwies, damit der zylindrische Öltank von 20 Liter Inhalt Platz hatte. Zwischen Cockpit und Motor befand sich der Sammeltank, von dem unmittelbar die Einspritzanlage versorgt wurde; ihn entfernte man indessen im Frühjahr 1973 wieder, nachdem es in der Can-Am neue Spielregeln gab, die ein Mitführen solcher Treibstoffmengen nicht mehr erforderlich machten.

Der Rahmen erhielt im Heck einige Verstärkungen, um die Schwanzkonstruktion verkraften zu können. Die Wagen, die Penske zugeteilt bekam, versah man schon ab Werk mit einer tiefblauen Einfärbung, den Hausfarben des neuen Sponsors Sonoco entsprechend. Durch die vergrößerten Kraftstoffbehälter und das neue Heck wog der fertige Wagen rund 20 kg mehr als der 917/10 und kam auf ein Trockengewicht von 800 kg. »Sicher hätten wir den Wagen 100 kg leichter machen können«, meinte Hans Mezger, denn Porsche besaß immerhin große Erfahrungen im Leichtbau. Die Kosten hierfür hätten aber in keinem Verhältnis gestanden zum Gewinn, zumal es hierfür kein Erfordernis gab.

Im Mai gab der 917/30 sein Debut in Road Atlanta. Mark Donohue fuhr einige Testrunden und stellte dabei fest, daß die vorderen Radaufhängungen den hohen Bremsbelastungen nicht standhielten. Bei einem Bremsversuch vor den Boxen hätte es fast ein Unglück gegeben – einer der unteren Dreieckslenker brach, das Rad scherte ab und es hätte nicht viel gefehlt, daß sich der Wagen überschlagen hätte. Die Alu-Dreieckslenker wurden auf Wunsch Donohues sämtlich gegen solche aus Stahl ausgewechselt, die er 1973 an seinem Wagen beibehielt.

Einige Änderungen nahm man noch an der Form der Öffnungen vor, die Kühlluft zu den vorderen Bremsen brachten. Die Kühlung der hinteren Bremsen hatte man durch Luftschlitze unter dem Wagenboden verbessert, auch wiesen die Felgen des 917/30 turbinenartige Einsätze auf, die zur Kühlung der Räder und Bremsen beitrugen.

Mit viel Verspätung wurde der erste Donohue-Wagen endlich fertig. 1600 Arbeitsstunden hatten Woodard, Syfert und Hofer noch für die Vorbereitung des 917/30-003 aufgewendet, bevor der Zwölfzylinder mit der Startnummer 6 seine erste Ausfahrt absolvierte. Und erst eine Woche vor diesem Rennen in Mosport traf der zweite Wagen ein, die Nummer 917/30-002.

Die dunkelblauen Wagen mit ihren gelben und roten Streifen sahen bestechend aus. Die Maschine glitzerte nur so, alle Stahlteile hatte man kadmiert, die Aluteile blau eloxiert. Im Gegensatz zu vielen Teams, die im Fahrerlager permanent zu bauen und basteln hatten, blieb den Penske-Leuten nichts weiter übrig, als ihre Wagen blankzuputzen. Das war Penske-Strategie: die Poliererei machte die Wagen nicht schneller, übte auf die Konkurrenz aber eine psychologische Wirkung aus – es irritierte sie.

Dabei hatte Penske mit seinem 917/30 zu Anfang Pech. Donohue wurde in eine Karambolage verwickelt, die sein Auto vorn rechts arg beschädigte und ihn in Mosport nur Siebenter werden ließ. In Road Atlanta setzten ihm ausströmende Benzindämpfe zu, die ihn fast ohnmächtig werden ließen – immerhin wurde er noch Zweiter. Erst in Watkins Glen errang Donohue seinen ersten Sieg der Saison, wenn auch mit dem Reservewagen, den er flugs übernahm, als sein Wagen im Training einen Schaden an einer Hinterradaufhängung erlitt. Ab jetzt gewann Mark Dono-

Zahlreiche erfolgreiche Rennwagen fanden nach Beendigung ihrer Karriere einen würdigen Platz im Werksmuseum. Vorn ein 904, dahinter ein Carrera 6 und diverse 917. In der Mitte des Ganges Formel 1-, Formel 2- und der Cisitalia-Rennwagen.

hue jeden Can-Am-Lauf des Jahres 1973 und sicherte sich damit den Meistertitel.
Sein 917/30 war mit Abstand das schnellste Fahrzeug der Saison gewesen. Nur Jody Scheckter und George Follmer waren seinen Zeiten ab und zu nahegekommen. Gefahren wurde jetzt stets in zwei »Heats« – der erste Lauf wurde als Qualifikationsrennen ausgetragen, der zweite als das »Final«.
Im Herbst 1973 gab Donohue bekannt, daß er sich vom Rennsport zurückziehen wolle. »Einen schnelleren oder besseren Wagen kann ich mir nicht vorstellen«, sagte er. »Für mich stellt der 917/30 einen perfekten Rennwagen dar.« Aber nicht nur Donohue nahm seinen Abschied – auch für den 917/30 war das Ende seiner Karriere gekommen.
Im Zuge der weltweiten Erdölkrise hatte der SCCA die Can-Am-Ausschreibung geändert und für 1974 nur noch Wagen zugelassen, die auf 200 Meilen nicht mehr als 276 Liter Treibstoff verbrauchten. Der Verbrauch des 917/30 lag höher – wären die Wagen sparsamer gefahren, hätten sie keine Sieges-Chancen mehr gehabt. Deshalb gab Porsche Ende Januar 1974 bekannt, daß man an der Can-Am-Meisterschaft nicht weiter teilnehmen werde. Der Reservewagen .002 kam nach Deutschland zurück – ins Porsche-Museum. Penske aber setzte dennoch den ihm verbliebenen Wagen ein. Brian Redman

So hatte es mit dem 917 PA angefangen – die Veranstalter der Can-Am-Serie gaben dem Porsche die Startnummer 0. Am Steuer Jo Siffert.

pilotierte das Fahrzeug in Mid-Ohio, gewann den Vorlauf und wurde Zweiter im Endlauf.
Einen allerletzten Auftritt der Turbo-917 gab es ein Jahr später. A.J. Foyt hatte mit seinem USAC-Coyote mit 350,53 km/h einen Weltrekord gefahren – den Bestwert auf einer geschlossenen Rundstrecke. Das war in Talladega, Alabama. Mark Donohue reizte es, diese Zeit zu übertreffen, der 917/30 schien ihm das richtige Fahrzeug dafür. Doch beim Training gingen Donohue zwei Motoren drauf – und in Anbetracht der Tatsache, daß ein solcher Zwölfzylinder mit 180 000 Mark zu Buche schlug, schien Donohues Vorhaben nicht mehr realisierbar zu sein. Aber Porsche sprang ein. Man schickte eine Maschine nach Amerika, die eine besondere Kühlvorrichtung für die komprimierte Luft des Turboladers besaß – und am 9. August 1975 schaffte es Mark Donohue, hiermit den Rekord Foyts zu brechen. Er kam auf 355,85 km/h.
Das war aber nicht nur der letzte Einsatz eines 917/30, sondern auch die letzte Fahrt Donohues in einem solchen Wagen. Zehn Tage später verunglückte er tödlich auf dem Österreichring, wo er – entgegen seinem ursprünglichen Vorhaben – doch wieder in einem Rennwagen saß. Er steuerte einen Formel 1 genau auf jener Strecke, wo der Porsche 917 seinen ersten Sieg errungen hatte.

Männer, die dem Porsche-Unternehmen Profil verliehen: Prof. Dr. Ernst Fuhrmann (links), Heinz Branitzki (links unten), Hans Mezger (rechts), Wolfgang Eyb (darunter), Ed Peter (rechts außen), Helmut Flegl (rechts unten).

Kapitel 27
Der Porsche Carrera ist wieder da

Am 4. Februar 1973 übernahm zehn Minuten nach Mitternacht ein Porsche die Führung des ganzen Feldes jener Wagen, die um Rang und Ehren in den 24 Stunden von Daytona mitfuhren. An sich war es nichts besonderes, daß ein Porsche vorne lag. Dreimal schon hatte Porsche das härteste Langstreckenrennen der USA gewonnen.

Der Porsche in der Führungsposition war aber kein 907 oder 908, sondern ein 911. Er hatte in der Gruppe 4 der Spezialtourenwagen konkurrieren sollen, seine Homologation war aber nicht mehr rechtzeitig für Daytona erfolgt – sie erlangte erst am 1. März Gültigkeit. So mußte der Wagen in der Gruppe 5 als Prototyp mitfahren.

Zwei Exemplare des 911 Carrera RS waren vertreten, die in der Rennausführung als RSR figurierten. Sie traten aber nicht als Team, sondern als Rivalen auf; der eine war ein Sunoco-gesponsorter Penske-Wagen, der andere wurde von Peter Gregg pilotiert. Das Penske-Team hatte sich vom RSR zuerst gar nicht viel versprochen und Porsche eigentlich nur einen Gefallen tun wollen, als es gebeten wurde, den Wagen für Daytona zu melden. Ihn fuhr Mark Donohue.

Peter Gregg gedachte mit dem RSR ein neues Kapitel in seiner Karriere zu beginnen und sich 1973 auf die IMSA- und Trans-Am-Läufe zu konzentrieren. Hier in Daytona löste er sich mit Hurley Haywood ab, stand mit seiner Box in Sprechfunkverbindung und brillierte mit äußerst kurzen Boxenstops. Der Wagen von Donohue und Follmer hingegen schien die besseren Reifen zu haben. Noch um Viertel nach Fünf sah es so aus, daß der Penske-Wagen den Sieg davontragen würde, er hatte den Porsche von Gregg-Haywood bereits um eine Runde abgehängt. Dann war die Fahrt für den Wagen an der Spitze zu Ende – ein Kolben war durchgebrannt.

An Greggs Box wurde man nervös. Würde dem Motor ihres Autos das gleiche passieren? Länger als 18 Stunden hatte der Carrera-Motor auf dem Prüfstand daheim nicht durchgehalten. »Wir rechneten in Daytona nur mit einem Langstrecken-Versuch für unseren Motor«, hatte Helmuth Bott noch gesagt, als man die Fahrzeuge nach USA verfrachtete. Jetzt hatte Gregg alle Ferrari Daytona und Chevrolet Corvette hinter sich ge-

lassen, daß er sich eigentlich Zeit lassen konnte. Und er siegte in diesen 24 Stunden von Daytona mit seinem Brumos-Porsche überlegen.
Die Brumos-Crew, mit Jack Atkinson als Chef, hatte durch ihren minuziösen Service viel dazu beigetragen, daß der Wagen so gut durchstand. Aber der 911 RSR war auch ein hervorragendes Auto. Seine Entstehung war mit auf die Initiative Rico Steinemanns zurückzuführen. Er hatte es nicht verwinden können, daß die F.I.A. dem 911 die Homologation als Tourenwagen der Gruppe 2 versagt hatte. In einer Carrera-Version in der Gruppe 4 aber war eine Homologierung nicht abzulehnen.
Auch Ernst Fuhrmann war ein großer Förderer des neuen Carrera. Ihn schraken die hohen Kosten, die mit Entwicklung und Bau großer Wettbewerbsfahrzeuge verbunden waren, weshalb er es begrüßte, daß man Anstrengungen unternahm, einen vom Serienwagen abgeleiteten Renn-Porsche auf die Räder zu stellen. Fuhrmann war sich außerdem bewußt, daß der 911 noch über einen längeren Zeitraum die wichtigste Rolle im Serienwagenprogramm spielen würde, und ein sportliches Image konnte dem Fahrzeug absatzpolitisch nur nützen. Wenn auch eine neue Porsche-Generation, die der 924 und 928, in den frühen siebziger Jahren schon in Vorbereitung war, hatte es doch Sinn und Zweck, sich für den 911 einzusetzen. Fuhrmann glaubte an die Werbewirksamkeit des Rennsports.
Mit den Arbeiten, aus dem 911 einen Wettbewerbswagen zu machen, wurden zwei Monate nach dem Wiedereintritt Ernst Fuhrmanns begonnen, im Mai 1972. Und noch im gleichen Jahr holte sich Porsche die GT-Meisterschaft. Mit dem Internationalen 1000-km-Rennen auf dem Österreichring am 25. Juni begann es. Björn Waldegaard und Günther Steckkönig, Porsche-Mann seit 1953, traten hier mit ihrem Gruppe-4-Porsche das erstemal auf. Ihr Auto wies extrem breite Felgen und Reifen auf, ein Teldix-Antiblockiersystem und einen auf 2,7 Liter aufgebohrten Motor. Waldegaard/Steckkönig wurden Zehnte. Das Rennen wurde als Versuch gewertet, um herauszufinden, was man am 911 tun mußte, um ihn »scharf« zu machen.
Mit der Leitung des Projekts hatte man Norbert Singer beauftragt. Einmal ging es ihm darum, das Fahrzeug zu einem potenten Sportinstrument zu machen, zum anderen achtete er darauf, daß möglichst viele Modifikationen auf dem Wege in diese Richtung für eine Adaption in der Serie geeignet waren, denn um in der Gruppe 4 Anerkennung zu finden, mußte man immerhin 500 identische Fahrzeuge zu bauen. Eine beträchtliche Stückzahl.

Die siegreichen Porsche 911 RSR im 24-Stunden-Rennen von Daytona 1975. Vorn Michael Keyser (1), dahinter Peter Gregg (59), der das Rennen als Gesamtsieger gewann.

Zunächst ging es um die Reduzierung des Wagengewichts. Es gelang Singer, es auf 900 kg zu drücken, hauptsächlich durch die Verwendung dünnerer Karosseriebleche, die statt 1,0 oder 1,25 nur 0,70 mm stark waren; die Heckklappe war aus Kunststoff, die Scheiben aus einem dünnen Spezialglas, das aus Belgien besorgt wurde. Auch im Interieur magerte man den Wagen ab, entfernte Verkleidungen und Dämm-Material, Uhr und Sonnenblende für den Beifahrer. Die Sitze tauschte man gegen dünn gepolsterte Schalensitze aus. Man verzichtete auch auf Unterbodenschutz, Handschuhkastendeckel und Gasdruckdämpfer für die Fronthaubenstütze.
Die Verwendung von Bilstein-Stoßdämpfern erbrachte ebenfalls eine Gewichtsersparnis – von dreieinhalb Kilogramm. Erstmals wurden diese Gasdruckdämpfer Bestandteil der Serienausstattung bei einem Porsche. Die Querstabilisatoren verstärkte man vorn von 15 auf 18 mm, auf 19 mm hinten. Vorn gab man dem Wagen 6-Zoll-Felgen, hinten solche von 7 Zoll Breite, um Pirelli-Reifen vom Typ CN 36 montieren zu können. Sie hatten vorn die Dimension 185/70 x 15, hinten 215/60 x 15. Mit dieser Bestückung ermittelte Singer eine Kurvengeschwindigkeit, die für einen Serienwagen den ungewöhnlich hohen Lateralwert von 0,912 g aufwies.

Um die breiten Reifen unterbringen zu können, mußte man die Kotflügel entsprechend verbreitern. Im Profil und von hinten unterschied sich der Carrera aber noch durch eine weitere Besonderheit vom 911. Das Fahrzeug wies einen Spoiler unterhalb der Heckscheibe auf, der als »Entenbürzel« bekannt wurde. Seine Vorteile hatte man erstmals 1970 entdeckt, bei Versuchen im großen Windkanal der Technischen Hochschule Stuttgart. Auch der Nasenspoiler, den der 911 S 1972 erhalten hatte, war seinerzeit in jenen Versuchen entwickelt worden.

Sowohl der Luftwiderstands-Beiwert als der hintere Anpreßdruck wurden vom Bürzel positiv beeinflußt. Das Kunststoff-Tablett am Heck erhöhte den Anpreßdruck um zwei Drittel des ursprünglichen Wertes ohne zusätzliche aerodynamische Hilfsmittel, während der c_w-Wert von 0,41 auf 0,40 zurückging, was in der Höchstgeschwindigkeit seinen Niederschlag fand. Gleichzeitig bewirkte der Spoiler eine Erhöhung des Luftdurchsatzes in der darüberliegenden Öffnung, durch die der Motorraum versorgt wurde, so daß sich im Endergebnis die Öltemperatur senkte. Ein zufälliger Effekt ergab sich nebenbei: der Luftstrom strich stärker über die Rücklichter und hielt sie länger sauber.

Das Antriebsaggregat des Bürzelwagens war in der Basis der Sechszylinder des 911. Mit 70,4 mm Hub entsprach der Motor dem des serienmäßigen 2,4 Liter, wies aber eine Bohrung von 90 mm auf, was einen Hubraum von 2687 ccm ergab. Das Bohrung/Hub-Verhältnis glich dem des 917/10 5,4 Liter, und auch die Beschichtung der Zylinderwände mit Nikasil hatte man vom Can-Am-Porsche übernommen. Ansonsten unterschied sich diese Maschine (Motor-Typ 911/83) nicht von der des 911 S der Jahre 1972/73. Die Kompression war mit 8,5 zu eins dieselbe, es gab die Bosch-Kraftstoffeinspritzung für Normalbenzin, die gleichen Ventile und die gleichen Steuerzeiten. Als Leistung gab das Werk 210 DIN-PS bei 6300 Touren an, das maximale Drehmoment betrug 13,6 kpm bei 5100 U/min. Serienmäßig hatte der Wagen ein Fünfganggetriebe und eine Kupplung mit etwas verstärktem Anpreßdruck.

Von diesem Carrera RS oder 911 SC mußten 500 Exemplare in zwölf Monaten gebaut werden. Daß man das neue Modell Carrera taufte, war eine glückliche Eingebung – alle jene Porsche-Wagen, die einmal den Namen Carrera trugen, hatten im Sport Geschichte gemacht. Der gute Klang dieser Modellbezeichnung war vielversprechend; es sollte sich erweisen, daß der 911 SC seiner historischen Verpflichtung auch gewachsen war.

Als man das neue Fahrzeug im Oktober auf dem Pariser Salon erstmals ausstellte, fiel eine interessante grafische Lösung bei der Anbringung des Schriftzuges CARRERA an den Flanken auf. Ein schmales Band zog sich an der Unterkante des Wagens entlang, in dem die Buchstaben ausgespart waren, so daß sie in der Grundfarbe des

Der Gregg/Haywood-Porsche Carrera RSR, der für Brumos startete, Siegerwagen in Daytona 1973.

1000-Kilometer-Rennen auf dem Nürburgring 1973. Das GT-Feld wird von Porsche-Fahrzeugen beherrscht. Rechts daneben die Heckansicht des Carrera RSR von Keller/Kremer/Schickentanz, die das Fahrzeug in Le Mans 1973 auf den achten Platz im Gesamtklassement fuhren. Darunter Jürgen Barth auf Testfahrt mit einem Carrera-Prototyp.

Fahrzeuges herauskamen. In ähnlicher Weise erschien auf dem Heck der Schriftzug PORSCHE. Zuffenhausen hatte keine große Mühe, zwischen den Monaten Oktober 1972 und Februar 1973 die erforderlichen 500 Wagen herzustellen, um die Homologierung noch für die nächste Saison zu erreichen. Aber würde man ein solches Quantum auch verkaufen können? Die Vertriebs-Experten in Ludwigsburg waren sich ihrer Sache nicht ganz sicher. Vor allem wußte man damals noch nicht, ob der Motor des Carrera RS in den USA akzeptiert werden würde.

Wenn es einen Weg gab, den Wagen rasch an den Mann zu bringen, dann nicht zuletzt über den Preis. Man legte ihn mit 33 000 Mark fest, das waren nur 1500 Mark mehr als der 911 S kostete. Dieser Preis galt für die Grundversion mit der Bestell-Nummer M 471. Für 2500 Mark Aufpreis erhielt man das Auto Nr. M 472 – beinhaltend ein Interieur wie beim 911 S einschließlich stählerner Stoßstangen. Es war Sache der Händler, die Mehrausstattung vorzunehmen – ab Werk kamen alle Fahrzeuge »nackt«, damit alle 500 Wagen für die F.I.A.-Homologierung gleich waren.

Probleme gab es anfänglich hinsichtlich der Straßenzulassung des Bürzel-Wagens. Nach den Buchstaben der Straßenverkehrs-Zulassungsordnung störte der Spoiler, den man als gefährlich erachtete. Die »Allgemeine Betriebs-Erlaubnis« (ABE) blieb dem Carrera versagt. Es gab aber eine Möglichkeit, den Wagen dennoch zuzulassen: im Verfahren der Einzelabnahme. Solange von einem Modell nicht mehr als 1000 Exemplare über ein und dieselbe Zulassungsstelle liefen, lag es im Ermessen der lokalen Behörden, die Abnahme selbst vorzunehmen. Porsche glaubte kaum, daß diese Zahl je erreicht würde und arrangierte sich mit den Stuttgarter TÜV-Behörden, was die Einzelabnahme des Carrera RS betraf.

Als am 5. Oktober der Pariser Salon seine Pforten öffnete, hatte man 51 Fahrzeuge im Auftragsbuch. Das war ein vielversprechender An-

fang. Als die Ausstellung aber geschlossen wurde, hatte sich die Zahl der Bestellungen auf mehr als 500 erhöht! Porsche hatte den Appetit auf dieses Fahrzeug enorm unterschätzt.
Die Vertriebsleute, die noch kurz zuvor um jeden Auftrag zu kämpfen bereit gewesen waren, hatten jetzt alle Mühe, ihren Kunden klarzumachen, daß die meisten von ihnen eine lange Lieferfrist zu gewärtigen hatten. Noch im Dezember gab man deshalb Grünes Licht für eine weitere Serie von 500 Wagen. Der letzte wurde am 9. April 1973 ausgeliefert. Und schon war die nächste Serie in Vorbereitung.
Die große Zahl gebauter Carrera RS versetzte Porsche in die Lage, das Fahrzeug auch in der Gruppe 3 (GT-Wagen) homologieren zu lassen. Ende 1973 war man auf 1800 Exemplare gekommen. Aber damit waren auch die Zeiten der Einzelabnahme vorbei. Flensburg gab dem Fahrzeug seinen Segen – ohne Bürzel. Den gab es indes als Sonderzubehör beim Porsche-Händler: für ein paar Hundert Mark konnte man ihn nachträglich aufsetzen und ihn sich beim TÜV in die Papiere eintragen lassen.

Brillante Fahr- und Testberichte erschienen in der Presse. In weniger als sechs Sekunden beschleunigte der RS von Null auf 100 km/h, als Spitzengeschwindigkeit maß man 235 bis 240 km/h. Ein Drehzahlbegrenzer unterbrach bei 7200 den Zündstrom, denn die Verlockung, das temperamentvolle Aggregat grenzenlos hochjubeln zu lassen, war groß. Natürlich war der Carrera als Sportwagen hart gefedert. »Fährt man auf schlechten Straßen mit normaler Stadtgeschwindigkeit, fragt man sich, ob der Wagen überhaupt gefedert sei. Aber je schneller man wird, desto komfortabler wird's. Und was den Lärm betrifft, so ist der Carrera RS sogar ungewöhnlich leise, kaum lauter als jeder andere Porsche, hatte ich das Gefühl. Einen Unterschied merkte ich erst, als ich nachher in meinen eigenen 911 S umstieg«, schrieb Paul Frère im *Motor*. Das deutsche Motormagazin *auto, motor und sport* bescheinigte dem Wagen auf Kopfsteinpflaster ein lautes Dröhnen, was einem so recht deutlich mache, daß dieses Auto nicht aus dem Aspekt des Komforts entstanden sei. Man lobte aber das Fahrverhalten in schnellen Kurven, wenn man auch die Abnahme der Richtungsstabilität bei Geschwindigkeiten über 200 km/h bemängelte.

Für Norbert Singer stellte der Serien-Carrera lediglich die Ausgangsbasis für den Renn-GT dar, mit dem Porsche in die 1973er Saison zu gehen gedachte. Der Entwicklungs-Ingenieur und seine Kollegen schufen Anfang 1973 den M 491 oder RSR, von dem etwa sechzig Stück gebaut wurden. Man bediente sich der Grundbaugruppen des RS und schaffte sie hinüber ins Werk 1, wo es

Platz gegeben hatte, nachdem die Renn- und Versuchsabteilung nach Weissach übersiedelt war. Das Auto, mit dem Gregg und Haywood in Daytona gewannen, war hier entstanden.
Als wichtigste Maßnahme hatte man den Hubraum des Motors durch eine Erweiterung der Bohrung auf 92 mm vergrößert, er betrug im RSR 2806 ccm. Das gab noch immer Reserven bis zur Dreiliter-Grenze in der Gruppe 4. Die Verdichtung hob man auf 10,5 zu eins an. Die Ventile gerieten zu den größten, die je ein Porsche-Motor aufwies: sie maßen 49 mm beim Einlaß, 41,5 mm beim Auslaß mit entsprechend erweiterten Kanälen. In den Zylinderköpfen saßen je zwei Bosch-Kerzen, und von Bosch kam auch wieder die Einspritzanlage.
Die Steuerzeiten entsprachen denen vorangegangener Porsche-Modelle, die Nockenwellen hingegen waren anders. Statt drei wiesen sie jetzt vier Lager auf, wobei man jene weite Spanne mit einem Lager versah, die bislang keine Führung gehabt hatte. Als erster 911-Motor kam der RSR an die 300-PS-Grenze. Diesen Wert gab der Sechszylinder bei 8000 Touren ab; einzelne Motoren kamen sogar etwas darüber. Das maximale Drehmoment lag bei 15,7 kpm bei 6200 Touren. Den Drehzahlbegrenzer fixierte man für Kurzstreckenrennen auf 8200, für Langstreckenrennen auf 7200.

Dort, wo beim Carrera RS das vordere Nummernschild saß, trug der RSR seinen großen Ölkühler, und rechts unter dem vorderen Kotflügel, wo der RS seinen Ölkühler hatte, war beim RSR ein zusätzlicher fürs Getriebe montiert.
Um dem hohen Tempo gewachsen zu sein, mußte man beim RSR auch die Bremsen verstärken. Die Scheiben waren durchbohrt, die Zylindergehäuse verrippt wie beim 917/10. Es gab zwei Hauptzylinder mit einem Ausgleichssystem für die Vorder- und Hinterräder. Vorn zog man dem Wagen 9-Zoll-Reifen, hinten solche von 11 Zoll Breite auf.
Gijs van Lennep und Herbert Müller hatten die Gelegenheit, den RSR als erste zu fahren. Das war im Dezember 1972 in Paul Ricard. Gemeinsam mit Norbert Singer waren sie hier, um dem Wagen den letzten Schliff zu geben. Gleichzeitig anwesend waren Helmut Flegl und Mark Donohue, die den Prototyp des 917/30 testeten. Man fand heraus, daß man an den Radaufhängungen noch einiges zu verbessern hatte und versteifte auch die Frontstruktur des Fahrzeugs noch durch eine Stahlrohrverbindung zwischen den oberen Anlenkungen der Federbeine.
Mit einem Überrollbügel und einer automatischen Feuerlöschanlage kostete der Carrera RSR 59 000 Mark ab Werk, 22 500 Dollar in den Staaten. Als sich herumsprach, daß der Wagen die Paul-Ricard-Strecke in 2:10 umrundet hatte, setzte eine lebhafte Nachfrage ein – die beste BMW-Zeit hatte bisher 2:11,5 betragen, die des schnellsten Ford Capri 2:13,4. Und beide hatten mehr PS an der Kupplung als der Porsche! Wer noch Zweifel am Leistungsvermögen des RSR hatte, wurde spätestens durch das Daytona-Resultat im Februar überzeugt. In 5,5 Sekunden war man mit dem RSR von Null auf 100 km/h, in den fünften Gang schaltete man so bei 220 ...

Peter Gregg gewann mit dem heißen Sechszylinder 1973 die Trans-Am-Fahrermeisterschaft und er wurde auch – was mehr zählte – IMSA-Meister. Hier kam Michael Keyser auf Platz Zwei,

der einen gleichen RSR fuhr, während diesen Platz in der Trans-Am Al Holbert einnahm. Holberts Auto war jenes, das Porsche dem Penske-Team für Daytona ausgeliehen hatte. Diesseits des Atlantiks sicherte Clemens Schickentanz Porsche die Europäische GT-Meisterschaft auf einem Carrera RSR.
Um nicht gegen gute Kunden des Hauses anzutreten, bewarb sich Porsche 1973 ausschließlich

Zwei erfolgreiche amerikanische Porsche-Fahrer: Jim Busby (links), der Peter Greggs Wagen erwarb und 1976 damit etliche Siege herausfuhr, und George Dyer, dessen Carrera RSR in der IMSA-Serie 1976 für Aufsehen sorgte.

Oben links ein Dutzend Wagen für die 1973er IORC-Serie mit den breiten Reifen und den großen Ölkühlern im Bug. Die Vorbereitung dieser Wagen wurde in der Kundendienstabteilung des Werks vorgenommmen (oben).

um die Markenweltmeisterschaft in der 3-Liter-Prototypen-Klasse. Die Fahrzeuge traten hier im Silber-Look mit blauen und roten Streifen an – das waren die Farben des Martini-Teams. »Gern würden wir unsere Autos schön weiß mit einem Porsche-Wappen am Bug ins Rennen schicken«, sagte ein Porschesprecher, auf die Werbe-Ehe mit Markenartikelfirmen angesprochen. »Aber wer kann sich das leisten?« Man war auf die Unterstützung von Martini angewiesen, wollte man im Motorsport weiterhin aktiv bleiben.

Die Martini-Carrera waren mit Motoren ausgestattet, die volle drei Liter Hubraum hatten. Daß man den Motor gegenüber seiner ursprünglichen Auslegung um 50 Prozent größer machen konnte, überraschte sogar Ferry Porsche. Aber es bedurfte einiger Anstrengungen, um dahin zu kommen. Bis auf die Kurbelwelle mußte man am Motor des 911 fast alles ändern.

Die 2993 ccm resultierten aus größeren Zylindern mit einer auf 95 mm erweiterten Bohrung. Die ließ sich aber nur realisieren, wenn man die Stehbolzen weiter nach außen versetzte. Dadurch ergab sich die Notwendigkeit eines neuen Kurbelgehäuses und auch neuer Köpfe. Sie beherbergten Ventile gleicher Größe wie im Carrera 2,8 Liter, deren Hub man beim Einlaß auf 12,2 mm und beim Auslaß auf 11,5 mm festsetzte. Die größeren Zylinderdurchmesser brachten aber nicht nur mehr Leistung und Drehmoment, sondern verminderten auch die Materialstärken zwischen den Bohrungen im Kurbelgehäuse, in denen die Zylinder steckten. Aus diesem Grunde ging man vom anfälligen Magnesium wieder auf Aluminium zurück. Die Gefahr der Rißbildung war hier geringer.

Mit einer Leistung von 315 PS trat der Dreiliter-Porsche beim Vortraining in Le Mans Anfang April erstmals öffentlich in Erscheinung. Mit 288 km/h kam das Martini-Coupé die Hunandières-Gerade herunter. Gijs van Lennep und Herbert Müller beendeten das anschließende Vier-Stunden-Rennen als Sieger. Sein Debut in einem Meisterschaftslauf gab der Motor zwei Wochen später, beim 1000-Kilometer-Rennen von Dijon. Gegen die Phalanx der starken Prototypen kam der RSR jedoch nicht an und mußte sich mit einem neunten Platz begnügen.

In den beiden nächsten Rennen, in Monza und Spa, sah man die Martini-Porsche mit breiteren Spoilern am Heck, die sich rechts und links nach vorne herumzogen; vorn gab es zusätzliche Schürzen am Frontspoiler. Das vermehrte die Anpreßkräfte ganz erheblich, und da die Fahrzeuge in der Gruppe 5 starteten, gab es in dieser Hinsicht auch keine Reglementsbeschränkungen. Zwei Dreiliter-RSR nahmen auch an der Targa Florio teil, außerdem ein 2,8 Liter. Schnelle Alfa und Ferrari dominierten hier in den ersten Runden, fielen aber nach und nach zurück – schon in der vierten Runde konnte sich Herbert Müller mit seinem Martini-RSR an die Spitze setzen. Er und van Lennep gaben sie nicht mehr ab und bescherten Porsche den elften Targa-Sieg. Kinnunen und Haldi wurden Dritte in einem gleichen Wagen, Pucci und Steckkönig kamen mit dem 2,8 Liter auf Platz Sechs.

Der Carrera RSR, den Porsche im Mai zum 1000-Kilometer-Rennen an den Nürburgring brachte, sah in vielen Details anders aus als die bisher eingesetzten Fahrzeuge. Er war mit den mächtigen Rädern des 917 versehen, 15 Zoll breit hinten, 10,5 Zoll breit vorn. Als Ergänzung zu den Drehstabfedern wiesen die Stoßdämpfer einstellbare Schraubenfedern auf; Türen und Fronthaube waren aus Kunststoff, Seiten- und Heckfenster aus dünnem Kunststoff. Viele Stahlteile hatte man gegen solche aus Titan ausgewechselt. Der Wagen kam auf ein Gewicht von 850 kg – damit war dieses Gruppe-5-Auto über 90 kg leichter als jeder andere bisherige Carrera RSR.

Der Leichtbau-Dreiliter erzielte im 1000-Kilometer-Rennen den fünften Gesamtrang. Das zählte als Erfolg, denn die Verhältnisse bei Porsche sah man jetzt, da der 917 nicht mehr das beherrschende Thema war, etwas nüchterner. Auch ein vierter Platz in Le Mans, herausgefahren von Gijs van Lennep und Herbert Müller konnte sich für einen Wagen, der auf einem Serienautomobil basierte, sehen lassen.

Mit einem neuen Frontspoiler-Arrangement tauchten die Martini-Porsche am 24. Juni am Österreichring auf. Statt auch nur einer Andeutung einer Stoßstange wiesen die Autos tief heruntergezogene Schürzen auf. Aussparungen brachten Kühlluft an den Ölkühler und zu den Bremsen. Auch am Heck gab es einen neuen Spoiler, weiter ausladend und mit vertikalen Flossen an den Enden. Mit diesem Wagen hatte man schon in Le Mans antreten wollen, er war aber nicht rechtzeitig fertig geworden. Es erwies sich, daß der RSR hiermit schneller war – aber bei verminderten hinteren Anpreßkräften. In Weissach glich man dies bei späteren Tests aus, indem man zwischen den senkrechten Flossen eine weitere, schmale Fläche einsetzte – damit sah der Wagen wie ein 917/30 in Miniatur aus.

Boxenstop in einem der 1974er IMSA-Rennen. Peter Greggs Wagen wurde von Jack Atkinson betreut. Unten: Loos- und Kremer-Porsche in Kassel 1975. Tim Schenken fuhr für Loos, Bob Wollek für Kremer.

Gedränge in Laguna Seca, Kalifornien. IMSA-Champion Peter Gregg im Wagen Nr. 59 wurde im 1974er Rennen hart von BMW und Ford bedrängt.

Zwei dieser Fahrzeuge schickte man nach Watkins Glen hinüber, wo sie von Donohue/Follmer und Gregg/Haywood gefahren wurden. Sie erzielten den sechsten und den siebenten Platz.

In der Markenweltmeisterschaft hatte Porsche 1973 Matra und Ferrari Platz gemacht und sich mit dem dritten Rang begnügt. An vierter Stelle lag Gulf-Mirage, betreut von John Wyer. Und als man die Punkte zusammenzählte in der Challenge Mondial de Vitesse et d'Endurance, zu der die Rennen in Spa, in Le Mans, auf dem Nürburgring sowie die Targa Florio rechneten, ermittelte man Porsche als Gewinner – zum siebentenmale ging diese Trophäe nach Zuffenhausen.
Den Carrera hatte man 1973 auch anderweitig eingesetzt. Zwei RS-Modelle nahmen im April an der East African Safari teil. Die Werks-Carrera von Waldegaard und Zasada hatten Motoren von 210 PS Leistung, 266 mm Bodenfreiheit und einen Rammschutz vor dem Bug. Wie schon 1971, wurden die Wagen wegen gebrochener Stoßdämpfer-Aufhängungen aus dem Rennen geworfen. Auch gab es Probleme mit blockierten Getrieben. »Wir haben daraus gelernt«, hieß es nach der Safari und man versprach, 1974 wiederzukommen.
Ende Juli setzte sich Huschke von Hanstein an das Lenkrad eines RS-Coupés, um mal wieder ein paar Weltrekorde zu fahren. Auf dem Betonoval von Ehra-Lessien, der VW-Versuchsstrecke, setzte er zu einem Lauf über zehn Kilometer und zehn Meilen mit stehendem Start an. Der Zweiundsechzigjährige absolvierte die Distanzen mit 246,38 beziehungsweise 260,06 km/h.
Der Carrera RS war ein außergewöhnliches Automobil. Doch durch seinen 1974er Nachfolger wurde es noch übertroffen. In seiner Wettbewerbsausführung glich der Wagen dem 1973er Modell, nur ein anderes – dreispeichiges – Lenkrad hatte er bekommen. Kotflügel und Spoiler hatten an Dimension indes ebenfalls zugenommen. Die Niederquerschnittreifen von Pirelli maßen in der Breite vorn acht, hinten neun Zoll. Die Can-Am-Bremsen teilte sich dieser Wagen mit allen anderen RS. Um den Wagen zum Straßenverkehr zulassen zu können, erhielt er ab Werk zwei unterschiedliche Heckteile – eines mit kleinerem Spoiler, versehen mit umlaufender Schutzkante aus Gummi, und eines mit größerem, ungeschütztem Spoiler für den Renneinsatz. Dieses Heckstück enthielt auch eine zusätzliche Öffnung für die Luftzufuhr zum Getriebeölkühler.
Auf Wunsch erhielt man vorn stärker dimensionierte Drehstabfedern (22 statt 19 mm) und verstellbare Querstabilisatoren. Aufnahmen für zusätzliche Schraubenfedern um die Bilstein-Dämpfer waren ebenfalls vorhanden. Der Motor entsprach dem letzten Stand der Carrera-Entwicklung, hatte jedoch eine auf 230 PS reduzierte Leistung für den Straßengebrauch sowie Fünfganggetriebe und Sperrdifferential. Wegen seiner Verdichtung von 9,8 zu eins war dieser Carrera der einzige Porsche, den man Superbenzin zu fahren hatte.
Fenstereinfassungen, Türgriffe, Lampenringe – alle blanken Teile des Wagens waren jetzt schwarz mattiert. Die F.I.A. homologierte den Wagen in der Gruppe 3, als RSR in der Gruppe 4. Etwa fünfzig solcher Wagen wurden vom Werk für Wettbewerbe im Jahre 1974 präpariert. In dieser Ausführung bekamen sie Räder mit Zentralverschluß (vorn 10,5, hinten 14 Zoll breit) und noch einmal verbreiterte Kotflügel, diesmal aus Kunststoff. Sie gaben dem RSR 3.0 ein aggressives Aussehen. Mit großen Öffnungen an den inneren Kanten versehen, führten sie Luft zur Bremsenkühlung heran. Die vorderen Kotflügel wölbten sich vor der Tür abrupt nach innen, ein Stilelement, das andere Automobilhersteller für ihre Wettbewerbswagen sofort aufgriffen.
Zu Rennzwecken gestaltete man den Motor vom Typ 911/77 um zum Typ 911/75. Mit Gleitschiebern statt Drosselklappen in den Einlässen und Thyristorzündung entsprachen diese Dreiliter-Motoren denen der 1973er Martini-Wagen. Ihre Mindestleistung betrug 320 PS bei 8000 Touren. Mit einem Preis von 65 000 Mark war dies der teuerste 911, den Porsche je anbot. Etwas mehr als 100 Wagen wurden in dieser Ausführung gebaut und verkauft.
Eine Bestellung im Wert von einer Million Mark kam durch einen einzigen Kunden herein. Roger Penske bat um Lieferung von fünfzehn Exemplaren. Er hatte vor, die Fahrzeuge gezielt im »International Race of Champions« (IROC) einzusetzen. Zwölf der weltbesten Fahrer hatten sich hier in vier Rennen zu qualifizieren; der letzte Lauf fand im Februar 1974 in Daytona statt. Ei-

nen Großeinsatz mit dem Porsche Carrera zu starten, war Donohues Idee gewesen.
Die fünfzehn Penske-Coupés waren halb RS, halb RSR. Man achtete sehr darauf, daß sie alle gleich ausfielen und tunte sie auf eine Leistung von 316 PS. Die Kotflügelkonturen glichen mehr dem RS und näherten sich damit optisch dem 911 an. Dennoch gab es noch genügend Platz für Breitreifen von Goodyear. Jedes einzelne Fahrzeug wurde in Weissach ausgiebig probegefahren. Vier Wochen vor dem ersten Rennen in Riverside verschiffte Porsche zwölf Coupés an Bord des VW-Transportschiffes Elisabeth Bolten. Drei Exemplare schickte man auf dem Luftwege hinüber, damit sie zu Trainingszwecken eher verfügbar waren.

Die drei ersten IROC-Rennen, je 75 Meilen lang, fanden in Riverside, das vierte – über 95 Meilen – in Daytona statt. Die zwölf Fahrer, die um den Meistertitel fochten, waren Fittipaldi, Hulme, Foyt, Donohue, Follmer, Revson, Pearson, Allison, Petty, Bobby Unser, McCluskey und Johncock. Donohue gewann drei dieser vier Läufe und wurde IROC-Champion. Dieser Titel wurde mit 54 500 Dollar dotiert.

Mit dem RSR 3.0 gab es überall großartige Erfolge. In Watkins Glen wurden Gregg/Haywood Dritte im Gesamtklassement, in Spa Barth/Fitzpatrick Vierte. John Fitzpatrick fuhr sowohl für den Loos- als auch für den Kremer-Rennstall und gewann die GT-Europameisterschaft. Er war auch der erste Pilot, der zum zweitenmal den Porsche-Cup gewann.
Weitere Lorbeeren fuhr der RSR 3.0 1974 in der Bergmeisterschaft für GT-Wagen heim sowie bei nationalen Meisterschaften in Frankreich, Holland, Schweden und in der Schweiz. Enttäuschend verlief lediglich Björn Waldegaards Abschneiden in der East African Safari. Stoßdämpfer und Getriebe seines 2,7 Liter RS hielten diesmal durch – dafür scherte eine Halbachse ab. Die Reparatur kostete ihn den Sieg. Er beendete die aufreibende Afrikafahrt immerhin noch auf dem zweiten Platz. Safari-Team-Manager Jürgen Barth war weniger unglücklich als der Schwede.
1975 waren die Gruppe-3-Carrera fast ohne Konkurrenz. Sie gewannen die Bergmeisterschaften in Frankreich, Österreich und Luxembourg, Europa-Champion wurde Jean-Claude Bering. Nationale Rallyemeisterschaften holten sich die Carrera RS in der Bundesrepublik, in Frankreich, Spanien und sogar Griechenland. Auch der rapide RSR war oft am Berg zu sichten, Meisterschaften gab es hier in Deutschland und Frankreich. Claude Ballot-Lena sichert sich mit ihm die französische GT-Meisterschaft in der Gruppe 4, die Europameisterschaft ging an Hartwig Betrams, und Porsche erhielt den F.I.A.-GT-Cup zuerkannt. Den Porsche-Cup holte sich der Schweizer Claude Haldi, gefolgt von John Fitzpatrick und Tim Schenken vom Loos-Team.
Auf der anderen Seite des Atlantiks tummelten sich die Carrera RSR in der IMSA-Serie, herausgefordert von einer Reihe starker Werks-BMW. Die Bayern-Autos wurden exzellent gefahren,

Inspiriert von Porsches Erfahrungen, ließ sich Peter Gregg 1975 seinen Carrera RSR 3.0 umbauen: der Wagen bekam ein verlängertes Heck.

doch im härtesten Lauf der Serie, beim 24-Stunden-Rennen von Daytona, gewannen Gregg/Haywood – und hinter ihnen liefen fünf weitere RSR ins Ziel ein. Gregg qualifizierte sich für die IMSA-Meisterschaft.

Mit einem ganz neu gestalteten Wagenheck, flach abfallend und ohne Spoiler, dafür mit einer ganz schwach aufgewinkelten Abschlußkante versehen, trat Gregg im August 1975 in Talladega an. Er absolvierte erstaunlich gute Rundenzeiten, meinte aber, das läge weniger an dem verlängerten Heck als an seinem Fahrtalent – eine milde Untertreibung, denn die Konkurrenz war da ganz anderer Ansicht. Greggs Brumos-Porsche wies keinerlei Andeutung einer hinteren Stoßstange auf und gab auch anderweitig den Veranstaltern Grund, Gregg die Teilnahme mit diesem Auto an weiteren IMSA-Rennen zu untersagen. In Mid-Ohio war er dennoch wieder am Start. Er habe seine Post noch nicht gelesen, sagte Gregg, als man ihn zurückweisen wollte – doch die IMSA-Leute waren trotz ihres Blauen Briefes an Peter Gregg noch einmal bereit, ihn mitfahren zu lassen. Vier der sechs Stunden in Mid-Ohio führte er, mußte die Spitze dann aber einem anderen Wagen überlassen.

Einen besonders hoch getunten und abgemagerten Carrera RSR erhielt Gregg Ende 1975 aus Weissach, setzte ihn aber nicht mehr im Rennen ein, da er bereits einen Vertrag mit BMW für 1976 in der Tasche hatte. Seinen Porsche veräußerte er an Jim Busby, der damit vier IMSA-Läufe gewann: in Ontario, Sears Point, Mid-Ohio und Laguna Seca. Ende August 1976 schlug Busby sogar zwei Turbo-934, die dort das erstemal mitfuhren. Auch Michael Keyser, Al Holbert, George Dyer und Ludwig Heimrath legten noch Tausende von Meilen auf amerikanischen Rennstrecken mit Erfolg auf ihren RSR zurück. Der Name Carrera hatte bei Motorsport-Enthusiasten in ganz USA ein weiteresmal den Inbegriff einer Porsche-Ära geprägt.

George Dyers Carrera RSR 3.0, mit dem der Kalifornier 1976 das Rennen in Lime Rock gewann.

Unten: Al Holbert und Michael Keyser gewannen 1976 das 12-Stunden-Rennen von Sebring 1976. Rechts daneben Holbert und Milt Minter (mit Siegerkranz).

Kapitel 28
Nach wie vor aktuell: Porsche 911

Ende 1973 schien das Ende des Porsche 911 nahe. Auf dem Hauptabsatzgebiet der Zuffenhausener Automobile hatte sich der Gesetzgeber neue Hürden einfallen lassen, die vielen Importfahrzeugen, und nicht zuletzt Porsche, einschneidende Auflagen machten. Dazu gehörten auch energieverzehrende Stoßstangen.

Sicherheitsauflagen im Automobilbau standen nicht nur in den USA im Vordergrund, wurden dort aber früher gesetzlich eingeführt als in Europa. Porsche mußte sich ihnen anpassen, wollte man nicht eine wichtige Bastion aufgeben. Die Veränderung, die der 911 dadurch erfuhr, fand eine kontroverse Aufnahme. *Auto, motor und sport* sprach von den neuen »Sicherheitswagen aus Zuffenhausen« und bezeichnete die Stoßstangen beim 911 zumindest als »funktional«. Und der Londoner *Car* war so freundlich zu behaupten, daß die »neuen 5-mph-Stoßstangen so gut in die Karosserielinie eingefügt sind, daß man meinen könnte, sie haben da schon immer hinge-

hört.« Nicht alle Kommentare klangen so nett. Dennoch: Porsche-Fans gewöhnten sich rasch an den 1974er Look des 911.

Die Stoßstangen, energieschluckend bei Aufprall bis 8 km/h, wurden in der Tat meisterhaft in das Karosserie-Design einbezogen. Verantwortlich für diese Arbeit war die Porsche-Design-Abteilung unter Anatole Lapine. Der 1930 in Riga geborene Künstler war 1951 nach USA gegangen und hatte als junger Ingenieur in der Styling-Abteilung von General Motors gearbeitet, wo er maßgeblich an der Entstehung der Corvette Anteil hatte. Nebenbei entwarf er einen Formel-Junior-Rennwagen – und kaufte sich einen schwarzen Viernockenwellen-Carrera. Er nahm das Auto mit nach Rüsselsheim, wohin er 1965 als Designer ging.

1969 wechselte Lapine zu Porsche über. Damit erfüllte er sich einen persönlichen Wunsch, denn er war Porsche-Enthusiast durch und durch. Anläßlich des 100. Geburtstages von Professor Ferdinand Porsche unternahm er einen Privatausflug nach Maffersdorf in Böhmen (Tschechoslowakei), um von dort eine Dose voller Heimaterde mit nach Stuttgart zu bringen. Maffersdorf war der Geburtsort von Ferrys Vater. So viel Porsche-Enthusiasmus war kaum zu überbieten.

Das 1976er 911 Coupé mit den energieverzehrenden Stoßstangen. Man mußte sich an ihren Anblick erst gewöhnen; den Designern war es aber ohne Zweifel gelungen, sie gut in die Gesamtlinie des Wagens zu integrieren.

Tony Lapines Safety-Bumpers bestanden aus Leichtmetall-U-Profilen, die seitlich in Faltenbälge mündeten. Sie waren in der Farbe des Wagens lackiert, wiesen vorn ein breites Gummiband auf und in den Ecken die Standlichter und Blinker. Auch die hintere Stoßstange hatte den Gummistreifen und die Bälge. Stählerne Träger hielten die Stoßstangen in der Europa-Version, die Amerika-Autos wiesen an ihrer Stelle hydraulische Dämpfer auf, die 135 Dollar Aufpreis kosteten. Sie gaben fünf Zentimeter nach, wenn man mit 8 km/h gegen sie stieß und schoben sich wieder in ihre Ausgangsposition, wenn man den Druck von ihnen nahm.
Eine breite Schürze unter der vorderen Stoßstange hatte eine milde Spoiler-Wirkung. Oberhalb der Heckstoßstange zog sich ein breites Reflektorband zwischen den Rückleuchten mit dem Porsche-Schriftzug quer über die Wagenbreite. Den Carrera-Bürzel gab es nicht mehr – zumindest auf dem deutschen Markt. Im Ausland konnte man ihn, gegen Aufpreis, noch bekommen. Dafür hatte der Carrera serienmäßig elektrische Fensterheber. Die Modelle T und E waren nicht mehr im Programm; am unteren Ende der Skala rangierte der 911 (ohne Zusatz-Buchstaben), das E-Modell hieß jetzt S, und der Carrera nahm die Spitzenposition im Programm ein. Ihn gab es jetzt auch erstmals in Targa-Ausführung. Wie beim 914, wies er ein einteiliges Dachstück auf; als zweiteiliges Element bekam man es nur noch gegen Aufpreis.
Wegen der 7-Zoll-Reifen im Heck erhielt der Carrera verbreiterte Kotflügel; vorn behielt er seine 6-Zoll-Reifen bei. Auf beide Felgengrößen ließ sich der Space-Saver-Ersatzreifen von Goodrich montieren. Ein solcher gehörte jetzt zur Serienausstattung jedes Porsche.

Auffallend im Interieur des neuen 911 waren die neuen Sitze, die zwar ein wenig nach VW aussahen, aber ausgezeichnete Seitenführung boten und den Hüften besseren Halt gaben. Neu war auch das Lenkrad, und noch mehr Teile als zuvor hatte man innen schwarz mattiert. In der Mitte der Instrumente gab es nicht einmal mehr die Aluminiumpunkte. Automatik-Gurte in sämtlichen Modellen waren selbstverständlich geworden.

Alle Fahrzeuge dieser G-Serie wiesen einen Kraftstofftank mit 80 Liter Fassungsvermögen auf, in dessen Mitte sich eine Einbuchtung für das Reserverad befand. Vorne links gab es nun wieder eine Batterie statt der zwei, die hinter den Scheinwerfern gesessen hatten. Serienmäßig hatte sie eine Kapazität von 66 Ah, auf Wunsch gab es auch eine mit 88 Ah. Neu war die Scheibenwaschanlage für die Frontscheinwerfer. Die Wasserzufuhr erfolgte aus dem Scheibenwasch-Reservoir, dessen Füllmenge auf 8,5 Liter angehoben wurde. Es befand sich vor dem linken Vorderrad.

Interieur und Lackierung waren in vielerlei Kombinationen zu haben. Auf Wunsch gab es auch wieder Seitenstreifen mit dem Porsche-Schriftzug und eine Folie für die Fronthaube, die in großen Lettern die Zahl 911 zeigte.

Alle Modelle waren mit dem 2,7-Liter-Motor ausgestattet, den 1973 der Carrera RS bekommen hatte, mit der großen 90-mm-Bohrung. Mit Ausnahme des Carrera, der auf allen Märkten (Ausnahme: USA) mit der mechanischen Benzineinspritzung angeboten wurde, wiesen die 911-Motoren die neue K-Jetronik von Bosch auf. Der Buchstabe K bedeutete »kontinuierlich« und deutete an, daß die Einspritzdüsen – im Gegensatz zu anderen Bosch-Systemen – fortlaufend mit Kraftstoff versorgt wurden. Die Amerikaner sprechen hier vom »Continuous Injection System«, abgekürzt CIS.

1967 hatte die Entwicklung dieses Systems bei Bosch ihren Anfang genommen, Porsche war daran teilweise beteiligt. Es ging darum, ein Einspritzverfahren zu entwickeln, das mechanisch nicht vom Motor abhängig war, also weder durch Zahnriemen noch durch Wellen angetrieben wurde. Außerdem sollte das System äußerst präzise arbeiten und damit wirtschaftlich. Leistungssteigernde Aspekte ließ man unberücksichtigt. Die Anlage, die bei Bosch im Laufe der Zeit entwickelt wurde, stellt im Prinzip eine große

Oben: Das ist die Jubiläumsplakette, die 1500 Wagen 1975 anläßlich des 25. Jubiläums erhielten. Rechts der 1977er Targa.

Scheibe dar, die sich in einer konisch zulaufenden Öffnung befindet, deren kleinerer Durchmesser den Lufteinlaß bildet. Je stärker der Luftstrom wird, desto höher hebt sich die Scheibe im Konus. Ein ausbalancierter Hebel auf der Scheibe überträgt deren Bewegungen auf die Verteilereinheit für den Kraftstoff.

Mit einem Druck von etwa 5 at gelangt der Kraftstoff über eine elektrische Kreiselpumpe zum Verteiler, in dem ein kleiner Zylinder mit so viel Schlitzen in seiner Wandung, wie der Motor Zylinder hat, den Sprit abgibt. In jenem Zylinder bewegt sich ein Kolben auf und ab, der mit dem anderen Ende des oben erwähnten Scheibenhebels verbunden ist – damit wird die Menge des einzuspritzenden Kraftstoffs genau gesteuert. Die Einspritzdüsen legte man so nahe wie möglich an die Einlaßventile. Der mit einem Druck von 3,4 at austretende Kraftstoff wird so fein zerstäubt, daß er mit der Luft ein optimales Verbrennungsgemisch bilden kann.

Es war nicht einfach, dieses System für einen Boxermotor zu entwickeln. Bei den ersten Fahrzeugen, die man mit der K-Jetronic versah, saßen die Einspritzdüsen in den Zylinderköpfen, so wie bei den herkömmlichen Bosch-Einspritzanlagen. Man machte jedoch die Erfahrung, daß sie durch Benzindämpfe verschlossen wurden, wenn man an heißen Tagen den Motor abstellte, deshalb trachtete man danach, den Düsen einen weniger

ment von 12,6 kpm bei 3800 Touren, der 911 kam auf 175 DIN-PS bei 5800 U/min und zeigte bei 4000 Touren den gleichen Drehmomentwert wie der 911. Damit waren die Aggregate insgesamt etwas leistungsstärker als ihre Vorgänger der 2,4-Liter-Baureihe.

Gab man den ersten Fahrzeugen der 1974er Modellpalette Zylinder mit Nikasil-Beschichtung, so kam im Laufe des Jahres bereits wieder etwas Neues in dieser Richtung. Die Firma Karl Schmidt in Neckarsulm bot eine nach amerikanischen Lizenzen (GM und Reynolds) gefertigte Aluminium-Silizium-Legierung an, Alusil genannt; aus ihr entstanden die neuen Porsche-Zylinder. Durch eine chemische Behandlung wur-

Oben die 1975er Ausführung des Porsche 911 Targa, links das Interieur der 1977er Version (S-Modell). Das Foto ganz links außen zeigt die Heckansicht des Fahrzeugs.

heißen Platz zu geben. Man plazierte sie ab 1974 in die Einlaßkrümmer aus Aluguß. Die Luftzuführung erfolgte über eine flache Speicherkammer mit quer darüberliegendem Luftfilter, just über dem Kühlgebläse des Motors.

Eine Vielzahl ausgetüftelter Details vervollkommnete die Anlage. Da gab es Sensoren, die bei kaltem Motor die Zufuhr zusätzlicher Kraftstoffmengen auslösen, damit sicheres Anspringen gewährleistet war. Ein Regelelement sorgte für fetteres Gemisch während der Warmlaufperiode. Überschüssiger Kraftstoff wurde in den Haupttank zurückgeführt. Die K-Jetronic erwies sich bald als ein sehr zuverlässiges System; nachdem Porsche damit herausgekommen war, folgten alsbald andere Automobilhersteller.

In Verbindung mit der K-Jetronic vermochte man dem Sechszylindermotor relativ zahme Ventilsteuerzeiten zu geben. Sie betrugen 22/58/52/16 Grad beim 911, 16/72/47/21 Grad beim 911 S. Die damit verbundene Leistungseinbuße machte man durch die Hubraumvergrößerung auf 2,7 Liter wieder wett. Der 911 leistete 150 PS bei 5700 U/min und hatte ein Drehmo-

den aus dem fertigen Gußstück die Siliziumkristalle an die innere Oberfläche der Zylinder geholt, wodurch sich eine äußerst widerstandsfähige Schicht ergab als Lauffläche für den Kolben. Damit dieser jene Schicht nicht beim Einlaufen zerstörte, versah Karl Schmidt die Kolbenmäntel mit einer Eisenschicht (»Ferrocoat«). Neue Materialien führte man auch beim Auspufftopf ein – er wurde gänzlich aus rostfreiem Stahl hergestellt, während man bei den hinteren Radaufhängungen zahlreiche Teile aus Aluminiumguß anfertigte, die zuvor aus Stahl gewesen waren. Sie erwiesen sich als haltbarer und widerstandsfähiger und waren obendrein leichter.

Der Carrera erhielt serienmäßig ein Fünfganggetriebe, die anderen beiden Modelle mußten mit vier Gängen auskommen (den 5. Gang gab es gegen Aufpreis). Erstaunlich war, daß trotz aller Sicherheitseinrichtungen und der Vergrößerung des Motors das Trockengewicht des 911 nur um fünf Kilogramm gestiegen war. Der Wagen wog jetzt 1077 kg. Stärker nach oben waren die Preise gewandert: der 911 in seiner Grundform kostete jetzt 2000 Mark mehr, nämlich 27 000 Mark, das

S-Modell 31 000, der 210 PS starke Carrera 38 000. Aber auch die Amerikaner mußten jetzt sehr viel mehr für ihren Porsche bezahlen, vor allem wegen der für sie ungünstigen Währungsverhältnisse. 13 575 Dollar für einen Carrera war für US-Maßstäbe außerordentlich viel Geld.

Nur alle 20 000 Kilometer mußte man mit dem neuen 911 zur Inspektion. Das sprach für das Vertrauen, welches man bei Porsche in diesen Wagen setzte. 1974/75 absolvierte *auto, motor und sport* einen 60 000-Kilometer-Dauertest, um herauszufinden, wie sich der Wagen in der Praxis verhielt. Man kam zu recht positiven Resultaten. Die mit 500 bis 600 Mark zu Buche schlagenden Inspektionen schienen den Redakteuren zwar teuer, aber gerechtfertigt, und wenn man Klage führte, dann nur über den Reifen-und Bremsbelagverschleiß, der mit den Inspektions-Intervallen nicht im Einklang stand.

In seinen Leistungen ließ der 911 des Modelljahres 1974 keine Wünsche offen. Das Carrera-Coupé lief gut und gerne seine 240 km/h, der 911 S über 210, der 911 noch immer an die 200. Die Testergebnisse variierten, wie üblich, bei den einzelnen Zeitschriften, die den 911 unter die Lupe nahmen, doch man war sich überall einig, daß die Motoren jetzt weniger Kraftstoff verbrauchten als früher, um auf die gleichen Fahrleistungen zu kommen. Nur Heizung und Lüftung fanden nicht uneingeschränktes Lob. Das Heizungsoutput war stark von der Motortemperatur und -drehzahl abhängig, und viele Porsche-Besitzer wünschten sich etwas mehr kühle Luft in Kopfhöhe.

Die Ölkrise um die Jahreswende 1973/74 hatte unvorhersehbare Auswirkungen gerade im Automobilgeschäft. Firmen wie Porsche, die nicht gerade Alltagsfahrzeuge bauten, bekamen die Folgen der Baisse besonders stark zu spüren. In einer Zeit der Treibstoffverknappung und Sonntags-Fahrverbote empfanden viele Europäer den Besitz eines schnellen Sportwagens als Provokation – dementsprechend sanken die Umsätze auch bei Porsche. Im ersten Quartal 1974 gingen die Verkäufe um die Hälfte im Vergleich zum Vorjahreszeitraum zurück. In Zuffenhausen mußte man Phasen der Kurzarbeit einlegen.

Waren auch die hohen Preise für einen Porsche Schuld, daß die Umsätze zurückgingen? Kaum. Denn bei der Einführung des Turbo ein Jahr später zeigte sich, daß ein noch teurerer Porsche durchaus seine Akzeptanz fand. Waren es die Geschwindigkeitsbeschränkungen, die in Europa jetzt überall in Kraft traten? »In den USA gibt es schon seit Jahren strikte Speed-Limits«, gab das Werk auf solche Fragen Antwort, »und es hat unserem Absatz in keiner Weise geschadet. Wir glauben nicht, daß Geschwindigkeitsbeschränkungen in Europa uns stören würden.« Dennoch: Tempo 100 auf vielen Straßen der Alten Welt – und auf manchen ging man drastischer herunter – hatten ohne Zweifel ihren Einfluß auf den Rückgang der Porsche-Umsätze.

Anläßlich einer Feier, die am 10. Mai 1974 in Weissach der 25. Wiederkehr jenes Tages gewidmet war, an dem der erste Porsche in Genf sein Debut gegeben hatte, sagte Dr. Ernst Fuhrmann: »Geschwindigkeit und Verkehr sind untrennbar miteinander verbunden. Wer für eine allgemeine Geschwindigkeitsbeschränkung ist, verursacht damit auch eine unnötige Verkehrsbeschränkung. Denn 160 km/h auf einer leeren Autobahn können für einen guten Fahrer und einen guten Wagen besser sein als 80 km/h in einer regnerischen Nacht für einen erschöpften Fahrer auf der gleichen Strecke.« Wer die Geschwindigkeit beschränke, so fuhr der Redner im Festzelt fort, um die Unfallziffer zu senken, handle wie ein Arzt, der einem Patienten ein Bein abnehme, um eine Wunde am Fuß zu heilen. Zahlreiche führende Persönlichkeiten der Kraftfahrzeugbranche pflichteten Fuhrmann bei. Als die Ölkrise verebbte, wurden einige der Tempolimits aufgeho-

Oben: G-Karosserie des 1974er Porsche 911. Links die Sitze dieses Modells mit integrierten Kopfstützen, die bei den vorangehenden Modellen einzeln aufgesetzt waren.

ben – nicht alle. Porsches Umsätze stiegen wieder an, blieben insgesamt aber im Jahre 1974 über 40 Prozent unter denen des Vorjahres.

Jene Krisenzeit machte manchen bei Porsche nachdenklich. Man überlegte, ob es sinnvoll wäre, Programmänderungen vorzunehmen, etwa eine viertürige Limousine zu bauen. Man entwarf sogar Pläne für ein Porsche-Motorrad mit Wankelmotor. Die Pläne hierzu erwarb später ein Holländer, der 1976 das kostspielige Zweirad tatsächlich baute – die Van Veen OCR 1000.

Oben: Porsche Carrera 1974 in seiner Straßenausführung. Der 2,7-Liter-Motor leistete 210 PS. Unter den Serienfahrzeugen der Porsche-Reihe war dies unbestritten das Spitzenmodell.

Als im Herbst 1974 die nächstjährigen Modelle vorgestellt wurden, zeigte sich, daß man die Kritik engagierter Porsche-Enthusiasten ernstgenommen hatte. Etliche Details waren verbessert worden – das Tagesgespräch aber stellte der neue Turbo dar, dessen Auslieferung im März 1975 einsetzte. Seine Geschichte soll im nächsten Kapitel behandelt werden. Die 1975er Modelle hatten – mit Ausnahme des Carrera – ein elektrisches Gebläse erhalten, das für eine effektivere Heizleistung sorgte. Seiner Leistungsaufnahme

Rechts: Die Motoren für den Modelljahrgang 1974, wie dieser für den 911 S, waren für Bosch K-Jetronic-Kraftstoffeinspritzung ausgelegt.

und der einiger anderer Zubehöre entsprach Porsche durch den Einbau einer stärkeren Lichtmaschine, die nun 980 Watt abgab. Mit dem vergrößerten Hubraum der Motoren hatte man auch die Endübersetzung bei allen 911ern heruntergesetzt, und zwar von 4,43 zu eins auf 3,88 zu eins; bei Fahrzeugen, die mit Sportomatic ausgerüstet waren, ging man von 3,86 zu eins auf 3,38 zu eins. Das Schaltstufen-Schema der Sportomatic hatte ebenfalls eine Überarbeitung erfahren. Es gab nunmehr drei statt vier Fahrstufen, was in Anbetracht des größeren Drehmoments beim 2,7-Liter-Motor als ausreichend angesehen wurde, wobei Stufe 1 und 2 in einer senkrechten Ebene verblieben, die dritte Stufe rechts oben lag und der Rückwärtsgang sowie die Parksperre links.

Verbessert an sämtlichen 1975er Porsche-Modellen wurde die Geräuschdämmung. Alle Coupés wiesen ausstellbare hintere Seitenfenster auf, zur Serienausstattung gehörten auch hintere und vordere Querstabilisatoren. Nach USA gelieferte Wagen bekamen serienmäßg eine Antenne, getönte Scheiben und Intervall-Scheibenwischer; die in Europa im Serienumfang enthaltenen Aluguß-Felgen bekamen die Amerikaner indessen nicht. Dafür verlangten die dortigen Gesetze abermals erhöhte Sicherheitsvorkehrungen wie dicke Gummipolster auf den hinteren Stoßstangen. Erstmals lieferte man den Targa mit schwarz mattiertem Überrollbügel aus.
Die Waschanlage für die Frontscheinwerfer konnte man 1975 für jedes Modell erhalten. Sie stammte von Hella und arbeitete ohne mechanische Wischer, nur mit hohem Wasserdruck. Als weiteres Sonderzubehör – beim Turbo serienmäßig – bot Porsche ein elektronisch gesteuertes Heizsystem an, entwickelt von der Stuttgarter Firma Behr. Die gewünschte Temperatur ließ sich auf einer Skala zwischen den Sitzen einstellen.
Ende 1974 besuchte John Bentley, der später ein Buch über Ferry Porsche veröffentlichte, das Porsche-Werk. Sein Bericht darüber erschien in der amerikanischen Porsche-Zeitschrift *Panorama,* eine Art Gegenstück zum *Christophorus.* Demnach entstanden in Zuffenhausen pro Tag 50 Fahrzeuge, gebaut von 970 Arbeitern. 26 Mann benötigten insgesamt achteinhalb Stunden für den Zusammenbau eines Motors, die Montage eines 911 erforderte insgesamt 107 Arbeitsstunden. Für jeden fertiggestellten Wagen nahm man sich 70 Minuten Zeit, um ihn probezufahren; man bewegte ihn im Schnitt 40 Kilometer. Fast die Hälfte, nämlich 48,3 Prozent der Porsche-Produktion, ging Ende 1974 nach Amerika. 5,5 Prozent aller Wagen waren mit Rechtslenkung versehen für Märkte wie Großbritannien und Australien. 6 Prozent aller Porsche wiesen die Sportomatic auf.
Mit der Umwandlung zu einer Aktiengesellschaft hatte man bei Porsche begonnen, in anderen Produktions-Sequenzen zu denken. Man legte jetzt für das Geschäftsjahr nicht mehr das Kalenderjahr zugrunde, und das Geschäftsjahr war identisch mit dem sogenannten Modelljahr, in der Automobilbranche schon lange üblich; es beginnt am 1. August. So veröffentlichte Porsche für das Modelljahr 1975 Produktionszahlen von insgesamt 8640 verkauften Fahrzeugen, von denen 6505 zum Typ 911 gehörten, 595 S-Modelle waren und 1218 als Carrera figurierten. Vom Turbo verkaufte man 260 Exemplare, hinzu kamen 62 Vierzylinder vom Typ 912, der 1976 eine Wiederauferstehung erlebte. 37,5 Prozent aller gebauten Wagen wurden als Targa geliefert.
Um die Bilanz zu verbessern, hatte man sich bei Porsche stark um die Hereinnahme von Beratungsverträgen bemüht. Dies schlug sich im 1975er 353-Millionen-Umsatz mit 36,6 Prozent nieder. Die Zahl der insgesamt bei Porsche Beschäftigten betrug Mitte 1975 3386 Mitarbeiter; 1973 waren es 4077 gewesen. Viele Kenner der

Rechts: Porsche 911-Modelle 1976. Links der Targa Carrera, im Hintergrund das 911 Coupé, rechts der 930 Turbo.

Unten: Der Porsche Targa Carrera, rechts daneben das 911 Coupé in seiner Europa-Ausführung 1976.

Interieur des Jubiläumsmodells 1975. Diese 911 S waren silbermetallic lackiert, auch die Polster waren in Schwarz und Silber gehalten.

Unten: Porsche 911 S Coupé 1976 in der Exportausführung für die Vereinigten Staaten.

Autobranche hatten Porsche rote Zahlen vorausgesagt, doch wiesen die Bücher immerhin noch einen Gewinn von 2,5 Millionen Mark aus. Im September erhöhte Porsche die Fahrzeuggarantie auf ein volles Jahr ohne Kilometerbegrenzung. Darüber hinaus gab es eine Rostgarantie, den Wagenunterbau und die Karosserie betreffend, von sechs Jahren. Durch Verwendung feuerverzinkter Bleche an allen Bodenteilen konnte man eine derartige Sicherheitszusage geben. Diese Prozedur machte pro Fahrzeug nicht mehr als 230 Mark aus, erhöhte den Wiederverkaufswert eines 911 aber beträchtlich.

Neu an den 1976er Porsche-Modellen war der von innen verstellbare Außenspiegel, dessen Gehäuse in den Farben des Fahrzeugs lackiert war. Die Einstellung erfolgte über einen kleinen Elektromotor. Es gab sogar eine Defrosteranlage, die wie jene der heizbaren Heckscheibe ausgelegt war. Auf der rechten Wagenseite konnte man einen solchen Superspiegel gegen Aufpreis auch bekommen. Erstmals bot man bei den 1976er Modellen auch einen Tempostat an (Automatic Speed Control in USA), den VDO entwickelt hatte. Der Einstellhebel für diesen Geschwindigkeitsregler, dessen Vorteile die Amerikaner schon lange schätzten, saß rechts an der Lenksäule. Von 40 bis 175 km/h ließ sich jeder Bereich vorwählen, die Geschwindigkeit blieb konstant, ohne das man aufs Gaspedal trat. Eine Betätigung von Gas, Kupplung oder Bremse führte zur sofortigen Unterbrechung der Tempostat-Funktion.

1976 machte man aus dem Carrera einen Dreiliter. Nach dem Turbo war er der Top-Wagen der Modellpalette; den 911 S bot man nicht mehr an. Sein Motor wanderte – mit geringfügigen Änderungen am Auspuff- und Einspritzsystem – in den 911, hier leistete er 165 PS bei 5800 Touren. *Auto, motor und sport* allerdings meinte, daß der neue 911 besser ginge als das vorherige S-Modell.

Mit seinem 2994-ccm-Motor (95 × 70,4 mm) hatte der Carrera 3.0 die gleiche Maschine wie der Turbo, nur ohne den Lader, aber mit den gleichen Kolben und der Verdichtung von 8,5 zu eins. Auch die Zylinderköpfe waren die gleichen, ebenso das Aluminium-Kurbelgehäuse, die größere Öldruckpumpe und die K-Jetronic-Zündung. Die Steuerzeiten beim 3.0 betrugen 24/76/66/26 Grad. Bei einer Tourenzahl von 6000 kam dieser Motor auf 200 PS, das Drehmoment wurde mit 13,6 mkp bei 4200 U/min ermittelt. Der Preis von 44 950 Mark ließ dem Käufer freie Wahl zwischen Vier- oder Fünfganggetriebe beziehungsweise Sportomatic.

Die Fahrzeuge des Modelljahrgangs 1976 bekamen ein geändertes Kühlgebläse. Es lief jetzt mit 1,8-facher Kurbelwellengeschwindigkeit – das war 38 Prozent schneller als zuvor. Das bedeutete beim Carrera 3.0 eine Drehzahl von 11 000. Dem Lüfter gab man jetzt fünf Flügel mit flacherem Neigungswinkel.

Die Wiederaufnahme des 912 kam überraschend. Sie erfolgte, um in der unteren Preisklasse ein Modell im Programm zu haben. In den USA, wohlverstanden – der Vierzylinder wurde sonst nirgendwo anders angeboten. Der 914 lief aus, der 924 war noch nicht da. Als 912 E hatte er den Volkswagenmotor von 1971 ccm Hubraum (94 × 71 mm), wie er auch im Zweiliter-914 zu finden war; Porsche hatte dieses Aggregat für den 924 jedoch überarbeitet und es mit der Bosch-D-Jetronic ausgestattet. Im 912 E bekam der Motor die L-Jetronic eingebaut, die auch der 1,8-Liter 914 ab 1974 gehabt hatte. Mit einer Verdichtung von nur 7,6 zu eins kam der 912 E auf 86 PS bei 4900 Touren. Serienmäßig erhielt das Auto ein Fünfganggetriebe und eine Endübersetzung von 4,42 zu eins, als Spitzengeschwindigkeit maß man noch immer beachtliche 185 km/h. Der 912 E kostete in Amerika immer-

Oben: Porsche Carrera 1976. Rechts: Motor des 911 S. Vom Modelljahr 1976 an hatten alle Motoren das Gebläse mit dem fünfflügeligen Lüfterrad.

Rechts: Porsche 911 S Targa, Modelljahr 1977.

hin 3000 Dollar weniger als der 911 S, nämlich 10 845. Es war ein Spar-Porsche, gewiß, was man auch an einigen Details im Interieur sehen konnte, »doch im Material, in der Verarbeitung und im Finish ist der 912 E von hoher Porsche-Qualität«, wie *Road & Track* vermeldete.

Es gab Überlegungen, den Wagen auch in Deutschland auf den Markt zu bringen. Angesichts der starken und schnellen Konkurrenz auf diesem Markt, besonders von Seiten BMW und Daimler-Benz, verzichtete man darauf. Den 912 E gab es 1976 – und ausschließlich in jenem Modelljahr – lediglich in den Vereinigten Staaten zu kaufen.

Die 1977er Ausgabe des 911 wies kaum Veränderungen auf. Man behielt die Antriebsaggregate bei, nur die K-Jetronic wurde etwas überarbeitet und erhielt jetzt zahlreiche Teile aus rostfreiem Stahl, um sie gegen Einwirkungen durch Kraftstoffbestandteile besser zu schützen. Auch stattete man alle Durchlässe mit feineren Filtern aus, um das Eindringen von Fremdpartikelchen noch besser verhindern zu können. Die Förderleistung der Hauptpumpe stieg von 110 auf 145 Liter pro Stunde.

Porsche-Tester stellten fest, daß am 1977er Modell Bremse und Kupplung leichter zu betätigen waren. Bei der Kupplung sorgte eine Zusatzfeder für eine Verminderung des notwendigen Pedaldrucks, und bei den Bremsen gab es erstmals eine

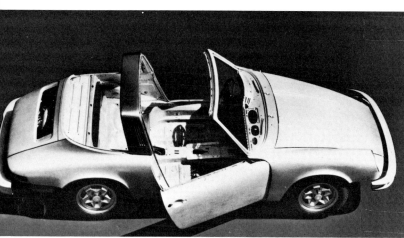

Die beiden Fotos links oben zeigen jene Teile, die beim 1976er 911 feuerverzinkt wurden. Rechts oben der 911 E für Amerika, darunter der Motor des gleichen Wagens.

von Ate gelieferte Servo-Einrichtung. Mit Ausnahme des 911-Grundmodells erhielten alle Wagen die Servobremse. Gleichzeitig versah man die Fahrzeuge mit etwas stärker dimensionierten Bremsscheiben. Verbesserungen wiesen alle Modelle in der Cockpit-Frischluftzufuhr auf, neu war auch das Türschloß mit einem versenkten Knopf, der es Dieben jetzt schwerer machte, einen Porsche zu »knacken«.

Unvermeidlich war die abermalige Anhebung der Preise. Das 911 Coupé ging auf 35 950 Mark hinauf, als Targa kostete dieser Wagen 38 450 Mark. Den Carrera-Preis konnte man mit 46 350 Mark unverändert beibehalten, der Carrera RS kletterte auf 46 350 Mark, die Targa-Ausführung kostete 2500 Mark mehr. Porsche-Fans in aller Welt waren sich einig, daß der 911 dennoch außerordentlich viel für sein Geld bot. Der Wagen taugte in seinem Gesamtkonzept, so schien es, noch für lange Zeit.

Kapitel 29
Turbo-Power – made in Weissach

Der Turbo war Ernst Fuhrmanns Idee. Der Wagen entsprach seinem Charakter und stellte eine interessante Mischung dar aus emotionalen und rationalen Elementen, aus progressiven wie konservativen Werten. Nur Porsche konnte ein solches Automobil herausbringen wie den Turbo.
In seiner ersten Phase des Schaffens war Ernst Fuhrmann fast anonym geblieben. Erst mit dem Viernockenwellen-Motor wurde man auch außerhalb des Werkes auf ihn aufmerksam. Sein Motor vom Typ 547 wurde das Antriebsaggregat des damaligen Carrera, und damit wurde der Name Fuhrmann berühmt. Als er noch mit Richard von Frankenberg in Monza war, um den Rekordfahrten mit dem Carrera beizuwohnen, war auch Rolf Goetze, der »Kolbenring-König« anwesend und soll gesagt haben: »Einen solchen Mann hätte ich gern bei mir!« Nicht lange darauf hatte er ihn wirklich.

Als Fuhrmann zur Firma Porsche zurückkehrte, vermied er, sich mit der Arbeit seiner Ingenieure zu belasten. »Ich habe in meinem Leben einen Motor gebaut«, sagte er, »das war mein erster und letzter. Meine Aufgabe ist es jetzt, unseren Konstrukteuren die Zielsetzung zu geben für ihre Arbeit. Ich versuche einfach, ihnen zu helfen, ihnen bei ihren Problemen Ratschläge zu erteilen – sie nicht aber selbst zu lösen.«
Ernst Fuhrmann suchte sich die kreativsten Leute für die Konstruktionsabteilung zusammen: »Ich bevorzuge Menschen, die allein vorwärtsgehen, die ich nur leiten muß.«
Viele seiner Mitarbeiter liebten den Motorsport, genau wie Ernst Fuhrmann. »Das Renngeschäft gehört bei Porsche einfach dazu«, sagte er. »Der Motorsport gibt jungen Konstrukteuren eine gewaltige Motivierung. Wenn man einen Serienwagen konstruiert, weiß man in fünf oder sechs Jahren, was man gemacht hat. Bei einem Rennwagen weiß man es spätestens in einem Jahr. Hier vermag ein jüngerer Ingenieur in kürzerer Zeit viel mehr zu lernen. Mit dreißig kann ein Ingenieur bereits über große Erfahrungen verfügen.«
Man mußte sich beeilen, wollte man mit Fuhrmann schritthalten. Sein Denk- und Arbeitstempo bestimmte bei Porsche die Gangart. Genauso

Reinhold Jöst und sein Porsche 908/03 von 1976. Dieses Fahrzeug wies einen Zweiliter-Sechszylindermotor mit Turbolader auf.

liebte er schnelle Wagen. Die Leistungen des Can-Am-917 mit Turbolader hatten ihn fasziniert. »Es würde mich nicht wundern, wenn wir eines Tages ein Straßenfahrzeug mit Turbolader hätten«, sagte Ernst Fuhrmann 1972 zu Jerrold Sloniger, einem der profiliertesten amerikanischen Motorjournalisten, der in Europa für etliche US-Blätter arbeitete. Das war ein heißes Thema. Auch BMW hatte einen Turbo entwickelt und brachte ihn Ende 1973 auf den Markt. Das war jene Zeit, als die Ölkrise einsetzte. Das Modell blieb ein Außenseiter im BMW-Programm. Vorher hatte es bei BMW einen Versuchswagen mit Turbomotor gegeben, jenes rote Flügeltüren-Coupé, das die Münchner anläßlich der Olympischen Spiele, die vor ihrer Haustür stattfanden, präsentierten.

Ernst Fuhrmann war davon überzeugt, daß man auch den 911 mit Aufladung fahren konnte. Wie bereits berichtet, gab es diesbezügliche Versuche bereits 1969/70, doch erst 1972 installierte man einen 2,7-Liter-Motor mit Abgas-Turbolader in einen Wagen. Die Arbeiten leitete Valentin Schäffer. Im April 1973 stand das Fahrzeug auf dem Leistungsprüfstand und wurde anschließend in Weissach probegefahren.
Wie bei den ersten Versuchen mit dem Can-Am-Wagen, hatten die Fahrer beim Turbo-911 das Gefühl, zwar viele Pferdestärken im Rücken zu haben, sie aber nicht mobilisieren zu können. Das time-lack vom Betätigen des Gaspedals bis zum Einsatz der Motorkraft war groß. Auch schien das Chassis des 911 die 250 PS der aufgeladenen Maschine nicht ganz zu verkraften. Ernst Fuhrmann gab Grünes Licht für die Weiterentwicklung von Motor und Fahrwerk, stellte aber die Bedingung, daß man aus Gründen der Wirtschaftlichkeit den Motor auf eine Verwendung der K-Jetronik auszulegen habe.
Bei den ersten Versuchsfahrzeugen plazierte man den Abgas-Lader in die linke hintere Wagenecke, dicht am Auspuff, durch dessen Gase er angetrieben wurde. Zwei rechteckige Schächte führten die verdichtete Luft zum Motor. Den Prototyp des Porsche Turbo konnte man im September 1973 auf der IAA in Frankfurt sehen – ein Traumwagen. Nur Insider wußten, daß der Wagen nicht fahrbereit war, aber man bekam einen Eindruck, wie man sich den Turbo 1974 vorzustellen hatte.
Der 911 Turbo entsprach in vielen äußerlichen Details dem Carrera RS 3.0, der für das IROC-Rennen in Riverside vorbereitet wurde. Im Inte-

rieur gab sich der Wagen mit seinen Schalensitzen betont sportlich. Als Motorleistung gab man in Frankfurt 280 PS bei 6500 Touren an; noch war der Wagen ein 2,7 Liter. 260 km/h sollte das Fahrzeug laufen.

Schon wenige Wochen später, Ende Oktober 1973, gab Porsche bekannt, daß man die Absicht habe, sich vom Motorsport zurückzuziehen, um rennambitionierten Kunden zu überlassen, mit dem Carrera RSR 3.0 GT-Lorbeeren zu ernten. Wie es hieß, sollte Martini & Rossi mit einem Turbolader-Carrera in der Gruppe 5 für Porsche in der Markenweltmeisterschaft mitfahren, wie schon im Vorjahr mit dem RSR 3.0.

Wie dieser Turbo-Carrera aussehen würde, wußte zu jenem Zeitpunkt noch niemand genau. Daß man bei Porsche einen solchen Wagen baute, schien ein logischer Schritt zu sein. In diesem Wagen konnten sich die Erfahrungen niederschlagen, die man in der Can-Am mit aufgeladenen Motoren gesammelt hatte, und ein Turbo-911 wertete ohne Zweifel das Image der gesamten gegenwärtigen Porsche-Modellreihe auf. Und man vermochte mit dem Sporteinsatz eines Turbo-Wagens dieser Größenordnung den Bau eines Serienfahrzeuges mit Abgas-Aufladung in die Wege zu leiten.

Es gab in Weissach Überlegungen, einen Rennwagen zu bauen, der wie ein »normaler« Carrera aussehen sollte, ein Wolf im Schafspelz sozusagen, unter dessen Oberfläche sich ein echter 1974er Wettbewerbswagen verbarg. Man entwarf die Konstruktion einer hauchdünnen Kunststoff-Karosserie, die man über ein Alu-Chassis zu stülpen gedachte – in der Art amerikanischer Dragster. Gegen diese Idee legte Fuhrmann sein Veto ein – ein solches Fahrzeug hätte sich zu weit von der Basis des 911 entfernt. Außerdem wäre ein solcher Renner wieder sehr teuer geworden, und es war ja beschlossene Sache, die Kosten für den Rennsport zu senken. So entstand 1974 ein Carrera Turbo, der auf dem Carrera RSR aufbaute.

Hatte man bei den Can-Am-Autos auf keinerlei Hubraumgrenzen Rücksicht nehmen müssen, so sah das bei den Gruppe-5-Wettbewerbswagen anders aus. Hier galt ein Limit von 3 Litern, und aufgeladene Motoren wurden mit einem Handicap-Faktor von 1,4 belegt. Eine Maschine mit Turbolader durfte, um in dieser Gruppe mitfahren zu können, also höchstens 2143 ccm Hubraum aufweisen. Man fragte sich, ob es Zweck hatte, einen Motor dieser Auslegung gegen jene

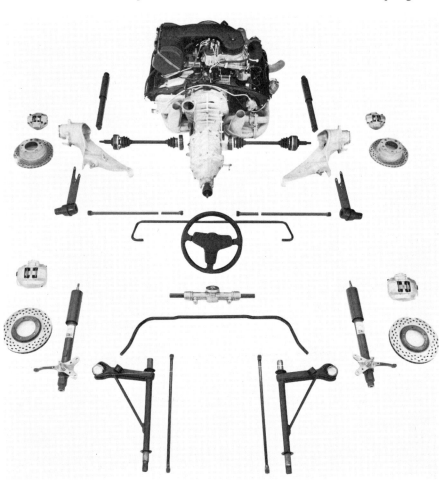

Oben: Das sind die Fahrwerks- und Antriebselemente des Porsche 930, der im allgemeinen nur »Turbo« genannt wurde. Nur die Bremsscheiben entsprechen nicht der Serienausführung – sie waren nicht durchbohrt. Rechts: Unterseite des Renn-Turbomotors von 1974 und (darunter) das freigelegte Kurbelgehäuse. Gegenüberliegende Seite: 2,1-Liter-Turbomotor des Porsche RSR der II. Phase, eingesetzt im April 1974.

Konkurrenz ins Feld zu führen, die aus drei Litern 480 PS herausholen. Die Antwort lautete: »Vielleicht«. Wenn man mit dem 5,4-Liter-Can-Am-Motor auf 1100 PS gekommen war, gab es eine Chance, mitzuhalten. Umgerechnet hätte man auf 437 Pferde kommen müssen mit dem 2143-ccm-Motor, gemessen an den 204 PS pro Liter beim Can-Am-Turbo. Aber man hatte noch Reserven – vorausgesetzt, daß die Kühlung mitmachte.

Der Sechszylindermotor, den man auf Stapel legte, kam mit 2142 ccm nahe an das errechnete Limit. Sein Kurbelgehäuse fertigte man aus Magnesium, die Kurbelwelle wurde vom 2,0/2,2 Liter übernommen und war mehr oder weniger ein Serienteil. Die Nikasil-beschichteten Zylinder hatten eine Bohrung von 83 mm. Die polierten Titan-Pleuel entsprachen denen, die man früher im Carrera 6 hatte; vom 908 stammten die großen Ölpumpen, denn zur vermehrten Wärmeableitung erachtete man einen verstärkten Öldurchfluß als wichtig. Entsprechend groß legte man auch den Ölkühler im Wagenbug aus. Die Nockenwellen wurden von Doppelrollenketten angetrieben, das Kühlgebläse übernahm man anfangs vom Serienwagen.

Bei einer niedrigen Verdichtung von nur 6,5 zu eins und einem Ventilhub für Ein- und Auslaß von gleichermaßen 10,5 mm setzte man die Steuerzeiten mit 80/100/105/75 Grad fest. Den Einlaßventilen gab man einen Durchmesser von 47, den Auslaßventilen einen von 40,5 mm. Erstere waren aus Titan.

Der Abgaslader wurde von der Firma Kühnle, Kopp, Kausch & Co. (KKK) in Frankenthal geliefert, die Eberspächer jetzt abgelöst hatte und in der Bundesrepublik der alleinige Hersteller solcher Anlagen war. Das Gerät saß hinter dem Motor mit der Turbineneinheit genau in der Wagenmitte. Zum Lader führte von jeder Zylinderreihe ein einfacher Auspuffkrümmer, dem jeweils ein zusätzliches Rohr als Bypass angeschlossen war, durch den Überdruck abgeführt werden konnte. Jeder der Zylinderköpfe wies drei Zuleitungsrohre mit Drosselklappen und den – dicht am Kopf plazierten – Kraftstoff-Einspritzdüsen auf. Die Einspritzpumpe war eine Sechszylinder-Version, wie sie in doppelter Ausführung im Can-Am-Zwölfzylinder arbeitete, nur daß man sie mit größeren Kolben ausstattete. Durch eine große Druckkammer oberhalb des Motors wurde die komprimierte Luft vom Abgaslader zu den Zylinderköpfen geleitet. Im Prin-

zip arbeitete das System genau so wie beim großen Can-Am-Wagen.

Das 170 kg wiegende Aggregat setzte man in einen normalen Carrera RSR mit Fünfganggetriebe ein. Erheblichen Änderungen unterzog man bei diesem Wagen das Fahrwerk. Es gab hier keine Drehstabfederung mehr, sondern progressiv wirkende Schraubenfedern aus Titan um die Bilstein-Gasdämpfer sowie Querstabilisatoren. Man sparte hierdurch gut 30 kg Gewicht ein gegenüber dem Carrera RSR 3.0. Die vorderen Radaufhängungen bestanden aus Dreieckslenkern an Kugelgelenken. Die hinteren Längslenker waren aus Aluminium und stellten wahre Kunstwerke dar. An allen vier Rädern saßen belüftete Scheibenbremsen und verrippte Bremssättel wie beim Carrera RSR.

Vorn gab man den Zentralverschluß-Magnesiumfelgen 10,5 Zoll breite Reifen, hinten erst solche von 15, später 17 Zoll Breite. Die profillosen Rennreifen kamen von Dunlop.

Spartanisch gab sich das Interieur des RSR Turbo. Armierte Rohre verliefen durchs Cockpit zum Ölkühler und -reservoir. Ein Überrollkäfig aus Alurohren sorgte für eine Menge Streben an allen Ecken, vor dem Fahrer befanden sich rechts und links neben einer kleinen Instrumententafel an Rohrleitungen angeschlossene Manometer zur Kontrolle des Ladedrucks. Eine »Renn«-Kulisse zur Führung des Schalthebels und tiefe Schalensitze sowie eine Feuerlöschanlage vervollständigten die Ausstattung.

Am Karosseriekörper des Turbo-Wagens gab es viele Teile aus Kunststoff, so die vordern Kotflügel, die hinteren und vorderen Schürzen, die Türen, Front- und Heckhaube. Alle Seitenscheiben waren aus Plexiglas, in den Türen als Schiebefenster ausgebildet. Beim ersten Carrera Turbo saß über dem Motor eine rechteckige Lufthutze.

Im November 1973 war es so weit, daß man einen fertigen Wagen probefahren konnte. Noch vor Jahresschluß begaben sich Porsche-Testingenieure zum Paul-Ricard-Ring nach Südfrankreich. Norbert Singer und seine Männer bereiteten sich darauf vor, an der Karosserie des Versuchswagens noch etliche Änderungen vornehmen zu müssen, die sich im Verlauf des Tests als notwendig erweisen würden. Das Reglement der Gruppe 5 gab ihnen die Freiheit, hier nach optimalen Gesichtspunkten vorgehen zu können. Als sie am 5. Februar erneut nach Paul Ricard kamen, konnte man die Ergebnisse ihrer ersten Auswertungen sehen: am Heck des einen Turbo

im Rennen schon kaum eine Chance haben würde, Gesamtsiege herauszufahren, dann mußten die konkurrierenden Porsche, so Fuhrmann, den Serienfahrzeugen wenigstens noch so ähnlich wie möglich sehen, um sich von konkurrierenden Gruppe-5-Prototypen deutlich abzuheben.

Man steckte das Auto in den großen Stuttgarter Windkanal, um herauszufinden, wie man den breiten Heckspoiler verändern oder mehr in die Karosserie integrieren konnte. Tony Lapines Designer arbeiteten an Ort und Stelle mit Gips und Plastilin, verlängerten die hinteren Dachträger als Aufnahmen für den Spoiler, veränderten

dreißig, auf den Hinterrädern siebzig Prozent des gesamten Wagengewichts.

Drei Wochen vor Beginn der Vortrainingsläufe in Le Mans hatte Ernst Fuhrmann eine Idee, die für manchen Porsche-Mann Überstunden mit sich brachte. Prüfstandversuche mit dem 2,1-Liter-Turbomotor hatten zwar eine Leistung von 400 bis 450 PS ergeben, aber über das Stehvermögen des Motors war man sich noch nicht sicher. Es gab da eine Schwachstelle im oberen Zylinderbereich, dicht am Kopf. Dort durfte die Temperatur 265 Grad möglichst nicht überschreiten. »Wenn unsere Motoren sterben, dann an Überhitzung«, sagte Ernst Fuhrmann. Sein

Ganz links der Turbomotor der I. Phase von Anfang 1974. Daneben Heckansicht mit den Einlaßöffnungen für den Zwischenkühler des Renn-Turbo RSR. Oben ein Blick in das Cockpit des gleichen Wagens. Die Bemalung des RSR hatte man bewußt so gehalten, daß die Breite der hinteren Kotflügel optisch vermindert wurde – ein Wunsch der Porsche-Geschäftsleitung.

Carrera, von denen man zwei hergebracht hatte, gab es einen Tablett-förmigen Spoiler mit eingearbeiteten Lufthutzen für den Lader. Der andere Wagen war nicht nur sehr viel leichter, sondern wies einen breiten Flügel auf, der an einstellbaren Streben am Heck befestigt war und an seinen seitlichen Kanten kleine, vertikale Flossen trug. Auch hatte man bei diesem Wagen die vordere Schürze noch tiefergezogen und an der Unterkante mit einer umlaufenden Lippe versehen. Obwohl der Heckspoiler die Anpreßkräfte positiv beeinflußte, war Ernst Fuhrmann mit dem Wagen in Paul Ricard nicht ganz zufrieden. »Ich mag keinen Eindecker«, sagte er: das Auto sah ihm zu sehr nach einem Flugzeug aus. Wenn man

die Heckfensterpartie. Die Einstellbarkeit des Flügels behielt man bei, auch die senkrechten Seitenflächen. Ein Luftwiderstandsbeiwert von 0,40 bis 0,42, je nach Flügelstellung, wurde ermittelt.

Durch die Modifikation der Heckpartie wurde der Turbo indessen schwerer; in seiner ursprünglichen Ausführung hatte er 748 kg gewogen. Jetzt war man bei 820 kg gelandet, und für Le Mans wurden es noch einmal sechs Kilo mehr. Das höhere Gewicht hatte seine Ursachen auch in anderen Veränderungen. Ein neuer Sicherheitstank war in den Wagen gekommen – er saß jetzt nicht mehr vorn, sondern dort, wo beim Serienwagen sich die Rücksitzbank befand und hatte ein Fassungsvermögen von 120 Litern. Er steckte in einem stählernen Behälter, der sich bis zum Beifahrersitz erstreckte und wurde durch zwei Einfüllstutzen, rechts und links an den Fahrzeugseiten, betankt.

Mit dieser Änderung versetzte man auch die Batterie vom Cockpit in die linke vordere Wagenecke, dafür wanderten die Kraftstoffpumpen nach rechts in den Innenraum. Öltank und die automatische Feuerlöschanlage verblieben im Bug. Die Verlegung des Benzintanks brachte auch eine Veränderung der Belastungsverhältnisse mit sich; auf den Vorderrädern ruhten nun

Gedanke war, in die Zuleitung, die vom Lader die komprimierte Luft dem Motor zuführte, mit einem Zwischenkühler zu versehen. Komprimierte Luft gibt Wärme ab, und diese Wärme trug zu einer Verminderung der Luftdichte bei, was nicht nur zu höheren Drehzahlen des Laders führte, sondern auch Probleme hinsichtlich der Abführung jener freiwerdenden Wärme brachte. Natürlich gab es dieses Phänomen auch bei den Kompressormotoren früherer Epochen, nur liefen jene mit Vergaser, und der Kompressor drückte das Benzin/Luft-Gemisch in die Verbrennungsräume, wobei der Kraftstoffanteil kühlende Wirkung ausübte. Bei Kraftstoff-Einspritzsystemen gab es diesen Effekt natürlich nicht.

So wenig neu wie das Problem war aber auch die Lösung, zu der man sich bei Porsche entschloß. Mit Zwischenkühlern arbeitete man schon bei aufgeladenen Flugmotoren kurz nach dem Ersten Weltkrieg. Es handelt sich hier um Lamellenkühler, die im Luftstrom des Fahrzeugs lagen und durch welche die komprimierte Luft auf die gleiche Weise strich wie beim Wasserkühler das Wasser. Auch die stark verrippten Zuführungsrohre und Einlaßkrümmer bei Kompressormotoren früherer Rennwagen dienten der Kühlung der heißen Ladeluft.

Der erste Zwischenkühler im Turbo Carrera arbeitete nach dem Querstromprinzip und war aus Leichtmetall. Rechts strömte die komprimierte Luft hinein, wurde in Rohren zu den Einlaßkrümmern geführt und trat links wieder aus. Man bemühte sich, den Zwischenkühler mit unter die Motorabdeckung zu bringen mit einer großen, dreieckigen Öffnung darin für die Luftzufuhr, darunter saß der Abgaslader. Es ging eng zu im Motorraum, aber alles paßte hinein.

Man schaffte es, die beiden Versuchswagen rechtzeitig zum Vortraining Ende März nach Le Mans zu bringen. Aber nur eines der Autos hatte den Zwischenkühler, den man im Verlauf der Trainingsrunden ausgiebig testete – und dann entfernte. Als schnellste Rundenzeit ermittelte man 3:55, das waren immerhin elf Sekunden weniger als die Zeit des besten Dreiliter-Carrera im Vorjahr. Am Lenkrad dieses Wagens saß Helmuth Koinigg, ein fünfundzwanzigjähriger Österreicher, der ein Team-Kollege Manfred Schurtis war, ein Liechtensteiner, der 1973 bei Martini als Einunddreißigjähriger begonnen hatte, Carreras zu chauffieren.

Beim traditionellen Abschlußrennen des Vortrainings am 24. März fielen beide Turbo-Porsche aus. Beim Koinigg/Schurti-Wagen brach ein Kipphebel, beim anderen Auto, gefahren von Müller und van Lennep, ging der Turbolader fest. Eine gerissene Kupplung und andere Schäden hatte es bereits zuvor in den Testläufen gegeben. Welche Lehren man auch immer aus den Pannen zog – daß der Zwischenkühler eindeutig niedrigere Temperaturen brachte, stand fest. Man änderte seinen Aufbau jedoch etwas ab, vereinfachte auch die Luftzufuhr zu den Einlaßkrümmern. In der Hoffnung auf gute Resultate erschien ein Carrera RSR Turbo 2,1 am Start zum ersten Meisterschaftslauf in Monza am 21. April 1974. Es hieß, daß der Motor 450 PS Leistung bei 8000 Touren habe sowie ein Drehmoment von 24 kpm bei 5500 bis 6000 U/min. Der Ladedruck des Turbosystems bezifferte sich auf 1,3 at, wobei man mit dem Zwischenkühler jedoch auf 1,4 gehen konnte und dadurch auf 470 PS kam. Wie beim Can-Am-917/30, befand sich am Instrumentenbrett des Carrera Turbo ein Knopf, durch den sich der Druck im Einlaßkrümmer regeln ließ, bei welchem das Ventil den Überdruck ins Freie abgab. Bis zu einer bestimmten Grenze hatte der Fahrer hier die Möglichkeit, kurzfristig mehr »Dampf« zu machen. Porsche mußte indessen Sicherheitsvorkehrungen treffen, um fehlerhafte Bedienung auszuschalten. Den Wert für den normalen Druck nahm man deshalb für Langstreckeneinsätze auf 1,21 at zurück, was eine Leistungsverminderung auf 445 PS mit sich brachte; hier konnte man dann, wenn's nötig war, den Druck auf 1,54 at hinaufsetzen und hatte dann 500 PS an der Kupplung, wobei sich das Drehmoment sprunghaft auf 29,3 kpm erhöhte.

Wo die Grenzen ihres ungewöhnlichen Motors lagen, hatten die Ingenieure Singer und Schäffer mittlerweile festgestellt. Der Motor hielt – und belohnte die Mühen mit einem fünften Platz im Gesamtklassement. Beim Rennen in Spa am 5. Mai kam der Turbo-Porsche sogar auf den dritten Platz. Zum erstenmal setzte man das zweite Fahrzeug drei Wochen später beim 1000-Kilometer-Wagen auf dem Nürburgring ein. Helmuth Koinigg und Manfred Schurti fühlten sich mit ihrem Fahrzeug allerdings nicht recht sicher, wie Herbert Müller und Gijs van Lennep beklag-

Rechts der Porsche 911 Turbo, der im Herbst 1973 auf dem Pariser Automobilsalon ausgestellt wurde. Allerdings war der Wagen seinerzeit nicht fahrbereit.

Der 2,1-Liter-Turbomotor erhielt in seiner III. Konstruktionsphase ein waagrecht über dem Aggregat angeordnetes Gebläse.

ten sie sich über schlechte Sicht nach hinten, was auch zu einigen Karambolagen führte: beide Wagen verloren Spoiler- und Kotflügelteile. Mit einem sechsten und siebenten Platz beendeten sie das Rennen.

Vierzehn Tage später fand der nächste Lauf in Imola statt. Mit Überraschung nahm man zur Kenntnis, daß wohl noch einige Reserven im aufgeladenen Porsche-Motor zu stecken schienen. Im Koinigg/Schurti-Wagen, den Porsche als eine Art rollendes Versuchslabor ansah, steckte ein neuer Motor mit einem neuen Kühlgebläse. Schon Anfang des Jahres hatte man in Weissach nach Möglichkeiten gesucht, die Kühlung zu intensivieren, um die Lebensdauer des Turbomotors zu verlängern. Mit einem vertikal angeordneten Gebläse am Ende des Motors kam man nicht mehr viel weiter als man jetzt war. Der neue Motor (III. Phase) wies ein oberhalb des Motors in seiner Mitte angeordnetes Gebläse auf, das in einem flachen, zylindrischen Turm saß. Die Luft strich innerhalb einfacher, abgeschrägter Leitbleche nach unten. Solche Gebläseanordnung hatte es bereits früher bei Porsche-Motoren gegeben, beim 753, 771, und 912 (917). Nur hatte man hier, beim Carrera-Motor, eine neue Art des Gebläseantriebs gewählt, ähnlich wie beim früheren Elva-Porsche. Vom Ende der Kurbelwelle, wo eine Riemenscheibe saß, trieb ein Keilriemen eine Welle an, die ihrerseits einen rechtwinkligen Zahntrieb zur Lüfterwelle hatte. Eine flexible Kupplung wie beim 917 dämpfte die Lastspitzen.

Durch die neue Anordnung des Gebläses mußte man auch die Position der Lichtmaschine ändern, die sich jetzt an der rechten hinteren Motorseite befand und ebenfalls über einen Keilriemen angetrieben wurde. Auch die Einspritzpumpe hatte man verlegen müssen; ein Zahnriemen trieb sie jetzt vom vorderen Ende der rechten Nockenwelle aus an.

Dem neuen Motor war es nicht vergönnt, in Imola Aufsehen zu erregen. Durch ein Leck im Schmiersystem konnte Müller nur mit Verspätung an den Start gehen, und er mußte immer wieder an die Boxen, um am Lader und am Gebläse etwas in Ordnung bringen zu lassen. Koinigg ging es nicht viel besser: mit einem blockierten vierten Gang war auch für ihn das Rennen vorzeitig zu Ende.

Porsche 908/03 von Reinhold Jöst/Jürgen Barth mit 2,1-Liter-Turbomotor.

Daß man bei Porsche dennoch an den neuen Motor glaubte, bewies man durch die Nennung für Le Mans. Den Wagen sollten van Lennep und Müller fahren. Das zweite Turbo-Coupé wies noch den alten Motor mit dem senkrechten Gebläse auf. Um zusätzliche Luft an den Motor zu führen, hatte man bei Porsche die hinteren Seitenscheiben mit Einlässen versehen, an die sich weite Schläuche anschlossen, um die Luft herunterzubringen. Die silber lackierten Einsätze im Heckfenster sah man dann auch bei allen nachfolgenden Rennen.

Man bereitete, wie üblich, die Fahrzeuge für Le Mans mit großer Sorgfalt vor. Es galt, sich mit den Matra und Gulf-Mirage zu messen, und beim Training stoppte man auch beruhigende Zeiten von 305 km/h auf der Mulsanne-Geraden. Wagen Nummer Eins, gefahren von Müller/van Lennep, bekam den richtigen »Kick« durch höheren Ladedruck schon beim Start. Im Koinigg/Schurti-Auto hatte man den Druck auf einen etwas höheren Basiswert eingestellt – mit der Folge, daß die Reise nach sechs Stunden für dieses Team zu Ende war. An vierter Stelle liegend, schlug dem Wagen ein Pleuel durch das Kurbelgehäuse. Das Fahrzeug stand sofort in Flammen. Die Streckenposten eilten zum Löschen herbei, Koinigg kam mit leichten Verletzungen davon. Wagen Nummer Eins lag zu diesem Zeitpunkt an dritter Stelle, rückte in der neunten Stunde auf den zweiten Platz vor und hielt sich dort bis zum Schluß des 24-Stunden-Rennens. Mit einem defekten Getriebe folgte der Wagen einem Matra, der seinerseits ebenfalls Getriebeprobleme hatte und deshalb einen langen Boxenaufenthalt in Kauf nehmen mußte. Das Matra-Getriebe war, nebenbei gesagt, eine Konstruktion aus dem Hause Porsche... Eine Pechsträhne, wie sie sonst nicht üblich war.

Van Lennep und Müller holten sich auch den zweiten Platz beim Rennen in Watkins Glen am 14. Juli. In Österreich langte es zu einem sechsten, in Brands Hatch zu einem fünften und in Paul Ricard zu einem siebenten Platz. Auch hier registrierte man Getriebedefekte. Und in Brands Hatch war Herbert Müller nach einem Ausflug ins Gelände der Frontspoiler davongeflogen – hier konnten die Zuschauer das erstemal einen Porsche sehen, der beim Beschleunigen beide Vorderräder vom Boden hob!
Am Ende des Jahres stand Porsche in der Meisterschaftswertung an dritter Stelle hinter Matra und Gulf-Mirage.

Die Turbo-Rennwagen waren nicht dazu gedacht, an Privatfahrer abgegeben zu werden. Man befürchtete in Zuffenhausen und Weissach, daß schwache Plazierungen im Rennen durch Privatteams dem Image des 911 schaden könnten. Der Wagen hatte seine Schuldigkeit getan. Doch die Entwicklung des 2,1-Liter-Motors war noch lange nicht am Ende. Die 908/03-Besitzer waren es, die gerade einem solchen Antriebsaggregat große Chancen gaben: »Hätten wir nur diesen Motor – die 100 PS, die uns bisher fehlten, wären genau richtig, um manchem Matra oder Alfa unsere Porsche-Rücklichter zu zeigen!« Auch Reinhold Jöst, siebenunddreißig Jahre alt und VW-Audi-Porsche-Händler, erfahren auf

Rechts: Schnitt durch den Turbomotor Typ 930. Unten ein Querschnitt des aufgeladenen Sechszylinders.

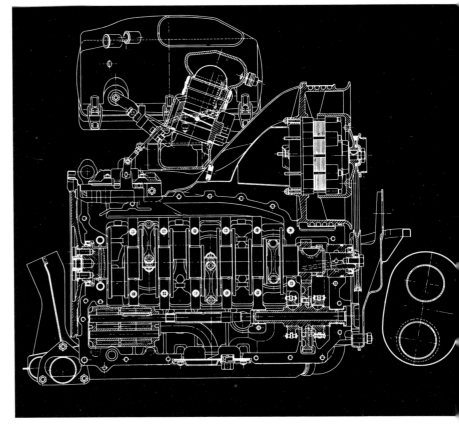

Porsche 908 und vertraut im Umgang mit der »dicken Berta« und oft als »Fahrer mit der Goldenen Hand« bezeichnet, interessierte sich für den aufgeladenen 2,1 Liter. Er bat Porsche, ihm für die Saison 1975 eine solche Maschine zu überlassen. Doch in Weissach sah man darin zunächst wenig Nutzen. Im jetzigen Stadium sah man den Motor als nicht wettbewerbsfähig genug an, und es bestand auch wenig Absicht, ihn weiterzuentwickeln.

Dennoch wurden einige Turbomotoren an Privatteams verkauft, das Stück zu 83 500 Mark. Man bot sogar Serviceleistungen und Einbauhilfe an und erbot sich letztlich auch, die kompletten Fremdfahrzeuge in Weissach zu testen. Offizielle Formen sollte dieses Entgegenkommen aber nicht annehmen.

Drei Fahrzeuge wurden mit dem Ladermotor versehen, eines davon gehörte Reinhold Jöst, das zweite dem spanischen Porsche-Importeur Verne Ben Heidrich, das dritte Dr. Hermann Dannesberger, ein Frankfurter Immobilienmakler, der den Wagen vom Werk gekauft hatte, nachdem Jo Siffert mit ihm 1971 in der Targa Florio gefahren war. Dieses Auto sollte Herbert Müller zur Verfügung gestellt werden. Müller bemühte sich damals, Martini für sich und van Lennep als Sponsor zu gewinnen, doch die Wermuth-Fabrikanten verhielten sich abwartend.
Es handelte sich bei dem Motor um das RSR-Turboaggregat von 1974. Beim Einbau in die Fahrzeuge plazierte man es etwas weiter vor die Hinterachse, was die Konstruktion neuer Zuführungen vom Turbolader erforderlich machte, der ganz hinten hinter dem Getriebe saß. Im Dannesberger-Wagen rückte man den Zwischenkühler etwas tiefer als bei den anderen und gab ihm auf der Heckabdeckung eine breite, niedrige Hutze; bei den beiden anderen Fahrzeugen gab es schlankere Lufthutzen, so wie bei Grand-Prix-Wagen.
Auch gab man den 908/03 neue Heckformen. Man lehnte sich bei ihnen exakt an jene an, die der Can-Am-917/10 aufwies; die veränderten Bugpartien bekamen Platz für größere Ölkühler und – teilweise – für Scheinwerfer. Dem Dannesberger-Wagen gab man einen breiten Überroll-

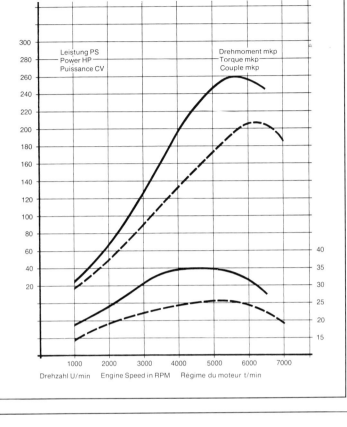

Links: Leistungskurve des Turbomotors 930/50 (durchgehende Linie) im Vergleich zum Motor 911/83 Carrera mit mechanischer Einspritzung (gestrichelte Linie). Unten der Verlauf des Drehmoments.

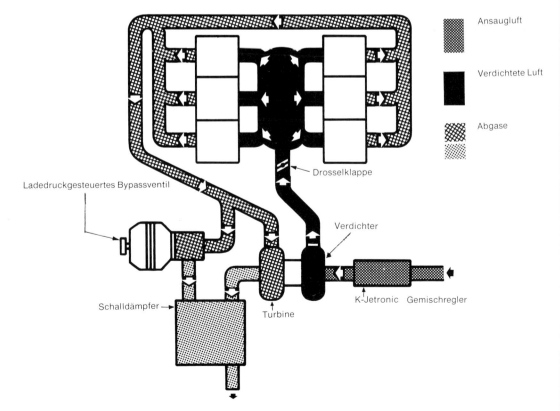

Unten: Funktionsschema des Turboladers. Es handelt sich um ein Aggregat mit zwei Schaufelrädern (Schnittzeichnung rechts), das von den Motorabgasen angetrieben wird; die an die Abgasleitung angeschlossene Antriebsturbine ist über ein Läufergehäuse mit dem Verdichter verbunden, der dem Motor die komprimierte Ansaugluft zuführt. Der Lader dreht bis zu 90 000 Touren und erzeugt dabei einen Ladedruck von 0,8 atü.

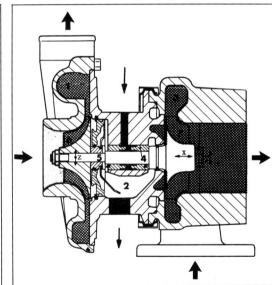

bügel, den anderen beiden verpaßte man schmalere, die nur die Cockpitbreite ausmachten. Die Gesamtform der Karosserie wurde allerdings nicht im Windkanal getestet – das wäre den Privatteams zu teuer geworden.

Den Dannesberger-Wagen konnte Gijs van Lennep am 14. Februar in Weissach probefahren. Es war aber zu kalt, um zu irgend welchen brauchbaren Anhaltspunkten zu kommen, und so beraumte man eine weitere Erprobung vier Wochen später auf dem Hockenheimring an. Es regnete in Strömen. Dennoch gab es einen Lichtblick: Man kam hier mit den Martini-Leuten ins Gespräch. Rechtzeitig für den ersten Meisterschaftslauf, der am 23. März in Mugello stattfinden sollte, erklärten sich die Wermuth-Leute einverstanden, die Sponsorschaft für Müller und van Lennep zu übernehmen.

Jöst und sein Teamgefährte Mario Casoni fuhren ihren Turbo-908/03 in Mugello nicht ins Ziel. Auch bei zwei weiteren Meisterschaftsläufen im Jahr 1975 hatten sie Pech, während bei fünf anderen Rennen der Wagen sich gut hielt. In Dijon und Monza langte es zu einem zweiten Platz, bei der Coppa Florio zu einem dritten wie auch am Österreichring, in Watkins Glen wurden sie Vierte. Damit sicherte das Team Porsche den zweiten Platz in der Markenweltmeisterschaft 1975; als Anerkennung hierfür dedizierte Porsche Reinhold Jöst den Mark-Donohue-Gedächtnis-Pokal. Jöst schloß das Jahr ab mit einem zweiten, zwei vierten und einem fünften Platz in der Interserie.

Müller und van Lennep erreichten in Mugello den dritten Platz. In Dijon mußten sie aufgeben, in Monza hatten sie Pech mit einer durchgebrannten Zylinderkopfdichtung. Man war sich nicht einig, wer daran schuld gehabt haben könnte, daß der Ladedruck zu hoch eingestellt war – van Lennep verließ jedenfalls das Dannesberger-Team. Es kam zu Querelen mit Dannesberger und auch Martini, so daß Porsche sich veranlaßt sah, dem Streit von oben her ein Ende zu bereiten, zumal man sich Martini für 1976 nicht verärgern wollte.

Dannesberger machte allein weiter und engagierte Leo Kinnunen, der bislang Ben Heidrichs Wagen gesteuert hatte. Den Service des Autos sollte von jetzt an Erwin Kremer übernehmen. Ein dritter Platz im 1000-Kilometer-Rennen auf dem Nürburgring war das beste Ergebnis dieses Teams in jener Saison.

Der bärtige, zigarrenrauchende Herbert Müller trat Ende 1975 wieder in Erscheinung, und zwar in der Interserie. Er wurde einmal Sieger, einmal Zweiter, zweimal Dritter mit dem Turbo-908/03. Nachdem er früher in der Saison auch einen Sieg mit dem 917/10 erzielt hatte, erkannte man ihm 1975 den Interserie-Meistertitel zu, wie bereits im Vorjahr.

1976 baute Jöst seinen Turbo-908/03 um, weil er in der Gruppe 6 konkurrieren wollte, in der es um die Sportwagen-Weltmeisterschaft ging. Zwischen die Heckflossen montierte er einen großen Flügel, modifizierte die Bugform und erwarb von Porsche einen neuen Turbo-Motor. Schon beim ersten Rennen der Saison, das am 4. April auf dem Nürburgring stattfand, errang er einen überlegenen Gesamtsieg, zu dem später im Jahr noch etliche Interserie-Erfolge hinzukamen.

Es war im Oktober 1973, als der Prototyp des ersten Turbo-911 in der Öffentlichkeit gezeigt wurde, nicht vorauszusehen gewesen, was sich daraus entwickeln würde. Der Martini RSR Turbo hatte im Sport gewisse Merkzeichen gesetzt – aber es gab noch eine zweite Entwicklungslinie. Sie führte zum Porsche 930.

Der 930 Turbo war sicher der leiseste und komfortabelste Hochleistungswagen, der bei Porsche vor Erscheinen des 928 je gebaut wurde. Seine Entstehung ging auf das Durchsetzungsvermögen Ernst Fuhrmanns zurück, der im Turbo weite Bereiche neuer Aktivitäten sah. Vier Millionen Mark investierte die Firma in die Entwicklung des 930.

Als im Frühjahr 1974 feststand, daß ein Turbo-Porsche realisierbar sein würde, gab es Debatten, wie teuer ein solches Fahrzeug sein dürfte. Dem

Der Prototyp des 930 Turbo wies durchbohrte Bremsscheiben auf, die der Serienwagen nicht hatte. In seinen Konturen glich der Wagen dem 3.0 Carrera.

Vertrieb war daran gelegen, daß der Preis in Grenzen blieb, und schließlich mußte man auch 400 Exemplare verkaufen, um den Wagen in der Gruppe 4 als GT homologieren lassen zu können. Die F.I.A. verlangte den Nachweis dieser Stückzahl zwar erst im Verlaufe von 24 Monaten – Porsche wollte aber früher mit dem Turbo an den Start, nämlich schon 1976. Wie sich später zeigte, war der Preis beim Turbo-Porsche kein Problem, den Wagen zu verkaufen.

Das Herz des 930 Turbo war natürlich sein Motor. Trotz seiner Kompliziertheit war dieses Aggregat leichter als der gleichstarke Motor ohne Abgas-Lader: er wog 207 kg.

Sowohl den 2,7 Liter als auch den 3,0 Liter hatte man für eine Straßenversion in Betracht gezogen. Man entschied sich bei Porsche für die größere Variante, weil in den unteren Drehzahlbereichen ein besserer Übergang vom unaufgeladenen zum aufgeladenen Leistungsbereich ermittelt wurde. In seinen Zylinderdimensionen – 95× 70,4 mm – entsprach der Motor dem Carrera 3.0, dennoch unterschied er sich von ihm in vielen Details. Zwar hatte auch der 930 ein Kurbelgehäuse aus Aluminium, aber andere Zylinder. Sie waren tiefer verrippt und wiesen Vertiefungen für die Stehbolzen auf, damit befanden sie sich nicht

mehr im Kühlluftstrom und konnten keine Temperaturspannungen weitergeben.
Die nur leicht gewölbten Kolben hatte man auf eine Verdichtung von 6,5 zu eins ausgelegt. Die Ventile entsprachen in ihrer Anordnung und Größe denen des Dreiliter-Motors im Carrera, hatten aber um 11 mm im Durchmesser verminderte Einlaßkanäle, was dem Drehmoment bei ausgeschaltetem Lader zugute kam. Die Ventilsteuerzeiten betrugen 20/60/50/18 Grad. Die Auslaßventile waren natriumgekühlt, die Nockenwellen vierfach statt dreifach – wie in den anderen 911-Motoren – gelagert.

Das Kühlgebläse lief mit 1,67-facher Tourenzahl der Kurbelwelle, um vor allem bei niedrigen Drehzahlen ausreichend Kühlleistung zu produzieren. Denn die Maschine drehte nicht hoch, um ihre Maximalleistung zu erreichen: 5500 U/min, wenngleich der rote Bereich auf dem Drehzahlmesser auch erst bei 6800 begann. Die Thyristor-Zündung des 930 war nach dem Muster im Dreiliter-Renn-Carrera ausgelegt, versorgte hier aber nur eine Einfach- und keine Doppelzündung. Die Bosch-Kerzen hatten mit W 280 einen relativ geringen Wärmewert.
Hinten links am Motor befand sich der KKK-Turbolader. Von den Auslaßkrümmern zur Turbine wurden die Abgase durch zwei große Rohre geführt, die sich zu einem vereinigten und eine Ableitung aufwiesen, um Überdruck freizugeben. Diese Ableitung wie der Auslaß der Turbine mündeten in einen großen Schalldämpfer.
Die K-Jetronic war im 930 Turbo in verfeinerter Form wiederzufinden. Mit einem Druck von 0,9 at wurde der Kraftstoff durch die Düsen an den Drosselklappen am Krümmereinlaß gejagt. Dieser war aus Aluminium und wies mit seinen Durchlässen von 63 mm eine um 7 mm gegenüber allen anderen Porsche-Motoren vergrößer-

Oben: Der Motor des 930 Turbo mit seinen gewundenen Ein- und Auslaßrohren vom und zum Lader. Links das elegante 930-Coupé Modell 1975 von oben.

te Drossel auf. Kurze Ansaugrohre saßen auf den Zylinderköpfen – obwohl längere eine bessere Leistung erbracht hätten; aber der Platz setzte hier Grenzen.
Die Leistung des 930 war eine Größe, über die bei der Entwicklung des Motors viel diskutiert wurde. Vom technischen Standpunkt aus schienen 280 PS angemessen. Aber es wurden Stimmen laut, die meinten, das könnte zu viel sein für »normale« Automobilisten. Der Turbodruck pflegte mit solcher Vehemenz einzusetzen, daß man die Reifen durchdrehen lassen konnte – nicht nur bei Regen oder Eis ein Unsicherheitsfaktor. Man einigte sich bei Porsche auf ein Zurücknehmen der Leistung auf 260 PS bei 5500 Touren. Schon bei 1500 U/min gab der Lader genügend Druck ab, von 2500 U/min stieg seine Leistungskurve himmelwärts an, um bei 4500 0,8 at zu erreichen, den Wert, auf den das Überdruckventil eingestellt war. Kurz vor diesem Punkt, bei 4000 U/min, erreichte das Drehmoment des Motors seinen optimalen Wert mit 18,3 kpm.
Für den 930 konstruierte man bei Porsche auch ein neues Getriebe. Als Basis diente das vom Typ 915 mit den 76 mm Wellenabstand, man beschränkte sich aber auf vier Gänge und machte es bis 34 kpm drehmomentfest. Das gesamte Ge-

triebegehäuse fertigte man aus einer Alu-Silizium-Legierung (Silumin) an, die noch widerstandfähiger als Magnesium ist. Es wurde mit tiefen Kühlrippen versehen. Die Untersetzungen der Gänge legte man mit 2,25, 1,30, 0,89 und 0,66 zu eins aus; die Endübersetzung betrug 4,22 zu eins.

Wie beim Getriebe, nahm man in der Dimensionierung der Kupplung und der Radaufhängungen auf die Möglichkeit Rücksicht, für Rennzwecke später stärkere Motoren verwenden zu können. Man baute auf Sicherheit und legte alle Teile von bemerkenswerter Stabilität aus. Die Radnaben glichen denen des 917 und wurden von starken Trägern aus Aluminium, »Bananen« genannt, gehalten. Vorn erhielt der 930 als erster Porsche auch eine Querstrebe aus Aluminium für die Aufnahme der Vorderradaufhängung, die dann auch die 911er des Modelljahres 1976 bekamen. In der Geometrie der Aufhängungen hielt man sich an die des Renn-Carrera von 1973 unter Berücksichtigung, daß der 930 ein Straßenwagen war. So verlegte man die Ansätze für die hintere Drehstabfeder höher, neigte die Ebene der unteren Dreieckslenker etwas nach vorn und sorgte für eine Konstanz des negativen Sturzes beim Einfedern und in Kurven. Den hinteren Drehstab verstärkte man von 23 auf 26 mm wie beim RS und RSR, die Querstabilisatoren maßen 18 mm im Durchmesser. Relativ hart eingestellte Bilstein-Dämpfer gehörten ebenfalls zur Ausstattung des 930 Turbo.

Die 15-Zoll-Felgen waren aus geschmiedetem Aluminium, vorn sieben, hinten acht Zoll breit. Breitere Reifen hätte der Wagen ohne weiteres vertragen, doch als Straßenfahrzeug wollte man diesen Wagen nicht den dadurch vergrößerten Aquaplaning-Risiken aussetzen. Die Reifen in der Erstausstattung kamen von Dunlop und wiesen die Dimensionen 185/70 und 215/70 auf. Später wurden Pirelli-Pneus Standard vom Typ P7 der Größen 205/50 und 225/50 verwendet. Auf dem Weissacher Schleuderkurs erzielte man mit diesen Reifen eine Querbeschleunigung, die bei einem Serien-Porsche bisher nie erreicht worden war: 0,91 g.

Die Hochdruck-Waschanlage für die Frontscheinwerfer gehörten beim 930 ebenso zur Serienausrüstung wie der Heckscheibenwischer und die von Behr gelieferte Temperatur-Einstellautomatik für den Innenraum. In der US-Ausführung gab es ohne Aufpreis viel Leder im Interieur, von vielen amerikanischen Kunden bevorzugt. Die Instrumente entsprachen denen des 911; später kam noch ein Manometer für den Turbolader hinzu als Anzeige innerhalb des Drehzahlmessers.

Mit seiner umfangreichen Ausstattung war der Turbo kein Leichtgewicht. Er geriet mit 1140 kg zum schwersten bisher gebauten Sechszylinder. In seiner US-Ausführung wog das Coupé noch einmal 80 kg mehr, allerdings auch wegen der Klimaanlage, die zum Serienumfang des Wagens gehörte.

Als der Wagen erstmals in Paris zu sehen war, im Oktober 1974, sprach man von einem Verkaufspreis um 65 000 Mark. Im Januar 1975 wurde offiziell bekanntgegeben, daß er 65 800 Mark betrug. Die ersten Auslieferungen setzten im März ein; bis Jahresende 1974 hatte es nur ganze sieben Test- und Vorführwagen gegeben.

In seiner Serienausführung 1975 für den europäischen Markt erhielt der Porsche 930 Turbo eine Hochdruck-Waschanlage für die vorderen Scheinwerfer.

Ganz oben: Porsche 930 Turbo in Dreiviertelansicht von hinten. Links der elektrisch verstellbare Außenspiegel der 1976er Modelle, der zudem beheizt war, was ein Vereisen unmöglich machte; rechts der 200 PS starke Porsche Carrera in Targa-Ausführung von 1976. Am Lenkrad Jürgen Barth.

Kapitel 30
Neue Sporterfolge auf allen Rennstrecken

Zum Angriff bereit: der Martini-Porsche 935 mit Turbolader – ein Wagen, der 1976 für Aufsehen sorgte.

Das erste Presse-Echo auf den 930 war überwältigend. »The finest driving machine« titulierte der *Motor* den Wagen: »So hat uns noch kaum ein Auto beeindruckt!«. Man sprach von einer technischen Meisterleistung, von einem idealen Reisewagen für jede Art von Distanz. Die *Automobil Revue* bezeichnete den Turbo nicht nur als den leistungsstärksten, sondern auch als den »zivilisiertesten Wagen«, den Porsche je für den normalen Straßengebrauch gebaut habe. Wer das Automobil nur als ein Transportmittel betrachte, so schrieben die Schweizer, würde über den Wagen wohl nur den Kopf schütteln. Der Kenner aber entdecke alsbald die hohen Werte dieses Fahrzeugs, das schon seit seiner Geburt prädestiniert sei, als »Classic Car« in die Geschichte einzugehen. Als Höchstgeschwindigkeit attestierte man dem Wagen 246 km/h, *auto motor und sport* kam – mit dem gleichen Fahrzeug – auf 250 km/h. Von Null auf 100 km/h maß man eine Zeit von 6,3 Sekunden.

In den USA wurde der 930 als Turbo Carrera eingeführt und kostete den stolzen Preis von 25 850 Dollar. Als Targa gab es den 930 weder hüben noch drüben, auch die Sportomatic war nicht lieferbar.

Porsche sprach bei der Einführung des Turbo von einer »neuen Synthese«. Bei aller Leistungsfähigkeit verzichtete der Wagen auf alle negativ auslegbaren Attribute konventioneller Höchstleistung. Weder war der Wagen laut noch spartanisch in seiner Ausstattung. Hier hatte man das Fahren in seiner schönsten Form – ein Slogan, der von Porsche gern gebraucht wurde. Der 930 war ein Arbeitspferd – aber auch ein Renner, »was man ihm leider nicht ansieht: er sollte sich für seinen Preis äußerlich von anderen Porsche-Modellen stärker abheben«, wie Ray Hutton in *Autocar* schrieb.

Die enormen Leistungen des Wagens verlangten behutsame Handhabung. Mehr als ein Wagen kam schon wenige Stunden nach seiner Auslieferung in die Werkstatt zurück – traurig zugerichtet. Wie beim Mercedes 300 SL zwanzig Jahre zuvor, mußte man sich diesen Porsche erst erfahren, bevor man seine Grenzwerte auslotete. 260 PS und ein Drehmoment von 35 kpm wollten mit Verstand, Gefühl und Erfahrung gehandhabt sein, Voraussetzungen, die nicht jeder Turbo-Käufer mitbrachte.

Hatte Ernst Fuhrmann im Herbst 1975 noch gehofft, daß man bis zum kommenden April 500 Turbo-Porsche verkauft haben würde, so konnte man im Mai schon den 1000. Wagen feiern. Seine glückliche Besitzerin war Prinzessin Antoinette zu Fürstenberg, die nach Zuffenhausen in ihrem privaten Hubschrauber kam, um das Fahrzeug in Empfang zu nehmen. Am Ende des Modelljahrs 1976 war man auf 1300 Turbos gekommen, von denen 500 nach USA verkauft wurden.

Das 1977er Modell kostete 67 850 Mark und wies einige Detailänderungen auf, die auch in den anderen Fahrzeugen mit der J-Karosserie zu finden waren. Begrüßt wurden die Luftaustrittsöffnungen im Cockpit, die dem Kopf des Fahrers zugewendet waren und die Servobremsen. Am auffälligsten aber waren die neuen 16-Zoll-Räder. Sie wiesen die gleichen Felgenbreiten wie vorher auf und wurden mit den bereits erwähnten P7-Reifen von Pirelli bestückt. Mit Einführung der größeren Räder veränderte man die Hinterachsübersetzung auf 4,22 zu eins.

Die Entscheidung, dem Turbo größere Räder zu geben, basierte auf Resultaten, die man – wie schon so oft bei Porsche – aus dem Rennsport gewonnen hatte. An jenen Gruppe-4-Wagen, die man 1976 an den Start gebracht hatte, wurden erstmals 16-Zoll-Räder gefahren. Dies waren die Turbo RSR, auch als 934 bekannt geworden. Die Typenbezeichnung basierte auf der des 930, die »4« zeigte an, daß es sich um einen Gruppe-4-Wagen handelte.

Der 934 stellte eine jener drei Varianten dar, mit denen sich Porsche 1975 wieder ins Sportgeschehen begab. Alle Fahrzeuge wiesen Abgas-Turbolader auf. Parallel zum 934 gab es den 935 und den 936, und auch bei diesen kennzeichnete die letzte Ziffer die F.I.A.-Gruppe, in der sie homologiert waren. In der Gruppe 5 konnten alle Fahrzeuge der Gruppen 1 bis 4 konkurrieren, als Spezial-Serienwagen durfte man sie jedoch stark modifizieren. Gänzlich anders sah der Porsche 936 aus. Er war ein offener Rennzweisitzer mit Mittelmotor und Gitterrohrrahmen. Die Gruppe-5- und Gruppe-6-Wagen wurden vom Werk mit Martini-Sponsorschaft eingesetzt, den 934 brachten Privatteams an die Rennstrecken Europas.

Der in der Gruppe 4 eingesetzte Porsche war als Rennwagen ein eigentümliches Auto. Vermutlich hatte es als erstes Wettbewerbsfahrzeug elektrische Scheibenheber. Man behielt auch die vollen Türverkleidungen bei sowie die Stoßstangen – andernfalls wäre der Wagen nämlich zu leicht geworden. Durch seinen aufgeladenen Motor unterlag der 934 der Handicap-Formel, die seinen Hubraum mit dem Faktor 1,4 zu multiplizieren vorschrieb: der Wagen avancierte zu einem 4,2 Liter. Und in dieser Hubraumklasse wurde ein Mindestgewicht von 1120 kg verlangt. Einunddreißig Turbo RSR wurden für die Rennsaison 1976 auf Kiel gelegt. Die Fahrzeuge entsprachen äußerlich dem Serien-Turbo, entbehrten lediglich einiger Isoliermatten zur Geräusch-

dämmung, der Bodenteppiche und der Rücksitzpolster sowie der unteren Armaturenbrett-Abdeckung. Im Cockpit wurde ein Überrollbügel aus Leichtmetall eingebaut. Die vierzig Kilo Gewichtsverminderung brauchte man, um das Gewicht anderweitig wieder hinzufügen zu können, hauptsächlich am Fahrwerk.

Die Umwandlung des 930 zum Gruppe-4-Rennwagen fand unter der Leitung Wolfgang Bergers statt. Er übernahm vom Serienwagen die Aufhängungselemente, versah die Stoßdämpfer zusätzlich mit Schraubenfedern und gab dem Fahrzeug vorn und hinten einstellbare Querstabilisatoren. Die Radlager, wie viele Teile am 930, waren für stärkere Belastungen ausgelegt und konnten vom Serienfahrzeug übernommen werden, während man die Naben verstärkte und die Bremsen mit ihren durchbohrten Scheiben und verrippten Bremssätteln denen des RSR Carrera anglich.

Ein großes Handicap stellte für den 934 die im Reglement geforderte Begrenzung der Reifenbreiten dar, sie betrug 14 Zoll. Das war der Grund, warum man auf Felgen von 16 Zoll Durchmesser überging. Man entschied sich für 10,5-Zoll-Felgen vorn und für solche von 12,5 Zoll Breite für hinten. Als Reifen kamen solche von Dunlop und Goodyear in Frage. Den stählernen Kotflügeln fügte man Verbreiterungen aus Kunststoff an, wodurch sich die Gesamtbreite des Porsche vorn auf 1800 mm und hinten auf 1877 mm hinten erweiterte. Aus Kunststoff war auch ein dünner Frontspoiler, den man an den Wagenbug montierte.

Zwischen den Federbeinen gab man dem Chassis vorn eine zusätzliche X-Traverse zur Verstärkung. Im Wagenbug befand sich hinter der Batterie das Ölreservoir auf der linken Seite, rechts saß der 120-Liter-Kraftstofftank mit zwei Einfüllstutzen.

Ganz links außen der Porsche 930, der in den USA 1976 als Turbo Carrera verkauft wurde, rechts daneben der 934. Das Interieur gehört zum Turbo-Carrera. Unten links der Turbo von 1977 mit Pirelli-P7-Reifen. Der Motor ist der aufgeladene Sechszylinder des Porsche RSR.

Ungewöhnlich am Motor des 934 war nicht der Abgaslader, der schon fast keine Besonderheit mehr darstellte, sondern die Art der Kühlung der komprimierten Ladeluft. Hierzu benützte man – Wasser. Auch die Verwendung der K-Jetronic in einem Rennmotor war neu.

Die meisten der beweglichen Teile im Motor entstammten dem 930, lediglich die Kolben waren aus einem widerstandsfähigeren Material. Die Verdichtung von 6,5 zu eins hatte man wie die Ventilgrößen ebenso beibehalten. Vergrößert waren indessen Ein- und Auslaßkanäle, die Nockenwellen kamen vom 1974er Turbo Carrera wie auch das Kühlgebläse, wie man es auch im 935 und 936 verwendete.

Der Turbolader am hinteren Ende des Motors war größer dimensioniert als beim Serien-930. Die angesaugte Frischluft wurde in ihrer Menge durch eine Vorrichtung gesteuert, die der K-Jetronic entsprach. Bei einem Rennmotor ließ sich dies machen, weil der Turbolader im gesamten Einlaßtrakt als eine Art Dämpfer zwischen den Druckschwankungen an den Einlässen und der empfindlichen Steuerscheibe des Einspritzsystems wirkte.

Um auf die oben erwähnte Wasserkühlung zurückzukommen: Besondere Probleme bereitete die Kühlung der Ladeluft auf ihrem Wege zu den einzelnen Zylindern. »Wir dachten zunächst an einen Luft-zu-Luft-Kühler wie beim 1974er Prototyp«, berichtete Wolfgang Berger. »Wir stellten aber fest, daß schon aus Platzgründen eine andere Lösung gefunden werden mußte.« Die Richtlinien für Fahrzeuge der Gruppe 4 schrieben vor, daß an den äußeren Konturen des Wagens keine Veränderungen vorgenommen werden durften, und so konnten die Porsche-Männer keinen großvolumigen Luftkühler aus der Abdeckung des Motorraums ragen lassen.

»Dem Vorschlag, es doch mit einem Wasserkühler zu versuchen, begegneten wir zunächst mit großer Skepsis«, berichtete Berger weiter. »Welche Dimension müßte man ihm geben? Wieviel Wasser hatte man mitzuschleppen? Wir bauten einen solchen Kühler zunächst einmal außenbords an, gaben ihm eine Pumpe und erhielten zum Schluß ein so eigenartiges Gebilde, daß der Wagen als ›Porsche-Wasserwerk‹ schnell seinen Spitznamen weghatte.«

Das »Wasserwerk« arbeitete indessen recht gut und kühlte die heiße Luft von 150 Grad Celsius auf 50 Grad herunter. In seiner endgültigen Ausführung wies der Motor zwei Behr-Kühlerkerne rechts und links über jedem der drei Einlaßrohre auf, versehen mit je einem Luftspeicher darüber. Durch eine über Keilriemen angetriebene Pumpe wurde das Wasser nach vorn geleitet, wo in der Spoilerschürze zwei Lamellenkühler aus Aluminium saßen. Die zusätzlichen Gewichte – die ganze Einheit wog nicht mehr als 19 kg – verkraftete der Wagen problemlos.

Im Bug des 934 saß ein großdimensionierter Ölkühler mit thermostatgesteuertem Durchfluß. Vorgeschrieben für Fahrzeuge der Gruppe 4 war

Einfach- statt Doppelzündung, wobei man beim Porsche dem bewährten Thyristor-System von Bosch vertraute.

Auf dem Prüfstand hatte man eine Motorleistung von gut 500 PS ermittelt, doch als offiziellen Wert gab das Werk eine gemäßigtere Zahl von 485 bei 7000 Touren an. Maximales Drehmoment: 31,4 kpm bei 5400 U/min. Damit war der 934 der bisher leistungsstärkste Sechszylinder, den Porsche je anzubieten hatte.

Den 934 konnte man mit vier verschiedenen Enduntersetzungen bekommen sowie mit einer Differentialsperre mit achtzigprozentigem Sperrfaktor. Die Auswahl der Getriebeuntersetzungen war bei Gruppe-4-Fahrzeugen begrenzt worden; mehr als zwei Alternativen für jedes serienmäßig vorgesehene Zahnradpaar durfte es nicht geben.

Der rennfertige Turbo kostete ab Werk 97 000 Mark. »Das ist nicht teuer für den Gegenwert, den dieses Auto bietet«, meinte einer der ersten Käufer, Al Holbert. Mitte September 1975 gab Porsche bekannt, daß der Wagen für die Saison 1976 zur Verfügung stehen werde. Manfred Schurti war einer der ersten, der Gelegenheit hatte, das Auto in Paul Ricard und am Nürburgring zu testen. Er umrundete die Eifelstrecke in einer Zeit, die 15 Sekunden unter dem besten Carrera RSR-Wert lag. Das sprach sich herum – binnen kurzem hatte Porsche ein Dutzend Aufträge zusammen. Ende Januar wurden diese Wagen ausgeliefert.

Unter den deutschen Käufern eines 934 waren Erwin Kremer und Georg Loos, das MM- und das Evex-Team. Als Fahrer für die Saison 1976 verpflichtete man unter anderem Helmut Kelleners, Reinhard Stenzel, Bob Wollek, Toine Hezemans, Eberhard Sindel, Richard Leder, Hartwig Bertrams, Jürgen Kannacher, Gerhard Holup und Angelo Pallavicini. Wollek in einem Kremer-Wagen und Hezemans im Loos-Team fuhren in der 1976er Saison die meisten Erfolge im 934 heraus; der Wagen dominierte in der GT-Europameisterschaft. In der IMSA-Serie, die in den USA eine große Popularität genoß, ließ man den 934 nicht antreten: ein neues Reglement untersagte den Einsatz aufgeladener Fahrzeuge.

Dafür gab man dem Turbo-Porsche Gelegenheit, in der Trans-Am mitzufahren. Vasek Polak orderte gleich fünf Exemplare des 934, von denen er zwei George Follmer und Hurley Haywood anvertraute. Auch Al Holberts Wagen tauchte in der Trans-Am auf. Mit diesen drei Wagen beherrschten sie ihre Klasse; Follmer wurde am Saisonende Meister vor Haywood. Holbert kam nur auf den zehnten Rang, weil er 1976 seine Rennaktivitäten auf andere Sektoren konzentrierte.

Mitte 1976 änderte IMSA-Boß John Bishop seinen Entschluß bezüglich Zulassung aufgeladener Motoren. Er veranlaßte eine Aufhebung der Sperre und lockte einige 934 an den Start zum Mid-Ohio-Rennen am 29. August. Da man die Fahrzeuge aber strikt so antreten ließ, wie sie homologiert waren, vermochten sie gegen hochgetunte Konkurrenten wenig auszurichten. Erst 1977 erlaubte man die Verwendung breiterer Reifen und nicht homologierter Einspritzanlagen sowie anderer Tuningmaßnahmen, so daß man mit 600 PS an den Start gehen konnte.

Der Gruppe-4-Turbo war letztlich noch immer ein recht naher Verwandter des Serienwagens. Nicht so der 935, wie er 1976 in der Gruppe 5 antrat. Zwar basierte auch dieses Fahrzeug auf dem 930, war aber erheblich modifiziert. Nur zwei Exemplare dieses Typs wurden für die 1976er Saison gebaut, doch offerierte das Werk Umbausätze, um aus einem 934 einen 935 zu machen.

Die Erfahrungen, die man 1974 mit den silbernen Martini-Coupés im Renneinsatz sammeln konnte, fanden im 935 ihren sichtbaren Niederschlag. So übernahm man komplett die Aufhängungen, nur ließ sich vom Fahrersitz aus die Härte des hinteren Querstabilisators regulieren. Die Bremsen entsprachen denen des 934, erhielten aber eine effektivere Kühlung durch flexible Rohre, die den Scheiben frische Luft zuführten. Speziell für dieses Fahrzeug wurden bei Dunlop Rennreifen mit flachem Profil mit 19 Zoll Durchmesser gefertigt, die man auf die hinteren Felgen aufzog. Vorn gab man dem 935 10,5-Zoll-Pneus. Der Antrieb der Hinterräder erfolgte über Halbachsen aus Titan. Das Getriebe hatte man nicht vom 1974er Wagen übernommen, sondern vom 930, das für eine Aufnahme des enormen Drehmoments des starken Sechszylinders besser geeignet war. »Jeder im Werk liebte diesen 935«, sagte Manfred Jantke, »weil er ein so unwahrscheinlicher Wagen ist und so enorm leistungsstark.«

Welche Leistung der 935 im Endeffekt haben würde, war abhängig vom Wagengewicht, das sich laut Reglement am Hubraum des Motors orientierte. Orientierte man sich an der 4-Liter-Grenze, so schrieb das F.I.A.-Reglement ein Minimalgewicht von 970 kg vor, und vier Liter Hubraum ergaben durch die Lader-Formel einen effektiven Hubraum von 2857 ccm. Durch die bei Porsche übliche Zylinderbohrung von 92 mm und 70,4 mm Hub kam man auf 2808 ccm.

Bei einem zivilen Verdichtungsverhältnis von 6,5 zu eins und einem Ladedruck von 1,5 at aus dem KKK-Turbolader ließ sich eine Leistung von 590 DIN-PS bei 7800 U/min erzielen, ein Wert, der noch auf 600 getrimmt wurde. Bei einer Erhöhung des Ladedrucks auf 1,6 konnte man kurzfristig über 630 PS verfügen.

Die Art des Zwischenkühlers variierte im Verlauf der 1976er Saison, und mit ihm die Karosserie des 935. Dem ersten Aufbau, wie man ihn im Dezember 1975 in Paul Ricard getestet hatte, sah man noch deutlich seine Abstammung vom 1974er Turbo RSR an. Erheblich leichter gebaut als die Karosserie des 934, wies der 935 Seiten- und Heckfenster aus Plexiglas auf, und mit Ausnahme des Daches waren alle Aufbauelemente aus dünnem Kunststoff. Das untere Bugstück mit dem Spoiler ließ sich mit der Vorderhaube in einem Stück abnehmen, so daß man an die Aufhängungen und den Ölkühler besser herankam. Auf dem Wagenheck trug der 935 einen noch viel breiteren Flügel als sein 1974er Vorgänger. Er saß auf einem Kasten über der Motorklappe, in welchem sich der Ladeluftkühler befand. Dieser arbeitete noch als Luft-zu-Luft-Kühler und hatte oben seinen Lufteinlaß. Er sollte in dieser Form aber nur ein kurzes Dasein führen.

Das weiße Coupé mit der Nummer 5 an den Flanken absolvierte in Paul Ricard ansehnliche Rundenzeiten. Am Lenker wechselten sich Jacky Ickx und Jochen Mass ab. Mit erstaunlichen 312 km/h erwies sich der 935 schneller als der gleichzeitig auf dem selben Kurs getestete Grand-Prix-Tyrrell mit sechs Rädern.

Als das Reglement für die Wagen der Gruppe 5

Tiefgezogene Frontschürzen mit großen Kühlluft-Einlässen sowie markante Kotflügelverbreiterungen kennzeichneten den Porsche 934.

in seiner endgültigen Fassung für 1976 veröffentlicht wurde, mußte der Porsche 935 einigen Änderungen unterzogen werden. Danach waren Form und Größe von Heckspoilern zwar nicht begrenzt, doch die Konturen des Wagens, von vorn gesehen, durften sie nicht überragen. Damit mußte der Flügel des 935 geändert werden – Norbert Singer schickte seine Ingenieure erneut in den Windkanal. Sie entwickelten einen verstellbaren, waagrechten Flügel, angelenkt zwischen zwei senkrechten Flossen. Der Deckel des Motorraums war zu einem flachen Kasten ausgeformt.

Da die Gestaltung der Kotflügel freigestellt war, schnitt man die vorderen des 935 an der Oberkante einfach ab, entfernte auch die Scheinwerfer und versah die Flächen statt dessen mit einer Reihe schmaler Schlitze, durch die Kühlluft zu den Rädern geführt wurde. Die Scheinwerfer versetzte man in die Vorderfläche des Frontspoilers.

In dieser Aufmachung bestritt der 935 seinen ersten Lauf 1976 beim Sechs-Stunden-Rennen von Mugello. Der Wagen war so leicht geraten, daß man ihn zur Abnahme mit Ballast beschweren mußte, um auf das Minimalgewicht zu kommen.

Man packte ihn in Form von 70 kg Blei in den Fahrzeugbug, um das Fahrverhalten zu stabilisieren; weitere zehn Kilo wanderten auf die Rechte Seite im Cockpitbereich als Ausgleich zum Gewicht des Fahrers. Die Spurweite des 935 betrug vorn 1501 mm, hinten 1557 mm, der Radstand maß 2270 mm. Mit einer Länge über alles von 4681 mm war der Gruppe-5-Wagen um 391 mm länger als der Serien-Turbo; seine Gesamtbreite betrug 1948 mm.

In Mugello wie auch beim nächsten Rennen in Vallelunga fuhren Ickx/Mass auf Anhieb den Gesamtsieg heraus – und erregten damit den

Für die Rennsaison 1977 wies der Motor des Porsche 935 einen obenliegenden Zwischenkühler auf. Oben: Daytona 1977. Porsches Rennsportaktivitäten lagen jetzt in den Händen der Firma Martini & Rossi.

Verdacht einiger Sportkommissare des C.S.I. Sie fochten zunächst die Form der vorderen Kotflügel an, doch Porsche hatte sich, wie sich herausstellte, durchaus an den Wortlaut des Reglements gehalten. Dann monierten sie die Form des Heckflügels. Er wich ihnen zu stark von der Originalform des Serien-930 ab. Für das nächste Rennen, das am 30. Mai auf dem Nürburgring stattfinden sollte, hatte Porsche den Wagen abzuändern.

Das Heck des 930 ohne weiteres beim 935 zu übernehmen, war natürlich ein Ding der Unmöglichkeit, schon wegen des großen Zwischenkühlers. Also gab es nur eine Möglichkeit: dem Wagen das »Wasserwerk«, wie es der 934 aufwies, zu geben. Das erforderte erhebliche Umbauten im Heck, wurde aber letztlich bewerkstelligt. Währenddessen trat Jacky Ickx mit einem einsamen 935 in Silverstone an, vergab aber seine Chancen auf einen Sieg durch eine verbrannte Kupplung schon beim Start. Den Sieg trug ein BMW davon, und auch die Siege der nächsten beiden Rennen gehörte BMW-Fahrern, während sich Porsche mit dem Umbau seines 935 abmühte. Sowohl am Nürburgring als auch beim nächsten Lauf in Zeltweg kam man mit dem Zwischenkühler nicht klar. Man mußte der Konkurrenz aus Bayern die Führung in der Meisterschaftswertung überlassen.

Als das Rennen in Watkins Glen am 11. Juni gestartet wurde, hatte Porsche beide 935 dabei, den Mass/Ickx-Wagen und das Reservefahrzeug, gefahren von Schurti/Stommelen. Jetzt war die Welt für Porsche wieder in Ordnung – die Motoren und ihre Wasser-Ladeluftkühler hielten, es gab in Glen wie im nächsten Lauf in Dijon je einen ersten und einen dritten Platz. Die Markenweltmeisterschaft war für Zuffenhausen gerettet. Porsche hatte sie das viertemal erringen können und das erstemal mit Turbo-Fahrzeugen. Porsches Überlegenheit in der Gruppe 5 hatte der Konkurrenz deutlich gemacht, daß man nur mit ebenfalls aufgeladenen Motoren an die Leistungen der Zuffenhausener herankam oder sich etwas anderes einfallen lassen mußte, um auf 600 PS zu kommen. Für die Saison 1977 entwickelte man den Porsche 935 aber noch weiter und trat mit zwei Werkswagen im Kampf um die Meisterschaft an, denen man zehn weitere Exemplare zur Seite stellte, an den Start gebracht von privaten Rennteams. Noch vor der Jahreswende 1976/77 standen sie den ersten Interessenten zur Verfügung. *Road & Track* und *Car and Driver* veröffentlichten Vergleichswerte der Leistungen des 935 und des 934:

Modell Zeitschrift		935 R&T	934 R&T	934 C&D
0 80 km/h	sek.	2,6	5,1	6,8
0– 96 km/h		3,3	5,8	7,4
0–112 km/h		3,9	6,6	8,6
0–128 km/h		4,4	7,7	9,5
0–144 km/h		5,3	8,6	10,4
0–160 km/h		6,1	10,1	12,2
0–177 km/h		6,6	11,6	13,6
0–193 km/h		7,8	14,0	15,6
0–241 km/h		11,0	21,4	–
steh. Viertelmeile		8,9	14,2	14,6

Daß sich die Zeiten beim 934 zum Teil erheblich voneinander unterschieden, mag an unterschiedlichen Schaltzeitpunkten gelegen haben.

Zur großen Überraschung der gesamten Rennszene hatte Porsche für 1976 auch einen Rennwagen parat, der auch wirklich wie ein solcher aussah. Der 936 war der erste Porsche-Rennwagen der Fuhrmann-Ära, der von der Maxime abwich, wonach die Zuffenhausener Wettbewerbsfahrzeuge so weit wie möglich ihre Verwandtschaft zum Serienfahrzeug erkennen lassen sollten. Man trat mit dem 936 wieder einmal den Beweis an, wie hoch man bei Porsche die Maßstäbe beim Bau reinrassiger Rennwagen ansetzte. Auch zeigte die relativ kurze Zeit, in welcher der 936 entstand, welche Qualifikation die Männer in Weissach auf ihrem Gebiet vorzuweisen hatten. Und wie sehr man ein solches Projekt geheimzuhalten verstand, ging aus der Tatsache hervor, daß nur ganze zwölf Mitarbeiter – nämlich die, denen die Konstruktion und der Bau des Wagens oblag – davon wußten. Als man den fertigen Wagen vorstellte, war der Überraschungseffekt nicht geringer als bei der Präsentation des 917 im Jahre 1969.

Die Entstehung des 936 war eine Art der Selbstverteidigung. Im Herbst 1975 hatte sich die Notwendigkeit, einen neuen Rennwagen zu bauen, aus dem Vorhaben ergeben, 1976 in jedem Fall die Markenweltmeisterschaft mitzufahren. Die

F.I.A. hatte die Vergabe der Markenweltmeisterschaft in der Gruppe 5 schon ein Jahr hinausgeschoben, in Weissach hatte man dafür den 935 konzipiert. Jetzt plädierten die großen Hersteller, unter ihnen auch Renault und Alfa Romeo, für eine Sportwagen-Meisterschaft in der Gruppe 6, in der jene Fahrzeuge konkurrierten, die laut F.I.A. als »zweisitzige Rennwagen« anzusehen waren. Man befürchtete indessen, daß man 1976 nicht genug Gruppe-5-Fahrzeuge zusammenbekommen würde und erwog eine Zusammenlegung der Gruppen 5 und 6.

Es war nicht vorauszusehen, welche endgültigen Beschlüsse die F.I.A. fassen würde. Man rechnete damit, daß eine Sportwagen-Meisterschaft ausgeschrieben würde, welche die bisherigen Gruppe-5-Wagen uninteressant erscheinen ließ, es konnte aber auch sein, daß man die Sportwagen gegen Gruppe-5-Fahrzeuge im gleichen Rennen antreten lassen wollte, wobei erstere – selbst wenn sie nicht um die Markenmeisterschaft fuhren – stets überlegen gewesen wären und für viel Unruhe gesorgt hätten. Letzlich, das wußte man bei Porsche gut genug, kam es ja doch darauf an, als erster im Ziel zu sein.

Um die Flanken ihrer Gruppe-5-Bastion zu verstärken, beschlossen Fuhrmann, Bott und Jantke den Bau eines Rennwagens für die Gruppe 6. Wolfgang Berger, kurz vor der Vollendung seiner Arbeiten am Porsche 934, wurde Projektleiter des 936, und unter Hans Mezger begannen im September die Arbeiten an der Konstruktion des Wagens, dem ersten neuen Rennfahrzeug seit dem 917/30 von 1973.

Ernst Fuhrmann gab dem Projekt seine Zustimmung vor allem in Anbetracht des Umstands, daß viele Komponenten des 936 nach Baukastenprinzip von anderen Porsche-Fahrzeugen übernommen werden konnten. Dazu gehörte auch das Antriebsaggregat. Hier handelte es sich um den gleichen aufgeladenen Sechszylinder mit 2142 ccm (83 × 66 mm), den man schon im RSR Turbo von 1974 verwendet hatte und auch in einigen 908/03. Somit paßte diese Maschine in die Dreiliter-Klasse nach F.I.A.-Vorschrift. Hier konnte man dem Motor aber Doppelzündung geben, außerdem versah man ihn mit dem flachen Gebläse mit neunblättrigem Lüfter und mit einem neuen Ansaugsystem. Man verzichtete auf einen zentralen Luftspeicher und glich das neue Layout der 917er Can-Am-Maschine an mit zwei großen Ansaugkrümmern oberhalb jeder Zylinderreihe, die je eine Zuführung der Luft mit eingebautem Kühler – hier wieder ohne »Wasserwerk« – aufwiesen. Der KKK-Turbolader saß ganz hinten, hinter dem Getriebe, im Wagenheck.

Da der 936 vorwiegend in Kurzstreckenrennen von 200 Meilen Länge oder maximal vier Stunden Dauer eingesetzt werden würde, konnte man es vertreten, mit höherem Ladedruck zu arbeiten. Er wurde auf 1,4 at ausgelegt, kurzfristig auf 1,6 zu steigern. Damit erzielte man eine Lei-

Links außen: Die Sieger stellen sich dem Fotografen. Von links nach rechts: Manfred Schurti, Rolf Stommelen, Manfred Jantke, Jochen Mass und Jacky Ickx, das 1976er Team. Der linke Porsche ist ein Typ 935, der rechte Wagen ein 936 Spyder. Unten das Rohrrahmenchassis des 936 vor der später erfolgten Verstärkung des Hecks. Darunter der schwarze 936, wie er am 4. April 1976 auf dem Nürburgring zu sehen war.

stung von 520 beziehungsweise 540 PS bei 8000 U/min. Als maximales Drehmoment ermittelte man bei diesem Sechszylinder 25 kpm bei 6000 Touren.

Mit seinem vor der Hinterachse plazierten Motor durfte man den 936 als Mittelmotorwagen bezeichnen. Eine Borg & Beck-Kupplung übertrug die Kraft des Sechszylinders auf ein Getriebe des 920-Typs mit fünf Vorwärtsgängen, wie beim Porsche 917 der Jahre 1970/71.

Um den Wagen so windschlüpfrig wie möglich zu machen, baute man ihn äußerst niedrig. Aus diesem Grunde erhielt der Fahrersitz eine extrem starke Neigung, was mit der Motoranordnung einen längeren Radstand erforderlich machte. Mezger fixierte ihn auf 2400 mm; die Spur des 936 legte man vorn mit 1580 mm und hinten mit 1509 mm fest. Der einzige Porsche, der diese Maße noch übertraf, war der 917/30.
Die Bremsen entsprachen dem üblichen Porsche-Layout, die Räder hatten 15 Zoll Durchmesser bei einer Felgenbreite von 10,5 Zoll vorn

Ganz oben der 935 von 1976. Links zwei der prominentesten amerikanischen Porsche-Piloten, Bob Wollek und Al Holbert. Rechts der für den US-Markt geschaffene Turbo-Carrera 1976, der den Carrera ablöste.

Ein Porsche 934 in Daytona. Viele dieser Wagen wurden mit den typischen BBS-Rädern versehen.

Drei Porsche 935 in einem Lufthansa Jumbo-Frachter unterwegs nach USA.

und 15 Zoll hinten. Die Radaufhängungen übernahm man vom Can-Am-917 mit nur geringen Änderungen. Flexible Rohrleitungen führten vom Wagenbug Frischluft zu den vorderen Bremsen und ins Cockpit. Die Kühlung der hinteren Bremsen erfolgte durch große Lufthutzen aus Kunststoff im Wagenboden, die sich mit dem Einfedern der Räder bewegten.
Nach bewährter Art durchfloß das Motoröl einige der Chassisrohre vom und zum vorn eingebauten Ölkühler. Den Öltank brachte man mittschiffs an der rechten Wagenseite unter, wo auch die Flaschen des automatischen Feuerlöschsystems saßen. Der 160-Liter-Tank – Maximal-Fassungsvermögen laut Reglement – bildete ein großes L, war ein Teil des rechten Chassiskörpers und füllte den Raum zwischen Fahrersitz und Motor aus.
Über das Rohrrahmen-Chassis stülpte man eine Karosserie, die typische Porsche-Konturen zeigte. Ihre weiche Linienführung wurde in späteren Windkanal-Tests noch verbessert. Ähnlich dem 917/30 erhielt der Porsche 936 am langen Heck einen Flügel über die gesamte Breite. In vollem Renntrimm wog das Auto genau 660 kg, so wie die Formel es vorschrieb.

Im Januar 1976 konnte man das erste Exemplar probefahren. Dies geschah zunächst in Weissach, wo Hubert Mimler noch etliche Korrekturen am Fahrwerk vornahm, dann ging's nach Paul Ricard. Um hier unerwünschte Beobachter fernzuhalten, mußte man sich ein paar Tricks einfallen lassen. »Malt den Wagen schwarz an«, war Fuhrmanns Ratschlag, »dann fällt er nicht so auf. Man könnte ihn, wenn er dennoch gesichtet wird, für einen Shadow halten.« So gab man dem 936 tatsächlich einen mattschwarzen Anstrich, als er Anfang Februar nach Südfrankreich gebracht wurde. Nichts deutete darauf hin, daß es sich um einen Porsche handelte. Dennoch gab es einige Journalisten, die mitbekamen, daß Porsche hier einen neuen Wagen testete. Jantke redete ihnen das aus: »Wir haben weder einen Etat noch ein Programm für einen neuen Rennwagen. Es ist nur eine Entwicklungsstudie.« Er machte deutlich, daß man nur so nebenher ein paar Vergleiche zu den Gruppe-5-Wagen ziehen wollte, die man zu testen vorgab.

Rolf Stommelen und Jacky Ickx absolvierten »so nebenher« einige beachtliche Rundenzeiten. Es gab noch eine Zahl wichtiger Details, die man als verbesserungswürdig ermittelte: die Windschutzscheibe, hintere Rahmenteile, die Gestaltung des Fahrzeugbugs. Diesen versah man mit einer umlaufenden Lippe an der unteren Spoilerkante, nachdem man hierfür die richtige Höhe herausgefunden hatte.

Im März war Porsches Gruppe-6-Wagen einsatzbereit. Inzwischen war aber bekanntgeworden, daß die F.I.A. sich für separate Läufe der Wagen in den Gruppen 5 und 6 entschieden hatte und nur die Gruppe 5 um die Markenweltmeisterschaft fahren sollte. Das bedeutete, daß man sich auf Le Mans konzentrieren mußte, jenes Rennen, in welchem Fahrzeuge beider Gruppen antreten durften aber keine Meisterschaftspunkte angerechnet bekamen – ein Le-Mans-Sieg aber zählte für Porsche schon aus Gründen der Tradition letztlich mehr.

Um die Sportwagen-Weltmeisterschaft zu kämpfen, hatte Porsche eigentlich nicht vorgehabt. Als jedoch die Existenz des 936 bekannt wurde, kam man kaum umhin, ihn auch in diesem Wettbewerb einzusetzen. Die Herausforderung ging von Alfa Romeo aus.

»Nicht, daß man uns direkt darauf angesprochen hätte«, sagte Manfred Jantke, »vielmehr wandten sich die Italiener an Graf Rossi, unseren Sponsor, und fragten ihn, ob er es nicht arrangieren könne, daß Porsche in der Sportwagen-Weltmeisterschaft mitmachte.«
Martini und Porsche willigten schließlich ein. In

jedem Rennen sollte ein 936 dabei sein. Als der erste Lauf im April auf dem Nürburgring stattfand, war der Wagen noch immer schwarz lackiert, trug über der Tarnfarbe aber die bekannten Martini-Streifen. Der seinerzeit in Paul Ricard erwünschte Effekt schlug auf dem Nürburgring ins Gegenteil um: der Wagen wurde zu wenig beachtet, weshalb man ihn später mit einem weißen Anstrich versah. Die Martini-Leute mußten um ihren Publicity-Effekt nicht mehr fürchten. Bei seinem ersten Auftritt erlitt der 936 seinen ersten und einzigen Defekt der Saison: einen klemmenden Gaszug. Man konnte ihn an den Boxen leider nicht beheben und Rolf Stommelen mußte mit der Kraft seines Anlassers nach Hause fahren – immerhin noch auf dem fünften Platz im Gesamtklassement. Ein anderer Porsche rettete die Ehre des Hauses als Gesamtsieger: Reinhold Jöst auf seinem 908/03.

In den folgenden sechs Rennen gab es keine Probleme beim 936. Gegen hartnäckige Konkurrenz von Renault gewann der Porsche jeden Lauf. Schon beim vierten Rennen, das am 27. Juni in Pergusa stattfand, hatte Porsche die Sportwagen-Weltmeisterschaft fest in der Tasche.

Infolge unterschiedlicher Auslegungen des Gruppe-6-Reglements mußte der 936 während der Saison sein äußeres Erscheinungsbild ändern. Zum Monza-Rennen am 25. April hatte man einen zweiten Wagen mitgebracht, diesmal gleich weiß lackiert. Beide Fahrzeuge richtete man anschließend für die 24 Stunden von Le Mans her, wobei eines eine neue Heckform bekam. Hier umschloß eine hohe Auswölbung den

Wagen im Training zu erproben. Das sollte seine Konsequenzen haben. Das 24-Stunden-Rennen fand bei sehr heißem Sommerwetter statt, und die vom Ölkühler abgegebene Wärme erreichte immens hohe Werte. Durch ihre tiefere Sitzposition waren die Fahrer dem heißen Aggregat näher als vorher ausgesetzt – sie verbrannten sich fast die Füße. Es war eine Qual, das Gaspedal zu betätigen.

Man versuchte alles Mögliche, um Abhilfe zu schaffen. Die Boxenmannschaft bastelte Asbestschuhe zusammen, Helmuth Bott arbeitete an einem Schuh mit Wasserkühlung. Kipphebel-Probleme und Bruch der Getriebe-Hauptwelle erlösten Jürgen Barth und Reinhold Jöst von ihrer Tortur. Sie hatten an zweiter Stelle gelegen, als

Rechts der von Jacky Ickx 1977 in Le Mans gefahrene Porsche 936. Unten links das Cockpit des Le Mans-Wagens, rechts daneben die unterwärtige Ansicht mit dem Abgas-Turbolader.

erfahrungsgemäß fünfmal so lange. Sie schafften es dennoch: von den vierzehn Runden Vorsprung büßten Ickx/van Lennep zwar etliche ein, doch sie schafften es noch immer, mit neun Runden Abstand zum Zweitplazierten das 24-Stunden-Rennen als Sieger zu beenden. Mit einem Gesamtschnitt von 198,70 km/h war dies eine gloriose Leistung, zugleich van Lenneps zweiter Le Mans-Sieg. Der blonde Holländer gab zu verstehen, daß dies sein letztes Rennen gewesen sei. Für Ickx war dieses 24-Stunden-Rennen der dritte Le Mans-Triumph.

Zwölf der fünfzehn Meisterschaftsläufe des Jahres 1976 hatte Porsche gewonnen. Mit einem Schnitt von 174,14 km/h hatten die siegreichen

Überrollbügel, um die Strömungsverhältnisse über dem Cockpit zu verbessern; darüber saß eine große Lufthutze mit einer birnenförmigen Öffnung für Motor und Zwischenkühler. Die Luft für den Turbolader wurde durch Einschnitte weiter hinten hereingeführt. Gleichzeitig hatte man die hinteren Stabilisierungsflossen und die Lage des Flügels abgesenkt und den Fahrersitz noch weiter geneigt.

Porsche hatte kaum Zeit gefunden, den neuen

sie in der 14. Stunde ihren Wagen abstellen mußten.

Der andere 936 lag derweil noch immer in Führung. Da gab Jacky Ickx der Boxenmannschaft über sein Sprechfunkgerät die Hiobsbotschaft durch, daß sein Turbolader nicht mehr arbeite. Er irrte sich: ein Auspuffrohr war gebrochen. Einen rotglühenden Lader auszuwechseln, hätte die eingespielte Boxen-Crew in neun Minuten geschafft – ein Auspuffrohr zu tauschen, dauerte

Porsche während der gesamten Saison genau 10 869 Renn-Kilometer zurückgelegt, die Summe der Trainings- und Testfahrten kam beim 935 auf 24 232 und beim 936 auf 22 679 Kilometer. Einige Kilometer kamen dazu, als am Jahresschluß die zwei 935 und die beiden 936 im Konvoi von Zuffenhausen zur Stuttgarter City gefahren wurden. Von einer Polizeieskorte begleitet, chauffierten Ickx, Mass, Stommelen und Schurti die Fahrzeuge zu einem feierlichen Empfang der

Links: Jacky Ickx mit seinem Porsche 936 bei den 24 Stunden von Le Mans. Typisch die große Lufteinlaßöffnung oberhalb des Cockpits und die hohen Schwanzflossen, die man auch für 1977 beibehielt. Unten links die Heckstruktur des Wagens, rechts die Vorderradaufhängung mit der Kühlluftzufuhr für die Bremse.

Stadt, ähnlich jenem, den man 1970 den Le Mans-Siegern bereitet hatte. Klett-Nachfolger Manfred Rommel, Sohn des berühmten Wüsten-Generals, sowie der Ministerpräsident von Baden-Württemberg, Dr. Hans Filbinger, gratulierten den Porsche-Fahrern und den Konstrukteuren ihrer Wagen zu den großartigen Leistungen, die sie vollbracht hatten.

In den fünfundzwanzig Jahren, die seit dem ersten Le Mans-Einsatz eines Porsche-Automobils vergangen waren, hatte sich vieles verändert. Gleich geblieben war die Begeisterung einer treuen Anhängerschaft, für die Porsche nicht nur eine Automarke war, sondern so etwas wie eine Weltanschauung.

Kapitel 31
924: Abkehr von einer Tradition

Ein Foto mit Symbolcharakter: der Porsche 924 mit wassergekühltem Motor vor der Kulisse eines südfranzösischen Sportboothafens.

Als für das Modelljahr 1977 der Porsche 924 vorgestellt wurde, drängten sich Vergleiche auf zum ersten 356. Mit jenem Wagen begann Porsche seine Karriere als Automobilhersteller, mit dem 924 setzte bei Porsche eine vollkommen neue Phase des Kraftfahrzeugbaus ein. Basierte der 356 auf zahlreichen Komponenten des VW-Käfers, so wies auch der 924 eine Reihe von Bauelementen auf, die vom Volkswagenwerk kamen. Dennoch mußte man den 924 mit ganz anderen Augen sehen. Als erstes Modell einer neuen Porsche-Generation mit wassergekühltem Frontmotor erfuhr der Wagen eine gänzlich andere Beurteilung als seinerzeit der 356. Damals war es selbstverständlich, daß der Sportwagen so viele VW-Teile wie nur möglich enthielt; jetzt bedurfte es einer starken Überzeugungskraft, dem Porsche-Enthusiasten klarzumachen, warum dem Porsche 911 ein Modell folgte, das einen Motor vom Audi 100 aufwies, wenn dieser auch für den Porsche so sehr modifiziert war, daß man von einem individuell gefertigten Aggregat sprechen konnte.

Es gab aber noch einen sehr großen Unterschied. Als der 356 geboren wurde, eine nur langsam realisierbare Idee Ferry Porsches und seines Vaters, setzte dieser Wagen neue Maßstäbe und etablierte einen neuen Markt, wurde zu einer Institution. Ein Sportwagen im Jahre 1977 hatte vollkommen andere Beurteilungen zu erwarten, andere Hindernisse zu überwinden, andere Erwartungen zu erfüllen. Seine Konzeption stand fest, ehe die Konstrukteure auch nur den ersten Strich zu Papier brachten; durch den Einsatz des ganzen Instrumentariums moderner Marktforschung wurden die Konturen des neuen Porsche frühzeitig festgelegt. Es hatte sich eindeutig ergeben, daß der Wunsch nach einem preiswerten Modell bestand. Der Prozeß, der sich bei der Erstellung entsprechender Alternativen daraus ergab, durfte als Routinesache bezeichnet werden, als ein Vorgang nüchterner, rationaler Überlegungen. Das emotionale Moment, das bei der Entwicklung eines 356 noch eine wesentliche Rolle gespielt hatte, konnte und durfte bei einem Porsche des Jahres 1977 kein Gewicht mehr haben.

Pläne zur Konzeption eines neuen Porsche wurden bereits 1970/71 erstellt. Damals gab es durch die Einrichtung der VW-Porsche Vertriebsgesellschaft (VG) in Ludwigsburg engere Bindungen zwischen Wolfsburg und Zuffenhausen, bedingt durch das gemeinsam realisierte Projekt

914, für dessen Vertrieb die VG ja eigens gegründet worden war.

Damals sah man der Zukunft des »Vierzehner« mit Optimismus entgegen und plante auch bald den Entwurf eines Wagens, der ihm folgen sollte. Erich Filius von Porsche und Klaus Schneider von VW zogen schon bald ihre Schlüsse aus allen Vorzügen und Nachteilen, die der 914 aufwies und kamen überein, daß ein ihm folgendes Modell in erster Linie über mehr Innenraum verfügen müßte. »Im 914 gibt es ja nicht einmal die Möglichkeit, irgendwo einen Mantel abzulegen«, sagte ein VG-Verkaufsleiter. Mehr Platz und mehr Komfort – das war die Richtschnur.

Ein Porsche der unteren Preiskategorie mußte möglichst viele Bauteile bestehender Konstruktionen übernehmen können. Hierzu bot sich allein VW an. Beim 914 hatte man nicht konsequent genug gehandelt; bis auf Motor, Bremsen, Räder und ein paar kleinere Dinge war jener Wagen noch ein echter Porsche gewesen. Wesentlich mehr VW-Teile mußte man verwenden, um einen neuen Wagen in einer niedrigeren Preisklasse ansiedeln zu können. Das war vor allem auch hinsichtlich des Exports wichtig: die D-Mark nahm an Wert ständig zu und machte es für ausländische Käufer zunehmend schwer, sich deutsche Automobile zu leisten.

Es galt ferner, ein grundlegendes Marketing-Problem zu lösen. Wenn der 914 so gut war, wie die Werbung für ihn aussagte, warum baute Porsche dann noch den 911? Andererseits: Wenn der 911 ein so hervorragendes Auto war, wie Porsche-Enthusiasten es einem fortwährend bestätigten, warum baute man seinen Motor nicht im 914 ein? Der 914/6 war nicht des Rätsels Lösung.

Es war nicht leicht, Antworten auf solche Fragen zu finden. Man suchte die Konzeption eines Autos, welches innen wie außen eine klare »Familienzugehörigkeit« zu einem größeren und teureren Porsche erkennen ließ, der eines Tages den 911 ablösen sollte. Diese beiden Fahrzeuge mußte man gemeinsam sehen – eine zweite Prämisse.

Die Forderungen nach einem einheitlichen Design-Konzept zukünftiger Porsche-Automobile und der Verwendung möglichst vieler Teile aus der VW-Großserie führten zur Entwicklung des 924. 1972 gingen die Konstrukteure ans Werk, die Konfigurationen aufs Papier zu setzen. Ganz allmählich wurden die Umrisse ihrer Entwürfe deutlich. Den Gedanken, dem Fahrzeug Frontantrieb zu geben, verwarf man schnell, obwohl ein vornliegender Motor mit angetriebenen Vorderrädern sich als eine recht preiswerte Lösung anbot. Ein Sportwagen hatte nach Ansicht der Porsche-Männer hinten angetriebene Räder aufzuweisen.

Den Motor im Heck des Fahrzeugs unterzubringen, so wie beim 911, schied als Lösung aus im Hinblick auf den geplanten größeren Porsche (der später in Gestalt des 928 erschien), dessen technische Konzeption der des kleineren Wagen entsprechen sollte. Einen großen, wassergekühlten V8-Motor konnte man nicht hinter der Wagenachse plazieren. Einen Mittelmotorwagen wollte man ebenfalls nicht bauen, nachdem man beim 914 erfahren hatte, welche Wünsche er offenließ. Übrig blieb also nur ein vorn plazierter Motor mit Hinterradantrieb als eine Lösung, die man bei einem großen wie bei einem kleineren Wagen zu realisieren vermochte.

Ein Starrachser sollte der neue Porsche keinesfalls werden. Einzelradaufhängung war also eine der Grundvoraussetzungen bei der neuen Konstruktion. Und es war auch bald klar, daß man das Getriebe nach hinten verlegte, und zwar aus mehreren Gründen. Unter anderem erzielte man dadurch eine bessere Gewichtsverteilung, also eine stärkere Belastung und bessere Traktion der Antriebsräder. Man war dadurch in der Lage, das Fahrverhalten des 924 dem des 911 nahzubringen. Die Transaxle-Lösung war in ihrer Verwirklichung nicht ganz einfach, aber der Aufwand trug seine Früchte. Last not least stellte die Lösung eine hochinteressante Angelegenheit dar – und ein Porsche wäre kein Porsche, würde er solche Attribute nicht aufweisen.

Die Ingenieure Paul Hensler und Jochen Freund hatten an der Realisierung des 924 großen Anteil. Letzterer war beim 924 der Projektleiter und hatte dafür Sorge zu tragen, daß der Wagen in einer vorgegebenen Zeit produktionsreif entwickelt wurde. Stieß er in seiner Arbeit an Grenzen, die zu überschreiten außerhalb seiner Kompe-

Links: Paul Hensler, der »Projektvater« des neuen Porsche 924.

tenz lagen, oblag es Paul Hensler als »Projekt-Vater«, ihm die Wege zu ebnen. Seine Position lag auf einer höheren Ebene, seine Befugnisse reichten weiter. Hensler war seit 1958 bei Porsche und wurde 1971 Chef der Versuchsabteilung, als Helmuth Bott die Entwicklung übernahm.

Als die Arbeiten am 924 schon ein gewisses Reifestadium erreicht hatten, gab es in der VW-Spitze einen entscheidenden Wechsel: Rudolf Leiding löste Kurt Lotz ab. Leiding hatte mehr Sinn und Verständnis für sportliche Automobile und in seiner vorangegangenen Position als Chef der brasilianischen VW-Tochter auch die Entwicklung eines sportlichen Volkswagens, genannt SP 2, gefördert. Nach Leidings Etablierung in Wolfsburg wurde das Projekt 924 auch von jener Seite mit Nachdruck vorangetrieben. Das war im Januar 1972. Bei VW rangierte es unter der Bezeichnung EA (Entwicklungs-Auftrag) 425.

Damals stand bereits fest, welchen Motor der neue Porsche bekommen sollte. Es war jener, der im Audi-Entwicklungszentrum Ingolstadt just in Arbeit war. Er lief als Projekt EA 831 und war eine völlig überarbeitete Version des Audi Vierzylinders, der in seiner ursprünglichen, stoßstangengesteuerten Form 1965 eingeführt worden war. Jetzt entstand hieraus ein ohc-Aggregat mit höherer Leistung und vielseitiger Verwendbarkeit: der gleiche Motor kam später in den VW LT-Transporter, in den 1976er Audi 100 und eines Tages auch in den Gremlin von American Motors.

Den Hub des Motors ließ man mit 84,4 mm gleich, nur die Bohrung erweiterte man von 84 auf 86,5 mm, was einen Hubraum von 1984 ccm ergab. Somit konnte der Motorblock weiterhin auf den gleichen Maschinen hergestellt werden wie bisher. Da man die Zylinderachsabstände von 95 mm beibehielt, wurden die Passagen für den Kühlwasserdurchfluß sehr eng, also legte man sie zwischen den Zylindern zusammen. Um beide Zylinderseiten von getrennten Strömen umspülen zu lassen, versah man die Kühlwasserpumpe mit zwei Auslässen, für jede Seite des Blocks einen.

Auch die Länge der Audi-Pleuel mit 144 mm behielt man bei. Vergrößert wurden die Durchmesser der fünf Kurbelwellen-Hauptlager, und zwar von 60 auf 65 mm, und in der für Porsche gefertigten Version gab man dem Motor eine geschmiedete Stahlkurbelwelle. Die Ölwanne des um 40 Grad geneigt eingebauten Motors stellte man aus Aluminium her, und da der Wagen keinen separaten Ölkühler erhalten sollte, versah man sie an der Unterseite mit Kühlrippen.

Neu war für Porsche die Verwendung einer sogenannten Mondsichel-Ölpumpe, so wie sie auch bei anderen VW-Motoren, beim Chevrolet Vega oder Jaguar V12 zu finden war. Ihr Antrieb erfolgte von der Kurbelwellennase her. Die obenliegende Nockenwelle wurde durch einen Zahnriemen angetrieben. Rechts am Motor befand sich die Wechselstrom-Lichtmaschine.

Fahrwerk des 924. Das Fahrzeug einer neuen Porsche-Generation wies erstmals einen Frontmotor auf und ein separat angeordnetes Getriebe (Transaxle), verbunden durch ein starres Rohr, in welchem die Kardanwelle läuft.

Im Alu-Zylinderkopf lief die Nockenwelle in fünf Lagern und betätigte die in einer Ebene angeordneten Ventile über Tassenstößel ähnlich wie beim 908 und 917. Durch eine Gewindeschraube in der Oberseite der »Tassen« ließ sich das Ventilspiel einstellen, ein einfaches System, das einst von Vauxhall eingeführt worden war. Die Kolbenböden versah man mit einer konkaven Ausformung, wohingegen der Zylinderkopf vollkommen eben war. Auf dieses Layout war man bei Untersuchungen gekommen, die der Ermittlung möglichst niedriger Schadstoff-Emission galten. Aus Sicherheitsgründen versah man die Kolbenböden mit zusätzlichen Vertiefungen in Form der Ventilteller – damit es nicht zu größeren Schäden kam, im Falle, daß der Nockenwellenantrieb zu Bruch ging. Es gab darüber hinaus unterschiedliche Kolben für die USA- und die Europa-Ausführung des Motors; erstere waren für eine Kompression von 8,0 zu eins, die anderen für eine von 9,3 zu eins ausgelegt. Der Porsche 924 sollte – neben dem Turbo – der einzige Porsche sein, der in Europa mit Superbenzin gefahren sein wollte.

Verglichen mit dem Vierzylindermotor des 914, waren die Ventildurchmesser beim Audi-Aggregat bescheiden. In der Porsche-Version betrugen sie 40 mm beim Einlaß und 33 mm beim Auslaß (die US-Version maß nur 38 mm beim Einlaß). Als Ventilhub legte man beim Einlaßventil 12 mm, beim Auslaßventil 11,8 mm fest. Es wurden Doppelventilfedern verwendet; bei den Auslaßventilen gab es dazu Rotocaps, die jeweils eine Drehung der Ventile beim Schließen bewirkten, was ihrer Lebensdauer zugute kam. Die Zündung erfolgte auf konventionellem Wege; der Verteiler saß am äußeren Nockenwellenende und wurde auch von ihr angetrieben. Nach alter Porsche-Tradition saßen die Kerzen auf der Auslaßseite des Zylinderkopfs, unten an der geneigt eingebauten Maschine. Man konnte nur mit einem speziellen Schlüssel an sie heran. Der Vierzylinder war ein Einspritzmotor mit K-Jetronic – und, was für Porsche neu war, mit Wasserkühlung. Der Kühler im Wagenbug wies oben einen separaten Wasserkasten aus Kunststoff auf sowie einen thermostatgesteuerten Lüfter, der in Aktion trat, wenn die Kühlwassertemperatur 92 Grad Celsius erreichte, und bei 87 Grad wieder abschaltete. Bei heißem Motor lief der Lüfter auch bei ausgeschalteter Zündung weiter, jedoch nur mit halber Leistung.

Als man den Motor das erstemal auf dem Prüfstand hatte, kamen recht ordentliche Ergebnisse zu Tage. Hier ein Vergleich des Vierzylinders mit seinen Vorgängern der 2-Liter-Klasse:

	1977 924 (4 Zyl.)	1965 911 (6 Zyl.)	1973 914 (4 Zyl.)
Hubraum	1984 ccm	1977 ccm	1971 ccm
Verdichtung	9,3:1	9,0:1	8,0:1
DIN-PS/min	125/5800	130/6100	100/5000
Drehmoment kpm	16,9/3500	17,8/4200	16/3200

Der 924-Motor mit seinen 136 kg Gewicht kam somit in seinen Leistungsdaten dem kräftigen 911-Sechszylinder sehr nahe. Und in seiner Konstruktion war er dem Vierzylinder-VW-Motor des 914 in vieler Hinsicht überlegen.

Die Amerikaner mußten mit einer schwächeren Ausführung vorlieb nehmen. Wegen der niedrigeren Verdichtung und einer zusätzlich eingebauten Abgasreinigungsanlage wurde der 924 in den USA als 95-PS-Wagen (SAE) verkauft. Immerhin ließen diese Werte auf Reserven hoffen. Der Motor des 924 wurde im VW-Werk Salzgitter gebaut. Das Getriebe kam ebenfalls aus dem Familienfundus und entstammte dem Audi 100, mußte indessen aber wie der Motor auch eine intensive Überarbeitung erfahren. Sein Gehäuse war ein Kokillengußteil und bildete mit dem Differential eine Einheit. Es enthielt vier synchronisierte Vorwärtsgänge, deren Abstufungen sich aber von denen für die Audi-Modellreihe unterschieden. Der 924 war im ersten Gang 3,60 zu eins untersetzt (Audi: 3,40), im zweiten 2,125 zu eins (Audi: 1,940), im dritten 1,360 zu eins und im vierten 0,967 zu eins. In den oberen beiden Gängen wies das Audi-Getriebe die gleichen Werte auf. In der Endübersetzung gab es wieder Unterschiede: Porsche 3,444, Audi 3,70.

Die Antriebskraft vom Motor auf das Transaxle zu übertragen, war keineswegs die Angelegenheit einer simplen Kardanwelle. Die Kraftübertragung mußte so ausgelegt werden, daß sie unterschiedlichste Drehzahlen verkraften konnte und dabei möglichst leise und frei von Vibrationen lief. Hierbei ergab sich die Frage, ob man die Kupplung motorseitig unterbrachte oder am Getriebe. Porsche erwog hier eine Lösung, wie auch Alfa Romeo und Lancia sie bevorzugten: für die Plazierung der Kupplung am Transaxle-Eingang. Dies bedeutete eine Entlastung der Getriebe-Synchronisierung, da beim Gangwechsel nicht die Last der Welle von ihr mit zu verkraften war, sondern lediglich die der Kupplungsscheiben. Andererseits mußte man dieser Konstruktion aber zwei Schwungscheiben geben, eine am Motor, eine für die Kupplung selbst, und man mußte einen Betätigungsmechanismus vom Pedal zur Kupplung vorsehen – hier besaß Porsche zwar große Erfahrungen, aber war sich auch der Handicaps bewußt, die damit zusammenhingen.

Und obwohl man hinten beim Transaxle auch genügend Platz für die Unterbringung der Kupplung gehabt hätte, entschied sich Porsche nach Abwägen aller Vor- und Nachteile für eine Kupplung am Motor. Sie war eine normale Einscheiben-Trockenkupplung mit einem Scheibendurchmesser von 216 mm, die später mit einem Vibrationsdämpfer versehen wurde. Um die ganze Antriebseinheit in der Praxis zu erproben, installierten sie Jochen Freund und seine Männer in einen älteren BMW 2002. Die Kardanwelle bauten sie ohne das Zwischensetzen von Kreuzgelenken ein und gaben ihr, um Vibrationen aufzufangen, zwei starke Stützlager und eine dreigeteilte Ummantelung in Form eines Rohrs, die durch Gummimanschetten gehalten wurde. Die Welle selbst war massiv, um die Rotationsmasse geringer zu halten.

Links unten: Leistungs- und Drehmomentkurve des Porsche 924 (untere Linie). Rechts Schnittzeichnung des Vierzylinders, der bei VW unter der Bezeichnung EA 831 lief. Man erkennt die fünffach gelagerte Kurbelwelle und eine obenliegende Nockenwelle.

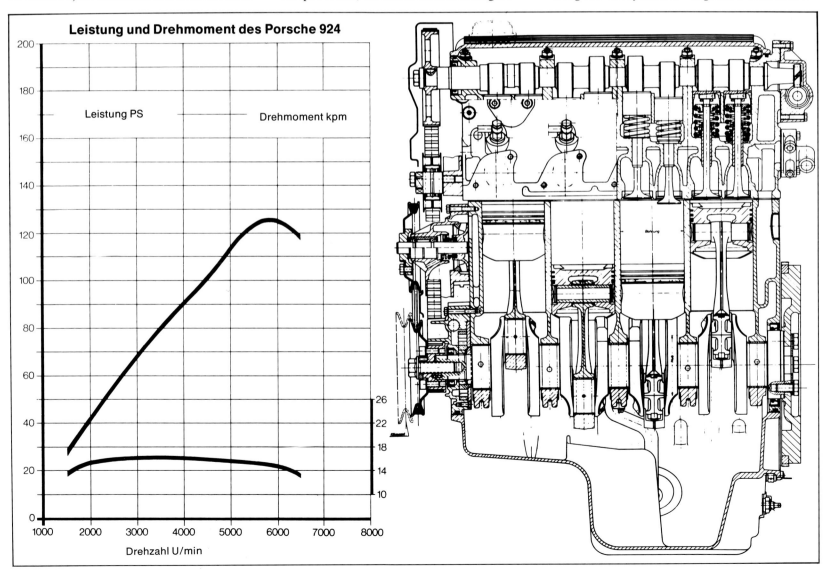

Bei einem zweiten Versuch verband man Motor und Transaxle mit einem fest montierten Rohr, in welchem die Kardanwelle lief. Das ergab eine starre Verbindung, ähnlich wie bei der Antriebseinheit des Pontiac Tempest 1961/63. Man hatte sich hierfür eigens einen solchen Veteranen besorgt und zerlegt. Beim Ferrari 275 GTB/4 und 365 GTB/4 Daytona 1968 fand man ähnliche Konstruktionen, ebenso bei den Peugeot-Modellen 504 und 604, nur, daß sich hier das Getriebe am Motor und nicht am Differential befand. Der Vorteil einer solchen Konstruktion lag in der Möglichkeit, sie in der Montage wie beim Einbau als eine geschlossene Einheit behandeln zu können. Theoretisch kam man mit drei Auflagepunkten aus, zwei vorn am Motor und einem hinten – die Porsche-Männer aber versahen auch das Transaxle mit zwei Aufhängungen. Für das Verbindungsrohr von 85 mm Außendurchmesser verwendete man 4 mm starken Stahl. Die sich darin bewegende Antriebswelle maß 20 mm im Durchmesser und 1702 mm in der Länge; sie wog 20 kg und war aus dem gleichen Stahl, aus welchem man Drehfederstäbe herstellte. Ihre Form legte man so aus, daß bei einer Tourenzahl von 6300 U/min die geringste Vibrationsfrequenz auftrat und an vier Stellen, wo die Schwingungen bei ansteigenden Drehzahlen ihre geringsten Amplituden zeigten, setzte man Kugellager, die sich in gerippten Gummiringen abstützten.

In dieser Form wurde die Kraftübertragung beim Porsche 924 auch in die Serie übernommen. Allerdings standen den Vorteilen hier auch Nachteile gegenüber. Die Antriebswelle verlief in einer relativ hohen Ebene durch das Cockpit, dadurch war der Wagenboden von vornherein in zwei Bereiche aufgeteilt. Zwischen den Sitzen war dies unerheblich, dahinter aber büßte man Gepäckraum ein. Das Design des gesamten Fahrzeug-Interieurs hatte sich nach diesem technischen Konzept des Antriebs zu richten.

Was die Aufhängungen betraf, so hielt man sich in Weissach an das Vorbild des 911, übernahm aber auch Elemente des 1972er VW-Käfer. Auch hierfür diente der BMW 2002 aus Gründen der Tarnung als Versuchsfahrzeug. Hinten gab man dem Wagen eine querliegende Drehstabfeder, an der flache Federstahlarme befestigt waren. Das hintere Tragrohr, in welchem der Drehstab saß, ähnelte ebenfalls dem des VW-Käfers, war aber eine Porsche-Spezialanfertigung für den 924 und verlief unterhalb des Kardanwellenrohrs. Über mit je zwei Kreuzgelenken versehene Halbachsen wurden die Hinterräder angetrieben. Die Halbachsen waren besonders kräftig und genau jene, die im Geländewagen VW 181 zu finden waren.

Vorn gab man dem Porsche 924 McPherson-Federbeine, unten an Dreieckslenkern vom Golf/Scirocco angelenkt. Den negativen Lenkrollradius, populär geworden beim Audi, übernahm

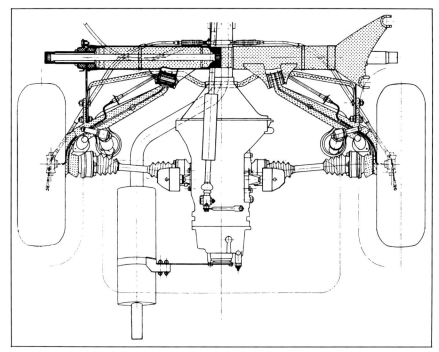

Aus Gründen optimaler Gewichtsverteilung gab man dem Reservereifen beim Porsche 924 seinen Platz ganz im Heck. Die Zeichnung der Hinterradaufhängung läßt die querliegende Drehstabfeder erkennen sowie den Querlenker, der gegen Aufpreis erhältlich war.

man beim 924 ebenfalls – hier berührte die verlängerte (gedachte) Achsschenkel-Linie den Boden 13 mm außerhalb der Mitte der Reifenaufstandsfläche. Vor allem unter extremen Bremssituationen sagte man diesem Layout ein höheres Maß an Stabilität nach.

Die Zahnstangenlenkung des Porsche 924 entlieh man ebenfalls dem Golf/Scirocco, änderte aber ihre Übersetzung von 17,4 auf 19,2 zu eins. Von Anschlag zu Anschlag ergab dies vier Lenkradumdrehungen. Aus Sicherheitsgründen war die Lenksäule zweimal abgewinkelt, außerdem gab es unterhalb des Instrumentenbretts einen energieverzehrenden Crashdämpfer.

Kamen die vorderen Stoßdämpfer von VW, so bezog man die hinteren von Boge oder Fichtel & Sachs. Als Extras bereitete man für den 924 vorn und hinten Querstabilisatoren vor. Bei den Bremsen mußte Porsche einen Kompromiß eingehen, der nicht leicht zu »verdauen« war: der Wagen erhielt hinten Trommelbremsen. Sie stammten vom VW K 70, mit Trommeln von 229 mm Durchmesser. Vorn wies der Wagen selbstverständlich Scheibenbremsen auf mit schwimmenden Sätteln aus gezogenem Stahl mit einem einzelnen Kolben auf der Innenseite. Die 12,5 mm starke Scheibe hatte einen Durchmesser von 256 mm; zur Anwendung kam ein Diagonal-Zweikreisbremssystem. Ein serienmäßig vorhandener Unterdruck-Bremsverstärker erhöhte die Pedalkraft auf das Zweieinhalbfache. Von Anfang an sollte der EA 425 Vierzehn-Zoll-Räder erhalten. Die Lochfelgen fabrizierte man aus gezogenem Stahl und gab ihnen eine Breite von 5,5 Zoll; alternativ entwarf man ein Leichtmetallrad, 6 Zoll breit und in sechsspeichiger Ausführung.

Als Ende 1972 schon viele Komponenten des zukünftigen Porsche 924 ausgearbeitet waren, gab es noch immer keinen Karosseriekörper, um erste Erprobungen durchzuführen. Wieder griff man zu einem anderen Fabrikat, um in geschickter Tarnung Testfahrten unternehmen zu können – diesmal war es ein Opel Manta. Er erhielt die Bezeichnung V2 (2. Versuchswagen), nachdem der BMW als V1 figuriert hatte. Ihm folgte später ein weiterer Manta, der V3. Dieser Wagen hatte dann schon den kompletten Unterbau des 924 und wurde ausgiebigen Langstrecken-Tests unterzogen, zum Beispiel auch in der Algerischen Sahara.

Derweil entstand unter der Regie Anatole Lapines bei Porsche das Design der Karosserie, die der 924 bekommen sollte. Es galt, hierbei verschiedenen Kriterien gerecht zu werden. Dem ebenfalls in Arbeit befindlichen Porsche 928 sollte der Vierzylinder zwar ähnlich sehen, durfte aber keine verkleinerte Ausgabe des großen Bruders werden. Die typischen, im Verlauf vieler Jahre geprägten Porsche-Linien sollte der Wagen ebenso wenig verleugnen. »Wir mußten uns davor hüten, italienische Elemente einfließen zu lassen«, berichtete Exportchef Ed Peter später. »Beim Scirocco hat Giugiaro in erheblichem Maße mitgewirkt – daraus wurde ein sehr schöner Wagen, der uns allen sehr gefällt, aber seine Linien sind modisch, und Mode ist etwas Vergängliches. Was wir wollten, war die Beibehaltung runder Konturen, wie sie Porsche immer gehabt hatte. Unsere Autos hatten niemals einen Kühlergrill, und so gab es große Diskussionen, ob unser Auto einen Grill bekommen sollte oder nicht. Es bekam keinen.«

Die endgültige Form des Porsche 924 ist eine Schöpfung des Holländers Harm Lagaay. Als einer der fähigsten Männer im Design-Team des Hauses gab er dem Wagen ein unauffälliges, dennoch subtiles Äußeres. Der abfallende Wagenbug erhielt herausklappbare Scheinwerfer, die Unterseite der Heckpartie wies in schrägem Winkel nach oben. Das gab dem Fahrzeug im Profil einen sportlichen Akzent. Die senkrechten Flächen der Seiten unterbrach eine Linie, die von den Radkästen durchschnitten wurde und auf der Höhe der vorderen Stoßstange mündete.

Ein Automobil ohne Kühlergrill brauchte andere Stilelemente, die seine Markenidentität ausmachen. Die Gesamtlinie seines Aufbaus machte den 924 unverkennbar zu einem Porsche, doch das Besondere in seinem äußeren Erscheinungsbild stellte zweifellos seine Heckpartie dar. Das großdimensionierte Rückfenster, das sich bis in die Seitenfläche des Wagens herumzog, war zugleich die Hecklappe. Noch bei den ersten Prototypen war die Scheibe von einem massiven Rahmen umsäumt; in der Serienausführung des 924 entfiel dieser Rahmen. Zwischen dem Heckfenster und der Stoßstange zog sich ein breites Band mit den Rückleuchten hin, zwischen denen Platz fürs Kennzeichen gelassen wurde.

Porsche ließ den 924 in Neckarsulm, in den ehemaligen Werksanlagen von NSU, bauen. Die Käfige mit den Karosseriekörpern senken sich zu den Montageplätzen, wo die Fahrzeuge nach und nach komplettiert werden.

Für Windkanal-Versuche fertigte man Modelle im Maßstab 1:5 an, die als Vorlagen für proportional vergrößerte Zeichnungen zur Herstellung von Versuchsaufbauten dienten. Diese hatten noch nicht die endgültige Form der Serienausführung des 924. 1973/74 entstanden zunächst acht solcher Prototypen. Sechs weitere folgten, hatten dann aber schon die Konturen der Ausführung, wie sie in Serie ging.

Das 1:1-Modell für Windkanal-Versuche, nach welchem die letztgenannten sechs Fahrzeuge gebaut wurden, hatte einen Kunststoff-Aufbau. Die aerodynamischen Tests fanden sowohl in Stuttgart als auch in Wolfsburg statt. Hier entstand die endgültige Form der Windschutzscheibe und des Spoilers unterhalb der vorderen Stoßstange mit seiner nach vorn aufgebogenen Lippe; den Luftwiderstandsbeiwert ermittelte man mit 0,36 – ein äußerst günstiger Wert. Er glich die große Fläche von 2,04 qm aus, die der 924 in seiner frontalen Projektionsebene aufwies.

Wie beim 914, wurde das Öffnen und Schließen der »Schlafaugen« für die Frontscheinwerfer elektrisch bewerkstelligt. Hatte man beim 914 aber zwei Motoren benötigt, kam man beim 924 mit einem aus. Die Gläser der Heckleuchten schlossen flach mit dem Karosseriekörper ab; Birnen wechselte man von der Innenseite des Kofferraums. Heizung und Lüftung im 924 entsprachen dem VW-Golf-System. Die hinteren Seitenfenster waren nicht ausstellbar.

Die Seitenholme gerieten beim neuen Porsche nicht gerade schlank, aber sie hatten den Anforderungen neuester Sicherheitsauflagen zu entsprechen und trugen zur Sturkturfestigung des ganzen Fahrzeugs bei. Jene Fahrzeuge, die man mit einem abnehmbaren Dachmittelteil versah, wiesen sogar noch einen erhöhten Festigkeitsfaktor auf, denn die Einfassung der Öffnung gab dem Aufbau zusätzliche Verwindungssteifigkeit. Den Dacheinsatz konnte man im Kofferraum verstauen, der in seinen Abmessungen noch zu vergrößern war, wenn man die obere Hälfte der Rücksitzlehne umlegte.

Die Stoßstangen, in der Farbe des Wagens lackiert, wiesen an ihren Außenkanten Gummieinsätze auf und bestanden aus glasfaserverstärktem Kunststoff. Exportwagen für den US-Markt hatten Alu-Stoßstangen mit hydraulischen Dämpfern sowie seitliche Begrenzungsleuchten in runder Form, die dem Auto einen zusätzlichen Akzent gaben.

Wo immer es sich ermöglichen ließ, verwendete man bei der Karosserie des 924 VW-Teile, so etwa bei den Türscharnieren, die vom Scirocco stammten. Der gesamte Aufbau, einschließlich Radkästen, war aus verzinktem Stahl und somit weitgehend gegen Rost gesichert. Er wog, ohne Innenausstattung und Lack, 225 kg. Genau 4661 Punktschweißungen hielten ihn zusammen.

Das Interieur entstand ebenfalls in Porsches Styling-Abteilung. Dort entwickelte man ein einfaches, funktionales Design für das Armaturenbrett, das sich zu beiden Seiten um die Ecken zog und in die Türverkleidungen überging. In einer Einbuchtung vor dem Fahrer befanden sich die drei Hauptinstrumente. In einer Mittelkonsole befand sich die Bedienung für Heizung und Lüftung, Platz für ein Radio und drei weitere Instrumente.

Im Herbst 1973 gab es einen tiefen Einschnitt in der Entwicklungsgeschichte des 924. Die Väter seiner Konzeption lösten die Basis auf, auf der das Projekt Gestalt angenommen hatte: sie kündigten im Oktober die Schließung der VW-Porsche Vertriebsgesellschaft an. Porsche wollte die VG zukünftig alleine weiterführen. Damit war eine Wende für den EA 425 gekommen, der als Entwicklungsauftrag von Wolfsburg galt, woher auch die gesamte Finanzierung erfolgt war. Deshalb lagen bei VW auch alle Rechte an diesen Wagen. Leiding beanspruchte den 924 für sich. Das Auto paßte in seine Marketing-Konzeption als VW- oder Audi-Sportwagen. »Langfristig gesehen, wird es einmal einen echten VW-Sportwagen geben«, wie es ein VW-Sprecher formulierte – und das sollte der EA 425 offenbar werden. Über 2000 VW-Händler ließ sich ein solches Auto sicher in größeren Stückzahlen absetzen als über jene 200, die von der VG mit Fahrzeugen versorgt worden waren.

Bei Porsche rief die Entscheidung Rudolf Leidings herbe Enttäuschung hervor. Damit hätte der 914 kein Nachfolgemodell gehabt. Und das war wesentlich, wollte man dem Porsche-Händler nicht seine Existenz gefährden, denn daß man einen Wagen der niedrigeren Preiskategorie dringend brauchte, ließ sich nicht wegdiskutie-

ren. Würde der EA 425, von Porsche entworfen und in zahlreichen Details in seiner Endform mitbestimmt, über VW in den Handel kommen, so gäbe dies zudem eine Konkurrenzsituation, die niemandem guttat.

Die Angelegenheit zog sich bis ins Jahr 1974 hinein. Ed Peter und Lars Schmidt als Verantwortliche für den Vertrieb wie auch Ernst Fuhrmann und Ferry Porsche wollten sich mit dem Stand der Dinge aber nicht abfinden. Sie fochten einen harten Kampf aus, den 924 für sich zurückzuerobern.

Arabische Ölscheichs kamen unerwarteterweise den Zuffenhausenern zu Hilfe. Als nämlich 1973/74 die weltweite Mineralölkrise hohe Wellen schlug, gingen die Verkaufszahlen der Sportwagen überall als erste zurück. Bei VW ließ das Interesse am EA 425 spürbar nach. Zudem hatte Rudolf Leiding ohnehin keinen leichten Stand in jener Zeit mit einem in vieler Hinsicht kontroversen VW-Modellprogramm. Er mußte seine persönlichen Ambitionen zurückstecken und es konnte ihm nur recht sein, wenn man ihm etwas von seiner Bürde abnahm. Porsche hatte eine Chance.

Eine teure indessen – denn VW hatte in die Entwicklung des Projekts schon 120 Millionen Mark gesteckt und die Hälfte dieses Betrages bereits für Vorbereitungen der Produktion bereitgestellt, die in Salzgitter anlaufen sollte. Vorgesehen war ein Ausstoß von 100 Fahrzeugen pro Tag. Porsche würde mehr als diese Beträge aufzuwenden haben, um eine Fertigung selbst in die Hand zu nehmen. War das die Sache wert?

Die Anteilseigner der Porsche- und Piëch-Familien hatten hierüber zu entscheiden. Mitte 1974 kamen sie zusammen, um die Weichen für die Zukunft zu stellen. Und in einer Situation, die im Moment wenig Anlaß zu Optimismus gab, einigte man sich dennoch auf einen positiven Beschluß: den großen Schritt zu wagen. Für den Bau des 924 und des 928 bewilligte man ein Budget in Höhe von 300 Millionen Mark.

Auch für VW war dieser Entschluß von Vorteil. Leidings Nachfolger Toni Schmücker, der im Februar sein Amt antrat, sah sich ohnedies veranlaßt, harte Rationalisierungsmaßnahmen zu treffen und einen der acht VW-Fertigungsbetriebe stillzulegen, die für den Konzern gegenwärtig arbeiteten. Das Los sollte das NSU-Werk in Nekkarsulm treffen. Porsche und Schmücker kamen überein, daß die Zuffenhausener mit Übernahme des 924-Projektes Gebrauch von allen dortigen Einrichtungen machen konnten – somit blieb VW der schwere Schritt erspart, ein Werk schließen zu müssen, was große Auseinandersetzungen mit den Gewerkschaften heraufbeschworen hätte.

Rechts ein Porsche 924 für den amerikanischen Markt. Diese Fahrzeuge sind äußerlich an den runden Zusatzleuchten an den vorderen Flanken erkennbar sowie an den etwas weiter heraussthenden Stoßstangen, die hydraulische Dämpfer aufweisen.

Motor des 924 mit dem K-Jetronic-Einspritzsystem von Bosch. In der Mitte ein Wagen der Sonderauflage 1977, die in 2000 Stück zur Auslieferung kam. Die Fahrzeuge hatten eine modifizierte Innenausstattung, Leichtmetallräder und eine Sonderlackierung.

Porsche wurde offiziell Eigentümer am Design des 924 und aller Werkzeuge und Vorrichtungen für dessen Fertigung. Somit wurde das Neckarsulmer NSU/VW-Werk Auftragnehmer, Porsche zahlte für den Bau jedes einzelnen Wagens einen ausgehandelten Montagepreis.

Im Verlauf der Zusammenarbeit hatte Porsche allen Anlaß, sich über die Leistungen der Nekkarsulmer lobend zu äußern. »Wir können von Glück sagen, daß wir diese Möglichkeit gefunden haben«, sagte Ed Peter später. »Man hat in Nekkarsulm große Erfahrungen im Bau kleiner Serien und man arbeitet dort mit einem gewissen Stolz. Es gibt in keiner Weise Reibungen zwischen den Leuten und unseren Abnahme-Ingenieuren. Vor allem ist Neckarsulm für uns in zwanzig Minuten erreichbar – besser hätten wir es nicht treffen können.«

So erhielt der Wagen 1975 seinen letzten Schliff, um in Produktion gehen zu können. Aber er hatte noch keinen Namen. Noch immer lief er unter der Projektnummer EA 425. Als man sich entschied, dem Auto nach alter Porsche-Tradition eine Nummer zu geben, basierte diese nicht auf dem Code der Konstruktionsreihenfolge – man nannte das Auto schlicht 924, und die 4 gab die Zahl der Zylinder an, so wie die 8 beim Achtzylinder 928.

Im November 1975 lief in Neckarsulm das Band an. Die geplanten 100 Stück pro Monat realisierte man noch nicht, denn man mußte erst einmal Erfahrungen sammeln, was den Ablauf der Fertigung betraf. Im April 1976 war man bei 60 Exemplaren pro Tag angelangt.

Der Basispreis des Porsche 924 wurde mit 23 240 Mark fixiert; in den USA, wo der Wagen erst ab Sommer 1976 zu haben war (als 1977er Modell bezeichnet), kostete das Auto 8900 Dollar. Drüben übernahm die Porsche + Audi Division den Vertrieb. Aber noch bevor der 924 beim Händler im Fenster stand, erschienen in der Presse die ersten Fahrberichte. Sah der Wagen auf den Fotos zunächst wenig signifikant aus, so änderten die Porsche-Fans ihre Meinung schnell, als sie den 924 das erstemal vor sich sahen. »Wo man mit ihm auch auftaucht: die Leute bleiben stehen!« urteilte *Autoweek*, und *auto, motor und sport* meinte, daß der neue Porsche endlich wieder wie ein Sportwagen aussehe, im Gegensatz zum nun nicht mehr gebauten 914, als dessen Nachfolger er ja auserkoren war.

Die Leistungen des Motors erfuhren durchweg positive Beurteilungen. Nur bemängelte man die zu weite Abstufung zwischen dem zweiten und dritten Gang. »Der 924 schreit geradezu nach einem Fünfganggetriebe!« schrieb *Motor Sport*. Und: »Es gibt zu viele Windgeräusche, auch von den Reifen und von den Aufhängungen kommt zu viel Lärm herein.« Dafür spendierte man der Straßenlage ein großes Lob, bezeichnete sie als »beinahe sensationell« und führte dies auf die geschickte Gewichtsverteilung zurück. Paul Frère äußerte sich in einem Test des 924 ebenso positiv zum Fahrverhalten des Wagens, bezeichnete es als »buchstäblich neutral mit einer leichten Tendenz zum Untersteuern beim Gasgeben und zum Übersteuern beim Gaswegnehmen.«

Auto, motor und sport stellte die Frage, ob der 924 »noch als ein echter Porsche« bezeichnet werden könne. Antwort: Ja, wenn auch mit einigem Vorbehalt. In Form und Leistung, so hieß es, komme der Wagen nicht an den 911 heran und man bezweifelte, daß der 924 die Möglichkeit der Weiterentwicklung bot. In einem Interview mit Edouard Seidler sagte Ernst Fuhrmann, daß man mit dem 924 neue Kunden ansprechen wolle, unter anderem »junge Leute, die noch keine Familie haben und sich keinen 911 leisten können oder auch ältere Fahrer, die auf die Unterbringung einer großen Familie nicht mehr angewiesen sind, gern einen Sportwagen besitzen möchten, der aber nicht unbedingt die Leistung eines 911 erbringen muß. Wir werden mit dem 924 unserem bisherigen Porsche-Kunden keineswegs untreu – wir erweitern lediglich unseren Käuferkreis.«

Man ließ bei Porsche keinen Zweifel daran, daß der 924 über einen längeren Zeitraum gebaut werden sollte und daß im Verlauf kommender Jahre der Wagen sich durchaus zu einem »richtigen« Porsche entwickeln werde, so wie einst der 356 und der 911. Erste Anzeichen hierfür gab es im August 1976. Die Produktion war in Neckarsulm auf 109 Wagen pro Tag gestiegen. Man gab dem Wagen jetzt seitliche Streifen aus Gummi, statt eines Ölthermometers setzte man ein Voltmeter in die Mittelkonsole, im Kofferraum montierte man Ösen für die Befestigung einer Gummi-»Spinne«, damit das Gepäck sich besser festhalten ließ. Eine Abdeckung hierfür konnte man als Sonnenschutz vor das Heckfenster hängen.

Im Winter 1976/77 wurden weitere Neuerungen angekündigt. Dazu gehörte ein vollautomatisches Getriebe, das eigentlich schon von Anfang an für den 924 geplant gewesen war, und für den amerikanischen Markt gab man dem Motor ein paar zusätzliche PS. Damit wurde der 924 zwar kein Rennwagen, aber das sollte er ja auch nicht sein.

Interieur des Porsche 924. Die Transaxle-Bauweise machte einen hohen Mitteltunnel erforderlich, dennoch gab es rechts und links genügend Fußraum.

Kapitel 32
Ein Achtzylinder ohne Kompromisse

Meisterhaftes Design: Der Porsche 928 im Profil. Ein Sportwagen, der ohne jegliche Zugeständnisse an modische Trends entstand.

Die Neugierde der ersten Journalisten, denen man die Gelegenheit gab, den Porsche 928 zu fahren, war groß. Selten war ein neuer Porsche mit so viel Spannung erwartet worden. »Man hat das Gefühl, als seien alle vorhergehenden Modelle nur Versuchswagen gewesen, um dieses Auto zu entwickeln!« meinte einer der Tester, nach seinen ersten Eindrücken befragt. Das war Ende Februar 1977.

Der 928 brach mit Traditionen. Denn er war der erste Wagen, der ohne Kompromisse entstand, ohne Vorgaben, bestehende Elemente übernehmen zu müssen, ohne Anlehnung an Vorbilder, die den Begriff der Tradition auch zu Ballast machen können.
Daß man an die Entwicklung eines neuen Modells zu gehen hatte, war schon 1971 beschlossene Sache. Damals gingen die Überlegungen hierzu aber in Richtungen, die noch keineswegs auf einen Wagen nach Art des 928 zielten. Unter Ferdinand Piëch arbeitete man am EA 266 für Wolfsburg, jenem Mittelmotor-Automobil, das als Nachfolger des Käfers vorgesehen war. Das Fahrzeug lief in Weissach unter der Codebezeichnung 1966. Das Projekt wurde nie zu Ende geführt, dennoch diente es als Ausgangspunkt für zukünftige Entwicklungen.
»Was seine Größe betraf, stellte der Wagen einen Schritt zurück zum 356 dar«, führte Ernst Fuhrmann aus, »wenn auch mit der Technologie der Gegenwart. Für 1975 wollten wir den neuen Porsche parat haben – bis dahin mußte der 911 herhalten.« Pläne für den Wagen waren ausgearbeitet, als am 1. Oktober 1971 bekannt wurde, daß Rudolf Leiding, von Audi NSU kommend, Kurt Lotz ablösen würde. Und schon wenige Tage später versetzte er den Zuffenhausenern den ersten Schock: der EA 266 hatte zu sterben. »Für uns hatte das zwei tiefgreifende Konsequenzen«, sagte Heinz Branitzki. »Einmal war ein komplettes Entwicklungsteam von einen Tag auf den anderen beschäftigungslos geworden. Und zum zweiten brach damit unsere gesamte Modellplanung für die Zukunft zusammen.« Die Basis, auf der Porsche-Sportwagen einer neuen Generation entstehen sollten, schien entzogen. Es hatte keinen Zweck, dem Projekt 1966/EA 266 Tränen nachzuweinen. Eine Mannschaft fähiger Ingenieure stand Gewehr bei Fuß, wollte weiter bezahlt werden. So erstellte man ohne Zögern zwei neue Arbeitsbereiche. Der eine sah eine Weiterentwicklung des 911 vor, um ihn für die nächsten vier, fünf Jahre so attraktiv zu machen, daß der Übergang zu einem neuen Modell

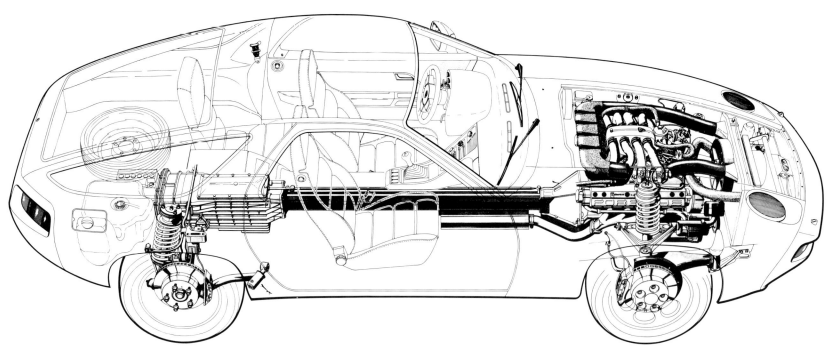

gewahrt blieb, der andere widmete sich der Entwicklung des neuen Modells. »Wir haben das in wenigen Tagen überlegt, diskutiert und beschlossen«, sagte Ernst Fuhrmann.

Die konstruktive Basis des 928 entsprach der des 924, wie im vorangehenden Kapitel dargelegt. Nur wenige Monate nach der Konzipierung des 924 stand auch fest, wie der 928 auszusehen hatte. Auch er sollte einen wassergekühlten Frontmotor, das Getriebe an der Hinterachse und eine starre Rohrverbindung zwischen beiden bekommen.

Jugendlicher »Veteran« der Le Mans- und Can-Am-Szene: Helmut Flegl, Projektleiter des 4474-ccm-Motors. Oben eine Schnittzeichnung des Motors, der ausschließlich für den 928 konstruiert wurde.

Die Situation auf den Auslandsmärkten war für Porsche noch immer von entscheidender Bedeutung. »Der einzige Alptraum für unsere Ingenieure waren die neuen Zulassungsgesetze in den Vereinigten Staaten«, sagte Ernst Fuhrmann, »Porsches wichtigster Exportmarkt seit Anbeginn. Es stand zu erwarten, daß die dortigen Bestimmungen auch in Europa und in der restlichen Welt übernommen würden. Sie betrafen die Bereiche der Sicherheit, des Umweltschutzes, der Abgas- und Lärmentwicklung, Dinge, die alle angehen, die sich mit der Zukunft des Automobils befassen. Und niemand wußte damals, welche Auflagen geplant waren und wann sie in Kraft treten würden.«

Einen kleinen Automobilhersteller wie Porsche machten solche Ungewißheiten besondere Sorge, der die wenigen Modelle seines Programms so planen muß, daß sie über einen Zeitraum von mindestens einem Dutzend Jahren aktuell blieben. Porsche konnte es sich nicht erlauben, ein Fahrzeug zu konstruieren, das schon innerhalb kürzester Frist in den Maschen neuer Zulassungsgesetze hängenblieb. Fuhrmann: »Wir entschieden uns deshalb für ein Konzept, das sich an der Mehrzahl existierender Fahrzeuge orientierte, denn diese Mehrzahl würde es sein, auf die zu erwartende neue Gesetze zugeschnitten sein würden.« Es war eine der ersten Entscheidungen, die Ernst Fuhrmann nach Antritt seiner neuen Position bei Porsche forcierte. Damit war der Weg für einen wassergekühlten Frontmotor vorgezeichnet.

Ein Heckmotor, welcher Bauart auch immer, ist lauter als einer, der vorn im Wagen sitzt. Dort sind Motor- und Ansauggeräusche von denen des Auspuffs getrennt, mithin keine konzentrierte Lärm-Einheit – schon gar nicht, wenn statt Luft das Medium Wasser zur Kühlung benutzt wird und einen Geräuschdämmfaktor darstellt, der sich beim bisherigen Porsche-Motor niemals erreichen ließ. Ein Frontmotor läßt im gesamten Fahrzeug-Layout auch mehr Platz für Schadstoff-Filter und Schalldämpfer. Letztendlich ließ sich im Falle eines Falles auf der Grundlage eines Wagens, der seinen Motor vorn und den Antrieb hinten hat, auch jedes andere Fahrzeug bauen, sogar ein Kombiwagen.

»Es gab da auch noch einen weiteren Gesichtspunkt, warum der neue Porsche in so starkem Kontrast zur bisherigen von uns gepflegten Automobil-Architektur steht«, erklärte Ernst Fuhrmann: »Und das kann man sicher verstehen. Die Porsche-Mannschaft, erfahren in der Kunst des luftgekühlten Motors, war einfach darauf erpicht, einmal ein anderes Bauprinzip in Angriff zu nehmen, um es auf den gleichen hohen Perfektionsstand zu bringen. Nur so würde sich eines Tages ermitteln lassen, welches wirklich besser ist.«

Die Rollenverteilung im Hause sah vor, daß Ernst Fuhrmann die oberste Verantwortung für das gesamte Projekt oblag. Leiter der Konstruktion und Entwicklung war Helmuth Bott, im allgemeinen wie im Falle des 928. Projekt-»Vater« wurde Wolfgang Eyb, der dafür zu sorgen hatte, daß die Entwicklung des Wagens planmäßig durchgezogen wurde, und als Projektleiter delegierte man Helmuth Flegl, der sich gerade mit dem 917 einen Namen gemacht hatte. Ihm zur Seite stand Wolfhelm Gorrissen.

Anfang 1972 stand die Konzeption in engen Umrissen fest, doch in vielen Details mußte man die Konturen noch ausfüllen. Zu allererst galten die Fragen dem Antriebsaggregat, das keinesfalls eine Maschine sein würde, die man von anderen Herstellern beziehen wollte. Sie entstand zur

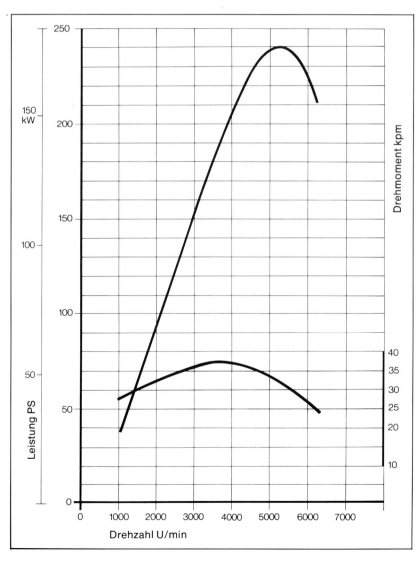

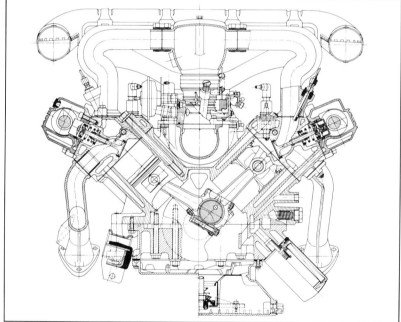

Links: Leistungs- und Drehmomentkurve des 4474-ccm-Motors. Oben eine Schnittzeichnung des Motors, der ausschließlich für den 928 konstruiert wurde.

Gänze auf den Reißbrettern der Weissacher Konstrukteure. Man war sich darüber im Klaren, daß sie hubraumstark ausfallen sollte, um ihre Kraft aus den unteren Drehzahlbereichen holen zu können – hochdrehende Motoren machen viel Lärm. Logischerweise ging man zunächst von einem V6 aus, indem man den Motor eines 911 auf 3,5 Liter brachte und seine Zylinder in einem 60-Grad-Winkel zusammenrückte. Der Motor würde aber, so ergab sich bald, zu hoch bauen und dadurch den Vorderbau des Wagens ebenfalls zu hoch geraten lassen.

Niedriger baute ein V-Motor in 90-Grad-Stellung. Man entschied sich für einen Achtzylinder

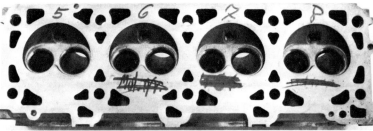

Details des V 8-Motors: Kolben (links) und Zylinderkopf mit dem keilförmigen Verbrennungsraum, darunter der Aluminiumgürtel des Kurbelgehäuses mit den Öldurchlässen.

Verhältnis von 0,83 war das bisher höchste bei Porsche und zeigte an, daß man sich – zumindest bei Straßenfahrzeugen – vom kurzhubigen Motor abkehrte. Auch das war eine Entscheidung mit Rücksicht auf niedrigere Abgaswerte. Der lange Hub bedingte lange Pleuel: ihr Achsmaß betrug 150 mm. Die Versetzung der beiden Zylinderreihen zueinander betrug 27 mm – die Breite eines Pleuellagers. Wie beim Zwölfzylinder, setzte man auch auf der Kurbelwelle des V8 je zwei Pleuel unmittelbar nebeneinander auf eine Kröpfung. Die Pleuellager maßen 52 mm und entsprachen in ihrem Durchmesser damit ebenfalls jenen des 917-Motors. Die fünf Hauptlager hatten einen Durchmesser von 70 und eine Breite von 30 mm, waren also stark genug, um

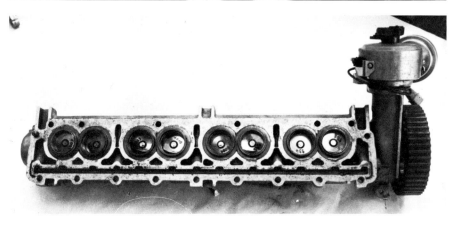

in V-Anordnung. Motoren dieser Bauart hatte es bei Porsche schon früher gegeben, etwa den Typ 360 für Cisitalia im Jahre 1948. Aber der V-Motor der siebziger Jahre war doch etwas ganz anderes. Und doch gab es, gewollt oder nicht, Parallelen zu Früherem. Zum Beispiel in der Zylinderbohrung von 95 mm – sie entsprach exakt der des letzten 911-Motors, des Dreiliter im Carrera RS 3.0 beziehungsweise Carrera Turbo. Der Hub mit 78,9 mm war allerdings wesentlich länger, überhaupt der längste, der in einem Porsche-Motor je zu finden war. Aus diesen Abmessungen ergab sich ein Hubraum von 4474 ccm.

Auch in der Kapazität der Zylinder hatte es bisher noch keinen Porsche-Motor gegeben, der diesen Werten gleichkam – sie betrug jeweils 559 ccm; der Turbo war auf 499 ccm, der Carrera auf 491 ccm gekommen. Das Bohrungs-Hub-

Rechts: Längsschnitt durch den 928-Motor mit dem davor liegenden Wasserkühler.

einer eventuellen Weiterentwicklung des Motors entgegenzusehen; auch die Abstände der Zylinderachsen mit 122 mm ließen hier genügend Spielraum. Man machte bei Porsche kein Geheimnis daraus, daß eine Hubraumvergrößerung im Bereich des Möglichen lag, sofern sich hierfür eine Notwendigkeit ergeben sollte.
Auch bei der Konstruktion des Ventiltriebs hielt man sich an traditionelle Bauformen. Mit Ventildurchmessern von 43 mm für den Einlaß und 38 mm für den Auslaß lag man ganz nahe (auf einen Millimeter) an den Werten des Achtzylinders vom Typ 771 – der weniger als halb so viel Hubraum wie der 928 hatte, aber zwölf Prozent mehr Leistung! Gerade diese Tatsache macht deutlich, wie sehr Porsche von der Konzeption relativ kleiner, aber hochdrehender Motoren abging zu Gunsten großer Aggregate, die sich ihre Kraft mühelos aus dem Hubraum holen.
Da die Ventile klein waren, ließen sie sich auch linear im Zylinderkopf unterbringen, Einlaß und Auslaß jeweils versetzt in den beiden Zylinderreihen. Da man die Ventile um 20 Grad zur Zylinderebene nach außen neigte, ergab sich im Kopf ein keilförmiger Verbrennungsraum, so wie bei den meisten amerikanischen V8-Motoren, seit Cadillac und Oldsmobile 1949 damit anfingen. Nur sind bei den amerikanischen Motoren die Ventile zur Innenseite des V geneigt, um von einer einzigen zentralen, tiefliegenden Nockenwelle auf kürzerem Wege angetrieben zu werden, und beim Motor des 928 neigten sich die Ventile nach außen, denn hier arbeiteten obenliegende Nockenwellen, außerdem trug diese Bauart ebenfalls dazu bei, den Motor flach zu halten. Nicht zuletzt ergab sich hierdurch eine günstige Position für die Kerzen.

Um das Gewicht des hubraumgroßen Motors gering zu halten, entschieden sich die Porsche-Männer für die Verwendung von Aluminium für den Zylinderblock und -kopf und auch für die Kolben. Die Ölpumpe entsprach in der Auslegung der des 924, sie saß vorne links am Motor und vermochte pro Minute 65 Liter Schmierstoff zu befördern bei einer Tourenzahl von 5250 U/min. Hier vorn saßen auch der Ölfilter und das Druckventil und die Anschlüsse der Rohrleitungen, welche das Öl unter Druck nach vorn zum Ölkühler leiteten, ein Wasser/Öl-Wärmetauscher von Behr. Den Durchfluß regelte ein Thermostat.
Den Antrieb der Ölpumpe übernahm der Zahnriemen, der die Nockenwellen bewegte, und seine Außenseite trieb gleichzeitig die Kühlwasserpumpe an. Diese wies zwei Auslässe auf, einen für jede Zylinderreihe. Das Kühlsystem beinhaltete insgesamt 16 Liter Flüssigkeit. Der Querstrom-Druckkühler wie die thermostatisch gesteuerte Viscokupplung des Lüfters stammten ebenfalls aus dem Hause Behr.
Neu in der Liste der Zulieferer war die britische Firma GKN, von welcher die gesinterten Pleuel für den 928 kamen. Diese Methode, Teile aus pulverisiertem Stahl herzustellen, war ursprünglich in Deutschland entwickelt worden, gewährleistete gleichbleibende Qualität, vergleichbar mit der geschmiedeten Stahls, war aber spezifisch leichter. Bei den Aluminiumkolben wendete man wieder die Prozedur einer dünnen Eisenbeschichtung an; sie wiesen zwei Kompressions- und einen Ölabstreifring auf. Neben diesen von

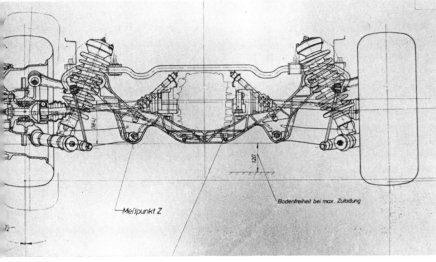

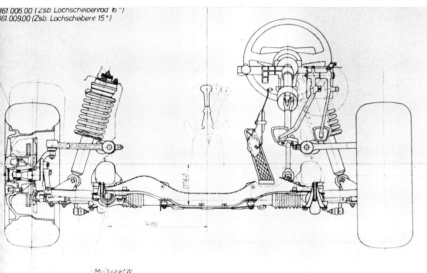

Zeichnungen von der Hinterradaufhängung (oben) und der Vorderradaufhängung (Mitte). Ganz unten ein Foto der Hinterradaufhängung, von vorn gesehen. Rechts unten ein Vergleich der in Weissach entwickelten Hinterradaufhängung (beide rechte Skizzen) zu einer konventionellen Aufhängung (linke Skizze).

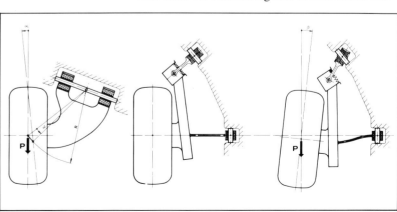

Karl Schmidt gelieferten Kolben kamen auch solche von Mahle zum Einbau, deren Gleitflächen verchromt waren. Beide erwiesen sich als gleichermaßen verschleißfest.

Zehn Stehbolzen hielten jeden Zylinderkopf auf dem Block. Beide Köpfe vermochte man aus ein und derselben Gußform anzufertigen, was nicht nur Zeit und Geld ersparte, sondern auch in der Ersatzteilhaltung von Vorteil war. Trotz seiner Kompaktheit wies der Kopf zahlreiche Wasserpassagen um die Ventilsitze und Kerzenlöcher auf. Die Ventilführungen bestanden aus Bronze und saßen in Einfassungen aus gesintertem Stahl.

um den neuen Motor auf der Straße zu testen. Antriebsaggregat und Transaxle, einschließlich Verbindungsrohr, wurden in diesen Wagen installiert, dem man von außen nicht ansehen konnte, daß er ein getarnter Porsche war. Im Prinzip glich der Aufbau jenem des 924, doch da gab es einen wesentlichen Unterschied: das Getriebe saß vor, nicht hinter dem Differential. Im Unterschied zum 924 mußte man beim V8-Porsche auf keine Kompromisse Rücksicht nehmen und konnte ein Getriebe konstruieren, das ausschließlich für eine Verwendung im 928 vorgesehen war.

Man gab sich viel Mühe, das Fünfganggetriebe –

Porsche-synchronisiert – auf hohe Laufruhe zu bringen. Der fünfte Gang war 1:1 direkt ausgelegt, die anderen Übersetzungsverhältnisse betrugen 3,601 im ersten, 2,466 im zweiten, 1,819

Die Stoßstangen aus Polyurethan hat man beim 928 geschickt ins Karosseriedesign einbezogen. Das Lenkrad (Foto unten) ist in seiner Höhe verstellbar; gleichzeitig bewegt sich der Instrumententräger in seiner Gesamtheit mit nach oben oder unten. Das Interieurdesign ist eine Kreation des Porsche-Stylisten Hans Braun.

Auf jedem der beiden Zylinderköpfe saß ein Nockenwellenträger, ebenfalls aus Leichtmetall mit Vertiefungen für die Ventilstößel. Die gegossenen Nockenwellen waren je fünffach gelagert. Das Ventilspiel regelte sich hydraulisch, ähnlich wie beim 1976er Chevrolet Vega, so daß ein regelmäßiges Nachstellen von Hand entfallen konnte. Die Ventilschließung übernahmen einfache Schraubenfedern; den Hub beim Einlaß fixierte man auf 11, beim Auslaß auf 10 mm. Die Steuerzeiten setzte man mit 8/55/38/2 Grad fest. Auch beim 928 übernahm man die bewährte K-Jetronic-Anlage von Bosch sowie die kontaktlose Thyristor-Zündung.

Das Gesamtgewicht des Motors, mit Kühlflüssigkeit, Kühler und Schmierstoff, betrug 268 kg, das Trockengewicht des ganzen Aggregats war nur 6 kg höher als das des Zwölfzylinders, der den 917 antrieb. Rechnete man bei jenem den Ölkühler hinzu, ergab sich sogar ein für den 928 günstigeres Verhältnis. Natürlich war der V8 nicht für eine vergleichbare Leistungsabgabe ausgelegt. Bei 5250 U/min gab der Achtzylinder 240 DIN-PS ab, das Drehmoment betrug 37 kpm bei 3600 Touren. In USA und Japan figurierte der Leistungswert bei 225 SAE-PS.

Porsche bediente sich eines Mercedes 350 SLC,

im dritten und 1,343 zu eins im vierten Gang. Die Endübersetzung betrug 2,750 zu eins. Ein kurzes, sehr exakt arbeitendes Schaltgestänge versah man mit einer stabilen Anlenkung, die Getriebe-Vibrationen absorbierte. Das Schaltschema beim 928 wich vom Herkömmlichen ab – der erste Gang wurde außerhalb des H-Schemas links unten eingelegt, darüber saß der Rückwärtsgang. Man mußte sich daran erst gewöhnen – oder das Automatik-Getriebe ordern, ein Dreistufen-Aggregat mit Drehmomentwandler aus dem Hause Daimler-Benz.

Handgeschaltete 928 wiesen eine relativ kleine Kupplung – Durchmesser: 200 mm – von Fichtel & Sachs auf. Es handelte sich um eine Zweischeiben-Kupplung, die speziell für Porsche entwickelt und hydraulisch betätigt wurde.

Die Antriebswelle von 25 mm Stärke wurde im Transaxle-Rohr zur Abschirmung von Schwingungen zum Innenraum des Wagens zweimal gelagert. Bei einer Materialstärke von 3 mm maß das Transaxlerohr nur 10 cm im Außendurchmesser.

Zur Erzielung eines harmonischen Gewichtsausgleichs plazierte man die Batterie im Heck des Wagens. Sie saß in einem Gehäuse hinter dem Transaxle. Hier war sie zwar den Schwingungskräften ausgesetzt, die sich von Motor und Antrieb her übertrugen, doch da Batterien auf dem Markt waren, die, beispielsweise in Militärfahrzeugen, noch viel härteren Beanspruchungen ausgesetzt sind, hatte man keine Schwierigkeiten, für den 928 einen geeigneten Akku zu finden.

Vier kleine hydraulische Stoßdämpfer, die man den Gummi-Aufhängungen des Getriebes beigab, trugen zur Absorption aller unerwünschter Schwingungen bei, die sich besonders auf schlechten Straßen einstellen konnten. Man unternahm eigens Versuche, das Phänomen des »Aufschaukelns« zu ergründen, das sich bei schneller Fahrt auf Autobahnen einstellt, deren Oberfläche aus Betonplatten gleicher Länge mit kantigen Fugen besteht, um die Stöße zu berechnen und ihre unangenehme Wirkung beim 928 eliminieren zu können. Vom Transaxle aus trieben Doppelgelenkwellen mit Längenausgleich die Hinterräder an; jedes Rad lief in einem doppelten Lager.

Was die Auslegung des Fahrwerks betraf, so gehörte es zur Tradition des Hauses, sich für Einzelradaufhängung zu entscheiden. Beim 928 ermöglichte eine tiefe Schwerpunktlage die Anwendung von vielen Erkenntnissen, die man im Laufe der Zeit beim Bau von Rennfahrzeugen gesammelt hatte. Sie kamen den Fahreigenschaften des Wagens ebenso zugute wie dem Komfort. Die Querlenker-Vorderradaufhängung beim 928 machte mit ihrem negativen Lenkrollradius die Lenkung gegen »abdrehende« Fahrbahneinflüsse unempfindlich, wie sie vor allem beim Bremsen auf rutschigem Untergrund entstehen können. Die Elastizität der Lenkung war im Hinblick auf hohe Sensibilität bei Kurvenfahrt genau dosiert. Besondere Aufmerksamkeit widmeten die Porsche-Ingenieure dem ruhigen Geradeauslauf und dem Ansprechen bei schnellem Spurwechsel. Mit zunehmender Geschwindigkeit verringerte sich der Servoeffekt. Extrem steife Doppelquerlenker aus Aluguß sorgten für eine absolut korrekte Radführung und leichte Ansprache auf Bodenunebenheiten.

Trotz der Transaxle-Aufwölbung zwischen den beiden rückwärtigen Sitzen geht es im Fond des Porsche 928 nicht beengt zu. Der Wagen ist natürlich kein Viersitzer, sondern eher als 2+2 zu bezeichnen.

Die Konstruktion der Hinterachse des 928 stellte eine Gemeinschaftsarbeit der führenden Techniker in Weissach dar – sie ist keine Einzelleistung und wurde daher auch schlicht »Weissach-Achse« getauft. Mit ihren unteren Diagonal- und oberen Querlenkern bot sie gegenüber anderen Konstruktionen ein zusätzliches Maß an Fahrsicherheit, weil sie die beim Fahren mit und ohne Antriebs-Schub auftretenden Vorspur-Änderungen in exakt berechneter Weise kompensierte. Vorspur-Änderungen können besonders beim Gaswegnehmen in Kurven nachteilige Folgen haben – das Fahrzeug tendiert zum Hineindrehen in die Kurve (wie auch Unfallstatistiken darlegen). Dies ließ den Schluß zu, daß nicht die Seitenführungskraft, sondern die Kurvenstabilität eines Fahrzeuges zu verbessern war. Porsche löste diese Aufgabe durch den Einbau eines lenkenden Elements in die unteren Diagonal-Lenker (Steuerschwinge genannt). Es hob die beim Gaswegnehmen aufgrund der unumgänglichen Elastizität der Aufhängung auftretende, unerwünschte Verminderung der Vorspur auf, so daß ein »Mitlenken« der Hinterräder nicht auftrat, die Radstellung mit oder ohne Schub praktisch gleich blieb.

Diese Wirkung ergänzte man durch Vorkehrungen gegen die Effekte des Einsinkens des Wagenhecks beim Beschleunigen (»Anti-Squat«) und des Tauchens beim Bremsen (»Anti-Dive«). Selbstverständlich erhielt der 928 an allen Rädern Scheibenbremsen mit Servo-Unterstützung, betätigt durch ein Diagonal-Zweikreissystem. Die Schwimmrahmen-Bremszangen waren so konstruiert, daß ein Sieden der Bremsflüssigkeit vermieden wurde und es somit nicht zu einer Dampfblasenbildung kommen konnte. Auf den 7 Zoll breiten Leichtmetallfelgen mit ihren fünf ovalen Löchern saßen Pirelli-Reifen der Dimension 225/50 VR 16. Die Felgen wurden von der Firma Stahlschmitt gefertigt.

Nach den Fahrversuchen in jenem 350 SLC installierte man die Antriebseinheit des 928 in ein Audi 100 Coupé. Der Wagen sah mit seinen verbreiterten Kotflügeln ein wenig verdächtig aus. Noch zwei gleiche Fahrzeuge dieser Art rüstete man so aus, ehe im Frühjahr 1974 die ersten echten 928-Prototypen bereitstanden. Sie waren alle ein wenig verschieden, teils aus Gründen der Tarnung, teils, um die endgültige Karosserieform im praxisnahen Test zu ergründen. Erst Mitte 1975 gelang es einigen Pressefotografen, einen ersten »echten« 928 zu erwischen.

Das Design der Karosserie entstand im Verlaufe des Jahres 1972 und wurde etwa ein Jahr später vollendet. Anatole Lapine hatte großen Wert darauf gelegt, daß der 928 jene rundlichen Konturen bekam, die – wie auch beim 924 – als »Porsche-like« gelten durften. Ein bißchen mehr Platz im Innern, verglichen mit dem 911, sollte der neue Wagen schon bekommen, so daß sich eine Kleinigkeit mehr Komfort für mitfahrende Passagiere auf den Rücksitzen ergab. Es lag jedoch nicht in der Absicht der Konstrukteure, aus dem 928 eine Limousine zu machen.

Da man sich darüber einig war, daß der Wagen keinen Kühlergrill bekommen sollte, war seine abfallende Bugpartie – ebenfalls in bester Porsche-Manier – eine von vornherein beschlossene Sache. Die Lufteinlässe für den Motor versteckte man in Form kleiner Schlitze unterhalb der Stoßstange.

Was Dach und Heck betraf, so sagte Lapine, »wollten wir auf jeden Fall ein Fastback-Coupé.« Eine große Heckklappe (Hatchback) bot sich hier an, die allerdings erst in zahlreichen Styling-Studien zu ihrer endgültigen Form geriet. Windkanal-Tests machten deutlich, daß die Karosserie des 928 auf die gleichen Luftwiderstandswerte kam wie der 911.

Die versenkten Frontscheinwerfer ähnelten in ihrer Form denen des Lamborghini Miura, aber auch denen des Renn-Roadsters, der 1965 auf Basis des Porsche 904 entstanden war. Ein Elektromotor hob und senkte die Lampen, durch einen Regulierknopf konnte man links vom Fahrersitz die Höhe der Abblendlichtgrenze einstellen. In den »Klappaugen« saßen aber nicht die Fernscheinwerfer – ihr Licht trat aus zwei rechteckigen Leuchten innerhalb der Stoßstangen aus. Nur die US-Version des 928 beherbergte in den Klappscheinwerfern beides.

Im Gegensatz zu vorangegangenen Modellen bildeten die Stoßstangen des Achtzylinder-Wagens eine absolute Einheit mit der Karosserie. Das war bei den ersten Prototypen nicht der Fall gewesen, hier saßen sie noch vor dem Karosseriekörper, ähnlich wie beim 924. In Zusammenarbeit mit den Phoenix-Werken entstanden dann jene Einheiten aus Polyurethan, die elastisch genug waren, um ihren Zweck als Stoßfänger voll zu erfüllen und die außerdem eine Oberfläche aufwiesen, die sich von der des Wagenkörpers so gut wie nicht unterschied, was einer einheitlichen Beschaffenheit der Lackierung zu Gute kam. Der Unterbau der Stoßstangen bestand aus starken Aluminium-U-Profilen, die in der USA-Version mit hydraulischen Dämpfern abgefedert waren; Exportwagen für Amerika erhielten zudem dicke Gummi-Overriders (Hörner) rechts und links vom hinteren Kennzeichen.

Der gesamte Wagenkörper wurde aus galvanisch verzinktem Stahl gefertigt; der Kunde erhielt eine sechsjährige Garantie gegen Rostschäden. Fronthaube, Türen und die vorderen Kotflügel waren aus Leichtmetall. Ein groß dimensionierter Kofferraum im Heck ließ sich durch ein Tuch abdecken; durch Umlegen der einzelnen Rücksitzlehnen ließ sich dieser Gepäckraum noch erweitern. Unterhalb der Gepäckbodenplatte saß der Kraftstofftank aus Kunststoff mit einem Fassungsvermögen von 86 Litern. Das Falt-Ersatzrad war links im Kofferraumboden eingelassen, zusammen mit der Druckluftflasche zum Auffüllen und dem Wagenheber.

Zum Serienumfang der Ausrüstung des Porsche 928 gehörten Dinge wie Zentralverriegelung der

Oben: Dr. Ing. e. h. Ferry Porsche an seinem siebzigsten Geburtstag. Rechts: Ein von Porsche entwickelter Rettungswagen für die achtziger Jahre. Er entstand im Auftrag des Bundesministeriums für Forschung und Technologie auf Basis eines Mercedes-Benz-Chassis. Die aufgesetzte Rettungseinheit kann auch per Bahn, Hubschrauber oder Flugzeug transportiert werden.
Unten: Windschatten-Hilfe eines Porsche 935 für den Franzosen Jean-Claude-Rude – für Tempi bis 240 km/h!

Türen, Heckscheibenwischer, ein in der Höhe einstellbares Lenkrad, bei welchem sich der Instrumententräger mitbewegte sowie in der Länge verstellbare Pedale. Die vor dem Fahrer in einer Vertiefung sitzenden Rundinstrumente bestanden aus Drehzahl- und Geschwindigkeitsmesser und Kombiinstrumenten, die Wassertemperatur, Öldruck, Batteriespannung und Benzinstand anzeigten. Ein zentrales Warnsystem zeigte dem Fahrer, wenn irgend etwas nicht in Ordnung war: nach Aufleuchten eines Warnlichts vor ihm konnte man auf einer Skala auf der Mittelkonso-

fer, oder daß die Bremsbeläge ausgewechselt werden sollten. Diese Anzeige konnte man ausschalten, doch leuchtete sie bei einem neuerlichen Starten des Motors wieder auf, sofern man die Ursache nicht inzwischen beseitigt hatte.

»Es liegt nicht in unserer Absicht, einen großen Porsche zu bauen«, hatte Huschke von Hanstein 1969 auf dem Genfer Salon gesagt, als der 917 vorgestellt wurde. Das stimmte damals. Es dachte wirklich keiner daran, einen »großen« Porsche zu bauen, wie er acht Jahre später, wieder in Genf, präsentiert wurde. Natürlich fand der neue Porsche ebenso große Beachtung wie seinerzeit der Rennwagen. Der Verkaufspreis wurde mit 55 000 Mark angegeben, mit manuell schaltbarem oder Automatik-Getriebe. In aufwendigen Tests hatte man ermittelt, wo letzte Hand angelegt werden mußte, um dem Wagen seine absolute Perfektion zu geben. In Nordafrika, in der heißen Sonne Algeriens, wie am Polarkreis hatte man Tausende von Kilometer abgespult, ehe man eine Vorserie von zehn Wagen auf Kiel legte, die einigen Journalisten zu Testzwecken anvertraut wurden. Am 23. Februar 1977, kurz vor der Eröffnung des Genfer Salons, hatten sie Gelegenheit, den neuen Porsche in Südfrankreich kennenzulernen. »Kultiviert«, »magnificent«, »charaktervoll« lauteten die Beurteilungen. Man ermittelte Beschleunigungswerte von 6,2 Sekunden von Null auf 100 km/h (Werksangabe: 6,8 Sekunden) und eine Spitze, die 230 km/h und in Einzelfällen auch etwas mehr betrug. Den Normverbrauch bezifferte man auf 13 Liter Normalbenzin auf 100 Kilometer.

Den Bau des Porsche 928 nahm man in eigenen Serienfahrzeuge des V8 verließen das Werk im Mai 1977, im August war man bei 15 Wagen pro Tag angelangt. Das erste volle Jahresziel wurde mit 5000 Wagen angesetzt, von denen zwei Drittel in den Export gehen sollten. Ganz konnte dieses Ziel im ersten Anlauf nicht erreicht werden. Nach der Weiterentwicklung des 928 befragt, schwieg man 1977 bei Porsche – und lächelte. Zunächst, so hieß es, sei schon alles erreicht, was man sich vorgenommen habe. »Und das erstemal«, sagte Ernst Fuhrmann, »sind wir in der Lage, ein umfassendes Modellprogramm zu bieten, in welchem der bewährte 911 durch den 928 ergänzt wird und darunter der 924 rangiert.« Das neue Konzept mit wassergekühlten Frontmotoren setzte indessen eine starke Gewichtung. Keineswegs bedeutete dies eine Abwertung des 911 oder eines seiner Vorgänger – jeder Porsche war zu seiner Zeit ein Sportwagen der Spitzenklasse,

Unten: Schnittzeichnung des Porsche 928, die die Platzverhältnisse deutlich macht. Der Wagen bietet innen weitaus mehr Raum als es von außen den Anschein hat.

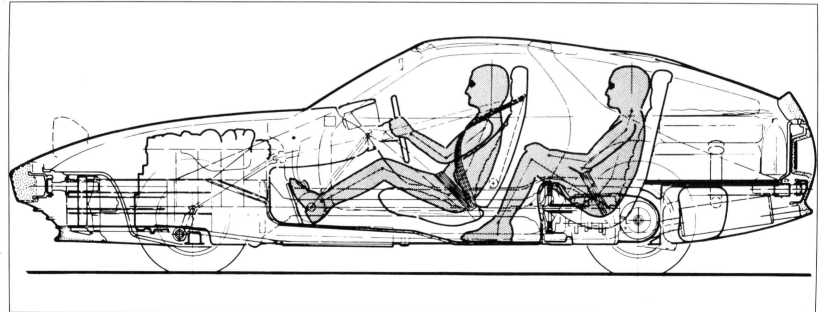

le ablesen, wo die Störungsquelle saß. Bei ernsten Defekten – zum Beispiel Verlust von Motoröl – blinkte die Warnleuchte auf, ohne daß man sie löschen konnte; ein gleichmäßiges Aufleuchten zeigte an, daß etwas nachzufüllen war, beispielsweise Waschflüssigkeit für die Scheinwer-

Anlagen vor, in einem neuen Gebäude, das sich dem Grundstück in Zuffenhausen anschloß. Den 911 in Coupé- und Targa-Version, den der 928 keineswegs ablöste, fertigte man im ehemaligen Reutter-Bau, wo ein Trakt auch für den Bau der 928-Karosserie freigemacht wurde. Die ersten

dem jeweiligen Stand der Technik und der neuesten Erkenntnisse im Automobilbau entsprechend. Rennfahrer hatten in den fünfziger Jahren recht gehabt, als sie sagten: »Man braucht schon einen Porsche, um einen Porsche schlagen zu können!«

Kapitel 33
Mit neuen Konzeptionen in die achtziger Jahre

Wenn Designer und Konstrukteure heute die Fahrzeuggeneration für das zweite Jahrtausend planen, gehen sie von ganz anderen Kriterien aus als vor ein, zwei Jahrzehnten. Wir wissen heute, daß Wirtschaftlichkeit und Langlebigkeit an erster Stelle stehen, wenn es um neue Konzeptionen geht. Stehen solche Forderungen aber im Gegensatz zu Fahrzeugen, wie sie das Haus Porsche auf den Markt bringt?

Vor gar nicht allzu langer Zeit herrschte allgemein die Auffassung, Geschwindigkeit und Sicherheit seien nicht auf einen Nenner zu bringen. Porsche trat den Beweis an, daß dies nicht stimmt. Der Automobilkenner weiß längst, daß Sicherheit wie auch Wirtschaftlichkeit und Nutzwert sich in Fahrzeugen vereinigen können, die auf das Attribut der Sportlichkeit deshalb nicht verzichten müssen. Das Interesse an Fahrzeugen überdurchschnittlicher Qualität mit Fahreigenschaften und Fahrleistungen, die sich an höchsten Maßstäben orientieren, wird auch dann nicht geringer werden, wenn unsere Energieversorgung vor noch härtere Proben gestellt wird als in den Jahren 1973/74 oder 1979/80.

Wie in jeder Automobilfabrik, denkt man auch bei Porsche in weiten Zeiträumen. Man hat mit der Studie eines Wagens mit der Hausnummer »Modell 995« bewiesen, daß man in Zuffenhausen den Stand des heute Erreichten mit den Erfordernissen von morgen in Einklang zu bringen vermag. Ein Porsche des Jahres 2000 wird anders aussehen als ein Porsche des Jahres 1980. Aber ein Porsche wird immer ein besonderes Automobil sein.

Im Schatten der 928-Präsentation standen die Bemühungen des Werks, die etablierte Modell-Palette im Zuge intensiver Modellpflege auf dem neuesten Stand zu halten. Um die Exklusivität ihrer Produkte weiter zu steigern, war schon im Herbst 1976 vor allem die Ausstattung der einzelnen Typen verbessert worden. So spendierten die Innenraumgestalter dem 924 ein Rollo zur Abdeckung des Kofferraums, eine Kofferraumhalterung zur Befestigung von Gepäckstücken sowie einen Öldruckmesser und ein Voltmeter in der Konsole, bisher nur gegen Aufpreis erhältlich. Ebenfalls jetzt serienmäßig: eine Flankenschutzleiste aus Hartgummi. Auch ein vollautomatisches Getriebe, wahlweise statt des serienmäßigen Vierganggetriebes erhältlich, wurde ins Lieferprogramm aufgenommen.

Der Porsche 911, der Carrera 3,0 und der Turbo wurden durch neu gestaltete Sitzbezüge und eine Zentralbelüftung aufgewertet. Um die begehrten Sportwagen besser vor Dieben zu schützen, wurden die Knöpfe der Türinnenverriegelung ganz versenkt. Jetzt konnten die Türen nicht mehr mit Schlingen oder gebogenen Drähten geöffnet werden. Serienmäßig bei den Modellen Carrera 3,0 und Turbo Jahrgang 1977: Kupplungshilfe, Bremskraftverstärker, getönte und beheizte Heckscheibe, Heckscheibenwischer, elektrische Fensterheber (Turbo, Carrera, Targa). Gleichzeitig wurden bei fast allen Modellen die Preise angehoben (alte Preise in Klammern): 924 23 450 Mark (23 240), 911 Coupé 35 950 (35 750), 911 Targa 38 450 (38 250), Carrera Coupé unverändert 46 350 Mark, Carrera Targa 48 850 (48 350), Turbo unverändert 67 850 Mark.

Ihrer Zeit ein gutes Stück voraus waren die Porsche-Techniker mit einer 911-Targa-Version, die als »Flüsterporsche« in die Werksgeschichte einging. Indem der Motor mit einer geräuschdämmenden Hülle nahezu vollständig von der Umwelt abgekapselt wurde, konnte der Motorlärm von 82 auf 75 dB reduziert werden – eine Verminderung um 5,7 Prozent. Im gleichen Jahr machte erstmals ein Frankfurter Porschehändler auf sich aufmerksam, dessen Spezialität es war, serienmäßige Porsche-Renner mit aufwendigem Zubehör in superteure Luxusvehikel umzubauen: Rainer Buchmann. Endpreis eines Buchmann-verschönerten Targa-Einzelstücks mit Turbo-Motor und 260 PS: 140 000 Mark. Von Rainer Buchmann und seinem talentierten Partner Eberhard Schulz modifizierte Porsche-Automobile erregten auf der IAA 1979 besonderes Aufsehen – ihre Autos gehörten zu jenen, denen in der Presse die meiste Publicity zuteil wurde.

Im Rennsport konnte Porsche 1977 eine Reihe großartiger Erfolge verbuchen. Zum fünften Mal – nach 1969, 1970, 1971 und 1976 – gewannen die Zuffenhausener die Markenweltmeisterschaft, vor BMW und De Tomaso. Besonders erfolgreich beim Punktesammeln waren dabei die privaten Teams der beiden Rennställe Loos und Kremer aus Köln mit den Fahrern Rolf Stommelen/Toine Hezemans und Bob Wollek/John Fitzpatrick.

Einen spektakulären Sieg errangen Jacky Ickx und Jürgen Barth beim 24-Stunden-Rennen in Le Mans mit dem Werksporsche 936. Von einem aussichtslosen 41. Platz kämpfte sich das Team in

1976 bis 1980 war der Porsche 935 das dominierende Fahrzeug in der Gruppe 5. Hier fährt Rolf Stommelen mit seinem Liqui-Moly-935 wieder einmal einem Sieg entgegen – beim 200-Meilen-Rennen Nürnberg 1979.

einer 18stündigen Parforce-Jagd auf den ersten Platz vor und verwies die favorisierten Renault- und Mirage-Turbo-Renner in die Schranken. Eins der spannendsten Rennen der letzten Jahre brachte den Zuffenhausenern ihren vierten Le-Mans-Sieg.

Die Deutsche Rennsportmeisterschaft wurde von Rolf Stommelen auf dem Loos-Porsche 935 mit nur acht Punkten Vorsprung vor Bob Wollek und dem Kremer-Porsche 935 gewonnen. Auf einem Carrera RS wurden die Privatfahrer Ludwig Kuhn und Klaus Hopfe deutsche Rallye-Meister – vor den Werkswagen von Opel, Ford, Toyota und VW.

Auch in der Europa-Bergmeisterschaft landete ein Porsche-Pilot auf dem ersten Platz: Anton Fischhaber siegte mit 137 Punkten ebenfalls auf einem Carrera RS. Gleich die ersten drei Plätze belegten die Wagen aus Zuffenhausen bei der amerikanischen TransAm-Meisterschaft: Peter Gregg sicherte sich auf seinem 934 Turbo gleich zum drittenmal das TransAm-Championat – vor zwei weiteren Porsche 934.

Der Erfolg, den Porsche im Modelljahr 1976/77 hatte, schlug sich nicht zuletzt auch in den Umsatzzahlen nieder: War der Umsatz des Familienunternehmens schon im Vorjahr um 71 Prozent gewachsen, wies die Bilanz Ende 1977 noch einmal eine Steigerung um 66 Prozent und damit die Rekord-Umsatzsumme von 1,002 Milliarden Mark aus. Die 4316 Beschäftigten der kleinsten deutschen Autofabrik fertigten 1977 insgesamt rund 37 000 Autos, davon 127 Wagen vom Typ 928, 3320 Carrera und Turbo, 10 381 Autos vom Typ 911 und 23 180 Exemplare des Markttrenners 924, der zwei Jahre nach seiner Vorstellung bereits die Spitze der Sportwagenhitlisten erobert hatte. 74 Prozent aller Porschewagen gingen in den Export.

Das nächste Jahr sollte ganz im Zeichen der Konsolidierung stehen. »Die Phase des rasanten Wachstums ist abgeschlossen, jetzt wollen wir das Erreichte absichern«, meinte im Februar 1978 Finanzvorstand Heinz Branitzki.

Im Gegensatz zu den vorausgegangenen zwölf Monaten bot das Jahr 1978 weder im Bereich der Technik und Fahrzeugentwicklung noch auf dem sportlichen Sektor publikumswirksame Sensationen. Einziges Highlight: Der ohnehin mit 3,0 Litern Hubraum und einer Motorleistung von 191 kW (260 PS) bis dahin schon hochkarätig motorisierte Porsche Turbo wurde noch einmal kräftig aufgepäppelt.

Jetzt leistete das bärenstarke Sechszylinder-Boxertriebwerk des inzwischen 79 900 Mark teuren Heckmotor-Boliden 221 kW (300 PS) bei nur 5500 Umdrehungen je Minute. Der Hubraum war um 300 Kubikzentimeter auf nunmehr 3,3 Liter erhöht worden. Die Fahrleistungen, deren der unangefochten schnellste und teuerste deutsche Sportwagen fähig war, ließen die einen erschrecken, die anderen in einen Begeisterungstaumel fallen: Bei Beschleunigungsversuchen aus dem Stand erreichte der 1310 Kilo schwere Turborenner schon nach 5,5 Sekunden die 100 und nach weiteren 12,9 Sekunden die 200-Kilometer-Marke. Erst bei 261 Stundenkilometer ging diesem vierrädrigen Geschoß die Puste aus. Verbrauch dabei: 24,5 Liter auf 100 Kilometer.

Die »Elfer«-Palette wurde 1978 rigoros zusammengestrichen. Auch der Carrera mußte dem Rationalisierungsprogramm weichen. Übrig blieb eine einzige Grundvariante, ab sofort als 911 SC in Coupé- oder Targa-Version (41 850 und 44 790 Mark) zu haben. Der nunmehr 132 kW (180 PS) starke Dreiliter-Boxermotor begnügte sich mit Normalbenzin und Ölwechselintervallen von 20 000 Kilometern.

Auf tragende Blechteile konnten die Zuffenhausener eine Rostschutzgarantie von sechs Jahren gewähren, weil sie die Bodengruppe des fast 230 km/h schnellen 911 SC sorgfältig feuerverzinkt hatten.

Ebenfalls neu im Porsche-Stall: Ein 928 mit Dreigang-Automatik, Spitze: 224 Stundenkilometer. Viele Porsche-Fans beklagten sich allerdings darüber, daß der 928 nun mehr einer schweren Luxuslimousine als einem temperamentvollen Sportwagen nach Art des Hauses gleiche. Der Preis für die Schaltgetriebe-Version kletterte bis zum Jahresende auf 58 800 Mark. Wesentlich agiler wirkte der kleine 924, der ab Frühjahr 1978 wahlweise auch mit Fünfganggetriebe zu haben war – für 27 161 Mark. Der Preis für die Viergang-Grundversion wurde auf 25 960 Mark angehoben. Viel Aufsehen erregte die Turbo-Version des 924, die im November auf den Markt kam. Statt der gewohnten 92 kW (125 PS) entwickelte der Vierzylinder-Reihenmotor jetzt 125 kW (170 PS) bei lediglich 5500 Umdrehungen je Minute. Das maximale Drehmoment von 25 kpm (245 Nm) erreichte das Zweiliter-Triebwerk schon bei 3500 U/min. Äußerlich unterschied sich der 924 Turbo vom Grundmodell durch neu entwickelte 6J × 15-Aluminium-Felgen mit der Bereifung 185/70 VR 15, einen integrierten Heckspoiler, Kühlluftschlitze am Bug und im Bugspoiler und durch eine besondere Mehrfarbenlackierung. Mit einer Spitzengeschwindigkeit von 225 km/h stieß diese neue Kreation in Bereiche vor, die bis dahin nur Sportwagen der Spitzenklasse vorbehalten gewesen waren. Mit dem Preis verhielt es sich ähnlich: 39 480 Mark kostete dieser Wagen.

Auf sportlichem Gebiet konnte die Stuttgarter Sportwagenschmiede ihre Erfolge vom Vorjahr nicht wiederholen. Ließ sich die Rallye Monte Carlo noch mit einem Sieg von Jean-Pierre Nicolas und Vincent Lavenne aus Frankreich mit einem privaten Porsche Carrera relativ gut an, mußte das Werk trotz monatelanger Vorbereitungen und immensen Aufwands in Le Mans eine bittere Niederlage einstecken. Die neuen 580 PS starken Sechszylinder-Martini-Porsche 936 und die ebenfalls von den Zuffenhausenern ins Rennen geschickten 935-Boliden (750 PS) waren mit Spitzenwerten um 350 km/h zwar teuflisch schnell, mußten sich letztlich aber doch geschlagen geben: Mit einer Durchschnittsgeschwindig-

Von oben nach unten: 908/03 Turbo (hier in Mengen 1978). R. Jöst gewann mit ihm die Sportwagenmeisterschaft. Das 935/78-Coupé wurde »Moby Dick« genannt und stellte einen Höhepunkt werksseitiger Rennwagen-Entwicklung dar. Unten ein 936/78 mit wassergekühlten Vierventilköpfen. Barth/Ickx/Wollek erzielten mit diesem Wagen 1978 in Le Mans den zweiten Platz im Gesamtklassement.

Oben der von Ludwig/Whittington in Le Mans 1979 zum Sieg gefahrene 935 Turbo (Kremer-Team). Rechts daneben der Martini-Porsche 911 SC der Safari-Rallye 1978. Rechts: Notarztwagen 924, auf Anregung eines Würzburger Mediziners von Porsche gebaut.

keit von 210,188 km/h errang der Renault Alpine A 442 B des französischen Teams Pironi/Jaussaud einen vielbejubelten Heimsieg. Kommentar von Porsche-Chef Fuhrmann nach dem Rennen: »Jetzt können die Leute wenigstens nicht wieder sagen, wir würden alles gewinnen!« Und Finanzvorstand Branitzki fügte resignierend hinzu: »Das war ein teures Wochenende...«

Im Sande verlief auch der ehrgeizige Plan von Sportchef Manfred Jantke, der mit einer auf 250 PS getunten Spezial-Rallye-Version des 911 SC die 26. Safari-Rallye in Kenia gewinnen wollte. Eine zerbrochene Windschutzscheibe, zerfetzte Reifen, durchgeschlagene Dämpfer und eine defekte Achsschwinge waren schuld, daß das zunächst führende Porsche-Team Waldegaard/Thorszelius zurückfiel und schließlich nur auf dem vierten Platz landete. Sieger bei der wilden Hatz durch Busch und Steppe wurden Nicolas/Lefèbre mit einem Peugeot 504 Coupé.

Zwar ging die Markenweltmeisterschaft auch 1978 an Porsche, doch hatte das Werk dabei kein Wort mitzureden: Die privaten Porsche-Teams der Renn-Mäzene Loos und Kremer machten das Rennen unter sich aus. In der Rennsportmeisterschaft mußten sich die Zuffenhausener mit einem zweiten, dritten, vierten und sechsten Platz zufrieden geben. Sieger vor den schnellen Porsche 935-TC wurde Harald Ertl mit seinem BMW 320-TC. Für Porsche insgesamt ein mageres Jahr.

Weil der Porsche 928 die Erwartungen mancher Kunden nicht erfüllte, sahen sich die Zuffenhausener veranlaßt, dem Spitzenmodell zur IAA 1979 in Frankfurt eine noch kräftiger motorisierte Variante zur Seite zu stellen: Den 928 S. Wichtigste Unterschiede gegenüber dem 928-Grundmodell: Von 95 auf 97 Millimeter vergrößerte Bohrung, Hubraum 4,7 statt 4,5 Liter, Verdichtung 10:eins statt 8,5:eins, innenbelüftete Scheibenbremsen, neue, geschmiedete 16-Zoll-Alufelgen, Bug- und Heckspoiler und eine automatische Klimaanlage.

Was die Fahrleistungen des nunmehr 300 PS (928: 240 PS) starken und 1520 Kilo schweren und immerhin rund 73 000 Mark teuren Boliden betraf, blieben keine Wünsche mehr offen: Beschleunigung aus dem Stand auf 100 Stundenkilometer in 6,1 Sekunden, Höchstgeschwindigkeit über 250 km/h. Werte, die dazu angetan waren, Sportwagen-Enthusiasten in Entzückung zu versetzen, nüchtern kalkulierende Normalbürger aber mit Skepsis zu erfüllen: Im Zeichen der heraufziehenden Energieversorgungskrisen wurde von Tag zu Tag die Zahl derer größer, die Sportwagen vom Kaliber eines Porsche 928 S glatt die Existenzberechtigung absprachen. Ohne jedoch auf die Unkenrufe zu hören, verabreichten die Porsche-Techniker dem Evergreen 911 SC noch einmal eine leistungssteigernde Spritze: Durch Verbesserungen am Zündsystem wurde rechtzeitig zur IAA die Motorleistung von 180 PS auf 188 PS angehoben. Das inzwischen 46 950 Mark teure 911 SC Coupé-Grundmodell wurde ebenso wie die Targa-Version durch eine neue Innenausstattung, schwarz eloxierte Fenstereinfassungen, einen besseren Ölkühler, ein Dreispeichen-Lenkrad sowie serienmäßige elektrische Fensterheber zusätzlich aufgewertet. Der 911 Turbo bekam eine neue Zweirohr-Auspuffanlage, die den Motorlärm reduzieren sollte. Jetzt serienmäßig mit Fünfganggetriebe ausgerüstet, ging der Porsche 924 ins Modelljahr 1979/80. Neben einer neuen Abstimmung der Außenlackierung wurde unter anderem ein größerer Bremskraftverstärker eingebaut. Wie der 924 wies auch der Turbo einen von innen verstellbaren Außenspiegel auf und besaß serienmäßig elektrische Fensterheber sowie eine Nebelschlußleuchte. Eine Verjüngungskur mußte der erst zwei Jahre alte 928 über sich ergehen lassen: Wie beim 928 S wurde die Verdichtung auf 10:eins erhöht, die Kolben wurden ausgetauscht, die 225/50-VR-16-Reifen mußten schmaleren Pneus der Dimension 215/60 VR 15 weichen. Erfreulich: Während die erreichbare Höchstgeschwindigkeit leicht anstieg, sank der Durchschnittsverbrauch auf Werte unter 16 Liter. Trotz des stetig wachsenden Sparbewußtseins in weiten Kreisen der Bevölkerung fand auf der IAA 1979 in Frankfurt der Porsche 924 Carrera GT, eine 210 PS starke Studie auf Basis des 924 Turbo, viel Beachtung. Wichtige Details: Gewichtsreduzierung um 150 auf insgesamt 1000 Kilogramm, großdimensionierte 15- oder 16-Zoll-Räder, Sperrdifferential, härtere Federn und Dämpfer. Bei der Präsentation dieses Vierzylinder-Renners beriefen sich die Zuffenhausener auf ihre Tradition: »Dieser Wagen soll die Reihe straßengängiger Porsche-Sportwagen hoher Leistung fortsetzen, die ihren Besitzern mit entsprechender Wettbewerbsausstattung auch bei Rallies und Rundstreckenrennen Spaß und Chancen sichern.« Wenige Wochen später präsentierte Porsche einen rennfertigen 924, der sein Debut in der amerikanischen SCCA-Serie geben sollte. Dieses bis aufs nackte Blech gestrippte Sportgerät wog nur 970 Kilo und wurde von einem 180 PS starken Vierzylinder-Motor mit mechanischer Kugelfischer/Bosch-Benzin-

Porsche 924 Turbo in seiner Spezialausführung für die East African Safari-Rallye 1979.

einspritzung und Trockensumpfschmierung angetrieben. Ein Meilenstein in der Porsche-Geschichte: Nach langem Zögern wagten die Zuffenhausener es mit diesem 924 »SCCA« endlich, neben den Heckmotor-Boxern auch die neuen Modelle im Rennsport einzusetzen.

Die großen Sportveranstaltungen des Jahres 1979 standen oft im Zeichen von Porsche-Siegen, die schönsten Erfolge wurden von den Fahrzeugen privater Teams erzielt. Intern wurde das so ausgedrückt: »Der Motorsport stand 1979 bei Porsche im Zeichen reduzierter Werksaktivität, aber wachsender Erfolge von Porsche-Privat-Teams. Sie gewannen 15 nationale Meisterschaften und eine Reihe bedeutender internationaler Championate.« Bezeichnend für die Gesamtsituation: Als nach dem Ausfall der beiden Werks-936 beim 24-Stunden-Rennen von Le Mans Klaus Ludwig auf einem Kremer-Porsche 935 als erster die Ziellinie passierte, ging bei den Zeitungen die Schlagzeile in Satz: »Porsche besiegt Porsche.« Schon bei der Generalprobe für Le Mans Anfang des Jahres in Silverstone waren die beiden Werks-936 vorzeitig im Aus gelandet. Den ersten Platz belegte damals das Team Fitzpatrick/Heyer/Wollek auf einem 935 von Georg Loos.

Zwar ging zum siebten Mal die Markenweltmeisterschaft an Porsche, doch hatte das Werk an diesem Erfolg wenig direkten Anteil. Ähnlich verhielt es sich bei der Deutschen Rennsportmeisterschaft: Nach zehn Siegen bei elf Rennen und einem zweiten Platz durfte sich Klaus Ludwig Deutscher Meister nennen. Das »Wunderauto«, ein Turbo 935, mit dem Ludwig von Sieg zu Sieg gefahren war, war indessen nicht in Zuffenhausen, sondern bei Kremer in Köln präpariert worden.

Die Brüder Jean-Marie und Jacques Almeras gewannen auf Porsche 934 Turbo und 935 die Europa-Bergmeisterschaft. Europäischer Rallye-Cross-Meister wurde Olaf Arnesson auf Porsche 911 SC. In den USA sicherte sich Peter Gregg auf seinem Burmos-Porsche 935 zum sechsten Mal die IMSA- (International Motor Sports Association) Meisterschaft. Auch das TransAm-Championat ging an Porsche: John Paul gewann auf einem 935 Turbo.

Dann setzte eine kritische Phase in der Automobilwirtschaft ein. Nach den Jahren des Booms begannen die Verkaufszahlen erstmals zu sinken. Am neuen 928 konnte es kaum liegen: Immerhin wurden 1979 5347 Wagen dieses Typs abgesetzt – 50 Prozent mehr als im Vorjahr. Vor allem in den USA, dem wichtigsten Exportland für Porsche, ging der Absatz im zweiten Halbjahr 1979 drastisch zurück – um 13 Prozent. Der Gesamtexportanteil verringerte sich im Geschäftsjahr 1978/79 von 69 auf 65 Prozent. Schuld an der sich abzeichnenden Misere war unter anderem die starke japanische Konkurrenz, die in den USA den Sportwagen made in Germany immer mehr zu schaffen machte. So war der 924, nach Stückzahlen das meistverkaufte Porsche-Modell in Amerika, mit einem Preis von rund 16 000 Dollar kaum noch konkurrenzfähig: Den Wankel-Sportwagen RX 7 von Mazda gab es schon für ganze 9900 Dollar.

Konsequenz: Im Stammwerk Zuffenhausen mußte erstmals die Produktion gedrosselt werden. Finanzchef Branitzki prophezeite, daß der Absatz sich 1980 auf 32 000 Wagen einpendeln würde – 7500 weniger als im Rekordjahr 1979. Der Umsatz würde wahrscheinlich um elf Prozent zurückgehen – von 1,35 auf 1,2 Milliarden Mark. Dennoch beschloß man bei Porsche, 1980 an die 73 Millionen Mark zu investieren, unter anderem um die Fabrikationsanlagen in Zuffenhausen zu modernisieren.

Noch ein paar Zahlen: Im Geschäftsjahr 1979 verkaufte Porsche neben dem 928 20 632 Wagen vom Typ 924, 2447 924 Turbo, 9538 911 SC und 1597 911 Turbo. Die Zahl der Mitarbeiter wuchs von 4849 um 3,8 Prozent auf 5031.

Im Zeichen der »Konjunkturberuhigung«, die sich auf dem Automarkt abzuzeichnen begann, gingen auch die Zuffenhausener daran, alternative Konzepte für die Zukunft zu entwickeln. Trendgerecht unterstrich Dr. Ferry Porsche in seiner Eigenschaft als Aufsichtsratsvorsitzender der Dr. Ing. h. c. F. Porsche Aktiengesellschaft an seinem 70. Geburtstag am 19. September 1979 unter anderem die Bedeutung des Turbomotors für die Einsparung von Treibstoff: »Wir können den Turbolader nicht nur nutzen, um die Leistung zu steigern. Wir können mit ihm auch den Wirkungsgrad des Motors verbessern und kommen dann auf extrem niedrige Verbrauchswerte ...«

Woher der Wind in Zukunft weht, wurde noch deutlicher bei einem »Verbrauchssymposium«, das zur gleichen Zeit im Entwicklungszentrum Weissach abgehalten wurde. Die meiste Beachtung fand das Konzept eines Porsche-V8-Motors, nach dem sich durch die zeitweilige Abschaltung von vier Zylindern beim langsamen Dahinrollen oder im Stadtverkehr der Durchschnittsverbrauch auf bis zu 13 Liter/100 km absenken lassen soll. Bemerkenswerte Erkenntnis der Porsche-Ingenieure: Durch eine Optimierung des Verdichtungsverhältnisses, der Brennraumform, des Benzin-Luft-Gemischs und der Zündzeitpunkteinstellung könne der Verbrauch sogar um bis zu 40 Prozent reduziert werden. Für den Motor, der alle Vorzüge miteinander vereint, hatten die Techniker auch schon einen Namen parat: TOP – Thermodynamisch optimierter Porsche-Motor. Anhand verschiedener Prototypen auf der Basis der Typen 924 und 928 wurde demonstriert, was Porsche unter »sparsamen Sportwagen« versteht. Heute schon technisch ohne Probleme lösbar: Eine automatisch gesteuerte Leerlauf-Abschaltung des Motors. Vor einer roten Ampel zum Beispiel schaltet der Motor automatisch ab, um bei Grün auf leichten Pedaldruck hin wieder anzuspringen.

In ihren Bemühungen um sparsamere Automobile stehen die Zuffenhausener nicht allein: Das Bundesministerium für Forschung und Technologie hat die Porsche AG beauftragt, ein besonders strömungsgünstiges, wirtschaftliches, sicheres und umweltfreundliches Zukunftsauto zu entwickeln. Das Projekt, das unter dem Namen »Porsche 995« im Juli 1979 gestartet wurde, hat inzwischen bereits zu konkreten Ergebnissen geführt. Die wichtigsten Fahrzeugdaten stehen bereits fest: Aluminium-Karosserie mit einem c_W-Wert von nur noch 0,3, Vierventil-Vierzylinder-Ottomotor mit 2,2 Liter Hubraum oder Dreiliter-V8-Motor mit optimierten Ventilsteuerzeiten und neu geformten Brennräumen, neuartiges Schaltgetriebe mit zwei mechanischen Kupplungen und elektronisch gesteuertem Gangwechsel ohne Gaswegnahme.

Ebenfalls vom Forschungsministerium gefördert wurde die Entwicklung eines Rettungssystems, das unter der Bezeichnung SAVE (Schnelle Ambulante Vorklinische Erstversorgung) bereits 1977 vorgestellt wurde, Ende 1979 aber erst einsatzbereit war. Auf der Basis von Fahrzeugen der Typen VW LT 28 und Mercedes Benz 208 konstruierte Porsche in Weissach eine Rettungswagen-Generation, die sich durch entscheidende Vorzüge von Einsatzwagen herkömmlicher Art unterscheidet: Besserer Fahrkomfort mit redu-

zierter Geräusch-, Schwingungs- und Temperaturbelastung für Menschen und Material, bessere innere Sicherheit für Personal und Patienten, größere Motorleistung und kürzere Einsatzzeiten bei wesentlich höherer Mobilität.

Im Rennsport mischte Porsche 1980 wieder kräftiger mit als 1978 und 1979. Doch zumindest bei der Markenweltmeisterschaft gaben sich die Zuffenhauser betont zurückhaltend: Die mit Spannung erwartete Rennpremiere von drei 924 Turbo bei den 24 Stunden von Le Mans wurde bescheiden als »Testeinsatz im Rahmen des technischen Entwicklungsprogramms« deklariert. Nicht gespart mit Vorschußlorbeer wurde dagegen auf anderem Gebiet: Beim legendären 500-Meilen-Rennen von Indianapolis, dem »schnellsten, dollarträchtigsten und amerikanischsten Rennen der Welt« gedachte Porsche ein »neues, spektakuläres Kapitel aufzuschlagen«, vertraglich dabei gebunden an das amerikanische Interscope-Team. Der Indianapolis-Neuling sollte mit einem 350 Stundenkilometer schnellen Monoposto an den Start gehen, der von einem Sechszylinder-Turbo-Boxermotor mit 2,6 Liter Hubraum und 630 PS angetrieben wurde. Gefüttert wurde das Leichtmetallaggregat ausschließlich mit Methanol. Der Rahmen war als Aluminium-Monocoque-Konstruktion mit einem Rohrrahmen am Heck ausgelegt. Die Karosserie bestand aus Kunststoff. Gesamtgewicht des Indy-Boliden: 680 Kilo. Als Pilot wurde der 37 Jahre alte Hawaianer Danny Ongais engagiert. Aus dem Indy-Abenteuer wurde indessen nichts. In quasi letzter Minute änderten die Veranstalter das Reglement hinsichtlich des Ladedrucks bei Turbomotoren. Mit diesen Forderungen hätte das Porsche-Aggregat zu wenig Leistung erbracht, um eine Chance zu haben. Der Porsche-Interscope-Wagen startete nicht.

Traditionsgemäß stellte das 1000-Kilometer-Rennen auf dem Nürburgring einen Höhepunkt der Saison 1980 dar. Der Le Mans-Wagen vom Typ 908/80 war noch nicht einsatzbereit, deshalb griff man auf den bewährten 908/4 zurück, der der Herausforderung der favorisierten Lancia,

Oben: die neue 924-Generation, vorgestellt im Herbst 1978. Der Wagen weist einen Abgas-Turbolader auf. Rechts oben Porsches Sport- und Presse-Chef Manfred Jantke. Rechts der Ende 1979 präsentierte Porsche 924 GT, der mit seinem 320-PS-Motor an die 280 km/h schnell ist. Unten: Porsche 928 S.

Ford Capri und BMW mit Bravour begegnete: die Mannschaft Rolf Stommelen/Jürgen Barth gewann das spannende Rennen in der Eifel vor dem Barbour-Porsche 935. Über 936 der 1004 Kilometer hatte Hans Heyer auf Lancia geführt – dann war die Stunde des Porsche gekommen, der die 44 Runden des Rings letztlich in 5 Stunden, 52 Minuten und 15,1 Sekunden bewältigte. Dick Barour folgte mit nur 41 Sekunden Abstand.
Das 24-Stunden-Rennen von Le Mans brachte Überraschungen. Gesamtsieger wurden Rondeau/Jaussaud auf Rondeau; angesichts der starken Konkurrenz prominenter Fahrer auf berühmten Marken eine Sensation. Dicht auf den Spuren des Außenseiters aber folgte der Turbo-Porsche 908/80 von Jacky Ickx und Reinhold Jöst. Erst in der vierten Stunde – nachdem der strömende Regen, der beim Start auf Stimmung und Tempo gedrückt hatte, nachließ – war der Wagen an die Spitze geschossen, die der Bar-

Links der Turbomotor vom Typ 935-72, jener Sechszylinder (2650 ccm) mit 630 PS Leistung, der für den Interscope-Indianapoliswagen vorgesehen war.

Unten: Der für die 500 Meilen von Indianapolis 1980 konzipierte Interscope-Porsche. Danny Ongais sollte ihn fahren. Wegen einer einschneidenden Reglementsänderung, die dem Porsche-Motor alle Chancen genommen hätte, verzichtete Porsche auf einen Start.

bour-935 und ein Loos-Porsche, gefahren von Fitzpatrick und Wollek, gehalten hatten. Daß Ickx/Jöst ihre zweite Gesamtposition behaupten konnten, war ein erneuter Beweis ihrs Könnens, denn sie waren mehrfach vom Pech verfolgt. Ein gerissener Zahnriemen kostete sie wertvolle 21 Minuten Fahrunterbrechung, dann gab es Getriebeprobleme, deren Behebung weitere 28 Minuten in Anspruch nahm, und bei den letzten 45 Minuten des Rennens stellten sich Schwierigkeiten mit dem Differential ein. Auch die zahlreichen weiteren Porsche-Wagen waren vom Pech verfolgt; es gab Ausfälle wie kaum zuvor. Immerhin absolvierten Ickx/Jöst nur zwei Runden weniger als jene 338 des siegreichen Außenseiters. Absolut problemlos verlief nur die Fahrt des 908 Turbo von Grohs/Schornstein/v. Tschirnhaus. Aber auch der erstmals eingesetzte 924 Carrera GT, ein 320-PS-Bolide mit Abgaslader, sorgte für eine Überraschung: Das von Bell/Holbert gefahrene Coupé rückte bereits nach sieben Stunden unter die ersten Zehn (das Auto blieb dann allerdings mit Ventilschaden auf der Strecke), und die Mannschaft Barth/Schurti auf einem gleichen Wagen erkämpfte sich einen beachtlichen sechsten Platz in der Gesamtwertung. Das war für ein Debut des Turbo-924 nicht schlecht. Jürgen Barth war in der Nacht ein Hase vor den Bug gelaufen; zum Glück gab es am Wagen keine ernsthaften Beschädigungen... Das Jahr 1980 brachte noch eine Anzahl weiterer beachtlicher Sporterfolge für die Marke Porsche. Auf dem Salzburgring beim 8. Lauf zur Deutschen Automobil-Rennsportmeisterschaft siegte Manfred Winkelhock auf einem Porsche 935, und in der Rallye-Europameisterschaft setzte sich die Reihe der Bestleistungen ebenfalls fort. Mitte des Jahres führten Bernard Beguin und Antonio Zazini mit großem Abstand zur Konkurrenz.

Auch in den achtziger Jahren, so scheint es, hat der Motorsport von seiner Popularität nichts eingebüßt. Und für Motorsport ist für so manchen Enthusiasten Porsche ein Synonym – heute wie vor drei Jahrzehnten. »Ein Rennen«, soll Richard von Frankenberg einmal gesagt haben, »ist die schönste Nebensache der Welt.«

Oben links: Barth/Schurti kamen auf einen beachtlichen 6. Platz im Gesamtklassement bei den 24 Stunden von Le Mans 1980. Ihr Auto: ein 924 Carrera GT mit Turbolader.

Unten: Jöst/Ickx plazierten sich als Zweite mit ihrem Werks-908/80 in Le Mans 1980. In den 24 Stunden umrundeten sie den Sarthe-Kurs 336 mal.

Porsche-Sporterfolge 1948–1980

1000 km Nürburgring

Jahr	Plazierung	Fahrer	Wagen/Klasse
1953	Klassensieg	Trenkel/Schlüter	356-1500 S
	Klassensieg	von Hoesch/Engel	356-1300
1956	Klassensieg	von Trips/Maglioli	1500 RS
1957	Klassensieg	Maglioli/Barth	550 RS
	Klassensieg	Strähle/Denk	356 A Carrera
1958	Klassensieg	von Frankenberg/de Beaufort/Barth	550 RS
	Klassensieg	Strähle/Walter	Carrera
1959	Klassensieg	Herrmann/Maglioli	718 RSK
	Klassensieg	Walter/Strähle	Carrera
1960	Gesamtzweiter + Klassensieg	Bonnier/Gendebien	RS 60
	Klassensieg	Herrmann/Trintignant	RSK 1600
	Klassensieg	Koch/Straußberg	Carrera GTL Abarth
1961	Klassensieg	Linge/Greger	RS 61
	Klassensieg	Hahnl/Zick	Carrera GTL Abarth
1962	Klassensieg	G. Hill/Herrmann	718 W-RS
	Klassensieg	Walter/Müller	RS 61
	Klassensieg	Barth/Linge	Carrera GTL Abarth
1963	Klassensieg	Walter/Pon/Barth/Linge	Carrera 2 (GT 2000 ccm)
	Klassensieg	Koch/Strähle	
1964	Klassensieg	Pon/Koch	904 GTS
	Klassensieg	Bonnier/Ginther	904-Achtzylinder
1965	Klassensieg	Fischhaber/Schütz	904 GTS
	Gesamtdritter	Bonnier/Rindt	906 GTS
1966	Klassensieg	von Lennep/van Lennep	906 Carrera
	Klassensieg	Jöst/Dorner	Prototypen 1600 ccm
	Klassensieg	Sailer/Lammers	356 SC
	Klassensieg	Greger/Auer	911
1967	Gesamtsieg	Schütz/Buzzetta	910/6
	Zweiter	Hawkins/Koch	910/6
	Dritter	Neerpasch/Elford	910/6
	Vierter + Klassensieg	Mitter/Bianchi	910/8
	Klassensieg	Dechent/Huhn	906 Carrera
	Klassensieg	Kelleners/Neuhaus	911
1968	Gesamtsieg	Siffert/Elford	908
	Zweiter	Herrmann/Stommelen	907
	Klassensieg	Greger/Huth	911
1969	Gesamtsieg	Siffert/Redman	908/02
	Zweiter	Herrmann/Stommelen	908/02
	Dritter	Elford/Ahrens jun.	908/02
1970	Gesamtsieg	Ahrens jun./Elford	908/03
	Zweiter	Herrmann/Attwood	908/03
1971	Gesamtsieg	Larousse/Elford	908/03
	Zweiter	Rodriguez/Oliver	908/03
	Dritter	Dr. Marko/van Lennep	908/03
	Klassensieg	Jöst/Kauhsen	917
1972	Klassensieg	Kremer/Fitzpatrick	911 S
1973	Klassensieg	van Lennep/Müller	Carrera RSR
	Klassensieg	Keller/Neuhaus/Schickentanz	Carrera

Jahr	Plazierung	Fahrer	Wagen/Klasse
1974	Klassensieg	Barth/Pesch/Neuhaus	Carrera RSR
1975	Klassensieg	Müller/Kinnunen	908/03 Turbo
	Klassensieg	Kelleners/Heyer/Wollek	Carrera RSR
1976	Gesamtzweiter + Klassensieg	Schenken/Hezemans	934
	Klassensieg	Dören/Schimpf	Carrera RSR
1977	Gesamtsieg	Stommelen/Hezemans/Schenken	935
	Zweiter	Wollek/Fitzpatrick	935
1978	Gesamtsieg	Ludwig/Heyer/Hezemans	935
	Zweiter	Schurti/Ickx	935
	Dritter	Wollek/Pescarolo	935
1979	Gesamtsieg	Schurti/Fitzpatrick/Wollek	935
1980	Gesamtsieg	Stommelen/Barth	908/03 Turbo

Mille Miglia

Jahr	Plazierung	Fahrer	Wagen/Klasse
1952	Klassensieg	Berckheim/Lurani	Serien-Sportwagen 1500 ccm
	Klassensieg	Metternich/Einsiedel	Serien-Sportwagen 1100 ccm
1953	Klassensieg	von Hoesch/Engel	356-1300 ccm
	Klassensieg	Herrmann/Bauer	356-1500 ccm
1954	Klassensieg	von Frankenberg/Sauter	356-1600 ccm
	Klassensieg	Herrmann/Linge	550 Sportwagen 1500 ccm
1955	Klassensieg	Seidel/Glöckler	550
	Klassensieg	von Frankenberg/Graf Oberndorf	356-1300 ccm
	Klassensieg	Günzler	356-1600 ccm
1956	Klassensieg	Strähle	356-1300 ccm
	Klassensieg	Persson/Blomqvist	356-1600 ccm
1957	Klassensieg	Maglioli	RS 1500 Spyder
	Klassensieg	Strähle/Linge	356-1600 ccm

Can-Am

Jahr	Rennen	Plazierung	Fahrer	Wagen
1970	Watkins Glen	Zweiter	Siffert	917 K
		Dritter	Attwood	917 K
	Road Atlanta	Erster	Dean	908/01
1971	Watkins Glen	Dritter	Siffert	917/10
	Mid-Ohio	Zweiter	Siffert	917/10
	Road America	Zweiter	Siffert	917/10
1972	Road Atlanta	Erster	Follmer	917/10 Turbo
	Mid-Ohio	Erster	Follmer	917/10 Turbo
	Road America	Erster	Follmer	917/10 Turbo
	Edmonton	Erster	Donohue	917/10 Turbo
	Laguna Seca	Erster	Follmer	917/10 Turbo
		Zweiter	Donohue	917/10 Turbo

Jahr	Rennen	Plazierung	Fahrer	Wagen
1972	Riverside	Erster	Follmer	917/10 Turbo
		Zweiter	Donohue	917/10 Turbo
1973	Mosport	Erster	Kemp	917/10 Turbo
	Road Atlanta	Erster	Follmer	917/10 Turbo
		Zweiter	Donohue	917/30
	Watkins Glen	Erster	Donohue	917/30
	Mid-Ohio	Erster	Donohue	917/30
		Zweiter	Follmer	917/30
	Road America	Erster	Donohue	917/30
	Edmonton	Erster	Donohue	917/30
	Laguna Seca	Erster	Donohue	917/30
	Riverside	Erster	Donohue	917/30

Targa Florio

Jahr	Plazierung	Fahrer	Wagen/Klasse
1956	Gesamtsieg	Maglioli	550 Sportwagen 1500 ccm
1958	Ges. Zweiter + Klassensieg	Behra/Scarlatti	550
	Klassensieg	von Hanstein/Pucci	GT 1600 ccm
1959	Gesamtsieg	Barth/Seidel	RSK 718
	Zweiter	Strähle/Mahle/Linge	Carrera RS
	Dritter	Pucci/von Hanstein	Carrera RS
1960	Gesamtsieg	Bonnier/Herrmann	RS 60
	Klassensieg	Barth/G. Hill	Sportwagen 1600 ccm
1961	Klassensieg	Bonnier/Gurney	Sportwagen 1600 ccm
1962	Klassensieg	Herrmann/Linge	GT 1600 ccm
	Klassensieg	Bonnier/Vaccarella	Prototypen 2000 ccm
1963	Gesamtsieg	Bonnier/Abate	718 Achtzylinder
	Dritter + Klassensieg	Barth/Linge	GT 2000 ccm
	Klassensieg	Koch/Schröter	GT 1600 ccm
1964	Gesamtsieg	Pucci/Davis	904 GTS
	Zweiter	Balzarini/Linge	904 GTS
1965	Klassensieg	Mitter/Davis	Prototypen 2000 ccm
	Klassensieg	Klass/Pucci	GT 2000 ccm
1966	Gesamtsieg	Mairesse/Müller	906 Carrera
	Klassensieg	Tarenghi/Pardi	GT 1600 ccm
1967	Gesamtsieg	Stommelen/Hawkins	910/8
	Zweiter	Cella/Biscaldi	910/6
	Dritter	Neerpasch/Elford	910/6
	Klassensieg	Killy/Cahier	911
1968	Gesamtsieg	Elford/Maglioli	907
	Klassensieg	von Wendt/Kauhsen	906 Carrera
	Klassensieg	Haldi/Grab	911
1969	Gesamtsieg	Mitter/Schütz	908/02
	Zweiter	Elford/Maglioli	908/02
	Dritter	Herrmann/Stommelen	908/02
	Vierter	von Wendt/Kauhsen	908/02
	Klassensieg	Ostine/›Nomex‹	911
1970	Gesamtsieg	Siffert/Redman	908/03
	Zweiter	Rodriguez/Kinnunen	908/03
1971	Klassensieg	Chenevière/Keller	911
1972	Klassensieg	Steckkönig/von Hanstein	911 S
1973	Gesamtsieg	Müller/van Lennep	911 Carrera RSR

Grand Prix (Formel I und II)

Jahr	Plazierung	Fahrer	Wagen/Klasse	Veranstaltung
1957	Erster	Barth	Formel II	GP Deutschland
	Dritter	de Beaufort	Formel II	GP Deutschland
1958	Erster	Behra	Formel II	GP Reims
1959	Erster	Fraser Jones	Formel II	Kapstadt
1960	Erster	Moss	Formel II	Aintree
	Erster	Bonnier	Formel II	GP Deutschland
	Zweiter	von Trips	Formel II	GP Deutschland
	Erster	Barth	Formel II	GP Schweiz
1961	Erster	Baghetti	Formel I	GP Rom
1962	Erster	Gurney	Formel I	GP Frankreich
	Erster	Gurney	Formel I	GP Solitude

Rallye Monte-Carlo

Jahr	Plazierung	Fahrer	Wagen/Klasse
1956	Klassensieg	Gacon/Arcan	356-1300
1962	Klassensieg	Isenbügel/Springer	356-1600
1964	Klassensieg	Klass/Wencher	356 Carrera
1965	Gesamtzweiter + Klassensieg	Böhringer/Wütherich	904 GTS
	Klassensieg	Linge/Falk	911
1967	Gesamtdritter + Klassensieg	Elford/Stone	911 T
1968	Gesamtsieg	Elford/Stone	911 T
	Zweiter	Toivonen/Tinkanen	911 T
1969	Gesamtsieg	Waldegaard/Helmer	911 S
	Zweiter	Larrousse/Perramond	911 S
1970	Gesamtsieg	Waldegaard/Helmer	911 S
	Zweiter	Larrousse/Gélin	911 S
1971	Gesamtdritter	Waldegaard/Thorszelius	914
1972	Gesamtzweiter	Larrouse/Perramond	911 S
1978	Gesamtsieg	Nicolas/Laverne	Carrera RS

24 Stunden von Le Mans

Jahr	Plazierung	Fahrer	Wagen/Klasse
1951	Klassensieg	Veuillet/Mouche	356 SL
1952	Klassensieg	Veuillet/Mouche	356 SL
1953	Klassensieg	von Frankenberg/Frère	550 Spyder
	zeitgleich	Glöckler/Herrmann	550 Spyder
1954	Klassensieg	Claes/Stasse	550 Spyder
	Klassensieg	Duntov/Oliver	356-1100
1955	Klassensieg + Index-Sieger	Polenski/von Frankenberg	550 Spyder
	Klassensieg	Duntov/Veuillet	356-1100
1956	Klassensieg + Gesamtfünfter	von Trips/von Frankenberg	RS 1500
1957	Klassensieg	Hugus/de Beaufort	RS 1500
1958	Gesamtdritter + Klassensieg	Behra/Herrmann	RSK 1600
	Gesamtvierter + Klassensieg	Barth/Frère	RSK 1500
1960	Klassensieg	Barth/Seidel	RS 60
	Klassensieg	Linge/Walter	Carrera GTL

Jahr	Plazierung	Fahrer	Wagen/Klasse
1962	Klassensieg	Barth/Herrmann	718-Achtzylinder
1963	Klassensieg	Barth/Linge	718-Achtzylinder
1964	Klassensieger	Buchet/Ligier	904 GTS
1965	Klassensieger + Indexsieger	Linge/Nocker	904/6
	Klassensieger	Koch/Fischhaber	904 GTS
1966	Klassensieger + Indexsieger	Siffert/Davis	906 Carrera 6
	Klassensieger	Klass/Stommelen	911
1967	Klassensieg + Indexsieger	Siffert/Herrmann	907
	Klassensieg	Buchet/Linge	911 S
	Sportwagenwertung	Elford/Pon	911
1968	Klassensieg	Gaban/Vanderschrick	911
	Gesamtzweiter	Steinemann/Spoerry	907 L
1969	Gesamtzweiter + Klassensieg	Herrmann/Larrousse	908 Coupé
	Klassensieg	Gaban/Deprez	911
1970	Gesamtsieg	Herrmann/Attwood	917 K
	Zweiter	Larousse/Kauhsen	917 L
	Dritter + Klassensieg	Dr. Marko/Lins	908
	Klassensieg	Ballot-Lena/Chasseuil	914/6
1971	Gesamtsieg	Marko/van Lennep	917 K
	Zweiter	Attwood/Müller	917 K
	Klassensieg	Brun/Mattli	Gruppe 6
	Klassensieg	Tourol/›Anselme‹	Gruppe 4
1972	Gesamtdritter	Jöst/Weber/Casoni	908 L
1973	Klassensieg + Indexsieg	Keller/Kremer/Schickentanz	Carrera RS
1974	Gesamtzweiter	Müller/van Lennep	Carrera RSR Turbo
1975	Klassensieg	Fitzpatrick/van Lennep	Carrera RSR
	Klassensieg	Maurer/Beez/Strähl	Carrera
	Klassensieg	Beguin/Zbinden/Haldi	911 Turbo
1976	Gesamtsieg	Ickx/van Lennep	936
	Klassensieg	Stommelen/Schurti	935
	Klassensieg	›Segolen‹/Ouvière/Gadal	Carrera RSR
	Klassensieg	Laffeach/Rullon/Miller/Vaugh	Carrera RSR/IMSA
1977	Gesamtsieg	Ickx/Barth/Haywood	936
	Klassensieg	Ballot-Lena/Gregg	935
	Klassensieg	Wollek/›Steve‹/Gurdjian	934
1978	Gesamtzweiter	Wollek/Barth/Ickx	936
	Klassensieg	Busby/Cord/Knoop	935
	Klassensieg	Verney/Lapeyre/Servanin	Carrera
1979	Gesamtsieg	Ludwig/Whittington/Whittington	935
	Klassensieg	Stommelen/Barbour/Newman	935/IMSA
	Klassensieg	Müller/Palavicini/Vanoli	934
1980	Gesamtzweiter	Ickx/Jöst	908/80 Turbo
	Gesamtsechster	Barth/Schurti	924 Carrera Turbo

Daytona

Jahr	Plazierung	Fahrer	Wagen/Klasse
1980	Klassensieger	Fitzpatrick/Barbour/Redman	935 K3/IMSA
	Klassensieger	Schornstein/Grohs/Tschirnaus	935/Gruppe 5
	Klassensieger	Perrier/Carmillet	911 SC
1959	Gesamtsieg	von Dory/Mieres	RS 1500
1962	Klassensieg	Ryan	Sportwagen
1963	Laufsieg	von Hanstein	Carrera GTL
	Laufsieg	Bonnier	Carrera GTL
1965	Laufsieg	Kolb/Heftler	904 GTS
1966	Klassensieg	Mitter/Buzzetta	Sportwagen 2000 ccm
	Klassensieg	Herrmann/Linge	Prototypen 2000 ccm
1967	Klassensieg	Herrmann/Siffert	906
1968	Gesamtsieg	Elford/Neerpasch/Stommelen	907
	Zweiter	Siffert/Herrmann	907
	Dritter	Buzzetta/Schlesser	907
	Klassensieg	Gregg/Axelsson	911
	Klassensieg	Hanrioud/Garant	906 Carrera 6
1969	Klassensieg	Jennings/Wetson/Adamowicz	Gruppe 3
1970	Gesamtsieger	Rodriguez/Kinnunen	917 K
	Zweiter	Siffert/Redman	917 K
	Klassensieger	Wright/Bean/Meaney	Gruppe 4
1971	Gesamtsieg	Rodriguez/Oliver	917 K
	Klassensieg	Duval/Nicholas/Bailey	Gruppe 4
1972	Gesamtsieg	Gregg/Haywood	911 S
1973	Gesamtsieg	Gregg/Haywood	Carrera RSR
1975	Gesamtsieg	Gregg/Haywood	Carrera RSR
1976	Gesamtzweiter	Ballot-Lena/Holbert	Carrera RSR
1977	Gesamtsieg	Graves/Haywood/Helmich	Carrera RSR
	Zweiter	Finotto/Facetti/Camatias	935
	Dritter	Wollek/Jöst/Krebs	935
1978	Gesamtsieg	Stommelen/Hezemans/Gregg/Haywood	935
1979	Gesamtsieg	Ongais/Field	935
1980	Gesamtsieg	Jöst/Stommelen/Merl	935

Weitere wichtige Porsche-Sporterfolge

1948 Erster Porsche-Rennerfolg: Klassensieg in Innsbruck durch Herbert Kaes.
1950 Internationale Alpenfahrt, Klassensieg durch Otto Mathé.
1951 Lüttich-Rom-Lüttich, Klassensieg.
1952 Eifelrennen, Klassensieg.
1953 Carrera Panamericana, Klassensieg. Internationale Alpenfahrt, Gesamtsieg.
1954 Avusrennen, Doppelsieg in der Sportwagenklasse. Lüttich-Rom-Lüttich, Gesamtsieg. Klassensiege: Buenos Aires, Reims, US-Tourenwagen-Championat.
1955 Klassensiege: Buenos Aires, Sebring, US-Meisterschaft.
1956 Klassensiege: Spa, Paris, Reims, Bergpreis der Schweiz, US-Meisterschaften in 5 Kategorien.

1957	Klassensiege: Eifelrennen, Spa, Watkins Glen, Lüttich-Rom-Lüttich, Gesamtsieg.
1958	Europa-Bergmeisterschaft. Klassensiege: Sebring, Reims.
1959	Internationale Bergmeisterschaft (Plätze 1–5), Lüttich-Rom-Lüttich, Gesamtsieg. Klassensiege: Sebring, Spa, Watkins Glen.
1960	Internationale Bergmeisterschaft (1. und 2. Platz). Doppelsieg in Sebring. Klassensiege: Buenos Aires, Watkins Glen.
1961	Rallye-Europameisterschaft, Internationale Bergmeisterschaft. Klassensiege: Sebring, Spa, Watkins Glen, 12 Stunden von Hockenheim.
1962	Marken-Weltmeisterschaft. Klassensiege: Avus, Laguna Seca, Schauinsland, Mosport, Puerto Rico.
1963	Europa-Bergmeisterschaft (1. und 2. Platz). Klassensiege: Sebring, GP Japan, Francorchamps, Hockenheim, Europa-Bergmeisterschaft. Klassensiege: Sebring, Spa, Alpenrallye, Reims, GP Luxemburg, GP Kanada, Watkins Glen.
1965	Klassensiege: Monza, Spa, Solitude, Zandvoort.
1966	Sportwagen-Weltmeisterschaft (Division 2), GT-Meisterschaft, Europa-Bergmeisterschaft, Rallye-Europameisterschaft.
1967	Sportwagen-Weltmeisterschaft, Europa-Bergmeisterschaft, Rallye-Europameisterschaft, Trans-Am-Sieger, Langstrecken-Meisterschaft.
1968	GT-Weltmeisterschaft, Europa-Bergmeisterschaft, Rallye-Europameisterschaft, Trans-Am-Sieger.
1969	Marken-Weltmeisterschaft, GT-Weltmeisterschaft, Langstrecken-Meisterschaft, Europa-Bergmeisterschaft, 15 Landesmeisterschaften.
1970	Marken-Weltmeisterschaft, Rallye-Weltmeisterschaft, GT-Weltpokal, 13 Landestitel.
1971	Marken-Weltmeisterschaft, Interserie-Sieger, GT-Weltmeisterschaft, Langstrecken-Meisterschaft, Europa-Bergmeisterschaft.
1972	Can-Am-Sieger, Interserie-Sieger, GT-Europameisterschaft, FIA-Pokal für GT-Wagen.
1973	Can-Am-Sieger, Interserie-Sieger, Langstrecken-Weltmeisterschaft, GT-Weltpokal, Europa-Bergmeisterschaft, IMSA- und Trans-Am-Meisterschaft.
1974	Europa-Bergmeisterschaft, FIA-Pokal für GT-Wagen, GT-Europameisterschaft, Interserie, IMSA-Meisterschaft, Trans-Am.
1975	Europa-Bergmeisterschaft, Interserie, IMSA-GT, Europa-GT, FIA-Pokal GT.
1976	Marken-Weltmeisterschaft, Sportwagen-Europameisterschaft, Europa-Bergmeisterschaft, Europa-GT, Trans-Am, 11 Landesmeisterschaft.
1977	Marken-Weltmeisterschaft, Europa-Bergmeisterschaft, IMSA, Trans-Am, Deutsche Rennsportmeisterschaft, 17 Landesmeisterschaften.
1978	Marken-Weltmeisterschaft, Sportwagen-Europameisterschaft, Europa-Bergmeisterschaft, Interserie, FIA-GT Cup, IMSA-Gesamtsieger, 20 Landesmeisterschaften.
1979	Marken-Weltmeisterschaft, Europa-Bergmeisterschaft, Europa-Rallye-Cross-Meisterschaft, Deutsche Rennsportmeisterschaft, IMSA- und Trans-Am-Gesamtsieger, 17 Landesmeisterschaften.

Entwicklungszentrum Porsche

Ein bei Porsche in Auftrag gegebenes Entwicklungsprogramm kann folgende Bereiche durchlaufen:

Technische Systemanalysen
Technische Systembewertungen
Technisches Management
Konstruktive Vorentwürfe
Technische Berechnungen
Vorversuche
Terminplanung
Kostenplanung
Detailkonstruktion
Prototypenbau
Erprobung
Serienfertigmachung
Serienbetreuung

Einige Porsche-Spezialgebiete:

Fahrgestelle für Personenwagen, Nutz- und Sonderfahrzeuge
  Bremsanlagen
  Lenksysteme
  Achssysteme
  Schwingungstechnik
Aufbauten und Leichtbau
  Rahmenkonstruktionen in Leichtmetall
  Ausstattungsdetails
  Behälter
  Klimatechnik
Triebwerke
  Ottomotoren
  Dieselmotoren
  Gebläse, Kühltechnik
  Einspritzsysteme
  Schwingungstechnik
  Abgassysteme
  Aufladungssysteme
  Getriebe und Kraftübertragung
    Schaltgetriebe
    Getriebeautomaten
    Verteilergetriebe
    Porsche-Synchronisierung
    Achstriebe
    Differentiale
Elektrik – Elektronik
  Steuersysteme
  Einspritzsysteme
  Meßinstrumente
Geländefahrzeuge
  Gesamtkonzepte
  Fahrwerke
  Rahmen
  Gebläse, Kühl- u. Heizanlagen
  Federungs- u. Dämpfungssysteme
  Hydraulik
  Hebezeugtechnik
Grundlagen- und Verfahrenstechniken
  Leichtmetalle
  Titan
  Kunststoffe
  Schweißtechniken
  Klebetechniken
  Reifenentwicklung
  Gießverfahren
  Oberflächenbehandlung

Porsche-Technik auf einen Blick

Hauptdaten aller Porsche-Autos von 1947 bis 1980
Stand: 1. 8. 1980

Modell	Karosserie	Motor-Typ	Zyl.	Bohrung/Hub	ccm	Verd.	PS U/min	Getriebe	Radstand
1947									
356	Coupé	VW 369	4	73,5 × 64	1086	7 :1	40/4200	VW	2100
1948									
356	Cabrio	VW 369	4	73,5 × 64	1086	7 :1	35/4000	VW	2150
356	Coupé, Cabrio	VW 369	4	75 × 64	1131	7 :1	40/4000	VW	2100
1949									
356	Coupé (Alu)	VW 369	4	73,5 × 64	1086	7 :1	40/4200	VW	2100
356	Coupé (Alu)	VW 369	4	75 × 64	1131	7 :1	40/4000	VW	2100
1950									
356 1100	Coupé	VW 369	4	73,5 × 64	1086	7 :1	40/4200	519	2100
Glöckler Spez.	Spyder *	VW 369	4	73,5 × 64	1086	8 :1	58/4400	VW	2000
1951									
356 1100	Coupé, Cabrio	VW 369	4	73,5 × 64	1086	7 :1	40/4200	VW	2100
356 1300	Coupé, Cabrio	506	4	80 × 64	1286	6,5:1	44/4200	VW	2100
356 1500	Coupé	527	4	80 × 74	1488	7 :1	60/4400	VW	2100
1952									
356 1100	Coupé, Cabrio	VW 369	4	73,5 × 64	1086	7 :1	40/4200	VW	2100
356 1300	Coupé, Cabrio	506	4	80 × 64	1286	6,5:1	44/4200	519-2	2100
356 1500	Coupé, Cabrio	527	4	80 × 74	1488	7 :1	60/5000	519-2	2100
356 1500	Coupé, Cabrio	546	4	80 × 74	1488	6,5:1	55/4400	519-2	2100
356 1500S	Coupé, Cabrio	528	4	80 × 74	1488	8,2:1	70/5000	519-2	2100
540 America	Roadster	528/2	4	80 × 74	1488	8,2:1	70/5000	519-2	2100
1953									
356 1100	Coupé, Cabrio	VW 369	4	73,5 × 64	1086	7 :1	40/4200	519-2	2100
356 1300	Coupé, Cabrio	506	4	80 × 64	1286	6,5:1	44/4200	519-2	2100
356 1300S	Coupé, Cabrio	589	4	74,5 × 74	1290	8,2:1	60/5500	519-2	2100
356 1500	Coupé, Cabrio	546	4	80 × 74	1488	6,5:1	55/4400	519-2	2100
356 1500S	Coupé, Cabrio	528	4	80 × 74	1488	8,2:1	70/7000	519-2	2100
542	Limousine (Prototyp)	542 W/L	6	90 × 80	3053	7 :1	106/3500		2819
1954									
356 1100	Coupé, Cabrio	VW 369	4	73,5 × 64	1086	7 :1	40/4200	519-2	2100
356 1300	Coupé, Cabrio	506(/2)	4	80 × 64	1286	6,5:1	44/4200	519-2	2100
356 1300A	Coupé, Cabrio	506/1	4	74,5 × 74	1290	6,5:1	44/4200	519-2	2100
356 1300S	Coupé, Cabrio	589(/2)	4	74,5 × 74	1290	8,2:1	60/5500	519-2	2100
356 1500	Coupé, Cabrio, Speedster	546(/2)	4	80 × 74	1488	6,8:1	55/4400	519-2	2100
356 1500 S	Coupé, Cabrio, Speedster	528(/2)	4	80 × 74	1488	8,2:1	70/5000	519-2	2100
550 1500 RS	Spyder (Glöckler) *	547	4	85 × 66	1498	9,5:1	110/7800	718	2100
633	Limousine (Entw.)	633	6	90 × 78	1985	7 :1	830/4500		2600
597 Jagdwagen	Allrad-Prototyp		4	80 × 74	1488	7 :1	50/4000		2060
1955									
356 1300	Coupé, Cabrio	506/2	4	74,5 × 74	1290	6,5:1	44/4200	519-2	2100
356 1300S	Coupé, Cabrio	589/2	4	74,5 × 74	1290	8,2:1	60/5500	519-2	2100
356 1500	Coupé, Cabrio, Speedster	546/2	4	80 × 74	1488	6,5:1	55/4400	519-2	2100
356 1500S	Coupé, Cabrio, Speedster	528/2	4	80 × 74	1488	8,2:1	70/5000	519-2	2100
356A 1300S	Coupé, Cabrio	589/2	4	74,5 × 74	1290	7,5:1	60/5500	644	2100
356A 1600	Coupé, Cabrio, Speedster	616/1 (/2)	4	82,5 × 74	1582	7,5:1	60/4500	519-2	2100
356A 1600S	Coupé, Cabrio, Speedster	616/2	4	82,5 × 74	1582	8,5:1	75/5000	519-2	2100
356A 1500GS	Coupé, Cabrio	547/1	4	85 × 66	1498	9 :1	100/6500	716/644	2100
550 1500RS	Spyder (Glöckler) *	547/1	4	85 × 66	1498	9,5:1	110/6200	718	2100
1956									
356A 1300	Coupé; Cabrio	506/2	4	74,5 × 74	1290	6,5:1	44/4200	519-2	2100
356A 1300S	Coupé, Cabrio	589/2	4	74,5 × 74	1290	8,2:1	60/5500	644	2100
356A 1600	Coupé, Cabrio, Hardtop, Speedster	616/1	4	82,5 × 74	1582	7,5:1	60/4500	644	2100
356A 1600S	Coupé, Cabrio, Hardtop, Speedster	616/2	4	82,5 × 74	1582	8,5:1	75/5000	644	2100
550 1500RS	Spyder	547/1	4	85 × 66	1498	9,8:1	135/7200	718	2100
356A 1500 GS Carrera	Coupé, Cabrio, Speedster	547/1	4	85 × 66	1498	9 :1	110/6400	741-1	2100
645 Mickymaus	Roadster *	547/1	4	85 × 66	1498	9,5:1	110/6200	718	2000
597 Jagdwagen	Allrad-Geländewagen		4	82,5 × 74	1582	6,5:1	50/4200		2060
1957									
356A 1300	Coupé, Cabrio	506/2	4	74,5 × 74	1290	6,5:1	44/4200	644	2100
356A 1300S	Coupé, Cabrio	589/2	4	74,5 × 74	1290	8,2:1	60/5500	644	2100
356A 1600	Coupé, Cabrio, Hardtop, Speedster	616/1	4	82,5 × 74	1582	7,5:1	60/4500	644	2100
356A 1600S	Coupé, Cabrio, Hardtop, Speedster	616/2	4	82,5 × 74	1582	8,5:1	75/5000	644	2100
356A 1500 GS Carrera	Coupé, Cabrio, Speedster	547/1	4	85 × 66	1498	9 :1	100/6200	741-1	2100
356A 1500GS Carrera GT	Coupé, Speedster	547/1	4	85 × 66	1498	9 :1	110/6400	741-1	2100
550 1500RS	Spyder *	547/1	4	85 × 66	1498	9,8:1	135/7200	718	2100
597 Jagdwagen	Allrad-Geländewagen		4	82,5 × 74	1582	6,5:1	50/4200		2060
1958									
356A 1600	Coupé, Cabrio, Hardtop, Speedster, Convertible D	616/1	4	82,5 × 74	1582	7,5:1	60/4500	644	2100
356A 1600S	Coupé, Cabrio, Hardtop, Speedster, Convertible D	616/2	4	82,5 × 74	1582	8,5:1	75/5000	716	2100
356A 1600 GS Carrera de luxe	Coupé, Cabrio, Hardtop	692/2	4	87,5 × 66	1588	9,5:1	105/6500	741-3	2100
356A 1500GS Carrera GT	Coupé, Cabrio, Hardtop, Speedster	547/1	4	85 × 66	1498	9 :1	110/6400	741-4	2100
356A 1600 GS Carrera	Coupé, Speedster	547/1	4	87,5 × 66	1588	9 :1	110/6400	741-1	2100
356A 1500RSK	Spyder *	547/3	4	85 × 66	1498	9,8:1	148/8000	718	2100
718 Formel 2	Spyder *	547/3	4	85 × 66	1498	9,8:1	150/7800	718	2200
1959									
356A 1600	Coupé, Cabrio, Hardtop, Convertible D	616/1	4	82,5 × 74	1582	7,5:1	60/4500	716	2100
356A 1600S	Coupé, Cabrio, Hardtop, Convertible D	616/2	4	82,5 × 74	1582	8,5:1	75/5000	716	2100
356A 1600GS Carrera GT	Coupé	547/1	4	87,5 × 66	1588	9 :1	110/6400	741-1	2100
RS 60 718	Spyder *	547/3	4	85 × 66	1498	9,8:1	150/7800	718	2200
		547/4	4	87,5 × 66	1587	9,8:1	160/7800	718	2200
		547/5	4	87,5 × 66	1587	9,8:1	180/7800	718	2200
356B 1600	Coupé, Cabrio, Roadst.	616/1	4	82,5 × 74	1582	7,5:1	60/4500	741-2	2100
356B 1600S 75	Coupé, Cabrio, Roadst.	616/2	4	82,5 × 74	1582	8,5:1	75/5000	741-2	2100

Modell	Karosserie	Motor-Typ	Zyl.	Bohrung/Hub	ccm	Verd.	PS U/min	Getriebe	Radstand
1960									
356B 1600	Coupé, Cabrio, Karm.-Hardtop, Roadster	616/1	4	82,5 × 74	1582	7,5:1	60/4500	741-2	2100
356B 1600S 75	Coupé, Cabrio, Karm.-Hardtop, Roadster	616/2	4	82,5 × 74	1582	8,5:1	75/5000	741-2	2100
356B 1600S 90	Coupé, Cabrio, Karm.-Hardtop, Roadster	616/7	4	82,5 × 74	1582	9 :1	90/5500	741-2	2100
356B 1600 GTL	Coupé (Abarth)	692/3A	4	87,5 × 66	1588	9,8:1	115/6500	741-5/8	2100
356B 1600GS Carrera GT	Coupé	547/1	4	87,5 × 66	1588	9 :1	110/6400	741-1	2100
RS 61 718	Spyder *	547/3	4	85 × 66	1498	9,8:1	150/7800	718	2200
		547/4	4	87,5 × 66	1587	9,8:1	160/7800	718	2200
		547/5	4	87,5 × 66	1587	9,8:1	180/7800	718	2200
718 Formel 2	Spyder *	547/3	4	85 × 66	1498	9,8:1	150/7800	718	2200
787 Formel 2	Monoposto *	547/6	4	85 × 66	1498	10,3:1	190/8000	718	2300
1961									
356B 1600	Coupé, Cabrio, Karmann-Hardtop	616/1	4	82,5 × 74	1582	7,5:1	60/4500	741-2	2100
356B 1600S 75	Coupé, Cabrio, Karmann-Hardtop	616/2	4	82,5 × 74	1582	8,5:1	75/5000	741-A	2100
356B 1600S 90	Coupé, Cabrio, Roadst. Karmann-Hardtop	616/7	4	82,5 × 74	1582	9 :1	90/5500	741-A	2100
356B 2000GS Carrera 2	Coupé, Cabrio	587/1	4	92 × 74	1966	9,5:1	130/6200	741-9A	2100
RS 61 718 Le Mans	Coupé *	547/3	4	85 × 66	1498	9,8:1	150/7800	718	2200
		547/4	4	87,5 × 66	1587	9,8:1	160/7800	718	2200
		587/3	4	92 × 74	1966	9,8:1	185/7200	718	2200
718 GTR Le Mans	Coupé *	771/0	8	76 ×54,6	1981	10 :1	210/8400	718	2335
		771/01	8	80 ×54,6	2195	10,2:1	270/8600	718	2335
804 GP	Monoposto *	753	8	66 ×54,6	1494	10 :1	180/9200	718	2300
1962									
356B 1600	Coupé, Cabrio, Karmann-Hardtop	616/1	4	82,5 × 74	1582	7,5:1	60/4500	741-A	2100
356B 1600S 75	Coupé, Cabrio, Karmann-Hardtop	616/2	4	82,5 × 74	1582	8,5:1	75/5000	741-A	2100
356B 1600S 90	Coupé, Cabrio, Karmann-Hardtop	616/7	4	82,5 × 74	1582	9 :1	90/5500	741-A	2100
356B 2000 GS Carrera 2	Coupé, Cabrio	587/1	4	92 × 74	1966	9,5:1	130/6200	741-20A	2100
718 Rennsport	Spyder *	771/0	8	76 ×54,6	1981	10 :1	210/8400	718	2335
		771/01	8	80 ×54,6	2195	10,2:1	270/8600	718	2335
804 GP	Monoposto *	547/6	4	85 ×66	1498	10,3:1	190/8000	718	2300
1963									
356B 1600	Coupé, Cabrio	616/1	4	82,5 × 74	1582	7,5:1	60/4500	741-A	2100
356B 1600S 75	Coupé, Cabrio	616/12	4	82,5 × 74	1582	8,5:1	75/5000	741-A	2100
356B 1600S 90	Coupé, Cabrio	616/7	4	82,5 × 74	1582	9 :1	90/5550	741-A	2100
356B 2000 GS Carrera 2	Coupé, Cabrio	587/1	4	92 × 74	1966	9,5:1	130/6200	741-20A	2100
356C 1600	Coupé, Cabrio	616/15	4	82,5 × 74	1582	8,5:1	75/5200	741-A/C	2100
356C 1600SC	Coupé, Cabrio	616/16	4	82,5 × 74	1582	9,5:1	95/5800	741A/C	2100
901 Prototyp	Coupé	901	6	80 × 66	1991	9 :1	130/6200	901	2204
1964									
356C 1600	Coupé, Cabrio	616/15	4	82,5 ×74	1582	8,5:1	75/5200	901	2100
356C 1600 SC	Coupé, Cabrio	616/16	4	82,5 ×74	1582	9,5:1	95/5800	901	2100
911	Coupé	901/01	6	80 ×66	1991	9 :1	130/6200	901/0	2211
904GTS	Coupé *	587/3	4	92 ×74	1966	9,8:1	180/7800	904/0	2300
904-8	Coupé *	771/1	8	80 ×54,6	2195	10,2:1	270/8600	904/0	2300
		901/20	8	80 ×60	1991	10,3:1	210/800	904/1	2300
Elva-Porsche	Spyder *	771/1	8	80 ×54,6	2195	10,2:1	270/8600	904/0	2286
		771/0	8	76 ×54,6	1981	10,5:1	260/8600	904/0	2286
1965									
356C 1600	Coupé, Cabrio	616/15	4	82,5 × 74	1582	8,5:1	75/5200	901/0	2100
356C 1600SC	Coupé, Cabrio	616/16	4	82,5 × 74	1582	9,5:1	95/5800	901/0	2100
911	Coupé	901/01	6	80 × 66	1991	9 :1	130/6100	902/1	2211
912	Coupé	616/36	4	82,5 × 74	1582	9,3:1	90/5800	902/0	2211
906-8	Spyder *	771/0	8	76 × 54,6	1981	10,5:1	260/8800	909	2300
Elva-Porsche	Spyder *	771/1	8	80 × 54,6	2195	10,2:1	270/8600	904/0	2300
1966									
912	Coupé	616/36	4	82,5 × 74	1582	9,3:1	90/5800	902/0	2211
911	Coupé, Targa	901/05	6	80 × 66	1991	9 :1	130/6100	902/1	2211
911S	Coupé, Targa	901/02	6	80 × 66	1991	9,8:1	160/6600	901/02	2211
906-6	Coupé *	901/20	6	80 × 66	1991	10,3:1	210/8000	906	2300
910-8	Coupé *	771/0	8	80 × 54,6	2195	10,2:1	270/8600	906	2300
910-8	Spyder *	771/0	8	76 × 54,6	1981	10,4:1	272/9000	909	2300
1967									
912	Coupé, Targa	616/36	4	82,5 × 74	1582	9,3:1	90/5800	902/0	2211
911	Coupé, Targa	901/06	6	80 × 66	1991	9 :1	130/6100	902/1	2211
911T	Coupé, Targa	901/03	6	80 × 66	1991	8,6:1	110/5800	901/10	2211
911L	Coupé, Targa	901/06	6	80 × 66	1991	9 :1	130/6100	902/1	2211
911S	Coupé, Targa	901/02	6	80 × 66	1991	9,8:1	160/6600	901/02	2211
911R	Coupé *	901/22	6	80 × 66	1991	10,5:1	210/8000	901/54	2211
907-6	Coupé *	901/21	6	80 × 66	1991	10,3:1	220/8000	907	2300
907-8	Coupé *	771/1	8	80 × 54,6	2195	10,2:1	270/8600	907	2300
		771/0	8	76 × 54,6	1981	10,4:1	260/8800	907	2300
908	Coupé *	908	8	84 × 66	2926	10,3:1	320/8000	907	2300
1968									
912	Coupé, Targa	616/36/39	4	82,5 × 74	1582	9,3:1	90/5800	902/50	2211
911T	Coupé, Targa	901/16	6	80 × 66	1991	8,6.1	110/5800	905/13	2211
911E	Coupé, Targa	901/09	6	80 × 66	1991	9,1:1	140/6500	901/06	2211
911S	Coupé, Targa	901/10	6	80 × 66	1991	9,9:1	170/6800	901/07	2211
909-8	Spyder *	771/0	8	76 × 54,6	1981	10,4:1	275/9000	909	2264
908-01	Coupé *	908	8	85 × 66	2997	10,4:1	310/8000	907	2300
908-01	Coupé *	908	8	85 × 66	2997	10,4:1	350/8400	916	2300
1969									
911T	Coupé, Targa	911/03/6/7	6	84 × 66	2195	8,6:1	125/5800	911/00	2268
911E	Coupé, Targa	911/01/4	6	84 × 66	2195	9,1:1	155/6200	911/01	2268
911S	Coupé, Targa	911/02	6	84 × 66	2195	9,8:1	180/6500	911/01	2268
914-4	Coupé	W 80	4	90 × 66	1679	8,2:1	80/4900	914/11	2450
914-6	Coupé	901/36	6	80 × 66	1991	8,6:1	110/5800	914/01	2450
916	Coupé Prototyp	911/86	6	84 × 70,4	2341	8,5:1	190/6500	923/01	2450
916	Coupé Prototyp	911/86	6	90 × 70,4	2687	8,5:1	210/6300	923/01	2450
908.02	Spyder *	908	8	85 × 66	2997	10,4:1	350/8400	916	2300
917	Coupé *	912/00	12	85 × 66	4494	10,5:1	560/8300	917	2300
917PA	Spyder *	912/00	12	85 × 66	4494	10,5:1	560/8300	917	2300
1970									
911T	Coupé, Targa	911/03/6/7	6	84 × 66	2195	8,6:1	125/5800	911/00	2268
911E	Coupé, Targa	911/01/4	6	84 × 66	2195	9,1:1	155/6200	911/01	2268
911S	Coupé, Targa	911/02	6	84 × 66	2195	9,8:1	180/6500	911/01	2268
911S 2.3	Coupé	911/20	6	85 × 66	2247	10,3:1	240/7800	901	2268
911S 2.4	Coupé	911/21	6	85 × 70,4	2395	10,3:1	260/8000	901	2268
914-4	Coupé	W 80	4	90 × 66	1679	8,2:1	80/4900	914/11	2450
914-6	Coupé	901/36	6	80 × 66	1991	8,6:1	110/5800	914/01	2450
908.03	Spyder *	908	8	85 × 66	2997	10,4:1	350/8400	910	2300
917K 4,5	Coupé, Spyder *	912/00	12	85 × 66	4494	10,5:1	580/8400	917	2300
917K 4,9	Coupé, Spyder *	912/10	12	86 × 70,4	4907	10,5:1	600/8400	917	2300
917K 5,0	Coupé, Spyder *	912/11	12	86,8 × 70,4	4999	10,5:1	630/8300	917	2300
917 LH 4,9	Coupé *	912/10	12	86 × 70,4	4907	10,5:1	600/8400	917	2300

1971

Modell	Karosserie	Motor-Typ	Zyl.	Bohrung/Hub	ccm	Verd.	PS U/min	Getriebe	Radstand
911T	Coupé, Targa	911/57/67	6	84 ×70,4	2341	7,5:1	130/5600	915/12/02	2271
911T USA	Coupé, Targa	911/51/61	6	84 ×70,4	2341	7,5:1	140/5600	915/925	2271
911E	Coupé, Targa	911/52/62	6	84 ×70,4	2341	8 :1	165/6200	915/12	2271
911S	Coupé, Targa	911/53/63	6	84 ×70,4	2341	8,5:1	190/6500	915/12	2271
911S 2,2	Coupé	911/02	6	84 ×66	2195	9,8:1	180/6500	901	2271
914-4	Coupé	W 80	4	90 ×66	1679	8,2:1	80/4900	914/11	2450
914-6	Coupé	901/38	6	80 ×66	1991	8,6:1	110/5800	914/01	2450
917 LH 4,9	Coupé *	912/10	12	86 ×70,4	4907	10,5:1	600/8400	917	2300

1972

Modell	Karosserie	Motor-Typ	Zyl.	Bohrung/Hub	ccm	Verd.	PS U/min	Getriebe	Radstand
911T	Coupé, Targa	911/57/67	6	84 ×70,4	2341	7,5:1	130/5600	915/12/21	2271
911T USA	Coupé, Targa	911/51/61	6	84 ×70,4	2341	7,5:1	140/5600	915/925	2271
911TC	Coupé, Targa	911/91/96	6	84 ×70,4	2341	7,5.1	140/5600	915/12	2271
911E	Coupé Targa	911/52/62	6	84 ×70,4	2341	8 :1	165/6200	915/12	2271
911SC	Coupé	911/83	6	84 ×40,4	2341	8,5:1	210/6300	915/08	2271
911S 2,5	Coupé	911/73	6	89 ×66	2466	10,3:1	270/6500	915	2271
Carrera	Coupé	911/83	6	90 ×70,4	2687	8,5:1	210/5100	915/08	2271
914-4	Coupé	W 80	4	90 ×66	1679	8,2:1	80/4900	914/12	2350
917-10 4,5	Spyder *	912/50	12	85 ×66	4494	6,5:1	850/8000	920/10	2316
917-10 4,9	Spyder *	912/51	12	86,8 ×70,4	4999	6,5:1	1000/7800	920/50	2500
917-10 5,4	Spyder *	912/52	12	90 ×70,4	5374	6,5:1	1100/7800	920/50	2500
927-10 6,5	Spyder (Versuch) *	917	16	86 ×70,4	6543	6,5:1	760/6800	817	2500

1973

Modell	Karosserie	Motor-Typ	Zyl.	Bohrung/Hub	ccm	Verd.	PS U/min	Getriebe	Radstand
911T	Coupé, Targa	911/57/67	6	84 ×70,4	2341	7,5:1	130/5600	915/12/21	2271
911T USA	Coupé, Targa	911/51/61	6	84 ×70,4	2341	7,5:1	140/5600	915/925	2271
911E	Coupé, Targa	911/91/96	6	84 ×70,4	2341	8 :1	165/6200	915/12	2271
911S	Coupé, Targa	911/53/63	6	84 ×70,4	2341	8,5:1	210/6300	915/08	2271
911S 2,7	Coupé, Targa	911/93/98	6	90 ×70,4	2687	8,5:1	210/6300	915/08	2271
911	Coupé, Targa	911/92/97	6	90 ×70,4	2687	8 :1	150/5700	915/16	2271
Carrera	Coupé	911/83	6	90 ×70,4	2687	8,5:1	210/5100	915/08	2271
Carrera RSR	Coupé *	911/72	6	92 ×70,4	2806	10,3:1	300/8000	915	2271
Carrera RSR	Coupé *	911/74	6	95 ×70,4	2993	10,3:1	315/8000	915	2271
914-4	Coupé	AN 85	4	93 ×66	1795	8,6:1	85/5000	914/12	2450
914-4/2,0	Coupé	923/01 GA	4	94 ×71,1	1971	8 :1	100/5000	914/12	2450
917-30	Spyder *	912	12	90 ×70,4	5374	6,5:1	1100/7800	920/50	2500

1974

Modell	Karosserie	Motor-Typ	Zyl.	Bohrung/Hub	ccm	Verd.	PS U/min	Getriebe	Radstand
911	Coupé, Targa	911/92/97	6	90 ×70,4	2687	8 :1	150/5700	911/16	2271
911S	Coupé, Targa	911/93/98	6	90 ×70,4	2687	8,5:1	175/5800	915/16	2271
Carrera	Coupé, Targa	91/83	6	90 ×70,4	2687	8,5:1	210/5100	915/16/06	2271
Carrera 3.0 RS	Coupé	911/77	6	95 ×70,4	2993	9,8:1	230/6200	915	2271
Carrera 3.0 RSR	Coupe *	911/74/75	6	95 ×70,4	2993	10,3:1	315/8000	915	2271
Carrera RSR-TC	Coupé *	911/76	6	83 ×66	2142	6,5:1	500/7600	915/50	2271
914-4	Coupé	AN 85	4	93 ×66	1795	8,6:1	85/5000	914/12	2450
914-4/2.0	Coupé	923/02 GA	4	94 ×71,1	1971	8 :1	100/5000	914/12	2450
914-4/2.0	Coupé	923	4	94 ×71,1	1971	7,5:1	95/1000	914/12	2450

1975

Modell	Karosserie	Motor-Typ	Zyl.	Bohrung/Hub	ccm	Verd.	PS U/min	Getriebe	Radstand
911	Coupé, Targa	911/41/46	6	90 ×70,4	2687	8 :1	150/5700	915/48/43	2271
911S	Coupé, Targa	911/42/47	6	90 ×70,4	2687	8,5:1	175/5800	915/45/40	2271
911S USA	Coupé, Targa	911/43/48	6	90 ×70,4	2687	8,5:1	165/5800	915/45/40	2271
911 3.0	Coupé, Targa	930/02	6	95 ×70,4	2994	8,5:1	200/6000	915/44/49	2271
930 Turbo	Coupé	930/50	6	95 ×70,4	2994	6,5:1	260/5500	930/30	2272
Carrera	Coupé, Targa	911/83	6	90 ×70,4	2687	8,5:1	210/6300	915/16/06	2271
Carrera USA	Coupé, Targa	911/43/48	6	90 ×70,4	2687	8,5:1	165/5800	915/4	2271
912E USA	Coupé	923/02	4	94 ×71,1	1971	7,6:1	90/4900	923/02	2271
914-4	Coupé	AN 85	4	93 ×66	1795	8,6:1	85/5000	914/12	2450
914-4/2,0	Coupé	923/02 GA	4	94 ×71,1	1971	8 :1	100/5000	914/12	2450
908.03 Turbo	Spyder *	911/78	6	83 ×66	2142	6,5:1	450/8000	910	2300

1976

Modell	Karosserie	Motor-Typ	Zyl.	Bohrung/Hub	ccm	Verd.	PS U/min	Getriebe	Radstand
911	Coupé, Targa	911/81/86	6	90 ×70,4	2687	8,5:1	165/5800	915/49/44	2271
911S USA	Coupé, Targa	911/82/84	6	90 ×70,4	2687	8,5:1	165/5800	915/44	22
930Turbo	Coupé	930/50	6	95 ×70,4	2994	6,5:1	260/5500	930/30	2272
Carrera	Coupé, Targa	911/83	6	90 ×70,4	2687	8,5:1	200/6000	915/44/49	2271
934	Coupé *	930/75	6	95 ×70,4	2994	6,5:1	485/7000	930/25	2269
935	Coupé *	930/75	6	92 ×70,4	2808	6,5:1	485/7000	930/25	2269
935 TC	Coupé *	930/72	6	92 ×70,4	2808	6,5:1	590/5400	930/25	2271
936	Spyder *	911/78	6	83 ×66	2142	6,5:1	520/8000	930/25	2400
924	Coupé	924 XK	4	86,5 ×84,4	1984	9,31	125/5800	924 YR	2400

1977

Modell	Karosserie	Motor-Typ	Zyl.	Bohrung/Hub	ccm	Verd.	PS U/min	Getriebe	Radstand
911	Coupé, Targa	911/81/86	6	90 ×70,4	2687	8,5:1	165/5800	915/60/65	2271
911S USA	Coupé, Targa	911/85/90	6	90 ×70,4	2687	8,5:1	165/5800	915/61	2271
911 3,0	Coupé, Targa	930/02/12	6	95 ×70,4	2994	8,5:1	200/6000	915/61/66	2271
930 Turbo	Coupé	930/52	6	95 ×70,4	2994	6,5:1	260/5500	930/33	2272
930 Turbo USA	Coupé	930/53	6	95 ×70,4	2994	6,5:1	245/5500	930/33	2272
924		047/8	4	86,5 ×84,4	1984	9,4:1	125/5800	088/6	2400
924 USA	Coupé	924 X6/XE	4	86,5 ×84,4	1984	8,5:1	100/5000	924 XT	2400
928	Coupé	M 28.01	8	95 ×78,9	4474	8,5:1	240/5500	G 28.03	2500
934 Turbo	Coupé *	930/73	6	95 ×70,4	2993	6,5:1	540/7000	930/25	2271
935 Turbo	Coupé *	930/71	6	92,8 ×70,4	2857	6,5:1	590/7900	930/51	2271
935-77	Coupé *	930/78	6	92 ×70,4	2857	6,5:1	630/8000	930/25	2271
935-77-20	Coupé *	65/2	6	71 ×60	1425	6,5:1	370/8000	915/2	2271
936-77	Spyder *	911/78	6	83 ×66	2142	6,5:1	540/8000	917	2410

1978

Modell	Karosserie	Motor-Typ	Zyl.	Bohrung/Hub	ccm	Verd.	PS U/min	Getriebe	Radstand
911 SC	Coupé, Targa	930/03/13	6	95 ×70,4	2994	8,5:1	180/5500	915/61	2272
911 SC USA	Coupé, Targa	930/04/14	6	95 ×70,4	2994	8,5:1	180/5500	915/61	2272
930 Turbo	Coupé	930/60	6	97 ×74,4	3299	7 :1	300/5500	930/30	2272
930 TurboUSA	Coupé	930/61	6	97 ×74,4	3299	7 :1	265/5500	930/32	2272
924	Coupé	047/8	4	86,5 ×84,4	1984	9,3:1	125/5800	088/6	2400
924 USA	Coupé	047/9	4	86,5 ×84,4	1984	8 :1	100/5000	088/A	2400
935-78	Coupé*		6	92 ×70,4	2857	6,5:1			2271
928	Coupé	M 28.01	8	95 ×78,9	4474	8,5:1	240/5500	G 28.03	2500

1979

Modell	Karosserie	Motor-Typ	Zyl.	Bohrung/Hub	ccm	Verd.	PS U/min	Getriebe	Radstand
911 SC	Coupé, Targa	930/03/13	6	95 ×70,4	2994	8,5:1	180/5500	915/61	2272
911 SC USA	Coupé, Targa	930/03/14	6	95 ×70,4	2994	8,5:1	172/5500	915/61	2272
911 Turbo	Coupé	930/6	6	97 ×74,4	3299	7 :1	300/5500	930/30	2272
911 TurboUSA	Coupé	930/64/63	6	97 ×74,4	3299	7 :1	261/5500	930/34	2272
924	Coupé	924 XK	4	86,5 ×84,4	1984	9,3:1	125/5800	JR	2400
924 USA	Coupé	924 XG/XE	4	86,5 ×84,4	1984	8,5:1	110/5750	VB	2400
924 Turbo	Coupé	M 31.01	4	86,5 ×84,4	1984	7,5:1	170/5500	G 31/01	2400
928	Coupé	M 28.01	8	95 ×78,9	4474	8,5:1	240/5500	G 28.03	2500
928 USA	Coupé	M 28.02	8	95 ×78,9	4474	8,5:1	220/5250	G 28.03	2500

1980

Modell	Karosserie	Motor-Typ	Zyl.	Bohrung/Hub	ccm	Verd.	PS U/min	Getriebe	Radstand
911 SC	Coupé, Targa	930/09	6	95 ×70,4	2994	8,6:1	188/5500	915,62	2272
911 SC USA	Coupé, Targa	930/07	6	95 ×70,4	2994	9,3:1	172/5500	915/63	2272
911 Turbo	Coupé	930/60	6	97 ×74,4	3299	7 :1	300/5500	915/64	2272
911 TurboUSA	Coupé	930/64	4	97 ×74,4	3299	7 :1	257/5500	0.16. G	2272
924	Coupé	924 XK	4	86,5 ×84,4	1984	9,3:1	125/5800	VQ	2400
924 USA	Coupé	924 VC	4	86,5 ×84,4	1984	9,0:1	110/5750	VR	2400
924 Turbo	Coupé	M 31.01	4	86,5 ×84,4	1984	7,5:1	170/5500	G 31.01	2400
924 TurboUSA	Coupé	M 31.02	4	86,5 ×84,4	1984	7,5:1	143/5500	G 31.02	2400
924 CarreraGT	Coupé		4	86,5 ×84,4	1984	8,5:1	210/6000		2400
924 CarreraGT (1981) *	Le Mans-Coupé		4	86,5 ×84,4	1984	6,8:1	320/7000	937/50	2400
928	Coupé	M 28.09/10	8	95 ×78,9	4474	10:1	240/5250	G 28.05	2500
928 USA	Coupé	M 28.13/14	8	95 ×78,9	4474	10:1	222/5500	G 28.05	2500
928 S	Coupé	M 28.11/12	8	97 ×78,9	4664	10:1	300/5900	G 28.05	2500

Die mit einem * gekennzeichneten Fahrzeuge sind reine Wettbewerbswagen.

Stichwortverzeichnis

AAW 407, 408, 423
Abarth Automobile 150, 159, 216, 224, 229 230, 232, 235, 241, 261, 308, 372
Abarth, Carlo 21, 23, 116, 192, 230, 289
Abarth Carrera 117, 159, 160, 216, 224, 230, 232
Abate, Carlo 222
Adler Automobile 112
A.F.N. Ltd. 369
Ahrens, Kurt 321, 324, 330, 385, 386, 387, 390, 392, 405, 407
Aintree 175, 180
Aldington, Brüder 48
Alexander, Jesse 117, 157, 211
Alfa Romeo Automobile 116, 230, 232, 240, 243, 286, 294, 306, 308, 312, 329, 331, 407, 415, 442, 464, 477, 479, 486
Alfing Kessler Werke 60
Allgaier 97
Allison, Bobby 444
Alpenfahrt 63, 161, 275
Andretti, Mario 432
Arkus-Duntov, Zora 89, 173
Aston Martin Automobile 134, 145, 389
Ate (Alfred Teves) 46, 161, 174, 254
Atkinson, Jack 437
Attwood, Dick 385, 386, 387, 390, 407, 413, 414
Audi Automobile 340–342, 346, 483, 485, 486, 489, 499
Auto Union Automobile 28, 97, 98, 129, 149, 184, 330, 333, 424
Auvergne Grand Prix 171
Avus 75, 90, 95, 124, 131, 142, 145, 168, 172
AWE Automobile 124, 128, 131, 132

Baghetti, Giancarlo 180, 222
Bailey, Bob 351
Ballot-Lena, Claude 331, 349, 351, 444
Bandini, Lorenzo 268
Bantle, Manfred 329
Baracca, Francesco 59
Barth, Edgar 119, 129, 139, 141, 148, 152, 159, 168, 171, 173, 175, 180, 182, 212, 214, 217, 218, 223–225, 233, 236, 240, 313, 365, 371
Barth, Jürgen 129, 130, 131, 134, 135, 365, 369, 480, 503, 508
Baur, Karl 284
Bayer AG 335
Beasley, Bob 368
Behra, Jean 95, 127, 130, 135, 137, 138, 139, 142, 145, 168, 171, 172, 177
Beierbach, Walter 44
Bell, Derek 407, 409, 411, 412, 413, 415, 508
Beltoise, Jean-Pierre 287, 312
Bendel, Hansjörg 92, 152
Bentley, John 56, 58, 452
Berckheim, Konstantin »Tin« 50, 56, 63
Berger, Wolfgang 473, 477

Bering, Jean-Claude 444
Berlin, Großer Preis v. 95, 131
Berlin-Rom-Rennen (1939) 14, (1949) 31
Bertone Carrozzeria 276
Bertrams, Hartwig 444, 474
Beutler – Karosserie 35, 42, 104, 152
Bishop, John 474
Blanchard, Harry 212
Blank, Bernhard 31, 359
Blunsden, John 422
BMW Automobile 85, 98, 189, 289, 306, 308, 313, 326, 335, 346, 352, 387, 424, 440, 444, 445, 455, 457, 486, 487, 503, 505, 508
Boddy, William 155
Bohlender, Georg 274, 312
Böhringer, Eugen 235, 275
Bolster, John 48, 56, 65
Bondurant, Bob 272
Bonnier, Joakim 139, 145, 172, 174, 175, 177, 178, 180, 181, 183, 184, 189, 192, 205, 206, 207, 212, 214, 215, 217, 218, 221–224, 236, 238, 239, 371
Borgeson, Griffith 92
Borgward Automobile 75, 76, 124, 132, 183
Bosch, Robert 178, 378
Bott, Helmuth 61, 66, 99, 100, 152, 169, 190, 192, 238, 243, 253, 254, 261, 268, 278, 280, 290, 308, 313, 320, 321, 338, 345, 357, 364, 372, 432, 436, 477, 480, 485, 495
Brabham, Jack 325
Bradley, Bill 295
Brands Hatch 172, 175, 295, 308, 311, 325, 326, 371, 405, 410, 411, 425, 464
Branitzki, Heinz 364, 493, 504, 505, 506
Braun, Larry 72
Braunschweig, Robert 28
Brendl, Heinz 71
Bridgehampton 351, 421
B.R.M. Automobile 191, 192, 205, 207, 209, 212
Brocken, Karl 58, 72
Broström, Richard 295
Brumos Porsche 217, 437, 445, 506
Bucher, Bob 139
Bücklers, Erich 68
Buenos Aires 76, 130, 212, 387, 409, 411
Bugatti Automobile 155, 289
Bulmer, Charles 159, 371
Bunker, Art 63
Burchfield, John C. 82
Busby, Jim 445
Buzzetta, Joe 139, 160, 227, 268, 269, 273, 293, 295, 310–312, 321, 325

Cahier, Bernard 123, 124, 159, 256
Camoradi Porsche 172, 175, 218

Can-Am 328, 369, 390, 408, 412, 415, 417, 419, 422, 423, 424, 425, 426, 427, 429, 430, 432, 433, 434, 435, 438, 443, 457, 458, 459, 460, 462, 465, 477, 479
Cannon, John 343
Cannon Grand Prix (1962) 206
Cantwell, Chuck 427
Carrera 95, 99, 103, 108, 109, 111–117, 148, 150–152, 156, 190, 208, 216, 227, 229, 241, 245, 246, 260, 261–272, 280–282, 286, 290, 291, 293, 295, 307, 354, 361, 365, 369, 383, 437, 438, 439, 441, 442, 443, 444, 445, 447, 449, 450, 451, 454, 455, 457, 460, 461, 463, 467, 471, 473, 496, 503, 504
Carrera Panamericana 63, 76, 82
Casner, Lloyd »Lucky« 172
Casoni, Mario 323, 466
Cassel, Chuck 234
Castellotti, Eugenio 124
Cesana-Sestrière 241, 262, 291, 313
Chaparral Automobile 227, 294, 295, 306, 318, 425, 426
Chasseuil, Guy 331, 349, 351
Chavez, Salvador Lopez 76
Chevrolet Automobile 351, 359, 387, 419, 436, 485, 498
Chiron, Louis 23, 178
Cisitalia S.p.A. 22, 23, 28, 54, 71, 77, 116, 185, 209, 373, 374, 496
Claes, Johnny 89
Clark, Jimmy 192, 205
Colotti, Valerio 171
Connaught Engineering 48
Cooper, Jacques 352
Cooper 95, 168, 172, 173, 175, 177, 191, 209, 289, 333
Cooper Borgward 172
Cooper-Climax 131, 168, 172
Corvette Automobile 351, 447
Cox, Don 426
Crayford Auto Development Ltd. 346
Crean, John 58
Cunningham, Briggs 48, 56, 58, 234

Daimler, Gottlieb 243
Daimler-Benz 11, 60, 124, 182–184, 185, 335, 378, 455, 499
Dannesberger, Hermann 465, 466
Datsun Automobile 343
Davis, Colin 169, 235, 236, 237, 239, 272, 273, 294
Davis, Robert H. 82
Daytona 119, 159, 160, 234, 260, 268, 273, 281, 293, 294, 310, 316, 324, 325, 326, 351, 374, 390, 392, 405, 409, 410, 436, 437, 440, 443, 444, 445, 487
Dean, Tony 295, 328
de Beaufort, Carel 139, 142, 168, 169, 178, 180–182, 192, 209, 214
Dechent, Hans-Dieter 408

de Fillipis, Maria-Teresa 171
Delamont, Dean 372, 383
Delfosse, Kurt 52, 76
Denzel, Wolfgang 52
Deutsch, Charles 405, 411, 433
Deutsch-Bonnet (DB) Automobile 405
Dewez 281
Dick, William J., Jr. 276
D'Ieteren Frères 152
Dietrich, Chuck 227
Dieudonne, Pierre 285
Donnybrooke Can-Am (1971) 425, 432
Donohue, Mark 359, 413, 419, 423, 425, 426, 427, 428, 429, 430, 431, 432, 433, 434, 436, 440, 443, 444, 466
Drauz, Karosserie 58, 104, 149, 152
Dusio, Piero 21, 22, 23
Duval, Jacques 351
Dyer, George 445

East African Safari (1971) 357, 365, 368, 443, 444
Eberan von Eberhorst, Robert, Dr.-Ing. 28
Edmonton Can-Am (1971) 432
Eifelrennen 58, 63, 89
Eiffel Laboratorien 405
Elford, Vic 270, 274, 275, 278, 280–284, 286, 312, 319, 329–331, 371, 385, 386, 387, 390, 392, 407, 409, 413
Elkhart Lake Can-Am 412, 425, 432
Elva-Porsche 183, 225–227, 239, 240, 311, 463
Emery, Jean 259
EMW 75, 90, 95
Engles, H.R. 339
Enz, Werner 123
Enz, Willi 123
Ertl, Harald 505
Europa-Bergmeisterschaft 129, 139, 270, 285, 313, 504, 506
Europa GT-Meisterschaft 440, 444, 474
Europa-Rallyemeisterschaft 274, 506
Eves, Edward 382
Eyb, Wolfgang 66, 244, 268, 355, 357, 495

Facetti, Carlo 295
Falk, Peter 237, 253, 254, 268, 275, 313, 324–326, 357, 383, 384, 387, 432
Fangio, Juan Manuel 127
Faroux, Charles 23
Ferrari, Enzo 59, 269
Ferrari Automobile 77, 124, 127, 132, 145, 168, 171, 172, 174, 175, 178, 180, 184, 186, 191, 205, 209, 212, 214, 215, 218, 221–223, 234, 235, 238, 240, 241, 262, 269, 270, 291, 294, 295, 306, 308, 323–327,

329–331, 333, 335, 353, 371, 372, 373, 390, 392, 405, 407, 409, 410, 413, 414, 415, 425, 427, 436, 442, 443, 487
F.I.A. (Fédération Internationale de l'Automobile) 63, 89, 100, 116, 117, 175, 211, 213–216, 218, 230, 238, 239, 263, 266, 268, 269, 281, 289, 290, 295, 306, 314, 315, 318, 325, 347, 368, 371, 372, 380, 384, 390, 391, 405, 408, 417, 437, 443, 444, 466, 472, 474, 477, 479
Filbinger, Hans 481
Filipinetti, Scuderia 270
Filius, Otto-Erich 106, 114, 342, 484
Fischhaber, Anton »Toni« 235, 240, 241, 281, 504
Fitch, John 72, 139
Fittipaldi, Emerson 444
Fitzpatrick, John 365, 368, 444, 503, 506, 508
Flegl, Helmut 383, 406, 427, 429, 432, 433, 495
Fletcher, Wendell S. 82, 134
Fletcher Aviation Corporation 82, 133
Florio, Vincenzo 124
Follmer, George 432, 435, 436, 443, 444, 474
Ford Motor Company 63, 260, 270, 273, 283, 285, 306, 310, 312, 314, 318, 325, 335, 372, 384, 389, 424, 440, 504, 508
Forstner, Egon 127, 250
Foyt, A.J. 435, 444
Francis, Alf 174
Fraser-Jones 215
Freiburg-Schauinsland 58, 71
Französischer Grand Prix 172, 181, 205
Frère, Paul 75, 136, 139, 168, 235, 268, 272, 293, 315, 329, 367, 406, 407, 412, 439, 491
Freund, Jochen 484, 486
Fröhlich, Karl 11, 18
Frua, Pietro 352, 353
Fuhrmann, Ernst 57, 76, 77, 79, 80, 82, 109, 124, 182, 186, 188, 364, 369, 425, 430, 432, 437, 450, 457, 461, 466, 476, 477, 479, 490, 491, 493, 494, 495, 501, 505
Fürstenberg, Antoinette zu 472

Gaisberg 129, 138, 215, 235, 241, 262, 291, 308, 313
Gamble, Fred 172
Gardner, Frank 384
Gelin, Maurice 284, 285
Gendebien, Olivier 109, 174, 175, 212–214
Gerber, Alfred 345
Gesipa Team 408, 423
Ghia Carrozzeria 58, 352
Ginther, Richie 93, 175, 192, 236, 421, 425
Giugiaro, Giorgetto 352, 488

Gläser – Karosserie 47, 58
Glemser, Dieter 359
Glöckler, Helm 72, 75, 89, 90
Glöckler, Walter 52, 55, 56, 63, 71, 72, 104, 131
Glöckler-Porsche 71, 72, 74, 75, 86
Goertz, Albrecht Graf 352
Goetze, Rolf 112, 124, 364, 457
Gold, Nick 295
Goldinger, Josef 14, 38
Goldsmith, Paul 310
Goodwood 145
Gorrissen, Wolfhelm 495
Greger, Sepp 117, 215, 222, 225, 270
Gregg, Peter 351, 360, 426, 432, 436, 440, 443, 444, 445, 504, 506
Gregory, Masten 95, 168, 172, 218, 328
Großer Preis von Deutschland 75, 149, 168, 172, 175, 181, 182, 205, 262, 277, 326
Gugelot Design GmbH 335–337, 352
Gulf Oil Company 389
Gulf Porsche 331
Gumpert, Gerhard 48
Gurney Dan 119, 175, 177, 178, 180, 182, 184, 191, 192, 205, 207, 214, 217, 218, 220, 221, 222, 226, 421
Gutbrod, Rolf 59

Haas, Carl 82, 226
Hahne, Hubert 289, 384
Hailwood, Mike 406, 407
Haldi, Claude 351, 442, 444
Hall, Asturias 76
Hall, E. Lee 227
Hall, Jim 227, 295
Hanna, Howard 82
Hawkins, Paul 272, 294, 295
Hayes, Charlie 227
Haywood, Hurley 351, 368, 432, 436, 440, 443, 444, 445, 479
Heidrich, Verne Ben 352, 353, 465, 466
Heimrath, Ludwig 181, 445
Heinkel KG 231–232, 233, 378
Heins, Christian »Bino« 83, 169
Helmer, Lars 365
Hensler, Paul 357, 361, 484, 485
Herrarte, José 76
Herrmann, Hans 63, 75, 82, 87–90, 119, 127, 137, 142, 172, 175, 177, 178, 180, 192, 212, 214, 215, 218, 221, 224, 230, 240, 241, 261, 268, 269, 273, 280, 290, 293–295, 308, 312, 320, 321, 326, 329, 383, 387, 390, 406, 407
Heuliez 351
Heyer, Hans 506, 508
Hezemans, Toine 474, 503
Hild, Wilhelm Ing. 50, 56, 74, 82, 89, 95, 109, 113, 125, 132, 168, 169, 172, 173, 216, 264
Hill, Graham 175, 177, 191, 212, 214,

215, 218, 221, 222, 224, 238, 239, 385
Hill, Phil 171, 207, 295, 343
Hirsch, Bob 128
Hirsch, Erich 268
Hirth AG 12, 53–55, 79, 141, 156, 188
Hobbs, David 392, 406, 413
Hockenheim 88, 173, 183, 239, 269, 277, 284, 287, 288, 293, 306, 307, 308, 310, 312, 313, 320, 323, 343, 392, 410, 422, 425, 432, 466
Hofer, Heinz 434
Hoffman, Max 48, 56, 58, 59, 63, 66, 68, 72, 90, 106
Hohenlohe, Fürst Alfons zu 128
Holbert, Al 440, 445, 474, 508
Holbert, Bob 119, 217, 218
Holländischer Grand Prix 178, 181, 183
Holup, Gerhard 474
Honda Grand Prix Wagen 376
Hönick, Hans 186, 208
Hruska, Rudolf 21, 23
Hudson, Skip 112
Huhn, Robert 348
Hulme, Denis 407, 444
Hunt, Evans 82
Huslein, Otto 32
Hutton, Ray 471

Ickx, Jacky 295, 312, 432, 474, 476, 479, 480, 503, 508
Ikuzawa, Tetsu 270
Imola 463
IMSA 351, 368, 436, 440, 444, 445, 474, 506
Indianapolis 192, 507
Interlagos 82
Interserie 369, 408, 417, 423, 424, 426, 430, 432, 466
Ireland, Innes 175, 293
IROC 443, 444, 457
Ital Design 352
Italienischer Grand Prix 182, 206

Jaguar Automobile 286, 343, 359, 362, 485
Jantke, Manfred 284, 293, 369, 474, 477, 479, 505
Japanischer Grand Prix 270, 387
Jausaud 505, 507
Jenkinson, Denis 69, 134, 362
Jeser, Josef 94
Johncock, Gordon 444
Johnson, Alan 281
Johnston, Sherwood 82
Jöst, Reinhold 323, 331, 413, 464, 465, 466, 489, 508
Juhan, Jaroslav 76

Kaes, Ghislaine 17, 44, 152, 154
Kaes, Herbert 19, 30, 36, 37
Kainhofer, Karl 432
Kales, Josef 11
Kalkbrenner, Karlernst 364

Kannacher, Jürgen 474
Karmann GmbH 152, 256, 342, 343, 346, 360
Karmann Ghia Automobile 58, 335
Kathrein, Hermann 71
Kauhsen, Willi 324, 328, 359, 407, 413, 419, 425, 426, 430, 432
Kelleners, Helmut 295, 474
Kelly, Wayne 227
Kemp, Charlie 432
Kern, Hans 18, 23, 98, 152, 154, 364
Keser, Artur 123
Keyser, Michael 440, 445
Kinnunen, Leo 328, 330, 392, 407, 423, 426, 432, 442, 466
Kirn, Karl 18, 38, 98
Klass, Günther 160, 235, 269, 270, 273, 280
Klauser, Hans 38, 66, 98
Kleinholz, Wilhelm 44
Klett, Arnulf Dr. 38, 42, 407, 481
Kling, Karl 82
Koch, Gerhard 117, 235, 270
Koinigg, Helmuth 462, 463, 464
Komenda, Erwin Franz 11, 12, 14, 28, 33, 44, 53, 66, 81, 87, 98, 149, 249
Korsika-Rallye 284, 285, 286
Kraus, Ernst 426, 432
Kremer, Erwin 365, 444, 466, 474, 503, 504, 505, 506
Kühnke, Kurt 52
Kühnle, Kopp & Kausch AG (KKK) 459

Lafferentz, Bodo 10, 14, 17
Lagaay, Harm 488
Laguna Seca Can-Am 223, 419, 422, 425, 432, 445
Lamborghini Automobile 333, 371, 500
Lancia Automobile 109, 285, 359, 373, 486, 507, 508
Lang, Hermann 89
Lapine, Anatole 329, 364, 407, 445, 461, 488, 499, 500
Larrousse, Gérard 284–287, 315, 328, 329, 331, 351, 360, 365, 368, 407, 408, 409, 410
Lauda, Niki 306
Lavenne, Vincent 504
Leder, Richard 474
Leiding, Rudolf 355, 485, 489, 493
Leiningen, Hermann Fürst zu 50
Le Mans 48–51, 56, 66, 74, 76, 80, 81, 87–90, 92, 94, 99, 109, 117, 119, 124, 127, 128, 134, 136, 137, 141, 159, 160, 168, 172, 192, 214, 215, 217, 218, 221–224, 235, 236, 238, 240, 270–272, 280, 285, 293–295, 306, 307–309, 311, 316, 318, 321–324, 326–328, 331, 340, 348, 351, 357, 365, 371, 372, 373, 380, 381, 382, 383, 384, 385, 386, 389, 390, 405, 406, 407, 409, 411, 412, 413, 414,

426, 431, 441, 442, 443, 461, 462, 464, 479, 480, 481, 503, 504, 506, 507, 508
Levegh, Pierre 94
Levine, Leo 148
Ley, Robert 10, 14
Linge, Herbert 38, 82, 88, 89, 94, 95, 109, 113, 117, 119, 128, 134, 157, 159, 171, 190, 205, 217, 223–225, 233, 235–238, 261, 271, 272, 273, 275, 306, 311, 328, 359, 386, 405
Lins, Rudi 270, 295
Lloyd, Bill 58
Loftin, Carey 343
Lohner-Porsche 9, 44
Lola Automobile 191, 204, 205, 209, 372, 387, 417, 424, 425, 427, 431
Loos, George 432, 444, 474, 503, 504, 505, 506, 508
Lotus 89, 128, 139, 168, 171, 173, 175, 177, 178, 183, 191, 192, 209, 212, 216, 224, 227, 262, 333, 335
Lotz, Kurt 340, 341, 355, 373, 485, 493
Lucas, Charles 295
Ludwig, Klaus 506
Lüttich-Rom-Lüttich-Rallye 50, 51, 54, 56, 58, 60, 63, 109, 113, 127
Lurani, Giovanni 22, 23, 56
Lyon-Charbonniéres 63, 287

Maggs, Tony 223
Maglioli, Umberto 123, 124, 127, 128, 129, 134, 168, 222, 236, 238, 241
Mahle, Eberhard 280
Mahle 53, 79, 358, 378, 498
Mairesse, Willy 270
Manney, Henry 164
Marathon de la Route 280, 283, 285, 349, 351, 359
Marko, Helmut 351, 408, 413, 414
Martini & Rossi 328, 331, 407, 408, 409, 410, 411, 413, 415, 417, 441, 442, 443, 457, 462, 465, 466, 474, 479, 480, 504
Martland, Digby 386
Maserati Automobile 95, 124, 127, 128, 171, 174, 186, 212, 214, 215, 426
Mass, Jochen 474, 476, 480
Mathé, Otto 37, 50, 167
Matra Automobile 285, 323, 329, 333, 443, 464
May, Michael 127, 182, 183, 190, 226, 270, 424
May, Pierre 127
Mazda Automobile 359, 506
Mazzia, René 365
McAfee, Jack 58
McCahill, Tom 66
McCluskey, Roger 444
McKee, Bob 424
McLaren, Bruce 168, 295
McLaren, Automobile 373, 419, 423, 424, 425, 427, 430, 432

McQueen, Steve 407
Mecox, Trophy 72
Meinhardt, Vic 172
Meisl, Charles 48
Mercedes-Benz Automobile 127, 149, 172, 174, 220, 243, 275, 343, 359
Metternich, Fürst 51, 63
Mezger, Hans 161, 162, 169, 186, 187, 190, 207, 208, 232, 250, 262, 263, 266, 270, 290, 308, 313, 315, 329, 373, 374, 375, 376, 378, 380, 405, 422, 423, 425, 427, 432, 434, 477, 478
MG Automobile 359
Mickl, Josef 11, 19, 33, 53, 57
Mid-Ohio Can-Am 419, 421, 425, 432, 435, 445, 474
Miles, Ken 92, 93, 127, 225, 226, 269
Millanta, Corrado 22, 23
Mille Miglia 24, 50, 56, 60, 63, 75, 88, 90, 127, 128
Mimler, Hubert 82, 171, 173, 174, 190, 417, 479
Minter, Milt 422, 426, 432
Mitter, Gerhard 181, 235, 238, 239, 240, 241, 262, 268, 269, 290, 291, 294, 295, 308, 311, 312, 313, 321, 324, 326, 371, 384, 387
Molter, Günther 175, 178, 182
Monaco Grand Prix 171, 172, 177, 181, 192
Monte-Carlo Rallye 171, 178, 183, 192, 235, 274, 275, 278, 282, 347, 351, 360, 365, 368, 369, 504
Montlhéry 50, 55, 60, 72, 94, 124, 236, 295, 417
Montsény 308, 312, 313
Mont Ventoux 222, 224, 240, 291, 313
Monza 128, 175, 180, 206, 207, 237, 269, 283, 284, 289, 294, 295, 312, 316, 318, 323, 326, 371, 383, 407, 410, 441, 457, 462, 466, 480
Moss, Stirling 130, 171, 172, 174, 175, 177, 178, 180, 214, 218
Mouche, Edmond 50
Mont Equinox 56
Mugello 282, 283, 286, 295, 315, 466, 475
Müller, Herbert 160, 225, 235, 241, 270, 413, 432, 440, 441, 442, 462, 464, 465, 466
Müller, Petermax 34, 50–52, 55, 56, 71
Mundy, Harry 134
Muréne Porsche 352

Nassau Speed Week 82
Neerpasch, Jochen 160, 280, 294, 295, 308, 310–312, 323
Neri, Giorgio 171
Neubauer, Alfred 73
Neuhaus, Jürgen 408, 423
Nicholas, George 351
Nichols, Frank 226
Nicolas, Jean-Pierre 504
Nöcker, Peter 238

Nordhoff, Heinz 37, 48, 61, 63, 189, 335, 340, 341, 355
Norisring 240, 321, 323
NSU Automobile 243, 345, 490, 493
Nürburgring 63, 66, 72, 75, 76, 82, 89, 95, 114, 117, 119, 123, 127, 129, 131, 133, 134, 135, 148, 149, 151, 159, 160, 168, 171, 175, 177, 180–182, 205, 214, 218, 221, 222, 235, 236, 238, 240, 243, 245, 254, 262, 270, 272, 273, 277, 280, 283, 294, 295, 312, 318, 319, 320, 326, 329–331, 348, 351, 359, 384, 387, 389, 406, 411, 426, 442, 443, 462, 466, 474, 480, 491, 507
Nurse, David L. 362
Nuvolari, Tazio 21, 23, 330

Österreichischer Grand Prix 306
Österreichring 351, 387, 390, 435, 437, 442, 466
Olivier, Gustav 89, 94
Oliver, Jackie 407, 409, 411, 412, 413
Ollon-Villars 206, 241, 262, 288–292, 308, 379
Opel Automobile 329, 335, 346, 364, 488, 504
Ortner, Johannes 289
OSCA Automobile 89, 90, 94, 124

Pabst, Augie 234
Pallavicini, Angelo 474
Patino, Jaime Ortiz 413
Patrick, Scooter 269, 273, 294
Pau 174, 175, 180, 183
Pearson, David 444
Pebble Beach 82
Pelly, Chuck 276
Penske, Roger 139, 217, 409, 413, 425, 426, 427, 428, 429, 430, 431, 432, 434, 435, 436, 440, 443, 444
Peter, Ed 488, 490, 491
Peterson 432
Petty, Richard 444
Peugeot Automobile 152, 256, 266, 487, 505
Pfisterer, Fred 82
Picard, Francois 50, 58
Piëch, Anton 9, 19, 37, 48, 261, 290, 335, 363
Piëch, Elisabeth Nordhoff 335
Piëch, Ernst 335, 363
Piëch, Ferdinand 229, 237, 238, 240, 241, 250, 252, 261–263, 265, 268, 272, 282, 289, 290, 293, 294, 306, 308, 311, 313, 318, 321, 325, 331, 345, 357, 364, 366, 372, 374, 390, 405, 406, 422, 426, 493
Piëch, Louise Porsche 18, 21, 23, 37, 107, 261, 335, 363, 364, 426
Piëch, Michael 363, 364
Pininfarina, Carrozzeria 24, 31, 333
Piper, David 384, 387, 392, 407, 415
Pironi 505
Polak, Vasek 422, 426, 432, 474

Polensky, Helmut 55, 56, 63, 87, 89, 90, 109
Pon, Ben 160, 183, 235, 270
Poole, Candy 82
Porsche, Aloisia Kaes 9, 107
Porsche, Dorothea 363
Porsche Ferdinand 9, 10, 11, 14, 16, 18, 19, 23, 24, 30, 38, 39, 41, 44, 48, 107, 220, 262, 329, 424, 447
Porsche, Ferdinand II (Ferry) 9, 10, 12, 13, 16–19, 21, 23, 24, 28, 30, 33, 37–39, 42, 44, 47–49, 51, 53, 54, 56, 59, 60, 62, 63, 68, 70, 71, 73, 82, 87, 89, 96, 98, 101, 103, 106, 107, 109, 124, 133, 134, 141, 149, 152, 154, 159, 168, 171, 172, 175, 177, 180, 182, 186, 188, 191, 192, 205, 209, 229, 230, 235, 244, 245, 248, 249, 254, 255, 261, 262, 279, 314, 325, 335, 341, 342, 345, 354, 357, 360, 363, 364, 389, 390, 407, 424, 432, 441, 452, 483, 490, 506
Porsche, Ferdinand III (Butzi) 134, 159, 175, 178, 216, 217, 229, 230, 231, 241, 244, 245, 249, 258, 259, 264, 276, 277, 329, 336, 362, 363, 364
Porsche, Peter (Hans-Peter) 241, 363, 364
Porsche + Audi Division 351, 354, 419, 421, 422, 425, 432, 491
Porsche-Behra 171, 172, 175
Porsche Design 447, 488
Porsche Great Britain Ltd. 369
Posey, Sam 422
Prinzing, Prof. Albert 38, 42, 46–48, 58, 61, 63, 66, 97, 342
Pucci, Antonio 235
Pucci, Giulio 113, 157

Quester, Dieter 308, 313, 384

Rabe, Karl 10, 18, 21, 23, 35, 36, 53, 54, 59, 60, 68, 70, 75, 98, 186, 189, 249, 262
R.A.C. Sports Car Championship 365
Raether, Wolfgang 63, 114, 233
Ramelow, Hermann 56, 63, 71, 72, 131
Redman, Brian 312, 326–328, 330, 378, 380, 383, 384, 385, 387, 390, 391, 392, 405, 407, 422, 435
Reichert, Klaus 369
Reims 89, 168, 169, 172, 180, 235, 236
Reimspiess, Franz Xaver 10, 16, 53, 79, 97
Renault Automobile 285, 335, 351, 477, 480, 504, 505
Reutter-Karosserie 14, 41, 42, 44, 47, 50, 56, 59, 63, 66, 68, 116, 117, 149, 150, 152, 157, 161, 255, 282
Revson, Peter 444
Rindt, Jochen 273, 308, 371, 385
Ringgenberg, Walter 94
Rinzler, Bobby 432

Riverside Can-Am 419, 421, 422, 425, 428, 432, 433, 444, 457
Road Atlanta ARRC 419, 429, 432, 434
Rodriguez, Pedro 128, 148, 330, 392, 407, 409, 411, 413, 414
Rodriguez, Ricardo 128
Rombold, Helmut 61, 99, 215, 216, 238, 243, 253
Rosemeyer, Bernd 330
Roßfeld 224, 240, 290, 313
Rossi, Graf 479
Rouen 172, 181, 205
Rupilius, Ing. 28, 325

Salvadori, Roy 131, 168, 206
Sauerwein, Rudolph 50
Sauter, Heinrich 57
Savonuzzi, Giovanni 22, 23
Sbarro, Franco 345
SCCA 58, 68, 117, 139, 172, 226, 227, 280, 281, 421, 435, 505, 506
Scaglione, Franco 116, 117
Scania-Vabis 37
Scarfiotti, Ludovico 240, 241, 262, 263, 268, 291, 311, 313
Scarlatti, Giorgio 136
Schäffer, Valentin 425, 427, 429, 430, 432, 457
Scheckter, Jody 432, 435
Schell, Harry 136
Schenken, Tim 432, 444
Schibler, Hugo 425
Schickentanz, Clemens 440
Schiller, Heinz 181
Schlesser, Joe 310, 312
Schlüter, Walter 56, 63
Schmid, Leopold F. 60, 61, 98, 104, 124, 186, 189
Schmidt, Karl, GmbH 46, 79, 449, 498
Schmidt, Lars 281, 282, 490
Schmidt, Oliver 226
Schmidt, Walter 98
Schmitz, Herbert 372, 383
Schmücker, Toni 355, 490
Schneider, Helmut 313
Schneider, Klaus 342, 484
Schröder, Ing. 231
Schurti, Manfred 462, 463, 464, 474, 476, 480, 508
Schütz, Udo 235, 273, 295, 326
Schwartz, Günther 348
Schweizer Grand Prix 28
Sebring 76, 82, 94, 113, 119, 128, 139, 141, 152, 159, 160, 170, 212, 213, 217, 218, 224, 234, 238, 268, 273, 281, 293, 294, 310, 311, 323–326, 351, 389, 409
Segura, Fernando 76
Seidel, Wolfgang 90, 139, 141, 169, 173, 181, 183
Seidler, Edouard 342, 390, 491
Sesslar, Don 139
Shelby, Carroll 95, 226

Sholar, William J. 66
Sierra-Montana 225, 291
Siffert, Jo 272, 284, 294, 295, 308, 319, 321, 323, 326–328, 330, 371, 383, 384, 387, 390, 392, 405, 407, 409, 411, 412, 413, 419, 421, 422, 425, 426, 434, 465
Silverstone 506
Singer, Norbert 437, 439, 461, 474
Sloniger, Jerry 244, 457
Smith, Murray 172
Soderström, Bengt 68
Soleil-Cannes Rallye 94
Solitude 66, 108, 131, 175, 180, 181, 205, 233, 241, 287
Sommer, Raymond 23
Souan, Dick 172
Spa 141, 175, 180, 181, 272, 285, 291, 294, 312, 319, 326, 383, 384, 392, 407, 410, 411, 441, 443, 444, 462
Spear, Bill 56
Spoerry, Dieter 284, 286, 295, 325, 407
Springler, Fritz 325
Spychiger, Tommy 215
Stanek, Hans 72
Stasse, Paul 89
Staudenmeir, Herbert 372
Steckkönig, Günther 359, 437, 442
Steinemann, Gianrico (Rico) 284, 295, 325, 343, 351, 362, 368, 371, 383, 384, 385, 387, 389, 407, 415, 417, 425, 437
Stenzel, Reinhard 474
Stewart, Jackie 371, 424
Stommelen, Rolf 235, 270, 294, 295, 308, 312, 313, 318, 323, 325, 326, 382, 383, 385, 386, 476, 479, 480, 503, 504, 508
Stone, David 274, 275, 281, 284
Stoop, Dick 117
Storez, Claude 89, 113
Strähle, Paul Ernst 112, 117, 119, 128
Strenger, Erich 51
Stuck, Hans 82, 86, 330
Studebaker Automobile 59, 80, 98, 152
Surtees, John 175, 205

Tapiro-Porsche 352
Targa Florio 113, 117, 119, 123, 124, 127, 135, 141, 157, 159, 160, 214, 217, 218–220, 222, 224, 235, 236, 238, 239, 269–273, 285, 286, 294, 295, 312, 326, 328–331, 347, 380, 407, 411, 442, 443, 466
Taruffi, Piero 22, 23, 124
Thirion, Gilberte 56, 95
Thompson, Mickey 192, 289
Thompson, Richard 63
Titus, Jerry 280
Toivonen, Pauli 275, 286
Tomala, Hans 183, 189, 216, 230, 231, 232, 235, 238, 248
Torrey Pines 68
Tour de France 89, 284, 285

Tourist Trophy 95, 145, 172
Tourol, Raymond 365
Townes, Stan 364
Toyota Automobile 504
Trans-Am-Rennen 360, 425, 436, 440, 474, 504, 506, Trego, Ed 72
Trenkel, Richard 72, 76
Trento-Bondone 240, 241, 262, 291, 293, 312
Trintignant, Maurice 212, 215
Troesch, Max 30, 48
Trostmann, Bruno 118, 215, 216
Tubbs, D.B. 36
Turner, Philip 382

USRRC (United States Road Racing Championship) 227

Vaccarella, Nino 181, 220, 273
Vandesande, George 82
Van Lennep, Gijs 270, 283, 365, 407, 408, 410, 413, 415, 417, 440, 441, 442, 462, 464, 465, 466, 489
Veuillet, Auguste 48, 49, 50, 89, 94, 124, 174, 349
Veyder-Malberg, Hans Baron 18
Vögele, Charles 284
Vogelsang-Köpfe 34
Volkswagen Automobile 12, 13, 104, 152, 185, 189, 250, 262, 335, 341–343, 346, 354, 355, 373, 419, 424, 443, 444, 448, 483, 484, 485, 486, 487, 488, 489, 490, 491, 504, 506
Vollmer, Gottfried 52
Volpi, Giovanni 181, 220
von der Mühle, Graf 54
von Falkenhausen, Alex 71, 289
von Frankenberg, Richard 51, 56, 63, 66, 75, 87, 89, 90, 94, 95, 112, 124, 127, 128, 130, 131, 139, 142, 167, 457, 508
von Guilleaume, Paul 49, 54, 127
von Hanstein, Huschke 50, 51, 55, 56, 71, 73, 75, 76, 82, 87, 89, 90, 94, 95, 109, 113, 119, 123, 124, 127, 129, 130, 156, 159, 160, 164, 167, 168, 171, 172, 173, 177, 186, 192, 207, 209, 211, 212, 217, 222, 224, 225, 230, 235, 239, 240, 241, 256, 261, 264, 268, 269, 270, 275, 277, 284, 288, 289, 294, 314, 325, 342, 343, 371, 372, 432, 443, 501
von Karajan, Herbert 417
von Neumann, John 58, 63, 68, 82, 276
von Neumann, Josie 58
von Rücker, Klaus 98, 113, 124, 148, 157, 161, 171, 186, 189, 244, 245, 248, 270
von Senger, R. 31, 32, 35
von Trips, Wolfgang Graf Berghe 104, 127, 128, 138, 139, 142, 145, 169, 171, 172, 175
von Wendt, Karl 324, 387

Wagner, Harald 259
Waldegaard, Björn 351, 360, 365, 437, 443, 444, 505
Waldmann, R. 360
Walker, Rob 172, 174, 175
Walter, Hans 161
Walter, Heini 90, 139, 160, 181, 215, 222, 224, 225
Walters, Phil 58
Wanderer Automobile 13
Watkins, Glen 48, 67, 180, 181, 207, 312, 319, 321, 327, 328, 387, 407, 415, 425, 432, 434, 442, 444, 464, 466, 476
Weber, Friedrich 36
Weber, Michael 323, 423
Weidenhausen, C.H. 71, 72, 75
Weinsberg-Karosserie 82, 85, 87, 264
Weissach 240, 241, 253, 293, 320, 324, 325, 340, 345, 358, 360, 373, 381, 387, 412, 417, 419, 421, 425, 426, 427, 429, 430, 432, 433, 440, 442, 444, 445, 450, 457, 458, 463, 464, 465, 466, 467, 476, 477, 479, 487, 493, 499, 506
Weitmann, Julius 274, 306
Wendler-Karosserie 90, 94, 116, 128, 139, 213
Werlin, Jakob 10, 14
Wetanson, Herb 269
Wheatcroft, Bernard »Tom« 182, 209
Whiteman, Paul 66
Whitmore, Coby 48
Wicky, André 295
Wiedmer, Hans 432
Wieselmann, Uli (Heinz-Ulrich) 56, 66, 100, 108, 109, 117, 123, 152, 157, 173, 230
Wihuri, Antti Arnio 423, 426
Williams, Jonathan 328
Willment, John 389
Wollek, Bob 474, 503, 504, 506, 508
Woodward, John »Woody« 427, 434
Woolfe, John 386
Woron, Walt 68
Wuesthoff, Bill 227
Wütherich, Rolf 61, 235, 275
Wyer, John 310, 331, 372, 389, 390, 392, 405, 406, 407, 410, 411, 413, 415, 417, 425, 443
Wyss, Edi 425

Zagato, Carrozzeria 116, 117, 152, 160
Zahradnick, Joseph 11
Zandvoort 178, 180, 183, 191, 192
Zasada, Sobieslav 281, 285, 365, 368, 443
Zeltweg 138, 175, 180, 321, 323, 328, 378, 390, 407, 414, 421, 476
Zipper, Otto 225, 226, 234, 269
Zitro Racing Team 413
Zündapp Automobile 41

Bibliographie

Braunschweig, Robert, et al., *Automobil Revue Katalognummern,* Bern, 1948–1976.
Burst, Hermann E., und Srock, Rainer, *The Porsche 924 Body–Main Development Objectives,* Warrendale, 1977, SAE.
Butz, Evi, *Edgar Barth – 30 Jahre Rennen,* München, 1966.
Canestrini, Giovanni, *La Favolosa Targa Florio,* Rom, 1966.
Mille Miglia, Rom, 1967.
Cohin, Edmund, *L'Historique de la Course Automobile, 1894–1965,* Clermont-Ferrand, 1966.
Cooper, Jeff, *Sports Cars Annual,* Los Angeles, 1957.
Crow, James T., *ARRC '70,* Newport B., 1971.
Donohue, Mark, und Van Valkenburgh, Paul, *The Unfair Advantage,* New York, 1975.
Edler, Karl-Heinz, und Roediger, Wolfgang, *Die Deutschen Rennfahrzeuge,* Leipzig, 1956.
Elfrink, Henry, *Porsche Technical Manual,* Los Angeles, 1968.
Volkswagen Owner's Handbook, Los Angeles, 1957.
Engels, Dr.-Ing. H. R., *Der VW-Porsche 914,* Stuttgart, 1969, ATZ Heft 9.
Eves, Edward, *Autocourse,* London, 1961.
Forstner, Dipl.-Ing. Egon, *Aus der Entwicklung des Porsche-Rennsportwagens,* Stuttgart, 1957, ATZ Heft 5.
Der neue Porsche-Motor Typ 911, Stuttgart, 1965, ATZ Heft 1.
von Frankenberg, Richard, *Christophorus (Sondernummer),* Stuttgart, 1968, September.
Christophorus (Sondernummer), Stuttgart, 1972, March.
Porsche – The Man and His Cars, Cambridge, 1961.
Die großen Fahrer unserer Zeit, Stuttgart, 1966
Sports Year Book 1970, Stuttgart, 1971.
Frère, Paul, *Das Rennen vor dem Rennen,* Stuttgart, 1971.
On the Starting Grid, London, 1957.
Porsche 911 Story, New York, 1976.
The Porsche 917, Windsor, 1973.
The Racing Porsches, London, 1973.
Gardner, Frank, und Nye, Doug, *Racing Drivers' Manual,* New York, 1974.
Glenn, Harold T., *Glenn's Foreign Car Repair Manual,* Philadelphia, 1966.
Gregory, Ken, *Behind the Scenes of Motor Racing,* London, 1960.
Guichard, Ami, *Automobile Year,* Lausanne, 1954–1976.

Häfeli, René, *Verstummte Motoren,* Bern, 1969.
Harding, Anthony (Hrsg.), *Great Cars in Profile,* Windsor, 1971.
Hensler, Dipl.-Ing. Paul und Freund, Ing. (grad.) Jochen, *Der Porsche 924 – ein neuer Sportwagen,* Stuttgart, 1976, ATZ Heft 1 und 2.
Herrmann, Hans und Sohre, Helmut, *Ich habe überlebt,* Stuttgart, 1971.
Hill, Graham, *Life at the Limit,* London, 1969.
Hinsdale, Peter, *The Fabulous Porsche 917,* South Laguna, 1972.
Hirsch, Erich, *25 Jahre: Fahren in seiner schönsten Form,* 1949–1974, Stuttgart, 1974.
Hodges, David, *The Le Mans 24-Hour Race,* London, 1963.
Hopfinger, K. B., *Beyond Expectation,* London, 1956.
Hütten, Helmut, *Schnelle Motoren,* Braunschweig, 1961.
Kettlewell, Mike, *Autocourse,* London, 1969–1976.
Kling, Karl und G. Molter, *Pursuit of Victory,* London, 1956.
Kobayashi, Shotaro, *Porsche,* Minneapolis, 1973.
Ludvigsen, Karl, *Group 7,* New York, 1971.
The Mercedes-Benz Racing Cars, Newport Beach, 1971.
Mackerle, Julius, M. E., *Air-Cooled Automotive Engines,* London, 1972.
Macksey, Kenneth und Batchelor, John H., *Tank, A History of the Armoured Fighting Vehicle,* New York, 1971.
Mezger, Dipl.-Ing. Hans, *Der Porsche-Grand-Prix Rennwagen,* Stuttgart, 1965, ATZ Heft 3 und 6.
Der Porsche 4,5-l-Rennsportwagen Typ 917, Stuttgart, 1969, ATZ Heft 9.
Der Porsche Turbo-Rennwagen Typ 917, Stuttgart 1973, ATZ Heft 10.
The Development of the Porsche Type 917 Car, London, 1971, IME.
Engineering the Performance Car, New York, 1970, SAE.
Moity, Christian, *The Le Mans 24-Hour Race, 1949–1973,* Radnor, 1975.
Moss, Stirling, *A Turn at the Wheel,* London, 1961.
Nelson, Walter Henry, *Small Wonder,* Boston, 1970.
Oswald, Werner, *Deutsche Autos 1945–1975,* Stuttgart, 1976.
Pihera, Larry, *The Making of a Winner: The Porsche 917,* Philadelphia, 1972.

Post, Dan R., *Volkswagen, Nine Lives Later,* Arcadia, 1966.
Pritchard, Anthony, *Porsche,* London, 1969.
Ritch, OCee, *Porsche Owner's Handbook,* Los Angeles, 1960.
Rolofson, Bob, *1960 Sportscar Specials,* Los Angeles, 1960.
Sportscar Specials, Los Angeles, 1958.
Rusz, Joe, *Porsche Sport 72,* Newport Beach, 1973.
Porsche Sport 73, Newport Beach, 1973.
Porsche Sport 1974–75, Newport Beach, 1975.
von Seherr-Thoss, H. C. Graf, *Die deutsche Automobilindustrie,* Stuttgart, 1974.
von Senger und Etterlin, Dr. F. M., *German Tanks of World War II,* New York, 1973.
Sloniger, Jerrold, *Porsche Guide,* New York, 1958.
und von Fersen, Hans-Heinrich, *Deutsche Hochleistungswagen 1894–1965,* Stuttgart, 1966.
Speer, Albert, *Inside the Third Reich,* New York, 1970.
Spielberger, Walter, J., *Elefant und Maus (+ E-100),* Windsor, 1973.
und Feist, Uwe, *Panzerkampfwagen VI,* Berkeley, 1968.
Porsche, The First Decade, 1949–1959, San Francisco, 1960.
Stuck, Hans, *Tagebuch eines Rennfahrers,* München, 1967.
Tomala, Dipl.-Ing. H., und Forstner, Dipl.-Ing. E., *Zwei neue Porsche-Wagen Typ 901 und GTS 904,* Stuttgart, 1964, ATZ Heft 5 und 6.
Tragatsch, Erwin, *Das große Rennfahrerbuch,* Bern, 1970.
Weitmann, Julius, *Porsche Story,* New York, 1971.

Viele Fachautoren gaben mir wertvolle Hinweise zur Geschichte der Porsche-Automobile in ihren Veröffentlichungen. Außer den genannten Büchern zog ich folgende Zeitschriften zu Rate: *ATZ, Auto Italiana, l'Auto Journal, auto motor und sport, Auto Visie, Autocar, Automobil Revue, Automobile Quarterly, Autosport, Autoweek, Car, Car and Driver, Car Graphic, Christophorus, Motor, Motor Revue, Motor Sport, Motor Trend, Motoring News, Parabrisas Corsa, Porsche Panorama, Powerslide, Quattroruote, Road & Track, Sports Car, Sports Car Graphic, Sports Cars Illustrated, Style Auto, Today's Motor Sports, Track & Traffic, Virage Auto.*